Dirk Kruse-Etzbach

New York

Im Internet:

www.iwanowski.de

Hier finden Sie aktuelle Infos zu allen Titeln, interessante Links – und vieles mehr!

Einfach anklicken!

Schreiben Sie uns, wenn sich etwas verändert hat. Wir sind bei der Aktualisierung unserer Bücher auf Ihre Mithilfe angewiesen.

info@iwanowski.de

New York

6. Auflage 2010

© Reisebuchverlag Iwanowski GmbH
Salm-Reifferscheidt-Allee 37 • 41540 Dormagen
Telefon 0 21 33/26 03 11 • Fax 0 21 33/26 03 33
E-Mail: info@iwanowski.de
Internet: www.iwanowski.de

Titelbild: Skyline Manhattan, Bildagentur Huber
Alle anderen Farb- und Schwarzweißabbildungen: Dirk Kruse-Etzbach und NYCVR
Redaktionelles Copyright, Konzeption und dessen ständige Überarbeitung:
Michael Iwanowski
Layout: Ulrike Jans, Krummhörn
Karten: Palsa Graphik, Lohmar
Titelgestaltung sowie Layout-Konzeption: Studio Schübel, München

Alle Informationen und Hinweise erfolgen ohne Gewähr für die Richtigkeit im Sinne des Produkthaftungsrechts. Verlag und Autor können daher keine Verantwortung und Haftung für inhaltliche oder sachliche Fehler übernehmen. Auf den Inhalt aller in diesem Buch erwähnten Internetseiter Dritter haben Autor und Verlag keinen Einfluss. Eine Haftung dafür wird ebenso ausgeschlossen w für den Inhalt der Internetseiten, die durch weiterführende Verknüpfungen (sog. „Links") damit ve bunden sind.

Gesamtherstellung: B.O.S.S Druck und Medien, Goch
Printed in Germany

ISBN: 978-3-933041-92-0

Inhaltsverzeichnis

Einleitung: New Yovk – The „Big Apple"   14

1. NEW YORK AUF EINEN BLICK – FAKTEN   17

2. GESCHICHTE UND WIRTSCHAFTLICHE ENTWICKLUNG   19

Geschichte   19
- Frühe Besiedlung durch die Indianer   19
- Die Anfänge New Yorks als New Amsterdam, 1610–1664   20
- Die Übernahme durch England   21
- New York unter britischer Herrschaft, 1664–1783   22
- New York unter britischer Besatzung (1776–1783) und der Neuanfang   23
- Das Industrielle Zeitalter, 1825–1890   25
- Die Wohnverhältnisse des 19. Jahrhunderts   26
- Die Stadt expandiert: The Bronx, Brooklyn, Queens und Staten Island   26
- New York im 20. Jahrhundert   28

Wirtschaftliche Entwicklung   31
- New Yorks Gründung: ein kaufmännischer Akt bedingt durch eine geographisch günstige Lage   31
- New York bis zum Unabhängigkeitskrieg: ein reiner Handelshafen   31
- Zwischen der Unabhängigkeit und dem Bürgerkrieg: Entwicklung der Transportmittel und 1. Industrielle Revolution   32
- Die Hauptwirtschaftszweige New Yorks im 19. Jahrhundert   34
- 1900–1950: New York City – Wirtschaftszentrum der Superlative   36
- Der 1. Weltkrieg: die weltweite Verschiebung von Macht und die Schlüsselrolle New Yorks   36
- Der New Deal und sein New Yorker Vertreter La Guardia (1882–1947)   38
- Die Nachkriegszeit: der Strukturwandel von New York City   39

3. GEOGRAPHISCHER ÜBERBLICK   42

Topographie   42
Geologie und Landschaft   43
Klima/Reisezeit   44

4. GESELLSCHAFTLICHER ÜBERBLICK   47

Bevölkerung und Siedlungsstruktur   47
- Ein paar ausgewählte Stadtteile im Einzelnen 47

Soziale Verhältnisse   51
- Krankenversicherung 51 • Rentenversicherung 51 • Arbeitslosenversicherung 52 • Sozialhilfe („Welfare") 52

New York und das Verbrechen   53
Bildungswesen   56

5. KULTURELLER ÜBERBLICK 59

Bildende Kunst 59
    Kunststadt New York 61
Musik 62
Klassische Unterhaltung: Theater, Tanz und Musik 64
Literatur 68
    Das Verlagswesen 68
Architektur und Stadtplanung 71
Religionen 78

6. NEW YORK KNIGGE 80

Küche und Getränke 80
    Frühstück 83 • Brunch 84 • Lunch 84 • Dinner 84 • Kleine Sprachhilfe 84 • Getränke 87
„Gebrauchsanweisungen" und nützliche Tipps für New York 91
    Wie gehe ich vor? Was lasse ich besser sein? Worauf muss ich achten? Wie organisiere ich etwas? 91

7. NEW YORK ALS REISEZIEL 121

Allgemeine Reisetipps von A–Z 121

Spezialtipps 185
    Unterkünfte 186
    Allgemeine Hinweise 186 · Redaktions-Tipps 190 · **Unterkünfte in Manhattan 191** · Zwischen Financial District und Canal Street 191 · Zwischen Canal Street und 34th Street 192 · Midtown West und Theater District (nördl. 34th St./westl. 5th Ave.) 197 · Midtown East (nördl. 34th St., 5th Ave. und östl. davon) 200 · Upper West Side 204 · Upper East Side 206 · Der Norden 207 · **Unterkünfte in den anderen Boroughs 209** · Brooklyn 209 · Queens 209 · The Bronx 209 · Staten Island 211 · **Unterkünfte an den 3 Flughäfen New Yorks** 211 · John F. Kennedy Airport 211 · La Guardia Airport 211 · Newark Airport 211 · **Spezielle Übernachtungsmöglichkeiten in New York 212** · Hotels für Frauen in Manhattan 212 · Hotels für Schwule und Lesben 212 · Wohnungen/Apartments 213 · Bed & Breakfast Buchungsservice 213 · Jugendherbergen, YMCA und YWCA in Manhattan 214 · Camping 215
    Restaurants, Cafés und andere „Eating Establishments" 215
    Redaktions-Tipps 216 · **Restaurants in Manhattan 216** · Süden: Financial District, TriBeCa, Chinatown und Lower East Side 216 · Zwischen Canal Street und 34th Street: 218 · Little Italy, West Village, SoHo, Greenwich Village, NoHo, East Village, Gramercy, Chelsea und Midtown South 218 · Midtown und Theater District 223 · Upper West Side bis zur 110th Street und

Central Park 228 · Upper East Side bis zur 110th Street 230 · Harlem und der Norden 231 · **Restaurants in den 4 anderen Boroughs 232** · Brooklyn 232 · Queens 234 · The Bronx 235 · Staten Island 235

New York: am Abend und bei Nacht 236
Redaktions-Tipps 236 · **Bars, Pubs und kleine Kneipen** (oft auch mit Livemusik) 237 · in Manhattan 237 · in den anderen 4 Boroughs 243 · **Nachtclubs/Tanzclubs/Discos 245** · **Livemusik 247** · Blues/Rhythm & Blues/Soul 247 · Jazz 248 · Gospel 249 · Rock/Rock'n' Roll, Reggae, moderne Rhythmen (Techno, Hip-Hop etc.) 251 · Country/Folk und anderes 253 · **Sportsbars für europäischen Sport 253** · **Lokale für Schwule, Lesben und Transvestiten 254** · **Musicals 255** · **Oper/Operette 257** · **Theater 258** · **Kabarett/Komödie/ Lesungen/Supper Clubs 259** · **Klassische Konzerte 260** · **Ballett/Tanz 261** · **TV-Shows 262**

Einkaufen 263
Einkaufsviertel und -straßen im Allgemeinen 264 · **Malls, Kaufhäuser und Department Stores** (Auswahl) 268 · Redaktions-Tipps 269 · **Märkte/Flohmärkte 270** · **Spezialgeschäfte 271** · Lebensmittel 271 · Antiquitäten 273 · Bekleidung allgemein/Jeans/Leder 273 · „Funky Stuff" 274 · Herrenausstatter 274 · Damenbekleidung 275 · Einzelne Geschäfte 275 · Kinderbekleidung 276 · Schuhe 276 · Sportbekleidung und -ausstattung 277 · Designerläden/Markenartikler 277 · Designer-Discountläden und Designer-Secondhand-Bekleidung 278 · Thrift- und Vintage Shops (Bekleidung) 279 · Spielzeug 280 · Audio-Geräte 280 · Foto-/Videosachen 281 · Computer 281 · CDs/ Platten 281 · Juweliere 282 · Galerien 283 · Bücher, Reiseliteratur und Karten 283 · Outletmalls 285 · Anderes 285

Touren/Sightseeing/Sport treiben/Strände/Sport ansehen 287
Touren/Sightseeing 287 · Redaktions-Tipps 288 · Bustouren 288 · Zu Wasser 289 · Mit dem Helikopter 289 · TV-Studios/ Entertainment-Touren 289 · Neighborhood-Touren/Zu Fuß/ Thementouren 290 · **Sport treiben/Strände/Sport ansehen 291** · Sport treiben 292 · Fitness Center 295 · Strände 297 · Sport ansehen 297 · **Entspannen/Massagen/Körperpflege 299**

! **Die Grünen Seiten: Das kostet Sie New York**

! **Die Blauen Seiten: Neuigkeiten aus New York**

8. VORSCHLÄGE FÜR DIE ERKUNDUNG 301

Das erste Mal in New York 301
New York – für Fortgeschrittene 305

9. MANHATTAN SEHEN UND ERLEBEN 311

Manhattan: Allgemeiner Überblick 311
Redaktions-Tipps 314 • Orientierung 315
Ausflüge mit dem Boot 315
Überblick 315 • Rundfahrt um Manhattan 316 • Redaktions-Tipps 317 • Fahrt zur Freiheitsstatue (Statue of Liberty) und nach Ellis Island 317
Financial District und Civic Center 323
    Überblick: Einst und Heute 323
Financial District/Lower Manhattan 323 • Redaktions-Tipps 324 • Battery Park City 325 • Civic Center 326
    Spaziergänge/Erkundungen an der Südspitze Manhattans 326
Battery Park und Battery Park City 327 • Financial District, Civic Center und South Street Seaport 327
    **Sehenswürdigkeiten in Battery Park City,
dem Financial District und im Civic Center (alphabetisch)** 327
African Burial Ground 328 • Battery Park 330 • Castle Clinton National Monument 330 • Battery Park City 331 • Bowling Green 332 • Brooklyn Bridge 332 • Chase Manhattan Bank 334 • City Hall, Civic Center und Tweed Courthouse 335 • Cunard Building 336 • Federal Hall National Memorial & Museum 336 • Federal Reserve Bank 336 • Fraunces Tavern Museum 337 • Governor's Island Ferry Slip 337 • Museum of American Finance 338 • Museum of Jewish Heritage & Living Memorial to the Holocaust 338 • Nassau Street 338 • National Museum of the American Indian 338 • New York City Police Museum 339 • New York Stock Exchange (NYSE) 339 • New York Unearthed 340 • St. Paul's Chapel 340 • Skyscraper Museum 341 • South Street Seaport Historic District & Museum 341 • Staten Island Ferry Building 342 • Stone Street Historic District 342 • Trinity Church 343 • Vietnam Veterans Plaza & Memorial 343 • Woolworth Building 344 • World Trade Center – Site (Ground Zero) 344 • World Trade Center – Site: Viewing Platform 346
    **Spaziergang: Über die Brooklyn Bridge
nach Brooklyn Heights** 347
Zwischen Civic Center und Houston Street 348
    Überblick: Einst und Heute 348
Die Stadtteile Manhattans zwischen Civic Center und Houston Street im Überblick 348 • TriBeCa 348 • SoHo 350 • Chinatown 351 • Little Italy 354 • Bowery 355 • Lower East Side 356
    **Spaziergänge/Erkundungen in Manhattan
zwischen Civic Center und Houston Street** 358
Redaktions-Tipps 358 • TriBeCa und SoHo 358 • Chinatown und Little Italy 359 • Bowery und Lower East Side 359

Sehenswürdigkeiten in Manhattan zwischen Civic Center
und Houston Street (alphabetisch) 360
TriBeCa und SoHo 360 • New Museum of Contemporary Art
360 • New York City Fire Museum 361 • **Chinatown und Little
Italy 362** • Confucius Plaza 362 • Mott Street Buddhist Temple
362 • Museum of Chinese in the Americas 363 • Old St. Patrick's
Cathedral 363 • First Shearith Israel Graveyard/St. James Place
363 • **Bowery und Lower East Side 363** • Bowery Savings
Bank 363 • Eldridge Street Synagoge 364 • Historic Orchard
Street 364 • Lower East Side Tenement Museum 364

Zwischen Houston Street und 14th Street:
Greenwich Village, NoHo und East Village 365
Überblick: Einst und Heute 365
Die Stadtteile Manhattans zwischen Houston Street und 14th
Street im Überblick 365 • Greenwich Village/West Village 365 •
NoHo und Astor Place 368 • East Village 368
Spaziergänge/Erkundungen in Manhattan
zwischen Houston Street und 14th Street 370
NoHo, Greenwich Village und West Village 370 • Redaktions-Tipps
371 • NoHo (Astor Place) und East Village 371
Sehenswürdigkeiten in Manhattan zwischen Houston Street
und 14th Street (alphabetisch) 372
Greenwich Village und West Village 373 • „The Cage" 373 •
Church of the Ascension 374 • Father Demo Square 374 • Forbes
Magazine Galleries 374 • Greenwich Village Historic District 375
• Jefferson Market Courthouse (Library) 375 • New York Savings
Bank Building 375 • New York School of Drawing, Painting and
Sculpture 376 • New York University 376 • St. Luke's Chapel
(Church of St. Luke's in the Field) 377 • Washington Square Park
377 • **NoHo (Astor Place) und East Village 377** • Bayard-
Condict Building 377 • Cooper Union Foundation Building 378 •
Fire Engine Company N° 33 378 • Grace Church (Episcopal) 379
• New York Free Circulating Library, Ottendorfer Branch und
Deutsche Dispensary 379 • Old Merchant's House Museum 379 •
St. Mark's Historic District 380 • Schermerhorn Building 380 •
Tompkins Square Park 380 • Ukrainian Museum 381 • Union
Square 381

Zwischen 14th Street und 34th Street 382
Überblick: Einst und Heute 382
Die Stadtteile Manhattans zwischen 14th Street und 34th Street
im Überblick 382 • Chelsea 382 • Union Square/Flatiron District
384 • Gramercy Park 385 • Stuyvesant Town/Peter Cooper Village
386
Spaziergänge/Erkundungen in Manhattan
zwischen 14th Street und 34th Street 387
Chelsea, Madison Square, Union Square und Flatiron District 387
• Redaktions-Tipps 388 • Gramercy Park und Stuyvesant Town
388

Inhaltsverzeichnis

Sehenswürdigkeiten in Manhattan zwischen 14th Street und 34th Street (alphabetisch) _____ 389
Chelsea, Madison Square, Union Square und Flatiron District 389 • Center for Jewish History 389 • Chelsea Historic District 389 • Chelsea Hotel/Chelsea Apartments 389 • Chelsea Piers Sports & Entertainment Complex 390 • DIA Center of the Art 392 • Fashion Institute of Technology/Museum at FIT 392 • Flatiron Building 392 • Flatiron District/Ladies' Mile Historic District 393 • Flower Market 393 • General Post Office 393 • Madison Square Garden 393 • Madison Square Park 394 • Pennsylvania Station 394 • Sidewalk Clock 394 • Starrett-Lehigh Building 394 • Union Square 395 • **Gramercy Park, Stuyvesant Town und das Gebiet zwischen Broadway, 23rd Street, 34th Street sowie East River 395** • Empire State Building 395 • Gramercy Park 397 • Public Baths 397 • Stuyvesant Square Historic District 398 • Theodore Roosevelt Birthplace 398

Midtown (zwischen 34th Street und 59th Street) 399
Überblick: Einst und Heute _____ 399
Die Stadtteile von Manhattans Midtown im Überblick 399 • Fashion Center (Garment District) 399 • Clinton/„Hell's Kitchen" 400 • Theater District/Times Square 401 • Midtown 404 • Turtle Bay 406 • Murray Hill und Tudor City 407
Spaziergänge/Erkundungen in Manhattans Midtown _____ 407
Zwischen Times Square und Hudson River 407 • Redaktions-Tipps 408 • Zwischen Times Square und 5th Avenue 408 • Zwischen 5th Avenue und East River 411
Sehenswürdigkeiten in Manhattans Midtown (alphabetisch) __ 411
Fashion Center, Clinton und Times Square/Theater District (Midtown West) 411 • Hearst Magazine Building 411 • Herald Square 412 • Intrepid Sea-Air-Space Museum (Pier 85) 412 • Jacob Javits Convention Center 412 • Macy's Department Store 413 • McGraw-Hill Building 416 • „New" 42nd Street 416 • Pier 83 418 • Pier 84 418 • Piers 89 bis 99 418 • Port Authority Bus Terminal 418 • Times Square 418 • **Midtown, South Central Park und 5th Avenue 421** • Algonquin Hotel 421 • Alwyn Court Apartments 421 • American Craft Museum/Museum of Arts & Design 421 • American Folk Art Museum 422 • Bryant Park 422 • Carnegie Hall 422 • Columbus Circle 423 • Dahesh Museum 423 • Diamond Row/Diamond District 423 • General Motors Building 424 • Grand Army Plaza 424 • International Center of Photography (I.C.P.) – Midtown-Branch 424 • Museum of Modern Art (MoMA) 425 • Museum of TV and Radio 425 • New York Public Library – Main Branch 425 • Peninsula Hotel (Gotham Hotel) 426 • The Plaza Hotel 426 • Rockefeller Center 427 • Saks Fifth Avenue 429 • St. Patrick's Cathedral 429 • St. Regis Hotel 430 • Tiffany & Co. Building 430 • Trump Tower 431 • **Turtle Bay, Murray Hill und Midtown East 431** • Bloomingdale's 431 • Central Synagoge 432 • Chanin Building 432 • Chrysler Building 432 • Citicorp Building/Citicorp Center 432 • Daily News Building 433 • Grand Central Station 433 • Helmsley Building 434 • Hyatt

Regency Hotel 435 • Japan Society 435 • Met-Life (Pan Am) Building 435 • Philip Morris Building 435 • Pierpont Morgan Library/The Morgan Library 435 • St. Bartholomew's Protestant Episcopal Church 436 • St. Peter's Church at Citicorp Building 436 • Seagram Building 437 • Sony Building (Sony Wonder Technology Lab) 437 • Tudor City Historic District 437 • Turtle Bay Gardens Historic District 438 • Unicef House – Danne Kay Visitor Center 438 • United Nations Headquarters 438 • Waldorf-Astoria Hotel 440

Zwischen 59th und 110th Street   442
Überblick: Einst und Heute   442
Die Stadtteile zwischen 59th Street und 110th Street im Überblick 442 • Upper West Side 442 • Upper East Side 444 • Spanish Harlem/El Barrio 445

Spaziergänge/Erkundungen in Manhattan zwischen 59th Street und 110th Street   446
Central Park 446 • Redaktions-Tipps 447 • Lenox Hill, Upper East Side, Yorkville und die Museum Mile 449

Sehenswürdigkeiten in Manhattan zwischen 59th Street und 110th Street (alphabetisch)   450
Upper West Side und Manhattan Valley 450 • American Bible Society 450 • American Folk Art Museum – Eva & Morris Feld Gallery 450 • American Museum of Natural History 450 • Ansonia Hotel 451 • Children's Museum of Manhattan 451 • Dakota Building/Apartments 451 • Lincoln Center 452 • New York Historical Society 453 • Nicholas Roerich Museum 453 • Riverside Park 453 • Subway Kiosk 456 • Symphony Space 456 • Trump International Hotel & Tower 456 • **Central Park 456** • **Lenox Hill, Upper East Side, Yorkville und an der Museum Mile 462** • Abigail Adams Smiths House (Mount Vernon Hotel Museum) 462 • Asia Society 462 • Church of the Holy Trinity 463 • Cooper Hewitt National Museum of Design 463 • East River Houses 463 • Frick Collection 464 • Goethe Haus/German Cultural Center 464 • Gracie Mansion 464 • (Solomon R.) Guggenheim Museum 464 • The Jewish Museum 465 • Metropolitan Club 466 • Metropolitan Museum of Art 466 • Neue Galerie 469 • (El) Museo del Barrio 469 • Museum of the City of New York 469 • National Academy of Design 470 • Saint Nicholas Rssian Orthodox Cathedral 470 • Seventh Regiment Armory 470 • Sotheby's 471 • Temple Emanu-El (Synagoge) 471 • The Society of American Illustrators/Museum of American Illustration 472 • Whitney Museum of American Art 472

Der Norden von Manhattan   473
Überblick: Einst und Heute   473
Die interessantesten Stadtteile des Nordens von Manhattan im Überblick 473 • Morningside Heights 473 • Harlem 474 • Der absolute Norden Manhattans 479

Spaziergänge/Erkundungen in Manhattan nördlich der 110th Street — 479
Morningside Heights 479 • Redaktions-Tipps 480 • Harlem 480 • Nördlich der 145th Street 482
Sehenswürdigkeiten in Manhattan nördlich der 110th Street (alphabetisch) — 482
Morningside Heights 482 • Cathedral of St. John the Divine 482 • Columbia Universität 484 • Grant's Tomb 484 • Riverside Church 486 • **Harlem 486** • Abyssinian Baptist Church 486 • Apollo Theater 487 • Astor Row 487 • City College of New York 487 • Hamilton Heights Historic District 488 • Hamilton House/Hamilton Grange 488 • Harlem Market 489 • Harlem River Houses 489 • Harlem USA 489 • Langston Hughes House 489 • Marcus Garvey Park 489 • New York Public Library – 115th Street Branch 490 • Schomburg Center for Research in Black Culture 490 • Striver's Row 491 • The African-American Wax Museum 491 • Theresa Towers 491 • The Studio Museum in Harlem 492 • Walk of Fame 492 • **Manhattan nördlich der 145th Street 493** • American Numismatic Society 493 • (The) Cloisters 493 • Dyckman Farmhouse Museum 496 • George Washington Bridge 496 • Hispanic Society of America 496 • Morris-Jumel Mansion 496

10. BROOKLYN, QUEENS, THE BRONX, STATEN ISLAND SOWIE NEW JERSEY — 498

Überblick — 498
Brooklyn — 500
Überblick: Brooklyn Einst und Heute — 500
Die interessantesten Stadtteile von Brooklyn im Überblick (alphabetisch) — 504
Borough Park 504 • Brooklyn Heights 505 • Downtown/Civic Center/Fulton Mall 506 • Fort Greene (ehem. Teil von Clinton Hill) 507 • Red Hook 508 • Prospect Park/Park Slope 510 • Williamsburg 511 • Coney Island 512
Spaziergänge/Erkundungen in Brooklyn — 515
Brooklyn Heights, Brooklyn Downtown/Civic Center und Fort Greene 515 • Redaktions-Tipps 516 • Prospect Park und umliegende Straßenzüge 518 • Coney Island 518
Sehenswürdigkeiten in Brooklyn (alphabetisch) — 519
Brooklyn Heights/Dumbo, Brooklyn Downtown/Civic Center und Fort Greene 519 • Borough Hall (Brooklyn City Hall) 519 • Brooklyn Academy of Music (BAM) 519 • Brooklyn Bridge Anchorage 521 • Brooklyn Historical Society 521 • Brooklyn (Heights) Promenade 521 • Dime Savings Bank 522 • Fulton Mall 522 • Juniors-Restaurant 523 • New York (City) Transit Museum 523 • Watchtower Building 524 • Williamsburgh Savings Bank Building 524 • **Prospect Park/Park Slope 524** • Brooklyn Museum (of Art) 524 • Brooklyn Public Library 525 • Montauk Club 526 • Prospect Park 526 • Brooklyn Botanic Garden

527 • 7th Avenue 528 • Soldiers' and Sailors' Memorial Arch 529 • **Coney Island 529** • **Weitere Sehenswürdigkeiten in Brooklyn 532** • Borough Park (Stadtteil) • Concord Baptist Church of Christ 533 • Fort Hamilton/Harbor Defense Museum 533 • Green Wood Cemetery 533

Queens – das „Schlafzimmer" New Yorks — 534
Überblick: Queens Einst und Heute — 534
Die interessantesten Stadtteile und Gebiete von Queens im Überblick — 538
Long Island City (einschl. Astoria u. Steinway) 538 • Corona Park/Flushing Meadows 539 • Andere Stadtteile von Queens 540
Spaziergänge/Erkundungen in Queens — 541
Erkundung: Long Island City/Astoria 541 • Redaktions-Tipps 542 • Erkundung: Corona Park/Flushing Meadows 542
Sehenswürdigkeiten in Queens (alphabetisch) — 542
Long Island City (mit Astoria u. Steinway) 542 • American Museum of the Moving Image 542 • Institute for Contemporary Art/Contemporary Art Center 544 • Isamu Noguchi Garden Museum 544 • Kaufman Astoria Studios 544 • Museum for African Art 544 • Museum of Modern Art Queens – MoMA-QNS 546 • Socrates Sculpture Garden 546 • Steinway Piano Factory 546 • **Corona Park/Flushing Meadows 547** • New York Hall of Science 548 • Queens Museum of Art 549 • Unisphere 549 • **Weitere Sehenswürdigkeiten in Queens 549** • In Flushing 549 • Jamaica Center for Arts & Learning 551 • Jamaica Bay Wildlife Refuge 551 • Marine Air Terminal (La Guardia Airport) 551 • Queens County Farm Museum 552 • Rockaway Beaches 552 • Trans World Airlines Flight Center (John F. Kennedy Airport) 552

The Bronx — 553
Überblick: The Bronx Einst und Heute — 553
Die interessantesten Stadtteile der Bronx im Überblick — 556
Fordham 556 • Belmont 557 • City Island (inkl. Pelham Bay Park/Orchard Beach) 558 • Riverdale 558
Spaziergänge/Erkundungen in der Bronx — 559
The Bronx Zoo oder New York Botanical Gardens 559 • Fordham und Belmont (Arthur Avenue) 559 • Redaktions-Tipps 560 • City Island 560
Sehenswürdigkeiten in der Bronx (alphabetisch) — 562
Fordham, Arthur Avenue, The Bronx Zoo and New York Botanical Gardens 562 • Arthur Avenue 562 • The Bronx Zoo/Wildlife Conservation Society 562 • Edgar Allan Poe Cottage 565 • New York Botanical Gardens 565 • **City Island (inkl. Pelham Park u. Orchard Beach) 566** • **Weitere Sehenswürdigkeiten in der Bronx 567** • Hall of Fame for Great Americans 567 • Triborough (Tribor) Bridge 567 • Valentine-Varian House/Museum of Bronx History 568 • Van Cortlandt House Museum 569 • Wave Hill 569 • Woodlawn Cemetery 569

Staten Island — 571
Überblick: Staten Island Einst und Heute — 571
Erkundungen und Sehenswertes in Staten Island — 574
Redaktions-Tipps 574 • Historic Richmond Town 574 • Snug Harbor Cultural Center 576 • **Weitere Sehenswürdigkeiten/Orte in Staten Island (alphabetisch) 577** • Alice Austen House 577 • Conference House (Billopp House) 577 • Garibaldi-Meucci Museum 578 • Jacques Marchais Museum of Tibetan Art 578 • St. George (Fähranleger) 578 • Verrazano-Narrows Bridge 579

Jersey City/New Jersey — 579
Überblick — 579
Liberty State Park 580 • Liberty Science Center 580

11. ANHANG — 581

Literaturverzeichnis — 581
Redaktions-Tipps 585
Stichwortverzeichnis — 588

Außerdem weiterführende Informationen zu folgenden Themen:

Immigration in New York 28
Gründung und Machtentwicklung der Gewerkschaften 35
New York in der Weltwirtschaftskrise 37
Geschichtliche Eckdaten bis zum Ende des II. Weltkrieges 41
New York und seine Liebe zu Paraden 50
Rudolph W. Giuliani (* 1944) – Ein Bürgermeister bringt frischen Wind in die Stadt 54
New Yorker Autoren und ihre Themen 69
New Yorks „Gusseisernes Zeitalter" („Cast-Iron Age") 73
Was ist eigentlich ein „Dive"-Hotel? 196
Bekannte alkoholische Mixgetränke mit New Yorker Ursprung 244
Typische Ausgehzeiten der New Yorker 246

„Blue Note (Records)" 250
11. September 2001: „Amerika wird niemals mehr so sein wie vorher" 345
Woher erhielt die „Canal Street" ihren Namen? 349
Das Empire State Building in Zahlen 396
Tin Pan Alley 409
Fahrradkuriere – Bike Courier 419
Typisch für New York: Plazas, Skyscraper und Pocketparks 428
Informationen zu den Vereinten Nationen in New York 439
Zahlen zum Central Park 458
Auf den Spuren von Wayne Wangs Kultfilm „Smoke – Raucher unter sich" 508
Einige Zahlen zu den US Open 548
Jazz- und Bluesmusiker aus Queens 550

Verzeichnis der Karten und Grafiken:

Aufbau des amerikanischen Bildungssystems 57
Brooklyn 520
- Brooklyn Heights 517
- Coney Island 530/531
- Prospect Park 526
John F. Kennedy Int. Airport 125
LaGuardia Int. Airport 127

INTERESSANTES

Landaufschüttungen in New York 43
Manhattan
- Bootstouren 318
- Central Park 448
- Der Norden 485
- Der Norden: Überblick 474
- Einkaufen 266/267
- Financial District und Civic Center 328/329
- Financial District und Civic Center: Überblick 323
- Fort Tyron Park und The Cloisters 495
- Harlem 481
- Hotels außerhalb 210
- Hotels im Norden 208
- Hotels in Midtown/Theater District 202/203
- Hotels südl. der 34th Street 193
- im Jahr 1661 21
- im Jahr 1776 24
- im Jahr 1865 27
- Metr. Museum of Art 468
- Midtown (zwischen 34th Street und 59th Street): Überblick 399
- Midtown/Theater District 414/415
- Neighborhoods 313
- St. Patricks Cathedral 430
- The Cloisters 494
- United Nations Headquarters 438
- Upper Manhattan und Central Park 454/455
- Zw. Houston Street u. 14th Street 372/373
- Zw. Houston Street u. 14th Street: Überblick 366
- Zwischen 14th Street und 34th Street 390/391
- Zwischen 14th Street und 34th Street: Überblick 382
- Zwischen 59th und 110th Street: Überblick 442
- Zwischen Civic Center und Houston Street 360/361
- Zwischen Civic Center und Houston Street: Überblick 348

New York City: Übersicht 302
Newark Int. Airport 128
Niederschlag 45
Queens 545
- Long Island City (mit Astoria) 543
Staten Island 576
Temperaturen 45
The Bronx 563
- Fordham/Bronx Park 561

Farbkarten:
vordere Umschlagklappe:
Theater District
Übersicht New York
hintere Umschlagklappe:
U-Bahn-Plan New York City
Buchrückseite:
Manhattan

> **Hinweis**
> Eine Legende zu den Karten finden Sie auf S. 603.

So geht's:
Das Buch ist so aufgebaut, dass dem Reiseteil ein Einblick in **Geschichte und Kultur** sowie andere Aspekte des Reisezieles (Kap. 1–5) vorausgehen. Diesem Einblick folgen **allgemeine Tipps** zur Planung und Ausführung einer Reise **(Gelbe Seiten, Allgemeine Reisetipps von A–Z, Kap. 6)**. Danach finden Sie Spezialtipps zu den einzelnen Stadtbezirken **(Gelbe Seiten, Spezialtipps zu Unterkünften, Restaurants, etc., Kap. 6)**.
Im Anschluss folgt der **Reiseteil** (ab Kap. 7) zu den einzelnen Distrikten des Big Apple, in dem auf alle wichtigen und wesentlichen Sehenswürdigkeiten eingegangen wird, aber auch die Attraktionen „off the beaten path" – das andere New York – finden hier Beachtung.
Ein **ausführliches Register** im Anhang gibt Ihnen die Möglichkeit, schnell und präzise den gesuchten Begriff zu finden.

Wir freuen uns über Kritik, Anregungen und Verbesserungsvorschläge: Info@iwanowski.de

Einleitung: New York – The „Big Apple"

„New York is an ugly city. Its climate is a scandal, its politics are used to frighten children, its traffic is madness, its competition is murderous. But there is one thing about it – once you have lived in New York and it has become your home, no place else is good enough."
John Steinbeck, 1953

Freundliche Begrüßung

Als erster Europäer segelte 1524 der Italiener Giovanni da Verrazano um Manhattan herum. 85 Jahre später dann war es der Brite Henry Hudson, der auch einen Fuß auf die dicht bewaldete Insel setzte. Seinen Berichten folgend, starteten die Holländer zaghafte Besiedlungsversuche an deren Südspitze: Nieuw Amsterdam nannten sie den kleinen Handelsposten. Die Mana-Hattans, die hier ansässigen Indianer des Delaware-Stammes, begrüßten die Weißen zurückhaltend, aber durchaus freundlich. Der Dank hierfür war die Zerschlagung ihres Volkes keine 30 Jahre später.

Doch wer hätte zu dieser Zeit, vor nicht einmal 400 Jahren, voraussagen können, dass sich aus der kleinen Siedlung einmal **die** Welthauptstadt entwickeln würde: ein Konglomerat aus den höchsten Häusern, besten Museen, vielseitigsten und schrillsten Geschäftsideen, der bedeutendsten Börse der Welt, Sitz der UNO, einem einzigartigen Kulturprogramm und und und. Immer im Umbruch, oft im Aufbruch, mal bankrott, dann wieder arrogant in seiner Verschwendungssucht. Ein einzigartiger Schmelztiegel voller Highlights und Abgründe begann, sich zu entfalten.

Von 1650 an legte die Stadt in jedem Jahrhundert einen Gang zu. Erst kamen die Engländer und lösten die Holländer ab, dann erkämpften sich die Amerikaner die Unabhängigkeit. Drei massive Einwanderungswellen in das Land der unbegrenzten Möglichkeiten überstand die Stadt, ebenso wie lodernde Feuersbrünste, ausufernde Kriminalität, maßlose Exzentrik, himmelschreiende Wohnungsnot, Korruption und Vetternwirtschaft, immense Müllberge, Wassermangel, blutige Rassenunruhen, Verschwendungssucht und zuletzt den unfassbaren Terrorangriff auf das World Trade Center.

Doch New York, wie es die Engländer 1664 tauften, ließ und lässt sich nicht unterkriegen. Immer wieder aufs Neue rettete sich die Stadt aus skandalösen und aussichtslosen Situationen, um hinterher noch besser dazustehen – dank seiner Bewohner, die zu leiden, zu kämpfen und zu feiern gelernt hatten. „Wer es hier geschafft hat, wird es überall schaffen" war bald ein gängiger Slogan.

Weltstadt Nummer 1

Wohl schon vor dem Ersten, spätestens aber mit der Einrichtung der UNO nach dem Zweiten Weltkrieg wurde die Stadt, auch gerne als der „Big Apple" bezeichnet, eindeutig zur Weltstadt Nummer 1 – dem Trendsetter unter den Metropolen. London, Paris, Berlin, Tokio, keine von ihnen konnte ihr mehr das Wasser reichen.

Was aber weniger an der Zahl der Einwohner liegt – im Großraum leben 21 Millionen Menschen – als an deren Charakteren und Histörchen: 170 Nationalitäten leben hier auf engstem Raum, sprechen nahezu 100 Sprachen, werden beschützt von nahezu 50.000 Polizisten, betreut von 12.000 Psychiatern, bei Laune gehalten in jährlich 600 Off- und On-Broadway-Produktionen und können ihre kulinarischen Wünsche in über 18.000 „eating establishments" befriedigen. Kein Wunder, dass sie von über 37 Millionen Menschen besucht werden – jedes Jahr. Die New Yorker selbst sind ebenfalls oft „nicht von hier": Immer noch ist ein Viertel von ihnen im Ausland geboren, 40 % der Bevölkerung sprechen zu Hause spanisch und 25 % beherrschen die englische Sprache gar nicht. U.a. kann jeder dritte Taxifahrer fast kein Englisch.

„Histörchen" New Yorks

Es sind die Menschen, die das Stadtbild und das Lebensgefühl prägen und immer wieder verändern, ganz nach dem Motto: „Leben und leben lassen, aber bitte im Eilschritt". Mehr als in jeder anderen Stadt. Schnell werden Sie merken, dass Sie sich dem Tempo unmerklich anpassen: 30 Häuserblocks im New Yorker Gehschritt sind in 45 Minuten bewältigt, anderen den Vortritt zu lassen, ist in dieser Ellbogengesellschaft nicht üblich, und beim Einkauf ist nicht die Beratung wichtig, sondern das schnelle Zugreifen: Man weiß, was man will. Wer zögert und zweifelt, geht hier unweigerlich unter.

Machen Sie sich keine Illusionen: Um New York zu erkunden und zu erobern, sollten Sie in Abenteuerstimmung sein. „Pflicht"-Erlebnisse wie der Blick vom Empire State Building, die Bootsfahrt zur Freiheitsstatue, die Erkundung der Kunstmuseen – allen voran das Metropolitan Museum of Art –, der Spaziergang durch den Central Park, der Abend am Broadway werden Sie faszinieren, ja fesseln und einen Eindruck hinterlassen, den Sie nie vergessen werden. Doch ist ein Besuch anstrengend und aufreibend. Die Hektik, der Verkehr, das unendliche Pflastertreten, der zu bändigende Kaufrausch, die hohen Preise, der 24-Stunden-Lärm ... zurück in Europa werden Sie schon aus dem Flugzeugfenster heraus mit einem Gefühl der Erleichterung dem geruhsamen Treiben auf europäischen Großflughäfen zusehen.

New Yorker ...

Faszination...

Da es in New York so viel zu sehen gibt, sollten Sie besser von Tag zu Tag entscheiden, was Sie unternehmen möchten. Alles werden Sie eh niemals schaffen, und ein 4-tägiger Aufenthalt reicht nicht einmal für das „Abhaken" auch nur der bedeutendsten Sehenswürdigkeiten. Für den ersten Besuch des „Big Apple" rate ich Ihnen daher, sich erst einmal einer ganz normalen Stadtrundfahrt anzuschließen, um einen ersten Eindruck zu erhalten. Danach können Sie sich a drei bis vier Sehenswürdigkeiten genauer anschauen. Alles andere, ob Einkaufsbummel, Livemusikauftritte, Broadway-Shows, ausgefallenere Museen oder Restaurantbesuche sollten Sie dann ganz von Ihrer Tagesform und Lust abhängig machen. Die New Yorker planen ihre Freizeit auch nicht im Voraus. Das hat z.B. zur Folge, dass viele Lokale Reservierungen gar nicht oder nur noch mit Kreditkartengarantie annehmen, denn fast die Hälfte der „Langzeit"-Reservierungen wurde nicht wahrgenommen – ohne zu stornieren!

...hoher Pulsschlag

Der hohe Pulsschlag von New York wird Sie anstecken, genauso wie es mir passiert ist. Mittlerweile habe ich es mir zur Regel gemacht, einen spontanen Kurztrip in diese Stadt zu unternehmen, wenn mir die „Decke auf den Kopf fällt" und Europa mir zu langsam erscheint. Anschließend ist der Kopf reingewaschen und man weiß Europas Gangart wieder zu schätzen.

Da Sie vielleicht nicht immer Lust haben, anderen New-York-Urlaubern täglich auf gleichen Wegen zu begegnen, stellt Ihnen dieser Reiseführer zahlreiche Gelegenheiten und Attraktionen „off the beaten path" vor. So können Sie das „andere" New York erleben und z.B. nachvollziehen, wie Manhattan früher ausgesehen haben mag. Oder einfach nur die Skyline aus der Distanz bestaunen. Es werden weniger bekannte Stadtteile mit Geschichte und heutigem Erscheinungsbild vorgestellt: Wie wäre es mit einem Besuch der Bronx und Staten Island, einem Einkauf in Brooklyn oder einem ethnischen Restaurant in Queens? Friedhöfe können Geschichten erzählen, kleine Museen das Amerika des 17. Jahrhunderts näherbringen und und und.

> „Die Rolle des Künstlers in New York besteht darin, ein Viertel so attraktiv zu machen, dass die Künstler dort nicht mehr wohnen können."
> (Ed Koch, ehemaliger Bürgermeister New Yorks)
>
> SoHo und das Greenwich Village gehören dazu.

So, nun wünsche ich Ihnen viel Spaß in der inoffiziellen Welthauptstadt. Vielleicht nehmen Sie sich ja als Souvenir eine CD von Frank Sinatra mit nach Hause, der die Stadt in seinem Lied „New York, New York" verehrte. Im heimischen Wohnzimmer können Sie dabei alles Revue passieren lassen, und ein erneuter Besuchswunsch wird Ihnen in den Sinn kommen.

An dieser Stelle möchte ich mich nun bedanken bei Ulrike Klar, die maßgeblich an den Kapiteln Geschichte, Gesellschaft und Kultur mitgewirkt hat, Matthias Rasch für die Zusammenstellung des Geographie-Kapitels, Birte Kühl, Petra Kraus sowie Marita Bromberg für die Unterstützung auf den Recherchereisen, Christiane Krümpelmann für die Inspirationen, den Spaß sowie die Beratung bei den Einkaufstrips und im Night Court, dem New Yorker Presseamt für die vielen Informationen sowie die Erlaubnis, Material aus seinem Bildarchiv zu verwenden, und ganz besonders meinen Eltern, die mir trotz eigener Zweifel über Jahre Geduld und „Vertrauen auf Kredit" geschenkt haben und so ihren ganz persönlichen Anteil am Zustandekommen auch dieses Buches tragen.

Kronshagen, im März 2010

I. NEW YORK AUF EINEN BLICK – FAKTEN

Einwohner	New York (alle 5 Boroughs): 8,28 Mio. E.; davon arbeitende Bevölkerung: 3,2 Mio.; Metropolitan Area: ca. 21,6 Mio. E.
Fläche der 5 Boroughs	779,3 qkm; Manhattan: 58,78 qkm (zum Vergleich: Berlin: 883 qkm, London: 1.580 qkm)
Namensherleitung von Manhattan	Bei den Delaware-Indianern bedeutete „Menatay" Insel. Auf dieser Insel lebte der Stamm der Menatay/Menates (Mana Hattans).
Sprache	Über 70 Sprachen werden gesprochen (andere Quellen: nahezu 100)
Nationalitäten	Menschen aus 171 Nationen leben in NY
Ethnische Herkunft	34 % Eurasier, 25 % Afro-Amerikaner, 28 % Hispanics (Lateinamerika), 10 % Asiaten, 27.540 Native Americans (Indianer), 910.000 anderer Herkunft
Religionen	43 % Katholiken, 10,9 % Juden, 10,8 % Baptisten, 7,4 % Agnostiker, 6,8 % andere Protestanten, 2,9 % Methodisten, 2,4 % Pentecostal (Pfingstler), 2,2 % Episcopale, 1,5 % Moslems, 1,5 % Lutheraner, 1,2 % Presbyterianer
Sozialhilfeempfänger	690.000 (1990: 1,05 Mio.)
Kirchen, Tempel und Moscheen	ca. 6.000
Bürgermeister	seit 2002 Michael R. Bloomberg (Republikaner)
Jahreseinkommen	48.000 Dollar (USA: 47.000 Dollar)
Teuerste Miete	Geschäfte an der East 57th St./5th Ave: 960 Dollar pro qm im Monat
Besucher	fast 50 Mio. pro Jahr (davon 7,6 Mio. aus dem Ausland; 430.000 aus Deutschland)
Fluggäste auf den 3 Flughäfen	über 110 Mio.
Busse	2,6 Mio. Passagiere benutzen täglich die 4.600 städtischen Busse
U-Bahn	5 Mio. Passagiere benutzen täglich die nahezu 6.400 U-Bahnwagen
Taxis	Fahrer/innen aus 85 Ländern (die 60 Sprachen sprechen) chauffieren die Passagiere in 12.200 lizensierten Taxis
Hotels	über 270 mit mehr als 70.000 Zimmern (durchschn. Zimmerpreis: $ 245!)
Parktickets	Jährlich werden über 10 Millionen Parktickets in New York verteilt, die der Stadtkasse $ 500 Mio. "spendieren".
Restaurants/Pubs/Delis	über 20.000
Gebäude unter Denkmalschutz	963
Kunstgalerien	über 400

1. New York auf einen Blick – Fakten

Museen	über 150
Broadway-Theater	39
Besucher (jährlich)	Times Square Area: 21 Mio., Bloomingdale's: 15 Mio., Broadway Theater: über 13 Mio., Metropolitan Museum of Art: 4,6 Mio., Freiheitsstatue: 3,8 Mio., Empire State Building: 3,5 Mio., American Museum of Natural History: 3,4 Mio., Central Park: 16 Mio.
Wolkenkratzer	über 200
Kongresszentrum	Das Jacob K. Javits Congress Centrum ist das größte der Welt. Es erstreckt sich über 5 Häuserblocks, und bis zu 80.000 Menschen finden hier Platz.
Landaufschüttung	32 % von Lower Manhattan sind künstlich aufgeschüttet worden.
Telefongespräche	Täglich werden in NY 48 Millionen Telefongespräche geführt.
Zuschauer bei Paraden	Puerto Rican Day Parade: 2,2 Mio., Macy's Thanksgiving Parade: 2 Mio., NY City Marathon: 2 Mio., Halloween Parade: 1,5 Mio., St. Patrick's Day Parade: 1,5 Mio., Silvester am Times Square: über 1 Mio.
Buchgeschäfte	über 500
Psychotherapeuten	12.000
Polizisten	ca. 40.000
Feuerwehrstationen	225
Ladenmieten	an 5th Avenue und Madison Aves., Höhe 57th St.: bis zu $ 960/qm
Firmensitze	Über 2.500; 34 der 300 größten amerikanischen Firmen haben ihren Sitz hier, davon 14 aus dem Finanzbereich (z.B. Chase Manhattan, Citicorps) und 3 aus dem Medienbereich (darunter New York Times, Time Warner)
Arbeitsplätze in der Computer-industrie (Manhattan)	28.000, die meisten in der "Silicon Alley" (unterer Broadway)
Entfernungen	NY – Niagara Falls: 725 km; NY – Washington: 369 km; NY – Boston: 357 km
Woher kommt die Bezeichnung „Big Apple"?	Jazz-Musiker der 1920er und -30er Jahre pflegten zu sagen: „Es gibt viele Äpfel am Baum des Erfolges. Doch wenn man New York City „abpflückt", dann hat man den „Big Apple" erwischt."

2. GESCHICHTE UND WIRTSCHAFTLICHE ENTWICKLUNG

Geschichte

Frühe Besiedlung durch die Indianer

Wenn man heute an das rege Treiben der Metropole New York denkt, fällt es schwer, sich in die Anfänge des einst holländischen Gebietes zu versetzen. New York liegt in der Region der ehemaligen **Eastern Woodlands**, einer Waldlandschaft riesigen Ausmaßes, die an der Atlantikküste begann, sich im Süden beinah bis ins heutige Florida erstreckte, im Norden über die kanadische Grenze hinweg und westwärts bis jenseits der Großen Seen zog. Die **Indianer**, die die Eastern Woodlands nachweislich seit mindestens 3000 vor Christus besiedelten, waren **Jäger- und Sammlerstämme**, die das Land auf ihre Art kultivierten. Zumeist organisiert als Gesellschaften mit einem Stammesoberhaupt, unterschieden sich die Stämme jedoch stark in ihrer internen Organisation. So gab es sowohl egalitär aufgebaute Stämme als auch Gesellschaften mit einem ausgeprägten Klassensystem.

3.000 Jahre Besiedlung

Gemeinsam war diesen Stämmen jedoch der Glaube an eine spirituelle Beziehung zwischen allen Dingen der Erde, und gerade ihr Glaube an die Wichtigkeit der Beziehung zwischen dem Menschen und seiner natürlichen Umgebung trennte sie von den Europäern, die das Land an sich nahmen.

Die **üppige Vegetation**, die die Europäer als Geschenk der Natur betrachteten, war in Wirklichkeit das Werk der Indianer, die durch ein intelligentes System der Waldrodung durch Feuer Lebensraum für wilde Tiere und fruchtbaren Boden für den Anbau von Nahrungsmitteln geschaffen hatten. Zwischen 1500 und 1900 verringerte sich die nordamerikanische indianische Bevölkerung um über 90 Prozent, von etwa 10 bis 12 Millionen auf eine halbe Million. Dies geschah teils durch Kriege, vor allem aber durch Krankheiten wie Masern, Windpocken oder die Grippe, die die Europäer mit sich brachten.

Im Jahre **1607** begann der erfahrene britische Seemann *Henry Hudson* im Auftrag der Muscovy Handelsgesellschaft die Suche nach einer direkten Seeroute nach China, der sogenannten Northwest Passage, die die Reisezeiten verkürzen sollte, doch seine Reise endete bei Spitzbergen. Beauftragt von der **Dutch West India Company**, versuchte er im Jahre 1609 sein Glück erneut und

Die „Half Moon", Henry Hudsons Schiff

Holländische Handelsgesellschaft als Motor der Kolonisierung

gelangte so im September des Jahres in das heutige New York. Die Versuche früherer Forscher wie *Giovanni da Verrazano* oder *Jacques Cartier*, den amerikanischen Kontinent zu besiedeln, waren gescheitert, und sowohl *Hudson* als auch seine Geldgeber wussten um die Gefahren eines solchen Unterfangens. Hudsons Berichte über die vorzügliche Lage des dortigen Hafens jedoch, über die üppige Natur und über einen breiten Fluss, der in das Innere des Landes führe, schürten die **kommerziellen Interessen** der holländischen Handelsgesellschaft, und man beschloss, das Land als Kolonie zu besiedeln, um von den dortigen Bodenschätzen zu profitieren.

Die Anfänge New Yorks als New Amsterdam, 1610–1664

Das von *Hudson* vorgefundene Land, genannt **Manahatta**, war besiedelt von Indianern der Algonquin-Stammesfamilie (Delaware-Indianer), den sogenannten Manates, die den europäischen Siedlern im Jahre 1626 ihre Ländereien für Werkzeuge und Glasperlen im Wert von nur 60 Gulden verkauften und westwärts zogen. Durch diese Jäger- und Fischerstämme lernten die neuen Siedler Mais, Bohnen und andere Nahrungsmittel sowie den Tabak kennen. Auch übernahmen sie deren Orts- und Flüssenamen.

Im Jahre **1623 erreichte eine 110-köpfige Gruppe**, bestehend aus 30 Familien, **New Amsterdam** unter der Leitung von *Cornelis Jacobsz May*. Bei den meisten Familien handelte es sich um protestantische Wallonen, die aus den spanischen Niederlanden geflohen waren. Sie brachten Vieh und Saatgut mit sich, um die wilde Natur zu bezwingen. Eine zweite Gruppe unter der Führung des Ingenieurs *Cryn Fredericksz* stieß 1625 zu ihnen mit dem Vorhaben, eine neue Siedlung für die circa 270 Holländer zu errichten. Diese sollte aus einer Kirche, einem Marktplatz, einem Krankenhaus, einer Schule sowie Wohnhäusern bestehen. Zum Erbau der Siedlung importierte man **Sklaven** von den karibischen Inseln. Diesen gewährte man jedoch gewisse Freiheiten wie persönlichen Besitz, wenn sie eine jährliche Abgabe entrichteten.

Erste Sklaven

Bis zum Jahr 1643 war die Bevölkerung auf über 400 Personen angewachsen, und die Dutch West India Company, die seit 1621 die Kolonierechte hatte, unterstützte neue Siedler durch eine kostenfreie Überfahrt nach Amerika und die Zuteilung von Ländereien. Mit Ausnahme des Pelzhandels, auf den die Gesellschaft ein Monopol erhoben hatte, das sich durch den zunehmenden Schmuggel mit Pelzen ab 1639 jedoch nicht mehr aufrecht erhalten ließ, gab man den Neuankömmlingen einen großen wirtschaftlichen Freiraum. So entstanden in diesen Jahren mehrere **sowohl englische als auch niederländische Siedlungen** innerhalb der Kolonie. Um sich vor indianischen Angriffen zu schützen, schloss man ein Freundschaftsabkommen mit der Stammesfamilie der Iroquois, die die mächtigsten indianischen Nationen beinhaltete. Die holländischen Siedler belieferten ihre neuen Freunde mit Waffen, die diese gegen andere Stämme und gegen französische Siedler einsetzten. Auch wurden Gesetze gegen Bürger erlassen, die Indianer angreifen oder ausbeuten wollten, denn man war sich der Konsequenzen solcher Taten bewusst.

Freundschaftsabkommen

Nach einer Zeit relativen Friedens erließ im Jahr 1638 der Gouverneur der Siedlung, *Kieft*, ein Gesetz, nach dem die benachbarten Indianer von den europäischen Siedlern besteuert werden sollten. Dies führte zu zahlreichen Übergriffen und Kriegen in den darauffolgenden Jahren, und als 1643 Friede geschlossen wurde, war von den europäischen Siedlungsanlagen nicht viel übriggeblieben. Die Siedler zogen zum Teil weiter und gründeten neue Niederlassungen in Bloomingdale Village, Haarlem, Queens, Bronx und auf Long Island.

Kriege und Übergriffe

Der neue Verwalter der Kolonie, **Petrus Stuyvesant**, fand seine Landsleute in einem völlig demoralisierten Zustand vor, als er **1647** den Vorstand der Siedlung New Amsterdam übernahm. Statt den Handel auszubauen, schienen sich die Siedler mehr für Alkohol und das Kartenspiel zu interessieren. Der Regierungsansatz von *Stuyvesant* war streng und autokratisch. Er drängte auf die Einhaltung der religiösen Pflichten und war maßgeblich beteiligt an der Verfolgung von Mitgliedern der religiösen Glaubensgemeinschaft der Quaker. Eines seiner Hauptziele war die Sicherung der Stadt gegen feindliche Übergriffe. 1653 wurde gegen seinen Willen eine Art städtischer Regierung gebildet, die aus einem Komitee von neun Männern bestand, die im Sinne der Gesellschaft Entscheidungen treffen sollten. *Stuyvesant* entfremdete sich zunehmend von seinen Landsleuten. Bis zu diesem Zeitpunkt hatten die Siedler keinerlei politisches Mitspracherecht gehabt, und ihre Interessen wurden nicht vertreten.

Die Übernahme durch England

Die auf 1.500 Personen angewachsene und ständig um ihren Erhalt fürchtende Siedlung bestand in dieser Form bis 1664, als der britische **König Charles II.** die Landrechte über New Amsterdam seinem Bruder *James*, dem **Herzog von York**, übertrug. Aufgrund von Bürgerkriegen und Unruhen war die britische Kolonisierung in der Mitte des 17. Jahrhunderts vorübergehend zu einem Stillstand gekommen. *Charles II.* jedoch beschloss, diese fortzuführen. Er wollte in einem ersten Schritt die Holländer, mit denen er in der Alten Welt Krieg führte, vertreiben, und gab daher seinem Bruder *James* die Erlaubnis zu nehmen, was er kriegen könne. Als *James* im August 1664 mit seiner Flotte New Amsterdam erreichte, ergab sich ihm die Kolonie kampflos. Fortab stand so die Siedlung unter der Aufsicht britischer Gouverneure. Das holländische New Amsterdam war an seiner schlechten und korrupten Verwaltung gescheitert und war nun New York geworden.

Beginn der Ära New York

New York unter britischer Herrschaft, 1664–1783

Heterogenes Stadtbild

Mit der Übernahme New Yorks durch die Briten begann der Handel in der Kolonie zu florieren. **Heterogenität** prägte nun das Stadtbild, denn die Bewohner kamen aus vielen unterschiedlichen Orten, vertraten zahlreiche Berufsgruppen – darunter auch Rechtsanwälte und Ärzte –, sprachen verschiedene Sprachen und gehörten vielerlei Konfessionen an. Für Vergnügen und Ausgleich wurde in den Kaffeehäusern, Tavernen und Bordellen gesorgt.

Der Herzog von York, Herr der Kolonie, hatte *Richard Nicolls* zum ersten britischen Gouverneur ernannt. Dieser behielt das holländische System der Lokalregierung bei, und der Landbesitz der Siedler wurde bestätigt. Durch den zweiten britisch-holländischen Krieg im Jahre 1665 begannen jedoch einschneidende Veränderungen. Die Handelskontakte mit Amsterdam wurden beendet, und es begann eine Zeit der **Anglisierung**, die sich auf die Bereiche Regierung, Gesetzgebung und Handel erstreckte. 1673 wurde ein Postsystem zwischen New York, Boston und Hartford ins Leben gerufen. Eine Auswirkung im Bereich des Glaubens war die Aufhebung der Verfolgung von Quakern und Juden.

Versuch der Rückeroberung

Nach einem kurzen Zwischenspiel im Jahre 1673, als eine niederländische Flotte mit 1.600 bewaffneten Männern versuchte, die Kontrolle über New York zurückzugewinnen, war die Stadt 1674 wieder fest in den Händen der Briten. Durch den Tod von *Charles II.* im Jahre 1685 wurde *James* zum Thronfolger und die Kolonie zur königlichen Provinz. Sein Ziel war es, die Kolonien nördlich und östlich des Delaware River mit New York zu einem gemeinsamen Herrschaftsgebiet namens Neu-England zu verbinden. Als königlicher Vertreter fungierte der Gouverneur, der über nahezu unbegrenzte Macht verfügte. Dieser prosperierende Zustand hielt bis zur Entmachtung *James II.* während der Invasion Englands durch *Wilhelm von Oranien* an. In dessen Namen riss **Jacob Leisler** 1689 die Herrschaft über Fort James an sich, entgegen dem Willen der holländischen und britischen Siedler. Unter *Leisler* entwickelte sich ein System von Korruption und Bestechung, denn Rechte konnten nun vom Gouverneur „erkauft" werden.

Um die Vollmachten der Gouverneure endgültig einzuschränken, beschloss die Versammlung der kolonialen Repräsentanten 1709, die Amtszeit der Kolonievorsteher auf ein Jahr zu begrenzen und deren Lohn stark zu kürzen. So begann für die Kolonie eine Zeit des wirtschaftlichen Wachstums, die bis in die 60er Jahre des 18. Jahrhunderts andauern sollte. 1693 wurde auf der Wall Street das erste dauerhafte Pflaster in New York gelegt, und im darauffolgenden Jahr entstand der Hafen an der Wall Street und Pearl Street. Ein neues Rathaus wurde erbaut, das das alte Stadt Huys der Holländer ersetzte. Mehrere Kirchen, darunter die Trinity Church, entstanden. Ein Marktplatz, Geschäfte und ein Sklavenmarkt wurden errichtet.

Wall Street

Während der britische Handel blühte, verloren die Holländer mehr und mehr an wirtschaftlicher Bedeutung, wenn auch die durchschnittliche Bevölkerungszahl hoch blieb. Es trafen kaum noch neue niederländische Siedler in New York ein, und man fand sie vornehmlich in einfachen Handwerksberufen. Reiche Händler fand man in den Reihen der Briten und unter den **französischen Hugenotten**, die ab 1685 in der Kolonie eintrafen. Rund 200.000 dieser Protestanten waren vor der politischen Verfolgung in ihrem Heimatland geflohen, eine kleine Anzahl davon nach Amerika. 1654 traf auch eine erste kleine Gruppe von **Juden** in New York ein, die bis zur Unabhängigkeit New Yorks und der Übernahme der Stadt durch die Briten regen Handel betrieben, später dann zumeist nach Philadelphia auswanderten. Eine weitere Bevölkerungsgruppe waren die **afrikanischen Sklaven**, die sich in großer Zahl in der Kolonie fanden. Sie arbeiteten als Hausdiener oder im Handwerk. Es gab nur eine sehr geringe Zahl freier schwarzer Bewohner, und nach den Sklavenaufständen des frühen 18. Jahrhunderts wurden ihnen die meisten ihrer ohnehin beschränkten Rechte, so zum Beispiel das Recht, Land zu besitzen, genommen.

Erste Juden

Die 60er Jahre des 17. Jahrhunderts waren eine **Zeit der politischen Umwälzung**. Durch Steuererlasse der britischen Regierung sollten die Kolonien nun für Importe besteuert werden, was zu einem Boykott britischer Güter führte. Wie in Boston gab es auch in New York eine Tea Party im Jahr 1774, und kurz darauf kam es zu bewaffneten, anhaltenden Ausschreitungen. Durch seine Hafenlage war New York besonders anfällig für Seeangriffe. Erst **1776** kam es jedoch zu der angestrebten politischen **Unabhängigkeit vom Mutterland**: Im April erreichte *George Washingtons* Armee New York, und Fort Washington wurde im nördlichen Manhattan angelegt. Im Juni erreichten britische Truppen unter der Leitung von *Sir William Howe* Staten Island. Nach schweren Verlusten auf beiden Seiten musste Washington im Oktober die Stadt aufgeben. Währenddessen wurde jedoch im Juli ein Konvent der Vertreter des Staates New York gebildet, und im April **1777** wurde eine neue **Verfassung** für den Staat New York unterzeichnet. Im Februar 1778 bestätigte New York als zweite von 13 Kolonien die Artikel der Konföderation.

Werbung für eine Sklavenauktion (1769)

New York unter britischer Besatzung (1776–1783) und der Neuanfang

Während der gesamten amerikanischen Revolution blieb New York unter der Herrschaft der Briten. Ein Drittel aller Ausschreitungen des Krieges fand auf New Yorker Grund statt, und die Stadt wurde stärker beschädigt als alle anderen Kriegsplätze. Durch Großbrände in den Jahren 1776 und 1778 wurden weite Teile der Stadt vernichtet. Dennoch kam es zu einem starken Bevölkerungswachstum von 17.000 auf 30.000 Bürger, denn viele **Loyalisten** anderer Kolonien strömten in das britische New York. Viele dieser heimattreuen Neuankömmlinge verließen 1783 zum Ende des Krieges, nachdem ihnen viele ihrer Ämter und Bürgerrechte,

Bevölkerungswachstum

2. Geschichte und wirtschaftliche Entwicklung: Geschichte

darunter das Wahlrecht, entzogen wurden, mit dem britischen Militär die Stadt und zogen nördlich nach Nova Scotia. 1792 wurde ihnen die Rückkehr offiziell gestattet, doch in der Zwischenzeit hatten sich die Vermögensverhältnisse in der Stadt völlig gewandelt.

Unter einer neuen Verfassung wurde New York City 1788 zur **Hauptstadt des Staates New York** (abgelöst 1797 von Albany) und bis 1790 zur vorübergehenden Hauptstadt der Vereinigten Staaten. Im Vertrauen auf ihre wirtschaftliche

Potenz und ihre politische Loyalität hatte man die Stadt zum Regierungssitz gemacht, und 1789 wurde **George Washington** hier als **erster Präsident der Vereinigten Staaten** vereidigt. Unter seinem Schatzmeister, *Alexander Hamilton*, und einer föderalistischen Regierung begann die Wirtschaft New Yorks in den 90er Jahren wieder zu blühen, und ein stabiles politisches und finanzielles System entstand. New York war nach Philadelphia die größte Stadt der Vereinigten Staaten und hatte im Jahr 1790 über 33.000 Einwohner. In den darauffolgenden Jahrzehnten stieg die Bevölkerungszahl stark an durch Zuwanderer aus Neu-England und aus Irland. So war die Stadt trotz ihres wirtschaftlichen Aufstiegs bis ins 19. Jahrhundert mit den Problemen des Bevölkerungszuwachses konfrontiert, und man musste sich mit Themen wie Armut, schlechten Wohnverhältnissen, Seuchen, politischen Vorurteilen oder religiöser Diskriminierung auseinandersetzen.

Stabiles politisches System

Das Industrielle Zeitalter, 1825–1890

Um sich das enorme Wachstum von New York City während dieses Zeitraumes besser vorstellen zu können, nimmt man am besten einen Stadtplan Manhattans zur Hilfe: 1828 reichte die Stadt bis zur 10. Street, 1860 machte man Pläne für Straßen nördlich der 155. Street. Der dazu parallel erfolgende **Bevölkerungsboom** führte zum Anwuchs auf über 800.000 Einwohner im Jahre 1860, verglichen mit 123.000 zum Beginn der Periode. Bis zur nächsten Jahrhundertwende hatte Manhattan die 1,3 Millionen-Marke erreicht, zusammen mit den Boroughs (zu dieser Zeit im Wesentlichen Brooklyn) zählte die Stadt nun 3,5 Millionen Einwohner. New York hatte sich zu einer reichen Stadt und einem Handelszentrum entwickelt.

Anfang des 20. Jh. bereits 3,5 Millionen Einwohner

Mit der **Eröffnung des Erie-Kanals** zwischen dem Erie-See und New York City im Jahr 1825 wurde der Warenhandel günstiger. Durch die Eisenbahn beschleunigten sich auch die Reisezeiten für den Personenverkehr enorm. Hatte man bisher für eine Reise nach Boston anderthalb Tage mit der Pferdekutsche gebraucht, so ließ sich diese Strecke mit der Bahn ab den 1940er Jahren in 10 Stunden bewältigen. Auch die innerstädtische Infrastruktur wurde durch die ersten pferdegezogenen Straßenbahnen innerhalb Manhattans bis nach Harlem ab den 30er Jahren verbessert.

Die gesellschaftliche Trennung zwischen den **Reichen und Armen** der Stadt nahm in den 30er und 40er Jahren zu. Als 1834 die erste Direktwahl des Bürgermeisters durch die Bevölkerung stattfand, war diese begleitet von **Unruhen und Straßenkämpfen**. Die Bevölkerung spaltete sich in die Lager der *Whigs* (später *Republicans*) und der *Democrats*, darunter viele Einwanderer irischer Abstammung. Durch Fälschung der Wahlergebnisse im vermeintlich furchtbarsten Slum der Welt, „Five Points", gelang **Fernando Wood** der Einstieg ins Bürgermeisteramt und er blieb mit kurzer Unterbrechung Inhaber dieses Amtes, bis der Bürgerkrieg im April 1861 begann. Wood war ein starker Befürworter der Sklaverei und fand so die Unterstützung einer breiten Schicht von Händlern, die sich auf die billige Arbeitskraft der schwarzen Sklaven in der Baumwollverarbeitung verließen. Durch die Misserfolge des ersten Kriegsjahres entschied sich New York mehrheitlich gegen den Krieg, konnte sich diesem jedoch nicht entziehen, musste Truppen zu den Kampfhandlungen schicken und starke Verluste hinnehmen.

Die Wohnverhältnisse des 19. Jahrhunderts

Währenddessen verschlechterten sich die Wohnverhältnisse in manchen Gegenden dramatisch. Im bereits erwähnten Slum „Five Points" befand sich die Mietskaserne „Old Brewery", die mit ihren 1.200 Bewohnern, die monatlich zwischen 2 und 10 Dollar an Miete zahlten, das am stärksten besetzte Haus der Stadt war.

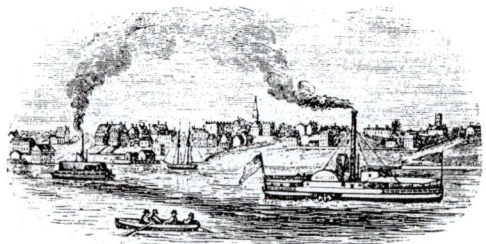

Williamsburgh (Mitte des 19. Jahrhunderts)

Die unverhältnismäßig hohen Preise ließen sich durch die Knappheit an Wohnraum in der Großstadt erzielen. Vermehrt wurden nun **Mietshäuser** – eine New Yorker Besonderheit – erbaut, um dem immerwährenden Zustrom der Neuankommenden gerecht zu werden (vgl. Kapitel Architektur). Diese Gebäude, von denen im Jahr 1864 bereits 15.000 existierten, befanden sich laut einer Studie des gleichen Jahres über

Schlechte Wohnverhältnisse

den Gesundheitszustand der Stadt in einem hygienisch untragbaren Zustand. Zur Kontrolle und Besserung der Situation wurde daher ein städtischer Gesundheitsausschuss, der „Metropolitan Board of Health", gegründet. Erst 1879 wurde ein Gesetz zur Baubegrenzung erlassen und bisher gängige Missstände wie fensterlose Zimmer verboten. Dieses und ähnliche Gesetze verbesserten den Standard der Mietwohnungen zwar etwas, doch konnten sie die Probleme nicht beheben, denn die Bevölkerungszahl wuchs weiterhin steil an, die Masse war unterbezahlt, und die Arbeitslosigkeit stieg. So waren die Eigentümer der Mietshäuser einflussreiche Bürger der Stadt. 1900 gab es bereits über 40.000 Mietshäuser in Manhattan.

Die Stadt expandiert: The Bronx, Brooklyn, Queens und Staten Island

Wichtige strategische Position von „The Bronx"

Das Bevölkerungswachstum New Yorks während des 19. Jahrhunderts führte dazu, dass die Stadt über die Grenzen von Manhattan hinaus wachsen musste. Das erste neue Stadtviertel, das zwischen 1874 und 1898 integriert wurde, war **The Bronx**. Dieser Bereich wird durch den Harlem River von Manhattan getrennt und hatte bereits im 17. Jahrhundert eine wichtige strategische Position als Zollstelle für den Handel zwischen Manhattan und Neu-England inne. Bis zur zweiten Hälfte des 19. Jahrhunderts blieb die Bronx eine vornehmlich landwirtschaftlich genutzte Gegend. Seit 1904 ist der Stadtteil mit Manhattan durch ein Schnellbahnnetz verbunden und wurde seitdem zum attraktiven Wohnort für Pendler. Im Rahmen eines Referendums von 1898 wurden drei weitere Stadtvier-

2. Geschichte und wirtschaftliche Entwicklung: Geschichte

tel in die Großstadt integriert: Brooklyn, Queens und Staten Island. **Brooklyn** war schon früh besiedelt, da bereits 1814 eine regelmäßige Fährverbindung nach Manhattan bestand. Als 1883 die Brooklyn Bridge eröffnet wurde, lag die Einwohnerzahl bereits bei 600.000 Personen, 1898 schon bei weit über 1 Million. **Queens** hingegen hatte sich bis zum Ende des 19. Jahrhunderts als ländliche Gegend gehalten und wuchs erst durch die Eröffnung der Queensborough Bridge (1909) sowie des Eisenbahntunnels nach Long Island (1910) an. **Staten Island** hat sich den ländlichsten Charakter erhalten und hat auch heute nur knapp 400.000 Einwohner; die Bevölkerungsentwicklung folgte nicht dem Rest der Stadt. 1993

Anwachsen der Großstadt

haben sich die Einwohner von Staten Island mit großer Mehrheit für eine Trennung von New York City entschieden. Diese Trennung ist jedoch noch nicht vollzogen.

New York im 20. Jahrhundert

Die Volkszählung von 1900 stellte für New York City eine Einwohnerzahl von beinah 3,5 Millionen fest, und **Wirtschaft und Handel blühten,** wovon heute unter anderem noch zahlreiche populäre Lieder der Zeit zeugen. Besonders das Druckerei- und Verlagswesen hatte sein Zentrum in New York gefunden. Die Unterhaltung in Theatern und Kabaretts nahm zu, doch kritische Stimmen thematisierten auch die Schwierigkeiten der Metropole in Theaterstücken über jüdische Proletarier oder Romanen über hungerleidende Fabrikarbeiter.

Unterhaltungskultur

In den 1920er Jahren bemühte man sich, die Infrastruktur der Stadt zu verbessern und gründete als zuständiges Organ die Port of New York Authority, die Verantwortung trägt für die Entwicklung der Häfen, Flughäfen, Bahnhöfe, Brücken und Tunnel der Staaten New York und New Jersey. Zeitgleich mit den städtischen Verbesserungen traten andere Veränderungen ein, vornehmlich die **Prohibition**. Diese von 1920 bis 1933 anhaltende Regulierung verbot die Herstellung, den Verkauf, Import und Export von Alkohol. In der Praxis war sie jedoch kaum durchzusetzen, denn die Polizei kam den „Bootleggers", den illegalen Händlern von Alkohol, und den „Speakeasies", den Bars, die illegal Alkohol verkauften, nicht nach. **Glücksspiel und politische Korruption** waren ebenso an der Tagesordnung. Viele kleine und große Gangster und ihre Banden beherrschten das Stadtbild, und die Moral der ersten holländischen Siedler schien vergessen. Die Prohibition regte die Phantasie der Ganoven und der Mafia noch an, und entgegen der angestrebten Kontrolle geriet die Stadt mehr und mehr aus den Zügeln. Parallel entstanden zwischen 1900 und 1930 zahlreiche Theater und Clubs, und der **Jazz**

Alkoholverbot

INFO Immigration in New York

Seit ihrer ursprünglichen Besiedlung durch Holländer, Briten und Hugenotten war New York eine Stadt der Immigranten, und diese Rolle dehnte sich durch ihre Hafenlage im 19. Jahrhundert weiterhin aus. Zwischen 1815 und 1915 betraten 33 Millionen Immigranten die Vereinigten Staaten, drei Viertel davon durch den Hafen von New York. Die Hungersnot von 1845 bis 1847 trieb Tausende von **Iren** in die Neue Welt. Hinzu kamen große Zahlen **deutscher Katholiken sowie Italiener, Skandinavier, Juden und Vertreter vieler anderer Länder.** Schon bald kam es in New York zu kulturell bedingten Unruhen und religiösen Streitigkeiten. Beinah die Hälfte aller Immigranten arbeitete in Fabriken, darunter Mechanik-, Schuh- und Zigarrenfabriken, oder als ungelernte Arbeiter und lebte in einem sozialen Netz ihrer Landsleute. So lebten etwa die Deutschen in „Kleindeutschland", das am East River zwischen der 14. im Norden und der Grand Street im Süden lag, wo sich zum Beispiel die

Singer Nähmaschinenfabrik befand und wo schnell deutsche Geschäfte und Bierlokale entstanden. Im Bowery Amphitheater wurden sogar deutsche Theaterstücke aufgeführt. 1875 bestand ein Drittel der Stadt aus Deutsch-Amerikanern!

Diese ethnischen Ansiedlungen entwickelten sich häufig zu Slums, und nur für wenige der Immigranten erfüllte sich der Amerikanische Traum. Krankheits- und Todesraten lagen viel höher bei Immigranten als bei den in Amerika geborenen Mitbürgern, und man gab den Immigranten die Schuld für viele Missstände in der Stadt.

1855 wurde in **Castle Garden** im südlichen Manhattan (heute Battery Park) ein erstes Immigrationszentrum für die Stadt errichtet, um so die Einreise nach Amerika zu regulieren und korrupter Ausbeutung der Einreisenden vorzubeugen. Es wurde 1892 durch eine Immigrationsstelle auf **Ellis Island** ersetzt. In den 1880ern begann eine **zweite Welle der Immigration**, die nun vornehmlich **Ost- und Südeuropäer** umfasste. Diese waren vor den politischen Unruhen und religiösen Verfolgungen in Europa geflohen. Bis 1919 erreichten 23 Millionen „neue Immigranten" (davon über 12 Millionen über Ellis Island) die USA – die Mehrheit davon **russische, polnische und österreich-ungarische Juden**, die eine gute Ausbildung mitbrachten. Diese Volksgruppe ließ sich in der Lower East Side nieder, wo sie in ihrem kulturellen Umfeld blieb, Yiddish sprach und eigene Theateraufführungen, Zeitungen wie „The Jewish Daily Forward" und vieles mehr organisierte. Vor allem entstanden zahlreiche Synagogen und Religionsschulen. Dennoch versuchte gerade diese Gruppe, sich in das amerikanische Leben zu integrieren, indem sie Bürgerkunde- und Englischkurse belegte.

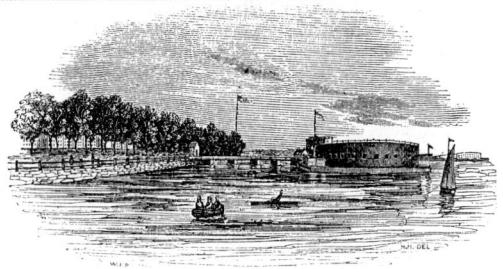

Castle Garden um 1850

In dieser Zeitspanne erreichten auch große Zahlen von **Italienern** New York, die als ungelernte Arbeiter Anstellung in den Bekleidungsfabriken und beim Ausbau der Subway suchten, wo sie meist ausgebeutet wurden.

Zeitgleich markierten die 1880er Jahre auch das Ende der freien Einreise in die USA, denn die ersten **restriktiven Gesetze** wurden erlassen, vornehmlich der „Chinese Exclusion Act" von 1882, der die Immigration von Chinesen bis 1943 fast komplett unterband, oder das „Gentlemen's Agreement" zwischen Japan und den USA aus dem Jahre 1907-8. Um die folgende Jahrhundertwende legte man großen Wert auf eine Anpassung und Amerikanisierung der Zuwanderer und begann daher, über weitere Einschränkungen der Immigrationsgesetze nachzudenken. Seit den 20er Jahren des 20. Jahrhunderts wird die Einreise in die Vereinigten Staaten durch ein

Quotensystem reguliert, welches sich im Laufe des Jahrhunderts mehrfach geändert hat, generell gesehen heute jedoch keiner Nationalität den Zutritt verweigert. Eine **Liberalisierung** in den Immigrationsgesetzen lässt sich erst **seit circa 1965** feststellen.

Zwischen 1900 und 1930 erreichten etwa 300.000 Bewohner der karibischen Inseln New York, und die sogenannte **„Harlem Renaissance"** der 1920er Jahre zog viele Schwarze aus dem Süden in die Stadt, wo sie ihr kulturelles Erbe in Kunstwerke, Literatur und Musik umsetzen konnten. So erreichten die Schwarzen ein gewisses Maß an Ruhm und Interesse, wenn auch keine Integration, denn im Gegensatz zu anderen ethnischen Gruppen war ihnen ein gesellschaftlicher Aufstieg bisher verwehrt geblieben, obwohl sie seit dem Bürgerkrieg in einer gewissen Zahl in der Stadt vertreten waren. Zeichen dafür ist auch die Tatsache, dass mit Eintreffen der Schwarzen Bürger die Weißen Harlem beinah fluchtartig verließen, und Immobilienpreise in diesem Viertel drastisch sanken. Hinzu kamen die Rassenunruhen, die sich über Jahrzehnte in New York wiederholten. Die besonderen künstlerischen Darbietungen der Schwarzen, so zum Beispiel der Jazz im „Cotton Club", wurden jedoch paradoxerweise von Weißen besucht, die dort das Exotische und Verruchte witterten.

Immigrationszahlen waren während der Depression der 30er Jahre stark rückläufig, doch sie nahmen nach dem 2. Weltkrieg wieder zu. Seit der Mitte des Jahrhunderts erreichten große Zahlen von **Puertoricanern**, die seit 1917 die amerikanische Staatsbürgerschaft haben, **Kubanern und Dominikanern** das Land. **Israelis und Araber**, die aufgrund wirtschaftlicher Schwierigkeiten und politischen Aufruhrs im Mittleren Osten ihre Heimat verlassen haben, findet man seit den 60er Jahren. Die größte Zahl der Neuankömmlinge seit 1965 liegt bei den **Chinesen** (über 100.000 neue Immigranten in der Zeitspanne von 1980 bis 1990). Seit dem Ende der Sowjetunion sind zudem viele **Schwarzmeerrussen**, zumeist orthodoxe Juden, nach New York gekommen. Sie leben überwiegend in Brooklyn, viele davon auf Coney Island. In den letzten Jahren kommen nun immer mehr Asiaten aus **Vietnam, Korea, Indien** und **Taiwan** nach New York. Sie leben vorwiegend im Norden von Queens.

Zwischen 1970 und 1980 erfuhr die Stadt einen Bevölkerungszuwachs von circa einer viertel Million Immigranten. Vergleichbare Zahlen gelten für das Jahrzehnt zwischen 1980 und 1990. Beinahe ein Viertel der Bevölkerung New York Citys war 1980 im Ausland geboren, das ist etwa dreimal soviel wie im Durchschnitt Nordamerikas. 1990 lebten in der Stadt 2 Millionen neue Immigranten, prozentual gesehen die meisten in Queens. Ein Viertel aller Bewohner New Yorks hatte Spanisch als Muttersprache. Zu diesen Immigranten kommt ein hoher Satz **illegaler Einwanderer**. Heute sind nahezu alle Nationalitäten der Welt in New York vertreten.

Als wichtiges Symbol für die Immigration in New York gilt das 1892 eröffnete **Immigrationszentrum Ellis Island**, wo sich die Neuankömmlinge einer gesundheitlichen Untersuchung und später einer Anzahl an Tests unterziehen mussten, die ihre Tauglichkeit als neue Bürger Amerikas unter Beweis stellen sollten, so zum Beispiel Tests der englischen Sprache oder der Lesefähigkeiten. Ellis Island wurde 1990 zum Immigrationsmuseum umgestaltet und lohnt einen Besuch.

spielte in New York eine besondere Rolle, vorrangig die Darbietungen der Schwarzen während der sogenannten „Harlem-Renaissance" der 1920er Jahre.

Kulturelles Zentrum der USA

Die Zeit des wirtschaftlichen Wachstums kam am 24. Oktober 1929, dem „Black Thursday", mit dem Zusammenbruch der New Yorker Börse zu einem abrupten Ende, und die Stadt sollte sich bis zum Ende des 2. Weltkriegs nicht richtig von diesem Schock erholen.

Im 20. und 21. Jahrhundert hat sich New York zu einer Künstler-, Medien- und Intellektuellenstadt entwickelt, dem kulturellen Zentrum der Vereinigten Staaten, einer Stadt, in der alles möglich schien und scheint. 1946 wurde New York zum **Sitz der Vereinten Nationen** auserwählt, und viele internationale Konzerne haben hier ihre Zentrale. Trotz ihrer politischen und wirtschaftlichen Bedeutung bleibt New York eine Stadt der Kontraste, die unvereinbar scheinen.

Wirtschaftliche Entwicklung

New Yorks Gründung: ein kaufmännischer Akt bedingt durch eine geographisch günstige Lage

New York City wurde als **Handelskontor** der holländischen Westindien-Gesellschaft am südlichen Ende von Manhattan gegründet. Eine wichtige Ursache für diese geographische Auswahl war der gute natürliche Hafen zwischen der Mündung des Hudson River, Long Island Sound und dem Atlantischen Ozean. Da dort einerseits ein guter Schutz gegen Wind, genügend Wassertiefe bis an die Ufer, wenig Eisbildung im Winter, lange Ufer und ein schneller Zugang zum Atlantischen Ozean gegeben waren, andererseits keine wesentlichen Hindernisse für die Kommunikationswege mit dem Hinterland bestanden, hatten Handelsleute eine ideale Lage für ihre Geschäfte.

New York bis zum Unabhängigkeitskrieg: ein reiner Handelshafen

Die Westindien-Gesellschaft (Dutch West India Co.) hatte im Osten Nordamerikas ein Monopol auf den Handel mit Pelzen erhoben und konzentrierte sich bis zur Mitte des 17. Jahrhunderts auf wenige wirtschaftliche Hauptzweige: Zucker aus Jamaica, Sklaven aus Afrika, Pelze aus Amerika und Fabrikwaren aus Europa. Im Bereich des Pelzhandels begann ab circa 1650 ein solcher Wettbewerb mit den Franzosen und Briten, dass die Holländer innerhalb von 10 Jahren ihre Hauptaktivität auf die Ausfuhr von amerikanischem Getreide verlagerten.

Nach der Übernahme des Gebietes durch die Engländer im Jahre 1664 wurden die bestehenden Handelsbeziehungen durch neue, von englischen Geschäftsleuten aufgebaute, Beziehungen nach England ergänzt. Zusätzliche Zweige waren nun der Handel mit Holz und Tabak sowie mit Weinen aus Süd-Europa.

Wichtige Händlerfamilien

In diesem Zeitraum und bis zur Mitte des 18. Jahrhunderts bauten die **Händlerfamilien** New Yorks Beziehungen nicht nur mit Europa, sondern auch in großem Maße mit den Häfen der Karibik auf, die eine wachsende Rolle in New Yorks Handelsbeziehungen spielten. Diese Familien hatten durch ihre internationalen Verflechtungen Möglichkeiten, dort einzukaufen oder Kredite aufzunehmen, wo es am günstigsten war. Sie konnten trotz Kriegen und anderer handelsbeeinträchtigender Ereignisse ihre Geschäfte weiter betreiben. Somit waren sie in der glücklichen Lage, die Krisen und Unruhen, die im Laufe des 18. Jahrhunderts New Yorks Bevölkerung trafen, unbeschadet zu überstehen.

Zu Anfang der 70er Jahre des 18. Jahrhunderts, kurz vor dem Unabhängigkeitskrieg, war New Yorks wirtschaftliches Gewicht bei weitem noch nicht so groß wie das von Philadelphia oder Boston. Die Stadt hatte aber bereits einige **kleine Industrien**, unter anderem im Textilbereich. Die Besatzung durch britische Truppen während des Unabhängigkeitskrieges blockierte zwar die industrielle Entwicklung, gab dem Handel von New York (zum Beispiel mit Vorräten für die Truppen) jedoch einen kräftigen Schub, während in beinah allen anderen Handelsstädten die Wirtschaft zum Erliegen kam.

Zwischen der Unabhängigkeit und dem Bürgerkrieg: Entwicklung der Transportmittel und 1. Industrielle Revolution

Transport

Durch den **Handelsaufschwung während des Unabhängigkeitskrieges** wurde New York zur Wende ins 19. Jahrhundert das wichtigste Handelszentrum und die größte Stadt der Vereinigten Staaten. Damals war der wirtschaftliche Schwerpunkt der USA die Ostküste. Seit Beginn des 19. Jahrhunderts wurden von den an der Atlantikküste gelegenen Städten in Richtung Westen Straßen gebaut, die die Geschwindigkeit der Personenbeförderung erhöhten. Ein Beispiel ist die „National Road", eine mit Pflastersteinen befestigte Straße, die von Maryland in Richtung Westen ging und 1833 die Stadt Columbus im Staat Ohio erreichte.

Im Bereich der Warenbeförderung wurden durch den Ausbau der durch Schiffe befahrbaren Flüsse sowie den Bau von Kanälen große Schritte getan. Von besonderer Bedeutung war die Fertigstellung des **Erie-Kanals** im Jahre 1825, der über den Hudson River den Atlantik in New York mit Buffalo am Erie-See verbindet. Dieser Kanal ermöglichte einen dramatischen Anstieg des Beförderungsvolumens an Handelsgütern sowie eine drastische Reduzierung der Transportkosten auf ein Sechstel des ursprünglichen Preises. Andere Kanäle, wie der Delaware and Hudson Canal, der den Transport von Kohle aus Pennsylvania ermöglichte, folgten.

Anstieg des Beförderungsvolumens

Davon sollten die Städte der Seen-Region sowie New York als **Umladestation für den Import und Export** profitieren. 1830 liefen bereits 40 Prozent des gesamten internationalen Handels der USA über New York. 1807 wurde im Hafen von New York das weltweit erste dampfangetriebene Schiff zu Wasser gebracht, das **„North River Steam Boat"**, was in jenem Sommer den Betrieb zwischen New York und Albany aufnahm. Dem Konstrukteur des Schiffes, *Robert Fulton*, wurde ein Monopol über den Bau von Dampfschiffen im Staat New York gegeben, das bis zu einem Prozess vor dem US Supreme Court im Jahre 1824 galt. 1815 wurde von *Fulton* das weltweit erste Dampfkriegsschiff erbaut. Die ersten **Schlepper** wurden ab 1818 eingesetzt, und eine regelmäßige Dampferverbindung zwischen England und New York City startete 1838.

Merchant's Exchange, Wall Street

1832 sah die Eröffnung der ersten **Eisenbahnlinie** der York and Harlem Railroad zwischen Union Square, der 23. Straße und der 4. Avenue. Kurz darauf errichtete die Brooklyn and Jamaica Railroad die erste Verbindung bis zum Hafen, wobei die Einschränkung galt, dass bis 1876 auf Anweisung der Stadt die Züge südlich der 32. Straße nur durch Pferde gezogen werden durften. 1840 und 1842 wurde durch Brücken über den Harlem River und den Bronx River die Zugverbindung zu Orten außerhalb Manhattans ermöglicht. Bereits 1852 verbanden Streckennetze der New York and Erie Railroad die Metropole mit den Großen Seen und dem Mittleren Westen.

Industrie und Finanzwesen

Zeitgleich entwickelte sich zum Anfang des 19. Jahrhunderts die Baumwollindustrie erst in England, dann auch in Amerika rasant durch die Konstruktion von Webstühlen und Baumwollerntemaschinen. New York, durch gute Transportmittel mit dem Landesinneren verbunden, wurde als Verladestation für den Export schnell zu einem Zentrum der Textil- und Bekleidungsindustrie. Die Entwicklung der Maschinenbauindustrie fand nahe der Abbaugebiete von Kohle und Eisen statt, so zum Beispiel in Pittsburgh und Cleveland. Statt dessen hatte New York, bedingt durch die Hafenlage, viele **Werften**, die bis nach dem Bürgerkrieg sehr aktiv blieben.

Zentrum der Textil- und Bekleidungsindustrie

Kurz nach dem Unabhängigkeitskrieg (in den 1790ern) hatte man in New York begonnen, mit zur Finanzierung des Kriegs ausgestellten Schuldverschreibungen des amerikanischen Staates zu handeln. 1817 wurde von 28 Börsenmaklern ein Gründungsvertrag unterzeichnet, der die Organisationsregeln des **„New York Stock and Exchange Board"** festlegte. Es war eine Börse, an der die gehandelten Wertpapiere einzeln aufgerufen wurden. Anfangs wurden fast ausschließlich Banken- und Versicherungswertpapiere gehandelt, ab den 1830ern auch in zunehmendem Maße Wertpapiere von Eisenbahngesellschaften. Es war aber immer noch eine kleine Börse (einige tausend Transaktionen pro Tag), als 1863 der heutige Name „New York Stock Exchange" angenommen wurde und als 1865 der Umzug an den heutigen Standort auf der Broad- und Wall Street stattfand.

New York Stock Exchange – heute der wichtigste finanzpolitische Platz der Welt

Bereits 1817 waren einige wenige bekannte Makler nicht in die neue Börse zugelassen worden. Sie trafen nun ihre Kunden auf der Straße und handelten dort. Diese „freie" Börse hieß **„The Curb"** (Freiverkehrsbörse) und ermöglichte den Handel mit Aktien von jungen, risikobehafteten Firmen, wie zum Beispiel den Minen, die in den 1860ern als Folge der Goldfunde in Kalifornien gegründet wurden. In dieser Börse erfolgten in den 60ern täglich circa 10 mal mehr Transaktionen als in der offiziellen Börse. Es war eine bewusste Marktaufteilung, denn der New York Stock Exchange nahm nur namhafte Firmen in den Handel auf. 1921 erhielt „The Curb" Räumlichkeiten und 1953 den Namen „American Stock Exchange – AMEX".

Bereits 1784 war die **„Bank of New York"** als erste Bank gegründet worden. 1837 gab es schon 23 Banken in New York; hinzu kamen die nicht als Gesellschaft organisierten Privat-Bankiers. 1850 hatte New York etwa 5 % der 700 Banken der USA. Diese circa 35 Banken verfügten jedoch über mehr als 11 % der Depots und hatten Geschäftsbeziehungen mit 600 der restlichen Banken im Lande.

Die Hauptwirtschaftszweige New Yorks im 19. Jahrhundert

Die Wirtschaft New Yorks ist zu dieser Zeit durch ihre Position als Hafen- und Handelsstadt sowie als Großstadt mit einer, durch die Immigration bedingten, **billigen Arbeitskraft** gekennzeichnet.

Die Handelsstadt, auf dem Hafen basierend, besaß bereits ab Ende des 17. Jahrhunderts große **Speicherräume**. Am Anfang des 19. Jahrhunderts wurde dann ein Lagerviertel nahe des Hafens in der South Street errichtet, und aufgrund der großen Nachfrage sowie der verbesserten Dampferverbindungen wurden auch am East River Ufer in Brooklyn Lagerhäuser erbaut, darunter 1844 die Atlantic Warehouses. Ab 1850 wurden viele Lager in der Lower West Side von Manhattan (am Hudson) errichtet. Dieses Wachstum war durch die Bundesgesetze der 40er und 50er Jahre zur Steuerbefreiung von Exportwaren angetrieben. Ab 1881 benutzte man für den Bau dieser Hallen fast ausschließlich Backsteine, nachdem bei einem Großbrand einige Lagerhäuser zerstört wurden. Bedingt durch die an-

New Yorks Hafen 1886

INFO: Gründung und Machtentwicklung der Gewerkschaften

Bereits in den letzten Jahrzehnten des 19. Jahrhunderts wurden mehrere Gewerkschaften in New York City gegründet, insbesondere im Baugewerbe. 1872 wurde das Baugewerbe über Wochen hinweg mit Erfolg für die Einführung des 8-Stunden-Tages bestreikt. Gründungen von Gewerkschaften unter politischen oder nationalen Gesichtspunkten erfolgten auch, aber das Modell der Branchen- bzw. Berufsgewerkschaften setzte sich durch. Die New Yorker Gewerkschaften wurden auch zum Vorbild für die Arbeitnehmervereinigungen der anderen amerikanischen Städte.

Zu Beginn des 20. Jahrhunderts legten die Immigration vieler osteuropäischer Juden und das Wachstum der Bekleidungsindustrie den Grundstein für eine **sozialistische Bewegung**, deren Anhänger sich hauptsächlich in der Lower East Side angesiedelt hatten. Ihre Organe waren unter anderem die auf Yiddish erscheinende Zeitschrift „Vorwärts" und die 1900 gegründete internationale Gewerkschaft der weiblichen Bekleidungsarbeiter (International Ladies' Garment Workers' Union – ILGWU). Diese Gewerkschaft war maßgeblich an den Streiks der Jahre 1909, 1910 und 1916 beteiligt, die bis zu 60.000 Streikende mobilisierten und wichtige Verbesserungen der Arbeitsbedingungen für ihre Branche erreichten wie die 50-Stunden-Woche, die Bezahlung von Überstunden, 10 Feiertage pro Jahr, Tarifverträge und die Anerkennung der ILGWU.

Hester Street in der Lower East Side (1904)

Nach dem 1. Weltkrieg wurden wie auch in anderen Ländern viele Gewerkschaften von der Frage erschüttert, ob sie die russische Revolution der Bolschewiken unterstützen sollten oder nicht. Diese Diskussion führte zu Unruhen in Gewerkschaftsspitzen und sogar zu einigen Morden in den 20er Jahren.

Der große Bauboom (insbesondere von Wolkenkratzern) hat die Gründung vieler Gewerkschaften in den Bauberufen verursacht. Diese Baugewerkschaften waren bereits um den 1. Weltkrieg so mächtig, dass ihre Führer in der Lage waren, auf die Arbeitgeber der Branche Druck auszuüben, damit diese einerseits keine Arbeiter einstellten, die nicht der Gewerkschaft angehörten, und andererseits Schutzgelder zahlten, um nicht bestreikt zu werden. Dies zog die Mafia an, die erst die Streikposten schützte und anschließend begann, starke Gewerkschaftsniederlassungen zu kontrollieren. Diese Verbindung zwischen einigen Gewerkschaften und der Mafia soll bis zum heutigen Tage bestehen.

steigenden Grundpreise wurden ab den 1880er Jahren die Speicher nicht mehr in Manhattan, sondern nun hauptsächlich in Brooklyn erbaut.

Im Produktionsbereich konzentrierten sich die Aktivitäten New Yorks auf **Konsumgüter**, in der ersten Hälfte des 19. Jahrhunderts vornehmlich im Bereich der Zuckerraffinerien, Destillerien, Brauereien und Gerbereien. Andere Zweige waren auf die damaligen Handwerksbereiche und die Hafenaktivitäten zurückzuführen, so etwa Seilereien oder Nagelfabriken. Um 1860 wurde dann die **Bekleidungsindustrie** vor den Zuckerraffinerien der Hauptwirtschaftszweig der Stadt, das anwachsende **Verlagswesen** nahm bereits Platz 3 ein. Zudem gab es einige namhafte Firmen, die haltbare Konsumgüter herstellten wie die Nähmaschinenfabrik Singer und die Klavierfabrik Steinway & Son – beide stützten sich auf den Arbeitseinsatz einer Vielzahl deutscher Immigranten.

Verlagswesen – wichtiger Wirtschaftszweig

1900–1950: New York City – das Wirtschaftszentrum der Superlative

Zur Jahrhundertwende war der Hafen New Yorks **der weltweit aktivste Hafen**. Dieser Stand ergab sich einerseits durch den regen Fährbetrieb zwischen Manhattan und den zum Ende des 19. Jahrhunderts integrierten Stadtteilen The Bronx, Brooklyn, Queens und Staten Island, andererseits dadurch, dass viele Eisenbahnstrecken im Staat New Jersey ihre Endstation am Ufer des Hudson hatten und ihre Waggons per Fähre nach Manhattan brachten.

Zu diesem Zeitpunkt zählte New York City allein 11 % der nationalen Stellen in den verarbeitenden Betrieben. Die produzierten Waren gehörten wie im vorherigen Jahrhundert vornehmlich den Bereichen Bekleidung, Zuckerraffinerien (mit einer rasch abnehmenden Angestelltenzahl) und Verlagswesen an. An vierter Stelle stand die **Baubranche**, was sich auf das enorme Wachstum der Stadt zurückführen lässt. Um 1900 gab es knapp unter einer halben Million Beschäftigte in den Fabriken der Stadt und fast ebensoviele in den Bereichen Transport und Handel bei insgesamt 1,1 Millionen Arbeitern und Angestellten im Stadtgebiet.

Der 1. Weltkrieg: die weltweite Verschiebung von Macht und die Schlüsselrolle New Yorks

Bevor die USA in den Krieg eintraten, das heißt zwischen 1914 und 1917, hatten bereits die in den Krieg verwickelten Staaten Großbritannien und Frankreich begonnen, in den USA die für den Krieg benötigten Waren zu beziehen, dort ihre Finanzanlagen zu verkaufen und Kredite aufzunehmen. Für den Warentransport sowohl vor als auch nach 1917 spielte New Yorks Hafen eine Rolle als Verladestation vor der Atlantiküberquerung, aber die auf Konsumgüter gerichtete Industrie New Yorks profitierte nicht nennenswert davon.

Weltmacht USA

Die amerikanischen Finanzfirmen, hauptsächlich in New York angesiedelt, waren jedoch stark involviert, insbesondere in der **Organisation enormer Anleihen**

> **INFO** New York in der Weltwirtschaftskrise

Von der tiefen Krise in der Landwirtschaft der USA, die das gesamte Jahrzehnt andauerte, wusste man in New York nichts. Die 20er Jahre waren hier wie in anderen Großstädten – man denke insbesondere an Berlin – eine Zeit des Wachstums, der Entwicklung neuer Medien, neuer Kunstarten ... und es wurde mit dem Bau mehrerer Wolkenkratzer begonnen. Um so überraschender kam der **Börsenkrach vom 24. Oktober 1929 („Black Thursday")**.

Im September 1929 erreichte der Dow Jones Index die 381-Marke nach circa 300 Punkten Steigerung innerhalb von fünf Jahren (der **„Dow Jones Industrial Average"** wurde als Kursaufstellung von 11 Firmen ab 1884 im Wertpapierblatt von *Charles Dow, Edward Jones* und *Charles Bergtresser* veröffentlicht; die gleichen Verleger riefen danach im Jahre 1889 das einflussreiche Wall Street Journal ins Leben).

Am Mittwoch, den 23. Oktober, sanken die Börsenkurse plötzlich, weil Anleger und Spekulanten Angst bekamen, dass nach der im August von der Federal Reserve getroffenen Entscheidung, die Zinssätze zu erhöhen, das Wirtschaftswachstum aufhören könnte. Sie verkauften ihre Aktien, und die Kurse fielen fünf Stunden lang – die Anleger hatten circa fünf Milliarden Dollar verloren. Am Donnerstag („Black Thursday") fielen die Kurse weiter, bis die größten Banken um zwölf Uhr tagten und beschlossen, alle angebotenen Wertpapiere über Kurs zu kaufen. Der Tag endete mit dem Verlust von nur 12 Punkten.

Dann aber, am darauffolgenden Montag und Dienstag, konnten die Banken diese Positionen nicht halten, verkauften und zogen sich vom Markt zurück. Am Dienstag verkauften auch Großinvestoren wie Rentenkassen und Versicherungsgesellschaften ihre Aktienbestände körbeweise, der Index sank um weitere 92 Punkte, und der Wertverlust des Tages wurde auf 6 bis 9 Milliarden Dollar geschätzt. Danach stabilisierte sich vorläufig der Markt. Der Tiefpunkt, bei einem Dow Jones-Wert von einem Zehntel des Höchstwertes von 1929, sollte erst im Sommer 1932 erreicht werden.

Die Börsenverluste waren sehr hoch gewesen, doch das Schlimmste sollte noch kommen, denn Spekulanten hatten sich verschuldet, um Aktien zu kaufen, Banken und Versicherungen hatten Geld verloren, das gesamte Finanzwesen war angegriffen. Gerüchte über die Zahlungsunfähigkeit von Banken und Sparkassen kursierten. So holten viele Kontoinhaber ihr Geld zurück, was tatsächlich die Zahlungsunfähigkeit der betroffenen Banken verursachte (zwischen 1930 und 1933 mussten 9.100 Banken die Auszahlungen einstellen). Als Reaktion gegen die Spekulationen an der Börse, die teilweise mit ausgeliehenem Geld stattgefunden hatten, wurde als Abschluss einer Parlamentsuntersuchung 1934 der Wertpapier- und Handelsausschuss (**Securities and Exchange Commission – SEC**) gegründet, der bis heute an der New Yorker Börse die Spielregeln bestimmt und kontrolliert.

Die Krise führte in New York zwischen 1930 und 1940 zu einer **Reduzierung der Arbeitnehmerzahlen** von circa 3,2 auf 2,7 Millionen, wobei allein die verarbeitenden Industrien von ihren anfänglich 1 Million Stellen fast 300.000 verloren hatten. Die **Löhne sanken** von 1929 bis 1933 im Durchschnitt **um 50 bis 60 %**!

Das Leben für die Bürger von New York City wurde vergleichsweise schwieriger als in anderen Großstädten, denn es gab keine Möglichkeit zur Selbstversorgung, da es weder Verbindungen zu Landwirten gab, noch Platz, um Kleingärten anzulegen. Auch im Bereich der Infrastruktur hatte die Krise tiefe Auswirkungen: Während der Automobil-, Bus- und Flugzeugverkehr sich trotz Krise rasant entwickelte, musste die New York, New Haven and Hartford Railroad Gesellschaft 1935 Konkurs anmelden, und die anderen Eisenbahngesellschaften mussten versuchen, sich der scharfen Konkurrenz anzupassen.

für Frankreich und Großbritannien, bei denen die New Yorker Bank J.P. Morgan die Führung des Bankenkartells hielt. Außerdem hatte die 1914 gegründete **Federal Reserve Bank of New York** als Kontrollorgan des Geldmarktes und der Finanzinstitute 1916 angefangen, die Goldreserven fremder Staaten zu lagern und zu verwalten.

Ab 1917 bis Kriegsende nahm die US-Regierung fünf große Anleihen (insgesamt über 20 Milliarden US$) auf. Um diese Anleihen an den Sparer zu bringen, bauten die New Yorker Banken ihr Netz über die gesamten USA aus, was ihnen in den 20er Jahren bei der Vermarktung von Aktien und Firmenanleihen zugute kam.

Nach dem 1. Weltkrieg sind die USA zum erstenmal Gläubiger der restlichen Welt geworden, und New York City hat London als ersten Finanzplatz ersetzt.

Der New Deal und sein New Yorker Vertreter La Guardia (1882–1947)

Fiorello H. La Guardia wurde 1882 in Lower Manhattan als Sohn einer österreichisch-jüdischen Mutter und eines italienischen Vaters geboren. Er studierte Jura an der New York University und hielt als Rechtsanwalt von 1916 bis 1932 mit einer kurzen Unterbrechung durchgehend einen Sitz im Kongress als republikanischer Abgeordneter eines Arbeiterwahlkreises in Manhattan. Er führte dort eine progressive Minderheit von Abgeordneten, die sich mit der Prohibition, dem Rassismus und der Wirtschaftspolitik des Laissez-faire, die die amerikanische Politik der 20er Jahre dominierten, nicht abfinden wollte. Als er 1932 im Rahmen der Wahl des Demokraten *Franklin D. Roosevelt* zum Präsidenten seinen Sitz im Kongress verlor, wechselte er in die Lokalpolitik und gewann 1933 die New Yorker Bürgermeisterwahl.

Gegen Laissez-faire-Politik

La Guardia führte eine harte Modernisierungs-, Zentralisierungs- und Rationalisierungspolitik der Stadtverwaltungen durch und überzeugte *Roosevelt*, der Stadt für den Ausbau der Infrastruktur durch Brücken, Tunnel, Abwassersysteme, Autobahnen, Flughäfen und vielem mehr Kredite in Milliardenhöhe zu geben. Innerhalb von wenigen Jahren wurden in New York City circa 200.000 Stellen geschaffen. Das öffentliche Nahverkehrsnetz wurde vereinigt (Juni 1940), und die Stadt verfügte nun über Sozialwohnungen, die an ärmere Bürger vermietet werden konnten. Am 2. Dezember 1939 wurde der North Beach Airport – heute La Guardia Airport – eröffnet.

Um die vermeintlich negative Einstellung der Presse gegenüber seiner Person und Politik zu besiegen, las *La Guardia* Geschichten nach Comicvorlagen im Radio vor, darunter „Dick Tracy" während eines Pressestreiks im Juli 1945. Seine Politik führte zu einer Erhöhung der Zahl an städtischen Arbeitern von 68.000 im Jahr 1930 auf 127.000 im Jahr 1940, und parallel zu einer hohen Verschuldung der Stadt (die Ausgaben wuchsen zwischen 1933 und 1945 im Durchschnitt um 2 % pro Jahr trotz vier Rückgangsjahren während des Krieges). *La Guardia* hatte die langfristigen Konsequenzen seiner Politik übersehen.

Hohe Verschuldung

Die Nachkriegszeit: der Strukturwandel von New York City

Während des 2. Weltkrieges – die USA traten 1941 in den Krieg ein –, musste zwar die Stadtverwaltung ihr Budget vier Mal reduzieren, doch im Transportbereich entstand eine bisher ungekannte Aktivität: Noch nie wurden (und werden danach) so viele Fahrgäste von den Eisenbahnen befördert, und der Hafen war voll ausgelastet, um insgesamt die Hälfte aller Truppen und ein Drittel aller Waren, die ins Ausland transportiert wurden, abzufertigen.

Am Kriegsende hatten noch 140 der 500 größten Industrieunternehmen ihren Sitz in New York, und 1950 zählte die Stadt noch 7 % der Arbeitsstellen der verarbeitenden Industrien der USA. Die Zeichen für den Wandel waren aber bereits gesetzt: Sinkende Beförderungskosten für Waren, schnellere (durch Flugzeuge) und flexiblere (durch Automobile und Autobahnen) Personenverkehrsmittel sowie steigende Grundstückspreise im Stadtgebiet veranlassten viele Firmen zum Umzug in Gegenden, die außerhalb der Stadt lagen. Bis 1990 befanden sich nur noch 2 % (circa 330.000) der Arbeitsstellen in den verarbeitenden Branchen der USA in New York.

Der Hafen verlor seine weltweit einmalige Stellung im Laufe der 50er Jahre, und während der 50er und 60er Jahre entwickelte sich die Warenbeförderung mittels Containern, die Häfen mit großer Lagerkapazität erfordert. Daher wurde ein Großteil der Hafenaktivitäten nach New Jersey, insbesondere Bayonne und Elizabeth, verlegt. Dennoch konnten die Lager des New Yorker Hafens 1991 noch eine Ge-

Dienstleistung wird heute groß geschrieben

Eisenbahn- und U-Bahn – wichtigstes Verkehrsmittel der Stadt

samtfläche von circa 34 Mio. m² für Waren aller Art anbieten (Tendenz sinkend – ebenfalls zu Gunsten New Jerseys). Gleichzeitig (von Kriegsende bis 1970) verloren die Eisenbahngesellschaften der New Yorker Region die Hälfte ihrer Warentransportaufträge, und die Personenbeförderung sank um zwei Drittel. Verschiedene Restrukturierungen, Schließungen und Zusammenschlüsse von Eisenbahngesellschaften fanden statt, und zahlreiche Strecken und Bahnhöfe wurden stillgelegt. 1990 wurde der Hauptbahnhof für Fernzüge der Gesellschaft Amtrak vom Grand Central Terminal zur Pennsylvania Station transferiert. Noch heute beruht der gesamte Verkehr von New York viel mehr auf Eisenbahnen und U-Bahnen als in irgendeiner anderen amerikanischen Stadt.

Ein Strukturwandel zeichnete sich auch im Arbeitsmarkt von New York ab: Bei einer etwa gleichbleibenden Anzahl an Arbeitsstellen von 1950 bis 1990 in Höhe von circa 3,2 Mio. (mit einem Tief im Jahr 1980 bei 2,9 Mio.) sanken die Stellen in den verarbeitenden Industrien von fast 1 Mio. auf 330.000. Der Großhandel schrumpfte von 320.000 auf 130.000 Stellen, während der Bereich Banken, Versicherungen und Immobilien von 240.000 auf 400.000 anwuchs und die Anzahl an Freiberuflern, wie beispielsweise Ärzten oder Rechtsanwälten und deren Angestellten, von 290.000 auf 925.000 explodierte.

> **Und übrigens ...**
> * Die Federal Reserve Bank of New York hält 40 % des Weltgoldes für 80 Länder und vollführt täglich Transaktionen im Wert von über 2.000 Mrd. Dollar.
> * New York hat zwei Wertpapierbörsen: Die bekannteste, der New York Stock Exchange (NYSE) an der Wall Street, ist die weltweit größte Wertpapierbörse mit mehr als 2.300 Firmen.
> * Der American Stock Exchange (AMEX), wesentlich kleiner als der NYSE, aber dennoch die 2. Wertpapierbörse der USA, hat in den 1960ern und '70ern mehrere Innovationen eingeführt wie die Notierung von Optionen oder den computergesteuerten Handel. Wenn an der AMEX notierte Firmen sehr groß werden, wechseln sie meist zum NYSE.
> * New York hat auch eine 1872 gegründete Warenbörse, den New York Mercantile Exchange.

Zwischen Mai und September 1975 erlebte die Stadtverwaltung eine schwere **Liquiditätskrise**, die durch hohe Schulden aus aufgenommenen Darlehen und eine von der weniger dynamischen Wirtschaft verursachte Reduzierung der Steuereinnahmen ausgelöst wurde. Der Staat gründete den **„Emergency Financial Control Board"** (Notausschuss zur Finanzkontrolle), der die Ausgaben der Stadt bis 1981 kontrollierte. In diesem Zeitraum mussten die Gehälter der Stadtangestellten eingefroren werden, und die Stadtverwaltung strich 60.000 Stellen. Das Budget und die Anzahl an Stellen wuchsen zwischen 1981 und 2000 wieder an – seither sinken sie wieder, aber in kleinem Maße.

Firmensitz vieler Gesellschaften

Heute ist New York eine **postindustrielle Stadt** mit weniger als 15 % der Stellen in der Produktion und im Hafen, aber mit 30 % der Arbeitsplätze in den Verwaltungssitzen von Gesellschaften, die zu mehr als einem Drittel des Bruttosozialproduktes der Stadt beitragen. Die Boomjahre im Aktien-, Medien- und Computerbereich bis 2000 haben New York ungeahnten Reichtum beschert. Mit dem Verfall der Aktienkurse und dessen Folgen sowie dem Terroranschlag auf das World Trade Center am 11.9.2001 hat dieser Aufschwung eine deutliche Delle erhalten. Doch die Substanz der Stadt ist mittlerweile so groß, dass der Abwärtstrend nur relativ schwach ausgefallen ist. 2007 wurden rund 46 Mio. Touristen gezählt, mit steigender Tendenz, der Tourismus boomt. Die 50-Mio.-Marke ist das angestrebte Ziel für 2010. Auch die Boroughs, allen voran Brooklyn, profitieren von dem Aufschwung. Zudem 2008/2009 Museums-Neueröffnungen wie Museum of American Finance, Museum of Arts & Design oder Rock'n'Roll Hall of Fame Annex.

Trotzdem hat der 11. September („*Nine-Eleven*" im New Yorker Sprachgebrauch) natürlich tiefe Wunden hinterlassen. 2002 tritt der neue Bürgermeister *Michael R. Bloomberg* das schwere Erbe *Rudolf Giulianis* (s. Infokasten S. 54) an, der sich mit seinem besonnenen Auftreten während der Rettungsarbeiten einen glanzvollen Abgang verschafft hatte. Im Sommer 2003 begannen die Bauarbeiten auf der „World Trade Center Site", die bis 2011/2012 abgeschlossen sein sollen.

INFO Geschichtliche Eckdaten bis zum Ende des II. Weltkrieges

1609	Henry Hudson erreicht Manhattan Island (New Amsterdam)
1624	30 protestantisch wallonische Familien lassen sich in New Amsterdam nieder
1647	Peter Stuyvesant wird Verwalter der Kolonie
1664	New Amsterdam wird britische Kolonie; Umbenennung in New York
1688	Aufnahme New Yorks in den Staatenbund Neu-England
1698	Bevölkerung der Provinz: 18.067; Bevölkerung der Stadt: 4.937
1776	Die britische Armee besetzt New York City; Unabhängigkeitserklärung am 4. Juli
1788–90	Hauptstadt der Vereinigten Staaten
1798	George Washington wird zum 1. Präsidenten der USA vereidigt
1825	Eröffnung des Erie-Kanals
1827	offizielles Verbot der Sklaverei in New York
1861–65	Bürgerkrieg
1898	Integration der Stadtteile Bronx, Brooklyn, Queens und Staten Island
1900	New York City hat 3,5 Millionen Einwohner
1920–33	Prohibition
1929	Börsensturz
1946	New York wird zum Sitz der Vereinten Nationen
1947	Wirtschaftskrise. Die Immobilienpreise sacken ab und die Stadt kann nur das Nötigste finanzieren
1990– heute	Boomjahre, die mit dem Fall der Börsenkurse ab 2000 und dem Anschlag auf das World Trade Center enden

3. GEOGRAPHISCHER ÜBERBLICK

Topographie

Fläche von über 300 Quadratmeilen

Die Stadt New York ist der Küstenebene am nördlichen Atlantik vorgelagert und dehnt sich dort mit seinen suburbanen Siedlungen auf über 300 Quadratmeilen (gut 780 qkm) aus. Dabei darf man aber nicht übersehen, dass die bebaute Metropolitan Area – zu denen Jersey City, New Jersey und viele andere Städte zählen – mehr als doppelt so groß ist. Zahlreiche Wasserflächen im Mündungsgebiet des Hudson River durchschneiden das Siedlungsgebiet, so dass fast alle Stadtbezirke eigentlich auf Inseln liegen. Den Kern der Stadt bildet die fast 21 km lange und bis zu 4 km breite Insel Manhattan. Östlich davon erstreckt sich über 190 km Länge Long Island, in ihrem westlichen Bereich liegen die New Yorker Boroughs (Bezirke) Queens und Brooklyn. Die Insel Richmond bzw. Staten Island liegt südwestlich von Manhatten, getrennt durch die Upper New York Bay und The Narrows. Der einzige Stadtteil mit natürlicher Festlandsanbindung ist die Bronx, zugleich der nördlichste der fünf New Yorker Boroughs.

> *New Yorks Koordinaten in der Welt (Manhattan):*
> **40.42 N, 74.01 W**
> *Andere Städte auf dieser Breite: Madrid, Neapel, Ankara, Taschkent, Peking, Salt Lake City.*

Der Hudson River, an dessen Mündung New York liegt, ist die zweitgrößte Süßwasserquelle der nordöstlichen USA. Benannt ist er nach Henry Hudson, einem Engländer, der 1609 im Dienst der Dutch West India Company als erster Europäer stromaufwärts fuhr. Der East River dagegen ist eigentlich gar kein Fluss, sondern eine 25 km lange Verbindung zwischen der Upper Bay und dem Long Island Sound; 11 Brücken und 2 Tunnel (plus eine Seilbahn nach Roosevelt Island) queren ihn.

Sowohl der Hudson als auch der East River werden durch Ebbe und Flut des Nordatlantik beeinflusst (etwa wie die Elbe von der Nordsee), durchschnittlich schwankt der Wasserstand im ganzjährig eisfreien New Yorker Hafen um 1,4 m. Trotz der hohen Wasserverschmutzung sollen noch 80 verschiedene Fischarten in den Gewässern um New York leben. Um die Wasserqualität durch mehr Zirkulation zu verbessern, gibt es Überlegungen für ein Flutwehr etwa auf Höhe des Queens Midtown Tunnels (und eines weiter im Nordosten von Long Island). Diese „East River Tidal Barrage" könnte auch als Brücke und Wasserkraftwerk dienen.

Geologie und Landschaft

Auch wenn in New York der Boden durch den Menschen stark verändert und von Siedlungs- und Verkehrsfläche überdeckt ist, so finden sich ganz zentral einige spannende Hinweise auf die Geologie des Untergrunds. Mehrfach sind Gletscher in Eiszeiten von Norden bis auf die Breite New Yorks vorgedrungen, haben die Landschaft eingeebnet und an ihrem Rand mitgeführtes Gesteinsmaterial abgelagert. Endmoränen aus dem Quartär (Erdneuzeit) finden sich in den Stadtbezirken Queens und Brooklyn auf Long Island, außerdem auch auf Staten Island; hier liegt der Todt Hill, mit 125 m über Null die höchste Erhebung in diesem Bereich der Atlantikküste.

Zeugen aus viel älteren Zeiten, metamorphe (unter hohem Druck entstandene) Gesteine aus dem Kambrium und Ordovizium (Erdaltertum; vor 500–600 Mio. Jahren), finden sich an mehreren Stellen im Stadtgebiet. An der Westseite von Staten Island tritt ein magmatisches Gestein, der „Palisades Sill" an die Oberfläche. Bis 1909 wurde er hier abgebaut und fand Verwendung als Pflasterstein beim Straßenbau.

Ein anderes, erratisches Gestein findet sich mitten in Manhattan im Central Park: der „Manhattan Shist", ein Gneis. Man trifft auf ihn an mehreren Stellen im Park, vereinzelt liegen auch größere Blöcke herum, nachdem man ab 1858 bei der Anlage des Parks mehrere größere Felsen sprengen musste. Im Isham Park an der Nordwestspitze Manhattans (zwischen Isham Street und West 214 Street) kann man sogar Marmor (Inwood Marble) in mehreren Formen sowie blättrig geschichteten Kalkschiefer finden. Der felsige, metamorphe Untergrund von Manhattan begünstigte den Bau von Hochhäusern, da so keine Tiefgründungen erforderlich waren und Erdbeben hier äußerst selten auftreten.

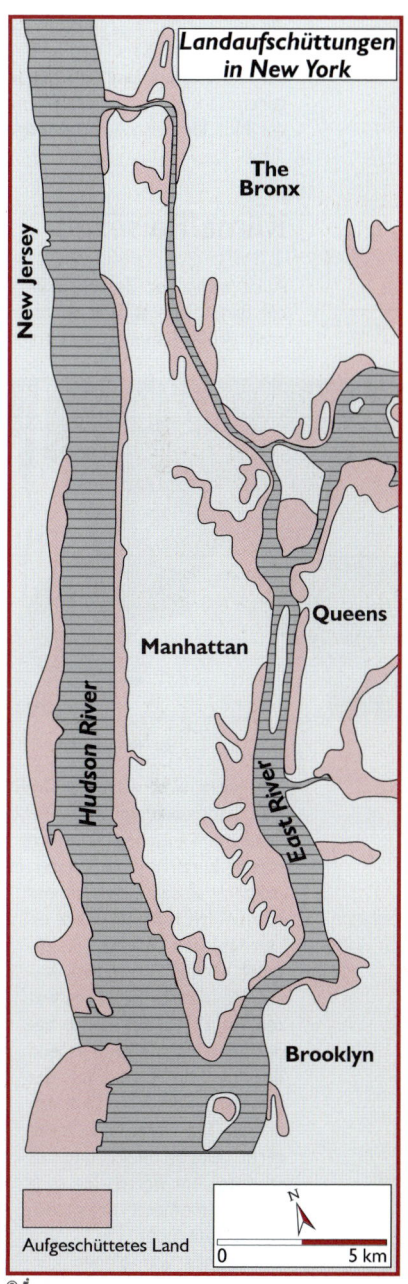

Manhattans Umriss ist heute nicht mehr der gleiche wie noch vor 100 Jahren. Oft wurde der umfangreiche Erdaushub für den Bau der Hochhäuser genutzt, um zusätzliches Land am Rand der Insel zu gewinnen. So steht die Battery Park City auf aufgeschüttetem Land am Rande des Hudson River, das Füllmaterial stammt weitgehend aus dem Bau des ehemaligen World Trade Center. Übrigens wurde auch der Müll für diese Aufschüttungen verwendet.

Klima/Reisezeit

Auch wenn der Besuch einer Metropole sicherlich mehr Wettervariationen als ein Badeurlaub zulässt, sollte man bedenken, dass in New York im Jahresverlauf recht große Temperaturunterschiede das Wetter prägen. Obwohl auf der gleichen nördlichen Breite wie Madrid und Neapel gelegen, zählt New York zu einer kühlgemäßigten Klimazone, mit ganzjährigen Niederschlägen und mäßig kalten Wintern.

Durch die Lage am Meer würde man in New York ein maritimes Klima mit nur geringen Temperaturschwankungen im Jahresverlauf erwarten. Daher überraschen die doch hohen Schwankungen, die durch den Stadtkörper sogar noch verstärkt werden (siehe Diagramme). Während die Tagesamplituden durch die Lage am Wasser tatsächlich gering sind, wird die Großwetterlage aber von anderen Faktoren bestimmt: Das Stadtgebiet von New York liegt auf dem Weg der meisten Stürme, die den nordamerikanischen Kontinent entlang der Küste überqueren. Diese verändern ständig kurzfristig das Wetter und bringen oft viel Regen mit sich und im Winter plötzlich einsetzende Schneestürme. Ich habe im März einen solchen kurzen Kälteschub einmal erlebt. Am ersten Tag unseres Besuches waren es 12 °C bei leicht bedecktem Himmel. Am Abend des zweiten Tages fiel das Thermometer unter Null. Am dritten Tag waren wir regelrecht eingeschneit, und es stürmte. Am vierten Tag stieg das Thermometer urplötzlich wieder auf über 15 °C, und der Schnee war binnen kür-

Ja, New York hat alle Jahreszeiten ...

Große Temperaturunterschiede im Jahresverlauf

... und die Kleidung sollte angepasst sein

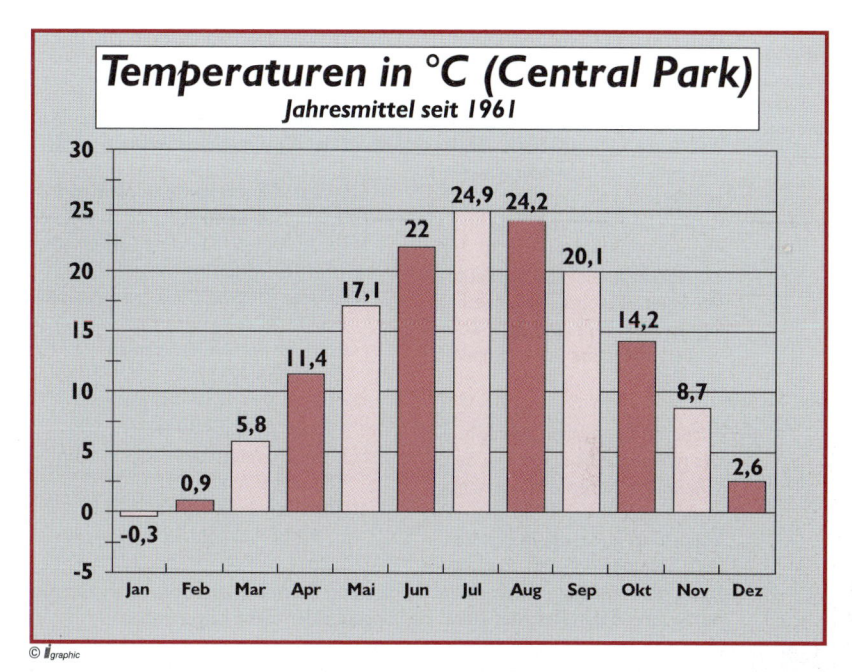

Temperaturen in °C (Central Park)
Jahresmittel seit 1961

Monat	Jan	Feb	Mar	Apr	Mai	Jun	Jul	Aug	Sep	Okt	Nov	Dez
°C	-0,3	0,9	5,8	11,4	17,1	22	24,9	24,2	20,1	14,2	8,7	2,6

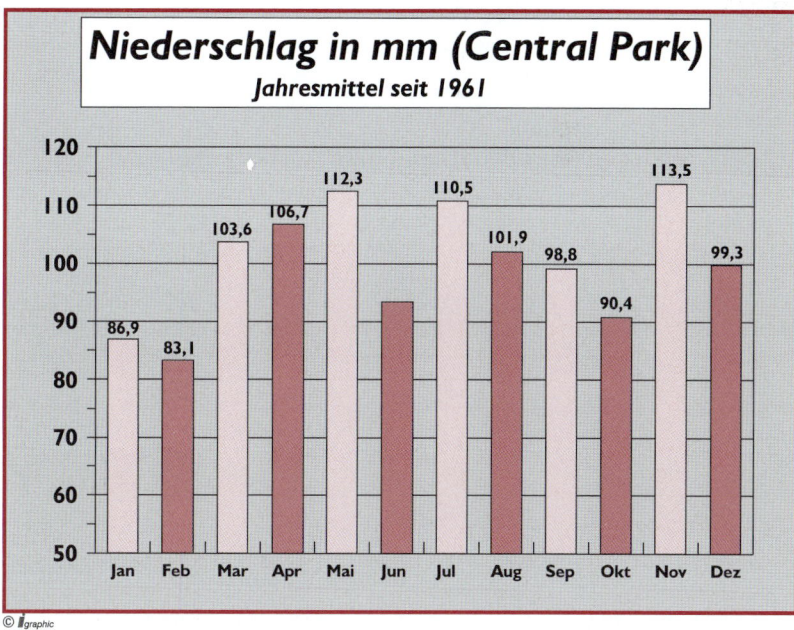

Niederschlag in mm (Central Park)
Jahresmittel seit 1961

Monat	Jan	Feb	Mar	Apr	Mai	Jun	Jul	Aug	Sep	Okt	Nov	Dez
mm	86,9	83,1	103,6	106,7	112,3	93	110,5	101,9	98,8	90,4	113,5	99,3

zester Zeit geschmolzen. Die größte Überraschung aber waren dann die 28 bzw. 30 °C am fünften bzw. sechsten Tag!

Die Sommer sind allgemein heiß und schwül. Die versiegelten Flächen der Stadt heizen die Luft zusätzlich auf, so dass es in der City merklich wärmer ist als in den Suburbs. Die Winter sind meist windig und kalt, quasi als Entschädigung dafür aber auch recht sonnig. An durchschnittlich 30 Tagen im Jahr liegt eine Schneedecke in der Stadt. Der anschließende Frühling ist nur kurz und geht schnell wieder in sommerliche Temperaturen über.

Schwüle Sommer, kalte Winter

Ein paar Klimarekorde in New York (Messstation Central Park):
Höchste jährliche Durchschnittstemperatur:
 17,6 °C (1947)
Niedrigste jährliche Durchschnittstemperatur:
 8,5 °C (1836)
Höchste gemessene Temperatur:
 41 °C (Juli 1936)
Niedrigste gemessene Temperatur:
 - 26 °C (Februar 1934)
Höchste Niederschlagsmenge in 24 h:
 28,4 cm (Oktober 1903)
Höchste Schneefallmenge in 24 h:
 67 cm (Dezember 1947)

Niederschläge fallen reichlich und das ganze Jahr hindurch. Die durchschnittliche jährliche Niederschlagsmenge ist mit ca. 1.200 mm etwa doppelt so hoch wie in London! In den Sommermonaten kommt es häufig zu intensiven Schauern im Gefolge von Stürmen (abgedriftete Ex-Hurrikane), während den Rest des Jahres der Regen leider meist länger anhält.

Tipp
Umrechnung Fahrenheit in Celsius: 32 abziehen und mit 5/9 (= 0,555) multiplizieren. Somit sind 100 °Fahrenheit = 37,8 °C.

Tipp
Vor der Abreise können Sie das aktuelle Wetter und die Prognose für die nächsten Tage im Internet erfragen: **weather.com/twc/homepage.twc**.

4. GESELLSCHAFTLICHER ÜBERBLICK

Bevölkerung und Siedlungsstruktur

Der „durchschnittliche New Yorker" ist eine als Amerikanerin geborene, arbeitende, weiße, in Brooklyn lebende, knapp dreißigjährige Frau. Diese Aussage basiert auf den Ergebnissen der letzten amerikanischen Volkszählung, wobei zu berücksichtigen ist, dass gerade bei den ärmeren Bevölkerungsschichten sowie bei Minoritätengruppen die Schwankungen hoch sein können. Die Gesamtbevölkerung der Stadt lag 2009 bei ca. 8,3 Millionen, was einen Zuwachs von etwa 1 Mio. Bürgern gegenüber 1980 bedeutet, nach einem Verlust von 800.000 Personen in den 70ern.

8 Millionen Einwohner

Der Stadtbezirk (Borough) mit der höchsten Bevölkerungszahl ist Brooklyn mit 2,5 Millionen Einwohnern, der kleinste, Staten Island, hat knapp unter 400.000 Einwohner. Der durchschnittliche Haushalt besteht aus 2,56 Personen, nachdem er 1980 mit 2,49 einen Tiefpunkt erreicht hatte (1940 lag er noch bei 3,52 Personen). Nur 52 % der Kinder unter 18 Jahren leben in einem Haushalt mit einem verheirateten Paar (73 % im Jahr 1970), 33 % leben mit einem Elternteil und 12 % mit einem anderen Familienmitglied.

Die Aufteilung nach Herkunft der Einwohner ergibt, dass Menschen, die aus einem spanisch oder portugiesisch sprechenden Land stammen, 27 % der Bevölkerung ausmachen, knapp die Hälfte davon wanderte aus Puerto Rico ein. Schwarze (Afro-Amerikaner) machen 25 % der Einwohner aus, und Weiße (Eurasier) zählten 1990 zum erstenmal weniger als die Hälfte der Gesamtbevölkerung und ihr Anteil beträgt heute sogar nur noch 35 %! Bürger anderer ethnischer Herkunftsgebiete wie vor allem Asiaten oder Araber machen gut 10 % aus.

Die Anzahl der im Ausland geborenen Einwohner New Yorks ist nach einem Tiefpunkt von 18 % im Jahre 1970 wieder steigend und lag 1990 bei 28,4 % und erreicht heute 30 %. Frauen machen 53 % der Bevölkerung aus; 55 % bei den Afro-Amerikanern. 71 % der Männer und 54 % der Frauen über 16 stehen im Berufsleben. Diese Zahl hat sich bei den Frauen seit 1930 (32 %) kontinuierlich gesteigert.

Ein paar ausgewählte Stadtteile im Einzelnen

Dass viele Schwarze in **Harlem**, einem Stadtviertel Manhattans, wohnen, ist bekannt, da dieser Stadtteil nach dem Ersten Weltkrieg zum Zentrum der schwarzen Kultur wurde. Noch heute ist die dortige Bevölkerung fast ausschließlich schwarz (Tendenz aber fallend). Harlem ist geprägt von einer sehr hohen Arbeitslosigkeit – bis zu 30 % der Jüngeren aus den Arbeiterschichten –, von alleinerziehenden Müttern und einer überdurchschnittlich hohen Zahl an Tuberkulose-, Krebs- und Aids-Erkrankungen. Trotz wirtschaftlicher Schwierigkeiten und der

Hohe Arbeitslosigkeit

Sikh in Midtwon. Gibt es den „Durchschnitts-New-Yorker" überhaupt?

Entwicklung anderer künstlerischer Zentren bleibt Harlem ein wichtiger Ort des kulturellen Geschehens und betreibt unter anderem das National Black Theater und das Dance Theater of Harlem.

Greenwich Village wurde ab den 20er Jahren, vor allem aber ab den 50er Jahren als Zentrum der „Beat"-Bewegung bekannt. Dank Initiativen zum Denkmalschutz blieb die attraktive Wohngegend bisher frei von großen Bauobjekten. Washington Square ist nach wie vor ein begehrter Ort für Straßenmusiker, Demonstrationen oder Paraden wie dem Halloween-Umzug oder der Gay Pride Parade.

Beliebter Wohnort

Ein Stadtviertel, das sich seit Anfang der 90er Jahre stark verändert hat und zum beliebten Wohn- und Schaffensort für bildende Künstler wurde, ist **Williamsburg** im Nordwesten Brooklyns. Die durch den Auszug vieler industrieller Firmen frei gewordene Bausubstanz, ähnlich wie zu Anfang des Jahrhunderts in Greenwich Village, bietet Künstlern große Flächen zu günstigen Preisen. Einige interessante Galerien haben auch bereits dort eröffnet. Die übrige Bevölkerung dieses Stadtviertels, die zur Hälfte lateinamerikanischen Ursprungs ist – hauptsächlich aus Puerto Rico und der Dominikanischen Republik stammend – beinhaltet auch eine starke jüdische Gruppe. Diese orthodoxen Juden bilden einen eigenen Stadtteil rund um den Broadway, wo auch heute noch viel Yiddisch gesprochen wird und wo man koschere Metzgereien und Restaurants findet.

Stadtteil der „gusseisernen Gebäude"

Die Entwicklung des Stadtviertels **SoHo**, was für „South of Houston" steht, zwischen der 6. Avenue und Canal, Crosby und Houston Street, ist beispielhaft für die ***schnellen Wandlungszyklen der amerikanischen Städte***: Ende des 19. Jahrhunderts war es eine beliebte Einkaufsgegend, doch ab der Jahrhundertwende zogen die Geschäfte aus. Die Gebäude waren für moderne gewerbliche Tätigkeiten nicht geeignet, so dass das Stadtviertel Ende der 50er Jahre fast ein Slum war. In den 60er Jahren zogen viele Künstler, die große Wohnflächen zu günstigen Preisen benötigten, in die Gegend. Mit ihren Nachbarn bildeten sie Bürgerinitiativen für die Verschönerung und den Erhalt von SoHo. 1973 wurden daraufhin von der Stadt 26 „Blöcke" mit gusseisernen Gebäuden unter Denkmalschutz gestellt (vgl. „Cast-iron", Kapitel Architektur), und viele andere Bauten wurden renoviert. Seit Anfang der 80er Jahre findet man wieder Gewerbe in SoHo, die Mietpreise sind gestiegen, und die Einwohnerstruktur hat sich geändert. Viele Künstler können sich die Gegend heute nicht mehr leisten. Es ist jetzt ein vielfältiges Viertel mit einer Mischung aus Boutiquen, Restaurants, Bars und Kunstgalerien sowie kleinen Grafikdesign- und Verlagsunternehmen.

4. Gesellschaftlicher Überblick: Bevölkerung und Siedlungsstruktur

Das New Yorker **Chinatown** befindet sich in der Lower East Side. Bis 1965 blieb das Stadtviertel recht übersichtlich (damals 7 Blöcke und 20.000 Einwohner, die Mehrzahl männlich); durch die Änderung von Immigrationsregelungen wuchs danach der Stadtteil aber schneller, dehnte sich auf die alten Teile von Little Italy sowie in jüngerer Zeit der Lower East Side aus und wurde zur größten chinesischen Siedlung der westlichen Hemisphäre. Heute, nachdem sich Chinesen auch in anderen Teilen der Stadt wie Flushing oder Elmshurst niedergelassen haben, beherbergt Chinatown nur noch ca. 30 % der New Yorker Chinesen und hat nun auch Einschlüsse anderer Nationalitäten, zum Beispiel aus Bangladesh, Vietnam oder den Philippinen.

Größte chinesische Siedlung in der westlichen Hemisphäre

The Bronx ist das 1,3 Millionen Einwohner zählende Borough im Norden der Stadt und berühmt-berüchtigt für seine hohe Kriminalitätsrate und das Klischee der „ewig brennenden" Sozialbauten. Doch eigentlich begann die Geschichte der Bronx sehr bürgerlich in den ersten 30 Jahren des 20. Jahrhunderts. Ein Teil des Mittelstandes verließ zu dieser Zeit Manhattan, das zu kriminell und teuer wurde. Viele zu Geld gekommene Nachkömmlinge von Immigranten des ausgehenden 19. Jahrhunderts waren dabei. Der Niedergang begann dann Ende der 20er Jahre mit dem Einzug des organisierten Verbrechens in der Bronx.

Bürgerliche Ursprünge

Schlimmer war eine gut gemeinte, aber weit gefehlte Siedlungspolitik der Stadtverwaltung. In den 1930er Jahren baute man nämlich große Siedlungen mit günstigen Mieten (trotz technisch akzeptabler Wohnungen) im Süden der Bronx. Damit kreierte man ungewollt bereits eine Art „Ghetto der sozialschwachen Bevölkerung". Schlimm wurde es dann, als dieser Stadtteil durch ein Autobahnnetz umgeben und so unbewusst noch mehr isoliert wurde. Die letzten Mittelständler zogen ab, und die niedrigen Mieten brachten es in den 1950er- und 60er Jahren so weit, dass die technischen Einrichtungen der Wohnungen nicht mehr sinnvoll repariert werden konnten. Damit aber gingen immer mehr Mieter dazu über, auch ihre Mieten nicht mehr zu bezahlen (andere konnten es sowieso nicht).

Zwischenzeitlich „Ghetto der sozial Schwachen"

Die Vermieter zogen sich immer mehr zurück, und die South Bronx verkam zunehmend. Wer noch etwas auf sich hielt bzw. es sich leisten konnte, zog schnell weg. Übrig blieb ein Schmelztigel der Gewalt, denn Perspektiven gab es kaum noch hier. Den Hausbesitzern blieb als letzte „Chance" nur noch das Abbrennen der Häuser – natürlich kaschiert als Versicherungsfall, da die Stadt sie trotz minimaler Mieteinnahmen zwang, die Häuser zu renovieren. Die Mieter halfen oft gerne beim Anzünden, denn dann war die Stadt verpflichtet, ihnen neuen Wohnraum woanders zu verschaffen, und musste auch noch neue Einrichtungen stellen.

Lange Zeit galt die South-Bronx als das Klischeebild vom Versagen des amerikanischen Gesellschaftsbildes. Auch heute ist noch nicht alles Übel behoben, doch mittlerweile wird auch hier wieder investiert, gibt es zahlreiche Integrierungsprojekte für Jugendliche, und moderne Häuser werden gebaut bzw. alte renoviert. Natürlich ist die South-Bronx kein Idyll und wird es wohl auch kaum werden, aber die brennenden Wohnblocks gehören lange der Vergangenheit an. Zur Bronx gehören aber auch die Stadtteile nördlich der Fordham Street, wo z.T. große Villen in parkähnlichen Gebieten stehen.

Von den 1,3 Millionen Einwohnern der Bronx sind 560.000 Hispanics (davon sprechen 25 % überhaupt kein Englisch!), 400.000 Afro-Amerikaner und 290.000 Weiße.

INFO New York und seine Liebe zu Paraden

Eine in vielen amerikanischen Städten existierende Tradition, die in New York gewissermaßen zum Kulturgut gehört, sind die „Parades", die eine Person ehren, ein besonderes Ereignis feiern oder einem spezifischen politischen oder gesellschaftlichen Zweck dienen sollen.

Der Ursprung der Paraden liegt in den militärischen Umzügen des 17. und 18. Jahrhunderts. So zogen beispielsweise 1766 irische Soldaten der britischen Armee am St. Patrick's Day durch die Straßen. Am Ende des 18. Jahrhunderts wurden jährlich Paraden für die Unabhängigkeitserklärung, den britischen Rückzug aus New York und vieles mehr organisiert. Bedeutende Persönlichkeiten auf New York-Besuch wurden auf diese Art geehrt, so etwa der *Marquis de la Fayette* (französischer Helfer der Amerikaner im Unabhängigkeitskrieg) im Jahre 1824 oder Präsident *Theodore Roosevelt* im Jahre 1910. Die Fertigstellung des Erie-Kanals 1825 sowie das Ende des Bürgerkrieges 1865 wurden mit Paraden gefeiert.

Die Politik nutzte diese Aufmärsche für ihre Zwecke. So marschierten bestimmte Parteien durch die Straßen der Stadt, und ab 1882 hatten die Gewerkschaften ihre Parade am 1. Mai (1986 mangels Beteiligung eingestellt). Sogar gewerbliche Paraden wurden organisiert, so die Thanksgiving Parade der Kaufhauskette Macy's seit 1924.

Zu guter Letzt müssen die besonders beeindruckenden Konfettiparaden („Tickertape parades") erwähnt werden, die im späten 19. Jahrhundert rund um die Wall Street organisiert wurden und seitdem unter anderem den Atlantikflieger Charles Lindberg (1927), Papst Johannes Paul II. (1979) und Nelson Mandela (1990) geehrt haben.

Einige der wichtigsten, jährlich stattfindenden Paraden sind:
- Chinesisches Neujahr (Chinatown, Februar)
- Halloween Parade von Greenwich Village (von Houston Street nach Union Square, 31. Oktober)
- Krishna Procession (5. Avenue zum Washington Square)
- Lesbian and Gay Pride Day Parade (5. Avenue zum Columbus Circle, Juni)
- Macy's Thanksgiving Day Parade (5. Avenue am Central Park zur 59. Straße und zum Broadway, November)
- Parade of Liberty (am 4. Juli, dem Nationalfeiertag)

Siehe auch S. 179

Soziale Verhältnisse

Das amerikanische Sozialsystem ist weitaus mehr als in anderen Industrieländern auf den Willen und auf die Möglichkeiten der Bürger, sich selbst abzusichern, ausgerichtet. Arbeitslosigkeit oder Krankheit können einen dort relativ schnell in eine Notlage und eine Position „außerhalb der Gesellschaft" drängen. Diese Organisation entspricht der Meinung vieler Amerikaner, dass jeder für sich selbst verantwortlich ist und sich daher alleine durchs Leben kämpfen muss, wie die Pioniere es vor ihnen taten. Der Einsatz von Kirchen und ehrenamtlichen Organisationen, Menschen in sozialer Not zu helfen, ist wesentlich weitreichender als in anderen Industrieländern, reicht jedoch aufgrund der Anzahl an Bedürftigen nicht aus.

Motto: Jeder ist für sich selbst verantwortlich

Krankenversicherung

Nur Beamte sind in den USA für den Krankheitsfall durch Gesetze automatisch abgesichert. Andere Bürger können sich nur über Privatversicherungen schützen, doch es besteht keine Pflicht, dies zu tun. Da die Gesundheitsausgaben in den USA hoch sind – ca. 3.000 Dollar pro Kopf und Jahr gegenüber ca. 2.100 Dollar in der Bundesrepublik –, die Krankenversicherungen diese Kosten decken müssen und die Prämien individuell anpassen, sind nach Schätzungen etwa 40 bis 45 Millionen Amerikaner nicht oder nur unzureichend versichert.

Unzureichende Versicherung

1965 wurde ein Absicherungssystem namens **Medicare** für Rentner eingerichtet. Es beruht auf Beiträgen, die während der Jahre der Arbeitstätigkeit zu einer Hälfte vom Arbeitgeber und zur anderen Hälfte vom Arbeitnehmer eingezahlt werden. Die Leistungen des Systems decken etwa 80 % der Kosten für den teilnehmenden Patienten. Ein Fond namens **Medicaid** versucht darüber hinaus, Arme im Krankheitsfall zu unterstützen.

Die Regierung Clinton hat 1993 versucht, einen Krankheitsschutz für jeden Amerikaner einzurichten. Der Reformvorschlag ist aber bekanntermaßen an der Opposition der Lobbyisten, Abgeordneten und Arbeitgebern gescheitert, und nur eine unbedeutende Mini-Reform wurde damals durchgesetzt. 2010 gab es einen neuen Vorstoß der Obama-Regierung, eine flächendeckende Krankenversicherung einzurichten. Dies führte zu heftigen Diskussionen sowohl im Senat als auch bei der Bevölkerung.

Rentenversicherung

Die Renten werden in den Vereinigten Staaten durch die **Social Security Steuer** (15,3 % des Einkommens) finanziert, die zu gleichen Teilen von Arbeitnehmern und Arbeitgebern entrichtet wird. Selbstständige dürfen auf freiwilliger Basis partizipieren. Das vorhergesehene Rentenalter, falls nicht für eine Pensionierung im Alter von 62 oder 64 optiert wird, ist 65, und die Rente beträgt dann bei entsprechenden Beitragsjahren 42 % des letzten Nettoeinkommens. Arbeitnehmer, die es sich leisten können, haben die Möglichkeit, eine zusätzliche private Rentenversicherung abzuschließen.

Aktie "Rente"

Über diesem System schwebt ein Damoklesschwert, da ab 2012 die „Baby-Boomer" (Jahrgänge 1945–1970) das Rentenalter erreichen werden. Zur Lösung dieses Problems wurden bereits einige interessante wenn auch typisch amerikanische Ansätze vorgebracht, so zum Beispiel die Idee, mit den Rentengeldern an die Börse zu gehen.

Arbeitslosenversicherung

Je nach Bundesstaat werden bis zu maximal 39 Wochen nach der Kündigung Arbeitslosengelder in Höhe von 30 bis 50 % des letzten Gehaltes geleistet. Die Arbeitslosenunterstützung wird aus Beiträgen gezahlt, die von den Arbeitgebern alleine zu entrichten sind.

Ein relativ neues und bei seiner Einführung kaum kritisiertes Regierungsgesetz besagt, dass nach dem zweiten Jahr der Arbeitslosigkeit keine weitere Unterstützung, also auch keine Sozialhilfe mehr geleistet wird.

Soziale Gegensätze: Waschsalon im Village ...

Zudem hat ein 1996er Gesetz die maximale Anzahl an Jahren im Leben auf fünf festgelegt, in denen Sozial- oder Arbeitslosenhilfe geleistet wird. D. h., wer irgendwann einmal für insgesamt fünf Jahre Sozialhilfe kassiert hat, bekommt sie niemals wieder, egal, was passiert. Einzige Ausnahme können dann nur noch Mietzuschüsse und die Bezahlung der Wasser- und Stromrechnungen durch die Staatskasse bedeuten. Diese Gesetze haben seit Inkrafttreten zu keinen großen Schwierigkeiten geführt, da die Vereinigten Staaten von einem starken Wachstum in den 1990er Jahren profitieren konnten, und viele ehemalige Empfänger von Arbeitslosen- oder Sozialhilfegeldern – wenn auch schlecht bezahlt – wieder Stellen finden konnten. Das Wachstum ist allerdings regional ungleich verteilt; und was wird bei der nächsten Rezession passieren?

Sozialhilfe („Welfare")

Sozialhilfe wird – theoretisch – allen Bürgern der Vereinigten Staaten gewährt, deren Einkommen unter der offiziell festgelegten Armutsgrenze liegt. Diese

... und Einkaufsbummel an der Fifth Avenue

Grenze ist derzeit bei ca. 6.500 Dollar pro Jahr gesetzt und liegt bei ca. 13.000 Dollar für eine Familie mit zwei Kindern. Doch ist es den einzelnen Bundesstaaten und Kommunen selbst überlassen, wie, wie hoch und ob diese Sozialhilfe überhaupt geleistet wird. In einigen Bundesstaaten z.B. wird sie, genau wie die Arbeitslosenhilfe, nur über 2 Jahre gezahlt. New Yorks Stadtverwaltung will sogar noch weiter gehen und „Amerikas Hauptstadt der Sozialhilfe zur Hauptstadt der Arbeit machen". Dazu sollen die Zahlungen für die Sozialhilfe gekürzt werden; Mütter, die auf staatliche Hilfe angewiesen sind, sollen Elternschulen besuchen und die ausgezahlte Sozialhilfe soll in den meisten Fällen von den Empfängern später zurückgezahlt werden.

„Hauptstadt der Arbeit"

Laut Statistik leben etwa 17 % der Amerikaner (aber über 30 % der Afro-Amerikaner) unterhalb dieser Grenze, und 25 % aller Kinder sind solchen Verhältnissen ausgesetzt. Zwar können die betroffenen Bürger auf Medicaid, Mietzuschüsse und Lebensmittelmarken zurückgreifen, und das Schulgeld wird ihnen erlassen, doch das Geld fürs Nötigste fehlt meistens dennoch, und zunehmend müssen Kinder arbeiten gehen, statt die Schule zu besuchen. Daher verlassen jährlich im ganzen Land etwa zwei Millionen Jugendliche die Schule ohne Abschluss und vor allem, ohne ausreichend lesen und schreiben zu können, was ihnen später den Zugang zu besser bezahlten Stellen beinah unmöglich machen wird.

New York und das Verbrechen

Das organisierte Verbrechen, das seit den 20er Jahren vornehmlich fünf „Mafia-Familien" zugeschrieben wird, wurde einerseits dank effizienter Gesetze wie dem „Racketeer Influenced and Corrupt Organization Law" (Rico, 1970) von der New Yorker Polizei erfolgreich bekämpft. Andererseits hat es sich in den 80er Jahren durch Konkurrenzkämpfe zwischen Mafia, chinesischen und schwarzen Gangs in den Bereichen Drogenhandel, illegales Glücksspiel, Prostitution, Mord und Schutzgelderpressung abgeschwächt. Die heutigen Ziele dieser Art von Kriminalität sind eher Finanzdelikte im Aktienbereich sowie Geldwäsche durch „Investitionen" in legale Geschäfte – sie ist also weniger sichtbar geworden.

weniger sichtbare Kriminalität

Die anderen Formen von Kriminalität, sowohl bei Kleindelikten in Verbindung mit Drogenkonsum oder Armut als auch bei Gewaltkriminalität wie Mord, Raub und Vergewaltigung, sind seit der 2. Hälfte der 1990er Jahre deutlich zurückgegangen. Statistiken belegen zum Beispiel, dass die Mordraten, die zwischen 1960 und 1990 konstant gestiegen waren, in New York stärker als im US Durchschnitt fallen, und dass New York seit 1996 nicht mehr zu den 25 Städten der Vereinigten Staaten mit der höchsten Mordrate zählt. Heute gilt New York als eine der sichersten Großstädte der USA.

Wenn auch die USA unter den Industrienationen Spitzenreiter in Sachen Kriminalität bleiben, man vergleiche zum Beispiel 588 Raubüberfalle auf 100.000 Einwohner in New York im Jahr 1996 mit 350 in Hamburg, sind dies erhebliche Fortschritte. Bei der Kleinkriminalität ist unter anderem der Drogenkonsum stark zurückgegangen. Diese positiven Entwicklungen werden zum großen Teil dem Bürgermeister der 1990er Jahre, *Rudolph Giuliani*, zugeschrieben, unter dem die allgemeine Kriminalitätsrate um ca. 50 % gesunken ist. Sein Nachfolger Michael Bloomberg führte diese Politik fort.

INFO ## Rudolph W. Giuliani (* 1944) – Ein Bürgermeister bringt frischen Wind in die Stadt

Der Enkel italienischer Emigranten und ehemalige stellvertretende Generalstaatsanwalt der USA wurde im November 1993 zum Bürgermeister New Yorks gewählt und blieb für zwei Wahlperioden bis Ende 2001 im Amt. 1944 in Brooklyn geboren, besuchte *Giuliani* dort eine katholische Schule und schloss 1968 sein Jurastudium an der New York University Law School ab. Nach ersten Beschäftigungen als Assistent eines Richters und später eines Staatsanwaltes hielt er zwischen 1975 und 1977 in Washington D.C. eine Position im Bundesjustizministerium. Er kehrte zurück nach New York und arbeitete als Anwalt in einer Kanzlei.

1981, nachdem *Ronald Reagan* sein Amt übernommen hatte, wurde *Giuliani* zum stellvertretenden Generalstaatsanwalt der USA ernannt und hatte so unter anderem die Leitung der berühmten US Marshals und des DEA, der amerikanischen Drogenpolizei, unter sich. 1983 kehrte er als Staatsanwalt zurück nach New York. Bereits 1989 kandidierte *Giuliani* für den Bürgermeisterposten der Stadt, doch er unterlag dem farbigen demokratischen Kandidaten *David N. Dinkins*. 1993 jedoch, nach einer Wahlkampagne, die *Giuliani* auf die Themen Steuersenkung für Firmen, Privatisierung einiger städtischer Einrichtungen sowie Kriminalitätsbekämpfung konzentriert hatte, konnte er *Dinkins* schlagen und wurde so der erste republikanische Bürgermeister New Yorks seit 28 Jahren.

Seine berühmt gewordene **„no (zero) tolerance"-Politik** zur Verbrechensbekämpfung basierte auf der Theorie, dass kein Vergehen gegen das Gesetz toleriert werden darf, egal wie gering der Verstoß, um so der harten Kriminalität vorzubeugen. Die Statistiken gaben ihm recht, denn die Kriminalitätsrate in New York City wurde auf das Niveau der 60er Jahre gesenkt. Dieses gelang unter anderem auch dadurch, dass das New Yorker Gericht jede Nacht Gerichtsverhandlungen durchführte und -führt, die sog. „Night Courts", in denen besonders Kleindelikte abgehandelt werden.

Die Reduzierung der sozialen Etats – die Anzahl an „Welfare"-Empfängern wurde unter *Giuliani* (aber während der Boomjahre) um 24 % verringert – wurde nicht auf alle Bereiche übertragen, denn große Summen wurden in die Ausstattung der öffentlichen Schulen investiert.

Auch wenn er Republikaner war, verzichtete *Giuliani* nicht auf seine Unabhängigkeit und übernahm – ebenso wie sein Vorbild *La Guardia* (siehe Kapitel „Geschichte") – gerne demokratische Ideen, wenn sie ihm gefielen.

Kritiker warfen ihm vor, seine Politik hätten wenige wirtschaftliche Erfolge gezeigt, denn in einer Zeit eines enormen Wirtschaftswachstums in den USA verzeichnete New York eine Arbeitslosenrate um 9 %, was etwa doppelt so hoch lag wie der Landesdurchschnitt. Seine Methode der Kriminalitätsbekämpfung durch das New York Police Department (NYPD) hätte der Polizei zu große Freiheiten gelassen, was zunehmend Klagen über Brutalität seitens der Polizei hervorgerufen hat. Über diesen Kritikpunkten sollte man jedoch keinesfalls *Giulianis* durchgreifende Erfolge vergessen.

Nachdem *Giulianis* erste Amtsperiode (1993–97) nun vornehmlich der Verbrechensbekämpfung galt, stellte er die zweite unter das Motto „More Civility". Hierbei zielte er auf die kleinen „Unregelmäßigkeiten" im normalen Leben der New Yorker: Unsachgemäßes Hupen im Straßenverkehr, das Überqueren der Straße bei roter Ampel, Straßenkünstler auf den Gehwegen, Imbisskarren an den Straßenrändern, unhöfliche Beamte uvm. Mit der Kampagne gegen diese Sünden aber traf er tief ins Herz der Großstadtmenschen, für die solche Dinge zur Lebensqualität zählen und ein letzter Hort der Befreiung aus dem eingeengten Leben in dem Moloch waren. Folgen waren missmutige Polizisten, die sich z.T. weigerten, die $ 50 Strafe für das unbefugte Überqueren der Straße zu kassieren. Und auch Anwälte provozierten geradezu kleine Delikte, um dafür selbst vor Gericht gestellt zu werden und Präzedenzfälle zu schaffen. Während der letzten zwei Jahre seiner Amtszeit bildeten sich auch immer mehr intellektuelle Gruppierungen, die in aller Öffentlichkeit gegen seine Maßnahmen angingen.

Giuliani wirft man inzwischen vor, all' diese Reglementierungen auch dazu genutzt zu haben, gewisse – unerwünschte – Gesellschaftsgruppen aus Manhattan fernzuhalten: Einwanderer, Minderbemittelte und Kriminelle. Die Probleme wurden also nur verlagert. Die New Yorker schätzen zwar die zurückgewonnene Sicherheit, doch werden sie wohl kaum zu gehorsamen „Suburbians" (Vorstadtbewohner). Immer noch kreuzt jeder bei Rot die Straße.

Rudolph W. Giuliani:
Ein Bürgermeister hat aufgeräumt

Giulianis Stern begann paradoxerweise nochmal zum Ende seiner Amtszeit zu steigen, nämlich aufgrund seiner geschickten und zum Teil sehr menschlichen Weise, mit den Folgen des Anschlags auf das World Trade Center am 11. September 2001 umzugehen. Im Handumdrehen wurde er der „Bürgermeister des Volkes" und man sprach sogar von einer dritten Amtszeit. Dazu kam es aber nicht und *Michael Bloomberg*, ein Wirtschaftsmagnat *(Bloomberg-TV, Wirtschafts-Redaktionen)*, übernahm Anfang 2002 das Amt des Bürgermeisters von New York.

Bildungswesen

drei Ebenen

Das Bildungswesen der USA besteht wie in Deutschland aus drei Blöcken: der Grundschule, genannt **Elementary School**, der fortbildenden Schule, genannt **High School**, und dem Hochschulstudium, das sich in **Colleges und Universitäten** unterteilt. Die Elementary School umfasst die ersten sechs Schuljahre und die sich anschließende High School weitere sechs Jahre. Im Gegensatz zu Deutschland besteht nach der Grundschule keine Aufteilung in verschiedene Schulzweige, doch auch innerhalb der High School Systems gibt es starke Unterschiede. Diese findet man zum einen (wie übrigens auch schon bei der Elementary School) in der Trennung zwischen den meist teuren **privaten und** den **öffentlichen Schulen**, zum anderen häufig in der thematischen Ausrichtung, wie zum Beispiel künstlerisch oder musisch geprägter Schulen. Wird das Bildungsniveau der amerikanischen Schulen auf theoretischer Ebene auch häufig (und zu Recht) kritisiert, so gibt es doch gravierende Pluspunkte.

Die Entwicklung des sozialen Verhaltens der Schüler spielt hier eine Hauptrolle. Dies ist insbesondere in einer Stadt wie New York, die eine Vielzahl an Nationalitäten, Hautfarben, Einkommensschichten und vielem mehr zu vereinen sucht, von großer Wichtigkeit. Darüber hinaus sind die Schulen praktisch orientiert.

praktisch orientiert

Man kann zum Beispiel an einigen Schulen eine Mini-Ausbildung im Krankenhaus absolvieren, bei der der theoretische Unterricht der Schule durch zwei Stunden Praxis im Krankenhaus pro Tag ergänzt wird, oder man kann je nach Begabung und Interesse unter anderem erste Erfahrungen als Automechaniker, im künstlerischen Bereich oder im Büro sammeln. Die Wahlmöglichkeiten für die Fächer sind wesentlich größer als in Deutschland und die **Vorgaben geringer**. So muss man zwar einige Kurse in Mathematik belegen, das Lernen einer Fremdsprache ist jedoch im Regelfall keine Pflicht. In der High School findet man wie in der deutschen gymnasialen Oberstufe ein Kurssystem und keinen Klassenverband. Auch bieten die meisten Schulen sogenannte „Honours Classes" für besonders begabte Schüler an, die eine Differenzierung innerhalb des Systems zulassen.

Bereits während der Kolonialzeit gab es in New York die Möglichkeit, für Geld eine schulische Ausbildung durch unabhängige Lehrer zu erlangen, und bald entstanden die ersten Armenschulen der holländisch reformierten und der anglikanischen Kirche. Eine Vielzahl der Siedler konnte lesen und schreiben. Seit 1795 förderte auch der Staat New York die schulische Bildung, doch viele Immigrantenkinder oder Kinder aus armen Verhältnissen besuchten im 19. Jahrhundert die Schule nicht. Auf diese mangelnde Ausbildung der Armen schob man viele Missstände in der Stadt und gründete daher die **Free School Society**. Diese baute ein System öffentlicher Schulen auf, bei dem ein Lehrer zunächst einige besonders begabte Schüler auswählte, die dann unter seiner Anleitung ihre Mitschüler unterrichteten. Auf diese Art genügte ein Lehrer oft für mehrere hundert Schüler. Durch die staatliche Förderung erfuhren diese Schulen einen großen Zulauf, und über die Jahre entwickelte sich aus diesen freien Schulen das öffentliche Schulsystem New Yorks. Die Schulausbildung dauerte in der Mitte des 19. Jahrhunderts zwischen drei und sieben Jahren. Schwarze Schüler mussten bis 1880 gesonderte Einrichtungen für Farbige besuchen, in der Praxis bestanden diese Schulen jedoch über diesen Termin hinaus weiter.

Um die Jahrhundertwende gab es durch den starken Bevölkerungszuwachs circa eine halbe Million Schüler, doch nicht genügend Schulen, was die **Schulpflicht**, die 1874 im Staat New York eingeführt wurde, in Frage stellte. Ein Lösungsansatz waren Halbtagsschulen, die die doppelte Kapazität an Schülern zuließen. War New York auch die letzte bedeutende Stadt der Vereinigten Staaten, die ein öffentliches Schulsystem einführte, so gewann sie doch bald eine Stellung als **Gründer neuer Schultypen**, so zum Beispiel auf das Druckereigewerbe spezialisierte Schulen oder Schulen, die sich auf die Assimilation von Immigrantenkindern durch Sprachtraining konzentrierten. Mitte des 19. Jahrhunderts entwickelte sich der Lehrerberuf zu einer angesehenen Stellung, und 1916 wurde die New York City Teachers Union (Lehrervereinigung) gegründet. 1921 vereinigten sich Eltern in der United Parents Association und erlangten so ein Mitspracherecht in schulischen Fragen.

Da die Schulen zum großen Teil auch durch die einzelnen Stadtteile sowie durch Schulgelder finanziert werden, entstand eine starke **Diskrepanz in der**

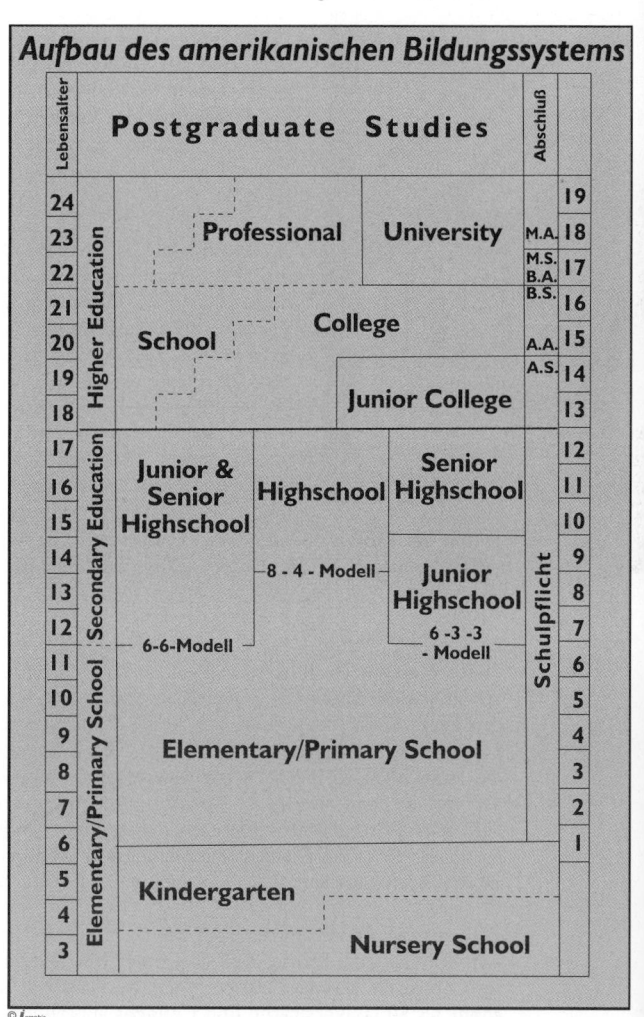

Aufbau des amerikanischen Bildungssystems

Lebensalter				Abschluß
	Postgraduate Studies			
24				19
23	Higher Education	Professional	University	M.A. 18
22				M.S. 17
21				B.A.
20		School	College	B.S. 16
19				A.A. 15
18			Junior College	A.S. 14
17	Secondary Education			13
16		Junior & Senior Highschool	Senior Highschool	12
15			Highschool	11
14				10
13		8-4-Modell	Junior Highschool	Schulpflicht 9
12		6-6-Modell	6-3-3-Modell	8
11				7
10	Elementary/Primary School			6
9				5
8		Elementary/Primary School		4
7				3
6				2
5		Kindergarten		1
4				
3			Nursery School	

© i graphic

4. Gesellschaftlicher Überblick: Bildungswesen

Ausstattung von Schulen in wohlhabenden Gegenden und solchen in ärmeren Gebieten. Aus diesem Grund entwickelte man in den 50er und 60er Jahren ein Modell, bei dem Schüler mit Bussen von ihrem Wohnort in Schulen anderer Stadtviertel gebracht wurden, um so den Standard auszugleichen. Es muss wohl nicht erklärt werden, dass diese soziale Maßnahme für heftige Kritik seitens der Wohlbetuchten sorgte, die nun um das Wohlergehen ihrer Kinder bangten. Heute wird dieses Modell kaum noch angewandt, doch es hat sich bisher noch keine bessere Alternative gefunden, die Situation der einzelnen Schulen einander anzugleichen. In den 1970er und 1980er Jahren haben einige Schulen den zweisprachigen Unterricht aufgenommen. Die 1990er Jahre sahen erneute Probleme durch die Kürzung staatlicher Gelder, den Drogenkonsum, die zunehmende Gewalt in Schulen sowie die **wachsende Zahl an „Dropouts"**, den Schülern, die die High School ohne Abschluss verlassen. Heute hat New York City über eine Million Schüler, die Gesamtzahl an Schulen beläuft sich auf 1.069.

Nicht jeder ist privilegiert, an der Columbia University zu studieren

In New York gibt es zahlreiche Universitäten und Colleges. 1754 entstand das King's College, eine religiöse Einrichtung, als erste Hochschule. Es wurde 1784 bei der Wiedereröffnung nach der amerikanischen Revolution umbenannt in Columbia College. Die University of New York City (heute New York University) öffnete 1831 ihre Pforten. Mitte des 19. Jh. entstanden einige spezialisierte Universitäten, so zum Beispiel das Rutgers Female Institute für Frauen (1838), das Brooklyn Collegiate and Polytechnic Institute (1854) oder die Columbia School of Law (Hochschule der Rechtswissenschaften, 1858). Frauen war der Zugang zu den meisten Universitäten mit Ausnahme einiger namhaften Einrichtungen wie dem Hunter College oder dem Barnard College bis ins 20. Jh. verwehrt.

Nach dem 2. Weltkrieg hat sich die Nachfrage nach einer Hochschulausbildung drastisch erhöht. Durch sogenannte „Community Colleges", die man in den einzelnen Nachbarschaften findet, versuchte man, dieser Nachfrage gerecht zu werden. Einige davon spezialisieren sich auf die Erwachsenenbildung und auf Sonderprogramme für Immigranten. Ab 1951 gab man Kriegsveteranen die Möglichkeit, die High School zu beenden und eine Hochschulausbildung zu erlangen. Das Versprechen der University of New York, jeden Absolventen einer New Yorker High School als Studenten zuzulassen, musste Mitte der 1970er Jahre nach einer finanziellen Krise des Bildungswesens modifiziert werden, und es wurden **Studiengebühren** eingeführt.

seit den 70er Jahren bereits Studiengebühren

Zu den namhaftesten Universitäten der Stadt gehören unter anderem die Fordham University, das Barnard College, Cornell University, die Juilliard School, Hunter College, die Columbia University und die New York University. Heute gibt es **mehr als 50 Universitäten und Colleges** in New York City.

5. KULTURELLER ÜBERBLICK

Bildende Kunst

Erst im 20. Jahrhundert wurde New York zum wirklichen Kunstzentrum der Vereinigten Staaten, doch seitdem, insbesondere nach dem 2. Weltkrieg, hat die Kunstszene und Museumskultur Weltruhm erlangt.

Kunstzentrum des Landes

I) Die Malerei im 18. und beginnenden 19. Jahrhundert beschränkte sich auf das Genre der **Porträtmalerei**, durch die reiche Bürger der Stadt sich verewigen wollten. Viele der Porträtmaler wie *John Watson* oder *John Wollaston* waren in Europa geboren und hatten dort ihr Handwerk erlernt. Andere bekannte Porträtmaler, wie *John Singleton Copley* oder *Abraham Delanoy*, verbrachten nur einige Jahre in New York.

Mit *John Trumbull* entstand das Genre der amerikanischen **Historienmalerei**, das durch die Bürgerkriegsszenen von *Winslow Homer* berühmt wurde. Auch **Stadtansichten** wurden zunehmend beliebter.

II) Im Bereich der **Skulptur** lieferte New York bis zum Bürgerkrieg und dem ausklingenden 19. Jahrhundert, als man begann, durch Kriegerdenkmäler bedeutende Leistungen zu ehren, keine nennenswerten Beiträge. Während der Kolonialzeit waren fast ausschließlich Grabsteine oder Ornamente für Bauwerke entstanden. Einige Büsten von Nationalhelden waren für Innenräume geschaffen worden, und eine Reiterstatue von *George Washington* wurde 1856 am Union Square errichtet.

III) Was die Kunst betrifft, wurde New York für eine Weile während des 19. Jahrhunderts durch die **Hudson River School** bedeutend, eine Schule von Landschaftsmalern, die von 1825 bis 1870 bestand. Ihr herausragendster Vertreter und Begründer ist *Thomas Cole*, der die amerikanische Landschaft als Sinnbild einer neuen Nation und als etwas Erhabenes verstand. Seine Zeichenreise im Jahre 1825 entlang des Hudson River markierte den Beginn der neuen Schule, und bald fand man die Landschaftsgemälde in den Galerien von New York City. Weitere wichtige Vertreter waren unter anderem

Kunstwerk des 19. Jahrhunderts: Bethesda Fountain im Central Park

Frederick E. Church und *Asher B. Durand*, der 1848 nach *Coles* Tod dessen Nachfolger wurde. *Durand* vertrat die Theorie, dass eine wirklichkeitsnahe Darstellung der Natur die Gegenwart Gottes zeige. Somit wurde eine sorgfältige Studie von Licht und Atmosphäre zum bedeutenden Thema in der Kunst.

IV) Zeitgleich wurden von Vertretern verschiedener Nationalitäten, insbesondere Italienern, Iren und Deutschen, **Denkmäler** und **Brunnen** errichtet, die

5. Kultureller Überblick: Bildende Kunst

Gute Ausbildung für Bildhauer

bedeutende Persönlichkeiten ihrer Heimatländer, darunter *Ludwig von Beethoven* (1884, *Henry Baerer*), darstellten. Bildhauer hatten nun die Möglichkeit, in der National Academy of Design, der Cooper Union oder der Art Students League eine bessere Ausbildung als bisher zu erhalten. Sie begannen eine Zusammenarbeit mit Architekten, um Bauwerke durch Skulpturen zu verschönern. 1886 wurde die berühmteste Skulptur der Stadt, *Frédéric-Auguste Bartholdis* **Freiheitsstatue**, als Geschenk des französischen Staates errichtet.

V) Gegen Ende des 19. Jahrhunderts strömten Künstler nach Europa, um sich mit den dortigen Trends vertraut zu machen und neue Techniken zu erlernen. Dadurch entstand in Amerika zum ersten Mal Kunst, die man als **„Kunst um ihrer selbst willen"** bezeichnen darf. Diese fand jedoch bei der Nationalen Kunstakademie keinen großen Anklang, und so entstand 1877 die Society of American Artists, eine Künstlervereinigung, die den modernen Malern, darunter *John Singer Sargent*, die Gelegenheit gab, ihre Werke öffentlich auszustellen. Die gleiche Zeit brachte impressionistische Werke von Malern wie *Childe Hassam* hervor.

Realistische Malerei

VI) Nach der Jahrhundertwende wurde der Stil zunehmend realistischer, und die Themen in Malerei und Skulptur wandten sich mehr der Darstellung einfacher Menschen in ihrem Alltag zu. **Abstrakte Gemälde** entstanden als künstlerische Antwort auf die zunehmende Mechanisierung der Gesellschaft. New York wurde nun zum Zentrum für international bekannte Künstler, darunter *Georgia O'Keeffe*, *Joseph Stella* und der Fotograf *Alfred Stieglitz*. Eine internationale Ausstellung moderner Kunst im Jahre 1913, bekannt als „Armory Show", sorgte mit den Werken der späteren Dadaisten *Marcel Duchamp* und *Man Ray* für einen Skandal. Harlem wurde während der 20er und 30er Jahre zum Zentrum schwarzer Kunst.

In den 30er Jahren vergab die Regierung große künstlerische Aufträge für die Gestaltung öffentlicher Gebäude und Flughäfen. Es wurden auch die ersten aus Metall geschlagenen Skulpturen geschaffen.

Abstrakter Expressionismus

VII) In den 1940er Jahren entstand dann die wohl bekannteste Kunstrichtung der Stadt, der **„Abstract Expressionism"**, auch „Action Painting" genannt, deren Vertreter sich in der **New York School** gruppierten und sich im Stadtviertel SoHo niederließen. *Jackson Pollock* und *Willem de Kooning* wurden neben *Arshile Gorky* und *Mark Rothko* sowie einigen anderen die bekanntesten Mitglieder der Gruppe, und New York wurde durch ihre Werke zum Zentrum der **Avantgarde**. Gekennzeichnet sind die Bilder durch das Nichtvorhandensein des Figürlichen und den losen Pinselstrich. Der Entstehungsprozess des Kunstwerkes wurde nun wichtig und Bewegung spielte eine große Rolle. So befestigte *Jackson Pollock* zum Beispiel seine Leinwand auf dem Boden, wo er, manchmal mit großer Geschwindigkeit, Farbe auf das Werk schüttete, spritzte oder tropfte und es von allen Seiten bearbeiten konnte. *Mark Rothko* hingegen machte große, solide Farbflächen oder -blöcke zum Motiv seiner Malerei. Vertreter im Bereich der Skulptur sind *Herbert Ferber* und *David Smith*.

VIII) Die Nachkriegszeit in der Malerei ist gekennzeichnet durch eine **Vielfalt** an Stilen und Themen. *Jasper Johns* und *Robert Rauschenberg* wurden zu Vorläufern der **Pop-Art**-Bewegung, die später von *Andy Warhols* und *Roy Lichtensteins* Darstellungen von Alltagsgegenständen fortgeführt wurde. Im Bereich der Skulptur entstanden nach dem Krieg einige Friedensmahnmäler, die um die Zentrale der Vereinten Nationen errichtet wurden, sowie einige kleinere heroische Denkmäler. Eine surrealistische Bewegung setzte sich in den 40er Jahren mit Vertretern wie *Joseph Cornell* durch. *Jacques Lipchitz* schuf ab 1941 einige bedeutende autobiographische Werke.

Andy Warhol und die Pop-Art

IX) Durch städtische Auflagen entstanden seit den 60er Jahren zahlreiche **Skulpturen für Vorplätze und Innenhöfe** von Großbauten, darunter Werke von *Jean Dubuffet* (Group of Four Trees, 1972, 1 Chase Manhattan Plaza), *Alexander Calder* (Le Guichet, 1963, Lincoln Center) und *Henry Moore* (Reclining Figure, 1965, Lincoln Center). Viele weitere namhafte Künstler wie *Noguchi, Picasso, Koenig* oder *Louise Nevelson* sind durch ihre Werke auf öffentlichen Plätzen vertreten.

Kunststadt New York

Ihre Berühmtheit als Kunststadt hat New York einerseits durch die Künstler selbst, andererseits jedoch auch durch ihre hervorragenden Museen erlangt. Mit dem Tammany Museum, später umbenannt in American Museum, wurde 1790 diese Tradition begründet. Kunstakademien wie die American Academy of Fine Arts (gegründet 1802) verfügten bald über beachtliche Sammlungen. 1844 wurde die **New York Gallery of Fine Arts** geformt, die der Öffentlichkeit zugänglich war. Nach dem Bürgerkrieg entstanden dann zahlreiche kleine Museen und Galerien, die häufig durch reiche Industrielle finanziert wurden.

Weltbekannte Museen

1870 machte der bekannte Dichter *William Cullen Bryant* den Vorschlag, ein öffentliches Kunstmuseum zu gründen mit dem Ziel der besseren sozialen, moralischen und kulturellen Bildung der Bürger New Yorks. So war der gedankliche Grundstein für das **Metropolitan Museum of Art** gelegt, das bereits wenige Jahre später seine Pforten öffnete. Diesem Gedanken treubleibend, finden auch heute in diesem enormen Museum – die Sammlung besteht aus mehr als zwei Millionen Stücken! – noch zahlreiche Seminare und Aktivitäten zur Volksbildung statt. Interessanterweise findet man erst seit 1967 moderne Kunst im Metropolitan Museum.

1897 öffnete das **Brooklyn Museum** seine Pforten. Es war von dem berühmten Architekten-Team *McKim, Mead & White* als größtes Museum der Welt konzipiert wurden. Durch den Zusammenschluss von Brooklyn mit New York im Jahre 1898 begann jedoch ein Wettrennen, das Brooklyn verlor; nur einer der vier geplanten Flügel wurde fertiggestellt. Nichtsdestotrotz verfügt das eher unbekannte Museum über die viertgrößte Kunstsammlung der Vereinigten Staaten. 1929 wurde das **Museum of Modern Art** von drei Frauen, *Lillie Bliss, Mary Quinn Sullivan* und *Abby Aldrich Rockefeller* gegründet, und 1930 öffnete das **Whitney Museum of American Art**. Das 1937 eingeweihte **Solomon R. Guggenheim Museum** ist gleichermaßen Kunstwerk und Ausstellungsraum: Der berühmte Architekt *Frank Lloyd Wright* konzipierte das spiralförmige Museum, das bedeutende Malerei des 20. Jahrhunderts zeigt. Mit dem Entstehen des **Bronx Museum of the Arts** (1972), der Erweiterung des Museum of Modern Art (1984) und der Wiedereröffnung des **P.S. 1 Contemporary Art Center** (1997), dem größten und ältesten alternativen Ausstellungsraum der Stadt, bleibt die Museums- und Kunstszene aktiv. Heute verfügt New York über 150 Museen – eines der jüngsten ist das 1997 eröffnete Holocaust Museum – wovon sich 40 ausschließlich auf Bildende Kunst spezialisiert haben.

Musik

I) Wenn auch die holländischen Siedler lange in ihrer Sprache Psalme während der Gottesdienste sangen, beginnt die New Yorker Musikgeschichte doch eher im Jahr 1750 mit der Eröffnung des ersten Konzertsaals, dem **Nassau Street Theater**, wo Opern aufgeführt wurden. Bis ca. 1820 blieb New York aber eher eine Art Zweigstelle des Kunstortes London, woher fast alle Darsteller stammten.

II) Danach wurde die Herkunft der Immigranten vielfältiger, und die Mittel, eine eigene Produktion aufzubauen, wuchsen. So wurde 1825 Rossinis „Il Barbiere di Siviglia" die erste in ungekürzter Fassung auf italienisch aufgeführte Oper in New York. 1854 wurde mit der Academy of Music das erste permanente Opernhaus der Stadt eröffnet. Der Musikmarkt war zu diesem Zeitpunkt groß geworden, und bedeutende Musikhäuser wie Steinway & Sons (Klaviere) entstanden. Zudem wurde New York zu einer wesentlichen Etappe großer Tourneen. Am 5. Mai 1891 fand unter Leitung des Komponisten *Tschaikowsky* das Eröffnungskonzert des berühmtesten amerikanischen Konzertgebäudes Music Hall statt (heute nach ihrem Erbauer, dem Industriellen und Kulturförderer *Andrew Carnegie*, **Carnegie Hall** genannt).

Unter der Leitung europäischer Komponisten, die für eine Zeit in New York lebten, wurde in der Stadt auch **komponiert und uraufgeführt**. Ein berühmtes Beispiel ist *Dvoraks* Symphonie „Aus der Neuen Welt", die er während seines Aufenthaltes 1892 bis 1895 als Direktor der 1885 gegründeten Musikschule National Conservatory of Music komponierte und deren Uraufführung er im Dezember 1893 in der Carnegie Hall leitete.

III) Als um die Jahrhundertwende die ersten **Phonographen** gebaut wurden, entstand in New York die Mehrzahl der amerikanischen **Aufnahmestudios**, die so Künstler in die Stadt zogen.

IV) Während des 1. Weltkriegs erfolgte dann eine große Wende in der Musik: **Ragtime** wurde erfunden, und bedeutende Komponisten wie *Scott Joplin* und

George Gershwin lebten in New York und hatten dort ihre Uraufführungen. Die ersten Schritte das **Jazz** wurden in New Orleans und in Chicago gemacht, doch durch die Aufnahmestudios und Radiosender sowie eine besonders strikte Durchsetzung der Prohibition in Chicago, wodurch viele Musiker ihre Anstellungen in Clubs verloren, war New York ab 1925 die Hauptstadt des Jazz mit Künstlern wie **Louis Armstrong**.

Hauptstadt des Jazz

In Clubs wie dem „Hollywood Club" mit *Duke Ellington* oder dem „Roseland Ballroom" mit *Fletcher Henderson* präsentierten die sogenannten **Big Bands** Jazz als Tanz- und Unterhaltungsmusik. Von 1927 bis 1931 spielte *Duke Ellington* im legendären **Cotton Club** (Ecke Lenox Avenue und 42. Straße West in Harlem) Musik für „afrikanische Revues", die jedoch für ein weißes Publikum bestimmt waren.

V) In den 1930er Jahren wurden viele kleine Bands gegründet, und der **Swing** entstand mit Stars wie den Sängerinnen *Ella Fitzgerald* und *Billie Holliday*, dem Klarinettisten *Benny Goodman*, dem Pianisten *Count Basie* und vielen mehr. Sie spielten in unzähligen Clubs und nahmen Schallplatten in Jam Sessions auf.

VI) Gegen Ende des 2. Weltkriegs spielten dann in den Clubs von Harlem die Pianisten *Thelonious Monk* und *Bud Powell*, die Schlagzeuger *Max Roach* und *Kenny Clarke* sowie der Saxophonist *Charlie Parker* und der Trompeter *Dizzie Gillespie*. Sie erfanden den **Bop oder Bebop**. Maßgeblich gefördert wurde diese Entwicklung durch die unkonventionelle und experimentierfreudige Plattenfirma **Blue Note Records** (siehe Kasten S. 250). 1945 stieß der damals 18-jährige *Miles Davis* zu ihnen, der in den 60er und 70er Jahren mit seinen Bands – einige der berühmten Mitglieder sind *Keith Jarrett*, *Chick Corea* und *John Scofield* – die Fusion von Jazz und Rock vollzog. **Rock** war nämlich in der zweiten Hälfte der 50er Jahre in New York eine stark vertretene Musikrichtung geworden, da die Musiker häufig unter Vertrag mit New Yorker Plattenfirmen standen.

VII) In den 60er Jahren geriet jedoch die New Yorker Musik mit wenigen Ausnahmen wie den Songschreibern *Bob Dylan*, *Carole King*, *Neil Diamond* und *Paul Simon* wieder in den Hintergrund. Im darauffolgenden Jahrzehnt entstand dann in der Lower Eastside der **Punk-Rock** mit Bands wie Television, The Ramones oder Blondie. Gegenwärtig ist New York nicht sonderlich stark im Bereich der Rockmusik vertreten. Besonders in den Ghettos der Bronx hat sich die moderne Musik, wie **Rap** und **House**, seit Mitte der 1980er Jahre entfalten können.

Charlie Parker

Was den Jazz betrifft, ist der Big Apple weiterhin sehr aktiv mit vielen Clubs. Die Julliard School of Music und die Jazz-Abteilung des Lincoln Centers – seit den 90er Jahren unter der artistischen Leitung von Wynton Marsalis – bilden vielversprechende Nachwuchskünstler aus, und es gibt einige Jazz-Festivals.

Über 40 Symphonie-Orchester

VIII) Im Bereich der **klassischen Musik** ist das Angebot enorm mit über 40 Symphonie-Orchestern und mehreren Opernhäusern. Nachdem die Stadt bereits einige wichtige Komponisten wie *Leonard Bernstein* hervorgebracht hat, bleibt sie eine **Hochburg der Gegenwartsmusik** mit *John Cage, Meredith Monk* und *Philip Glass*. Ihr kreativer Nachwuchs ist durch zahlreiche Musikschulen sowie durch speziell erbaute Aufführungsräume wie „P.S. 122" oder „The Kitchen" gesichert.

Klassische Unterhaltung: Theater, Tanz und Musik

Die professionellen musischen und dramaturgischen Unterhaltungen, wie wir sie heute kennen, findet man in New York in ausgeprägtem Maße seit Mitte des 18. Jahrhunderts.

Lange Tradition des Theaters

I) Zu dieser Zeit konnte man im **Nassau Street Theater** bereits regelmäßig Aufführungen professioneller Schauspieler und Tänzer besuchen, und in den darauffolgenden Jahrzehnten entstanden zahlreiche Spielhäuser. Tanz war häufig ein Bestandteil theatralischer Aufführungen und ein weit gedehntes Feld, das von Ballett über Gesellschaftstänze bis hin zu Seiltanz viele Bereiche umfasste. Der Bürgerkrieg brachte diese Unterhaltungen zu einem rapiden Ende. 1797–98 wurde das Park Theater erbaut, das bis zu den 20er Jahren des 19. Jahrhunderts das bekannteste Theater und Opernhaus der Stadt blieb. Es verfügte über die Mittel, berühmte britische Darsteller zu engagieren, förderte jedoch auch den amerikanischen Nachwuchs und führte Neuerungen ein, wie beispielsweise die **italienische Oper**. Bereits damals spielten namhafte Stars wie *George F. Cooke* eine große Rolle. Als Resultat der französischen Revolution ließen sich in den 90er Jahren viele französische Tänzer in der Stadt nieder und propagierten erfolgreich das europäische Ballett. „Sophia von Brabant" war die erste klassische Ballettaufführung der Stadt im Jahre 1794.

Politisches Theater und profane Unterhaltung

II) Theater wurden zunehmend größer, und es bildeten sich zwei Zentren heraus: der Broadway und die Bowery. Theater diente einerseits der Unterhaltung, war andererseits aber auch häufig politisch. In den 1830ern entstanden Schauspielhäuser, die in ihrer Themenwahl speziell für die Arbeiterschicht gedacht waren, was sich auch an den niedrigeren Eintrittspreisen bemerkbar machte. Tanz blieb ebenso populär, und Stars wie *Lola Montez* begaben sich auf Tournee durch das Land. Neue Darbietungsformen wie der **Steptanz**, die **Minstrel-Show** – eine Darbietung, bei der meist schwarzgeschminkte Unterhalter Lieder singen oder Witze erzählen – und **Vaudeville** – eine Art Musikhallen Varieté – entstanden und wurden vor allem in den 1850er und 60er Jahren äußerst populär und hielten sich bis ins 20. Jahrhundert mit Einrichtungen wie dem Bronx Theater (eröffnet 1908).

III) Um diese Zeit zeichnete sich ein weiterer Trend ab, der bis in unsere Zeit bestehen bleibt: die „Dauerbrenner", also Stücke, die monate- oder gar jahrelang gespielt wurden, darunter als frühes Stück Stowes „Onkel Toms Hütte". Das Geschäft der Agenten entstand, die nun Künstler vermittelten und durch Werbemittel wie Poster vermarkteten. In den 70er Jahren war Union Square zum ersten wirklichen Theater- und Opernzentrum der Stadt geworden.

Durch ein Feuer wurde 1876 das Brooklyn Theatre zerstört, und 295 Menschen kamen dabei ums Leben. Als Resultat versuchte man, Stücke und Bauten zu verbessern, und ein wahrer Theaterboom begann in Brooklyn. Um der neuen Theaterleidenschaft gerecht zu werden, entstand 1884 die **American Academy of Dramatic Arts** als erste Schauspielschule der Vereinigten Staaten, und bis in die heutige Zeit sind zahlreiche solcher Schulen entstanden. An vielen Universitäten wird Schauspiel nun als Studienfach angeboten.

IV) Der **moderne Tanz** entstand in den 1890er Jahren in New York und wurde durch *Loie Fullers* und *Isadora Duncans* Tourneen auch in Europa populär. 1909 öffnete die **Metropolitan Opera** die erste Ballettschule der Stadt. Sie stand unter der Leitung von *Malvina Cavallazzi*. Die „Met" blieb in den darauffolgenden Jahrzehnten eines der wichtigsten Balletthäuser. Viele Tänzer gründeten in den folgenden Jahren ihre eigenen Tanzschulen.

V) Im Bereich der **Oper** bemühte sich die Metropolitan Opera, gegründet 1883, seit ihren Anfängen um die Aufführung europäischer Stücke, die in italienischer Sprache präsentiert wurden. In den späten 1880er Jahren wurde ein preisgünstigeres deutsches Ensemble verpflichtet, und

Livemusik gibt es an allen Ecken in New York

viele Aufführungen fanden nun für eine Weile in Deutsch statt. Um die Jahrhundertwende engagierte man Stars wie *Enrico Caruso* und *Geraldine Farrar*. Ebenso wurden in der Geschichte der Metropolitan Opera große Dirigenten wie *Arturo Toscanini* (1908–15) und später *Leonard Bernstein, Zubin Mehta* bis hin zu *James Levine* und *Kurt Masur* verpflichtet.

VI) Um die Jahrhundertwende wurde der Union Square als Theaterzentrum vom Times Square abgelöst, und die alten Theaterhäuser wurden zu Kuriositätenmuseen, Kinos und Filmstudios umgewandelt. Auch blieb der Vorstand der Theater nicht länger einem führenden Schauspieler überlassen, sondern der Beruf des Regisseurs entstand. Die Verwaltung vieler Theater wurde in die Hand des 1896 ins Leben gerufenen Theatrical Syndicate gelegt, das bald mehr als 500 Theater kontrollierte.

VII) Rund um *Thomas Edison* entstanden in den 1890er Jahren die ersten kurzen Filme, und Edisons Erfindung der tragbaren Kamera ermöglichte ab 1896 die ersten Außenaufnahmen von New York. So wurde die Stadt zum ersten Filmzentrum und behielt diese Stellung bis zum 1. Weltkrieg. Besonders um das Jahr 1910 entstanden zahlreiche Filmgesellschaften, die wie Atlas Films oder Fox teilweise bis in die heutige Zeit bestehen. Das Publikum war begeistert von dem neuen Medium Kino, und schnell gab es Kassenschlager wie „Der Graf von Monte Cristo" mit *James O'Neill* (1912). Ständig entstanden immer größer werdende, prachtvoll ausgestattete **Kinos** wie das Regent Theater (1913) oder das Roxy Theater mit 6.000 Plätzen (1927). 1920 gab es bereits 1.000 Lichtspielhäuser!

Exotischer Ort – Kino

Kinos waren exotische Orte, die oft im Stil ferner Länder ausgestattet waren. So sollte nicht nur der Film, sondern auch das Kino selbst zum Erlebnis werden. 1915 jedoch hatte sich das Zentrum des Filmgeschäfts schon nach Hollywood verlagert, wo das freundlichere Klima bessere Außen-Drehmöglichkeiten bot. Viele Unternehmen behielten nur noch Verwaltungsbüros in New York. 1922 war die Filmproduktion in der Stadt auf 12 % der Gesamtproduktion der Vereinigten Staaten geschrumpft, und mit der Erfindung des Fernsehens nach dem 2. Weltkrieg waren riesige Filmhäuser nicht mehr rentabel. Funktionale, kleinere Theater ersetzten die Prunkbauten.

VIII) Mit dem frühen 20. Jahrhundert setzte im Theater wie auch in der Literatur der Zeit eine Wende in der Thematik der Stücke ein: Soziale und psychologische Aspekte sollten nun auf eine realistische Art im Schauspiel beleuchtet werden. *Ibsen, Shaw, O'Neill* und *Pirandello* wurden unter anderen zu beliebten Autoren. Die Umbruchstimmung dieser Jahre spiegelte sich auch 1919 in einem Streik der Schauspieler für bessere Bezahlung und soziale Leistungen wider.

Intellektuelles Gegengewicht

Vornehmlich in Greenwich Village öffneten nun alternative Theater wie das Neighborhood Playhouse und die Washington Square Players (später umbenannt in Theater Guild), die Werke neuerer und teils auch umstrittener Autoren spielten. Hier versuchte man, durch intellektuelle Themen ein Gegengewicht zu den pompösen Shows des Broadways zu setzen. Die meisten dieser Theater waren jedoch bereits in den späten 20er Jahren wieder verschwunden. Unabhängige Filmemacher arbeiteten zur gleichen Zeit an Produktionen, die ein speziell schwarzes, jüdisches oder avantgardistisches Publikum ansprechen sollten.

Im Bereich des Tanzes gab es nun auch bedeutende schwarze Tänzer, vornehmlich *Josephine Baker* und *Bill Robinson* („Mr. Bojangles"), die den **Charleston** unvergesslich machten. Unter der Leitung von *Hemsley Winfield* entstand 1931 die Negro Art Theater Dance Group.

IX) In den 20er und 30er Jahren wurden **Musicals** immens populär, und viele von ihnen wie „Show Boat" (1927, *Kern* und *Hammerstein*) oder „Porgy und Bess" (1935, *Gershwin*) werden noch heute gespielt. Nie wurden in New York so viele neue Stücke in beinahe 80 Theatern eröffnet wie in den späten 20er Jahren, und 1932 entstand mit dem Bau der **Radio City Music Hall** das größte und berühmteste Theater der USA. Wie jedoch in allen Bereichen brachte die Depression das Wachstum zum Erliegen, viele Schauspieler fanden sich arbeitslos, und mehrere Theater sahen sich gezwungen zu schließen. Das Filmgeschäft erfuhr jedoch durch die Erfindung des Tonfilms in den 20er Jahren einen kleinen Aufschwung, und New York spezialisierte sich auf die Verfilmung von Broadway-Stücken.

Was vom Theater übriggeblieben war, wurde in den darauffolgenden Jahrzehnten häufig politisiert. Man fand nun zunehmend patriotische Stücke, zum Beispiel von *Lillian Hellman*, oder **Problemstücke** bei *Eugene O'Neill, Tennessee Williams, Arthur Miller* und vielen anderen Dramaturgen. Die Leichtigkeit des frühen 20. Jahrhunderts wäre vergessen gewesen, wenn es nicht auch zahlreiche musikalische Komödien wie „Oklahoma!" (1943, *Rodgers* und *Hammerstein*) und Musicals wie „Hello, Dolly!" (*J. Herman*) gegeben hätte.

X) Nach dem 2. Weltkrieg entstand eine neue Art des **modernen Tanzes**, ein minimalistischer Ansatz, der zum Beispiel von *Martha Graham* und ihrer Schülerin *Merce Cunningham* eingesetzt wurde.

Gewissermaßen als Nachfolger der alternativen Theater des frühen 20. Jahrhunderts entstanden um 1950 die sogenannten **Off-Broadway Theater**, die sich gegen das konservativ gewordene Broadway-Theater richteten und neue Impulse geben wollten. Gewagtere Themen und kleinere Stücke fanden hier ihren Ort. Die 60er Jahre brachten dann sogar das Off-Off-Broadway Theater hervor, das sich völlig von professionellen Schauspielern, berühmten Stars und herkömmlichen Theaterkonzeptionen löste und Nachwuchskünstlern und Amateuren die Möglichkeit zur Darstellung bot. Cafés wie das Caffe Cino wurden zu Kleinkunstbühnen, und bedeutende Persönlichkeiten, wie der Dramaturg/Schauspieler *Sam Shepard*, machten hier ihre ersten Schritte. Das Kino entwickelte als Äquivalent zum Off-Off Broadway die sogenannten **Underground Filme** wie *Andy Warhols* „Chelsea Girls" (1966).

Radio City Music Hall

Auch am **Broadway** gab es in den 60er Jahren bedeutendes Theater. *Edward Albee* wagte sich mit Stücken wie „Wer hat Angst vor Virginia Woolf" in den Raum des **absurden Theaters**, und der in der Bronx geborene Dramaturg *Neil Simon* produzierte (und produziert bis heute) zahlreiche Werke. Das „schwarze Theater", das es seit dem 19. Jahrhundert gab, erfuhr mit der Gründung der Negro Ensemble Company einen Aufschwung. Werke führender schwarzer Schriftsteller wie *James Baldwin, LeRoi Jones* und *Lorraine Hansberry* wurden so propagiert und einem breiten Publikum näher gebracht. Berühmte Tänzer und Choreographen wie *Twyla Tharp* und *Mikhail Baryshnikov* erfüllten die gleiche Funktion im Bereich des Tanzes.

Heute existieren Broadway und Off-Broadway weiterhin nebeneinander, doch gerade das **alternativere Theater** hat in den letzten Jahrzehnten die bedeutenderen Stücke und Künstler hervorgebracht. Eine klare Trennung in Themen und Autoren ist heute nicht mehr ohne weiteres möglich. Im **Bereich des Films** haben sich einige Regisseure wie *Martin Scorsese, Woody Allen* und in jüngster Zeit auch *Spike Lee, Ang Lee* und *Wayne Wang* bewusst für New York entschieden, und machten die Stadt zu ihrem Drehort. Immer mehr Filmgesellschaften entdecken

Bedeutende Rolle des alternativen Theaters

New York neu, nachdem mittlerweile schon durchschnittlich über 200 Filmproduktionen im Big Apple jährlich gedreht werden. Die ehemaligen Studios in Queens wurden wieder aufpoliert, und gewagte Planungen, wie z.B. die heruntergekommene Brooklyn Navy Yard zu einem Filmgelände umzugestalten, werden erörtert. Die Metropolitan Opera bleibt das berühmteste Opernhaus der Vereinigten Staaten, und die große Zahl an Theater-, Opern- und Konzerthäusern erlaubt einen weiterhin positiven Ausblick in die Zukunft.

Literatur

Das Verlagswesen

Buchladen seit 1693!

I) New York wurde sehr früh zu einem der führenden Literatur- und Verlagszentren der Vereinigten Staaten. Bereits 1693 öffnete der erste Buchladen der Kolonie unter der Leitung von *William Bradford*, der das Druckerhandwerk in London erlernt hatte und mit seiner „Gazette" (1725–44) auch die erste Zeitung der Kolonie ins Leben rief. Schon 1735 wurde nach einer Verleumdungsklage in New York die **Pressefreiheit** bestätigt. Die kolonialen Buchläden vertrieben häufig auch Lebensmittel und Schreibwaren, verfügten über eigene Druckereien und dienten zugleich als Postämter. Mitte des 18. Jahrhunderts gab es schon eine Anzahl an Verlegern, die Kinderbücher, Gedichts- und Gebetsbände, Abdrucke britischer Romane sowie eine Vielzahl von Fachbüchern herausgaben. Auch die ersten Zeitschriften erschienen zu dieser Zeit, darunter das „American Magazine" von *Noah Webster*, dem Verfasser des ersten wichtigen amerikanischen Wörterbuches. Diese Zeitschriften beschäftigten sich unter anderem mit Rezensionen, Musik, Kunst, Politik, und im späten 18. Jahrhundert erschienen die ersten spezialisierten Publikationen zu Themen wie Medizin oder Recht. Zeitschriften für Frauen, wie das „Lady's Weekly Miscellany", folgten ab der Jahrhundertwende.

Nach der Revolution nahm die Zahl an Buchhändlern stark zu, und 1802 fand in New York eine erste **Buchmesse** statt. Wichtige Politiker der Zeit wie *Alexander Hamilton, John Jay* und *James Madison* verteidigten nun in Zeitungen ihre Standpunkte. „The Federalist", die Sammlung ihrer 85 Essays zur Revolution, wurde zum ersten literarischen Klassiker der Vereinigten Staaten.

Seit Mitte des 19. Jh. Zentrum des Verlagswesens

1800 gab es fünf Tageszeitungen, und 1825 hatte New York Philadelphia und Boston als Verlagsstadt überholt. Neuerungen im Druckbereich ermöglichten eine weitere Verbreitung von Literatur. Ab 1827 erschien das „Freedom Journal", eine Zeitschrift speziell für die schwarzen Bürger der Stadt. Namhafte Autoren wie *James Fenimore Cooper*, bekannt durch die Lederstrumpf-Romane, und *Edgar Allan Poe* veröffentlichten Geschichten und Kritiken in den Publikationen der Zeit. 1841 entstand mit der „New York Tribune" die erste Zeitung mit einem landesweiten Vertrieb.

II) Mitte des 19. Jahrhunderts begannen große Buchverlage, ihre eigenen Zeitschriften zu veröffentlichen, so zum Beispiel „Harper's Bazar" oder das „Publi-

INFO   New Yorker Autoren und ihre Themen

New York übte seit seinen Anfängen eine magnetische Anziehungskraft auf Schriftsteller aus, doch insbesondere seit Mitte des 19. Jahrhunderts wurde es zum **nationalen Zentrum für Autoren und Intellektuelle**. Ab 1809 erschien *Washington Irvings* satirische „History of New York" in Fortsetzungen, veröffentlicht unter dem Pseudonym Diedrich Knickerbocker. **Knickerbocker** wurde bald zu einer Bezeichnung für New Yorker, und eine gleichnamige Vereinigung von Autoren setzte sich ab den 1820ern für das Entstehen einer nationalen amerikanischen Literatur ein.

Ab den 40er Jahren lebten und arbeiteten nahmhafte Schriftsteller *wie Edgar Allan Poe, Herman Melville, Edith Wharton* oder *Henry James* in der Stadt, und **Washington Square** wurde zu einem bedeutenden Literaten-Viertel.

Die Gier und Macht der Wall Street, Sünde und Vergnügungen der Bowery und die künstlerischen Darbietungen des Broadway waren und sind wichtige Themen. Keine Stadt schien geeigneter, die menschlichen Versuchungen und Kämpfe ums Überleben zu schildern, und New York wurde durch seine Darstellung in populären Romanen zu einem Begriff für alle Amerikaner. Neben dem sentimentalen Aufzeigen von Lastern erschienen ab Ende des 19. Jahrhunderts jedoch auch realistischere Darstellungen, zum Beispiel über die Ausbeutung der Arbeiterschaft und Schreie nach einer sozialistischen Reform. Zugleich wurde New York in der Literatur auch zum Beispiel für Entwicklung und Fortschritt.

Norman Mailer

Detektivromane – häufig mit zahlreichen Fortsetzungen wie die „Nick Carter" Geschichten oder *Mickey Spillane's* Figur „Mike Hammer" – gewannen ab den 1880ern eine große Anhängerschaft, und mit Autoren wie *Dashiell Hammett* und *Ed McBain* bleibt New York bis in die heutige Zeit bekannt für diesen Typ von Literatur.

Generell zeichnet sich um die Jahrhundertwende ein Trend der **Kommerzialisierung** ab. Im Gegensatz dazu entstanden jedoch in den ersten zwei Jahrzehnten des 20. Jahrhunderts auch viele Journale und sogenannte „Little Magazines", die einen kleinen, intellektuellen Kreis an Lesern ansprachen und auch unbekannten und experimentellen Autoren die Möglichkeit der Veröffentlichung boten. Eine Vielzahl literarischer Bewegungen zeichnete sich nun in New York ab. Während der **Harlem Renaissance** wurden Werke schwarzer Autoren wie *Zora Neale Hurston* veröffentlicht, jüdische Zeitungen wie *Abraham Cahans* „Jewish Daily Forward" erschienen in der Lower East Side, und die Schriftsteller der **„Lost Generation"** gaben ihren Gefühlen der Desillusionierung Ausdruck. Die Romane *F. Scott Fitzgeralds* gestatten einen lebhaften Einblick in das Leben der New Yorker Upper Class der 20er Jahre.

In den 1940er Jahren wurde Brooklyn zum neuen literarischen Zentrum New Yorks, und bedeutende Romane und Dramen von Autoren wie *Norman Mailer* und *Arthur Miller* entstanden. Die berühmten **„Beat Poets"** der 50er Jahre, darunter *Allen Ginsberg, William Burroughs* und *Jack Kerouac*, ließen sich im Village nieder und verglichen ihre Werke mit der unruhigen Musik des Beat. In den 1950ern entwickelte sich die West Side zum Sammelpunkt für Intellektuelle, und wenn in den 1970ern und 80ern auch viele der einst berühmten Autoren die Stadt verlassen haben, bleibt New York doch auch heute das wichtigste literarische Zentrum der Vereinigten Staaten.

shers Weekly", die führende Publikation des Buchhandels, die noch heute erscheint.

Große Verlagshäuser

Durch vergünstigte Posttarife für Druckwaren wurde nun auch eine weitere Verbreitung möglich, billige Taschenbuchausgaben machten Literatur einem breiten Publikum erschwinglich, und 1895 öffnete die **New York Public Library** ihre Pforten. Viele große Verlagshäuser wie Charles Scribner (1848) und G.P. Putnam (1847) entstanden, und Dutzende neuer Zeitungen und Zeitschriften erschienen. Mit der Gründung der Columbia University Press (1893) und der Oxford University Press (1896) öffnete sich das Feld der Universitätsverlage, die sich auf Forschung, Wissenschaft, Politik und Literatur spezialisierten.

III) Ab Beginn des 20. Jahrhunderts begann man, Zeitschriften auch durch **Werbung** zu finanzieren, und die ersten illustrierten Werke, insbesondere Kinderbücher, wurden verlegt. Ab den 1920er Jahren kamen verstärkt Groschenromane auf den Markt (die ersten waren um 1865 erschienen, oft mit Abenteuern aus dem Wilden Westen), die sich vornehmlich mit „wahren" Schicksalsschlägen, Abenteuern, Affären und zunehmend mit Kriminalgeschichten befassten. Einige ernsthafte Publikationen zu Politik und Literatur wie das „Time Magazine" (1923) oder der „New Yorker" (1925) entstanden zeitgleich. Auch Übersetzungen ausländischer Werke waren nun erhältlich. Um der zunehmenden Wichtigkeit von Literaturkritik gerecht zu werden, wurden bedeutende Publikationen wie der „New York Times Book Review" (1924) veröffentlicht.

IV) Durch die Verbreitung des Fernsehens nach dem 2. Weltkrieg musste das Verlagswesen seine Ziele neu definieren und verteidigen. Wirtschaftliche Publikationen wie „Money" oder „Forbes" erschienen. Die Entwicklung seit den 60er Jahren zeigt das Entstehen riesiger **Medienkonglomerate** wie Time-Warner oder CBS (Columbia Broadcasting System), und heute gehören die meisten namhaften Verlage zu einem von 12 „Verlagsriesen".

Architektur und Stadtplanung

I) Ebenso wie die Geschichte der Stadt New York beginnt auch ihre Architektur mit den Holländern. Anfangs noch inspiriert von den Lehm- und Holzbauten der Indianer, begannen die ersten Siedler bald damit, europäische Vorbilder des 17. Jahrhunderts beim Bau ihrer Wohnhäuser zu imitieren, so zum Beispiel Treppengiebel, wie man sie noch heute in manchen mittelalterlichen Bauten der Niederlande oder Belgiens findet.

„Cleaning up on Wall Street" (1873, The „Daily Graphic") – Cartoons als politisches Sprachrohr

Auch britische Architektur der Georgianischen Zeit stellte einen großen Einfluss dar. Beispiele sind vornehmlich öffentliche Gebäude wie das ehemalige King's College (heute Columbia University) oder das New York Hospital. Heute existieren nur noch etwa 30 Bauten aus der Kolonialzeit in New York – insbesondere in der historischen Richmond Town auf Staten Island (heute ein Museum). Darunter befinden sich auch einige Kirchen wie die Old New Dorp Moravian Church (1764, Staten Island).

II) Das Straßennetz der ursprünglichen holländischen Siedlung, die sich am Wasser beginnend südlich der Wall Street im heutigen Manhattan befand, war ohne System erschaffen worden. Das rapide Anwachsen der Bevölkerung machte eine Straßenplanung notwendig, die im Jahre 1811 beschlossen wurde, und die den ersten Versuch einer groß angelegten Stadtplanung in Amerika darstellte. Dieser Plan gliederte Manhattan in ein Netz rechtwinklig verlaufender Straßen, die sich in Avenues und Streets teilen. Avenues sind die parallel zum Fluss verlaufenden Straßen, Streets die senkrecht dazu laufenden Wege. Diagonal von Südosten nach Nordwesten verläuft der in Manhattan circa 22 km lange Broadway. Der Städteplan sah außer dem Central Park keinerlei Grünfläche in Manhattan vor.

Auch in der Architektur eine Vorreiterrolle

Auch für die Stadtteile Union City (New Jersey) und Brooklyn wurde ein ähnlich straffes Schema erstellt; die später entstandenen Stadtteile zeigen sich entspannter in ihrer Straßenorganisation.

III) Nach dem Unabhängigkeitskrieg (1775–1783) begann in New York eine Zeit der architektonischen Innovationen, die die Stadt schließlich zu einem Vorbild der Baukünste werden ließ. Im Gegensatz zu unserer Zeit waren die Bauherren des frühen 19. Jahrhunderts keine ausgebildeten Architekten, sondern Handwerker oder Ingenieure. Sie arbeiteten nach Musterbüchern und errichteten zumeist kleine Gebäude mit maximal drei Stockwerken. Wenig verzierte, funktionale Häuser aus Ziegelstein dienten sowohl als Wohngebäude als auch als Geschäfts- oder

5. Kultureller Überblick: Architektur und Stadtplanung

Broadway und City Hall (1819)

Lagerräume. Eine Ausnahme stellt die französisch klassizistisch beeinflusste City Hall dar, die von *John McComb Jr.* und *Francois Mangin* in den Jahren 1803–12 als öffentliches Gebäude errichtet wurde. Wer sich in der ersten Hälfte des 19. Jahrhunderts als Architekt bezeichnete, hatte seine Lehrjahre in Europa verbracht, und viele dieser Einwanderer oder Rückkehrer, allen voraus **Richard Morris Hunt**, der erste Amerikaner, der seinen Abschluss an der École des Beaux-Arts in Paris gemacht hatte, begannen, in Amerika Schüler auszubilden. Ihre Namen wie *Ithiel Town* oder *Richard Upjohn* sind heute beinahe in Vergessenheit geraten. Bekannt wurden sie durch Auftragsarbeiten an Kaufhäusern, öffentlichen oder sakralen Gebäuden wie etwa Upjohn's Trinity Church (1841–46), eine dreischiffige Basilika, erbaut im neugotischen Stil.

Etablieren des Berufsstandes

Erst 1881 bot die Columbia University unter der Leitung von *William Ware* als erste New Yorker Universität die Möglichkeit, einen Hochschulabschluss in Architektur zu erlangen. Im gleichen Jahr schloss sich eine Reihe von ausgebildeten Architekten zur **Architectural League of New York** zusammen, um ihren Berufsstand fester zu etablieren. 1893 entstand die Society of Beaux-Arts Architects, ein Zusammenschluss jener Architekten, die in Paris an der École des Beaux-Arts studiert hatten. Davor jedoch, im Jahre 1857, gründete eine kleine Gruppe von kaum mehr als 20 Architekten das **American Institute of Architects**, und zeitgleich lässt sich eine zunehmende Varietät sowohl in Baustilen als auch in Bautypen feststellen.

IV) Bedingt durch das starke Bevölkerungswachstum, nahmen auch die Grundstückskosten zu, und alte Häuser wurden zerstört oder modernisiert, um effizienter nutzbar zu sein. Dies betraf vor allem die Geschäftszentren in Manhattan und Brooklyn, wo sich zunehmend kommerzielle Architektur findet. In den stärker ausgeprägten Wohngegenden wie Greenwich Village oder Brooklyn Heights findet man ab den 40er Jahren des 19. Jahrhunderts platzsparende Reihenhäuser für die Handwerker- und Mittelschicht, die englischen Modellen folgen. Vermögendere New Yorker konnten sich zudem große Landhäuser am Stadtrand leisten.

Regierungsgebäude zeigen nun Anklänge an frühe griechische Architektur, so das U.S. Custom House von *Alexander Davis* und *Ithiel Town* (1832), die eine Architektengemeinschaft gegründet hatten, oder der Merchants' Exchange von *Isaiah Ro-*

gers (1842). Griechische Elemente finden sich auch im ersten modernen Hotel der Stadt, dem Astor House (1836), das seine Zeitgenossen durch Facetten wie fließendes Wasser beeindruckte und die Touristen rasch herbeizog. Ebenso anziehend war Stewart's Kaufhaus am Broadway (1859–60, J. Kellum).

In den fünfziger Jahren des 19. Jahrhunderts wurden in New York zwei **bahnbrechende Entwicklungen** gemacht: der Gebrauch von **Gusseisen** („Cast-Iron") in der Architektur und die Erfindung des ersten **Personenaufzugs** für das Haughwout & Co. Kaufhaus (1857, Broadway und Broome Street, D. Badger und J. Gaynor).

„Cast-Iron"-Architektur

> **INFO**
>
> ## New Yorks „Gusseisernes Zeitalter" („Cast-Iron Age")
>
> Im Jahre 1848 begann für New York das „Gusseiserne Zeitalter" mit dem Bau eines Fabrikgebäudes, das vollständig aus Gusseisen bestand. *James Bogardus* (1800–1874) propagierte dadurch die Verwendung des für die Architektur neuen Materials. Bereits 1859 wurde das an der Ecke Centre Street und Duane Street gelegene Bauwerk aufgrund einer Straßenerweiterung wieder abgetragen. Das durch Bolzen verbundene Gebäude konnte problemlos in seine Einzelteile zerlegt werden und ließ so die Möglichkeit zum Wiederaufbau an einem neuen Standort.
>
> Die Kosten für diese Art von Architektur waren niedriger als bei anderen Bauarten, und durch die vorfabrizierten Bauteile konnten Gebäude nun in sehr kurzer Zeit errichtet werden. Gusseiserne Elemente wa-
>
> *Die Cast-Iron Architektur SoHos zieht seit einigen Jahrzehnten die Künstlerszene an*
>
> ren kommerziell herstellbar und umfassten sowohl tragende als auch dekorative Teile. Sie ließen es zu, größer zu bauen als es bisher möglich war. Diese Architektur florierte vor allem von den 50er bis 80er Jahren. Beispiele der Zeit sind noch vorhanden in SoHo, TriBeCa, Brooklyn-Downtown und Williamsburg.
>
> Im Haughwout & Co. Kaufhaus von *Daniel Badger* und *John Gaynor* (1857) findet man ein backsteinernes Mauerwerk in Verbindung mit einer gusseisernen Fassade. Gusseisen lässt die Imitation fast jedes Baustils zu. So schmückt sich das Kaufhaus im Erdgeschoss mit korinthischen Pilastern und Säulen, in den oberen Stockwerken mit venezianischen Spätrenaissance-Elementen. Diese Art der Kombination von steinernem Mauerwerk und gusseiserner Fassade war für eine Weile maßgebend in New York. *Daniel Badgers* Fabrik Architectural Iron Works (Duane Street) und die No-

velty Iron Works (12th Street) waren zwei große Firmen, die sich auf die Produktion von Fassadenelementen spezialisierten. Durch die Veröffentlichung seiner Schrift „Illustrations of Iron Architecture" (1865) machte *Badger* die gusseiserne Architektur einem größeren Publikum zugängig und nannte die vergleichsweise günstigen Produktionskosten sowie die nahezu unbegrenzte Größe der so erstellten Bauwerke als ihre wichtigsten Vorzüge.

Ein weiteres bedeutendes Bauwerk ist das Stewart Kaufhaus von *John Kellum* (1859–60, Broadway). Der Eisenskelettbau nahm in der Fläche einen gesamten Häuserblock ein. Als im Jahre 1956 ein Feuer das Gebäude komplett ausbrannte, blieb die Eisenstruktur beinahe unbeschädigt. Seit den 1880er Jahren entstanden kaum noch gusseiserne Bauten in New York. Heute findet man im Stadtbereich noch circa 250 bis 300 in dieser Art konstruierte Gebäude.

Mit Eisen gegen das Feuer: Solider Baustil in SoHo

V) Die Zeit des großen Bevölkerungsbooms zwischen 1865 und 1930 brachte zwangsläufig auch Veränderungen in der Architektur mit sich, denn die Bevölkerung hatte sich in dieser Periode versiebenfacht. Dieser Zuwachs machte sich in der Architektur durch eine New Yorker Besonderheit bemerkbar: die Appartementhäuser, in denen die Mehrheit der New Yorker als Mieter lebte. Die ersten sogenannten Tenement Houses wurden ab 1860 erbaut und beherbergten die Neuankömmlinge aus aller Welt. Man darf sie wohl zurecht als Armenhäuser bezeichnen, denn durch mangelhafte oder gar fehlende sanitäre Einrichtungen und schlechte Belüftungsmöglichkeiten und Baumaterialien verletzten sie schnell jegliche Hygienegebote. Im Jahre 1901 wurden den Bauherren durch ein Tenement House-Gesetz striktere Auflagen gemacht, und man bemühte sich verstärkt, die Qualität der Armenwohnungen zu verbessern. Aus diesem Gedanken heraus entstanden zwischen 1910 und 1930 Wohnungen in mehreren Stadtteilen, darunter Bronx, Brooklyn, Queens, aber auch Manhattan, neue, subventionierte Wohnungen, die jedoch als Mieter vornehmlich die Mittelschicht ansprachen.

Bevölkerungsboom und Armenhäuser...

Neben den Tenement Houses existierten jedoch auch luxuriösere Appartementgebäude, die großzügiger angelegt waren mit speziellen Besucher- oder Personalräumen. Sie befanden sich in besseren Wohngegenden, wie zum Beispiel Jackson Heights (Queens) oder in der Upper East Side von Manhattan, und waren oftmals als Wohnanlagen arrangiert, die Spielmöglichkeiten, gepflegte Innenhöfe oder sogar Brunnenanlagen besaßen. Diese Suites konnten sich nur die reichen New Yorker leisten, die oftmals zudem über ein Haus am Stadtrand oder außerhalb der Stadt verfügten und diese Wohnungen nur für ihre Stadtaufenthalte nutzten. Besonders prachtvolle Beispiele findet man auf der 5th Avenue sowie der Park Avenue (z.B. 1040 Park Avenue, 1923, von *Aldrich* and *Delano*). Solche Luxus-

...und Suites für die Reichen

Appartementhäuser, die einen ganzen Block einnehmen konnten, wurden vermehrt zu begehrten Firmeninvestitionen und nicht so sehr zu Privatinvestitionen. Sie waren divers in ihren Baustilen, darunter Art Deco und Tudor, doch immer wesentlich prachtvoller und stärker verziert als die Tenement Houses.

Nur die Reichsten der Stadt konnten sich in diesen Jahren des 19. Jahrhunderts **Einfamilienhäuser** leisten, die man wiederum auf der 5th Avenue, in Brooklyn Heights, Park Slope und Fort Greene antrifft. Darunter befinden sich als frühes Beispiel das Stewart House (1869) und als späteres Werk das Carnegie House (1901) auf der 5th Avenue. Weitaus erschwinglicher waren die aus Ziegelstein gebauten **Brownstones**, oder Reihenhäuser, errichtet in Brooklyn und Manhattan bis zum Ersten Weltkrieg, als der Bevölkerungszustrom ein Bauen in die Höhe erzwang. Wie bei den Appartementhäusern findet man auch bei den Reihenhäusern eine weite Bandbreite, die von einfachen, zweistöckigen Häusern für Handwerker und Fabrikarbeiter in Harlem bis hin zu großen Townhouses auf der Upper East Side von Manhattan für wohlhabende Familien wie die Roosevelts rangieren.

Ganze Wohngegenden wurden zwischen 1910 und 1930 als gemeinschaftsfördernde Einheit konzipiert (sogenannte **„Planned Communities"**), darunter Hills Gardens (ca. 1910, *Grosvenor Atterbury* und *Frederick Olmsted*) und Sunnyside Gardens (1928, *Frederick Ackerman, Clarence Stein* und *Henry Wright*). Träger dieser Bauten waren unter anderem Gewerkschaften, die so ihren Mitgliedern die Möglichkeit eines relativ hohen Wohnkomforts bieten wollten.

Seit der Mitte des 18. Jahrhunderts hatte sich in New York die Zahl an Architekten kontinuierlich erhöht, die sich teils in Büros organisierten, aber auch von großen Unternehmen oder der Regierung beschäftigt sein konnten und zumeist von Auftragsarbeit lebten. Oftmals waren **Architekturbüros** spezialisiert auf eine bestimmte Art von Bauwerk, wie zum Beispiel Wohnhäuser oder öffentliche Gebäude. Das größte Büro der Vereinigten Staaten war bis zum Jahre 1920 die Firma McKim, Mead und White mit über 100 beschäftigten Architekten. Sie erhielt unter anderem die Aufträge für den Bau der Pennsylvania Station (1911) und des Municipal Building (1914).

Reihenhaus im Village

Um die Jahrhundertwende erreichte die sogenannte **„City Beautiful"-Bewegung** die Stadt. Durch prachtvolle öffentliche Bauwerke versuchte man nun vermehrt, das Stadtbild zu verschönern, und so entstanden in der Zeit bis 1920 Bauwerke, die den architektonischen Charakter der Stadt durch ihren **Stileklektizismus** stark prägen sollten. Darunter befindet sich unter anderem das Metropolitan Museum of Art (1910, *McKim, Mead* und *White*). Weitere Großbauten der Zeit im Beaux-Art-Stil sind die Bahnhofsanlagen Pennsylvania Station (1906–10, *McKim, Mead* und *White*) und Grand Central Terminal (1903–13, *Reed, Stern,*

Prachtvolle Bauwerke

Warren und Wetmore). 1903 wurde die New York Stock Exchange erbaut, die durch ihren römisch beeinflussten Stil herausragte.

Es wurde viel und prunkvoll gebaut, und an jeder Ecke entstanden neue, reich verzierte U-Bahn-Stationen, Krankenhäuser, Schulen, Hotels, Kinos oder Veranstaltungshallen. Nebeneinander existierten nun unter anderem Bauten im Kolonialstil, Renaissancestil, Art Deco und Second Empire.

Das Klischee New Yorks – die Skyline

VI) In den ersten Jahrzehnten des 20. Jahrhunderts erhielt New York seine charakteristische **Skyline** durch den Bau der **Wolkenkratzer**, und ein weltweites Wettrennen um immer höherwachsende Bauwerke begann. Durch die Entwicklung von Stahlkonstruktionen, die in den fünfziger Jahren des 19. Jahrhunderts begonnen hatte, sowie den felsigen Untergrund New Yorks war der Bau des Wolkenkratzers hier möglich. Die ersten Hochhäuser Manhattans entstanden als reine Bürogebäude, darunter die Woolworth-Zentrale (1913, *G. Gilbert*). Das Empire State Building (1931, *Streve* u.a.) setzte mit 102 Stockwerken und 400 m Höhe neue Standards und blieb bis in die 70er Jahre das höchste Gebäude der Welt. Die hohen Bauten lösten nicht nur Begeisterung aus, sondern auch Sorge um die weiteren Entwicklungen des Stadtbildes.

Um eine Homogenität in der Höhe der Bauten zu wahren, wurden 1916 in New York die ersten Gesetze erlassen, die deutlich darlegten, in welchen Gebieten bis zu welcher Höhe gebaut werden durfte. Zugleich entstanden in der Metropole auch kommerzielle Gebäude wie Schlachthäuser, Brauereien, Fabriken oder große Markthallen, die wie die Brownstones meist aus Ziegelsteinen gebaut waren. Ihr funktionaler Charakter ließ wenig Raum für Verzierungen.

VII) Mit den Dreißiger Jahren und den Ereignissen, die dem Zusammenbruch der Börse im Jahre 1929 folgten, kam es zu einer starken **Verlangsamung im Baugewerbe**, doch keinesfalls zu einem Stillstand. Wahrscheinlich wäre diese Entwicklung nach dem Reichtum an Bauwerken, die in den ersten zwei Jahrzehnten des Jahrhunderts entstanden, früher oder später ohnehin eingetreten. Als bedeutende Hochhäuser der frühen Dreißiger sind zu erwähnen das Daily News Building (1930, *John Howells* und *Raymond Hood*) sowie das McGraw-Hill Building (1931, *Raymond Hood, Godley* und *Foulhoux*). Herausragend sind auch das Rockefeller Center (1932–40, *Reinhard, Hofmeister* und *Hood*) und die Gebäude der zoologischen Gärten im Central und Prospect Parks. Der Chrysler-Bau (1928–30, *William van Alen*), zeigt sich nun unverblümt als Werbearchitektur. Geschmückt von stilisierten Adlern – dem Emblem des Automobilherstellers – und Kotflügeln stellt er eine amerikanische Neuheit dar. In der Regel jedoch war das Geld knapp, und so entstanden ansonsten vorrangig notwendige, öffentliche Bauwerke wie Krankenhäuser, Brücken oder Straßen, die wenig architektonische Innovationen zeigten.

Immer schneller, immer höher

5. Kultureller Überblick: Architektur und Stadtplanung

Mit dem Aufleben der Industrie in den 40er Jahren begannen neue Bautrends und ein **Streben nach Modernität**. Dies wurde ausgedrückt durch den sogenannten **Internationalen Stil**, der in Europa seine Wurzeln hatte. Ab den 50er Jahren wurde er zum Modell für kommerzielle Hochhäuser und fand schließlich im Seagram Building (1954–58, *Ludwig Mies van der Rohe* und *Philip Johnson*) seinen Höhepunkt. Der Internationale Stil fügt Beton, Stahl und Glas zu einem eleganten Gesamtbild zusammen und zeichnet sich durch seine Klarheit, ausgedrückt durch simple Formen und flache Fassaden, aus. Im Gegensatz zu früheren Hochhäusern wurden das Seagram Building und der Chase Manhattan Bank Tower (1955, *Bunshaft, Skidmore, Owings* und *Merrill*) in der Mitte großer Plätze errichtet, um so genügend optisch freien Raum zu lassen.

Simple Formen und Klarheit

Seit den 30er Jahren gab es in New York **„Public Housing"** (auch „Projects" genannt), von der Regierung geförderte Wohnprojekte, die von der New York Housing Authority betreut wurden und den Armen der Stadt die Möglichkeit bieten sollten, unter zivilen Bedingungen zu leben. Zu den ersten dieser Wohnanlagen zählten die Harlem River Houses (1937) sowie die Williamsburg Houses (1937), die für ihre Zeit sehr modern und architektonisch ausgereift waren. Im Rahmen der Slum-Beseitigungsprojekte sowie Wohnungen für heimgekommene Soldaten aus dem 2. Weltkrieg, die ab Ende der 40er Jahren ein Hauptziel der Stadt waren, wurden ganze Wohnblocks abgerissen und an ihrer Stelle sogenannte „Superblocks" errichtet. Superblocks, darunter Washington Square Village und Stuyvesant Town in Manhattan oder Co-op City in der Bronx, beinhalteten außer Hunderten von Wohnungen auch andere Einrichtungen wie Schulen oder Geschäfte. Während sie erfolgreich das Ziel der Slum-Beseitigung erreichten, änderten sie jedoch auch ganze Nachbarschaften komplett, denn alte Bewohner waren häufig gezwungen, sich nach einem neuen Heim umzusehen, alte Geschäfte oder Restaurants verschwanden, ethnische Ausprägungen einer Gegend änderten sich.

Öffentlich geförderte Wohnprojekte

Diese Großanlagen blieben auch in den 60er Jahren die Norm für Public Housing, doch seit den 70er Jahren bis hin zu unserer Zeit stellt man eine Entwicklung hin zu kleineren Wohnanlagen oder Reihenhaussiedlungen fest, die zunehmend auch die mittleren Einkommensschichten ansprechen. Denn einen großen Nachteil hatten die Wohnblock-Siedlungen: Anonymität, Überbelegung der Wohnungen, sozial schwache Bewohner und zu geringe Mieteinnahmen förderten Kriminalität und eine ungenügende Instandhaltungspolitik. Seit den 50er Jahren sehen sich Architekten in New York strengeren Auflagen unterworfen, die sowohl regionale, ästhetische als auch umwelttechnische Aspekte umfassen und deren Einhaltung verstärkt überwacht wird. In der Öffentlichkeit sowie der Presse hat sich ein zunehmendes Interesse an Architektur entwickelt. Wichtige Institutionen wie die Alliance of Women in Architecture, die Coalition of Black Architects oder das Institute for Architecture and Urban Studies entstanden, die es sich zum Ziel machten, ihr Handwerk zu fördern und es sowohl den Fachleuten als auch einer breiten Öffentlichkeit näher zu bringen.

Strengere Auflagen

Einige **herausragende Bauwerke** dieser Jahre sind hier zum Ende hervorzuheben: 1959 entstand *Frank Lloyd Wrights* Guggenheim Museum, Ausstellungsort für Kunst des 20. Jh., das mit seiner spiralförmigen Konstruktion das Stadtbild verän-

Waren die „Projects" die richtige Alternative?

derte. Im Jahre 1992 erhielt es einen turmförmigen Anbau (*G. Siegel* and Associate), der zusätzliche Ausstellungsräume auf jeder Etage ermöglichte. Im darauf folgenden Jahr entstand am John F. Kennedy-Flughafen das TWA Terminal (*Eero Saarinen*) und 1966 *Marcel Breuers* Whitney Museum of American Art, ein mit Mauerwerk verkleideter Betonklotz. 1970 schuf *Minoru Yamasaki* mit seinen beiden weltberühmten Türmen des World Trade Center die höchsten Gebäude der Stadt. Als ebenfalls wichtige Bauwerke der Neuzeit bleiben zu erwähnen das Lincoln Center (60er Jahre) und das Metrotech Center (80er Jahre) sowie Queens West (1990er Jahre). Das AT&T Building (1984, *Burgee* und *Johnson*) brachte einen Hauch der Postmoderne über New York, und in den 90er Jahren stach vor allem *Robert Venturis* Entwurf für ein neu zu errichtendes Fährschiff-Terminal auf Staten Island hervor.

World Trade-Site – ein gigantisches Restaurationsprojekt

Mit einem erwachten Sinn für die Geschichte der Stadt und für ihre Architektur ist der **Denkmalschutz** seit den 60er Jahren zu einem wichtigen Ziel geworden. Ein bedeutendes Restaurationsprojekt der jüngeren Zeit ist die Wiederherstellung der Immigrationsstelle Ellis Island und darin die Einrichtung eines Museums, das dem Besucher die Geschichte der amerikanischen Immigration näher bringt. Ebenfalls komplett restauriert wurden das Grand Central Terminal in den 80er und 90er Jahren und die New York Public Library in den 90er Jahren. Nach dem Anschlag auf das World Trade Center am 11. September 2001 wurden zahlreiche Pläne für einen Neubau eingereicht, von denen der von *Daniel Libeskind* 2003 den Zuschlag erhielt, anschließend aber nochmals mehrfach geändert wurde.

Religionen

Die Vielfalt der in New York vertretenen Religionen besteht seit den Gründungstagen als holländische Kolonie. Damals konnte aufgrund der Schwierigkeiten, genügend neue Siedler zu finden, die gängige Praxis, dass der Staat und seine Bürger die Religion des Staatsoberhauptes, zum Beispiel des Königs oder Fürsten, annehmen, nicht durchgesetzt werden. Die Kolonie vereinte verschiedene christliche Religionen, und bereits 1654 kamen die ersten 23 jüdischen Siedler. Sie waren Sepharden aus Brasilien und firm in Handelsfragen. So nahm die holländische Westindien-Gesellschaft sie – entgegen dem Willen des Gouverneurs *Stuyvesant* – gerne auf.

Als die Briten 1664 die Macht übernahmen, versuchten sie, die **anglikanische Kirche** zu etablieren, die bald die größte Anzahl an Mitgliedern in der Kolonie verzeichnete. Mitglieder anderer evangelischen Kirchen wie der holländisch reformierten Kirche hielten jedoch an ihrem Glauben fest. Trotz einiger Dispute tolerierte New York im 17. und 18. Jahrhundert jede Glaubensrichtung. Diese Freiheit bedeutete aber auch, dass jede Kirche für ihre Finanzierung selbst verantwortlich war, da es keine Kirchensteuer gab. Erst ab 1830 begann die Immigration von Katholiken, die hauptsächlich aus Irland stammten, in größerem Maße. 1800 entstand mit der „African Methodist Episcopal Church" die erste afro-amerikanische Kirche der Stadt. 1863 hatte New York bereits 23 katholische Andachtsstätten (im Vergleich zu 5 im Jahr 1833), die meisten davon mit großen Gemeinden. 1850 lebte in New York fast ein Drittel der 50.000 Juden in den Vereinigten Staaten. Danach begann die große Immigration europäischer Juden, besonders während der Jahre 1880 bis 1910, als 1,4 Millionen osteuropäische Juden auf der Flucht vor Pogromen nach New York und auch in andere Teile der USA immigrierten. 1,1 Millionen von ihnen blieben in der Stadt. Die meisten der bitterarmen Neuankömmlinge ließen sich in der Lower East Side nieder. 1920 waren ca. 30 % der Bevölkerung jüdisch.

Nach dem 1. Weltkrieg zogen viele Afro-Amerikaner aus dem Süden der Vereinigten Staaten nach New York, und schwarze Mitglieder evangelischer Konfessionen nahmen zu. Sie benutzten manchmal verlassene Kirchen und Synagogen, um ihre Messen zu halten. Zahlreiche amerikanische **Gospelsänger** und Poeten haben ihre Wurzeln in diesen Gemeinden, wenn sich auch viele Künstler der Harlem Renaissance von der Religion entfernten. Ab 1920 kamen Puertoricaner in großen Zahlen nach New York, von denen die meisten Katholiken sind, doch statistisch gesehen die Kirche kaum besuchen. 1957 begann der Prediger **Billy Graham** seinen sogenannten „Kreuzweg", indem er im Madison Square Garden Andachten abhielt, die im Fernsehen übertragen wurden. Er gewann so Gläubige weit über die Grenzen der Stadt hinaus. In den 60er Jahren gründeten Schwarze unter der Führung von **Malcolm X** die islamische Bewegung „Nation of Islam", deren Mitglieder Black Muslims genannt wurden.

Die meisten der in jüngster Zeit nach New York immigrierten Juden stammen aus Marokko, Ägypten und Arabien sowie aus der ehemaligen Sowjetunion. Mitte der 90er Jahre war die römisch-katholische Kirche die größte Glaubensgemeinschaft mit etwa 3,17 Millionen Anhängern. Die jüdische Gemeinde New Yorks ist mit ca. 850.000 (Metr. Area: 1,8 Millionen) Mitgliedern die größte der Vereinigten Staaten. Es sind heute fast alle Religionen der Welt in New York vertreten, darunter Hinduisten, Buddhisten, Moslems und viele christliche Konfessionen. Eine Schätzung der 90er Jahre zeigt, dass es allein 9 Glaubensrichtungen in der Stadt gibt: Es gibt 471 Kirchen evangelischer Baptisten, 437 Synagogen und 403 römisch-katholische Kirchen sowie die zahlreichen Glaubensstätten sechs weiterer protestantischer Richtungen.

Malcolm X, Führer der „Nation of Islam"

6. NEW YORK KNIGGE

Küche und Getränke

Ein Tipp vorweg

Sie werden schnell feststellen, dass Essengehen in Amerika sehr hektisch werden kann. Kaum, dass Sie sitzen, geht es bereits los: „Was möchten Sie trinken", dabei wird Ihnen die Speisekarte gereicht, und der Kellner wartet ungeduldig auf die Bestellung. Zwischen den Mahlzeiten geht es ebenso rasant zu. Nichts mit 10 Minuten „Verdauungspause" dazwischen. Und kaum, dass der letzte Bissen im Mund verschwindet, wird auch schon der Teller abgeräumt und die Rechnung serviert. Sie müssen das so verstehen: In Amerika bedeutet guter Service „schneller Service". Entsprechend werden aber auch reservierte Plätze ausgegeben. 1 bis maximal 2 Stunden – letzteres nur in besseren Restaurants – ist alles, was Ihnen zugestanden wird. Danach ist Ihr Tisch bereits weitervergeben. Der Tipp der Restaurants für europäische Gäste, die es gerne etwas geruhsamer zugehen lassen möchten, ist daher:

In Ruhe speisen – „second seating"

- Lassen Sie sich dem „Second Seating" (in der Regel nach 20h30) zuweisen. Danach folgen Ihnen in vielen Restaurants keine weiteren Gäste mehr.
- Sagen Sie bereits bei der Reservierung, dass Sie gerne länger und in Ruhe speisen möchten, und
- haben Sie den Mut, einer allzu eifrigen Bedienung zu sagen, wenn Sie etwas mehr Zeit haben möchten. Dafür hat man Verständnis. Falls Sie dieses nicht tun, dann denkt Ihre Bedienung halt, es muss alles flott gehen.

Hinweis

Sie werden **speziell in New York** aber feststellen, dass Reservierungen nicht gerne angenommen werden. Zu viele Leute erscheinen dann nicht. Daher wird, bei einer eventuell angenommenen Reservierung auch nach Ihrer Kreditkartennummer gefragt. Erscheinen Sie dann nicht, wird eine pauschale Durchschnittssumme für Speisen dort abgebucht.

In New York kalkulieren die Restaurantbesitzer auch schärfer, da Mieten/Immobilienpreise sehr hoch sind. Ein in der Hauptzeit nicht genutzter Tisch, oder einer, an dem kaum noch konsumiert wird, ist geradewegs Geldverlust.

Auch gute Küche ist möglich

Die amerikanische Küche bzw. die Essgewohnheiten der Amerikaner werden bei uns als minderwertig und ungesund bezeichnet. Ganz falsch liegt man mit dieser Beurteilung auch nicht, doch wer sich gesund ernähren oder in einem gepflegten Ambiente dinieren möchte, hat dazu trotzdem genügend Gelegenheiten – besonders in New York. Hier gibt es Bioläden, Delis, Kosher-Restaurants, asiatische Spezialitäten-Restaurants (z.Zt. boomen die Sushi- und koreanischen Restaurants), Gourmettempel jeglicher Couleur u.v.m. (s.u.). Und selbst frittierte Gerichte werden in besseren Lokalitäten mittlerweile mit cholesterolarmen Fetten zubereitet.

Ob nun die Tendenz, cholesterolfreie Eier gesellschaftsfähig zu machen, unterstützenswert ist, mag ich den Feinschmeckern überlassen. Zu bekommen sind sie zumindest immer häufiger. Um aber zu verstehen, wieso sich die Fastfood-Restaurants so durchgesetzt haben, sollte man einmal den „kulinarischen Tagesablauf" des Durchschnittsamerikaners betrachten:

Das **Frühstück** ist die Hauptmahlzeit des Tages. Eier, Schinken, Speck, Haferflocken bzw. Cornflakes, Früchte, Saft und Kaffee gehören zum Standard (wobei New Yorker da schon etwas vorsichtiger vorgehen...). Bei „Morgenmuffeln" wird dieses Menü immerhin noch ersetzt durch Muffins, Kaffee und Saft. Das Frühstuck sorgt aber allemal für die Grundlage für den ganzen Tag. Kein Wunder also, dass zum **Lunch** der Bedarf nicht so groß ist und man vor allem auch nicht so viel Zeit und Geld für eine vernünftige Mahlzeit investieren möchte. Also greift der Amerikaner halt zum Hamburger mit Pommes – oft auch zum Pub-Snack oder zum asiatischen Fertiggericht vom Chinesen um die Ecke. Nur wenige New Yorker leisten sich die teureren Buffets beim Gourmet-Deli. Nachmittags, nach der Arbeit und besonders bei Büroangestellten sehr beliebt, wird eine **Cocktailstunde** eingelegt. Das muss nicht immer Cocktail sein, manch einer trinkt auch Bier oder Diet-Coke. **Abends** kommt der Hunger um so schneller, da ja das Mittagessen nur ein Lückenfüller war. Da nun gute Restaurants, besonders wenn sie ein bestimmtes Ambiente anstreben, ausgesprochen teuer sind, geht man auch hier, solange man natürlich nicht zu Hause kocht (in Manhattan „out"), wiederum in einen Fastfood-Laden oder günstigen Deli, die die Haushaltskasse höchstens mit einem Fünftel der Summe belasten wie ein gutes Restaurant, oder entscheidet sich für einen „exotischen" Ladenimbiss (wie einen Mexikaner oder einen Chinesen). Hier stimmt zwar noch der Preis, doch lässt der äußere Eindruck zum Teil sehr zu wünschen übrig – was sicherlich aber auch einmal seinen Reiz haben kann.

Hauptmahlzeit Frühstück

Ein Tipp für New York
Sie sollten die Gelegenheit nutzen, dass es viele gute Restaurants der unterschiedlichsten Küche gibt. Die Vielfalt ist fast unüberschaubar, dafür aber immer für eine gelungene Überraschung gut.

Essen, besonders Essengehen, ist also in den USA vor allem eine Geldfrage. Die Preisdifferenzen sind eben gewaltig. Kann man sich in einer Fastfood-Bude für 8 Dollar satt essen, einschließlich eines Getränkes, legt man in einem mittleren Restaurant dafür **mindestens** 25 Dollar pro Person auf den Tisch (plus Trinkgeld). Was oft fehlt, sind gutbürgerliche Gaststätten oder Studentenlokale, die bei uns die mittlere bis untere Preisklasse mit ansprechenden Mahlzeiten abdecken. Sie findet man bisher nur vereinzelt – als Studenten-Café oder Kneipen-Restaurant – und eine vernünftige Mahlzeit kostet auch hier inkl. Getränk mindestens $ 15. Die Tendenz zu diesen Restaurants ist aber mittlerweile steigend. Einige Steakhouseketten versuchen zwar, diesen Charakter zu imitieren, aber der in dieser Beziehung geschulte europäische Blick lässt sich nicht täuschen, es sind und bleiben Schnellrestaurants. Steak essen, da es weit angeliefert werden muss, ist in New York sowieso sehr teuer. Ein relativ vernünftiges Preis-Leistungs-Verhältnis versprechen schließlich noch die sog. Family-Restaurants und eben die Delis, in denen man sitzen kann, doch auch sie haben ihren Preis (ab $ 15 pro Person kann man satt werden).

Große Preisunterschiede

6. New York Knigge: Küche und Getränke

Wer nun in New York ist, sollte sich folgende Dinge nicht entgehen lassen:
- Wie oben bereits angedeutet, dürfen Sie die **asiatische Küche** nicht verpassen. Gehen Sie aber nicht nur zu einem „typischen" Chinesen, sondern genießen Sie die Vielfalt: Vietnamesen, Szechuan-Chinesen, Koreaner, Japaner (Sushi), Thailänder ...

Küche aus aller Welt
- **Osteuropäische Restaurants** gibt es auch genügend, besonders im East Village. Ukrainisch, slowenisch, russisch und polnisch ist am häufigsten. Das Essen ist mächtig (Kohl, Kartoffeln, Braten), bietet aber eine gute Alternative zur amerikanischen Küche.
- Dank der großen **italienischen** Gemeinde finden sich in New York unzählige italienische Restaurants aller Preisklassen. Besonders die süditalienische Küche (sizilianisch, neapolitanisch) ist hervorragend vertreten. Und ganz im Sinne des „Konkurrenz belebt den Markt" ist die Qualität hier z.T. exquisit.
- Ein unbedingtes Muss ist ein **„echter" Deli**. Sie werden i.d.R. von Juden geführt, und die Speisen sind daher „kosher". Die Bandbreite hier reicht von „Take-away", wo besonders die überladenen Sandwiches zu empfehlen sind, bis hin zu gepflegten Restaurants, wo Sie erstklassige Fleisch- und besonders Geflügelgerichte erhalten.
- Als **„unechte" (aber gute) Delis** möchte ich diejenigen Shops bezeichnen, die Sie überall antreffen, wo Sie an einer üppigen Selbstbedienungsessen-Bar (Buffetstil) einen Plastikbehälter nach Belieben auffüllen können. An der Kasse wird dann nach Gewicht abgerechnet. Hier gibt es verschiedene warme Speisen, (filetiertes) Obst, Salate, Joghurts u.v.m. Aber Achtung! Meist ist das Auge größer als der Magen! Die Gerichte sind sehr gut und für einen Frühstückssnack bzw. noch besser ein Picknick im Park/auf der Bank hervorragend geeignet. In manchen dieser Delis kann man auch sitzen. Diese „unechten" Delis werden zumeist von Asiaten oder Arabern geführt.
- **Bio-Rohkost-Cafés** erfreuen sich in New York immer größerer Beliebtheit, denn man möchte ja gesund leben. Meistens handelt es sich dabei um „Selbstbetrug". Schauen Sie einmal auf die Tische der New Yorker: Der Salat mag ja gesund sein, das Dressing ist dann aber schon recht mächtig, der Kuchen hinterher kalorienreich und die Sahne im Kaffee auch nicht ganz ohne und steril abgepackt. Diese Bioläden haben sich besonders in den „In"-Stadtteilen SoHo, Greenwich Village und rechts und links vom Central Park niedergelassen.
- Ein Coney Island Hot Dog, eine Bretzel oder ein Kish von den vielen **Straßenverkäufern** gehören auch zum Pflichtprogramm, sind qualitativ gut, schonen die Reisekasse und bieten sich an für den Hunger zwischendurch.
- **Soulfood** ist das Südstaatenessen der schwarzen Bevölkerung. Es ist mächtig, bietet aber dafür neue Variationen (z.B. Hühnchen in Pfannkuchen) und besonders Gemüsesorten, die es sonst nicht gibt (Linsen, Süßkartoffeln, Yams usw.). Diese Restaurants finden sich besonders in Harlem.

Auch bei Polizisten beliebt: Bretzeln von den Straßenständen

6. New York Knigge: Küche und Getränke

Hervorheben möchte ich nun noch drei „amerikanisch-ethnische" Küchen, die sich hier über Jahrzehnte bzw. Jahrhunderte eigenständig (weiter-) entwickelt haben:
- Die **Cajun-Küche (auch Creolische Küche genannt)** aus Louisiana. Sie besteht aus verschiedenen Grundlagen: Meistens sind es Meeresfrüchte und Hühnchen. Besonders auffällig ist die Vielfalt an Gewürzen, die zum Kochen verwandt wird. Viele Grundgerichte mögen wir sogar in ähnlicher Form aus Europa kennen. Die Gewürze und die dazu gebotenen Saucen geben dem Essen aber eine sehr schmackhafte Note, z.T. ungeahnt scharfe Variante. Übrigens stammt der Tabasco aus Louisiana – also Achtung! Zu den meisten Gerichten wird Reis angeboten.
- Die **mexikanische Küche** – auch sie ist scharf gewürzt, aber durchaus erträglich – bietet vor allem viele Gemüse- (welches nicht so verkocht ist!) und Fleischsorten, die mit den typischen Tacos (knusprige, kleinen Fladen) serviert werden. Die Saucen sind sehr mächtig, besonders wenn sie mit Avocado („Guacamole") zubereitet werden. „Mexican Food" bzw. das amerikanisierte „Tex-Mex Food" erfreut sich auch in New York immer größerer Beliebtheit.
- Die **englische bzw. irische Küche** ist ebenfalls weit verbreitet. Diese kann wider Erwarten durchaus schmackhaft sein, da das Fleisch besser zubereitet wird als in England und den Gewürzen des Südens Einzug gewährt wurde. Auch die „Pies", wie z.B. der irische Shepherd's Pie, bieten sich durchaus an als Mittagessen. Diese Küche finden Sie zumeist in britischen bzw. irischen Pubs. Ein „schweres" Guinness zum Essen runden Bild und Magen noch ab.

Der folgende Überblick mag Ihnen eine Orientierung und Sprachhilfe sein, bevor Sie in die kulinarische Welt New Yorks eintauchen:

Frühstück

Frühstückszeit ist zwischen 7h und 10h (oft auch 9h). Wer in einem größeren Hotel übernachtet, ist häufig besser beraten mit einem Frühstück in einem nahen Deli, einer Cafeteria oder einem besseren Fastfood-Laden. Das ist billiger bzw. entgeht man so der faden Auswahl von Continental oder American Breakfast, wie es in vielen Hotels angeboten wird. Ausnahme sind nur die Frühstücksbuffets, die (wenige) größere Hotels anbieten. Sonntags sollten Sie nach einem guten Brunch-Restaurant Ausschau halten, Ihren Platz aber vorher reservieren.

Zum Brunchen reservieren

- Das **Continental Breakfast** erhalten Sie nicht überall. Und wer nicht gerade eine ausgesprochene süße Mahlzeit mag, hat hiermit auch nicht viel verpasst. Muffins bzw. Croissants, Marmelade, Saft, Früchte und Kaffee/Tee sind alles ...wenn überhaupt so viel geboten wird. Eine Zusatzorder mit gekochtem Ei, Schinken bzw. Käse wird zumeist ignoriert.
- **American Breakfast**: eine Kalorienbombe – Eier (meistens gleich 3), Schinken, Speck, Cornflakes, Saft, Kaffee/Tee und häufig auch noch Kuchen oder Waffeln mit Sirup. Davon wird man mehr als satt, kämpft aber noch Stunden mit dem überladenen Magen.
- **Mexican Breakfast**: selten vorzufinden in New York, aber durchaus lohnenswert. Typisch ist hier das Gericht „Huevos Rancheros" – Eier auf Tortillas und dazu eine – meist scharfe – Sauce. Gut geeignet, um richtig wach zu werden. Alternativ kann man auch ein Steak zum Frühstück ordern.

Brunch

In der Zeit zwischen 11h und 14h servieren einige größere Hotels und Restaurants, zumeist an Sonn- und Feiertagen, eine Mischung aus Frühstück und Mittagessen. Hier kann man warm und kalt essen und soviel man möchte, da es meistens als Buffet angerichtet ist. Für New York gilt: Vorher den Platz reservieren!

Lunch

Das Mittagessen hat in den USA wenig Bedeutung, und die Amerikaner ernähren sich zu dieser Zeit hauptsächlich von Hamburgern, Sandwiches und frittierten Snacks aus den Fastfood-Restaurants oder Pubs. Wer trotzdem gerne gut zu Mittag essen möchte, bekommt in den besseren Restaurants zu dieser Zeit Mahlzeiten zu deutlich günstigeren Preisen geboten („Lunch specials", „Daylight specials" bzw. „Daily specials"). Alternativen wären: Delis bzw. Straßenverkäufer.

Dinner

Das Dinner bildet die zweite große Mahlzeit für die Amerikaner. Es besteht mindestens aus Vorspeise („appetizer"), Hauptgericht („entree") und Nachspeise („dessert"). Da das üppige Frühstück bereits eine ganze Weile zurückliegt, wird früh zu Abend gegessen. Die Restaurants öffnen spätestens um 18h, und ab 22h kann es Ihnen selbst in NY manchmal – wenn auch sehr selten – passieren, dass die Küche bereits kalt ist. Wenn Sie also spät essen möchten, erkundigen Sie sich lieber vorher über die Küchenzeiten. New York bietet aber „Late-Restaurants" zur Genüge, besonders in Midtown, wo die Menschen nach einer Broadway-Show noch gerne dinieren. Apropos Broadway: Viele Restaurants im Umkreis der Theater bieten auch spezielle Menus für die Zeit vor der Show. Aber auch in SoHo, TriBeCa, dem East u. West Village sowie der Upper West Side finden sich viele Late Restaurants.

Wichtig ist, besonders an Wochenenden und um den Broadway herum, **sich einen Tisch reservieren** zu lassen (soweit Reservierungen überhaupt angenommen werden)!

Kleine Sprachhilfe

Teigwaren:	
bagel	festes ringförmiges Sauerteigbrötchen. Ursprünglich jüdisch. Es gibt sie mit Zimt, Rosinen, gesalzen, mit kleinen Fleischstücken usw. Der normale Bagel wird zumeist mit Cottage- oder Cream Cheese gegessen (Sahnequark/Frischkäse). Wer etwas mehr bezahlt, bekommt noch eine Scheibe Lachs dazu.
bannock	„Brotersatz" der Indianer und Pelzhändler aus Mehl, Salz, Wasser und Fett
biscuit	weiche Brötchen (süßlich)
bread	Brot
bretzel (auch pretzel)	weicher und mächtiger als unsere Bretzel, aber genauso geformt. New Yorker schmieren noch Senf darauf.
cookies	Kekse
cornbread	Maisbrot

cornflakes	unterschiedliche Maisflocken
crispies	knusprige Getreideflocken
Danish Pastry	Blätterteigstückchen
donut	Rund wie ein Bagel, aber süß und weich. Mal mit Schokolade, mal mit Zuckerguss, mal überhaupt nicht überzogen. Oft auch mit Füllungen (Quark/Marmelade etc.)
muffins	kleine Teekuchen. Süß. Oft in fruchtigen Geschmacksrichtungen angeboten.
hush puppies	Pfannkuchen aus Maismehl
pancake	Pfannkuchen
rolls	Brötchen (weich)
rye bread	Roggenbrot
sandwich	belegtes Brot (sehr dick belegt)
shortcake	Mürbeteigküchlein mit Früchten und manchmal Sahne
waffles	Waffeln (wahlweise mit Sirup oder salziger Butter)
white bread	Weißbrot

Belag/Beilagen:

Bologna sausage	Mettwurst
butter	meist salzige Butter
cottage cheese	Hüttenkäse (eher unserem Quark ähnlich)
cream cheese	Frischkäse
jam	Marmelade
jelly	Gelee
maple syrup	Ahornsirup
peanut butter	Erdnussbutter
hash browns	geschnetzelte und gebratene Kartoffeln

Eierzubereitungen:

bacon and eggs	Eier mit Schinkenspeck
boiled eggs	gekochte Eier
ham and eggs	Eier mit Schinken
scrambled eggs	Rührei
sunny side up	Spiegeleier, das Eigelb und der obere Teil des Eiweißes weich, der Rest hart. Dann gibt es noch folgende Varianten: **„over"** bedeutet auf beiden Seiten fest gebraten, **„over easy"** bedeutet auf beiden Seiten leicht knusprig gebraten.

Vorspeisen (starters/appetizers):

soup	Suppe
shrimp cocktail	Shrimpcocktail, meist mit Tomatensauce
crab bisque	Krabbencremesuppe
cole slaw	roher, geschnetzelter Kohl in saurer Sahnesauce

Hauptgerichte (entrees/main courses):
Fleisch:

beef	Rind
lamb	Lamm
pork	Schwein
veal	Kalb
buffalo	Bison

besondere Arten und Zubereitungen von Fleisch:

prime rib of steak	Rinder-Rippenstück
spareribs	Schweinerippchen (hier nagt man Rippenknochen ab, ein Vergnügen für alle)

steaks	Steaks
sirloin steak	Lendensteak (äußerst zart)
tenderloin steak	feines Filet
T-bone steak	Steak mit T-förmigen Knochen
club steak	aus dem Mittelrücken
roundsteak	aus der Keule
Filet Mignon	bestes Filetstück, eingerollt in ein Stück gebratenen Schinken (Bacon)

Zubereitung:
- well done	ganz durchgebraten
- medium	halb durchgebraten, innen rot-rosa
- rare	innen ganz roh, nur außen gebraten (häufig verwendet man auch die Bezeichnung medium-rare, die am ehesten der europäischen Variante „medium" gleichkommt.)

Fisch:
catch of the day	frisch gefangen am selben Tag
seafood	Fischgerichte/Meeresfrüchte allgemein
fish chowder	Fischcremesuppe (meist mit Gemüseeinlage)
clams	Herz- Muschel
crab	Krabbe/Krebs
king crab	großer Alaskakrebs
lobster	Hummer
crayfish	Languste (große Krabbe)
shrimps	Krabben bzw. Garnelen
oysters	Austern, häufig in Eimern („Buckets") serviert
salmon	Lachs, dessen größte Variante, der „King Salmon" bis zu 50 kg schwer werden kann. Die wohlschmeckendste Lachsart aber ist der kleine „Pink Humpback Salmon"
catfish	Wels
tuna	Tunfisch
scallops	Jakobsmuschel
trout	Forelle
pickerel	Zanderart

Geflügel:
chicken	Hähnchen
duck	Ente
turkey	Truthahn

Mexikanische Spezialitäten:
tortilla	besteht in der Regel aus Maisteig. Mal als Pfannkuchen, mal als Chips erhältlich. Bildet sozusagen die Grundlage eines mexik. Essens und besteht aus Mais, Wasser und Salz
burritos	zugedeckte Tortillas mit Hackfleisch und Bohnen
chilli relleno	mit Käse gefüllte Pfefferschoten
enchiladas	gerollte Tortillas mit Chili und Fleisch
guacamole	Avocadosauce, die mit Tortillachips gegessen wird
nachos	Tortillachips (fest wie Kartoffelchips)
blue corn tortillas	Tortillas aus blauem Mais
tacos	meist feste Maistortillas mit Füllung oder gebackenes Brot mit Käse
tamales	Maisblätter mit Füllung
fry bread	frittierte Mehlfladen, wahlweise mit Marmelade oder Honig

Imbissgerichte und Straßensnacks, soweit oben nicht genannt:

Blintzels	Koshergericht. Kleine Teigtaschen, gefüllt mit Quark, Cottage Cheese oder Sauercreme und serviert mit Apfelmus oder Blaubeeren
Hero	kurzes Baguette (aber immer noch ca. 30 cm lang), gefüllt mit Klößchen und Spaghettisauce
Honey Roasted Nuts	geröstete, mit Honigsauce überzogene Nüsse
Hot Dog	Würstchen in weichem Brötchen. Oft serviert mit Chili (würzige mexikanische Bohnensauce), Sauerkraut und Käseraspeln. Varianten: Als Würstchen werden auch „Frankfurter" (kurz „Franks" genannt), „Hot Sausages" (scharf) oder „Italian Sausages" (würzig) angeboten. Der Hot Dog wurde übrigens in New York erfunden, und zwar 1871 auf Coney Island, daher wird er hier oft auch als Coney Island Hot Dog angepriesen
Knishes	leckere, weiche Teigtasche. Gefüllt mit einer Mischung aus koscherem Fleisch, Zwiebeln, Gewürzen und Kartoffelpüree
Pastrami	rohes Rindfleisch mit Zwiebeln und Gewürzen. Das Ganze nach Bedarf mit Senf bestreichen. Alles zusammen wird dann in ein (oft labberiges) Hamburgerbrötchen gequetscht
Philly Steak	zähes und gut durchgebratenes Steak. Wird mit Brot, in einem Hamburger-Brötchen oder seltener mit Mus gereicht
Shish-Ke-Bob	(Schreibweisen variieren) an einem kleinen Holz („on stick") aufgespießte Fleischstückchen. Meist Rind oder Schwein, es gibt aber auch Hühnchen. Gut gewürzt. Ähnlich dem Schaschlik, wobei Paprika und Zwiebelscheiben i.d.R. fehlen oder nur spärlich vorkommen
Souvlaki Pita	Fladenbrot mit Fleisch-Zwiebelfüllung

Beilagen:

vegetables	Gemüse
baked potato	Folienkartoffel
chips	gebratene Kartoffelscheiben
French Fries	Pommes frites
salads	Salate, oft auf Salatbars angerichtet

Nachtisch (dessert):

ice cream	Eis
hot fudge (sundaes)	Eis mit dicker Schokoladensauce
pie/tart	Kuchen, meist mit Fruchtbelag (z.B. Apple Pie)

Getränke

- **Kaffee**

Die Amerikaner trinken zwar gerne Kaffee, doch lässt dieser qualitativ oft (noch) zu wünschen übrig. Er ist sehr schwach. Nachdem es früher nur löslichen Kaffee gab, hat sich auch hier jetzt der Filterkaffee durchgesetzt, der aber trotzdem nicht viel besser ist. Positiv ist, dass eine Tasse Kaffee in den Restaurants oft kostenlos nachgeschenkt wird. Also, Sie müssen nur mehr trinken, um den gleichen Koffeineffekt zu erhaschen. Sehr verbreitet ist auch der entkoffeinierte Kaffee („Decof"), der das „Ziel" für europäische Gaumen in allen Punkten verfehlt. Mittlerweile aber gibt es in New York viele Cafés und Kaffeestände, die erstklassigen Kaffee ausschenken. Hier steht man oft nur vor dem Problem, aus der Fülle des Angebots den „normalen, starken" Kaffee herauszufinden. Häufig werden die verschiedensten Aromakaffees (mit Vanille, Amaretto, Nuss …) angeboten oder die Herkunft des Kaffees so sehr hervorgehoben, dass man gar nicht mehr weiß, welche Geschmacksrichtung man eigentlich bekommt. Und schon endet man mit einem zimtgepuderten, aufgeschäumten und vanillegeschwängerten Magermilchkaffee aus dem haitianischen Hochland … im Halbliter-Plastikbecher. Dieses passiert besonders in der überall verbreiteten Franchisekette „Starbucks".

- **Tee**

Es wird fast nur Beutel-Tee gereicht. Gut und erfrischend ist der „Iced Tea", der mit Zitrone, Zucker und Eis serviert wird.

- **Soft Drinks**

Amerika ist bekannt für seine Softdrinks, und die Angebotspalette ist fast unerschöpflich. Alleine Cola wird von den beiden „Großen" (Coca und Pepsi) in jeweils fünf und mehr Variationen geboten: Diet, Light, Classic, New und in verschiedenen Mischungen mit anderen Aromastoffen, wobei Sie umgehend darauf aufmerksam gemacht werden, welcher der beiden großen Konkurrenten im Sortiment ist. Es gibt zu den uns bekannten Limonadensorten auch noch Exotisches, wie z.B. Root Beer (kein Alkohol, bitter-süß) oder verschiedenste Fruchtsäfte, die mit Kohlensäure entstellt werden. Softdrinks werden in Kneipen und Restaurants mit sehr viel Eis serviert. Das geht folgendermaßen: Erst wird ein Glas bzw. Pappbecher bis zum Rand mit zerkleinertem Eis gefüllt, und dann erst „quetscht" der Barkeeper das eigentliche Getränk hinein. Trinkt man nun nicht schnell genug, bleibt nur gefärbtes Wasser übrig. Versuchen Sie aber, ein eisfreies Getränk zu bekommen, wird man Sie mit befremdeten Augen anschauen: Denn nun „verliert" die Lokalität – kein Eis, sondern nur zu berechnendes Getränk! Dafür aber gibt es keine Preiskalkulation.

Unerschöpfliches Angebot

- **Milchshakes**

Milchshakes gehören in den USA zu den Standardgetränken der Kinder. Versetzt mit verschiedensten Geschmacksrichtungen und angeboten in unterschiedlichsten Flüssigkeitsstufen. Am beliebtesten ist bei den Kids der „double thick", der eher einem Softeis ähnelt als einem Getränk.

- **Säfte**

Es gibt eine Reihe guter Säfte, und die Variationsbreite ist sehr groß, da ja fast alle bekannten Früchte in den USA angebaut werden. Leider bekommt man in den Restaurants nur eine kleine Auswahl. Wenn Sie aber kein gefärbtes und nachgesüßtes Wasser mögen, müssen Sie darauf achten, dass Sie in den Restaurants einen „fresh juice" bestellen, der ist dann zwar auch nicht unbedingt frisch gepresst, kommt dem aber schon bedeutend näher und erfrischt wirklich. Gute Säfte gibt es ansonsten nur in den Supermärkten und Delis. Sie werden aber auch hier feststellen müssen, dass Sie einige Anbieter durchtesten müssen, bevor Sie einen wirklich guten Saft erwischen werden. Und billig sind diese echten Säfte auch nicht gerade, denn in den USA gibt es halt keine EU-Subventionen. Am „echtesten" sind die Säfte, auf denen „not made from concentrate" steht.

- **Bier**

Trotz des schlechten Rufs ist das amerikanische Bier doch ganz trinkbar. Es ist schwächer (auch wenn 5 % draufsteht), kohlensäurehaltiger und wird viel kälter als in Europa serviert. Eine Krone ist vollkommen unbekannt und häufig sieht man sich vor die Aufgabe gestellt, das bis zum Rand gefüllte Glas vom Tresen zum Tisch zu befördern – und das auch noch auf klebrigem Boden (woran das wohl liegen mag?). Sehr beliebt ist das Light-Beer, das mittlerweile fast 50 % der amerikanischen Bierproduktion ausmacht. Es entspricht unserem ehem. Schankbier.

Nicht unbedingt nach deutschem Reinheitsgebot

- Viele Biersorten tragen deutsche Namen (z.B. „Löwenbräu", „St. Pauli"), doch gehören die Brauereien amerikanischen Firmen. „Becks", mit Ausnahme des „Dark-Becks", gehört aber der Bremer Firma. Andere Marken, wie z.B. „Warsteiner" und selbst Weizenbiere, versuchen sich mittlerweile auch auf dem US-Markt.
- Häufig erhält man auch das **mexikanische Bier** („Corona"), das um einiges stärker ist und mit ausgepresster Limone getrunken wird.
- **Größere „Microbreweries"**, wie z.B. „Samuel Adams", brauen gutes Bier, das etwa so stark ist wie das europäische Bier.
- Wer nun gar nicht auf das gute europäische Bier verzichten möchte, kann es sich in Flaschen kaufen, die es auch immer häufiger in Lokalen und Geschäften gibt. Im New York finden sich einige europäische Biere am Zapfhahn, so z.B. „Warsteiner", das dänische „Carlsberg" (Budweiser-Lizenz) und natürlich viele britische (z.B. „Bass") sowie irische Biere (allen voran „Guinness").
- Besonders schmackhaft ist übrigens auch das Bier in den **kleineren „Microbreweries"**, die es mittlerweile auch an einigen Ecken in New York gibt. Hierbei handelt es sich um kleine Brauereien, die nur für den Ausschank im eigenen Lokal und vielleicht noch für den Ausschank im Umkreis produzieren. Es ist stärker als das herkömmliche amerikanische Bier. Richtig durchzusetzen scheint sich dieser Trend aber nicht, denn die hohen Immobilienpreise rechtfertigen oft nicht die Produktionsstätte in Manhattan.

Ein Tipp für Biertrinker

Nach einem langen Tag mag Ihnen schon einmal nach einem dritten oder vierten Bier zumute sein. Doch „blubbert" es bereits nach zwei amerikanischen Bieren im Magen. Gegenrezept: Fragen Sie nach einem „warm beer". D. h., Sie bekommen kein eisgekühltes Glas, nur die Flasche ist kühl, aber nicht eiskalt. Dieses „warme" Bier – nach europäischen Maßstäben wohltemperiert – ist viel besser bekömmlich.

- **Wein**

Der Wein, zu einem großen Teil in Kalifornien angebaut (aber auch aus dem Staate New York, aus Oregon und Washington State), ist in der Regel von guter Qualität und zumeist halbtrocken bis süß. Richtig trockene Weine muss man suchen, da sie dem amerikanischen Geschmack nicht gerecht werden. Eher „versüßen" die Winzer ihre trockenen Weine noch mit einem Spritzer natürlichem Obstsaftkonzentrat. Die USA sind übrigens der viertgrößte Weinproduzent der Erde (nach Frankreich, Spanien und Italien). Es gibt keine Weinklassifikationen, als Qualitätsgarant halten die Namen der Winzer her. Wein ist etwas teurer als bei uns, besonders in Restaurants.

Die Trinkkultur der Amerikaner hat aber ihren eigenen Charakter: Rotwein wird kalt getrunken. Besonders verwundern wird es Sie, wenn Sie jemanden sehen, der Wein mit Cola mischt oder, falls er ihm zu bitter ist, auch schon mal ein oder zwei Zuckerwürfel ins Glas fallen lässt ... Dies ist aber nicht die Regel!

Tipp
Das o.g. ist aber Theorie, denn: Bald werden Sie feststellen, dass Ihnen der Wein nicht trocken genug ist. Bestellen Sie, besonders bei Weißwein, gleich den trockensten Wein des Lokals, dann erhalten Sie einen nach europäischen Maßstäben halbtrockenen Wein. Ganz trockener Wein ist unbeliebt in Amerika, denn Wein wird häufig mit Eis und Wasser vermengt, auch zum Durstlöschen verwandt, und dabei mögen es die Amerikaner, wie bei den Softdrinks, süßer als die Europäer. Der trockenste Weißwein ist allemal der Chardonnay. Überfordern Sie Ihre Bedienung aber nicht mit genaueren Fragen. Auch wenn der Winzer mit seinem Namen garantiert, wird die Bedienung i.d.R. nur in Chardonnay, Pinot und Sauvignon einteilen, die Marke und Herkunft spielen dabei eine untergeordnete Rolle. Weinkenner müssten

Süß ist Trumpf

Rotweine:
Zinfandel: auch als „kalifornischer Beaujolais" bezeichnet, schmeckt himbeerartig
Grenach: wird oft als Verschnittwein verwendet, hell und körperreich
Cabernet Sauvignon: der wohl beste Rotwein, aromatisch und trocken, sollte mindestens 4 Jahre alt sein.
Petite Sirah: auch als Shiraz bezeichnet; dunkelroter, gerbstoffreicher und alterungsfähiger Wein
Pinot Noir: leichter, fruchtiger Rotwein
Barbera: sehr dunkler Rotwein mit ausgewogenem Säuregehalt
Ruby Cabernet: guter trockener Tischwein
Gamay Beaujolais: ähnlich dem Pinot Noir, aber nicht mit dem französischen Beaujolais vergleichbar
Rosé:
Gamay: leichter Rosewein
Weißweine:
Pinot Blanc: fruchtig-trockener Weißwein
Chenin Blanc: harmonischer, herber Wein
Chardonnay: der beste kalifornische Weißwein, trocken und duftend mit herrlichem Traubengeschmack
White Riesling: fruchtiger, herber Weißwein
Semillon: ziemlich süßer goldfarbener Wein
Sauvignon Blanc: trockener, erdig-fruchtiger Weißwein
Gewürztraminer: leicht süßer, aromatischer Weißwein

sich für genauere Differenzierungen ansonsten in teure Lokale begeben. Grundsätzlich soll dieses alles aber nicht heißen, dass der amerikanische Wein schlecht ist! Und noch etwas: Wundern Sie sich nicht, dass Wein des öfteren mit Fruchtsäften aromatisiert wird. Das ist durchaus gängig und schmeckt nicht immer schlecht. Vergessen Sie nicht, auch europäische Weine sind mit geographisch fremden Weinsorten versetzt. Andere Länder, andere Sitten ...

- **Spirituosen und Cocktails**

Whiskey und Brandy sind die beliebtesten harten Getränke der Amerikaner und werden in der Regel mit Cola oder viel Eis getrunken.

Besonders aber die „Cocktailkultur" hat in den letzten Jahren Einkehr gefunden. Nachmittags, nach der Arbeit, wenn die „happy hour" in den Lokalen eingeläutet wird (zumeist zwischen 16h30 und 19h), füllt es sich, und die verschiedensten (Mix-) Getränke werden zum halben Preis serviert – aber auch die Biere. Beliebt sind Cocktails, wie „Pina Colada" (Rum, Kokosnusscreme, Ananassaft und Sahne) und „Margarita" (Tequila mit Zitrone und dazu Salz). Absolut „in" sind in New York z.Zt. die Martini-Cocktails, von denen es über 50 Variationen gibt.

„Gebrauchsanweisungen" und nützliche Tipps für New York
Wie gehe ich vor? Was lasse ich besser sein? Worauf muss ich achten? Wie organisiere ich etwas?

In diesem kurzen Kapitel möchte ich für Sie, einfach zum Nachschlagen, in Stichworten zusammenfassen, wie Sie etwas planen, organisieren, unternehmen, worauf Sie achten und was Sie besser unterlassen sollten. Diese Stichworte haben nicht das Ziel der Vollständigkeit, sondern das des kurzen Erläuterns der für die meisten Reisenden wichtigsten Dinge und beantworten die meistgestellten Fragen bei einem Aufenthalt in New York. Die Hinweise und Anregungen beruhen auf eigenen Erfahrungen und sollten somit als von mir **subjektiv zusammengestellte Tipps** angesehen werden. Lesen Sie die Tipps einfach durch, und im rechten Moment wird Ihnen das Richtige wieder einfallen. Weitere Tipps von Ihrer Seite für dieses Kapitel sind willkommen.

Was Sie speziell für New York von Zuhause mitnehmen sollten und eventuell vergessen würden:

Bequeme Laufschuhe · eine gute Ausgehkleidung (Anzug/Schlips, Kleid) · eine dünne Regenjacke und/oder einen Schirm · zwischen Ende November und Ende März: einen Schal, eine warme Mütze und einen Pullover · Studentenausweis/Behindertenausweis/Seniorenausweis/ADAC-Ausweis (gibt es in Englisch beim ADAC als „AAA-Card") · Einkaufsliste · Die Geldautomaten akzeptieren die gängigen Kreditkarten und auch die Bankcards (ehem. Euroscheckkarten). Merken Sie sich die Pincodes · Mind. $ 100 pro Person schon einmal in bar. Das reicht bis zum nächsten Morgen · Sportbekleidung und Badezeug, falls Sie beabsichtigen, eines der Mega-Sportzentren oder ein Turkish Bath aufzusuchen · ein Weitwinkelobjektiv für Aufnahmen in den gigantischen Straßenschluchten · genügend Stauraum im Koffer für die Einkäufe

Was Sie besser sein lassen sollten: Don'ts!

"Underdressed" in ein feines Lokal oder eine Cocktailbar zu gehen. Zumeist werden Sie dann nicht eingelassen · Verplanen Sie Ihre Tage nicht bis zur letzten Minute („Less is more") · Mieten Sie kein Auto für die Erkundung von New York (allerhöchstens für Fahrten nach Ost-Brooklyn, Ost-Queens, die Nord-Bronx oder Staten Island) · Fahren Sie nicht mit 2 Koffern und einer großen Reisetasche mit der U-Bahn vom Flughafen nach Manhattan, nur um zu sparen. Die „U-Bahn-Variante" ist nur gut für Reisende mit einem großen Gepäckstück+ Tagesrucksack · Benutzen Sie nur öffentlich zugelassene Taxis (in Manhattan: gelb, in den Boroughs an dem kleinen „T & LC" auf dem Nummernschild zu erkennen) und lassen Sie sich auf keine günstigen Taxi-Deals am Flughafen ein · Glauben Sie nicht, mit weniger als $ 100 pro Person pro Tag auszukommen (+ Unterkunft) · Versuchen Sie nicht zu sparen, indem Sie weniger als 15 % Trinkgeld geben · Kaufen Sie keine elektronischen Geräte, bevor Sie sich nicht ganz sicher sind, dass der Preis okay ist und die Geräte auch bei uns funktionieren (220 V!, stimmen die Steckverbindungen?) · Fahren Sie zwischen 22h und 6h besser in den mittleren U-Bahn-Waggons · Meiden Sie nachts East-Harlem, Washington Heights, die South Bronx, die östl. Distrikte von Brooklyn · Haben Sie aber grundsätzlich keine Angst vorm U-Bahn-Fahren. Die New Yorker U-Bahn ist viel, viel sicherer als ihr Ruf und das gilt heute auch für die gesamte Stadt · Wedeln Sie nicht mit Geldscheinen in der Öffentlichkeit herum · Haben Sie nicht zu viel Bargeld bei sich · Vergessen Sie nicht, einen Tisch in einem besseren Restaurant bzw. für den Brunch zu reservieren, wenn Sie mit mehr als 2 Personen unterwegs sind · Nutzen Sie die Restaurant-Toiletten, nicht die öffentlichen · Glauben Sie nicht, Woody Allen in Michael's Pub wirklich spielen zu sehen, Robert de Niro in seinem TriBeCa-Restaurant anzutreffen bzw. JLo in einem „In"-Schuppen die Hand zu schütteln. Diese Lokale leben von den bekannten Namen, die Stars kommen aber höchst selten hierher – Rauchen Sie nicht einfach „drauflos", sondern nur dort, wo es erlaubt ist · Rauchen ist selbst in Pubs und Kneipen verboten · Sparen Sie abends nicht an jeder Ecke am Taxi. Zu zweit ist es nicht so teuer, und die U-Bahn ist oft ein paar Blocks entfernt. Zeit ist auch für Sie Geld · Meiden Sie aber die Taxis tagsüber, denn dann kann die U-Bahn um einiges schneller sein · 100-Dollar-Geldscheine sind nicht gerne gesehen, tauschen Sie gleich am besten höchstens in 20er · Kaufen Sie keine Theatertickets von fliegenden Händlern auf der Straße. Oft gelten die nicht, bieten schlechte Plätze oder sind überteuert – Benutzen Sie keine Geldautomaten („ATM" = Automatic Teller Machines), wenn niemand zu sehen ist · Joggen Sie nicht nach Einbruch der Dunkelheit auf Seitenwegen im Central Park · Lassen Sie keine Wertsachen im Hotelzimmer, sondern nutzen Sie die Hotelsafes · Nehmen Sie nicht Ihren Pass und die Flugtickets mit auf Spaziergänge. Der Personalausweis genügt · Trinken Sie keinen Alkohol in der Öffentlichkeit, das ist verboten. Ein Piccolo oder eine Flasche Bier im Park gehört in eine undurchsichtige Tüte … dann geht's schon mal.

Vergessen Sie nicht den Platz im Koffer für die Einkäufe

Was Sie gleich am ersten Tag besorgen und erledigen sollten
Eine Mehrfachkarte („Metrocard") für die öffentl. Verkehrsmittel. Am besten als Wochenkarte, wenn Sie mind. 5 Tage in New York sind · einen kleinen Stadtplan (mit U-Bahnkarte), den Sie bequem in die Jackentasche stecken können · ein Veranstaltungsblatt („Time Out" oder „Village Voice") · Reservieren der gewünschten Broadway-Show und den/die Plätze in ausgesuchten, besseren Restaurants · Machen Sie sich eine Shoppingliste mit Adressen · Suchen Sie den zu Ihrem Hotel nächstgelegenen Deli (fürs Frühstück) · Fragen Sie den Concierge Ihres Hotels nach aktuellen Veranstaltungen bzw. seinen Tipps (Trinkgeld, ca. $ 5, nicht vergessen).

„Metrocard": Unentbehrlich und am besten als Wochenkarte mit unbegrenzten Fahrten

Beste Reisezeiten
- **Klimatisch betrachtet:** April bis Juni und Ende August bis Mitte Oktober
- **Finanziell betrachtet:** November und Januar bis März
- **Wer's weihnachtlich kitschig mag und shoppen möchte:** Ende Nov. bis Ende Dez.
- **Mein Tipp:** August oder September (wenn auch oft noch recht heiß) oder im April (aber nicht um Ostern).

Vom Flughafen in die Stadt und zurück
- **Vom JFK-Flughafen in die Stadt:** Mit dem Taxi – kostet bei 2 Personen vielleicht $ 10 mehr als der Shuttle-Bus (inkl. anschließender Weiterfahrt vom Bushalt in Manhattan zum Hotel) und ist erheblich unkomplizierter. Taxipreise nach Manhattan sind hier fixiert. Broschüren mit Preisen werden an den Taxiständen vor dem Ankunftsterminal ausgehändigt. Bei wenig Gepäck tut's auch die Subway.
- **Von Manhattan zum JFK-Flughafen:** Mit einem Flughafen- bzw. Shuttlebus: Wenn auch ein paar Dollar teurer, rate ich trotzdem zum Buchen über den Hotel-Concierge. Ansonsten: Stretch-Limo.

Von Manhattan zum Newark Int. Airport
- Für den **Newark Int. Airport** ist der Preisvorteil beim Bus etwas größer, aber im Grunde gilt selbiges wie beim JFK-Airport.

Eine Taxifahrt zum Newark Airport kostet: Taxametherstand + doppelte Brücken-/Tunnelgebühr + $ 10, denn die New Yorker Taxifahrer können in Newark keine Passagiere aufnehmen. Bei wenig Gepäck ist die Zugfahrt (PATH u.a.) am günstigsten.

Tipp
Wer von Manhattan/Brooklyn trotzdem lieber mit einem Auto chauffiert werden möchte, dem rate ich zum Anrufen eines **Limo-Service**. Telefonnummern und Adressen finden Sie in den verschiedenen Anzeigenheftchen, die überall in den Hotels ausliegen.

Hotel buchen
- **Grundsätzlich gilt:** Wegen der hohen Bettenauslastung (über 80 %) immer vor der Anreise buchen.
- **Oberklasse bis hinunter zur unteren Mittelklasse:** Hier lohnt sich das Buchen über ein deutsches Reisebüro allemal. Günstigere Raten, wenig Aufwand und ein sicherer Platz sprechen dafür.

- **Luxushotels** können eventuell günstigere Raten bei einem persönlichen Anruf bieten (unbedingt fragen und hartnäckig bleiben), wenn diese wissen, dass ihr Haus nicht voll wird. Kreditkarte bei der Buchung bereithalten.
- **Billighotels** und **Jugendherbergen** können Sie nur selbst buchen. Telefonisch oder heute besser übers Internet (Kreditkarte bei der Buchung bereithalten) oder mit viel, viel Glück (oft ausgebucht) vor Ort.

Wie komme ich durch Manhattan?
- Lesen Sie auch unter **Don'ts** (oben) und **Öffentl. Verkehrsmittel** (unten)
- **Niemals mit einem Mietwagen** (viel Verkehr, wenige und sehr teure Parkplätze)
- **Tagsüber:** U-Bahn, nur bedingt Bus oder Taxi (viel Verkehr!)
- **Ab 22h:** Möglichst U-Bahn-Fahrten nördlich von Manhattans 125th Street vermeiden (gilt auch für South-Bronx und Osten Brooklyns). Dort ansonsten mittleren Waggon (Schaffner) benutzen oder Taxi fahren.
- Für die **Erkundung der bekanntesten Sehenswürdigkeiten** und um einen **ersten Eindruck** zu erhalten: Mit einem Sightseeing-Unternehmen (Bus)
- **20 Blocks** kann man gut laufen und lohnen wirklich nicht die Nutzung der öffentlichen Verkehrsmittel

Wie benutze ich die öffentlichen Verkehrsmittel?
- Lesen Sie die Sicherheitshinweise unter **Don'ts** (oben).
- Besorgen Sie sich gleich nach Ankunft einen **U-Bahn-/Busplan**.
- Beschaffen Sie sich eine **Mehrfach- oder Mehrtagesfahrkarte** („MetroCard") am ersten U-Bahnhof. Eine Mehrfachfahrkarte lohnt für 2 Personen immer. Evtl. auch eine Wochenkarte.
- Die **Karte** ziehen Sie an den Schranken im U-Bahnhof durch den „Lesestreifen". Sollte Ihre Mehrfachkarte nicht funktionieren, liegt das meistens daran, dass man sie zu langsam durchgezogen hat.
- Ein Durchgang durch die Schranke an den U-Bahnhöfen erlaubt **unbegrenztes Umsteigen** bis zum Verlassen des Schrankengebiets am Zielbahnhof.
- Achten Sie **beim Betreten einer U-Bahn-Station** gleich am Straßeneingang darauf, ob dieser Eingang auch zu Ihrem Zug führt. Oft sind die Straßeneingänge bereits in Northbound (nach Norden, Uptown) und Southbound (nach Süden, Downtown) aufgeteilt.
- Sie müssen bei den U-Bahn-Zügen unterscheiden zwischen **Local Trains** und **Express Trains**. Erstere halten an jeder Station, letztere nur an den größeren. Achten Sie also darauf, an was für einer Art Station Sie aussteigen möchten.
- Auch bei **Busfahrten** dürfen Sie mit einem Ticket umsteigen, doch müssen Sie dem ersten Fahrer Ihren Umsteigewunsch mitteilen, dann stellt er Ihnen ein **Umsteigeticket** (Transfer-Ticket) aus. Dieses gilt nur für Mehrfachfahrten-Tickets. Bei Wochentickets ist das egal.
- Die **Busse** verkehren i.d.R. entlang einer der Avenues von Norden nach Süden bzw. entlang einer der Streets von Osten nach Westen.

Taxi fahren
- Oft sprechen die Taxifahrer nur schlecht Englisch. **Artikulieren Sie genau**. Fehler treten besonders bei Verwechslungen wie z.B. 14th und 40th Street auf, die verbal ähnlich klingen. Schreiben Sie ggf. die gewünschte Zieladresse auf und erläutern Sie so genau wie möglich, wo sie sich befindet (z.B. zwischen 56th u. 57th St.)
- Taxis werden **durch Winken angehalten**. Taxis telefonisch zu bestellen ist unüblich.
- Achten Sie darauf, dass das **Taxameter** angestellt wird. Das gilt nicht für die **Fahrt vom Flughafen** nach Manhattan, da sind die Preise festgelegt. Broschüren werden an den Flughafen-

6. New York Knigge: „Gebrauchsanweisungen" und nützliche Tipps

Ab 18 Uhr sind die Flugzeugschlangen am JFK-Airport lang. Dinner gibt's dann erst 2 ½ Std. nach der angekündigten Abflugszeit!

Taxiständen ausgehändigt. Diese gut durchlesen.
- *Ist die **Taxinummer auf dem Dach erleuchtet**, ist das Taxi frei.*
- *Die aktuellen **Taxipreise** sind in und am Fahrzeug angeschlagen. Bedenken Sie, dass Nachtfahrten einen Zuschlag erfordern.*
- *Geben Sie mindestens 10 % **Trinkgeld**, üblich sind eher 20 %.*
- *Sollten Sie **Beschwerden** haben, schreiben Sie sich die dafür im Wagen angeschlagene Telefonnummer, den Namen des Fahrers, die Taxinummer und die Zeit des Geschehens auf.*

Mietwagen
- **Gar nicht erst daran denken**, solange Sie sich nur in Manhattan aufhalten wollen. Hohe Parkgebühren, kaum „normale" Parkplätze und ein zäh fließender Verkehr sprechen deutlichst dagegen.
- **Nur evtl. für Fahrten** nach Staten Island und in den Osten bzw. Norden von New York in Erwägung ziehen. Aber auch dorthin ist das öffentliche Nahverkehrsnetz gut ausgebaut.
- Für **Weiterfahrten aus New York heraus** nach Ihrem Aufenthalt in der Stadt: Mietpreise in New Jersey sind um einiges billiger.

Auto fahren/Parken
- Für Sie als Reisende wird das Parken zu **einem Horror**. Siehe Mietwagen.
- **Sollten Sie es nicht sein lassen können**, machen Sie sich auf Parkgebühren von gut $ 30 pro Tag gefasst.
- Achten Sie beim Parken am Bürgersteig unbedingt auf die **Verordnungen** anhand der Schilderwälder. Besonders wichtig ist z.B., ob auf Ihrer Straßenseite die Straße über Nacht oder früh am nächsten Morgen gereinigt wird. Außerdem wird Falschparken rücksichtslos mit Abschleppen bestraft. Die Abschleppunternehmen kurven herum wie „Aasgeier".
- Veranstalten Sie **kein „Ich habe Recht"-Spiel** mit anderen Verkehrsteilnehmern, besonders nicht den Taxis. Sie ziehen doch schnell den Kürzeren.

Sightseeingtouren
- Erkundigen Sie sich **zuerst beim Concierge Ihres Hotels** nach Möglichkeiten. Hier zu buchen, wäre zudem der einfachste Weg, ist i.d.R. aber auch etwas teurer, denn der Concierge muss ja auch von etwas leben (Trinkgeld bei guter Beratung nicht vergessen!!).
- Sightseeingtouren gehen fast alle auf bzw. um den **Times Square** ab. Gehen Sie dort zum Visitor Center.
- Für **Erstbesucher** lohnt sich eine „biedere" Sightseeingtour am ersten Tag. Damit erhalten Sie einen groben Eindruck, können bei den Busunternehmen z.T. an Sehenswürdigkeiten aussteigen und einen folgenden Bus nehmen.
- Schön ist auch eine Fahrt mit der **Staten Island Ferry**. Bei gutem Wetter können Sie die Skyline von Süd-Manhattan gut fotografieren. Diese Fahrt erübrigt sich aber, wenn Sie sowieso eine Fahrt zur **Freiheitsstatue** unternehmen.
- **Folgende Sehenswürdigkeiten sollten Sie beim Erstbesuch mitnehmen:** Freiheitsstatue; Empire State Building; Central Park; Broadway um den Times Square; ein Spaziergang durch

SoHo, einer durch Chinatown und einer durch Greenwich Village; eine Broadway-Show; Besuch des Metropolitan Museum of Art.

Veranstaltungen (Wo? Wann? Wie?) und wie komme ich an Theater-, Opern- und Musical-Karten?

- Erkundigen Sie sich auch hier **zuerst beim Concierge Ihres Hotels** nach Möglichkeiten. Bei ihm zu buchen, wäre zudem der einfachste Weg, ist i.d.R. aber auch teurer (bis zu 30 %), denn der Concierge muss ja auch von etwas leben.
- Zudem sollten Sie sich ein „**Time Out Magazin**" am nächsten Kiosk besorgen. Dort stehen alle Veranstaltungen drin. Kostenlos dagegen ist die Zeitung „**The Village Voice**", die oft auch in Hotels und Kneipen ausliegt. „**NYC/Onstage**" informiert über den Spielplan On- und Off-Broadway sowie anderer Veranstaltungen: (212) 768-1818, www.tdf.org.
- **Günstige Tickets** (z.T. halber Preis) für Broadway-Shows und andere vorbuchbare Veranstaltungen gibt es an den beiden „TKTS"-Buden (mitten auf dem Times Square (Duffy Square) und am South Street Seaport). Diese gibt es i.d.R. aber nur für den gleichen Tag. Die Schlangen hier sind aber lang! Ein Trick: Kurz vor der Show, gegen 19h, sind die Schlangen kürzer. Öffnungszeiten: 15h–20h, Mi u. Sa auch 10h–14h für Matinees. **An den TKTS-Schaltern können Sie aber nicht mit Kreditkarten zahlen! Mein Tipp:** Die Schlangen am Schalter im South Street Seaport sind bei weitem nicht so lang, und Sie bekommen hier die Matinee-Tickets bereits am Vortag.
- Achten Sie betreffs **günstiger Tickets auch** auf die Ankündigungen in der wöchentlich erscheinenden „Village Voice"-Zeitung bzw. in der Freitagsausgabe der „Times". Besonders in der Zeit von Ende Januar bis Mitte März und im Hochsommer bestehen gute Chancen auf diese Rabattickets.
- **Telefonisch** können Sie Tickets zum Durchschnittspreis + ca. $ 5 über „Telecharge" ((212) 239-6200, www.telecharge.com) und „Ticketmaster" ((212) 307-4100, www.ticketmaster.com) erstehen. Dabei sollten Sie Ihre Kreditkarte bereithalten. „TKTS" (s.o.) informiert zudem über noch erhältliche Tickets unter (212) 768-1818, dann „8" drücken.
- Tickets aus den **Ticket-Automaten** (in Hotels, Supermärkten, Touristenattraktionen) sind ca. 20 % teurer als an der Theaterkasse, können aber problemlos (sobald man das System durchschaut hat) und schnell gebucht werden.
- **Kurzentschlossene** haben häufig gute Chancen auf – oft auch günstigere – Tickets an den Abendkassen. Darauf verlassen würde ich mich aber nicht. Beste, also weniger besuchte Tage sind Sonntag, Dienstag und Mittwoch. Günstiger sind auch die Tickets für die gelegentlichen Matinees unter der Woche (meist Mi).
- **Montags ist Ruhetag** an den meisten On- u. Off-Broadway-Theatern.

Restaurants

- Es gibt alle erdenklichen **ethnischen Restaurants** in New York. Diese Chance sollten Sie sich nicht entgehen lassen.
- Ein **absolutes Muss** für NY sind folgende „Geschmacksrichtungen": Italienisch, kosher, osteuropäisch, asiatisch, Soulfood und eine Deli-Bar.
- **Nicht unbedingt zu empfehlen:** Steaks (teuer)
- Grundsätzlich gilt: Essen gehen in NY ist **teuer!** Unter $ 25/Person in einem normalen Restaurant geht es nicht. Wobei Restaurants um den Times Square, in Upper West Side, Upper East Side und in Greenwich Village noch teurer sind. Abgesehen vom Times-Square-Gebiet sind sie das Geld aber auch wert – im Sinne des New Yorker Preis-Leistungs-Verhältnisses.
- **Möchten Sie sparen?** Gehen Sie jeden zweiten Tag besser essen und an den anderen Tagen verköstigen Sie sich mit Essen vom nächstgelegenen Deli bzw. an den vielen Straßenständen.

- Vergessen Sie nicht die mind. 15 % **Trinkgeld** beim Bezahlen!
- **Günstiger und gut** essen Sie z.B. im East Village, in den Seitenstraßen von Chelsea, Soulfood in Harlem, in einigen Restaurants in Chinatown (bes. Garküchen), in englisch oder irisch angehauchten Pubs, vor 18h, in den Delis mit Sitzgelegenheit, südl. des Washington Square (Uni-Gebiet) und in den alteingesessenen Hamburgerlokalen (keine Fastfood-Ketten!)

Einkaufen
- Erkundigen Sie sich vorher beim **deutschen Zoll**, was Sie einführen dürfen, besonders was Pelze und Lederwaren angeht. Die Einfuhr von Schlangen- und Krokodilleder ist z.B. nicht erlaubt. Lesen Sie dazu auch unter ZOLL.
- Zuerst einmal gilt: Beachten Sie die **Garantieleistungen** für Geräte aller Art. Nicht selten gelten die nur für die USA!
- Verlockend sind die zum Teil sehr niedrigen Preise bei **Elektrogeräten**. Denken Sie aber daran, dass die Geräte meist auf 110 V eingestellt sind (häufig auch die, die vom Ladenbesitzer als 220 V-Geräte angeboten werden!!). Ein Adapter, den Sie in besser sortierten Elektrogeräteläden erhalten können, kostet etwa $ 40. Zu Hause müssen Sie dann nur noch den Stecker ändern. Ein Umpolen der erworbenen Geräte durch einen Fachmann lohnt finanziell nicht!
- Bedingt lohnenswert ist noch der Kauf von **Fotoapparaten**, eher dagegen von **Digitalkameras** (häufig auch nur 110 V-Akku-Ladegerät!), die um ca. 10–20 % billiger sind als bei uns, je nach Dollarkurs. Vergleichen Sie aber vorher die Preise und achten Sie besonders auf Restposten, Auslaufmodelle und Sonderangebote in den Zeitungen. Niemand in Amerika kauft zum normalen Ladenpreis! Achtung bei Videokameras: Passt unser TV-System?
- **Achtung beim Kauf von Autoradios!** Sie sind gut und auch um einiges billiger, verfügen aber nicht über einen Verkehrsfunkdekoder! In bestimmten kleineren Läden – sie erscheinen wie ein Elektroramschladen – lässt sich bei dem Preis häufig handeln.
- **Achtung auch beim Kauf von TV- und Videogeräten** aller Art! Das amerikanische TV-Bild hat eine andere Auflösung. Die Geräte sind somit bei uns untauglich!! Es gibt aber auch Geräte zu kaufen, die für den europäischen Markt bestimmt sind.
- **Telefone** sind um einiges billiger. Doch gibt es bei den meisten Marken, insbesondere aber den schnurlosen Apparaten, manchmal störende Nebengeräusche, die durch eine andere Frequenz verursacht werden. Es ist also riskant, so ein Gerät zu erwerben, wenn auch die extrem günstigen Preise das Risiko oft rechtfertigen.
- **Computer und Notebooks** haben amerikanische Tastaturen. Doch bieten viele Geschäfte in New York auch deutsche Tastaturen bzw. Aufkleber für die Tasten an. Achten Sie auch hier auf 220 Volt und 50 Hz.
- **Ganz allgemein beim Kauf von elektrischen Geräten** sollten Sie gewarnt sein, dass viele davon „refurbished" sind, d.h., sie wurden schon einmal als fehlerhaft zurückgegeben und anschließend repariert. Ebenfalls ist wichtig, dass die Geräte eine internationale Garantie („International warranty") haben sollten. Diese muss als Papier beiliegen!
- **Schmuck**, der als echte Silberarbeit verkauft wird, besteht häufig nur aus billigem Eisenmaterial und wird z.T. in Fernost und nicht mehr von den Indianern hergestellt. Um wirklich gute Ware zu bekommen, lohnt sich die Mehrausgabe und Fachberatung in den Juweliergeschäften.
- **Textilien** lohnen fast immer. Zum einen ist das Angebot in New York mehr als verlockend, zum anderen sind Markenwaren, Designer-Kleidung und Jeans besonders günstig. Ratsam ist es aber immer, auf evtl. Mängel zu achten. Herrenbekleidung sticht vor allem durch ihre gute Qualität hervor. Mit der Damenbekleidung ist das so eine Sache: Vieles trifft einen anderen Geschmack, wobei die Auswahl in New York trotzdem alles abdeckt, man muss nur danach suchen ... oder, ganz kosmopolitisch: den Mut zum Neuen haben.

- Wer sich nicht ewig mit dem Einkaufen beschäftigen möchte, dem sei das Kaufhaus **Macy's** (Herald Square: Ecke Broadway/34th St.) empfohlen. Hier gibt es ausgesuchte und z.T. auch schrille Kleidung. Im Umkreis des Kaufhauses, bes. entlang der W. 34th Street, finden sich zudem noch ein paar Discounter (aber kaum Markenartikel).

Musikclubs/Discos/Nightlife
- Sie sollten sich zuerst ein **„Time Out Magazin"** am nächsten Kiosk besorgen. Dort stehen alle Veranstaltungen drin. Kostenlos dagegen ist die Zeitung **„The Village Voice"**, die oft auch in Hotels ausliegt. Lohnenswerte Internetseiten als Vorschau bereits von zu Hause oder einem Internetcafé in New York aus: www.timeoutny.com, www.villagevoice.com, www.nytoday.com, www.nymetro.com.
- **Jazz** in New York ist zumeist avantgardistisch, also Modern Jazz. Also nicht immer jedermanns Sache. Aber ausgezeichnete Musiker.
- Guter **Blues** beschränkt sich auf angereiste Stars aus Chicago oder dem Süden. Daher nicht schlecht, wobei die Stimmung nicht immer stimmt.
- Für **Soul** und **Funk** u.ä. ist NY dagegen eine Hochburg, aber nur bedingt für **Rock**.
- Oft werden die **Auftritte „aufgeteilt"**. D.h. Sie bezahlen für eine Show, die i.d.R. 1 ½–2 Stunden dauert. Anschließend müssen Sie dann gehen und für den nächsten Auftritt Platz machen. Suchen Sie sich daher lieber ein kleineres und unkomplizierteres Etablissement aus, wenn Sie einen unbeschwerten und nicht zu teuren Abend verbringen möchten.
- **Discos und das Nightlife** beginnen nicht vor 23h, am Wochenende sogar nicht vor 1h. Die Eintritte sind für „In"-Clubs gesalzen (oft über $ 20) und lohnen nur für die wirklichen Disco-Gänger. „Auf eins Bierchen etwas abzuhotten" können Sie vergessen. Günstiger ist es höchstens für die Ersten. Ab 20h bzw. 21h, wenn einige Discos bereits öffnen, gibt es hier und dort verbilligte Eintritte. Nur dann ist auch noch rein gar nichts los.
- **Unter der Woche beginnt der Run** auf die Nightclubs und Discos gegen 23h, um dann um 1h schon wieder deutlich abzuebben. Am nächsten Tag muss ja gearbeitet werden.
- **Am Wochenende** dagegen geht's erst nach 1h richtig los. Dann ist es aber so voll, dass man schon wirklich hartgesotten seinen Platz und Drink verteidigen muss.
- **An allen Eingängen** (Livemusik, Disco etc.) stehen Türsteher, die die oft langen Schlangen „dirigieren". Bekannte Gesichter bzw. die, die ein kleines Trinkgeld springen lassen, werden bevorzugt eingelassen. Bei Disco-Eintrittspreisen von über $ 20 können Sie es ggf. auch mal mit $ 10 Trinkgeld versuchen. Ansonsten stehen Sie schon mal eine Stunde (oder mehr). Sondieren Sie aber zuerst die Lage.

Kriminalität/Sicherheit
- Lesen Sie auch unter **„Don'ts"** (oben)
- Hat **deutlich nachgelassen**. Nur meiden Sie abendliche U-Bahnfahrten in die South-Bronx, nach Harlem nördl. der 125th St. und in den Osten von Brooklyn. Sollten Sie zu dieser Zeit trotzdem mit der U-Bahn fahren wollen, setzen Sie sich in einen der mittleren Waggons. Selbst die New Yorker halten die U-Bahn übrigens für sehr sicher – auch nachts.
- Haben Sie **nicht zuviel Geld** bei sich und nutzen Sie die Hotelsafes

New York ist ziemlich sicher

Rauchen

- In NY **nicht gerne gesehen**. In den Restaurants und Bars darf nicht mehr geraucht werden. Genauso ist das Rauchen in öffentlichen Gebäuden, dazu gehören auch der Eingangsbereich des Hotels, die Bushaltestelle, die Flughafenterminals und der U-Bahnhof, verboten. Ausgewichen wird mit dem Glimmstengel nun auf die Bereiche vor der Tür, sprich: Straße. Ganz, ganz wenige Lokale haben eine Raucherlaubnis, siehe dazu S. 165 und 238.
- Grundsätzlich sollten sich Raucher **auf eine gesunde Nichtraucherzeit einstellen**. Um so größer ist dann die Freude, wenn sie einmal rauchen dürfen – im Außenbereich eines Lokals.
- Es gibt kaum noch **Hotelzimmer**, in denen geraucht werden darf. Diese müssen Sie rechtzeitig (ausdrücklich, besser noch vehement) reservieren. Es wird aber für die nahe Zukunft geplant, dass alle Zimmer zu Nichtraucher-Zimmern werden.

Welcher Stadtteil hat welche Charakteristika?

> **Hinweis**
> Außerhalb von Manhattan beschränkt sich diese Kurzbeschreibung nur auf touristisch interessante Stadtteile.

❶ Manhattan

- **Battery Park:** Südwestzipfel von Manhattan und eigentlich Teil des u.g. Financial District. Im Park steht ein altes Fort, am Südende des Parks legen die Schiffe ab zur Freiheitsstatue, nach Ellis Island und die Fähre nach Staten Island, und hier verbringen die New Yorker auch gerne sonnige Wochenendtage (Picknicken, Restaurants). Battery Park City nördlich des Parks ist ein modernes Büroviertel mit wenigen Geschäfte (außer dem Designer-Discounter-Bekleidungsladen „Century 21" nahe dem Ground Zero). Ground Zero, das ehem. World Trade Center, schließt sich östlich davon an und wird in absehbarer Zukunft neu erbaut.
- **Financial District, Lower Manhattan und Civic Center:** Historische Gebäude und hohe Wolkenkratzer symbolisieren das „Herzstück des Kapitalismus". Hier finden Sie die New York Stock Exchange an der Wall Street. Nordöstlich liegt der Stadtteil Lower Manhattan, dessen Hauptattraktion das South Street Seaport Museum ist, zu dem einige historische Hafengebäude, ein Lebensmittelmarkt (Fulton Market), ein Pier mit Souvenir-Geschäften sowie alte Schiffe gehören. Das sich nördlich anschließende Civic Center wird bestimmt durch einen Hochhausbau aus den Kindertagen der Wolkenkratzer, dem Woolworth Building. Nicht weit davon steht die City Hall, New Yorks Rathaus. Wenige Geschäfte, dafür aber der Strand Second-Hand-Bookshop an der Fulton Street und der Elektronik-, Musik- und Computerladen J&R an der Park Row.
- **Chinatown:** Klein und verwinkelt. Hier leben nahezu 150.000 Chinesen. Chinesische Schriftzüge und Reklametafeln schmücken die alten Gebäude. Viele lustige Ramschläden und gute Lebensmittelgeschäfte (Gewürze, Saucen). An der Mott Street gibt es viele Garküchen. Wächst stetig nach Norden in Richtung „Little Italy" und zur „Lower East Side".
- **Little Italy:** Pizza, Pasta, Parmesan, besonders an der Mulberry Street. Zahlreiche Straßen sind noch gepflastert, und die Häuser stammen aus der Zeit um 1900. Geschäfte: Ital. Importwaren. Pasta-Restaurants, auch Trattorias. Mit dem Umzug vieler Italiener in andere Stadtteile drängen von Süden immer mehr Chinesen und von Nordwesten immer mehr Trendshops und Bistros aus SoHo/NoHo nach Little Italy.
- **Lower East Side:** Die Lower East Side ist das Wohnviertel der unteren Einkommensschichten, die z.T. in sog. langweiligen „Project"-Häusern leben. Außerdem ist die Lower East Side „Spielplatz" zahlreicher Textilgroßhändler. Letztere finden sich vor allem in und um die historische Orchard Street. Hier lohnt sonntags das Stöbern. Ansonsten gibt es noch ein paar Ramschläden.

Der Trend hier geht aber aufwärts. Man spricht sogar vom werdenden „In"-Viertel und einige entsprechende Lokale und Geschäfte haben sich bereits angesiedelt.
- **East Village:** Ehemals das jüdisch-russische Viertel, leben hier heute Aussteiger, (Noch-/nicht-) Künstler, Wissenschaftler, Mittelständler, Hippies, Studenten u.a. Tür an Tür. Eine bunte Mischung der Kulturen also, was der Kneipen- und Restaurantszene, besonders entlang und um die 2nd Avenue, zugute kommt. Keine bedeutenden Sehenswürdigkeiten, dafür „echtes Leben".
- **TriBeCa:** Ehemals das Markt- und Lagerhausviertel in unmittelbarer Nähe der jetzt zugeschütteten Hafenpiers. Nach ein paar rauen Jahren entdeckten dann die Künstler, Schauspieler und „Bohemians" TriBeCa. Die Lagerhäuser wurden aufgemotzt und z.T. zu teuren Lofts für die Yuppies umgebaut. Einige wenige Boutiquen, sonst aber kein Shoppingerlebnis. Eher etwas für ein gemütliches Dinner bei Kerzenschein in einem der Restaurants hier.
- **SoHo:** Der „Vorgänger" von TriBeCa. In den 60er Jahren strömten hier die Künstler ein und bauten die Fabrik- und Lagerhäuser der Gründerjahre zu Lofts um. Die hohen Preise haben sie mittlerweile zum Umziehen in andere Stadtteile bewogen. Nur die „Betuchten" unter ihnen blieben und viele Stars und Sternchen aus der Medien- und auch Sportbranche folgten. Historischer „Cast-Iron-District", viele alte Gebäude und kleine Straßen mit Pflastersteinen. SoHo ist vor allem bekannt für seine unzähligen Kunstgalerien, „In"-Lokale, Trendshops, Designer-Boutiquen sowie andere gute und teure Geschäfte. Die Atmosphäre ist etwas „schickimicki".
- **Greenwich Village und NoHo:** Die Universität und die für eine Stadt wie New York untypisch begrünten Straßenzüge mit Brownstone und Greek-Revival Townhouses charakterisieren dieses Viertel äußerlich. Studenten können sich die mittlerweile sehr teuren Wohnungen aber selten leisten. Hier wohnen die wohlhabenderen Künstler, Schriftsteller und diejenigen, die in deren Umfeld leben möchten. Die Schwulen-Szene ist vor allem im Village zu Hause. In der Bleecker Street finden sich Jazz- und Blueslokale sowie Boutiquen und „lustige" Geschäfte. Ansonsten gibt es in Greenwich Village auch viele Restaurants, Boutiquen und kleine Spezialitätengeschäfte. Im sich nach Osten anschließenden **NoHo** tummeln sich besonders um den Astor Place und in der St. Marks Street die Studenten in Grunge-Kneipen und auf der Straße. Im Washington Park lässt es sich gut picknicken.
- **Chelsea:** Das z.Zt. wohl bunteste Viertel der Stadt, bezieht man sich auf die Bewohner: Aussteiger, Künstler, Homosexuelle, Rentner, Modedesigner, Journalisten, Neuankömmlinge usw. Die Gebäude stammen großenteils von der Jahrhundertwende, wobei sie i.d.R. nicht besonders attraktiv erscheinen. Auch die Restaurants decken alle Preis- und Qualitätskategorien ab. Zum Hudson River hin finden sich noch die letzten Lebensmittelgroßhändler Manhattans, Discos in Hinterhöfen, Designer-Büros- und –Werkstätten, Ramschläden u.ä., während die 8th Avenue und die 14th Street die eigentlichen Geschäftsstraßen (bessere Textilien, Eklektisches) darstellen. Hervorzuheben sind noch die Chelsea Piers (Mega-Sportcenter) sowie der Meatpacking District (alte Fleischlager, heute Boutiquen und Restaurants).
- **Flatiron District und Gramercy Park:** Der Flatiron District (um das auffällige, dreieckige Flatiron Bldg.) war zwischen 1880 und 1920 der vornehmste Shopping District der Stadt („Ladies Mile Historic District"). Historische „Prunkbauten" zeugen aus der Zeit. Heute finden sich hier einige Secondhand-Shops (Bücher, Platten u.a.) sowie Textilgeschäfte (auch Designer). Westlich, im Bereich 6th Avenue, finden Sie dagegen die billigeren Textilien. Auf dem Union Square gibt es einen Gemüse- und Blumenmarkt (viele Öko-Produkte). Gramercy Park lebt durch seine vier Parks (Union, Gramercy, Madison, Stuyvesant), um die herum sich Restaurants (bes. entlang Park Ave. und Irving Place) angesiedelt haben. Um den Stuyvesant Square gibt es zahlreiche historische Gebäude an baumbestandenen Straßen. Nördlich dieser beiden Stadtteile, an der 5th Ave./34th St. steht das Empire State Building.
- **Murray Hill:** Wohngebiet mit vielen Brownstone-Häusern sowie einigen Versuchen, alte europäische Stilelemente mit Geld nachzubauen (romanisch, griechisch, französisch usw.). Außer der

Pierpont Morgan Library gibt es hier keine besonderen Sehenswürdigkeiten und auch nur wenige Geschäfte.
- **Garment District (Fashion Center), Midtown (West) und Theater District:** Der Garment District war früher (und ist heute noch zum Teil) Sitz zahlreicher Textilfabriken und Geschäfte, die Stoffe verkaufen. Somit äußerlich wenig attraktiv.
- Um den Broadway herum dann viele Theater und Musicalbühnen sowie unzählige Geschäfte aller Art. Einige davon sind sehr auf Touristen aus, ebenso die Restaurants. Times Square und die „New" 42nd Street bilden das Herz dieses Distrikts, wobei abzuwarten bleibt, wie sich das Gebiet am Hudson River mit dem Intrepid Sea-Air-Space Museum und den zu Freizeitstätten umgebauten Piers entwickeln wird. Östlich des Theater District, der eigentlichen Midtown, steht die zweite große Ansammlung von Wolkenkratzern. Das Rockefeller Center bildet hier den Mittelpunkt. In den Blocks nördlich davon gibt es ein paar sehr gute Museen (MoMA, Radio & Television u.a.). In den Wolkenkratzern sitzen die großen Konzerne und befinden sich Büros von Dienstleistungsunternehmen. Tagsüber huschen Menschenmassen zwischen den Gebäuden hin und her.
- **Midtown (East)/5th Avenue:** Entlang der 5th Avenue und der sie kreuzenden 57th Street befinden sich die teuersten Designerläden New Yorks. Es ist die schiere Luxusmeile, der das Innenleben des Trump Tower noch die Krone aufsetzt. Die große St. Patrick's Cathedral unterstreicht, dass auch die Kirche von dem Geld hier profitiert. Östlich davon stehen wieder zahlreiche Hochhäuser großer Konzerne. Sehenswert sind hier u.a. das legendäre Chrysler Building, die schöne Grand Central Station und das Waldorf Astoria Hotel. Ganz im Osten, am East River, haben die United Nations ihr Hauptquartier. In der 57th Street zwischen 6th Ave. und Lexington Avenue bieten teure Designerläden ihre Haute Couture an.
- **Upper West Side:** Stadtteil zwischen Central Park und Hudson River. Am Park stehen große Art Deco-Wohnhäuser, wie z.B. das Dakota. Zudem befindet sich hier das American Museum of Natural History. Westlich dieses Gebietes steht die Upper West Side stark unter dem Einfluss der in den letzten 3 Jahrzehnten zugewanderten akademischen Mittelschicht und den Yuppies. Unterschiedliche Geschäfte (kein Muss), ein paar Galerien und viele Kneipen und Cafés des „gehobenen Bürgertums". Sehenswert sind noch das Lincoln Center (u.a. mit der Metropolitan Opera) und weiter im Norden, eigentlich schon im Stadtteil **Morningside Heights**, die Columbia University und die riesige Cathedral of St. John the Devine.
- **Upper East Side:** Stadtteil östlich des Central Park. Hier, parknah, wohnen die reichsten New Yorker in aufwendig gestalteten Gebäuden aus der ersten Hälfte des 20. Jahrhunderts, „bewacht" von livrierten Türstehern. Alles privat, auch die vielen Clubs. Hauptattraktion bildet ohne Zweifel die Museum Mile (5th Ave.), entlang der sich u.a. das Metropolitan Museum of Art, das Guggenheim Museum und das Museum of the City of New York befinden. Gute Geschäfte gibt es vor allem im Süden dieses Stadtteils, wo sich auch das Kaufhaus Bloomingdale's niedergelassen hat. Nachmittags und abends erwarten unzählige Bistros, „In"-Cafés, Edel-Kneipen und „verschwiegene" Restaurants der Oberklasse den Geldadel. Die Restaurants an der 2nd Avenue ab 80th Street sind dann wieder etwas bodenständiger und günstiger. Nördlich der Upper East Side schließen sich das z.T. noch feudale **Yorkville** und dann **Spanish Harlem** bzw. **East Harlem**, letztere wie eine weniger attraktive und zu Nachtzeiten eher noch als „No-Go-Area" bekannte Gegend, an.
- **Harlem:** Einst berüchtigt (bes. East Harlem). Heute geht es etwas ruhiger zu im Wohnviertel der zumeist schwarzen Bevölkerung. Harlem hat sich touristisch gemausert: Soulfood-Restaurants, Livemusik, Gospelchöre, Relikte aus der Zeit der „Black Revolution", die Geschäfte an der 125th Street etc. Zumeist werden diese Sehenswürdigkeiten auf organisierten Bustouren gezeigt und erläutert. Abenteuerlicher ist es aber, es selbst zu erleben bzw. unter Führung eines Harlemkenners. Gute Musikclubs gibt es natürlich auch.

- **Der Norden:** Sehenswert ist vor allem „The Cloisters", ein Kloster-Museum im Fort Tyron Park. **Washington Heights,** der nördlichste Stadtteil Manhattans, ist ein Wohngebiet der unteren Einkommensschichten. Dieser wird zum großen Teil von Einwanderern aus der Karibik bevölkert.

❷ The Bronx

Der wohl „berüchtigste" Stadtteil New Yorks. Diesen Ruf verdankt es vor allem der einst extrem hohen Kriminalitätsrate in den fragwürdigen „Projects" der **South Bronx.** Aber auch hier ist es mittlerweile ruhiger geworden (von nächtlichen Besuchen ist trotz allem noch abzuraten). Annehmbar, aber kein Muss sind die Stadtteile **Fordham** und **Belmont,** wo Geschäfte und Restaurants der Mittelklasse dienen. Hauptattraktionen der Bronx sind der Botanical Garden, der Bronx Zoo (der größte Zoo Amerikas) und die „italienische" Arthur Avenue. Andere Sehenswürdigkeiten, wie z.B. historische Farmhäuser, die Universität, das letzte Wohnhaus Edgar Allan Poes, die Hall of Fame of Great Americans, der Woodlawn-Friedhof, das Yankee Stadium und **City Island** (Fischerort/Fischrestaurants) mögen nur speziell Interessierten die Anfahrt wert sein.

❸ Queens

- **Astoria/Long Island City:** Überwiegend von griechischen Einwanderern bewohnt, leben hier aber auch viele Iren, Osteuropäer und Asiaten. Dieses Völkergemisch sorgt für ein interessantes Kultur- und Straßenleben, ohne dabei aber unvergessliche Höhepunkte zu bieten. Sehenswert sind dagegen die alten Filmstudios aus den 1920er Jahren, die heute z.T. wieder genutzt werden. Highlight dazu ist das American Museum of the Moving Image. Kunstinteressierte sollten zudem das Atelier des US-Japaners Isamu Noguchi besuchen, und wer sich rechtzeitig darum bemüht, kann das Glück haben, im Norden des Stadtteils die Fabrik der weltbekannten Steinway-Klaviere besichtigen zu können. Abzuwarten bleibt allerdings, ob der Ableger des Museum of Modern Art und das Museums for African Art hier auch nach 2005 Ausstellungen zeigen werden.

Vom Ufer des East River aus hat man schließlich noch einen schönen Blick auf die Skyline von Manhattan.

Im Süden von Long Island City entwickelt sich z.Zt. eine ganz neue Atmosphäre: Bootsyachten parken in den Hafenanlagen am East River, alte Lagerhäuser dienen heute als Filmkulissen und werden von wohlhabenden New Yorkern zu ansehnlichen Lofts umgebaut. Darum gruppieren sich dann natürlich zahlreiche Restaurants. Heute wird Long Island City in vielen Punkten mit der Entwicklung von TriBeCa verglichen.

- **Flushing** ist touristisch interessant durch den Corona Park, dem ehemaligen Gelände der Weltausstellung von 1964. Der große Globus (Unisphere), das Queens Museum of Art (mit dem eindrucksvollen „Panorama of New York"), das Shea-Sportstadion und, nicht zu vergessen, die Tennisplätze von Flushing Meadows (u.a. „US Open") lohnen vielleicht für manche den Abstecher hierher.

❹ Brooklyn

- **Brooklyn Heights und umliegende Regionen:** Der schöne Spaziergang über die Brooklyn Bridge führt in den Stadtteil Brooklyn Heights, der sich durch seine günstige Lage zu Manhattan und seine Brownstone-Architektur großer Beliebtheit bei der oberen Mittelklasse erfreut. Straßencafés, kleine Boutiquen und nicht zuletzt der Ausblick von der Brooklyn Promenade auf die

Wolkenkratzer Süd-Manhattans lohnen den kleinen Ausflug. Stadtteile „dahinter", wie Cobble Hill und Carroll Gardens stehen Brooklyn Heights heute in kaum was nach.
- **Brooklyn Downtown:** Die Fulton Mall bietet günstige Textilgeschäfte (aber keine Haute Couture). Auch das New York Transit Museum ist interessant. „Junior's" ist zudem einer der bekanntesten Diner in New York mit leckerem Käsekuchen. Zu Brooklyn-Downtown gehört auch der Distrikt **Fort Greene**, wo die Brownstone-Häuser mittlerweile eine sog. „Bohème" angezogen haben, und die wiederum hat viele kleine Restaurants angelockt.
- **Red Hook:** Das kleine Gebiet nahe eines ehemals bedeutenden Hafenbeckens und vor Jahrzehnten auch Zentrum der Ziegelbrennereien, entwickelt sich rasant vom Geheimtipp zu einem Ziel der Künstler und Kunstgaleristen, die die Atmosphäre mit alten Industrie- und Hafenanlage genießen. Hier wird sich noch Einiges tun.
- **Williamsburg:** Wie Long Island City und TriBeCa hat sich dieser Distrikt binnen 10 Jahren zu einer Schlafstätte für die betuchteren New Yorker (inkl. Künstlern) entwickelt – die, die sich umgebaute Lofts leisten können. Die gute U-Bahn-Anbindung an Manhattan hat dazu maßgeblich beigetragen. Doch noch haben sie den Stadtteil „nicht ganz im Griff", und ein buntes Völkergemisch sowie zahlreiche jüdische Geschäfte und Kosher-Restaurants mögen manch Abenteuerlustigen anziehen. „In"-Restaurants haben aber bereits einen „Fuß in der Tür".
- **Um den Prospect Park/Park Slope:** Das kulturelle Zentrum Brooklyns. Die Brownstone-Häuser sind schön herausgeputzt, und der Prospect Park selbst eignet sich gut für Spaziergänge, bes. der Botanische Garten. In seiner Nordostecke befindet sich das hervorragende Brooklyn Museum, ein Kunstmuseum mit Weltruf, und die nahe Brooklyn Library hat auch einiges zu bieten.
- **Coney Island:** Einst die Amüsierinsel der New Yorker, ist Coney Island heute nur noch Schatten seiner selbst. Das zu sehen, den Spuren der „High Time" zu folgen bzw. ein Bad im Atlantik zu nehmen, das New York Aquarium zu besuchen, entlang des Boardwalks am Strand zu spazieren bzw. in einem russischen Restaurant in „Little Odessa" zu speisen sprechen für einen Besuch hier.

Coney Island: Multi-Kulti-Boardwalk und Strand

❺ Staten Island

Dieser Borough hat nicht allzuviel zu bieten. Weder Wolkenkratzer, weltbekannte Museen, noch „ausgeflippte" Großstädter gibt es hier. Die Inselstadt scheint eigentlich gar nicht zu New York zu gehören. Gerade deswegen aber mag ein ½-tägiger Ausflug hierher als Erholung willkommen sein.
St. George (Brighton) ist der Stadtteil auf Staten Island, an dem die Staten Island Ferry anlegt. Nordwestlich des Anlegers, aber in Busfahrentfernung, liegt ein großes Kulturzentrum: **(Sailors) Snug Harbor** (kl. Bot. Garten, Livemusik und Kulturprogramme im Sommer).
Und inmitten der Insel, wo selbst der Bus von der Fähre aus noch 30 Minuten hin benötigt, liegt die Hauptattraktion, **Historic Richmondtown**, wo viele Gebäude aus dem 19. Jahrhundert erhalten wurden und zu besichtigen sind. Hier gibt es auch ein historisches Museum. Ansonsten kann man Staten Island noch empfehlen wegen seiner **Strände** im Südosten.

Orientierung in Manhattan

- **Avenues** laufen von Norden nach Süden, **Streets** von Westen nach Osten. Ansonsten macht das Schachbrettmuster der Stadt nördlich der Houston Street die Orientierung recht einfach.
- Wichtige **Segmente von Manhattan** sind:
1. alles, was südlich der Houston Street verläuft, hat Straßennamen und keine Nummern. Hier finden Sie die Stadtteile Financial District/Civic Center, Chinatown, Little Italy, TriBeCa, SoHo, West Village und die Lower East Side
2. Nördlich der Houston Street beginnt die Nummerierung der Streets. Bis zur 14th Street reicht das Village (Greenwich und East), daran schließen sich bis zur 34th Street Chelsea und Gramercy an. Zwischen 34th und 59th Street verteilen sich zwar mehrere Stadtteile, die i.d.R. aber alle unter dem Begriff Midtown zusammengefasst werden
3. Zwischen 59th und 110th Street zieht sich der Central Park, der rechts und links von der Upper East Side und der Upper West Side flankiert wird
4. Nördlich der 110th Street liegt Harlem, flankiert von East Harlem und dem Uni-Distrikt Morningside Heights, und ganz im Norden schließt sich Washington Heights an.
- Alle weiteren und genaueren Untergliederungen würden zu Beginn **verwirren**.
- Es gibt zahlreiche **Hilfestellungen zur Orientierung** in Manhattan, besonders was die Hausnummern angeht, denn die sind von Avenue zu Avenue (also Nord-Süd-gerichtet) immer verschieden. Meine Meinung dazu ist: Vergessen Sie diese umständlichen Pläne. Fragen Sie lieber gezielt nach, zwischen welchen Streets die Adresse liegt, bzw. von Ost nach West gerichtet, zwischen welchen Avenues. Dann finden Sie schon, was Sie suchen.
- Bei den **Streets** wird in „East" und „West" unterteilt. Hausnummern beginnen an der zentralen Fifth Avenue und werden in Hunderterschritten von dort gerechnet. Der erste Block westlich hat also Nummern, wie z.B. 56 W. 34th Street, der fünfte Block östlich z.B. 433 E. 34th Street.

Museen, Gärten und Attraktionen – Günstige Tickets

Hinweis
Die meisten Museen haben an den gesetzlichen Feiertagen geschlossen.

Der **„City Pass New York"** (www.citypass.com) bietet um 50 % vergünstigte Eintrittspreise in/zu folgenden Attraktionen: Empire State Building Observatory, Intrepid Sea-Air-Space Museum, Museum of Modern Art, American Museum of Natural History und Metropolitan Museum of Art. Tickets erhalten Sie an jeder dieser Attraktionen. Es handelt sich dabei um ein Heft, das die Eintritts-Tickets bereits alle beinhaltet. Vorteile: Günstige Preise, keine Wartezeit an den Kassen. Nachteil: Sie müssen alle Tickets im Block kaufen, ob Sie nun alles sehen möchten oder nicht.

Reiseimpressionen 105

In einer spektakulären Aktion wurde die *Freiheitsstatue*, ein Geschenk Frankreichs an das amerikanische Volk, über den Atlantik gebracht. Seit 1886 nun bewacht die 46 m hohe, kupferne Dame die Hafeneinfahrt und hält dabei die „Fackel der Freiheit" in der rechten Hand. Für viele Amerikaner gleicht ein Besuch hier einer Wallfahrt.

Seitdem der republikanische Bürgermeister Rudolph W. Giuliani mit seiner **„No-Tolerance"-Politik** in New York aufgeräumt hat, kann man sich nahezu überall in Manhattan sicher bewegen. Polizisten sind allerorts präsent und haben mittlerweile genügend Zeit für einen Plausch.

„The Big Apple never sleeps" – das gilt auch heute noch und viele Geschäfte, besonders die kleinen Delis haben **rund um die Uhr geöffnet**. Meist Dank der Tatsache, dass sie von einer Familie betrieben werden. Schon lange nicht mehr sind die Delis im Besitz von alteingesessenen New Yorkern. Zumeist gehören sie zugewanderten Asiaten oder Mittelamerikanern.

Reiseimpressionen **107**

Zu Spitzenzeiten kommt der *Verkehr* in Manhattan zum Erliegen. Nur die Taxifahrer finden immer wieder eine Lücke. Motorrad fahren ist auch „in". Doch die teuren Parkplätze für die Harleys können sich zumeist nur Yuppies aus dem Bankgeschäft leisten.

Teure und seltene Parkplätze haben die Bewohner des Big Apple zu einer Taxifahr-Gesellschaft gemacht. Es gibt 11.800 lizensierte *Taxis*. Viele Fahrer sind erst gerade eingewandert. Sie stammen aus 85 Ländern und sprechen 60 verschiedene Sprachen, oft aber kein Englisch.

108 Reiseimpressionen

„A park is a single work of art" schrieb *Frederick Law Olmsted*, nachdem er zusammen mit *Calvert Vaux* den **Central Park** geplant hatte. An Wochenenden nutzen Zig-Tausende New Yorker die „Grüne Lunge", um sich für den stressigen Alltag wieder fit zu machen. Romantiker lieben besonders die Touren mit der Gondula.

Wie in einem Schneckenhaus windet sich eine 432 m lange Spirale vorbei an den Exponaten im Hauptgebäude des **Solomon R. Guggenheim Museums**. 16 Jahre der Planung und Konstruktion bedurfte es, bis das von *Frank Lloyd Wright* entworfene Gebäude schließlich 1959 eröffnet werden konnte.

Die Low Memorial Library bildet den Mittelpunkt der *Columbia University*. Mit 20.000 Studenten ist sie zwar nicht die größte, dafür aber New Yorks bekannteste Universität. Mehr als 50 spätere Nobelpreisträger haben hier gelernt bzw. gelehrt.

Manhattan ist der flächenmäßig kleinste Stadtteil New Yorks. Dieses wird besonders deutlich, wenn man einen **Helikopterflug** um die Insel macht. Wie eine Spielzeugstadt breitet sich die Metropole unter einem aus.

Viele kennen **Harlem** nur als Hochburg der Armut und der Kriminalität. Doch das Bild wandelt sich in vielen Straßen. Hier in der Striver's Row wohnen vor allem Rechtsanwälte, Ärzte und gestandene Geschäftsleute. Es gibt sogar eine „Service Road" hinter den soliden Reihenhäusern.

Reiseimpressionen

New Yorks nächstgelegener Strand befindet sich auf **Coney Island**. An Sommerwochenenden kommen viele „Innenstädter" hierher, manche auch nur, um auf der Holzpromenade zu flanieren. Der Budenzauber der einst so berühmt-berüchtigten Themenparks auf der Insel gehört schon lange der Vergangenheit an.

Prunkstück aus den Boomzeiten nach 1900 ist ohne Zweifel der **Grand Central Station**. Zwar wird er nur noch als Bahnhof für den lokalen Zugverkehr genutzt, doch ist sein (gerade renovierter) Glanz unübertroffen. Im Keller gibt's zudem eines der beliebtesten Austernlokale New Yorks.

Reiseimpressionen

Wo die Zeit knapp ist, greift selbst ein wohlgekleideter Broker gerne auf das reichhaltige und leckere Angebot der **Straßenimbisse** zurück. Frankforter, Knishes, Hot Dogs und Pretzeln gehören zu den Lieblingsspeisen „zwischen Tür und Angel".

Die **Friedhöfe** von New York erzählen alle ihre eigenen Geschichten. Keine Stadt der Welt ist ethnisch und wohlstandsmäßig so differenziert wie die Stadt am East River. Wer es zu etwas gebracht hat in seinem Leben, versucht auch noch nach seinem Tod der Kulisse Manhattans Konkurrenz mit überdimensionalen Grabsteinen zu machen.

Reiseimpressionen **113**

Während an der Südspitze Manhattans vorwiegend die Banker in den hohen Häusern residieren, hat sich in **Midtown** um das Rockefeller Center herum eine zweite Wolkenkratzerstadt entwickelt. Über 200 Hochhausbauten werden gezählt, und es werden immer mehr. Hier haben viele große Firmen ihren Sitz.

Geschichtsschreiber betrachten die **Brooklyn Bridge** als „Achtes Weltwunder" und Symbol für den rasanten Aufstieg New Yorks seit dem Ende des 19. Jahrhunderts. Sie verbindet Manhattan mit Brooklyn und wird von Autos, Spaziergängern und Joggern gleichermaßen genutzt.

Besonders wer während der Sommermonate nach New York kommt, sollte **Manhattan auch vom Wasser aus erleben**. Zahlreiche Anbieter umschiffen die Halbinsel – zumeist auf einer Strecke zwischen Midtown am Hudson River, dem Battery Park, Pier 17 und der Williamsburg Bridge am East River. Die Touren dauern zwischen 45 und 90 Minuten. Längere Fahrten gehen auch rund um Liberty Island oder sogar ganz um Manhattan herum.

Reiseimpressionen 115

New York gilt als einer der Hochburgen des Jazz und bereits 1939 wurde hier die legendäre Plattenfirma „Blue Note Records" von zwei deutschen Juden gegründet. Sie beeinflusst bis heute die **Jazzmusik** in aller Welt. Neben bekannten Jazzclubs wie dem „Village Vanguard" oder dem „Blue Note" gibt es noch unzählige andere „Joints" in denen nahezu täglich Livemusik gespielt wird.

Bis in die 1990er Jahre hinein waren das **East Village** und **Alphabetic City** verpönt, galten als Drogenumschlagplatz und „No-Go-Area". Das hat sich nun drastisch geändert, und Straßen, wie die Second Avenue sind heute bekannt für ihre vielen Straßenrestaurants und -cafés sowie das bunte Treiben der Studentenszene. Und besonders nachts schläft New York hier nicht!

Reiseimpressionen

Immer mehr Feinkostläden eröffnen in New York. Viele von ihnen gehören mittlerweile zu Franchiseketten. Doch einige Traditionsunternehmen, wie z.B. **Zabar's** in der Upper West Side, trotzen mit ausladenden Käse- und Fischtheken diesem Trend.

Wer mittags eine Kleinigkeit essen möchte, dem seien die üppigen Selbstbedienungs-Buffets in den **Delis** ans Herz gelegt. Sie befinden sich zumeist nahe den Viertelbüros im Financial District und in Midtown. Aber Achtung! Hier wird nach Gewicht berechnet und zu oft sind die Augen größer als der Hunger ...

Reiseimpressionen **117**

Einst Versammlungsplatz protestierender Arbeiter und Gewerkschafter, ist der **Union Square** heute eine Oase für die Freunde von Naturkost und Blumen. Mehrmals in der Woche bieten Ökofarmer in der Nordwestecke des Platzes ihre Produkte an.

Reiseimpressionen

Das Museum of Modern Art, kurz **MoMA** genannt gehört zu den führenden Museen zeitgenössischer und moderner Kunst. Der Umbau des Museums in Midtown (ca. 2005 abgeschlossen) hat Hunderte von Millionen Dollar gekostet und während dieser Zeit wurde eine Fabrikhalle in Queens als Ersatz genutzt.

In keiner anderen Stadt der Welt leben wohl so viele **Nationalitäten** zusammen. Alleine im Stadtteil Elmhurst von Queens sind es 122 – in ganz New York sollen es über 140 sein. Andere Zahlen belegen: 70 Sprachen werden im Big Apple gesprochen, die Taxifahrer stammen aus 85 Ländern und nahezu 6 Millionen Besucher aus dem Ausland kommen jährlich in die Stadt.

Reiseimpressionen **119**

Nicht alle Sehenswürdigkeiten befinden sich in Manhattan. Ein Ausflug mit der Subway zum **New York Aquarium for Wildlife Conservation** auf Coney Island lohnt für Tierfreunde allemal. Hierbei handelt es sich nicht einfach um einen Meeres-Zoo, sondern hier werden auch Forschungsergebnisse sowie die Flora der Ozeane erläutert. Hinterher lockt dann bei gutem Wetter der vorgelagerte Strand.

New York ist die Stadt der **„Themengeschäfte"**. Kein Konzern, ob *Cartier*, *Bugatti* oder *Disney*, der hier nicht ein repräsentatives Geschäft unterhält. Oft befinden die sich in den teuersten Immobilienlagen und bringen keinen Gewinn ein. Einzig hier zu sein zählt!

Am Columbus Circle steht eine der vornehmsten Herbergen der Stadt, das **_Trump International Hotel & Tower_**. Es mag zwar nicht den plüschigen Charme der „Waldorf-Astoria" versprühen, dafür aber steht jedem Gast ein Angestellter als „Attaché" zur Seite.

7. NEW YORK ALS REISEZIEL

> **Hinweis**
>
> Die Gelben Seiten werden regelmäßig aktualisiert und sind auf dem neuesten Stand. In den **Allgemeinen Reisetipps von A–Z (S. 122ff)** finden Sie reisepraktische Hinweise für die Vorbereitung Ihrer Reise und den Aufenthalt in New York. Das darauf folgende Kapitel **Spezialtipps (S. 185ff)** widmet sich wichtigen **Einzelaspekten**, wie Übernachten, Essen und Trinken, Einkaufen oder Sights, und listet Hinweise bzw. Empfehlungen dazu systematisch – ebenfalls alphabetisch geordnet – auf.

Allgemeine Reisetipps von A–Z

> **Hinweis**
>
> Preisangaben sind nur als Richtlinien anzusehen.

News im Web: www.iwanowski.de

- **A**bkürzungen 122
- Airlines 123
- Ärzte 123
- Alkohol 124
- Anreise 124
- Apotheken 129
- Auskunft s. „Fremdenverkehrsämter"
- Auto fahren 130
- Automobilclub 131
- Autoverleih (Mietwagen) 131
- **B**anken/Geldwechsel 134
- Behinderte 135
- Benzin 135
- Botschaften 135
- Busse (überregional) 136
- **C**oncierge 137
- **D**evisen 137
- **E**inkaufen 137
- Einreise 138
- Eisenbahn (überregional) 139
- Ermäßigungen s. „Preisnachlässe"
- Essen gehen 140
- **F**ahrrad fahren 141
- Feiertage 141
- Fernsehen 142
- Fotografieren 143
- Fremdenverkehrsämter/Touristeninformation 143
- Führerschein 145
- Fundbüro/Lost & Found 145
- **G**eld/Zahlungsmittel 146
- Geschäfte 147
- Gesundheit 147
- Impfungen s. „Gesundheit"
- Informationen s. „Fremdenverkehrsämter"
- Internet 148
- **J**ugendherbergen s. „Unterkünfte"
- **K**artenmaterial 150
- Kartenvorverkauf s. S. 96 und 236ff
- Kinder 151
- Kino 153
- Klima/Reisezeit/Kleidung 154
- Konsulate 155
- Krankenhäuser/Ärzte/Zahnärzte 155
- Kreditkarten 156
- Kriminalität 156
- Literatur 158
- **M**aßeinheiten (USA) 159
- Messe- und Kongresszentrum 160
- **N**otfall/Unfall/Notruf 160
- **Ö**ffentliche Verkehrsmittel 160
- Öffnungszeiten 162
- **P**olizei 162
- Post 162
- Preisangaben 163
- Preisnachlässe 164
- **R**auchen 164
- Recycling/Müll 165
- Reisezeit s. „Klima"
- Restaurants 165
- Rundfunk 166
- **S**chwule und Lesben 167
- Sicherheit 168
- Sport ansehen 168
- Sprache 168
- Strände s. S. 297
- Strom 170
- **T**axi/Limousine 170
- Telefon 171
- Theater/Musicals s. S. 64 und 91f
- Toiletten 174
- Trinkgeld 174
- Trinkwasser 175
- **U**nterkünfte 175
- **V**eranstaltungen/Feste/Paraden 179
- Verkehrsregeln s. „Auto fahren"
- Versicherungen 180
- Visum 180
- **W**äsche waschen 181
- Weine 181
- **Z**eit/Zeitzone 181
- Zeitungen 182
- Zoll 182

A

⇨ **Abkürzungen**

Hier sind die wesentlichsten Abkürzungen aufgeführt (z.B. Karten, Straßenschilder):

Ave.:	Avenue
B.:	Beach/Strand
Bldg.:	Building/Gebäude
Blvd.:	Boulevard
Cr.:	Creek/Bach
Cy.:	City/Stadt
Dept.:	Department/im amerik.: Behörde
Dr.:	Drive
Frw.:	Freeway
Ft.:	Fort
H.M.:	Historical Monument/Historisches Denkmal
H.P.:	Historical Park/Historischer Park
Hts.:	Heights/Höhen
Hwy.:	Highway
Ind. Res. (auch I.R.):	Indian Reservation/Indianerreservat
Int.:	International
L.:	Lake/See
Ln.:	Lane
M.R.:	Military Reservation/Militärgebiet
Mt., Mtn.:	Mount, Mountain/Berg
Mts.:	Mountains/Berge
Mun.:	Municipal/städtisch
Nat.:	National
N.B.:	National Battlefield/Nationales Schlachtfeld
Nat'l Rec. A. (NRA):	National Recreational Area/Erholungsgebiet
N.F. oder Nat. For.:	National Forest/Wald
N.M.:	National Monument
N.P.:	Nationalpark
N.S.:	National Seashore/Nation. Küstenschutzgebiet
N.W.R.:	National Wildlife Refuge/Naturschutzgebiet
N.Y.C.:	New York City
Pk.:	Peak/Gipfel
R.:	River/Fluss
Rd.:	Road
Res.:	Reservation oder Reservoir/Reservat oder Stausee
Spr., Sprs.:	Spring, Springs/Quelle, Quellen
St.:	State oder Street/Staat oder Straße

7. Allgemeine Reisetipps von A–Z

⇨ **Airlines**

Kontaktnummern der wichtigsten Airlines in Manhattan

- **Air Canada:** Tel.: 1-888-247-2262, www.aircanada.ca
- **Air France:** Tel.: 1-800-321-4538 (Infos); 1-800-237-2747 (Reservierungen), www.airfrance.com
- **American Airlines:** Tel.: 1-800-433-7300, www.aa.com
- **Austrian Airlines:** Tel.: 1-800-843-0002, www.aua.com
- **British Airway:** Tel.: 1-800-247-9297, www.britishairways.com
- **Continental:** Tel.: 1-800-525-0280, www.continental.com
- **Delta Airlines:** Tel.: 1-800-221-1212, www.delta.com
- **Iberia:** Tel.: 1-800-772-4642, www.iberia.com
- **Icelandair:** Tel.: 1-800-223-5500, www.icelandair.com
- **Lufthansa:** Tel.: 1-800-645-3880, www.lufthansa-usa.com
- **Northwest/KLM:** Tel.: 1-800-225-2525, www.nwa.com
- **SAS:** Tel.: 1-800221-2350, www.sas.se
- **Singapore Airlines:** Tel.: 1-800-742-3333, www.singaporeair.com
- **SwissAir:** Tel.: 1-877-359-7947, www.swiss.com
- **TAP Air Portugal:** Tel.: 1-800-221-7370, www.tap.pt
- **Thai Airways:** Tel.: 1-800-426-5204, www.thaiairways.com
- **US Airways:** Tel.: 1-800-428-4322, www.usairways.com
- **United Airlines:** Tel.: 1-800-241-6522, www.united.com
- **Virgin Atlantic Air:** Tel.: 1-800-862-8621, www.virgin.com

⇨ **Ärzte**

Deutschsprachige Ärzte in New York:
- **Internisten:**
- Dr. Gisela Lienhard: 115 East 61st St., zw. Park u. Lexington Aves., *Upper East Side/Lenox Hill*, Tel.: (212) 355-1712
- **Gynäkologe:**
- Dr. Moehlen: 128 East 75th St., zw. Park u. Lexington Aves., *Upper East Side/Lenox Hill*, Tel.: (212) 737-6222
- **Kinderärztin:**
- Dr. Ruth Kesseler: 68 East 86th St./Park Ave., *Upper East Side*, Apt. 5c, Tel.: (212) 288-9351

Siehe auch unter Stichwort „Gesundheit"

> **Hinweis**
>
> *Unsere Krankenkassen übernehmen Arztkosten in den USA i.d.R. nicht. Eine Reisekrankenversicherung ist daher sinnvoll. In jedem Fall müssen Sie die Arztkosten erst einmal vorstrecken.*

7. Allgemeine Reisetipps von A–Z

⇨ **Alkohol**

Bier können Sie in Supermärkten und kleineren Geschäften kaufen. Wein und Spirituosen erhalten Sie dagegen nur in speziellen „Liquor Stores" (meist an Sonntagen geschlossen). Nicht alle Restaurants haben eine volle Alkohollizenz (die dann auch für harte Alkoholika gilt).

Einige Restaurants, besonders islamische und tibetanische, schenken keinen Alkohol aus. Doch zumeist erlauben sie den Verzehr von mitgebrachten Alkoholika. Dieses wird mit einem Schild am Eingang signalisiert: „BYO" (Bring your own).

Für den Erwerb von Alkohol ist in New York das Mindestalter 21 angesetzt. Dieses wird streng kontrolliert („I.D., please!"). Wer jünger als 40 ist, sollte allemal einen Ausweis mit sich führen.

⇨ **Anreise**

Per Flugzeug

Das Angebot an Flügen nach New York wird immer größer und damit auch unübersichtlicher. Auf eine Auflistung aller in Frage kommenden Airlines möchte ich daher hier verzichten. Achten Sie bei der Buchung aber unbedingt auf die Rücktrittsmöglichkeiten. Oft bedeuten die sehr preiswerten Flüge, dass eine Rückgabe des Tickets bereits gleich nach der Buchung nicht mehr möglich ist, und auch eine Änderung des Flugdatums wird ausgeschlossen oder teuer. So wollen die Airlines ihre Kosten erneut drücken. Also: Vorher genau überlegen und planen! Evtl. auch eine Reiserücktrittsversicherung abschließen.

> **Tipp**
>
> *Die meisten Flüge zurück nach Europa gehen am späten Nachmittag/Abend. Bedenken Sie, dass Sie bei einer Fahrt zum Flughafen in die* **Rushhour** *(zw. 1h30 und 18h, am schlimmsten zw. 16h und 17h30) geraten können. Dann dauern Taxi- und Busfahrten bzw. Fahrten mit einem Mietwagen zu den Flughäfen erheblich länger. Planen Sie zu diesen Zeiten mind. 90 Minuten nach Newark und JFK und 60 Minuten nach La Guardia ein. Wer einen Mietwagen abgeben muss, sollte kalkulieren, dass er nach der Abgabe nochmals 30 Minuten bis zu den Terminals benötigt. Zudem verpasst man am JFK-Airport leicht die richtige Zufahrt zu den Abgabestationen.*

Preise: Das Beste ist, Sie informieren sich in Ihrem Reisebüro über die aktuellen Preise. Danach sollten Sie diese Preise noch einmal mit ein bis zwei anderen Reisebüros vergleichen. Viel ist aber bei den Vergleichen nicht herauszuholen für einen Flug nach New York. Höchstens einmal € 50 pro Person.

Gepäck: Für Shopper sei hinzugefügt, dass man bei den meisten Gesellschaften in der Economy-Class nur 20–23 kg auf den Transatlantikflügen einchecken darf. Dabei darf man zzt. nach Deutschland Waren und Geschenk im Wert von bis zu 430 € einführen.

Geld: Mindestens $ 100 in 1- bis 20-Dollar-Scheinen (also bar) sollten Sie pro Person bei der Einreise dabeihaben, besser etwas mehr. Das erspart unnötige und umständliche Kreditkartentransaktionen am ersten Abend. Andererseits können Sie mittlerweile an nahezu allen Geldautomaten mit einer Kreditkarte bzw. einer Bankcard

7. Allgemeine Reisetipps von A–Z

(ehem. Euroscheckkarte – Maestro/Cirrus-Zeichen ist wichtig) Geld abheben. Die Taxis können Sie auch mit Kreditkarte bezahlen.

Die drei großen Flughäfen von New York sind:

❶ JOHN F. KENNEDY INT. AIRPORT

Dieser Flughafen, im Sprachgebrauch nur „JFK" genannt, ist der größte in New York und befindet sich auf einer angelandeten Ebene im Südosten von Queens. Hier werden im Wesentlichen die internationalen Flüge abgefertigt.
Die Orientierung ist einfacher, als man glaubt. Um einen großen Verkehrskreisel herum sind die 9 (nach anderer Zählart bis zu 13) Terminals angelegt. Auf Ihrem Ticket steht bereits, an welchem Terminal Sie ankommen bzw. wieder abfliegen.

> *Entfernung nach Manhattan: 16 Meilen/26 km, Fahrzeit mit dem Taxi nach Manhattan: 40–60 Minuten (ich habe aber auch schon mal 2 Stunden während der Rushhour benötigt), Taxipreis nach Manhattan: ca. $45 + ca. 15 % Trinkgeld + $4,50–8 (Brücken-/Tunnelzoll); Shuttlebus-Preis nach Manhattan: ab $15 pro Person (bis zu $18), Telefon: (212) 209-7000,*
> ***Airport-Informationen:*** *Tel.: (718) 244-4444, www.panynj.gov.*
> ***New York-Information:*** *In jedem Terminal, i.d.R. nahe der Gepäckausgabe, gibt es einen Infoschalter bezüglich der Weiterfahrt nach Manhattan, und hier können Sie auch in letzter Minute ein Hotel reservieren.*

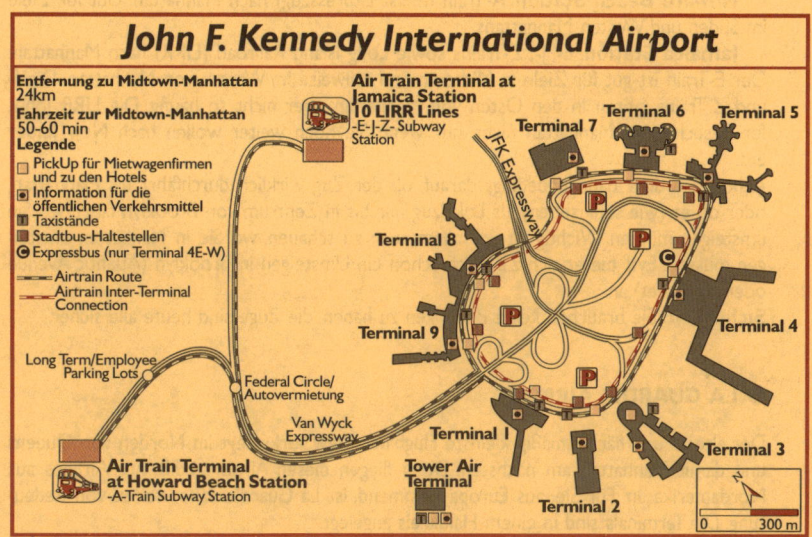

John F. Kennedy International Airport

Entfernung zu Midtown-Manhattan 24 km
Fahrzeit zur Midtown-Manhattan 50–60 min
Legende
- PickUp für Mietwagenfirmen und zu den Hotels
- Information für die öffentlichen Verkehrsmittel
- Taxistände
- Stadtbus-Haltestellen
- Expressbus (nur Terminal 4E-W)
- Airtrain Route
- Airtrain Inter-Terminal Connection

Long Term/Employee Parking Lots
Air Train Terminal at Howard Beach Station - A-Train Subway Station
Federal Circle/ Autovermietung
Van Wyck Expressway
Air Train Terminal at Jamaica Station 10 LIRR Lines -E-J-Z- Subway Station
Terminal 7, Terminal 6, Terminal 5, Terminal 8, Terminal 9, Terminal 4, Terminal 1, Terminal 3, Terminal 2
Tower Air Terminal
JFK Expressway

0 – 300 m

© igraphic

7. Allgemeine Reisetipps von A–Z

Ankunft und Weiterfahrt nach Manhattan:

Bei der Ankunft sollten Sie nur den Schildern folgen, bis Sie zum Schluss Pass- und Zollkontrolle passiert haben. Ab dann wird es etwas „chaotisch". Doch haben Sie keine Angst. Im Grunde müssen Sie nur nach 3 Dingen Ausschau halten, je nachdem, wie Sie in die Stadt gelangen möchten:
- Schauen Sie nach den **gelben Taxis**. Nur die sind lizensiert. Die Zeiten des Überangebots an nicht lizensierten Taxis ist aber auch nahezu vorbei, dafür sorgt eine strenge Polizei-Kontrolle. Mein Tipp ab 2 Reisenden lautet „Taxi nehmen". Zu zweit ist es unwesentlich teurer als der Shuttlebus, bei drei Reisenden hebt es sich sogar schon auf. Es ist vor allem dann in der Stadt bequemer, da man sicher vor dem Hotel abgesetzt wird. Zurzeit sind die Fahrten **vom** Airport nach Manhattan (andere Boroughs: Taxameter) auch mit einem (günstigeren) Fixpreis festgelegt. Infos und Preisbroschüren werden am Taxistand ausgegeben. Beschweren Sie sich also nicht, wenn der Taxameter nicht läuft, lesen Sie aber unbedingt die ausgehändigte Broschüre mit den Preisen vorher.
- Möchten Sie lieber mit einem **Shuttle-Bus** fahren, ist es auch nicht viel komplizierter. Die Busse stehen dicht an den Ausgängen vom Flughafenterminal. Achten sollten Sie nun aber auf das Ziel des Busses. Die meisten Busse fahren zu bekannten Haltestellen in der Midtown, wobei es wichtig ist, die für Sie günstigste Haltestelle schnell zu erkennen. Haben Sie also einen Stadtplan bereit. Von dieser Haltestelle in Manhattan müssen Sie nun aber noch ein Taxi nehmen zu Ihrem Hotel. Lohnt das im Gegensatz zum Taxi??
- Wer sparen möchte, hat auch mehr Aufwand: Mit **öffentlichen Verkehrsmitteln (MTA New York City Transit)** verhält es sich schon komplizierter, aber nicht so umständlich, wie man glauben mag: Nehmen Sie den „AirTrain", der ebenfalls vor jedem Terminal abfährt (über die Straße laufen). Er bringt Sie für $ 5 zu einer von zwei erreichbaren Subway-Stationen:
- **Howard Beach Station**: A-Train (meist Expresszug) nach Manhattan. Gut für Ziele im Süden und Westen Manhattans.
- **Jamaica Station**: E-, J-, Z-Trains sowie Long Island Railroad (LIRR) nach Manhattan. Der E-Train ist gut für Ziele in Midtown und teilweise im Westen von Manhattan. Die J- und Z-Trains fahren in den Osten von Manhattan, aber nicht so häufig. Die LIRR lohnt für Besuche von Manhattan nicht, nur, wenn Sie noch weiter wollen nach New Jersey etc.

Achten Sie dort dann unbedingt darauf, ob der Zug wirklich durchfährt bis Manhattan, oder ob er (wie sehr selten) als Lokalzug nur bis in Zentrum von Brooklyn fährt, wo Sie umsteigen müssen. Wichtig ist vor allem auch zu schauen, wo Sie in Manhattan umsteigen müssen. Evtl. bietet sich z.B. auch schon ein Umsteigen in Brooklyn (Atlantic Avenue oder Jay Street) an.

Sicherheit: Sie brauchen keine Bedenken zu haben, die Züge sind heute alle sicher.

❷ LA GUARDIA AIRPORT

Der älteste und flächenmäßig kleinste Flughafen New Yorks liegt im Norden von Queens und damit Manhattan am nächsten. Doch fliegen diesen Airport i.d.R. nur Airlines aus Nordamerika an. Für Sie, aus Europa kommend, ist La Guardia daher selten von Bedeutung. Die Terminals sind in einem Halbkreis angelegt.

Ankunft und Weiterfahrt nach Manhattan:

- Auch hier gilt wieder: Das **Taxi** ist der bequemste Weg und ab 2–3 Reisenden auch kaum teurer als der Shuttle-Bus. Taxis finden Sie direkt an den Ausgängen der Gepäckausgaben. Zurzeit sind die Fahrten **vom** Airport nach Manhattan auch mit einem (günstigeren) Fixpreis festgelegt. Infos wer-

> *Entfernung nach Manhattan: 8 Meilen/13 km, Fahrzeit mit dem Taxi nach Manhattan: 30–45 Minuten, Taxipreis nach Manhattan: ca. $30 + ca. 15 % Trinkgeld + $4,50–8 (Brücken-/Tunnelzoll); Shuttlebus-Preis nach Manhattan: $10–14,*
> **Airport-Information:** *Telefon: (718) 533-3400, www.panynj.gov.*
> **New York-Information:** *Im Hauptterminal befindet sich ein Infoschalter mit Namen „Apple Guide".*

den am Taxistand ausgegeben. Beschweren Sie sich also nicht, wenn der Taxameter nicht läuft, lesen Sie aber unbedingt die ausgehändigte Broschüre mit den Preisen vorher.

- **Shuttle-Busse** halten ebenfalls an allen Terminals und verkehren 20-minütig zwischen 6h und Mitternacht nach Manhattan. Der Bus fährt zuerst zum Grand Central Station, dann zum zentralen Busbahnhof (Port Authority Bus Terminal) und weiter zu den großen Hotels. Auch hier gilt wieder: Achten Sie auf den Bus, der zu Ihrem Hotel bzw. einem ihm nahen fährt.
- Die beste Verbindung mit den **öffentlichen Verkehrsmitteln** ist: Mit dem M-60-Bus bis zu einer U-Bahn-Station in Manhattan zu fahren. Z.B. 116th St./Broadway und von dort die U-Bahn 1 oder 9 in Süden von Manhattan nehmen. Es gibt aber keine Staufläche für das Gepäck. Alternativ können Sie den Bus Q-33 bis zur Roosevelt Avenue/Jackson Heights Station nehmen und dort in die U-Bahnen E oder F umsteigen. Die Busse halten an allen Terminals. Der Q-48 Bus schließlich verbindet den Airport mit der U-Bahn-Linie 7.

Eine modernere Variante für die Anbindung an das öffentlichen Verkehrsnetz ist geplant.

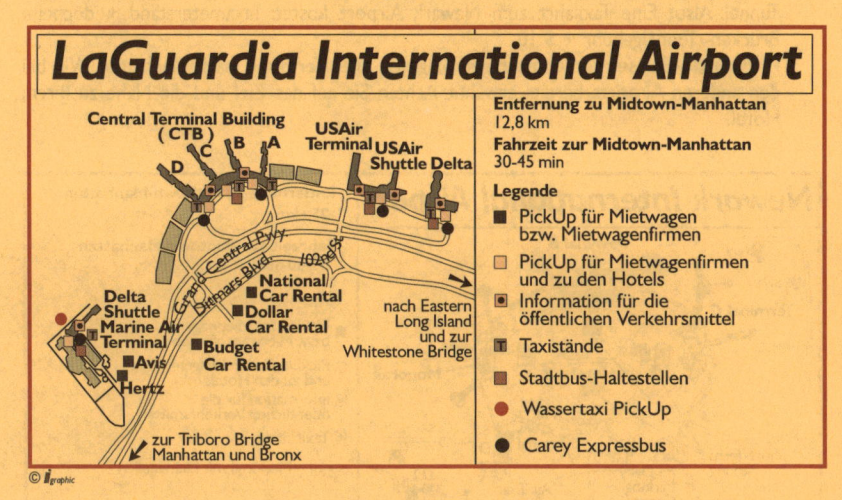

LaGuardia International Airport

Entfernung zu Midtown-Manhattan
12,8 km
Fahrzeit zur Midtown-Manhattan
30-45 min

Legende
- ■ PickUp für Mietwagen bzw. Mietwagenfirmen
- □ PickUp für Mietwagenfirmen und zu den Hotels
- ▣ Information für die öffentlichen Verkehrsmittel
- ▮ Taxistände
- ■ Stadtbus-Haltestellen
- ● Wassertaxi PickUp
- ● Carey Expressbus

❸ NEWARK AIRPORT

Newark International Airport hat sich in den letzten Jahren zu einer ernsthaften Konkurrenz zu den beiden New Yorker Airports entwickelt, besonders bei den internationalen Flügen. Er liegt in New Jersey im Stadtteil Newark, also westlich des Hudson River. Die drei Terminals (A, B und C) liegen an einem Halbkreis. Meistens werden die internationalen Maschinen am Terminal B abgefertigt. Newark Int. Airport ist übrigens ein bedeutender Hub für Continental Airlines und American Airlines.

> *Entfernung nach Manhattan: 16 Meilen/26 km, Fahrzeit mit dem Taxi nach Manhattan: 45–60 Minuten, Taxipreis nach Manhattan (Fixpreis, der sich nach Ziel richtet): ab $40–50 ca. 15 % Trinkgeld + $9–13 (Brücken-/Tunnelzoll); Shuttlebus-Preis nach Manhattan: $12–20,*
> **Airport-Information**: *Telefon: (973) 961-6000, www.panynj.gov. In jedem Terminal gibt es einen „Ground Transportation Counter".*

Ankunft und Weiterfahrt nach Manhattan:

- **Taxi**: Hier wirkt sich die Entfernung doch etwas negativ auf den Taxipreis aus. Doch wir befinden uns in Amerika: Schnell hat sich das „Share & Save"-System entwickelt, das mittlerweile durch den o.g. Counter bzw. den Taxieinweiser des Airports gelenkt wird. Hierbei teilen sich 4 Personen ein Taxi und zahlen zusammen zwar etwas mehr als den regulären Preis, aber einzeln deutlich weniger. So haben alle etwas davon. Ansonsten gibt es eine Fixrate, die sich nach dem Ziel in Manhattan richtet. Achtung! Von Manhattan nach Newark wird der Brückenzoll doppelt gerechnet und eine Zusatzgebühr von $ 10 erhoben, da Taxifahrer aus Manhattan i.d.R. keine Fahrgäste im Bundesstaat New Jersey aufnehmen können und somit leer zurückfahren müssen über die Brücken/durch die Tunnel. Also: Eine Taxifahrt zum Newark Airport kostet: Taxameterstand + doppelte Brücken-/Tunnelgebühr + $ 10.
- **Shuttle-Busse:** Verkehren regelmäßig von allen Terminals nach Manhattan. Wie bei den anderen Airports bereits erwähnt: Achten Sie auf das Ziel und die Nähe zu Ihrem Hotel.

Newark International Airport

Entfernung zu Midtown-Manhattan
25,6km

Fahrzeit zur Midtown-Manhattan
45-60 min

Legende
- PickUp für Mietwagen bzw. Mietwagenfirmen
- PickUp für Mietwagenfirmen und zu den Hotels
- Information für die öffentlichen Verkehrsmittel
- Taxistände
- Monorail mit Haltestellen

- **Öffentliche Verkehrsmittel:** Der „AirTrain" (eine Monorail) verkehrt zwischen den Terminals und der Newark Airport Station. Anschließend kann es weitergehen zur Newark Penn Station. Verbindungen gibt es jeweils mit dem „NJTransit-Train" zur Penn Station in Manhattan oder dem „PATH Train" nach Lower Manhattan. Alles ist gut ausgeschildert und erläutert und für diesen Airport sind die öffentlichen Verkehrsmittel bei bis zu 2 Reisenden die beste Wahl.

Aus Manhattan zu den Flughäfen:

Auch hier ist das Taxi wiederum das einfachste, wenn auch teuerste Transportmittel.
Für die Shuttle-Bus-Routen drehen Sie o.g. Verbindungen einfach um. Am besten, Sie merken sich gleich bei der Ankunft, wo Sie ausgestiegen sind. Als Faustregel gilt: Shuttle-Busse verkehren von allen größeren 4–5-Sterne-Hotels, von der Grand Central Station, der Penn Station (nur einige!) und dem Port Authority Bus Terminal. Außerdem sollten Sie Ihren Hotelportier am Tag vor der Abreise noch einmal konsultieren, besonders auch, um zu fragen, wie hoch das Verkehrsaufkommen bei Ihrer Abreisezeit sein wird. Staus können viel Zeit kosten!

Per Schiff

Schiffsreisen (auch Frachtschiffreisen) sind viel teurer als das Fliegen, aber bieten auch etwas Besonderes. Von Hamburg oder Bremerhaven aus gibt es immer noch einen Schiffsdienst nach New York, der aber nicht regelmäßig bedient wird und häufig mit einer kleinen Kreuzfahrt verbunden ist. Nähere Auskünfte erteilt Ihnen hierzu Ihr Reisebüro.

Bei der Anreise mit einem Frachtschiff stehen Touristen ein paar Kabinen auf einem Frachter zur Verfügung, und man lebt und isst zusammen mit dem Personal. Die Kabinen sind in der Regel sehr komfortabel. Frachtschiffe laufen aber selten die großen Städte an, und nur für einen New York-Besuch ist diese Alternative kaum zu empfehlen. Nähere Auskünfte über Frachtschiffreisen erhalten Sie z.B. bei: Frachtschiff-Touristik, Kapitän Peter Zylmann: Exhöft 12, 24404 Maasholm, Tel.: 04642/96550, Fax: 04642-6767, *www.zylmann.de*.

⇨ **Apotheken**

Apotheken, sog. Drugstores, gibt es an nahezu jeder Ecke, und selbst die kleinen Lebensmittelgeschäfte führen „Basismedizin" gegen Kopfschmerzen, Fieber, Sodbrennen etc. Sollte es einmal ernster werden, wenden Sie sich aber wie bei uns an die Pharmacies. 24 Stunden geöffnet sind mehrere Filialen der Ketten **CVS** (*www.cvs.com*, Tel.: (212) 505-1555 = Filiale 342 E. 23rd St., zw. 1st u. 2nd Aves, Gramercy) und **Duane Reade** (*www.duanereade.com*, Tel.: (212) 682-5338 = Filiale 485 Lexington Ave./E. 47th St., Midtown East).

⇨ **Auskunft**

Siehe unter Stichwort „Fremdenverkehrsämter"

7. Allgemeine Reisetipps von A–Z

⇨ **Auto fahren**

ℹ️ *Verkehrsinformation zu Brücken und Tunneln nach und von New York*
Tel. (212) 360-3000

In den USA gilt auf den Highways der meisten Staaten die Höchstgeschwindigkeit von 65 mph (104 km/h) bzw. neuerdings in vielen Staaten auch 70 mph (dann aber nur auf den 4-spurigen Interstates), was etwa 112 km/h entspricht. Die durchschnittliche Fahrtgeschwindigkeit in Manhattan beträgt aber gerade einmal 4 mph. Erlaubte **Höchstgeschwindigkeit** in New York sowie allen amerikanischen Städten sind **30 mph (ca. 48 km/h)**. Ausnahmen bilden die mehrspurigen Freeways. Dort ist die Höchstgeschwindigkeit angeschrieben (variiert).

Zudem ist das **Parken immens teuer in Manhattan** (24 Stunden in der Parkgarage: ab $25). Am Straßenrand gibt es nur relativ wenige Parkplätze, und die sind oft nur Kurzzeitplätze. Achten müssen Sie dann auch noch darauf, dass an bestimmten Tagen und Zeiten die Bordsteinkanten von der Straße aus gereinigt werden. Parken Sie also ja nicht „wild drauflos", sonst wird Ihr Fahrzeug für viel Geld abgeschleppt.

Das alles macht schnell deutlich: Leihwagen in New York sind ein teurer Luxus und obendrein noch extra umständlich. Die guten U-Bahn- und Busverbindungen sowie die annehmbaren Taxipreise machen dieses also wirklich überflüssig. Sollte Ihre Reise anschließend aus New York heraus weitergehen, mieten Sie am besten für den Abfahrtstag ein Fahrzeug in New Jersey. Die Raten dort sind billiger (lohnt also die Taxianfahrt) und die Fahrzeuge meist neuer.

Parkflächen sind rar

Einzige Ausnahme, wo ich zu einem Leihwagen raten würde: am Abflugtag aus Manhattan raus durch Brooklyn, Queens oder die Bronx fahren und abends den Wagen am Flughafen abgeben.

Das Tanken ist in den USA sehr billig. Gemessen wird das Benzin in Gallonen (ca. 3,78 l), das Motorenöl in Quarts (ca. 1 l).

Einige wichtige Regeln, die Sie beachten sollten:
• Es gilt **rechts vor links**. Eine Besonderheit ist der 4-Way-Stop, wo an einer Kreuzung an jeder Straße ein Stoppschild steht und derjenige zuerst fahren darf, der an der Haltelinie seiner Straße zuerst zum Stehen gekommen ist.

7. Allgemeine Reisetipps von A–Z

- Das **Rechtsabbiegen an roten Ampeln ist in New York nicht erlaubt**.
- Auf mehrspurigen Straßen **darf rechts überholt** werden.
- In der **Nähe von Schulen** sind die Höchstgeschwindigkeiten herabgesetzt. Dieses wird durch ein Schild angezeigt und streng kontrolliert. Meistens gelten diese deutlich herabgesetzten Geschwindigkeiten aber nur, wenn gleichzeitig ein gelbes Blinklicht aufleuchtet.
- **Schulbusse** (gelb) dürfen nicht überholt werden, solange sie den Blinker gesetzt haben.
- Das Anlegen von **Sicherheitsgurten ist Pflicht**.
- **Falsch Parken** endet häufig mit einem abgeschleppten Fahrzeug! Achten Sie also darauf, dass Sie besonders nicht neben einem roten bzw. blauen Kantstein parken oder direkt vor einem Hydranten für die Feuerwehr und auch nicht unter einem „No Stopping or Standing"-Schild. Sollte Ihr Fahrzeug abgeschleppt sein, steht in NY oft auf einem nahen Schild, wo (meist Tel.-Nr.) Sie sich nach dem Verbleib des Fahrzeuges erkundigen können.
- Falls Sie im Rückspiegel ein **Polizeifahrzeug mit eingeschaltetem Blinklicht** sehen, halten Sie sofort am Straßenrand an, bleiben Sie im Fahrzeug sitzen und machen Sie keine hektischen Bewegungen.
- Achten Sie in New York besonders auf die **Schilder der Stadtreinigung**. Durchschnittlich zweimal pro Woche wird der Bordstein mit Fahrzeugen gesäubert, und dann darf kein Fahrzeug den Weg versperren. Es wird rigoros abgeschleppt!!

⇨ **Automobilclub**

Wichtig: ADAC – immer dabei haben!

- **Telefonische Hilfe/Auskunft** erhalten Sie in **deutscher Sprache** unter 1-888-222-1373 (ADAC-Notruf)
- Der Hauptsitz in den USA ist:
- **American Automobile Association (AAA):** 1000 AAA Drive, Heathrow, FL 32746, Tel.: (407) 444-4300 od. 1-800-596-2228; AAA-Notruf: 1-800-222-4357
- In New York:
- **Auto Club of New York:** Broadway/W. 62nd St., Upper West Side, New York, NY 10023, Tel.: (212) 586-1166. Mo–Sa 8h45–17h30.

Bei allen größeren ADAC-Stellen in Deutschland (Touristikabteilung) erhalten Sie allgemeines Informationsmaterial für Autoreisen in den USA und Kanada und auch eine Broschüre zu New York.

> *Übrigens müssen im Staat New York seit 1998 2 % aller neu zugelassenen Fahrzeuge einer Marke Elektroautomobile sein.*

⇨ **Autoverleih (Mietwagen)**

Sollten Sie trotz besseren Wissens ein Auto in New York mieten bzw. nach dem Aufenthalt hier weiter durch die USA reisen wollen, nachfolgend noch ein paar Tipps.

❶ **WO??** Die erste Entscheidung, die Sie treffen müssen, ist, wo Sie ein Fahrzeug mieten. Mein Rat wäre, es bereits in Europa in Verbindung mit Ihrem Flugticket zu tun. Zum einen erhalten Sie dabei in der Regel günstigere Tarife und zum anderen haben Sie keine Laufereien bei Ihrer Ankunft.

Hinweis
I.d.R. sind die Mietwagen außerhalb des Staates New York günstiger, was besonders daran liegt, dass die Fahrzeuge sehr leiden in dem Großstadtverkehr. Überlegen Sie also, ob Sie Ihr Fahrzeug nicht besser in New Jersey anmieten für eine Fahrt entlang der Ostküste. Sollten Sie erst in New York auf die Idee kommen, ein Fahrzeug zu mieten, bedenken Sie, dass das am Wochenende teurer wird und dann die Fahrzeuge auch eher ausgebucht sind. Dann nämlich mieten die New Yorker selbst ein Auto.

❷ **WAS FÜR EIN AUTO??** Als zweites müssen Sie entscheiden, was für ein Fahrzeug Sie mieten möchten. Ein Campmobil hat z.B. den Vorteil der Unabhängigkeit (natürlich **nicht in** New York City!), ist aber unter dem Strich um einiges teurer als ein Mittelklassewagen, inkl. günstiger Hotelübernachtungen, denn ein Campmobil ist um einiges teurer in der Miete und verbraucht mit Sicherheit das Doppelte an Benzin. Außerdem dürfen Sie nicht „wild" campieren, und die Campingplätze mit den nötigen Anschlüssen für ein solches Fahrzeug sind auch nicht ganz billig (15–30 US$ pro Nacht).

Wer nicht zu tief in die Tasche greifen möchte und zu zweit unterwegs ist, sollte sich ein Fahrzeug der beiden unteren Klassen mieten **(Economy, Subcompact, Compact)**.

Große Autos mögen schick sein, aber die Kleinen sind für NY „oho"...

Hierbei handelt es sich um Fahrzeuge in der Größenordnung eines VW-Golf oder Vento. Wer es etwas komfortabler möchte, kann sich ein Fahrzeug der Klasse **Intermediate** mieten. Diese haben alle einen separaten Kofferraum, Klimaanlage und einige andere nützliche Ausstattungen. Diese Fahrzeugklasse ist eigentlich die beste Alternative, berücksichtigt man das Preis-/Leistungs-Verhältnis. Sie entsprechen in Größe und Ausstattung etwa einem Ford Orion oder Passat Stufenheck. Wer nun noch mehr Platz braucht, weil er mit Familie und Kind reist, sollte sich für eine Limousine **(Full-Size-Car)** oder am besten einen **Station Wagon** (Kombi) entscheiden. Am teuersten schließlich sind die Kleinbusse **(Mini-Van)**, die für eine große Familie am geeignetsten sind.

❸ **WELCHE MIETWAGENFIRMA??** Die dritte Frage ist, bei welcher Firma Sie mieten. In den USA sind neben den uns bekannten Verleihfirmen (Hertz, Avis, Budget-rent-a-car) noch einige andere überregionale Firmen vertreten (z.B. Alamo, Dollar, National). Alle diese Firmen sind den etwas günstigeren lokalen Anbietern allemal vorzuziehen, da sie dafür sorgen, dass Sie im Falle einer Panne überall einen Ersatzwagen gestellt bekommen und die Wagen auch am Flughafen wieder abgeben können.

❹ **VON WO NACH WO??** Wo fahre ich hin und wo gebe ich das Fahrzeug wieder ab? Bei der Anmiete müssen Sie unbedingt mit angeben, in welchen Staaten Sie reisen werden. Häufig müssen Sie dafür eine Zusatzversicherung abschließen. Außerdem ist wichtig, ob Sie das Fahrzeug im selben Staat wieder abgeben werden. Anders als in Europa, werden die Fahrzeuge wieder zu ihrem Ursprungsstandort zurückgebracht, und das kostet Ihr Geld. Bis zu 200 Meilen sind manchmal frei, für längere Strecken werden zwischen 100 und 300, für die Rückführung über den gesamten Kontinent bis zu 600 $ (Transcontinental) berechnet. In NY selbst zahlt man oft schon $ 20 für die Rückgabe eines in Manhattan gemieteten Wagens am Airport.

> **Hinweis**
> Bevor Sie überlegen, ein Fahrzeug in New York zu mieten, lesen Sie bitte erst unter „Auto fahren" und S. 94f.

❺ **WELCHE VERSICHERUNG??** Schließlich sollten Sie sich überlegen, welche Versicherung Sie abschließen möchten. Ratsam und i.d.R. Pflicht und im Mietpreis inbegriffen ist eine **CDW** (Collision Damage Waiver) in Verbindung mit einer **LDW** (Loss Damage Waiver) und einer **PDW** (Physical Damage Waiver), die zusammen die Standard-Vollkasko Versicherung darstellen. Die **ALI** (Additional Liability Insurance auch als **LIS** bzw. **SLI** bezeichnet) erhöht die im Grunde zu niedrige Deckungssumme der erstgenannten auf einen 7-stelligen Betrag und ist damit ebenfalls sinnvoll. Wer die Personen noch versichern möchte, sollte zudem auch noch eine **PAI** (Personal Accident Insurance), eine Insassenversicherung, abschließen. Alle weiteren „Versicherungsangebote" lohnen eigentlich nicht bzw. sind durch Ihre Reisegepäck-, Auslandskranken- und o.g. Versicherungen bereits ausreichend abgedeckt.
Wer nun noch Bedenken hat, mit einem unterversicherten Autofahrer bzw. einem hinterher flüchtigen Fahrer in einen Unfall verwickelt zu werden, der sollte noch die Zusatzversicherung **UMP** (Uninsured Motorist Protection) abschließen.

Worauf sollten Sie noch achten?
- Ohne gängige Kreditkarte (Mastercard, Visa, American Express, Diners) erhalten Sie kaum ein Fahrzeug, oder Sie müssen einen hohen Geldbetrag hinterlegen für den Fall, dass das Fahrzeug beschädigt wieder abgegeben wird, doch auf dieses Verfahren ist mittlerweile kaum noch eine Firma eingestellt.
- Der Fahrer muss mindestens 21 Jahre alt sein, manchmal sogar 25. Bis 25 wird häufig noch ein Zuschlag von ca. 6 US$ pro Tag verlangt.
- Geben Sie das Auto nur mit vollem Tank wieder ab, ansonsten berechnet Ihnen die Mietwagenfirma fürs Auffüllen einen deutlich erhöhten Benzinpreis.
- Wenn Sie erst vor Ort mieten, achten Sie auf Sondertarife, wie z.B. In-der-Woche-Rabatte.

7. Allgemeine Reisetipps von A–Z

Wie bekomme ich mein Mietfahrzeug?
Anders als in Europa, haben die Mietwagenfirmen ihre An- und Abgabepunkte nicht direkt am Flughafengebäude. Dafür hat jede größere Firma einen Shuttleservice mit einem Bus eingerichtet, der Sie vom Ankunftsgebäude kostenlos zum nahen Depot bringt und am Ende der Reise vom Depot zurückfährt zur Abflughalle. An allen 3 New Yorker Flughäfen können Sie Fahrzeuge anmieten.

Die wichtigsten Autovermieter sind (zentrale Reservierungen – **gebührenfreie** Telefonnummern innerhalb der USA):

Alamo Rent-A-Car:	1-800-462-5266,	www.alamo.com.
Avis-Reservations Center:	1-800-331-1212,	www.avis.com.
Budget-Rent-A-Car:	1-800-527-0700,	www.budget.com.
Dollar-Rent-A-Car:	1-800-800-4000,	www.dollar.com.
Enterprise:	1-800-736-8227,	www.enterprise.com.
Hertz Corporation:	1-800-654-3131,	www.hertz.com.
National Car Rental:	1-800-227-7368,	www.nationalcar.com.

> **Und noch ein Tipp**
> Buchen Sie Ihr Fahrzeug in New York über die zentrale Reservierungsstelle (1-800-Nummern, Yellow Pages). Die bieten günstigere Preise als die Schalter in den Vermietungsstationen.

Wer sich kurzfristig noch für einen Mietwagen entscheidet, der sollte in den gelben Telefonseiten („Yellow Pages") unter „Automobile Renting" schauen. Dort bieten sich alle großen und auch die lokalen Vermieter mit großen Anzeigen und den Adressen in der Stadt an.

Mietautos in den USA haben fast alle ein Automatikgetriebe. Wenn Sie noch kein Automatikfahrzeug gefahren sind, sollten Sie folgendes beachten: Ein Automatikgetriebe hat nur drei Vorwärtsgänge.

Die Gänge:
P = Parken. Das Getriebe ist geblockt. Nur in diesem Gang startet der Wagen und können Sie den Zündschlüssel abziehen!
N = Neutral. Leerlauf.
R = Rückwärtsgang
D = Drive. In diesem Gang fahren Sie auf normalen Straßen und in der Ebene. Beim Beschleunigen müssen Sie schnell das Gaspedal ganz heruntertreten, und das Getriebe schaltet automatisch in den nächstniedrigeren Gang.
2 = Der 2. Gang. In diesen müssen Sie bei mittleren Steigungen schalten. Auch bei abschüssigen Strecken sollten Sie zur Schonung der Bremsen (könnten heißlaufen) diesen Gang wählen.
1 = Der 1. Gang für steile Streckenabschnitte.

B

⇨ **Banken/Geldwechsel**

Normalerweise sind die Banken von 9h bis 15h geöffnet. Selten nachmittags bis 16h. An Sonnabenden sind nur größere Banken vormittags geöffnet. Zum Geldwechseln bieten sich ansonsten, bis in die Abendstunden hinein, zahlreiche Geldwechselstuben entlang des Broadway um den Times Square an. Fragen Sie notfalls Ihren Hotelportier nach der nächsten Wechselstube.

Wie bei uns, gibt es in New York heute auch unzählige Geldautomaten, die man hier kurz „ATM" (= Automatic Teller Machine) nennt. Diese akzeptieren nahezu alle gängigen Kreditkarten, die europäischen Bankcards (ehem. Euroscheckkarte – Maestro/Cirrus-Zeichen ist wichtig) und die bankeigenen Karten. Merken Sie sich also den Pincode Ihrer Kredit- bzw. Bankkarten.

⇨ **Behinderte**

In den gesamten USA gibt es besondere Einrichtungen für Behinderte (disabled persons): Rollstühle an den Flughäfen, extra ausgewiesene Parkplätze, Toiletten, Auffahrrampen zu Gebäuden, Telefonzellen etc. Man kann wirklich sagen, dass hier bereits mehr unternommen worden ist als in Europa. Und überall tritt man den Behinderten freundlich und hilfsbereit gegenüber.

i *Informationen und Broschüren*
• *speziell für Behinderte erhält man beim* **Mayor's Office for People with Disabilities:** *100 Gold St. (südl. Brooklyn Bridge Auffahrt),* **Civic Center***, New York, NY 10038, Tel.: (212) 788-2830.*
• *Außerdem erhalten Behinderte unter folgender Nummer weitere Tipps und Hilfen: 1-800-482-9020 (nur aus Amerika anwählbar).*

⇨ **Benzin**

Es gibt in den USA zwei Sorten Benzin und eine Sorte Diesel: Gasoil (Diesel), Premium (Super) und Unleaded/Regular (Bleifrei-Normal). Beide Benzinsorten sind bleifrei! Große Tankstellen haben sowohl Selbstbedienung als auch Service („Full Service Island"), wobei der Service ca. 25 c pro Gallone (3,78 l) extra kostet. Achten Sie also darauf, an welche Säule Sie fahren.

Bei der Selbstbedienungssäule („Self Service Island") müssen Sie häufig vor dem Tanken wählen, auf welche Weise Sie bezahlen wollen. Abends wird an vielen Tankstellen aus Sicherheitsgründen nur die Kreditkarte akzeptiert bzw. müssen Sie vor dem Einfüllen bezahlen.

Vergleichen Sie aber vor allem Preise. Anders als bei uns, können diese um bis zu 20 % variieren auf nur 500 m.

⇨ **Botschaften**

Die **amerikanischen Botschaften** sind in:
• **Deutschland**: US-Botschaft, Pariser Platz 2, 10117 Berlin, (030) 238 51 74; Konsularabteilung: Clayallee 170, 14195 Berlin, (030) 830 50, Konsularabteilung (Visa): Clayallee 170, (Terminabsprachen): 0900-1-85 0055 (Mo–Fr 7–20 Uhr, € 1,86/Min.) http://germa ny.usembassy.gov.

- **Österreich**: US-Botschaft, Boltzmanngasse 16, A-1090 Wien, (01) 313 39-0, Visaabteilung: Parkring 12, A-1010 Wien, 0900-51 03 00 (€ 2,16/min), www.usembassy.at.
- **in der Schweiz**: US-Botschaft, Sulgeneckstr. 19, CH-3007 Bern, (031) 357-7011, Visa-Termine unter 0900-87 84 72 (CHF 2,50/Min.) http://bern.usembassy.gov.

Eine Liste sämtlicher US-Konsulate mit Adressen und Öffnungszeiten im Heimatland findet sich unter http://germany.usembassy.gov/germany/addresses.html, www.usembassy.at und http://bern.usembassy.gov.

Die **Botschaften** von D, AU und CH befinden sich in Washington, D.C.:
- **Deutsche Botschaft**, 4645 Reservoir Rd. NW, (202) 298-4000, www.washington-diplo.de
- **Österreichische Botschaft**, 3524 International Court NW, (202) 895-6700, www.austria.org
- **Schweizer Botschaft**, 2900 Cathedral Ave. NW, (202) 745-7900, www.eda.admin.ch/washington

⇨ **Busse (überregional)**

Das überregionale Busnetz berührt alle Städte und die meisten Orte der USA und Kanadas. Es bietet eine günstige Alternative zum Fliegen und ist gut geeignet, um eine Strecke von einer Großstadt zur nächsten zurückzulegen, aber nicht, um touristische Sehenswürdigkeiten „abzuklappern". Diese liegen oft weit ab von den Busterminals. Die Busse sind alle klimatisiert, Verpflegung gibt es aber nur an den Haltestellen. Etwa alle drei Stunden wird eine längere Pause (30–45 min.) eingelegt, und hier steht dann meist ein Fast-Food-Restaurant zur Verfügung. Fotografieren aus dem Busfenster ist kaum möglich, da die Scheiben gegen die Sonne stark grün gefärbt sind.

> **Hinweis**
>
> Zu den Stadtbussen von New York lesen Sie bitte unter Stichwort „Öffentliche Verkehrsmittel".

Größter Anbieter ist Greyhound. Die Netzkarte Ameripass von Greyhound berechtigt den Besitzer zu beliebig vielen Fahrten und Unterbrechungen während eines bestimmten Zeitraums und kann mit Gutscheinen für Jugendherbergen kombiniert werden. Den Pass gibt es in vier verschiedenen Varianten, von 7 bis 60 Tagen (ab ca. € 220), US-weit oder als Eastern Pass. Er muss im jeweiligen Heimatland, d. h. außerhalb der USA, gekauft werden. Einzelfahrten kommen relativ teuer, sie schlagen mit rund 10 c. pro Meile zu Buche; die Strecke von Küste zu Küste kostet derzeit rund $ 350.

Infos: Greyhound USA, 1-800-231-2222, www.greyhound.com. Flug- und Reiseservice Hageloch & Henes, Lindenstrasse 34, 72764 Reutlingen, Tel. 07121-330184, Fax 330657, www.buspass.de. Megabus.com, eine Tochtergesellschaft des Giganten „Coach USA", bietet ebenfalls einen Busservice zwischen NYC und sieben Ostküstenstädten an (http://megabus.com/us), zudem gibt es BoltBus (Greyhound) (www.boltbus.com).

Zentraler Busbahnhof in New York ist der **Port Authority Bus Terminal**: Ecke 41st/8th Ave., Tel.: (212) 564-8484. Überregionaler Busbahnhof, von dem Busse bis nach

Kalifornien abgehen. Hier fahren natürlich auch Busse zu den New Yorker Flughäfen, in den Staat New York, nach Atlantic City, Boston, Washington und Long Island ab.

C

⇨ **Concierge**

Nahezu jedes mittelgroße und größere Hotel in Manhattan hat einen eigenen Concierge in der Lobby. Bei ihm/ihr können Sie sich über alles informieren bzw. auch buchen: Sightseeingtouren, Fahrten zum Flughafen, Buchung von Theatertickets usw. Das ist bequem und erspart einiges an Laufereien. Doch sollten Sie, sobald Sie „Fuß gefasst" haben und sich sicherer fühlen in dieser großen Stadt, bei ihm/ihr nur Tipps einholen. Denn die Preise haben es in sich.

I.d.R. werden Touren, Tickets u.Ä. nur zum vollen Preis plus einem Zuschlag für den Concierge vergeben. Z.B. kostet dann ein durchschnittliches Broadway-Theaterticket ab $ 70, welches Sie in der Nebensaison an der Halbpreis-Bude am Times Square für $ 25 erhalten würden. Um sich die Lauferei zu ersparen, rate ich aber dazu, beim Concierge die Rückfahrt zum Flughafen in einem Shuttlebus zu buchen. Die paar Dollar mehr lohnen den Aufwand des eigenen Suchens nicht.

D

⇨ **Devisen**

Die Ein- und Ausfuhr von fremden Währungen und der US-Währung sind unbeschränkt möglich. Allerdings müssen bei der Ein- und Ausreise alle Zahlungsmittel (Bargeld, Schecks u.Ä.), die einen Gegenwert von mehr als 10.000 US$ haben, deklariert werden.

E

⇨ **Einkaufen**

Es gibt genügend Interessantes aus New York mitzubringen. Viele von Ihnen wollen den Besuch des Big Apple mit Sicherheit auch mit einem Shopping-Erlebnis verbinden. Daher habe ich Ihnen zwei Spezialkapitel für den bevorstehenden Kaufrausch vorbereitet. Lesen Sie bitte dort mehr.

Amerikanische Größen finden Sie unter Stichwort „Maßeinheiten".

> **Hinweis**
> Beachten Sie, dass in den USA eine Verkaufs- und Mehrwertsteuer (Salestax) auf die Warenpreise aufgeschlagen wird. Diese variiert von Bundesstaat zu Bundesstaat und liegt in New York zurzeit bei 8,325 %. Diese Tax ist auf den ausgeschilderten Preisen noch nicht ausgewiesen. Speziell in New York werden Kleidung und Schuhe, deren Einzelpreis

unter $ 110 liegt, zeitweise von dieser Steuer befreit (meistens ein bis zwei Wochen im Sommer, seltener ein bis zwei Wochen im Winter).

⇨ Einreise

Als Teil des Programms für visumfreies Reisen (Visa Waiver Program) gilt seit Januar 2009 für die Einreise in die USA das *Electronic System for Travel Authorization (ESTA)*. Deutsche, österreichische und Schweizer Staatsangehörige, deren Aufenthalt im Rahmen eines Besuches erfolgt und 90 Tage nicht überschreitet, benötigen eine Genehmigung für die Einreise in die USA über das elektronische Reisegenehmigungssystem.

Die Genehmigung für jeden Reisenden, auch allein- oder mitreisende Kinder, muss spätestens 72 Stunden von der Abreise beantragt werden. Dafür müssen sich Reisende über das Web-basierte ESTA einloggen und online einen Antrag mit ihren persönlichen Daten ausfüllen. Eine erteilte Genehmigung gilt bis zu zwei Jahren. Die Internetseite www.usa-esta.de informiert über die elektronische Registrierung zur Einreise in die USA. Neben dem direkten Link zum ESTA-Formular auf der Internetseite des US-amerikanischen Ministeriums für innere Sicherheit gibt es hier zusätzliche Informationen zum Reisen in den USA

Hinweis
Aufgrund der wechselnden Einreisebestimmungen in die USA sollten Sie sich die neuesten Informationen über das Internet (www.germany.usembassy.gov, www.usembassy.aut, www.bern.usembassy.gov, www.auswaertiges-amt.de) einholen oder wenden Sie sich an das Konsulat oder Ihr Reisebüro.

Sie müssen ein gültiges Rückflugticket besitzen und der maschinenlesbare bordeauxrote Reisepass muss noch mindestens bis zum Ende der Reise gültig sein. Neu ausgestellte Reisepässe müssen den letzten Bestimmungen der elektronischen Lesbarkeit entsprechen. Kinder können nur mit einem Kinderreisepass (mit Foto) einreisen, wenn der vor Oktober 2006 ausgestellt wurde und keine Verlängerung beantragt wurde. Achtung: Es ist ratsam auch für Kinder unter 12 Jahren einen maschinenlesbaren Reisepass rechtzeitig zu beantragen. Ein Kinderpass bzw. ein Eintrag bei den Eltern wird nicht akzeptiert!

> **!!! Achtung**
> *Auch Kinder unter 12 Jahren benötigen einen maschinenlesbaren Reisepass (der weinrote Pass in Deutschland). Ein Kinderpass bzw. ein Eintrag bei den Eltern wird nicht akzeptiert!*

Über Ihre endgültige Einreise und Aufenthaltsdauer wird allerdings erst bei Ankunft am Flughafen entschieden. Bei Ablehnung muss der Rückflug umgehend auf eigene Kosten erfolgen. Es gibt eine Reihe von Ablehnungsgründen, wie z.B. politisch unerwünschte Personen, gesundheitliche Gründe oder aber auch nur „unzureichende finanzielle Mittel". Der Reisepass jedes Reisenden wird bei der Einreise eingescannt. Außerdem wird ein digitaler Abdruck der Finger gescannt und ein digitales Porträtfoto erstellt.

7. Allgemeine Reisetipps von A–Z

⇨ **Eisenbahn (überregional)**

Lange Jahre haben die Amerikaner ihre Eisenbahn „vergessen". Autos, Busse und Flugzeuge galten als die attraktiveren Verkehrsmittel. Doch nachdem sich die verschiedenen Eisenbahngesellschaften Anfang der 70er Jahre zur „AMTRAK" zusammengeschlossen haben, steigt die Zahl der Bahnreisenden wieder an.

Die AMTRAK bietet verschiedene Langstreckenverbindungen an (z.B. den teuren, aber flotten **„Acela"**, der mit bis zu 240 km/h zwischen Washington, New York und Boston pendelt), wobei für den europäischen Touristen auch hier, wie bei den Bussen, besonders preisgünstige 15- bzw. 30-Tage-Tickets angeboten werden.

> **Hinweis**
> Zu den lokalen Zugverbindungen lesen Sie bitte unter Stichwort „Öffentliche Verkehrsmittel".

Die preisgünstigen Pässe unterscheiden sich bzgl. Geltungszeit und -raum, sie gelten im Coach (Sitzwagen) und kosten je nach Saison (HS: Ende Mai–Anfang Sept. und Mitte Dez.–Anfang Jan.) unterschiedlich viel:

Der USA Rail Pass kostet (Stand 2010) für
   15 Tage/8 Abschnitte $ 389/ca. 290 €
   30 Tage/12 Abschnitte $ 579/ca. 431 €
   45 Tage/18 Abschnitte $ 749/ca. 557 €

ⓘ Informationen
Amtrak (www.amtrak.railagent.com) wird in Deutschland vertreten durch die Firma CRD International, Stadthausbrücke 1–3, 20355 Hamburg, www.crd.de/amtrak/bahnpaesse.php bzw. Amtrak-Hotline 040-300-616-23.

Bahnpässe gibt es auch bei
- Flug- und Reiseservice Hageloch & Henes, Reutlingen, www.buspass.de
- Meso-Reisen, Berlin, www.meso-berlin.de.

Hinweise
• Die teurere **Hochsaison** ist vom 1. Juni bis zum 1. September
• Sie können bei Nutzung der Railpässe unterwegs an beliebigen Bahnhöfen aussteigen und mit einem später folgenden Zug weiterreisen.
• Hingewiesen sei auf die Tatsache, dass die Züge länger brauchen als die Busse. Dafür reist man aber ausgesprochen komfortabel.
• Zugfahren ist aber immer teurer als die gleiche Strecke mit dem Bus zurückzulegen.

Es gibt zwei wichtige Bahnhöfe in New York:
- **Penn Station:** 33rd zw. 7th und 8th Aves. Hier fahren alle AMTRAK-Züge (Infos: Tel.: (212) 582-6875) ab sowie die „Metroliner" und „Acelas", die New York mit Washington D.C. und Princeton, N.J. verbinden. Die „Long Island Rail Road" (LIRR, Infos: Tel.: (718) 217-5477, www.mta.info/lirr) verkehrt ununterbrochen nach Long Island (Brooklyn, Queens) und auch weit hinaus in die Vororte.
- **Grand Central Terminal:** Park Ave. an der 42nd St., Tel.: (212) 935-3960. Hier fahren nur noch Züge ab in die nördlichen Vororte und nach Connecticut. Die Eisenbahngesellschaft ist: **Metro North** (Infos: Tel.: (212) 532-4900 und über www.mta.nyc.ny.us).

PATH: Die Schnellbahn nach Hoboken, Jersey City und Newark hat folgende Haltepunkte in Manhattan: ehem. World Trade Center, Christopher/9th Streets und entlang der 6th Ave. (14th, 23rd sowie 33rd Sts.). Infos: 1-800-PATH-CALL, www.panynj.gov/path.

⇨ **Ermäßigungen**

Siehe unter Stichwort „Preisnachlässe"

⇨ **Essen gehen**

Einiges Wissenswerte:
- Anders als in Europa, **verweilt man nicht „ewig"** in einem Restaurant.
- Schon beim Eintritt in ein Restaurant fallen Unterschiede auf: Sie müssen warten, bis man Ihnen **einen Platz zuweist** („wait to be seated").
- Für **Raucher** (Smoking) ist in New Yorks Essenskultur kein Platz mehr. Es ist verboten (siehe Stichwort „Rauchen").
- Die Amerikaner essen zwar auch mit Messer und Gabel, schneiden aber zuerst ihr Fleisch klein, damit sie sich hinterher **nur noch mit der Gabel begnügen** müssen.
- Der **Kaffee ist oft immer noch sehr dünn**, wird aber kostenlos nachgeschenkt. Die Qualität des dunklen Getränks nimmt aber in NY deutlich zu. In den Coffeehouses kann man hier auch „extra-strong" bestellen.
- Das **Trinkgeld** ist wichtig, auch in Pubs. 15 % müssen Sie geben, da die Bezahlung der Kellner sehr niedrig ist und es grundsätzlich erwartet wird, dass man Trinkgeld gibt. Zahlen Sie mit einer Kreditkarte, befindet sich eine Extraspalte für das Trinkgeld auf dem Kreditkartenbeleg, in den Sie die von Ihnen gewählte Summe eintragen. In Restaurants, in denen Sie am Ausgang an der Kasse zahlen, lassen Sie das Trinkgeld für den Kellner gesondert auf dem Tisch liegen.
- Die **Portionen sind häufig sehr groß**. Achten Sie am besten beim Betreten des Restaurants schon darauf, ansonsten wird Ihnen bereits beim Auftischen der Appetit verdorben.
- **Lunch** (Mittagessen) kann man auch in den Pubs erhalten (Publunch). Häufig funktioniert das auch folgendermaßen: Der Pub hat sich mit einem nahen Restaurant zusammengetan, und Sie bestellen telefonisch vom Pub aus Ihr Essen, das dann schnell gebracht wird.
- Sehr attraktiv ist der **Brunch** (**BR**eakfast/**LUNCH**), welchen viele Restaurants

> **Hinweis**
>
> *Mehr zum Thema Küche und Getränke lesen Sie bitte auf S. 80ff.*

am Wochenende anbieten. Brunch gibt es zwischen 10h und 14h (oft auch 16h), und man kann zu einem Pauschalpreis zwischen den unterschiedlichsten warmen und kalten Gerichten wählen.
- **Alkohol** darf erst ab 12h mittags ausgeschenkt werden.
- „**Early Bird Dinners**" werden häufig nachmittags zwischen 16h und 19h angeboten. Dabei essen Sie z.T. zum halben Preis. Alternativ bietet die „**Happy Hour**" (ca. 16h bis 18h – variiert) in Pubs und Bars eine gute Gelegenheit, günstiger zu trinken. Oft heißt es „two for one", d.h. Sie bekommen 2 Getränke für den Preis von einem.

Die Kaffeekultur bietet mittlerweile Abwechslung

F

⇨ **Fahrrad fahren**

Kaum zu glauben, aber mittlerweile beherrschen Fahrradfahrer maßgeblich das Bild von Manhattans Straßen. I.d.R. sind es Kuriere, Polizisten und Fanatiker, die den „Kick" suchen. Bei dem hohen Verkehrsaufkommen in den Straßenschluchten des Big Apple kein Wunder. Mit dem Fahrrad ist man schneller.

> **Hinweis**
> Lesen Sie hierzu auch unter Stichwort „Sport treiben", S. 291ff.

Ob Sie sich nun aber als Anfänger in dieses Gewirr stürzen müssen, überlasse ich Ihnen. Übung und ein gutes Auge für die rücksichtslosen Autofahrer gehören allemal dazu.

Es gibt in den USA mittlerweile eine Reihe von Organisationen, Herstellern, Clubs und Vereinen, die Infos und Material zur Verfügung stellen. So z.B.:
- **National Center for Bicycling & Walking**: 1506 21st St. NW, Suite 200, Washington D.C. 20036, Tel.: (202) 463-6622, Fax: (202) 463-6625, *www.bikewalk.org*.

⇨ **Feiertage**

Gesetzliche Feiertage

1. Januar	New Year's Day (Neujahr)
1. Januar	New Year's Day (Neujahr)
3. Montag im Januar	Martin Luther King Day
	(nicht in allen Staaten, aber in NY)
3. Montag im Februar	George Washington's Birthday (President's Day)
Letzter Montag im Mai	Memorial Day (Heldengedenktag)

7. Allgemeine Reisetipps von A–Z

4. Juli	Independence Day (Unabhängigkeitstag)
1. Montag im September	Labor Day (Tag der Arbeit)
2. Montag im Oktober	Columbus Day
4. Montag im Okt. oder 11. Nov.	Veteran's Day (Soldatengedenktag)
Letzter Donnerstag im Nov.	Thanksgiving Day (Erntedankfest)
25. Dezember	Weihnachten

Folgende Feiertage gibt es also nicht: Karfreitag, Ostermontag, 2. Weihnachtstag

Feiertage werden in den USA immer „gefeiert". D.h., wenn ein Feiertag auf ein Wochenende fällt, wird dieser am Montag „nachgeholt". An diesen gesetzlichen Feiertagen sind viele Geschäfte sowie einige wenige Restaurants und Sehenswürdigkeiten geschlossen. Erkundigen Sie sich vorher nach dem Stand der Dinge.

> **Hinweis**
>
> *Zu den **Paraden**, einem beliebten Spektakel in New York, lesen Sie bitte unter Stichwort „Veranstaltungen/Feste/Paraden".*

⇨ **Fernsehen**

Es gibt in den USA an die 900 kommerzielle und um 300 Bildungssender, von denen in New York über Kabel bis zu 80 zu empfangen sind. Die Vielfalt scheint also enorm. Meistens handelt es sich aber um Berieselungsprogramme, gespickt mit Unmengen von Werbespots. Mit etwas Glück finden Sie aber auch anspruchsvollere Sender dazwischen.
New York hat, wie alle großen Städte der USA, einen Touristensender, der schon mal ansprechende und informative Programme bietet. Diesen Touristensender können Sie aber in der Regel nur in großen Hotels über Dekoder erreichen.

Die großen, überregionalen Sender sind: **ABC**, **CBS** und **NBC**. **PBS** (Public Broadcasting Service) bietet auch anspruchsvollere Sendungen, kann aber nicht überall empfangen werden. Größere Hotels sind auch an ein Kabelnetz angeschlossen, bei dem Sie für $7-10 einen Spielfilm Ihrer Wahl (ohne Werbung) sehen können („Pay-TV"). Sie programmieren Ihren Fernseher im Zimmer nur mit dem entsprechenden Code und zahlen zusammen mit Ihrer Hotelrechnung. Spielfilme ohne Werbung bietet auch der Sender **HBO**, den eine Vielzahl von Hotels kostenlos anbietet.

Wer sich um Nachrichtensendungen bemüht, sollte den Wunsch nach informativer Berichterstattung schnell fallen lassen. Die Aussage eines CBS Nachrichten-Managers macht deutlich, warum: „They have got us putting more fuzz and wuzz on the air, cop-shop stuff, so as to compete not with other news programs but with entertainment programs – including those posing as news programs – for dead bodies, mayhem and lurid tales". Der Nachrichtensender **CNN** sendet zwar Infos rund um die Uhr, dabei gehören aber, anders als in unserem CNN-Programm, Informationen zu Popstars, über Sportergebnisse und regionale Ereignisse häufig zum entscheidenden Rahmenprogramm.

New York im Speziellen erfreut sich immer mehr der Beliebtheit beim TV-Publikum. Pro Jahr werden hier an die 200 Filme gedreht, dazu kommen Hunderte von Werbespots, zahlreiche Serien (u.a. waren und sind dieses „Law and Order", „Friends", „Love & War", „NYPD Blue", „New York Undercover", „CSI New York") sowie Shows wie z.B. die „David Letterman Late Night Show", die nicht mehr aus der Stadt wegzudenken ist.

Die bekanntesten regionalen Sender in New York sind:
- **WCBS:** 51 W. 52nd St. Sendet Mo–Fr (meist 23h30) auf Channel 2 die bekannte „David Letterman Late Show".
- **WNBC:** 30 Rockefeller Plaza.

⇨ **Fotografieren**

Speicherkarten und Akkus für Digitalkameras sind in Fotoläden, Elektronikshops und mittlerweile auch in Fotoabteilungen von Drugstores und Supermärkten zu bekommen. Dort gibt es häufig auch digitale Druckservices, photo kiosks. Mitgebrachte Ladegeräte müssen „reisetauglich" sein, d.h. der anderen Spannung angepasst werden können, zudem ist ein Adapter für die anderen Steckdosen nötig, gleiches gilt für ein evtl. mitgebrachtes Kartenlesegerät.

Kleinbildfilme – vor allem der Firma Kodak – sind ebenso wie Wegwerfkameras einfach in jedem Supermarkt, Drugstore oder Souvenirladen erhältlich, und preiswerter Entwicklungs-Schnellservice steht zur Verfügung.

In Museen und manchen anderen Sehenswürdigkeiten sowie im Umkreis von militärischen Anlagen ist Fotografieren verboten bzw. nur zu Privatzwecken erlaubt, ohne Blitz und Stativ. Bei Personenaufnahmen ist Respekt oberstes Gebot (ggf. vorher Fotografiererlaubnis einholen).

Kameras und Zubehör sind in den USA preiswerter als hierzulande, beim Kauf ist allerdings zu prüfen, ob die Garantie weltweit gilt und ob die Stromspannung von Netzgerät und sonstigem Zubehör passen bzw. angepasst werden können. Zum annoncierten Preis addiert werden muss meistens noch die Steuer, außerdem u.U. Zoll am deutschen Einreiseflughafen.

Tipps
- *Die Straßenschluchten sind eng. Vergessen Sie auf keinen Fall Ihr Weitwinkelobjektiv.*
- *Ebenfalls sollten Sie bedenken, dass in den Straßenschluchten weniger Licht herrscht und Gebäude im Lichtschatten stehen können. Oft macht man beim Fotografieren dann einen ganz „typischen" Fehler: Man fokussiert ein Hochhaus an, und der Lichtmesser des Fotoapparates errechnet die Blende/Belichtungszeit. Dabei misst der Apparat aber das gesamte Bild aus und errechnet den Mittelwert. Resultat ist dann, dass das Gebäude im Mittelpunkt zu dunkel belichtet wird auf Ihrem Bild. Bedenken Sie das. Schalten Sie ggf. die automatische Messung aus und belichten Sie um eine Blende zu hoch oder schalten Sie bei besseren Apparaten auf „zentrierte Belichtungsmessung".*

⇨ **Fremdenverkehrsämter/Touristeninformation**

New York unterhält kein spezielles Fremdenverkehrsamt in Mitteleuropa, nur in England (Tel.: 044-171-481-8909). Dafür aber informiert eine Marketingfirma in Deutschland über „Grundlegendes": **News Plus/New York City CVB**: Sonnenstr. 9, 80331 München, Tel.: (089) 2366 2139, Internet: *www.nycvisit.com* bzw. in Deutsch: *www.newyork.de*.

7. Allgemeine Reisetipps von A–Z

Touristeninformationen in New York:

- **New York Convention & Visitors Bureau/Visitor Information Center (VIC):** 810 Seventh Avenue (53rd Street, *Midtown*, New York, Tel.: (212) 484-1222 (international) o. 1-800-NYC-VISIT (vor Ort), Fax: (212) 245-5943, *www.nycvisit.de*. Hier erhalten Sie Karten, kleine Reiseführer und haufenweise Prospekte von Veranstaltern. Es wird auch deutsch gesprochen. Geöffnet: Mo–Fr 8h30–18h, Sa + So 9h–17h. Außerdem: Rund um die Uhr erhalten Sie hier, gebührenfrei, Informationen zu Veranstaltungen u.Ä.: 1-800-692-8474.
- **City Hall Park Visitor Information Kiosk:** Broadway, Höhe Park Row. Kleiner Kiosk mit vorwiegend Infos zur Südspitze von Manhattan (aber auch Infos zu anderen Teilen der Stadt). Tägl. 8h–20h.
- **Times Square Information Center:** 1560 Broadway (zw. 46th u. 47th Sts.). Info-Center, wo Sie neben NY-Infos und Discount-Coupons vor allem zur Region um den Times Square Broschüren erhalten. Das ist wichtig, da sich hier in den nächsten Jahren sehr viel sehr schnell ändern wird. U.a. gibt es auch Informationen zu verbilligten Broadway-Tickets. Zudem wird damit geworben, dass es eine deutschsprachige Ansprechperson gibt! Geöffnet: tägl. 8h–18h.
- **Harlem Visitor Information Kiosk:** Adam Clayton State Office Bldg., 163 W. 125th St., Ecke Clayton Powell Jr. Blvd. Mo–Fr 9h–18h, Sa+So 10h–18h.
- An den drei **Flughäfen** gibt es ebenfalls Info-Center (an den Gepäckausgaben), doch sind diese vornehmlich auf Verkehrsmittel in die Stadt und Hotels spezialisiert.
- **The Bronx Tourism Council:** 880 River Ave., Suite 2, Tel.: (718) 590-3518, *www.ilovethebronx.com*. Hier erhalten Sie neben Informationen auch Discount-Coupons für einige Sehenswürdigkeiten in der Bronx.
- **Bronx Council of the Arts:** 1738 Hone Ave., Bronx, NY 10461-1486, Tel.: (718) 931-9500, Fax: (718) 409-6445, *www.bronxarts.com*. Infos zum Thema kulturelle Events in der Bronx und auch Buchung von Veranstaltungen in der Bronx.
- **Brooklyn Information & Culture/BRIC:** 647 Fulton St., Brooklyn, NY, Tel.: (718) 855-7882, Internet: *http://brooklyn.about.com* bzw. *www.brooklyn.net*. Infos zu Brooklyn. Eine peppigere Internetseite zu Brooklyn ist: *www.hellobrooklyn.com*.
- **Brooklyn Arts Council/Downtown Cultural Center:** 195 Cadman Plaza West, Brooklyn, NY 11201, Tel.: (718) 625-3294, *www.brooklynartscouncil.org*. Infos zum Thema kulturelle Events in Brooklyn.
- **Brooklyn Tourism & Visitors Center:** In der Borough Hall, 209 Joralemon St., Downtown-Brooklyn, Tel.: (718) 802-3846, Internet: *www.brooklyntourism.org*. Geöffnet: Mo-Fr, zw. Memorial Day und Labor Day auch Samstag.
- **Queens Council of the Arts:** 1 Forest Park, Woodhaven, Queens, NY 11421-1166, Tel.: (718) 647-3377, *www.queenscouncilarts.org*. Infos zum Thema kulturelle Events in Queens.
- **Staten Island Tourism Council:** Hat zurzeit kein Büro für die Öffentlichkeit. Infos erhalten Sie aber über Tel.: (718) 816-2000 oder *www.statenislandusa.com*.
- **Chinese Information Center:** 1230 Ave. of the Americas (6th Ave.), zw. 48th u. 49th Sts., *Midtown*, New York, NY 10020-1579, Tel.: (212) 373-1800. Infos über das chinesische Kulturprogramm, wobei dieses Institut von Taiwan-Chinesen geleitet und finanziert wird.

7. Allgemeine Reisetipps von A–Z

📄 Und noch zwei Tipps
- Eine sehr ausführliche, wenn auch anstrengend zu lesende Internetseite zu New York ist: www.allny.com. Hier finden Sie sogar ein Telefonbuch.
- Seit einiger Zeit werden immer mehr Telefonzellen mit Internetanschlüssen ausgestattet. Dabei können Sie dort kostenlos im Internet touristische Webseiten abrufen. Für die private Nutzung in Form von E-Mails schicken und andere Seiten anschauen müssen Sie aber bezahlen.

⇨ Führerschein

In der Regel genügt in den USA der nationale Führerschein, obwohl die eine oder andere kleine Mietwagenfirma auch den internationalen Führerschein verlangt. **Der internationale Führerschein reicht aber nicht alleine**, besonders nicht zum Mieten von Fahrzeugen (siehe „Autoverleih").

⇨ Fundbüro/Lost & Found

Sollte Ihnen etwas gestohlen worden sein bzw. haben Sie etwas verloren, wenden Sie sich zuerst an die nächste **Polizeidienststelle des Gebietes, wo die Sachen abhanden gekommen sind** (nicht die Ihres Hotels!). Zumeist erhalten Sie dort dann eine Nummer, anhand derer Ihre verloren gegangenen Sachen – bei Auffinden – von der Polizei registriert werden.

Nach 48 Stunden werden die Sachen dann an einer der beiden folgenden Polizeistationen gebracht, wo Sie sie abholen können:
17th Precinct, 167 East 51 St., Tel.: (212) 826-3211, oder 21st Precinct, Central Park, 86th St./ Transverse Rd, Tel.: (212) 570-4820.

Für verloren gegangene/vergessene Sachen
- in der **Subway/Bus**: Tel.: (212) 712-4500,
- auf dem **JFK-Airport**: Tel.: (718) 244-4444 oder Ihre Airline,
- auf dem **LaGuardia Airport**: Tel.: (718) 533-3400 oder Ihre Airline,
- auf dem **Newark Airport**: Tel.: (973) 961-6230 oder Ihre Airline,
- in einem **Taxi**: Tel.: (212) 692-8294.

Außerdem gibt es in jedem Gepäckausgabebereich der Flughafenterminals einen Schalter für vermisstes Fluggepäck.

Traveler's Aid
Zudem gibt es in New York ein Büro, das sich auf besondere Hilfe für Reisende eingestellt hat. Hier werden Sie in vielen Dingen beraten (Diebstahl, Überfall, Misshandlung, Unfall, Krankheit, kein Geld). Das Hauptbüro ist:
- **Traveler's Aid:** The Port Authority Bus Terminal North Wing 625 8th Avenue 2nd Floor New York. Tel: (212) 944-0013. Mo–Fr 8h–19h. Außerdem werden Büros unterhalten am John F. Kennedy Airport (Tel.: (718) 656-4870) und am Newark Airport (Tel.: (973) 623-5052).

G

⇨ **Geld/Zahlungsmittel**

Folgende **Banknoten** sind zurzeit im Umlauf: 1, 2, 5, 10, 20, 50, 100, 500 und 1.000 US$ (2-, 500- und 1.000-$-Scheine werden Sie aber kaum zu sehen bekommen). Sie werden wegen ihrer Farbe „Greenbacks" genannt. Da sie alle gleich groß sind, dieselbe Farbe aufweisen und sich nur durch den Aufdruck verschiedener Persönlichkeiten des (vergangenen) politischen Lebens unterscheiden, kann es leicht mal passieren, dass Sie mit dem falschen Schein bezahlen. Vergewissern Sie sich also vorher, ob Sie den richtigen Schein weggeben. Als Münzen gibt es: 1 Cent (Penny), 5 Cent (Nickel), 10 Cent (Dime), 25 Cent (Quarter), 50 Cent (half Dollar) und 1 US$. Die letzten beiden sind aber sehr selten. Am gängigsten bei den Noten sind die 1-, 5-, 10- und 20-Dollar-Scheine.

In den USA ist es üblich, vieles mit Kreditkarten zu bezahlen. D.h. Beträge über ca. $25 werden gerne mit Plastikgeld bezahlt. Darunter noch mit cash. Das hat aber auch zur Folge, dass es bereits Probleme gibt, wenn Sie mit einer 50-Dollar-Note bar bezahlen wollen. Häufig gibt es kein Wechselgeld. Außerdem sind eine Reihe falscher 50er und 100er im Umlauf, vor denen sich viele Ladenbesitzer schützen wollen. Also lassen Sie sich beim Geldtauschen nicht zu viele große Scheine geben.

Ohne Kreditkarte geht es in den USA nicht mehr! Hotels und Mietwagenfirmen nehmen teilweise kein Bargeld mehr oder lassen Sie beim Einchecken eine größere Summe hinterlegen als Garantie. Die fast überall akzeptierten Kreditkarten sind: Mastercard (ist in jeder Eurocard integriert), Visa, American Express und Diners, wobei die letzten beiden oft nicht genommen werden. Besonders American Express wird von einigen Ladenbesitzern aufgrund ihrer hohen Gebühren für das Geschäft boykottiert.

Sie können sich Geld an fast allen Geldautomaten (ATMs) auch mit Ihrer heimischen **Bankcard** (ehem. Eurochequekarte) auszahlen lassen. Der Geldautomat muss dafür das Cirrus/Maestro-Zeichen anführen.

Ratsam für eine Aufteilung Ihrer Reisekasse wäre es somit, etwas amerikanisches Bargeld für die ersten Tage mitzunehmen (ca. $ 100–200 pro Person), evtl. einen Teil in Reiseschecks, die Bankcard und zwei Kreditkarten dabeizuhaben. Europäische Währungen können Sie zwar als Notreserve auch noch mitnehmen, aber es kann Ihnen passieren, dass die Umtauschkurse in den USA schlechter bzw. die Gebühren hoch sind. Außerdem müssen Sie dann die Bankzeiten einhalten und nicht alle Banken sind auf das Geldwechseln eingestellt.

Notrufnummern bei Verlust der Kreditkarte/Reiseschecks:
- **Mastercard/Eurocard:** 1-800-622-7747 od. 001-3142 756690
- **Visa:** 1-800-847-2911 od. 001-410 5813836
- **American Express:** 1-800-441-0519 od. +49-69-9797 1000
- **Diners Club:** 1-800-234-6377 od. +49-69-6616 6123

Beim Kauf Ihrer Reiseschecks sollten Sie aber auch auf die Vermerke und Telefonnummern achten, die Ihnen dabei mitgegeben werden.

⇨ **Geschäfte**

Es gibt kein Ladenschlussgesetz in den USA, und New York „schläft nie". Somit sind viele Geschäfte von 9h bis 21h geöffnet (allemal aber bis 18h und vielfach auch bis 23h). Größere Supermärkte und viele Delis haben auch schon mal bis 24h oder rund um die Uhr geöffnet. Auch an Sonntagen hat eine Reihe von Geschäften geöffnet, besonders die Delis, Mini-Markets und Kioske.

⇨ **Gesundheit**

Impfungen sind für die Einreise in die USA nicht vorgeschrieben. Trotzdem sollten Sie sich über folgende Punkte im Klaren sein:
• Der **Zeitunterschied** macht einem doch zu schaffen, wobei der Rückflug sich da noch gravierender

New York schläft nie

auswirkt. Bedenken Sie den Zeitunterschied vor allem dann, wenn Sie regelmäßig Medizin einnehmen müssen und fragen Sie Ihren Arzt vorher, wie Sie das ausgleichen sollen.
• **Das Klima ist in New York im Sommer z.T. sehr heiß, und die Sonne brennt**. Sonnenschutzcreme ist nur fürs Gesicht bzw. diejenigen vonnöten, die Strände bzw. Parks zum Sonnen aufsuchen. Dabei haben sollten Sie aber allemal einen Hut.
• **Im Winter** ist es dagegen ziemlich kalt, wobei sich die hohe Luftfeuchtigkeit und der böige Wind in den Straßenschluchten zusätzlich negativ bemerkbar machen („Wind-Chill-Factor"). Zwischen November und Anfang April kann man daher nur zu Windjacke, Pullover, Schal, Mütze und Ohrenschutz im Reisegepäck raten.
• **Arzt- und Krankenhausbesuche** sind in den USA nicht ganz billig und müssen an Ort und Stelle bezahlt werden. Schließen Sie also vorher eine **Reisekrankenversicherung** ab und achten Sie dabei auch darauf, dass sie die höheren amerikanischen Kosten vollständig abdeckt und für alle Fälle eine Rücktransportversicherung eingeschlossen ist. Oft sind diese Reisekrankenversicherungen in Ihrem Kreditkartenkontrakt enthalten. Prüfen Sie das und deren Bedingungen.

> **Hinweis**
>
> *Wichtige Telefonnummern zu Krankenhäusern etc. entnehmen Sie bitte dem Stichwort „Krankenhäuser", Adressen von deutschsprachigen Ärzten dem Stichwort „Ärzte".*

• **Langzeitreisende** sollten bei den Reisekrankenversicherungen auch folgendes beachten: Oft gelten diese Versicherungen – selbst wenn sie für ein Jahr ausgeschrieben sind, nur für eine begrenzte Reisedauer (z.B.: ein zusammenhängender Urlaub darf nicht länger als 4 Wochen dauern). Der ADAC, wenn auch nicht ganz billig, bietet Langzeit-Versicherungen an.
• **Apotheken** befinden sich **in** den Drugstores und nennen sich „Pharmacies". Hier erhalten Sie problemlos alle harmlosen Medikamente ohne Rezept. Es gibt dazu auch einfache Drugstores (Drogerien), die die nötigsten, einfachen Medikamente führen (gegen Fieber, Grippe, Sodbrennen etc.). Viele Supermärkte und Kaufhäuser führen diese Medikamente auch.

- Die **Rezeptpflicht** wird sehr streng gehandhabt. Nehmen Sie am besten Ihre Medikamente bereits von zu Hause mit. Für die Einfuhr benötigen Sie aber eine ärztliche Verordnung in englischer Sprache. Diese kann auch helfen bei evtl. Arztbesuchen.

⇨ **Impfungen**

Siehe unter Stichwort „Gesundheit"

⇨ **Informationen**

Siehe unter Stichwort „Fremdenverkehrsämter"

⇨ **Internet**

- **Informationen aller Art**

www.citysearchnyc.com: Übersichtlich gestaltet. Infos zu allen Themen (Restaurants, Hotels, Livemusik, Galerien etc.). Gut, um kurz vor der Abreise noch einmal zu schauen, ob nicht gerade etwas ganz Besonderes ansteht. Auch gut geeignet, um nach Hotels zu suchen.

www.cityguideny.com: Wer bereits einmal in New York gewesen ist, sollte hier kurz vor seiner Abreise einmal reinschauen. Hier befindet sich dieses ansonsten wöchentlich erscheinende Magazin übersichtlich im Internet. Eine interessante Coverstory, ausgewählte Veranstaltungen der Woche, Einkaufstipps, die aktuelle Liste der Raucherrestaurants uvm. Nicht vollständig (geht auch gar nicht in NY), da nur bezahlende Kunden auftauchen, trotzdem aber unbedingt das Einklicken wert.

www.weather.com: Aktueller Wetterbericht. Gut, um sich kurz vor der Reise über die mitzubringende Kleidung zu informieren. Vorhersage für die nächsten 4 Tage.

www.ci.nyc.ny.us/: Webseite der Stadtverwaltung. Hier können Sie dem Bürgermeister ein Briefchen mailen, sich über die Entwicklungen am Times Square informieren, Stadtteil-, U-Bahn-, Fahrradrouten- und andere Karten aufrufen, alte New York Bilder anschauen u.v.m. Für einige mag es auch von Interesse sein, wie man sich **kostenlos** an der jährlich stattfindenden „Green-Card-Lottery" beteiligen kann. Es geht! Ein interessanter Zeitvertreib für Internetfans.

www.census.gov: Webseite der Statistischen Ämter in den USA. Hier können Sie auch nachschauen unter New York. Die Suche ist aber ausgesprochen umständlich, da nahezu alle statistisch erfassten Daten der USA „irgendwo" versteckt sind.

> **Hinweis**
>
> *Hier ist nur sind nur einige Webseiten genannt, die nicht an anderer, passender Stelle im Buch erscheinen. Die wichtigsten Internetadressen zu bestimmten Themen finden Sie jeweils unter dem Stichwort.*

- **Shopping/Galerien**

www.artincontext.com: Die Adresse für Kunstliebhaber, Galeriebesucher und Museumsgänger. Alle Museen sowie viele Galerien und Ausstellungen von New York werden hier kurz vorgestellt (geographisch nach Stadtteilen gegliedert), und – falls vorhanden – können deren Homepages angeklickt werden.

www.allny.com/antique.html: Adressenliste nahezu aller Antiquitätenhändler (und Trödler) in New York. Leider meist ohne weitere Erläuterungen. Nur die Homepages der größeren Auktionshäuser und Händler können hier über Links angeklickt werden.

www.samplesale.com: Wer Internetfan, Shoppingfanatiker, Markenkenner und New York-Liebhaber zugleich ist, wird mit dieser Internetseite Spaß haben und sehr gute Tipps herausholen. Markengeschäfte, Designer, günstige Outletmalls u.v.m. „verstecken" sich hier unter den einzelnen Links. New York-Erstlinge und weniger Markenbewusste sollten sich aber nicht lange damit aufhalten.

- **Tickets buchen**

Hinweis
Buchung von Tickets online ist eine sinnvolle Sache in Bezug auf die Vorausplanung Ihres New York-Aufenthaltes. Aber: Die Tickets via Internet sind i.d.R. zwar günstiger als über den Concierge des Hotels, jedoch immer teurer als die Last-Minute- bzw. günstigen Tickets an den Spezialpreisschaltern. Mein Tipp: Sind Sie nur 4 Tage in NY und wollen in nur eine bestimmte Show, dann gehen Sie übers Internet. Sie sparen Zeit und können sich Ihres Tickets sicher sein. Ansonsten würde ich in NY nach einem Bargain suchen.

www.intercharge.com: Auskünfte und Bestellung von Tickets für Veranstaltungen in New York, wie z.B. Musicals und Sportereignisse. Außerdem werden „Packages" angeboten (z.B. Hotel, Musical und Rundfahrten). Für beides müssen Sie sich aber vorher registrieren lassen, wozu Ihre Kreditkarte als Zahlungsgarantie benötigt wird.

www.ticketmaster.com: Etwas umständliche, dafür (wenn man's kann) sehr nützliche Adresse, um Tickets für die unterschiedlichsten Veranstaltungen (Musicals, Sport, Musik) in NY zu bekommen. Informationen reichen oft bis hin zu Sitzplatzanordnungen der einzelnen Shows. Gut ist auch das Angebot von Sonderpreisen gleich am Anfang. Es wird bei dieser Adresse aber mehr Wert auf Livemusik und Sport gelegt als auf Musicals. Letztere findet man hier erst nach langem Suchen.

- **Speziell: Livemusik/Restaurants/Cafés/Pubs/Hotels**

www.nycbeer.org: Bierfreunde können hier nach Ihrem Lieblingspub suchen. Alle wesentlichen Pubs, Tavernen und Microbreweries sind hier aufgelistet und werden kurz vorgestellt. Dazu gibt es zu jeder Location einen extra aufzurufenden Stadtplan.

www.villagevoice.com: Webseite des gleichnamigen Stadtmagazins. Im Grunde gut, doch nur für New York-Kenner geeignet, da die meisten Veranstaltungstipps nach Veranstaltungsorten und Interpretennamen gelistet sind, nicht nach Art der Musik etc. Man muss also vorher wissen, bei welchem Lokal bzw. Musiker man „reinschauen" möchte.

www.nyhabitat.com: Wohnungen, Apartments und Bed & Breakfast-Unterkünfte in New York. Zahlreiche Bilder. Für Aufenthalte ab weniger Tage bis hin zu Monaten.

• Anderes

www.usembassy.de: Webseite der amerikanischen Regierung in Deutschland. U.a. Infos über Visabestimmungen, Kulturhäuser (Amerika- bzw. Kennedyhäuser), aktuelle politische Dinge u.v.m.
www.webtender.com: Manch einer mag sich bei einer New York-Reise in das unüberschaubare Angebot der Cocktails „verliebt" haben. Auf dieser Webseite der Bartender und Cocktailmixer können Sie zu Hause nochmals nachsehen, wie denn Ihr Lieblingsdrink gemacht wird. So werden hier z.B. unter „Manhattan" 12 Drinks vorgestellt, und bei den zurzeit absolut angesagten „Martinis" gibt es gar 50 Variationen!
www.culturepass.com: Webseite des „AmEx Culture Pass", mit dem Sie vergünstigte Eintritte in Museen und zu Attraktionen sowie günstigere Stadtbesichtigungstouren erhalten.

J

⇨ **Jugendherbergen**

Siehe unter Stichwort „Unterkünfte"

K

⇨ **Kartenmaterial**

Es gibt mittlerweile auch in Europa eine Reihe guter Karten und Atlanten über die USA und auch detailliertere Karten zu New York. Zu empfehlen wären hier Hildebrand's Straßen-Atlas „USA-Osten", wenn Sie von New York aus weiterfahren möchten. Für die gesamten USA empfiehlt sich zudem der „Rand McNally"-Atlas, der in Deutschland vom Hallwag-Verlag herausgegeben wird.

> **Hinweis**
> Bedenken Sie, dass die amerikanischen Karten in New York billiger sind als in Europa.

Zu New York gibt es in Europa den ausführlichen, wenn auch dadurch beinahe zu unübersichtlichen Stadtplan vom Falck-Verlag (patentgefaltet).

In New York selbst erhalten Sie Stadtpläne an nahezu jeder Ecke. Im Grunde ausreichend sind die Karten in den verschiedenen kleinen Veranstaltungsblättchen und kommerziellen Visitor Guides, wo Sie einfach die Seite herausreißen und in die Tasche stecken können.

Die Kartenauswahl in den größeren Buchläden ist auch gut.

⇨ **Kartenvorverkauf**

Lesen Sie hierzu bitte unter den einzelnen Rubriken S. 236ff sowie auf S. 96.

⇨ **Kinder**

Die USA sind ein kinderfreundliches Land. Das erkennt man bereits an den für eine Riesenstadt wie New York doch recht vielen Spielplätzen und besonders den Kindermenus auf den Speisekarten (Kleinkinder dürfen bei den Großen kostenlos mitessen). Aber auch im didaktischen Bereich wird mehr für die Kinder geboten als bei uns. In vielen Museen gibt es eigens für Kinder organisierte Touren oder Videovorträge. Nehmen Sie sich daher ruhig mal einen Nachmittag Zeit und unternehmen Sie ein „Kinderprogramm".

> **Hinweis**
>
> Die Visitor Bureaus vieler Museen geben eigens für Kinder Pläne und Prospekte heraus.

Als Nachteil mag europäischen Familien aber auffallen, dass Kinder nicht so frei herumlaufen können wie bei uns. In Restaurants haben sie sich zu benehmen, und bereits von Kindern unter 10 Jahren erwartet man ein „Verständnis" für die Welt der Großen.

The World's Biggest playground – New York für Kinder

Mehrere Leserbriefe erreichten mich mit der Frage, was man denn mit Kindern in New York unternehmen kann. Daher möchte ich Ihnen hier einmal ein paar Tipps für Unternehmungen mit Kindern bis zu 15 Jahren vorstellen. Beachten Sie aber, dass für einige Punkte englische Sprachkenntnisse bzw. allemal ein Erwachsener mit englischen Sprachkenntnissen nötig sind.

American Museum of Natural History: Siehe S. 450. www.amnh.org. Naturkundliches Museum. Oft mit interessanten Ausstellungen, die Kinder interessieren werden. Zudem Wissenswertes zur Fauna der Erde. Hier findet sich bestimmt etwas für die Altersgruppe von 7–15 Jahren.
Children's Museum of Manhattan: Siehe S. 451. www.cmom.org. Spielplatz, Kletterwände und interaktive Spiele für Kinder von 2–10 Jahren.
Children's Museum of the Arts: 182 Lafayette St., www.cmany.org. Interaktive Spiele. Mit Schwerpunkt visuelle und schauspielerische Künste. Hier sind aber größtenteils Sprachkenntnisse nötig. Bis 12 Jahre.
Brooklyn Children's Museum: 145 Brooklyn Ave., Brooklyn, www.brooklynkids.org. 1899 gegründet und damit das erste Kindermuseum auf der Welt.
New York Hall of Science (in Queens): Siehe S. 548. www.nyscience.org. Technikmuseum mit vielen Ausprobierstationen. 6–15 Jahre.
Liberty Science Center (New Jersey): Siehe S. 580. Modernes Technikmuseum. Zahlreiche Ausprobierstationen. 6–15 Jahre.
Madame Tussaud's Wax Museum: Siehe S. 417. www.nycwax.com. Wachsfiguren, auch von Stars, die Kinder bereits kennen. Ab 10 Jahren.
Central Park: Toben, tollen rollerbladen u.v.m. Ausleihstationen im Park für Fahrräder und Skater siehe „Spezialtipps/ Sport treiben". Besonders beliebt bei Kindern ist hier das Ausleihen von ferngesteuerten Segelbooten an den Conservatory Waters im Südosten des Parks. Die Boote sind einfach zu

bedienen. Ab 9 Jahren. Gerne erleben die Kids auch die Tiere im Central Park Zoo (siehe hier im Buch S. 462).

Children's Zoo im Bronx Zoo: Siehe S. 564. Der gesamte Zoo mag Kinder begeistern. Für die Kleineren ist eigens ein „Zoo für Kinder" eingerichtet.

New York Aquarium (Brooklyn/Coney Island): siehe S. 530. www.nyaquarium.com. Eindrucksvolles zu Salzwasserfischen. Es gibt auch Wale und eine Delphinshow. Ab 7 Jahren.

Fahrrad fahren, Kayaktour etc. entlang des Hudson River. Fahrradverleihe und Kanu-/Kayakverleihstationen siehe „Spezialtipps/Sport treiben". Es können ja auch Zweier-Boote ausgeliehen werden, wo ein Erwachsener mit einem Kind fahren kann. Ab 10 Jahren.

FDNY Fire Zone: 34 W. 51st St., www.fdnyfirezone.com. Hier stellt sich die New Yorker Feuerwehr vor und ein großer Feuerwehrwagen kann erkundet werden. Ab 8 Jahren.

Sony Wonder Technology Lab: Siehe S. 437. Modernste Technologien zum Anfassen, Mitspielen und Erkunden. Ab 9 Jahren.

Spielzeugläden: Siehe „Spezialtipps/ Einkaufen/Spielzeug". Spielzeugläden erfreuen jedes Kinderherz, besonders der größte der Welt, Toy's „R" Us am Times Square. Auch der Disney Store (711 5th Ave., zw. 55th und 56th Sts.) lohnt. Hier werden besonders die Mädchen etwas finden.

Chelsea Piers Sports & Entertainment Complex: siehe S. 390. www.chelseapiers.com. Kletterwände, Ausleihen von Fahrrädern, Inline-Skatern etc.

Natürlich sind Attraktionen wie das **Empire State Building**, eine Fahrt mit der **Staten Island Ferry**, ein **Hubschrauberrundflug** ohne eine Sightseeingtour mit einem offenen **Hochdeckerbus** auch in Betracht zu ziehen.

Auch die Kleinen möchten gerne **Shoppen** und ein Souvenir mitbringen: T-Shirts, Jeans und Sportbekleidung (inkl. Sportschuhen) sind in New York oft sehr günstig, so z.B. im K-Mart am Astor Place und in Chinatown bzw. in Geschäften, die S. 276f beschrieben sind. Ein gutes Mitbringsel ist z.B. eine Baseballmütze der New York Yankees.

Sport ansehen: Die Regeln der amerikanischen Sportarten sind bei uns nun nicht so bekannt, aber aus eigener Erfahrung ist der Besuch z.B. bei einem Baseballspiel der Yankees ein Erlebnis für die Youngster ab etwa 9 Jahren.

Und niemals den Appetit vergessen: Ein **Hot Dog** von der Straße, beim Chinesen im tiefsten Chinatown **mit Stäbchen essen**, einen **Riesen-Burger** verdrücken oder eine italienische Pizza kommen immer gut an bei den Youngstern.

Literaturtipps

- *Miffy Loves New York City*; www.nycvisit.com/miffy. Hier werden ca. 30 Tipps für kinderfreundliche Ziele im Big Apple vorgestellt.
- *The Grownup's Guide: Visiting New York City with Kids*; Diane Chernoff-Rosen, www.grownupsguide.com. Mit vielen Tipps für die ganze Familie.
- *Time Out Magazine*: Wöchentlich erscheinendes Veranstaltungsmagazin (an jedem Zeitungskiosk erhältlich), das eine eigene kleine Rubrik für Unternehmungen mit Kindern hat und in dem auch kinderfreundliche Veranstaltungen/Museen hervorgehoben werden.

7. Allgemeine Reisetipps von A–Z · 153

- Time Out for Kids: *Ebenfalls an den meisten Zeitungskiosken und oft auch in Buchläden erhältliches Magazin, dass sich einzig auf Kinder spezialisiert hat. Einmalige Auflage.*
- New York Family *und* Big Apple Parent: *kostenlose Monatsmagazine, die in den Spielzeugläden ausliegen*
- www.parentsknow.com *(Button „Calendar")*

⇨ **Kino**

Da ja nun selbst bei uns die meisten Filme aus Amerika kommen, können Sie diese hier in Originalton und um 3 Monate früher sehen. So lange dauert nämlich die Synchronisation. Aktuelle Kinoprogramme finden Sie in den Tageszeitungen sowie am übersichtlichsten im wöchentlich erscheinenden „Time Out"-Magazin (Rubrik „Film"). Wer sich auf der Internetseite *www.moviefone.com* durchklicken möchte (oben links New York unter City eingeben), der findet dort die aktuellen Kinoprogramme von New York.

Hier ein paar Tipps:
- **Allgemeine Kinoprogramme** können Sie über die Nummer (212) 777-FILM abrufen.
- Ein Kinoerlebnis in 3D und Megaoutfit bietet: **Loews Cineplex (IMAX) Lincoln Square** (1992 Broadway, an der 68th St., Tel.: (212) 50-LOEWS). Hier laufen auch 3D-Filme, die New Yorks Geschichte und Gegenwart zeigen.
- Das größte Multiplex-Kinocenter New Yorks wurde 1998 im **Times Square District** eröffnet. Alte Theater, wie das Liberty, das Harris und das Empire wurden dafür extra wiederhergerichtet. Ersteres – 1.800 t schwer – wurde dafür sogar um 50 Meter versetzt.
- Wer **ausgesuchte Filme, Klassiker, Dokumentarfilme** u.Ä. liebt, hat gute Chancen, diese in den folgenden Kinos zu sehen:
- **Film Forum:** 209 W. Houston St., zw. 6th Ave. u. Varick St., *Hudson Square/SoHo*, Tel.: (212) 727-8110. *www.filmforum.com*.
- **Angelika Film Center:** 18 W. Houston St./Mercer St., *Greenwich Village*, Tel.: (212) 995-2000, *www.angelikafilmcenter.com*. Hier sind 7 Kinos untergebracht in einem alten Straßenbahndepot.
- **Two Boots Pioneer Theater**: 155 E. 3rd St., zw. Aves. A u. B, *Alphabet City/East Village*, Tel.: (212) 254-3300, *www.twoboots.com*. Historische, „Independent"- und Kurzfilme.
- **QUAD:** 34 W.13th St., zw. 5th u. 6th Aves., *Greenwich Village*, Tel.: (212) 255-8800, *www.quadcinema.com*. Vor allem Kunstfilme und Filme aus dem Ausland.
- **Landmark's Sunshine Cinema:** 143 E. Houston St., zw. Eldrige u. Allen Sts., *Lower East Side*, Tel.: (212) 358-7709, *www.landmarkTheatres.com*. „Independent"-Filme auf 7 Leinwänden.
- **The Film Society of Lincoln Center:** Im Walter Read Theater, 165 W. 65th St. (am Broadway), *Upper West Side*, Tel.: (212) 875-5600, *www.filmlinc.com*. Im September/Oktober veranstaltet diese Gesellschaft zudem das hoch angesehene New York Film Festival.
- Und schauen Sie in die **Veranstaltungsseiten** der aktuellen Zeitungen. Museen, Kulturinstitute, Kinovereine u.a. zeigen oft gute Filme und kündigen diese hier an.

7. Allgemeine Reisetipps von A–Z

⇨ **Klima/Reisezeit/Kleidung**

Telefonische Wetterauskunft
Tel.: 1-900-932-8437 (Gebühr!) bzw. (212) 976-1212, www.weather.com *(oben New York als Stadt eingeben)*

Man bedenke, dass der Big Apple auf dem 40. Breitengrad liegt. Das ist die Höhe der Stiefelspitze Italiens!

• Das **Klima** in den Sommermonaten kann im Juli/August also **sehr heiß** werden – „Jahrhunderttemperaturen" lagen sogar schon über 40 °C! Mit Tagestemperaturen von über 30 °C müssen Sie aber allemal rechnen (zum Glück liegt die relative Luftfeuchtigkeit nur um 80 %). Diese Aussicht mag das Urlauberherz höher schlagen lassen, kann aber auch sehr lästig werden in einer Großstadt, besonders wenn man nicht die richtige Kleidung mitgenommen hat. Nehmen Sie also für den Tag **lockere, luftige Kleidung** mit, am besten aus Baumwolle oder Leinen. Und besonders wichtig ist der Hut gegen die Sonne. Wer viel laufen möchte, sollte über **Sportschuhe** nachdenken. Auch die ältere Generation trägt sie in Amerika, also keine Scheu.

> **Hinweis**
> Lesen Sie bitte auch S. 44 (Klima).

• Auch einen **Regenschutz** dürfen Sie zu keiner Jahreszeit vergessen. Regnet es doch konstant und relativ gleichmäßig über die Monate.
• Die **Wintermonate** dagegen sind **sehr kühl, teilweise sogar bitterkalt**. Für alle Fälle heißt es ab Ende Oktober (bis April): Ein dicker Pullover und eine Windjacke (herausnehmbares Futter) gehören ins Gepäck! Besonders wichtig sind auch Schal, Mütze und Ohrenschutz. Die eiskalten Windböen in den Straßenschluchten machen einem sehr zu schaffen.
• Am schönsten sind die Reisezeiten **Ende April bis Mitte Juni** sowie **September bis Mitte Oktober** („Indian Summer"). Das Klima ist mild und die Temperaturen schwanken zwischen 10 und 25 °C, ohne diese Werte zu unter- bzw. überschreiten. Diese Monate sind somit ohne Frage die besten, um eine Stadt wie New York zu erkunden. Leider haben das aber auch die Konferenz-Organisatoren und andere Reisende festgestellt. Hier müssen Sie, wie auch vor Weihnachten, früh buchen.

Preisgünstig reisen Sie vor allem in den Monaten Februar/März und im Hochsommer. Im Juli/August fliehen die New Yorker vor der Hitze aus der Stadt. Geschäftsleute und Konferenzteilnehmer machen ebenfalls Urlaub, und damit sind die Hotels nicht voll ausgebucht. Handeln kann dann vor Ort noch den einen oder anderen Dollar sparen.

Geschäftsleuten oder Reisenden, die auch einmal „repräsentieren" müssen, sei noch ein Tipp mit auf den Weg gegeben: So hemdsärmelig die Amerikaner auch manchmal herumlaufen, selbst in besse-

Schlips und Kragen sind fürs Geschäftliche ungeschriebenes Gese

ren Hotels oder wenn sie hier und da sogar zum Abendessen in Shorts erscheinen: Sobald ein offizielles Treffen, ein Geschäftsgespräch oder Ähnliches anliegt, ist ein **Kleid** bzw. **Anzug**, am besten ein dunkler (mit Schlips u. Kragen natürlich), ein absolutes Muss. Selbst ein sauberes Jackett und eine normale Stoffhose sind bereits zu wenig. Achten Sie mal in den amerikanischen Soap Operas darauf, wer nicht alles in welcher „Schale" herumläuft. Ihnen wird ein Licht aufgehen.

⇨ Konsulate

In New York:
Deutschland: Generalkonsulat der Bundesrepublik Deutschland: 871 United Nations Plaza, *Midtown East*, New York, NY 10022, Tel.: (212) 610-9700, Fax: (212) 610-9702, www.new-york.diplo.de. Mo–Fr, vormittags geöffnet.
Schweiz: Generalkonsulat der Schweiz: 633 Third Ave., 30th Floor, *Midtown-East*, New York, NY 10017-6706, Tel.: (212) 599-5700, Fax: (212) 599-4266, www.eda.admin.ch/newyork. Mo–Fr, vormittags geöffnet.
Österreich: Generalkonsulat von Österreich: 31 E. 69th St., zw. Madison u. Park Aves., *Upper East Side/Lenox Hill*, New York, NY 10021-4917 Tel.: (212) 737-6400, Fax: (212) 585-1992, www.austria-ny.org. Mo–Fr, vormittags geöffnet.

Die USA haben die folgenden Konsulate in Europa:
Deutschland:
- **Hamburg: Amerik. Generalkonsulat:** Alsterufer 27/28, 20354 Hamburg, Tel.: 040/411 71100, Fax: 040/441-71222.
- **Leipzig: Amerik. Generalkonsulat**, Wilhelm-Seyfferth Str. 4, 04107 Leipzig, Tel.: 0341/213-840. Dieses Konsulat steht aber nur für amerikanische Staatsbürger zur Verfügung.
- **Frankfurt: Amerik. Generalkonsulat:** Siesmayerstr. 21, 60323 Frankfurt, Tel.: 069/7535-0, Fax: 069/753-52260.
- **Düsseldorf: Amerik. Generalkonsulat**, Willi-Becker-Allee 10, 40227 Düsseldorf, Tel.: 0211/788-8927, Fax: 0211/788-8938.
- **München: Amerik. Generalkonsulat:** Königinstr. 5, 80539 München, Tel.: 089/2888-1, 2888-0, Fax: 089/280-9998.

Österreich: Salzburg: Amerik. Generalkonsulat: Alter Markt 1, 5020 Salzburg, Tel.: 0662/848-776, Fax: 0662/848-777.
Schweiz: Zürich: Amerik. Generalkonsulat: Dufourstraße 101 (3.Stock), 8008 Zürich, Tel.: 01/422-2566, Fax: 01/383-8914.

Die amerikanischen Konsulate im Internet: www.usembassy.de, www.usembassy.at und www.usembassy.ch.

⇨ Krankenhäuser/Ärzte/Zahnärzte

- **Notrufnummer:** Polizei/Feuer/Notarzt: 911
- **„Doctors on Call":** (212) 737-1212, od. 737-2333. Hier erreichen Sie eine Zentrale, die im Notfall Ärzte für Hausbesuche schickt. 24-Stunden-Dienst!
- **Dental Emergency Service:** Zahnärztlicher Notdienst. (212) 679-3966 (Beratung), nach 20h: (212) 679-4172 und (212) 683-2530 (Termine).

Grundsätzlich gilt, dass Sie in den großen Allgemeinkrankenhäusern in der Notaufnahme lange warten müssen. Daher gebe ich Ihnen den Tipp, zuerst einmal Ihren Hotelportier bzw. den Concierge zu fragen, welchen Arzt er empfiehlt bzw. welches Krankenhaus. Jedes Hotel hat dafür eine Liste und ab der Mittelklasse auch ein bis zwei „Hausärzte", die konsultiert werden. Hotels der oberen Preisklasse haben sowieso einen Arzt im Hause. Sollte Ihnen niemand einen Doktor nennen können, gehen Sie in das nächste **„Walk-In-Medical-Center"**. Eines davon ist das **New York Healthcare Immediate Care:** 57 E. 34th St. (zw. Park u. Madison Aves.), Tel. (212) 252-6001.

> **Hinweis**
> Siehe auch unter Stichwort „Ärzte".

Einige größere Krankenhäuser sind:
- **New York University Medical Center:** 1st Ave/33rd St., *Kips Bay*, Tel. (212) 263-5000
- **Beth Israel Hospital:** 16th St./1st Ave., *Stuyvesant*, Tel. (212) 420-4000.
- **St. Vincent's Hospital:** 11th St./7th Ave., *Greenwich Village*, Tel. (212) 604-7998.
- **Cabrini Medical Center:** E. 19th St., zw. 2nd u. 3rd Aves., *Stuyvesant/Gramercy Park*, Tel.: (212) 995-6000.
- **Roosevelt Hospital Center:** 10th Ave/59th St., *Clinton/Lincoln Center*, Tel. (212) 523-6800.
- **New York Downtown Hospital:** 170 William St./Beekman St., *Downtown/Fulton*, Tel. (212) 312-5000.

⇨ **Kreditkarten**

Falls es Probleme mit Ihrer Kreditkarte geben sollte, bieten die großen Kreditkartenunternehmen einen kostenlosen 24-Stunden-Service per Telefon an (die Nummern gelten nur in den USA):
- **Mastercard/Eurocard:** 1-800-622-7747 od. 001-3142 756690
- **Visa:** 1-800-847-2911 od. 001-410 5813836
- **American Express:** 1-800-441-0519 od. +49-69-9797 1000
- **Diners Club:** 1-800-234-6377 od. +49-69-6616 6123

> *Und noch zwei Tipps zu Kreditkarten:*
> • *Achten Sie darauf, dass Sie Ihre Geheimnummer kennen. Denn vielleicht benötigen Sie ja Geld über die Kreditkarte. Und dann benötigen Sie diese an den Automaten.*
> • *Einige Kreditkarten decken z.B. Krankenversicherungen u.Ä. ab. Ihre vielleicht auch? Versichern Sie sich nicht doppelt. Fragen Sie nach.*

Weitere Informationen zu Kreditkarten entnehmen Sie bitte dem Stichwort „Geld".

⇨ **Kriminalität**

Es ist kein Geheimnis, dass New York eine relativ hohe Kriminalitätsrate **hatte**. Dieses bekommt man ja immer noch in ausreichendem Maße im Fernsehen mit. Doch im Vergleich zu anderen Großstädten der USA steht New York mittlerweile gar nicht mehr so schlecht da. Trotzdem hier noch ein paar Tipps:
• An den **Flughäfen**, besonders im Bereich der Gepäckausgabe und an den Ausgängen, sollten Sie Ihr Gepäck gut im Auge behalten. Hier warten immer wieder kleine

7. Allgemeine Reisetipps von A–Z

Ganoven auf ihre Chance, denn Sie als Reisender sind gerade in diesem Bereich mental und physisch mit anderen Dingen abgelenkt.

- Mittlerweile, durch hohe Polizeipräsenz bedingt, hat sich **Manhattan südlich der 96th Street** vollkommen normalisiert. Mit Horrormeldungen vom Times Square, der 42nd Street und dem East Village ist heute Schluss. Besonders die Times Square Area ist ein Mekka für Familien mit Kindern – dank Disney. Doch trotzdem hier auf kleine Taschendiebe achten. Auch das East Village und selbst der Süden von Harlem sind heute keine Risiko-Zonen mehr – wirklich nicht!
- Die **U-Bahnen** und **Busse** können als sehr sicher angesehen werden. Tagsüber allemal, nachts zumindest noch in Manhattan. Man muss ja nicht nach Mitternacht in die letzten Winkel der Bronx oder Brooklyns fahren. Ab 20/21h sicherheitshalber im mittleren Wagen fahren (Schaffner).
- Vor **Trickbetrügern und Taschendieben** muss natürlich schon noch gewarnt werden! Auch die zahlreichen kleinen Souvenirshops entlang des Broadway und die vielen **Radio- und Technikshops** müssen mit Vorsicht genossen werden. Nicht, dass Sie hier direkt beraubt werden, sondern eher, dass Ihnen eine minderwertige Ware zu einem deutlich überhöhten Preis angedreht wird.

> *Gebiete in New York, die Sie sicherheitshalber trotzdem meiden sollten, auch wenn Ihnen eingefleischte New Yorker und NY-Fans etwas anderes erzählen:*
> - *alle **Parkanlagen** nach Einbruch der Dunkelheit,*
> - *das **East Village** östlich der Avenue C nach Einbruch der Dunkelheit,*
> - ***Harlem** (und Nord-**Manhattan**) nördlich der 140th St. nach 21h,*
> - ***East Harlem/El Barrio** im Allgemeinen, besonders aber nach Einbruch der Dunkelheit*
> - *Die **South Bronx** ab 19 Uhr,*
> - *bestimmte Areale in **Ost-Brooklyn** und **Queens**, die Sie sich aber besser genau von der Polizei erklären lassen sollten*

Was ist sonst noch ratsam (aber natürlich niemals alleine eine Gewähr):
- **Haben Sie niemals zu viel Geld bei sich und verteilen Sie dieses so am Körper**, dass Sie z.B. 50 Dollar im Brustbeutel/Bauchgürtel haben und 50–100 Dollar in den Socken oder in einem nicht sichtbaren Geldgürtel etc. Falls Sie also wirklich einmal überfallen werden sollten, täuschen Sie den Dieb halt nur mit den 50 Dollar. Nehmen Sie zudem nur eine Kreditkarte mit, von der Sie aber die entsprechende Telefonnummer der Kreditkartenfirma bei sich haben, so dass Sie sofort nach dem Diebstahl deren Verlust melden können und diese unverzüglich gesperrt werden kann.

> **Hinweis**
> Lesen Sie auch auf S. 91f.

- Führen Sie, besonders wenn Sie nachts durch die Städte laufen, **nur Kopien Ihrer Papiere** bzw. den Personalausweis mit (und/oder nehmen Sie am besten gleich 2 Pässe mit auf die Reise). Das Original und/oder den Pass **mit** Ihrem Einreisestempel verwahren Sie an einem sicheren Ort im Hotel.
- Nutzen Sie die **Hotelsafes**, von denen es in einigen teureren Hotels sogar welche im Zimmer gibt.
- **Es ist schwierig, „den Urlauber zu verbergen"**. Ein „kluger" Dieb erkennt Sie sowieso als solchen, und Sie sind damit bereits als lohnendes Opfer ausgewählt. Aber machen Sie es den Dieben nicht zu leicht: Brustgürtel-/Bauchgürteltaschen mögen bequem sein, doch sehen diese nun wirklich nach einem interessanten Inhalt aus. Lassen

Sie so etwas, besonders abends, im Hotelzimmer oder packen Sie wenig hinein und binden Sie diesen z.B. unter den Hosengürtel, wo er wenig sichtbar ist. Ein Gürtel, den der Dieb auch nur erahnen kann, macht Sie bereits zum interessanten Opfer, und das verleitet die Diebe noch eher, Ihnen dieses Utensil gewaltsam abzunehmen. Und gegen eine mit Messern bewaffnete Jungenbande wollen Sie ja nun nicht im Straßenkampf antreten, oder?

Besonders in Midtown überall präsent: die Männer des NYPD

- **Erkundigen Sie sich** im Touristenbüro oder an der Hotelrezeption noch einmal danach, wohin Sie besser nicht gehen ("No-Go-Areas") oder ob Sie dort eher mit einem Taxi hinfahren sollten. Das wird Sie schon vor einigen Überraschungen bewahren.
- Lassen Sie aber vor allem **Schmuck zu Hause**.
- Wenn Sie einmal wirklich Probleme haben sollten, lautet die **Notrufnummer** der Polizei (gilt auch für Feuerwehr und Krankenwagen) in den gesamten USA 911.

L

⇨ **Literatur**

In den europäischen Buchläden erhalten Sie mit Sicherheit die neuesten Reisebücher und Karten, doch falls Sie sich mit der amerikanischen Literatur oder speziellen Themen zur amerikanischen Geschichte beschäftigen möchten, werden Sie hier nicht viel finden oder müssen Bücher für teures Geld aus Amerika importieren lassen, was zudem bis zu 3 Monate dauern kann.

Eine Möglichkeit, sich Bücher auszuleihen, bieten die amerikanischen Kulturinstitute, die etwa gleichzusetzen sind mit den deutschen Goethe-Instituten im Ausland. Für einen Jahresbeitrag von ca. € 5–10 können Sie hier Bücher entleihen:
- Dt.-Amerik. Institut/Kennedy Haus: Olshausenstr. 10, 24118 Kiel, Tel.: 0431/5869-993
- Amerikazentrum: Rothenbaumchaussee 15, 20148 Hamburg, Tel.: 040/4501 0422
- Amerika Haus: Hardenbergstr. 22–24, 10623 Berlin, Tel.: 030/31107-3
- Amerika Haus: Staufenstr. 1, 60323 Frankfurt/M., Tel.: 069/9714480
- Amerika Haus: Apostelnkloster 13–15, 50672 Köln, Tel.: 0211/209010
- Deutsch-Amerik. Institut: Stengelstr. 1, 66117 Saarbrücken, Tel.: 0681/31160
- Dt.-Amerik. Institut: Sophienstr. 12, 69115 Heidelberg, Tel.: 06221/607315
- Dt.-Amerik. Institut (Amerika Haus): Gleißbühlstr. 13, 90402 Nürnberg, Tel.: 0911/2306914
- Dt.-Amerik. Institut: Haidplatz 8, 93047 Regensburg, Tel.: 0941/52476
- Deutsch-Amerik. Zentrum: Charlottenplatz 17, 70173 Stuttgart, Tel.: 0711/228 180
- Dt.-Amerik. Institut: Karlstr. 3, 72072 Tübingen, Tel.: 07071/34071/2
- Carl Schurz Haus: Kaiser Joseph Str. 266, 79098 Freiburg, Tel.: 0761/2924416
- Amerika Haus: Karolinenplatz 1, 80333 München, Tel.: 089/552-5370.

M

⇨ **Maßeinheiten (USA)**

Hohlmaße	Flächen
1 fluid ounce ▶ 29,57 ml	1 square inch (sq.in.) ▶ 6,45 cm²
1 pint ▶ 16 fl. oz. = 0,47 l	1 sq.ft. ▶ 929 cm²
1 quart ▶ 2 pints = 0,95 l	1 sq.yd. ▶ 0,84 m²
1 gallon ▶ 4 quarts = 3,79 l	1 acre ▶ 4.840 squ.yd. ▶ 4.046,8 m² o. 0,405 ha
1 barrel ▶ 42 gallons = 158,97 l	1 sq.mi. ▶ 640 acres ▶ 2,59 km²

Längen	Gewichte
1 inch (in.) ▶ 2,54 cm	1 ounce ▶ 28,35 g
1 foot (ft.) ▶ 12 in. ▶ 30,48 cm	1 pound (lb.) ▶ 16 oz. ▶ 453,59 g
1 yard (yd.) ▶ 3 ft. ▶ 0,91 m	1 ton ▶ 2.000 lb ▶ 907 kg
1 mile ▶ 1.760 yd. ▶ 1,61 km	

Temperaturen
Umrechnung: (Grad F - 32) x 0,56 = Grad C

23 °F ▶ -5 °C	32 °F ▶ 0 °C	41 °F ▶ 5 °C	50 °F ▶ 10 °C
59 °F ▶ 15 °C	68 °F ▶ 20 °C	77 °F ▶ 25 °C	86 °F ▶ 30 °C
95 °F ▶ 35 °C	104 °F ▶ 40 °C		

Herrenanzüge
Deutsche Größe (z. B. 50) minus 10 ergibt amerikanische Größe (40)

Herrenhemden

D	36	37	38	39	40/41	42	43
USA	14	14,5	15	15,5	16	16,5	17

Herrenschuhe

D	39	40	41	42	43	44	45
USA	6,5	7,5	8,5	9	10	10,5	11

Damenbekleidung

D	36	38	40	42	44	46
USA	6	8	10	12	14	16

Damenschuhe

D	36	37	38	39	40	41	42
USA	5,5	6	7	7,5	8,5	9	9,5

Kinderbekleidung

D	98	104	110	116	122
USA	3	4	5	6	6x

Filmempfindlichkeit

DIN	15	18	19	21	24	27	30	33
ASA	25	50	64	100	200	400	800	1.600

7. Allgemeine Reisetipps von A–Z

⇨ **Messe- und Kongresszentrum**

Das **Jacob K. Javits Convention Center** (665 W. 34th St./11th Ave., Tel.: (212) 216-2000) ist zurzeit das größte Messe- und Tagungszentrum der Welt. Es erstreckt sich über 5 Straßenblocks, kann in über 100 Konferenzräumen bis zu 80.000 Tagungsteilnehmer zur gleichen Zeit aufnehmen. Die gesamte Fläche des riesigen Glaskomplexes beläuft sich auf 612.000 qm. Leider hat sich bis heute im Gebiet um das Gebäude kaum eine Infrastruktur entwickelt im Sinne von Restaurants, Lokalen und Hotels. Mühsam muss man selbst während der Mittagspause mit dem Taxi oder weit zu Fuß zu den entsprechenden Lokalitäten „reisen". Nur wer etwas mehr Zeit hat, kann hier auch den Bus nehmen.

N

⇨ **Notfall/Unfall/Notruf**

- Wenn Sie eine bestimmte Telefonnummer suchen, fragen Sie einfach den Operator.
- Die allgemeine **Notrufnummer** (kostenlos) in den USA lautet 911.
- Die **Crime Victims Hotline** lautet: (212) 577-7777. Die gilt aber nur für schwerere Delikte. Z.B. für einen Diebstahl einer Geldbörse mit $ 100 ist sie nicht zuständig.

O

⇨ **Öffentliche Verkehrsmittel**

Information: Über das New Yorker Nahverkehrssystem (Busse/U-Bahn) können sie sich über die Nummer (718) 330-1234 (6h–21h) informieren (Internet: www.mta.info). Zudem erhalten Sie an größeren U-Bahnhöfen eine Broschüre, die Anfahrtsempfehlungen zu über 120 Attraktionen gibt.

Verkehrszeit: Alle U-Bahnen und fast alle wichtigen Buslinien werden rund um die Uhr bedient.

Stadtbusse

Das Bussystem in New York ist gut ausgebaut und stellt in den verkehrsärmeren Zeiten eine vernünftige Alternative zur U-Bahn dar.
- Fast alle Linien verkehren entlang einer bestimmten Avenue (Uptown, Downtown) oder „Crosstown" entlang einer bestimmten Street und wech-

> **Tipp**
>
> *Günstige Sightseeing-Tour mit dem Stadtbus*
> Eine gute Gelegenheit, die Stadt kennen zu lernen, ist auch, einfach mit einem Stadtbus zu fahren. Dabei gibt es viele Möglichkeiten. Hier nur ein paar Tipps:
> - Manhattan: M3 (zw. Union Square u. Washington Heights), M4 (zw. Penn Station u. The Cloisters (Washington Heights, Harlem, Upper East Side/Central Park, Midtown) sowie M15 (entlang 1st bzw. 2nd Avenue zw. Battery Park u. East Harlem.
> - Q58 (Queens) Zw. Flushing und Ridgewood (Siehe S. 537f.)
> - B61 (Queens/Brooklyn): Zw. Queens Plaza und Red Hook (Long Island City, Greenpoint, polnisches Viertel, Williamsburg, jüdisches Vietel, Brooklyn Downtown, Cobble Hill, Red Hook)
> Besorgen Sie sich einfach mal die Karten („Bus Maps") für die Buslinien der einzelnen Boroughs. Sie gibt es in den Bussen bzw. an den Schaltern in den Subway-Stationen.

seln diese jeweils nicht. Das macht das Verständnis sehr einfach.
- Umsteigen ist **einmal** erlaubt, soweit Sie beim ersten Fahrer ein „Transfer-Ticket" kaufen. Mehrfachumsteigen ist unter bestimmten Umständen möglich (aber nur innerhalb von 2 Stunden).
- Wichtig ist, dass Sie beim Einsteigen das **passende Fahrgeld** vorlegen. Es gibt also kein Wechselgeld. Bezahlen können sie mit Geld (aber nur Münzen, keine Scheine!!) oder der o.g. MetroCard.
- Am Tage lohnen Busfahrten in Manhattan nur bedingt, denn dann ist das Verkehrsaufkommen so stark, dass Sie kaum vorwärts kommen.
- Unterschieden werden die „normalen" Busse in **„local"** (hält überall) und **„limited"** (hält nur an bestimmten Stationen). Achten Sie also auch bei Ihrer Einstiegshaltestelle schon darauf, ob Ihr Bus dann auch hier hält bzw. dort, wo Sie gerne aussteigen möchten.
- Es gibt schließlich noch einige **Expressbusse**, die zumeist als Ziel einen Stadtteil außerhalb des südlichen Manhattans haben. Sie sind teurer als der normale Bus (auch die MetroCard ist dafür teurer – die normale Karte reicht hier nicht!), halten dafür aber auch nicht so oft.

> **Tipp**
>
> *Gleich am ersten Tag eine **MetroCard** zulegen. Diese ist ein kreditkartengroßes Pappkärtchen mit einem Magnetstreifen. Sie gibt es in verschiedenen Wertkategorien und ist „wiederauffüllbar". Sie gilt sowohl in der U-Bahn als auch in den Bussen. Ein Umstieg von U-Bahn zu Bus bzw. andersherum ist kostenlos. Unterschätzen Sie nicht, wie oft Sie die öffentlichen Verkehrsmittel benutzen. Da lohnt sich z.B. der Kauf einer MetroCard mit 12 Fahrten. Dabei gibt es übrigens die 13. Fahrt frei! Wer länger bleibt, kann auch die Wochenkarte (unbegrenzte Fahrten, aber personengebunden!!) kaufen.*
>
> *Kartenkauf: Fast nur noch am Automaten. Mit Bargeld oder Kreditkarte (bei der Frage nach der Postleitzahl: Diejenige angeben, wohin die Rechnung der Kreditkarte hingeht – also, es werden europäische Postleitzahlen akzeptiert!!)*

Untergrundbahn/Subway

Die New Yorker U-Bahn ist mittlerweile eine Legende. Sie ist eine der ältesten der Welt und befördert heute täglich über 3,5 Mio. Menschen. Besonders am Tage ist sie **das** Verkehrsmittel, geht sie doch dem überirdischen Verkehrschaos geschickt aus dem Weg.
- Es gibt unzählige Erläuterungen zum Thema „Systematisierung des U-Bahn-Systems". Ich finde aber, es ist nicht sinnvoll, es hier zu erklären. Schauen Sie einfach auf die überall aushängenden Karten und Sie werden sich viel besser zurechtfinden, als Sie anfangs geglaubt haben.
- Wichtig ist nur **beim Betreten eines Manhattan-U-Bahnhofs** von der Straße aus, dass Sie darauf achten, ob „Uptown" (nordwärts) oder „Downtown" (südwärts) am Eingang steht. Diese Entscheidung kann schon auf der Straße auf Sie warten.
- Es gibt neben den überall stoppenden **Local Trains** auch **Express Trains**, die auf den normalen Linien verkehren, aber nicht überall halten. Achten Sie auf die Ankündigungen, die Aufschriften an den Zügen und die eigens für diese markierten Bahnhöfe auf den Karten.
- Bezahlt wird einzig mit der **MetroCard** (s.o.).
- I.d.R. verkehren die Züge **alle 5–8 Minuten**, abends etwas seltener. Nachts (ab 1h) kann die Wartezeit auch 30 Minuten betragen.
- **Sicherheit**: Früher berüchtigt, kann die Subway heute in Manhattan (allemal südlich der 140th Street, im Westen von Queens und im Westen und Süden von Brooklyn –

rund um die Uhr – als absolut sicher angesehen werden. Wer ganz sicher gehen will, nimmt ab 21h den Waggon mit dem Schaffner (in der Mitte/schaut an den Bahnhöfen immer heraus/am Bahnsteig kennzeichnet ein Schild an der Decke, wo der Schaffner sein Abteil hat). Meiden sollten Sie immer noch die South-Bronx, Washington Heights und bestimmte Gebiete in Brooklyn, zumindest nachts.

Mittlerweile sicher (und steril): New York's Subway

Überlandbusse
Siehe unter Stichwort „Busse"

Eisenbahn
Siehe unter Stichwort „Eisenbahn"

⇨ **Öffnungszeiten**

Siehe unter Stichwörtern „Banken" und „Geschäfte"

P

⇨ **Polizei**

Notruf: 911
Unter der Nummer (212) 374-5000 erfahren Sie, wo sich das nächste Polizeirevier befindet.

⇨ **Post**

Das Telefon- und Telefaxsystem in den USA und Kanada wird von privaten Firmen abgewickelt, und so ist auch hier die „gelbe" Post nur für die Beförderung von Briefen, Paketen u.Ä. zuständig.
- **Briefe** innerhalb Amerikas benötigen teilweise über eine Woche. Nach Europa müssen Sie mit der gleichen Zeit rechnen.
- **Pakete:** Schneller und manchmal auch günstiger operieren private Firmen. Empfehlung: die Firma „Mail Boxes". Hier gibt es auch jegliches Zubehör, wie z.B. Kartons in allen Größen, Klebebänder, Zollformulare etc. Zu finden sind die Adressen der „Mail Boxes"-Geschäfte in den „Yellow Pages" in der Regel unter „Mailing", „Mailbox-Rental" oder „Packaging Service". Pakete nach Europa zu schicken ist billiger als andersherum. Der Luftweg dauert ca. 10–14 Tage, der um ca. 40 % billigere Seeweg dagegen 5–8 Wochen.
- **Faxe:** Können Sie – teuer – vom Hotel aus abschicken. Für längere Faxe empfehlen sich u.a. aber auch Filialen der Ketten „Kinko's" (häufig in New York) oder „Mail Boxes"

oder eines der zahlreichen Geschäfte, die bereits im Schaufenster ihren Faxservice ankündigen.

Postzeiten:
Allgemeine Öffnungszeiten: Mo.–Fr.: 9h–17h (teilw. 9h30–17h30)
Sa.: einige Ämter 9h–12h
So.: geschlossen

Das New Yorker Hauptpostamt, das **Main Post Office**, befindet sich an der 421 Eighth Ave. (zw. 31st u. 33rd St.) und ist an 7 Tagen in der Woche 24 Stunden geöffnet.

Postlagernd: Im o.g. Main Post Office gibt es einen **Poste Restante-Counter** (gekennzeichnet als „General Delivery"), bei dem Sie unter Vorlage eines Ausweises (Pass, Führerschein) Ihre Post erhalten. Besser und zuverlässiger ist aber das Zusenden zum **American Express Office** (150 E. 42nd St., Tel.: (212) 687-3700), das aber nur American Express Karteninhabern vorbehalten ist.

> Lassen Sie sich Ihre postlagernde Sendung folgendermaßen zuschicken:
>
> To
> XXXXXXXXX(Name)
> c/o Main Post Office
> 421 Eighth Ave.,
> New York, NY 10001
> USA
> - Poste Restante -
>
> To
> XXXXXXXXX(Name)
> American Express Office
> 150 E. 42nd St.
> New York, NY 10022
> USA
> - Poste Restante -

Briefkästen (mail drops) sind blau. Briefmarken erhält man auch in einigen Hotels, Geschäften, an Flughäfen und Busbahnhöfen. Hier werden Sie aber mit Aufschlägen rechnen müssen.

Einige postalische Fachbegriffe:
- **first class mail**: normale Briefpost
- **priority mail**: etwas schneller beförderte Briefpost
- **air mail**: Luftpost
- **registered (certified) mail**: Einschreiben
- **c/o general delivery** bzw. **poste restante**: postlagernd
- **zip code**: Postleitzahl (steht immer hinter dem Ortsnamen, z.B. New York, NY 10022)

⇨ **Preisangaben**

Preisangaben in den USA basieren immer auf dem Nettopreis. Hinzugerechnet werden muss in jedem Fall die Verkaufssteuer (New York City: zzt. 8,325 % (schwankt). 4 % davon entfallen zzt. bei Kleidung und Schuhen, die unter $ 110 kosten (auch diese Steuerpolitik ändert sich oft!!). In einigen Fällen kommen noch andere Steuern hinzu, so z.B. in New York die Hotelsteuer (zurzeit 13,25 % + $2 Pauschale).

⇨ **Preisnachlässe**

In den USA trifft man fast überall auf Preisnachlässe und Rabattangebote. Wer sich damit beschäftigt, kann viel Geld sparen. Kaum jemand bezahlt z.B. für eine Hotelunterkunft den vollen, offiziell angegebenen Preis. Hier ein paar Anregungen und Empfehlungen:
- Schüler, Studenten, Rentner u. Behinderte sollten einen internationalen Ausweis bzw. eine ins Englische übersetzte und beglaubigte Kopie des Ausweises mitnehmen.
- Kinder zahlen fast durchweg weniger.
- Fragen Sie in einem Hotel nach Sonderpreisen. Es gibt sie fast immer, werden Ihnen aber natürlich i.d.R. nicht beim Einchecken von selbst angeboten. Z.B. günstigere Wochenendraten in New York.
- Günstiger essen Sie in vielen Restaurants zwischen 15h und 18h („early bird dinner").
- In den Touristenbüros und Hotels liegen unzählige Broschüren aus, in denen Sie eine Reihe von Coupons finden, mit denen Sie dann billiger übernachten können oder Rabatte bei Einkäufen erhalten.
- Lesen Sie sorgfältig die Sonderangebote in den Tageszeitungen. Die Preisnachlässe sind z.T. immens.
- Es gibt für New York zwei Pässe für vergünstigte Eintritte in Museen/Attraktionen:
- „City Pass": *www.citypass.com*. Können Sie auch in den meisten europäischen Reisebüros mitbuchen. Für ca. die Hälfte der regulären Eintrittspreise haben Sie damit freien Eintritt zu 6 Sehenswürdigkeiten: Empire State Building, Intrepid Sea-Air-Space-Museum, American Museum of Natural History, Guggenheim Museum, Museum of Modern Art s, Fahrt mit der Circle Line. Keine Zeitbegrenzung.

Skurrile Preisnachlässe und „bargains"

- „New York Pass": *www.newyorkpass.com*. Dieser Pass erlaubt für etwa den Preis des „City Pass" Eintritt in/zu 40 Attraktionen (es sind nahezu alle Highlights von NY dabei) sowie einige Rabatte in Geschäften und Restaurants. Der große Nachteil aber: Er gilt jeweils nur einen Tag.
- „Brookly Pass": *www.brooklynpass.com*. Beinhaltet vergünstigten Eintritt zu 11 Attraktionen in Brooklyn. Gilt 2 Tage.

R

⇨ **Rauchen**

Für Raucher ist Amerika bereits ein Alptraum, New York ist dann noch die Steigerung davon. In Restaurants, Kneipen, Pubs, Clubs und Bars sowie in öffentlichen Gebäuden, in Bahnhöfen und an vielen anderen Plätzen ist das Rauchen verboten.

Wer nun trotzdem nicht auf den Dampf verzichten möchte, muss sich vor die Bars und Kneipen stellen. Das ist noch erlaubt. Lesen Sie dazu auch auf S. 238.

⇨   **Recycling/Müll**

Die Amerikaner gelten bei uns immer noch als Verschwender und Wegwerfgesellschaft. Sieht man die unzähligen (theoretisch recycelbaren) Aluminiumdosen und die Papp- bzw. Styroporbecher, ist einem klar, dass an diesem Vorurteil immer noch etwas dran sein muss, besonders, wo die Müllabfuhr in New York kostenlos ist! Trotzdem hat auch hier ein Umdenken eingesetzt, und in New York versucht man sich seit geraumer Zeit an einem Recyclingprogramm.

> *Jährliche Abfälle der Privathaushalte je Einwohner in kg*
> USA 730 (New York: 870)
> Finnland 620
> Norwegen 510
> Niederlande 500
> Luxemburg 490
> Frankreich 470
> Dänemark 460
> Österreich 430
> Japan 410
> Belgien, Schweiz, Tschechien 400
> Schweden 370
> Deutschland 360
> Spanien 360
> Großbritannien, Italien 350
> Polen 330

Das sieht so aus: Jeder kann sich Aufkleber für seine Mülltonnen besorgen, die dann besagen, welche Müllart in welcher Tonne ist. Dieser Müll wird dann gesondert abgeholt. Was abgeholt wird hängt i.d.R. von der Haushaltslage der Stadt ab. Ist sie knapp, fallen die schweren Flaschen als erstes aus dem Programm. Ein Kuriosum ist dabei, dass Dosen und Flaschen von „professionellen" Müllsammlern wieder aus den Behältern und Mülleimern gesammelt werden, denn die bringen pro Stück ab 5 Cent Pfand beim nächsten großen Supermarkt. Auf diese Weise leben eine Reihe von bisher arbeits- bzw. mittellosen Menschen von der Wegwerfgesellschaft. Bis zu $ 60 Dollar schaffen diese privaten Müllleute auf diese Weise pro Tag. Dass bestimmte Reviere schon abgesteckt sind, versteht sich da von selbst ...

In New York werden übrigens 26.000 Tonnen Müll pro Tag produziert, von dem viel zum Auffüllen ufernaher Zonen „genutzt" wurde. Mittlerweile gibt es aber nur noch eine Auffüllzone auf Staten Island und eine in der Bronx, die bald ebenfalls überfüllt sein werden, so dass die Schließung bevorsteht. Das führt natürlich zum Umdenken, und Ziel ist es, im nächsten Jahrtausend über 40 % des Mülls zu recyclen. Und womit wird dieses Recycle-Programm großenteils finanziert? Mit den Überschüssen der Getränkefirmen, die daraus resultieren, dass große Mengen an Pfandflaschen und -dosen nicht zurückgebracht werden, im Kaufpreis das Pfand aber schon bezahlt wurde. Typisch Amerika!

⇨   **Reisezeit**

Lesen Sie dazu bitte S. 44 (Klima)

⇨   **Restaurants**

Neben den unzähligen Fastfood-Restaurants gibt es in New York natürlich auch sehr erlesene Restaurants aller ethnischen Spannbreiten, in denen Sie – sind Sie bereit, mindestens $ 25 (nach oben weit offen) pro Person zu bezahlen – vorzüglich essen und trinken können.

> **Hinweis**
>
> Lesen Sie auch S. 80 und 96 sowie S. 215ff und S. 238.

Doch gleich vorweg, die Restaurants des Big Apple werden Ihren Geldbeutel arg strapazieren. Selbst in einem Deli gehen Sie inkl. Getränken selten unter $ 12 pro Person raus. Höchstens, Sie entscheiden sich für ein Sandwich und eine Cola. Da dürften Sie mit $ 7 auskommen. Das zusätzliche Angebot (Obst, Süßwaren, gute Säfte etc.) in den Delis verlockt aber ... Bei einer Fastfood-Kette dürften Sie mit $ 7–8 auskommen für Cheeseburger, Pommes und Getränk (eine „Kombo" bestellen).

> **Tipp**
>
> Sie werden schnell feststellen, dass Essengehen in den USA sehr hektisch werden kann. Kaum, dass Sie sitzen, geht es bereits los: „Was möchten Sie trinken", dabei wird Ihnen die Speisekarte gereicht, und der Kellner wartet ungeduldig auf die Bestellung. Zwischen den Mahlzeiten geht es ebenso rasant zu. Nichts mit 10 Minuten „Verdauungspause" dazwischen. Und kaum, dass der letzte Bissen im Mund verschwindet, werden auch schon der Teller abgeräumt und die Rechnung serviert. Sie müssen das so verstehen: In Amerika bedeutet guter Service „schneller Service", und Essengehen wird nur als kurzes Vergnügen angesehen. Zum Reden und Trinken geht man nach dem Essen in eine Bar. Entsprechend werden aber auch reservierte Restaurantplätze (in New York sehr selten, s.u.) ausgegeben. ¾ bis 1, maximal bis 2 Stunden – letzteres nur in Top-Restaurants – ist alles, was Ihnen zugestanden wird. Danach ist Ihr Tisch bereits weitervergeben. Der Tipp der Restaurants für europäische Gäste, die es gerne etwas geruhsamer zugehen lassen möchten, ist daher:
> - Lassen Sie sich dem **„Second Seating"** (in der Regel ab 20h30) zuweisen. Danach folgen Ihnen keine weiteren Gäste mehr.
> - Sagen Sie bereits bei der Reservierung, dass **Sie gerne länger und in Ruhe speisen möchten,** und
> - haben Sie den Mut, einer **allzu eifrigen Bedienung zu sagen, wenn Sie etwas mehr Zeit haben möchten.** Dafür hat man Verständnis. Falls Sie dieses nicht tun, dann denkt Ihre Bedienung halt, es muss alles flott gehen.

- **Reservieren** Sie Ihren Tisch in einem guten und ausgesuchten Restaurant unbedingt vor! Selbst dann kann es Ihnen passieren, dass das Restaurant bereits für Monate ausgebucht ist. Vorausgesetzt, das Restaurant nimmt überhaupt Reservierungen an, was nicht immer der Fall ist in New York oder nur mit Deckung durch die Kreditkartennummer funktioniert.
- **Achtung beim Trinkgeld:** Wie bereits an andere Stelle erwähnt, werden mind. 15 % Trinkgeld („Tip", „Gratuity") erwartet. Viele Restaurants sind aber mittlerweile dazu übergegangen, die Gratuity auf der Rechnung mit einzubringen (bes. bei Touristen) und diese leider in vielen Fällen sehr unscheinbar zu machen sowie dann auch gleich 18 und mehr Prozent aufzuschlagen. Achten Sie also darauf und bezahlen Sie dann nicht das TIP doppelt. Sie sind auch nicht verpflichtet, 18 und mehr Prozent zu geben. 15 % sind auch dann okay.

⇨ **Rundfunk**

Es gibt alleine in New York an die 100 Rundfunksender, die alles von klassischer Musik, Talkshows, News rund um die Uhr, Rock bis hin zu religiösen Sendungen bieten. Unangenehm ist auch hier die Werbung, die nach spätestens drei Musiktiteln eingeblendet wird, und in so manchem Sender wird endlos geredet über völlig uninteressante Themen. Von Vorteil ist aber die Tatsache, dass sich aufgrund des Konkurrenzdrucks viele Sender auf eine bestimmte Musik- bzw. Themenrichtung eingestellt haben. Hat man also einmal Lust auf Oldies, stellt man sich den entsprechenden Sender ein, und Oldies am Fließband berieseln einen. Interessante politische Kommentare und Berichte werden Sie nur selten erleben, und auch die Nachrichten berichten nur über „Highlights".

> FM = UKW
> AM = Mittelwelle

Das Rundfunkprogramm, inkl. der einzustellenden Frequenzen, finden Sie am übersichtlichsten in der „Sunday Times".

S

⇨ **Schwule und Lesben**

Information
• **Lesbian & Gay Community Services Center:** *208 W. 13th St., zw. 7th u. 8th Ave., Tel.: (212) 620-7310, www.gaycenter.com. Tägl. von 9h bis 23h geöffnet. Hier werden Programme geboten, und es gibt Infos aller Art zu Veranstaltungen, Treffs, Bars, Unterkünften etc.*
• *Das* **aktuelle Veranstaltungsprogramm** *der Homosexuellen-Szene finden Sie in den kostenlos verteilten Magazinen „Homo Xtra/HX" (www.hx.com), „New York Blade" (www.nyblade.com) und „Next" (www.nextnyc.com) sowie in den Gay & Lesbian-Seiten des „Time Out".*
• *Telefonische Informationen über die Szene erhalten Sie unter (212) 989-0999 (www.glnh.com bzw. www.glnh.org), dem* **„Gay and Lesbian Switchboard".**

Als bester und größter Buchladen der Szene gilt **Oscar Wilde Bookstore:** 15 Christopher St., zw. 6th u. 7th Aves., *Greenwich Village.*

New York ist Homosexuellen gegenüber sehr offen und mittlerweile sogar stolz auf deren kulturelle Szene. Spezielle Shows, Variétés, Clubs, Bars, Restaurants, Hotels, Buchläden u.v.m. haben sich im Big Apple seit Jahrzehnten entwickelt und sind seit langem etabliert. Homosexuelle aus aller Welt kommen her und die Gemeinde wächst stetig an. Doch die Schwulen- und Lesben-Szene hat sich vollkommen getrennt voneinander entwickelt:

• *Schwule*
Die bekanntesten Gebiete Manhattans, wo sich die Schwulenszene aufhält, sind:
• **Chelsea** und das **West Village**, mit Sicherheit die „In-Viertel" der Szene mit Cafés, Bars, Shows und vor allem vielen Boutiquen.
• **West Village**, zwischen Christopher Street und Sheridan Square. Viele Shows und Cabarets.
• Einige Bars im **East Village**, die sich in diesem unkomplizierten Viertel gut etablieren konnten.

> **Hinweis**
> Lesen Sie auch auf S. 212 (Unterkünfte) und S. 254 (Lokale).

- **Uptown:** Broadway und Columbus Avenue, zwischen Columbus Circle und 86th Street. Die etwas versnobte Szene.

- *Lesben*

Die Lesben-Szene ist noch nicht so spezifiziert und organisiert wie die der Schwulen. Sie verteilt sich mehr über die Stadt, wobei sie in Manhattan ebenfalls stark vertreten ist in **Chelsea** und dem **West Village**. Der sog. **„Dyke Slope"**, eigentlich der Brooklyner Stadtteil Park Slope (westl. des Prospect Park), ist heute das Zentrum der Lesbenszene. Interessant ist hier u.a. die **Lesbian Herstory Educational Foundation** (Anmeldung erforderlich: (718) 768-3953 od. P.O.Box 1258 New York, NY 10116), wo Tausende von Büchern und Zeitschriften zum Thema Lesben-Szene archiviert sind.

⇨ **Sicherheit**

Ohne Zweifel haben die Reformen des ehemaligen Bürgermeisters Giuliani, besonders aber die Präsenz von über 45.000 Polizisten, seit Anfang der 90er Jahre New York immer sicherer gemacht. Lange schon liegt es „nur" noch im unteren Mittelfeld der amerikanischen Stadtkriminalitäts-Statistiken – auf die Einwohnerzahl bezogen. Trotzdem sollten Sie Ihr Glück nicht herausfordern und auch bedenken, dass eine aufstrebende Stadt wiederum auch Taschendiebe und andere Kleinkriminelle hervorbringt bzw. anlockt. Beachten Sie also bitte die Tipps auf S. 91f („Don'ts").

⇨ **Sport ansehen**

Bei einem wiederholten Besuch in New York sollten Sie allemal versuchen, ein sportliches Ereignis live mit anzusehen. Besonders Sportarten wie Baseball, Basketball, Football und Eishockey bieten bei größeren Spielen ein Happening. Falls es nun kein Ticket mehr gibt oder Sie einfach nicht so recht loskommen, versuchen Sie es einmal in einem „Sport-Pub" bzw. einer „Sports-Bar", die oft schon von außen mit der Liveübertragung von Spielen werben (in jeder Ecke steht oder hängt ein Fernseher). Stimmung kommt hier immer auf. Häufigste Football-Tage sind Sonntag und Montag. Machen Sie sich aber etwas mit den Regeln vertraut. Basketball und Eishockey sind ja einfach, aber bereits bei Football sollten Sie jemanden konsultieren. Erst recht schwierig ist Baseball, welches im Fernsehen wenig von der gesamten Spielszenerie mitbekommen lässt. Die Übertragungen sind saisonbedingt, d.h. nicht immer läuft auch was.
Lesen Sie bitte auch S. 291ff.

⇨ **Sprache**

Die amerikanische Sprache hat sich während der letzten 200 Jahre in vielen Punkten von der englischen Muttersprache entfernt, wenn auch die Grammatik relativ gleich geblieben ist. Das amerikanische Englisch wird einem zu Beginn sehr fremd vorkommen. Doch nach einiger Zeit versteht man es dann besser, als man es zu Anfang für möglich gehalten hätte. Die Amerikaner neigen auch dazu, bestimmte Worte zu schreiben, wie sie sie sprechen (nite für night, color für colour) oder ganz neue Wortschöpfungen zu bilden (u für *you*, 4sale für *for sale* etc.).

Im Folgenden sind einige Wörter aufgeführt, die sich vom Englischen unterscheiden:

Amerikanisch	Britisch	Deutsch
after	past	nach (zeitlich)
aisle	gangway	Durchgang
apartment	flat	Wohnung
luggage	baggage	Gepäck
booth	kiosk	Kiosk
to call	to ring up	anrufen
can	tin	Konservendose
candy	sweets	Süßigkeiten
check	bill	Rechnung
closet	cupboard	Schrank
comforter	eiderdown	Daunendecke
Amerikanisch	Britisch	Deutsch
cookies	biscuits	Plätzchen/Kekse
cop	policeman	Polizist
corn	maize	Mais
date	appointment	Verabredung, Termin (date = romantisches Treffen)
diaper	nappy	Windel
drugstore	chemistry	Drogerie
elevator	lift	Fahrstuhl
fall	autumn	Herbst
faucet	tap	Wasserhahn
first floor	ground floor	Erdgeschoss
first name	christian name	Vorname
to fix	to repair	reparieren
freeway	highway	Autobahn
french fries	chips	Pommes Frites
gas (gasoline)	petrol (diesel)	Benzin (Diesel)
grain	corn	Getreide
guy	chap	Kerl
hood	bonnet	Motorhaube
fridge	refrigerator	Kühlschrank
kid	child	Kind
last name	surname	Nachname
line	queue	Menschenschlange
long distance call	trunk call	Ferngespräch
mail	post	Post
movie theater	cinema	Kino
observatory	view tower	Aussichtsturm
one way ticket	single ticket	einfache Fahrt
pants	trousers	Hose
pavement	road surface	Straßenoberfläche
purse	handbag	Handtasche
rount trip ticket	return ticket	Rückfahrkarte
sidewalk	pavement	Bürgersteig
stick shift	gear stick	Schaltknüppel
store	shop	Geschäft
streetcar	tram	Straßenbahn

Amerikanisch	Britisch	Deutsch
subway	underground	U-Bahn
tenderloin	undercut	Rinderfilet
trailer	caravan	Wohnwagen
truck	lorry	Lastwagen
trunk	boot	Kofferraum
underpass	subway	Unterführung
vacation	holiday	Ferien, Urlaub
vest	waist coat	Weste
wholewheat bread	brown bread	Graubrot, Schwarzbrot
wrench	spanner	Schraubenschlüssel
zip code	post code	Postleitzahl

⇨ **Strände**

Lesen Sie bitte S. 297.

⇨ **Strom**

In den USA herrschen 110 V Wechselspannung (60 Hz). Also auf jeden Fall daran denken, Ihr Gerät umzustellen. Flachstecker sind üblich – Adapter müssen also dazwischen gesteckt werden. Erhältlich in den Reiseausstattergeschäften in Europa, den meisten Hardware Stores und den besseren Elektrogeschäften in den USA (z.B. die Kette „Radio Shack").

T

⇨ **Taxi/Limousine**

Taxis werden in New York einfach als „cab" bezeichnet. Die offiziellen Taxis in Manhattan sind alle gelb. Alle anderen haben keine Lizenz, und Sie sollten dort nicht einsteigen. Ausnahmen bilden die Taxis in den vier anderen Boroughs, die meist nicht gelb sind, aber trotzdem über eine Lizenz verfügen, wenn auf dem Nummernschild klein über der Nummer selbst „TL&C" steht. Man kann Taxis zwar **telefonisch** bestellen, doch ist das in New York absolut unüblich. Im Big Apple steht man (oder Ihr Hotelportier) an der Straße und **winkt eines herbei** (am besten „cross-Street", also nicht an den Avenues selbst stehen). Häufig stehen die Taxis bereits an den großen Hotels und werden eigens von dem Türsteher herbeigerufen.

Das Herbeiwinken macht Spaß, kann aber nach dem Ende einer Veranstaltung bzw. zu später Stunde am Broadway auch frustrierend werden, denn dann sind nahezu alle Taxis voll. Gehen Sie zu so einer Zeit um die Ecke, wo es gerade ruhig ist.

Es ist durchaus üblich, auch kürzere Strecken mit dem Taxi zurückzulegen. Entfernungen von nur 1-2 km werden akzeptiert, da die Taxifahrer sowieso auf der Suche nach Fahrgästen im Sinne eines „Cruising" durch die Stadt hin- und herfahren.

Bezahlen müssen Sie eine Grundgebühr für das „Warten" ($2,50), danach zählt der Taxameter die Meilen (je 1/5 Meile: 40c), wobei ein Zeitfaktor auch eingerechnet wird (z.B. bei Staus, Warten/langsamer Verkehr: 40c alle 2 Minuten). Wundern Sie sich also nicht, wenn der Preis für eine Strecke manchmal um 50 % variiert. Nachts zahlt man einen geringen Zuschlag. Preise sind am/ im Taxi angeschlagen.

Falls Sie das Gefühl haben, Sie wurden beim Preis übervorteilt, oder der Taxifahrer ist mit Ihnen einen großen Umweg ge-

> **Wann ist ein Taxi frei?**
> **Frei für neue Passagiere:** Das mittlere Licht auf dem Dach ist an.
> **Taxi ist nicht im Dienst („off duty"):** Alle Lichter auf dem Dach sind an.
> **Taxi ist bereits belegt:** Kein Licht auf dem Dach ist an.
> Und nun noch der Tipp für diejenigen, die abends in Richtung Flughafen möchten: Stellen Sie sich nicht mit Koffern an die Straße, denn obwohl die Taxifahrer alle Gäste mitnehmen müssen, fahren Sie ab 17 Uhr nicht mehr gerne zum Flughafen, denn dann entgeht ihnen evtl. die Rückfahrt und vor allem ist deren beste Zeit zwischen 18 und 23 Uhr. Es kann Ihnen also passieren, dass viele Taxifahrer Sie geschickt übersehen werden. Hält das Taxi aber, wird Ihnen der Fahrer die Tour nicht mehr verwehren können.

fahren, haben Sie die Möglichkeit, die Taxizentrale persönlich anzurufen, oder häufig gibt es auch eine Telefonnummer der Stadtverwaltung, bei der man seinen Kummer loswerden kann (unter Angabe der Nummer des Taxis und des Unternehmens!). Diese Nummern stehen alle („irgendwo") im Taxi angeschlagen (wer sie bereits notieren möchte: Tel.: (212) 692-8294, www.nyc.gov/taxi). Grundsätzlich muss man aber sagen, dass man wenig Ärger mit Taxifahrern/ innen hat, und es ist eher interessant, wenn sich mit ihm/ ihr ein Gespräch entwickelt. Letzteres kann aber problematisch werden, denn viele Taxifahrer können kein Englisch sprechen – 85 Nationalitäten sind in dieser Branche vertreten, und die sprechen 60 Sprachen. Also: immer das Fahrtziel auf einem Zettel aufschreiben und möglichst einen Stadtplan zur Hand haben.

Kultig: die Stretch-Limos

Tipp
Mit einer Limousine (Lincoln Towncar, aber kurze Version) kann die Fahrt von Manhattan zum Flughafen sogar etwas günstiger werden (ca. $ 40 + Brückenzölle: Manhattan – JFK) als mit dem Taxi. Eine überlange Limousine („Stretch-Limo") kostet ab $ 50 zwischen Manhattan und JFK. Telefonnummern und Festpreise für diese Limousinen entnehmen Sie den verschiedenen Anzeigenheftchen, die in den Hotels ausliegen.

⇨ **Telefon**

Das Telefonwesen ist in den USA in den Händen privater Gesellschaften und das Telefonnetz ist das dichteste der Welt. Es gibt grundsätzlich mehrere Arten, von den USA nach Europa zu telefonieren: von (immer seltener werdenden) öffentlichen Apparaten (was sich nur für Ortsgespräche bzw. mit Calling Card (s. unten) anbietet, da sonst viel Kleingeld nötig ist), vom Hotel aus (was ohne Calling Card, mit Ausnahme von local calls, teuer kommen kann) oder per „Handy" (korrekt: Mobile oder Cell Phone). An Airports, Bahnhöfen oder in Malls ist es häufig möglich, direkt mit Kreditkarte zu telefonieren, wobei die Preise höher sind als mit Calling Card.

> **Vorwahlnummern:**
> - 212 = Manhattan (aus The Bronx, Brooklyn, Queens, Staten Island: 1-212)
> - 718 = The Bronx, Brooklyn, Queens, Staten Island (aus Manhattan: 1-718)
> - 516 und 631 = Long Island
>
> **Die 1-Regelung**
> *Wichtig:* Egal von wo Sie telefonieren, also auch innerhalb eines Stadtteils, müssen Sie vor der Vorwahl eine 1 und auch die Vorwahl dann wählen! Beispiel: Sie sind in Manhattan und wollen die Nummer 455-1234 in Manhattan anwählen, müssen Sie 1-212-455-1234 wählen. Möchten Sie von Manhattan die Nummer 122-4567 in Brooklyn erreichen, müssen Sie 1-718-122-4567 wählen.

Formal wird unterschieden zwischen local calls (30–50 c. für ca. 4 Min.), non-local oder zone calls, long-distance und oversea calls. Gebührenfrei, aber regional begrenzt, sind 1-800-, 1-888-, 1-866 oder 1-877-Nummern, wohingegen 1-900-Nummern ins Geld gehen. Anrufe von Deutschland in die USA sind häufig günstiger als andersherum. In jedem Hotelzimmer gibt es Telefonbücher: ein General Directory (Weiße Seiten) und ein Classified Directory (Yellow Pages – Gelbe Seiten).

Um eine Außenleitung zu bekommen, muss im Allgemeinen 9 oder 8 vorgewählt werden. Bei US-Telefonnummern folgt einem dreistelliger Area Code, der in manchen Bundesstaaten einheitlich ist, die normalerweise siebenstellige Rufnummer, manchmal als werbewirksame Buchstabenkombination angegeben:

2 – ABC	3 – DEF	4 – GHI	5 – JKL
6 – MNO	7 – PRS	8 – TUV	9 – WXY

> **Beispiele:**
> - *Ortsgespräch aus dem Hotel:* Die lokale Nummer 1-212-332-3892 wählen Sie wie folgt an: 8 + 1-212-332-3892.
> - *Ferngespräche aus dem Hotel:* Sie möchten die Brooklyner Nummer (718) 345-3535 erreichen: 8 + 1 + 718 + 345 + 3535.
> - *International aus dem Hotel:* Wenn Sie z.B. die Nummer 0431 - 149372 erreichen wollen, müssen Sie Folgendes wählen: 8 (+ manchmal 1) + 011 + 49 + 431 + 149372.
> - *Sie möchten vom Hotel eine kostenlose 1-800 bzw. 1-888-Nummer anrufen:* Das wird gehandhabt wie ein Ortsgespräch. Für die kostenlose Nummer 1-800-444-4545 müssen Sie wählen: 8 + 1 + 800-444-4545 (nur in seltenen Fällen keine „1"). Hierbei wird man Ihnen im Hotel aber eine hotelübliche Gebühr für ein Ortsgespräch berechnen.

Wichtige Telefonnummern

- von den USA nach D: 01149 + Ortsvorwahl (ohne 0) plus Teilnehmernummer
- nach Österreich: Ländervorwahl 01143
- in die Schweiz: Ländervorwahl 01141
- von D in die USA: 001
- Operator: 0
- internationale Fernsprechauskunft: 00;
- internationale Vermittlung: 01

Telefonkarten

Telefonkarten aller Art sind zur schwer durchschaubaren Wissenschaft geworden. Grundsätzlich wird zwischen Calling Cards und Prepaid oder Phone Cards unterschieden. Um eine Calling Card zu bekommen, muss vor der Reise mit einem Calling-Card-Anbieter ein Vertrag geschlossen werden. Die zugeteilte persönliche Geheimnummer (PIN) macht es zusammen mit der Einwahlnummer (USA: 1-800-..., kostenfrei) einfach, von jedem Apparat aus zu telefonieren. Telefongebühren werden nachträglich und ohne Aufschlag über die Kreditkarte abgerechnet. Die Karten können bei Verlust gesperrt und ersetzt werden. Calling Cards gibt es von den großen Telefongesellschaften wie AT&T (www.att.com), Sprint (www.sprint.com) oder MCI (www.mci.com).

Günstige Tarife bieten z.B. folgende Karten: www.us-callingcard.info/index.html oder www.minutepass.com. Diese Prepaid bzw. Phone Cards sind von mit einem festen, im Voraus bezahlten Guthaben (z.B. $ 20 oder 50) geladen. Sie können meist über eine Hotline – gegen Belastung der Kreditkarte – jederzeit nachgeladen werden. Anbieter solcher Karten finden sich z. B. auf den Webpages www.callingcards.com, www.long-distance-phone-cards. info/callingcards oder www.fonecards.de. Verschiedene Karten bieten auch folgende Anbieter: www.bluerate.de, www.telegroup.com, www.verivox.de/Fixed/CallingCards/Index. asp und auf www.billiger-telefonieren.de gibt es generelle Hinweise zum Telefonieren.

In den USA gibt es auch Telefonkarten in Supermärkten oder Tankstellen zu kaufen. Die Bedingungen bzw. Einsatzmöglichkeiten unterscheiden sich gravierend und viele sind für Überseegespräche ungeeignet.

Mobile/Cell Phone

Der Begriff „Handy" (wörtlich für „nützlich, praktisch, geschickt") existiert im Amerikanischen nicht, man spricht von Mobile oder Cell(ular) Phone. Diese funktionieren in der mittlerweile verbreiteten Triband-Version mit dem in den USA nötigen 1900-Mhz-Band gut, vor allem im Einzugsbereich der großen Metropolen. In weniger dicht besiedelten Regionen benötigt man evtl. ein Quadbandhandy. Die Kosten mit einem deutschen Vertrag können bei Anrufen in und aus den USA ins Geld gehen, die Roaminggebühren liegen oft bei 2–3 €/Min.

Man sollte sich auf jeden Fall vor der Abreise bei seinem Anbieter über Handykosten in den USA erkundigen. Passive Kosten entstehen bei Anrufen von zu Hause, da die

Rufweiterleitung von Deutschland in die USA immer auf Kosten des Angerufenen geht. Zudem sollte dringend die Rufumleitung auf die Mailbox deaktiviert werden. Die hohen Roamingkosten können mit einer eigenen amerikanischen SIM-Karte vermieden werden. Die CallCompany GmbH vermittelt amerikanische SIM-Karten zum Einsetzen in das eigene Handy, das jedoch nicht für andere Anbieter gesperrt sein darf.

Die USA SIM-Karte gibt es ohne Grundgebühren, Mindestumsatzverpflichtungen oder Aktivierungsgebühren, mit kostenloser Universal Card Calling Card. Man erhält eine amerikanische Rufnummer, unter der man für jeden erreichbar ist. Anrufer aus

> **Hinweis**
>
> *Trotz aller Billigangebote fürs Telefonieren gilt: Wenn Sie nicht zumindest für $10 Auslandsgespräche führen, lohnt eine Telefonkarte nicht. Überlegen Sie sich auch, ob Sie sich nicht auf Ihrem (europäischen) Triband-Handy anrufen lassen. Das lohnt zumindest bei max. 3 Kurzgesprächen. Am günstigsten wird es, wenn Sie sich von Europa aus über eine Billignummer zu einer abgemachten Zeit im Hotel anrufen lassen.*

Deutschland können bereits für wenige Cent zu einer amerikanischen Cellion-Handynummer telefonieren (www.cellion.de). Falls das Mobiltelefon verloren geht oder gestohlen wird, sollte man die Nutzung der SIM sofort beim Provider sperren lassen. Die an sich preiswerte Möglichkeit, SMS zu schicken, funktioniert in den USA nicht immer.

Internetnutzung mit privaten Laptops stellt selten ein Problem dar, außerdem ermöglichen WiFi-Hotspots, Internetcafés oder Hotels (manchmal gegen Gebühr) bzw. öffentliche Bibliotheken, Buchläden und Elektronikshops sogar gratis Internetzugang.

⇨ **Theater/Musicals**

Lesen Sie hierzu bitte S. 64 und 91f.

⇨ **Toiletten**

Gleich vorweg: Meiden Sie in New York die öffentlichen Toiletten. Nutzen Sie lieber die in Museen und Lokalen. Man sagt in Amerika übrigens nicht „Toilets", das gilt als unfein. Richtig ist: „Restroom", „Ladies' Room", „Men's Room" oder selten „Bathroom" bzw. „Powderroom".

⇨ **Trinkgeld**

Das Trinkgeld („Tip", „Gratuity") gehört in Amerika zur Haupteinnahmequelle der Bedienung und muss sogar in den meisten Fällen von der Bedienung pauschal versteuert werden (!), egal, wie viel sie wirklich bekommen hat. Daher sollten Sie unbedingt daran denken, Trinkgeld zu geben. Ausnahme: Fastfood-Restaurants, Delis, Imbisse oder wenn es auf der Speisekarte/Rechnung entsprechend vermerkt ist („Service included").

In der Regel gibt man 15 %, wobei am Tresen einer Kneipe häufig auch mehr gegeben wird (Anhaltspunkt: $ 1 für ein bis zwei Biere, $ 2 für mehr Getränke/pro Runde). Ein Gepäckträger erwartet 50 c, eher aber $ 1 pro Gepäckstück, je nach Größe der Koffer. Einem Zimmermädchen gibt man ca. $ 1 pro Tag. Auch Taxifahrer erwarten Trinkgeld (mind. 15 %).

7. Allgemeine Reisetipps von A–Z

Achtung beim Trinkgeld
Viele Restaurants sind mittlerweile dazu übergegangen, das Tip/die Gratuity auf der Rechnung mit einzubringen (bes. bei Touristen) und dieses leider in vielen Fällen sehr unscheinbar zu machen sowie dann auch gleich 18 und mehr Prozent aufzuschlagen. Achten Sie also darauf und bezahlen Sie dann nicht das TIP doppelt. Sie sind auch nicht verpflichtet, 18 und mehr Prozent zu geben. 15 % sind auch dann okay.

⇨ **Trinkwasser**

Das Wasser kann überall bedenkenlos getrunken werden.

U

⇨ **Unterkünfte**

Hinweise
Diese Preisklassifizierungen können nur als ganz grober Richtwert angesehen werden, da die Preisgestaltung der einzelnen Hotels sich nach Zimmergröße, Wochentag, Saison u.a. richtet. Eine Pauschalisierung ist in Amerika also in keiner Weise möglich. Besonders in New York liegen die Winter- bzw. Hochsommerpreise häufig bei nur 60 % der Hochsaisonpreise. Zudem werden gelegentlich Preisnachlässe gewährt, die es aber auszuhandeln heißt (bereits bei der telefonischen Buchung!).
Die Preisrichtlinien, die ich Ihnen hier biete, dürfen als obere Grenze angesehen werden, und ich habe sie deswegen gewählt, damit Sie keine bösen Überraschungen zu erwarten haben.

Legen Sie beim Gepäck selbst Hand an und schon sparen Sie das Trinkgeld

Wann ist Saison in New York?
- **Hochsaison:** 1 Woche vor Ostern bis Anfang Juli; September/Oktober; Ende November bis kurz nach Neujahr.
- **Zwischensaison:** März; Ende Oktober bis Ende November.
- **Nebensaison:** Anfang Januar bis Anfang März; Mitte Juli bis Ende August.

An Unterkünften verschiedenster Komfortklassen mangelt es nicht. Doch liegt die Qualität der Zimmer in New York deutlich unter der im übrigen Amerika. Ein günstig „erstandenes" Zimmer in einem Luxushotel kann oft sehr klein und nicht besser als in einem Mittelklassehotel in einer anderen Großstadt sein. Dunkel sind die Zimmer auch sehr oft: Entweder steht ein Wolkenkratzer gleich gegenüber, oder das einzige Fenster geht nach hinten raus zum Entlüftungshof. Häufig sind die Zimmer in New York auch frühzeitig ausgebucht. Daher sollten Sie diese am besten schon von Europa aus buchen. Da empfiehlt sich für die Klasse $$–$$$$$ (Klassifizierung s. S. 176) allemal ein Reisebüro, die i.d.R. etwas günstigere Preise ausgehandelt haben. Die $- und $–$$-Klassen müssen Sie aber selbst buchen.

Bad/Dusche, Klimaanlage, Telefon und Fernseher gehören mittlerweile zum Standard ab $$. In der $-Klasse bzw. bei einigen Bed and Breakfast-Unterkünften ist dieses aber nicht immer gewährleistet. Die Zimmerpreise liegen bei einfacher oder doppelter Belegung fast gleich, und meistens können Sie auch ohne besonderen Aufpreis ein Kind mit hineinnehmen. In den meisten Zimmern stehen zwei Doppelbetten (doubles) zur Verfügung.

> **Preisklassifizierung der Unterkunftsempfehlungen** (2 Personen in einem Doppelzimmer):
> $$$$$ Luxushotel (z.B. The Plaza/Waldorf Astoria): ab $ 280
> $$$$ First Class (z.B. Marriott/Sheraton): $ 200–280
> $$$ Mittelklasse (z.B. Quality Hotel, On-the-Ave): $ 150–200
> $$ untere Mittelklasse: $ 90–150
> $ einfach: (z.B. YMCA): $ 55–90

Wer zu zweit reist und mehr Platz benötigt, sollte aber allemal darauf achten, dass er nicht ein Zimmer mit einem einzigen Queensize-Bett erhält, welches nur etwa 1,40 m breit ist, sondern entweder zwei dieser Betten bzw. ein Kingsize-Bett (1,60–1,80 m breit) im Zimmer hat (bereits bei der Reservierung angeben!).

Frühstück ist normalerweise nicht im Preis inbegriffen, wird aber in Hotels entweder in einem angeschlossenen Restaurant, Coffeeshop oder Deli angeboten. Meist sind auch Delis oder Fastfood-Restaurants ganz in der Nähe.

Beim **Einchecken** müssen Sie
- ein Anmeldeformular ausfüllen
- die Kreditkarte vorlegen oder den Zimmerpreis im Voraus bezahlen (häufig zzgl. einer Garantiesumme)
- Sollten Sie nun ein Fahrzeug haben, wird Ihnen das von einem Portier in eine nahe Garage gebracht. Doch Achtung! 24 Stunden Parken kosten in New York ab $ 25 + Trinkgeld für den Portier. Selbst einen (fast immer) kostenpflichtigen Parkplatz zu suchen, spart nur wenig Geld und ist ausgesprochen lästig.

Beim **Auschecken** müssen Sie
- Ihre Rechnung unterschreiben, die eventuell ja noch Zusatzgebühren enthält (Telefongespräche etc.)

Im Voraus selbst reservieren:
Wenn Sie telefonisch im Voraus ein Zimmer reservieren möchten, halten Sie immer Ihre Kreditkarte bereit, häufig wird man Sie nach der Kartennummer fragen. Falls Sie dann nämlich nicht erscheinen sollten, zieht man Ihnen den Zimmerpreis trotzdem von der Karte ab! Geben Sie auch immer an, falls Sie nach 16h, vor allem nach 18h ankommen werden („Late arrival"), ansonsten wird Ihr Zimmer vielleicht weitervergeben, und Sie haben im schlimmsten Fall keine Unterkunft. Geben Sie auch gleich durch, ob Sie „Smoking" oder „Non-Smoking" wünschen, wobei es in New York nur noch sehr wenige Raucherzimmer gibt.
Bevor Sie ein Hotel fest buchen, fragen Sie vorher nach einem Sondertarif, der Ihnen häufig gewährt wird, besonders an Wochenenden.

Einige Infos zu den einzelnen Unterkunftstypen:
- **Hotel**: Hier reicht die Skala von ganz einfach bis zum absoluten Luxus. Sie sind teurer als B&Bs und Herbergen, da sie eine Reihe von zusätzlichen Serviceleistungen

bieten (Kofferträger, spezielles Restaurant, Business-Center etc.). Teurer sind sie zudem im Financial District (Geschäftsleute) und im Theater District (Touristen).
- **Motels** (Days Inn, Quality Inn etc.): Unterscheiden sich in New York kaum von den Hotels.
- **Inn**: In der eigentlichen Bedeutung ein „Gasthaus", heute oft ein Haus der gehobenen Ansprüche mit persönlicherem Charakter. In New York eher unter der Kategorie Hotel zu finden und auch recht teuer.
- **Billig-Hotels, sog. „Dive Inns":** Sehr einfach eingerichtet, oft mit Gemeinschaftsbad und ohne Telefon. Diese Hotels liegen unter $ 100 und werden oft auch als Wohnstätte von jungen Leuten auf der Suche nach einem Job bzw. dessen Ausübung genutzt. Die Atmosphäre spricht daher für sich, doch erwarten Sie keine Qualität.
- **Bed & Breakfast**: Anders als in England handelt es sich bei den B&B-Häusern in New York in der überwiegenden Zahl um gute, z.T. sogar luxuriöse Unterkünfte, die einen nostalgischen Touch haben, persönliche Betreuung einschließen, aber nur selten Familienanschluss bedeuten. Das Frühstück wird gemeinsam eingenommen. Die B&Bs sind häufig recht teuer. Zumeist finden sich B&Bs in New York um den Central Park und in Brooklyn.
- **Jugendherbergen:** Meist teurer als in Europa, aber gut ausgestattet, oft auch mit separaten Zimmern. Es gibt auch eine Reihe von privaten Jugendherbergen, die etwas günstiger sind. Der Standard ist zumeist auf Rucksackreisende ausgerichtet.
- **Apartments/Suiten-Hotels:** Es gibt in New York einige Hotels (z.B. „SoHo Suites"), die auf langfristige Aufenthalte eingestellt sind. Hier erhalten Sie bei längeren Aufenthalten (ab 1 Woche) z.T. erhebliche Preisrabatte. Im Zimmer befindet sich zudem eine kleine Kochgelegenheit. Die Zimmer werden dafür aber nicht täglich gereinigt. Achtung! Nicht jedes Hotel, das sich Suiten-Hotel nennt, ist ein solches Hotel. Oft gilt auch nur die Größe des Zimmers als Maßstab. Fragen Sie vorher nach.

Unterkunftsinformationen/-adressen:

a) Jugendherbergen
- Deutsches Jugendherbergswerk: Hauptverband, Postfach 1455, 32704 Detmold, Tel.: (05231) 7401-0, Fax: (05231) 7401-49, www.djh-service.de
- YMCA's/YWCA's: www.ymca.org und www.ywca.org
- American Youth Hostels: www.hiayh.org

b) Hotels, Motels und anderes
Kostenlose und zentrale Reservierungsnummern (die kostenlosen Telefonnummern gelten nur vom nordamerikanischen Telefonnetz aus), Internetadressen, Preisklasse (hoch, mittel, niedrig):
- Adam's Mark: 1-800-444-2326, www.adamsmark.com. Hoch.
- Best Western International Inc.: 1-800-780-7234, www.bestwestern.com. Mittel.
- Budget Host: 1-800-283-4678, www.budgethost.com. Niedrig.
- Clarion Hotels: 1-800-252-7466, www.choicehotels.com. Mittel.
- Comfort Inns: 1-800-228-5150, www.choicehotels.com. Mittel/teilw. niedrig.
- Courtyard by Mariott: 1-800-321-2211, www.courtyard.com. Hoch.
- Days Inn: 1-800-325-2525, www.daysinn.com. Mittel.

7. Allgemeine Reisetipps von A–Z

- Doubletree: 1-800-222-8733, www.doubletreehotels.com. Hoch.
- Econo Lodges of America: 1-800-446-6900, www.econolodge.com. Niedrig.
- Embassy Suites: 1-800-362-2779, www.embassy-suites.com. Mittel bis hoch.
- Fairmont Hotels: 1-800-527-4727, www.fairmont.com. Mittel.
- Four Seasons Hotels: 1-800-819-5053, www.fourseasons.com. Hoch.
- Hampton Inn: 1-800-426-7866, www.hampton-inn.com. Niedrig bis mittel.
- Hilton Hotels Corp.: 1-800-445-8667, www.hilton.com. Teuer.
- Holiday Inns: 1-800-465-4329, www.holiday-inn.com. Mittel bis hoch.
- Howard Johnson: 1-800-446-4656, www.hojo.com. Niedrig bis mittel.
- Hyatt & Resorts: 1-800-233-1234, www.hyatt.com. Hoch.
- Inns of America: 1-800826-0778, www.innsamerica.com. Mittel
- Inter Continental Hotels: 1-800-327-0200, www.interconti.com. Hoch.
- La Quinta Motor Inns Inc.: 1-800-531-5900, www.laquinta.com. Niedrig bis mittel.
- Marriott Hotels: 1-800-228-9290, www.marriott.com. Hoch.
- Meridien: 1-800-225-5843, www.forte-hotels.com. Mittel bis hoch.
- Motel 6: 1-800-466-8356, www.motel6.com. Niedrig.
- Omni Hotels: 1-800-843-6664, www.omnihotels.com. Hoch.
- Quality Inns: 1-800-228-5151, www.qualityinn.com. Niedrig bis mittel.
- Radisson Hotel Corp.: 1-800-333-3333, www.radisson.com. Mittel bis hoch.
- Ramada Inns: 1-800-228-2828, www.ramada.com. Mittel.
- Red Carpet/Scotish Inns: 1-800-251-1962, www.reservahost.com. Niedrig.
- Red Roof Inns: 1-800-843-7663, www.redroof.com. Niedrig, teilw. mittel.
- Renaissance: 1-800-468-3571, www.renaissancehotels.com. Hoch.
- Residence Inns by Mariotts: 1-800-331-3131, www.marriott.com. Hoch.
- Ritz-Carlton: 1-800-241-3333, www.ritzcarlton.com. Hoch.
- Rodeway Inns International: 1-800-228-2000, www.rodeway.com. Niedrig bis mittel.
- Sheraton Hotels & Inns: 1-800-325-3535, www.sheraton.com. Hoch.
- Shilo Inn: 1-800-222-2244, www.shiloinns.com. Niedrig.
- Sleep Inn: 1-800-753-3746, www.sleepinn.com. Niedrig.
- Super 8 Motels: 1-800-800-8000, www.super8motels.com. Niedrig.
- Travellodge International Inc. (Viscount Hotels): 1-800-578-7878, www.travelodge.com. Niedrig bis mittel.
- Vagabond Inns: 1-800-522-1555, www.vagabondinns.com. Niedrig.
- Westin Hotels & Resorts: 1-800-937-8461, www.westin.com. Hoch.
- Wyndham Hotels & Resorts: 1-800-996-3426, www.travelweb.com. Hoch.

Über folgende Internetseiten können Sie bereits von Europa aus Hotels Ihrer Wahl buchen (dieses lohnt sich besonders wegen der besseren Preisübersicht): www.all-hotels.com, www.newyorkcity.com, www.new-york.hotels-nb.com, www.newyorkcityhotelstoday.com u.v.m.

V

⇨ **Veranstaltungen/Feste/Paraden**

- **Nach dem ersten Vollmond im Januar (zw. 21.1. und 19.2.): Chinesisches Neujahr.** Farbenfrohe Umzüge in Chinatown.
- **Letzte Woche im Januar: Winterschlussverkauf** („After Christmas-Sale") in den großen Kaufhäusern. „Sales" gibt es aber mittlerweile zu und besonders nach allen Feiertagen.
- **Mitte Februar: Empire State Building Run-Up.** Läufer rennen über die Treppen bis auf die Spitze des Gebäudes. Info: (212) 860-4455, www.nyrrc.org.
- **17. März:** St. Patrick's Day. Der irische Nationalfeiertag wird gekrönt mit einer Parade durch die 5th Avenue zw. 44th und 86th Streets.
- **Ende März/Anfang April:** Der weltberühmte **Ringling Brothers and Barnum & Bailey Circus** gastiert im Madison Square Garden.
- **Ostersonntag: Easter Sunday Parade.** Bekannt durch die interessanten, historischen Kopfbedeckungen. 5th Ave. zw. 44th und 86th Streets.
- **Anfang Mai: Cherry Blossom Festival.** Kirschblütenfest im Brooklyn Botanic Garden. Info: (718) 622-4433.
- **Anfang Mai: Ninth Avenue International Food Festival.** Leckereien aus aller Welt entlang der Ninth Avenue zwischen 37th und 57th Streets.
- **3. Sonntag im Mai: Martin Luther King, Jr. Parade.** Zu Ehren des bekannten Bürgerrechtlers. 5th Avenue zwischen 44th und 86th Streets.
- **Ende Mai: Washington Square Outdoor Art Festival.** Buntes Künstlertreiben (Straßenmusikanten, Maler, Lesungen etc.) auf dem Washington Square.
- **Anfang Juni: National Puerto Rican Day Parade.** Hier feiern die Puertoricaner eine bunte Parade. 5th Avenue zwischen 44th und 86th Streets.
- **Juni–Juli: Washington Square Music Festival.** Livemusik auf dem Washington Square. Zeiten bitte dem „Village Voice" entnehmen.
- **Juni–August: Summer Stage in Central Park.** Kostenlose Rock- und Pop- aber auch Opernkonzerte („Opera in the Park") auf dem Rumsey Playfield bzw. dem Great Lawn im Central Park. Info: (212) 360-2777, www.summerstage.org.
- **Juni–Anfang September: Shakespeare in the Park.** Shakespeare-Aufführungen im Delacorte Theater im Central Park. Info: www.publictheater.org.
- **Mitte bis Ende Juni: JVC Jazz Festival New York.** Verschiedenste Jazzkonzerte im Lincoln Center, der Carnegie Hall und auf vielen anderen Bühnen (auch in Lokalen, Clubs und Pubs). I.d.R. am 14. Juni wird dieses eingeleitet durch Open-Air-Konzerte in 52nd Street zwischen 7th Ave. und Lexington Ave. Info: (212) 501-1390.
- **Letztes Wochenende im Juni: Gay & Lesbian Pride Parade (Gaypride Parade).** Bunte Parade der Schwulen- und Lesbenszene im Village (5th Ave. zw. 52nd St. u. Christopher St.). Im Gedenken an den 28.6.1969, an dem die Christopher Street Schauplatz eines erbitterten Widerstands gegen die diskriminierenden Methoden der Polizei war. Auslöser war eine Razzia in der Clubkneipe „Stonewall Inn".
- **4. Juli:** Nationalfeiertag, der am eindrucksvollsten durch **Macy's Fireworks Celebrations** (Info: (212) 494-5432), ein Riesenfeuerwerk am East River (zw. 23rd und 42nd Sts.), dargeboten wird.

- **5.–18. August: Harlem Week.** Straßenfest mit Gospel, Blues und Jazz zwischen 125th und 135th Street.
- **Ende August: Washington Square Outdoor Art Festival.** Buntes Künstlertreiben (Straßenmusikanten, Maler, Lesungen etc.) auf dem Washington Square.
- **Ende August/Anfang September: US Open Tennis Tournament.** Weltbekanntes Tennisturnier der ATP-Tour (Grand Slam) in Flushing Meadows (Corona Park), Queens. Info: (718) 760-6200, www.usopen.org.
- **Anfang September (Labor Day Weekend): West Indian-American Day Parade.** Bunte Parade der karibischen Bevölkerung New Yorks. Karnevalsstimmung!! In Brooklyn entlang der Utica Avenue bzw. dem Eastern Parkway.
- **3. Wochenende im September: German-American Steuben Parade.** Im Andenken an die preußischen Soldaten, die unter Steuben auf amerikanischer Seite für die Unabhängigkeit gekämpft haben. 5th Avenue, zwischen 63rd u. 86th Street. Infos: (516) 239-0741, www.gasp-ny.org oder www.germanparadenyc.org.
- **Ende September/Anfang Oktober: New York Film Festival.** Historische und neue Filme werden in der Alice Tully Hall im Lincoln Center gezeigt. Info: (212) 875-5050, www.filmlinc.com.
- **Mitte Oktober: Columbia Day Parade.** Bunte Parade entlang der 5th Avenue zwischen 44th und 72nd Streets.
- **31. Oktober: Halloween Parade:** Buntes Straßenfest (Umzüge, Straßenstände, Livemusik) im gesamten Greenwich Village.
- **1. Sonntag im November: New York City Marathon.** Eine der größten Marathon-Veranstaltungen der Welt (an die 40.000 Läufer). Zwischen Staten Island (Verrazano-Narrows Bridge) und Central Park. Info: (212) 860-4455, nycmarathon.com.
- **4. Donnerstag im November: Macy's Thanksgiving Day Parade.** Bunte Comicfiguren ziehen auf diesem Umzug vom Central Park West über den Broadway bis zum Kaufhaus Macy's am Herald Square. Info: (212) 494-5432.
- **Anfang Dezember: Lightning of the Giant Christmas Tree.** Wenn der riesige Weihnachtsbaum am Rockefeller Center „angezündet" wird, ist dieses für Tausende von New Yorkern ein spezieller Grund, zu erscheinen und dieses zu feiern.

⇨ **Verkehrsregeln**

Siehe unter Stichwort „Auto fahren".

⇨ **Versicherungen**

Es ist allemal sinnvoll, eine Reisegepäck- sowie eine Reisekranken- und Unfallversicherung abzuschließen. Achten Sie bei letzterer darauf, dass sie eine Rücktransportversicherung einschließt und dass Sie die gesamte Länge Ihres Aufenthaltes abdeckt.

Siehe auch Stichwort „Gesundheit".

⇨ **Visum**

Visumpflicht für die USA besteht für deutsche, Schweizer und österreichische Staatsbürger nicht mehr, solange ihr Aufenthalt rein touristisch ist und nicht länger als 90 Tage dauert. Wer länger bleiben möchte, muss dieses bei den diplomatischen Vertretungen im Heimatland beantragen. Probleme gibt es dabei selten, und die Genehmigung wird durch ein spezielles Visum in der Regel komplikationslos ausgestellt.

Informationen zu weiteren Fragen und Einreisebestimmungen erhalten Sie über die Botschaften (S. 135f)/Konsulate (S. 155).

Siehe auch unter Stichwort „Einreise".

W

⇨ **Wäsche waschen**

In den meisten größeren Hotels steht Ihnen ein 24-stündiger Wäschedienst zur Verfügung („laundry service" bzw. „valet service"). Selbst kleinere Häuser waschen Ihre Wäsche, hier sollten Sie aber die Wäsche am Vortag bis spätestens mittags abgegeben haben, um sie am übernächsten Morgen zurückzuerhalten, denn diese Wäsche wird außer Haus gewaschen.

Selbstversorger können auch auf die Waschautomaten-Shops zurückgreifen („laundromat", seltener auch „coin laundry" genannt). Hierbei handelt es sich meistens um Geschäfte, in denen Sie an die 20 Wasch- und Trockenmaschinen vorfinden, die Sie mit Quarters (25c-Stücke) füttern müssen. Waschmittel können Sie hier auch erhalten. Diese Waschsalons finden Sie am ehesten in Greenwich Village, Chelsea, im East Village, den Wohngebieten entlang des East River sowie im Umkreis der Universitäten. Fragen Sie am besten aber in Ihrem Hotel nach dem nächsten „laundromat".

Übrigens können Sie hier auch Ihre Wäsche einfach abgeben. Je nach Wunsch erhalten Sie sie schnell oder nach etwa einem Tag, gebügelt oder auch nur zusammengelegt zurück. Im „laundromat" ist es allemal billiger als im Hotel.

⇨ **Weine**

Amerikanische Weine erreichen mittlerweile eine sehr hohe Qualität. Besonders kalifornische Weine zählen heute zu den Spitzenweinen. Wein wird besonders auch in den Staaten New York (Long Island, Lake Erie und Lake Ontario), Washington (Yakima Valley) und Oregon (Willamette Valley) angebaut.

Z

⇨ **Zeit/Zeitzone**

New York liegt in der Zone der „Eastern Time", die 6 Stunden zur MEZ zurückliegt. Ist es z.B. in Frankfurt 15h, ist es in New York erst 9h.

Der Zeitabstand zu Mitteleuropa ist meist der gleiche, da während unserer Sommerzeit in den USA auch die entsprechende Sommerzeit (daylight saving time) gilt. Ausnahmen sind nur die Zeiten um den Wechsel, da in Amerika jeder Bundesstaat das Umstelldatum selbst bestimmen kann. In den USA werden die Zeiten in „ante meridiem" (= vormittags, abgekürzt a.m.) und „post meridiem" (= nachmittags, abgekürzt p.m.) eingeteilt. So entspricht 6 a.m. unserer Morgenzeit 6h, dagegen 6 p.m. unserer Abendzeit 18h.

> **Hinweis**
>
> *12 p.m. ist ungewöhnlicherweise 12h mittags, 0 Uhr heißt midnight oder 12 a.m.*

⇨ **Zeitungen**

Überall erhältlich ist die bunte Tageszeitung **„USA Today"** (Auflage: 1,6 Mio.), die vor allem Landesthemen behandelt, flotte Berichterstattung und eine gute Wetterseite aufweist, aber dabei im politischen Bereich sehr oberflächlich bleibt, besonders was Berichte aus anderen Ländern anbetrifft. Die renommierteste Tageszeitung ist natürlich die **„The New York Times"** (Auflage: 1,1 Mio.), deren Freitagsausgabe am besten über die Veranstaltungen der kommenden Woche berichtet und deren Sonntagsausgabe so dick ist wie ein Weltatlas.

Als Veranstaltungsblatt sei besonders auf das **„Village Voice"** hingewiesen, das nahezu überall ausliegt, auch in Selbstbedienungs-Zeitungsständern an der Straße. Am detailliertesten und übersichtlichsten über Veranstaltungen aller Art berichtet aber das **„Time Out"**, eine Wochenzeitschrift, die es an jedem Kiosk zu kaufen gibt.

Wer zudem noch etwas mehr über den wirtschaftlichen Bereich wissen möchte, der kommt nicht um das ebenfalls international renommierte **„Wall Street Journal"** (Auflage: 1,765 Mio.) herum. Als überregionale Wochenzeitschriften empfehlen sich vor allem die **„Newsweek"** und das **„Time Magazine"** für politische Berichte und **„Forbes"** und die **„Business Week"** für den Wirtschaftsbereich.

⇨ **Zoll**

Gegenstände des persönlichen Bedarfs sind zollfrei, ansonsten dürfen **zollfrei** in die USA eingeführt werden:
- 200 Zigaretten oder 50 Zigarren, 1 l alkoholische Getränke, Geschenke im Gegenwert von $ 100, Zahlungsmittel im Wert von über $ 10.000 müssen deklariert werden.

Lebensmittel (Frischprodukte aller Art) sowie Pflanzen dürfen **nicht** eingeführt werden. Für in größeren Mengen benötigte Medikamente sollte man vorsichtshalber ein ärztliches Attest mitführen.

Bei der Wiedereinreise nach D und AU sind zollfrei:
- Tabakwaren (Mindestalter des Reisenden 17 Jahre), d. h. 200 Zigaretten oder 100 Zigarillos oder 50 Zigarren oder 250 g Tabak
- Alkohol (Mindestalter des Reisenden 17 Jahre), d. h. 1 Liter über 22 Prozent oder 2 Liter bis 22 Prozent oder 2 Liter Schaum/Likörwein oder 2 Liter Wein, 500 g

Kaffee (Mindestalter des Reisenden 15 Jahre), 50 g Parfüm oder 0,25 Liter Eau de Toilette, Geschenke im Wert von € 430.

In die Schweiz:
- 2 Liter Alkohol bis 15 Prozent und 1 Liter über 15 Prozent, Tabak wie D, Waren im Wert von CHF 300

Einfuhrbeschränkungen bestehen in ganz Europa für Drogen, Arzneimittel, Waffen, Lebensmittel, Feuerwerkskörper, Raubkopien, verfassungswidrige Schriften, Pornographie, Tiere und Pflanzen.

Informationen über die aktuellen Einfuhrbestimmungen
   in die USA: www.customs.gov
   nach D: www.zoll.de (069-46997600)
   AU: www.bmf.gv.at (04242-33233)
   CH: www.zoll.admin.ch (061-2871111)

Amerika

„Der Reiseführer 'USA Nordwesten' aus dem Iwanowski Reisebuchverlag ist neu heraus gekommen. Er ist auf dem neuesten Stand zu den Parks, Öffnungszeiten, Preisen und Tourempfehlungen. Wir haben bei unserer Recherche den Reiseführer vor Ort geprüft und für gut befunden." **Clever reisen**

Reisehandbuch USA-Große Seen
690 Seiten,
inkl. Reisekarte,
Euro 25,95 (D)

Reisehandbuch USA-Nordosten
672 Seiten,
inkl. Reisekarte,
Euro 25,95 (D)

Reisehandbuch USA-Nordwesten
680 Seiten,
inkl. Reisekarte,
Euro 25,95 (D)

101 USA – Geheimtipps für Entdecker
256 Seiten,
Übersichtskarten,
Euro 12,00 (D)
durchgehend vierfarbig

Reisehandbuch USA-Ostküste
708 Seiten,
inkl. Reisekarte,
Euro 25,95 (D)

Reisehandbuch USA-Süden
656 Seiten,
inkl. Reisekarte,
Euro 25,95 (D)

Reisehandbuch USA-Südwesten
740 Seiten,
inkl. Reisekarte,
Euro 25,95 (D)

Reisehandbuch USA-Westen
736 Seiten,
inkl. Reisekarte,
Euro 25,95 (D)

Aktuelle Reiseinfos unter:
www.iwanowski.de

7. Spezialtipps 185

News im Web:
www.iwanowski.de

Spezialtipps

Unterkünfte _____ 186
  Allgemeine Hinweise 186 · Redaktions-Tipps 190 · **Unterkünfte in Manhattan 191** · Zwischen Financial District und Canal Street 191 · Zwischen Canal Street und 34th Street 192 · Midtown West und Theater District (nördl. 34th St./westl. 5th Ave.) 197 · Midtown East (nördl. 34th St., 5th Ave. und östl. davon) 200 · Upper West Side 204 · Upper East Side 206 · Der Norden 207 · **Unterkünfte in den anderen Boroughs 209** · Brooklyn 209 · Queens 209 · The Bronx 209 · Staten Island 211 · **Unterkünfte an den 3 Flughäfen New Yorks** 211 · John F. Kennedy Airport 211 · La Guardia Airport 211 · Newark Airport 211 · **Spezielle Übernachtungsmöglichkeiten in New York** 212 · Hotels für Frauen in Manhattan 212 · Hotels für Schwule und Lesben 212 · Wohnungen/Apartments 213 · Bed & Breakfast Buchungsservice 213 · Jugendherbergen, YMCA und YWCA in Manhattan 214 · Camping 215

Restaurants, Cafés und andere „Eating Establishments" _____ 215
  Redaktions-Tipps 216 · **Restaurants in Manhattan 216** · Süden: Financial District, TriBeCa, Chinatown und Lower East Side 216 · Zwischen Canal Street und 34th Street: 218 · Little Italy, West Village, SoHo, Greenwich Village, NoHo, East Village, Gramercy, Chelsea und Midtown South 218 · Midtown und Theater District 223 · Upper West Side bis zur 110th Street und Central Park 228 · Upper East Side bis zur 110th Street 230 · Harlem und der Norden 231 · **Restaurants in den 4 anderen Boroughs 232** · Brooklyn 232 · Queens 234 · The Bronx 235 · Staten Island 236

New York: am Abend und bei Nacht _____ 236
  Redaktions-Tipps 236 · **Bars, Pubs und kleine Kneipen** (oft auch mit Livemusik) 237 · in Manhattan 237 · in den anderen 4 Boroughs 243 · **Nachtclubs/Tanzclubs/Discos 245** · **Livemusik 247** · Blues/Rhythm & Blues/Soul 247 · Jazz 248 · Gospel 249 · Rock/Rock'n' Roll, Reggae, moderne Rhythmen (Techno, Hip-Hop etc.) 251 · Country/Folk und anderes 253 · **Sportsbars für europäischen Sport 253** · **Lokale für Schwule, Lesben und Transvestiten 254** · **Musicals 255** · **Oper/Operette 257** · **Theater 258** · **Kabarett/Komödie/Supper Clubs 259** · **Klassische Konzerte 260** · **Ballett/Tanz 261** · **TV-Shows 262**

Einkaufen _____ 263
  Einkaufsviertel und -straßen im Allgemeinen 264 · **Malls, Kaufhäuser und Department Stores** (Auswahl) 268 · Redaktions-Tipps 269 · **Märkte/Flohmärkte 270** · **Spezialgeschäfte 271** · Lebensmittel 271 · Antiquitäten 273 · Bekleidung allgemein/Jeans/Leder 273 · „Funky Stuff" 274 · Herrenausstatter 274 · Damenbekleidung 275 · Einzelne Geschäfte 275 · Kinderbekleidung 276 · Schuhe 276 · Sportbekleidung und -ausstattung 277 · Designerläden/Markenartikler 277 · Designer-Discountläden und Designer-Secondhand-Bekleidung 278 · Thrift- und Vintage Shops (Bekleidung) 279 · Spielzeug 280 · Audio-Geräte 280 · Foto-/Videosachen 281 · Computer 281 · CDs/Platten 281 · Juweliere 282 · Galerien 283 · Bücher, Reiseliteratur und Karten 283 · Outletmalls 285 · Anderes 285

Touren/Sightseeing/Sport treiben/Strände/Sport ansehen _____ 287
  Touren/Sightseeing 287 · Redaktions-Tipps 288 · Bustouren 288 · Zu Wasser 289 · Mit dem Helikopter 289 · TV-Studios/Entertainment-Touren 289 · Neighborhood-Touren/Zu Fuß/Thementouren 290 · **Sport treiben/Strände/ Sport ansehen 291** · Sport treiben 292 · Fitness Center 295 · Strände 297 · Sport ansehen 297 · **Entspannen/Massagen/Körperpflege 299**

Unterkünfte

Allgemeine Hinweise

Hotels in New York sind teuer. Der Durchschnittspreis eines Zimmers in Manhattan hat mittlerweile wieder die 200-Dollar-Schwelle überschritten! Die vielen Suiten in den Luxusherbergen, wie z.B. dem Plaza oder Waldorf-Astoria verzerren das Bild dann aber doch etwas. Mit mindestens 100 Dollar für ein sauberes, aber kleines Mittelklasse-Doppelzimmer in einem Hotel müssen Sie in Midtown aber allemal rechnen. Und $ 100 wären noch ein ganz besonderes Schnäppchen. Nur einige B&Bs und Hostels bieten hier und da mal günstigere, kleine Zimmer. Wie auch in anderen Teilen der USA wird in New York meist darauf geachtet, dass es einen einheitlichen Zimmerpreis gibt, egal wie viele Leute in dem Zimmer wohnen. Alleinreisende ziehen da oft den Kürzeren und zahlen für zwei. Andersherum können sich auch mal drei, ja bis zu vier Personen ein Zimmer teilen. Der Preis ist gleich bzw. unwesentlich höher als für zwei Personen. Man sollte in diesem Fall bei der Buchung aber gleich darauf achten, zwei „Queensize"-Betten (ca. 140 cm breit) zu bekommen. Manchmal gibt es sogar zwei „Kingsize"-Betten (ca. 180 cm breit). Gibt es keine Zimmer mit 2 Doppelbetten mehr, gibt es noch die Möglichkeit, sich ein zusätzliches Bett für einen Aufpreis von ca. $ 20 reinstellen zu lassen.

> **Preisklassifizierung der Unterkunftsempfehlungen** (2 Personen in einem Doppelzimmer):
> $$$$$ Luxushotel (z.B. The Plaza/Waldorf Astoria): ab $ 280
> $$$$ First Class (z.B. Marriott/Sheraton): $ 200–280
> $$$ Mittelklasse (z.B. Quality Hotel, On-the-Ave): $ 150–200
> $$ untere Mittelklasse: $ 90–150
> $ einfach: (z.B. YMCA): $ 55–90

> **Meine persönlichen Favoriten (je nach Preisklasse) gleich vorweg:**
> **(HM7) – The Plaza $$$$$:** 5th Ave. am Central Park South, New York, NY 10019, Tel.: (212) 759-3000 o. 1-800-441-1414, Fax: (212) 546-5256, www.fairmont.com. **Midtown.** 1907 eröffnet mit dem Versprechen, das beste Hotel New Yorks zu sein, ist das Plaza auch heute noch seinem angestrebten Ziel nahe. 2007/8 komplett renoviert (ein Teil ist jetzt in Apartment-Wohnungen umfunktioniert). Ein bestes Hotel kann man bei der großen Vielfalt kaum noch küren, doch das Plaza ist einfach eine Klasse für sich. Fresken, Ornamente, hohe Decken (in allen Räumen über 4 m), weiche Teppiche, Kristallleuchter, Marmorbäder, exquisite Restaurants und besonders die legendäre alte **Oak Room Bar** und die **Oyster Bar** („Meeresfrüchte-Pub"; die im Grand Central Station ist aber noch besser) haben dem Hotel immer wieder Preise und Auszeichnungen eingebracht. Beliebt ist das Plaza auch bei Stars und Persönlichkeiten. Zu den ersten Gästen überhaupt zählten der Eisenbahnbaron Alfred Vanderbilt und der Schriftsteller Mark Twain. Der Opernstar Enrico Caruso und der Architekt Frank Lloyd Wright haben hier sogar

„The Plaza", immer noch der Klassiker am Central Park

für längere Zeit gewohnt. Sie alle waren mit Sicherheit nicht enttäuscht, doch mussten sie auch

> Die Ziffern und Buchstaben vor den Hotelnamen beziehen sich auf die Karten auf S. 193, 202 u. 208.

tief in die Tasche greifen. Sollten Sie hier also absteigen, sparen Sie nicht am falschen Ende: Etwas mehr für ein Zimmer mit Ausblick auf den Central Park (gut ab 6th Floor) sollte dann auch drin sein und ein $-10-Bier in der Oak Room Bar auch. Und als Mitbringsel vielleicht noch ein weicher Bademantel mit dem Hotelemblem für gute $ 100? Lesen Sie bitte auch auf S. 426. **Warum einer meiner Favoriten?** Gute Luxushotels mit ausgezeichnetem Service gibt es zur Genüge in NY. Doch hier wohnen Sie auch zentral zur 5th Avenue, den Broadwayshows und nahe vieler Museen, haben einen schönen Blick auf den Central Park. Und, wenn Sie schon so viel Geld ausgeben, haben Sie hier auch eine gute Chance, berühmte Leute als Ihre Nachbarn zu bezeichnen. Wenn schon, denn schon!

(HM10) – The Paramount $$$: 235 W. 46th Street (zw. Broadway und 8th Ave.), New York, NY 10036, Tel.: (212) 764-5500 o. 1-800-225-7474, Fax: (212) 354-5237, www.paramounthotel. net411.com, **Midtown-West**. 610 Zimmer. Früher eher eine Absteige und als günstiges „Dive"-Hotel bekannt, nach einem Umbau aber bis heute „hipp", besonders bei Medienleuten. Die Zimmer sind zwar recht klein, das Design – von Phillipe Starck entworfen und Ian Schrager (ehem. Besitzer der Disco „Studio 54") genehmigt – ist aber mehr als ansprechend: eine Mischung aus Modern Art und 1950er-Jahre-Nierentisch-Romantik. Heute heißt es über das Paramount auch: „Absteige für Aufsteiger" bzw. „Yuppie-Hotel für den schmaleren Geldbeutel". Jedes Zimmer verfügt auch über einen Video-/DVD-Rekorder, und in der hauseigenen Videothek gibt es über 1.500 Titel zum Ausleihen (darunter auch viele gute Filme). Beliebt zum „Sehen und Gesehen

Lobby des „Paramount"

werden" sind die **Whiskey Bar** und das Theater-Restaurant im Gebäude. **Warum einer meiner Favoriten?** Günstig gelegen und eine echte Hipp-Atmosphäre in interessantem Ambiente. Besonders junge Leute werden das mögen.

(HM14) – The Salisbury Hotel $$$: 123 W. 57th Street (zw. 6th u. 7th Ave.), New York, NY 10019, Tel.: (212) 246-1300 o. 1-888-NYC-5757, Fax: (212) 977-7752, www.nycsalisbury.com. **Midtown**. 320 Zimmer. Stilvolles, älteres Hotel mit großen, renovierten Zimmern, die z.T. mit Pantry (kl. Küchenzeile) und Kühlschrank ausgestattet sind. Die Suiten haben z.T. 2 Räume. Die Atmosphäre ist herzlich, und nie hat man hier das Gefühl, in einem typischen Midtown-Touristenhotel zu wohnen. Von hier können Sie gut den Central Park, die Theater am Broadway, die 5th Avenue-Geschäfte und das Lincoln Center zu Fuß erreichen. Ein ausgiebiges Continental Breakfast ist entgegen New Yorker Gepflogenheiten auch im Preis inbegriffen. Ein absoluter Tipp in dieser Preisklasse, besonders auch für Familien mit Kindern. **Warum einer meiner Favoriten?** Günstig gelegen in der Midtown, geräumige Zimmer, herzliche Atmosphäre, gutes Frühstück für amerik. Verhältnisse – und das alles zu einem relativ günstigen Preis.

Günstig

(HS 4) – Cosmopolitan Hotel $$: 95 West Broadway, Ecke Chambers St., New York, NY 10007, Tel.: (212) 566-1900 o. 1-888-895-9400, Fax: (212) 566-6909, www.cosmohotel.com. **TriBeCa.** 100-Zimmer-Hotel, 1998 eröffnet. Das Gebäude stammt aus der Zeit um 1900, die Zimmer sind sauber und verfügen alle über ein eigenes Bad. Für knapp $ 100 gibt es auch Einzelzimmer. Der günstige Tipp in Downtown Manhattan. Zu Fuß können Sie von hier den Financial District, SoHo, TriBeCa, Chinatown und das Civic Center erreichen, und die umliegenden TriBeCa-Lokale sind oft bis spät in die Nacht geöffnet. Und gerade **letzteres macht es für mich und sicherlich einige Nachtschwärmer zu einem meiner Favoriten.**

(HS14) – Second Home on Second Avenue $–$$: 221 2nd Ave. (Ecke 14th St.), **East Village**, New York, NY 10003, Tel. + Fax: (212) 677-3161, E-Mail: SecondH@aol.com, www.secondhome.citysearch.com. Schöne Zimmer schon für unter $100, aber auch 2-Zimmer-Suiten für unter $ 200. Bäder müssen geteilt werden, dafür gibt es eine saubere Gemeinschaftsküche mit Geschirr, Besteck und Kochutensilien. **Warum ein Favorit?** Günstig, sauber, zentral gelegen.

(HB2) – Regina's New York Bed & Breakfast $$: 16 Fort Greene Place, Brooklyn (Fort Greene), NY 11217, Tel.: (718) 834-9253, Fax: (718) 834-1298. www.home.earthlink.net/~remanski/ (hier auf der Internetseite gibt es auch noch tolle Links zu Brooklyn!!). Ein typisches Brownstone-Haus im kulturellen Zentrum Brooklyns (BAM, Rose Cinemas, Philharmonie, Mark Morris Dance Group, Jazzveranstaltungen), alle U-Bahn-Linien, Long Island Railroad – eine U-Bahn-Station von Manhattan (Chinatown) und dennoch relativ ruhig gelegen. Es gibt 6 Zimmer (2 EZ u. 4 DZ), die alle liebevoll mit ausgesuchten Antiquitäten eingerichtet sind. Viele Details erfreuen das Auge, insb. Anklänge an das 1930er- und -40er-Jahre-Design. Die Besitzerin des Hauses, Frau Regina Manske, eine Deutsche (promov. Amerikanistin), lebt seit 1984 in NY und betreibt das B&B hauptberuflich seit 1994. Frühstück ist im Preis inbegriffen. Dieses Guesthouse ist ein echter Tipp, da Frau Manske selbst im Hause wohnt und Sie sich mit allen Fragen persönlich an sie wenden können. **Warum einer meiner Favoriten?** Wenig hektisch und vor allem einmal „NY außerhalb von Manhattan", obwohl dieses mit der U-Bahn schnell erreicht ist. Zudem ausgesprochen günstig und ein „Preisbrecher" für Einzelreisende aufgrund der preiswerten Einzelzimmer.

Nahezu idyllisch: „Regina's New York Bed & Breakfast"

Da die Belegungsquote in Manhattan zwischen 80 und 90 % liegt, sollte die Frage der Unterkunft schon vor der Abfahrt gelöst sein. Die Prospekte der europäischen Reiseveranstalter enthalten i.d.R. gut ausgewählte Hotels. Wer erst vor Ort eine Unterkunft sucht, muss damit rechnen, viel Zeit zu verlieren und evtl. auch überhöhte Preise zu zahlen. Bedenken Sie bei Nennung des Preises, dass noch die City-Steuer, die Hotel-Steuer und Belegungs-Steuer hinzukommen. Aus einem 100-Dollar-Zimmerpreis werden so ca. $ 115.

Die Standortwahl ist eine weitere Frage. Die meisten Hotels befinden sich in Manhattans Midtown. Times Square, Broadway, Central Park, 5th Avenue und eine Reihe von Museen können Sie von hier zu Fuß erreichen. Für den ersten Besuch ist ein Hotel hier mit Sicherheit keine schlechte (dafür aber bequeme) Wahl, wobei – abgesehen vom Financial District – die Preise auch etwas höher liegen, besonders auch die der umliegenden Restaurants. Aber bei einem 3–5-tägigen Aufenthalt sollten Sie sich über solche Fragen auch nicht zu viele Gedanken machen. New York ist halt nicht billig.

Sollten nun die Hotels in Midtown ausgebucht sein, bzw. haben Sie den Midtown-Bereich auf vorangegangenen Reisen bereits erlebt, gibt es trotzdem Alternativen zur Genüge. Zwischen Houston und 34th Street in Manhattan oder z.B. in Brooklyn wohnen Sie günstiger, „echter" und bei dem guten und zu jeder Zeit sicheren U-Bahn-Netz ausgesprochen gut. M.E. „zwingt" eine Unterkunft weg von Midtown Sie sogar dazu, auch mal die anderen Seiten von New York zu erleben – und das nicht nur durch die Scheibe des Sightseeingbusses. Wohnen im East Village, TriBeCa bzw. Greenwich Village, in Chelsea, der Upper West Side oder Brooklyn hat mir persönlich um einiges besser gefallen. Denn bedenken Sie auch, dass die New Yorker selbst Midtown mittlerweile meiden und als zu „touristiziert" ansehen. Die New Yorker kommen nur noch für die Broadway-Show hierher und gehen dann oft ganz woanders etwas essen bzw. trinken.

Als Tipp für Erstbesucher gilt aber auch heute noch:
Fragen Sie in Ihrem Reisebüro in Europa gleich nach Paketen (Flug/Übernachtung/ Eintrittskartenbons/Buchung einer Show und evtl. Mietwagen bei Weiterreise). Und legen Sie Ihren Aufenthalt um ein Wochenende, denn Wochenendraten sind in New York oft niedriger.

Als Tipp für Alleinreisende gilt:
Alleinreisende sollten aus Kostengründen zuerst versuchen, sich ein Zimmer in einem Bed & Breakfast zu reservieren. Hier können Sie mit etwas Glück für weniger Geld unterkommen, da dort nach Personen abgerechnet wird. Außer in den Bed & Breakfast-Unterkünften ist Frühstück meist nicht im Zimmerpreis enthalten.

Allgemeiner Tipp
Beträgt Ihre Aufenthaltsdauer mindestens 1 Woche, sollten Sie unbedingt nach der „Weekly Rate" fragen. Oft können Sie 7 Nächte für den Preis von 6 bekommen. Bei telefonischen Buchungen immer die Kreditkarte bereithalten. Die Nummer der Karte muss zur Reservierung als „Pfand" angegeben werden.

7. Spezialtipps: Unterkünfte

Redaktions-Tipps

Informationen zu diesen Hotels finden Sie, nach Stadtteilen und Preisklassen sortiert, auf den Seiten 186–209; s.a. Hotelkarten S. 193, 202f und 208.

- **Luxusklasse ($$$$$):** Waldorf-Astoria, The Plaza, Michelangelo, The Pierre
- **Obere Mittelklasse ($$$$):**
- Günstig gelegen zu den Theatern am Broadway: **Marriott Marquis Times Square**, **The Algonquin**
- Günstig gelegen zu den Sehenswürdigkeiten im Süden Manhattans: **The SoHo Grand**
- **Mittelklasse ($$$):**
- Günstig gelegen zu den Theatern am Broadway: **The Salisbury**, **Paramount**
- Günstig gelegen zu den Sehenswürdigkeiten im Süden Manhattans: **Best Western Seaport Inn**
- **Standard ($$–$$$):**
- Günstig gelegen zu den Theatern am Broadway: **Broadway Inn**, **Milford Plaza** und **Quality Hotel & Suites**
- Günstig gelegen zu den Sehenswürdigkeiten im Süden Manhattans: **Regina's New York Bed & Breakfast** (in Brooklyn) und **Cosmopolitan Hotel**
- Günstig gelegen zum Bereich der Villages und Union Square von Manhattan: **Herald Square Hotel** und **Washington Square Hotel**
- **Besonders günstig sowie „Dive"-Hotels:**
- Die **Off-SoHo Suites** bieten mehr Platz und eine kleine Kochecke ($$)
- Das **Chelsea**, beliebt bei Künstlern und „betuchteren Freaks" ($$$)
- Im Norden Manhattans: das günstige **Marrakech** ($–$$)
- Unterkunft in Brooklyn: **Regina's New York Bed & Breakfast**
- Unterkunft in der Bronx: **Le Refuge Inn**

Im Folgenden stelle ich Ihnen nun etwa 100 Übernachtungsmöglichkeiten in New York vor. Natürlich können hier nicht annähernd alle Hotels aufgelistet werden, und besonders das eine oder andere Luxushotel ist hier nicht genannt. Ich habe mich aber bemüht, Ihnen zu jedem geographischen Gebiet Unterkünfte in allen Preisklassen vorzustellen. In manchen Gebieten, wie z.B. dem Financial Center, ist dieses aber nicht möglich. Die Nennung vieler Luxushotels beruht im Wesentlichen auf der Tatsache, dass diese Hotels auch als „Sehenswürdigkeit" betrachtet werden können.

Reservierungsbüros

Wer Schwierigkeiten hat, eine noch bezahlbare Unterkunft in Manhattan zu bekommen, kann es auch bei einem der folgenden Reservierungsbüros versuchen. I.d.R. liegen die Zimmerpreise bei diesen Agenturen um 25 % unter den offiziellen Preisen, da die Agentur en block reserviert. Oft müssen Sie hier bei der telefonischen Buchung mit der Kreditkartennummer das Zimmer sichern. Haben Sie diese also beim Anruf griffbereit. Wundern Sie sich nicht über die Vorwahlen. Die Agenturen sitzen zumeist nicht in New York. Die Agenturen sind i.d.R. nur zu amerikanischen Bürozeiten (Eastern Time (New York) 9h–18h) besetzt.

- **New York Conv. & Visitors Bureau:** Unter der Telefonnummer (212) 484-1200 (Fax: (212) 245-5943) kann man Hotelzimmer buchen. Die Internetseite dazu lautet: *www.nycvisit.com*.
- **Express Hotel Reservation:** (303) 440-8481, Internet: *www.express-res.com*. Übersichtliche Webseite (mit Manhattan-Plan). Nachteil: keine verlässlichen Angaben des Preisrahmens.
- **Central Reservations Service (CRS):** (407) 740-6442, Fax: (407) 740-8222, *www.reservation-services.com*.

- **A Hospitality Company:** Tel.: (212) 813-2244, Fax: (212) 813-9001. Internet: *www.acompanies.com*. Spezialisiert auf möblierte Apartments, Zimmer, Studios. Es gibt nicht viele Angebote, dafür sind diese aber für Familien und kleine Gruppen durchaus attraktiv. Unter $ 100, i.d.R. $ 150 pro Nacht gibt es hier aber nichts. Wer länger bleiben möchte, sollte sich gleich nach Wochen- bzw. Monatsraten erkundigen.
- **Quikbook:** (212) 779-7666, Internet: *www.quikbook.com*. Vornehmlich Mittel- bis Oberklasse-Hotels.

Und noch etwas zur Preisnennung: Die Vergleichspreise, die von den o.g. Agenturen genannt werden, entsprechen i.d.R. nicht den üblichen Hotelpreisen. Sie sparen keine 50–60 %. 20–30 % sind eher realistisch.

> *Hinweis*
> *Alle gebührenfreien 1-800er-, 1-888er-usw.-Nummern können Sie nur aus den USA und Kanada anwählen. Diese sind auch nur für Reservierungen vorgesehen, nicht um sich in ein Hotelzimmer durchstellen zu lassen.*

> *Hinweis*
> *Hotels in jedem hier folgenden Unterkapitel sind von Süden nach Norden geordnet.*

❶ Unterkünfte in Manhattan

Manhattan: Zwischen Financial District und Canal Street

Teuer
- **(HS1) The Ritz-Carlton New York, Battery Park City** $$$$$: 2 W. at Battery Place, New York, NY 10017, Tel.: (212) 344-0800 od. 1-800-241-3333, Fax: (212) 344-3801, *www.ritz-carlton.com*. *Lower Manhattan/Battery Park*. Neues Top-Hotel direkt am Wasser. Die meisten Zimmer haben schöne Ausblicke, wobei Sie das bei der Buchung nochmals betonen sollten, wenn Sie ein Zimmer mit Ausblick wünschen, besonders mit Blick in Richtung Freiheitsstatue.
- **(HS2) – The Millennium Hilton** $$$$$: 55 Church Street (zw. Fulton u. Dey Sts.), New York, NY 10017, Tel.: (212) 693-2001 o. 1-800-835-2220, Fax: (212) 571-2316, *www.millenniumhilton.com*. *Lower Manhattan/Civic Center*. 561 Zimmer und Suiten. Modernes Hotel in schwarzem 58-Stockwerke-Gebäude. Gute Aussicht von den oberen Etagen. Geschäftsleute lieben die relativ geräumigen Zimmer und die Anschlüsse ans Mediennetz (2 Telefonleitungen, Faxgeräte, Internetzugänge auf jedem Zimmer). Für Sie mögen wohl nur die günstigen Wochenendraten von Interesse sein ($$$).

Mittlere Preisklasse
- **(HS3) – Best Western Seaport Inn** $$$: 33 Peck Slip (zwischen Front u. Water Street), New York, NY 10038, Tel.: (212) 766-6600 o. 1-800-HOTEL-NY, Fax: (212) 766-6615, *www.bestwestern.com/seaportinn*. *Financial District/South Street Seaport*. 72 Zimmer. Untergebracht in einem historischen Gebäude (1852) im restaurierten Fulton Street District, nicht weit vom South Street Seaport Museum und dem Fulton Market. Die Zimmer sind „Durchschnitt", dafür gibt es aber ein kleines Frühstück, welches im Preis inbegriffen ist. Abends bieten sich ein paar Restaurants in der Umgebung (Fulton

Market, Chinatown, Little Italy) oder zu Fuß über die Brooklyn Bridge in Brooklyn Heights an. Ansonsten müssen Sie aber von hier abends immer fahren, um etwas zu erleben.

Günstig
Siehe *Cosmopolitan Hotel (HS4)*.

Manhattan: Zwischen Canal Street und 34th Street

Teuer
- **(HS5) – The SoHo Grand Hotel $$$$**: 310 W. Broadway (zw. Grand u. Canal Sts.), New York, NY 10013, Tel.: (212) 965-3000 o. 1-800-965-3000, Fax: (212) 965-3244, www.sohogrand.com. *SoHo*. 367 Zimmer + 4 Penthouse-Suiten. Von außen erscheint dieses Luxushotel eher langweilig, und auch die Lage nahe der quirligen Canal Street und am Rande des Galerieviertels von SoHo verspricht wenig. Drinnen aber wird man überrascht von überschwänglichem Luxus, Kandelabern etc. Das Design soll an die historischen Cast-Iron-Gebäude von SoHo erinnern. Markantestes Interieur zu diesem Thema: die eiserne Treppe in der Lobby. Als Hotel der Oberklasse südlich der Houston Street der Tipp. SoHo's Nähe hat einen Vorteil: Gleich um die Ecke befinden sich die „In"-Bars und auch ein paar Restaurants des Künstlerviertels.
- **(HS6) – Inn at Irving Place $$$$**: 56 Irving Place (zw. 17th u. 18th Sts.), New York, NY 10003, Tel.: (212) 533-4600 o. 1-800-685-1447, Fax: (212) 533-4611, www.innatirving.com. *Gramercy Park*. 5 Zimmer + 7 Suiten. Der 19.-Jahrhundert-Charakter ist nahezu einzigartig in New York, und es wundert nicht, dass dieses Bed & Breakfast immer wieder zum „Most romantic Hideaway" in New York gewählt wird. Nur einen Block vom Union Square entfernt, scheint in den Räumen dieses viktorianischen Hauses (und dem angefügten Greek-Revival-Gebäude) die Zeit stehen geblieben zu sein. Nur das elektrische Licht und die (m.E. überflüssigen) Video- und DVD-Rekorder auf jedem Zimmer mögen an die Neuzeit erinnern. Die Romantik beginnt bereits beim Einchecken: Sherry, Tee und Plätzchen werden im Salon gereicht und der Duft der vielen Trockenblumen-Potpourris lassen Sie den Großstadttrummel schnell vergessen.
- **(HS7) – Gramercy Park $$$–$$$$**: 2 Lexington Ave. (zw. 21st u. 22nd Sts.), New York, NY 10010, Tel.: (212) 475-4320 o. 1-800-221-4083, Fax: (212) 505-0535, www.gramercyparkhotel.com. *Gramercy Park*. 357 relativ große Zimmer. Neben dem Inn at Irving Place (s.o.) einziges nennenswertes Hotel in diesem Stadtteil. Der Park um die Ecke ist privat, doch Hotelgäste erhalten einen Schlüssel. Das Gramercy Park bietet sich an für diejenigen, die europäisches Flair nicht ganz missen möchten und auch auf den „New Yorker Rummel an der nächsten Ecke" verzichten können. Es ist verhältnismäßig ruhig hier und trotzdem kann man den Union Square und Greenwich Village gut zu Fuß erreichen. Die Zimmer werden (in äußerst gemächlichem Tempo) renoviert. Hoffen Sie also auf ein „neueres" bzw. fragen Sie danach! Die Bar im Hause erinnert an die 50er Jahre und hat mit Pianospieler und geschüttelten Martinis Stil.
- **(HS8) – The Pennsylvania $$$**: 401 7th Avenue (Madison Square Garden, zw. 32nd u. 33rd Sts.), New York, NY 10001, Tel.: (212) 736-5000. o. 1-800-223-8585, Fax: (212) 502-8712, www.hotelpenn.com. *(Nord-) Chelsea*. 1.705 Zimmer. Einst eines der Grand-Hotels von New York, nahe dem gleichnamigen Bahnhof gelegen, wurde das 1917 eingerichtete Hotel gerne von Reisenden frequentiert. Der Ruhm ist zwar etwas ver-

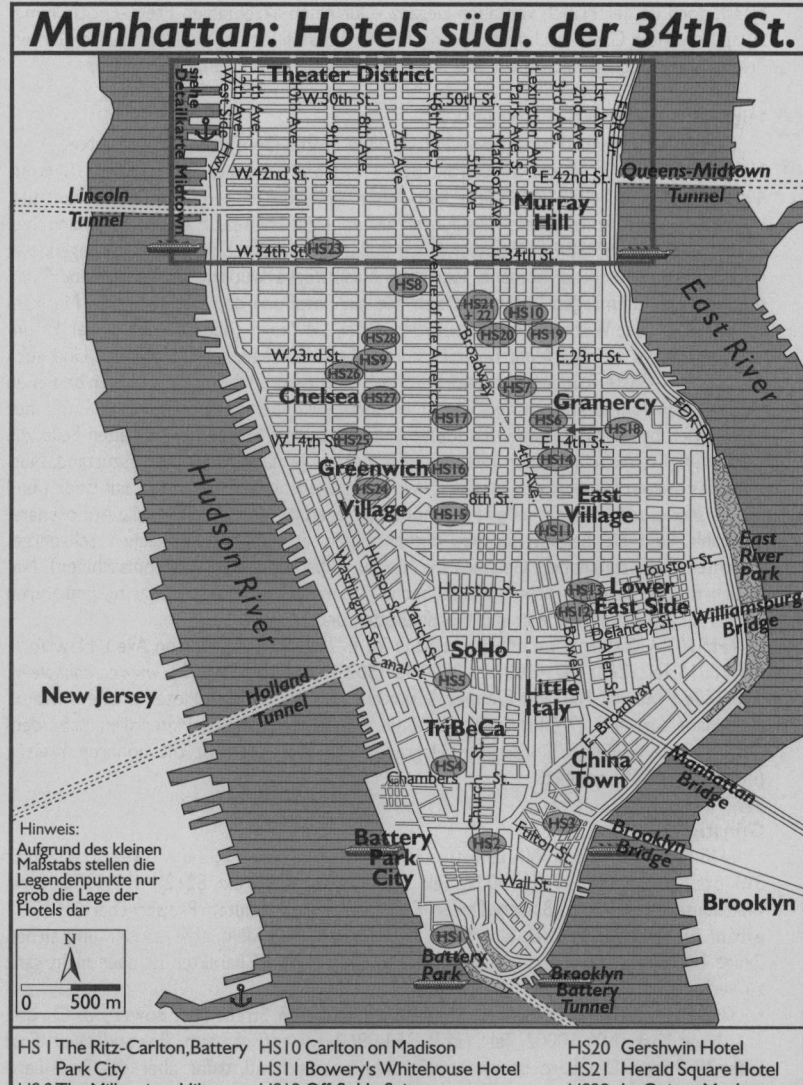

Manhattan: Hotels südl. der 34th St.

HS 1 The Ritz-Carlton, Battery Park City	HS 10 Carlton on Madison	HS 20 Gershwin Hotel
HS 2 The Millennium Hilton	HS 11 Bowery's Whitehouse Hotel	HS 21 Herald Square Hotel
HS 3 Best Western Seport Inn	HS 12 Off-SoHo Suites	HS 22 La Quinta-Manhattan
HS 4 Cosmopolitan Hotel	HS 13 Clarion - The Gem Hotel	HS 23 Webster Apartments
HS 5 The SoHo Grand Hotel	HS 14 Second Home of Second Avenue	HS 24 Incentra Village House
HS 6 Inn at Irving Place	HS 15 Washington Square	HS 25 Chelsea Pines Inn
HS 7 Gramercy park	HS 16 Larchmont	HS 26 Colonial House Inn
HS 8 The Pennsylvania	HS 17 Chelsea Inn	HS 27 Chelsea International Hostel
HS 9 Chelsea Hotel	HS 18 Hotel 17	
	HS 19 Carlton Arms	HS 28 Mc Burney YMCA

Hinweis:
Aufgrund des kleinen Maßstabs stellen die Legendenpunkte nur grob die Lage der Hotels dar

blasst, doch ist der Hauch von alter Eleganz – für einen akzeptablen Preis – noch immer zu spüren. Viele Gäste nächtigen hier nach einer Vorstellung im Madison Square Garden. Fragen Sie unbedingt nach speziellen Raten (z.B. 4 Nächte buchen, 3 bezahlen).

Mittlere Preisklasse
- **(HS9) – Chelsea Hotel $$$:** 222 W. 23rd Street (zw. 7th u. 8th Ave.), New York, NY 10011, Tel.: (212) 243-3700, Fax: 8212) 675-5531, www.chelseahotel.com. *Chelsea*. 400 Zimmer und Suiten ($$$$) – von diesen sind aber nur 100 für Kurzaufenthalte. Um dieses Hotel kommt kein Reiseführer herum. Das Chelsea, in einem viktorianischen Ziegelsteinbau von 1884 (mit gusseisernen Balkonen) untergebracht, ist eine Legende in New York. Geschichten, Romane, Gedichte, Musikstücke wurden hier geschrieben, und die Liste der ehemaligen Gäste liest sich wie ein Potpourri der Literatur- und Musikgeschichte: *Tennesse Williams, Bob Dylan, Arthur Miller, Sid Vicious* (der hier von seiner Freundin umgebracht wurde), *Mark Twain, Leonard Cohen* u.v.a. haben hier residiert. Und auch die heutigen Gäste frönen eher dem Schöngeistigen (was auch immer das hier bedeuten mag) als den Touristenzielen der Stadt. Der Service ist aber entsprechend lau – und nur auf Wunsch bestellbar –, in den Badezimmern gibt es kein Shampoo und selten Seife, die Einrichtung ist nicht auf einen Nenner zu bringen – je nach Renovierungszustand, Nutzung des letzten Dauergastes etc., und die Kunstgegenstände an Wänden, auf Böden und z.T. als Möbel mögen nicht jedes Herz höher schlagen lassen. Hier ist es die Atmosphäre, die zählt. Und die belohnt für alle Entbehrungen, ebenso die zahlreichen Schauergeschichten (von spukenden Geistern bis hin zu selbsttippenden Schreibmaschinen). Natürlich ist das Chelsea recht oft ausgebucht, also reservieren Sie rechtzeitig und fragen Sie dann nach einem Zimmer mit Holzfußboden und Kamin.
- **(HS10) – Carlton on Madison $$$:** 22 E. 29th Street (Madison Ave.), New York, NY 10016, Tel.: (212) 532-4100 o. 1-800-542-1502, Fax: (212) 889-8683, www.carltonhotelny.com. *(Süd-) Murray Hill*. 250 Zimmer. Ansprechendes Mittelklasse-Hotel in einem Beaux-Arts-Haus aus dem 19. Jahrhundert. Schönes Ambiente mit edlen Materialien, nahe dem Empire State Building. Ein teures „Upgrade" hat aber auch zu oft höheren Preisen (manchmal $$$$) geführt.

Günstig
- **(HS11) – Bowery's Whitehouse Hotel of New York $:** 340 Bowery (zw. 2nd u. 3rd Sts.), New York, NY 10002, Tel.: (212) 477-5623, Fax: 8212) 473-3150, www.whitehousehotelofny.com. *Bowery/Lower East Side*. Ein absoluter Preisbrecher! 1917/18 erbaut für Arbeiter bei der Eisenbahn. Die Zimmer sind klein, aber sauber und sicher. Einige Leute wohnen hier bereits seit Jahren. Der Hostel-Charakter ist aber nicht ganz zu verbergen.
- **(HS12) – Off-SoHo Suites $$–$$$:** 11 Rivington Street (zw. Bowery u. Christie St.), New York, NY 10002, Tel.: (212) 353-0860, www.offsoho.com. *Bowery/Lower East Side*. 38 Suiten. Die Lage ist zwar nicht sehr ansprechend, dafür aber das Preis-Leistungs-Verhältnis. Die Economy-Suiten ($$, max. 2 Pers.) teilen sich Bad und Küche, die Deluxe-Suiten ($$–$$$) tun dieses nicht. Die Räume sind relativ groß, haben eine funktionsfähige Küche und eine Essecke. Sauber.
- **(HS13) Clarion – The Gem Hotel – New York City $$:** 135 E. Houston St. Ecke Forsythe, New York, NY 10002, Tel.: (212) 358-8844 od. 1-800-446-4656, Fax: (212) 473-3500, www.thegemhotel.com. *Lower East Side*. Unspektakuläres Boutique-Hotel, aber sauber und interessant gelegen zum Nightlife der Gegend. Preislich kann man sich meist

auch nicht beschweren und wer etwas tiefer in die Tasche greift, bekommt Zimmer mit Jacuzzi und zwei Doppelbetten (bis zu 4 Personen erlaubt). Alle Zimmer haben Data-Ports.
- **(HS14) – Second Home on Second Avenue $-$$**: siehe S. 188
- **(HS15) – Washington Square $$-$$$**: 103 Waverly Place (zw. 5th u. 6th Ave.), New York, NY 10011, Tel.: (212) 777-9515 o. 1-800-222-0418, Fax: (212) 979-8373, www.wshotel.com. **Greenwich Village.** 170 Zimmer. Günstig gelegen zu den Musikclubs im Village und zur Uni. Die Zimmer können sehr unterschiedlich sein. Klein – groß, renoviert – unrenoviert, dunkel – hell. Mein Tipp: Fragen Sie nach einem größeren Zimmer ($$–$$$) nach Süden in den oberen Etagen. Das Frühstück im angeschlossenen kleinen Restaurant ist im Preis inbegriffen. Familienbetrieb.
- **(HS16) – Larchmont $-$$:** 27 West 11th Street (zw. 5th u. 6th Ave.), New York, NY 10011, Tel.: (212) 989-9333, Fax: (212) 989-9496, www.larchmonthotel.com. **Greenwich Village.** 60 Zimmer, alle ohne eigenes Bad und ohne Room Service! In einem Brownstone-Haus von 1910. Einfache, aber saubere Zimmer und für den Preis absolut okay. Auf jedem Flur gibt es eine kleine Küche. Einfaches Frühstück im Preis inbegriffen.
- **(HS17) – Chelsea Inn $$-$$$**: 46 W. 17th Street (zw. 5th u. 6th Ave.), New York, NY 10011, Tel.: (212) 645-8989 od. 1-800-640-6469, Fax: (212) 645-1903, www.chelseainn.com. **Chelsea.** Unkompliziertes Hotel mit Zimmern ($$), Studios und Suiten ($$$). Einige Zimmer haben eine kleine Küche, viele müssen aber das Bad teilen.
- **(HS18) – Hotel 17 $-$$:** 225 East 17th St. (zw. 2nd u. 3rd Ave.), New York, NY 10003, Tel.: (212) 475-2845, Fax: (212) 677-8178, www.hotel17ny.com. **Gramercy Park.** 140 Zimmer und Suiten. Günstige Wochenraten ($). Eines der bekanntesten „Dive"-Hotels in New York, wenn auch in letzter Zeit etwas ins „Bürgerliche abgerutscht". Beliebt bei Künstlern, Hippies, Transvestiten, Möchtegern-Stars und auch Stars. Wer glaubt, mit dem Pinsel umgehen zu können, darf nach Absprache mit dem Chef die Kunstwerke des Vorgängers an den Tapeten übermalen. Flurparties sind an der Tagesordnung, und der günstige Preis resultiert aus dem Basis-Service. Nicht alle Zimmer haben ein eigenes Bad.
- **(HS19) – Carlton Arms $-$$**: 160 East 25th St. (zw. Lexington u. 3rd Ave.), New York, NY 10010, Tel.: (212) 684-8337 od. 679-0680, www.carltonarms.com. **(Süd-) Murray Hill/Gramercy Park.** 54 Zimmer, davon 20 mit eigenem Bad. Einfache, dafür aber sehr günstige Zimmer. Auch in diesem „Dive"-Hotel durften sich Künstler und die, die es gerne sein wollten, an den Wänden mit Farbe auslassen.
- **(HS20) – Gershwin Hotel $-$$:** 7 East 27th St., (zw. 5th u. Madison Ave.), New York, NY 10016, Tel.: (212) 545-8000, Fax: (212) 684-5546, www.gershwinhotel.com. **(Süd-) Murray Hill.** 120 Zimmer mit eigenem Bad ($$) und viele Zimmer mit 4–12 Betten (Schlafsäle = „Dorms" ($)). Auch hier gibt es viele „Kunstwerke" in Form von Gemälden, Pop Art usw. Das Hotel zielt auf junges Publikum ab. Entsprechend gibt es einen Billardraum, eine Dachterrasse (mit Grill), und es findet mindestens einmal im Monat eine Hausparty statt. Ein „Dive"-Hotel für die Jugend.
- **(HS21) – Herald Square Hotel $-$$:** 19 W. 31st St. (zw. Broadway u. 5th Ave.), New York, NY 10001, Tel.: (212) 279-4017 od. 1-800-727-1888, Fax: (212) 643-9208, www.heraldsquarehotel.com. **Midtown-South/Herald Square.** Kleines Hotel für junge Leute und diejenigen, die günstig und einfach wohnen möchten. Es gibt sehr günstige Zimmer ohne eigenes Bad ($), aber auch 2- u. 3-Bett-Zimmer mit eigenem Bad ($$). Zentral gelegen nahe dem Herald Square. Sauber.
- **(HS22) – La Quinta Manhattan $$-$$$:** 17 West 32nd Street (zw. Broadway u. 5th Ave.), New York, NY 10001, Tel.: (212) 736-1600 od. 1-800-567-7720, Fax: (212) 790-

INFO Was ist eigentlich ein „Dive"-Hotel?

Dive = Abtauchen. Das Wort ist mittlerweile ein fester Begriff in New York. Grundsätzlich bemüht man sich in diesen, zumeist (aber nicht immer) günstigeren Hotels darum, so wenig als möglich konventionell zu sein. Erwarten Sie also nichts „Normales" und beschweren Sie sich nicht darüber, dass z.B. während der letzten Nacht eine Party auf dem Flur stattgefunden hat.

In Dive-Hotels lässt man den Gästen Entfaltungsmöglichkeiten, die letztendlich dem Charakter des Hotels wieder zugute kommen. Die Gäste sind i.d.R. junge Leute auf der Suche nach sich selbst oder Arbeit in New York, Künstler und diejenigen, die eines der ersten beiden sein bzw. sich das anschauen möchten – Zaungäste also. Letztere sind eigentlich gar nicht so gerne gesehen, denn sie bringen keinen weiteren Pep hierher, doch füllen sie andererseits die Kassen der Hoteliers.

Wer in solch einem Hotel absteigen möchte – was wirklich „als kultig" gilt –, der sollte sich z.B. über folgende Begebenheiten nicht unbedingt wundern:
* Feten auf den Gängen,
* Zimmer, die nicht abgeschlossen werden;
* bunte und schrille Einrichtungen, die selten einen nützlichen Zweck erfüllen;
* Langzeitgäste, die für Touristen nur ein müdes Lächeln übrig haben;
* Möchtegern-Sternchen, die sich bereits mit dem Oscar in der Hand sehen;
* nicht funktionierende Duschen;
* lustloses Hotelpersonal;
* der Geruch von Dope;
* das „ach so lustige" Dive-Hotel vom letzten Jahr ist plötzlich bürgerlich geworden.

Künstlertreff: „The Chelsea"

Natürlich muss dieses alles nicht zutreffen bzw. trifft völlig anderes zu. Genau das aber macht den Reiz aus. Noch einmal: Die Gäste, nicht der Hotelbesitzer machen den „Charme" eines solchen Etablissements aus. Letzterer muss nur die innere Ruhe besitzen, den Gemütern seiner Gäste freien Lauf zu lassen. Mittlerweile versuchen viele Hoteliers, auf diesen Kultzug aufzuspringen. Leider nicht immer mit Erfolg.

Bekannte Billig-Dive-Hotels in New York sind z.B.: Hotel 17, Off-SoHo-Suites, Bowery's Whitehouse Hotel, The Gershwin, Carlton Arms. Teurer, gesetzter, aber nicht „unflippig" sind dagegen das legendäre The Chelsea, gern frequentiert von

Schriftstellern und Poeten, sowie das Paramount, eine pseudovornehme „Absteige" von Stars, Starlets und Yuppies- (alle hier unter „günstig").

Und noch ein letzter Tipp: Steigen Sie gerne in so einem Hotel ab, doch nicht, um nur „zu schauen". Das wäre, wie mit einem Jeep durch die Großstadt zu brausen, und letztendlich würde man Sie nur belächeln. Mischen Sie also ruhig etwas mit ...

2758, www.laquinta.com. **Midtown-South/Herald Square.** Im koreanischen Viertel gelegen. Das Hotel hat einen extravaganten Touch, besonders da das Gebäude aus dem beginnenden 20. Jahrhundert stammt und die Zimmer nach New Yorker Stadtteilen bzw. Gebieten bezeichnet und auch eingerichtet sind.

Manhattan: Midtown West und Theater District (nördl. 34th St./westl. 5th Ave.)

Teuer
- **(HM1) – The Royalton** $$$$: 44 West 44th St. (zw. 5th u. 6th Ave.), New York, NY 10036, Tel.: (212) 869-4400 o. 1-800-635-9013, Fax: (212) 575-0012, www.ianschragerhotels.com. **Midtown.** 170 Zimmer. Wie im Paramount, hat sich auch hier der Designer *Phillipe Starck* ausgelebt. Denn auch hier, wie im Paramount und im Morgan's, ist der Gründer *Ian Schrager*, ehemals Chef der Disco „Studio 54". Entsprechend sind Architektur und Einrichtung zwischen gewöhnungsbedürftig und hipp anzusiedeln. Die New Yorker zumindest, besonders Yuppies und Medienleute, liebten Ende der 1990er Jahre das Hotel und sein Restaurant, das **„44"**. Heute ist es etwas einfacher dort einen Tisch zu bekommen.
- **(HM2) – The Algonquin** $$$–$$$$: 59 W. 44th Street (zw. 5th u. 6th Ave.), New York, NY 10036, Tel.: (212) 840-6800 od. 1-800-555-8000, Fax: (212) 944-1419, www.algonquinhotel.com. **Midtown.** 165 Zimmer. Bekannt geworden ist dieses Hotel durch seinen Literatenstammtisch (Round Table) während der 1920er und -30er Jahre, der in der Hausbar, dem **Oak Room**, zusammenkam. Auch heute steigen Schriftsteller und Verleger gerne hier ab und der „Oak Room" ist oft Veranstaltungsort von Lesungen und vor allem Cabarets. Das viktorianische Flair und die Nähe zum Times Square machen dieses in seiner Größe überschaubare Hotel zu einem Tipp. Die Zimmerpreise sind angemessen, wenn auch die meisten Räume nicht übermäßig groß sind.
- **(HM 3) – The Westin at Times Square** $$$$: 270 W. 43rd St., Ecke 8th Ave., New York, NY 10036, Tel.: (212) 201-2700, www.westinny.com. **Midtown.** 863 Zimmer. Neues Luxushotel in auffälligem Hochhausbau, das im Zuge der Umstrukturierung der Times Square Area 2002 eröffnet wurde. Geräumige Zimmer und oberhalb des 16. Stockwerks gute Ausblicke (viele Zimmer auch mit Blick in Richtung Times Square!).
- **(HM4) – Marriott Marquis Times Square** $$$–$$$$: 1535 Broadway (zw. 45th u. 46th Sts.), New York, NY 10036, Tel.: (212) 398-1900 o. 1-800-843-4898, Fax: (212) 704-8930, www.nycmarriott.com. **Theater District.** 1.900 Zimmer. Direkt am Times Square gelegenes Luxushotel, erlebnisreiche Ar-

Die Ziffern und Buchstaben vor den Hotelnamen beziehen sich auf die Karten auf S. 193 u. 202f.

chitektur mit gläsernen Aufzügen, mehreren Lounges, vier Restaurants (darunter New Yorks einziges Drehrestaurant im 49. Stockwerk – unbedingt reservieren!!). Ein kleines Broadway-Theater im Haus, die Größe und natürlich die geographische Lage sorgen für viel Trubel.
- **(HM5) – Doubletree Guest Suites** $$$$: 1568 Broadway (47th St./7th Ave.), New York, NY 10036, Tel.: (212) 719-1600 o. 1-800-222-8733, Fax: (212) 921-5212, www.doubletree.com. *Theater District.* 460 Suiten. Wenn auch kein historisches bzw. aufgeschicktes Hotel, rechtfertigen die geräumigen Suiten (Wohn- und Schlafzimmer separat, Kaffeemaschine, Kühlschrank, Mikrowelle) den Preis. Und wer mit Kindern reist, wird neben dem Platz den „Kids Club" (Kinder-Club) und die speziell kindersicheren Suiten (extra beantragen bei der Buchung) zu würdigen wissen.
- **(HM6) – The Michelangelo** $$$$$: 152 W. 51st St. (7th Ave.), New York, NY 10019, Tel.: (212) 765-1900 o. 1-800-237-0990, Fax: (212) 581-7618, www.michelangelohotel.com. *Midtown.* 126 Zimmer + 51 Suiten. Von den New Yorkern gerne als „Palazzo on Broadway" bezeichnet. Marmor-Lobby, große Zimmer, die Wahl des Interieurs (Art Deco, franz. Empire o. franz. Landstil), Marmorbäder und hauseigene Bademäntel: Luxus pur! Frühstück (in der Lobby) ist im Preis inbegriffen. An Wochenenden $$$$.
- **(HM7) – The Plaza** $$$$$: Siehe S. 186.
- **(HM8) – The Essex House-Westin** $$$$$: 160 Central Park South (zw. 6th u. 7th Ave.), New York, NY 10019, Tel.: (212) 247-0300 o. 1-800-937-8461, Fax: (212) 315-1839, www.starwood.com. *Midtown.* 595 Zimmer und Suiten. Art-Deco-Gebäude, welches Ende der 1990er Jahre für $ 80 Mio. renoviert wurde. Die Zimmer weisen einen Einrichtungsstil auf, der an das Europa des 18. Jahrhunderts erinnert: gemütlich-plüschig. Marmor-Bäder, hauseigene Bademäntel usw. rechtfertigen den hohen Preis. Für ein paar Dollar mehr bekommen Sie ein Zimmer mit Blick auf den Central Park (gut ab 6th Floor). An Wochenenden $$$$. Im Hause: **Les Célébrités Restaurant** (exquisite franz. Küche).

Mittlere Preisklasse

- **(HM9) – Hotel Metro** $$$: 45 W. 35th Street (zw. 5th u. 6th Ave.), New York, NY 10001, Tel.: (212) 947-2500 od. 1-800-356-3870, Fax: (212) 279-1310, www.hotelmetronyc.com. *Herald Square/Midtown-South.* 179 Zimmer und Suiten. Hotel mit Touch zum Art Deco. Relativ große Zimmer und als Knüller: der Ausblick vom Dach auf das Empire State Building.
- **(HM10) – The Paramount** $$$: Siehe S. 187.
- **(HM11) – Ameritania** $$-$$$: 230 W.54th St. (Broadway), New York, NY 10019, Tel.: (212) 247-5000 o. 1-888-664-6835, Fax: (212) 247-3316, www.nycityhotels.com. *Theater District.* 250 Zimmer + 12 Suiten. Direkt neben David Letterman's Show bietet dieses Hotel ein gutes Preis-Leistungs-Verhältnis, besonders in den Minisuiten, die man auch mit 3-4 Personen bewohnen kann. Das futuristische Ambiente in den „öffentlichen" Räumen setzt sich aber nicht fort in den Gästezimmern. Günstige „Off-Season-Raten".
- **(HM12) – The Warwick** $$$: 65 W. 54th St. (zw. 5th u. 6th Ave.), New York, NY 10019, Tel.: (212) 247-2700 o. 1-800-223-4099, Fax: (212) 713-1751, www.warwickhotels.com. *Midtown.* 427 Zimmer, davon 70 Suiten. Einst vom Medienzaren *William Randolph Hearst* errichtet, war das Warwick später, in den 50er und 60er Jahren, Treffpunkt und Unterkunftsstätte von Musikern und Schauspielern. *Gary Grant* lebte sogar im obersten Stockwerk. Elvis, die Beatles und viele andere Persönlichkeiten des öffentlichen Lebens liebten

die geräumigen Zimmer. Der Trubel ist nun vorbei, die Räumlichkeiten etwas verschlissen, dafür gibt es aber immer noch den „Hauch von einstiger Größe".

- **(HM13) – The Shoreham** $$–$$$: 33 W. 55th Street (zw. 5th u. 6th Ave.), New York, NY 10019, Tel.: (212) 247-6700 o. 1-877-847-4444, Fax: (212) 765-9741, *www.boutiquehg.com*. **Midtown**. 85 Zimmer. Wie beim Paramount und dem Royalton legte man auch hier bei der Einrichtung viel Wert auf „modernen Schick der 1950er Jahre" – hier in Verbindung mit 30-er-Jahre-Art Deco: viel Metall (z.B. Chrom u. Alu), urige Beleuchtung usw. Besonders sind auch die CD-Spieler auf jedem Zimmer. Im hauseigenen CD-Verleih finden Sie bestimmt die richtige Schlummermusik. Einfaches Frühstück im Preis inbegriffen.
- **(HM14) – The Salisbury** $$$: siehe S. 187

Günstig

- **(HM15) – Milford Plaza** $$–$$$: 270 W. 45th Street (8th Ave.), New York, NY 10036, Tel.: (212) 869-3600 o. 1-800-221-2690, Fax: (212) 642-4684, *www.milfordplaza.com*. **Theater District**. 1.310 Zimmer. Großes Hotel nahe dem Times Square und dafür ausgesprochen günstig. Die Zimmer sind zwar klein und der Service nicht herausragend. Dafür ist aber alles sehr sauber, gut organisiert und das Publikum auch noch lustig vermischt: Medien-Sternchen, Airline-Piloten, Geschäftsleute, Touristen etc. Und noch einen Vorteil gibt es: Der Preis ist nicht nur günstig, sondern das Hotel ist auch über europäische Veranstalter bequem über Ihr Reisebüro zu buchen.
- **(HM16) – Quality Hotel & Suites** $$–$$$: 59 W. 46th St., zw. 5th u. 6th Ave., New York, NY 10035, Tel.: (212) 790-2710 od. 1-800-567-7720, Fax: (212) 290-2760, *www.applecorehotels.com*. Sauberes, renoviertes Hotel nahe den Broadwayshows in *Midtown*. Auch die Sehenswürdigkeiten um die 5th Avenue können Sie von hier gut erreichen. Die Suiten ($$$) bieten Familien mit Kindern etwas mehr Platz.
- **(HM17) – Broadway Inn** $$: 264 W. 46th Street (zw. 7th u. 8th Ave.), New York, NY 10036, Tel.: (212) 997-9200 o. 1-800-826-6300, Fax: (212) 768-2807, *www.broadwayinn.com*. **Theater District**. 41 Zimmer und Suiten ($$$). Nahe dem Pulsschlag des Times Square kann man in diesem kleinen Haus die Hektik leicht vergessen. Der Preis ist sehr gut, denn obwohl einfach eingerichtet, sind die Zimmer sauber und adrett. Für etwas mehr Geld gibt es auch Zimmer mit Jacuzzis (kl. Whirlpool). Größtes Manko: Es gibt keinen Lift, und wer viel Gepäck hat, bekommt leicht lange Arme auf den engen Treppen.
- **(HM18) – Portland Square Hotel** $–$$: 132 W. 47th St. (zw. 6th u. 7th Sts.), New York, NY 10036, Tel.: (212) 382-0600 o. 1-800-388-8988, Fax: (212) 382-0684, *www.portlandsqaurehotel.com*. **Theater District**. 142 Zimmer. Extrem günstige (wenn auch kleine) Zimmer für die Gegend. 30 Zimmer haben kein eigenes Bad ($). Aber schon für ca. $ 110 + Tax gibt es ein Zimmer mit 4 Betten. Ideal für Cliquen. Und außerdem: Als ehemalige Herberge für Film- und Theaterstars lebt noch der Geist des SW-Films in den Räumen, inklusive des von Oberganove *James Cagney*, der hier auch gerne wohnte.

Klein, aber okay: das „Quality Hotel & Suites"

- **(HM19) – Hotel Edison $$:** 228 W. 47th St. (zw. 7th u. 8th Ave.), New York, NY 10036, Tel.: (212) 840-5000 od. 1-800-637-7070, Fax: (212) 596-6850, *www.edisonhotelnyc.com*. **Theater District**. Bei 800 Zimmern und dem Preis darf man nicht viel Service erwarten. Doch wer braucht den schon? Die Zimmer sind okay und größtenteils renoviert. Eine gute Alternative, um Geld zu sparen.
- **(HM20) – Days Inn Hotel $$:** 790 8th Ave. (zw. 48th u. 49th Sts.), New York, NY 10019, Tel.: (212) 581-7000 o. 1-800-544-8313, Fax: (212) 974-0291, *www.daysinn.com*. **Clinton/Theater District**. 366 Zimmer. Relativ günstig für die ordentlichen, wenn auch nicht besonders herausragenden Zimmer. Eben ein typisches Franchise-Hotel. Der Knüller aber ist der Pool auf dem Dach (15. Stock).

Immer daran denken:
Zu Broadway-Showzeiten sind die Taxis meist begehrt

- **(HM21) – Best Western President $$:** 234 W. 48th St. (zw. Broadway u. 8th Av.), New York, NY 10019, Tel.: (212) 246-8800 od. 1-800-826-4667, *www.bestwesterninn.com*. Unspektakuläres, aber sauberes Ketten-Hotel.

Weitere günstige Hotels der Franchiseketten finden Sie im Internet unter:
Comfort Inn: *wwwcomfortinn.com*
Red Roof Inn: *www.redroofinn.com*
Travel Inn: *www.newyorkhotel.com*
Bzw. unter *www.applcorehotels.com*

Manhattan: Midtown East (nördl. 34th St., 5th Ave. und östl. davon)

Teuer

- **(HM22) – Grand Hyatt $$$$:** Park Avenue am Grand Central Station, New York, NY 10017, Tel.: (212) 883-1234 o. 1-800-233-1234 od. 1-800-233-1234, Fax: (212) 692-3772, *www.newyork.hyatt.com*. **Midtown-East**. 1.410 Zimmer, 42 Suiten. Glitzerpalast des Baulöwen Donald Trump, riesige begrünte Lobby mit Wasserfall, modern und luxuriös eingerichtet sowie zentrale Lage zu den Bussen zum Airport. Die Zimmer sind aber recht klein. Erregung hat der Bau 1980 hervorgerufen, als „gläserner Schandfleck" zwischen Chrysler Building und Grand Central Station. Übrigens umgibt die Glasumfassung das alte Commodore Hotel aus den 1920er Jahren. Eine interessante Idee.
- **(HM23) – The Box Tree Inn $$$$–$$$$$:** 250 E. 49th Street (zw. 2nd u. 3rd Ave.), New York, NY 10017, Tel.: (212) 758-8320, Fax: (212) 308-3899, *www.boxtreeinn.com*. **Midtown-East**. 12 Zimmer. Alle „Minisuiten". Und wenn abends bei Ankunft die Füße müde sind, brauchen Sie nur ins gute Restaurant im Erdgeschoss zu gehen. Den Platz aber gleich bei Ankunft reservieren und gute Kleidung rauskramen. HINWEIS: Bei letzter Drucklegung war das Hotel „Bis auf Weiteres geschlossen".
- **(HM24) – The Beekman Tower Suite-Hotel $$$$:** 3 Mitchell Place (49th St./1st Ave.), New York, NY 10017, Tel.: (212) 355-7300 od. 1-800-ME-SUITE, Fax: (212) 753-

9366, www.mesuite.com. *Midtown-East/United Nations*. 173 Zimmer. Art-Deco-Hotel mit kleinen Suiten (Küche, Marmorbäder etc.).

> *Die Ziffern und Buchstaben vor den Hotelnamen beziehen sich auf die Karte auf S. 202f.*

Berühmt ist das Hotel vor allem wegen seines Restaurants (mit Bar und Tanzfläche) im 26. Obergeschoss: **Top of the Tower**. Von hier haben Sie eine schöne Aussicht auf den East River.

- **(HM25) – The Waldorf Astoria/Waldorf Towers $$$$$:** 301 Park Ave./50th Street, New York, NY 10022-6897, *Midtown-East*, Tel. Waldorf-Astoria: (212) 355-3000 o. 1-800-WALDORF, Fax: (212) 872-7272. Waldorf-Towers: (212) 355-3100, Fax: (212) 872-4799, www.waldorf.com. 1.210 Zimmer + 118 Suiten und 77 Luxuszimmer in den Waldorf Towers. Der Name dieses Hauses steht in aller Welt für luxuriöse Zimmer und ausgezeichnete Küche (z.B. Waldorf Salat). Seit 1993 steht das 1931 eröffnete und in den letzten Jahren für über 200 Millionen Dollar renovierte Flaggschiff des Hilton-Konzerns sogar unter Denkmalschutz. Selbst Besucher, die sich den Luxus einer Übernachtung nicht leisten, sollten sich zumindest die in Art Deco gehaltenen Innenräume einmal anschauen und vielleicht in der **Bull & Bear Bar** einen Cocktail bestellen und dabei die neuesten Aktienkurse am Display verfolgen oder die französische Küche im **Peacock Alley Restaurant** genießen. Gästen steht darüber hinaus noch ein großes Fitnesscenter zur Verfügung. Mit einem Wochenend-Paket kann sich der Gast dann ganz wie *Ginger Rogers* in dem Film „Weekend at the Waldorf" fühlen. Nach der Devise „wenn schon, denn schon", sollten Sie nicht am Geld sparen, und sich auch für den Aufpreis von ca. $ 75 ein Zimmer in den exklusiven „Towers" leisten (hier auch Butler-Service). *William Waldorf Astor* und *John Jacob Astor*, die Besitzer des ursprünglichen Hotelkomplexes an der 5th Avenue (34th St.), der dem Empire State Building weichen musste, hätten sicherlich ihre Freude daran, dass auch heute noch das Motto des Hauses „Eleganz und Gastlichkeit" groß geschrieben wird. Lesen Sie bitte auch auf S. 440.
- **(HM26) – The St. Regis $$$$–$$$$$:** 2. E. 55th St (an der 5th Ave.), New York, NY 10022, Tel.: (212) 753-4500 o. 1-800-325-3589, Fax: (212) 787-3447, www.starwoodhotels.com. *Midtown-East*. 367 Zimmer. Geplant von *John Jacob Astor* zu Beginn des 20. Jahrhundert, war das St. Regis damals **das** Hotel in New York. Ziel war es übrigens, mit diesem Beaux-Arts-Gebäude auch das damalige Waldorf-Astoria zu überflügeln. *Salvadore Dali, John Lennon* und andere Persönlichkeiten wussten den „Luxus mit viel Plüsch und Schnörkel" zu schätzen. Insbesondere seit einer $-150-Mio.-Renovierung sind neben den schönen Zimmern auch das **Lespinasse Restaurant** (amerikanisch mit italien. und asiat. Einflüssen) sowie die eichenhölzerne Bar **King Cole Room**, in der der Bloody Mary seinen Ursprung gefunden hat, ein Inbegriff für „Sophisticated High-Standard" in New York.
- **(HM27) – The Peninsula New York $$$$–$$$$$:** 700 5th Ave. (55th St.), New York, NY 10019, Tel.: (212) 247-2200 o. 1-800-262-9467, Fax: (212) 903-3943, www.peninsula.com. *Midtown-East/5th Ave*. 212 Zimmer, 43 Suiten. Beaux-Arts-Architektur, eine schöne Marmor-Lobby, englische Möbel in den Zimmern und viel Plüsch machen dieses Hotel zu einem der „ganz Großen". Nicht ganz so opulent im Ambiente wie das Plaza oder Waldorf-Astoria. Reservieren Sie ein größeres Zimmer zur 5th Avenue hin.
- **(HM28) – The Four Seasons $$$$$:** 57 East 57th St. (zw. Park u. Madison Ave.), New York, NY 10022, Tel.: (212) 758-5700 o. 1-800-332-3442, Fax: (212) 758-5711. *Midtown-East*. 367 Zimmer, 58 Suiten. *I.M. Pei*, u.a. Architekt des Jacob K. Javits Center

und des National Airlines Terminal am JFK-Airport, zeichnet auch für dieses 52-geschossige Gebäude verantwortlich. Bereits kurze Zeit nach der Eröffnung 1993 wurde das Hotel mit Preisen und Top-Ratings belohnt. Mit Recht (Zimmer in oberen Etagen reservieren), denn wenige Zimmer in Manhattan sind so groß (um 60 qm). Viel Marmor, eine Konstruktion, die die Badewannen in einer Minute füllt, und die Auswahl unter 15 verschiedenen Martinis in der **Fifty-Seven-Fifty-Seven Bar** setzen dem Ganzen noch die Krone auf. Tipp: Die Roof-Top-Bar ist zwar nur bei gutem Wetter geöffnet (für Jedermann/-frau), aber ein schöner Platz, um eine Erfrischung zu sich zu nehmen und dabei auf das Treiben auf der 5th Avenue herunterzuschauen.

Mittlere Preisklasse

- **(HM29) – Clarion Hotel by Journey's End – Fifth Avenue $$$:** 3 East 40th Street (zw. 5th u. Madison Ave.), New York, NY 10016, Tel.: (212) 447-1500 o. 1-800-228-5151, Fax: (212) 213-0972, *www.choicehotels.com/hotel/NY201*. *Murray Hill*. 186 Zimmer. Gut geführtes Franchise-Hotel gegenüber der New York Public Library und in Zu-Fuß-Entfernung zu vielen Attraktionen.
- **(HM30) – The Roosevelt $$$:** Madison Ave. (45th St.), New York, NY 10017, Tel.: (212) 661-9600 o. 1-800-TEDDY-NY, Fax: (212) 885-6162, *www.theroosevelthotel.com*. *Midtown-East*. 1.021 Zimmer + 57 Suiten ($$$). Über dem Grand Central Station. Architektonisch bietet das Haus aus den 20er Jahren ein anspruchsvolles Ambiente, dazu eine Reihe von Art Deco-Feinheiten. Im Grunde aber hat es bessere Zeiten gesehen, das macht dann aber auch den „relativ günstigen Preis" aus. Tipp: Sparen Sie hier am Zimmerpreis und gehen Sie am ersten Abend in die **Oyster Bar** im Grand Central Station.
- **(HM31) – The Fitzpatrick $$$:** 687 Lexington Ave. (zw. 56th u. 57th Sts.), New York, NY 10022, Tel.: (212) 355-0100 od. 1-800-367-7701, Fax: (212) 355-1371, *www.fitzpatrickhotels.com*. *Midtown-East*. 92 Zimmer und Suiten. Einziges Hotel in New York in iri-

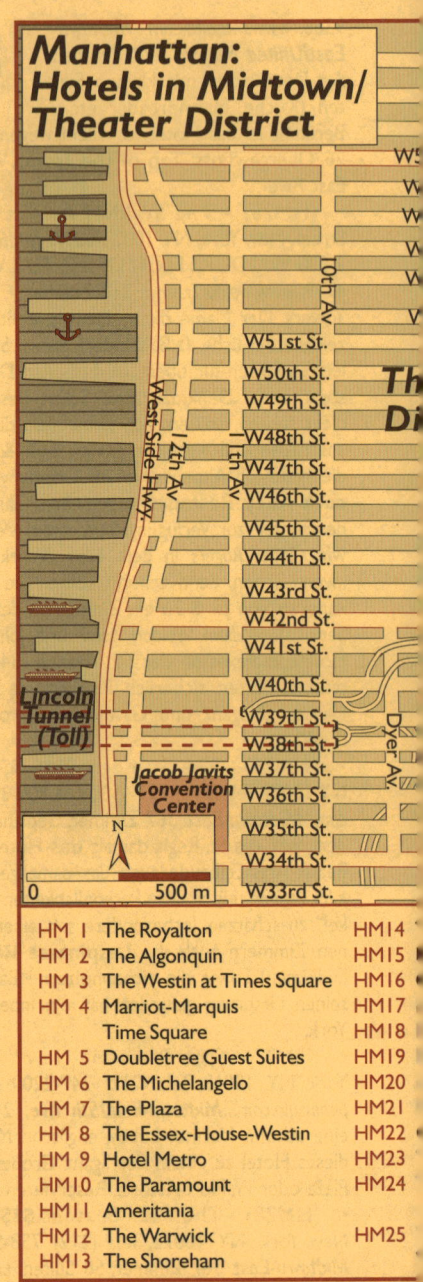

Manhattan: Hotels in Midtown/Theater District

HM 1	The Royalton
HM 2	The Algonquin
HM 3	The Westin at Times Square
HM 4	Marriot-Marquis Time Square
HM 5	Doubletree Guest Suites
HM 6	The Michelangelo
HM 7	The Plaza
HM 8	The Essex-House-Westin
HM 9	Hotel Metro
HM10	The Paramount
HM11	Ameritania
HM12	The Warwick
HM13	The Shoreham
HM14	
HM15	
HM16	
HM17	
HM18	
HM19	
HM20	
HM21	
HM22	
HM23	
HM24	
HM25	

7. Spezialtipps: Unterkünfte

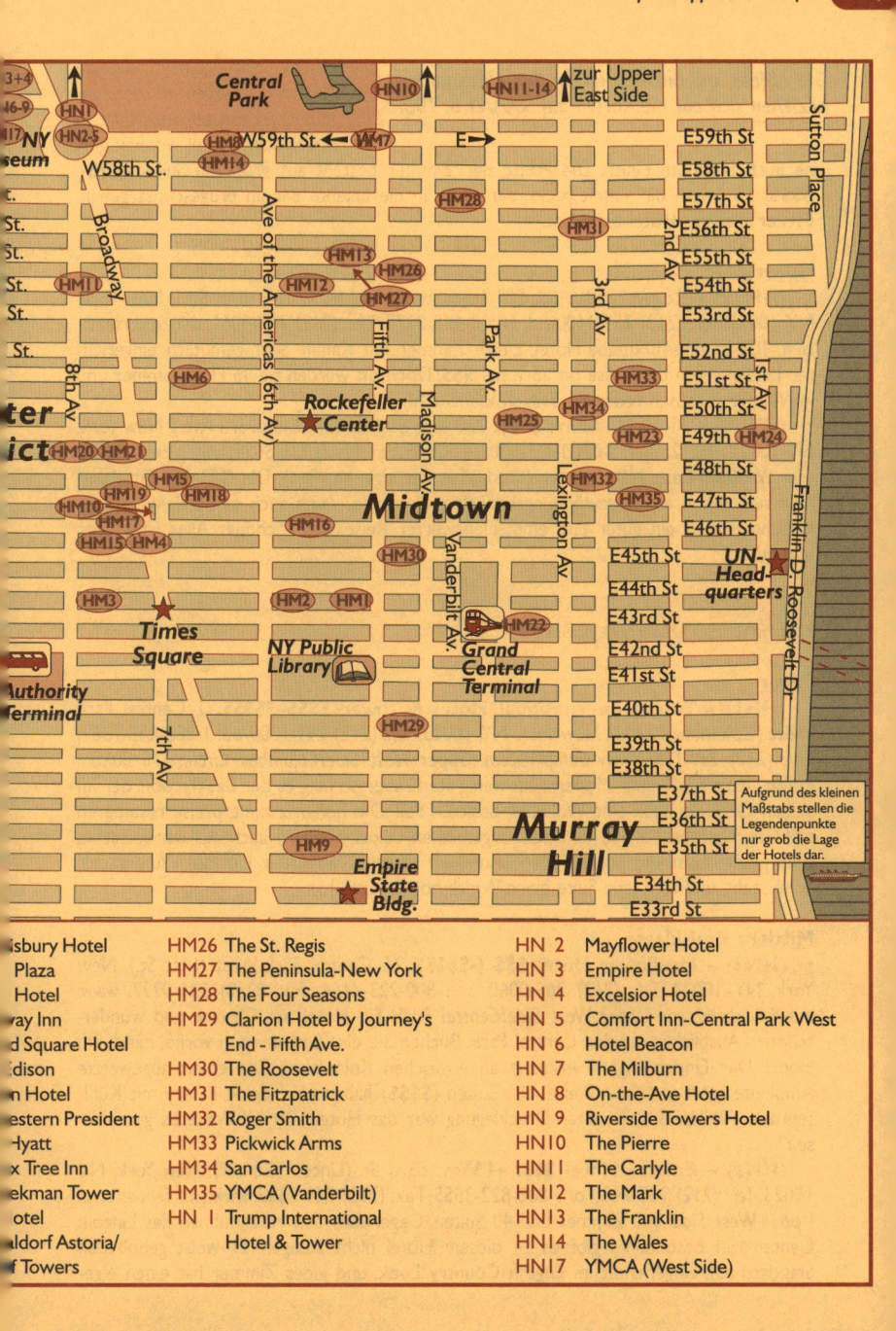

[Map of Midtown Manhattan showing hotel locations marked HM1–HM35 and HN1–HN17, with landmarks including Central Park, Times Square, NY Public Library, Grand Central Terminal, Rockefeller Center, Empire State Bldg., UN-Headquarters, and areas labeled Midtown and Murray Hill.]

Aufgrund des kleinen Maßstabs stellen die Legendenpunkte nur grob die Lage der Hotels dar.

sbury Hotel	HM26 The St. Regis	HN 2	Mayflower Hotel
Plaza	HM27 The Peninsula-New York	HN 3	Empire Hotel
Hotel	HM28 The Four Seasons	HN 4	Excelsior Hotel
ay Inn	HM29 Clarion Hotel by Journey's	HN 5	Comfort Inn-Central Park West
d Square Hotel	End - Fifth Ave.	HN 6	Hotel Beacon
dison	HM30 The Roosevelt	HN 7	The Milburn
n Hotel	HM31 The Fitzpatrick	HN 8	On-the-Ave Hotel
estern President	HM32 Roger Smith	HN 9	Riverside Towers Hotel
Hyatt	HM33 Pickwick Arms	HN10	The Pierre
x Tree Inn	HM34 San Carlos	HN11	The Carlyle
ekman Tower	HM35 YMCA (Vanderbilt)	HN12	The Mark
otel	HN 1 Trump International	HN13	The Franklin
ldorf Astoria/	Hotel & Tower	HN14	The Wales
f Towers		HN17	YMCA (West Side)

> *Die Ziffern und Buchstaben vor den Hotelnamen beziehen sich auf die Karten auf S. 202f u. 208.*

schem Besitz. „Cozy", wie die Amerikaner sagen würden: gemütlich, schön, unkompliziert. In diesem „In"-Hotel wohnen gerne auch bekannte Leute. Die Hälfte der Zimmer besteht aus größeren Suiten ($$$–$$$$). Und wen der Durst packt, der sollte in die belebte Bar im Erdgeschoss gehen. **Fitzer's** ist das Hotelrestaurant.

Günstig
- **(HM32) – Roger Smith $$:** 501 Lexington Ave. (zw. 47th u. 48th Sts.), New York, NY 10017, Tel.: (212) 755-1400 od. 1-800-445-0277, Fax: (212) 758-4061, *www.rogersmith.com*. 102-Zimmer-Boutique-Hotel. Einige Zimmer mit Kamin. Sehr gemütlich eingerichtet. Leider liegen die Preise oft auch bei $$$. Doch oft werden sie im Hochsommer und im Winter drastisch reduziert. Fragen lohnt sich!
- **(HM33) – Pickwick Arms $-$$:** 230 East 51st St. (zw. 2nd u. 3rd Ave.), New York, NY 10022, Tel.: (212) 355-0300 o. 1-800-742-5945, Fax: (212) 755-5029, *www.pickwickarms.com*. **Midtown-East**. 360 Zimmer (die Hälfte mit eigenem Bad). Die $-Dollar-Einzelzimmer sind schon etwas gewöhnungsbedürftig. Doch die, wenn auch meist kleinen, Doppelzimmer sind ein guter und empfehlenswerter Reisekassen-Schoner. Alles ist sauber und adrett.

Manhattan: Upper West Side

Teuer
- **(HN1) – Trump International Hotel & Tower $$$$–$$$$$:** 1 Central Park West (Columbus Circle), New York, NY 10023, Tel.: (212) 299-1000 od. 1-888-448-7867, Fax: (212) 299-1150, *www.trumpintl.com*. **Upper West Side/Columbus Circle**. 170 Suiten. Purer Luxus à la Trump. Modern, ein wenig steril, aber so mag es der Bau-Tycoon, der im selben Gebäude auch eine Wohnung besitzen soll. Die hohen Zimmerpreise resultieren nicht nur aus der Größe und dem allgemeinen Luxus, sondern auch aus der Tatsache, dass jedem Gast ein persönlicher „Attaché" zugeteilt wird, der ihm auf Wunsch zur Seite steht, und dass jede Suite einen Whirlpool (Jacuzzi) hat.

Mittlere Preisklasse
- **(HN2) – Mayflower Hotel $$$ (-$$$$):** 15 Central Park West (61st St.), New York, NY 10023, Tel.: (212) 265-0060 o. 1-800-223-4164, Fax: 8212) 265-0227, *www.mayflowerhotel.com*. **Upper West Side/Central Park**. Ein Hotel mit Charme und wunderschönen Ausblicken auf den Central Park. Buchen Sie ein Zimmer nach vorne, mind. 5th Floor! Der Einrichtungsstil erinnert an englischen Kolonialstil. Das etwas abgewetzte Ambiente stört in keiner Weise. Die Suiten ($$$$) haben eine kleine Pantry mit Kühlschrank. HINWEIS: Bei letzter Drucklegung war das Hotel „Bis auf Weiteres geschlossen".
- **(HN3) – Empire Hotel $$$:** 44 West 63rd St. (Lincoln Center), New York, NY 10023, Tel.: (212) 265-7400 o. 1-888-822-3555, Fax: (212) 245-3382, *www.empirehotel.com*. **Upper West Side**. 340 Zimmer und 40 Suiten. Gegenüber den Musikbühnen des Lincoln Center. Viel Besonderes gibt es zu diesem Hotel nicht zusagen: Es weist gehobenen Standard auf, eingerichtet im English Country Look, und jedes Zimmer hat einen eige-

nen CD-Spieler, mit dem Sie der so eben erworbenen „CD zum Konzert" auf das Kopfkissen gebettet lauschen können. Auch hier hat *Ian Schrager* („Paramount Hotel" u.a.) mittlerweile seine Finger drin, was für noch bessere Qualität und interessanten Einrichtungsstil, aber wohl auch für eine baldige Preiserhöhung spricht. Bekannt, auch aus Filmen (z.B. „Sea of Love") ist die benachbarte **Iridium Jazz Bar**.

- **(HN4) – Excelsior Hotel** $$$: 45 W. 81st Street (Columbus Ave./Museum of Natural History), New York, NY 10024, Tel.: (212) 362-9200 o. 1-800-368-4575, Fax: (212) 721-2994, www.excelsiorhotelny.com. **Upper West Side**. 190 Zimmer. Neben den Standardzimmern gibt es auch noch geräumigere 1- und einige 2-Zimmer-Suiten ($$$$), alle im französischen Landstil eingerichtet und dekoriert. Das Hotel reflektiert den Charme der „Alten Welt". Die Lage zum Central Park und zu den Restaurants an der Columbus Avenue macht es zudem attraktiv. Gut geeignet für diejenigen, die die Touristenhotels in Midtown satt haben.

Günstig

- **(HN5) Comfort Inn – Central Park West** $$–$$$: 31 W. 71st St. (zw. Columbus Ave. u. Central Park West), New York, NY 10023, Tel.: (212) 721-4770 od. 1-877-727-5236, Fax: (212) 579-8544, www.comfortinn.com. **Upper West Side**. Gut geführtes Ketten-Hotel in ruhiger Lage und nahe zum Central Park. In der Nebensaison gibt es wirklich sehr günstige Raten ($–$$).
- **(HN6) – Hotel Beacon** $$–$$$: 2130 Broadway/75th Street, New York, NY 10023, Tel.: (212) 787-1100 o. 1-800-572-4969, Fax: (212) 724-0839, www.beaconhotel.com. **Upper West Side**. 180 ansprechende Zimmer (geräumig), ruhige Lage und die Möglichkeit, am Abend noch einen Spaziergang durch den Central Park zu machen, sprechen für dieses relativ günstige Hotel (Special Deals auf der Webseite: ab $ 140/DZ). Noch schöner sind die Suiten, die für ab $ 200 eine eigene Küche bieten (**Zabar's** ist um die Ecke!!!). Sie sind besonders gut geeignet für Familien mit 1–2 Kindern. Kein Zimmerservice.
- **(HN7) – The Milburn** $$–$$$: 242 W. 76th St. (zw. Broadway u West End Ave.), New York, NY 10023, Tel.: (212) 362-1006 o. 1-800-833-9622, Fax: (212) 721-5476, www.milburnhotel.com. **Upper West Side**. 50 Studio-Zimmer, 38 Suiten. Etwas günstiger als das nahe The Beacon (s.o.), dafür aber auch etwas weniger in Schuss. Ansonsten gelten aber selbige Kriterien. Alle Zimmer haben kleine Mikrowellen-Küchen. Das Dekor ist etwas gewöhnungsbedürftig, und dass die Lobby einem bayerischen Schlosseingang nachempfunden ist, mag die Süddeutschen ein müdes Lächeln kosten. Trotzdem ein nettes Hotel ohne Schnickschnack.
- **(HN8) – On the Ave Hotel** $$: 2178 Broadway (77th St.), New York, NY 10024, Tel.: (212) 362-1100 od. 1-800-509-7598, Fax: (212) 787-9521, www.ontheave-nyc.com. **Upper West Side**. 230 Zimmer sowie 24 Suiten. Groß, aber einfach eingerichtet. Wenige Blocks vom Central Park/Museum of Nat. History entfernt. **Die** Upper-West-Side-Unterkunft in Bezug auf Preis und Leistung. Oft liegen die Preise aber bei $$$. Also unbedingt nach „Specials" fragen.
- **(HN9) – Riverside Towers Hotel** $–$$: 80 Riverside Drive (80th St.), New York, NY 10024, Tel.: (212) 877-5200 o. 1-800-724-3136, Fax: (212) 873-1400, www.riversidetowerhotel.com. **Upper West Side**. 120 Zimmer. Nahe des Hudson River. Ausblicke auf den Fluss, aber einfache Zimmer.

Manhattan: Upper East Side

Teuer
- **(HN10) – The Pierre** $$$$$: 5th Ave., (61st St.), New York, NY 10021, Tel.: (212) 838-8000 o. 1-800-332-3442, Fax: (212) 758-1615, www.fshr.com od. www.fourseasons.com/pierre. *Upper East Side/(Südost-) Central Park.* 145 Zimmer + 58 Suiten. Eines der ganz vornehmen Häuser in New York. Stil: Alteuropäische Eleganz (viel Chippendale). Daher wird es gerne mit dem The Plaza (gleich gegenüber) und dem Waldorf-Astoria in einem Atemzug genannt. Es ist aber nicht so groß, und die relativ wenigen, klassisch eingerichteten Zimmer sind auch noch sehr unterschiedlich in Größe und Dekor. Das erzielt im Gefühl von Individualität und erhält dem Haus trotzdem den Ruf als „Grand Dame". Ein Zimmer mit Blick auf den Central Park sollte es dann auch sein, greift man schon so tief in die Tasche.
- **(HN11) – The Carlyle** $$$$: 35 E. 76th St. (Madison Ave.), New York, NY 10021, Tel.: (212) 744-1600 od. 1-800-227-5737, Fax: (212) 717-5737, www.thecarlyle.com. *Upper East Side.* 145 Zimmer, 45 Suiten. Inmitten des teuersten Wohnviertels Manhattans bietet dieses Haus im Stil eines altenglischen Herrenhauses Komfort und Individualität vom Feinsten. Wer hier absteigt, kauft in den Boutiquen an der Madison Avenue ein, besucht Freunde in der Nachbarschaft, schlendert durch die Museen an der Museum Mile und trinkt Kaffee im hauseigenen **Café Carlyle**. Für Lower Manhattan, die Broadway-Shows und das Greenwich Village zeigt man hier wenig Interesse.
- **(HN12) – The Mark** $$$$: 25 E. 77th St., (zw. Madison u. 5th Ave.), New York, NY 10021, Tel.: (212) 744-4300 o. 1-800-843-6275, Fax: (212) 472-5714, www.mandarinoriental.com. *Upper East Side.* 123 Zimmer + 54 Suiten. Die „kleine Konkurrenz" zum nahen Carlyle (s.o.). Art Deco von außen, italienisch-klassische sowie Biedermeier-Eleganz innen. Intimität, Plüsch, der beliebte Afternoon Tea im **Mark's Restaurant** – abends wird hier französisch gekocht – und viele Antiquitäten machen dieses Hotel zu einem weiteren Juwel in der East Side.
- **(HN13) – The Franklin** $$$: 164 E. 87th St. (zw. Lexington u. 3rd Ave.), New York, NY 10128, Tel.: (212) 369-1000 o. 1-877-847-4444, Fax: (212) 894-5220, www.franklinhotel.com. *Yorkville.* 53 Zimmer. Beinahe noch in die mittlere Preisklasse gehörig, ist dieses kleine Hotel der Tipp für die Upper East Side. Die Zimmer sind klein, aber schön, und frische Blumen gehören dazu wie das Frühstück am Morgen und ein Selbstbedienungs-Kuchenbuffet für das Betthupferl.
- **(HN14) – The Hotel Wales** $$$$: 1295 Madison Ave. (92nd St.), New York, NY 10128, Tel.: (212) 876-6000 od. 1-877-847-4444, Fax: (212) 860-7000, www.waleshotel.com. *Yorkville/Carnegie Hill.* 45 Zimmer, 45 Suiten. Jahrhundertwende-Haus, schön renoviert (Marmortreppe, Eichenvertäfelungen etc.). Hier wird auf Intimität und Ambiente geachtet. Nachmittagstee und Frühstück sind im Preis inbegriffen. Sonntags und an manchen Nachmittagen wird Kammermusik im Haus geboten.

Günstig und mittlere Preisklasse
Nennenswerte Hotels dieser Preisklassen gibt es in diesem Gebiet nicht, sieht man einmal vom **YMHA (HN19) (de Hirsch Residence**, S. 214) ab.

Manhattan: Der Norden

Teuer
Teure Hotels gibt es in diesem Gebiet nicht

Günstig und mittlere Preisklasse
- **(HN15) – The Marrakech Hotel $$ (größere Zimmer $$-$$$):** 2688 Broadway (nahe 103rd St.), New York, NY 10025. *Manhattan Valley*, Tel.: (212) 222-2954 od. 1-800-555-7555. 150 Zimmer, 100 davon mit eigenem Bad. Boutique-Hotel mit schönen, relativ neu renovierten Zimmern in marokkanischem Stil. Im Hotel gibt es auch einfachere Zimmer für $-$$. Direkt an der U-Bahn-Station.
- **(HN16) – Urban Jem Guesthouse $$:** 2005 5th Ave., zw. W. 124th u. W. 125th Sts. New York, NY 10035, *Harlem*, Tel.: (212) 831-6029 od. 1-888-264-8811, Fax: (212) 831-6940, *www.urbanjem.com*. 4 Zimmer (davon 2 Suiten mit eigener Küche) in liebevoll restauriertem, viktorianisch angehauchtem Brownstone-Haus von 1878/79. HINWEIS: Bei letzter Drucklegung war das Guesthouse geschlossen. Es hieß aber, hier würde wieder eröffnet.

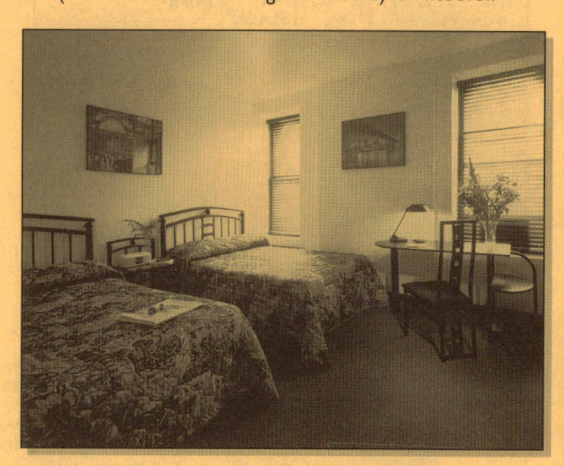

Modernes Zimmer im Marrakech Hotel

Manhattan: Hotels im Norden

- HN14 The Wales
- HN15 The Marrakech Hotel
- HN16 Urban Jem Guesthouse
- HN17 YMCA (West Side)
- HN18 Banana Bungalow
- HN19 YMCA (de Hirsch Residence)
- HN20 Hostelling International/ American Youth Hostel

Hinweis: Aufgrund des kleinen Maßstabs stellen die Legendenpunkte nur grob die Lage der Hotels dar

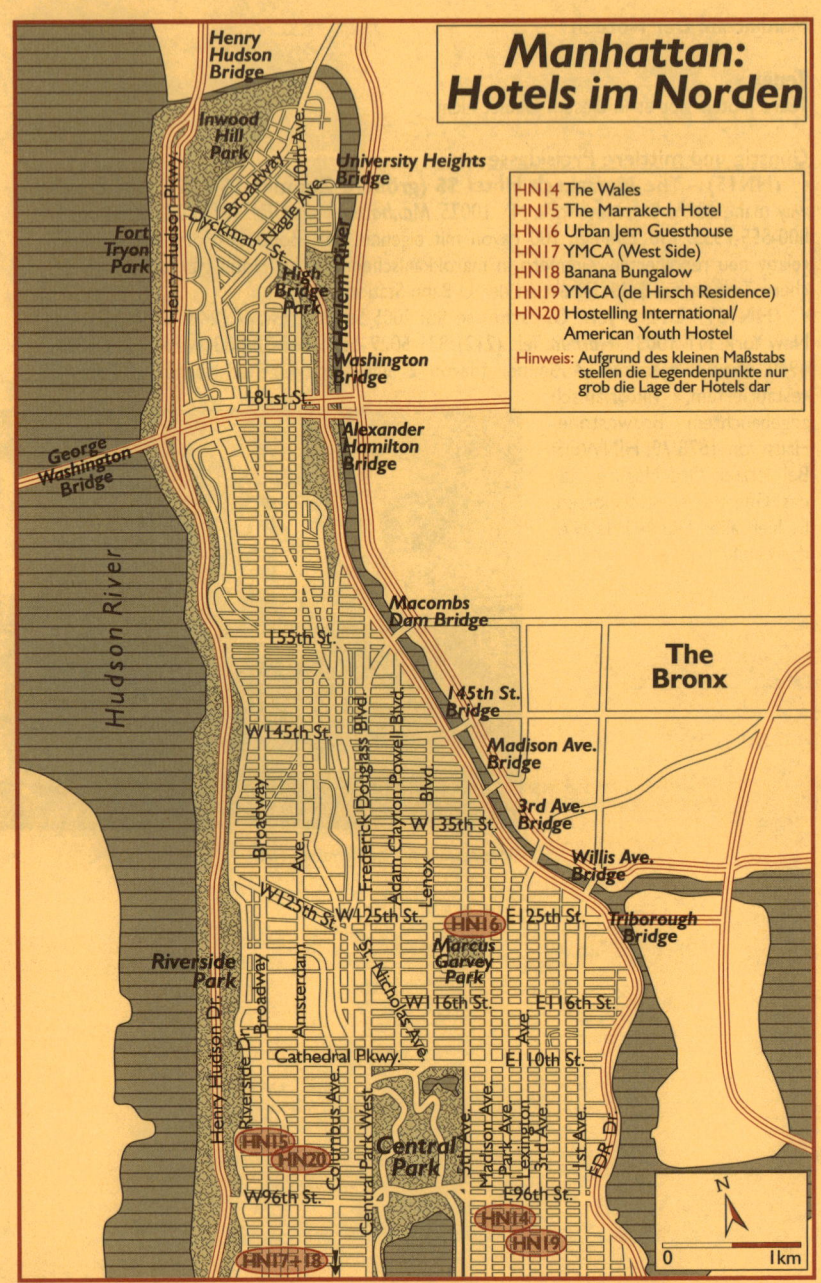

❷ Unterkünfte in den anderen Boroughs

Brooklyn

- **(HB1) – Marriott Marquis Brooklyn $$$:** 333 Adams Place, *Brooklyn-Downtown*, NY 11201, Tel.: (718) 246-7000 od. 1-800-843-4898, Fax: (718) 246-0563, *www.marriott.com*. Modernes 360-Zimmer-Hotel der Mittelklasse. Größtenteils auf Geschäftsleute ausgerichtet. Doch kann man mit etwas Glück hier günstige Wochenendtarife ($$) bekommen. Zu Fuß sind es 10 Minuten bis zur Brooklyn Bridge und Subway-Stationen gibt es in der Nähe. Das Hotel ist irisch thematisiert, was aber nicht besonders auffallend ist. Hervorzuheben ist noch der für ein New Yorker Hotel riesige Pool.
- **(HB2) Regina's New York Bed & Breakfast $–$$:** Siehe S. 188
- **(HB3) – Akwaaba Mansion Bed & Breakfast $$–$$$:** 347 MacDonough St. (zw. Stuyvesant u. Lewis Aves., nahe Fulton St.), Brooklyn, NY 11233. *Bedford-Stuyvesant.* Subway-Station Ralph Ave. bzw. Utica Ave. (A,C-Trains), Tel.: (718) 455-5958 od. 1-866-466-3855, Fax: (718) 774-1744, *www.akwaaba.com*. Schönes Bed & Breakfast in historischer Villa (1860). Überdachte Veranda (Porch). 3 Zimmer ($$) und eine Suite ($$$), großenteils – der Name verrät es – in westafrikanischem Stil eingerichtet. Reichhaltiges Frühstück. Nicht weit entfernt finden Sie auch das gleichnamige Restaurant in der Lewis Ave., wo vor allem afrikanische und deftige Südstaaten-Küche geboten wird.

Queens

Für Queens kann man nur die **Airport-Hotels** erwähnen. Von denen am La Guardia Airport aus können Sie den interessantesten Bezirk, Astoria, in 10 Minuten mit dem Bus erreichen.

The Bronx

Die Ziffern und Buchstaben vor den Hotelnamen beziehen sich auf die Karte auf S. 210.

Für die **zentralen Gebiete der Bronx** gibt es keine besonderen Unterkunftstipps, da die Hotels einem für dieses Buch nicht akzeptablen Standard entsprechen. Um die Sehenswürdigkeiten in der Bronx zu erreichen, genügt i.d.R. die Anfahrt mit den öffentlichen Verkehrsmitteln. Ein besonderer Tipp für diejenigen, die sich dem Trubel der Stadt entziehen möchten und bereit sind, ca. 1 Stunde mit öffentlichen Verkehrsmitteln bis zur Midtown zu fahren, denen sei folgende kleine Herberge empfohlen:

- **(HB4) – Le Refuge Inn $$$–$$$$:** 620 City Island Avenue, *City Island (Nordost-Bronx)*, NY 10464, Tel.: (718) 885-2478, Fax: (718) 885-1519, *www.lerefugeinn.com*. Anfahrt mit dem Auto: Route 95, Exit 8B. Untergebracht in einem ehemaligen (viktorianischen) Haus eines Kapitäns, ist diese gepflegte Herberge ein Tipp für diejenigen, die sich dem Trubel Manhattans entziehen möchten. Mit Bus und Bahn sind es etwa 60 Minuten bis Lower Manhattan. City Island (S. 558) ist ein typisches Ost-

Ehemaliges Kapitänshaus: „Le Refuge Inn"

New York City - Hotels außerhalb von Manhattan

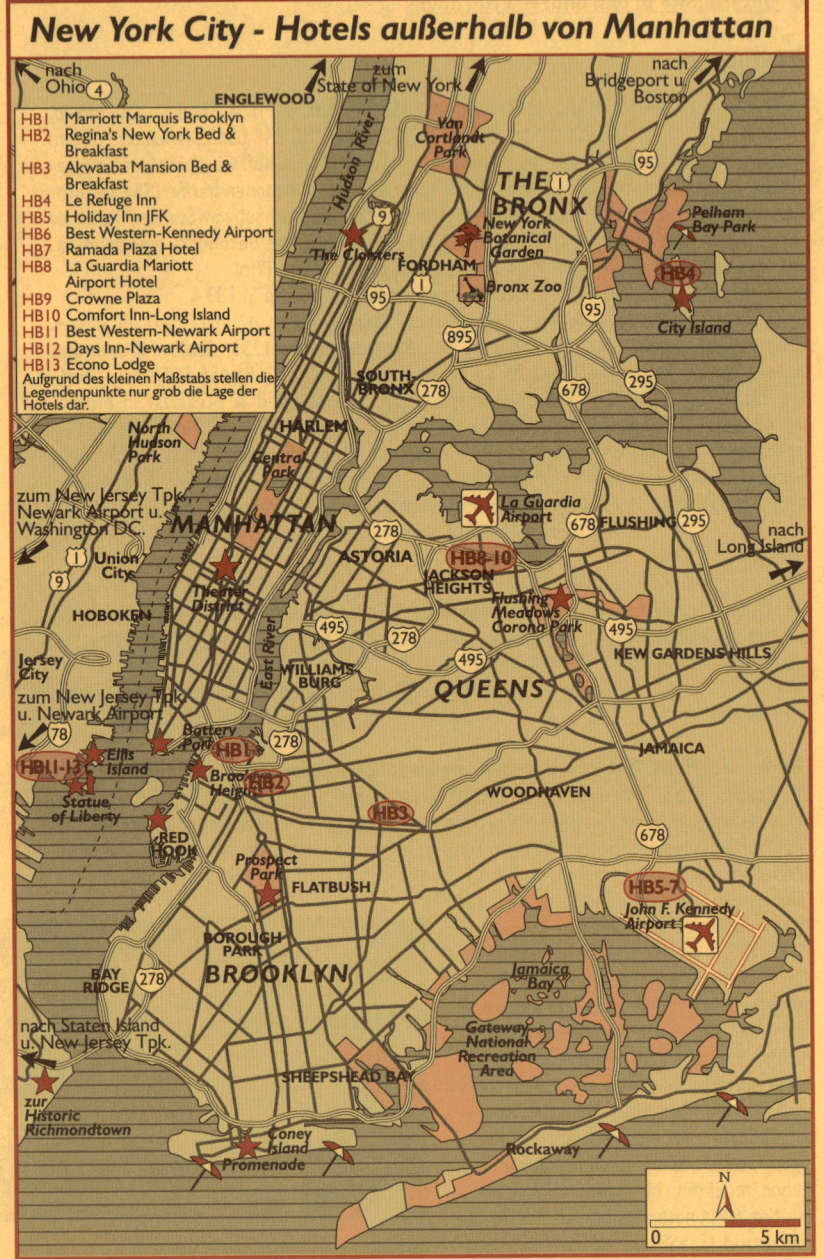

- HB1 Marriott Marquis Brooklyn
- HB2 Regina's New York Bed & Breakfast
- HB3 Akwaaba Mansion Bed & Breakfast
- HB4 Le Refuge Inn
- HB5 Holiday Inn JFK
- HB6 Best Western-Kennedy Airport
- HB7 Ramada Plaza Hotel
- HB8 La Guardia Mariott Airport Hotel
- HB9 Crowne Plaza
- HB10 Comfort Inn-Long Island
- HB11 Best Western-Newark Airport
- HB12 Days Inn-Newark Airport
- HB13 Econo Lodge

Aufgrund des kleinen Maßstabs stellen die Legendenpunkte nur grob die Lage der Hotels dar.

küsten-Fischerörtchen mit vielen Seafood-Restaurants. Auch in der Herberge selbst gibt es ausgezeichnete Gerichte zum Dinner (ab $ 40), die im Kaminzimmer serviert werden. Die 8 Zimmer (EZ + DZ) sind sehr unterschiedlich in Größe und Ausstattung. Sollten Sie ein eigenes Bad bevorzugen, müssen Sie dieses vorher angeben.

Staten Island

In Staten Island zu übernachten lohnt für Sie aus geographisch-logistischen Gründen in keiner Weise, zudem gibt es fast keine Unterkunftsmöglichkeiten hier.

❸ Unterkünfte an den 3 Flughäfen New Yorks

Hierbei handelt es sich um moderne Franchisehotels nahe den Airports. Von allen gibt es Shuttle-Busse bzw. einen Busdienst zu den einzelnen Terminals.
Eine Internetseite, die bei der Suche nach Hotels an Airports hilft (hier kann natürlich auch gebucht werden): www.airporthotelguide.com.

John F. Kennedy Airport

- **(HB5) – Holiday Inn JFK $$$–$$$$:** 144-02 135th Ave., Queens, NY 11436, Tel.: (718) 659-0200, Fax: (718) 322-2533, www.holiday-inn.com. 360 Zimmer.
- **(HB6) Best Western Kennedy Airport $$:** 14434 153rd Ln, Jamaica, New York, United States, 11434, Tel.: (718) 977-2100 od. 1-866-977-2100 Fax: (718) 977-2200, www.bestwestern.com.
- **(HB7) – Ramada Plaza Hotel $$–$$$:** Van Wyck Expwy. (I-678), Queens, NY 11430, Tel.: (718) 995-9000, Fax: (718) 995-9075, www.ramada.com. 475 Zimmer.

La Guardia Airport

- **(HB8) – La Guardia Marriott Airport Hotel $$$$:** 102-05 Ditmars Blvd., Queens, NY 11369, Tel.: (718) 565-8900, Fax: (718) 898-4955, www.residenceinn.com. 435 Zimmer.
- **(HB9) – Crowne Plaza $$$:** 104-04 Ditmar's Blvd., Queens, NY 11369, Tel.: (718) 457-6300, Fax: (718) 899-9768, www.crownplaza.com. 360 Zimmer, Pool, Whirlpool, Sauna.
- **(HB10) – Comfort Inn – Long Island $$:** 42–24 Crescent St. (nahe 59th – Queensboro Bridge), Long Island City, NY, US, 11101 Tel: (718) 303-3700, Fax: (718) 303-3800, www.choicehotels.com. Günstige Alternative, aber auch einige Kilometer entfernt vom Airport. Shuttleservice wird aber arrangiert.

Newark Airport

- **(HB11) Best Western Newark Airport $$:** 101 International Way, Newark, New Jersey, United States, 07114, Tel.: (973)-621-6200, Fax: (973)-621-6266, www.bestwestern.com. Relativ günstiges und sehr nahe zu den Terminals gelegenes Hotel. Einfach.
- **(HB12) – Days Inn Newark Airport $$:** 450 US 15, Newark, NJ 07114, Tel.: (973) 242-0900, Fax: (973) 242-8480, www.daysinn.com. Keine schönen, dafür aber preisgünstige Motelzimmer.

- **(HB13) – Econo Lodge $$:** 853 Spring St./US 1 & 9, Elizabeth, südlich des Airports gelegen. Tel.: (908) 353-1365 Fax: (908) 353-2927, www.econoclodge.com. Mit die günstigste Alternative. Ca. 7 km zu den Terminals (Shuttle vorhanden).

❹ Spezielle Übernachtungsmöglichkeiten in New York

Hotels für Frauen in Manhattan

- **(HS23) – Webster Apartments $:** 419 W. 34th St. (zw. 9th u. 10th Ave.), New York, NY 10001, Tel.: (212) 967-9000 o. 1-800-242-7909, Fax: (212) 268-8569, www.websterapartments.org. *Garment District*. 391 Zimmer. Gebäude von 1923. Nur für Frauen! Weniger auf Touristen als auf „residierende" Gäste eingerichtet. Trotzdem sind die Wochenraten (i.d.R. um $ 200) so niedrig, dass sich selbst ein Aufenthalt von 4 Tagen lohnen würde. Die Zimmer sind klein und nur für eine Person ausgerichtet. Hervorzuheben sind die Gemeinschaftsräume (Bibliothek, Speisesaal, Lesesaal, kl. Garten etc.). Im Preis inbegriffen sind 2 Mahlzeiten. Bevor man hier wohnen darf, muss man sich noch einem kurzen Gespräch „stellen", was nur an Wochentagen möglich ist. Gemeinschaftsbadezimmer.

> *Die Ziffern und Buchstaben vor den Hotelnamen beziehen sich auf die Karten auf S. 193 u. 203.*

- **(HM34) – San Carlos $$$:** 150 E. 50th St. (zw. Lexington u. 3rd Ave.), New York, NY 10022, Tel.: (212) 755-1800 o. 1-800-722-2012, Fax: (212) 688-9778, www.sancarloshotel.com. *Midtown-East*. 30 Zimmer. Kleines Hotel, auch mit Suiten ($$$$, kleine Küche), besonders beliebt bei alleinreisenden Frauen (die bereit sind, ab $ 160 die Nacht zu zahlen).
- Weitere Adressen für Frauenhotels sind: **The Markle Residence (HS29) $$**, 123 W. 13th St., NY 10011, *Greenwich Village*, Tel.: (212) 242-2400, Fax: (212) 229-2801; **Martha Washington Hotel/Thirty-Thirty (HS30) $$–$$$**, 30 E. 30th St. (zw. Madison u. Park Aves.), NY 10016, *Murray Hill*, Tel.: (212) 689-1900, www.stayinny.com). Letzteres ist aber auch für Männer „geöffnet".

Hotels für Schwule und Lesben

Grundsätzlich lässt sich sagen, dass man in New York, mit einer ausgesprochen großen und lebendigen Szene, in allen Hotels sehr locker mit Homosexualität umgeht. Wer aber unter seinesgleichen bleiben möchte, dem seien folgende 3 Unterkünfte empfohlen:
- **(HS24) – Incentra Village House $$–$$$:** 32 8th Ave. (zw. 12th u. Jane Sts., nahe Abingdon Square), New York, NY 10014, Tel.: (212) 206-0007, www.jimsdeli.com/new-york-bed-breakfast/incentra.htm. *Greenwich Village*. Untergebracht in zwei historischen Backsteinhäusern von 1841 (Antiquitäten). Einige Räume (Suiten) mit eigener kleiner Küche ($$$).
- **(HS25) – Chelsea Pines Inn $–$$:** 317 W. 14th St. (zw. 8th u. 9th Sts.), New York, NY 10014, Tel.: (212) 929-1023, Fax: (212) 645-9497, www.chelseapinesinn.com. *Chelsea/West Village*. 22 Zimmer. Typisches „Villages-Reihenhaus" aus der Mitte des 19. Jahrhunderts. Zimmer mit eigenem Bad: $$. Wer dieses teilen möchte: $–$$.
- **(HS26) – Colonial House Inn $$:** 318 W. 22nd St. (zw. 8th u. 9th Ave.), New York, NY 10011, Tel.: (212) 243-9669 o. 1-800-689-3779, Fax: (212) 633-1612, www.

colonialhouseinn.com. **Chelsea.** 20 Zimmer. Brownstone-Haus von 1851. Liebevoll eingerichtet. Nicht alle Zimmer mit eigenem Bad. Kleines Frühstück im Preis inbegriffen.

Wohnungen/Apartments

Wer eine Wohnung bzw. ein Apartment mieten möchte, der sollte sich zuerst mit den aktuellen Bedingungen und Preisen vertraut machen. Hierzu bieten die „New York Times" und die Wochenblätter (z.B. „Time Out", „Village Voice") eine gute Gelegenheit. Auch Tipps von Einheimischen sind da sehr nützlich. Gleich vorweg: In Manhattan südlich der 110th Street werden Sie kaum ein vernünftiges 1-Zimmer-Apartment (mit Küche/Bad) für unter $ 1.200 im Monat finden. Hinzu kommen Strom und Nebenkosten (die sind niedriger als bei uns). Gehen Sie über die Webseiten bzw. über u.g. Adressen. Hier werden Sie i.d.R. noch teurere Wohnungen (ab $ 1.700/Monat) angeboten bekommen, die dann aber auch etwas besser sind. Eine Wohnung zu wechseln, ist üblich und wird nicht so „bürokratisch" gehandhabt wie bei uns. Oft kann man von Woche zu Woche kündigen. Das hängt aber von Ihrem Vertrag ab.

Die wichtigste Frage bei Unterkünften in den Boroughs: Wie nahe ist die nächste Subway-Station?

- **Manhattan Home Stays:** P.O. Box 20684, Cherokee Station, New York, NY 10021, Tel.: (212) 737-3868, Fax: (212) 265-3561, *www.manhattanstays.com*. Auch B&B-Unterkünfte.
- **Apartments International:** 67 Chiltern Street, London, W1U 6NF, Great Britain, Tel.: 0044-20-7935-3551, Fax: 0044-20-7935-5351. Verwaltet 170 Apartments in Manhattan. Buchungen müssen i.d.R. 8 Wochen vorher abgeschlossen werden.
- *Siehe auch Bed & Breakfast Reservierungsbüros/Buchungsservice (unten).*

Bed & Breakfast-Buchungsservice

Bed & Breakfast in Amerika ist anders zu definieren (oder auch gar nicht) als z.B. in England. In erster Linie wird ein Zimmer gestellt, manchmal „halb-privat", aber nicht immer mit Frühstück. Die Preise variieren von einfach (ab $ 50/Person) bis hin zu Luxussuiten mit 3 Räumen, eigener Küche etc. für einige hundert Dollar die Nacht. Da für die meisten Anbieter solcher Unterkünfte die Werbung über Zeitungen, Bücher, Zeitschriften etc. zu teuer ist, haben sie sich einem oder mehreren Reservierungsbüros anvertraut, die dann die Buchung übernehmen. Es ist ratsam, diese Reservierungen früh zu unternehmen. Zudem sollte man beachten, dass viele B&B-Unterkünfte keine Kreditkarten akzeptieren. Nahezu alle B&B-Unterkünfte befinden sich in Manhattan, einige weitere noch in Brooklyn. Hier nun ein paar Adressen von Reservierungsbüros. Meistens sind diese nur zu New Yorker Bürostunden zu erreichen (Mo-Fr 8h-17h). Eine Liste von B&B-Organisationen/Buchungsservices finden Sie auf der Internetseite *www.nyc-site.com/hotels/beb.htm*.

- **New World Bed & Breakfast:** 150 5th Ave., Suite 711, New York, NY 10011 (bzw. 270 LaFayette St.), Tel.: (212) 675-5600 o. 1-800-443-3800, Fax: (212) 675-6366.

- **Manhattan Home Stays:** P.O.Box 20684, Cherokee Station, New York, NY 10021, Tel.: (212) 737-3868, Fax: (212) 265-3561, www.manhattanstays.com. Auch Wohnungen.
- **Bed & Breakfast Network of New York:** 134 W. 32nd St., Suite 602, New York, NY 10001, Tel.: (212) 645-8134, www.bedandbreakfastnetny.com. Auch Apartments.
- **City Lights Bed & Breakfast:** P.O.Box 20335, Cherokee Station, New York, NY 10021, Tel.: (212) 737-7049, www.citylightsbedandbreakfast.com. Auch Apartments.
- **Bed & Breakfast (& Books):** 35 W. 92nd St., Apt. 2C, New York, NY 10025, Tel.: (212) 865-8740. Nur Mo–Fr zwischen 10h u. 17h anrufen, da Privatnummer. Hier werden Sie bei Schriftstellern und „Leseratten" untergebracht, aber es werden auch Apartments vermittelt.

Jugendherbergen, YMCA und YWCA in Manhattan

In Amerika als Hostels bezeichnet. Hier müssen Sie nicht unbedingt in 20-Betten-Schlafsälen übernachten. Gerade die YMCAs (nicht nur für Männer!) bieten auch Einzel- und Doppelzimmer. Wer für ca. $20 Dollar in einem Mehrbettzimmer nächtigen will, findet sich i.d.R. in 4–6-Betten-Zimmern wieder. Diese können wiederum von Gruppen gebucht werden. Siehe auch Internetseite: www.hostels.com bzw. die Buchungsseite für Hostels in New York: www.hostelsweb.com/cities/newyork. Die Internetseite der YMCAs lautet www.ymcanyc.org, die vom YWCA www.ywcanyc.org.

Die Ziffern und Buchstaben vor den Hotelnamen beziehen sich auf die Karten S. 193, 202 u. 208.

(HS27) – Chelsea International Hostel $: 251 W. 20th St. (zw. 7th u. 8th Ave.), New York, NY 10011, Tel.: (212) 647-0010, Fax: (212) 727-7289, www.chelseahostel.com. *Chelsea*. 130 Betten. Günstig gelegen. HINWEIS: Bei letzer Drucklegung „bis auf Weiteres geschlossen".
(HS28) – McBurny YMCA $: 215 W/23rd St., New York, NY 10001, Tel.: (212) 741-9219. *Chelsea*. Auch 1-, 2-, 3- und 4-Bett-Zimmer.
(HM35) – YMCA (Vanderbilt) $: 224 E. 47th St. (zw. 2nd & 3rd Ave.), New York, NY 10017, Tel.: (212) 756-9600, Fax: (212) 752-0210. *Midtown-East*. 377 Zimmer. Vornehmlich Einzel- und Doppelzimmer.
(HN17) – YMCA (West Side) $-$$: 5 W. 63rd St. (zw. Central Park West u. Broadway), New York, NY 10023, Tel.: (212) 787-7400, Fax: (212) 875-1334. *Upper West Side*. 540 Zimmer. Nur wenige der vornehmlich 1- 2-Bett-Zimmer haben ein eigenes Bad.
(HN18) – Banana Bungalow $: 250 W. 77th St. (Broadway), New York, NY 10024, Tel.: (212) 769-2441, Fax: (212) 877-5733, www.bananabungalow.com. *Upper West Side*. Günstig und relativ neu. Vornehmlich Mehrbettzimmer. HINWEIS: Bei letzer Drucklegung „bis auf Weiteres geschlossen".
(HN19) –YMHA (de Hirsch Residence) $: 1395 Lexington Ave., (92nd St.), New York, NY 10128, Tel.: (212) 415-5650, Fax: (212) 415-5578. *Yorkville*. Das zzt. wohl beste Hostel: relativ große Räume und günstige Wochen- bzw. Monatsraten. Einzel- und Doppelzimmer. Das Hostel ist unter jüdischer Leitung und es werden auch Touren zu jüdischen Kulturstätten angeboten. HINWEIS: Bei letzter Drucklegung „bis auf Weiteres geschlossen".
(HN20) – Hostelling International/ American Youth Hostel – New York $: 891 Amsterdam Ave. (104th St.), New York, NY 10025-4403, Tel.: (212) 932-2300, Fax: (212) 932-2574, www.hiayh.org. *Upper West Side*. 500 Betten. Gerne frequentiert von Rucksackreisenden aus aller Welt. Die Einzel- und Doppelzimmer kosten $$, aber die Schlafsäle (4, 6 und 12 Betten) sind günstig, gut und sauber.

Camping

Wer nun unbedingt im Zelt schlafen möchte, der muss sich schon mit dem Zug nach Long Island begeben. Für ca. $ 15 böte sich der am einfachsten von Manhattan zu erreichende (via Long Island Railroad zu Great River Station) **Hecksher State Park Campground** an: East Islip, Long Island, Tel.: (516) 581-2100.

Restaurants, Cafés und andere „Eating Establishments"

Oft wird die amerikanische Küche nur müde belächelt. Alleine dieses Urteil stimmt nicht mehr. Das, was New York zu bieten hat, kann wirklich kein Gourmet dieser Welt in Frage stellen. An die 17.000 „eating establishments" streiten im Big Apple um die Gäste – und die New Yorker sind sehr wählerisch und kritisch. Zahlreiche Köche haben ihre Meisterjahre in Frankreich oder Italien verbracht, und mit Recht wird New York heute mit den Topstädten der Gastronomie auf eine Stufe gestellt. Hier gibt es wirklich alles, und es muss auch nicht immer teuer sein: Die enorme Konkurrenz drückt oft die Preise. Wenn Sie nun aber in die Topadressen gehen, wie z.B. das „Four Seasons" u.a., dann können Sie ohne Probleme dreistellige Dollarsummen – pro Person – loswerden.

Lassen Sie sich auch ein bisschen treiben, in TriBeCa, in SoHo, im Village oder auch im günstigen East Village bzw. der Lower East Side. Rund um den Times Square mögen Preis und Leistung vielleicht nicht immer stimmen, aber auch dort gibt es gute Restaurants und bei einem der Delis hier lässt es sich einigermaßen günstig essen. Die Upper East Side verspricht gediegene Establishments und keine Touristen, die Restaurants der Upper West Side dagegen sind eher eklektisch bzw. aristokratisch angehaucht und ebenso wenig von Touristen besucht.

Achtung beim Trinkgeld
Viele Restaurants sind mittlerweile dazu übergegangen, das Tip/die Gratuity auf der Rechnung mit einzubringen (bes. bei Touristen) und dieses leider in vielen Fällen sehr unscheinbar zu machen sowie dann auch gleich 18 und mehr Prozent aufzuschlagen. Achten Sie also darauf und bezahlen Sie dann nicht das Tip doppelt. Sie sind auch nicht verpflichtet, 18 und mehr Prozent zu geben. 15% sind auch dann okay.

Kubanischer Snack
Wer über Tag einen Snack vertragen kann und sich in der Nähe einer der u.g. **Sophie's**-Imbisse (mit Sitzgelegenheit, meist nur Mo-Fr 8h–18h geöffnet), der sollte sich nicht die Gelegenheit nehmen lassen, hier einen günstigen, kubanischen Mittagstisch oder das Cuban Sandwich (dünnes Brot, pulled pork, Käse, Tomate, Salat, Senf, Salsa) zu probieren. Wirklich lecker und wem es nicht scharf genug ist, der sollte sein Sandwich vor jedem Bissen in die auf allen Tischen aufgestellte Jalapeno-Sauce tunken (grün, würzig, scharf). Empfehlenswert sind auch die frischen Säfte und der Spanish Coffee!

Sophie's in Manhattan:
- 73 New Street, **Financial District**
- 96 Chambers St., zw. Church St. und Broadway, **Civic Center**
- 179 Madison Ave., nahe 34th St., **Kips Bay/Murray Hill**
- 240 W. 40th St., zw. 7th u. 8th Aves., **Times Square/Fashion District**
- 369 Lexington Ave., nahe 42nd St., **Murray Hill**
- 805 3rd Ave., nahe 49th St., **Midtown-East**
- 23 W. 56th St., zw. 5th u. 6th Aves., **Midtown**

Redaktions-Tipps

Informationen zu diesen Restaurants finden Sie, nach Stadtteilen und Art der Küche sortiert, auf den Seiten 216–236.

- **Amerikanisch:** Hamburger: **Burger Joint** oder **Corner Bistro**, Südstaatengerichte im **Acme Bar & Grill**, Soulfood bei **Miss Maude's Spoonbread Too** oder bei **Londel's** in Harlem; in Ledersesseln wie vor 200 Jahren: **Fraunces Tavern**; gute „neu-amerikanische" Küche im **Gotham Bar & Grill**;
- **Asiatisch:** Chinesisch in Chinatown: **Jing Fong** oder **Mr. Tang**; Indisch: an der **6th Street** im East Village; Chines.-Thai: **Lucky Cheng's**; Koreanisch: **Kunjip Restaurant**, Sushi: **Choshi**
- **Meeresfrüchte: Blue Water Grill** am Union Square (teuer); günstig und frisch auf **City Island** (The Bronx) oder in Sheepheads Bay (Brooklyn) bei **Mario & Luigi's**
- **Italienisch:** Pizza bei **Arturo's** oder im **Grimaldi's**; **Lupa** oder **Bread** in Little Italy, entlang der **Arthur Avenue** in der Bronx
- **Delis:** Picknickkorb bei **Zabar's** oder auf dem **Chelsea Market** zusammenstellen; Kosher-Gerichte bei **Katz's** (günstig);
- **Sonntags-Brunch:** im Central Park: **Tavern on the Green**; Gospel-Brunch bei **Sylvia's**
- **Andere:** Russische Küche im **Odessa Restaurant** im East Village, Deutsches Bier und Schnitzel im **Loreley**, Wodka und Tanz im **Odessa** oder **National** auf Coney Island sowie ein Hot Dog an einem **Straßenstand**.
- Sind Sie experimentierfreudig? Wenn ja, dann sollten Sie mal auf eigene Faust in folgenden Vierteln nach einem Restaurant suchen: **Chinatown** (überall), **Lower East Side** (um Orchard und Ludlow Sts.), **East Village** (um 1st u. 2nd Aves.), **Gramercy Park/Flatiron District** (Irving Place/Park Avenue, Höhe um 19th Street), **Fort Greene** in Brooklyn (um DeKalb, Fulton und Lafayette), **Williamsburg** in Brooklyn (um Bedford Ave.), **Astoria** in Queens (um Broadway/31st St.)

Versuchen Sie auch einmal Soulfood in Harlem oder ein gutes Restaurant in Brooklyn-Fort Greene (hier speist man günstiger als in Manhattan). Oder z.B. – wenn auch mit einer weiten Anreise verbunden – mit jüdisch-russischer Schwarzmeerküche auf Coney Island, einem Griechen in Astoria (Queens) bzw. echter italienischer Küche in der Bronx (Arthur Avenue)?

Verpassen in New York sollten Sie nicht, Kosher (jüdisch), Sushi (japanisch), Soulfood (deftige Küche der Afro-Amerikaner), chinesisch, koreanisch, italienisch und in einem Deli zu essen. Sie werden sich wundern, was da alles so gezaubert wird, oft in einer Vielfalt, die wir in unseren ethnischen Restaurants gar nicht kennen. Fischgerichte, andere asiatische Küchen, osteuropäische Speisen und Restaurants mit Ausblick würden diese Wunschliste noch bereichern, aber soviel Zeit bleibt beim ersten Besuch sowieso nicht. Für Steaks, Tex-Mex und deutsche Küche spricht hier dagegen nicht viel. Die Themenrestaurants sind eher etwas für die Teenager, aber nichts für einen verwöhnten Magen. Und: **Vergessen Sie nicht das „Tipping" – mindestens 15 % Trinkgeld** (Faustregel: die auf der Rechnung aufgeführte Tax von 8,325 % verdoppeln) sind Pflicht. Nur, wenn der Service gar nicht gestimmt hat, können Sie weniger geben, müssen das aber gut begründen.

❶ Restaurants in Manhattan

Manhattan (Süden): Financial District, TriBeCa, Chinatown und Lower East Side

Amerikanische Küche

Wer mal auf gut Glück schauen will, der sollte sich am Tage beim Besuch des *Financial Districts* die **Restaurants in der Pearl- sowie der Stone Street** anschauen. Nicht alle sind günstig, aber in den restaurierten Gebäuden verbergen sich so manche Schätze.

- **Fraunces Tavern:** Ecke Pearl/Broad Sts., *Financial District*, Tel.: (212) 968-1776. Gepflegtes Restaurant in historischem Museumsgebäude. Ledersessel, Holzvertäfelungen und eine gute amerikanische Küche. „Speisen wie die High Society des 18. Jahrhunderts".
- **Blarney Stone:** 121 Fulton Street, zw. Nassau u. William Sts., *Financial Center*. Altehrwürdige Bar mit Deli-Restaurant. Dunkel und laut, aber sehr, sehr beliebt bei den Brokern für den Mittagssnack bzw. das Feierabendbier. Besonders gut sind die dick belegten Sandwichs. Also ein Mittagsstopp für Sie.
- Am **South Street Seaport** (South St., Ecke Fulton St.) gibt es eine Reihe von Restaurants, bei einigen kann man auch auf der Terrasse sitzen mit Aussicht auf die alten Museumsschiffe und den East River.
- **Walker's:** Ecke N. Moore/Varick Sts., *TriBeCa*, Tel.: (212) 941-0142. Vornehmeres Barrestaurant mit warmer Küche bis Mitternacht (Bar bis 4 Uhr morgens). Hier kommen oft auch Filmleute hin. Keine Reservierungen.

Asiatische Küche

Im Grunde macht es mehr Spaß, sich bezüglich der asiatischen Küche in Chinatown treiben zu lassen, als Adressen zu folgen. Besonders entlang der Mott Street finden sich viele Restaurants und Garküchen. Schauen Sie einfach auf die Speisekarten. Auch nördlich der Canal Street (eigentlich schon Little Italy), gibt es heute einige asiatische Restaurants.
- **New York Noodle Town:** 28 1/2 Bowery (Bayard St.), *Chinatown*, Tel.: (212) 349-0923. Kleines Garküchen-Restaurant. Die Suppen sind bereits eine Mahlzeit für sich und eignen sich hervorragend als Lunch. Tipps: Mushroom Soup und eines der Wok-Gerichte. Preiswert.
- **Mr. Tang:** 50 Mott St., Ecke Bayard St., *Chinatown*, Tel.: (212) 233-8898. Unscheinbar, doch hier kommen die Chinesen hin zum Feiern. Das Essen ist echt und gut. Und wer sich auskennt, kann auch eigene Gerichte zusammenstellen.
- **Jing Fong:** 20 Elizabeth St (zw. Canal u. Bayard Sts.), *Chinatown*, Tel.: (212) 964-5256. Der erste Anschein trügt: Das Restaurant ist groß – denn mit einem Fahrstuhl geht es in den Speisesaal. Doch nichts mit romantischem Candlelight-Dinner: Man wird an große Rundtische (10 Personen) gesetzt und isst dann auch entsprechend in Gesellschaft. Das kann aber lustig werden, besonders wenn Sie eine asiatische Familie am Tisch haben, die Ihnen erklärt, was Sie wie, wann und in welchen Mengen essen sollten.
- **Grand Sichuan:** 125 Canal St., Ecke Bowery (Auffahrt zur Manhattan Bridge), *Chinatown/Bowery*, Tel.: (212) 625-9212. Klein und einfach, doch berühmt-berüchtigt für die scharfen Wonton-Gerichte. Sie können natürlich auch „mild" bestellen. Hier essen Sie günstig. Nicht zu verwechseln mit den großen Restaurants des gleichen Namens in Midtown!

Italienische Küche

- **Il Giglio**: 81 Warren St., zw. Greenwich St. u. W. Broadway, *Civic Center*, Tel.: (212) 571-5555. Mit viel Lob und Preisen versehenes italienisches Restaurant. Pasta und Fleischgerichte, keine Pizzeria. Teuer, also nur was, wenn Sie wirklich gepflegt italienisch speisen möchten.
- **Tribeca Grill:** 375 Greenwich St./Franklin St., *TriBeCa*, Tel.: (212) 941-3900. Dieses Restaurant gehört dem Schauspieler Robert de Niro, und es wird gute italienische

Küche geboten. Gelegentlich taucht de Niro auch persönlich auf. Man sagt, dass mit der Eröffnung dieses Lokals der Stadtteil TriBeCa aus seinem „Graue-Maus-Dasein" erwacht ist und sich nun schnell zu einem „In"-Gebiet entwickelt. Reservierungen sind also dringend erforderlich. Sonntags Brunch. Teuer.
- **Ivy's Bistro:** 385 Greenwich St., Ecke N. Moore St., *TriBeCa*, Tel.: (212) 343-1139. Sehr beliebtes Restaurant mit „Mediterranean Seafood" als Spezialität. Oft voll, da ein echter Tipp für TriBeCa.

Anderes

- **Burritoville:** 36 Water St. (Broad St.), *Financial District*, Tel.: (212) 747-1100. Preiswerte mexikanische Küche. Gehört zu einer Kette mit 12 Filialen in Manhattan.
- **Odeon:** 145 W. Broadway (Thomas St.), *TriBeCa*, Tel.: (212) 233-0507. Bistro-Restaurant im Art-Deco-Stil. 1980 hier gegründet, war dieses Lokal eines der wesentlichen Trendsetter, die TriBeCa salonfähig gemacht haben. Die Küche ist exquisit: eine Mischung aus französischen, asiatischen und amerikanischen Einflüssen. Dabei aber nicht zu teuer.
- **Chanterelle:** 2 Harrison St. (zw. Hudson u. Greenwich Sts.), *TriBeCa*, Tel.: (212) 966-6960. Eines der Spitzenrestaurants von New York. Kleines Abendrestaurant mit französischer und neuer amerikanischer Küche. Sehr teuer!! So. geschlossen.
- **Loreley:** 7 Rivington St, zw. Bowery u. Chrystie Sts., Tel.: (212) 253-7077, *Lower East Side*. Deutsches Lokal mit 12 deutschen Biersorten (mehrere Weizenbiere und selbst Kölsch!). Zu essen gibt es riesige Schnitzel, Sauerbraten, Knödel, selbst gemachte Gulaschsuppe und sogar Currywurst mit Pommes „rot-weiß" (wobei die Wurst sehr klein ist...).

Manhattan: Zwischen Canal Street und 34th Street:
Little Italy, West Village, SoHo, Greenwich Village, NoHo, East Village, Gramercy, Chelsea und Midtown South

Amerikanische Küche

- **Jerry's:** 101 Prince St., zw. Greene u. Mercer Sts., *SoHo*, Tel.: (212) 966-9464. Diner, beliebt bei den Galeristen für den Lunch. Gute Salate und einige Südstaatengerichte.
- **Fanelli's:** Ecke Prince/Mercer Sts., *SoHo*, Tel.: (212) 226-9412. Alteingesessene Bar mit schönem Holztresen. Treffpunkt der Büroleute nach der Arbeit. Die wenigen Tische sind oft besetzt, da die italienisch angehauchte Küche nicht nur gut, sondern auch relativ günstig ist. Lesen Sie zur Geschichte des Pubs in den Schaukästen.
- **Cornelia Street Café:** 29 Cornelia St., zw. Bleecker u. W. 4th Sts., *West Village*, Tel.: (212) 989-9319. Einst bekannt für die Lesungen und kleinen Musik- sowie Kulturveranstaltungen (gibt es immer noch im Kellerraum), hat sich das Lokal jetzt auch zu einem beliebten Restaurant mit gemischter amerikanischer Küche (von Pizzabrot bis zu Lobster-Ravioli) entwickelt.
- **Gotham Bar & Grill:** 12 E. 12th St. (zw. 5th Ave. u. University Place), *Greenwich Village,* Tel.: (212) 620-4020. Erstklassige „neu-amerikanische" Küche. Hier wurden viele Gerichte kreiert, die später den ganzen Kontinent erobert haben. Besonders zu empfehlen sind die Salate und Fischgerichte. Rechtzeitig reservieren.

7. Spezialtipps: Restaurants, Cafés und andere „Eating Establishments"

- **Acme Bar & Grill:** 9 Great Jones St., zw. Broadway u. Lafayette, *Greenwich Village*, Tel.: (212) 420-1934. Herzhafte und auf Wunsch stark gewürzte Südstaaten-Gerichte. Die Auswahl an scharfen Saucen ist enorm. Und alles dabei recht günstig. Nur einen Block weiter, an der Great Jones Street, zw. Bowery und Lafayette St., liegt das **Great Jones Cafe**, dessen Burger der Hit sind und ebenfalls auch gute Südstaatengerichte anbietet.
- **Old Town Bar:** 45 E. 18th St. (zw. Broadway u. Park Ave.), *Flatiron*. Über hundert Jahre alter Pub mit altem Holztresen und großem Spiegel dahinter. Die schummrige Beleuchtung schreckt weder die in der Umgebung einkaufende Yuppie-Szene noch die alten „Barflys" ab. Urig-stimmungsvoll. Im Fenster hängen oft politische Meinungen aus – handgeschrieben und nicht immer ernst zu nehmen. Deftige, amerikanische Bar-Gerichte. Auch gute Suppen.
- **Pete's Tavern:** 129 E. 18th St. (Ecke Irving Place), *Gramercy Park*, Tel.: (212) 473-7676. 1864 eröffnet, ist dieses New Yorks ältester (ohne Unterbrechung betriebener, s.o. McSorley's) Pub. O.Henry war einer der vielen Gäste hier. Heute besticht das historische Ambiente immer noch, wobei die Gäste aus der wohlhabenden Neighborhood so gar nicht reinpassen wollen. Das Essen besteht aus einer Mischung von deftigem und gutem Pubfood und einer eher mittelmäßigen italienischen Küche.
- **Veritas:** 43 East 20th St., zw. Broadway u. Park Ave., *Flatiron District*, Tel.: (212) 353-3700. Fine „Fusion"-Dining mit einer der erlesensten Weinkarten der Stadt. Über 1.300 Weine werden angeboten. Sehr teuer!
- **Empire Diner:** 210 10th Ave. (zw. 22nd u. 23rd Sts.), *Chelsea*, Tel.: (212) 243-2736. Wegen seiner Empire State Building-Spitze auf dem Dach das wohl meistfotografierte Diner New Yorks. Aber auch die Burger, das opulente Frühstück und der Sonntags-Brunch sind beliebt. 24 Stunden geöffnet.
- **Blue Smoke:** 116 E. 27th St., zw. Park u. Lexington Aves., *Midtown-South*. Hier gehören die leckeren Pickels und Bacon auf den Burger. Noch berühmter ist das Lokal aber wegen seiner schmackhaften BBQ-Gerichte aus den Südsaaten. Dabei handelt es sich um geräuchertes Fleisch (meist Schwein oder Huhn), eingelegt in eine scharfwürzige Sauce und dann in ein Riesenbrötchen gepackt. Gibt es natürlich auch mit anderen Zutaten.

Asiatische Küche

- **Lucky Cheng's:** 24 1st Ave., *East Village*, Tel.: (212) 473-0516. Ein Muss, wer einmal so richtig etwas „anderes" erleben möchte in der Megacity. Hier kommt man nicht hin wegen des guten asiatischen Essens, sondern wegen der Bedienung: Sehr freundliche Transvestiten, zumeist aus Asien. Besonders die männlichen Gäste werden von den „Damen" gern umworben und überaus charmant bedient. Gönnen Sie sich vor der Mahlzeit auch einen der leckeren Cocktails an der Bar. Auf zwei Bühnen werden abends zudem kurze Shows aufgeführt.
- Entlang der 6th Street zwischen 1st und 2nd Streets *(East Village)* reihen sich kleine **indische Restaurants** wie Perlen auf einer Schnur aneinander, so

dass man sich fragen mag, wovon diese alle existieren können. Die Qualität des Essens ist gut, und oft wird auch indische Musik geboten.
- **Indochine:** 430 LaFayette St., zw. Astor Place u. E. 4th St., *NoHo/East Village*, Tel.: (212) 505-5111. Sehr gutes vietnamesisch-kambodschanisches Restaurant. Zu empfehlen: die authentische Fischsuppe und die mit Lemongras zubereiteten Fleischgerichte. Relativ teuer. So. geschl.
- **Republic:** 37 Union Square West, *Chelsea*, Tel.: (212) 627-7168. Gute thailändische Küche. Achtung! Echt Thai ist scharf.
- **Tamarind:** 41–43 E. 22nd St., zwischen Broadway u. Park Ave., *Flatiron District*, Tel.: (212) 674-7400. Ein ausgezeichnetes Tandoori-Indisches Restaurant. Hier wird alles frisch zubereitet. Dafür zahlen Sie aber deutlich mehr als an der 6th Street im East Village (s.o.).
- **Curry Leaf:** 99 Lexington Ave./ 27th St., *Kips Bay,* Tel.: (212) 725-5558. Authentische indische Küche zu günstigen Preisen. Um die Kreuzung nördlich davon (28th St.) gibt es weitere indisch-pakistanische Restaurants, die gerne von den Taxifahrern zum Imbiss genutzt werden.
- Entlang der 32nd Street um die 5th Avenue (*Midtown South*) finden Sie zahlreiche **japanische und vor allem koreanische Restaurants**, die sich aber so stark am asiatischen Publikum orientieren, dass selbst die Namen und Speisekarten oft nur in asiatischer Sprache gehalten sind. Dafür ist es hier aber echt und gut! Alle Preisklassen von Snack Bar bis zu Fine Dining finden sich in versteckten Obergeschoss-Séparées. Unser absoluter Tipp (hier gehen wir selbst oft hin): **Kunjip Restaurant:** 9 W. 32nd St., nahe 5th Ave., Tel.: (212) 216-9487, *Midtown-South/Herald Square*. Rund um die Uhr erstklassige koreanische Küche. Obwohl hier viele koreanische Restaurants angesiedelt sind, ist dieses von den Koreanern selbst immer mit am besten besucht. Und wenn Sie zu Hauptzeiten mal 10–15 Minuten warten müssen … dann tun Sie das, es lohnt sich.

Italienische Küche

- **Il Cortile:** 125 Mulberry St., zw. Canal u. Hester Sts., *Little Italy*, Tel.: (212) 226-6060. Echte norditalienische Küche. Seafood, Mozzarella, Pasta und dazu warmes Brot. Alles frisch zubereitet.
- **Eileen's Special Cheese Cake:** 17 Cleveland Place, Ecke Kenmare/ Centre Sts. Weder ein Restaurant noch „typisch" italienisch. Doch Eileen Avezzano hat wirklich leckere Käsekuchen. Da kann in New York nur „Juniors" in Brooklyn mithalten. Es gibt auch kleine Stücke … und die genügen!! Deftig, heftig aber wirklich Klasse für den Snack zwischendurch!
- **Lombardi's:** 32 Spring St., zw. Mott u. Mulberry Sts., *Little Italy/NoLIta*, Tel.: (212) 941-7994. Hier wird seit 1905 eine krosse und sehr gute Pizza gebacken. Viele New Yorker halten sie für die beste in Manhattan. Kann sein, wir finden Arturo's (s.u.) noch besser. Aber was sagt das schon … Auch sonst gute italienische Pasta-Gerichte.
- Zahlreiche, zumeist gute **italienische Restaurants gibt es in Little Italy** entlang der Mulberry Street, bes. im Bereich Hester St., so z.B. das traditionelle und alteingesessene **Puglia** (Hester St., zw. Mulberry und Mott St., Tel.: (212) 226-8912)
- **Arturo's:** 106 W. Houston St., Ecke Thompson St., *Greenwich Village*, Tel.: (212) 677-3820. Schon seit Jahrzehnten werden in der ehemaligen Autogarage mit die besten Pizzen der Stadt serviert. Die Pasta-Gerichte sind aber auch nicht ohne. Zur Atmosphä-

re tragen tägliche Jazz-Livemusik und Arturo's selbstgemalten Bilder an den Wänden bei. Ein Muss für Pizza-Fans!!
- **Lupa:** 170 Thompson St. (zw. Houston u. Bleecker Sts.), *Greenwich Village*, Tel.: (212) 982-5098. Herzhafte italienische Pasta-Küche. Die Pasta wird im Hause hergestellt. Oft lange Schlangen, aber für Nudelfreunde ein Muss.
- **Veniero's:** 342 E. 11th St./ 1st Ave., *East Village*. Italienische Bäckerei der Extraklasse. Über hundert Jahre in New York, ist diese eine Institution für Kuchen und Pastries, die Sie im Café verspeisen oder außer Haus essen können. Und schräg gegenüber an der 1st Avenue lauert die ebenso gute Konkurrenz: **De Robertis Pasticceria**.

Deli

- **Katz's:** Ecke Houston und Ludlow Streets, *Lower East Side*. Legendärer Deli mit monströsen Pastrami u. Corned Beef-Sandwiches, leckeren Salamis, „All-Beef-Hot Dogs" und anderen Kosher-Gerichten. Ein Muss für NY-Fans. Hier spielte übrigens auch die bekannte Szene aus dem Film „Harry und Sally", wo sie einen Orgasmus vortäuscht.

Anderes

- **Balthazar:** 80 Spring St., zw. Broadway u. Crosby St., *SoHo*, Tel.: (212) 965-1414. „In"-Brasserie für die Mode-, Kunst-, Film- und Bankerszene. Französische Küche. Es gibt auch volle Mahlzeiten.
- Entlang der **Prince Street** in *SoHo* befinden sich die meisten Restaurants dieses Künstlerviertels. Entsprechend eklektisch und „schick" geht es hier zu, und die Lokalitäten wechseln oft Namen und Speisenkarte. Durchaus aber eine nette Ecke, um einmal die Künstlerequipe des Big Apple zu beäugen.
- **Aquagrill:** 210 Spring St./Sixth Ave., *SoHo*, Tel.: (212) 274-0505. Eines der besten Seafood-Lokale Manhattans. Neben typischen Gerichten gibt es auch Lobster-Salat und 26 Austern-Varietäten. Natürlich auch alles etwas teurer.
- **Boca Chica:** 13 1st Ave. (1st St.), *East Village*, Tel.: (212) 473-0108. „Feuriges" südamerikanisches Restaurant. Gut (und stark) auch die Mixgetränke.
- **Two Boots:** Ecke Avenue A/ 2nd St., *Alphabet City/East Village*, Tel.: (212) 505-2276. Italo-Louisiana-Küche, wobei die gut gewürzten und relativ günstigen Pizzen (dünn und knusprig) hier die Empfehlung sind. Eher Take-Out, aber einfache Sitzgelegenheiten. Weitere „Two Boots"-Lokalitäten: Bleecker St., zw. Broadway u. Crosby St., *NoHo* sowie Ecke Greenwich Ave./Charles St., *West Village*.
- **Teresa's:** 103 1st Ave./8th St., *East Village*, Tel.: (212) 228-0604. Kleines polnisches Lokal, dessen Spezialitäten mit Käse, Sauerkraut und Fleisch gefüllte Pirogis sind.
- **Jimmy's N° 43:** 43 E. 7th St., zw. 2nd u. 3rd Aves., *East Village*, Tel.: (212) 982-3006. Wirklich charmantes, kleines Kellerrestaurant (unter der Kneipe „Standings"). Neben ein paar kleinen Snacks und ein paar alltäglichen Nudelgerichten ist es aber vor allem die ständig wechselnde Tageskarte, die die Gäste hierher bringt. Immer gibt es etwas Neues zu entdecken. Und die Bierauswahl ist ausgesprochen gut, wenn einem auch die meisten Biere unbekannt sind. Ambiente: Die Amerikaner würden sagen: „Very cosy".
- **Odessa:** 119 Ave A (zw. 7th u. St. Marks Place), *Alphabet City/East Village*, Tel.: (212) 473-8916. Einfaches ukrainisches Restaurant für den kleinen Geldbeutel. Pierogi, Pfannkuchen, Kartoffelpuffer etc. Die Speisekarte ist unendlich voll, hier gibt es wirklich alles.

7. Spezialtipps: Restaurants, Cafés und andere „Eating Establishments"

- **Veselka:** 144 2nd Ave./9th St., *East Village*, Tel.: (212) 228-9682. Russische und z.T. polnische Gerichte: Borschtsch, Blintzis, Pierogi, Kielbasa, Kartoffelpfannkuchen etc. 24 Stunden geöffnet.
- **Mi Cocina:** 57 Jane St. (Hudson St.), *West Village*, Tel.: (212) 627-8273. Ohne Frage eines der besten mexikanischen Restaurants der Stadt. Aber Achtung! Das Chili und auch andere Gerichte können sehr scharf sein.
- **Blue Water Grill:** 31 Union Square West, an der 16th St., *Flatiron District*, Tel.: (212) 675-9500. Untergebracht in alter Schalterhalle einer Bank. Restaurant der Extraklasse mit international zubereiteten Seafood-Gerichten. Z.B. gibt es als Vorspeise für 2–3 Personen ein dänisches „Anredning", ein 4-stöckiges, auf Eis gelegtes Fisch-, Krabben und Muschelbuffet. Auch die Hauptgerichte bieten mehr als frittierten Catfish. Die Zubereitung ist wirklich einfallsreich. Dafür muss man aber ab $ 40 pro Person nur fürs Essen rechnen.
- **Pipa:** 38 E. 19th St., zw. Broadway u. Park Ave., *Flatiron District*, Tel.: (212) 677-2233. Gilt als eines der besten Tapas-Restaurants in der Stadt. Aber Achtung bei dem selbstgemachten Sangria-Punch. Der hat es in sich.
- Entlang der **3rd Avenue zwischen 20th und 30th Street** *(Gramercy Park/Kips Bay)* gibt es zahlreiche Restaurants, in denen Sie gut und für New Yorker Verhältnisse trotzdem noch relativ preiswert essen können. Neben irischen Pub-Restaurants finden Sie hier auch zahlreiche asiatische Restaurants und an der Ecke 3rd Ave./22nd St. auch ein feines deutsches: **Rolf's German and American Restaurant** (Tel.: (212) 473-8718), in dem es u.a. auch Schnitzel und Sauerbraten gibt.

Ohne viele Worte:
Hier gibt's die besten Burger

- ***Paul's:*** *2nd Ave./zw. 7th u. 8th Sts.,* **East Village***. Burger-Diner der alten Generation. Etwas schmierig, aber gut.*
- ***Washington Park:*** *24 5th Ave./9th St.,* **Greenwich Village***. Deluxe-Burger mit Super-Fritten.*
- ***Corner Bistro:*** *Ecke W. 4th u. Jane Sts.,* **West Village***. Kleines Restaurant mit großer Bar. Zwischen 18 und 22 Uhr warten Sie in der Bar aber lange auf einen Sitzplatz.*
- ***Blue Smoke:*** *116 E. 27th St., zw. Park u. Lexington Aves.,* **Midtown-South***. Hier gehören die leckeren Pickels und Bacon auf den Burger.*
- ***P.J. Clarke's:*** *915 3rd Ave/55th St.,* **Midtown-East/Sutton Place***. Burger vom Holzkohlegrill.*
- ***Burger Joint:*** *118 W. 57th St., zw. 6th u. 7th Aves., im Parker Meridien Hotel,* **Midtown***. Versteckt hinter einem riesigen Vorhang in der Hotellobby passt dieser kleine Diner so gar nicht in das Luxushotel. Ein echter Geheimtipp.*

Auch in New York gut: die Hamburger

Manhattan: Midtown und Theater District

Amerikanische Küche

- **Virgil's Real BBQ**: 152 W. 44th St., zw. 6th Ave. u. Broadway, *Midtown/Times Square*, Tel.: (212) 921-9494. Herzhafte Südstaaten-BBQ-Gerichte zu (für die Gegend) vernünftigen Preisen. Ribs oder geräuchertes Hühnchen mit BBQ-Sauce und Bisquit an der Seite gehören zu den meist gefragten Dingen hier. Gut für Familien mit Kindern.
- **Rainbow Room:** 30 Rockefeller Plaza, *Theater District*, Tel.: (212) 632-5100. In den 1934 eröffneten Räumlichkeiten im 65. Stockwerk haben bereits Fred Astaire und Ginger Rogers Tanzeinlagen dargeboten (im Film und fürs Publikum). Entsprechend gehalten ist auch das Ambiente. Man kommt sich vor wie in einem 50er-Jahre Musical. Die große, sich drehende Tanzfläche wird oft genutzt (nur Mut!), und meist spielt eine Bigband auf. Die Aussicht ist natürlich auch phänomenal, wobei ein entsprechender Tisch am Fenster rechtzeitig reserviert sein sollte. Ordentliche Kleidung erwünscht. Jeans und T-Shirts haben keine Chance.
Ein besonderer Knüller ist auch der Sonntags-Brunch. Anzug/Schlips sind unbedingt erwünscht, und zum Tanzen sollten Sie entsprechende Schuhe anhaben! Freitag- und Samstagabends: Dinner & Dancing.
Wer sparen möchte, dem sei die Cocktailbar empfohlen. Die italienische Küche ist übrigens gut, wenn auch ziemlich teuer, und ein Besuch lohnt wirklich nur wegen der Aussicht und der Bigband-Abende.
- **Wollensky's Grill:** 205 E. 49th St. (3rd Ave.), *Midtown-East*, Tel.: 8212) 743-0444. Erstklassige Steaks und Burger in lockerer Atmosphäre. Ein New York-Klassiker.
- **Gallagher's Steak House:** 228 W. 52nd St., zw. Broadway u. 8th Ave., Tel.: (212) 245-5336, *Midtown*. Hier werden erstklassige Steaks serviert, und das seit 1927! Oldtime-Atmosphäre und viele alte Fotos an den Wänden. Leider auch sehr teuer.
- **Four Seasons:** 99 East 52nd Street (zw. Park u. Lexington Ave.), im Seagram Building (Mies van der Rohe), *Midtown-East*, Tel.: (212) 754-9494. Ein sog. „Landmark"-Restaurant, da das Interieur alleine den Besuch wert ist und unter

---

Tipps fürs Essen oder Trinken vor einer Broadwayshow

> **Hinweis**
> *Reservierung bei den Restaurants essentiell.*

- **Rainbow Room (Bar & Grill) $$$$**: Komplett renoviert, erstrahlt der Glanz des nun italienischen Restaurants immer noch überregional. Sophisticated, mit Blick aus dem 65. Stockwerk. Tipp: Ein Drink an der Cocktailbar. S. 223.
- **Virgil's Real BBQ $$–$$$**: Wer bereits großen Hunger verspürt, ist hier richtig. S. 223.
- **Carnegie Deli** oder **Stage Deli $$**: Für viele New Yorker immer noch ein Muss: Ein Sandwich in diesem Deli vor oder nach der Show. S. 225.
- **Burger Joint:** An diesen Burgern kommt kein Burger-Fan vorbei. S. 222.
- **Carmine's $$–$$$:** Für die besonders Hungrigen italienische Pasta. S. 224.
- **Oyster Bar & Restaurant $$–$$$:** Wer nur eine Kleinigkeit vorweg essen möchte, der kann hier ja ein paar Muscheln oder Austern verspeisen. S. 225. Von hier aus müssten Sie aber besser mit dem Taxi zur Show.
- **Oak Room** (Hotellobby) bzw. **Blue Bar** (holzgetäfelte Bar) im Algonquin Hotel $$: Zwei alte Bars für den „Gentlemen's Drink" bzw. einen genüsslichen Cocktail. S. 197.

Denkmalschutz steht. Eine klassisch-moderne Einrichtung, 1959 konzipiert von dem Stararchitekten Philip Johnson, ist auch heute noch „in" (und wird es noch lange bleiben). Bronze, Aluminium, verschiedene Holzarten, Leder u.a. Materialien wurden dabei verwandt. Es gibt 2 Esssäle, den Grill Room (formeller) und den Pool Room, der um einen marmornen Brunnen gestaltet ist. Die Küche ist neu-amerikanisch, und das Menu wird der Jahreszeit angepasst. Hier treffen Sie bestimmt auch auf Persönlichkeiten des Big Apple. Jackettpflicht! Die hohen Preise sind gerechtfertigt, auch weil man – unüblich für NY – viel Platz gelassen hat zwischen den Tischen. Erstklassige Weinkarte.

Asiatische Küche

- **Bali Nusa Indah:** 651 9th Ave., zw. 45th u. 46th Sts., *Midtown-West*, Tel.: (212) 974-1875. Von außen wirkt dieses indonesische Restaurant eher unscheinbar. Doch bei günstigen Preisen gibt es hier authentische und extrem leckere Gerichte. Empfehlung: Nehmen Sie ein Menu. Hier wird alles zusammengestellt, und ein Getränk ist im Preis noch inbegriffen.
- **Nippon:** 155 E. 52nd St., zw. Lexington u. 3rd Aves., *Midtown-East*, Tel.: (212) 758-0226. Edles, elegant-dezentes Restaurant mit Höhepunkten der japanischen Küche. Eine Freude für Gaumen und Augen, weniger für die Reisekasse.
- **Nirvana Penthouse Restaurant:** 40 Central Park South, zw. 5th u. 6th Aves., *Midtown*, Tel.: (212) 486-5700. Indisches Gourmet-Restaurant mit atemberaubender Aussicht auf den Central Park. Bei den hohen Preisen aber nur für den „besonderen Anlass" geeignet.

Italienische Küche

- **Carmine's:** 200 W. 44th St., zw. Broadway u. 8th Ave.,, *Theater District*, Tel.: (212) 221-3800. Süditalienische Küche. Das Lokal ist groß, die Portionen sind aber noch größer! Und wer seinen Magen mit frittierten Calamari genügend geweitet hat, der kann dann noch die leckere Tiramisu zum Schluss draufpacken. Gut für Familien mit Kindern.
- **San Domenico:** 240 Central Park South, zw. Broadway u. 7th Ave., *Midtown*, Tel.: (212) 265-5959. Hervorragende norditalienische Küche mit viel Seafood. Aber bei der Lage auch nicht ganz billig.

Delis

- **Stage Deli:** 834 7th Ave., zw. 53rd u. 54th Sts. *Theater District*, Tel.: (212) 245-7850. Bereits 1937 eingerichtet, bezeichnet sich dieser Deli als der älteste in New York. Die nahezu 40 Sandwich-Gerichte wurden alle nach Stars benannt, deren Konterfeis an den Wänden rundherum zu finden sind. Und da die Stars sich ihre Sandwichwünsche hier selbst erfüllen durften, haben sie ordentlich „aufgelegt". Mundsperren sind, bei in solchen Dingen ungeübten Europäern, oft beobachtet worden.
- **Carnegie Deli:** 854 7th Ave., an der 55th St., *Theater District*, Tel.: (212) 757-2245. Bis 4h geöffnet! Einer der bekanntesten Delis der Stadt und berühmt für seine überladenen Sandwichs. Hier wurde auch eine Szene aus Woody Allens „Broadway Danny Rose" gedreht. Das Essen

gefällt, aber das Ambiente ist ein wenig zu touristisch, und die Preise sind für einen Deli recht hoch. Gut geeignet für einen Snack vor einer Broadwayshow.

Anderes

- **Oyster Bar & Restaurant:** Im Grand Central Terminal (Untergeschoss), Vanderbildt/Lexington Ave., *Midtown*, Tel.: (212) 490-6650. In den kunstvollen Beaux-Arts-Gewölben des großen Bahnhofs versteckt sich dieses Gourmetrestaurant mit

Hier können Sie Ihre Sandwichs überladen

den „frischesten Meeresfrüchten in Midtown". Natürlich sind die Austern in allen Variationen der Klassiker, aber auch die Hummer- und Fischgerichte sind gut. Wer hier sparen möchte, der sollte sich an den Tresen setzen und eine Suppe löffeln (z.B. exzellente Clam Chowder). Nach der Mahlzeit gehört schließlich noch der „Hörtest" im Kellergewölbe dazu. Dazu sind 3 Personen notwendig: Person 1 und 3 stehen an sich gegenüberliegenden Wänden, Person 2 in der Mitte des Gewölbes. Person 1 beginnt dann, mit gesenkter Stimme zu sprechen. Nr. 3 wird's verstehen, Nr. 2 aber nicht!
- Um die 46th Street zwischen 5th und 6th Avenues (*Midtown*), dem sog. „Little Brasil", befinden sich einige kleine **brasilianische Restaurants**, die eine gelungene und nicht zu teure Abwechslung bieten. Ein etwas teureres, aber gutes brasilianisches Restaurant befindet sich ein paar Blocks entfernt: **Brazil Grill:** 787 8th Ave./48th St., Tel.: (212) 307-9449.
- **Restaurant Row:** 46th St., zw. 8th u. 9th Sts., *Midtown-West*. An diesem Straßenabschnitt haben sich zahlreiche kleine Restaurants etabliert, die besonders auf die Gäste vor und nach den Broadway-Shows ausgerichtet sind (günstige Spezial-Menüs für Theaterbesucher). Die Auswahl ist gut und der Besuch hier durchaus zu empfehlen, wenn auch keines der Restaurant nun ein unvergessliches Highlight bedeutet. Eine Empfehlung: Bier und Pubsnack im **Joe Allen** (346 W. 46th St.).
- **Le Cirque:** Villard Houses, 455 Madison Ave./50th St., *Midtown-East*, Tel.: (212) 303-7788. Restaurant der Superlative. Viele Kritiker behaupten, es sei eines der besten Restaurants der Stadt und Amerikas. Dafür sind die Preise sogar noch „günstig": 3-Gänge-Lunch $ 45-50, 5-Gänge-Dinner: knapp $ 100. Einzelgerichte um $ 30. Französische und italienische Küche. Legendäre Speisen- und Weinkarte. Rechtzeitig reservieren (es hat schon Monate gedauert, bevor man seine Füße unter Meisterkoch Sirio Maccione's Tische platzieren durfte).
- **Hallo Berlin!:** 626 10th Ave., Ecke 44th St., *Clinton/ Hell's Kitchen*, Tel.: (212) 977-1944. Hier hat ein Mitte der 1990er Jahre aus Berlin (und vorher aus Sachsen stammender) eingewanderter Koch ein kleines Imbissrestaurant aufgemacht. Es gibt echte deutsche Currywurst, Sauerbraten, Buletten und auch deutsches Bier. Schmeckt wirklich gut, wenn auch nicht unbedingt das, was man bei einem Kurzaufenthalt in NY essen muss.
- **Marseille:** 630 9th Ave./44th St., *Theater District/Clinton*, Tel.: (212) 333-3410. Südfranzösische Küche mit nordafrikanischen Einflüssen. Ein Dauerbrenner ist natürlich die

Themen-Restaurants: vor kurzem noch „In" und schon wieder „Out" ?
Vorreiter der Themen-Restaurants war die englische Kette „Hard Rock Café" und zwischenzeitlich gab es über 10 solcher Ketten. Oft zeichneten Stars aus Sport, Musik, Mode und Film als Miteigentümer. Selten aber lag ihr wirklicher Geschäftsanteil bei über 5 %. Der Name zählte und damit das Thema. Relikte dieser Stars hängen an den Wänden (zerbrochene Gitarren, signierte Bilder, Sportgeräte etc.), doch nur zu wenigen Anlässen zeigte sich der besagte Star. Mittlerweile ist der Stern der Themen-Restaurants deutlich gesunken, denn das Essen (Burger, Steaks, Tex-Mex u.ä.) ist i.d.R. mittelmäßig und die Restaurants werden zumeist nur von Touristen und Teenagern besucht. Zudem gelten die Themen als abgegriffen, ist der Reiz des Neuen verflogen, und vor allem gab es zu viele davon. Opfer dieser Entwicklung in New York waren das **Fashion Café** der Models Kate Moss, Naomi Campbell und Claudia Schiffer an der Rockefeller Plaza. Es folgten mit der Schließung **Television City**, **Official All Star Café, Harley Davidson Café, WWE New York, Mars 2112** u.a.

Wer ist noch übrig:
- **Hard Rock Café:** 1501 Broadway/44th St., *Times Square/Midtown*, Tel.: (212) 343-3355, *www.hardrockcafe.com*. Thema: Rockmusik und Relikte aus der guten alten Zeit - 70er Jahre. Meist überfüllt.
- **ESPN Zone:** 4 Times Square, *Times Square/Midtown*, Tel.: (212) 921-3776, *www.espnzone.com*. TV-Berieselung des großen Sportsenders ESPN rund um die Uhr und um alle Tische.
- **Planet Hollywood:** 1540 Broadway/ 45th St., *Times Square/Midtown*, Tel.: (212) 333-7827, *www.planethollywood.com*. Mitbesitzer sind die „harten Jungs" aus Hollywood: Arnold Schwarzenegger, Bruce Willis und Sylvester Stallone. Aus ihren Filmen wurde einiges zusammengesammelt und als Dekoration benutzt.
- **Jekyll & Hyde Club:** 1409 6th Ave. (zw. 57th u. 58th Sts.), *Midtown*, Tel.: (212) 541-9505, *www.eerie.com*. „Horror" auf 5 Etagen. Besonders beliebt bei Kindern unter 15 Jahren.

Bouillabaisse. Doch auch gute Seafood-und Hühnchen-Gerichte. Nicht billig, aber günstiger als Vergleichbares in Europa.
- **Bread & Olive:** 24 W. 45th St., zw. 5th u. 6th Aves., *Midtown*, Tel.: (212) 764-1588. „Arabischer Diner". Hier gibt es u.a. Falafel, Schawarma, Pita Bread. Gut für einen günstigen Snack. Mo-Fr bis 21h, Sa bis 18h, So. geschl.
- **Kyotofu:** 705 9th Ave., zw. 48th u. 49th Sts, *Theater District/ Clinton*, Tel.: (212) 974-6012. Japanisches Restaurant, das sich im Wesentlichen auf süße Leckereien und Desserts spezialisiert hat. Diese wiederum werden z.T. mit französischen Einflüssen gemischt. Dabei kommen Dinge heraus, wie Crème Caramel ohne Eier, süße Reisbällchen mit Tofu- und Hühnchen-Bällchen oder Reis-Tofu-Pudding. Sicherlich gut geeignet für einen Snack zum Mittag/Nachmittag, weniger, um den Abend satt zu essen.
- **Pampano:** 209 E. 49th St., zw. 2nd u. 3rd Aves., *Turtle Bay*, Tel.: (212) 751-4545. Mexikanisches Restaurant mit Schwerpunkt auf Meeresfrüchte-Gerichte, in dem z.T. auch kreative Dinge, wie z.B. Lobster Tacos serviert werden. Nicht billig, aber auch nicht

7. Spezialtipps: Restaurants, Cafés und andere „Eating Establishments"

übermäßig teuer. Etwas günstiger geht's beim angeschlossenen Taco-Stand zu: 805 3rd Ave., zw. 49th u. 50th Sts.
- **Aquavit:** 65 E. 55th St., zw. Madison u. Park Aves., *Midtown-East*, Tel.: (212) 593-0287. Das wohl beste skandinavische Restaurant der Neuen Welt. Arktische Wildgerichte, Fisch, Beeren, Smörgåsbord (Buffet) etc. Nordisch-

> **Midtown: eben nicht ganz billig**
> Die Restaurants in Midtown und um den Theater District sind oft nicht ganz billig. Wer experimentierfreudig ist, schaut daher eher entlang 1st, 2nd, 3rd sowie 9th und 10th Avenues nach günstigeren Restaurants und Pubs.
> Oder: Sie nehmen die Subway und fahren z.B. ins East Village, nach Chinatown oder in die Lower East Side. Da ist es i.d.R. um einiges günstiger.

schlichte Eleganz der Einrichtung, Wasserfall und Glas-Atrium. Üppiger und leckerer Sonntags-Brunch. Relativ teuer!
- **Russian Tea Room:** 150 W. 57th St., zw. 6th u. 7th Sts, *Midtown*, Tel.: (212) 581-7100. Nach der Wiedereröffnung und Renovierung glänzt das edle, russisch-plüschige Restaurant noch mehr. Alleine für das „altbacksche" Dekor sowie das Ambiente lohnt der Besuch hier. Auf dem Menü finden Sie Borschtsch (Suppe), Chicken Kiew, Beef Stroganoff, aber auch Kaviar und haufenweise süße Sachen. Leider auch nicht ganz billig. Vielleicht kommen Sie einfach um 17 Uhr mal auf einen Tee und einen Kuchen hierher.
- **Trump Tower Café:** Café im Obergeschoss des Trump Tower (5th Ave./E. 57th St.). Teuer, aber erlesen und zum „Leute schauen". *Midtown-East*.
- **Time Warner Center:** Columbus Circle (West), *Midtown/Upper West Side*. In dem neuen Mega-Gebäude mit seinen zwei auffallenden Hochhaustürmen verbergen sich verschiedene kulinarische Highlights. So z.B. französisch-asiatische Küche im **Asiate at the Mandarin Hotel** (Tel.: (212) 805-8881) Machen Sie sich aber auf exorbitante Preise (dreistellige Dollarbeträge pro Person!) gefasst. Das ist wirklich nur etwas für den ganz, ganz besonderen Anlass.

> **24-Stunden-Restaurants - „Open Round the Clock"**
> In einer „Stadt, die niemals schläft", kommt der Hunger manchmal auch spät in der Nacht. Da gibt es zahlreiche Abhilfen. Hier nur ein paar Anregungen für Manhattan (von Süden nach Norden gelistet):
> - **Bereket:** 187 E. Houston St./Orchard St., Tel.: (212) 475-7700. Türkischer Imbiss. Keine „Döner-Taschen", aber Pita mit Salat, Hühnchen, Jogurt-Saucen etc. beliebt bei Taxi-Fahrern.
> - **Yaffa Café:** 97 St. Mark's Place (zw. 1st Ave. u. Ave. A), *East Village*. Beliebt bei Studenten. Auch Leichtverdauliches, wie z.B. Salate.
> - In der **2nd Avenue und entlang St. Marks Place** (8th St., zw. 2nd und 3rd Ave.) gibt es einige Imbisse, die besonders an Wochenenden 24 Stunden geöffnet sind. Wer es billig und einfach mag, der holt sich ein Sandwich/Bagel etc. aus den Automaten Ecke St. Marks/ 2nd Ave.
> - **Odessa:** 119 Ave A (zw. 7th u. St. Marks Place), *East Village*, Tel.: (212) 253-1470. Einfaches ukrainisches Restaurant für den kleinen Geldbeutel. Pierogi, Pfannkuchen, Kartoffelpuffer etc.
> - **Veselka:** 144 2nd Ave./9th St., *East Village*, Tel.: (212) 228-9682. Russische und z.T. polnische Gerichte: Borschtsch, Blintzis, Pierogi, Kielbasa, Kartoffelpfannkuchen etc.

- **Lyric Diner-Gramercy Park:** Ecke 3rd Ave./ 22nd St., *Gramercy Park*. Neben Burgern, deftigen Eier-Frühstücken gibt es hier auch Wraps, Fish & Chips, Salate, Suppen und Pasta-Gerichte.
- **Empire Diner:** 210 10th Ave. (zw. 22nd u. 23rd Sts.), *Chelsea*. Burger, Omelettes und Frühstück zu jeder Tages- und Nachtzeit.
- An der Ecke 9th Ave./ 23rd Street in *Chelsea* gibt es Diner, den **Lyric Diner** und **Moonstruck,** die ebenfalls lange bzw. rund um die Uhr geöffnet haben.
- **Curry in a Hurry:** Ecke Lexington Ave./ 28th St.. Indisches Restaurant, das gerne auch von Taxifahrern in der Nacht angefahren wird. Hier im Umfeld gibt es auch noch ein paar andere indisch-pakistanische Restaurants die lange bzw. rund um die Uhr geöffnet haben.
- **Kunjip Restaurant:** 9 W. 32nd St., nahe 5th Ave., *Midtown-South/Herald Square*. Rund um die Uhr erstklassige koreanische Küche. Obwohl hier viele koreanische Restaurants angesiedelt sind, ist dieses immer mit am besten besucht von den Koreanern selbst.
- **Cheyenne Diner:** 411 9th Ave./ 33rd St., Tel.: (212) 465-8750, *Chelsea*. Burger, Sandwiches, Omelettes etc.
- **Skylight Diner:** 402 W. 34th St./9th Ave., Tel.: (212) 244-0395, *Chelsea/Javits*. Old-Time-Diner. Hier gibt's dicke Sandwiches und Burger, aber auch noch Hühnchen mit fetter brauner Sauce (Gravy).
- **Sarge's:** 548 Third Ave., zw. 36th u. 37th Sts., Tel.: (212) 679-0442, *Murray Hill*. Jüdischer Deli mit gut bepackten Sandwiches und deftigen Suppen.
- **H & H Bagels:** 1551 2nd Ave. (zw. 80th u. 81st Sts.), *Yorkville*. Neben den schwer verdaulichen Bagels (14 Variationen – auch salzig-herb) gibt es hier auch Sandwiches. Weitere „Lokale" dieser Kette befindet sich 1) in der *Upper West Side*: 2239 Broadway (W. 80th St.) und 2) 639 W. 46th St./ 12th Ave., *Clinton/Hell's Kitchen*.
- **French Roast:** 2340 Broadway/85th St., Tel.: (212) 799-1533, *Upper West Side*. Französische Küche, aber relativ günstig. Beliebt auch zum Leutegucken. Filiale: 78 W. 11th St./6th Ave., *Greenwich Village*.
- **La Marmite:** 2264 Frederick Douglass Blvd. (8th Ave.)/121st St., Tel.: (212) 666-0653, *Harlem*. Senegalesisches Imbiss-Restaurant (u.a. Lamm Koteletts).

Grundsätzlich finden sich Restaurants, die spät geöffnet haben, dort, wo spät auch noch etwas los ist: Lower East Side, East Village, Greenwich Village (Bleecker Street/La Guardia Place), Theater District und verstreut in Chelsea. TriBeCa schläft auch selten ...

Manhattan: Upper West Side bis zur 110th Street und Central Park

Amerikanische Küche

- **Tavern on the Green:** W. 67th St., im *Central Park*, Tel.: (212) 873-3200. Die Lage im Central Park gibt dem großen Restaurant einen romantischen Touch, besonders wenn man die An- und Abfahrt mit einer Pferdekutschen-Tour durch den Park verbindet. Abends sind die Bäume um das Gebäude – etwas kitschig – mit Tausenden von

Lampen verziert. Beliebt ist auch der Brunch am Sonntag (aber bitte rechtzeitig reservieren).
- **(Loeb) Boathouse Café:** Im *Central Park*, East Park Drive (Höhe 73rd St.), Tel.: (212) 517-2233. Gute amerikanische Küche auf der Terrasse am „The Lake". Hervorragend geeignet für einen Lunch oder Kaffee und Kuchen am Nachmittag. Unter der Woche dürften Sie hier immer einen Platz finden. Im Winter oft geschlossen.
- **Jacques-Imo's:** 366 Columbus Ave./77th St., *Upper West Side*, Tel.: (212) 799-0150. Gute Südstaaten-Küche mit viel Herz. Nicht alles ist so deftig wie in den Restaurants in Harlem. Beliebt sind der Blackened Catfish, das Carpetbagger's Steak (Filet gefüllt mit Austern, Blauschimmelkäse und Zwiebeln) und die Chili-Bowls (Chili con Carne).
- **Sarabeth's Kitchen:** 423 Amsterdam Ave., zw. 80th u. 81st Sts., *Upper West Side*, Tel.: (212) 496-6280. „Country"-Restaurant. Frisches Brot, viel leichte Kost (Salate) – daher gut geeignet für den Lunch. Beliebt auch fürs Frühstück (Brunch am Wochenende). Hier überwiegen dann aber die deftigen Speisen (Omelett, dicker Porridge, Waffeln mit Eis etc.). Hier gibt es eigentlich für jeden etwas.
- **Docks Oyster Bar:** 2427 Broadway, zw. 89th u. 90th Sts., *Upper West Side*, keine Reservierungen. Der Geheimtipp für frische Austern, denn hier sind sie billiger als in Lower Manhattan.

Asiatische Küche

- **Shun Lee West:** 43 W. 65th St., zw. Columbus Ave. u. Central Park West, *Upper West Side*, Tel.: (212) 595-8895. Es wäre nicht die Upper West Side, wenn es hier nicht auch einen (recht teuren) Chinesen gäbe. Hier stehen Service, Ambiente und die frische Zubereitung der Mahlzeiten im Vordergrund. Beliebt bei Besuchern des Lincoln Center.

Italienische Küche

- **Gennaro:** 665 Amsterdam Ave., zw. W. 92nd u. 93rd Sts., *Upper West Side*, Tel.: (212) 665-9200. Kleines, aber sehr beliebtes italienisches Restaurant. Gut ist z.B. der große Antipasti-Teller. Leider oft sehr voll.

Delis

- **Artie's Delicatessen:** 2290 Broadway, zw. 82nd u. 83rd Sts., *Upper West Side*, Tel.: (212) 579-5959. Recht neuer Kosher-Deli, der vor allem dadurch besticht, dass er noch nicht so sehr mit Touristenpreisen wie in Midtown agiert. Besonders gut hier: Pastrami, Corned Beef und Artie's Chili Hot Dogs.
- **Barney Greengrass:** 541 Amsterdam Avenue, zw. 86th u. 87th Sts., *Upper West Side*, Tel.: (212) 724-4707. 1907 gegründeter Deli, der zu den besten der Stadt zählt. Ein Klassiker hier: Geräucherter Lachs auf Bagel.

Anderes

- **Café des Artistes:** 1 West 67th St., Ecke Central Park West, *Upper West Side*, Tel.: (212) 877-3500. Beliebtes Restaurant für romantische Pärchen. Der mediterrane Schick begeistert die New Yorker immer wieder. Wir mögen die nackten Nymphen an den

Wänden vielleicht als etwas kitschig empfinden. Dafür aber besteht hier die Chance, Stars zu treffen. Die Küche ist auf Pasta, Meeresfrüchte und französische Gerichte spezialisiert. Teuer.
- **Café Mozart:** 154 W. 70th St., zw. Broadway u. Columbus Ave., *Upper West Side*, Tel.: (212) 595-9797. Das Thema ist klar, entsprechend hängen auch Bilder an den Wänden. Und sonst: Süße Leckereien wie Linzer Torte, Mozartkugeln, Schokokuchen, aber auch „leichte" Sandwichs, Salate, Suppen, verschiedene Kaffees und alles, was so gut zur Mittagspause passt.
- **Café con Leche:** 726 Amsterdam Ave., zw. 95th u. 96th Sts., Tel.: (212) 678-7000, *Upper West Side*. Günstige und viel gelobte dominikanische Gerichte. Zu empfehlen Roasted Pork Filets with mashed green Plantains.
- Ganz allgemein: Entlang der **Columbus Avenue** (ab 60th St., *Upper West Side*) und des **Broadway** (zwischen 68th St. und 104th St., *Upper West Side* u. *Manhattan Valley*) gibt es zahlreiche kleine Restaurants (mex., ital., chines., amerik.), die nicht so teuer sind wie gleichwertige in Lower Manhattan. Grundsätzlich gilt aber auch hier: je weiter nördlich, desto preiswerter.

Manhattan: Upper East Side bis zur 110th Street

Hinweis
Viele Museen in der Upper East Side haben auch Cafés bzw. Bistros. Z.B.: *Rooftop Garden* im Metropolitan Museum of Art (5fth Ave./82nd St.), *Sarabeth's* im Whitney Museum of Art (s.u.) und besonders das *Café Sabarsky* in der Neuen Galerie (5th Ave./86th St.).

Amerikanische Küche

- **Serendipity 3:** 60th St., zw. 2nd u. 3rd Aves., *Upper East Side*, Tel.: (212) 838-3531. Lustiger Icecream-Parlor hinter einem Kuriositäten-Shop. Eiskrem, Sundaes und auch gute Burger, übergroße Hot Dogs, Beefsteak mit Kartoffelpüree u.v.m. Tipp: Mittagssnack während eines Einkaufsbummels um Bloomingdale's herum.
- **The Post House**: Lowell Hotel, 28 E. 63rd St, zw. Madison u. Park Aves., *Upper East Side*, Tel.: (212) 935-2888. Feines Steakrestaurant. Fine Dining, weiße Tischdecken und die Kellner sind alle in „White Coats" gekleidet. Für einen besonderen Abend.
- **J.G. Melon:** 1291 3rd Ave./74th St., *Upper East Side*, Tel.: (212) 744-0585. Beliebter Neighborhood-Hangout mit hervorragenden Burgern!!!!
- **Sarabeth's Kitchen:** 1295 Madison Ave./92nd St., *Upper East Side*, Tel.: (212) 410-7335. „Country"-Restaurant. Frisches Brot, viel leichter Kost (Salate) – daher gut geeignet für den Lunch. Beliebt auch fürs Frühstück (Brunch am Wochenende) – deftig!. Hier überwiegen dann aber die deftigen Speisen (Omelette, dicker Porridge, Waffeln mit Eis etc.).

Asiatische Küche

- **Mingala Burmese**: 1393B 2nd Ave., zw. 72nd u. 73rd Sts., *Upper East Side/ Lenox Hill*, Tel.: (212) 744-8008. Kleines burmesisches Restaurant. Das Essen: Eine gelungene Mischung aus thailändischer, chinesischer und indischer Küche. Günstig.

- **Sushi of Gari:** 402 78th St/ 1st Ave., *Upper East Side*, Tel.: (212) 517-5340. Hervorragendes Sushi, aber auch etwas teurer als im East Village. Kein Lunch und fürs Dinner sollte man reservieren.
- **Saigon Grill:** 1700 2nd Ave./ E. 88th St., *Upper East Side*, Tel.: (212) 996-4600. Gilt als eines der besten vietnamesischen Restaurants. Erschwinglich.

Italienische Küche

- **John's Pizzeria:** 408 E. 64th St. (1st Ave.), *Upper East Side*, Tel.: (212) 935-2895. Leckere Pizzen auf dünnem, knusprigem Teig.
- **Elaine's:** 1703 2nd Ave./88th St., *Yorkville*, Tel.: (212) 534-8103. „Watering Hole" mit italienischer Küche. Mittlerweile eine Legende.

Anderes

- **Maya:** 1191 1st Ave., zw. 64th u. 65th Sts., *Upper East Side*, Tel.: (212) 585-1818. Mexikanisches Restaurant mit z.T. sehr ausgefallenen Speisen. Beliebt sind die Hühnchen mit Kochbananen und lassen Sie sich auch mal überraschen von einer Mango-Margarita.
- **Heidelberg:** 1648 Second Ave., zw. 85th und 86th Streets, *Yorkville*, Tel.: (212) 628-2332. Das bekannteste deutsche Restaurant in Manhattan und eines der ganz wenigen, das hier überhaupt noch existiert. Schnitzel, Würste, Gulasch, Weißbier u.v.m., was der Langzeitreisende irgendwann vielleicht doch nicht mehr missen möchte. Beliebt sind auch der Sonntags-Brunch (12h–16h) und die Kuchenauswahl aus dem Nachbarladen, dem „Big Apple Strudel". Sauber und gutes Essen, aber das Ambiente ist einfach gehalten.
- Allgemein finden Sie in *Yorkville* entlang der 2nd Avenue nördlich der 84th Street zahlreiche **Kneipen und Restaurants aller Preisklassen.**

Manhattan: Harlem und der Norden

Amerikanische Küche

- **Amy Ruth's:** 113 W. 116th St., zw. Lenox Ave. u. Asam Clayton Powell Jr. Blvd, *Harlem*, Tel.: (212) 280-8779. **Das** Soulfood-Restaurant in Harlem. Relativ günstig, gutes Essen (deftig) und Fr+Sa 24 Std. geöffnet. Viele Gerichte sind nach prominenten Afro-Amerikanern benannt. Frühstück, Mittag, Dinner.
- **Sylvia's:** 328 Lenox Ave., an der 126th St., *Harlem*, Tel.: (212) 996-0660. Echtes Soulfood, zubereitet nach Barbara Woods Rezepten, die sie aus den Südstaaten mitgebracht hat. Besonders beliebt ist der Gospel-Brunch am Sonntag (live), für den Sie aber unbedingt reservieren sollten.
- **Miss Maude's Spoonbread Too:** 547 Lenox Ave., zw. 137th u. 138th Sts., *Harlem*, Tel.: (212) 690-3100. Ohne Zweifel eine der besten Soulfood-Adressen und nicht ganz so kommerzialisiert wie Sylvia's. Die BBQ-Ribs sind der Knüller Eine Filiale, **Miss Mamie's Spoonbread Too**, mit gleichen Speisen befindet sich in der 366 W. 110th St., zw. Columbus u. Manhattan Aves., *Manhattan Valley*.
- **Londel's:** 2620 8th Ave./Frederick Douglass Blvd. (zw. 139th u. 140th Sts.), *(Nord-) Harlem*, Tel.: (212) 234-6114. Soulfood und Cajun-Gerichte in gehobener „Harlem"-Atmosphäre. Am Wochenende oft Livemusik.

- **Charle's Southern Style Kitchen:** 2837-2841 F. Douglass Blvd., zw. 151st u. 152nd Sts, kein Telefon. Wirklich „basic". Zwei Lokale, eines für Selbstabholer, in dem anderen gibt es ein Buffet. Deftige, aber wirklich gute Südstaaten-Küche mit den entsprechenden Gemüsearten. Ein wirklicher Tipp und absolut unbekannt bei Touristen. Aber wirklich einfachste „Plastik-Atmosphäre"!

❷ Restaurants in den 4 anderen Boroughs

Brooklyn

- **River Café:** 1 Water Street, am Fulton Landing an der Brooklyn Bridge, *Brooklyn-Dumbo (B'lyn-Bridge)*, Tel.: (718) 522-5200. Bekannt für die einmalige Aussicht auf Manhattan. Dafür müssen Sie aber rechtzeitig reservieren und gleich den Wunsch auf einen Fensterplatz äußern. Das Essen ist gut, aber teuer: Zumeist wird abends ein festes Dinnermenü (amerik.-ital.) serviert. Legendär ist die Bar mit Blick auf die Skyline von Süd-Manhattan. Für Romantiker.
- **Grimaldi's:** 19 Fulton St., zw. Front u. Water Sts., *Brooklyn-Dumbo (B'lyn-Bridge)*, Tel.: (718) 858-4300. Bei allen Restaurant-Kritikern immer wieder in den Top-20 der Pizzerien von New York. Dünner, krosser Teig. Bereits ein Klassiker.
- Grundsätzlich finden Sie in und um die **Montague Street** in *Brooklyn Heights* nette kleine Restaurants ($$-$$$). Und wer es etwas günstiger mag, geht hier zu **Teresa's** (80 Montague St., zw. Montague Terr. u. Hicks St.). Der polnische Diner bietet günstige Pierogis, Kartoffelpfannkuchen, Kielbasa, aber auch Burger und Sandwiches.
- **Amy Ruth's @Gage & Tollner:** 372 Fulton Street, Ecke Jay Street, *Brooklyn-Downtown*, Tel.: (718) 875-5181 (ändert sich wahrscheinlich). Bis 2004 befand sich hier mit Gage & Tollner das älteste Restaurant New Yorks (gegr. 1879, an dieser Stelle seit 1919). Jetzt hat sich das erstklassige Soulfood-Restaurant Amy Ruth's (siehe unter „Harlem", Vorseite) in den vornehmen, holzgetäfelten Räumlichkeiten etabliert und begeistert durch das Essen und vor allem die Atmosphäre.
- Neben zahlreichen anderen guten und interessanten Restaurants im Gebiet *Fort Greene* (DeKalb u. Lafayette Aves/Fulton St.) möchte ich hier explizit auf die südafrikanische Küche (Cape-Malayan, Curry, Lamm) im **Madiba** an der 195 DeKalb Ave., zw. Adelphi u. Carlton Aves. (Tel.: (718) 855-9190) hinweisen. Außerdem gibt es am Kreuzungsbereich Fulton St./Lafayette Ave. (Ostwinkel) einen herzhaft guten **BBQ-Diner**. Hier schmeckt man, dass das Fleisch wirklich über Stunden geräuchert wurde.
- **Junior's:** 368 Flatbush Ave., Ecke DeKalb Ave., *Brooklyn-Downtown*, Tel.: (718) 852-5257. Großes Diner mit alter New Yorker Tradition. Es gibt hier drei „Abteilungen": Café, Restaurant und Lounge. Berühmt-berüchtigt sind der kalorienreiche Käsekuchen, die überladenen Burger sowie die Gravy (braune Sauce). Es gibt aber auch leckere Salate.
- Entlang von **Court u. Smith Sts., südl. des Atlantic Blvd.** *(Cobble Hill)*, wie auch an der **7th Ave., nördl. der 9th Street** *(Park Slope)* finden Sie zahlreiche Restaurants, Diner, Cafés und Sandwichläden.
- **Lundy's:** 1901 Emmons Avenue, Ocean Avenue, *Brooklyn-Sheepshead Bay*, Subway: Sheepshead Bay, Tel.: (718) 743-0022. Riesiges, legendäres Seafood-Restaurant. Frische Austern und Clams locken an Wochenenden viele „Innenstädter" hierher. Nicht weit davon entfernt ist an der Ecke Sheepshead Bay Rd/ Emmons Blvd. **Mario & Luigi's**. Auch hier: leckere Fischgerichte (nebst bzw. mit Pasta-Dishes).

- **The Mill Basin Kosher Deli & Art Gallery:** Ave. T, an der 59th St., *Brooklyn (Mill Basin – nahe Sheepshead Bay)*, Tel.: (718) 241-4910. Eine Kunstgalerie in einem guten Deli ist höchst selten. Und die Bilder sind nicht billig. Schon lange macht Mark Schachner mehr Geld mit den Kunstwerken als mit dem Essen.

> ### Schlemmen und trinken in Williamsburg
> Schon lange kein Geheimnis mehr, kann Essen gehen im Brooklyner Stadtteil Williamsburg zu einem Erlebnis werden und ist immer gut für neue Überraschungen. Immer mehr Lokale öffnen hier und alte werden aufgepeppt. Tipp: Fahren Sie einfach bis zur Bedford Avenue und schauen Sie sich dann mal um. Es gibt hier in der Bedford Avenue viele Restaurants und Bars, besonders auch in den Seitenstraßen, so z.B. entlang der **Grand Street (zw. Bedford Ave. u. Leonard St.)**. Unten sind nur ein paar wenige Beispiele genannt.
>
> *Anreise*
> *Der Klassiker ist der L-Train bis zur Bedford Avenue, die Alternative sind die J, M od. Z Trains bis zur Station Marcy Avenue. Auch der G-Train bis zu den Stationen Nassau Avenue oder Metropolitan Avenue böte eine Möglichkeit, ist jedoch von Manhattan kommend weniger interessant.*
>
> - **SEA:** 114 North 6th St., nahe Berry St., *Brooklyn (Williamsburg)*, Tel.: (718) 384-8850. Großes, thailändisches Restaurant. In der Mitte locken Zweiertische um einen künstlichen Teich: bezaubernd beleuchtet und von einer großen Buddha-Statue bewacht. Beliebtes Lokal auch bei jungen Leuten sowie bei den Thailändern New Yorks. Schick!
> - **Diner:** 85 Broadway/ Berry St., *Brooklyn (Williamsburg)*, Tel.: (718) 486-3077. Der Name verrät schon das „Pflicht-Menü": erstklassige Burger und Fritten. Doch es gibt auch andere Leckereien, wie z.B. Muscheln oder mittelamerikanische Gerichte.
> - **Miss Williamsburg Diner:** 206 Kent Ave., zw. Metropolitan Ave. u. N 3rd St., *Brooklyn (Williamsburg)*, Tel.: (718) 963-0802. Italienisches Restaurant mit großem Garten. Gut sind auch die Salate hier.
> - **Radegast:** 113 North 3rd St./Berry St., *Brooklyn (Williamsburg)*, Tel.: (718) 963-3973. Soll einer mitteleuropäischen Bierhalle (wie die wohl früher mal bei uns ausgesehen haben mag…?) nachempfunden sein. Es gibt mind. 14 gute Biere vom Fass, dazu über 40 Flaschenbiere.
> - **Fette Sau:** 354 Metropolitan Ave., zw. Havemeyer u. Roebling Sts., *Brooklyn (Williamsburg)*, Tel.: (718) 963-3404. Erstklassiger BBQ-Joint (Pulled Pork, Ribs, Beef Briskets) in ehemaliger Autowerkstatt. Selbstbedienung. Nett am Tage, da man draußen sitzen kann.
> - **The Charleston Bar:** 174 Bedford Ave. (gegenüber der gleichnamigen Subway-Station des L-Train), *Brooklyn (Williamsburg)*. Eine Bar, die alle „Aufs und Abs" und die Geschichte New Yorks jenseits des East River durchgemacht hat. Heute ein Hangout und noch beliebt wegen seiner deftigen Pizza.
> - **The Stinger Club:** 241 Grand St., zw. Roebling St. u. Driggs Ave., *Brooklyn (Williamsburg)*. Bekannt für Hot-Dogs, karibische Reggae-Klänge und oldfashioned Live-Country- und Bluegrass-Musik. Einfach.
> - **Peter Luger's Steak House:** 178 Broadway/Driggs Ave., *Brooklyn (Williamsburg)*, Tel.: (718) 387-7400. Ziemlich abseits der Touristenpfade und teuer. Dafür aber Super-Steaks. Kenner behaupten (wahrscheinlich nicht zu Unrecht): „Best steaks in the city".

- **Nathan's Famous:** Gegenüber der U-Bahnstation Stillwell Avenue (Ecke Stillwell/Surf Aves.), *Brooklyn (Coney Island)*. In diesem großen Fastfood-Deli wurde einst „Nathan's Coney Island Hot Dog" erfunden, mit dem nun auch in Nathan's Innenstadt-Filialen (und denen, die übers ganz Land verstreut sind) geworben wird. Hier ist er aber doch noch echter, und dass sich hier auch heute noch alles um die eingepackte Wurst mit Chili oder Sauerkraut dreht, kann man am 4. Juli besonders gut nachvollziehen. Dann wird nämlich ein Hot-Dog-Wettessen veranstaltet.
- **Gina's Café** (409 Brighton Beach Ave., zw. Brighton 4th u. Brighton 5th Sts., Tel.: (718) 646-6297) und andere osteuropäische Restaurants mit zumeist Schwarzmeerküche (viel Seafood, z.B. Kaviar auf Fisch und Schwarzbrot) finden Sie entlang und um die Brighton Beach Ave. auf *Coney Island*. Der bekannteste Deli hier ist **Mrs. Stahl Knishes**, Ecke Brighton Beach und Coney Island Avenues, ein empfehlenswertes Restaurant **Primoski** (282 Brighton Beach Ave., zw. Brighton 2nd u. 3rd Sts., Tel.: (718) 891-3111), dessen gläserne Disco-Kugel im Speisesaal schon legendär ist. Abends „tanzt der Bär" zu Wodka und guter russischer Küche im **Odessa** (1113 Brighton Beach Ave., Tel.: (718) 332-3223) und im **National** (273 Brighton Beach Ave., zw. Brighton 2nd u. Brighton 3rd Sts., Tel.: (718) 646-1225). Beide bestechen durch eine opulente Ballhaus-Atmosphäre. Man fühlt sich zurückversetzt in das alte Osteuropa! Dafür zahlt man aber bei entsprechenden Veranstaltungen (bes. an Wochenenden) viel Geld. Doch in dem hohen Preis ist dann auch ein überladenes Mahl (meist Seafood) inbegriffen. Zu normalen Zeiten sind die Preise dann auch akzeptabel, wenn auch nicht günstig. Die Banquets freitags und samstags sind ein Tipp. Ca. ab $50, aber auch viel dafür – es lohnt sich!!

Am Boardwalk (ca. Höhe Brighton 6th St.) lohnen der „russischen" Atmosphäre wegen die beiden Restaurants Tatiana. Im **Tatiana Grill** geht es etwas einfacher zu, im **Tatiana Restaurant** dagegen ist Fine Dining angesagt und geht es oft hoch her an Wochenenden. Das Essen: deftig, meist osteuropäisch. Reservierungen: Tel.: (718) 891-5151.

Queens

Kein Borough hat so viele wirklich authentisch-ethnische Restaurants wie Queens. Denn hier gehen auch die Leute hin, die aus diesen Ländern stammen. Queens ist wirklich etwas für Gourmets, die die Küche schätzen, aber nicht auf Schnickschnack-Deko aus sind.
- *Astoria* ist bekannt für seine **griechischen Lokale**. Die meisten befinden sich im Bereich Ecke 31th St./Broadway, so. z.B. ist **Uncle George' Greek Tavern** (33-19 Broadway/34th St., *Queens (Astoria)*, Tel.: (718) 626-0593) der beste und bekannteste Grieche in Astoria. Die Portionen hier sind reichhaltig. Das **Omonia Café** (32-20 Broadway/33rd St., *Queens (Astoria)*, Tel.: (718) 274-6650) bietet dagegen griechische „süße Leckereien". Unkonventionell. Ein Café zum Sehen und Gesehen werden. Gut für den Dessert nach Uncle George's Mahl.
- **Tierras Colombianas:** 33-01/33rd St., *Queens (Astoria)*, Tel.: (718) 956-3012. Der Name verrät natürlich alles. Kolumbianische Küche (Sweet Potato, Yuca, Reis, Bohnen, Kochbananen, Kassave…). Wirklich eine leckere Erfahrung.
- **Water's Edge:** The East River, am 44th Drive, *Queens (Long Island City)*, Tel.: (718) 482-0033. Ausgezeichnete, zumeist amerikanische Gerichte. Besonders bekannt für seine Südstaaten-Fischgerichte. Hauptattraktion ist aber die Aussicht auf Midtown-Manhattan (Tisch am Fenster reservieren!). Das Ganze hat aber seinen Preis. Jackett und Schlips

sind erwünscht. Dafür gibt's am Abend auch eine kostenlose Fährtour von Manhattan hierher (Abfahrt: zw. 34th St. und East River, am Heliport).
• Wer noch mehr abseits der Touristenpfade speisen möchte, der sollte sich entlang der **Steinway Street und umliegender Straßen** in Astoria umschauen. Viele Neueinwanderer haben sich hier eingerichtet: Afghanische, marokkanische, ägyptische und südamerikanische Restaurants. Kulinarisches Kernstück des Gebietes ist zwischen der 24th und der 34th Avenue. Es sind meist kleine Neighborhood-Restaurants. Einige Tipps: **Ubol's Kitchen** (24-42 Steinway St., zw. 25th u. Astoria Blvd., *Astoria*, Tel.: (718) 545-2874): günstiges Thai-Restaurant mit z.T. sehr stark gewürzten Speisen. Der **Bohemian Beer Garden** (29-19 24th Ave., zw. 29th u. 31st Sts., *Astoria*, Tel.: (718) 274-4925) ist zwar kein Geheimtipp mehr, aber der Biergarten und das tschechische Bierlokal-Ambiente sprechen für sich. Zu essen gibt es Deftiges: Gulasch, Schnitzel etc. Und wer es noch osteuropäischer mag, der versucht es einmal im **Koliba** (31-11 23rd Ave., *Astoria*, Tel.: (718) 626-0430), wo sich vor allem die tschechischen Auswanderer zu Bier und Speisen (Dumplings/Knödel, Hühnchen-Schnitzel etc.) treffen.
• **Tibetan Yak:** 72-20 Roosevelt Ave., *Jackson Heights*, Tel.: (718) 779-1119. Tibetische Küche, die z.T. nahezu vegetarisch ist. So gibt es Gemüseeintöpfe und Klopse, in denen nur wenig oder kein Fleisch zu finden ist. Hier im Umfeld gibt es übrigens zahlreiche **indische Restaurants**, so z.B. der **Delhi Palace** (37-33 74th St, zw. Roosevelt u. 37th Ave., Tel.: (718) 507-0666), wo die meisten Speisen typisch indisch scharf sind.
• Nicht minder scharf ist das Essen im Szechuan-chinesischen Restaurant **Spicy and Tasty** in *Flushing*: 39-07 Prince St./ 39th Ave., Tel.: (718) 359-1601.
• **Upi Jaya:** 76-04 Woodside Ave., *Elmhurst*, Tel.: (718) 458-1807. Indonesische Küche, die in manchen Punkten der Thai-Küche ähnlich ist, aber mit einigen Überraschungen aufwartet, wie z.B. Avocado-Shakes.
• **Zum Stammtisch:** 69-46 Myrtle Ave., *Ridgewood*, Tel.: (718) 386-3014. Ur-deutsches Restaurant. Knödel, Ochsenschwanzsuppe, Braten, Sauerkraut etc. Gemütlich..

The Bronx

Hier ist die **italienische Küche** in den Restaurants entlang der Arthur Avenue (südl. der 187th St. in *Belmont*) ein Muss. Hier können Sie echt mediterran speisen und, sollten Sie lieber picknicken wollen, sich den entsprechenden Korb mit Parmesan, Pastrami, gekochten Muscheln (aller Art!), Rotwein etc. in den Geschäften entlang der Straße füllen. Als Restaurants sind zu empfehlen: **Mario's** (2342 Arthur Avenue, zw. Crescent Ave. u. 187th St., Tel.: (718) 584-1188, *The Bronx (Belmont)*). Einst zentraler Schauplatz des Mafia-Filmes „GodFellas". Heute wirken die Einrichtung und auch das Äußere etwas langweilig. Essen können Sie hier aber immer noch gut!
• **Dominick's** (2335 Arthur Ave., zw. E. 187th St. u. Crescent Ave., Tel.: (718) 733-2807, *The Bronx (Belmont)*). Italienische Pasta-Küche im Trattoria-Stil (man kann aber nicht draußen sitzen). Hier gehen die Italiener des Viertels hin, und entsprechend wird überwiegend italienisch gesprochen. Wie in einer italienischen Trattoria werden die Preise vom Kellner etwas willkürlich berechnet, wobei sie immer deutlich unter denen in Manhattan liegen. Das Essen ist authentisch, und Atmosphäre sowie Ambiente lassen einen New York beinahe vergessen. Ein echter Tipp!
Auf **City Island** bestechen die Fischlokale, so z.B. das **Lobster House** (gleich links hinter der Brücke; mit Terrasse, Tel.: (718) 885-1459) und der einsame Klassiker hier:

7. Spezialtipps: Restaurants, Cafés und andere „Eating Establishments"/am Abend und bei Nacht

Redaktions-Tipps

Informationen zu diesen Punkten finden Sie, nach Etablissements/Veranstaltungen und Stadtteilen sortiert, auf den Seiten 237–263.

- **Bars/Pubs:** McSorley's Pub im East Village; **Pete's Tavern**, **Old Town Bar** für die Erfrischung zwischendurch; **Gramercy Tavern** sowie die Hotelbars **King Cole Room** und **Oak Room** für den gehobenen Anspruch; **Lenox Lounge** in Harlem; **Brooklyn Inn** in Brooklyn
- **Cocktails:** View Lounge (immer noch beliebt des „Drehes" wegen), **Rainbow Grill & Bar**, **Pravda** (wegen der Martinis) und **River Café**
- **Discos/Tanzen:** Webster Hall für diejenigen, die es gerne voll und riesig mögen; **Baktun** mit Multimedia-Lounge und modernsten Techno-Rhythmen; **Nell's** für gehobene Ansprüche; an manchen Tagen die **Lenox Lounge** in Harlem
- **Livemusik (Blues, Jazz, Rock etc.):** Village Vanguard; **Blue Note**; **Jazz Standard**, **B.B.Kings Blues Club**, **Apollo Theater**; Musik in den **New Yorker Parks** (Summerstage: Central Park, Prospect Park); **Frank's** in Brooklyn
- **Livemusik (FCountry/Folk):** Country/Country Rock und Folk im **Hill Country**. **Irische Musik** nach Ankündigung in den Veranstaltungsblättern.
- **„Off the beaten Path":** Holland Bar, Broadway Dive Tavern und **Nancy's Whiskey Pub**.
- **Musicals:** Erkundigen Sie sich schon in Europa, welche Musicals Sie in NY sehen können. Suchen Sie sich dann ein nicht in Europa aufgeführtes Musical aus. Bei einer vor-Ort-Entscheidung: Lesen Sie die Kritiken im „Time Out".
- **Off Broadway:** Wer länger in der Stadt bleibt, sollte sich auch eine Off- bzw. Off-Off-Broadway-Stück/Musical anschauen. Oft sind sie besser – allemal experimentierfreudiger – als die Broadwayshows selber. Auch hier: Kritiken im „Time Out" lesen.
- **Klassische Musik/Oper:** Eine hochklassige Aufführung in der **Metropolitan Opera** bzw. im **Musiksaal des Lincoln Center** wäre mehr als stilvoll. Im Sommer werden auch, zumeist kostenlose, Aufführungen in den New Yorker **Stadtparks** angeboten.
- **Welche Show?** Auch wenn's spät wird: Viele Musiklokale bieten 2 oder 3 Auftritte pro Abend an. Der letzte ist i.d.R. der beste. Gerade im ersten „üben" die Musiker noch, und das Publikum ist auch nicht so locker drauf bzw. überhaupt noch nicht anwesend (NY ist „Late-Night-City").

Johnny Reef's Restaurant am Südende der Insel. Der riesige Selbstbedienungsladen lockt Seafood-Fans wie Möwen gleichermaßen an, denn die besten Plätze sind auf der Terrasse. Viele andere Restaurants auf *City Island* bieten frischeste und beste Meeresfrüchte. Hummer und Muscheln sind die besondere Spezialität.

Staten Island

Gleich vorweg: Keiner fährt zum Essen nach Staten Island! Einfach zu langweilig.
- **Aesop's Tables:** 1233 Bay St./ Maryland Ave., am Hylan Blvd., *Staten Island (Rosebank)*, Tel.: (718) 720-2005. Rustikale Atmosphäre. Hier sollten Sie unbedingt den Catfish probieren. Rosebank ist der Stadtteil, der gleich nördlich der Verrazano-Narrows Bridge-Auffahrt liegt.
- **Adobe Blues:** 63 LaFayette Ave., nahe Richmond Terrace, *Staten Island (St. George)*, Tel.: (718) 720-2538. Saloon mit über 200 Biersorten und einem weithin begehrten Chili con Carne.

New York: am Abend und bei Nacht

„New York schläft nie" heißt der allseits bekannte Spruch. Und so kann einen schon das Veranstaltungsprogramm erschlagen. Gleich vorweg: Gehen Sie es ruhig an:
- Konzentrieren Sie sich an einem Abend auf die Region um den Times Square und verbinden Sie diesen evtl. mit einem Besuch in einem Musical.
- Ein anderer Abend sollte dann vornehmlich dem Greenwich Village gehören, das besonders wegen seiner kleinen Restaurants und der Jazzlokale bekannt ist.

- Das East Village und die Lower East Side dagegen sprechen eher die jüngeren bzw. abenteuerlustigeren Leute an. Bunte Kneipen, z. T. günstige Restaurants und hier und dort Livemusik in kleinen Lokalen verlangen nach spontanen Entscheidungen. Die Bands, die hier spielen, kennt man nicht und sind auch nicht immer Jedermanns Geschmack. Dafür besticht die Experimentierfreude, und die Eintrittspreise sind um einiges niedriger hier.
- Ein Abend sollte auch etwas ruhiger gestaltet werden: z.B. mit einem gemütlichen Dinner in Midtown-East und anschließend New York oben vom Empire State Building aus bewundern.

Schon an dieser Stelle möchte ich darauf hinweisen, dass die New Yorker erst essen gehen, dann etwas in einer Bar trinken und erst danach zu einem Livemusik-Gig aufbrechen. Das bedeutet, dass die beste Livemusik erst in der zweiten (ca. 22h30) bzw. dritten Aufführung (ca. 0h) geboten wird. Die erste Aufführung (20 od. 21h) dient den Musikern eher als Aufwärmphase, und das Publikum ist weniger ausgelassen.

Um Hinweise über Veranstaltungen, bes. die aktuellen Livemusikauftritte zu erhalten, empfiehlt sich in erster Linie das wöchentlich erscheinende **„Time Out"**-Magazin (www.timeoutny.com), das es an jedem Kiosk und in jedem Zeitungsladen zu kaufen gibt. Positiv hervorzuheben ist beim „Time Out", dass zumeist die Eintrittspreise genannt werden. Alternativ dazu und kostenlos in den „Zeitungsecken" vieler Kneipen und Hotels liegt die **„Village Voice"** (www.villagevoice.com) aus. Auch diese Zeitung berichtet über alle Veranstaltungen in New York. Am Freitag schließlich liegt der **„New York Times"** ein ganzes Segment bei, das sich mit den Veranstaltungen des Wochenendes und der nächsten Woche beschäftigt.

Interessante Webseiten mit aktuellen Ankündigungen zu den Themen Pubs, Kneipen, Livemusik etc.: www.murphguide.com, www.localmusic2.com, www.livetonight.com sowie www.newyork.sheckys.com.

a) Bars, Pubs und kleine Kneipen (oft auch mit Livemusik)

Bars, Pubs und kleine Kneipen (oft auch mit Livemusik) in Manhattan

New Yorks „Bar Scene" ist ausgesprochen vielseitig: Ob Cocktails schlürfend, mit irischer Livemusik im Hintergrund, Ausblick vom 104. Stockwerk, hinter einem alten Eichenholztresen hockend, einer Qualitäts-Zigarre zwischen den Zähnen oder vor der Qual der Wahl stehend, welchen der 120 Single-Malts man denn nun trinken soll – für jeden Geschmack findet sich im Big Apple etwas. Und die New Yorker gehen auch gerne in eine Bar. Oft gleich nach der Arbeit, wenn die „Happy Hour" Getränke zum halben Preis verspricht, dann zum „Socialising" am frühen Abend oder aber auch nach einer Bühnenshow oder einem Dinner zu später Stunde. In einer Stadt mit so vielen (sich fremden) Menschen ist das Pub um die Ecke – neben dem sommersonntäglichen Ausflug in den Central Park und

> *Trinkgeld („Tip")*
> Regel: mind. $ 1. Bei mehr als zwei Getränken auch gerne $ 1,50–2. Bei größeren Runden (ab ca. $ 20) eher $ 3.

> **Rauchfrei!**
>
> In nahezu allen New Yorker Bars und Kneipen darf nicht mehr geraucht werden. Daher stehen die Raucher oftmals unter härtesten Bedingungen vor der Tür eines Lokals. Da das Anti-Raucher-Gesetz auf dem Schutz der Angestellten im Lokal beruht, gibt es auch fast keine Ausnahmen bzw. Gesetzeslücken ... halt, zwei dann doch: Konnte die Kneipe nachweisen, dass sie vor 2001 mehr als 10 % ihres Umsatzes mit Rauchutensilien gemacht hat und dies weiterhin tut, dann darf sie das Rauchen zulassen. Ebenso dürfen das neuere Kneipen tun, die mind. 20 % ihres Umsatzes mit Tabakwaren machen. Doch welches Lokal kann das schon? Zwei alteingesessene Kneipen können das und wenige (zumeist im East Village) setzen auf Wasserpfeifen-Kultur bzw. Zigarren-Lounge. Alle diese Kneipen bitten aber auch darum, bei Ihnen Zigaretten/Zigarren zu kaufen, damit sie den Status halten können. Zu nennen wären da:
>
> *Wer rauchen will, muss draußen sitzen oder stehen!*
>
> - **Karma:** 1st Ave., zw. 3rd u. 4th Sts., **East Village**. Hier gab und gibt es viele Tische, an denen Sie eine Wasserpfeife rauchen können und damit dürfen auch die Glimmstängel angezündet werden.
> - **Circa Tabac:** 32 Watts St. (nahe 6th Ave./ W. Broadway), **SoHo**. Dunkler Schuppen mit dicken Gardinen davor. Es gibt aber an die 600 Zigarettensorten hier zu kaufen.
>
> Weitere Ausnahme: In Außenbereichen (Gärten, Straße etc.) darf auf maximal 20 % der Außenfläche geraucht werden, wenn das Personal und andere Gäste dadurch nicht beeinträchtigt werden. Nur viele Außenbereiche gibt es nicht, besonders wenige, die abtrennbar sind.
>
> Wer neueste Infos sucht zum Thema „Rauchen in New York's Kneipen", der schaut am besten mal in Murphy's Webseiten: www.murphguide.com.

den Delis – oft die einzige wirkliche Kommunikationsstätte. Hier erleben Sie die New Yorker auch von ihrer „inneren" Seite, hören ihre Probleme, und hier können alle für kurze Zeit die Hektik draußen auf der Straße vergessen. Bestimmt werden Sie auch mit den Einheimischen in Kontakt kommen. Meiden Sie daher die Touristen-Themenkneipen und suchen Sie sich die eine oder andere echte Kneipe aus der Liste hier aus.

> **Hinweis**
> Auflistung in Manhattan von Süden nach Norden

- **Fraunces Tavern:** Ecke Pearl/Broad Sts., *Financial District*. Auf alt getrimmte Bar im historischen Gebäude des gleichnamigen Museums. Hier gibt es leckere Snacks und ab 16h (Mo–Fr) auch – kostenlos – eine kleine, warme Mahlzeit zur sog. „Happy Hour". An den Wänden hängen alte Fotos, Bilder und Relikte aus vergangenen Tagen.
- **Blarney Stone:** 121 Fulton Street, zw. Nassau u. William Sts., *Financial District*, Tel.: (212) 267-4042. Altehrwürdige Bar mit Deli-Restaurant. Dunkel und laut, aber sehr, sehr

beliebt bei den Brokern für den Mittagssnack bzw. das Feierabendbier. Besonders gut sind die dick belegten Sandwichs.
- **Bridge Café**: 279 Water St/Dover St., *Financial District*. Die Bar existiert bereits seit 1794 und soll damit eine der ältesten in New York sein. Klein, aber fein: denn es gibt über 100 Weine und 85 Single Malt Whiskys auf der Getränkeliste.

Im Kreuzungsbereich **W. Broadway und Grand Street** (*SoHo*) befinden sich zahlreiche „trendy" Bars und Kneipen, in denen auch Kleinigkeiten zu essen angeboten werden. Hier gehen die Galeristen gerne am Wochenende hin.
- **Fanelli**: Ecke Prince u. Mercer Sts., *SoHo*, alt eingesessene Neighborhood-Bar (nach Pete's Tavern, s.u., die zweitälteste Bar von NY), die heute so gar nicht mehr nach SoHo passen möchte. Urige Atmosphäre, altes, dunkles Eichenholz und Super-Burger.
- **Ear Inn**: 326 W. Spring St., *West Village*, Tel.: (212) 226-9060. Nette, traditionsreiche Bar (auch Essen) von 1817, in der sich seit Jahrzehnten nicht viel verändert zu haben scheint. Guter Bar-Lunch und ab und zu Poesielesungen (meist Sa.). An warmen Wochenendabenden füllt sich auch der Bürgersteig vor dem Haus.
- **Lucky Cheng's**: 24 1st Ave. (zw. Houston u. 2nd Sts.), *East Village*, Tel.: (212) 473-0516. Unter dem bekannten Transvestiten-Restaurant (siehe „Restaurants"). Die Atmosphäre ist locker, und natürlich ist jeder willkommen. Auch hier bedienen vornehmlich asiatische „Damen", und im Stundentakt wird auf der Bühne eine Show gezeigt. Außerdem können Sie sich Tarot-Karten legen lassen.
- **D.B.A.**: 41 1st Ave., zw. 2nd u. 3rd Sts., *East Village*. Bekannt für seine gute Whiskey-Auswahl, die an der Tafel über der Bar angeschrieben steht: etwa 85 Single-Malts, 30 Bourbon und 20 irische Whiskeys. Im Sommer kann man im Hinterhof draußen sitzen.
- **Peculiar Pub**: 145 Bleecker St. (zw. Thompson u. La Guardia Place), *Greenwich Village*. Großer Studentenpub mit über 400 Biersorten aus aller Welt im Ausschank.
- **McSorley's**: 15 E. 7th St. (zw. 3rd u. 2nd Ave.), *East Village*. Historischer irischer Pub von 1854. Alte Fotos an den Wänden (2.-WK-Veteranen, Baseball etc.), schiefe Holztische, Sägemehl auf dem Boden und missmutig gestimmte Kellner erinnern an die Tage der irischen Einwanderer, die hier ihren Frust runtergespült haben. Ein Muss für Pub-Fans. Übri-

---

Bars, in denen Sie nur auf „Locals" treffen:

Nicht immer steht einem der Sinn nach teuren Musikclubs, lauten Neighborhood-Bars, Fine-Dining-Establishments oder touristisierten Orten des Trinkvergnügens. Mischen Sie sich doch einmal unter die Einheimischen, die „Locals". Hierzu einige, zwar sehr einfache, aber dennoch nette kleine Kneipen:
- ***Nancy's Whiskey Pub:*** *Ecke W. Broadway/Lispenard St. (nahe Canal St.), TriBeCa. Kleine Eckkneipe, in der nicht der Whiskey der Renner ist, sondern das Shuffle-Board. Hier spielen die Locals nach der Arbeit und die „Trend-Jugend" vor dem Disco-Hopping. An Wochenenden und manchmal auch unter der Woche gibt es leckere (!) Burger hier.*
- ***Doc Holliday:*** *Ecke Ave. A/9th St., Alphabet City/East Village. Urige Kneipe, wo sich vor allem die „Real People" bis 40 treffen. Passt gar nicht mehr so in das East Village. Billard.*
- ***Broadway Dive Bar (Tavern):*** *2662 Broadway, zw. 101th u. 102nd Sts., Manhattan Valley. Hier gehen Polizisten, Angestellte der Stadt, Büroangestellte mit Schlips und Kragen und auch Studenten hin. Die Erdnussschalen fliegen übrigens gen Boden! Machen Sie aber nicht den Fehler, zu gehen, um ein gemütliches Bier in gepflegter Umgebung zu trinken. Es sind Kneipen wie bei uns die Eckkneipen in halbverlassenen Industriegebieten. Aber sie sind belebt und die Menschen hier freundlich und lustig gestimmt.*

gens durften hier bis 1970 keine Frauen einkehren und ihr Zutritt musste damals unter starkem Protest der trinkenden Männerwelt mit Polizeigewalt vollzogen werden.

- **Hogs and Heifers:** 859 Washington St. (13th St.), *Chelsea*. Lausige Biker-Bar in altem Lagerhausdistrikt. Aber keine Angst vor den Harleys vor der Tür und dem Lederoutfit der Gäste. Wenn auch schummrig, geht es hier gesitteter zu, als man glaubt. Nur eines: Frauen, die auf den Tischen tanzen, müssen hinterher dafür ihren BH abgeben. Er wird dann zu den anderen (300?) gehängt – direkt über dem Bartresen. Von dieser Regel befreit sind aber die Bardamen…
- **Otto's Shrunken Head:** 14th St., zw. Avenues A und B, *Alphabetic City/East Village*, Tel.: (212) 228-2240. Lustig-lausige Bar, die auch ein wenig auf der „Tiki-Welle" (Hawaii-Pazifik-Thematik … Bambus, Hula-hula etc.) mitreitet, ansonsten aber auch als normale Neighborhood-Bar für junge Leute durchgehen würde.
- **Pete's Tavern:** 129 E. 18th St. (Ecke Irving Place), *Gramercy Park*, Tel.: (212) 473-7676. 1864 eröffnet, ist dieses New Yorks ältester (ohne Unterbrechung betriebener, s.o. McSorley's) Pub. O.Henry war einer der vielen Gäste hier. Heute besticht das historische Ambiente immer noch, wobei die Gäste aus der wohlhabenden Neighborhood so gar nicht reinpassen wollen. Das Essen besteht aus einer Mischung von deftigem und guten Pubfood und einer eher mittelmäßigen italienischen Küche.
- **Old Town Bar:** 45 E. 18th St. (zw. Broadway u. Park Ave.), *Flatiron*. Über hundert Jahre alter Pub mit altem Holztresen und großem Spiegel dahinter. Die schummrige Beleuchtung schreckt weder die in der Umgebung einkaufende Yuppie-Szene noch die alten „Barflys" ab. Urig-stimmungsvoll. Im Fenster hängen oft politische Meinungen aus – handgeschrieben und nicht immer ernst zu nehmen.
- **Gramercy Tavern:** 42 E. 20th St., zw. Broadway u. Park Ave., *Gramercy Park*, Tel.: (212) 477-07777. Weniger eine „normale" Taverne, denn im hinteren Raum befindet sich ein Restaurant der gehobenen Klasse (nur Festpreis-Menü ab $ 55). Der Knüller aber ist der vordere Barraum mit einem langen, schwarzen Holztresen sowie Sessel und Couchen. Auch am Tresen können Sie essen (und rauchen). Hier gibt es à la carte. Die Gramercy Tavern wurde bei einer Umfrage in der Kategorie Restaurant-Bar von den Einheimischen bei auf den ersten Platz gewählt.
- **McCormack's Public House:** 365 3rd Ave., zw. 26th u. 27th Sts., *Gramercy Park*. Irischer Pub, der besonders beliebt ist bei europäischen Fußball-Fans, denn auf den Bildschirmen wird nahezu alles rund um die Lederpille gezeigt, was über Satellit in NY zu empfangen ist. Guinness ist das Getränk hier, das Essen beschränkt sich auf wenige irische und die typischen amerikanischen Pubgerichte.
- **Keens Steakhouse:** 72 W. 36 St., zw. 5th u. 6th Ave., *Murray Hill*, Tel.: (212) 947-3636. Nicht der Steaks wegen, sondern wegen der Auswahl an über 200 Single-Malt-Whiskys (es gibt natürlich auch Bourbon u.a.) verdient sich dieses Lokal hier seinen Platz.
- **Rainbow Room (Bar & Grill):** 30 Rockefeller Plaza (Eingang von der 49th St., zw. 5th u. 6th Sts.), 64th Floor, *Midtown*. Von hier oben haben Sie einen tollen Ausblick

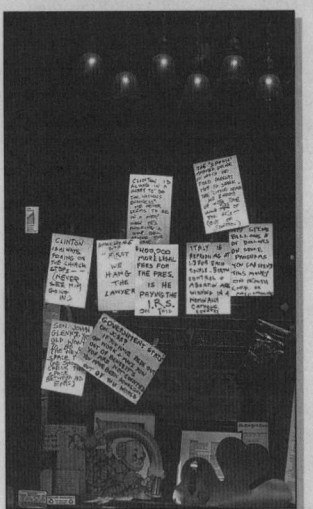

In der „Old Town Bar" dürfen Sie Ihre Meinung aushängen

„In"-Bars in New York: hip und chic

Was heute „in" ist, ist in New York auch schnell wieder „out". Zu oft wechseln der Besitzer, der Geschmack der Gäste, und der Drang nach Neuem ist ja sowieso bekannt für den Big Apple. Rufen Sie bei diesen Lokalitäten also besser vorher an oder fragen Sie Insider, ob sie noch angesagt bzw. da sind.

- **Bar 89:** 89 Mercer St., zw. Spring u. Broome Sts., **SoHo**, Tel.: (212) 274-0989. Es gibt Leute, die gehen hier nur wegen der extravaganten Toilettenräume hin. Ansonsten aber trifft sich hier gerne die Schickeria von SoHo.
- **MercBar:** 151 Mercer St., zw. Prince u. W. Houston Sts., **SoHo**, Tel.: (212) 966-2727. Dunkle Bar, bekannt für seine Martinis.
- **Pravda:** 281 Lafayette Street (zw. Prince u. Houston Sts.), **SoHo/Little Italy**, Tel.: (212) 226-4944. Diese Bar ist bekannt für die gute Martini-Auswahl. Hier wird wirklich gerührt und nicht geschüttelt.
- **Bauhaus (Bar: Narnia):** 196 Orchard St., zw. Houston u. Stanton Sts., **Lower East Side**, Tel.: (212) 477-1550. FIT-Designer haben sich hier ausgelassen. Oben ist es laut, aber die Bar im Keller ist „more sophisticated".
- **Bar Veloce:** 175 2nd Ave., zw. 11th u. 12th Sts., **East Village**, Tel.: (212) 260-3200. Hier stehen italienische Weine hoch im Kurs. Die Auswahl ist riesig.
- **Spice Market:** 403 W. 13th St., Ecke 9th Ave., **Meatpacking District**, Tel.: (212) 675-2322. Über mehrere Levels ausgedehnt und ein beliebter Hangout für Celebreties. Exotische Cocktails.
- **Flatiron Lounge:** 37 W.19th St., zw. 5th u. 6th Ave., **Flatiron District**, Tel.: (212) 727-7741. Exquisit, „distinguished", Leder, Art-Déco-Ambiente. Also wirklich etwas, um genüsslich und in Ruhe (laute Musik kann vorkommen) seinen Drink zu genießen.
- **Enoteca I Trulli:** 122 E. 27th St., zw. Park u. Lexington Aves., **Gramercy Park**, Tel.: (212) 481-7372. Weinbar mit einer exzellenten Auswahl an italienischen Weinen. Angeschlossen ist zudem ein Feinschmecker-Italiener.
- **Campbell Apartment:** 15 Vanderbilt Ave., Eingang Grand Central Station, **Midtown-East**, Tel.: (212) 953-0409. Alte Bar aus den 1920er Jahren. Benannt nach John W. Campbell, der hier einst sein Büro hatte. Gemütlich, außer zur Rush-Hour, wenn die Pendler hier kurz „mal Eine heben".
- **Royalton:** 44. W. 44th St., zw. 5th u. 6th Ave., **Times Square/ Midtown-East**, Tel.: (212) 869-4400. Im Hotel gibt es zwei Trinkmöglichkeiten, in der „sophisticated" Lobby bar und an der Round Bar, wo u.a. interessante Mixgetränke aus Wodka und Champagner serviert werden.
- **Hudson Bar:** 356 W. 58th St., zw. 8th u. 9th Aves., **Midtown West/ Clinton**, Tel.: (212) 554-6343. Drei thematisch sehr unterschiedliche Bars in Ian Schragers Hotel. Im Sommer lockt besonders die Außenbar „Private Park" (abends Kerzenlicht).
- **Galapagos Art Space:** 15 Main St, **Dumbo, Brooklyn**. Bar mit täglich wechselndem Programm: Mal „Burlesque", mal Tanzgruppe, an Sonntagen oft auch ausgefallene Filme.

und die Atmosphäre ist stilvoll. D.h. natürlich auch für Sie: Angepasste Kleidung, keine Jeans und T-Shirts. Neben der Bar gibt es hier ja auch das (hochpreisige) Restaurant, wo Sonntags besonders das Brunch lockt.
- **Oak Room** (Hotellobby) bzw. **Blue Bar** (holzgetäfelte Bar) im **Algonquin Hotel**: 59 W. 44th St., **Theater District**. Zwei alte Bars für den „Gentlemen's Drink" bzw. einen

genüsslichen Cocktail. Im Oak Room fand der „Round Table" (in Amerika so etwas wie der „Lions Club") seinen Ursprung.
- **Sardis**: 234 W. 44th St., zw. Broadway u. 8th Ave., *Midtown-West*. Bar mit roten Ledersesseln. Gut für einen Drink vor und nach einer Broadway-Show.
- **View Lounge (The View):** im Marriott Marquis Hotel, 1535 Broadway (zw. 45th u. 46th Sts.), *Theater District*. Cocktail Lounge im Obergeschoss des Hotels. Der Knüller: Die Bar-Etage dreht sich.
- **The Whiskey:** 235 W. 46th St., zw. Broadway u. 8th St., im Paramount Hotel, *Theater District*. Dunkle Neon-Bar und dabei trotzdem gemütlich. Hier treffen sich gerne Starlets, Models und die junge Schickeria. „**The Whiskey**"-Bars gibt es übrigens mehrere in NY. Eine weitere, lohnenswerte und beliebte befindet sich im Keller des W Times Square Hotels (Broadway, Ecke W. 47th St.).
- **Top of the Tower:** Beekman Tower, 3 Mitchell Pl., nahe 1st Ave/49th St., *Midtown-East*. Elegant-sophisticated. Di–So Piano-Livemusik. Geeignet, um in Ruhe den letzten Drink des Tages einzunehmen.
- **Divine Bar**: 244 E. 51st St., zw. 2nd u. 3rd Aves. *Midtown-East*. Schicke Bar über mehrere Levels. Themen: Zebra, Couches etc. Es gibt 55 internationale Biere hier sowie über 70 verschiedene Weine „by the glass"!
- **King Cole Room:** Im St. Regis Hotel, 2 E. 55th St., Ecke 5th Ave., *Midtown-East*. Eine der imposantesten, holzgetäfelten Bars in Manhattan. Upperclass, also keine Jeans, dafür aber genau der richtige Ort für einen gepflegten Cocktail. Dass hier der Bloody Mary seinen Ursprung gefunden hat, mag nicht verwundern.
- **PenTop Bar and Terrace:** Peninsula Hotel, 700 5th Ave., Ecke 55th St. Teuer, aber mit viel Schick: Martini mit Aussicht gefällig? Dachterrasse des Hotels mit Blick auf das Treiben auf der 5th Avenue.
- **Metropolitan Museum of Art:** 5th Ave., Höhe 82nd St., *Upper East Side*. Die Bars, besonders im Sommer die Dachbar (Rooftop Bar) erfreuen sich großer Beliebtheit. Vom Dach haben Sie einen grandiosen Ausblick auf Central Park und Skyline.
- Wer sich in *Yorkville* auf der 2nd Avenue zwischen **80th und 87th Street** aufhält, trifft auf zahlreiche Pubs und Kneipen, so z.B. eine Comic-Strip-Kneipe, einige irische Pubs, das deutsche „Heidelberg-Restaurant und Pub" (s. Restaurants).
- **Lenox Lounge:** 228 Lenox Ave., zw. 124th und 125th Sts., *Harlem*, Tel.: (212) 722-9566. Hier war Malcolm X Stammgast, und die meisten der Songs aus der Musikbox (Blues, Funk und Soul) wird er auch noch gehört haben. Schummrige 60er-Jahre-Neon-Atmosphäre. Wenn die Disco öffnet, wird aber eher moderne Rap- und Hip-Hop-Musik gespielt. Das passiert aber selten. Eher zu empfehlen sind die Jazz-Giggs Fr, Sa u. Mo.

*Die Lenox Lounge:
Malcolm X' „Waterhole"*

Bars, Pubs und kleine Kneipen (oft auch mit Livemusik) in den anderen 4 Boroughs

Frank's: 660 Fulton St., Höhe Lafayette St., **Brooklyn (Fort Greene)**, Tel.: (718) 625-9339. Einfaches Lokal. Hier wird vor allem Do. u. Sa. Livemusik gespielt. Dazu wird kostenlos Soulfood gereicht. Frank's ist wirklich „down to earth" und richtig „echt". Ein Stück die Fulton Street hinauf finden Sie auch ein/zwei andere Musikkneipen (z.B. Cajun-Musik).
- **Brooklyn Inn** (auch als **Bergen Inn** bekannt)**:** Ecke Hoyt/Bergen Sts., **Brooklyn (Boerum Hill)**. Neighborhood-Bar mit schönem, altem Holztresen und dem wohl größten Barspiegel New Yorks. Eine richtige, urgemütliche Kneipe und dazu noch ohne Fernseher. Kein Essen!
- **The Charleston Bar:** 174 Bedford Ave. (gegenüber der gleichnamigen Subway-Station), **Brooklyn (Williamsburg)**. Eine Bar, die seit Generationen alle „Aufs und Abs" in der Geschichte New Yorks jenseits des East River durchgemacht hat. Früher wurde hier nach Rock'n'Roll getanzt, heute spielen im hinteren Raum oft Bands. Die Pizzen sind deftig, so wie noch üblich in den 1970er Jahren. Und in den 1970er-Jahren scheint auch das letzte Mal das Design verändert worden zu sein. Im Bedford Avenue-Block südlich davon gibt es auch noch 2–3 nette und urige Bars.

Williamsburg (immer Subway-Station „Bedford Avenue", L-Train) verspricht auch viele andere Kneipen und Lokale, so wie z.B. die Billard-Bar der Brauerei: **Brooklyn Brewery Tasting Room** (79 11th St., zw. Berry u. Whyte Sts., nur Sa + So), **The Stinger Club** (241 Grand St., zw. Roebling St. u. Driggs Ave.), der für Hot-Dogs, karibische Reggae-Klänge und oldfashioned Live-Country- und Bluegrass-Musik bekannt ist. **Galapagos** (70 N. 6th St., zw. Whyte u. Kent Aves.) schließlich ist ein typischer Williamsburg-Hangout mit viel Livemusik (Grunge, Jazz-Funk, Experimental), DJ am Wochenende, Filmabenden am Sonntag und zurzeit recht „in". Übrigens: Das Gebäude war einst eine Mayonnaise-Fabrik.
- **NickelodeinN:** 28–43 Steinway, nahe 30th Ave., **Queens (Astoria)**. Sportsbar mit guten Burgern und Steaks. Der Knüller aber sind die interaktiven Spiele in den Fernsehern. Besonders „Trivia", ähnlich unserem Trivial Pursuit, macht Spaß. Hier spielen Sie, bestückt mit einer Fernbedienung, gegen Teams in Bars in ganz Amerika. Die Fragen sind natürlich oft recht amerikanisch (z.B. zu Fernsehshows), aber man hat trotzdem gute Chancen, zumindest seine Tischnachbarn zu schlagen.
- **Adobe Blues:** 63 LaFayette Ave., nahe Richmond Terrace, **Staten Island (St. George)**, Tel.: (718) 720-2538. Saloon mit über 200 Biersorten und einem weithin begehrten Chili con Carne.

> **INFO** **Bekannte alkoholische Mixgetränke mit New Yorker Ursprung**

- **Manhattan:** 6 cl. amerik. o. kanad. Whiskey, ein Spritzer süßen oder trockenen Wermut und etwas Bitterstoff (sehr wenig!). Das ganze dann verrühren und mit einer Cocktail-Kirsche garnieren. Dieser Drink wurde 1874 im Manhattan Club für *Jenny Jerome* (die spätere *Lady Randolph Churchill*, Winston's Mutter) auf einem politischen Bankett zu Gunsten der Wahl *Samuel J. Tildens* zum Gouverneur kreiert.
- **Long Island Iced Tea:** 2 cl. Wodka, 2 cl. Rum, 2 cl. Gin, 2 cl. Sekt, 2 cl. Tequila und Eis zusammenfügen und ordentlich mixen. Dieses dann in ein Glas geben und mit Cola auffüllen. Diese (gemeine) Mischung wurde auf Long Island im „Oak Beach Inn" in Hampton Bays erfunden. Der ursprüngliche Drink wurde mit jeweils 6 cl. der harten Alkoholika bereitet, zu dem dann anschließend etwas mehr Sekt, etwas Zitronensaft und schließlich Cola gegeben wurde.
- **Bloody Mary:** 4 cl. Wodka in ein Glas mit Eis geben. Dieses mit ca. 8 cl. Tomatensaft auffüllen. Ein bis zwei Spritzer Worcester-Sauce dazugeben, und wer es gerne scharf mag, darf auch noch einen bis zwei Spritzer Tabasco hinzufügen. Das ganze durchrühren und mit einer Selleriestange garnieren. Wurde im „King Cole Room" des St. Regis Hotel erfunden.
- **209 East Cocktail:** 5 cl. Gold Tequila, 3 cl. Cointreau, 6 cl. Erdbeer-Likör, 6 cl. süßsaurer Saft (z.B. gesüßte Limone) zusammengießen und leicht umrühren.
- **Cosmopolitan:** 6 cl. Zitronen-Wodka, 3 cl. Cointreau, Saft einer halben Limone bzw. Zitrone und ein Spritzer Heidelbeer- oder Preiselbeersaft über Eis geben und durchschütteln. Anschließend durch ein Sieb gießen.
- **44th Street:** 3 cl. dunklen Rum, 3 cl. Brandy, 1–2 cl. Zitronen- bzw. Limonensaft und einen Teelöffel Puderzucker über Eis geben und durchschütteln. Wurde bei Sardi's in der 234 44th Street erfunden.
- **Fifth Avenue #1:** 5 cl. Crème de Cacao, 5 cl. Brandy und 5 cl. Sahne „übereinander schichten".
- **Fifth Avenue #2:** 2 cl. Baileys (Irish Cream), 2 cl. Aprikosen-Brandy und 2 cl. weißen Crème de Cacao durchschütteln. Beide Fifth-Avenue-Drinks waren und sind bei den Damen beliebt, nachdem sie ihre Einkäufe in der bekannten Einkaufsstraße erledigt haben.
- **42nd Street:** 4 cl. Schlehenlikör (auf Ginbasis) in ein Champagnerglas füllen und mit 16 cl. Champagner auffüllen. Der Drink wurde 1980 auf der Basis einer Szene aus dem Musical „42nd Street" kreiert. In dieser Szene wird ein Schauspieler mit Champagner begossen, obwohl dieser in Wirklichkeit lieber Schlehenlikör getrunken hat – besonders vor seinem Auftritt.
- **Absolution:** 4 cl. Absolut-Wodka und 16 cl. Champagner in ein Champagnerglas geben und ein Stück Zitronenschale auf das Getränk legen. Dieser Mix wurde von dem weltberühmten Barmixer *Jimmy Caulfield* im „River Café" (Brooklyn) erfunden.
- **Angel Martini:** 4 cl. Ketel One-Vodka und 2 cl. Frangelico mit Eis durchschütteln und durch ein Sieb geben. Im Sektglas servieren und mit einer Olive oder einer zerdrückten Limone garnieren. Wurde in der „Bowery Bar" nahe Little Italy erfunden.
- **Crantini:** 6 cl. Bacardi-Limon, einen Schuss trockenen Martini und einen Spritzer Preiselbeersaft durchschütteln und mit Preiselbeeren und Limonenstückchen garnie-

ren. Im Cocktailglas servieren. Wurde in der Bar „Mr. Babbington's" erfunden.
• **Gibson:** 6 cl. trockenen Gin mit einem Schuss trockenen Martini vermengen und auf Eis geben. Mit einer Cocktail-Zwiebel garnieren. Kreiert im „Players Club" zu Ehren von *Billie Gibson*, einem Promoter für Boxkämpfe. Andere Quellen behaupten, der Drink sei für den Künstler *Charles Dana Gibson* gemixt worden.

Cocktails und gute Kleider gehen in New York einher

b) Nachtclubs/Tanzclubs/Discos

Gleich vorweg: New Yorker Discos sind am Wochenende voll, und nicht selten hat man dann Probleme, eingelassen zu werden. Ist man also kein „Celebrity" (= Star/Persönlichkeit), hilft oft nur langes Warten bzw. ein Extratrinkgeld für den Türsteher. Frühes Erscheinen (vor 22h – oft wird aber erst ab 23h geöffnet) an Fr + Sa spart diese Probleme zwar aus, bedeutet aber auch, dass man noch Stunden bis zur „Action" warten muss. Unter der Woche sind nur die Lokale voll, die gerade besonders „in" sind. Zur „Türsteher-Politik" gehört übrigens auch die Wahl des Geschlechts. Nicht selten erhalten gerade Männergruppen keinen Einlass, bis das Frauenkontingent wieder aufgefüllt ist. Die Eintrittspreise haben es i.d.R. auch in sich. Um $ 20 pro Person (es gibt keine Getränkegutscheine dafür!) sollte man schon einkalkulieren. Unter der Woche mögen einige Discos zwar günstiger sein, aber an Wochenenden sind viele auch teurer. Überlegen Sie sich also vorher genau, wohin Sie gehen möchten.

Hier können nur wenige Clubs aufgeführt werden, da sich die Szene für einen Reiseführer zu schnell ändert. Schauen Sie in das aktuelle „Time Out", und informieren Sie sich dort unter der Rubrik „Clubs". Die Webseite *www.newyork.sheckys.com* ist auch hilfreich.

> *Hinweis*
> *Auflistung in Manhattan von Süden nach Norden*

• **Knitting Factory:** 74 Leonard St, zw. Broadway und Church St., Tel.: (212) 219-3006. Alteingesessen und bekannt für die laute Rock-, Funk- und Avantgardemusik. Hier treffen sich besonders jüngere Leute.
• In der *Lower East Side*, bes. Um Essex, Rivington und Ludlow Streets machen immer mal wieder Clubs auf, die aber auch schnell wieder verschwinden, wenn sie nicht mehr „in" sind. Laufen Sie einfach den Bereich südlich der Houston Street ab. Irgendwo dröhnt immer wieder Musik aus einer Ecke.
• **S.O.B.s:** 200-204 Varick Street/Houston St., *West Village*, Tel.: (212) 243-4940, *www.sobs.com*. Der Name steht für **S**ounds **o**f **B**rasil, und hier wird zumeist lateinamerikanische Musik gespielt (Reggae, aber nicht selten auch Samba, Rumba und sogar afrikanische Popmusik). Gelegentlich hält auch asiatische Folkmusik hier Einzug.
• **Webster Hall:** 125 East 11th St., zw. 3rd und 4th Aves., *East Village*, Tel.: (212) 353-1600, *www.webster-hall.com*. 4.500 qm große „In"-Disco mit Platz für mehr als 3.000 Gäs-

INFO   Typische Ausgehzeiten der New Yorker

Warum diese Überschrift? Ganz einfach: Besonders an Wochenenden füllen sich die Bars, Restaurants und Discos so sehr, dass lange Schlangen und überfüllte Räume zu erwarten sind. Vielleicht möchten Sie ja versuchen, dieses zu umgehen. Wie sieht also eine typische Partynight für einen New Yorker aus:

- Nach der Arbeit, **ab ca. 17h**, geht man erst einmal in seine/n Lieblingspub/-bar ein paar Bierchen bzw. Cocktails trinken.
- Zwischen **18h und 20h** dann nach Hause zum „Aufschicken".
- **Ab 19h** (bis 20h30) sind die geübten Stylisten schon wieder unterwegs und füllen zusammen mit den Familien die Restaurants. Um den Times Square mischen sich dann auch noch die Broadway-Show-Besucher darunter.
- Nach dem Essen, **ab ca. 20h30/21h**, trifft man sich mit Freunden zum sog. „Barhopping" – auch „Pubcrawling" genannt. Das dauert an bis 23h, manchmal auch bis 1h. Mit fortgeschrittener Zeit wird es dabei immer lauter, und zum Ende dieses Abschnittes spürt der Partylöwe wieder etwas Hunger bzw. verlangt es ihn nach einem „Schwamm im Bauch" (für das getrunkene Bier).
- Zwischen **23h und 1h** füllen sich daher noch einmal die kleinen Restaurants bzw. die günstigen Fastfood-Läden.
- Anschließend erst, also **selten vor Mitternacht**, fährt die Partyclique dann zur ausgewählten Disco. Daher machen diese i.d.R. auch nicht vor 23h auf (viele auch später).
- Da es **ab 4h** keinen Alkohol mehr gibt in den Discos, verlassen viele Besucher diese dann wieder, um ein letztes Mahl zu sich zu nehmen in einem 24-Stunden-Fastfood oder einem kleinen Restaurant in der Lower East Side, im East Village oder um den Times Square.

Vor Mitternacht tut sich nichts in New Yorks Discos

te. Auf 5 Tanzflächen werden verschiedene Musikrichtungen gespielt. Es ist also für jeden etwas dabei.
- Der *Meatpacking District*, bes. 14th St., zw. 9th Ave. u. Washington St. ist „mega-in". Electronica- und Techno-Musik. Große Multimedialounges. Hier wechseln die Lokalitäten jährlich, aber wer mal schauen will, versucht es spätabends einfach dort, wo sich lange Schlangen bilden.
- **Copacabana:** 560 W. 34th St., Ecke 11th Ave., *Midtown-West*, Tel.: (212) 582-2672. Top-Disco für Salsa- und Merengue-Musik. In einem Extraraum („House Room") wird auch moderne Latino-Musik gespielt (Techno, Latino-Freestyle).
- **Pacha:** 618 W. 46th St., zw. 11th u. 12th Ave., *Midtown-West/Clinton*, Tel.: (212) 209-7500. Nach Eröffnung war diese Disco in einem alten Fabrikgebäude der Trendsetter, dank seines experimentierfreudigen DJs. Doch dann wurde „The Factory" umgebaut,

und der DJ wechselte auch. Danach ging es hier eher „mainstream" zu. Mittlerweile, unter o.g. neuem Namen sind die Wochenenden aber wieder voll und das Pache gilt als das „High-Energy-Dance-Mekka". Die Tradition der kostenlosen Snacks besteht noch.
- **Swing 46:** 349 46th St., zw. 8th u. 9th Aves., *Midtown-West*, Tel.: (212) 262-9554, www.swing46.com. Swingmusik steht obenan in diesem Supper Club. Meist Livebands (Big Bands), gelegentlich auch Boogie-Woogie. Dresscode (keine Jeans)! Es wird auch Swing-Dance-Unterricht angeboten.
- **Roseland Ballroom:** 239 W. 52nd St., zw. Broadway u. 8th Ave., Tel.: (212) 307-7171. Walzer, Foxtrott oder Rumba gefällig? In diesem großen Ballroom können Sie klassisch tanzen. Achten Sie aber auf Ankündigungen bzw. rufen Sie vorher an, denn der Raum wird auch für moderne Konzerte genutzt.

c) Livemusik

Blues/Rhythm & Blues/Soul

New York ist nicht unbedingt eine „Blues-City". Wer nun nicht unbedingt Bluesfan ist, sollte sich im Big Apple eher auf die anderen Musikrichtungen konzentrieren. Beachten Sie die Ankündigungen von **Livemusik-Open-Air-Konzerten in den New Yorker Stadtparks** (meist kostenlos, nur im Sommer, lesen Sie dazu in den Veranstaltungsblättern):
- Manhattan: Summerstage im Central Park
- The Bronx: Van Cortlandt Park
- Brooklyn: Bandshell im Prospect Park

Hinweis
Auflistung in Manhattan von Süden nach Norden

- **Arthur's Tavern:** siehe unter „Jazz"
- **Joe's Pub:** 425 Lafayette St., zw. Astor Place u. W. 4th St., *NoHo*, Tel.: (212) 539-8770, www.joespub.com. Vorwiegend Jazz-Konzerte, oft aber auch Cabarets oder Soulmusik. Hier ist frühes Erscheinen angesagt, denn die Künstler sind meist hochkarätig und der Raum begrenzt. Besser sogar, Sie reservieren sich eine Karte.
- **Terra Blues:** 149 Bleecker Street, zw. Thompson St. u. La Guardia Place, *Greenwich Village*, Tel.: (212) 777-7776. Gutes Blueslokal, in dem bes. am Wochenende hochkarätige Musiker auftreten. Dann kosten 90 Minuten aber auch ab $ 10 (unter der Woche ist es meist billiger). Im gleichen Straßenblock wird manchmal auch in anderen Kneipen Blues gespielt.
- **B.B.Kings Blues Club:** 237 W. 42nd St., zw. 7th u. 8th Ave., *Midtown/Times Square*, Tel.: (212) 997-4144, www.bbkingblues.com. Der größte Bluesclub der Stadt mit täglichem Programm hochkarätiger Musiker. Kostenlos (natürlich nur mit Dinner) ist meist eine Aufführung am frühen Abend im angeschlossenen Lucille's Grill Restaurant. Der Knüller ist das Sunday-Brunch mit dem „Harlem Gospel Choir".
- **Apollo Theater:** siehe unten unter „Rock/Rock'n'Roll, Reggae, moderne Rhythmen (Techno, Hip-Hop etc.)".

Jazz

Anders als der Blues, hat Jazz bereits früh Fuß gefasst in New York. Wir erinnern uns, der Begriff „Big Apple" wurde von Jazzmusikern in den 30er Jahren kreiert. Wer nun aber Dixie-Jazz bzw. traditionellen Jazz hören möchte, der muss schon etwas Glück haben. Wie es zu einer Weltstadt gehört, wird hier experimentiert, und der Modern sowie Latin Jazz erhalten dabei immer wieder neue Züge. Das „Village Vanguard" und das „Blue Note" haben so manche Jazzlegende hervorgebracht. Das Publikum in New York ist übrigens ausgesprochen kritisch. Achten Sie auch auf Ankündigungen in kleinen Lokalen, denn hier treten oft kleine Jazzformationen auf.

- Beachten Sie die Ankündigungen von **Livemusik-Open-Air-Konzerten in den New Yorker Stadtparks** (meist kostenlos, nur im Sommer):
  - Manhattan: Summerstage im Central Park
  - The Bronx: Van Cortlandt Park
  - Brooklyn: Bandshell im Prospect Park

Lesen Sie dazu in den Veranstaltungsblättern.

> *Hinweis*
> *Auflistung in Manhattan von Süden nach Norden*

- **Sweet Rythm:** 88 7th Ave., zw. Bleecker u. Grove Sts., *Greenwich Village*, Tel.: (212) 255-3626, www.sweetrythmny.com. Ausgezeichnete Jazzkneipe mit Brunch Sa+So. Meist Modern Jazz und Latin Jazz, gelegentlich auch Bebop.
- **Arthur's Tavern:** 57 Groove St., zw. 7th Ave u. *Bleecker St., Greenwich Village*, Tel.: (212) 675-6879. Alter Laden mit Atmosphäre. Meist kostenloser Eintritt. Täglich Livemusik, oft auch Blues.
- **Blue Note:** 131 W. 3rd St., nahe der 6th Ave., *Greenwich Village*, Tel.: (212) 475-8592, www.bluenote.net. Legendäres Jazzlokal mit Top-Musikern. Gelegentlich wird auch Latin Jazz gespielt. Eintritt und „Pflichtgetränke" summieren sich i.d.R. aber zu stolzen Preisen (oft über $ 50). Das Geld ist es sicherlich wert, doch sollte man sich bei nur 1 ½-stündigen Auftritten schon darüber im Klaren sein, ob man gerade diese Band sehen und hören möchte. Die letzte Session (Mitternacht) ist meist die beste, und oft spielen die Musiker anschließend noch weiter bis 4h. Tipp: Da die Wochenendauftritte meist früh ausgebucht sind, empfiehlt sich hier ein Besuch unter der Woche.
- **Village Vanguard:** 178 7th St., an der 11th St., *Greenwich Village*, Tel.: (212) 255-4037, www.villagevanguard.com. Neben dem Blue Note der bekannteste Jazzclub der Stadt. Oft treten Jazzgrößen aus ganz Amerika hier auf. Dann kann der Eintrittspreis aber $ 30 betragen. Das Lokal ist in einem relativ kleinen Kellerraum untergebracht, in dem selbst die Spätvorstellungen früh ausgebucht sind. ½ Stunde vor Beginn des Auftritts sollten Sie also schon kommen.
- **Smalls:** 183 W. 10th St., *Greenwich Village*, Tel.: (212) 929-7565, www.smallsjazz.com. Jazzkneipe, die vor allem dadurch Furore macht, dass hier erst spät mit der Livemusik begonnen wird, diese aber bis zum Morgen (manchmal bis 8h) dauert. Ein echter „Durchmacher-Schuppen" also.

> *Eine gute Webseite, um Jazzclubs in Harlem ausfindig zu machen, ist: www.bigapplejazz.com/harlemclubs.*

7. Spezialtipps: New York am Abend und bei Nacht

Gospelchöre

Gerne werden Gospelgottesdienste bzw. Aufführungen von Gospelchören besucht. Die besten finden sich natürlich in Harlem, in der South-Bronx und in von Schwarzen bewohnten Stadtteilen von Brooklyn. Chöre, die in Konzertsälen auftreten, werden u.a. im „Time Out" Magazin (Rubrik „Music") angekündigt.

Wer nun einfach einen Gottesdienst besuchen möchte, dem seien die u.g. Adressen in **Harlem** empfohlen. Vorher sollten Sie sich aber noch einmal vergewissern, ob die Zeiten so stimmen für den von Ihnen gewählten Sonntag.

Bedenken Sie bei einem Besuch immer, dass es sich um einen Gottesdienst handelt, keine Veranstaltung. Regeln: Etwas bessere Kleidung ist erwünscht, nicht fotografieren, auch dem Gottesdienst zuhören und etwas Geld in den Klingelbeutel schmeißen.

- **Abyssinian Baptist Church**: 132 Odell Clark Pl., W. 138th St, zw. Adam Clayton Powell Jr. Blvd. (7th Ave.) u. Lenox Ave.. Gottesdienst: So. 9h u. 11h, Tel.: (212) 862-7474.
- **Convent Avenue Church**: 429 W. 125th St., zw. Convent u. St. Nicholas Aves., Gottesdienst: So. 8h, 11h u. 18h, Tel.: (212) 234-6767.
- **Memorial Baptist Church**: 141 W. 115th St., zw. Adam Clayton Powell Jr. Blvd. (7th Ave.) u. Lenox Ave., Gottesdienst: So 10h45, Tel.: (212) 663-8830.
- **First Corinthan Baptist Church**: 1910 Adam Clayton Powell Jr. Blvd, zw. 115th u. 116th Sts., Gottesdienst: So. 10h45, Tel.: (212) 864-5976.
- **Canaan Baptist Church of Christ**: 132 W. 116th St., zw. Lenox Ave. u. Adam Clayton Powell Jr. Blvd, Gottesdienst: So. 10h45, Tel.: (212) 866-0301.

Hinweis
Die geführten „Gospeltouren" beinhalten i.d.R. nur kurze Besuche in den Kirchen.

- **Jazz Standard:** 116 E. 27th St., zw. Park u. Lexington Aves., *Midtown South*, Tel.: (212) 576-2232, www.jazzstandard.net. Einer der größten Jazzclubs in der Stadt und zu der guten Musik werden auch ausgezeichnete Südstaatengerichte serviert. Ein Tipp für Ihren ersten Jazz-Gig in NY!
- **Birdland:** 315 W. 44th St., zw. 8th u. 9th Sts., *Theater District*, Tel.: (212) 581-3080, www.birdlandjazz.com. Hier treten neben Top-Jazzern auch viele junge Jazzmusiker (meist Modern Jazz) auf, deren Talent bereits erkannt ist, aber deren Bekanntheitsgrad noch moderate Preise verspricht. Das legendäre Birdland (2745 Broadway/105th St.) wurde geschlossen.
- Im Innenhof bzw. dem Café des **Museum of Modern Art (MoMA)**, 11 W. 53rd Street *(Midtown)* werden des Öfteren Jazznachmittage bzw. -abende angeboten. Beachten Sie die Ankündigungen. Auch Blues-Musik. Ein Geheimtipp: echt und urig!
- **Iridium:** 1650 Broadway, Ecke 51st St., *Midtown*, Tel.: (212) 582-2121, www.iridiumjazzclub.com. Oft treten Modern-Jazz-Größen auf, doch nicht selten ist die Musik nur zweitklassig. Gehen Sie nur hin, wenn Ihnen die Musiker empfohlen werden. Das Essen ist gut, aber nicht ganz billig.
- **Michael's Pub:** 119 W. 56th St., zw. 6th u. 7th Ave., *Midtown*, Tel.: (212) 758-2272. Jazz. Bekannt wurde der Pub vor allem durch Woody Allens Auftritte mit seiner Klarinette am Montagabend. Doch nur noch sehr selten spielt Woody!
- **Smoke:** 2751 Broadway, zw. 105th und 106th Sts., *Manhattan Valley*, Tel.: (212) 864-6662, www.smokejazz.com. Einraum-Jazzlokal in ehemaligem Shop, in dem vornehmlich

INFO „Blue Note (Records)"

In den 1920er Jahren erlebte der junge *Alfred Löwe* in Berlin durch Zufall das erste Mal einen Auftritt einer schwarzen Jazzband und war sofort begeistert von der Intensität dieser Musik. Als Jude emigrierte *Löwe* Mitte der 1930er Jahre nach New York, und bald darauf folgte ihm auch sein jüdischer Freund *Frank Wolff*, beide mit nur 10 Dollar in der Tasche. Als *Al Lion* und *Frank Wolff* gründeten die beiden Jazzfans 1939 die später legendär gewordene Plattenfirma „Blue Note Records". Besonders Al hatte ein Gespür für neue Richtungen. Jungen, viel versprechenden Nachwuchs-Jazzern gab er jegliche Unterstützung, ohne dabei auf den eigenen Profit zu schauen.

Blue Note Records setzte neue Maßstäbe, machte z.B. das Gesangselement auf vielen Aufnahmen zum tragenden Element, erlangte mit *Sidney Bichets* „Summertime" bis dahin ungeahnte Auflagenhöhen, verhalf dem Boogie-Woogie-Piano zu einer Renaissance (beginnend 1939 mit Aufnahmen von *Meade Lux Lewis*), experimentierte mit Jazzern aus dem tiefsten Harlem und gab dem Bebop in den 40er Jahren erst den richtigen Kick. Einen großen Sprung wagte die Plattenfirma dann Anfang der 60er Jahre: Mit *Bud Powell* und *Thelonious Monk* (spielte schon seit Mitte der 40er Jahre für Blue Note Records) wurde die Jazzszene revolutioniert und der Modern Jazz ins Leben gerufen. Bald darauf folgten Hardbop und später Soul-Jazz.

Lions und *Wolffs* Nähe zu und Verständnis für die Musiker sowie der Mut, die Jazzer frei experimentieren zu lassen, war einzigartig, aber auch Grundstock für den Erfolg. 1966 wurde Blue Note Records schließlich verkauft an die Liberty Record Co., die Spuren waren aber deutlich hinterlassen. Noch heute sind die Begriffe Blue Note und Jazz untrennbar. Al verließ New York gleich nach der Veräußerung und ging – untröstlich über den Verkauf – ins Exil nach Mexiko.

Interessanterweise waren *Lion* und *Wolff* nicht die einzigen Europäer, die den Jazz in Amerika salonfähig gemacht haben. Viele andere, besonders nach Amerika ausgewanderte Juden und Osteuropäer taten es ihnen gleich. Ohne sie alle wäre der Jazz und im besonderen der Modern Jazz wohl schon lange ausgestorben. Denn für die weißen Amerikaner war Jazz bis in die 40er Jahre hinein die Musik der Schwarzen, deren „Geklimper und Getute" nicht ernst genommen wurde: Jazz kannten sie bis dahin nur aus Striptease-Bars und Bordellen. In den Modern Jazz flossen übrigens viele Blues-Elemente ein, und Blues wird ja auch die „Musik der verlorenen Heimat" genannt.

Für Blue Note Records spielten und sangen unter anderen auch: *Bobby McFerrin, Cassandra Wilson, Alber Ammons, Jon Coltrane, George Adams, Miles Davis, Clifford Brown* und *Art Blakey*.

„Blue Note Records" hat das einzige Ziel, kompromisslos dem Hot Jazz oder ganz allgemein dem Swing zu dienen. Damit ist jene Stilrichtung gemeint, die für eine

> unverfälschte Form dieses musikalischen Ausdrucks steht. Aufgrund der Bedeutung von Ort, Zeit und Umständen besitzt der Jazz seine eigene Tradition sowie eine musikalische und gesellschaftliche Aussage.
>
> Das Anliegen von „Blue Note Records" ist es, die direkten Impulse des Jazz aufzugreifen, ohne wirtschaftliche Erwägungen und Effekthascherei wiederzugeben."
>
> *Alfred Lion, 1939*

Nachwuchsmusiker von den nahen Musikhochschulen ihr Stell-Dich-Ein geben. Nicht schlecht. Manchmal kommen auch Jazzgrößen unangemeldet mit ihrem Instrument hineingeplatzt.
- **Lenox Lounge:** *Harlem*. Siehe unter „Pubs und Kneipen" oben.
- **York Minton's Playhouse:** 210 W. 118th St. (zw. 7th Ave. u. St. Nicholas Ave.), *Harlem*, Tel.: (212) 864-8346. Geburtsstätte des Bebop. Tägl. Livemusik ab 21h.
- **Showman's Café:** 375 W. 125th St., zw. St. Nicholas u. Morningside Blvds., *Harlem*, Tel.: (212) 864-8941. Seit Jahren der „Geheimtipp" in Harlem. Kaum einer schreibt darüber, im Time Out wird nur selten das Programm angekündigt und trotzdem kennt jeder Showman's. Nahezu täglich Livemusik.
- **Cotton Club:** 666 W. 125th St., Ecke Riverside Dr., *Harlem*, Tel.: (212) 663-7980. Der Nachfolger des in den 20er und 30er Jahren legendären Cotton Clubs (damals an der 142nd Street zw. Lenox u. 5th Aves.) kann zwar nicht das Ambiente und die Stars (Duke Ellington, Josephine Baker u.a.) seines Vorgängers aufweisen, lohnt aber trotzdem die Fahrt nach Harlem. Es wird aber nicht täglich Livemusik geboten! Rufen Sie also vorher an. Meist Jazz und Gospel, oft auch Blues.
- **American Legion Post:** 248 W. 132nd St., *Harlem*, Tel.: (212) 283-9701. Kellerkneipe eines Veteranenvereins. Tolle Jam-Sessions.
- **Londel's:** 139th St., Ecke 8th Ave., *Harlem*. Jazz an vielen Wochenenden. Mittlerweile aber eher ein gutes Restaurant (gehobener Standard) als ein Jazz-Club. Doch wenn was läuft, dann ist es ein kleiner Geheimtipp, denn hier wird noch immer „aus der Seele heraus" gespielt.
- **St. Nick's Pub:** 773 St. Nicholas Ave., Ecke 149th St., *Harlem*, (212) 283-9728. Kleiner Livemusik-Pub mit nahezu täglich Jazzmusik.
- **Frank's:** 660 Fulton St., Höhe Lafayette St., *Brooklyn (Fort Greene)*, Tel.: (718) 625-9339. Einfaches Lokal. Hier wird vor allem Do. u. Sa. Livemusik gespielt. Dazu wird kostenlos Soulfood gereicht. Frank's ist wirklich „down to earth" und richtig „echt".
- **Barbès:** 376 9th St., Ecke 6th Ave., *Brooklyn (Park Slope)*, Tel.: (718) 965-9177, www.barbesbrooklyn.com. Kleines Neighborhood-Lokal. Livemusik gibt es im Schnitt nur an 1–2 Tagen in der Woche, aber dann ist es gut, denn die Atmosphäre ist wirklich angenehm unkompliziert. Vorher aber noch mal anrufen, was und ob was läuft und ob ... das Lokal noch existiert.

Rock/Rock'n' Roll, Reggae, moderne Rhythmen (Techno, Hip-Hop etc.)

Die Rockszene in NY ist ausgesprochen vielseitig, doch zumeist besucht von jüngerem Publikum. Rockmusik aus den 70er und 80er Jahren findet da nur noch wenig Anklang.

7. Spezialtipps: New York am Abend und bei Nacht

Selbst Grunge ist schon out. Neben den u.g. Lokalen treten viele kleine Bands entlang St. Marks Place sowie in kleinen Lokalen im East Village und Alphabetic City auf.
- Beachten Sie die Ankündigungen von **Livemusik-Open-Air-Konzerten in den New Yorker Stadtparks** (meist kostenlos, nur im Sommer):
  - Manhattan: Summerstage im Central Park
  - The Bronx: Van Cortlandt Park
  - Brooklyn: Bandshell im Prospect Park

Lesen Sie dazu in den Veranstaltungsblättern.

Hinweis
Auflistung in Manhattan von Süden nach Norden

- **Knitting Factory:** 74 Leonard St. (zw. Broadway u. Church St.), *TriBeCa*, Tel.: (212) 219-3055, www.knittingfactory.com. Ehemaliges Fabrikgebäude, das heute mit zwei Bühnen vor allem das Publikum unter 30 anzieht. Moderne Funk- und Rockmusik, z.T. auch Experimenteller Rock werden nur wenige ansprechen. Dafür wurden hier schon einige Zeichen für die aktuelle Musikszene gesetzt. Es gibt auch eine Bar mit Microbrew und gutem Kaffee.
- **Bowery Ballroom:** 6 Delancey St., Ecke Bowery, *Lower East Side*, Tel.: (212) 533-2111, www.boweryballroom.com. Großer Ballsaal, umfunktioniert zu einem Rock-Venue. Beste Plätze sind auf dem Balkon (inkl. Bar dort oben). Hier treten oftmals auch alte Rockmusiker auf. Vorverkaufskarten gibt es in der nahen Mercury Lounge (s.u.).
- **Mercury Lounge:** 217 E. Houston St. (Essex St.), *Lower East Side*, Tel.: (212) 260-4700, www.mercuryloungenyc.com. „In"-Laden für moderne Rock- und Technomusik (seltener Funk u. Folk). Hier treten oft Newcomer auf bzw. suchen die Plattenchefs nach ihnen. Mega-Soundanlage. Nur für Jüngere geeignet.
- **S.O.B.s:** 200 Varick Street/Houston St., *West Village*, Tel.: (212) 243-4940, www.sobs.com. Der Name steht für **S**ounds **o**f **B**rasil, und hier wird zumeist lateinamerikanische Musik gespielt (Reggae, aber nicht selten auch Samba, Rumba und sogar afrikanische Popmusik). Mittlerweile hält auch asiatische Folkmusik hier Einzug.
- **Red Lion:** 140 Bleecker Street, *Greenwich Village*. Großer, britischer Pub in der „Musikecke" der westl. Bleecker Street. Keine besondere Blues- und Rockmusik, aber eine Alternative, wenn im Terra Blues nebenan kein Patz mehr zu bekommen ist. Außerdem gibt es gutes Bier vom Fass.
- **Acme Underground:** 9 Great Jones St./Lafayette St., *NoHo*, Tel.: (212) 677-6963. Kellerlokal (unter dem Restaurant) mit zumeist Hardrockmusik.
- **Webster Hall:** 125 E. 11th St., zw. 3rd u. 4th Aves., *Greenwich Village*, Tel.: (212) 353-1600, www.webster-hall.com. Nightclub mit unterschiedlichsten Musikprogrammen: mal Rock, mal Latino-Gigs, dann wieder Jazz oder südamerikanische Bands.
- **Apollo Theater:** 253 W. 125th Street, zw. Malcolm X- u. Adam C. Powell Blvds., Tel.: (212) 749-5838, www.apollotheater.com. Legendäre, große Bühne inmitten von *Harlem*. Hier sind schon Duke Ellington, Billie Holliday, Aretha Franklin, Ella Fitzgerald und Michael Jackson aufgetreten. Kurzfristig mal geschlossen gewesen, ist das Apollo heute wieder eines der Zentren des „Black Entertainment". Das NBC nimmt die Vorführungen regelmäßig auf. Die Musik ist sehr gemischt und reicht von Soul über Rhythm & Blues, Blues bis hin zu Rap und Hip-Hop. Mittwochabend ist „Amateur Night" und (bereits ausgesuchte) neue Talente können sich dann hier präsentieren.

Country/Folk und anderes

Country-Musik wird in New York nur belächelt, und die vielgenannten „Urban Cowboys" zählen zu den Exoten im Big Apple. Der Folk dagegen ist etwas mehr vertreten und bedeutet neben guten südamerikanischen Gigs vor allem irische Folkmusik. Und die ist oft authentisch. Wenn auch nach einer Stunde ziemlich anstrengend zum Zuhören (hohe „Fiddle-Klänge"), ist die oft gespielte „Traditional Irish Music" nicht wegzudenken aus der New Yorker Musikszene und allemal ein Vorbeischauen wert.

- Beachten Sie die Ankündigungen von **Livemusik-Open-Air-Konzerten in den New Yorker Stadtparks** (meist kostenlos):
- Manhattan: Summerstage im Central Park
- The Bronx: Van Cortlandt Park
- Brooklyn: Bandshell im Prospect Park

Lesen Sie dazu in den Veranstaltungsblättern.

Hinweis
Auflistung in Manhattan von Süden nach Norden

- **S.O.B.s:** 200 Varick Street/Houston St., *West Village*, Tel.: (212) 243-4940, *www.sobs.com*. Der Name steht für **S**ounds **o**f **B**rasil, und hier wird zumeist lateinamerikanische Musik gespielt (Reggae, aber nicht selten auch Samba, Rumba und sogar afrikanische Popmusik). Mittlerweile hält auch asiatische Folkmusik hier Einzug.
- **Banjo Jim's:** 700 E. 9th St./Ave C, *Alphabet City/East Village*, Tel.: (212) 777-0869. Oft wird hier Country- sowie Country-Rock gespielt.
- **Hill Country:** 30 W. 26th St., zw. Broadway u. 6th Ave., Tel.: (212) 255-4544. Country- und Country-Rock Livemusik Mi-Sa. Oft auch So.
- **Rodeo Bar:** 375 3rd Ave./27th St., *Kips Bay*, Tel.: (212) 683-6500, *www.rodeobar.com*. Restaurant, Bar und Disco im Texaslook. Urban-Cowboys lieben hier die BBQ-Ribs, die „Ranchatmosphäre" und besonders die Honky-Tonk-Musik. Oft auch Roadhouse-Rock und Rockabilly.

d) Sportsbars für europäischen Sport (meist Fußball = Soccer)

Nicht jeder mag es, dauernd Baseball oder American Football im Fernsehen in den Bars zu schauen. U.a. die beiden hier genannten Bars haben sich auf Übertragungen europäischer Sportarten, vor allem Fußball spezialisiert. Beachten Sie aber den Zeitunterschied. Wenn Sie ein Spiel live sehen möchten, dann müssen Sie wohl um 14 oder 15h erscheinen. Abends gibt es aber Zusammenfassungen bzw. werden die interessanten Spiele noch einmal in voller Länge gezeigt.
- **Nevada Smiths:** 3rd Ave., zw. 11th u. 12th Sts., *East Village*. Moderne Sportsbar. Hier gibt es viele Bildschirme, so dass Sie auch mal fragen können, ob einer auf den von Ihnen gewünschten Sender umgeschaltet werden kann. Im Fenster sind alle wichtigen und aktuellen Fußballspiele ausgehängt. Ein Block südlich davon, Ecke 3rd Ave./11th St. gibt es noch ein **Ale House**, wo auch auf Wunsch auf Fußball (Soccer)-Sender umgestellt werden kann.

- **Paddy Macguire's Ale House**: 3rd Ave., zw. 19th u. 20th Sts., *Gramercy Park*. Uriger und gemütlicher Pub, wo immer die wichtigen Fußballspiele gezeigt werden. Doch wenn diese in Großbritannien/Irland stattfinden, haben mitteleuropäische Spiele keine Chance …

e) Lokale für Schwule, Lesben und Transvestiten

Das aktuelle Veranstaltungsprogramm der Homosexuellen-Szene finden Sie in den kostenlos verteilten Magazinen „Homo Xtra/ HX" (www.hx.com), „New York Blade" (www.nyblade.com) und „Next" (www.nextmagazine.net) sowie in den Gay & Lesbian-Seiten des „Time Out". Telefonische Informationen über die Szene erhalten Sie unter (212) 989-0999 (www.glnh.com), dem „Gay and Lesbian Switchboard" oder beim **Lesbian & Gay Community Center** (208 W. 13th St., zw. 7th u. 8th Aves., *Greenwich Village*, Tel.: (212) 620-7310, www.gaycenter.com). Eine weitere Info-Webseite für die Lesbenszene ist: www.crazynannys.com.

- Zentrum der **Schwulenszene** sind immer noch die Bars und Restaurants in der Christopher Street (südwestl. der 7th Ave.) im West Village. Als ein weiterer Treffpunkt der Szene hat sich Chelsea (17th bis 19th Sts, zw. 5th u. 8th Aves.) entwickelt.
- Die **Lesbenszene** verteilt sich mehr über die Stadt, da sie sich nicht so leicht etablieren konnte und die Akzeptanz bei den New Yorkern diesbezüglich anfangs kleiner gewesen und auch noch ist. Beliebt bei dieser Szene sind die **W.O.W. Bar-Parties**, die immer in anderen Lokalitäten stattfinden. Infos dazu: (212) 631-1102. Ein gutes Magazin für aktuelle Infos ist: GO NYC.

Beachten Sie auch die Ankündigungen der großen Diskotheken, die an bestimmten Tagen in der Woche spezielle Disco-Nächte für die Homosexuellen-Szene bieten.

Hier nun ein paar Adressen:
- **Henrietta Hudson**: 438 Hudson St./Morton St., *West Village*, Tel.: (212) 924-3347, www.henriettahudsons.com. Lesben. Beliebte Frauen-Bar. Billard, Comedy (meist Mi um 20h) und Livemusik (meist So). Männer dürfen hier auch hinein … aber nur im Schlepptau einer Frau.
- **The Monster**: 80 Grove St/4th St., *Greenwich Village*, Tel.: (212) 924-3558. Schwule. Oben wird getrunken und gesungen, unten getanzt bzw. Shows zugesehen.
- **Stonewall (Inn)**: 53 Christopher St., 7th Ave. S., *West Village*, Tel.: (212) 463-0950. Schwule. Nebenan (Nr. 51) befand sich das eigentliche Stonewall Inn, eine der ersten Schwulenbars im Village, die zu einer Legende wurde. Denn im alten Stonewall Inn fanden in den 60er Jahren viele Protestaktionen zugunsten der Homosexuellen-Szene statt, die 1969 schließlich zu ihrer allgemeinen Anerkennung führten. Dem unmittelbar vorausgegangen war am 28.6.69 eine erbitterte Straßenschlacht zwischen Polizei und Homosexuellen vor dem Lokal, die sich wegen der dauernden und vor allem ausgesprochen diskriminierenden Razziamethoden der Polizei entfachte. Anschließend war dann auch der Weg geebnet für ganz Amerika.
- **Duplex Cabaret**: 61 Christopher St./7th Ave., *West Village*, Tel.: (212) 255-5438, www.theduplex.com. Schwule/Transvestiten. New Yorks ältestes Kabarett-Theater. Oft Transvestiten- bzw. Schwulenshows. Bekannt für seinen „Talentsuch-Abend" am Freitag. Durch-

aus besuchenswert für diejenigen, die einmal etwas anderes erleben möchten. Und wer genug hat vom Kabarett, kann in die Kellerbar gehen.
- **The Cubby Hole:** 281 W. 12th St./ W. 4th St., *Greenwich Village*, Tel: (212) 243-9041. Bar, die später am Abend von Frauen besucht wird.
- **Splash/ SBNY:** 50 W. 17th St./6th Ave., *Chelsea*, Tel.: (212) 691-0073, www.splashbar.com. Schwule. Beliebt wegen seiner guten Go-Go-Boys-Shows.
- **Area 10018:** Club Shelter, 20 W. 39th St., zw. 5th u. 6th Aves., *Times Square/ Midtown*, Tel.: (212) 719-4479. Gay-Playground, besonders freitags. Drag Queens, Go-Go-Boys, Ambiente der 1970 und -80er Jahre. Über 5 Etagen: Bands, DJs etc.
- **Cattyshack:** 249 4th Ave., zw. President u. Caroll Sts., *Brooklyn-Park Slope*, Tel.: (718) 230-5740. „Weekend-Hangout for Lesbians". Tanzfläche und Bars über zwei Ebenen in ehem. Lagerhaus. Außenterrasse mit BBQ.

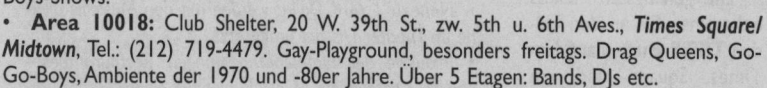

f) Musicals

Ein Besuch New Yorks ohne Musical? Keine Frage, die Musical-Szene der Stadt ist groß, weltbekannt und qualitativ gut. Doch machen Sie sich keine zu großen Illusionen, viele der aufgeführten Stücke können Sie mittlerweile auch in Europa sehen, und mit der touristischen Aufwertung der Times Square-Region hat die Broadway-Show auch viel von ihrem einstigen Charme verloren.

Die Musicals werden mehrheitlich von Touristen besucht. Die New Yorker Schickeria bedient sich dagegen lieber des großen Angebots der Off- und Off-Off-Broadway-Shows. Trotzdem würde ein Besuch eines ausgewählten Musicals den New York-Besuch abrunden, besonders wenn das Musical in einem der alten und frisch renovierten Theaterkomplexe aufgeführt wird.

Nur eines: Für den vollen Preis würde ich nicht zu einem Besuch raten, solange Sie Zeit genug haben, die Sonderangebote auszukundschaften. Versuchen Sie, entweder eine herabgesetzte Karte an der u.g. TKTS-Bude zu erstehen oder schauen Sie in die Zeitungen („New York Times", „Time Out", „Village Voice"). Hier werden oft kurzfristig von den Theatern günstige Tickets angeboten, um die letzten Plätze zu füllen.

Als Richtlinie: Für einen durchschnittlichen Platz sollten Sie mit max. $ 40 auskommen. Der normale Preis liegt eher bei $ 70–80.

- Die günstigsten Tickets bekommen Sie an den beiden **TKTS-Buden** auf dem Times Square und am South Street Seaport. Diese gibt es i.d.R. aber nur für den gleichen Tag, womit man Leerplätze „in letzter Minute" noch losschlagen möchte. Die Schlangen an den Buden sind sehr lang, besonders die am Times Square! Ein Trick: Kurz vor der Show, gegen 19h, sind die Schlangen kürzer. Öffnungszeiten am Times Square: 15h–20h, Mi u. Sa auch 10h–14h für Matineen. Die Öffnungszeiten am South Street Seaport variieren, sind i.d.R. aber kürzer. Infos: (212) 768-1818, „8" wählen oder www.tdf.org. **An den TKTS-Schaltern können Sie aber nicht mit Kreditkarten zahlen!**

> *Ein paar Zahlen zur Musicalwelt New Yorks:*
> - *„The Blue Room": Erlebte eine Zuschauerbelegung von 101,7 % (es wurden noch Stehplätze hinzugefügt)*
> - *„Lion King": Folgt dem „Blue Room" mit einer Zuschauerbelegung von 101,3 % dicht auf den Fersen*
> - *Über 13 Millionen Besucher werden während einer Saison in den Musicals New Yorks gezählt*
> - *Nahezu 1 Mrd. Dollar werden mit den Musicals alleine im Theater District umgesetzt*
> - *Inklusive der Hotelübernachtungen, Restaurantbesuche usw. sorgen die Musicals hier für einen Gesamtumsatz von ca. 4 Mrd. Dollar, die der Volkswirtschaft New Yorks zugutekommen*
> - *Erfolgs-Musicals wie „Cats" und „Phantom of the Opera" haben weltweit mittlerweile jeweils weit mehr als 2,5 Mrd. Dollar eingespielt*
> - *Kein Musical wurde am Broadway so oft gespielt wie „Cats". Erst nach 7.397 Aufführungen wurden die Katzen im Juni 2000 in New York abgesetzt ... nach 18 Jahren Laufzeit!*

Tipp
Die Schlangen am Schalter am South Street Seaport sind bei weitem nicht so lang.

- Mittlerweile gibt es auch **Ticketautomaten** in Hotels, Supermärkten und an Touristenattraktionen (Zahlung mit Kreditkarte): Das ist natürlich bequem. Doch auch hier gilt, dass die Tickets teuer sind. Zum einen zahlen Sie den vollen Preis, zum anderen wird auch noch eine Gebühr von ca. $ 5 pro Ticket draufgeschlagen. Der Concierge im Hotel schlägt oft noch mehr auf den normalen Ticketpreis auf, kann aber mal mit etwas Glück ein nahezu aussichtsloses Ticket auftreiben. Dafür erwartet er/sie dann aber auch ein Extratrinkgeld. Das sollten Sie dann auch schon bei der Bestellung in Aussicht stellen, denn Europäer sind bei den Concierges oft wegen ihrer Trinkgeld-Knickerigkeit bekannt.
- Wer **Online buchen** möchte, dem seien folgende Webseiten empfohlen:
- www.culturefinder.com: Gut auch für Veranstaltungsinfos und Links zu Ticketverkaufs-Büros.
- www.playbill.com, www.ticketmaster.com und www.broadway.com: Hier können Sie Tickets erstehen.

Lesen Sie zum Ticketkauf auch S. 96.

g) Oper/Operette

Für ein ausführliches Opernprogramm schauen Sie bitte auch in das wöchentliche Veranstaltungsblatt „Time Out" unter „Music – Classical & Opera".

- Beachten Sie die Ankündigungen von **Livemusik-Open-Air-Konzerten in den New Yorker Stadtparks** (meist kostenlos, nur im Sommer):
  - Manhattan: Summerstage im Central Park
  - The Bronx: Van Cortlandt Park
  - Brooklyn: Bandshell im Prospect Park

siehe hierzu genauere Infos S. 64f und S. 260.
Lesen Sie dazu in den Veranstaltungsblättern. Die Metropolitan Opera-Sänger/-innen bieten Kostproben ihrer Arien.

- Wer **online buchen** möchte, dem seien folgende Webseiten empfohlen:
- *www.culturefinder.com*: Gut auch für Veranstaltungsinfos und Links zu Ticketverkaufs-Büros.
- *www.ticketmaster.com*: Hier können Sie Tickets erstehen.
- Natürlich können Sie auch direkt bei den Häusern online buchen.

- Den Höhepunkt in punkto Oper setzt natürlich ohne Frage die weltberühmte **Metropolitan Opera Company**, deren Weltklasse-Ensemble (jahrzehntelang unter der Leitung von *James Levine*) im Metropolitan Opera House (Lincoln Center, Ecke Broadway u. 64th St., *Upper West Side*, Tel.: (212) 362-6000, www.metopera.org) auftritt. Atmosphäre, Publikum, Klangqualität und Einrichtung (u.a. Chagall-Wandgemälde) sprechen ebenfalls für einen Besuch. Saison ist von Oktober bis Mitte April. Die Kartenpreise beginnen zwar bei ca. $ 25, doch sind die Plätze unter $ 70 i.d.R. weit hinten und/oder bedeuten eine schlechte Sicht bzw. sind sogar Stehplätze. Sollten Sie sich für einen Besuch entscheiden, sparen Sie also nicht am falschen Ende. Entweder oder! Lassen Sie sich beim Ticketkauf beraten und lassen Sie sich auch den Sitzplan zeigen. Zudem sollten Sie angemessen gekleidet sein (Schlips u. Kragen sowie Jackett bzw. Abendkleid – ist aber keine Pflicht).
- Ebenfalls Weltklasse, aber immer im Schatten der Met stehend, ist die **New York City Opera**, die im New York State Theater (Lincoln Center, Ecke Broadway u. 64th St., *Upper West Side*, Tel.: (212) 870-5570, www.nycopera.com) auftritt. Die Aufführungen hier gelten als „bodenständiger" und leichter im Vergleich zur Met und sollen so ein breiteres Publikum ansprechen. Neben Opern werden auch Musicals und Operetten aufgeführt. Die Preise liegen deutlich unter denen der Met (ca. die Hälfte).
- Die **New York Met** tritt im Sommer im Central Park auf. Die Location wechselt, so dass es oft in anderen Parks der Stadt stattfindet. Infos: Tel.: (212) 362-6000, www.metopera.org.
- Ein Unikum ist das **Amato Opera Theatre** (319 Bowery an der 2nd St., *East Village*, Tel.: 228-8200, www.amato.org). Der „Saal" ist nämlich nur 6 m breit und verfügt über etwa 100 Plätze. Dieses Opernhaus gilt als Sprungbrett für evtl. spätere Stars.
- Beachtenswert sind schließlich noch die unregelmäßigen Aufführungen in der **Brooklyn Academy of Music**, kurz **BAM** genannt (30 Lafayette Ave./Ashland Place, *Brooklyn-Downtown*, Tel.: (718) 636-4100, www.bam.org). Hier werden gerne auch experimentelle Stücke aufgeführt.

h) Theater

Für ein ausführliches Theaterprogramm schauen Sie bitte auch in das wöchentliche Veranstaltungsblatt „Time Out" unter „Theater".

New Yorker lieben das Theater, und somit gibt es unzählige Bühnen, auf denen wirklich alles geboten wird. Einzelne Auflistungen hier würden den Rahmen dieses Buches sprengen und bald nicht mehr stimmen. Doch seien Sie gewarnt, gute Stücke sind oft Wochen im Voraus ausgebucht. Vielleicht sollten Sie sich schon vorher mit dem Programm im Internet *(www.theatredirect.com)* vertraut machen und dann evtl. über **Telecharge**, Tel.: (212) 239-6200 oder **TicketMaster**, Tel.: (212) 307-4100 buchen (Kreditkarte bereithalten!). Dieser Weg ist aber auch teurer.

- Wer **online buchen** möchte, dem seien folgende Webseiten empfohlen:
- *www.culturefinder.com*: Gut auch für Veranstaltungsinfos und Links zu Ticketverkaufs-Büros.
- *www.ticketmaster.com* und *www.telecharge.com*. Hier können Sie Tickets erstehen.
- Natürlich können Sie auch direkt bei den Häusern online buchen.

- **Auskünfte** über die Theater-, Tanz- und Musikszene sowie ein Couponheft mit mehreren vergünstigten „Vouchers" (Eintrittskarten) für Off-Off-Broadway-Veranstaltungen gibt es beim Theater Development Fund's: 1501 Broadway (zw. 43rd u. 44th Sts., Tel.: (212) 221-0013, www.tdf.org). Die Vouchers gibt es aber nur für Nicht-New Yorker (Ausweis mitbringen)!
- Eine Aufführung möchte ich hier aber trotzdem empfehlen, und zwar **Shakespeare in the Park**. Die Shakespeare-Stücke werden während der Sommermonate unter freiem Himmel im Delacorte Theater (am Belvedere Castle) im Central Park aufgeführt – und zwar kostenlos. Der Haken dabei ist nur, dass die Tickets schnell weggehen. Tickets können nur am Aufführungstag ab 13h am Delacorte Theater oder zwischen 13h u. 15h am Schalter des *The Public Theater* (425 Lafayette St.) auf der Basis „first come, first serve" abgeholt werden. Kommen Sie besser 2–3 Stunden vor Öffnung der Schalter hin. Infos: Tel.: (212) 539-8750, *www.publictheater.org*.

> *Was bedeutet ...*
> - *Broadway (-Theater): Die größten Shows (aber nicht unbedingt die besten). Faustregel hier ist, dass das Theater über mind. 600 Sitze verfügt. Der Aufführungsort muss aber keineswegs am Broadway liegen. Hierzu gehören auch die bekannten Musicals.*
> - *Off Broadway (-Theater): Kleinere Theater (250–600 Sitzplätze). Theater-, aber selten Musical-Aufführungen. Der Aufführungsort kann aber am Broadway liegen. Hier werden oft Klassiker und die Stücke für das ausgesprochen verwöhnte und anspruchsvolle New Yorker Publikum gespielt.*
> - *Off-Off Broadway (-Theater): Kleine und „finanziell schwächere" Theater mit meist weniger als 150 Sitzen. Diese Theater verteilen sich über ganz Manhattan, können aber auch mal am Broadway zu finden sein. Hier wird viel experimentiert, und (noch) unbekannte Künstler bekommen hier ihre Chance. Die Qualität ist trotz des kleinen Budgets i.d.R. gut. Bevor Sie aber ein Off-Off Broadway-Stück anschauen, sollten Sie sich vorher darüber erkundigen.*

i) Kabarett/Komödie/Lesungen/Supper Clubs

Neben den „klassischen" Theateraufführungen erfreut sich New York auch einer Vielzahl von Kabarett- und Supper Club-Aufführungen. Letzteres verrät sich schon durch den Namen: Hier gibt es auch etwas zu essen während der Vorführung. Die Qualität der Stücke (oft auch Entertainer, Variétisten, Akrobaten oder Zauberkünstler) ist i.d.R. zwar gut, aber andererseits werden hier keine bleibenden Erinnerungen geschaffen. Es ist halt leichte Kost, nicht ganz billig und dient den New Yorkern eher als Ablenkung vom Alltag. Seien Sie auch gewarnt vor Kabarettisten: Sie mögen „topp" sein, aber sprechen oft sehr schnell, und die Witze und Anekdoten mögen Europäer selten verstehen, zu häufig basieren sie auf Insiderwissen – betreffen TV-Programme, Soaps, Starlets oder NY-Politik).

Eine Liste der Aufführungen (inkl. Kurzbeschreibung) finden Sie im „Time Out"-Magazin unter „Theater – Off Broadway" und noch eher unter „Theater – Off-Off Broadway". Hier ein paar der bekanntesten Cabaret- und Supper Club-Bühnen:

- **Cornelia Street Cafe:** 29 Cornelia St., zw. 4th u. Bleecker Sts., *Greenwich Village*, Tel.: (212) 989-9319, www.corneliastreetcafe.com. Lesungen, Live-Jazz, OpenMike und zu Essen gibt es auch.
- **Housin Works Used Cafe:** 126 Crosby St., zw. Houston u. Prince Sts., *SoHo*, Tel.: (212) 334-3324. Lesungen. Zu Gunsten von HIV/AIDS- und Homeless-People.
- **Joe' Pub:** *NoHo*, siehe S. 247 (Blues/ Rhythm & Blues Soul)
- **Duplex Cabaret:** 61 Christopher St./7th Ave., *West Village*, Tel.: (212) 255-5438, www.theduplex.com. New Yorks ältestes Kabarett-Theater. Oft Transvestiten- bzw. Schwulenshows. Durchaus besuchenswert, wer einmal etwas anderes sehen möchte. Und wer genug hat vom Kabarett, kann in die Keller-Bar gehen.
- **Oak Room:** Im Algonquin Hotel, 59 W. 44th St., zw. 5th u. 6th Sts.), *Theater District*, Tel.: (212) 840-6800, www.algonquinhotel.com. Kabarett in der räumlichen Atmosphäre der 20er Jahre. Eine der besten Adressen für Kabaretts, aber meist auch mit Eintrittspreisen über $ 40.
- **Swing 46:** 349 46th St., zw. 8th u. 9th Aves., *Midtown-West*, Tel.: (212) 262-9554, www.swing46.com. Swingmusik steht obenan in diesem Supper Club. Meist Livebands (Big Bands), gelegentlich auch Boogie-Woogie. Dresscode (keine Jeans)! Es gibt auch Swing-Dance-Unterricht.
- Weitere, empfehlenswerte Adressen für Kabaretts/Piano Bars sind:
- **Don't Tell Mama** (343 W. 46th St., *Midtown West*, Tel.: (212) 757-0788, www.donttellmama.com). Mehr Mainstream, dafür aber auch nicht so teuer. Seltener Top-Acts.
- **Cafe Carlyle**: Carlyle Hotel, 981 Madison Ave., Ecke 76th St., *Upper East Side*, Tel.: (212) 570-7189 bzw. 744-1600, www.thecarlyle.com. Teuer, aber hochkarätig. Meist mit Dinner und Minimum-Verzehr.
- Nicht selten werden Kabaretts u.ä. in der **Neuen Galerie** (1048 5th Ave., Höhe 86th St., *Upper East Side*, Tel.: (212) 628-6200, www.neuegalerie.org) aufgeführt.
- **92nd Street Y**: 1395 Lexington Ave., nahe 92nd St., *Upper East Side*, Tel.: (212) 415-550, www.92ndsty.org. Kultur-Center mit Lesungen.

j) Klassische Konzerte

- Beachten Sie die Ankündigungen von **Livemusik-Open-Air-Konzerten in den New Yorker Stadtparks** (meist kostenlos, nur im Sommer):
  - Manhattan: Summerstage im Central Park (Tel.: (212) 360-2777, *www.summerstage.org*)
  - The Bronx: Van Cortlandt Park
  - Brooklyn: Bandshell im Prospect Park (u.a. „Celebrate Brooklyn! Performing Arts Festival/Concert Series", Tel.: (718) 855-7882, *www.celebratebrooklyn.org*)

Lesen Sie dazu in den Veranstaltungsblättern.

- Weltberühmt sind natürlich das **New York Philharmonic Orchestra**, bis zum Jahre 2001 unter der Leitung von Kurt Masur, der ehemals das Dresdner Gewandhaus Orchester dirigierte. Es spielt regelmäßig von September bis Anfang Juni in der Avery Fisher Hall (Lincoln Center, Ecke Broadway/64th St., *Upper West Side*, Tel.: (212) 875-5030) und tritt im Sommer in verschiedenen New Yorker Parks auf. Info dazu: Tel.: (212) 875-5709, *www.newyorkphilharmonic.org*.
- Die **New York Met** tritt im Sommer im Central Park auf. Die Location wechselt, so dass es oft in anderen Parks der Stadt stattfindet. Infos: Tel.: (212) 362-6000, *www.metopera.org*.
- Berühmte Gastorchester treten dagegen meist in der **Carnegie Hall** (W. 57th St., an der 7th Ave., *Midtown*, Tel.: (212) 247-7800, *www.carnegiehall.org*) auf.
- Beachtenswert sind, wie bei den Opern (s.o.) schließlich noch die unregelmäßigen Aufführungen in der **Brooklyn Academy of Music**, kurz **BAM** genannt (30 Lafayette Ave./Ashland Place, *Brooklyn-Downtown*, Tel.: (718) 636-4100, *www.bam.org*).
- **Bargemusic**: Fulton Ferry Landing, *Brooklyn (unter Brooklyn Bridge)*, Tel.: (718) 624-2083, *www.bargemusic.org*. Sehr originell und mittlerweile weltberühmt: Klassische Kammermusik auf einer umgebauten Hafenbarkasse. Aufführungen meist Do + Fr um 19h30 und So um 16h. Tickets sollten Sie aber frühzeitig reservieren, denn es gibt nur 130 Plätze auf dem Schiff.
- Während der Sommermonate finden im Garten des **Museum of Modern Art** Fr + Sa Abendkonzerte i.d.R. von modernen Komponisten statt: *www.moma.org*.
- Achten Sie zudem auf **aktuelle Ankündigungen von kostenlosen Konzerten**, wie z.B. denen in der Trinity Church, in der St. Paul's Church, im Bryant Park und besonders im Sommer die unterschiedlichsten Konzerte und Darbietungen des **River to River Festival/Hudson River Festival** (Westseite Manhattans am Hudson River, Tel.: (212) 528-2733, *www.hudsonriverfestival.com*).

k) Ballett/Tanz

Saison: Oktober bis Dezember und März bis Juni.

New York ist ohne Frage das Mekka der (Welt-) Tanzszene, besonders der des Ballett und des Modern Dance. Zahlreiche, hochklassige Tanzschulen (s. S. 296) unterrichten die Stars und die, die es werden wollen, so dass diese ihre Künste dann in der Met und anderen Aufführungsorten dem staunenden, aber auch sehr kritischen New Yorker Publikum vorführen können. Sollten Sie auch nur etwas Sinn für Tanzdarbietungen haben, müssen Sie unbedingt versuchen, eine Karte dafür zu bekommen.

- **Tanzaufführungen werden angekündigt** im „Time Out"-Magazin unter der Rubrik „Dance" sowie in der kostenlosen „Village Voice"-Zeitung. Zudem gibt es in ausgesuchten Zeitschriftenläden das „Dance Magazine", welches frühzeitig auf Aufführungen aufmerksam macht.
- **Auskünfte** über die Theater-, Tanz- und Musikszene sowie ein günstiges Couponheft mit mehreren „Vouchers" (Eintrittskarten) für Off-Off-Broadway-Veranstaltungen gibt es beim Theater Development Fund's: 1501 Broadway (zw. 43rd u. 44th Sts.), Tel.: (212) 221-0013, www.tdf.org. Die Vouchers gibt es aber nur für Nicht-New Yorker (Ausweis mitbringen)!
- **New York City Ballet:** Außergewöhnlich bei diesem Ensemble ist, dass es als gemeinschaftliche Truppe mit einer erstklassigen Choreographie auftritt. Oft bekommt man gar nicht mit, wenn ein Star mittanzt, Infos: Tel.: (212) 870-5570, www.nycballet.com.
- **American Ballet Theatre:** Eine hochklassige Ballettkompanie seit 1957. Weitreichendes Programm. Kein individueller Stil, doch bekannt geworden durch seine klassischen Aufführungen. Auch *Baryshnikov* und *Nureyev* haben mit dieser Kompanie geübt und hier unterrichtet. Die Profis dieser Schule treten regelmäßig in der Met auf. Achten Sie auf Ankündigungen! Infos: Tel.: (212) 362-6000, www.abt.org.
- **Dance Theater of Harlem:** Gegründet als Schule und Tanz-Kompanie von *Arthur Mitchell* ein Jahr nach der Ermordung von *Martin Luther King* 1968. *Mitchell* wollte den Straßenkindern von Harlem ebenfalls die Chance zu einer Tanzkarriere bieten.
- Andere, erstklassige Tanz-Kompanien, auf deren Aufführungsprogramm Sie achten sollten, sind: **Pacific Northwest Ballet, Eliot Field's Ballet, Martha Graham Company, Alvin Ailey American Dance Theater** und **Merce Cunningham Company**.
- **Summerstage im Central Park:** Tel.: (212) 360-2777, www.summerstage.org. Achten Sie hier auf Ankündigungen zum Thema Tanz/Ballett. Nur während der Sommermonate.

Wesentliche Aufführungsorte für Tanzdarbietungen sind: **Metropolitan Opera House** und **New York State Theater** (beide Lincoln Center, Broadway/64th St., *Upper West Side*, Tel.: Siehe Oper/Operette), das **City Center** (131 W. 55th St., *Theater District*, Tel.: (212) 581-1212, www.citycenter.org) und das **Joyce Theater** (175 8th Ave. (an der 19th St.), *Chelsea*, Tel.: (212) 242-0800, www.joyce.org).

Experimentiert wird bzw. neue Stücke werden oft uraufgeführt vom **Dance Theater Workshop** (im Bessie Schönberg Theater, 219 W. 19th St., zw. 7th u. 8th Aves., *Chelsea*, Tel.: (212) 691-6500, www.dtw.org), dem **Danspace Project** (in der St. Mark's in the Bowery Church, Ecke 2nd Ave. u. 10th St., *East Village*, Tel.: (212) 674-8194, www.danspaceproject.org) oder dem **PS (Performance Space) 122** (150 1st Ave., an der 9th St., *East Village*, Tel.: (212) 477-5288, www.ps122.org).

I) TV-Shows (auch tagsüber)

TV-Shows berieseln die Zuschauer in zunehmendem Maße, auch bei uns. Viele dieser Shows stammen aus Amerika, und einige davon werden in New York abgedreht. Hier einmal zwei Tipps:

> **Hinweis**
> *Erkundigen Sie sich nochmals über die genauen Anfangszeiten, da diese besonders wegen Sommer-/Winterzeit variieren können! Und:* **Buchen Sie möglichst lange Zeit** *im Voraus. Oft sind die Tickets bereits ein halbes Jahr vorher vergeben.*

Am bekanntesten (in Europa) ist ohne Zweifel **„The Late Show with David Letterman"**, die sich mit Recht schon als New Yorker Institution bezeichnet. Entsprechend schwierig ist es, hier einen Platz in den Zuschauerrängen zu ergattern. Mindestalter ist 16 Jahre. Am besten ist es, bereits 6 Monate (!) im Voraus Tickets schriftlich oder via Internet (www.cbs.com/latenight/lateshow, „Get Tickets"-Button anklicken) zu bestellen. Eine zweite, sehr geringe Chance ist dann nur noch, ab 11h die Nummer (212) 247-6497 anzurufen, um für die entsprechende Abendshow ein „Standby-Ticket" zu erwischen. Die Shows sind täglich von Mo–Do um 17h30 (um 16h15 ankommen!), Do gibt es dann noch eine Show um 20h (um 18h45 ankommen!). Bestellen können Sie über:
* Late Show Ticket, Ed Sullivan Theatre, 1697 Broadway, zw. 53th u 54th Sts, *Midtown*, New York, NY 10019.

Die Talk Show **„Saturday Night Live"** gilt auch als eine Institution. Showtime ist samstags um 23h30 (um 22h ankommen!). Mindestalter: 16 Jahre. Interessanterweise werden die Tickets einmal im Jahr verlost! D.h., Sie müssen einen Ticketwunsch an die u.g. Adresse geschickt haben. Und selbst dann ist nicht sicher, ob Sie am gewünschten Tag eingelassen werden. Noch bemüht sich der Sender, Terminwünsche zu berücksichtigen. Standby-Tickets gibt es am Morgen der Show (ab 7h, am Rockefeller Plaza, 49th St., Mez.-Level). Es wird aber nur ein Ticket pro Person vergeben! Beachten Sie, falls Sie ein Ticket erhalten, auch darauf. Dass Sie höchstwahrscheinlich schon früher am Abend erscheinen müssen, um die Kleidung zu besprechen bzw. auszuwählen.

> **Literatur**
> New York ist auch die Stadt der Dichter und Denker. **Lesungen** *finden nahezu jeden Abend statt, in Kneipen, Hörsälen und auch in Parks. Achten Sie auf die Ankündigungen in den o.g. Veranstaltungsblättern.*

- Saturday Night Live Tickets, NBC, 30 Rockefeller Plaza (49th Street-Seite), New York, NY 10112, Info: Tel. (212) 664-4000, ext. 3, Tickets: Tel.: (212) 664-3056/7, *www.nbc.com/snl*.
- **Late Night With Conan O'Brien:** 30 Rockefeller Plaza, New York, NY 10112, Info + Tickets: Tel. (212) 664-3056/7, *www.nbc.com/conan*. Mindestalter: 16 Jahre. Shows: Di–Fr 17h30.

Einkaufen

Kein Besuch New Yorks ohne Shopping. Die Auswahl an Geschäften ist riesig, und hier werden Trends gesetzt. Was in Europa gerade modern wird, ist hier bereits „out" und daher günstig zu erstehen in sog. Discountläden. Vergleichen Sie die Preise, aber übertreiben Sie es damit auch nicht. In einer so großen Stadt in nur 4 Tagen den besten Deal herauszuschlagen, ist nahezu unmöglich. Sie werden merken, dass die Angebote, wenn man genau schaut, sowieso preiswert sind.

Fast jeder Modeproduzent hat mittlerweile ein oder auch mehrere Geschäfte in Manhattan. Markennamen haben in Amerika immer noch eine weitaus größere Bedeutung als bei uns. Armani, Versace, Dior und wie sie nicht alle heißen, locken die Kunden an. Doch zumeist sind Allround-Discounter, wie z.B. „Century 21", günstiger und versprechen eine größere Auswahl.

Elektronische Geräte sind nur bedingt günstiger. Achten Sie beim Kauf unbedingt darauf, dass es sich um **220 V-Geräte** handelt (die gibt es in NY) und **dass die Garantie auch in Europa gilt.** Kameras sind meist günstiger. Fotoapparate lohnen preislich nur bedingt. Autoradios haben keinen Verkehrsfunkdekoder, und die Radarwarngeräte funktionieren bei uns i.d.R. nicht, auch wenn der Verkäufer Ihnen etwas anderes erzählt. Selbiges gilt für Telefone.

Vorsicht bei den kleinen Elektronikläden in Midtown!! Besonders, wenn keine Preise ausgezeichnet sind

Besonders warnen möchte ich vor den vielen kleinen Kamera- und Elektroläden, die sich bes. in Midtown/Theater District angesiedelt haben. Preise hängen nicht aus, und ein vermeintlich günstiger Fotoapparat ist dann nur zu erstehen, wenn Sie zugleich ein völlig übertevertes Objektiv dazu kaufen. Beliebt ist der Trick mit den Infrarot-Objektiven für die Nacht. Sie scheinen auf den ersten Blick gut für Nachtaufnahmen, bieten aber wenig Qualität. Diese bekommen Sie bei uns schon für weniger als € 100, werden Ihnen in NY dann aber für $ 400 angeboten. Viele fallen auf den Trick herein, da sie keine Ahnung von solchen Objektiven haben.

Daher mein Tipp zu elektronischen Geräten: Gehen Sie in einen großen, bekannten Laden, wie z.B. „J & R Computer" oder „B & H Photo". Dort werden Sie fachkundig und ehrlich beraten.

Hinweis
Wenn in diesen ausgesuchten Fachgeschäften die Preise nicht angezeigt werden, dann hat das nur mit den Richtlinien der Hersteller zu tun. Die Hersteller zwingen die Verkäufer nämlich, nur mit vorgegebenen Mindestpreisen zu werben. Verkaufen die die Waren günstiger, dürfen sie diesen Preis nur bei Anfrage nennen.

Und noch ein kleiner Tipp im Voraus
Gerne heißt es „SALE" (Ausverkauf) in den Schaufenstern und an den Regalen der Geschäfte. Es stimmt, die Preise sind hier heruntergesetzt. Aber von was? Im Grunde nur von einer Preisempfehlung des Herstellers oder von einem ehemals zu hohen Preis. Doch zu diesen Preisen kauft sowieso kaum jemand. Lassen Sie sich also nicht zu schnell durch so ein Schild zum Kauf verführen. Vergleichen Sie erst einmal die Preise und schauen Sie, wer denn nun den wirklich besten „Sale" anbietet.

❶ Einkaufsviertel und -straßen im Allgemeinen

Manhattan bietet für jeden etwas und das im Überfluss. Ob der letzte Schrei in der Mode, gebrauchte Bücher, alte Emailleschilder, Kunstgegenstände, neueste CDs usw. In New York muss man eher darauf achten, seine Kreditkarte nicht zu sehr auszureizen, denn das böse Erwachen kommt dann zu Hause ...

In New York liegt die Salestax zurzeit bei 8,325 %. Speziell in New York werden Kleidung und Schuhe, deren Einzelpreis unter $ 110 liegt, zeitweise von dieser Steuer befreit (zumeist ein bis zwei Wochen im Sommer, seltener ein oder zwei Wochen im Winter).

Nicht immer einfach ist es, das richtige Gebiet für seine Einkaufswünsche zu finden. Viele interessante Geschäfte verstecken sich in kleinen Seitenstraßen, andere Viertel wiederum ändern ihr Bild in nur wenigen Jahren. Um Ihnen einen groben Überblick zu verschaffen, habe ich daher hier als erstes die wesentlichen Einkaufsgebiete aufgeführt, in denen es sich speziell bummeln lässt und anschließend dann eine Auswahl empfehlenswerter Spezialgeschäfte zusammengestellt.

☺ = meine persönlichen Empfehlungen und Tipps
☒ = Tipp, um eigene Mitbringsel und Souvenirs für die Daheimgebliebenen zu erstehen.

Hinweise
• Museumsshops sind hier kaum aufgeführt, doch hat nahezu jedes Museum einen solchen Laden, in dem Sie auch Geschenke und Andenken finden.
• Wer jetzt wirklich seine Kassen leeren will und ganz spezielle Dinge sucht bzw. mit der kleinen Auflistung an Geschäften hier nicht auskommt, dem sei empfohlen, sich in einem Buchladen einen der zahlreichen Shopping-Guides zu New York zu kaufen. Diese werden nahezu jährlich komplett überarbeitet. Empfehlungen sind:
- Zagat Survey – New York City Marketplace für Nahrungsmittel und Küchenzubehör
- Time Out Shopping Guide: erhältlich an Zeitungsständen. Erscheint bis zu zweimal im Jahr.

- Im wöchentlich erscheinenden „Time Out"-Magazin gibt es aktuelle Shopping-Tipps (Ausverkäufe, Mode) unter der Rubrik „Check Out"
- Wer sich im Internet über aktuelle Angebote schlau machen möchte, der schaut einmal auf folgende Seiten (bei einigen weiterklicken „Sales & Bargains", „Shopping" etc.): www.nysale.com, www.nymetro.com, www.timeoutny.com, www.lazarshopping.com.

Die interessantesten Einkaufsgebiete in Manhattan – geographisch gegliedert von Süden nach Norden:

- ☺ **Chinatown (Sh1)**: In beinahe jeder Straße finden Sie hier Importläden, deren Farbpracht vor allem durch asiatischen Kitsch (Buddhaaltäre, Plastiklampen, rote Tiger-Puppen etc.) untermalt wird. Hobbyköche werden sich an der immensen Auswahl an Gewürzen, Saucen und Beilagen erfreuen.
- Entlang der **Canal Street (Sh2)** kann man alles günstig (handeln!!) bei Asiaten kaufen: Schuhe, elektr. Geräte, Sonnenbrillen, Taschen, Koffer, Parfums, Schmuck, Jeans usw. An dieser Straße finden sich zudem einige Outlet-Textilgeschäfte und günstige Straßenhändler (Jeans u.Ä.). Aber Achtung! Oft handelt es sich bei den Waren, bes. Uhren und Parfums, um Raubkopien.
- Die **Mulberry Street in Little Italy (Sh3)** bietet immer noch gute italienische Feinkostläden (bester Käse, gutes Brot), ansonsten aber ist der Ruhm verblasst und langsam schließt ein Laden nach dem anderen. Nördlich davon in **NoLIta** siedeln sich heute immer mehr kleine Boutiquen (evtl.) zukünftiger Top-Designer an, die weitaus günstiger sind als die in Midtown und der Upper West Side. Hier finden junge Leute sicherlich etwas Besonderes.
- ☺ **Historic Orchard Street Shopping District, 5 Blocks nördlich und südlich der Delancey (Sh4)**: Historischer Lower East Side-District – vor allem der Textil-Händler. Hier können Sie recht günstig Kleidung (auch maßgeschneiderte Anzüge, Kleider, Unterwäsche und Schuhe) einkaufen. Am Sonntag herrscht auf der Straße ein wenig Flohmarktstimmung. Im nördlichen Teil des Viertels schießen aber immer mehr Boutiquen für junge Leute aus dem Boden (Infos: Lower East Side Information Center, Tel.: (212) 226-9010, www.lowereastsideny.com, Infos vor Ort: Im Visitor Center des Lower East Side Tenement Museum, s.u.). Oft, aber immer sonntags (April–Dezember) wird eine Führung durch den Distrikt angeboten. Sie beginnt um 11h im Lower East Side Tenement Museum (108, Orchard St., zw. Delancey und Broome Sts.). Samstag sind viele Geschäfte hier geschlossen, da die meisten Händler Juden sind und dann ihren Sabbath abhalten.
- ☺ **SoHo: (Sh5)**
- **Broadway, zwischen Canal Street und 8th Street:** Dicht an der Uni (im SoHo Cast-Iron Hist. District) und nahe dem Greenwich Village hat sich hier ein vielseitiges Spektrum an Mode-Geschäften der mittleren Preisklassen gebildet: Jeans- und Schuhgeschäfte, kleine Boutiquen usw. I.d.R. günstiger als die Geschäfte in Midtown.
- SoHo ist natürlich auch bekannt für seine **Kunstgalerien** (bes. im südl. SoHo) und „In"-Boutiquen (bes. W. Broadway, sog. „5th Avenue of SoHo"/Prince- und Spring St.). Stöbern Sie auch in den kleinen Seitenstraßen (z.B. Greene-, Mercer- und Wooster Sts.).
- **Washington Square und östl. davon an der West 4th St. (Sh6)**: Hier, an der New York University, werden gebrauchte Bücher an Straßenständen angeboten. Täglich.
- **Broadway, um die 12th St. (Sh7)**: Zahlreiche ausgesuchte Antiquitätenläden.
- **St. Marks Place/8th u. 9th Street im East Village (Sh8)** ist eher etwas für die jüngeren Leute. Second Hand-Mode, Funky Stuff und schrille Designerware (bes. 9th St.

Einkaufen in Manhattan

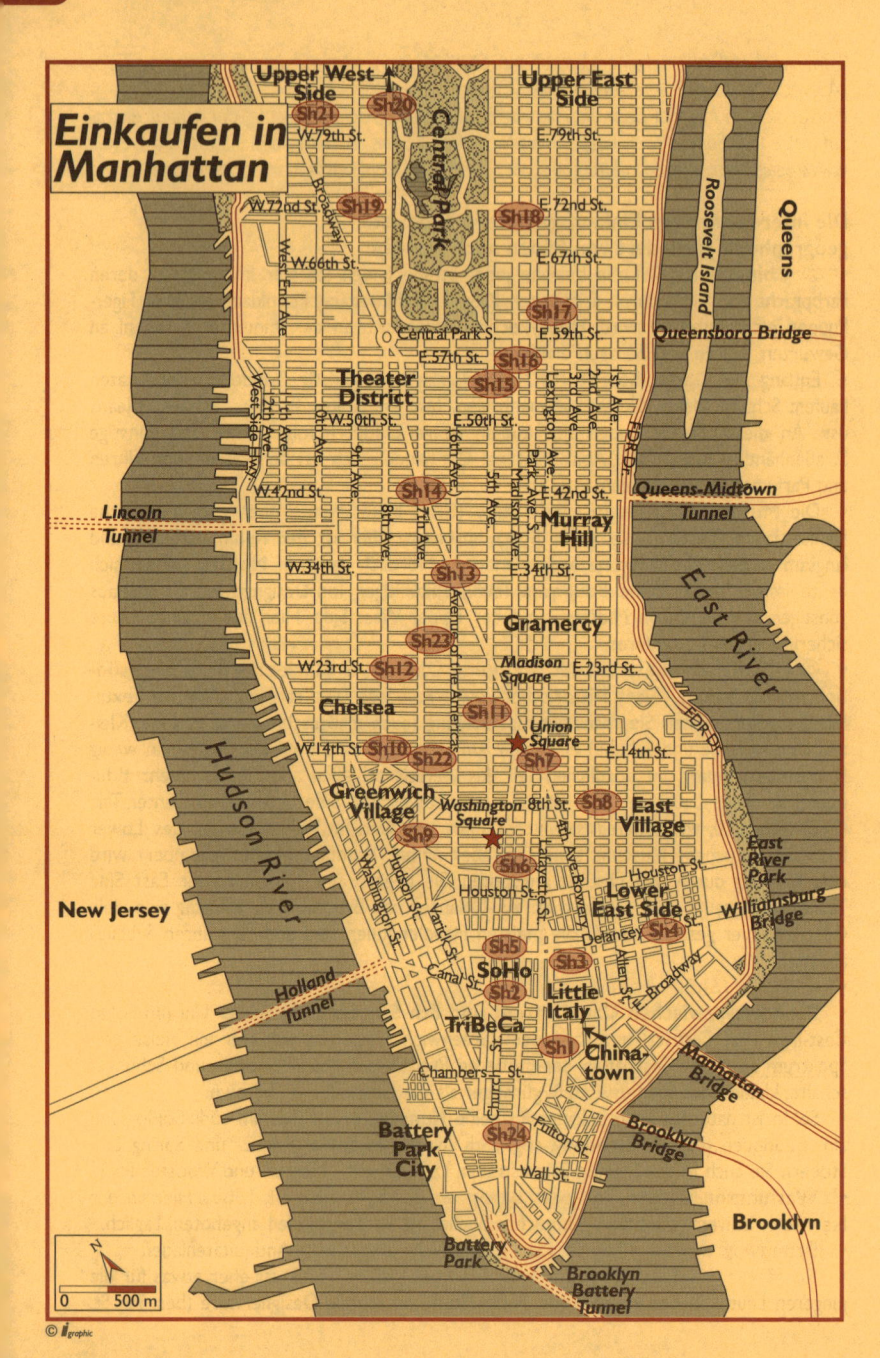

7. Spezialtipps: Einkaufen

Sh1	Chinatown (asiat. Gewürze, Gemüse, einige Textilien)
Sh2	Canal Street (günstiger Ramsch, elektr. Billigprodukte)
Sh3	Mulberry Street in Little Italy (ital. Lebensmittel) u. kleine Boutiquen (Textilien) in Nolita (nördl. von Little Italy)
Sh4	Historic Orchard Street (Textilien)
Sh5	SoHo (Kunstgalerien)
Sh6	Washington Square / West 4th Street (Bücher, Textilien für junge Leute)
Sh7	Broadway (um die 12th Street) - (2nd Hand - Bücher)
Sh8	St. Marks Place / 8th Street (Eklektisches, New Wave, Sonnenbrillen, Tatoo)
Sh9	Greenwich Village (Bleecker Street) (Boutiquen, Galerien, "In"-Geschäfte)
Sh10	14th Street (westl. des Broadway - (Textilien, schrille Klamotten und im Meatpacking District extravagante Designer-Kleidung für die Jüngeren)
Sh11	Flatiron District / Ladies Mile (ABC-Möbel, Haushaltswaren)
Sh12	Chelsea (günstige Designertextilien, Galerien)
Sh13	Herald Square (Macy's, Toys R 4 Us, Gap)
Sh14	Times Square (Souvenirshops, Disneystore etc.)
Sh15	5th Avenue (zw. 49th und 59th Street) - (teure Designer, Saks, Tiffany's, etc.)
Sh16	57th Street (zw. Park und 6th Ave.) - (Geschäfte für die oberen 10.000, Boutiquen)
Sh17	Lexington Avenue um 59th Street) - (u.a. Bloomingdale's, Levis Store)
Sh18	Upper East Side - (bes. Madison Ave.) - (ausgesuchte Boutiquen, extrem teuer)
Sh19	Upper West Side (Columbus Avenue / 72nd St.) - (buntes Angebot)
Sh20	Harlem (125th Street) - (u.a. günstige T-Shirts u. Turnschuhe)
Sh21	Zabar's (Delikatessen, De-Luxe-Haushaltswaren)
Sh22	Balducci's (Delikatessen, ital.)
Sh23	Chelsea Antique Bldg. (Antiquitäten)
Sh24	Century 21 (günstige Designertextilien)

–Hinweis:
Aufgrund des kleinen Maßstabs stellen die Legendenpunkte nur grob die Lage der Einkaufsgebiete dar

zw. 1st u. 2nd Sts.), Grunge-Bekleidung, Avantgardistisches, „Lumpen-Look" sowie Sonnenbrillen und ausgesuchte Second-hand-CD-Läden.

• **Greenwich Village (Sh9)**: Über den gesamten Stadtteil verteilen sich kleine Boutiquen, Kunstgalerien, „ausgesuchte" Trödelläden sowie CD-Shops. Mittlerweile ist nicht mehr alles billig hier. Eine Straße, die es lohnt entlang zu schlendern, ist die Bleecker Street westlich vom La Guardia Place bis zum Abingdon Square. Hudson und 8th Street sowie die Ecke Greenwich Avenue und Avenue of the Americas (6th Ave.) lohnen auch.

• ☺ **14th Street westl. des Broadway (bes. um die 6th Ave. und Metapacking District ganz im Westen) (Sh10)**: Als Grenze zwischen Chelsea und dem Greenwich Village finden Sie hier in unscheinbaren „Boutiquen" normale und auch schrille Jugendmoden. Ausgesuchte Designerware u.a. gibt es weiter westlich im ☺ **Meatpacking District**, wo bekannte Designer immer mehr Läden aufmachen. Dies ist aber eher etwas für jüngere Leute.

• **Flatiron District (Sh11)**: Einkaufsmeile entlang des Broadway und an der 5th Avenue. Hier finden Sie vor allem Möbel-, Teppich- und Kücheneinrichtungsgeschäfte. Alles ist aber ein bisschen feiner und entsprechend teurer. Vom Madison Square den Broadway nach Norden siedeln sich immer mehr Designer-Bekleidungsgeschäfte an.

• **Chelsea (Sh12)**: Hat mittlerweile das Greenwich Village als Trendsetter abgelöst. Entsprechend abwechslungsreich sind die Geschäfte und ihre Lokationen. Oft wechseln die Besitzer im Monatstakt. Das macht es hier aber interessant.
Ein Tipp wäre: Schlendern Sie entlang der 23th St. westlich des Broadway. In den Kreuzungsbereichen der großen Avenues finden sich dann auch bekanntere Markenartikler mit günstigen Preisen. Sa + So findet der berühmte Annex-Flohmarkt an der Ecke 6th Ave./26th Street statt.

• ☺ **Herald Square/Ecke 34th Street (Sh13)**: Hier um das größte Kaufhaus New Yorks, Macy's, haben sich zahlreiche Marken-/Designergeschäfte niedergelassen. Entlang der 34th Street nach Westen finden sich zahlreiche günstige Bekleidungsläden. Knüller aber, da günstiger und unübersichtlicher als Bloomingdale's, ist Macy's selbst. Die nahe Manhattan Mall wirkt dagegen eher langweilig.

• **Times Square (Sh14)**: Muss hier natürlich erwähnt werden, ist aber kein besonderer Tipp mehr. Durch das Aufpolieren des ganzen Viertels und die Einmischung des

Disney-Konzerns sind die Preise auf Touristen abgestimmt. Schnäppchen macht man hier nicht, und viel Ausgesuchtes gibt es auch nicht mehr. Besonders zu warnen ist vor dem Kauf elektronischer Geräte in den entsprechenden Geschäften hier. Preislich werden Sie zumeist übervorteilt (s.o.).

- ☺ **5th Avenue – zwischen 49th und 59th Streets (Sh15)**: Die Luxusmeile New Yorks, wenn nicht sogar der ganzen Welt. Gold, Kupfer und Marmor schmücken die Juweliere und Top-Designer-Geschäfte, wie z.B. Gucci, Bugatti, Armani, Elizabeth Arden, Cartier und Tiffany. Türsteher öffnen Ihnen überall die Pforten in die sündhaft teuren Läden. Ein Highlight ist u.a. der Trump Tower, in dem sich ausgesuchte Geschäfte über mehrere Etagen verteilen und ein Café zum Pausieren einlädt.
- **57th Street zwischen Park und 6th Ave. (Sh16)**: Kreuzt die 5th Ave. (s.o.), ist z.T. aber noch exklusiver und vor allem teurer. Geht das denn noch? Ja, denn hier werden die zweithöchsten Ladenmieten der Welt genommen (nach einer Straße in Hongkong).
- **Lexington Avenue – Bereich um die 59th Street (Sh17)**: Hier befindet sich das Designer-Kaufhaus Bloomingdale's, um das sich heute zahlreiche Markenartikelgeschäfte scharen. Gleich gegenüber von Bloomingdale's an der Lexington Ave. finden Sie z.B. einen Gebäudekomplex mit einer Reihe dieser Geschäfte. Auch in Madison und Third Avenue haben sich viele Designerläden niedergelassen. Hier kauft die New Yorker Oberschicht ein.
- Die **Upper East Side** entlang der Madison Avenue **(Sh18)** beherbergt sündhaft teure Geschäfte jeglicher Couleur. Viele Boutiquen.
- Die **Upper West Side** macht keinen Hehl daraus, dass der Geldadel auch dieses Gebiet entdeckt hat. Noch ist die Mischung aus reich, avantgardistisch, künstlerisch und „knapp bei Kasse" ausgewogen, daher finden Sie hier viele unterschiedliche Geschäfte: Von teuren Designern bis hin zu kleinen Hinterhofgalerien verkannter Künstler. Wichtigste Straßen: Amsterdam Ave., Broadway (ab 70th St.) und Columbus Ave. (ab 60th St.) **(Sh19)**. Eine gezielte Anfahrt lohnt aber nicht. Eher für einen Spaziergang nach Besuch des Central Parks geeignet.
- **Harlem (Sh20)** bietet einige günstige Textilgeschäfte (viel Sportbekleidung) entlang der 125th Street.
- ☺ Und ganz allgemein sind die durchaus ausgesuchten **Geschäfte der Kunstmuseen** zu empfehlen. Ihnen besonders ans Herz legen möchte ich den MoMa Design Store (44 W. 53rd St., zw. 5th u. 6th Ave. *Midtown*, Filiale in *SoHo*: Ecke Spring/Crosby Sts.)

❷ Malls, Kaufhäuser und Department Stores (Auswahl)

- ☺ **Pearl River Mart**: 477 Broadway, zw. Broome u. Grand Sts., *SoHo*. Großes und sehr preiswertes chinesisches Kaufhaus. Ob Buddha-Statuen, Jasmin-Tee, chinesische Messer oder asiatische Möbel. Nichts, was es hier nicht gibt. Als Mitbringsel sind besonders kleine Teeservices bzw. Sushi-Geschirr geeignet!
- **Manhattan Mall:** Herald Square, Ecke 34th St., *Garment District/Herald Square*. Moderne Mall über 7 Etagen. Viele Markenfirmen (Spielwaren, Textilien, Sonnenbrillen, Elektrogeräte etc.). Kein besonderes Shoppingerlebnis, dafür Vieles schnell „zur Hand". Im Ober- und Untergeschoss gibt es jeweils eine Foodmall mit guten Snacks aus aller Welt.
- ☺ **Macy's:** Herald Square, Ecke W. 34th St. (zw. Broadway u. 7th Ave.), *Garment District/Herald Square*. Größtes Kaufhaus Amerikas (und vielleicht auch der Welt). Macy's

nimmt einen ganzen Häuserblock ein, und sich zu verlaufen, fällt nicht schwer. Besonders das Erdgeschoss besticht durch seine alten Holzvertäfelungen und den „Chic der 30er Jahre". Leider befindet sich nun gerade hier die (übermäßig) Duftschwaden verteilende Parfumabteilung. Lange Jahre war Macy's bekannt für seine ausgefallenen „Sales" mit „Super-Bargains". Seit dem Nahezu-Bankrott 1991 und dem gesellschaftlichen Zusammenschluss mit „Bloomingdale's" wurde diesbezüglich kräftig zusammengestrichen. Trotzdem ist Macy's auch heute noch eine Attraktion in sich und 2 Stunden „Sightseeing" allemal wert. **Tipp:** Nicht so eng und unübersichtlich wie „Bloomingdale's".

- **Saks Fifth Avenue:** 611 5th Ave., zw. 49th u. 50th Sts., *Midtown*. Kaufhaus der Oberklasse: Ambiente, Service und Tradition vereinen sich hier zu einem eindrucksvolles Shoppingerlebnis. Natürlich sind die Preise darauf abgestimmt. Lohnend sind hier vor allem die ausgesuchten Bekleidungsabteilungen, besonders die für den Mann.

- **Takashimaya:** 693 5th Ave., zw. 54th u. 55th Sts., *Midtown*. Elegante Filiale des größten Kaufhauskonzerns Japans. Drinnen stellt sich einem die Frage, ob die asiatische Kundschaft angelockt oder die amerikanische auf asiatische Waren umgestimmt werden soll (... oder etwa beides?). Die dezente, asiatisch angehauchte Dekoration mit z.T. französischem Touch und die in den unteren Geschossen geschickt eingefügte Kunstgalerie lohnen den Besuch. Im Untergeschoss gibt es außerdem noch ein nettes Café: „The Tea Box".

- **Bergdorf Goodman:** 754 5th Ave., Ecke 58th St., *Midtown*. Eben-

Redaktions-Tipps

- **Einkaufsgebiete: Chinatown; Historic Orchard Street; Broadway**, zwischen Canal Street und 8th St.; **14th Street** (westl. des Broadway u. Meatpacking District); **Herald Square** (Ecke 34th Street); **5th Avenue** (zwischen 49th und 59th Street) und **Madison Avenue** nördlich der 59th Street.

- **Kaufhäuser: Macy's; Bloomingdale's**

- **Designer-Kleidung** (ab S. 277)**:** Günstig: **Broadway, um die 4th Street**; Mittel: Lexington Ave. gegenüber **Bloomingdale's** sowie **Macy's**; Teuer, aber ausgesucht: **5th Ave. zw. 49th u. 59th St.** und **Madison Ave. nördl. der 59th St.**; Hervorstechende Geschäfte: **Century 21** und **SYMS**; und günstige Schuhe der Top-Marken gibt es bei **DSW**.

- **Bücher** (ab S. 283)**:** Neu: **Barnes & Noble** (Hauptgeschäft); Antiquariat/Neues Antiquariat: **Strand**

- **Galerien:** Hier gilt immer noch ganz allgemein: **SoHo** und wer sich etwas besser informiert hat, wird auch in der **Upper East Side** und **Chelsea** einiges finden.

- **Möbel/Einrichtungsgegenstände: ABC Carpet** (S. 286)

- **Anderes** (ab S. 285)**: MoMA Design Store**; schrille, junge Klamotten in NoLIta und im East Village, in der 14th Street um die 6th Ave. Und im Meatpacking District); für Ausgebuffte: **Preisgünstige Thrift- und Vintage Shops** (Secondhandware); **B & H** für Foto/Video; günstige CDs in Secondhand-Läden im East Village (z.B. St. Marks Place, nahe 3rd Ave.).

- **Spielzeug: FAO Schwarz** sowie **Toys R Us** (S. 280)

- **Leckereien fürs Picknick: Russ & Daughters** (S. 272), **Food Concourse** im Central Station, **Zabar's** (S. 273) und ganz allgemein die **Deli-Shops** mit Buffet.

- **Schaufenster:** Achten Sie einmal auf die geschickte, großzügige und cosmopolitische **Schaufenster-Dekoration** in New York, besonders in den Gebieten Midtown-East und Upper East Side.

falls eines der Traditionshäuser New Yorks. Auch hier kauft die „Elegancia" ein, besonders in den Bekleidungsabteilungen. Jüngere Leute würden aber eher zu „Barneys" (s.o.) gehen.
- ☺ **Bloomingdale's:** 1000 3rd Ave. (59th St.), *Midtown/ Upper East Side*. Neben Macy's die zweite Kaufhauslegende der Stadt. Auch Bloomingdale's, einst als Billigdiscounter, so wie später Woolworth, eröffnet, ist heute der „Discounter für die oberen Zehntausend". Leicht verläuft man sich in dem verwinkelten Bau, besonders im Erdgeschoss und Untergeschoss, doch findet man sich dafür zusammen mit der „Crème de la Crème" in den Ausverkaufs-Kleiderständern wühlend. Wer ein Schnäppchen in punkto **Top**-Designerware machen will, ist hier genau richtig, und die große Schuhabteilung hat ebenfalls einen guten Ruf.

❸ Märkte/Flohmärkte

Flohmärkte in Manhattan weichen leider immer mehr dem Immobilienmarkt. In den letzten Jahren haben die meisten von ihnen geschlossen, weil neue Bauvorhaben hochgezogen wurden. Das betraf vor allem SoHo und Chelsea. Jetzt sind nahezu nur noch einige auf Schulhöfen sowie ein paar kommerzialisierte Märkte, wie der u.g. Harlem Market übrig geblieben. Und auch bei den anderen hier genannten Flohmärkten kann es schnell passieren, dass sie innerhalb kürzester Zeit verschwunden sind. Also informieren Sie sich besser noch mal aktuell. New York ist also keine Stadt für Flohmarktbesuche. Weitere Flohmärkte finden noch in den abgelegen Regionen der Bronx, von Queens und von Brooklyn statt. Dafür lohnt meist die Anfahrt nicht bzw. es ist schwierig, sie ausfindig zu machen, weil sie selten in den großen Zeitungen bzw. Veranstaltungsblättern bekannt gegeben werden. Aber wer es unbedingt darauf anlegt, wird auch dort Flohmärkte finden.

New Yorks Kaufhäuser locken bereits am Eingang mit luxuriösem Ambiente

Und übrigens: Das Feilschen um den Preis ist immer noch üblich.
- **Greenflea Market:** P.S. 41 (eine Schule), Greenwich Ave., gegenüber Charles St., *West Village*. Samstags 11h–19h.
- **Union Square Market:** Mo, Mi, Fr + Sa findet hier der größte von insgesamt 20 von der Stadt gesponserten Bio-Märkten („Greenmarkets") statt. Organisch angebautes Obst, selbst gemachte Marmeladen, Blumen usw. können Sie hier erstehen. An der Westseite des Platzes werden zudem noch günstige CDs verkauft.
- ☺ **The Garage:** 112 W. 25th St. (zw. 6th u. 7th Ave.), *Chelsea*. Sa + So 9h–17h. Flohmarkt in einem alten Parkhaus. Viele Antiquitäten. Achtung! Alle Gebäude im Umfeld wurden bereits niedergerissen und durch Apartmentkomplexe ersetzt. Es bleibt zu befürchten, dass dieses auch hier passieren wird.
- ☺ **IS 44 Flea Market:** Schoolhouse, Columbus Ave., Ecke 77th St., *Upper West Side*. So 10–18h. Über 300 Stände vor und in einem Schulgebäude. Hier finden Sie Kleinigkeiten (CDs, Dinge aus aller Welt, Besteck etc.), und das Stöbern lohnt. Ange-

schlossen ist ein „Green Market", wo es Gemüse, Obst und andere Lebensmittel zu kaufen gibt.
- **Harlem Market:** 116th St., zw. Lenox und 5th Aves *Harlem*. Täglich. Hier werden afrikanische Holzschnitzereien und Textilien (z.B. Stoffe aus Malawi und Senegal) verkauft. Auf diesem Markt müssen Sie handeln!
- **Park Slope Flea Market:** 7th Ave. zw. 1st u. 2nd Sts, *Brooklyn-Park Slope*. Sa+So 9–18h. Gemischtes Angebot. Viel Kunsthandwerkliches.

Auf New Yorks Flohmärkten gibt's viel Kitsch

❹ Spezialgeschäfte

Lebensmittel

Lebensmittel kaufen? Vielleicht mag Ihnen ja nicht immer der Sinn nach einem Restaurant stehen oder Sie haben keine Lust auf ein fettes Frühstück. Dann würde sich doch z.B. ein Picknick in einem der New Yorker Parks anbieten oder an den Ufern des Hudson oder East River. Daher hier einmal ein paar Adressen, um sich – für nicht immer wenig Geld – den Picknickkorb mit Spezialitäten aufzufüllen.
- ☺ ☒ **Kam Man Food Products:** Siehe unter „Anderes".
- An der Ecke Hesters und Elizabeth Sts. (*Chinatown*) gibt es einen günstigen **chinesischen Lebensmittelsupermarkt** (gut für Saucen, Konserven etc. als Mitbringsel) und an der Ecke Mulberry und Grand Sts. (*Little Italy*) finden Sie zwei **italienische Feinkostläden**. Der eine verkauft selbst zubereitete Pasta aller Art, der andere vornehmlich italienische Käsesorten und Schinken.
- **Dean & DeLuca:** 560 Broadway, Ecke Prince Street, *SoHo*. Schicker Delikatessenladen, der nicht nur „hipp", sondern auch ziemlich teuer ist. Trotzdem gehört die Kä-

Einkaufen in Queens
Queens ist bei den Manhattan-New-Yorkern verpönt für seine Einkaufsmalls, die man mit dem Auto anfahren kann. Doch die ethnische Vielfalt dieses Borough bietet auch Anderes:
- So können Sie günstig Saris, **indischen** Schmuck, Gewürze etc. entlang der 74th St., zw. 37th und Roosevelt Avenues, **Jackson Heights**, erstehen.
- Ostasiatische Waren, wie z.B. japanische Knabbereien und koreanische Kleidung finden Sie günstig in **Flushing** (u.a. Endstation des 7-Train/ FlushingMain St. bis hin zum Northern Blvd.)
- **Asiatisches** Allerlei gibt es in **Rego Park**, wo es auch ein Shopping Center gibt (Ecke Junction/ Queens Blvd.).
- Astoria ist bekannt für das **griechische** Flair, doch sind mittlerweile auch **brasilianische** Einflüsse spürbar. Beliebt ist hier z.B. der Besuch des brasilianischen Supermarktes Rio Bonito.

Weitere Tipps zu Queens, genaue Anfahrtsbeschreibungen etc. finden Sie auf der Internetseite: www.queens.about.com

setheke hier zu den besten der Stadt, und manche New Yorker kommen einzig zum „Leuteschauen" her.
- ☺ **Russ & Daughters:** 179 E. Houston St., zw. Allen u. Orchard Sts., *Lower East Side*. Seit über 90 Jahren existiert das vornehmlich auf Fisch spezialisierte Geschäft. I.d.R. können Sie als Urlauber natürlich nicht viel mit frischem Fisch anfangen, doch der eingelegte und marinierte Hering hilft gut über einen Hangover hinweg. Es gibt auch Käse, Kaviar und frisches Gemüse. Ein Gourmetladen, in dem ein Hauch Nostalgie mitschwingt.
- ☒ **Aphrodisia:** 263 Bleecker St., zw. 6th u. 7th Ave., *Greenwich Village*. Der Laden für Gewürze. Es sollen 750 verschiedene aus aller Welt sein, und die (davon ausgewählten) füllen Sie sich dann selbst ab.
- **Li-Lac:** 40 8th St./ Jane St., *Greenwich Village*. Leckere (aber auch obersüße) Schokoladen aus eigener Produktion.
- ☒ **Warehouse Wines & Spirits:** 735 Broadway, gegenüber Astor Place, *Greenwich Village*. Günstiger Bourbon gefällig oder einmal in einer großen Sammlung erlesenen Tequila aussuchen? Hier sind Sie richtig! Mein Tipp für einen Bourbon: Knob Creek. Nicht weit entfernt, Ecke Lafayette/ 4th Sts., wartet die Konkurrenz: **Astor Wine & Spirits.** Hier bestechen eher die Weinauswahl und die Auslage, nicht aber der Preis.
- ☺ **Veniero's:** 342 E. 11th St./1st Ave., *East Village*. Italienische Bäckerei der Extraklasse. Über hundert Jahre in New York, ist diese eine Institution für Kuchen und Pastries. Und schräg gegenüber an der 1st Avenue lauert die ebenso gute Konkurrenz: **De Robertis Pasticceria.**
- **East Village Cheese:** 40 3rd Ave., zw. 9th u. 10th St., *Astor Place/East Village*. Kleiner, aber sehr ausgesuchter Käseladen mit vielen Sonderangeboten. Gut, um den Picknickkorb zu bereichern.
- **Greenmarkets:** Mo, Mi, Fr + Sa findet auf dem *Union Square* der größte von insgesamt 20 stadtgesponserten Bio-Märkten („Greenmarkets") statt. Biologisch angebautes Obst, selbstgemachte Marmelade, Blumen usw. können Sie hier erstehen. An der Westseite des Platzes werden zudem auch günstige CDs verkauft. Infos zu weiteren Lokalitäten der Märkte erhalten Sie tagsüber (Mo-Fr) unter: (212) 477-3220.
- **Balducci's (Sh2):** Ecke Avenue of the Americas (6th Ave.)/14th St., *Chelsea*. Gourmetladen. Am besten dafür geeignet, um sich etwas fürs Lunch zusammenzustellen. Das einstige, italienische Flair des alten Ladens ein paar Blocks weiter südlich ist leider nicht mehr vorhanden.
- ☺ ☒ **Chelsea Market:** 75 9th Ave., zw. 15th u. 16th Sts., *Chelsea*. New Yorks größte Foodmall erstreckt sich über eine ganzen Block. Bäcker, Schlachter, Weinhändler etc. Über 20 Lebensmittel- und Gourmethändler. Hier finden Sie alles, auch schon Zubereitetes, für einen Snack am nahen Hudson River Park.
- **Whole Foods:** 250 7th Ave./24th St., *Chelsea*. Einer von mittlerweile zahlreichen „Health Supermarkets". Biologisch angebaute Produkte haben hier den Vorrang.
- Ausgesucht, frisch und gut sind die Lebensmittel im **Food Concourse** des **Grand Central Station** (42nd St/Park Ave., *Midtown East*). Hier gibt es z.B. auch einen deutschen Schlachter (Leberwurst bzw. Holsteiner Schinken gefällig?).
- An der **9th Avenue im Bereich 43rd Street** finden Sie mehrere Lebensmittelhändler mit internationalem Angebot. Eine Empfehlung: **Ninth Avenue Cheese Market.**
- **Time Warner Center – Whole Foods Market:** Columbus Circle (West), Concourse Level, *Midtown/Upper West Side*. Riesiger Gourmet Supermarkt. Im Angebot sind unter anderem 700 Weinsorten und als besonderer Knüller eine Käsetheke mit 400 verschiedenen Käsesorten. Teuer.

- ☺ **Zabar's (Sh21):** 2245 Broadway, Ecke 80th St., *Upper West Side*. Gilt als der Gourmettempel New Yorks (und der Welt). Ein Besuch hier hat, wie der von „Balduccis", etwas mit Sightseeing zu tun. Im Obergeschoss gibt es dazu noch eine Abteilung für Küchengeräte und Haushaltsartikel – natürlich auch nur vom Feinsten. Gleich nebenan (über die Straße) befindet sich übrigens das Flaggschiff des Bagelherstellers **H&H Bagel**. Dieser wiederum hat heute eine Filiale: 1551 2nd Ave., zw. 80th u. 81st Sts., *Yorkville*.
- **Big Apple Strudel:** 1652 2nd Ave. zw. 85th u. 86th Sts., *Yorkville*. Kleiner Laden mit Kuchen, Gebäck und anderen Süßwaren sowie Brot. Zubereitet nach Rezepten aus der Alpenrepublik.
- **Lassen Hennings:** 114 Montague Street, *Brooklyn Heights*. Feinkostladen mit besonders guten Käse- und Wurstspezialitäten. Hier können Sie einkaufen und sich auf der Brooklyn-Heights Promenade ein schönes Picknick gönnen.
- ☺ **Juniors:** 368 Faltbush Ave., Ecke DeKalb Ave., *Brooklyn-Downtown*. Bester Käsekuchen New Yorks.
- **Osteuropäische und vor allem russische Gourmet-Shops** finden Sie auf Coney Island entlang Brighton Beach Blvd., östl. von Brighton 1st St.. Subway-Stationen: Brighton Beach und Ocean Pkwy der Linien Q und B. Viel Süßes und gute Wurstwaren. Ideal auch für den Einkauf für einen Snack, den Sie dann am Coney Island Boardwalk einnehmen können.

Antiquitäten

- Siehe auch unter „**Flohmärkte**" oben.
- Entlang der **25th Street**, bes. um die **6th Avenue** (*Chelsea/Midtown-South*) gibt es noch einige Antiquitätengeschäfte.
- Zahlreiche Geschäfte an der **East 60th Street** (zw. 2nd u. 3rd Sts.) und das **Manhattan Art & Antiques Center** (1050, 2nd Ave./56th St.) bilden ein relativ exklusives Antiquitäten-Eldorado in *Midtown-East*.
- Sehr exklusive Geschäfte gibt es an der **Madison Avenue, nördl. der 57th Street**, *Upper East Side*.
- In *Brooklyn (südl. Downtown)* an der **Atlantik Avenue** (zw. Smith und Nevins Streets) gibt es zahlreiche Antiquitätengeschäfte, die nicht nur durch ihr Angebot, sondern auch durch ihre im Vergleich zu Manhattan günstigen Preise bestechen.

Bekleidung allgemein/Jeans/Leder

- Günstige Markenjeans werden mittlerweile in der ganzen Stadt verkauft. Ketten wie O.M.G. sind zu empfehlen. Wer bummeln mag, der schaut entlang dem Broadway, zw. Canal Street und 8th Street (*SoHo/ Greenwich Village*) oder an der 14th Street westlich des *Union Square*.
- ☺ In der **Historic Orchard Street** in der *Lower East Side* gibt es noch alteingesessene Bekleidungsläden sowie immer mehr kleine, schicke Boutiquen. Oft können Sie hier handeln. Selbst betuchte New Yorker lassen hier oft noch ihre Anzüge schneidern bzw. kaufen ihre Nobelschuhe hier. Samstag sind aber viele Geschäfte geschlossen, da die meisten Händler Juden sind und dann ihren Sabbath abhalten.
- **Helmut Lang:** 525 W. 26th St./11th Ave., *Chelsea*, sowie im *Meatpacking District* an der Washington St. Designer-Jeans und andere Kleidung.

- ☺ Eine günstige Kaufhauskette für den alltäglichen Bedarf und im besonderen für Kleidung und Schuhe ist **K-Mart**. Eine große Filiale befindet sich direkt am Astor Place (*Astor Place/NoHo*).
- **Diesel:** Union Square West/14th Sts., *Union Square*. Jeans u.a. der Designer-Marke auf 1.400 qm! Ein weiterer Laden: 770 Lexington Ave., nahe 60th St., *Lenox Hill/Midtown-East*.
- Wer das Neueste auftreiben will und bereit ist, tiefer in die Tasche zu greifen, der sollte einmal bei **Jeffrey** (449 West 14th St, zw. 9th u. 10th Sts, *Chelsea/Meat Packing District*) reinschauen. Der Laden befindet sich übrigens in einer alten Keksfabrik und besonders die Schuhabteilung ist zu empfehlen. Zumeist Designer-Artikel.
- **Dave's New York:** 581 Ave. of the Americas/6th Ave., zw. 16th u. 17th Sts., *Flatiron District*. Marken-Jeans, vor allem Levi's und Lee.
- **Original Levi's Store:** 2 Geschäfte: 536 Broadway, nahe Prince St., *SoHo*. und 750 Lexington Ave./60th Ave., gegenüber von Bloomingdale's, *Lenox Hill/Midtown-East*. Gut sortierte und umfangreiche Levis-Auswahl. Schnäppchen gibt es aber selten. I.d.R. liegen die Preise um 20 % über denen der Discounter im Süden Manhattans.

„Funky Stuff"

Adressen und „In"-Läden wechseln am laufenden Band. In einem Buch kann man diesem Trend kaum nachkommen. Beste Regionen, um nach diesem eklektischen Mode-Schick zu suchen, sind *NoLIta*, *NoHo* und *St. Mark's Place*, ferner *Chelsea (14th St., Meatpacking District)* und das *East Village*. Hier möchte ich aber trotzdem noch zwei Adressen nennen:
- ☺ ☒ **Resurrections:** 217 Mott St./Spring St., *NoLIta*. Oft aufgesucht von Stars der New Yorker Szene, dafür aber auch etwas teurer. Ein Teil der Ladenfläche befindet sich übrigens im benachbarten Bestattungsinstitut. Ein Altar und (noch unbenutzte) Särge gehören somit zum Outfit.
- **Stella McCartney:** 429 W. 14th St., zw. 9th u. 10th Sts., *Meatpacking District*. Beatle-Paul's Tochter hat hier erfolgreich ihre erste Boutique eröffnet und kleidet mittlerweile Top-Stars mit ihrer Mode ein. Teuer, aber schrill und „in".

Herrenausstatter

Hinweis
Siehe auch Historic Orchard Street (oben) unter Bekleidung und unter Malls, Kaufhäuser und Department Stores (oben). In SoHo, am Broadway, südlich der Houston St. gibt es zahlreiche Geschäfte und Outfitters, wo es Jeans, T-Shirts, Schuhe u.a. gibt. Hier, aber östlich des Broadway, gibt es eher die exklusiveren Designer, bei denen man vor allem auf die Sonderangebote achten sollte.

- **INA – for Men:** 262 Mott St., zw. Prince u. Houston Sts., *NoLIta*. Günstige Designer – und Vintage-Bekleidung für Männer. Zurzeit „in".
- **Todays Man:** 3 Geschäfte: 6th Ave., zw. 18th u. 19th Sts., *Chelsea*; 5th Ave., Ecke 44th St., *Midtown*, und 2248 Broadway, Ecke 81st St., *Upper West Side*. Bekannter Herrenausstatter, der oft Marken-Anzüge zu Discountpreisen anbietet.
- ☺ **Harry Rothman:** Park Ave./17th St., *Union Square*. Gepflegter Laden mit relativ preiswerten, hochqualitativen Anzügen.

- ☺ **Moc Ginsburg:** 162 5th Ave., 21st St., *Flatiron District*. Top-Anzüge zu günstigen Preisen.
- ☺ ⊠ **Stetson:** Fifth Ave., zw. 31st und 32nd Sts., *Midtown South*. Kleiner, aber sehr ausgesuchter Laden mit einem guten Sortiment an Stetson-Hüten. Hier gehen Sie als Cowboy oder Gentleman wieder heraus.
- **Saks Fifth Avenue:** 611 5th Ave. (zw. 49th u. 50th Sts.), *Midtown*. Siehe „Malls, Kaufhäuser und Department Stores"
- **Barney's:** 3 Geschäfte: 1) 116 Wooster St. (zw. Prince u. Spring Sts.), *SoHo*, 2) 236 W. 18th St. (zw. 7th u. 8th Aves.), *Chelsea*, und 3) das Hauptgeschäft an der Madison Ave. (61st St.), *Midtown/Upper East Side*. Modekaufhaus mit viel Designerware. Hier kann man ein Schnäppchen machen, wenn auch nicht so günstig wie im „Century 21" (siehe „Designer Discountläden" unten). Yuppie-Klientel.
- ⊠ **Worth & Worth:** 331 Madison Ave./43rd St., *Midtown-East*. Handgemachte Hüte aller Art. Spitzenqualitäten haben aber auch ihren Preis. Wäre ein schicker Panama nicht ein gelungenes Andenken?
- **Old-Navy:** 34th St./ Herald Square und in SoHo (Broadway, südlich Prince St.). Günstige und gute Jeans Shirts. Aber halt alles Old-Navy-Label.
- **Alfred Dunhill:** 711 5th Ave., zw. 55th u. 56th Sts., *Midtown-East*. Schon lange nicht mehr einzig spezialisiert auf Zigarren und Rauchutensilien, hat sich Dunhill nun auch dem allgemeinen Trend angeschlossen und bietet auch Herrenbekleidung des gehobenen Standards an.
- ☺ **Bloomingdale's:** 1000 3rd Ave. (59th St.), *Midtown/Upper East Side*. Siehe „Malls, Kaufhäuser und Department Stores".
- ☺ **HATS.BY BUNN:** 2283 Adam Clayton Powell Jr. Blvd., zw. 134th u. 135th Sts., **Harlem**. Hüte aller Art. Auch Maßanfertigungen. Zumeist weitaus günstiger als in Süd-Manhattan. Aber nicht spezialisiert auf vornehme Männerhüte, eher auf modische und z.T. lustige Kopfbedeckungen.

Damenbekleidung

Siehe auch Historic Orchard Street (oben) unter Bekleidung und unter Malls, Kaufhäuser und Department Stores (oben).

- Die Boutiquen entlang des **W. Broadway** (südl. Houston St.) in *SoHo* bieten ausgefallene Moden für die „junge, erfolgreiche Dame von heute". Stöbern lohnt sich, aber teuer.
- Im sog. **29th Street Fur District** (zw. 7th u. 8th Ave.) befindet sich eine Reihe von Pelzgeschäften. *Chelsea*.
- Teure, aber exquisite Modegeschäfte finden Sie entlang der **5th Avenue/57th Street** (südl. der 59th St., *Midtown-East*) und entlang der **Madison Avenue** (nördl. der 59th Street, *Upper East Side*).

Einzelne Geschäfte

- **Eileen Fisher:** 395 Broadway, zw. Spring u. Broome Sts., *SoHo*. „Flaggschiff-Laden" mit dem gesamten Sortiment an klassischer Damenmode. Die Ausverkäufe im März und August sind der Renner. Der Outlet-Store mit immer günstigen Preisen befindet sich 314 E. 9th St., zw. 1st u. 2nd Aves., *East Village*.

- ☺ **INA – for Women:** 101 Thompson St., zw. Prince u. Spring Sts., *SoHo* sowie 21 Prince St., zw. Mott u. Elizabeth Sts., *NoLIta*. Günstige Vintage- und Designer-Kleidung, vornehmlich für junge Frauen.
- **Lord & Taylor:** 424 5th Ave., zw. 38th u. 39th Sts., *Murray Hill*. Großes Geschäft, spezialisiert auf klassische Damenbekleidung und den „dezenten Modechic".
- **Barney's:** s.o. unter „Herrenausstatter".
- **Brooks Brothers:** 346 Madison Ave./44th St., *Midtown East*. Damen- u. Herrenausstatter. Spezialisiert auf maßgeschneiderte, klassische Anzüge. Filiale: 666 Fifth Ave., zw. 52th u. 53rd Sts., *Midtown-East*.
- ☺ **Henri Bendel:** 712 5th Ave. (56/57th St.), *Midtown*. Schickes Modekaufhaus. Die Ware ist dezent und damit einladend ausgestellt, doch dafür ist hier alles auch ein bisschen teurer.
- **Chanel:** 15 E. 57th St., zw. 5th u. Madison Aves., *Midtown-East*. Noch eine nette Abendgarderobe für die Broadway-Show gefällig. Chanel war und ist bekannt für klassischen Schick. Filiale: 139 Spring St., nahe Wooster St., *SoHo*.
- ☺ **Bloomingdale's:** 1000 3rd Ave. (59th St.), *Midtown/Upper East Side*. Siehe „Malls, Kaufhäuser und Department Stores".

Kinderbekleidung

- ☺ **Space Kiddets:** 26 E. 22nd St., *Flatiron District*. „Normale" aber auch sehr freakige Kinderbekleidung. Z.Zt. der „In"-Laden und Trendsetter in New York.
- **GAP** (siehe „Yellow Pages") und einige der „Designer-Discountläden" (haben eigene Kinderabteilungen. Der speziell auf Kinderbekleidung abgestimmte Laden **Gap Kids** befindet sich 2300 Broadway, zw. 83rd u. 84th Sts., *Upper West Side*.
- Und wer richtig tief in die Tasche greifen möchte für die Kids, der findet bestimmt etwas bei **Petit Bateau:** 1094 Madison/ 82nd St., *Upper East Side*.

Schuhe

- ☺ Die Schuhabteilung im **Century 21** (22 Cortland Street, zw. Broadway u. Church Street, *Financial District* **(Sh23)**), bietet gute Schuhe zu günstigen Preisen.
- **Günstig** erstehen Sie Schuhwerk aller Markenfirmen in den kleinen Geschäften in *Chinatown*.

„Themenläden"
- **Disney Store:** 711 5th Avenue, zw. 55th u. 56th Sts., *Midtown-East*, am Times Square (42nd St./7th St.), *Midtown* und 147 Columbus Ave./66th St., *Upper West Side*.
- **NikeTown:** 6 East 57th St., zw. Madison u. 5th Avenue, *Midtown-East*.
- **Warner Brothers Studio:** Ecke 47th Street/5th Avenue, *Midtown-East*
- **Coca Cola:** 711 5th Avenue, zw. 55th u. 56th Sts. – neben Disney, *Midtown-East*
- **NBA Store:** 666 5th Ave., Ecke 52nd St., *Midtown-East*.
- **The MTV Store:** 1515 Broadway, Ecke 44th St., *Midtown*.
- **Yankees Clubhouse Shop:** 245 W. 42nd St., zw. 7th u. 8th Aves., *Midtown*.

- Etwas **ausgesuchtere Schuhgeschäfte** befinden sich ansonsten u.a. am Broadway zwischen Canal Street und 4th Street, *SoHo*. Kleine Designer-Schuhgeschäfte gibt es in *NoHo/NoLita* (Mulberry, Mott u. Elizabeth Sts.)
- Entlang der **Historic Orchard Street** und in dessen Nähe in der *Lower East Side* gibt es noch ein paar Schuhgeschäfte, doch sind es nicht mehr so viele wie einst.

- **Jeffrey**: 449 West 14th St, zw. 9th u. 10th Sts, *Chelsea/Meat Packing District*. Der Laden befindet sich in einer alten Keksfabrik und besonders die Schuhabteilung mit günstiger Top-Designer-Ware ist zu empfehlen.
- **NikeTown:** 6 East 57th St., zw. Madison u. 5th Avenue, *Midtown-East*. 5-stöckiger Hightech-Palast der Superlative. Es gibt aber nicht nur Nike-Sportschuhe, sondern auch andere Sportartikel der Marke zu kaufen. Selten aber Schnäppchen.
- Die Schuhabteilung von **Bloomingdale's** (1000 3rd Ave./59th St., *Midtown/Upper East Side*) ist ausgesucht, aber auch nicht ganz billig.
- Zwei günstige Schuhläden-Ketten sind **DaveZ** und **DSW**. Den größten DSW finden Sie am Union Square, an der Südseite (14th St.). DaveZ-Geschäfte verteilen sich über ganz Manhattan. Schauen Sie einfach in die gelben Seiten.

Sportbekleidung und -ausstattung

Dieses sind nun die Topadressen bezüglich Sportbekleidung bzw. thematisierte Geschäfte der großen Hersteller, doch finden Sie deren Waren oftmals günstiger in vielen kleinen Geschäften. Halten Sie einfach die Augen auf.
- **Patagonia:** 101 Wooster St, zw. Prince u. Spring St., *SoHo* und 426 Columbus Ave./ 81st St., *Upper West Side*. Strapazierfähige Outdoorbekleidung aller Art. Etwas billiger als in Europa. Nicht weit von hier am Broadway bietet **Eastern Mountains** (591 Broadway) ebenfalls gute Outdoor-Artikel.
- **Adidas:** 136 Wooster St., zw. Houston u. Prince Sts., *SoHo*. Nicht nur auf Sport sondern auch auf modische Dinge spezialisiert.
- **North Face:** 2101 Broadway/ 73rd St.. *Upper West Side*. Wander- und Campingausrüstung. Erstklassige Verarbeitung.
- ☺ **Blades Downtown:** 659 Broadway, zw. Bleecker u. Bond Sts., *NoHo*. Größter Laden der Kette. Hier gibt es alles rund um Rollerblades, Skateboards und Rollschuhe.
- **Paragon:** 867 Broadway/E. 18th St., *Flatiron District*. Große Auswahl an Sportgeräten und -bekleidung. Einer der wenigen großen Läden, die nicht einer Kette angehören.
- **Modell's Sporting Goods:** 498 7th Ave., zw. 36th u. 37th Sts., *Fashion District*. Manhattans Hauptladen der größten Sporthauskette im Familienbesitz. Weitere Filialen in Manhattan über www.modells.com.
- ☺ **Niketown:** 6 East 57th St., zw. Madison u. 5th Avenue, *Midtown*. 5-stöckiger Megashop voller Nike-Turnschuhe und natürlich auch anderer Sportbekleidung.
- **Reebok Concept Store:** 160 Columbus Ave., *Upper West Side*. Reebok-Produkte. Auch vieles fürs Golfspielen. Eine Filiale befindet sich übrigens im Chelsea Piers Sports Center (Piers 59-61, Hudson River, Höhe 20th St., *Chelsea*).

Designerläden/Markenartikler

Die Namen sagen den Interessierten bestimmt genug (und oft mehr als mir), daher begnüge ich mich an dieser Stelle nur mit den Adressen. Aber gleich vorweg: Hier ist es nicht billig, dafür prunkvoll und voller Ambiente, denn meist sind die New Yorker „Filialen" der Designer ihre Flaggschiffe.

> **Hinweis**
> *Dieses ist nur eine Auswahl der „Flagship-Shops". Die meisten Top-Designer unterhalten mehrere Geschäfte in Manhattan.*

- **GAP:** Das Flaggschiff ist 60 W. 34th St., direkt am *Herald Square*.
- **Banana Republic:** 107 E. 42nd St./ Park Ave., *Murray Hill*.
- **Prada:** 724 5th Ave., zw. 56th u. 57th Sts., *Midtown*.
- **Tommy Hilfiger:** 372 Broadway/ Broome St, *SoHo* und 25 W. 39th St./ 5th Ave., *Times Square/ Murray Hill*.
- **Burberry:** 9 E. 57th St., zw. 5th u. Madison Aves., *Midtown-East*.
- ☺ **Versace:** 647 5th Ave./52nd St., *Midtown-East*.
- **Gucci:** 685 5th Ave./54th St., *Midtown-East*.
- **DKNY:** 655 Madison Ave., Ecke 60th St., *Lenox Hill/Midtown-East*.
- **Donna Karan:** 819 Madison Ave., zw. 68th u. 69th Sts., *Upper East Side*.
- **Christian Dior:** 21 E. 57th St., zw. 5th u. Madison Aves., *Midtown-East*.
- **Calvin Klein:** 654 Madison Ave./60th St., *Lenox Hill/Midtown-East*.
- **Chanel:** 15 E. 57th St., zw. 5th u. Madison Aves., *Midtown-East*.
- ☺ **Giorgio Armani:** 760 Madison Ave./65th St., *Upper East Side*.
- **Prada:** 841 Madison Ave./70th St., *Upper East Side*.
- **Yves Saint Laurent:** 855-59 Madison Ave, zw. 70th u. 71st Sts., *Upper East Side*.
- **Polo/Ralph Lauren:** 867 Madison Ave./72nd St., *Upper East Side*.

Designer-Discountläden und Designer-Secondhand-Bekleidung

Gleich vorweg ein Tipp für Abenteuerlustige

Gleich vorweg ein Tipp für Abenteuerlustige: Oft werden in der „New York Times" Lagerverkäufe (Restposten, aus Konkursen, Versicherungsschäden, Modellkleider) angekündigt. Die Ware ist oft sehr gut. Nachteil: Nicht selten liegt das besagte Lagerhaus außerhalb von Manhattan, und/oder die Ankündigung gilt nur für denselben Tag.

Hinweis

Siehe auch unter *Malls, Kaufhäuser und Department Stores* sowie *Thrift- und Vintage Shops*

- ☺ **SYMS:** Zwei Filialen: Trinity Pl./Rector St., *Financial District* und 400 Park Ave./ 54th St., *Midtown-East*. Designerware von der Stange. Oft günstiger als Century 21, aber auch mehr Ramsch und nicht ganz so gut sortiert. Dafür aber: Einfache Kabinen zur Anprobe.
- ☺ **Century 21 (Sh23):** 22 Cortland Street, zw. Broadway u. Church Street, *Financial District*. Top-Designer-Textilien, Kosmetika, Schuhe u.a. zu absoluten Discountpreisen. Gute Nerven und viel Zeit müssen Sie hier aber mitbringen, denn ab mittags wird es voll. Die günstigen Preise bedeuten auch: schlechte bis gar keine Beratung und keine Anprobe. Täglich geöffnet.
- **Find Outlet:** 229 Mott St, zw. Prince u. Springs Sts., *NoLita*. Verkauf von Probe-Designer-Ware. Täglich neue Ware und man weiß nie, was kommt. Dafür 50-70% unter normalem Preis. Ein weiterer Laden befindet sich 361 W, 7th St., zw. 8th u: 9th Aves, *Chelsea*. Ist aber nur Do-So geöffnet.
- **Filene's Basement:** 620 6th Ave., *West Village*. Discounttextilien vieler bekannter Marken. Besonders bei Frauen beliebt. Ein weiterer, mittlerweile größerer Laden befindet sich am *Union Square*, Südseite (zw. Broadway u. 4th St.)
- ☺ **Loehmann's:** 101 7th Ave., Ecke 16th St., *Chelsea*. Kaufhaus für Designer-Discountware. Nicht ganz so exklusiv wie Century 21, aber allemal einen Besuch wert.

- **Dave's New York:** 581 Ave. of the Americas/ 6th Ave., zw. 16th u. 17th Sts., *Flatiron District*. Marken-Jeans, vor allem Levi's und Lee.
- **TJ Maxx:** 620 6th Ave./18th St., *Chelsea*, und Broadway, Ecke 79th St., *Upper West Side*. Die Designerware „versteckt" sich zwischen einer Menge Ramsch. Doch gerade das macht das Suchen in diesen großen Geschäften zu einem kleinen Abenteuer. Junge New Yorker lieben diese Läden.
- **Burlington's Coat Factory:** 263 W. 38th St/ 8th Ave., *Fashion District* und 116 W. 23th St., Ecke 6th Ave., *Chelsea* (wird evtl. geschlossen). Traditionshaus für günstige Textilien. Zwischen den ganzen „Preisbrechern" minderer Qualität verstecken sich aber auch günstige Markenartikel. Das Stöbern lohnt.
- ☺ **Daffy's Discount Store:** Broadway/ Grand St., *SoHo*, 6th Ave/34th St., *Herald Square* und 125 E. 57th St./Lexington Ave., *Turtle Bay/ Midtown-East*. Restposten von europäischen Top-Designern. Sie müssen aber suchen, denn oft handelt es sich um Größen, die keinem passen... Weitere Daffy's gibt es Ecke 6th Ave./18th St., *Greenwich Village* sowie in *Soho*, Ecke Broadway/Grand St.
- **Bloomingdale's:** 1000 3rd Ave. (59th St.), *Midtown/Upper East Side*. Siehe „Malls, Kaufhäuser und Department Stores"
- ☺ **Armani A/X:** 10 Columbus Circle/Central Park S., *Midtown-West* und 5th Ave., Ecke 51st St., *Midtown-East*. Armani-Ware zu Discountpreisen. Oft aus Lagerbeständen oder Auslaufmodelle. Aber durchaus gut und immer noch „in".
- **Michael's:** Madison Ave., zw. 79th u. 80th Sts., 2nd Floor, *Yorkville*. Klassische, Top-Secondhand-Bekleidung. Oft Designerware.
- **Encore:** Madison Ave., Ecke 84th st., *Yorkville*. Ebenfalls klassische und sehr ausgesuchte Secondhand-Bekleidung. Hier haben auch schon Prominente ihre Kleidung abgegeben.
- **Domsey's Second Hand Shop:** 431 Broadway, Ecke Hewes St. (Subway: J, M, Station: *Hewes St.*) in *East-Williamsburg (Brooklyn)*. Mo-Fr + So bis 17h30, Sa bis 18h30. Hier werden günstige Secondhand-Lederjacken, Trikots, T-Shirts von Veranstaltungen (mit spez. Aufdruck), gebrauchte Levis-Jeans, z.T. Uniformen u. Trachten mit kleinen Fehlern verkauft. Dabei handelt es sich um gute Stoffe.

Thrift- und Vintage Shops (Bekleidung)

Die Ware in den sog. „Thrift Shops" stammt meist aus Spenden (von der Steuer absetzbar) reicher New Yorker, und der Erlös ist für wohltätige Zwecke bestimmt. „Vintage"-Shops dagegen bieten vornehmlich Dinge an, die vor Jahrzehnten „in" waren und dieses wieder sind – „Nostalgie" also.

Hinweis
Siehe auch unter Designer-Discountläden und Secondhand-Bekleidung

- **What comes around goes around:** 351 W. Broadway/ Broome St., *SoHo*. Vintage Store mit ausgesuchterer Kleidung.
- **Resurrection:** 217 Mott St./ Spring St., *NoLIta*. Vintage-Klamotten für das junge Publikum.
- **Screaming Mimi's:** 382 Lafayette St., zw. E. 4th u. Great Jones Sts., *NoHo*. Nicht nur Vintage-Kleidung, sondern auch Haushaltswaren der letzten 50 Jahre.
- **Tokyo 7:** 64 E. 7th St., zw. 1st u. 2nd Ave., *East Village*. Kleiner Vintage-Shop mit zum Teil schrillen Klamotten. Eher etwas für die Jüngeren.

- ☺ **Housing Works:** 143 W. 17th St., Ecke 7th Ave., *Chelsea*. Secondhand-Bekleidung der Topklasse. Hier können Sie nur einmal getragene Designerware zu supergünstigen Preisen finden. Auch Möbel. Zugunsten der Aidshilfe. Filialen: 1) 155 E. 23rd St./ Lexington Ave., *Gramercy Park*, 2) 306 Columbus Ave., nahe 74th St., *Upper West Side*, 3) 1730 2nd Ave./ 90th St., *Upper East Side*.
- **Vintage Thrift Shop:** 286 3rd Ave, zw. 22th u. 23rd St., *Gramercy Park*. Vor allem Kleidung und einfacher Schmuck (Sa. geschl.).
- **New York Vintage:** 117 W. 25th St., zw. 6th u. 7th Aves., *Chelsea*. Vor allem Frauenkleidung aus der Zeit von 1930 bis 1970. Schuhe, Blusen, Kleider etc.
- **Salvation Army**. Deren Läden verteilen sich über die gesamte Stadt. Hier einmal drei Adressen: 1) 112 4th Ave./E. 12th St., *Union Square/ Greenwich Village*, 2) 8th Ave., nahe 21st St., *Chelsea*, 3) W. 96th St., nahe Broadway, *Upper West Side*.
- **Spence Chapin Thrift Shop** (1473 3rd Ave., nahe 83rd St., *Yorkville* sowie 1850 2nd Ave./96th St., *Carnegie Hill*) und **Cancer Care Thrift Shop** (3rd Ave./84th St., *Yorkville*). Secondhand-Bekleidung. Sehr gute Qualitäten. Zugunsten der Krebshilfe.

Spielzeug

- **Toy's „R" Us:**. 1514 Broadway/ 44th St., *Midtown/Times Square*. Einer der größten Spielzeugläden der Welt. Der Kitsch reicht von rosa Plüsch-Teddys bis hin zu Computerspielen aller Art. Wer hier aber Modelleisenbahnen oder „einfache" Brettspiele sucht, wird mit einem ausgesprochen mageren Angebot enttäuscht. Eine Filiale am *Union Square* (Ostseite) heißt **Babies „R" Us** und empfiehlt sich für alles rund ums Baby.
- ☺ **FAO Schwarz:** 767 5th Ave./E. 58th St., *Midtown*. Legende der internationalen Spielzeugwelt seit über 100 Jahren. Hier wird nicht nur jedes Kinderherz höher schlagen … Allein die Auswahl an Plüschtieren ist kaum zu überbieten. Viel Spielzeug darf hier auch ausprobiert werden, und das macht den Besuch hier erlebenswert (und zur Qual in Begleitung der Kleinen …).
- ☺ ⊠ **Enchanted Forest:** 1179 Lexington Ave, nahe 80th St., *Upper West Side*. Ein besonderer Spielzeugladen. Hier gibt es keine elektronischen Spielsachen, sondern Stofftiere, historische Modellautos, handgearbeitetes Spielzeug etc.

Audio-Geräte

- ☺ **J & R Computerworld/Musicworld:** 15 Park Row, gegenüber dem Woolworth Bldg., *Civic Center/Financial District*. Seriöses, großes Geschäft, in dem es neben Computern, CDs und Kameras auch Audio-Geräte aller Art gibt.

> *Wegen des anderen Stromsystems in den USA ist vom Kauf von Audiogeräten in New York abzuraten. Walkmen sind dagegen recht günstig, und wenn sie nicht gerade über die Steckdose aufgeladen werden, auch den Kauf hier wert.*

- Zwar rau betreffs des „Verhandlungsklimas", ist und bleibt die **Canal Street** *(TriBeCa/SoHo/Chinatown)* die günstigste Adresse für 220 Volt-Audiogeräte. Zumeist sind es asiatische Händler, die die Ware anbieten und möglichst teuer verkaufen möchten. Handeln ist also ein Muss. Achtung aber bei der Qualität! Hier ist viel Ramsch dabei.
- **Willoughby's:** 136 W. 32nd St., zw. 6th u. 7th Aves., *Herald Square*. Spezialisiert auf Foto-, aber auch Audiogeräte.

Foto-/Videosachen

- ☺ **J & R Photoworld:** Park Row, gegenüber dem Woolworth Bldg., *Civic Center/Financial District*. Kameras und Fotoapparate aller Art. Ausgesuchte Artikel und seriöse Beratung.
- ☺ **B & H Photo/Video:** 420 9th Ave., zw. 33th u. 34th St., *Fashion Center/Midtown-West*. Der Superladen für alle Arten von Foto- und Videogeräten. Besonders bei Profis beliebt. Hier können die sich sogar eine komplette TV-Filmausrüstung kaufen. Sie sollten aber bereits genau wissen, was Sie möchten, bevor Sie den Laden betreten. Die Beratung ist eher kurz und spärlich, denn für „kleine" Geschäfte hat man hier nicht so viel Zeit übrig.
- **Tri-State Camera Exchange:** 650 Ave. of the Americas (6th Ave.), Ecke 20th St., *Chelsea*. Neue und gebrauchte Foto- und Videogeräte. Hier wird Ihr altes Gerät auch in Zahlung genommen.
- ☺ **Willoughby's:** 136 W. 32nd St., zw. 6th u. 7th Aves., *Herald Square*. Weltgrößter Fotoladen. Hier finden Sie alles, was das Herz begehrt. Gute Beratung, dafür aber lange Wartezeiten einkalkulieren.
- **47th Street Photo:** 378 5th Ave., *Midtown*. Alteingesessenes Fotogeschäft (früher Ecke Broadway/47th St.), auch Computer. Neben neuen Geräten ist es auch der Verkauf von Gebrauchtgeräten, der Kenner anlockt. Die Auswahl dazu war früher aber größer.

Computer

> *Beachten beim Kauf*
> *Deutsche Tastatur (sehr selten zu finden)? 220/230 Volt?*

- ☺ **J & R Computerworld:** 15 Park Row, gegenüber dem Woolworth Bldg., *Civic Center/Financial District*. Großer Computerladen, der besonders bekannt ist für seine hochaktuelle Softwareabteilung. Die Hardware-Preise sind aber nicht unbedingt günstiger als in Europa. Beachten Sie die nahezu täglichen Anzeigen in der „New York Times". J & R verkauft auch **Telefone, Musikgeräte** (CD-Spieler, Radios etc.), **Fotoapparate** und **CDs**.
- ☺ **Comp-USA:** 420 Fifth Ave., Ecke 37th St. (*Murray Hill*) und 1775 Broadway, Ecke 57th St. (*Theater District*). Computerparadies mit zahlreichen weiteren Filialen im Big Apple. Hier stimmen Preis und Service. Auch die Softwareabteilung kann sich sehen lassen.
- **Apple Store**: 767 5th Ave., zw. E.58th u. E.59th Sts., *Midtown-East*. Imposanter Flagship-Store des Konzerns und 24 Stunden geöffnet. Der größere Laden aber befindet sich mittlerweile im *Meatpacking District*, Ecke 14th St./ 9th Ave. Ein weiterer Laden befindet sich in *SoHo*: 103 Prince St., Ecke Greene St.. In allen drei Geschäften können Sie alle Produkte testen (oft aber sehr voll!).
- **Datenverlust/Defekter Computer? Computer Solutions Provider** (261 W. 35th St./nahe 8th Ave., *Flatiron District*) löst fast alle Probleme: Tel.: (212) 216-9469.
- Unzählige weitere Anbieter für Problemlösungen bei Computern finden Sie in den Yellow Pages unter „*Computer-Svce. & Repairs*".

CDs/Platten

- **J & R Computerworld:** Park Row, gegenüber dem Woolworth Bldg., *Civic Center/Financial District*. Bekannter Computer- und Elektronikladen, der aber auch über eine gute CD-Auswahl verfügt.

- ☺ ☒ **Bleecker Bob's Golden Oldies Record Store**: 118 W. 3rd St., nahe Mac-Dougal St., *Greenwich Village*. Rock, Punk, Reggae, Metal, Jazz u.a. Keine Klassik. Eines der ältesten Geschäfte der Stadt. Hier können Sie ordentlich stöbern.
- ☒ **Norman's Sound & Vision**: 67 Cooper Square, zw. 7th St. u. St. Marks Pl., *East Village*. CD-Laden mit vielen Rock-, Jazz- und Blues-Raritäten (die haben dann auch ihren Preis). Um die Ecke in der St. Marks Place (zw. 2nd u. 3rd Aves.) finden Sie noch weitere CD-Läden. Oft auch mit günstiger Secondhand-Ware.
- Günstige CDs in Secondhand-Läden finden Sie noch im *East Village* (z.B. St. Marks Place, zw. 2nd u. 3rd Aves.). Moderne Musik gibt es auch im nahe gelegenen Geschäft **Other Music** (4th St., zw. Broadway und Lafayette St.).
- **Academy Records & CDs**: 12 W. 18th St. (zw. 5th u. 6th Aves), *Flatiron*. Große Auswahl an zumeist gebrauchten CDs und Klassik-LPs. Im Geschäft in der 77 E. 10th St. (zw. Broadway u. 3rd Ave.), *East Village*, gibt es vornehmlich Rock, Jazz und Soul-LPs.
- ☺ **Barnes & Nobles**: 105 5th Ave./18th St., *Union Square/Chelsea*. Im größten Buchladen der Welt befindet sich eine ausgesuchte Klassik-CD-Abteilung.
- ☺ ☒ **Jazz Record Center**: 236 W. 26th St., zw. 7th u. 8th Aves., 8th Floor, *Chelsea*. Der Laden für Jazzfans. Viele LPs.
- **Virgin Megastore**: 1540 Broadway/45th St., *Times Square*. Riesiger CD-Laden, dessen Sortiment aber etwas zu „mainstream" ist. Filiale: 14th St., Ecke Broadway, *Union Square*.
- **Metropolitan Opera Shop**: 331 W. 65th St, Ecke Broadway, *Upper East Side*. Hier erhalten Sie nahezu jede jemals aufgenommene Opern-CD ... so zumindest die Eigenwerbung des „Ablegers" der Met.
- **Gryphon Records**: 233 W. 72nd St., zw. Broadway u. West End Ave., *Upper West Side*. Nahezu 100.000 LPs stehen zum Verkauf. Viele seltene Platten sind dabei. **Der Laden für Vinyl-Fans.** Spezialisiert auf Klassik. Bei Drucklegung war unklar, ob das Geschäft umzieht. Also vorher anrufen und anfragen, Tel.: (212) 874-1588.

Juweliere

- ☺ Wer tiefer in die Tasche greifen mag und kann, der ist in der legendären **Diamond Row** nahe dem *Times Square* (47th St. zw. 5th u. 6th Ave.) absolut richtig, denn hier werden die meisten Diamanten der Welt gehandelt und natürlich auch in Form von Schmuck verkauft. Sie sollten sich aber mit Diamantenpreisen auskennen, erst dann können Sie diese und entsprechenden Schmuck hier günstig erstehen. Wer sich vorher schon zu Hause über Geschäfte und Angebote hier informieren möchte, der schaut mal nach bei: *www.47th-street.com*. Eine Empfehlung für Eheringe: **Unusual Wedding Rings**: 4 W. 47th Street.
- **Cartier**: 653 5th Ave./52nd St., *Midtown*. „Luxus-Filiale" des berühmten französischen Juweliers.
- ☺ **Tiffany's**: 727 5th Ave., zw. 56th u. 57th St., *Midtown*. Lange nicht mehr der einzige Top-Juwelier der Stadt, trägt Tiffany immer noch sein traditionelles Image vor sich her. Gefördert natürlich durch den legendären Film „Breakfast at Tiffany's" (1960), in dem Audrey Hepburn als 18-jähriges Mädchen vom Land immer wieder staunend vor den Auslagen des Juweliers stehen bleibt. Allein ein kurzer Sightseeingbesuch lohnt sich. Neben den 100.000-Dollar-Halsketten gibt es übrigens auch Erschwingliches.

Galerien

In einem Buch die Galerien gezielt vorzustellen, ist für New York ziemlich zwecklos. An die 600 soll es geben – einige Quellen sprechen sogar von nahezu 1.000. Galerien wechseln zudem alle 3–9 Monate ihr Sortiment. Daher beschränke ich mich im Folgenden nur auf die Nennung der „Art-Gallery-Distrikte" und Infoquelllen.

Die wesentlichsten Galeriegebiete sind:
- allen voran **SoHo** (und z.T. **TriBeCa**),
- ansonsten **Lower East Side/Bowery**, das **West Village** (direkt südl. des 14th St.-Dreiecks) und **West Chelsea** (W. 20th - W. 26th Sts., jeweils westl. der 10th Ave.),
- **Lexington Street/57th Street** und **Madison Avenue** nördlich der 70th Street (ausgesucht und teuer).
- Verstreut finden sich in den Nebenstraßen der **Upper West Side** auch ein paar Galerien.
- **Williamsburg (Brooklyn)** ist ebenfalls im Kommen. Hier, in den Lagerhausgebieten, ist die neue Avantgarde in die Lofts eingezogen.

> *Informationen über Galerien in New York*
> • *Unter dem Stichwort „Art" (Rubrik „Galleries") im wöchentlich erscheinenden „Time Out" Magazin finden Sie die aktuellen Ausstellungen aufgelistet.*
> • *Gleiches gilt für die Freitags- bzw. Sonntagsausgabe der „New York Times" (Freitag: Rubrik „Art Guide", Sonntag: Rubrik „Art & Leisure")).*
> • *Die monatlich erscheinenden Fachmagazine „Art & Auction" sowie „Art News" informieren vor allem die Insider.*
> • *In den meisten Galerien liegt zudem der „Gallery Guide" aus.*
> • *Internetadressen zum Thema Galerien: www.nymetro.com (Button „Arts"), www.galleryguide.com und www.artnet.com.*

Bücher, Reiseliteratur und Karten

- ☺ ☒ **Housing Works – Used Book Café:** 126 Crosby Street, ½ Block südl. Houston St., *SoHo*. Modernes Antiquariat (auch gebrauchte Bücher) zugunsten von AIDS-Kranken. Nicht profitorientiert und die Angestellten arbeiten hier freiwillig. Hier finden Sie gute Bücher und können diese im Café vorher in Ruhe einsehen. Täglich geöffnet.
- **Biography Books:** 400 Bleecker St./11th St., *Greenwich Village*. Spezialisiert auf Biographien, Briefe und Tagebücher.
- **Oscar Wilde Bookstore:** 15 Christopher St., zw. 6th u. 7th Aves., *Greenwich Village*. Bekannter Laden, der sich auf Schwulen- und Lesbenliteratur spezialisiert hat.
- ☺ ☒ **Shakespeare & Co:** 716 Broadway/Washington Place, *Greenwich Village*. Al-

> *New York ist auch „Comics-Hauptstadt"*
> Comic-Fans werden ihre Freude haben, in New York nach alten und neuen Comics zu stöbern. Viele Geschäfte haben sich darauf spezialisiert. Sie hier alle aufzuführen, ginge zu weit und ist auch wegen des dauernden Wechsels der Adressen unmöglich. Schauen Sie einfach mal in die Yellow Pages unter „Comic Books". Hier nur zwei Empfehlungen:
> - *Universe*: 4 W. 33rd St., gegenüber **Empire State Building**, www.jhuniverse.com.
> - *Midtown Comics*: 459 Lexington Ave./45th St., **Grand Central Station** und 200 W. 40th St./7th Ave., **Times Square**, www.midtowncomics.com.

- **Carl Fisher:** 62 Cooper Square, *NoHo*. Noten und Notenbücher aller Art. Eine wahre Fundgrube für Musiker. Und wer hier nichts Passendes zum Thema Musik findet, der versucht es im **Joseph Patelson Music House:** 160 W. 56th St., zw. 6th u. 7th Sts., *Midtown*.
- **St. Mark's Bookshop:** 31 3rd St., zw. 8th u. 9th Ave., *East Village*. Tägl. bis Mitternacht geöffnet. Berühmt-berüchtigt für seine „Underground"-Literatur. Magazine und politische sowie sozialkritische Publikationen.
- ☺ ☒ **Strand:** 828 Broadway, Ecke 12th St., *Union Square*. Größter Secondhand-Buchladen Amerikas. Auch „Modernes Antiquariat". Über 2 Millionen Bücher verstecken sich in den z. T. überhohen und eng stehenden Regalreihen. Für diesen Laden benötigen Sie Zeit – die lohnt! Die ebenfalls besuchenswerte Filiale befindet sich an der Fulton St. (zw. Gold u. Williams Sts., *Financial District*).
- ☺ ☒ **Barnes & Nobles:** 33 E.17th St., Nordseite des Union Square, *Union Square/Chelsea*. Größter Buchladen der Welt und Flaggschiff der über ganz Amerika verbreiteten Kette. Auch Modernes Antiquariat und CDs. Gute Auswahl an Büchern über New York. Ein anderer großer Laden der Kette befindet sich am 4 Astor Place (zw. Broadway u. Lafayette St., *Astor Place/NoHo*). Weitere Filialen in Manhattan finden Sie über: *www.bn.com*.
- **The Complete Traveller (Antiquarian) Bookstore:** 199 Madison Ave./35th St., *Murray Hill*. Reiseliteratur (NY und die Welt) und Karten. Bestechend sind vor allem die Auswahl an historischer Reiseliteratur und Kartenmaterial sowie die Auswahl an alten Baedeker-Reiseführer.
- **Gotham Book Mart:** 16 E. 46th St., nahe 5th Ave., *Midtown*. Hier finden Sie seltene Bücher und Drucke aller Art. Das Richtige zum Stöbern! „Gotham" war in den 1920er u. -30er Jahren bekannt dafür, verbotene Bücher zu führen.
- ☺ ☒ **Urban Center Books:** Villard House, 457 Madison Ave./51st St., *Midtown-East*, im Seitenflügel des Palace Hotels. Spezialisiert auf Bücher zum Thema Stadtentwicklung und Architektur. Vieles über New York. Alleine die Architektur des Ladens besticht.
- **Rand McNally Map & Travel Store:** 150 E. 52nd St., zw. Lexington u. 3rd Aves., *Midtown-East*. Nicht nur viele Karten und Reisebücher, sondern auch eine große Auswahl an Globen.
- **Kitchen Arts & Letters:** 1435 Lexington Ave., zw. 93rd u. 94th Sts., *Yorkville*. Eine größere Auswahl an Koch- und Lebensmittelbüchern hat die Welt noch nicht gesehen! Auch internationale Titel.

„Gotham", Vorreiter in Sachen Pressefreiheit

Outletmalls

Outletmalls gibt es nur außerhalb von New York. Ein Besuch lohnt i.d.R. nicht, denn die Anfahrt ist weit (über 30 Meilen außerhalb, Busfahrt ab $ 30), und die Preise liegen kaum unterhalb derer in der Stadt (so eine Studie der „New York Times"). Im New Yorker Touristenbüro liegen die aktuellen Infos für organisierte Einkaufsausflüge zu den Outletmalls aus. Die Mall diesbezüglich ist **Woodbury Commons** im Central Valley mit Geschäften bekannter Namen aus New York. Shortline Coach USA (Tel.: 1-800-631-8405) fährt mehrmals täglich dorthin.

Anderes

> **Hinweis**
> Egal für welches Hobby Sie etwas suchen bzw. was für ein ausgefallenes Mitbringsel Ihnen fehlt: Schauen Sie einfach in die „Yellow Pages". Es gibt nichts, was Sie nicht in New York finden werden.

Sonntags-Flohmarkt auf der Orchard St.

- ☺ ☒ **City Store:** 1 Centre St./ Chambers St., *Civic Center*. Alle möglichen New-York-Souvenirs. Z.B.: NYPD-T-Shirts, Bücher über die Stadtregierung etc.
- ☺ ☒ **Kam Man Food Products:** 200 Canal St., Südostecke Mulberry St., *Chinatown*. Asiatisches Kaufhaus. Im Erdgeschoss gibt es die verschiedensten fernöstlichen Lebensmittel, bis hin zu Wurzeln, Krähenfüßen, Gesundheitstees und chinesischen Wunderkonserven. Zum Einkaufen lädt dann aber mehr das Kellergeschoss ein: Hier finden Sie Haushaltswaren, so z.B. günstiges asiatisches Geschirr (und das ist nicht immer kitschig!) und Tee-Service. Ein gutes Mitbringsel wäre z.B. ein Sushi-Gedeck.
- ☺ ☒ An der Ecke Elizabeth/Hester Street, *Chinatown*, gibt es einen großen **chinesischen Supermarkt**, der u.a. viele, interessante asiatische Konserven und Gewürze führt. Und wer etwas für ein Picknick im Park sucht, wird hier ebenfalls fündig.
- **Pearl Paint:** 308 Canal St., zw. Broadway u. Church St., *TriBeCa/SoHo*. Ein Mekka für Hobby-Maler. Farben, Pinsel, Leinwände aller Art und Qualität.
- ☺ ☒ **Waterworks:** 469 Broome St./ Greene St., *SoHo*. Hier gibt es exklusives Badezimmerzubehör, so auch neben Armaturen und Waschbecken dicke Handtücher und Bademäntel.
- ☺ ☒ **Bellora:** 156 Wooster St./ W. Houston St., *SoHo*. Handtücher, Laken, Kissen etc. für Bad und Schlafzimmer. Alteingesessenes Geschäft mit italienischer Tradition seit dem 19. Jh.
- **Altman Luggage:** 56 Rivington/ Eldridge St., *Lower East Side*. Zuviel Mitbringsel, Koffer zu klein? Altman verkauft – neben einigen anderen Geschäften in der Straße – Koffer, Rucksäcke und Taschen der bekannten Marken zu günstigen Preisen – und natürlich in allen Größen ... Wer aber exklusive Ledertaschen und -koffer sucht, der sollte es bei **Crouch & Fitzgerald** versuchen: 400 Madison Ave./ 48th St., *Midtown-East*. Hier kostet es aber!
- ☒ In der Thompson St., zw. Houston u. W 3rd Sts., Greenwich Village, gibt es einige Läden, die sich auf Schachspiele spezialisiert haben. Einige sind lustig, andere kaum als

solche wahrzunehmen, andere wiederum klassisch im Design. In zwei der Läden können Sie abends auch an Spielen teilnehmen.
- ☒ **Broadway Panhandler:** 65 E. 8th St., zw. Broadway u. University Place, *Greenwich Village*. Großer Küchenausstatterladen mit unzähligen Designergeräten, -geschirr und Töpfen. Ein (teures) Eldorado für Hobbyköche. Aber Achtung! Vieles stammt aus Europa und ist dort billiger.
- ☒ **C.O. Bigelow:** 414 6th Ave, zw. 8th u. 9th Sts., *Greenwich Village*. Traditions-Apotheke von 1838! Heute werden hier hochwertige und ausgefallene Drogeriewaren aus aller Welt verkauft. Hier findet bestimmt jeder etwas.
- ☒ **Fetch:** 43 Greenwich Ave., zw. Charles u. Perry Sts., *Greenwich Village*. Sitzt Ihr Hund alleine zu Hause? Hier gibt es Mitbringsel für alle kleinen Vierbeiner, auch Katzen. Wie wäre es mit einem Seidencape für Struppi oder ein paar Leckerlis? In den „*Yellow Pages*" haben seitenweise weitere Shops zu diesem Thema inseriert. Siehe hier unter „Pet".
- ☺ Die **9th Street im *East Village*** hat sich mittlerweile zu einem kleinen Shoppingerlebnis in puncto eklektischer Waren, Modeshops für junge Leute u.a. entwickelt. Wer etwas Ausgefallenes sucht, kann hier relativ günstig etwas finden.
- ☺ ☒ **Kiehl's:** 109 3rd Ave., zw. 12th u. 13th Sts., *East Village*. Alteingesessene Traditions-Drogerie mit erstklassigen Duft- und Pflegeprodukten aus der eigenen Herstellung. Es muss ja nicht immer ein Boss- oder Calvin Klein-Parfum sein. Ein weiterer Shop: 154 Columbus Ave./ 67th St., *Upper West Side*.
- Entlang der 14th Street, östlich der 3rd Ave. (*Gramercy Park South*) befinden sich zahlreiche **kleine Ramschgeschäfte** eingewanderter Osteuropäer. Alte Helme, Anstecknadeln der New Yorker Polizei, verrostete Kerzenständer u.v.m. gibt es hier zu entdecken. Der Bezirk ist kein Muss, aber wer in der Nähe ist, sollte einmal in ein oder zwei dieser Geschäfte hineinschauen.
- ☺ **Housing Works:** 143 W. 17 St., zw. 6th u. 7th Ave., *Chelsea*. Gebrauchte Möbel und Einrichtungsgegenstände werden hier – nicht profitorientiert – zugunsten AIDS-Kranker verkauft. Interessante Gegenstände lassen sich hier aufstöbern.
- ☒ **Motion Picture Arts Gallery** (133 E. 58th St., zw. Park u. Lexington Aves., 10th Floor, *Upper East Side*) sowie ☒ **Movie Star News** (134 W. 18th St., zw. 6th u. 7th Aves., *Chelsea*) verkaufen Filmposter, auch von Filmen längst vergangener Tage.
- **Bed, Bath & Beyond:** 620 6th Ave., zw. 18th u. 19th Sts., *Chelsea*. Einrichtungs-Eldorado, spezialisiert auf Bad und Schlafzimmer. Hier könnten Sie evtl. ein (tragbares) Mitbringsel finden.
- ☺ ☒ **ABC Carpet:** 888 Broadway/Ecke 19th St., *Flatiron District*. Riesiges Geschäft mit Plüschteppichen, alten und auf alt getrimmten Möbeln und „In"-Kleinteilen (Tiffanylampen, Geschirr, Kerzenhalter, Designer-Stühlen etc.). Hier kauft die Oberschicht ein. Ein Schnäppchen ist hier aber immer drin. So können Sie z.B. auch die Stühle erstehen, auf denen Sie im Restaurant sitzen. Verschickungsservice (auch nach Europa) gibt es im Haus. Ein Geschäft zum Stöbern.
- ☺ ☒ **Nat Sherman:** E. 42nd St., zw. 5th Ave. und Madison Ave., *Midtown*. Ein Eldorado für unverbesserliche Genießer des Rauchens. Hier bekommen Sie auch Ausgefallenes, z.B. die länger brennende Zigarette. Gut geeignet, um einem daheim gebliebenen Raucher etwas Lustiges mitzubringen (einen tragbaren Humidor zum Beispiel). Sehr exklusiv!
- **Montecristo/ J.R. Cigar:** 562 5th Ave., Ecke 46th Street, *Midtown*. Erlesenes, riesiges Zigarrengeschäft. Nur die Kubanischen fehlen noch immer im Sortiment.
- ☒ **Arthur Brown & Brothers:** 2 W. 46th St., zw. 5th u. 6th Aves., *Midtown*. Mitbringsel für den Chef gefragt? Hier gibt es eine riesige Auswahl an guten sowie

fürwahr exklusiven und sündhaft teuren Schreibern aller Art. Neben Mont Blanc z.B. auch Cartier-Füller. Aber auch preislich akzeptablere Varianten werden angeboten. Mit unter $ 50 für einen Kugelschreiber sollten Sie aber keineswegs rechnen. Die gibt es dann woanders billiger.

- **Manny's Music:** 156 W. 48th Street, zw. 6th u. 7th Ave., *Midtown*. Legendäres Geschäft für (Rock-) Musikinstrumente. Spezialisiert auf Gitarren (auch Gebrauchte). Auch wer nichts kaufen möchte, sollte sich einmal die Fotos und von Rock' n' Roll-Stars signierten Poster an den Wänden anschauen. Nicht ohne Grund bezeichnet sich der Laden als „Original Rock & Roll Museum". Wer hier nicht fündig wird bzw. u.a. auch moderne Instrumente sucht, der probiert es sonst beim großen Nachbarn **Sam Ash**: 155, 159,160 u. 163 W. 48th Street.
- ☺ ☒ **MoMA Design Store:** 44 W. 53rd St., zw. 5th u. 6th Ave., *Midtown*. Hier wird modernstes Design vom Feinsten angeboten. Die Möbel, die ab $2.000 kosten, müssen Sie nicht gleich mitnehmen. Dafür aber gibt es auch viele kleine Dinge für den Schreibtisch (Briefbeschwerer, Schreiber), die Küche, Armbanduhren und auch zahlreiche Kinderspielsachen und -bücher. Dieses Geschäft ist ein wirklicher Tipp, besonders auch für ausgefallene Mitbringsel. Übrigens gibt es jetzt auch eine Filiale in *SoHo*: Ecke Spring u. Crosby Sts.
- ☒ **Hammacher & Schlemmer:** 147 E. 57th St., zw. Lexington u. 3rd Aves., *Midtown-East*. Kuriositäten aller Art für die Wohnung. Hier gibt's sogar Haushaltsroboter!
- **Spectra:** Madison Ave., zw. 72nd u. 73rd Sts, *Upper East Side*. Hier können sich Möchtegern-Detektive mit allen erdenklichen optischen Geräten ausrüsten. Z.B. Nachtbrillen und spezielle Fotoapparate. Eine in vielen amerikanischen Großstädten verbreitete Kette mit solchen und ähnlichen Spielereien (für die großen Jungs) heißt **Sharper Image**. Deren Laden in New York liegt an der 57th St., zw. 5th u. 6th Ave., *Midtown*.
- ☺ **Zabar's (SH21):** 2245 Broadway, Ecke 80th St., *Upper West Side*. Im Obergeschoss gibt es eine ausladende Haushaltsabteilung, die besonders Hobbyköche begeistern wird.

Zabar's: Delikatessen unten und exklusive Haushaltsgegenstände im 1. Stock

Touren/Sightseeing/Sport treiben/Strände/Sport ansehen

❶ Touren/Sightseeing

Touren aller Art werden angeboten, und die Auswahl fällt oft schwer. Als Erstbesucher sollten Sie dem Strom der Masse folgen und eine Sightseeingtour mit einem Bus zu den wesentlichen Attraktionen machen. Dabei erhalten Sie auch gleich einen guten Überblick über Manhattan. Nachdem Sie diese Highlights „abgehakt" haben, empfehle ich ein

Redaktions-Tipps

- **Doppeldeckerbus-Stadtrundfahrt** für Erst-Besucher (s. u.);
- Eine **Bootsfahrt rund um Manhattan** (s. u.);
- Eine **„Walking Tour"** durch Harlem mit Larcelia Kebe (S. 290);
- Mit einem New Yorker New York erleben: **„Big Apple Greeter"** (S. 291);
- Eine **thematisierte Walking Tour**, z.B. mit Big Onion Walking Tours (S. 290);
- Wer länger in der Stadt ist: einen Nachmittag im **Sportzentrum am Chelsea Pier** schwitzen (S. 295);
- Die **Kopfmassage im Nymph** (S. 299);
- Massage und Dampfbad im **Tenth Street Baths & Healths Club/Russian & Turkish Baths** (S. 299).

oder zwei speziell geführte Touren zu ausgesuchten Punkten. Das verspricht einen guten „Blick hinter einige Kulissen".

Wer nun schon öfter die Stadt besucht hat, sollte sich um einen Tag mit einem New Yorker („Big Apple Greeter") bemühen und auch Exkurse in die anderen Stadtteile, bes. Brooklyn und die Bronx, unternehmen. Achten Sie auch auf die geführten Touren, die in den Veranstaltungsblättern („Time Out", „Village Voice" etc.) angekündigt werden. Sie sind i.d.R. um einiges günstiger und werden von stadtkundigen Leuten (Historiker, Stadtplaner, Künstler etc.) begleitet.

> *Hinweis*
> *Kleiden Sie sich angemessen für den Besuch eines Gospel-Gottesdienstes, der sonntags in jedem Harlem-Programm enthalten ist (keine Jeans, Shorts etc.)!*

Bustouren

- **NY Double Decker Tours:** Tel.: (718) 361-5788, www.nydecker.com, und
- **Gray Line New York:** 8th Ave., zw. 47th u. 48th Sts., Tel.: 1-800-669-0051, www.graylinenewyork.com.

Die wohl auffälligsten Stadtrundfahrten in Doppeldeckerbussen (London-Typ), bei denen man das obere Dach abgebaut hat. Alle wichtigen Sehenswürdigkeiten werden auf verschiedenen Touren (Downtown, Uptown + Harlem, Brooklyn + Downtown usw.) abgefahren. Zusteigen und Tickets kaufen können Sie an allen Haltepunkten (die bedeutendsten Sehenswürdigkeiten) und so oft Sie möchten. Motto: „hop-on, hop-off". Die günstigeren Combi-Tickets gelten für 2 oder mehr Routen und entsprechend viele Tage. Eine gute Gelegenheit, sich erst einmal einen Überblick zu verschaffen. Die Unternehmen bieten auch spezielle Touren (NY by Night, Livemusik-Rundfahrt, Statue of Liberty, Harlem, Hafenrundfahrten, zu den Niagara-Fällen u.v.m.) an. Neu im Programm sind nun auch Bustouren nach Brooklyn.

- **Bronx Tour Trolley**: In der Bronx verkehrt von Mai bis Okto-

Gut für die Highlights: Sightseeingtour mit einem Doppeldecker-Bus

ber zwischen Bronx Zoo, den New York Botanical Gardens, Little Italy (Arthur Ave.) und anderen Orten in dem Borough ein kostenloser Trolley-Bus. Zurzeit gibt es nur Wochenendfahrten, die aber morgens in Manhattan starten (9h30 am NYC Visitor Center an der 7th Ave., Ecke 53rd St.). Zeiten können sich aber noch ändern!! Bitte vorher nochmals informieren. Infos unter Tel.: (718) 590-3518 bzw. *www.bronxtrolley.com*.

> *Hinweis*
> *Sie können einfach an einer Haltestelle zahlen und einsteigen.*

Zu Wasser

Bei den Hafenrundfahrten erläutert Ihnen der/die Führer/in Skyline und Geschichte New Yorks. Interessant, dieses einmal aus einer anderen Perspektive zu sehen.
- **Circle Line:** Pier 83 am Hudson River, an der 42nd St./12th Ave., *Midtown-West*, Tel.: (212) 563-3200, *www.circleline.com*. März bis Dezember, täglich. Verschieden lange Touren, z.B. 2 Stunden um Süd-Manhattan, 3 Stunden um ganz Manhattan, Sonnenuntergangstouren, Jazz Cruises etc. Mehrere Abfahrten pro Tag.
- **NY Waterway:** Pier 78 am Hudson River, an der 38th St./12th Ave., *Garment District*, Tel.: 1-800-533-3779, *www.nywaterway.com*. März bis Dezember, täglich. 1½-stündige Hafenrundfahrten und Rundfahrten um die Südspitze von Manhattan (mehrere Abfahrten pro Tag). Dazu auch von April bis Ende Oktober 7-stündige Touren das Hudson-Tal hinauf.
- **New York Water Taxi:** Fulton Ferry Landing (Brooklyn), Pier A, und North Cove Marina (beide Battery Park), Chelsea Piers (Pier 62, W. 22nd St.), Pier 84 (W. 44th St.), Tel.: (212) 742-1969, *www.nywatertaxi.com*. Touren vornehmlich im Süden und Westen von Manhattan, nach Brooklyn (auch Red Hook) und New Jersey. Siehe auch Blaue Seiten.
- Die „**Pioneer**", ein 1885 gebauter, 33 m langer Schoner, segelt vom Pier 16 am *South Street Seaport* ab. Mai–Sept. 90-minütige Lunchtouren sowie 2-stündige Nachmittags- und Abendtouren. Info/Reservierung: Tel.: (212) 748-8786, *www.southseaport.org*.
- **Fähre zur Statue of Liberty: Hornblower Yachts**: I.d.R. ab 8h vom Pier zw. Battery Park City und Staten Island Ferry Terminal (vor Fort Clinton): Infos: *www.statuecruises.com*.

Mit dem Helikopter

Reservierungen werden meist nicht angenommen. Die Preise variieren nach Länge des Fluges. Rechnen Sie aber mit mind. $ 50/Person für 5 Min. und mind. $ 130 für 20 Min.
- **Liberty Helicopters:** Abflug am Heliport an der W. 30th St./12th Ave. am Hudson River oder am Wall St. Heliport am Pier 6, Tel.: (212) 967-4550, *www.libertyhelicopters.com*. Täglich.

TV-Studios/Entertainment-Touren

- **NBC Studio Tours:** 30 Rockefeller Plaza (49th Street-Eingang), *Midtown*, Tel.: (212) 664-3700, *www.nbcsuperstore.com*. Mindestalter: 6 Jahre. Touren: Ostern bis Labor Day und Thanksgiving bis Neujahr: Mo-So 9h–16h30 (alle 15 Minuten); Labor Day bis Thanksgiving und Neujahr bis Ostern: Mo-Sa 9h–16h30 (alle 30 Minuten). Führungen durch die berühmten Studios von NBC.

- Im **CNN-Studio im Time Warner Center** (Columbus Circle, Tel.: 1-866-426-6692, www.cnn.com/insidecnn) werden 45-minütige Touren/Führungen, Beginn alle 10 Minuten, angeboten. Dabei wird hinter die Kulissen der Nachrichtenreportage geschaut und die Geschichte des Journalismus erläutert.

Neighborhood-Touren/Zu Fuß/Thementouren

> *Ganz allgemein gilt ein Tipp*
> Schauen Sie im wöchentlich erscheinendem *„Time Out"* Magazin unter der Rubrik „Around Town" bzw. in der Freitagsausgabe der *„New York Times"* (Weekend-Seiten, Abschnitt „Leisure") nach. Hier werden spezielle Touren durch Stadtteile und um bekannte Gebäude angeboten. Oft werden Sie von Kunsthistorikern oder Stadtgeschichtlern geleitet. Dabei treffen Sie auch auf sehr interessante Leute!

- **Harlem Y** 129 W. 130th St., *Harlem*, New York, NY 10027, Tel.: (212) 690-1687, Fax: (212) 866-7133. Larcelia Kebe führt Sie durch das echte Harlem. Größtenteils zu Fuß. Spezielle Führungen – besonders hervorgehoben seien hier die „Gospel Tour" (So) und die „Jazz Safari Tour" in die Nightclubs (Fr + Sa) – gibt es natürlich auch. Alle Touren von Larcelia beginnen übrigens in ihrem renovierten Brownstone House, zu dem sie vor dem Start so einiges zu erzählen hat. Wer noch spezielle Touren wünscht, kann diese ebenfalls buchen.
- Und sollte Larcelia ausgebucht sein, böten sich für Harlem auch Touren mit **Harlem Spirituals** (Tel.: (212) 391-0900, www.harlemspirituals.com) an.

> *Hinweis*
> Wer an einem Gospel-Gottesdienst teilnehmen/zuschauen möchte, sollte sich unbedingt angemessen kleiden. Shorts u.Ä. würden sehr unhöflich wirken! Ein Gottesdienst ist besonders für die schwarze Gemeinde ein feierliches Ereignis!

- **Die Municipal Art Society** (457 Madison Ave., zw. 50th und 51st Sts., *Midtown-East*, Tel.: (212) 935-3960, www.mas.org) unternimmt fachkundig geführte Spaziergänge durch die Neighborhoods, den Grand Central Terminal u.v.m. Der Schwerpunkt wird auf die Erläuterung der Geschichte und der Architektur gelegt. Sie müssen nicht zur o.g. Adresse gehen. Ein Info-Anruf genügt, und Sie gehen dann zum vereinbarten Treffpunkt.
- Die **Brooklyn Historical Society** bietet fachkundig geführte Spaziergänge durch Brooklyn an. Und dieser Stadtteil hat einiges zu bieten! Infos: Tel.: (718) 624-0890, www.brooklynx.org/tourism.
- **On Location Tours**: Geführte Bustouren zu Schauplätzen von Filmaufnahmen („Sex and the City", „Men in Black", „Der Teufel trägt Prada" usw.). Samstags um 11 Uhr gibt es sogar eine deutschsprachige Tour. Tel.: (212) 209-3370, Internet: www.screentours.com.
- **New Wall Street Walking Tours**: Spaziergang durch den *Financial District*. Der Rundgang beginnt am US Custom House, donnerstags und samstags jeweils um 12h. Infos: www.downtownny.com.
- Weitere, **ethnisch orientierte Touren durch Brooklyn** können Sie unter folgenden Nummern erfragen:
- **Afro-Amerikanische Viertel**: (718) 297-5107
- Durch das **jüdische Viertel Crown Heights**: (718) 953-4244
- **Big Onion Walking Tours**: Tel.: (212) 439-1090, www.bigonion.com. Big Onion ist bekannt für seine ethnisch orientierten und thematisierten Touren. So gibt es z.B. Spa-

ziergänge durchs „Irische New York", das „Historische Harlem" oder auch die sehr beliebte „Multiethnic Eating Tour" durchs East Village bzw. die Lower East Side. Die Führer sind hervorragend ausgebildet und haben alle einen Abschluss in amerikanischer Geschichte.
- **Savory Sojourns**: 155 W. 13th St., Tel.: (212) 691-7314, www.savorysojourns.com. Addie Tomei führt zu den gastronomischen Highlights von New York. Toprestaurants, Märkte, Patisserien, Weinkeller, Gourmetgeschäfte, ethnische Restaurants u.a. gehören zum Programm. Auch andere Boroughs werden dabei berücksichtigt. Die Touren werden nach Wunsch zusammengestellt. Ganz billig ist es aber nicht: die Basistour (Manhattan, Lunch und Wein) beginnt bei $ 90 pro Person. Gourmets werden sich davon aber sicherlich nicht abschrecken lassen.
- **NYC Discovery Walking Tours**: Tel.: (212) 465-3331. Neben Touren durch Harlem bietet dieses Unternehmen auch Touren durch die Bronx, durch Williamsburg, durch Long Island und andere Gebiete.
- Geleitete „Walking Tours" durch das **jüdische Viertel Crown Heights** führt das Chassidic Discovery Center durch. Neben dem Besuch einer Synagoge werden auch Begegnungen mit Menschen aus dem Viertel sowie einem Kopisten ermöglicht, so dass Sie Einblick erhalten in die Traditionen und Lebensweisen der Juden hier. Die Touren finden i.d.R. sonntags statt (10-13 Uhr). Tel.: (347) 581-0909, Internet: www.jewishtours.com.
- „**Big Apple Greeter**": 1 Centre Street, Room 2035, **Civic Center**, Tel.: (212) 669-8159, www.bigapplegreeter.org. Erleben Sie New York mit einem New Yorker. Für einen Tag (meist am Wochenende) führt Sie ein Einheimischer durch seine Nachbarschaft bzw. erlebt mit Ihnen New York auf seine Weise. Eine einmalige Gelegenheit, die Stadt von ihrer wahren Seite kennen zu lernen. Unbedingt 2 Wochen im Voraus buchen!!
- **Bike the Big Apple**: Tel.: 1-877-865-0078, www.toursbike.com. Fahrradtouren durch verschiedene Stadtteile New Yorks (2 ½ Std. - ganztags). Mit Führer. Fahrräder werden ausgeliehen. Keine „Hochleistungstouren".

New Yorker kennenlernen: auf einer Neighborhood-Tour bzw. über das „Big Apple Greeter"-Programm

❷ Sport treiben/Strände/Sport ansehen

New York ist eine sportliche Stadt. Das mag auf den ersten Blick nicht so erscheinen, doch über 200 Fitnessclubs (und die sind z.T. riesig) und täglich Tausende von Joggern, Skatern und Bikern im Central Park sprechen für sich.

Auch Sie können Sport treiben. Viele Fitnessclubs bieten Tagespässe (ab $ 30) an. Noch beliebter aber ist das Ausleihen von Skatern oder Ruderbooten im Central Park. Und wer einen Hang zum Modern Dance hat, kann auch in einem der vielen Tanzclubs Unterricht nehmen (stundenweise möglich).

Fahrrad fahren ist mittlerweile auch "in", und das Ausleihen eines Fahrrades kann so manches ermüdende Pflastertreten ersparen. Doch bedenken Sie, dass Sie dabei nicht alles so genau sehen (die Schätze liegen oft im Detail) und dass der Verkehr in New York wenig Erbarmen zeigt für unmotorisierte Verkehrsteilnehmer. Sie müssen sich auf dem Drahtesel frech und trotzdem passiv durch die Autoschlangen kämpfen. Schauen Sie sich das erst einmal an, bevor Sie sich für das Ausleihen entscheiden.

Hudson River Park
Entlang des Hudson River, zwischen der Battery Park City und der 59th Street, wird eine neue Sportstrecke eingerichtet, die "Kultstätte für Sportfreaks", wie die Planer behaupten. 42 alte Pieranlagen und die gesamte Uferzone wurden und werden dazu umgestaltet, so dass Sie hier hervorragend joggen, skaten, biken, spazieren gehen, ja sogar kayaken können. Bäume sorgen für Schatten. Auf den Piers selber sind verschiedene Sportstätten eingerichtet, so z.B. auf Pier 40 ein ganzes Fußballfeld, und an einem anderen können Sie dann Kajaks und Kanus mieten (s.u.). Zentrale Kultstätte ist und bleibt natürlich der Chelsea Piers Sports Club (s.u.).

Wem es in der Stadt zu heiß wird, der kann auch mal zu einem der New Yorker Strände hinausfahren, wobei ich diese Aktivität aufgrund des relativ langen Anfahrtsweges nicht unbedingt empfehlen würde.

Sport treiben in New York

- **Laufen/Jogging**

Eines gleich vorweg: In einer Stadt wie New York bedeutet Laufen auf Asphalt laufen. Selbst in den Parks sind nahezu alle Laufstrecken mit Asphalt bedeckt. Ohne Frage sind die großen Parks in New York die "Laufadressen" der Stadt:
- Allen voran steht natürlich der **Central Park** mit der für die langen Strecke entlang des 6 Mile Central Park Drive und dem kurzen 1,6 Meilen langen Abschnitt um das Reservoir (Jaqueline Kennedy Onassis Lake). Hier können Sie zudem auch noch "Leute schauen". Nur zu diesen Zeiten sind die Straßen im Central Park für Läufer frei: Mo–Fr 10h–15h u. 19h–22h. Wochenende: Fr 19h–Mo 6h.
- Beliebt, aber für Sie wahrscheinlich zu weit entfernt sind der **Prospect Park** in Brooklyn und die **NY Botanical Gardens** in der Bronx (Öffnungszeiten beachten!).
- Banker, denen es zu weit zum Central Park ist, laufen auch gerne entlang der **Promenade an der Battery Park City** oder über die **Brooklyn Bridge**. Letztere bietet bei Abendlicht schöne Ausblicke auf das Financial Center.
- Schließlich bietet der **New York Road Runners Club** (9 E. 89th St., Tel.: (212) 860-4455, www.nyrrc.org) täglich

Bereits Tradition: Joggen über die Brooklyn Bridge

verschiedene Läufe in Gruppen an. Erkundigen Sie sich nach genauen Startpunkten und Zeiten.
- Die Joggingstrecken um die **kleinen Parks** (Washington Square, Gramercy Park etc.) sind auch beliebt, doch zumeist lässt es sich wegen der Straßen und des begrenzten Umfanges dieser Parks hier nicht gut laufen.

- **Fahrradtouren/Fahrradverleih**

- Beliebt ist das Fahrradfahren im **Central Park**. Die Räder können Sie am Loeb Boathouse ausleihen (Tel.: (212) 517-2233).
- Zweistündige Fahrradexkursionen durch den Central Park unternimmt **Bite of the Apple Tours** (Tel.: (212) 603-9750). Fahrräder werden verliehen.
- Der **New York Cycle Club** ((212) 242-3900) unternimmt lange Fahrradtouren. Oft aus der Stadt heraus. Fahrräder müssen mitgenommen werden (also woanders ausgeliehen werden). Nur etwas für wahre Enthusiasten.
- **Metro Bicycles** verleiht Räder: 1311 Lexington Ave. (88th St., *Upper East Side*), Tel.: (212) 427-4450. Andere Filialen: 417 Canal St., Ecke 6th Ave./Grand St., *SoHo*; 6th Ave., Ecke 15th St., *Chelsea*; 14th St, zw. 1st u. 2nd Ave., *East Village*; 47th St., Ecke 9th Ave., *Theater District*; 96th St., Ecke Broadway, *Upper West Side*.
- Ein weiterer Fahrradverleih ist **Pedal Pushers**: 1306 2nd Ave., zw. 68th u. 69th St., *Upper East Side*, Tel.: (212) 288-5592.

- **Rollerskaten/Rollschuhlaufen/Inline Skating**

- Auch wenn mutige New Yorker auf den Skates durch die Straßenschluchten jagen, schlage ich vor, beschränken Sie sich erst einmal auf die schönen Strecken im **Central Park**. Wie beim Laufen ist die beliebteste Strecke entlang des Central Park Drive. Möchtegern-Akrobaten versuchen sich zudem auf dem Platz vor der Naumburg Bandshell oder auf dem Wollman Rink im südlichen Parkabschnitt (Verleih hier und an Loeb's Boathouse). Und wer gerne seine Pirouetten nach modernen Rhythmen dreht, kann dieses an Wochenendtagen auf einem kleinen Platz ca. 100 m westlich der Naumburg Bandshell tun.
- Der **Hudson River Park** (Hudson River zw. Battery Park City und 59th St.) ist bereits bzw. wird noch ausgebaut, so dass Sie entlang dieser Strecke skaten können (s.o.).

Es gibt viele Methoden...

... der Sucht nach Bewegung nachzugeben

- Ein besonderes Ereignis – und typisch New York – ist die sog. **Manhattan Blade Night**. Jeden Donnerstag (Mai – Oktober) um 18h45 (siehe Veranstaltungsblätter) starten Hunderte von Inline Skatern am südwestlichen Columbus Circle zu einer gut zweistündigen „Stadtrundfahrt". Das Ganze ist privat organisiert, und die Route wechselt wöchentlich. Nicht selten überfluten die Skater dabei auch den Times Square! Organisator: **Empire Skate Club**, Tel.: (212) 774-1774, www.empireskate.org.
- Verleihstationen für Inline Skater und Rollschuhe:
- **Blades, Board and Skate/Try Blades West:** 120 W. 72nd St. (zw. Broadway u. Columbus Ave.), *Upper West Side*, Tel.: (212) 787-3911, www.blades.com. Weitere Shops siehe Webseite.
- Im Central Park an **Loeb's Boathouse** sowie am **Wollman Rink**.
- Wer sich gerne Gruppen anschließen oder Unterricht nehmen möchte, erkundige sich darüber bei der **New York Road Skaters Ass.** (Tel.: (212) 534-7858.

- Reiten

Eigentlich kein Muss für eine solche Stadt. Doch wer den Hippie-Film „Hair" gesehen hat, mag einmal davon geträumt haben, auf dem Rücken eines Pferdes durch den Central Park zu reiten. Es geht – auch für Anfänger –, wenn auch nicht gerade für wenig Geld:
- **Claremont Riding Academy**: 175 W. 89th St., *Upper West Side*, Tel.: (212) 724-5100.

- Kayaking in New York

Die Mitglieder des **New York City Downtown Boathouse Club** *(www.downtownboathouse.org)* bieten vor allem zwischen Mitte Juni und Ende August Seakayak-Touren für Anfänger und Fortgeschrittene an. Vom 10-minütigen Schnuppertrip bis hin zu mehrstündigen Hudson-River-Touren. Beliebt sind die Trips zur Staten Island oder einfach entlang der Uferzone des Hudson River. Es gibt 2 Ausleihpunkte. Die Zeiten liegen etwa wie folgt:
- **72nd St.** (Hudson River): Sa + So 10–17h.

Sie sollten sich aber unbedingt vorher telefonisch noch einmal informieren über spezielle Touren, die aktuellen Zeiten und das Wetter: (646) 613-0740 od. (646) 613-0375.

Kayaks und Kanus vermietet auch die **Manhattan Kayak Company** im Hudson River Park, die ebenfalls unterschiedliche Touren für Anfänger und Fortgeschrittene anbietet.
- **Pier 63** (Maritime, 23rd St./West Side Hwy.): Tel.: (212) 924-1788, *www.manhattankayak.com*.

- Schlittschuh-/Eiskunstlaufen

Zwei nahezu weltbekannte Eisbahnen im Big Apple sind in den Wintermonaten der **Rink at Rockefeller Center** (*Midtown*, 601 5th Ave.) und der **Wollman Rink** im südlichen Central Park. Zudem können Sie noch auf dem **Sky Rink** im Chelsea Piers Sports Center (23rd St./Hudson River) Schlittschuh laufen. Überall hier gibt es Schlittschuhe auszuleihen.

7. Spezialtipps: Touren/Sightseeing/Sport treiben/Strände/Sport ansehen

- **Fitnesscenter**

Fast alle Fitness Center in New York vergeben auch Tagespässe. Der Tagespreis liegt i.d.R. aber über $ 20 und bei renommierten Clubs auch über $ 50! Übrigens: Frühaufsteher können in vielen Clubs schon um 6h beginnen. Die Zahl der Fitness-Center nimmt stetig zu. Erkundigen Sie sich am besten in Ihrem Hotel nach dem nächsten Club. Oft haben die Hotels auch eigene Fitness-Räume.

- **New York Health & Raquet Club:** 39 Whitehall Street (Water St.), *Financial Center*, Tel.: (212) 269-9800. Konservativer Club mit zahlreichen Simulationsanlagen (Golf, Ski etc.) und einem Unterwasserlaufband. Es gibt noch weitere Ableger dieses Clubs in Manhattan, die alle über ein Schwimmbad verfügen.
- **Crunch:** 404 Lafayette St. (nahe Astor Place), *NoHo*, Tel.: (212) 614-0120. Zur Zeit der „Hip-Schuppen" in Sachen Sport. Hier übt man mit Feuerwehrschläuchen („Fireworkers Workout") und tanzt dazu den Aerobic-Step (zu Rock, Heavy Metall und Breakdance-Klängen). Es gibt sogar einen Aerobic-Kurs mit einer Drag-Queen und Frauenboxkurse. Asiatische bzw. andere esoterische Entspannungskurse gehören auch zum Programm. Natürlich gibt es auch altbewährte Geräte. Großer Vorteil dieses Clubs. Der Preis für einen Tagespass liegt bei $ 25–$ 30. Eine weitere Filiale von Crunch befindet sich: 162 W. 83rd St., *Upper West Side*, Tel.: (212) 875-1902. Es gibt weitere Ableger von Crunch in New York (siehe Telefonbücher od. www.crunch.com bzw. in den „Yellow Pages").
- **Chelsea Piers Sports & Entertainment Complex:** Piers 59–62, 23rd St. am Hudson River, *Chelsea*, Tel.: (212) 336-6000, www.chelseapiers.com. Das Megazentrum für Sportfanatiker. Über 4 alte Hafenpiers, an denen früher die Ozeanriesen angelegt haben, erstreckt sich dieser Komplex. Hier können Sie alle nur erdenklichen Sportarten ausüben: Fitness, Turnen, Ballsportarten, Klettern, Boxen, Golf, Laufen (400-m-Bahn), Schwimmen, Schlittschuhlaufen, Inline-Skating, Bowling, Beach Volleyball u.v.m. Alles im „Mega-Stil": Die Hightech Golf Driving Range hat z.B. 50 Abschlagplätze, jeder mit einer automatischen Ballzufuhr versehen. Damit können bis zu 1.000 Bälle pro Minute in das am Ende des Piers gespannte Netz geschlagen werden. Von hier starten auch Sea-Kajak-Touren auf dem Hudson River. Die Anlage ist so groß und eindrucksvoll, dass mittlerweile über 3 Millionen Besucher pro Jahr gezählt werden. Viele kommen auch nur her, um zu schauen. Durch große Glasfenster kann man bei einigen Sportarten zuschauen. Und wen es dürstet, kann sich in New Yorks größter Micro-Brewery ein kühles Bier genehmigen.
- **Vanderbilt YMCA:** 224 E. 47th St. (zw. 2nd u. 3rd Ave.), *Midtown-East*, Tel.: (212) 756-9600. Günstige Aerobic- und Fitnesskurse.
- **Midtown YWCA:** 610 Lexington Ave., *Midtown-East*, Tel.: (212) 755-4500. Wie YMCA.
- **Reeboks Health Club:** 160 Columbus Ave., Ecke 67th St., *Upper West Side*, Tel.: (212) 362-6800. Hier treffen sich die VIPs und Reichen, denn der Club ist „hipp", besitzt neben den Sportanlagen eine Bar, ein Restaurant, einen Top-Coiffeur, einen Schönheitssalon und Business-Räume (Fax, Internet etc.), damit die Mitglieder schnell mal zwischendurch ihre Börsengeschäfte abwickeln können. Die Sportgeräte sind auf 14.000 qm verteilt: U.a. gibt es eine Kletterwand über 3 Etagen, ein Schwimmbad und viele Simulationsgeräte (Ski, Golf, Surfen). Nachteil hier: teuer – und Tagespässe werden i.d.R. nur an Gäste von Mitgliedern verteilt. Aufgeführt ist der Club an dieser Stelle daher nur, weil er

derjenige ist, wo eine Tartanbahn im dritten Stock außen um das Gebäude führt. Und das Bild schwebt bestimmt vielen vor Augen.

- **Tanzschulen**

Unterrichtszeiten der größeren Tanzschulen finden Sie im „Time Out"-Magazin am Ende der Rubrik „Dance".

New York ist bekannt als das Mekka der Modern-Dance-Szene, und das auch schon bevor der Film „Fame" unsere Kinokassen klingeln ließ. Nicht alleine für die Broadway-Shows, sondern besonders für spezielle Tanz-Auftritte wurde und wird hier geprobt und experimentiert. Zahlreiche, oft weltbekannte Choreographen haben sich in New York niedergelassen und die Tanzszene maßgeblich geformt. Heute kann jeder, sollte er es sich zutrauen, schon für Beiträge ab $ 10 pro Stunde an einer Tanzstunde teilnehmen.

Hier einmal ein paar der bekanntesten Schulen:
- **Broadway Dance Center:** 221 W. 57th St., zw. 7th Ave. U. Broadway, *Midtown-West*, Tel.: (212) 582-9304. Eine der größten Schulen in New York. Unterrichtsfächer: Ballett, Jazz, Hip-Hop, Theatre Dance, Step, Modern, Voice u.a.
- **Dance Space Center:** 451 Broadway, zw. Howard und Grand Sts., *SoHo*, Tel.: (212) 625-8369. Schule für Jazz, Modern, Ballett, Floorbarre, Pilates u.a.
- **Steps on Broadway:** 2121 Broadway (74th St.), *Upper West Side*, Tel.: (212) 874-2410. Für alle Leistungsstufen gibt es hier Unterricht. Und nahezu alle Richtungen werden gelehrt: Ballett, Jazz, Modern Tap, Theatre Dancing, ethnisch usw. Die richtige Schule, um die Szene erst einmal zu „beschnuppern".
- **Alvin Ailey American Dance Center:** 211 W. 61st St., zw. 7th u. 8th Ave., *Upper West Side*, Tel.: (212) 767-3030. Amerikanischer Modern Dance. Alvin Ailey machte die Schule berühmt, indem er einen Tanzstil entwickelte, der eine Synthese aus Elementen des schwarzen Jazz Dance, des Modern Dance und des akademischen Tanzes darstellt. Immer noch überwiegt natürlich das Jazz-Element in dieser Schule. Heute ist diese „Dance Company" international besetzt.
- **Martha Graham School of Contemporary Dance:** 316 E. 63rd St., zw. 1st u. 2nd Ave., *Upper East Side*, Tel.: (212) 838-5886. Martha Graham war eine der bedeutendsten Persönlichkeiten des zeitgenössischen Tanzes im 20. Jahrhundert, und ihre Tradition sowie ihre Repertoirestücke werden auch heute noch von der Company gelehrt und aufgeführt.
- **Perry Dance II:** 132 4th Ave., *East Village*, Tel.: (212) 505-0886. Schule, in der alle Fächer des Modern Dance unterrichtet werden.
- Sollten Sie nun ganz spezielle Tanzrichtungen erlernen bzw. ausüben wollen, schauen Sie einmal in die **Yellow Pages** unter „Dancing Instruction". Hier finden Sie alles, von Salsa über Fred Astaire-Stil bis hin zu Steptanz-Schulen.

- **Anderes**

Im **Central Park** werden auch andere Sportarten betrieben bzw. angeboten (z.B. Bogenschießen, Hindernislaufen, Cricket, Fußball, Klettern usw.). Infos über das Programm erhalten Sie im „The Central Park Calendar", im Info Center in der Dairy (Höhe 65th St., Wollman Rink, Tel.: (212) 794-6464, www.centralpark.org od. www.centralparknyc.org).

Östlich der „Sheep Meadows" sind an Wochenenden Volleyballfelder vorbereitet. Hier können alle spielen, und Mitspieler werden oft gesucht.

Strände in New York

Sommertage in Manhattan können heiß werden. Da kann es schon passieren, dass Ihnen vielleicht einmal nach ein paar Stunden Strand zumute ist. Trotzdem ist das ja eigentlich kein Grund, nach NY zu kommen. Daher beschränke ich mich nur auf die Auflistung der 4 bekanntesten Stadt-Strände. New Yorker fahren übrigens gerne übers Wochenende zu den Stränden weiter östlich auf Long Island. Das alleine bedeutet aber eine mehrstündige Anfahrt, am besten mit der LIRR (= Long Island Railroad). Beliebt sind dort: Long Beach, Jones Beach und der schönste, Robert Moses Beach.

Auslauf für Mensch und Tier: im Central Park

- **Coney Island Beach/Brighton Beach:** Coney Island, östlich der Stillwell Avenue, **Brooklyn**. Am schnellsten zu erreichen. Mittlerweile auch recht sauber. Für Sie wohl die beste Wahl, da Sie von hier aus das NY Aquarium und abends dann noch die russischen Restaurants in Brighton Beach erreichen können. Subway-Stationen: Stillwell Ave., West 8 St./NY Aquarium, Ocean Parkway und Brighton Beach.
- **Rockaways**: **Süd-Queens**, dem JFK-Airport vorgelagert. Der schönste Strand auf Stadtgebiet. Über 7 Meilen lang. Die schönsten Abschnitte liegen um die 9th St., um die 23rd St. und zwischen 80th und 118th Street. Beste Subway-Stationen: Rockaway Park und Wavecrest.
- **Orchard Beach:** Schöner – oft aber sehr lauter und voller Strand – in der **Nordost-Bronx**. Schwer zu erreichen: Mit dem 6-Train bis Pelham Bay Park und dann mit dem Bus BX-12 weiter. Einziger Vorteil: Abends können Sie Fisch essen gehen auf der nahen City Island.
- Auf **Staten Island** sind die Strände entlang der Südostseite die besten: South Beach (Bus S-52), Great Kills Park und Wolfe's Pond Park (beide Bus SI-103). Grundsätzlich gilt aber, dass die Strände in Brooklyn und Queens schöner sind. Für Staten Island würde nur die Tatsache sprechen, dass Sie sich sowieso schon in diesem Stadtteil aufhalten.

Sport ansehen

Amerikanische Sportarten erfreuen sich mittlerweile auch bei uns großer Beliebtheit. Also, warum nicht mal zuschauen bei den Stars? Baseball ist ein Volkssport, und hier zählt weniger das Spiel – die Regeln versteht man sowieso erst nach Jahren – als die Atmosphäre im Stadion („Familienfest mit Hot Dog, Bud und Coke"). Das Footballspiel dagegen ist etwas aufregender, wobei New York auf diesem Sektor z.Zt. keine Topmannschaft aufzuweisen hat. Die „Jets" sowie die „Giants" bemühen sich jedoch, dieses zu ändern. Basketball mag uns wohl am ehesten liegen. Doch hat dieses Spiel einen großen

Haken: Die Kartenpreise sind exorbitant. Wer das Glück hat, dass gerade ein großes Tennisturnier (US Open) in Flushing Meadows gespielt wird, sollte dort ein Spiel mit ansehen. Tickets kaufen über das Internet (ratsam von Europa aus, da kurzfristig oft schwierig): www.ticketmaster.com

> **Infos**
> zu Sportveranstaltungen aller Art im New Yorker Raum: www.nyc.gov/sports.

- **Basketball**

Saison: Ende Oktober bis Anfang Juni

- Das Profiteam sind die „New York Knickerbockers", kurz „Knicks" genannt. Sie spielen im Madison Square Garden (7th Ave. zw. 31st und 33rd Sts.). Die Tickets sind teuer, und es ist auch nicht ganz einfach, welche zu bekommen (Box Office: (212) 465-MSG1). Versuchen Sie es über Ticketmaster: (212) 307-4100, www.ticketmaster.com. Die Fan-Line der „Knicks" lautet: (212) 465-5867, www.nba.com/knicks.
- Ein Basketball-Erlebnis ganz anderer Art ist **„The Cage"** (W. 4th St., nahe Sheridan Square, **Greenwich Village**). In diesem „Käfig", von meterhohen Drahtzäunen umgeben und eher an das Streetball in den Slums erinnernd, spielen an Wochenenden begabte Nachwuchsstars, Broker, Arbeiter und wer sonst noch glaubt, den Ball im Korb platzieren zu können. Das Niveau ist relativ hoch, und tagtäglich kommen viele Schaulustige hierher. Nicht selten werden auch Turniere und Meisterschaften ausgetragen, meist unter dem Titel „West 4th Street Tournament" (siehe Veranstaltungsblätter).
Und wer Basketball-Souvenirs sucht, der sollte mal im **NBA-Store** reinschauen: 5th Ave./52nd St., **Midtown**.

- **Football**

Saison: September bis Ende Dezember/Anfang Januar

Beide New Yorker Profiteams, die „New York Giants" sowie die „New York Jets", spielen im Giants Stadium in New Jersey: Meadowlands Sporting Complex, East Rutherford, NJ. Busse fahren von Manhattans Port Authority Bus Terminal aus dorthin. Da die Tickets zumeist nur als Saisontickets verkauft werden, werden Sie nur mit sehr großem Glück an eines geraten. Versuchen Sie es bei Ticketmaster (Tel.: (212) 307-4100, www.ticketmaster.com) oder direkt am Stadion:
- Giants: Tel.: (201) 935-8222, www.giants.com
- Jets: Tel.: (516) 560-8200, www.jets.com

- **Baseball**

Saison: April bis Oktober

- Die „New York Yankees" spielen im Yankee Stadium in der Bronx (161st St./River Avenue, Subway-Station: 161st St./Yankee Stadium). Karten gibt es direkt unter Tel. (718) 293-6000 (www.yankees.com) oder über Ticketmaster: Tel. (212) 307-4100, www.ticketmaster.com.

7. Spezialtipps: Touren/Sightseeing/Sport treiben/Strände/Sport ansehen

- Die „New York Mets" spielen im Shea Stadium in Queens (126th St./Roosevelt Ave., Flushing, Subway Station: Willets Point/Shea Stadium). Karten gibt es unter (718) 507-TIXX, www.mets.com).

- **Tennis**

- Das entscheidende Tennisturnier sind die **US Open** Ende August/Anfang September. Sie finden im National Tennis Center im Corona Park in Flushing Meadows (Queens) statt (Subway Station: Willets Point/Shea Stadium). Tickets gibt es ab Mai über Tel.: 1-866-673-6849, www.usopen.org. Es wird schwierig, für die Endrunden Karten zu bekommen, aber für die Vorrunden ist das i.d.R. kein Problem.
- Im November gibt es noch ein hochdotiertes Frauentennis-Turnier im Madison Square Garden, das sog. **WTA Tournament**, an dem die 16 besten Frauen der Rangliste teilnehmen. Tickets gibt es ab September unter (212) 465-6741 o. 465-6000.

- **Eishockey**

Saison: Oktober bis April

In der Stadt spielen nur die „New York Rangers", und zwar im Madison Square Garden (www.newyorkrangers.com). Rangers Tickets: (212) 465-MSG1 und über Ticketmaster: (212) 307-4100.

❸ Entspannen/Massagen/Körperpflege

New York ist anstrengend, daher sollten Sie sich auch mal etwas Gutes gönnen. Rücken und Füße werden es Ihnen danken. Immer mehr „Spas", „Nail Studios", Manicure-Studios" und Saunen eröffnen. Auch hier gilt: Fragen Sie im Hotel nach einem nahe gelegenen Studio nach. Hier nur ein paar Empfehlungen:
- **Nymph:** 112 Mercer Street, zw. Prince u. Spring Sts., Tel.: (212) 219-9833. Nicht ganz billig (ca. $ 40 für 30–40 Minuten), aber entspannend und „neue Energie produzierend" ist die Kopfmassage (mit Öl).
- **Tenth Street Baths & Healths Club/Russian & Turkish Baths:** 268 East 10th St., zw. 1st St. u. Avenue A, Tel.: (212) 473-8806. Tägl. 9–22h, Mi: nur Frauen, Do + So: nur Männer. Russische und türkische Dampfbäder (mehr Platz als in einer Sauna!), Jacuzzi (Whirlpool), Sauna, Schwedische Duschen, Health Bar. Eintritt ab $ 20, Massage ab $ 28 extra. Sehr beliebt bei den New Yorkern und ein Preis-Leistungs-Verhältnis-Geheimtipp.
- **Madison Towers Health Center:** 222 East 38th St., zw. Madison u. Park Avenues, Tel.: (212) 685-6978. Der Tip für Shiatsu-Massage. Ab $ 60 erhalten Sie 1 Stunde (!) Massage und können dazu noch alle Einrichtungen benutzen (Sauna, Dampfbäder, heiße u. kalte Bäder etc.).
- Nagel- und Maniküre-Studios gibt es mittlerweile an jeder Ecke („Nails"), doch seit über 70 Jahren hat sich der legendäre Ruf von **Elizabeth Arden's Red Door Salon & Spa** (691 5th Avenue, zw. 54th u. 55th Sts., Tel.: (212) 546-0200) gehalten. Hier gehen die „Schönen und die Reichen" hin. Massagen, Bäder, Nagelpflege etc., Sie müssen nur genügend tief in die Tasche greifen. Dafür gibt es dann aber auch einiges zu erleben, und die Entspannung wird garantiert.

Amerika individuell

IWANOWSKI'S

Individuelle Tipps

101 USA
GEHEIMTIPPS FÜR ENTDECKER

Die USA sind ein Traumreiseziel vieler Menschen. Doch wohin in diesem weiten „Land der unbegrenzten Möglichkeiten"? Auch beim Wie und Was kann die Wahl schon schwerfallen.

101 USA: Geheimtipps für Entdecker zeigt eine Auswahl bekannter und weniger bekannter Reiseziele, die ideale Anregungen für eine eigene Amerikareise sind. Möchten Sie mit dem Hausboot auf dem St. John's River in Florida kreuzen, auf Barack Obamas Spuren in Washington, Chicago und Hawaii wandeln oder dem Freedom Trail in Boston folgen?

Faszinierende Berichte zu Architektur & Landschaft, Naturparks & Kultur, Stars & Shows sowie vielfältige Tipps zu Sport & Strand, Essen & Trinken zeigen das ganze Spektrum einer USA-Reise.

Wie plane ich eine Tour per Greyhound-Bus, mit dem Motorrad, dem Mietwagen oder dem Wohnmobil? Was zeichnet die einzelnen Staaten aus? Was gilt es bei der Einreise zu beachten? Praktische Reisetipps sowie Steckbriefe zu jedem Bundesstaat runden diesen Sonderband ab.

Das komplette Verlagsprogramm unter:
w w w . i w a n o w s k i . d e

IWANOWSKI'S
Das kostet Sie New York

- Stand: März 2010 -

Auf den Grünen Seiten finden Sie Preisbeispiele für Ihren Aufenthalt in New York, damit Sie sich eine realistische Vorstellung über die Kosten Ihrer Reise machen können. Die angegebenen Preise sind jedoch nur als Orientierungshilfe zu verstehen.

Aktuelle Kurse: 1 US$ = 0,73 €, 1 € = 1,36 US$

News im Web: www.iwanowski.de

Beförderung

Flüge

- **Nebensaison (Winter):** mit viel Glück ab € 350, meistens aber erst ab € 400–450. Stand-By-Tickets gibt es auch schon für weniger, doch sind diese sehr rar. Dabei erfahren Sie erst bis zu 2 Wochen vor Abflug, ob Sie einen Platz erhalten. Manchmal auch erst direkt vor Abflug!!
- **Zwischen- und Hauptsaison:** ab € 400

Reise nach New York: Pauschalangebot

6 Tage New York: Flug, Steuern, Unterkunft in einem Mittelklasse-Hotel (5 Nächte), Transfer vom und zum Airport, 1 Stadtrundfahrt, Reisebegleitung (= Kostenteilung): ab € 900/Person im Doppelzimmer

Taxi (Richtwerte)

- **Vom John F. Kennedy Airport nach Midtown Manhattan:** $ 45 + $ 4,50–8 Tunnel-/Brückenzoll + $ 8 Trinkgeld = $ 53–60 (die $ 45 sind ein Festpreis) – Auf dieser Strecke gibt es nur durch den Midtown-Tunnel eine Maut!
- **Vom La Guardia Airport nach Midtown Manhattan:** Ca. $ 29 + $ 4,50–8 Tunnel-/Brückenzoll + $ 6 Trinkgeld = $ 39–42
- **Vom Newark Airport nach Midtown Manhattan:** $ 35–45 + $ 9–12 Tunnel-/Brückenzoll + $ 5–7 Trinkgeld = $ 49–65. Achtung! Von Manhattan nach Newark wird der Brückenzoll doppelt gerechnet und eine Zusatzgebühr von $ 10 erhoben, da Taxifahrer aus Manhattan i.d.R. keine Fahrgäste aufnehmen

können im Bundesstaat New Jersey und somit leer zurückfahren über die Brücken/durch die Tunnel. Die Preise nach Manhattan variieren je nach Fahrtziel, doch gibt es eine Art Fixrate (beachten Sie den ausgehändigten Zettel).
- **Vom John F. Kennedy Airport nach Brooklyn-Mitte:** ca. $ 33–38 + $ 5 Trinkgeld = $ 35–37

Limousinen

Von der Stadt mit einem Limo-Service zum Airport zu fahren kostet ab $ 45 mit einem Towncar (kurze Limo). Eine überlange Limousine („Stretch-Limo"), der Knüller in New York, kostet etwas mehr (ab $ 55 von Manhattan nach JFK bzw. Newark Int. Airport, das aber nur tagsüber, abends zahlen Sie horrende Preise dafür).

Allgemeine Taxipreise

Grundpreis: $ 2,50. Anschließend fahren Sie für 40 Cent 320 m (1/5 Meile, ca. 3 Blocks). Der Taxameter rechnet also hauptsächlich nach Strecke, wobei bei zähfließendem Verkehr oder Warten 40 Cent zusätzlich pro 120 Sekunden berechnet werden.
Nachts (20h–6h) erhöht sich der Grundpreis auf $ 3.
Zuschlag für Spitzenzeiten an Wochentagen (16 bis 20 Uhr): $ 1.
Trinkgeld: 15–20 % des Fahrpreises sind üblich.
Bei Beschwerden oder vergessenen Dingen im Fahrzeug: Tel.: (212) 221-TAXI.
Übrigens: Um eine Taxilizenz in New York zu bekommen, muss man diese auf dem freien Markt erstehen. Der Marktpreis dafür liegt zzt. bei $ 250.000. Kein Wunder also, dass viele Taxifahrer 12-Stunden-Schichten fahren – 7 Tage in der Woche.

> **Hinweis**
> Bedenken Sie bei allen u.a. Preisen für Shuttlebusse und bes. die öffentl. Verkehrsmittel, dass Sie oft noch eine Taxifahrt von der Endstation des Busses (oft einer der beiden Bahnhöfe) bis zu Ihrem Hotel einplanen müssen. Dafür kommen inkl. Trinkgeld gut $ 10 hinzu ($ 2,50 Grundpreis, $ 6 Fahrpreis, $ 2–3 Trinkgeld)!

Shuttle-Busse (Preise pro Person!)

- **Vom John F. Kennedy Airport nach Midtown Manhattan:** ab $ 16, je nach Komfort und Fahrtziel (einfach nur Manhattan oder direkt zum Hotel)
- **Vom La Guardia Airport nach Midtown Manhattan:** ca. $ 10–14, je nach Komfort und Fahrtziel (einfach nur Manhattan oder direkt zum Hotel)
- **Vom Newark Airport nach Midtown Manhattan:** ca. $ 15–24, je nach Komfort und Fahrtziel (einfach nur Manhattan oder direkt zum Hotel)

Metro/Öffentliche Verkehrsmittel

- **Vom John F. Kennedy Airport nach Midtown Manhattan:** $ 7,25 (AirTrain ($ 5) plus ein U-Bahn-Ticket ($ 2,25). Tipp: Gleich eine Mehrfach- bzw. Wochenkarte für die U-Bahn/Busse kaufen.
- **Vom La Guardia Airport nach Midtown Manhattan:** $ 2,25 (entweder nur Bus oder Bus- und U-Bahn). Tipp: Gleich eine Mehrfach- bzw. Wochenkarte für die U-Bahn/Busse kaufen.
- **Vom Newark Airport nach Midtown Manhattan:** AirTrain zum Newark Airport Train Station. Von dort entweder ohne Umsteigen mit Zug zur Penn Station für ca. $ 12 oder vom Newark Airport Station zum Newark Station für ca. $ 8 und dann mit PATH für ca. $ 2 nach Midtown bzw. Lower Manhattan.

Allgemeine Preise

Bus- und U-Bahn-Tickets, inkl. beliebigen Umsteigens (in begrenzter Zeit natürlich), kostet $ 2,25. Eine Mehrfachfahrkarte („Metrocard") mit unbegrenzten Fahrten für einen Tag kostet $ 8,25, für eine Woche $ 27, für 2 Wochen $ 51,50 und für 30 Tage $ 89. Diese „Zeit"-Karten sind natürlich nicht übertragbar, d.h., sie kann z.B. nicht von 2 Personen für die gleiche Fahrt genutzt werden. Eine Metrocard, die nach Anzahl der Fahrten abgerechnet wird, gibt es auch. Kaufen Sie eine Mehrfachkarte, können Sie bis zu 20% sparen. So kosten 12 Fahrten den Preis von 10.

Fähren/Bootstouren

Staten Island Ferry: kostenlos
Eine 90-minütige **Hafenrundfahrt** um Manhattan (Circle Line/NY Waterways) kostet $ 22–27 pro Person.

Tunnel/Brücken

Die Gebühren liegen i.d.R. bei $ 4,50–6. Bei einigen Brücken/Tunneln höher.

> **Hinweis**
> Bitte beachten Sie, dass bei einer Buchung von Sightseeingtouren, Theaterbesuchen, Rundflügen etc. durch Ihren Hotel-Concierge mindestens $ 5 extra berechnet und dass bei einer Buchung über ein Reisebüro in Deutschland noch höhere Preise berechnet werden. Die hier angegebenen Preisrichtlinien gehen davon aus, dass Sie selber vor Ort buchen.

Sightseeing

- **Stadtrundfahrten/Bootsfahrten (Richtwerte)**
- 2 Tage Süd-Manhattan (südl. Central Park) mit dem Doppeldeckerbus („Hop-on-hopp-off"): ca. $ 22/Person
- 2 Tage Süd-Manhattan/Central Park/Harlem mit dem Doppeldeckerbus („Hop-on-hopp-off"): ca. $ 22/Person
- 3 Stunden mit dem Circle Line-Schiff rund um Manhattan: ab $ 23/Person
- 90-minütige Hafenrundfahrt mit New York Waterways: ab $ 22/Person
- Harlem Gospel Tour: ab $ 35/Person
- **Rundflüge mit einem Helikopter**
- 5 Minuten ab $ 60/Person
- 15 Minuten (die beste: zw. Freiheitsstatue und Central Park) ab $ 85/Person
- 20–25 Minuten (ganz Manhattan oder auch Queens/Brooklyn): ab $ 140/Person

Aufenthalt

Hotelpreise (Preise pro DZ)

> **Hinweise**
> Diese groben Preisangaben basieren auf der eigenen Buchung direkt im Hotel und an „normalen" Wochentagen. Pauschalangebote in Ihrem Reisebüro durch europäische Reiseagenturen können billiger sein! Wochenenden sind ebenfalls billiger. Vergleichen Sie die Preise und bedenken Sie auch, ob das im Reisebüro gebuchte „Gesamtpaket" (Flug, Unterkunft, Sightseeing) unter dem Strich billiger ist.

$$$$$	Luxushotel (z.B. The Plaza/Waldorf Astoria): ab $ 280
$$$$	First Class (z.B. Marriott/Sheraton): $ 200–280
$$$	Mittelklasse (z.B. Quality Hotel, On-the-Ave): $ 150–200
$$	Untere Mittelklasse: $ 90–150
$	Einfach: (z.B. YMCA): $ 55–90

Essen

Preise pro Person (ohne Trinkgeld!)
- **Fine Dining:** Essen ab $ 50 (3 Gänge), 1 Flasche Wein ab $ 25. Hier kann es aber auch deutlich teurer werden.
- **Familien-Restaurant:** Zwischen $ 8 und 16 für das Hauptgericht; Suppen: $ 5–7; Softdrinks: ca. $ 2;
- **Themen-Restaurant:** Zwischen $ 10 und 20 für das Hauptgericht; Suppen: $ 6; Softdrinks: $ 2
- **Normaler Pub mit Küche:** Lunchspecials: ab $ 7; Hamburger mit Pommes: $ 8–10; Schüssel mit Chili: $ 7–9; Shepherd's Pie: $ 9–11; Softdrink: $ 1,50–2; Bier (Flasche): $ 4–5, gezapftes Bier: $ 5–7 (letzteres z.B. Hefeweizen).

- **Imbiss, Fastfood (keine Kette):** (Guter) Hamburger mit Pommes: ab $ 7; Kaffee: $ 1,50; Achten Sie auch hier auf günstige „Specials" (Tagesgerichte): ab $ 5.
- **Fastfood (Kette, z.B. McDonald's, Burger King):** Hamburger: $ 1,50–2,50; Burger + Pommes + Softdrink: ca. $ 4
- **Deli mit Buffet:** Hier wird nach Gewicht berechnet. Also sehr individuell. Ein Tipp: Gehen Sie nicht völlig ausgehungert hier rein, denn dann isst das Auge besonders üppig mit und man lädt sich zu viel auf. Schnell kostet die aufgefüllte Plastikbox dann $ 12 + $ 2 für einen Fruchtsaft + $ 2 für einen „Spezial-Kaffee"! Also: Schauen Sie sich zuerst das Buffet genau an und überlegen Sie vorher. Nehmen Sie anschließend **die kleinere** Plastikbox. Diese zu 2/3 gefüllt genügt voll und ganz als Mahlzeit und kostet so etwa $ 7. Nachnehmen können Sie ja immer …

Museen

Viele Museen sind an bestimmten Tagen „kostenlos", erwarten aber einen Obolus, den man auch entrichten sollte. Die Höhe dieses Obolus wird i.d.R. bekannt gegeben (zwischen $ 3 und 8). Die Museen sind auf dieses Geld auch angewiesen.
Größere Museen verlangen zwischen $ 8 und 12 Eintritt (einige sogar bis zu $ 20), kleinere zwischen $ 5 und 10.

Der **„City Pass New York"** bietet um 50 % vergünstigte Eintrittspreise in/zu folgenden Attraktionen: Empire State Building Observatory (nur das auf dem 86th Floor!), Guggenheim Museum, Museum of Modern Art, American Museum of Natural History, Metropolitan Museum of Art (inkl. The Cloisters) sowie entweder eine Bootsfahrt zur Statue of Liberty/Ellis Island oder eine Bootstour um Manhattan mit der Circle Line. Tickets erhalten Sie an jeder dieser Attraktionen. Es handelt sich dabei um ein Heft, das die Eintritts-Tickets bereits alle beinhaltet. Vorteile: günstige Preise, keine Wartezeit an den Kassen. Nachteil: Sie müssen alle Tickets im Block kaufen, ob Sie nun alles sehen möchten oder nicht. Das Ticket kostet $ 79 (Jugendliche 13–17 Jahre: $ 59) und ist 9 Tage gültig.
Ähnlich funktioniert der „New York Pass", mit dem noch mehr Attraktionen besucht werden können. Der Pass ist aber teurer (1 Tag = $ 75, 7 Tage = $ 155).

Top-Attraktionen

Eintritte zu den Top-Attraktionen, wie z.B. das Empire State Building, liegen ab $ 28 (Rockefeller Aussichtsplattform ab $ 18)!

Broadwayshows

Eine normal erstandene Karte für eine Broadwayshow/Musical (mittlere Preiskategorie) kostet ab $ 60. Beziehen Sie diese über Ihren Concierge am Hotel,

kommen noch zwischen $ 5 und 15, über Ticketmaster bis zu $ 5 hinzu. Restkarten (meist nur für Veranstaltungen am selben Tag) an den TKTS-Schaltern kosten zwischen 30 und 75 % des ursprünglichen Preises. Somit können Sie Glück haben und relativ gute Tickets für $ 20–30 erhalten. Machen Sie aber keine „Lotterie" daraus. Sind Sie nur ein paar Tage da, lohnen das lange Anstehen und das Risiko nur bedingt.
Sollten Sie aber nicht so fixiert sein auf das Stück, das Sie sehen möchten, machen Sie sich vorher eine Liste der für Sie interessanten Stücke und entscheiden Sie dann am TKTS-Schalter anhand der noch vorhandenen Karten.

Und noch etwas: Sparen Sie auch nicht zu sehr an der Sitzkategorie. Die mittlere Preiskategorie sollte es schon sein. Achten Sie daher unbedingt auf den Sitzplan, der an allen Verkaufsstellen aushängt bzw. vorliegt.

Mietwagen

In der Woche sind die Fahrzeuge billiger und kosten bei einem lokalen Anbieter ab $ 45 + ca. $ 20 für die Versicherung (Economy Car/Tag/unlim. km). Am Wochenende, wenn die New Yorker selbst gerne ins Grüne fahren und ein Auto mieten, liegen die Preise 10–20 % höher, und die Fahrzeuge sind dann frühzeitig ausgebucht. Für Wochenenden lohnt die Buchung bereits ab Europa.
Mietwagen bekannter Mietwagenunternehmen (Avis/Budget etc.) kosten ab $ 60 + ca. $ 20 für die Versicherung (Economy Car/Tag unlim. km). Für eine Woche liegen Sie bei $ 320 + ca. $ 120 für die Versicherung. Oft werden für die Einwegmiete von Manhattan zum Flughafen $ 20 berechnet.

Gesamtkostenplanung

Ich habe mich hier bemüht, eine Kostenplanung zusammenzustellen, die mehr oder weniger alle anfallenden Reisekosten für eine Reise nach New York zusammenfasst. Eine Kostenplanung für 2 Personen (im gemeinsamen DZ) könnte also beispielsweise folgendermaßen aussehen (in €).

> **Hinweise**
> - 5 Tage bedeuten 4 Nächte und 7 Tage 6 Nächte in New York.
> - **Preisgünstig** bedeutet: billigstes Flugangebot, Hotel der unteren Mittelklasse, einfaches Lunch (Fastfood/Straßenhändler), zweimal bzw. dreimal Dinner im durchschn. Restaurant, zweimal bzw. dreimal Abendessen im Deli/Imbiss, möglichst viel U-Bahn fahren, mit der U-Bahn vom/zum Flughafen.
> - **Komfortabel** bedeutet: Direktflug, Hotel der oberen Mittelklasse, Lunch im Bistro/Pub, dreimal bzw. fünfmal Dinner in besserem Restaurant, einmal Abendessen im Deli/Imbiss, meistens mit dem Taxi fahren, mit dem Taxi vom/zum Flughafen.

Richtwert: Pauschal habe ich die Erfahrung gemacht, dass ein ca. 5-tägiger Aufenthalt, inkl. einer Broadwayshow, bei 2 Personen einen Tagessatz von ca. $ 130–150 ergeben. Darin sind Unterkünfte, An- und Abreise sowie Einkäufe natürlich nicht enthalten, dafür aber öffentl. Verkehrsmittel, Essen, Trinken und ca. 2 Eintritte in Museen/Attraktionen pro Tag. Grundsätzlich gilt für New York, dass man besonders am Essen und natürlich an der Unterkunft sparen kann. Gerade bei der Unterkunft sollten Sie bedenken, wie viel Zeit Sie wirklich im Hotel verbringen werden.

Wofür	5 Tage (preisgünstig)	5 Tage (komfortabel)	7 Tage (preisgünstig)	7 Tage (komfortabel)
Gepäck- u. Krankenversicherung	15	15	15	15
An- und Abfahrt zum europ. Flughafen	100	100	100	100
2 Flugtickets	1.000	1.400	1.000	1.400
Fahrt vom/zum Flughafen in NY	28	90	28	90
Übernachtungen	450	660	675	990
Amerik. Frühstück/Deli	65	130	95	190
Mittagessen	45	95	60	130
Abendessen	130	280	180	420
Getränke zwischendurch/am Abend	180	220	260	300
1 Broadwayshow	80	150	80	150
1 zweite Broadwayshow bzw. Theater/Oper	/	/	80	150
1 Sightseeingtour mit Bus	40	40	40	40
Eintritte (1–2 Museen pro Tag)	80	80	120	120
Taxifahrten/U-Bahn in Manhattan	60	80	70	110
Eintritte zu Livemusik/Disco (jeden zweiten Tag)	40	40	60	60
Telefonate/Briefmarken	10	10	15	15
Sonstiges/Reserve	100	200	150	250
Gesamt in EUR	**2.483**	**3.590**	**3.028**	**4.530**
... und vergessen Sie nicht Ihre Einkäufe!				

IWANOWSKI'S *i* REISEBUCHVERLAG

FÜR INDIVIDUELLE ENTDECKER

REISEHANDBÜCHER

Europa
Barcelona
Dänemark*
Finnland*
Irland*
Island*
Litauen mit Kurischer Nehrung*
Liparische Inseln, Insel- und Wanderführer *
Lissabon
Madeira*
Madrid
Mallorca, Wanderführer*
Malta mit Gozo*
Moskau & Goldener Ring
Nordspanien & der Jakobsweg*
Norwegen*
Paris
Peloponnes*
Piemont & Aostatal*
Polens Ostseeküste & Masuren*
Provence mit Camargue*
Rom mit Latium
Schottland*
Schweden*
Slowakei*
Slowenien mit Istrien und Triest*
Tal der Loire mit Chartres*
Toskana*
Tschechien*

Asien
Bali*
Hong Kong
Peking
Rajasthan mit Delhi und Agra*
Shanghai
Singapur
Sri Lanka/Malediven*
Thailand mit Phuket*
Tokio mit Kyoto
Vereinigte Arabische Emirate mit Dubai & Abu Dhabi *
Vietnam*

Afrika
Botswana*
Kapstadt & Garden Route*
Kenia/Nordtanzania*
Mauritius/Réunion*
Namibia*
Nambia/ Naturschutzgebiete*
Südafrikas Norden & Ostküste*
Südafrika*
Uganda/Ruanda*

Amerika
Bahamas
Chile mit Osterinsel*
Florida*
Hawaii*
Kalifornien
Kanada/Osten*
Kanada/Westen*
Karibik/Kleine Antillen*
New York
USA/Große Seen*
USA/Nordosten*
USA/Nordwesten*
USA/Ostküste*
USA/Süden*
USA/Südwesten*
USA/Westen*

Pazifik
Australien mit Outback*
Neuseeland*

101 Geheimtipps...
101 Berlin – Geheimtipps und Top-Ziele für Entdecker
101 Inseln – Geheimtipps für Entdecker
101 Namibia – Die schönsten Reiseziele, Lodges & Gästefarmen
101 Safaris – Traumziele in Afrika
101 Skandinavien – Geheimtipps für Entdecker
101 USA – Geheimtipps für Entdecker

REISEGAST IN...

Ägypten
China
England
Indien
Japan
Korea
Polen
Russland
Thailand

* mit herausnehmbarer Reisekarte

Iwanowski's Reisebuchverlag GmbH • Salm-Reifferscheidt-Allee 37 • D- 41540 Dormagen
Tel: 0 21 33/2 60 311 • Fax: 0 21 33/26 03 33 • E-Mail: info@iwanowski.de
www.iwanowski.de

IWANOWSKI'S
Neuigkeiten aus New York

- Stand: März 2010 -

- **Besucherrekord:** 2008 besuchten über 47 Mio. Menschen New York, davon alleine 490.000 aus Deutschland. Für 2011 wird die Zahl 50 Millionen angestrebt.

- **S. 289/428 – NBC-Touren:** Laut einer Leserzuschrift lohnt die Führung durch die NBC-Studios nicht mehr und es wurde die Tour durch die **CNN-Studios** empfohlen: Time Warner Center, 10 Columbus Circle, 3rd Floor, Tel.: (212) 275-8687 od. 1-866-4CNNNYC, Internet: www.cnn.com/insidecnn. Touren: Mo–Fr 8h30–17h. Reservierung dringend empfohlen.

News im Web: www.iwanowski.de

- **S. 315:**
Ausflüge mit dem Boot
Das Unternehmen New York Water Taxi (www.watertaxibeach.com) hat drei „Strände" in New York eröffnet, zu denen Sie laufen bzw. mit dem Water Taxi fahren können.
Water Taxi Beach am South Street Seaport: Tagsüber eignet sich dieser Strand besonders für Besucher, die eine Mischung aus Unterhaltung und Entspannung suchen. Ein Minigolfplatz, Tischtennis und preiswerte Speisen und Getränke sprechen für das sehr familienfreundliche Angebot. Am Abend verwandelt sich der Water Taxi Beach am South Street Seaport in einen „Spielplatz" für das erwachsene Publikum über 21. Der spektakuläre Ausblick auf den East River und die Brooklyn Bridge und die wechselnden DJs, die während der Woche auflegen, sorgen für eine entspannte Atmosphäre und gute Stimmung. Samstags bringt ein DJ die Feierwütigen auf die Tanzfläche und lässt Erinnerungen an die Zeiten des legendären „Saturday Night Fever" wieder aufleben.
Water Taxi Beach auf Governors Island: Erreichbar ist der Strand mit der Governors Island Ferry, die vom Battery Maritime Building ablegt, oder mit dem New York Water Taxi von Manhattan, Brooklyn und Queens aus. Der Water Taxi Beach auf Governors Island mit herrlichem Blick auf die Skyline von Lower Manhattan und auf die Brücken des East River verspricht eine sehr entspannte Strandlocation zu werden, bei der Spaß, Musik und das leibliche Wohl im Mittelpunkt stehen. Erst trainiert man ein wenig bei Beach-Volleyball und Basketball, und anschließend stärkt man sich in einem der beiden Restaurants: Das Backstage Café hat gesunde Bio-Gerichte, Salate, Wraps und gegrilltes Hähnchen im Angebot, während das der Governors Grill auf Klassiker der amerikanischen Diner-Küche spezialisiert hat: Hot Dog und Hamburger sind hier die populärsten Gerichte. Für musikalische Abwechslung sorgen am Wochenende die abends im Highline Ballroom stattfindenden Live-Konzerte. Außerdem gibt es, ebenfalls am Wochenende, kostenlose Nachmittagskonzerte und während der Woche unterhalten abends professionelle DJs das gut gelaunte Publikum.

Neuigkeiten aus New York

Water Taxi Beach Long Island City (Queens, Hunters Point): Er ist per Subway, Bus, Auto und natürlich auch mit dem New York Water Taxi zu erreichen. Dank 980 Tonnen Sand auf über 4.000 Quadratmetern und einer grandiosen Aussicht auf die Skyline von Midtown Manhattan bietet auch dieser Strand tagsüber viel Spaß in der Sonne für die ganze Familie und bei Nacht Partyvergnügen für Erwachsene. Ein DJ lädt jedes Wochenende zu verschiedenen Beach Parties ein. Spezielle **Water Taxi Beach Shuttles** fahren die Besucher übrigens kostenlos von der East 35th Street in Manhattan jeden Freitag von acht Uhr abends bis zwei Uhr morgens und samstags sogar bis drei Uhr morgens zu diesen Events.

Und zudem: Strandbesucher, die unter keinen Umständen auf ein erfrischendes Bad im Atlantik verzichten möchten, haben die Möglichkeit, sich mit dem **New York Water Taxi** im Juli und August jeden Samstag und Sonntag vom Pier 11 an der Wall Street zum **Sandy Hook** am Jersey Shore und zu New Yorks beliebtestem Strand im **Jacob Riis Park** in Queens bringen zu lassen.

- **S. 320: Der Aufstieg in die Krone der Freiheitsstatue** ist wieder möglich, muss aber reserviert werden und es sind nur 10 Personen gleichzeitig dort erlaubt. D.h. lange Warten! Aber der Blick auf die Skyline von Manhattan und das Gefühl, an einem so historischen Punkt zu sein, mag für Manchen die Umstände wert sein. Reservierungen über www.nps.gov/stli. Allgemeine Ticketreservierungen für die Bootsfahrt: www.statuecruises.com bzw. 1-877-523-9849.

- **S. 339: New York Stock Exchange (NYSE):** Aus Sicherheitsgründen gibt es zurzeit weder Führungen noch die Möglichkeit, das Gebäude zu besichtigen.

- **S. 344: Woolworth Building**: Aus Sicherheitsgründen kann das Gebäude nicht mehr von der Öffentlichkeit betreten werden.

Gentrification: Und wieder ein neuer „In"-Stadtteil

*Jahrzehntelang verkommen, nur bekannt als Eldorado der Lampenhändler und Restaurantausstatter, wurde das Gebiet um die **Bowery** (S. 355) nun als nächster „In"-Stadtteil von Immobilienmaklern, Hotelbesitzern und Galeristen entdeckt. Nachdem zuerst die umliegenden Gebiete wie das East Village, dann NoHo, später schließlich die Lower East Side mit dem schicken, wenn auch unpassenden **Hotel on Rivington** ($$$, 107 Rivington St., nahe Essex Street, Tel.: (212) 475-2600, www.hotelonrivingtn.com) aufstrebten, wurden jetzt die ersten Hotels an der Bowery eingeweiht. Allen voran das besonders bei Filmleuten sowie Schauspielern sehr beliebte **Bowery Hotel** ($$$–$$$$, Bowery, zw. 3rd und Broad Sts.) in zumindest dem Gebiet nachempfundener Architektur ... wenn auch zu hoch dafür. Nur ein Jahr später folgte das **Cooper Square Hotel** ($$$, Bowery, zw. 5th u. 6th Sts.), das als steiler „Glaszahn" nun so gar nicht hierher passen sollte. Doch das **New Museum of Contemporary Art** ein paar Blocks weiter südlich ist in seiner Gestaltung aus 6 Quadern auch nicht gerade passend, ganz zu schweigen von den großen, einfach nur pragmatischen Glasmonstern um die Kreuzung Houston Street/Bowery.*

Langjährige Bewohner der Gegend müssen diesen Wandel wohl in Kauf nehmen. Immer mehr Galeristen – viele von ihnen aus Chelsea kommend – suchen nun die

Bowery und seine umliegenden Areale auf und etablieren sich dort. Ebenso fragen immer mehr wohlhabende New Yorker nach, ob es nicht die eine oder andere nette, alte Wohnung zu kaufen gibt. Die alten Geschäfte beginnen zu schließen, der legendäre Punk-Rock-Club CBGB's hat bereits geschlossen und die Kneipenwelt wandelt sich allmählich in Richtung „Klein, aber fein-Restaurant".

Das ist typisch für New York. Erst ist ein Gebiet uninteressant, dann gilt es als wenig attraktiv und plötzlich, nur weil zwei oder drei Investoren es wagen, hier zu investieren, schießen die Preise in die Höhe und der Wandel beginnt. So war es mit TriBeCa, dem Village, dem East Village, NoHo und vielen anderen Gebieten. Bleibt abzuwarten, was nach der Bowery ansteht ...

- **S. 360:** Das **New Museum of Contemporary Art** ist nun doch umgezogen an die Bowery. Siehe Kasten unten.

- **S. 360: Der Kajak-Verleih** am Pier 26 (N. Moore St.) wurde geschlossen. Doch wird nach einer Alternative gesucht. Siehe *www.hudsonriverpark.org*.

S. 381ff.: Meatpacking District: A District gets glossier and more and more „chi-chi"

Das ehemalige Fleischverpackungsviertel, berüchtigt wegen seines Gestanks, der Bordelle und anrüchigen Kneipen, wird immer mehr hip. Zuerst kamen einige Underground-Discos, dann das eine oder andere Restaurant, später änderten Kneipen und Diner wie Hogs & Heifers *sowie* Florents *ihr Angebot (und auch die Preise) und mittlerweile sind die* **Top-„In"-Designer** *eingezogen. Allen voran* Paula McCartney *(Tochter des Beatle). Ihr folgten* Diane von Fürstenberg, Alexander Mc Queen *sowie die Dessous Boutique* La Perla *(alle im Bereich Ecke 14th St./Washington St.), in denen einfache Dinge wie Schals und BHs gerne mal $ 500 kosten können. Und wer wirklich was auf seine Kleidung hält und zudem überhaupt einen Termin erhält, der lässt sich hier einen Exklusiv-Termin geben, um in Ruhe den neuesten Schick anzuprobieren. Übrigens, New Yorks größter* **Apple Store** *(Ecke 14th St./9th Ave.) befindet sich auch hier.*

Alte Kühlhäuser für Fleisch verwandelten sich also in schicke Läden, deren Mietniveau sich in kürzester Zeit auf über $ 3.000 pro qm pro Jahr hochschraubte. Die **Discos** *hier sind heute so angesagt, dass man, wenn man nicht bekannt ist, kaum Einlass findet ... und das auch nur, wenn Kleidung und Alter (bloß nicht über 30 sein!) stimmen. Doch die Discos sind so schnell angesagt wie auch wieder „out". Aber schnell findet sich ein neues Konzept und in rasantem Wechsel macht ein neuer Tanzschuppen auf.*

2009 wurde ein neuer Park eröffnet, der **High Line State Park**. *Die bereits eröffnete Sektion reicht von der Gansevoort Street zur 20th Street und wird später bis zur 34th Street weitergehen. Dabei handelt es sich um einen „Park" auf einer ehemaligen, hochgesetzten Trasse einer Eisenbahnlinie. Die hat einst die Lagerhäuser der Westside mit dem Hauptschienennetz verbunden. Die Schienen wurden schon lange nicht mehr genutzt, doch die gusseisernen Hochtrassen blieben erhalten und bieten heute einem einzigartigen Park die Ebene. Neben Ruhewiesen gibt es Wanderpfade, organische Anpflanzungen und oft werden auch Veranstaltungen hier abgehalten. Toll! Der Park ist tägl. 7–22 Uhr geöffnet, www.thehighline.org.*

IV Neuigkeiten aus New York

- **S. 421: Museum of Arts & Design:** siehe im Kasten unten.

- **S. 424/465 – International Center of Photography:** Das Museum hat nur noch den Standort in Midtown (6th Ave.). Die Ausstellung in der Upper West Side (5th Ave.) wurde geschlossen!

- **S. 425:** Das **Museum of TV and Radio** heißt jetzt **The Paley Center for Media**. Der Name wurde dem Gründer *William S. Parley* gewidmet. Eigentlicher Grund der Umbenennung ist aber, dass sich hier nun nicht nur auf Fernsehen und Radio konzentriert wird sondern ein weiterer Fokus auf moderne, digitale Medien gerichtet wird.

- **S. 427f.: Rockefeller Center:** „Top of the Rock" – Eingang 50th St, zw. 5th u. 6th Aves. Hier geht es zwar „nur" bis auf den 70 Stock, aber die Aussicht von der Aussichtsplattform (Observatory) hat einen großen Vorteil zum Empire State Building. Auf der sehr schmalen Plattform haben Sie einen absoluten Rundumblick über ganz Manhattan und die Randgebiete der anderen Boroughs.

- **S. 435:** Das **Philip Morris Building** heißt jetzt Altria/Philip Morris Building und der Ableger des Museums **Whitney Museum of Modern Art at Altria**.

- **S. 438: United Nations Headquarters:** Von Mitte 2008 bis ca. 2013 zieht die UN um in verschiedenste andere Gebäude. Denn dann wird das gesamte UN-Gebäude von Grund auf renoviert – für 1,9 Mrd. Dollar. Alle Elektroleitungen, Sicherheitsanlagen etc. werden komplett erneuert, die Asbestschichten aus den Wänden gerissen usw. In dieser Zeit finden nur bedingt Führungen statt. Diese werden dann angekündigt.

- **S. 464 Goethe Haus:** Das Goethe Institut zieht seit Ende 2009 um und veröffentlicht dazu folgendes Statement:

„In Zukunft werden Sie uns an drei Orten in Downtown Manhattan finden, alle in Gehnähe zueinander gelegen:
- *72 Spring Street – Bibliothek/Administration*
- *5 East 3 Street – Goethe-Institut Wyoming Building: Veranstaltungen*
- *38 Ludlow Street – Galerie von Goethe-Institut und Europäischer Kunsthalle*

Auf unserer Webseite (www.goethe.de/ins/us/ney) finden Sie alle aktuellen Neuigkeiten.

Unser neuer Eventspace auf der Lower East Side, das Goethe-Institut Wyoming Building, ist inzwischen fertig gestellt und bietet ein spannendes Programm von laufenden Reihen sowie Einzelveranstaltungen in den Bereichen Literatur, Architektur, Performance und Film im Herzen der Downtown-Kunstszene an. Unsere Galerie Ludlow 38, die ab September mit der European Kunsthalle Köln als neuem Partner zusammenarbeitet, wird weiterhin innovative Ausstellungen aus Deutschland und Europa in New York präsentieren."

- **S. 500ff.:** Für den **Stadtteil Brooklyn** soll es einen Pass geben, der für $ 25 den Eintritt in 11 Sehenswürdigkeiten gewährt. Dazu zählen u.a. der Brooklyn

Botanic Garden, das Brooklyn Museum, das New York Aquarium und sogar eine Bier-Verkostung in der Brooklyn Brewery. Der Pass gilt 2 Tage. Bei der letzten Recherche war der Pass aber nicht erhältlich und die Internetseite www.brooklynpass.com nicht aktiv.

- **Ein Leser empfiehlt eine Buslinie in Brooklyn**: Die Linie BY 61 verkehrt zwischen Red Hook im Süden und Williamsburg/Greenpoint im Norden und durchquert dabei das „Zentrum", das jüdische und auch andere ethnische Viertel.

• **S. 508f.: Red Hook**: Nicht immer klappt es mit der Wertsteigerung eines Bezirks in New York. Red Hook ist und bleibt zwar „in", aber nur Wenige wissen dieses hier zu schätzen. Die Verkehrsanbindung bleibt eines der Probleme, auch wenn die Boote von *New York Water Taxi* jetzt regelmäßig hierher fahren (von: Wall Street, Pier 11, Manhattan), erste Supermärkte eröffnet haben und die Fertigstellung eines großen IKEA-Möbelhauses bevorsteht. Die Immobilienpreise stagnieren aber und einige Lokale hier mussten wieder schließen, denn zu wenige Menschen leben wirklich hier. Trotzdem lohnt der Besuch dieses Stadtteiles: Schöne, meist noch kleine Galerien laden zum Bummeln ein und die *„Lehigh Valley"* eine alte Hafenbarkasse (290 Conover St., Öffnungszeiten siehe www.waterfrontmuseum.org bzw. Tel.: (718) 624-4719) kann besichtigt werden.

• **S. 512**, Greenpoint Historic District/Brooklyn: Wer einmal abseits der Touristenpfade wandeln möchte, der sollte nach Greenpoint fahren (Bus B61 von Queens Plaza in Queens oder Jay Street/Borough Hall in Brooklyn). Vor allem entlang der **Manhattan Avenue** lohnt das „Windowshopping". Das Viertel ist polnische orientiert und neben kleinen Geschäften laden **polnische Restaurants** hinter kitschigen Gardinen zu einem Mahl in plüschiger Atmosphäre ein.

- Ein Leser schreibt: „Wer sich in **Brooklyn in das Gebiet um die Court Street** (Stadtteile Cobble Hill/Carroll Gardens) begibt, trifft noch auf ausgesuchte Buchläden (z.B. Book Court, 163 Court St., www.bookcourt.org – u.a. auch Lesungen), alteingesessene Restaurants (z.B. der Italiener „Restaurant Queen", 84 Court St., Tel.: (718) 596-5954) und findet auch noch interessante kleine Geschäfte.

• **S. 529ff.: Coney Island:** Der letzte Vergnügungspark, **„Astroland"** hat 2007 seine Türen geschlossen. Hier entstehen jetzt Apartmentblocks.

• **S. 531: „Nathan's":** *Nathan Handwerker*, ein polnischer Einwanderer, ist nicht der wirkliche Erfinder des Hot Dogs, aber war, zusammen mit seiner damaligen Verlobten *Ida* der Erfinder des typischen Nathan's Hot Dog mit allen seinen Beilagen (Sauerkraut, Käse, Chili oder was man sonst so alles wählen kann). Nathan Handwerker hat zuvor, von 1912–16 im Restaurant des wirklichen Erfinders des Hot Dogs, *Charles Feltman* gearbeitet und gelernt. Feltman hat die Wurst im länglichen Brötchen bereits 1870 das erste Mal auf Coney Island verkauft.

Mittlerweile wird Nathan's Hot Dog weltweit verkauft und der alljährlich auf Coney Island stattfindende „Nathan's Hot Dog Eating Contest" erfreut sich immer größerer Popularität. Mittlerweile liegt der Rekord bei 66 gegessenen Hot Dogs in 12 Minuten!! An der „Wall of Fame" in der Stillwell Avenue, gleich um die Ecke vom Imbiss-Restaurant sind die Rekorde aufgeführt.

> *Neue bzw. neu gestaltete Museen:*
>
> - **New Museum of Contemporary Arts** *(auch als „New Museum" bezeichnet). Befindet sich jetzt an der 235 Bowery in einem 7-stöckigen Neubau, das von den japanischen Architekten* Kzuyo Sejima *und* Ryue Nishizawa *entworfen wurde. Das Gebäude besteht aus versetzt gestapelten Quadern mit einer Gesamtfläche von 5.500 qm. Vom Café der Dachterrasse aus haben Sie einen schönen Blick über Manhattan (Café nur an Wochenenden geöffnet). Im Hause gibt es auch eine Bibliothek und ein weiteres Café im Erdgeschoss. Öffnungszeiten: Mi, Sa+So 12h–18h, Do+Fr 12h–22h. Weitere Infos unter* www.newmuseum.org.
> - **Museum of Arts & Design**: *Ist jetzt am Columbus Square. Widmet sich Alltags- und Kunstgegenständen. Siehe auch S. 421. Infos unter* www.madmuseum.org.
> - **National Cartoon Museum**: *Widmet sich der Comic Kunst. Dort finden Besucher neben der einzigen „Comic Hall of Fame" und der größten Sammlung an Comic-Bänden auch die ersten Entwürfe für den Disney-Film „Plane Crazy", in dem Mickey Mouse und Minnie Mouse ihr Debüt gaben. 594 Broadway, Suite 401, zw. W. Houston u. Broome Sts., SoHo, (212) 254-3511,* www.cartoon.org.
> - **Museum of the Moving Image** *(Queens): Deutlich vergrößert ab 2009. Weitere Infos unter* www.movingimage.us.
> - **Sports Museum of America**: *24 Broadway, Financial District. Es ist das erste und einzige Sportmuseum mit umfassender Sammlung in den USA. Das Museum, das die fortwährende Liebe der Amerikaner zum Sport widerspiegelt, wurde in Zusammenarbeit mit 60 „Hall of Fames" aus dem Sportbereich und anderen Sport-Organisationen aus ganz Nordamerika gegründet. Neben modernen interaktiven Technologien, Originalfilmen und einer Kollektion von Erinnerungsstücken mit Kultstatus, beherbergt das* Sports Museum of America *die legendäre Heisman-Trophäe und das Billie Jean King International Women's Sports Center – die einzige „Hall of Fame" für Frauen überhaupt. Weitere Infos unter* www.thesportsmuseum.com.
> - **Graffiti Hall of Fame**: *Ecke 106th St./Park Ave.,* www.eastharlemtourism.org/graffiti. *Hier können Sie Werke der berühmtesten Sprayer der Szene bewundern. Die Kunstwerke sind aber zumeist auf die Innenseite einer langen Wand auf einem Schulgelände gesprayt. Das bedeutet, dass Sie für das Betreten des Geländes die Genehmigung der Schule benötigen. Trotzdem aber können Sie auch von außen Vieles sehen und außen an die Wand sind auch Graffitis gesprayt.*

8. VORSCHLÄGE FÜR DIE ERKUNDUNG

> **Hinweis**
> Hier wird immer in ganzen Tagen gerechnet. 2 Tage bedeutet also 3 Übernachtungen! Was Sie am An- bzw. Abreisetag noch unternehmen können, wird im Folgenden auf dieser Seite erläutert.

Das erste Mal in New York

- **Grundsätzlich:** Beim ersten Besuch des „Big Apple" sollten Sie die Highlights anschauen, sich Ihr Klischeebild erfüllen und die übrige Zeit treiben lassen. Doch einen Punkt sollten Sie hinzufügen: Eine Attraktion, Gegend, Kneipe o.ä. abseits der Touristenpfade besuchen, etwas, was Ihnen auch das andere New York zeigt. Das macht das Wiederkommen noch interessanter.
- **Wo übernachten?** Hierzu schlage ich vor, sich ein Hotel in der **Midtown** zu nehmen, denn von hier erreichen Sie viele Sehenswürdigkeiten, die Broadway-Shows und den Abfahrtspunkt vom Sightseeingbus zu Fuß.
- **Anreisetag:** I.d.R. kommen Sie am Abend an. Für mehr als einen Spaziergang in die Umgegend Ihres Hotels und ein Restaurant dort wird es nicht reichen. Außerdem wird Sie der Jet-Lag relativ früh ins Bett zwingen. Überlegen Sie sich aber schon an diesem Abend, was Sie während Ihres Aufenthaltes wann und wie unternehmen möchten, insbesondere, welche Shows o.ä. Sie am nächsten Tag reservieren möchten. Wer nun im Flugzeug zu gut geschlafen haben sollte, dem empfehle ich zu späterer Stunde den Besuch eines Jazz- oder Blueslokals in Greenwich Village.
- **Abreisetag:** Flüge nach Europa gehen i.d.R. erst am Nachmittag, manchmal auch am Abend. Stehen Sie früh auf, denn dann können Sie noch shoppen gehen bzw. ein weiteres Museum Ihrer Wahl (mein Tipp: Lower East Side Tenement Museum) anschauen. Beachten Sie aber, dass ab 16h die Rushhour beginnt und eine Fahrt zu den Flughäfen bis zu 2 Stunden dauern kann. Das frühe Aufstehen hat noch einen Vorteil: Abends im Flugzeug werden Sie so müde sein, dass Sie etwas schlafen können. Das macht die Umstellung auf die europäische Zeit etwas leichter. Bedenken Sie: Wenn Sie um 18h in New York starten, erreichen Sie Europa bei einer Flugzeit von 8 Stunden um 2h New Yorker Zeit (oft erst Ihre vorherige Schlafenszeit im Big Apple), aber bereits um 7h europäischer Zeit. Ein ganzer Tag liegt nun noch vor Ihnen …

Erkundung des Big Apple

Die Schlangen am TKTS-Schalter am Times Square sind oft lang

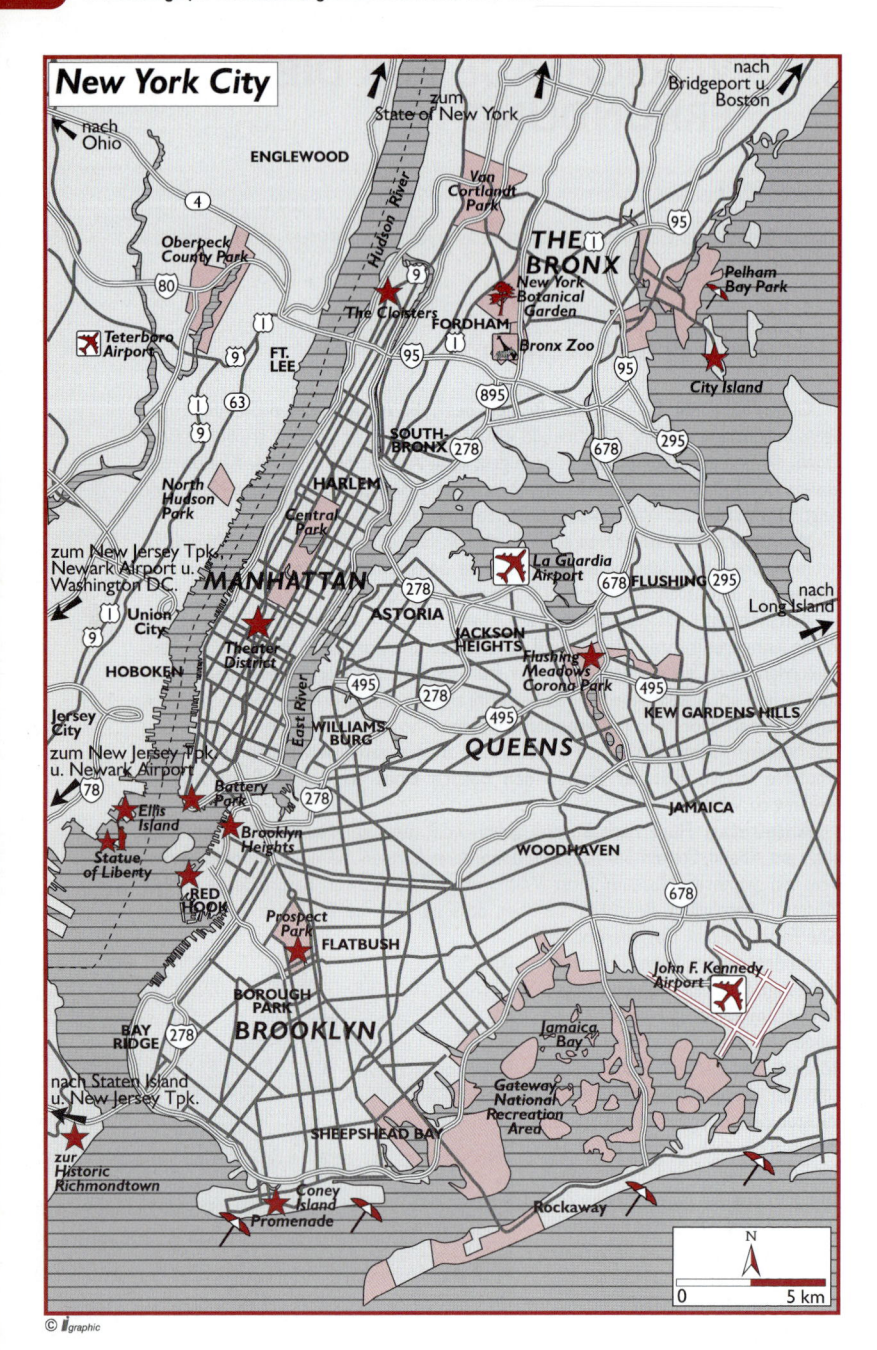

8. Vorschläge für die Erkundung: Das erste Mal in New York

2 Tage für Erstbesucher

- **1. Tag:** Reservieren Sie sich eine Broadway Show. Notfalls zum „normalen" Preis über Ihren Hotel-Concierge, denn das lange Anstehen an den TKTS-Schaltern würde bei einem so kurzen Aufenthalt zuviel Zeit kosten. Unternehmen Sie nun eine Sightseeingtour mit einem Bus. Die 1-Tageskarte genügt. Steigen Sie unterwegs an 3 Hauptattraktionen Ihrer Wahl aus (mein Tipp: Empire State Building, 5th Avenue und Financial District). Im Financial District verlassen Sie den Bus ganz, gehen zur Brooklyn Bridge und von dort durch Chinatown, Little Italy ins East Village, wo Sie dann etwas essen können. Tipp: Notieren Sie während der Bustour, was evtl. am folgenden Tag auf eigene Faust unternehmen möchten, bes. wo für Sie interessante Geschäfte zu finden sind. Den Abend verbringen Sie entweder im East Village oder in der Bleecker Street des Greenwich Village (Blues- u. Jazzkneipen).

Sightseeing und Broadway Show

- **2. Tag:** Lassen Sie sich etwas treiben. Zuerst besuchen Sie **ein** Museum Ihrer Wahl (mein Tipp: Metr. Museum of Art). Den Rest des Tages verbringen Sie mit Shoppen und Spazierengehen. Vom Metr. Museum of Art können Sie z.B. in den Central Park gehen, dann zur 5th Avenue und vielleicht von dort zu einem der beiden großen Kaufhäuser Bloomingdale's oder Macy's (U-Bahn o. Taxi). Abends steht dann die bereits gebuchte Broadway-Show auf dem Programm, die hinterher noch einen Drink in einem der Kneipen des Theater District erlaubt.

3 Tage für Erstbesucher

- **1. und 2. Tag:** Wie oben.
- **3. Tag:** Unternehmen Sie eine Fahrt zur Statue of Liberty und zur Ellis Island (Einwanderermuseum). Starten Sie dazu früh, denn bis mittags werden die Warteschlangen für das Schiff immer länger. Rückkehr wird nicht vor 15h sein. Das genügt noch für das Museum of Jewish Heritage nahe des Schiffsanlegers im Battery Park. Anschließend können Sie noch nach heruntergesetzter Designer-Kleidung im Century 21 schauen (beim Ground Zero). Abends gehen Sie, soweit Sie dort noch nicht gewesen sind, durch SoHo und ins Greenwich Village. Dabei passieren Sie mit Sicherheit ein Restaurant, das Ihnen fürs Dinner zusagen wird. Lokale für ein Abendbier oder einen gepflegten Wein gibt es auch zur Genüge, und lieben Sie Live-Jazz oder Blues, werden Sie hier auch fündig.

Das historische New York

5 Tage für Erstbesucher

- **1.–3. Tag:** Wie oben.
- **4. Tag:** Besuchen Sie zuerst die United Nations. Anschließend ist dann noch Zeit für 1–2 Museen Ihrer Wahl in Midtown bzw. an der Museum Mile (mein Tipp: Soweit Sie das Metr. Museum of Art bereits gesehen haben: Museum of Modern Art, Guggenheim oder Museum of the City of New York). Sollten nun noch Zeit, Energie und Licht vorhanden sein, spazieren Sie durch den Central Park. An Loeb's Boathouse bzw. in der (teuren) Tavern on the Green (vorher reservieren) können Sie zu Abend speisen. Alternative: Essen in einem Lokal in der Upper West Side. Für den späteren Abend sollten Sie sich nichts vorher vornehmen, sondern sich nach spontaner Lust aus dem Programmheft „Time Out" etwas herauspicken (Livemusik, Show o.ä.), was Ihnen zusagt.

Brooklyn Bridge und Central Park

- **5. Tag:** Diesen Tag sollten Sie für den Besuch eines der anderen Boroughs nutzen. Ich schlage dazu Brooklyn vor: Spazieren Sie über die Brooklyn Bridge und gehen Sie zuerst durch Brooklyn Heights. Die Brooklyn Historical Society hier bietet einen geschichtlichen Überblick über den Stadtteil. Anschließend können Sie in der Montague

Machen Sie's den New Yorkern nach: Verschnaufpause nicht vergessen

Street eine Kleinigkeit zu Mittag essen. Gehen Sie dann zum New York Transit Museum, wo die Geschichte der U-Bahn erläutert wird. Schlendern Sie dann durch die Fulton Mall auf der Suche nach Schnäppchen (im Textilbereich) und schauen Sie dabei in Macy's Ableger hier rein und auch in das Gebäude der Dime Savings Bank. Ein Käsekuchen im nahen „Junior's" wird Sie schließlich bis zum späteren Abend sättigen. Alternativprogramm für Brooklyn: Anstelle der Fulton Mall und des Transit Museum fahren Sie zum Prospect Park. Schauen Sie sich dort das Brooklyn Museum (of Art) und den Botanischen Garten an. Der Abend dieses Tages böte drei Alternativen (soweit nicht schon unternommen): Blick vom Empire State Building bei Dunkelheit, osteuropäisch (Kosher-Deli o. russisch) essen gehen im East Village oder irische Livemusik in einem entsprechenden Pub (aus „Time Out"-Zeiten heraussuchen) ansehen/anhören.

Manhattan etwas abseits der Touristenpfade – für Erstbesucher

Für „Erstbesucher" empfehle ich nur einen Tag abseits der Touristenpfade. Dazu hier drei Alternativen:

❶ Unternehmen Sie in Harlem eine Tour mit einem **dort ansässigen** kleinen Unternehmen (z.B. mit Harlem Your Way – Tours Unlimited von Larcelia Kebe). Nach Ende der Tour schlendern Sie durch Harlems Einkaufsstraße, die 125th Street, gehen dann bei Sylvia's etwas essen und beenden den Abend mit einem Drink in der Lenox Lounge.

Das „andere" Manhattan

❷ Ein Kulturtag: Besuchen Sie an einem Tag zwei bis drei von Touristen weniger besuchte Museen Ihrer Wahl. Meine Tipps: Lower East Side Tenement Museum, Whitney Museum of American Art, New York Historical Society, Museum of the City of New York, Jewish Museum, Pierpont Morgan Library und/oder ein ethnisch orientiertes Museum (z.B. Ukrainian Museum o. El Museo del Barrio). Abends – bei guten Englischkenntnissen – ein Theaterstück am Off-Broadway besuchen. Anschließend vielleicht noch Jazz.

❸ Spielen Sie ein wenig „Snob": Schlendern Sie am Morgen durch die Galerien und Geschäfte in SoHo. Anschließend stöbern Sie im Strand Bookstore (Ecke Broadway/12th Street) nach Büchern. Eine Kaffeepause auf dem Union Square sei Ihnen nun vergönnt. Den Mittag verbringen Sie im Flatiron District. Ausgesuchte Einrichtungsgeschäfte und die Old Town Bar (45 East 18th Street) werden Sie für 1–2 Stunden in Beschlag nehmen. Nun geht's zum Shoppen entweder zu Macy's, in die 5th Avenue oder zu Bloomingdale's. Heute heißt es aber: Auch in den umliegenden Geschäfte hineingehen. Ein Schnäppchen wird bestimmt dabeisein. Um den kleinen Hunger zu stillen, sollten Sie nun im Keller der Grand Central Station der „Oyster Bar" einen Besuch abstatten. Um dem Ganzen schließlich die Krone aufzusetzen, können Sie schließlich (in angemessener Kleidung) einen Cocktail einnehmen oder ein Bier trinken in den Bars des St. Regis (King Cole Room) oder des The Plaza Hotel. Sollte noch Geld im Portemonnaie sein und die Energie Sie nicht verlassen, empfehle ich für den Abend ein kleines, gepflegtes Restaurant in TriBeCa, Greenwich Village oder der Upper East bzw. West Side.

New York – für Fortgeschrittene

Hinweis
In diesem Kapitel wird davon ausgegangen, dass Sie die wesentlichen Attraktionen von New York (Empire State Building, Metr. Museum of Art, Times Square, Broadway, Statue of Liberty etc.) bereits gesehen haben.

- **An- und Abreisetag:** Lesen Sie dazu die Einführung auf Seite 301f.
- **Wo übernachten?** Das hängt im Grunde von der Wahl Ihres Programms ab. Grundsätzlich sollten Sie versuchen, eine Unterkunft außerhalb des Touristengebietes um den Times Square zu nehmen. Z.B. das „Regina's New York Bed & Breakfast" in Brooklyn ($–$$), das „Herald Square Hotel" ($–$$), das „Cosmopolitan" in TriBeCa ($$) oder das „Chelsea Hotel" ($$–$$$). Und wenn Sie tiefer in die Tasche greifen wollen, dann sind das mittelpreisige „Paramount Hotel" ($$$, ist aber nahe dem Times Square) bzw. eines der $$$$$-Luxushotels „The Plaza", „Waldorf Astoria" oder „The Pierre" sicherlich eine gute Empfehlung.

2 Tage New York – für Fortgeschrittene

- **1. Tag:** Ein Tag sollte, wie bereits im Vorkapitel beschrieben, noch Manhattan gehören. Dazu hier drei Alternativen:

❶ Unternehmen Sie in Harlem eine Tour mit einem **dort ansässigen** kleinen Unternehmen (z.B. mit Harlem Your Way – Tours Unlimited von Larcelia Kebe, S. 290). Nach Ende der Tour schlendern Sie durch Harlems Einkaufsstraße, der 125th Street, gehen dann bei Sylvia's etwas essen und beenden den Abend mit einem Drink in der Lenox Lounge.

❷ Ein Kulturtag: Besuchen Sie an einem Tag zwei bis drei von Touristen weniger besuchte Museen Ihrer Wahl. Meine Tipps: Lower East Side Tenement Museum, Whitney Museum of American Art, New York Historical Society, Museum of the City of New York, Jewish Museum, Pierpont Morgan Library und ein ethnisch orientiertes Museum (z.B. Ukrainian Museum o. El Museo del Barrio). Abends – bei guten Englischkenntnissen – ein Theaterstück am Off-Broadway besuchen. Anschließend vielleicht noch Jazz.

Ein Kultur-Trip

❸ Spielen Sie ein wenig „Snob": Schlendern Sie am Morgen durch die Galerien und Geschäfte in SoHo. Anschließend stöbern Sie im Strand Bookstore (Ecke Broadway/12th Street) nach Büchern. Eine Kaffeepause auf dem Union Square sei Ihnen nun vergönnt. Den Mittag verbringen Sie im Flatiron District. Ausgesuchte Einrichtungsgeschäfte und die Old Town Bar (45 East 18th Street) werden Sie für ein bis zwei Stunden in Beschlag nehmen. Nun geht's zum Shoppen entweder zu Macy's, in die 5th Avenue oder zu Bloomingdale's. Heute heißt es aber: Auch in die Geschäfte hineingehen. Ein Schnäppchen wird bestimmt dabeisein. Um den kleinen Hunger zu stillen, sollten Sie nun im Keller des Grand Central Station der „Oyster Bar" einen Besuch abstatten. Um dem Ganzen schließlich die Krone aufzusetzen, können Sie schließlich (in angemessener Kleidung) einen Cocktail einnehmen oder ein Bier trinken in den Bars des St. Regis (King Cole Room) oder des The Plaza Hotel. Sollte noch Geld im Portemonnaie sein und die Energie Sie nicht verlassen, empfehle ich für den Abend ein kleines, gepflegtes Restaurant in TriBeCa, Greenwich Village oder der Upper East bzw. West Side.

- **2. Tag:** Haben Sie noch nicht Brooklyn gesehen, besuchen Sie diesen Borough wie im Vorkapitel unter „5 Tage" beschrieben. Kennen Sie bereits Brooklyn Heights, konzentrieren Sie sich eher auf den Prospect Park, das Brooklyn Museum (of Art), den Botanischen Garten und anschließend auf einen Bummel durch die 7th Avenue. Hier gibt es auch ein paar nette Restaurants. Alternativ dazu wären die kleinen Restaurants in Fort Greene für das Abendessen zu empfehlen. Wer abends noch unternehmungslustig ist, sollte alternativ den jüdisch-russischen Tanzpalast „Odessa" (S. 5311) aufsuchen (vorher evtl. spazieren gehen auf dem Boardwalk von Coney Island).

3 Tage New York – für Fortgeschrittene
- **1.–3. Tag:** Wie bei „2 Tagen", doch verbringen Sie 2 Tage davon in Manhattan (siehe Alternativen) und einen in Brooklyn.

5 Tage New York – für Fortgeschrittene
- **1.- 3. Tag:** Wie oben unter „3 Tage" beschrieben.
- **4. Tag:** Fahren Sie zum Corona Park nach Queens und besuchen Sie dort zuerst das Queens Museum of Art („Panorama of New York"); fahren Sie anschließend nach Long Island City, um dort das Museum of the Moving Image anzuschauen. Ist nun noch Zeit, laufen Sie noch zum Socrates Sculpture Garden, wo Sie auch picknicken können und in dessen Nähe sich auch noch das Isamu Noguchi Garden Museum befindet. Abschließen sollten Sie den Tag in einem der griechischen Restaurants in Long Island City oder in einer der unkonventionelleren Lokalitäten an der Steinway Street.
- **5. Tag:**
- Entweder entscheiden Sie sich für einen der unten unter „Einkaufstrips" beschriebenen Tage, oder
- Sie besuchen die Bronx: Zuerst sollte Ihr Weg Sie zum Zoo oder (m.E. schöner) in den New York Botanical Gardens führen. Inklusive der Anfahrt werden Sie damit bis zum Nachmittag beschäftigt sein. Anschließend laufen Sie in die Arthur Avenue, dem wirklichen „Little Italy" von New York. Kaufen Sie sich hier ein paar Dinge für ein Picknick, das Sie später z.B. im Central Park einnehmen können, oder aber essen Sie früh zu Abend in einem der vielen italienischen Restaurants hier. Alternative: Erst fürs Picknick einkaufen und dann in den Botanischen Garten.

Nachdem Sie sich abends im Hotel wieder frisch gemacht haben, sollte Ihr letzter Abend noch einmal Livemusik (siehe aktuelles Angebot im „Time Out") oder eine weitere Broadway-Show versprechen. Sollten Sie übrigens Glück mit Plätzen und dieses rechtzeitig gebucht haben, wäre eine Vorführung der Metropolitan Opera ein ganz besonderes Highlight.

Von Queens bis in die Bronx

3 Tage Kultur – für Fortgeschrittene
Dieses Programm setzt voraus, dass Sie bewusst Museen, Galerien und kulturelle Abendprogramme in den Vordergrund Ihres Aufenthaltes stellen möchten. Ein kleiner Tipp dazu: Packen Sie sich Ihren Tag nicht zu voll und besichtigen Sie an einem Tag nicht nur Museen einer Art (z.B. ausschließlich Gemälde). Das würde zu sehr ermüden.
- **1. Tag:** Sollte zwei Museen Ihrer Wahl entlang der Museum Mile gehören. Packen Sie sich dazu eine kleine Picknickration ein, die Sie zwischendurch im Central Park einnehmen können. Alternativ dazu böte sich die Möglichkeit, in Loeb's Boathouse auf der Seeterrasse zu speisen. Abends eine Broadway-Show.
- **2. Tag:** Ein langer Tag! Ein Besuch der New York Historical Society in der Upper West Side ist nun „Pflicht". Anschließend nehmen Sie ein Taxi zur Cathedral of St. John

the Divine und laufen von dort über den Campus der Columbia University zur Riverside Church (Ausblick). Von dort nehmen Sie dann den Bus in den Norden von Manhattan zum The Cloisters, der riesigen Klostersammlung. Abends nun – New York ist bekannt für seinen guten (Modern) Jazz, sollten Sie ins „Village Vanguard" oder ein ähnlich gutes Jazzlokal gehen (siehe „Time Out" oder Liste S. 248ff).

• **3. Tag:** Dieser Tag steht unter dem Motto Galerien, Buchläden und Büchereien. Beginnen Sie in SoHo und gehen Sie dort auch in die Galerien hinein. Anschließend schauen Sie, was im SoHo Guggenheim Museum und dem New Museum of Contemporary Art ausgestellt ist. Beide liegen dicht beieinander. Nicht viel weiter oben am Broadway stoßen Sie auf den Second Hand-Buchladen Strand (Ecke 12th Street), der wiederum in einem kleinen Gebiet mit zahlreichen Antiquitätengeschäften liegt. Die Mittagspause legen Sie nun in einem Restaurant im Umfeld des Union Square ein. Fahren Sie dann, am besten mit einem Taxi, zur Pierpont Morgan Library. Hier können Sie im Café nach Besichtigung der Bibliothek noch einen guten Kaffee trinken und zum Abschluss (sollte Ihre Energie noch reichen) zur New York Public Library an der 5th Avenue laufen. Am Abend empfehle ich Ihnen einen Off- bzw. Off-Off-Broadway-Theaterbesuch.

Kunst und Literatur

3 Tage Einkaufen – für Fortgeschrittene

Hinweis
Teilen Sie sich für die ersten 2 Tage Manhattan in „südlich der 23rd Street" und „nördlich der 23rd Street" ein.

• **1. Tag:** Südlich der 23rd Street: Beginnen Sie Ihren Einkaufsbummel in der Historic Orchard Street (Lower East Side). Dafür benötigen Sie schon 2 Stunden. Hier sind Textilien am billigsten. Anschließend schauen Sie in Chinatown, ob Sie den Gewürz- und Saucenbestand Ihrer Küche noch aufbessern können. Allemal ist hier wohl eine Stärkung in einer asiatischen Garküche vonnöten. In der südlich davon gelegenen Canal Street gibt es günstigen Schmuck, Uhren, Jeans vom Straßenhändler, schicke Sonnenbrillen und allerlei Elektroramsch. Ganz anders dagegen der Musik- und Computerladen J & R 10 Gehminuten entfernt an der Park Row. Zum Schluss dann wären Designer-Textilien zu Ausverkaufspreisen im Century 21 gegenüber dem Ground Zero dran. Wem es noch nicht reicht und wer eher jugendliche Kleidung zu Ramschpreisen sucht, der sollte statt des Century 21 eher die 14th Street westlich der 6th Avenue bzw. NoLita, den kleinen Stadtteil nördlich von Little Italy abklappern.

Shoppen und Genießen

• **2. Tag:** Beginnen Sie an der Ecke 9th Avenue/34th Street. Vorbei an einigen Sonderpreis-Kleidungsgeschäften gehen Sie zum Herald Square. Dort wartet das Kaufhaus Macy's schon auf Ihren Einkauf. Wenn Sie hier wieder herauskommen, ist bestimmt schon Lunchtime. Dafür eignet sich die Man-

Ein Hemd aus New York sollte schon drin sein

hattan Mall gleich gegenüber an der 34th Street. Denn hier im obersten Stockwerk gibt es einige Imbissrestaurants verschiedenster Nationalitäten. Anschließend gehen Sie Stockwerk für Stockwerk hinunter durch die Geschäftsreihen. Damit der Exklusivität New Yorks Genüge getan wird, müssen Sie nun per Taxi zu Bloomingdale's fahren. Ob Sie nach Macy's hier noch reingehen möchten, überlasse ich Ihnen, aber im Umkreis dieses Kaufhauses und dann weiter entlang der 57th Street und später der 5th Avenue warten schon die Top-Boutiquen der Welt mit horrenden Preisen für ohne Zweifel exklusivste Stoffe. Sollte Ihr Textilien-Kontingent bereits ausgeschöpft sein, empfehle ich Ihnen zum Schluss den überaus interessanten Museumsshop des Museum of Modern Art, der dem Museum schräg gegenüber liegt.

- **3. Tag:** Jetzt heißt es noch einmal, die Zeitung und auch die Wochenmagazine studieren! Wo gibt es gerade etwas superbillig? Und dann nichts wie hin! Ist Ihnen eher nach etwas Ausgefallenem bzw. einem Mitbringsel zumute, dann ist der Tipp für New York: Museumsshops. Jedes Museum hat einen solchen Shop, und jeder bietet alles Mögliche zum und um das Museumsthema herum an. Um dort einzukaufen, müssen Sie auch keinen Eintritt bezahlen! Alternativ zu dieser Möglichkeit böte sich noch der Besuch der Chelsea Antique Stores, wo es neben Möbeln auch vieles andere an Kleinigkeiten gibt.

„Schnäppchen"

- **Alternative Shopping-Distrikte** zu o.g. sind: Günstige Sporttextilien und Jeans entlang der Fulton Mall in Brooklyn-Downtown; exklusive Boutiquen entlang der Madison Avenue, parallel zum Central Park; ausgefallene Geschäfte entlang der Bleecker Street in Greenwich Village.

4 Tage abseits der Touristenpfade – für Fortgeschrittene

Also ist alles in den o.g. Bereichen nicht mehr von Interesse? Dann sind Sie mit diesen einzelnen Tagestouren richtig beraten. Hintergrund hier ist, dass Sie sich einfach einen oder mehrere Tage herauspicken können.

- **1. Tag: Thema: Brooklyn.** Fahren Sie zuerst mit der U-Bahn zur Station De Kalb Street. Noch nicht ausreichend gefrühstückt? Dann rein in den Super-Diner „Junior's". Anschließend schauen Sie einmal in die benachbarte Dime Savings Bank hinein. Dann schlendern Sie durch den 10 Minuten entfernten Fort Greene District mit seinen Mittelklasse-Brownstone-Häusern. Nun nehmen Sie ein Taxi (zwischendurch noch einmal aussteigen in Park Slope zum Shoppen/Kaffee trinken?) zum Greenwood Cemetery. Interessant zum Spazierengehen und Geschichte erzählend. Weiter geht es mit der Subway (am besten von der Station Fort Hamilton Pkwy). Nehmen Sie die Bahn nun nach Coney Island. Von der Station Stillwell Avenue aus gehen Sie in Richtung Osten, mal auf dem Boardwalk am Strand, mal auf dem Ocean Parkway/Brighton Beach Avenue. Alte und neue Karussells, Riesenräder und Achterbahnen und weiter östlich dann – genau richtig zur Abendessenszeit – die russischen Restaurants und Kneipen in Brighton Beach, die ein so ganz anderes Bild von New York vermitteln. Zurück nach Manhattan geht es dann wieder mit der Bahn. Wer früh aufgebrochen ist, kann zwischen Greenwood Cemetery und Coney Island auch noch eine Stunde durch das jüdische Viertel Borough Park schlendern.

Eigene Wege gehen

- **2. Tag: Thema: Die Nord-Bronx.** Nehmen Sie die Subway 1 o. 9 bis zur nördlichsten Endstation, der 242nd Street in der Bronx. Hier öffnet sich Ihnen eine große Parkfläche, auf der sich das Cortlandt House Museum befindet. Das über 200 Jahre alte Farmhaus ist schon eine gute Stunde wert. Etwas umständlich mit der Subway wäre nun die Fahrt zum Woodland Cemetery. Am besten, Sie nehmen ein Taxi dorthin.

Die Taxis warten direkt unter der Subwaystation 242nd Street. Bedenken Sie aber, außerhalb Manhattans sind diese meist nicht gelb. Ein kleines T & LC auf dem Nummernschild „verrät" sie aber. Der Woodlawn-Friedhof zählt zu den eindrucksvollsten in New York. Riesige Grabmonumente mögen gar nicht so in das Klischeebild der Bronx gehören. Doch die Nord-Bronx ist Wohngebiet der Reichen. Als Alternative zum Friedhof böte sich ein ausgiebiger Spaziergang durch den New York Botanical Garden an sowie ein Besuch des italienischen Viertels entlang der Arthur Avenue. Um nun zum wohlverdienten Endpunkt dieser Tagesetappe zu kommen, müssen Sie wieder umständlich mit der Subway zur 125th Street in Manhattan zurückfahren. Von dort fährt dann die 6 zur Pelham Bay Park-Endstation. Von hier nehmen Sie dann den Bus nach City Island, einem Fischerörtchen auf der gleichnamigen Insel. Ein Bummel entlang den Bootsanlegern und evtl., falls es nicht schon zu spät ist, durch die kleinen Museen auf der Insel verlangt dann auch nach einem guten Dinner. Fischgerichte in allen Variationen gibt es in den zahlreichen Restaurants hier, und bei gutem Wetter können Sie dabei auch noch auf deren Außenterrassen sitzen.

In der Arthur Avenue (Bronx) gibt es frische Fischsnacks an der Straße

Zurück geht es wieder mit Bus und der 6. Keine Angst, die Subway ist sicher, auch wenn sie durch die South-Bronx führt.

Alternative zur City Island: Die o.g. Arthur Avenue, „das Little Italy" der Bronx.

• **3. Tag: Thema: Manhattan für Sportliche.** Darüber könnte man natürlich Bücher schreiben, aber einen kurzen Vorschlag möchte ich Ihnen trotzdem machen (der auch etwas Sportsgeist erfordert): Bestimmt haben Sie Interesse, ein paar günstige Sportsachen zu kaufen. Damit beginnen Sie das „Tagesetwerk". Ein neues Paar Nikes, ein T-Shirt (es muss ja nicht mit „I love New York" bedruckt sein) und eine luftige Turnhose genügen. Versuchen Sie es damit z.B. mal entlang der W. 34th Street. Natürlich können Sie diese Dinge auch überall anders kaufen. Damit bestückt, schlendern Sie dann durch Chelsea bis zu den Chelsea Piers, dem Megasportzentrum. Hier gibt es Tageskarten. Ob Sie nun Golf oder Basketball spielen bzw. Krafttraining, Turnen, Boxen betreiben möchten: Hier können Sie alles ausprobieren. Natürlich gibt es auch einen Jogging-Pfad. Anschließend können Sie dann die ausgeschwitzte Flüssigkeit im angeschlossenen Brewpub wieder „auffüllen". Für den zweiten Teil des Tages gäbe es dann drei Alternativen, die Sie alle gerne mit dem Taxi anfahren dürfen: Entweder Sie beteiligen sich am Schattenboxen und den „Turnübungen" der Banker im Battery Park oder aber, wohl doch etwas attraktiver, Sie fahren zum Central Park. An Loeb's Boathouse können Sie Fahrräder, Skater oder auch Ruderboote ausleihen. Nutzen Sie diese für 2–3 Stunden. Danach dürfen Sie es sich dann gutgehen lassen. Fahren Sie ins East Village. Im 10th Street Russian & Turkish Bathhouse (268 East 10th St., zw. A u. 1st Ave.) gibt es Saunen, türkische und russische Bäder, Massagen u.v.m. Eine „Gesundheitsbar" (mit Fruchtsäften und Salaten) im Haus erwartet Sie ebenfalls. War der Kalorienverbrauch höher? Dann dürfen Sie auch ins nahe „Kiev"-Restaurant gehen und sich deftige ukrainische Gerichte einverleiben.

Sport und Fitness

Weitere Alternativen: Fahrrad oder Seakayak (es gibt auch Kurse) ausleihen an den Chelsea Piers. Mit dem Fahrrad auf den mittlerweile zu einem großen Teil ausgebauten Wegen rund um die Südspitze von Manhattan fahren bis auf Höhe ABC-City.
• **4. Tag: Thema: Mit dem Mietwagen „einmal rundherum".** Mieten Sie sich einen nicht zu großen Wagen. Reservieren Sie das Fahrzeug für Wochenenden unbedingt vor! Haben Sie aber keine Angst. Auto fahren in der Umgebung von New York stellt kein besonderes Problem dar.

Tipp
Sollte es Ihr Abreisetag sein und der Flug abends gehen, können Sie von Brooklyn aus direkt zum JFK-Airport fahren und das Fahrzeug dort abgeben (Gepäck im Kofferraum verstauen!).

Beginnen Sie den Tag recht früh und besorgen Sie sich evtl. ein paar Dinge fürs Picknicken. Nehmen Sie dann den West Side Highway und fahren Sie nach Norden. Fahren Sie zuerst in Morningside Heights ab und schauen Sie dann vom Turm der Riverside Church auf den Norden von Manhattan, Harlem und den Central Park. Weiter geht's durch Harlems Seitenstraßen und nach Norden durch die lateinamerikanischen Viertel. Hier könnten Sie z.B. ein mexikanisches Frühstück einnehmen (Omelette mit Paprika, etwas Chili etc.). Ziel ist aber The Cloisters, das große Klostermuseum im Norden von Manhattan. Nach dem Besuch ergibt sich eine gute Chance für das Picknick im Fort Tyron Park. Über die imposante George Washington Bridge geht es dann nach New Jersey. Zu sehen gibt es hier nicht viel, soweit Sie nicht einmal einen Eindruck über die neuen Industrieviertel von New York und die wenig attraktive Innenstadt von Newark erhalten möchten. Eindrucksvoll sind aber die vielen alten Eisenziehbrücken, die das Marschgebiet überspannen. Folgen Sie ansonsten einfach dem I-95 nach Süden. Vorbei am Newark International Airport verlassen Sie den Interstate wieder und fahren über die Goethals Bridge nach Staten Island. Möchten Sie nun die Historic Richmond Town besichtigen, sollten Sie bereits am Mittag hier ankommen. Ist es dafür zu spät, fahren Sie besser zur nördlich gelegenen Richmond Terrace (Straße), die Sie schließlich zum Snug Harbor Cultural Center führt. Ein Botanischer Garten, Ausstellungen, ein Kindermuseum und vielleicht ein Kulturprogramm (Musik etc.) mögen Sie zum Verweilen veranlassen. Danach geht es weiter bis zur Verrazano Narrows Bridge, über die Sie fahren und auf der anderen Seite, in Brooklyn dann entlang des Shore Parkway bis nach Coney Island fahren. Ein Spaziergang entlang des Boardwalk auf der „Amüsierinsel" mag genügend Kalorien verbrauchen, um hinterher in Brighton Beach (auch Coney Island) in einem russischen Restaurant so richtig zuschlagen zu können. Sollten Sie Coney Island bereits am Vortag besucht haben, böte sich ein Abstecher nach Williamsburg an (Künstlerszene, Lofts etc.) Ich schätze, mit diesem Programm sind Zeit und Energie des Tages ausgeschöpft. Sollte dieses nicht der Fall sein, können Sie ja noch auf die auf S. 243 aufgeführten Lokale in Brooklyn zurückgreifen. Livemusik und gutes Bier mögen so manchen noch dorthinlocken. Über die Brooklyn- oder Manhattan Bridge geht es dann zurück nach Manhattan.

Natur und Strände

Hinweis
Folgen Sie dieser Route nach dem angegebenen Zeitplan, umgehen Sie nahezu jede Rushhour (die kommt Ihnen entgegen) und Sie sparen die teure Brückengebühr an der Verrazano Narrows Bridge.

9. MANHATTAN SEHEN UND ERLEBEN

Manhattan: Allgemeiner Überblick

Geographische Lage: Insel, umgeben vom Hudson River im Westen, dem East River im Osten und dem Harlem River im Nordosten • *Einwohner:* 1,5 Millionen (1910: 2,33 Mio.) • *Fläche:* 58,5 qkm • Übersichtskarte s. vordere Umschlagklappe

Manhattan besitzt alles das, was man mit New York verbindet: Wolkenkratzer, Weltklassemuseen, das Weltfinanzzentrum, den Central Park, Theater und Konzertsäle der Extraklasse, Luxushotels und den Sitz der Vereinten Nationen, um nur einiges zu nennen. Es ist zugleich Trendsetter, hektisch, überlaufen, voller Überraschungen und scheint nie zu schlafen. Umso stärker schockierte daher der Terroranschlag vom 11. September 2001 nicht nur die Menschen hier, sondern die gesamte Welt. Er „zielte und traf ins Innerste vom Herzen der wohl bedeutendsten Metropole unserer Zeit – und das medienwirksam und live in jeden Haushalt dieser Erde", so ein bekannter Politiker. Doch dazu später mehr.

Mega-City und Trendsetter

Der Inselstadtteil ist von der Fläche her der kleinste New Yorks, gerade einmal 22 km lang und (an der weitesten Stelle) 3,7 km breit.

Bis 1898 stellte Manhattan alleine New York dar. Erst dann schlossen sich die anderen vier Boroughs zu <u>der</u> Megastadt des 20. Jahrhunderts zusammen. Einwanderer aus aller Welt, von denen viele in New York blieben, der große Hafen und einfach die vielseitigen wirtschaftlichen Möglichkeiten, die sich hier boten, ergaben den Rest, den wir jetzt so gerne besuchen. Kulturelle Vielfalt, neue Modetrends, Künstlerszene und natürlich die architektonischen Meisterleistungen, die noch lange nicht ihre Grenzen erreicht zu haben scheinen. Immer wieder fällt den Stadtplanern und Architekten noch etwas Neues ein, selbst der Neubau am World Trade Center bewegte 2 Jahre lang alle Gemüter und die Planungsentwürfe kannten keine Grenzen.

In Manhattan zu leben und zu bestehen, ist nicht einfach: Die Mieten sind hoch, das Leben ist schrill, der Verkehr chaotisch und laut, Arbeitszeiten von durchschnittlich über 10 Stunden am Tag die Regel und Mitleidsempfindungen nahezu unbekannt. Entweder man liebt und schafft es hier oder eben nicht.

Manhattan: imposante Bauwerke und ...

Die, die es hier geschafft haben, die werden es auch überall sonst schaffen, so der gängige, passend arrogante Slogan.

Bei all dem Reichtum, dem Glimmer, den großen Häusern und der drastisch gesenkten Kriminalitätsrate seit Anfang der 1990er Jahre sollte man aber nicht vergessen, dass die soziale Schere sich besonders hier sehr weit geöffnet hat. Schon lange kann ein normaler Arbeiter sich kaum noch eine Wohnung südlich der 90th Street leisten und muss lange Anfahrtswege mit der Subway in Kauf nehmen. Zudem sind viele der neu geschaffenen Dienstleistungsjobs sehr schlecht bezahlt. Der gesetzliche festgelegte Mindestlohn mag vielleicht in den Südstaaten oder im Mittleren Westen halbwegs ausreichen, in Manhattan aber ist er ein Tropfen auf dem heißen Stein. Oft bedeutet er, zwei oder sogar drei Jobs gleichzeitig anzunehmen, morgens Mc Donalds, mittags an der Supermarktkasse und abends noch kellnern. Nur als Beispiel: eine 100 qm (Altbau-) Eigentumswohnung im East Village kostet ab 500.000 Dollar, das sind je nach Kurs, um 5.000 € pro Quadratmeter. Dafür baut man sich in Nebraska eine Luxusvilla. Lehrer können nur in von der Stadt oder einer CoOp subventionierten Wohnung leben und ein mittlerer Angestellter im Staatsdienst mit Frau und zwei Kindern lebt i.d.R. in einer 50-qm-Wohnung in einem der langweiligen Hochhausbauten, aber nur, wenn die Frau auch noch einem Nebenjob nachgeht.

... Menschen, die ihre Nischen suchen

Spiegelbild des 20. Jahrhunderts

Der Drang mitzuhalten fördert aber auch immer neue Trends und Initiativen. Vielleicht ist das einer der Gründe dafür, dass es immer wieder etwas Neues zu entdecken gibt und kein Reiseführer topaktuell sein kann. Und trotzdem hat auch das Alte, das bereits Abgelegte, immer noch einen nostalgischen Reiz und wird konserviert – vielleicht als eine Art Antithese zu dem – oft zu – Modernen. Kaum in einer anderen Stadt der Welt lässt sich die Entwicklung des 20. Jahrhunderts – mit seinen Höhen und Tiefen – besser nachvollziehen. Manhattan hat gefeiert, geprasst, aber auch gelitten und am Rande des Abgrundes gestanden. Läuft die Wirtschaft schlecht, wird als erstes an der Müllbeseitigung gespart, Schlaglöcher tun sich tausendfach auf an den langen Avenues, und die Kriminalitätsrate steigt ins Uferlose – so geschehen um 1990.

Doch rollt der Rubel, besonders an der Wall Street, dem Geldbarometer der Stadt, dann kommen die Bauunternehmen nicht mehr hinterher, planen ehrgeizige Bürgermeister die komplette Säuberung der Stadt, überhäufen Mäzene die Künstler mit ihren Dollars und steigen die Bodenpreise in astronomische Höhen. Es wäre aber nicht diese Stadt, wenn sie sich nicht auch gegen diese, dem ersten Anschein nach positiven, Entwicklungen zu wehren wüsste. Nach nur wenigen Boomjahren schlägt die Stimmung i.d.R. wieder um, wird gegen die Reglementie-

Neighborhoods von Manhattan

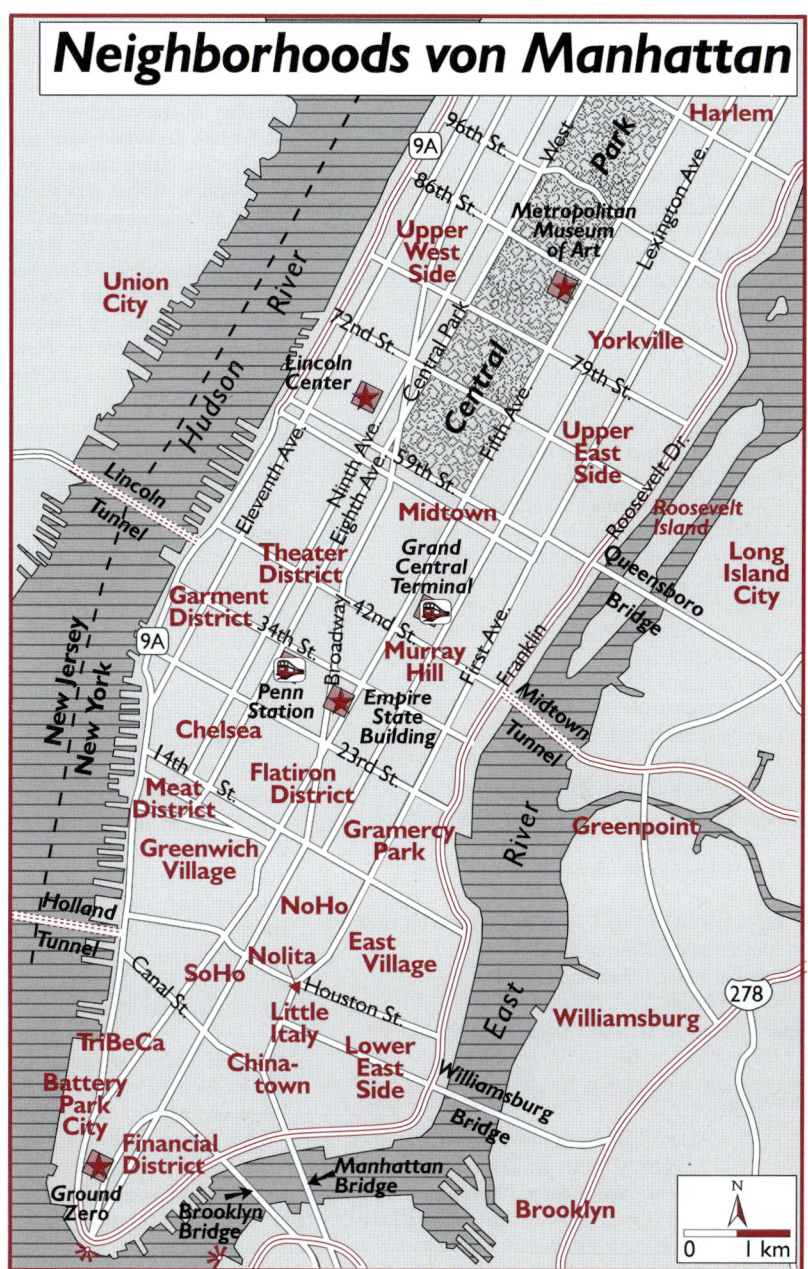

9. Manhattan: Allgemeiner Überblick

Redaktions-Tipps: Erkundung von Manhattan

- **Zur Fortbewegung:** Tagsüber: Nur U-Bahn (Subway), abends auch Taxi oder Bus. Viel laufen. Fahrrad fahren und Skaten sei nur „Alten Hasen" empfohlen. Sportlichkeit sowie Dreistigkeit und Durchsetzungsvermögen im hektischen Verkehr sind dafür nämlich gefragt.
- **Die absolut bedeutendsten Sehenswürdigkeiten Manhattans:** Fahrt zur Freiheitsstatue und Ellis Island; Gegensätze im Financial District; New York Stock Exchange; Lebensarten in Chinatown und dem Greenwich Village; Empire State Building; Macy's (Warenhaus); Times Square; Broadway-Show; Rockefeller Center; Museum of Modern Art; 5th Avenue; United Nations Headquarters; Central Park; American Museum of Natural History; Frick Collection; Metropolitan Museum of Art; Guggenheim Museum; Harlem; The Cloisters.
- **Tipps zur Zeiteinteilung:** Teilen Sie sich Manhattan ein, wie in diesem Buch die Kapitel eingeteilt sind, nach Neighborhoods. Selbst das Wichtigste schaffen Sie auf keinen Fall bei einem 4-tägigen Aufenthalt. Um dieses zu schaffen, benötigen Sie mindestens 7, eher 10 (sehr anstrengende) Tage:

1. Tag: Fahrt zur Freiheitsstatue und Ellis Island. Abends noch TriBeCa und SoHo.

2. Tag: Financial District, Little Italy, Chinatown und Ground Zero

3. Tag: Greenwich Village und East Village

4. Tag: Empire State Building, Chelsea und Midtown (West)

5. Tag: Midtown (Zentrum und East) inkl. Times Square

6. Tag: Upper West Side, Central Park und ein bis zwei Museen an der Museum Mile

7. Tag: Ein weiteres Museum an der Museum Mile sowie Harlem

Und: Schauen Sie auch ins Kapitel „Vorschläge für die Erkundung", S. 301

rungen und die Spekulanten gewettert, kehren viele Künstler der Stadt den Rücken zu und sprießen Bürgerinitiativen „für die Freiheit des Individuums" aus dem Boden. Manhattan und seine Bewohner wollen sich nichts vorschreiben lassen, sie haben einen starken Charakter. So gehen trotz Verbots, noch alle Leute bei Rot über die Ampel und obwohl das Rauchen selbst in Kneipen verboten ist, stellt sich der New Yorker selbst im Regen mit der Zigarette vor die Tür. Nicht zu Unrecht wird Manhattan heute als die Welthauptstadt angesehen und der Times Square – zumindest in den Augen der Nicht-New Yorker – als deren Nabel.

Für Sie als Reisende mag Manhattan zuerst bombastisch, unübersichtlich, schwer zu durchschauen, aber auch anregend wirken. Das alles mag stimmen, und beim ersten Besuch, selbst mit ein oder zwei Reiseführern bestückt, werden sich Ihnen viele Dinge nicht auftun. Wo sind denn nun die guten Restaurants, die witzigen Kneipen, die ausgefallenen Museen und all das andere, von dem man soviel hört? Die hohen Gebäude mögen oft die Sicht versperren, aber der eigentliche Grund liegt in der Lebensart der Menschen hier.

Man weiß einfach, wo etwas los ist. Der New Yorker kennt seine Wege, und man gründet und errichtet hier nichts, damit es die Besucher besser finden. Lassen Sie es also ruhig angehen, schauen Sie auch mal in die Nebenstraßen, folgen Sie nicht blindlings diesem oder anderen Reiseführern und versuchen Sie auf gar keinen Fall, Ihren Besuch mit Programmen vollzupacken. Es ergibt sich sicherlich immer etwas Neues, und Ihr Bedürfnis, Manhattan zu erkunden, wird sich von Tag zu Tag, manchmal sogar von Stunde zu Stunde ändern. Maßgeblich sind da Ihre Kondition und die Grenzen Ihrer Aufnahmefähigkeit, letztere sind schnell erreicht!

Orientierung

> **Klassifizierung der Sehenswürdigkeiten**
> *** = Topattraktion – ein „Muss"
> ** = sollte man gesehen haben
> * = sehr sehenswert
> Alle nicht markierten Punkte lohnen natürlich auch, sind aber von Ihren speziellen Interessen abhängig.

Manhattan lässt sich auf viele Weisen aufschlüsseln. Grundsätzlich gibt es zwei Wolkenkratzer-Gebiete, den Financial District südlich des Civic Center (Rathaus) und Midtown zwischen 34th Street und Central Park. Dazwischen liegen die „älteren" Wohnhaus-, Geschäfts- und ehemaligen Industriebezirke, i.d.R. mit Gebäuden bis zu fünf, oft aber auch nur drei Obergeschossen, wie im Greenwich Village. Um den Central Park herum befinden sich wiederum höhere Wohnhausgebiete, und nördlich davon, in Harlem und Nord-Manhattan, mischen sich alte Baustrukturen mit unattraktiven, riesigen Wohnblöcken, allgemein „Projects" genannt. Hier wohnen die unteren Einkommensschichten.

Orientierung anhand der Architektur

Downtown nennt sich das Gebiet südlich der 14th Street, Midtown das zwischen 14th und 59th Street und Uptown alles nördlich der 59th Street. Grundsätzlich gibt es in Manhattan 29 Stadtviertel (Neighborhoods), wobei immer neue „Kreationen" hinzukommen, wie zum Beispiel „NoLita", ein paar Blocks **North of Little Italy**, das sich von den Strukturen des italienischen Viertels immer weiter entfernt hat.

Um Manhattan zu erkunden, sollten Sie die einzelnen Stadtviertel gesondert besuchen, denn jedes einzelne hat seinen ganz eigenen Charakter. Dafür habe ich Ihnen in den folgenden Kapiteln separate Spaziergänge zusammengestellt und mich bemüht, jeden Stadtteil gesondert kurz vorzustellen. So können Sie in Ruhe vorher entscheiden, was Sie wirklich sehen wollen.

Und noch ein Tipp zum Schluss
Nehmen Sie sich nur so viel vor, dass Sie am Abend noch Energie übrig haben. Nicht selten trifft man Reisende, die den ganzen Tag von einer Sehenswürdigkeit zur nächsten eilen und am Abend erschlagen ins Bett fallen, obwohl sie ja eigentlich noch einen Livemusikauftritt oder ein Musical besuchen wollten. Vergessen Sie nicht: Manhattan schläft nie! Das Abendprogramm gehört dazu und beginnt in dieser Stadt oft spät.

Ausflüge mit dem Boot

Überblick

Genießen Sie die Aussicht auf das Financial Center von Manhattan, besonders bei Fahrten zur Freiheitsstatue bzw. nach Staten Island. Wählen Sie für Ihren Bootsausflug also einen klaren und sonnigen Tag, auch wenn an diesen Tagen viele andere es Ihnen gleichtun werden. Beeindruckend sind also vor allem die Blicke vom Schiff aus.

- **Auf** die Freiheitsstatue sollten Sie sich nicht begeben. Das stundenlange Warten ist es eigentlich nicht wert. Während der Sommermonate dürfen sowieso nur die Passagiere der ersten Fähren (i.d.R. die bis 9h) hinaufsteigen. Ein Besuch auf Liberty Island und ein Spaziergang **um** die Statue genügen. Siehe dazu auch S. 317.

- **Ellis Island** als Symbol für das Einwandererland Amerika ist ein Muss und gehört m.E. zu den Hauptattraktionen eines New York-Besuches.

- **Bootstouren** (südlich) rund um Manhattan – Midtown West bis Midtown East und zurück – sind schön und ein gelungener Einstieg, um Manhattan besser zu verstehen. Warum? Aus der Distanz lassen sich die Baustrukturen und einzelnen Stadtviertel oft viel besser erkennen als aus dem Busfenster heraus, denn dann wird klar, wo es hoch und neu bzw. niedrig und alt ist. Erläutert wird Ihnen alles während der Fahrt.

Hafenrundfahrten bei Sonnenuntergang haben ihren Reiz

- Industrie- und Handelshäfen werden Sie bei einer „Hafenrundfahrt" kaum noch zu sehen bekommen. Die sind mittlerweile ausgelagert, zumeist nach New Jersey. Mit etwas Glück aber liegt gerade ein großes Passagierschiff an den Piers 90–95 (Midtown West).

Rundfahrt um Manhattan
Zeit: 90 Minuten, **Reedereien**: „New York Waterways" und die „Circle Line" sind die beiden Hauptanbieter (siehe S. 289).

Bootstouren mit abwechslungsreicher Skyline

Die Bootstouren legen am Hudson River auf der Höhe von Midtown-West, andere im Financial District ab (Rufen Sie an bei den Unternehmen). Andere Fahrten beginnen aber auch am South Street Seaport, Piers 16 + 17, doch die gehen meist nur den East River entlang. Zuerst führt die Route um Manhattans Südspitze herum. Zu sehen gibt es dabei das Intrepid Sea-Air-Space Museum, die abwechslungsreiche Skyline, das South Street Seaport Historic District und das United Nations Headquarter sowie als Stadtviertel Chelsea, Greenwich Village, den Financial District, die Lower East Side und Midtown. Beeindruckend ist auch die Fahrt unter den großen Brücken hindurch, allen voran die Brooklyn Bridge. Erläuterungen zu den anderen Stadtteilen (Queens und Brooklyn) sowie zu New

Jersey (Hoboken und Jersey City) runden das Bild zudem noch ab. Vor der Queensboro Bridge kehrt das Schiff wieder um, um an der Südspitze, vorbei an Governors Island, zur Freiheitsstatue zu fahren. Angelegt wird nicht, aber gute Fotomöglichkeiten bieten sich allemal. Zurück zum Midtown-Anleger geht es – in einiger Distanz – vorbei an Ellis Island.

Hafenstrukturen mit vielen Schiffen an den Piers werden Sie bei der Schiffsfahrt vermissen. Nur hier und dort sind noch die alten Piers zu erkennen, die aber langsam der immer weiter fortschreitenden Landgewinnung zum Opfer fallen, so wie bereits in Battery Park City geschehen. Die eigentlichen Hafenanlagen New Yorks befinden sich nun in New Jersey, zumeist nicht einsehbar von New York.

Fahrt zur Freiheitsstatue (Statue of Liberty) und nach Ellis Island

Mindestzeit: 4 *Stunden,* **optimale Zeit:** 6 *Stunden,* **Abfahrt:** *Battery Park, nahe dem Castle Clinton,* **Abfahrtszeiten:** *9h–16h30 (oft auch ab 8h, im Sommer auch bis 19h) ca. alle 30 Minuten (Sommermonate), 9h–15h30 alle 45 Minuten (Rest des Jahres). Die Fähre unternimmt nur Rundfahrten: Battery Park – Liberty Island – Ellis Island – Battery Park, keine Einzeltouren,* **Besteigung der Freiheitsstatue:** *nur möglich, wenn man eines der ersten Schiffe nimmt (i.d.R. bis 9h30) – Infos: (212) 269-5755, www.nps.gov/stli.*

Redaktions-Tipps: Bootstouren

A) Hafenrundfahrten

- Die Bootstouren rund um Manhattan sind bei gutem Wetter **schnell ausgebucht**. Telefonisch reservieren (S. 289).
- Achten Sie darauf, auf der **richtigen Seite des Schiffes zu sitzen**. I.d.R. wird zuerst Manhattan und anschließend Liberty Island umrundet.
- Vergessen Sie auch Ihr **Tele-Objektiv** nicht. Es kann manchmal nützlich sein.

B) Freiheitsstatue und Ellis Island

- Um **auf** die Freiheitsstatue zu steigen, müssen Sie während der Sommermonate eine frühe Fähre nehmen (i.d.R. die vor 9h). Wer dann später fährt, erhält keinen Einlass mehr.
- Die Schlangen sind lang. Also auch hier: **Früh anstellen**. Meiden Sie die Wochenenden und Feiertage.
- Gehen Sie herum und machen Sie Fotos und schauen Sie evtl. mal ins Museum hinein. **Nutzen Sie ansonsten besser die Zeit für Ellis Island**.
- Auf Ellis Island können Sie auch im kleinen **Schnellrestaurant** (im Museum) etwas essen. Hier ist es nicht so voll. Ansonsten können Sie auf beiden Inseln gut **picknicken**.

C) Staten Island Ferry

- Fährt von der Südspitze Manhattans ab und ist **kostenlos**. Wunderschöner Blick auf die Skyline des Financial Center und auf die Freiheitsstatue.

Bootstouren von Manhattan aus

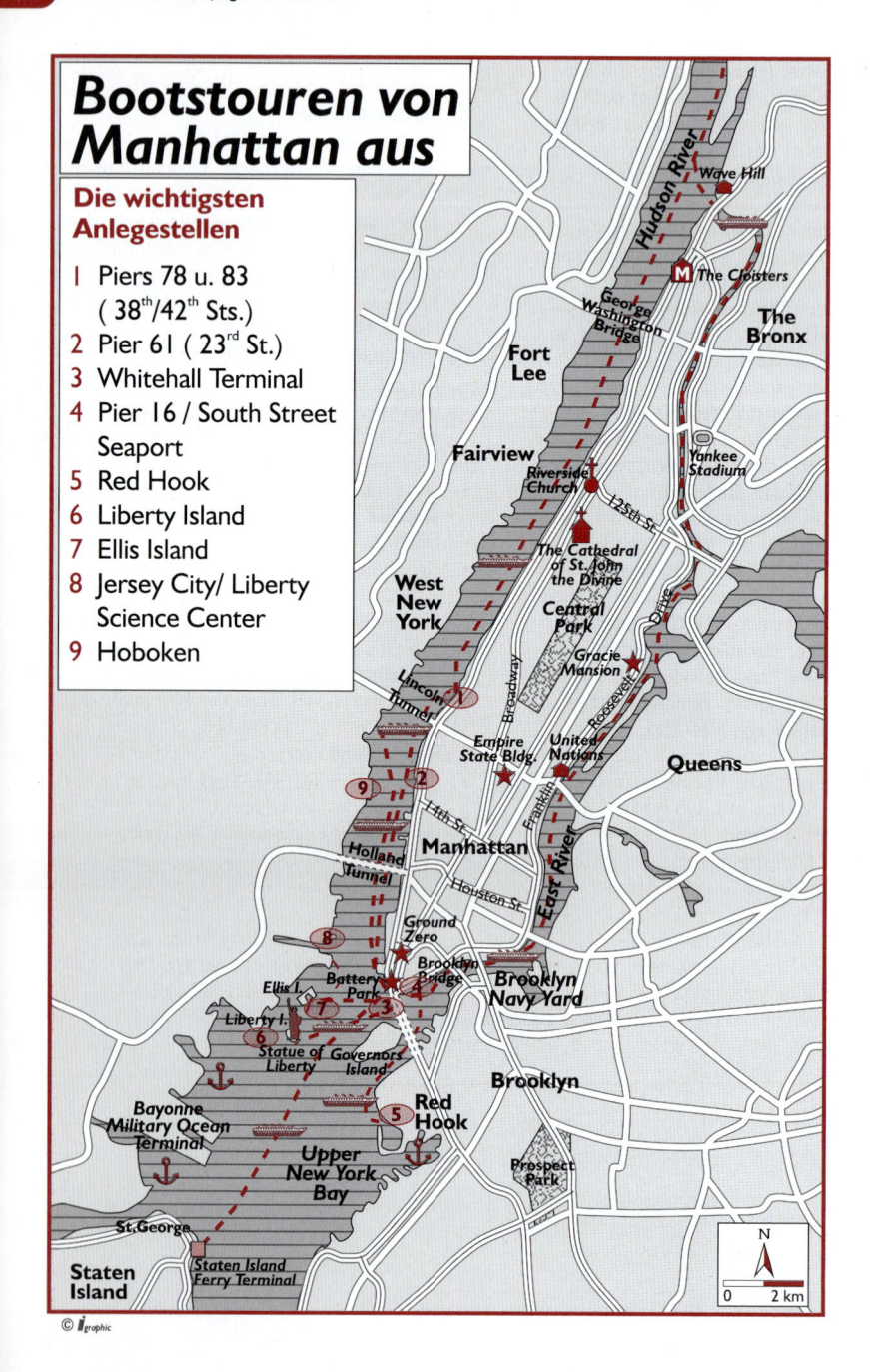

Die wichtigsten Anlegestellen

1. Piers 78 u. 83 ($38^{th}/42^{th}$ Sts.)
2. Pier 61 (23rd St.)
3. Whitehall Terminal
4. Pier 16 / South Street Seaport
5. Red Hook
6. Liberty Island
7. Ellis Island
8. Jersey City/ Liberty Science Center
9. Hoboken

*** Liberty Island (Statue of Liberty)

Täglich erstes Boot um 8h30 – letztes Boot ab Liberty Island 18h15. Im Winter verkürzte Zeiten; Tel. (212) 363-3200, www.nps.gov/stli, Ticketreservierungen für die Bootsfahrt: www.statuecruises.com bzw. Tel. 1-877-523-9849.

Die Freiheitsstatue ist ohne Zweifel ein Wahrzeichen und das augenfälligste Symbol für das Einwandererland Amerika. Millionen von Menschen fahren jährlich zur Insel, und für viele Amerikaner hat der Besuch der „Lady Liberty" Wallfahrtscharakter. Schon lange – und das verleiht der 45 m hohen Statue eine ganz besondere Note – ist diese, aus Bronzeplatten zusammengesetzt, grün angelaufen.

Seit 1886 wacht die Freiheitsstatue über New Yorks Hafen

Geschichte

Früher hieß die kleine Insel nach ihrem Eigentümer „Bedloe's Island" und erst 1956 wurde sie umgetauft in „Liberty Island". Die Idee für die Errichtung stammt von französischen Intellektuellen. Der elsässische Bildhauer *Frédéric-Auguste Bartholdi* entwarf die Außenansicht, *Gustave Eiffel* (Eiffel-Turm) zeichnete für das innere Eisengerüst. Doch eigentlich sollte sie in Alexandria, am Eingang des Suez Canal, in Anlehnung an den „Koloss von Rhodos", aufgestellt werden. Dafür erhielt *Bartholdi* aber keine Genehmigung von den englischen Kolonialherren. Mit Hilfe einer Initiative der französischen Intellektuellen wechselte er sodann das Lager und bot die Statue dem amerikanischen Volk als Geschenk des französischen Volkes an. Die Franzosen erhofften sich davon größere demokratische Freiheiten im eigenen Land und untermauerten ihr Bestreben mit der Erinnerung an die Waffenbrüderschaft in der Zeit der Revolution und an deren vornehmstes Symbol, die *liberté*. Gleichzeitig sollte der erhobene Arm der Figur nicht nur der Welt die Fackel der Freiheit zeigen (eigentlicher Name: „Statue of Liberty Enlightening the World"), sondern auch als Leuchtturm dienen. Wieder stand der „Koloss von Rhodos" Pate.

„Lady Liberty"

> **Ein paar Fakten zur Statue of Liberty**
> **Einweihung:** *28. Oktober 1886*
> **Gewicht:** *226 t*
> **Höhe:** *45 m (Statue) + 45 m (Sockel)*
> **Kopf:** *3 m breit und 5 m hoch*
> **Der rechte Arm (Fackel):** *12,7 m lang*
> **Finger:** *durchschnittlich 2,4 m lang*
> **Symbolisierung:** *Die Liberty tritt auf die entzweiten Ketten der Tyrannei; die 7 Kronenspitzen zeigen auf die 7 Kontinente und 7 Weltmeere; in der linken Hand hält sie die amerikanische „Declaration of Independence" und in der rechten die Fackel, die das Licht der Hoffnung ausstrahlt.*

Frankreich war für die Finanzierung der Statue verantwortlich, Amerika für die des Sockels. 1874 begann *Bartholdi* mit den Arbeiten. Vier kleinere Vorentwürfe aus Ton, Gips, Marmor und Terracotta waren vonnöten, um die eigentliche Figur aus 300 gehämmerten Kupferplatten, getragen von einem Eisengerüst, fertigzustellen. Die Franzosen hatten dabei wenig Probleme, ihren Teil des Projektes zu finanzieren, während es mit der Spendenfreudigkeit der Amerikaner bis 1885 nicht weit her gewesen ist. Erst ein erbitterter, letzter Appell des „New York World"-Herausgebers *Joseph Pulitzer* an den Nationalstolz der (wohlhabenden) Amerikaner brachte schließlich – gewissermaßen in letzter Minute – die nötigen Finanzen zusammen. In einer spektakulären Aktion wurde die Statue schließlich im Mai 1885 über den Atlantik gebracht und auf den Fundamenten des ehemaligen, sternförmig angelegten Fort Wood platziert.

Die pompöse Einweihung fand dann am 28. Oktober 1886 statt. Seither haben Millionen von Einwanderern auf den Schiffen dieses Symbol für Amerikas Freiheit passiert. Hinzu kommen nahezu 60 Millionen Besucher. Zum 100-jährigen Jubiläum im Jahre 1986 wurde die Statue in jahrelanger Arbeit sorgsam renoviert und strahlt jetzt wieder im wortwörtlichen Sinn. Das Ganze hat $ 70 Millionen gekostet!

Aufstieg zur Krone
Wer sich nicht nur an der pathetischen Gestalt (deren Bekanntheitsgrad jedenfalls höher ist als ihr künstlerischer Wert) erfreuen, sondern auch das Innere und die Aussicht genießen will, kann das tun. Im Sommer ist der Aufstieg aber streng reglementiert (s.o.), und wer unter Klaustrophobie leidet bzw. langes Warten in schwüler Hitze nicht verträgt, dem ist davon abzuraten. Zunächst sorgen eine Treppe und ein Lift für den Transport durch den Sockel zur Aussichtsplattform (oft ist der Lift „Außer Betrieb", dann sind es zusammen 364 Stufen bis zur Krone). Von dort führt schließlich eine Wendeltreppe in 171 Stufen (das entspricht 12 Stockwerken) durch die Statue hinauf zur Krone. Der ursprünglich weitere Weg bis hinauf zur Fackel ist angesichts der Besuchermassen nicht mehr möglich.

Traum eines jeden Amerikaners: Einmal aus der Krone schauen zu dürfen

Hinweis
Seit dem 11. September 2001 ist der Aufstieg zur Krone nicht mehr gestattet.

Museum
In der Basis (2nd Level) ist die **Statue of Liberty Exhibit** zu finden, die sich vornehmlich mit der Geschichte, dem Bau und der Konstruktion der Statue beschäftigt. Besonders interessant sind der Film und ein Modell, welches die innere Konstruktion näher erläutert. Zudem ist hier die ehemalige Fackel, die 1986 ausgetauscht wurde, zu sehen.

Sonstiges
Auch wenn Sie nicht auf die Statue hinaufklettern wollen, können Sie die Aussicht auf die Skyline von Manhattan von einem Rundweg aus genießen. Im Inselpark sind auch weitere Skulpturen ausgestellt, die ehemalige Alternativen zu der heutigen Statue darstellen. Im Park lässt es sich gut picknicken, und ein Café mit Terrasse lädt zudem zum Verweilen ein (wobei dieses um die Mittagszeit sehr voll

ist). Beachten Sie aber auch die Schlange am Fähranleger. Nicht selten warten Sie hier über eine Stunde, bis Sie weiterfahren können zur Ellis Island.

*** Ellis Island – „Insel der Tränen und Hoffnung"
9–17h15, im Winter verkürzte Zeiten; Tel. (212) 363-3200, www.nps.gov/elis

Während die Freiheitsstatue die Einwanderer verheißungsvoll begrüßte, wurde vielen von ihnen auf der kleinen Insel Ellis Island zunächst einmal das Gegenteil von Freiheit vorgeführt: Unter den 12 Millionen Menschen (!), die zwischen 1892 und 1954 das Lager passierten, mussten sich Millionen hier einsperren, registrieren, prüfen und etwa 350.000 Personen auch wieder abschieben lassen. Besonders für „politisch oder moralisch Fragwürdige" – z.B. alleinstehende Mütter! – und hauptsächlich während der beiden Weltkriege bedeutete Ellis Island qualvolles Warten und schließlich das Ende aller Träume, so dass sie den Beinamen „Träneninsel" bekam.

Auffanglager für Immigranten

Erst seit 1976 der Öffentlichkeit zugänglich, ist nach dem Ende der Kompetenzschwierigkeiten nunmehr ein großzügiges, informatives **Museum** entstanden, das Ende 1990 eröffnet wurde. Viele erhoffen sich von ihm, dass es sich zu einem Zentrum der genealogischen Forschung Amerikas entwickeln wird, denn immerhin haben Vorfahren von nicht weniger als 40 % aller U.S. Amerikaner dieses kleine Eiland als Asylanten und Flüchtlinge passiert!

Ellis Island, „Insel der Tränen und Hoffnung"

Der Museumskomplex verfügt über eine Bücherei, zwei Theater, 1.500 Fotodokumente, 2.000 andere Ausstellungsstücke u.v.m. Man kann dort per Computer herausfinden, ob vielleicht ein näherer oder entfernter Verwandter über New York in die Vereinigten Staaten eingewandert ist.

Hinter dem Gebäude des Museums, in Richtung Manhattan, befindet sich die **American Immigrant Wall of Honor**, in die über 500.000 Namen von Immigranten eingraviert sind. Z.B. *John Washington*, der Urgroßvater des Präsidenten *George Washington*, und die Urgroßeltern von *John F. Kennedy*. Auch *Marlene Dietrich* ist hier zu finden.

500.000 Namen

1997 wurde übrigens ein jahrzehntelanger, die Öffentlichkeit bereits belustigender Streit zwischen New York und New Jersey gerichtlich beendet: Er spricht den größten Teil der Insel New Jersey zu. New York hat nur Anspruch auf ein kleines Gebiet „unter" dem Museum. Nun kann New Jersey sich daran machen, einen lange gehegten Plan zu verwirklichen und eine Brücke vom Festland nach Ellis Island zu bauen. Dann sollen das Ellis Island Immigration Museum, das Technikmuseum, der Liberty Park und der ehemalige Bahnhof, von dem aus die Immigranten weiter ins Landesinnere gereist sind, zu einer gemeinschaftlichen Touristenattraktion verbunden werden. Bis dahin werden aber noch einige Jahre ins Land ziehen.

> **Tipp**
> Die **Cafeteria** im Ellis Island Museum ist i.d.R. nicht so voll wie die auf Liberty Island. Sie können sich mit Ihrem erstandenen Imbiss dann auch gut nach draußen setzen.

> *Über Ellis Island eingewanderte Bürger (1892–1954): über 12 Millionen. Davon stammten aus:*
> **Italien:** 2.502.000
> **Russland:** 1.893.500
> **Österreich (1905–31):** 859.600
> **Österreich-Ungarn (1892–1904):** 648.200
> **Deutschland:** 633.200
> **England (ohne Schottland/Wales):** 552.000
> **Irland:** 520.900
> **Schweden:** 350.000
> **Griechenland:** 253.000
> **Norwegen:** 250.000
> *Aus der **Schweiz** kamen in dieser Zeit nur 1.103 Einwanderer.*

Governor's Island
Als weitere Insel, größer als die zwei gerade erwähnten und östlich davon gelegen, ist Governor's Island vom Battery Park und den Fähren aus zu sehen. Ihren Namen trägt sie seit der holländischen Zeit, als sich hier die Residenz des Gouverneurs befand. Später wurde sie als Quarantänestation genutzt und anschließend als Ausbildungszentrum der (militärischen) Küstenwache und war damit militärisches Sperrgebiet. Doch mit dem Ende des Kalten Krieges hatte die Insel für solche Zwecke ausgedient, und die Anlage wurde 1997 geschlossen. Die 30 Millionen Dollar Unterhaltskosten pro Jahr waren nicht mehr zu rechtfertigen. Die Bundesregierung wollte die Insel dann für einen symbolischen Dollar an die Stadt New York verkaufen. Diese aber wollte sie nicht, und so soll sie nun an einen privaten Investor für ca. 500 Millionen Dollar veräußert werden. Die Sicht auf Manhattan und das touristische Potential sprechen für eine langfristig lukrative Anlage. Doch hat sich seit 1997 diesbezüglich noch nichts getan.

Die gut sortierten Delis bieten Gelegenheiten für das Zusammenstellen eines leckeren Picknicks

Auf der Insel gibt es einige schöne und alte Häuser (18. u. 19. Jh.) sowie das **Fort Jay** und das Pendant zur Castle Clinton: **Castle Williams**.

> **Tipp**
> Die Fahrt mit der **Staten Island Ferry** ist kostenlos und bietet ebenfalls schöne Ausblicke auf die Skyline von Manhattan sowie die Freiheitsstatue.

Financial District und Civic Center

Überblick: Einst und Heute

Die Stadtteile an der Südspitze Manhattans im Überblick

Charakteristika in Stichworten: Wolkenkratzer und Finanzwelt – 9/11, Terroranschlag auf das World Trade Center – Historisches Hafengebiet – Gebäude aus der Kolonialzeit – Fähre nach Staten Island – Wohngebiet der Broker – Art Deco im Civic Center – Designershopping im Century 21 – Brooklyn Bridge

Übersichtskarte S. 328f

Financial District/Lower Manhattan
Geographische Lage: Südspitze von Manhattan. Südlich der Tangente Brooklyn Bridge – Park Row – Vesey Street • *Einwohner:* 4.000 (ohne Battery Park City und Civic Center) • *Sehenswertes* finden Sie auf S. 327ff.

Geschichte: Dieser kleine Zipfel an Manhattans Südspitze ist die Geburtsstätte New Yorks, im Grunde sogar Amerikas. 1625 errichtete die „Dutch West Indian Company" ihren Handelsposten hier, den sie Nieuw Amsterdam taufte. Ein Kanal („ditch") wurde entlang der heutigen Broad Street geschaufelt.
Ein Fort schützte den Süden der 1.000-Einwohner-Stadt, eine Wand aus dicken Holzbohlen („The Wall" – heute Wall Street) den Norden. 1642 wurde dann das erste Rathaus (Stadt Huys) eingeweiht, und ein Gouverneur, der bekannteste war *Peter Stuyvesant*, regierte die ethnisch stark durchmischte Gemeinde (es wurden hier um 1650 20 Sprachen gesprochen) bis zum Jahre 1664, als sich die Engländer die holländische Kolonie einverleibten. Sie nannten sie fortan New York.
Die Holzwand wurde schließlich 1699 abgebaut und zur Wall Street umfunktioniert. Sie bildete von da an das Herz der Stadt mit der neuen City Hall, administrativen Gebäuden sowie herrschaftlichen Wohnhäusern.

Wall Street

Nach der Unabhängigkeit begann das Finanzwesen, immer mehr zu florieren, besonders aufgrund der Handelstätigkeit im Hafen. Die New York Stock Exchange wurde 1792 gegründet – mit Sitz im Tontine Coffee House *(Ecke Wall u. Water*

Redaktions-Tipps: Südspitze Manhattans

- **Bedeutendste Sehenswürdigkeiten** (S. 327ff): World Trade Center – Site (Entwicklung und Wiederaufbau); Trinity Church; Museum of Jewish Heritage & Living Memorial to the Holocaust; Battery Park City; Staten Island Ferry; Federal Reserve Bank; New York Stock Exchange; Fraunces Tavern Museum; South Street Seaport Museum; Fulton Market; Brooklyn Bridge; Woolworth Bldg.; City Hall; Skyscraper Museum; Hafenrundfahrten vom South Street Seaport aus
- **Restaurants/Picknicken**: Gut speisen in der **Fraunces Tavern** (S. 216) oder ein **Picknick** an der Esplanade, im Battery Park od. auf den Treppen am Seaport Museum mit Blick auf Brooklyn Heights (S. 549ff/559ff)
- **Shoppen**: Top-Designer-Kleidung zu Discountpreisen im **Century 21** (S. 278); Computersoftware bei **J & R**; Windowshopping in der **Nassau Street**.
- **Zeit**: mind. ½ Tag, am besten 1 Tag. Beachten Sie, dass sich für die Fährtour zur Statue of Liberty/Ellis Island, die Aussichtsplattform der World Trade Center-Site und im Geschäft Century 21 bis mittags hin die Schlangen schnell aufbauen. Also hier früh erscheinen bzw. auswählen, was einem am wichtigsten ist.

  Beginnen Sie also mit der Fahrt zur Statue of Liberty und Ellis Island. Unternehmen Sie anschließend den Rundgang durch das Financial Center. Beenden Sie Ihren Tag mit dem South Street Seaport Museum und der Brooklyn Bridge. Aber:
- **Unmöglich**: Eine Fahrt zur Statue of Liberty, dann zur Ellis Island und anschließend noch die komplette und detaillierte Erkundung des Financial District ist an einem Tag zeitlich unmöglich. Sie müssen selektieren!
- **Abends**: Es gibt zwar einige Restaurants und Pubs in der Nähe des South Street Seaport Museums und im Stone Street Historic District, doch ist **der in diesem Kapitel beschriebene Teil New Yorks wenig interessant fürs Nachtleben**.

Sts.). Ein Feuer zerstörte große Teile der Stadt im Jahre 1835, aber das fachte die Investitionswut nur noch an. Vor allem Banken und Handelskontore zogen in die neu errichteten Gebäude ein. Ab 1850 wurden die Geschicke der New Yorker Finanzwelt besonders durch Persönlichkeiten wie *Jay Gould* (Finanzier), *J. Pierpont Morgan* (Stahl, Öl und Eisenbahnen) und *Cornelius Vanderbilt* (Schifffahrt und Eisenbahnen) bestimmt. New York hatte nun einen festen Platz in der internationalen Finanzwelt und löste London als die Nummer 1 in den 1920er Jahren ab. Seitdem schießen die Wolkenkratzer nur so in die Höhe, und ehemals stattliche Bauwerke, wie z.B. die Trinity Church, verlieren sich in den Schluchten dieser Megatürme. 1970 wurde schließlich das World Trade Center eröffnet, damals die höchsten Gebäude der Welt.

Heute: Wie bereits erwähnt, wird das Financial Center bestimmt durch die dichte Ansammlung von Wolkenkratzern, dem Klischeebild ganz Manhattans, das auf unzähligen Fotos festgehalten wird. Sie stehen meist so dicht, dass die Sonnenstrahlen kaum die Straßen erreichen. Trotzdem finden sich zwischen diesen Glas-, Stahl- und Betongiganten, hinter deren Fassaden täglich Hunderte von Milliarden den Besitzer wechseln, noch zahlreiche historische Gebäude, wie z.B. der Fraunces Tavern-Block, die Trinity Church, der Stone Street Historic District und die Häuser des South Street Seaport District.

World Trade Center-Site

Der Anschlag auf das World Trade Center am 11. September 2001 (die New Yorker nennen es kurz „9/11") hat natürlich viel bewegt in diesem Teil New

9. Manhattan: Financial District und Civic Center

Yorks. Viele Anwohner sind geflüchtet und haben sich neue Wohnungen in New Jersey oder weiter nördlich in Manhattan gesucht, sogar viele Konzerne haben ihre Büros nach außerhalb verlegt. Erst nach zwei bis drei Jahren kehrte wieder Normalität ins Geschäftsleben ein und – typisch für New York – strebt jetzt jeder hier danach, dass wieder ein imposanter Stadtteil aus dem Financial District wird, mit einem neuen World Trade Center! Einkaufen kann man hier auch gut, wenn auch nicht gerade zu günstigen Preisen: Die Nassau Street ist die Shopping Mall dieses Stadtteils.

Eines der Highlights ist mit Sicherheit die New York Stock Exchange *(Wall u. Broad Sts.)*, die größte Börse der Welt. Zum Financial District zählen im weiteren Sinne aber auch die Battery Park City (s.u.) und der Battery Park, eine Grünfläche am äußersten Südzipfel. Den besten Blick auf den Financial District haben Sie übrigens von einem Schiff aus (z.B. Staten Island Ferry oder Fähre zur Freiheitsstatue).

Die größte Börse

Battery Park City

Geographische Lage: Zwischen Chambers Street im Norden, West Street im Osten, Pier A im Süden und dem Hudson River • Einwohner: 28.000 • Sehenswertes finden Sie auf S. 327ff.

Geschichte: Dieses ist der neueste Stadtteil Manhattans, der seine Existenz einer massiven Landaufschüttung Ende der 60er/Anfang der 70er Jahre verdankt. 37 Hektar wurden so geschaffen, von denen 10 alleine von die Aushebungen für das World Trade Center stammen. Die Battery Park City wurde dann 1979 komplett auf dem Zeichentisch geplant, und ein Jahr später begannen die ersten Baumaßnahmen. Ziel war es, einen Stadtteil zu errichten, in dem eine gesunde Mischung aus Wohnungen (42 %), Büroräumen und Geschäften (9 %) sowie Grün- bzw. freien Anlagen (30 %) die Lebensqualität steigert (die restlichen 19 % entfallen auf Straßen). Zur Finanzierung wurden finanzkräftige Unternehmen herangezogen, die hinterher aber einen Teil des Gewinnes abgeben mussten für preisgünstige Wohnprojekte in anderen Teilen der Stadt.

Residenz der Finanzwelt/ Wo Broker leben

Viele ehemalige Kritiker bescheinigen heute, dass das Projekt gelungen ist. Kernstück dieser künstlichen Stadt ist ohne Zweifel das **World Financial Center**, dessen vier Bürotürme (nur zwischen 33 und 51 Stockwerke) inkl. Plaza, Winter Garden („Palm Court"), Esplanade (Boardwalk am Hudson River) und Parks von dem Stararchitekten *Cesar Pelli* entworfen wurden. Der Anschlag auf das World Trade Center hat natürlich auch hier seine Spuren hinterlassen. Der gesamte Komplex lag unter Staub und Asche, der Palm Court musste komplett neu eingerichtet werden und in dem Jahr nach dem Anschlag kamen nicht alle Bewohner wieder zurück in ihre „gesäuberten" Wohnungen. Viele hatten Angst, blieben in ihren neuen Apartments, so großenteils in New Jersey (Hoboken, Colgate) und die Verwaltung vom Battery Park musste hohe Mietpreisnachlässe gewähren, um die Gebäude wieder zu belegen.

Heute: Battery Park City ist heute wieder eine vornehme Adresse, und seine Bewohner gehören i.d.R. der Oberschicht der Finanzwelt Manhattans an. Die

vorgelagerte Marina für hochseetaugliche Luxusjachten unterstreicht diese Tatsache und hier und da entstehen auch noch neue Wohnblöcke im Umfeld.
Trotzdem macht es Spaß, hier spazieren zu gehen und den Skatern und Brokern bei ihren „Fitnessübungen" zuzusehen oder auch einfach nur auf einer Bank an der Esplanade zu sitzen und zu picknicken. Der Blick hinüber nach New Jersey, zur Freiheitsstatue und auf den Schiffsverkehr im Hudson River ist eben schön.
Man mag zwar doch bemängeln, dass die Wege und Promenaden ziemlich zugepflastert sind, aber dafür befindet man sich ja auch in New York. Immerhin bieten sich entlang des Hudson River viele neu angepflanzte Bäume über den Bänken, und das Holocaust Museum sowie der Battery Park (Snackbuden, Schatten, Gras) mit dem historischen Castle Clinton lohnen ebenfalls einen Besuch.

Civic Center
Geographische Lage: Zwischen Worth Street im Norden, St. James Street im Osten, Park Row im Süden und Church Street im Westen • *Einwohner:* 3.000 • *Sehenswertes* finden Sie auf S. 327ff.

Geschichte: Bis zum Ende des 18. Jahrhunderts gab es hier nur Marschland, Sümpfe und ein paar schwer zugängliche Weiden. Damals war dieses „Common Land" ein beliebter Treffpunkt protestierender Gruppen. Im nördlichen Abschnitt befanden sich ein Trinkwasserreservoir, im westlichen ein Friedhof für die schwarze Bevölkerung („African Burial Grounds"). 1811 dann wurde die City Hall errichtet, und ihr folgten dann zahlreiche andere Gebäude der Stadtverwaltung. New York zählte zu dieser Zeit gerade einmal 60.000 Einwohner, und das Civic Center lag ganz im Norden der Stadt.

Heute: Die **City Hall** ist auch heute noch zentraler Punkt in diesem Gebiet, doch wird sie überragt vom Woolworth Building gegenüber dem City Hall Park sowie dem Municipal Building. Auch andere Verwaltungsgebäude, wie z.B. das Municipal Building, sind um einiges größer. Die Atmosphäre wird zudem bestimmt von dem aus Brooklyn kommenden Verkehr über die Brooklyn Bridge. Besonders vor bzw. nach Büroschluss fahren, wandern, joggen und skaten die Menschen über die Brücke. Vielleicht möchten auch Sie ja von hier nach Brooklyn Heights laufen, um dort zu Abend zu essen?

City Hall:
Von hier aus wird New York regiert

Spaziergänge/Erkundungen an der Südspitze Manhattans

Hinweis
Beide hier vorgeschlagenen Spaziergänge können kombiniert werden. Bei dem auf der Karte als „langer Spaziergang 1" eingezeichneten Weg haben Sie noch Gelegenheit, hier und dort Abstecher zu machen. Dann benötigen Sie aber wirklich den ganzen Tag!

Spaziergang: Battery Park und Battery Park City
Mindestzeit: 1 Std., optimale Zeit: 2 Std. (wegen Holocaust Museum) • Sehenswertes finden Sie auf S. 328ff.

Beginn: U-Bahn-Station Bowling Green. Der Spaziergang führt vorbei am Old US Custom House mit dem Nat. Museum of the American Indian *(wird evtl. verlegt!)* und dem Fähranleger der Staten Island Ferry. Dann geht es durch den Battery Park und anschließend entlang einer Uferpromenade zur Battery Park City. Unterwegs passieren Sie das Museum of Jewish Heritage & Living Memorial to the Holocaust. Parkbänke laden zum Verweilen ein. Battery Park City ist nur interessant durch seine äußere Erscheinung und die Menschen, die dort joggen, sich entspannen bzw. im Anzug zu ihrer Wohnung flanieren. Einzig der Palm Court lohnt einen Einblick. Am World Trade Center-Site endet dieser Spaziergang.

Spaziergang: Financial District, Civic Center und South Street Seaport
Mindestzeit: 4 Std., optimale Zeit: 6 Std. (wegen der Besichtigungen), Sehenswertes finden Sie auf S. 328ff.

Beginn: World Trade Center-Site (Ground Zero). Als erstes sollten Sie sich Zeit nehmen und von der Viewing Platform aus betrachten, was sich tut bzw. getan hat seit dem 11. September 2001. Schräg dahinter lohnt ein Blick in den Designer-Discounter Century 21. Anschließend steuern Sie auf das Woolworth Building und das Civic Center zu (die kürzere Strecke lässt dieses aus). Entlang der Nassau Street, der Einkaufsstraße des Financial District, kommen Sie dicht vorbei an der Federal Reserve Bank, wo riesige Goldmengen lagern *(Eintritt nur nach 2-wöchiger Voranmeldung)*.

Ground Zero

Die umbaute Trinity Church und die New York Stock Exchange an der Wall Street als absolute Gegensätze bilden das Zentrum des Financial District. Pausen in der Fraunces Tavern oder einem Restaurant an der historischen Stone Street sind nun möglich. Das Fraunces Tavern Museum und am Ende der Tour der South Street Seaport District mit dem großen Schiffsmuseum und dem Fulton Market bilden den Abschluss des Spazierganges und versprechen einen guten Einblick in die Geschichte New Yorks. Beachten Sie hierfür die Öffnungszeiten. Dieser Tag kann lang werden.

Sehenswürdigkeiten in Battery Park City, dem Financial District und im Civic Center (alphabetisch)

Hinweis
Durch dieses Gebiet von New York werden vom Touristenbüro 4 Spaziergänge, nach Farben unterteilt (grün, orange, blau und rot) empfohlen, die an mehreren Hauswänden bzw. auf Karten, die das Touristenamt verteilt kurz erläutert und auf dem Fußwegen mit kleinen Farbkästchen (7 Punkte) markiert sind.

Hinweis *zur World Trade Center-Site*
Im Sommer 2003 begannen die Bauarbeiten auf der „World Trade Center

Site", die nach zahlreichen Verzögerungen bis 2011/2012 abgeschlossen sein sollen. Aktuelle Infos unter www.wtc.com.

African Burial Ground (A1)
Zwischen Duane und Chambers Sts. sowie Broadway u. Centre St.

Bis zum Ende des 18. Jahrhunderts befand sich an dieser Stelle der Friedhof für die Schwarzen (Sklaven und „Freie"). Sie durften, so wollten es die Kolonial- und Kirchengesetze, nicht zusammen mit den Weißen auf den Friedhöfen der Kirchen begraben werden.

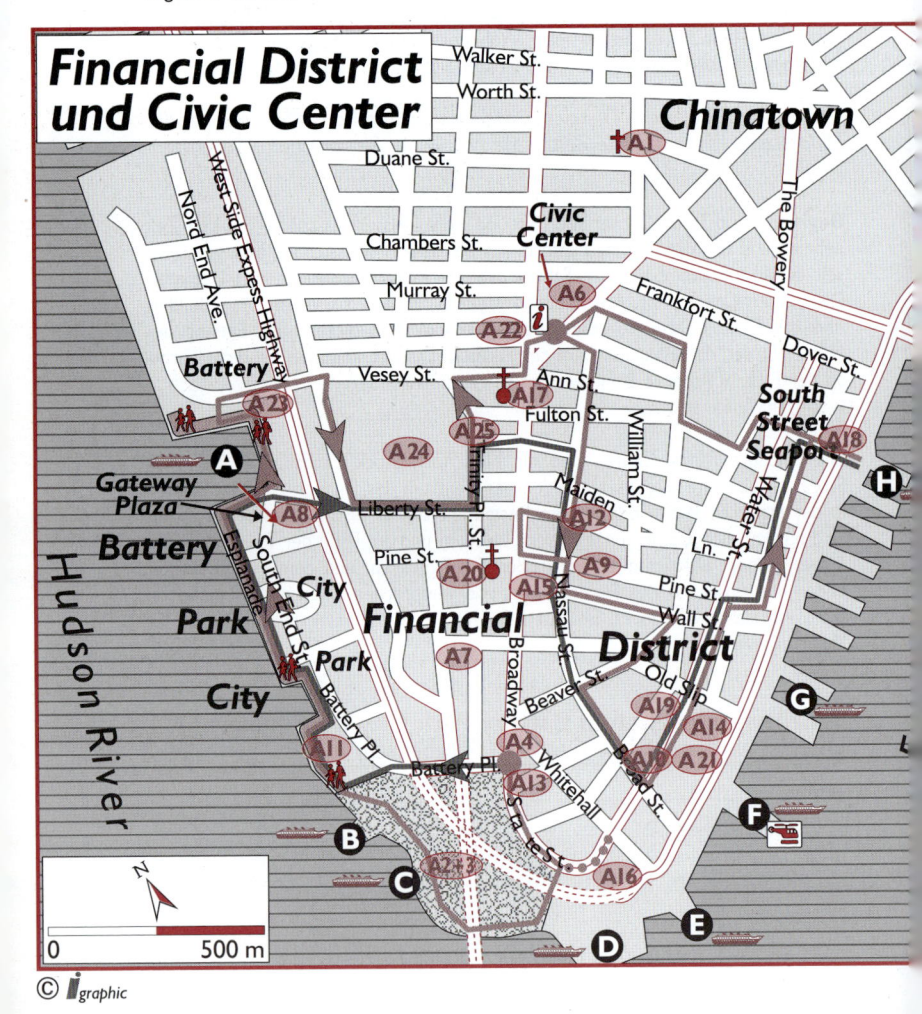

9. Manhattan: Financial District und Civic Center

Da bereits um 1750 der Anteil der Schwarzen an der Gesamtbevölkerung New Yorks bei über 20 % lag, war dieser Friedhof damals einer der größten und diente der schwarzen Bevölkerung auch als Kultstätte und (z.T. geheimer) Versammlungsort. Auch Voodoo-Zeremonien wurden hier abgehalten. Heute erinnert nur noch eine Tafel an die Grabstätten, vieles ist überbaut, der Rest wurde mit Erdmassen aufgefüllt.

Kultstätte

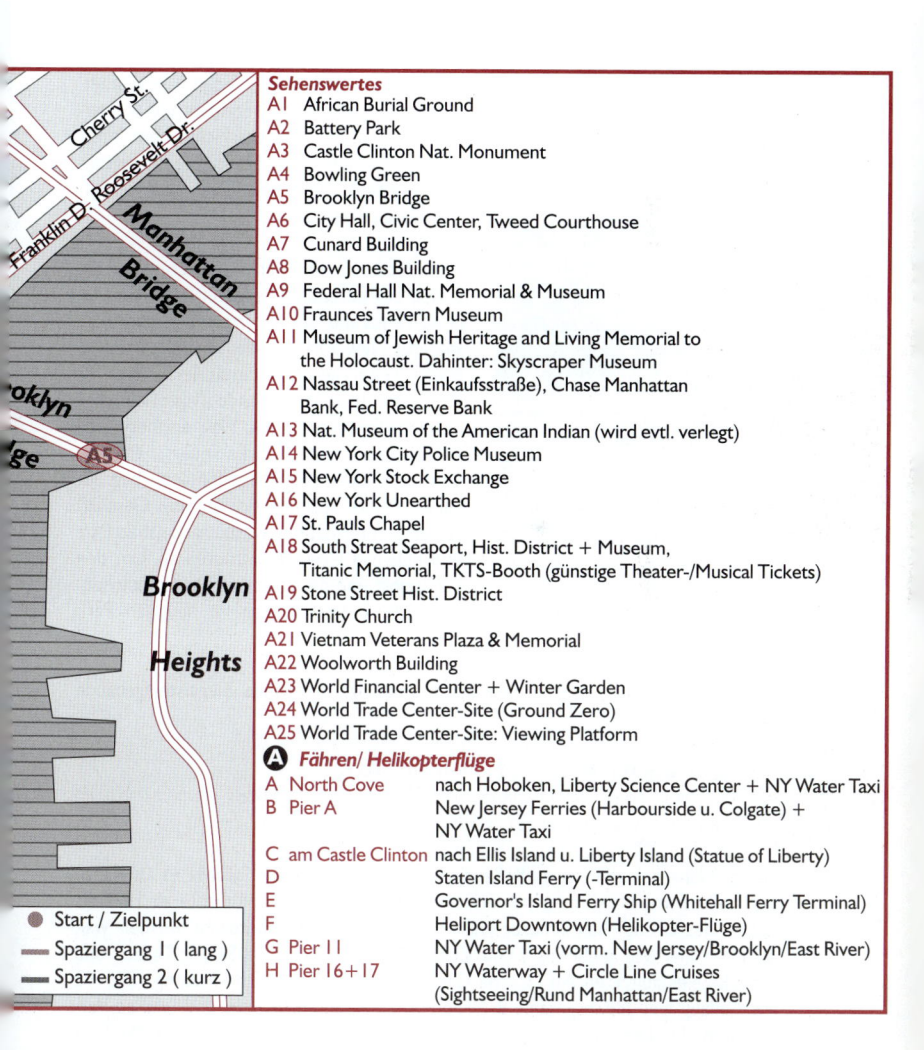

Sehenswertes
- A1 African Burial Ground
- A2 Battery Park
- A3 Castle Clinton Nat. Monument
- A4 Bowling Green
- A5 Brooklyn Bridge
- A6 City Hall, Civic Center, Tweed Courthouse
- A7 Cunard Building
- A8 Dow Jones Building
- A9 Federal Hall Nat. Memorial & Museum
- A10 Fraunces Tavern Museum
- A11 Museum of Jewish Heritage and Living Memorial to the Holocaust. Dahinter: Skyscraper Museum
- A12 Nassau Street (Einkaufsstraße), Chase Manhattan Bank, Fed. Reserve Bank
- A13 Nat. Museum of the American Indian (wird evtl. verlegt)
- A14 New York City Police Museum
- A15 New York Stock Exchange
- A16 New York Unearthed
- A17 St. Pauls Chapel
- A18 South Street Seaport, Hist. District + Museum, Titanic Memorial, TKTS-Booth (günstige Theater-/Musical Tickets)
- A19 Stone Street Hist. District
- A20 Trinity Church
- A21 Vietnam Veterans Plaza & Memorial
- A22 Woolworth Building
- A23 World Financial Center + Winter Garden
- A24 World Trade Center-Site (Ground Zero)
- A25 World Trade Center-Site: Viewing Platform

Ⓐ *Fähren/ Helikopterflüge*
- A North Cove — nach Hoboken, Liberty Science Center + NY Water Taxi
- B Pier A — New Jersey Ferries (Harbourside u. Colgate) + NY Water Taxi
- C am Castle Clinton — nach Ellis Island u. Liberty Island (Statue of Liberty)
- D — Staten Island Ferry (-Terminal)
- E — Governor's Island Ferry Ship (Whitehall Ferry Terminal)
- F — Heliport Downtown (Helikopter-Flüge)
- G Pier 11 — NY Water Taxi (vorm. New Jersey/Brooklyn/East River)
- H Pier 16+17 — NY Waterway + Circle Line Cruises (Sightseeing/Rund Manhattan/East River)

● Start / Zielpunkt
— Spaziergang 1 (lang)
— Spaziergang 2 (kurz)

* Battery Park (A2)

Die friedliche grüne Oase schiebt sich zwischen den geschäftigen Hafen und den Wolkenkratzern des Financial District. Einheimische wie Besucher sind hier durch die Ausblicke auf das Wasser und die architektonische Kulisse immer wieder begeistert. Am Eingang des Parks (unter dem übrigens ein mehrspuriger Autotunnel nach Brooklyn, eine west-östliche Verbindungsstraße und zwei Subwaylinien verlegt sind) ist ein Fahnenmast den ersten europäischen Bewohnern Manhattans, den holländischen Siedlern, gewidmet. Weitere Denkmäler und Statuen sind von nationalem und personengeschichtlichem Interesse und erinnern an bestimmte Immigranten(-gruppen), Wirtschaftsführer und Gestalten des Geisteslebens.

Am Nordende des Parks passieren Sie die Statue des florentinischen Seefahrers **Giovanni da Verrazano**, der als erster Europäer (das spätere) New York mit dem Schiff erreichte. Etwas weiter liegt der restaurierte **Pier A**, der letzte noch bestehende (viktorianische) Feuerschiffpier der Stadt. Man erinnere sich an die alten Photos, wo die Feuerschiffe große Ocean Liner mit Wasserfontänen begrüßt haben. Heute befinden sich auf ihm Geschäfte, eine Information, Restaurationsbetriebe und nebenan legen Bootstouren ab. Um den Pier selbst und die Stadt in früheren Jahrhunderten zu schützen, wurde die erste Batterie an Kanonen im heutigen Park aufgestellt, die ihm dann den Namen gab.

Beliebt bei Joggern: Battery Park

Inmitten des Battery Park erhebt sich das massige und runde Ziegelsteingebäude des

• Castle Clinton National Monument (A3)

Castle Clinton National Monument, Battery Park, Öffnungszeiten: tgl. 8h30–17h, im Sommer länger geöffnet, Tel. (212) 344-7220, www.nps.gov/cacl, Eintritt frei

Geschichte Manhattans

In der Nähe des ehemaligen holländischen „Fort Amsterdam" wurde es als Kanonenstellung vor dem britisch-amerikanischen Krieg erbaut und diente ab 1824 als Stätte des öffentlichen Amüsements. Nachdem es 1844 überdacht worden war, konnten hier vor mehr als 6.000 Zuschauern weltberühmte Sänger, Tänzer und Schauspieler auftreten. Als „Castle Gardens" wurde die Clinton-Festung 1855–92 als Auffanglager für insgesamt 8 Millionen Immigranten benutzt und war so Vorgängerin der berühmteren Ellis Island (s.u.). Für 45 Jahre beherbergte das Fort anschließend das New Yorker Aquarium, um dann, nach Zeiten des Verfalls, als nationale Gedenkstätte restauriert zu werden. Als solche will es an die genannten historischen Zusammenhänge erinnern. Außer den verschiedensten Ausstellungsstücken sind im Inneren die Wandgemälde interessant, die das Aussehen Manhattans im Lauf der Geschichte wiedergeben.

Heute werden im (und auch um) Castle Clinton zudem Musikveranstaltungen geboten, so z.B. während der Sommermonate die „Lunchtime"-Konzerte junger Nachwuchsmusiker, die unter dem Motto „Battery Park Young Performers Series" stattfinden. Für die nächsten Jahre soll die Programmstruktur noch deutlich erweitert werden.

Nach dem Besuch des Forts sollte man die schöne Sicht von der Promenade aus genießen, die bis nach Jersey City jenseits des Hudson, zur Ellis Island, zur Freiheitsstatue, nach Staten Island, Governor's Island und Brooklyn reicht. Am Südende des Parks befindet sich die Abfahrtsstelle für die kostenlose Fähre nach Staten Island. Die Fähre zur Liberty Island (Freiheitsstatue) und Ellis Island ist nahe dem Castle Clinton *(Tickets dafür gibt es im Castle).* Bei schönem Wetter – auch wenn Sie bereits eine Manhattan-Rundfahrt mit einem anderen Schiff gemacht haben – sollten Sie trotzdem auch eine Schiffstour von hier unternehmen.

Lohnende Ausblicke

Tipp
Für den Besuch der Freiheitsstatue (siehe S. 316ff) sollten Sie mindestens 2 Stunden (+ z.T. sehr lange Wartezeiten) einplanen, die gleiche Zeit muss auch für das Museum auf Ellis Island gerechnet werden. Für die Fährpassage nach Staten Island (allein das alte Fährgebäude auf Manhattan-Seite ist sehenswert) und retour ist eine gute Stunde zu veranschlagen. Im Sommer verkehren die kostenlosen Fähren alle 20–30 Minuten.
Am Nordende des Battery Park befindet sich das Holocaust Museum (s.u.).

- ### * Battery Park City
Westlich des West Side Highway, zw. Chambers St. und dem Battery Park. Siehe auch Geschichte (oben).

37 Hektar Land wurden in den 70er Jahren aufgeschüttet, um einen modernen, auf dem Reißbrett entwickelten, Stadtteil zu ermöglichen. Mehrere, renommierte Architektenbüros haben an der Planung mitgewirkt, und heute stellt sich die Battery Park City als eine gesunde Mischung aus Büro-, Wohn- und Geschäftshäusern mit Grünanlagen und einer Uferpromenade dar. M.E. hätte man noch mehr Grün einsetzen können, aber das mag den New Yorkern wohl nicht so wichtig gewesen sein. Der einzige Protest bei Baubeginn begründete sich auf der Tatsache, dass der Stadtteil damals verkehrstechnisch nicht optimal an Süd-Manhattan angebunden war.

Auf dem Reißbrett entwickelt

1995 lebten hier bereits 7.000 Menschen, 1998 waren es schon 20.000 und heute sind es zwischen 27.000 und 32.000, alle natürlich mit einem wohlgefüllten Bankkonto. Die Immobilienpreise sind immens hoch, aber ein Teil der Verkaufserlöse wird weitergeleitet in andere, ärmere Stadtteile.

Kernstück des Stadtteiles bildet das **World Financial Center (A23)**, dessen vier Hochhäuser mit ihren markanten geometrischen Dachaufbauten schon von weitem auffallen. In diesem Komplex, der vom bekannten Architekten und Designer *Cesar Pelli* entworfen worden ist, befindet sich das Palm Court Center, besser bekannt als **Winter Garden**. Er soll an die englischen Wintergärten („Crystal Palaces") des 19. Jahrhunderts erinnern. Bis zu 15 m hohe Palmen wurden in dem imposanten Atrium aus Glas und Stahl gepflanzt. Zudem locken teure Geschäfte und Restaurants wohlhabende Kunden, und oft finden hier auch Kulturprogramme statt.

Mit Firmen wie Merrill Lynch, American Express und Dow Jones (**Dow Jones Building (A8)**) holten sich die Betreiber des WFC auch gleich renommierte „Aushängeschilder", die weitere anlocken sollen.

Gelungen war der Kontrast zu den weitaus höheren Zwillingstürmen des World Trade Center. Je nach dem Gelingen des Neubaus an Stelle der gestürzten Türme, mag sich das Bild natürlich ändern.

Auch bei Nacht ein schönes Bild: Downtown mit South Street Seaport

Trotz aller Bemühungen wirkt die Battery Park City für mich eher als netter Ausflugspunkt, der zudem ein wenig zu denken gibt über moderne Stadtentwicklung, mehr aber auch nicht.

Bowling Green (A4)

Historischer Treffpunkt der Gentlemen

Im 17. Jahrhundert Marktplatz, war Bowling Green während der ausgehenden, englischen Kolonialzeit Treffpunkt der Gentlemen. Jedes Jahr durften drei ausgewählte Bürger für den Preis von jeweils einem Pfefferkorn die Bowlingflächen nutzen. Gäste durften natürlich mitgebracht werden, sonst hatte aber keiner Zutritt. 1770 errichtete die Kolonialregierung hier eine Statue *König George III.*, die schon ein Jahr später durch einen massiven Eisenzaun geschützt werden musste. Die Statue fiel aber schon 1776 der Unabhängigkeit zum Opfer, während der Zaun noch heute steht. Er umringt jetzt einen wuchtigen (Kupfer-) Bullen, Symbol für den prosperierenden Aktienmarkt. Am Platz befinden sich zwei besuchenswerte Gebäude, das Cunard Building und das US Custom House (s.u.).

*** Brooklyn Bridge (A5)
Zugang vom City Hall Park (Park Row/Center Street)

Das „achte Weltwunder"

Etwa 60 Brücken verbinden in New York die einzelnen Boroughs miteinander, und die Brooklyn Bridge ist davon eine der ältesten und sicherlich die schönste. Als der deutsche Einwanderer *Johann August Roebling* nach seinen Plänen im Jahre 1867 mit ihrer Errichtung begann, leistete er etwas Unerhörtes, vergleichbar mit den kühnsten Ingenieurleistungen der Epoche. Als *Roeblings* Sohn *Washington* das

Die großen Brücken von Manhattan

Name	Von wo nach wo	Bauzeit	Eröffnung	Länge	Höhe über dem Wasser (höchster Punkt)	Bauart
Brooklyn Bridge	East River: Zwischen Brooklyn Heights und City Center	14 Jahre	24. Mai 1883	über 1 km, zwischen den Pfeilern: 487 m	40,5 m	Stahl-Hängebrücke. Oft als „Achtes Weltwunder" und Symbol für Amerikas Stadtarchitektur angesehen
Manhattan Bridge	East River: Zwischen Brooklyn Heights und Chinatown	5 Jahre	1909	2.091 m, zwischen den Pfeilern: 462 m	41,4 m	Stahl-Hängebrücke mit zwei Leveln
Williamsburg Bridge	East River: Zwischen Williamsburg (Brooklyn) und der Lower East Side	7 Jahre	Dezember 1903	2.229 m, zwischen den Pfeilern: 488 m	40,7 m	Stahl-Hängebrücke. Die erste der Welt, bei der beide Türme einzig aus Stahl gefertigt wurden
Queensboro Bridge	East River: Zwischen Long Island City (Queens) und der Upper East Side	7 Jahre	1909	2.272 m	41,1 m	Stahlbrücke mit zwei Leveln. Die erste große Brücke New Yorks, die nicht von Stahlseilen gehalten wird. 4 Pfeiler
Triborough (Triboro) Bridge	East River u. Harlem River: Zwischen Manhattan (Harlem), der South-Bronx und Long Island City (Queens)	7 Jahre	11. Juli 1936	Zwischen der Bronx und Queens: 4 km, auf 850 m den East River überspannend sowie auf 235 m den Harlem River; zudem 371 m zwischen Randall's Island und der Bronx	43,6 m	Viadukt-Brücke über Land und Stahlbrücke über die Flüsse. Es gibt drei eigentliche Brücken, wobei die Brücke über den Harlem River eine Zugbrücke ist
George Washington Bridge	Hudson River: Zwischen Washington Heights und Fort Lee (New Jersey)	8 Jahre	1931	2,4 km, zwischen Pfeilern: 1.068 m	64,6 m	Stahl-Hängebrücke. Das zweite Level wurde 1962 eingesetzt. Von Le Corbusier als die schönste Brücke der Welt bezeichnet

Werk im Jahre 1883 vollendete, war die Brooklyn Bridge nicht nur die erste Hängebrücke New Yorks, sondern mit einer Höhe von 40 m über dem East River und einer Länge von über einem Kilometer die längste der Stadt! Bis zum Jahre 1903 sollte sie die längste Hängebrücke der Welt bleiben. Auch aufgrund anderer Tatsachen war sie zur Zeit ihrer Erbauung ein Wunderwerk der Technik, und noch heute verschafft sie mit ihrem harmonischen Schwung und dem Netzwerk der 22 km Kabelseile einen unvergleichlichen ästhetischen Genuss.

Brücken-Gang – ein Panoramablick mit Abstand

Wer diese Brücke wirklich begreifen will, sollte sie begehen; dies ist auf einer eigenen, brettergedeckten Fußgängerebene möglich, von der aus sich die schönsten Blicke (besonders im Abendlicht) auf das Stadtgebirge des südlichen Manhattan ergeben. Berühmte Literaten wie *Henry Miller* nutzten einen Gang über die Brooklyn Bridge, um ihre Gedanken zu ordnen – dies dürfte heute angesichts der vielen Jogger und Fahrradfahrer schwerfallen. Aber über die unter dem Verkehr erzitternde Brücke zu gehen, lohnt sich immer noch – es gibt keinen besseren Weg, sich (außerhalb eines Schiffes) in eine Distanz zur Stadt zu bringen. Dafür reicht die Strecke bis etwa zur Mitte zwischen den 83 m hohen Pylonen ...

Um die vier massiven Stahlseile (jedes hat einen Durchmesser von 40 cm) zu spannen, bedarf es riesiger Gewichte, die unter den Brückenpfeilern verankert sind. Diese Gewichte wiederum befinden sich auf Brooklyn-Seite in Räumen, die zu Beginn der 1990er Jahren auch genutzt worden sind von Galeristen, denn die urige Atmosphäre lockte Kunstinteressierte an. Mitte der 90er Jahre wurden die Galerien wegen Reparaturmaßnahmen an den Ankern zwar geschlossen, doch sollen diese später wieder eröffnet werden. Schauen Sie selbst. Siehe dazu Seite 521.

Tipp
*Sollten Sie noch genug Zeit haben, so lohnt sich ein Spaziergang in **Brooklyn Heights**. Abgesehen von den schönen Wohnhäusern und lauschigen Alleen, kann man hier in einem Cafe der Montague Street das Straßenleben beobachten oder in einem der vielen kleinen Geschäfte mit z.T. exquisiten Auslagen einkaufen. Nachdem man in Richtung East River fast bis unter die Brooklyn Bridge zurückgegangen ist, können Sie an der Bar oder einem der Tische am Fenster des „The River Cafe" (1 Water Street, Tel.: 718-522-5200) mit einem ausgezeichneten Ausblick auf Süd-Manhattan (die Freiheitsstatue im Hintergrund) eine dann sicher verdiente Pause einlegen.*

Chase Manhattan Bank (A12)
Pine St., zwischen Nassau u. William Sts.

Banker mit Sinn für Kunst

Die Fertigstellung dieses 248 m hohen, 60stöckigen Klotzes markierte 1960 den Beginn eines neuen Baubooms in Lower Manhattan. Von Interesse ist nicht nur die schnörkellose, kühle Fassade der Bankenzentrale, sondern auch die Architektur des tiefergelegten Platzes (der ein städtebaulich wichtiges Experiment war) und besonders die monumentale schwarz-weiße Skulptur von *Jean Dubuffet* aus dem Jahre 1972, deren „Four Trees" nicht weniger als 14 m hoch sind.

* City Hall, Civic Center und Tweed Courthouse (A6)
Ecke Broadway/Murray St.

Viele sind erstaunt über die geringen Dimensionen der City Hall, des New Yorker Rathauses. Aber als es zwischen 1802 und 1812 im Stil des Klassizismus errichtet wurde, war es für eine 60.000 Einwohner-Metropole gerade groß genug. Das Gebiet nördlich des Gebäudes war zu dieser Zeit nicht bewohnt, was die Bauherren damals dazu veranlasste, nur die Südseite aus Marmorsteinen zu bauen, während die Nordseite aus billigem Sandstein bestand. Der heutige Park vor dem Gebäude war um 1800 noch ein freies Feld- und Sumpfgebiet, wo sich allerhöchstens konspirierende Gruppen trafen. Nördlich schloss sich der Friedhof der Schwarzen an (s.o., African Burial Ground). Während der Revolution kam es zu mehreren Schlachten auf diesen „Common Lands".

Residenz des Bürgermeisters

Die City Hall besteht aus drei Flügeln, deren mittlerer Trakt sehr fein gegliedert ist. Über diesem erhebt sich eine Laterne mit Kuppel (Rotunda), bekrönt von der Statue der Justitia (1819). Im Inneren sind die Treppenanlage, der Ratssaal und der Governor's Room sehenswert. Letzterer beherbergt ein kleines Museum, in dem u.a. auch der Mahagoni-Schreibtisch von *George Washington* zu bewundern und ein wenig über die frühe Geschichte von Lower Manhattan zu erfahren ist. Die City Hall kann wochentags auf Touren besichtigt werden. Für Nicht-Amerikaner schwierig. Mindestens 2 Wochen vorher anmelden, *Info: Tel. (212) 639-9675.*

Natürlich residiert auch heute noch der New Yorker Bürgermeister in der City Hall, wobei sich die Mehrzahl der Verwaltungsabteilungen heute in benachbarten Gebäuden befinden. 1956 wurde die City Hall übrigens komplett restauriert, wobei das gesamte Gebäude neu eingekleidet worden ist in Kalksandstein.

Das **Tweed Courthouse** hinter der City Hall ist übrigens dadurch bekannt geworden, dass der legendäre Bürgermeister „*Boss*" *William M. Tweed* (1823–78) von den damals angegebenen 15 Millionen Dollar Baukosten nahezu 10 Millionen in die eigene Tasche wirtschaftete.

> **Night Court**
> *Criminal Courts Building, 100 Center St., am Hogan Place, Rooms 129 u. 130, zw. 18h u. 1h, Mi–Sa meist die ganze Nacht.*
>
> *Bekanntermaßen hat der Bürgermeister Rudolph Giuliani damit begonnen, in New York „aufzuräumen" und diese Politik wird auch heute noch weitergeführt. Dazu gehört auch die Verurteilung kleinster Straftaten (Marihuana rauchen in der Öffentlichkeit, Diebstahl von $ 40 etc.), was früher als „Bagatelldelikt" nicht verfolgt wurde. Um der Flut dieser Kleindelikte Herr zu werden, wurden die Gerichtsverhandlungen dafür in die Abend- und Nachtstunden gelegt. Wie andere Verhandlungen sind auch diese öffentlich.*
>
> *Es ist interessant, für eine Weile diesen Schnellverfahren zuzuschauen. Zumeist dauert eine Verhandlung nicht länger als eine Minute – die Pausen dazwischen aber 5 Minuten – und die Urteile sind i.d.R. sehr milde (2 Tage Park fegen, Kinderbetreuung, $ 100 usw.), so dass die Angeklagten selten Berufung einlegen.*
>
> *Wer sich tagsüber Gerichtsverhandlungen anschauen will, der kann dieses werktags zwischen 9h und 17h tun.*
>
> **Tipp**
> *In dem Gewirr von Gerichtsbediensteten, Polizei und Angeklagten bekommt man oft wenig mit. Es empfiehlt sich also, sich vorne in die zweite Reihe zu setzen (die erste ist für Anwälte).*

> **Hinweis**
> Unter dem City Hall Park befindet sich eine historische U-Bahn-Station. Die Station wurde 1904 fertiggestellt, 1946 aber geschlossen. Ein atemberaubendes Gewölbe, 11 Kandelaber, bunte Deckenziegel u.v.m. vermitteln einen guten Eindruck von den Anfängen des New Yorker U-Bahn-Systems, denn nichts wurde verändert seit 1946.
> Die City Hall Station soll als **Subway-Museum** wiedereröffnet werden, kann z.Zt. aber nur auf geführten Touren besichtigt werden.
> **Infos und Anmeldungen** im Transit Museum in Brooklyn bzw. über Tel.: (718) 243-8601.

Cunard Building (A7)
25 Broadway (Bowling Green)

Das von außen unscheinbare Gebäude wurde zwischen 1917 und 1921 erbaut. Die eindrucksvolle **Lobby** (Great Hall) diente damals der Cunard-Line als Ticketoffice. Heute befindet sich hier ein Postamt, wobei die 22 m hohe Rotunda, die Fresken an den Decken, die Wandmalereien und der viele Marmor immer noch ein ausgezeichnetes Symbol der „Golden Twenties" darstellen.

* Federal Hall National Memorial & Museum (A9)
26 Wall St., geöffnet: Mo–Fr 9h–17h, Tel. (212) 825-6870

Wo (George) Washington den Amtseid schwor

Das heutige Gebäude ist nichts anderes als ein Zollhaus, das 1842 im Stil eines dorischen Tempels fertiggestellt wurde. Vorher aber befanden sich hier das alte Rathaus der Stadt (die City Hall, 1702–1789) und später die Federal Hall (1789–1812), die immerhin das erste Capitol der Vereinigten Staaten war, wenn auch nur für ein Jahr (1789/90). Denn dann zog die Regierung um nach Philadelphia. Dort vor der Freitreppe, wo seit 1883 die Statue *George Washingtons* steht, soll der erste Präsident der USA am 30. April 1789 seinen Amtseid abgelegt haben.

Das Innere des National Monument, das von *Pierre Charles L'Enfant* (entwarf auch den Plan für die Anlage des Washingtoner Regierungsviertels) konzipiert wurde, bildet eine Rotunde, die von 16 marmornen Säulen getragen wird. Hier erinnern Originaldokumente, ein Videofilm u.ä. an *George Washington* und seine Zeit.

* Federal Reserve Bank (A12)
33 Liberty St., zw. William u. Nassau Sts., Touren: Mo–Fr zw. 9h30 u. 14h30 alle 30 Minuten. Nur nach Voranmeldung, mind. 2 Wochen im Voraus, besser noch früher, da die Tickets i.d.R. zugeschickt werden: Tel.: (212) 720-6130, www.newyorkfed.org.

New Yorks „Fort Knox"

Das Gebäude steht mit seinen dicken, grauen Mauern und den vergitterten Fenstern wie eine Trutzburg inmitten des Finanzzentrums. Hier lagern Goldreserven von über 80 Nationen im Wert von mehr als 140 Milliarden Dollar, je nach Goldkurs. Das ist etwa ein Drittel der gesamten Weltgoldreserven! Um diese zu schützen, hat man das 14-stöckige Gebäude auch mit 5 Untergeschossen versehen. Somit liegen die Schätze in einer Kammer, die sich 25 m unterhalb des Straßenlevels befindet.

Die Touren lohnen, sind aber frühzeitig ausgebucht und erfordern eine rechtzeitige Anmeldung (s.o.). Zu sehen gibt es neben einem Teil der Goldkammern auch einige historische Münzen und Geldscheine.

** Fraunces Tavern Museum (A10)
Ecke Broad u. Pearl Sts., Museum geöffnet: Sept.–Juni Di–Fr 12h–17h, Sa 10h–17h, Juli+Aug. Di–Sa 10h–17h, Tel. (212) 425-1778, www.frauncestavernmuseum.org

1719 wurde an dieser Stelle ein Wohnhaus im georgianischen Stil erbaut für den bekannten New Yorker Kaufmann Etienne de Lancey (nach dem auch die gleichnamige Straße in der Lower East Side benannt wurde). 1763 kaufte der (freie) schwarze *Samuel Fraunces* das Haus und richtete hier eine Taverne ein. In deren „Long Room" fanden auch wichtige Bankette und bedeutende politische Versammlungen statt. Es war also kein Zufall, dass sich hier 1783 *George Washington* von seinen engsten Offizieren verabschiedete, nachdem die letzten englischen Truppen New York verlassen hatten. Glanzpunkte der Schänke waren die Jahre 1785–88, als Fraunces Tavern sogar zum Sitz des amerikanischen Außenministeriums avancierte.

Wichtige politische Veranstaltungen

1927 wurde der gesamte Straßenblock komplett restauriert, wenn auch nicht ganz originalgetreu, denn das Haus der alten Taverne war um einiges größer als das heutige. Heute befindet sich in seinem Obergeschoss ein kleines Museum, das sich mit der frühen Geschichte New Yorks und des Unabhängigkeitskrieges beschäftigt. Im Erdgeschoss laden ein gepflegtes Restaurant (teuer) bzw. eine große, alte Bar zu einer Verschnaufpause ein (es gibt auch kleine Snacks).

Nicht mehr ganz originalgetreu: Fraunces Tavern

Nicht weit von hier liegt auch der **Stone Street Historic District** (S. 342). Ein Besuch hier würde im Anschluss an die Tavern passen.

Governor's Island Ferry Slip (Whitehall Ferry Terminal) (E)
11 South St., am Südende der Broad St.

1906–09 erbaut, ist dieses Beaux-Arts-Fährterminal (franz./Stahl) das letzte seiner Art, das in New York übriggeblieben ist. Die drei Ableger werden z.Zt. ausschließlich von der Küstenwache genutzt für den Verkehr zur Governor's Island. Dieses mag sich mit einem eventuellen Verkauf der Insel aber in absehbarer Zeit ändern. Doch alleine von außen betrachtet, ist es ein gelungenes Bauwerk.

Museum of American Finance
48 Wall St., at William St., Di–Sa 10h–16h, Tel. (212) 908-4110, www.financialhistory.org

Ein-Zimmer-Museum, das sich ein wenig mit der Geschichte des New Yorker Finanzwesens und speziell der Wall Street beschäftigt. Das älteste bekannte Photo der Wall Street ist hier u.a. zu sehen. Es wird aber gemunkelt, dass dieses Museum bald geschlossen wird. *Infos: (212) 908-4110.*

* Museum of Jewish Heritage & Living Memorial to the Holocaust (A11)
18 First Place/West St. – Battery Place, geöffnet: Do, So–Di 10h–17h45, Mi 10h–20h, Fr 10h–15h, Tel. (646) 437-4200, www.mjhny.org

Das Holocaust Museum

Neues Museum, das sowohl an die Gräueltaten des Nazi-Regimes erinnert als auch an die darauf folgenden Irrwege, die viele flüchtige bzw. vertriebene Juden nach dem 2. Weltkrieg durchlebt haben. Der auffällige Bau ist der achteckigen Form einer Synagoge nachempfunden, und die 6 Stufen des Daches symbolisieren die 6 Mio. umgebrachten Juden des Holocausts. Die über 2.000 Fotos (nicht alle werden gleichzeitig ausgestellt) und die Filmvorführungen sind ergreifend.

Achten Sie auch auf die regelmäßigen Sonderausstellungen, die in den Veranstaltungsblättern veröffentlicht werden.

Nassau Street (A12)

Die Nassau Street ist zwischen Park Row und Wall Street zu einer Einkaufsstraße umfunktioniert worden, die zumeist als Fußgängerzone abgesperrt ist. Es gibt eine Reihe von kleinen und mittelgroßen Geschäften hier (vorn. Textilien und Billig-Elektronik). Somit böte sich ein kurzer Spaziergang zwischen Civic Center und Wall Street an, wobei eine eigene Anfahrt für diese Geschäfte nicht lohnt.

* National Museum of the American Indian (A13)
Im Old U.S. Custom House, 1 Bowling Green, geöffnet: Mo–So 10h–17h, Do bis 20h, Tel. (212) 514-3700, www.americanindian.si.edu

Erinnerung an die Indianer

Das Museum beschäftigt sich mit der Geschichte der amerikanischen Indianer und soll vor allem hier, wo es keiner vermuten möchte, an deren Kulturgeschichte erinnern. Es gibt auch einiges zu den Mittel- und Südamerikanischen Indianern zu sehen. Es ist aber geplant, dieses Museum evtl. nach Washington, DC, zu verlagern.

Mindestens ebenso interessant ist das Gebäude (ehemals Alexander Hamilton Custom House, erbaut 1899–1907) selbst, das einst als Zollgebäude fungierte. Die Statuen direkt am Eingang wurden von Daniel Chester French entworfen, der berühmt geworden ist durch die Lincoln Statue in Washington, DC. Die Sitzhaltung der hier symbolisierten Kontinente (von links nach rechts: Asien, Amerika, Europa und Afrika) hat einiges gemeinsam mit der von Lincoln in der Hauptstadt.

Die Statuen über dem Eingang stellen wichtige Handelsstädte der Welt dar. Im Gebäude bestehen eine große, ovale Marmor-Rotunda (1936–37), Wandmalereien aus den 30er bis 50er Jahren sowie die z.T. komplett restaurierten Büroräume.

Hinweis
Seit Jahren heißt es, „das Museum werde im nächsten Jahr nach Washington verlegt", bisher ist es aber immer noch hier... Aktuelle Info: Tel. (212) 514-3700.

New York City Police Museum (A14)
100 Old Slip, zw. South u. Water Sts., geöffnet: Mo–Sa 10h–17h, Tel. (212) 480-3100, www.nycpolicemuseum.org.

Den „Cops" auf der Spur

Widmet sich der Geschichte der New Yorker Polizei und beantwortet viele Fragen (Warum eigentlich heißen die Polizisten in New York „Cops"?). Einiges, wie z.B. die Bearbeitung von Fingerabdrücken wird anhand von interaktiven Stationen erläutert. Interessant auch der Simulator für Taktiken der Polizei! Hier wird in einem gesonderten Raum („Hall of Heroes") den am 11. September 2001 gefallenen Polizisten, Feuerwehrleuten und Stadtangestellten gedacht. Beachten Sie auch die angekündigten Sonderausstellungen.

*** New York Stock Exchange (NYSE) (A15)
Eingang: 20 Broad St., zw. Wall St. u. Exchange Pl.; zurzeit kann die New York Stock Exchange nicht besichtigt werden. Tel.: (212) 656-5165.

Hinweis
Siehe auch S. 33/37/40

Das markante Gebäude mit seinen korinthischen Säulen wurde 1903 eingeweiht. Die Skulpturen darüber symbolisieren den Handel, und ein Baum am Eingang erinnert an den Baum Ecke Williams und Wall Sts, an

---

Ein paar interessante Zahlen zur NYSE

- **Der „Schwarze Freitag" begann eigentlich mit dem „Schwarzen Donnerstag":** 24. Oktober 1929. Der schlimmste Tag war aber der „Schwarze Dienstag" (29. Oktober 1929), als in Panik über 16 Millionen Aktien verkauft wurden
- **Wert aller handelbaren Aktien an der NYSE:** 12–16 Billionen Dollar, je nach Aktienstand. Diese Zahl bedeutet den Wert aller Firmen (ca. 3.000), die hier verteten sind
- Das wiederum sind über 80 % des Wertes aller amerikanischen, von der Öffentlichkeit „erreichbaren" Firmenwerte
- Durchschnittlich werden **pro Tag Aktien im Wert** von 35–40 Milliarden Dollar hier **gehandelt**
- 24 % aller Amerikaner **besitzen Aktien**
- Ein **„Sitz" (Handelserlaubnis auf dem Trading Floor) kostet** ca. 1,5 Millionen Dollar (Preis schwankt). Es gibt genau 1.366 Sitze (festgelegt seit 1953), wobei 1999 die Zahl „auf Probe" auf 1.600 erhöht wurde
- Etwa 10 % des **handelbaren Aktienkapitals** werden mit ausländischen Aktien getätigt
- **Vorbeugung eines weiteren Börsencrashs:**
  - Verliert der Dow-Jones-Index bis 14h 10 %, wird der Handel für 30 Minuten eingestellt,
  - verliert der Dow-Jones-Index bis 13h 20 %, wird der Handel für 2 Stunden eingestellt,
  - verliert der Dow-Jones-Index bis nach 14h mind. 20 %, wird der Handel für den Rest des Tages eingestellt und
  - sinkt der Dow-Jones-Index bis 13h gar um mind. 30 %, wird der Handel für den Rest des Tages eingestellt.

dem sich 1792 24 Broker trafen, um den Grundstein für die erste New Yorker Börse zu legen.

Es ist die wichtigste der zahlreichen New Yorker Börsen. Mit dem Aktienhandel der mehr als 2.500 mächtigsten Firmen der Welt ist hier sowohl Wirtschafts- als auch politische Geschichte geschrieben worden, die freilich bisweilen in katastrophale Krisen umschlagen konnte. So z.B. am „Schwarzen Donnerstag" 1929 und am „Schwarzen Montag" 1987, als sich noch vor dem monströsen Gebäude die ruinierten Spekulanten und Sparer das Leben genommen haben sollen.

Obwohl die Börse, insbesondere der „Trading Floor", Mitte der 1990er Jahre komplett renoviert worden ist, kursieren verschiedene Pläne, die Börse

Die New York Stock Exchange platzt aus allen Nähten

erneut zu erweitern bzw. ganz zu verlagern. Ein Platz am östlichen Abschnitt der Wall Street ist im Gespräch, und sogar Governor's Island wurde schon genannt.

New York Unearthed (A16)
17 State St., zw. Broadway u. Whitehall St., geöffnet: Mo–Fr 12h–17h

Hier können Sie eine kleine archäologische Ausstellung besuchen, die Aufschluss gibt über die Frühgeschichte der Südspitze Manhattans. Erdgeschoss: Die Funde, die hier ausgestellt sind bzw. auf die verwiesen wird, sind bis zu 6.000 Jahre alt. Untergeschoss: Neben einer archäologischen Fundstätte (einer von vielen in NY) können Sie in den Labors im Untergeschoss Wissenschaftlern bei der Ausarbeitung und Präparation von Fundstücken zusehen. Oft finden die auch Zeit, Ihnen etwas zu erzählen.

St. Paul's Chapel (A17)
Broadway, zw. Barclay u. Vesey Sts.

Dieses älteste erhaltene Gotteshaus Manhattans ist mit seinem Friedhof ein ruhender Pol inmitten des hektischen Broadway-Verkehrs. Der westliche Haupteingang (zum Kirchhof) und das Hauptschiff wurden 1766 fertiggestellt, während der Osteingang (zum Broadway) mit Portikus und Säulen sowie der westliche Turm 1794 hinzukamen.

Innen überrascht die Kirche durch ihren edlen und hellen Raum, der vom französischen Architekten *L'Enfant* (dem Planer der Hauptstadt Washington) entworfen wurde.

* Skyscraper Museum (A11)

39 Battery Place, im Haus des Ritz-Carlton Hotel, geöffnet: Mi–So 12h–18h, Tel. (212) 968-1961, www.skyscraper.org

Die letzten Jahre hatte dieses für New York Fans besonders interessante Museum einige Veränderungen mitzumachen. Zuerst waren die Räumlichkeiten nahe Bowlin Green zu klein, dann gab es kein Geld für etwas Neues, schließlich sollte es an dieser Stelle eröffnet werden, doch nach dem 11. September 2001 sah wieder alles anders aus und vor allem musste die Ausstellung komplett umgestellt werden. Nun aber präsentiert das Museum einen guten Überblick über Geschichte, Bau, Finanzierung, Problematik u.v.m. zum Thema Wolkenkratzer. Und wie man hier auch lernt, definiert sich ein Wolkenkratzer nicht durch seine Höhe, sondern die Art des tragenden Gerüstes: Er wird nämlich von seinem inneren Gerüst stabilisiert. In diesem Sinne waren die Twin Towers des WTC also keine „Skyscraper", denn sie wurden im Wesentlichen durch die Außenwände gestützt.

Die „Wolkenkratzer" entdecken

Beachten Sie auch die wechselnden Sonderausstellungen.

** South Street Seaport Historic District & Museum (A18)

Tipp
An den Piers 16 u. 17 beginnen Hafenrundfahrten. Siehe dazu S. 315ff

Dieser Distrikt Manhattans wurde 1967 zu einem historischen Distrikt erklärt.

Piers und Schiffe – Manhattan historisch

Es handelt sich hier um ein 'Museum' ganz eigener Art – ein komplett restauriertes Stadtviertel am East River mit Häusern des 19. Jahrhunderts, originalen Segel- und Dampfschiffen, mit Kneipen, Restaurants, Läden, Boutiquen und erfreulich viel Leben; und immer wieder: überraschende, ja spannende Blicke auf die Skyline von Lower Manhattan und auf den Fluss mit seinen weitgespannten Brücken. Am South Street Seaport gibt es fast jeden Tag neue Attraktionen – Freiluftkonzerte, Happenings, Feuerwerk in den Ferien und in der Weihnachtszeit den großen Tannenbaum. Der Pier selbst ist bei New Yorkern an Wochenenden ein beliebtes Ausflugsziel. Viele kommen entlang des East River sogar mit dem Fahrrad bzw. laufen hierher.

Zuerst sollte man das Areal ab der Ecke Water Street/Pearl Street (kleiner Leuchtturm; **„Titanic"-Memorial**) im Kontrast zur verspiegelten Hochhaus-Architektur der nächsten Nachbarschaft auf sich wirken lassen und langsam die Fulton Street entlangschlendern. An der Ecke zur Front Street ist rechts in einem großen Backsteinhaus das **Visitor Center** untergebracht, in dem man sich über Tourenangebote informieren, Eintritte für die historischen Schiffe lösen und kostenlose Pläne (Visitor's Guide) bekommen kann. Die **TKTS-Booth** für günstige Musical- und Theaterkarten befindet sich im Gebäude des „Lower Manhattan Theatre Centre *(Ecke Front u. John Sts.)*. Schließlich sollte man dem **Fulton Fish Market** einen Besuch abstatten. Mittlerweile ist der Markt zwar eher eine Shoppingattraktion (vorwiegend „Non-Fish-Shops"), doch schauen lohnt sich. Hinter dem Fischmarkt sind zur Rechten *(Piers 15–17)* natürlich die **historischen Schiffe** am auffälligsten, von denen der Dreimastsegler „Wavertree" aus dem Jahr 1885, der Schooner „Lettie G. Howard" (1893) und das Feuerschiff „Ambrose" (1907) herausragen. Ob die 1911 in Hamburg gebaute Viermastbark „Peking" bei Ihrem Besuch noch zu sehen ist, ist fraglich. Bei Redaktionsschluss dieses Buches sollte sie bereits lange nach Hamburg verkauft sein, doch in letzter Minute gab es finanzielle Probleme (auf Hamburger Seite), so dass der Verkauf noch auf sich warten lässt... Der **Cargo-Schooner „Pioneer"** (1885) unternimmt von Mai bis September auch 2-stündige Touren *(Tel.: (212) 748-8786)*. Über dem Pier 17 erhebt sich ein dreistöckiger, „Pavilion" genannter Komplex, in dem Dutzende von Restaurants, Souvenirläden und Spezialgeschäften versammelt sind. Man kann sowohl im Inneren als auch über Treppen und Galerien außen entlangspazieren bzw. sich bei gutem Wetter auf die Veranda eines Restaurants setzen. Keinesfalls versäumen sollte man aber, um den Block bis zur gegenüber liegenden (nördlichen) Seite zu gehen, wo der Blick auf die Brooklyn Bridge besonders eindrucksvoll ist.

Frachtsegler brachten einst die Wirtschaft der Stadt in Gang

Wenn man den Abend hier in angenehmer Atmosphäre ausklingen lassen will, gibt es also im South Street Seaport mit seinen guten Fischrestaurants und gemütlichen Kneipen ausreichend Gelegenheit.

Hinweis
*Zum **South Street Seaport Museum** gehört neben den Schiffen auch ein Museumsgebäude in 12 Fulton St. sowie ein Komplex an der Water St., zw. Fulton u. Beekman Sts. (geöffnet: Apr.–Okt. Di–So 10h–18h, Nov.–März Fr–Mo 10h–17h, (212) 748-8600, www.southstreetseaport.org). Dort werden zumeist wechselnde Ausstellungen zum Thema Seefahrt und New Yorker Hafengeschichte geboten.*

Staten Island Ferry Building (D)
Südspitze des Battery Park

Fähr-Feeling Es lohnt sich, die großen gewölbten Hallen des Fährterminals anzuschauen und das Gewimmel der Menschen und Autos zu beobachten – noch mehr aber, wenn man die kostenlose Fähre als Passagier selbst benutzt. Bei der Überfahrt wird man mit unbeschreiblichen Ausblicken auf die Skyline von Manhattan und die Statue of Liberty belohnt.

* Stone Street Historic District (A19)
Zwischen Hanover Square und Coenties Alley

Inmitten der zumeist neuen, hohen (und Schatten werfenden) Bankgebäude wurde dieser kleine Straßenzug wieder restauriert, mit Kopfsteinen gepflastert und nachgebauten Gaslaternen bestückt. Auch die Häuser haben Fassaden erhalten, die das Aussehen des New York im 18. Jahrhundert widerspiegeln sollen. In den Häusern befinden sich einige wenige Geschäfte und ein paar nicht ganz billige Restaurants.

Der **Hanover Square** im Norden der Straße war in den Anfangszeiten, bevor die Landaufschüttungen am East River vorgenommen wurden, der zentrale Platz am Hafen und Adresse der ersten Druckerei der Stadt. Man stelle sich dazu vor, dass ehemals die Pearl und Water Sts. die Uferlinie zum East River markierten. Das bekannteste Haus am Square ist das **India House** (angelehnt an ital. Renaissance-Palast, 1851–54), in dem seit 1914 ein vornehmer Privatclub seinen Sitz hat. Früher aber befand sich die Hanover Bank und später die New York Cotton Exchange in dem Gebäude.

Der „alte Hafen"

** Trinity Church (A20)
Broadway, gegenüber der Wall Street, geöffnet: Mo–Fr 7h–18h, Sa 8h–16h, So 7h–16h, Nov–Apr. tgl. 7h–16h, (212) 602-0800, www.trinitywallstreet.org

Ihr Turm überragte lange Zeit das Viertel, ist aber nun durch die Bankgebäude förmlich eingezwängt. Das heutige Gotteshaus ist bereits das dritte am gleichen Platz und stammt aus dem Jahre 1846, während der Friedhof schon zur Zeit der ersten Kirche 1681 angelegt wurde. Auf ihm befinden sich altehrwürdige, sehenswerte Grabsteine von nationaler Bedeutung, u.a. die Grabmäler *Alexander Hamiltons* (erster Finanzminister der USA; † 1804) und *Robert Fultons* (berühmter Reeder von Dampfschiffen; † 1815).

Einst am größten, heute am kleinsten: Trinity Church

Wie bei der St. Paul's Chapel ist auch hier der 90 m hohe Turm im Osten und dem Broadway zugewandt, während das westliche Hauptportal vom Friedhof aus zugänglich ist. Neoromanische Bronzeportale öffnen sich zum Inneren der neugotischen Kirche, das u.a. über schöne Glasmalereien verfügt und im Bishop Manning Memorial Wing einen interessanten Ausstellungsraum hat. Die Trinity-Gemeinde wurde bereits 1667 durch *König William III.* als Hauptkirche New Yorks installiert, und 1705 vermachte *Königin Anna* der Gemeinde große Ländereien auf Manhattan. Dadurch ist bis heute die Trinity Church eine der reichsten des Landes.

Vietnam Veterans Plaza & Memorial (A21)
Water St., gegenüber dem Hanover Square

1985 errichtete Mauer aus Granit und Glasbausteinen (22 x 4 m) in Gedenken der Teilnehmer am Vietnam-Konflikt. Die Inschriften sind Tagebüchern und Briefen amerikanischer Soldaten entnommen.

* Woolworth Building (A22)
233 Broadway/Park Place; das Gebäude kann nicht mehr besichtigt werden.

Der „erste Riese"

Das sehenswerte Gebäude, entworfen von dem berühmten Architekten *Cass Gilbert*, wurde 1913 von Präsident Wilson eröffnet und war damals mit einer Höhe von 242 m das höchste der Welt. Abgelöst wurde es schließlich 1930 vom Chrysler Building.

Den Kaufpreis von 13,6 Millionen Dollar bezahlte *F.W. Woolworth*, Gründer der später weltweit operierenden Woolworth-Kaufhauskette, „cash auf die Hand". Bald danach war schon ein Spitzname für den Bau gefunden: „Cathedral of Commerce".

Von außen überzeugt der gotische Stil, wobei das eigentliche Prunkstück die Eingangshalle (Lobby) ist. Sie reicht über 3 Stockwerke, und man hat wahrhaftig nicht mit Mosaiken, Fresken und Marmor gespart. Achten Sie auch auf die sechs Karikaturen, eine davon stellt Woolworth dar beim Zählen seiner Dimes und Nickels, die andere den Architekten Gilbert.

*** World Trade Center – Site (Ground Zero) (A24)
Zwischen Church-, Liberty-, Vesey Sts. sowie dem West Side Highway, www.wtc.com

- **Vor dem 11. September 2001: architektonisch umstrittenes Symbol von Amerikas Dominanz auf dem Weltmarkt**

Es handelte sich bei den 1972–73 erbauten Twin Towers um eine der markantesten Gebäude New Yorks, die geradezu eine Stadt in der Stadt bildeten. Sie überragten mit jeweils 411 m das Welthandelszentrum (World Trade Center = WTC), dessen Kernstück sie darstellten. Die beiden Türme waren für kurze Zeit das höchste Gebäude der Welt überhaupt.

Alles in allem bestand das WTC aber aus insgesamt sieben einzelnen, vom japanischen Architekten *Minoru Yamasaki* entworfenen Teilen, die u.a. ein Hotel, Büros von bis zu 400 Firmen und Organisationen, ein Airline Ticket Center, Schulen, Banken, etliche Börsen (z.B. Kaffee-, Zucker-, Baumwoll- und Goldbörse) enthielten. Um den **Bau** der Twin Towers so weit hochzuziehen, musste *Yamasaki* sich einiges einfallen lassen. Besonders schwierig war es, das Fundament in den feuchten und wenig felsigen Untergrund zu setzen. Es musste tief ausgehoben werden (900.000 Kubikmeter), was einer der Gründe für die Unteretagen war.

Damit das Gebäude auch in sich Halt hatte, wurden die 43.600 Fenster (55.000 qm Glasfläche) verhältnismäßig klein gehalten, was viele kleine Stützen auch an den Au-

Sie waren einfach und markant: die jeweils 411 m hohen Twin Towers des WTC

ßenwänden ergab. Damit waren die Tower im eigentlichen Sinn keine Wolkenkratzer, denn die werden per Definition nur von den Innenträgern gehalten, und die Fassade hatte diesbezüglich keine Bedeutung. Unter dem Gesamtkomplex lagen **unterirdische Stockwerke**, in denen sich Läden, 22 Restaurants, eine U-Bahn-Station und ein Parkdeck für 2.000 Autos befanden. Hier unten gab es bereits am 26. Februar 1993 einen Bombenanschlag, der damals 6 Menschen das Leben kostete. Das Gebäude hielt aber stand.

Das WTC war Arbeitsplatz für 50.000 Menschen auf 1,25 Mio. qm Bürofläche. Täglich kamen 80–100.00 Besucher hierher, für die die 250 Fahrstühle ununterbrochen im Einsatz waren.

> **INFO** 11. September 2001: „Amerika wird niemals mehr so sein wie vorher"
>
> An diesem Tag geschah etwas, was die ganze Welt bewegte und nach dem viele sagten, „es wird niemals mehr so sein wie vorher...":
>
> Alle vier Flugzeuge wurden von Terroristen aus einer Gruppe um den Islamisten-Führer Osama Bin Laden gesteuert, die vorher die Crew überwältigt hatten. Ein wesentlicher Punkt, warum die Twin Towers eingestürzt sind, lag in der o.g. Konstruktion: Die Außenwände waren jeweils an zwei Seiten zerstört und die Hitze des entflammten Kerosins hat die Innenträger regelrecht weggeschmolzen.
>
> Die Anschläge trafen nicht nur im Grundsatz die Gemüter von Menschen in der ganzen Welt, sondern sie setzten sich durch eine medientechnische Darstellung für immer in vielen Köpfen fest. Bereits vor 9 Uhr Ortszeit waren viele Sender auf Empfang und den Flug des zweiten Flugzeuges auf den Süd-Turm konnten schon Millionen von Zuschauern live miterleben. Es gibt kaum jemanden, der nicht an diesem Tag am Bildschirm – mehrfach – miterleben konnte, wie die Flugzeuge in die Türme schossen, die kurz darauf zusammenstürzten, der nicht die verzweifelten Menschen auf den Straßen sah und hörte und der fassungslos miterleben konnte, wie schnell die Medien zur Stelle waren, Interviews auf der Straße machten und in den folgenden Tagen jeden Schritt der Aufräumarbeiten live mitschnitten sowie oft unbedachte Spekulationen schürten.
>
> *Eine kurze Chronologie:*
> *8h46: Ein nahezu voll getanktes Flugzeug der American Airline mit 87 Personen an Bord trifft den Nord-Turm*
> *9h02: Ein nahezu voll getanktes Flugzeug der United Airlines mit 60 Personen an Bord trifft den Süd-Turm*
> *9h59: Der Süd-Turm stürzt ein*
> *10h28: Der Nord-Turm stürzt ein.*
> *An diesem Vormittag trifft ein weiteres Flugzeug der American Airline mit 59 Personen an Bord in das Pentagon in Washington und ein viertes Flugzeug (UL, mit 40 Personen an Bord) stürzt bei Shanksville (Pennsylvania) auf ein Feld.*

Der Anschlag traf nicht nur mitten in das kapitalistische Herz, sondern auch in die Herzen vieler, die die Türme selbst schon mal erlebt hatten, jemanden kannten, der dort als Besucher war oder arbeitete bzw. in dessen Traum von einem Besuch in New York die Twin Towers unweigerlich dazugehörten.

Der Schock saß tief. Noch niemals wurde so gezielt ein Terroranschlag ausgeführt. Schnell war klar, dass der Islamistenführer Osama Bin Laden dahintersteckte, und dass ein Teil der Terroristen als „Schläfer" sogar jahrelang in Hamburg gelebt hatte. Die US-Regierung unter Präsident Bush ging mit der Schuldfrage aber noch weiter und bezichtigte weite Teile der islamischen Länder der „stillen" Duldung bzw. sogar Unterstützung der Terroristen. Der Einmarsch in Afghanistan 2002 und der Krieg im Irak 2003 mit der jeweiligen Niederwerfung der Regime waren die bekannte Folge. Nicht jeder in Amerika billigte diese Handlungen, in New York gab es sogar zahlreiche Anti-Kriegskundgebungen.

> **... und noch ein paar Zahlen:**
> Nachdem die Zahlen mehrfach korrigiert wurden, stand zwei Jahre später die offizielle Zahl der Opfer fest: Es gab 2750 Tote am World Trade Center, 184 am Pentagon und 40 in Shanksville.
> 343 Tote am WTC waren Feuerwehrleute und 23 Polizisten. Die meisten Menschen konnten sich aus dem WTC noch retten, denn z.Zt. direkt vor dem Anschlag befanden sich zwischen 15.000 und 20.000 Menschen in den beiden Türmen und über 55.000 im gesamten Komplex des WTC. 1,6 Millionen qm Bürofläche wurden im und um das WTC zerstört. 1,5 Mio. t Geröll und Schutt sowie 180.000 t Stahl mussten weggeräumt werden, was die Stadt New York über 6 Mrd. Dollar gekostet hat.

Die Menschen in New York haben etwa ein Jahr benötigt, um das Erlebte zu verdauen. Es war eine Mischung aus Hass und Entsetzen, aber auch Stolz und Patriotismus. Helden waren geboren, das Sternenbanner wehte überall, besonders an Feuerwehrfahrzeugen und es dauerte nur wenige Wochen, da wurden wieder stolze Pläne geschmiedet für einen Wiederaufbau. Die Entwürfe waren vielseitig, z.T. auch atemberaubend. Dann erhielt Anfang 2003 der Entwurf des Architekten *Daniel Libeskind* den Zuschlag: Geplant sind fünf Türme, die zwischen 261 und 533 m hoch sein werden. Im höchsten Gebäude, dem Freedom Tower (533 m = 1.776 ft. = Jahr der Gründung der USA), sollen die obersten Etagen größtenteils mit einem umglasten Wintergarten ausgestattet werden. Auf den Flächen der ehemaligen Türme („Footprints") soll ein Museum und daneben ein Performing Arts Center entstehen. Unter dem gesamten Komplex gibt es einen großen Verkehrsknoten (Subway und PATH), der bereits Ende 2003 fertiggestellt wurde. Doch wäre es nicht New York, wenn man an diesen Plänen nicht noch einmal etwas geändert hätte. Aktuelle Planungen und den Fortschritt des Aufbaus entnehmen Sie bitte der Internetseite *www.downtownny.com*.

* World Trade Center – Site: Viewing Platform (A25)

An der Liberty Street wird die nächsten Jahre noch eine provisorische Aussichtsplattform stehen, von der aus Sie die Bauvorhaben beobachten können.

9. Manhattan: Financial District und Civic Center 347

Spaziergang: Über die Brooklyn Bridge nach Brooklyn Heights

Mindestzeit: 1 Stunde (nur Brücke hin + zurück), **optimale Zeit:** 3 Stunden (inkl. Brooklyn Heights)

Hinweis
Auf der Brooklyn Bridge ist eine Hälfte des „Nicht-Autoverkehr-Weges" einzig für Fahrradfahrer reserviert und (schwach) markiert. Beachten Sie dieses. Ansonsten werden Sie rücksichtslos umgefahren.

Beginn: An der Rampe zur Brooklyn Bridge an der Park Row/U-Bahn-Station: Civic Center. Beste Zeit ist 1–1 ½ Stunde vor Sonnenuntergang wegen des guten Lichts. Auf der Brücke werden Sie von vielen Joggern, Bikern und Spaziergängern begleitet. Achten Sie nicht nur auf den Blick gen Financial Center und Brooklyn, sondern auch in Richtung Midtown. Das Empire State Bldg. u. das Chrysler Bldg. heben sich schön von der Stadtsilhouette ab.

Brooklyn Heights bietet sich nun wegen zwei Dingen an: dem Ausblick von der Brooklyn Heights Promenade auf die Skyline vom Financial Center und die Brooklyn Bridge sowie zum Essengehen unter der Brücke (River Café) bzw. in einem der Restaurants entlang der Montague Street.

Ein beliebtes „Nadelöhr": die Brooklyn Bridge

Zurück nehmen Sie am besten die U-Bahn oder ein Taxi.

Lesen Sie weiter über Brooklyn Heights und Brooklyn auf S. 498ff

---

Klassifizierung der Sehenswürdigkeiten
*** = Topattraktion – ein „Muss"
** = sollte man gesehen haben
* = sehr sehenswert
Alle nicht markierten Punkte lohnen natürlich auch, sind aber von Ihren speziellen Interessen abhängig.

Zwischen Civic Center und Houston Street

Überblick: Einst und Heute

Die Stadtteile Manhattans zwischen Civic Center und Houston Street im Überblick

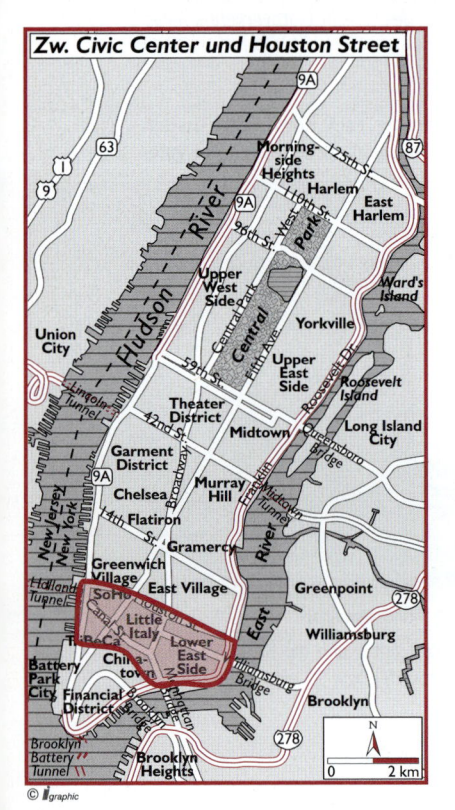

Charakteristika in Stichworten: Aufgepäppelte Lagerhausdistrikte in SoHo und in TriBeCa – Galerien und Shopping in SoHo – Absolut in asiatischer Hand: Chinatown (Garküchen, Gewürzläden, asiatische „Kaufhäuser") – Nur noch wenige italienische Relikte: Little Italy – Historisch, heruntergekommen, aber im Umbruch und eindrucksvoll: Lower East Side – Keine berühmten Museen

Übersichtskarte S. 360f

TriBeCa

Geographische Lage: Von: „Triangle Below Canal Street" (sprich: Trei-Bekka). Zwischen Hudson und Broadway sowie Canal und Barclay Street • **Einwohner:** 10.000 • *Sehenswertes* finden Sie auf S. 360ff.

Geschichte: Zur Zeit der Holländer und ersten Engländer wurde das Gebiet als gute und stadtnahe Weidefläche genutzt. Später kaufte die Kirche Abschnitte davon und investierte dann auch in Häuser und einen Park für die obere Mittelklasse. 1813 wurde schließlich ein Obst- und Gemüsemarkt im Bereich Washington-/Vesey Streets eingerichtet, der sog. „Bear Market", später als „Washington Market" bezeichnet, nach dem der Distrikt dann bis zum Ende der 1960er Jahre genannt wurde. Dieser Markt entwickelte sich zu Beginn des 19. Jahrhunderts zum bedeutendsten Lebensmittelmarkt der Stadt, und Großhändler siedelten sich um ihn an. Herzstück des Distriktes bildete der Duane Park.

Vom Industriebezirk...

Mit der starken Zunahme des Güterumschlages im New Yorker Hafen wurde dann nach 1840 aus diesem Stadtteil immer mehr ein industrieller Bezirk. Den Hafen- und Lageranlagen folgten in der zweiten Hälfte des 19. Jh. auch Textilbetriebe und andere Fabriken. Anders als in SoHo hat man hier aber gleich damit begonnen, die Gebäude aus Stein und Eisen zu bauen, so dass große Feuer nicht ausbrachen. Den wirtschaftlichen Höhepunkt erlebte der Stadtteil vor dem 2. Weltkrieg, als der weit ausgedehnte Markt größer war als alle anderen Märkte New Yorks zusammen. Doch in den 1960er Jahren geriet er an seine Kapazitätsgrenzen und wurde umgelagert nach Hunts Point (South-Bronx). Ihm folgten schließlich auch die Großhändler – der letzte, ein Eierhändler, strich 1998 die Segel. Damit wurde dem Stadtteil ab Mitte der 1970er Jahre die wirtschaftliche Grundlage entzogen, die Lagerhäuser standen leer und begannen zu verfallen. Gewiefte Immobilienmakler und Stadtplaner erkannten aber während der 70er und 80er Jahre sein Potential und nannten den Bezirk zuerst einmal um in TriBeCa.

Heute: Die Immobilienpreise in SoHo waren ab 1975 nur noch für die wohlhabenderen Künstler bezahlbar, und daher begann man TriBeCa aufzupeppen. Künstler und vor allem Filmleute, allen voran *Robert de Niro*, sorgten für das Ambiente und eröffneten In-Restaurants, richteten sich in den Lofts der ehemaligen Textilfabriken und Lagerhäuser ein und zogen schließlich

Begehrt: millionenteure Lofts hinter alten Lagerhausfassaden

viele Broker und wohlhabende New Yorker nach sich. Mit seinen Restaurants, ein paar Galerien, hier wohnenden Filmleuten (u.a. *Robert de Niro, Brad Pitt, Naomi Campbell*), dem 1990 eingerichteten **TriBeCa Film Center** (*375 Greenwich St., zw. Franklin u. N. Moore Sts*) ist TriBeCa in den 1990er Jahren zu dem Trendsetter Manhattans geworden und wird oft auch „Triburbia" genannt. Abends bevölkern viele Banker und Broker die alten Lagerhausstraßen und kehren in die schicken, teilweise sehr kleinen und nahezu unauffindbaren Restaurants und Kneipen ein. Wer gerne einmal etwas vom „neuen Ambiente!" New Yorks erleben möchte, der sollte diesen Stadtteil besonders nach Feierabend bzw. am Abend „ausprobieren".

... zum Künstlerviertel

INFO Woher erhielt die „Canal Street" ihren Namen?

Ganz einfach: Zur Zeit der Holländer flossen in ihrem Bereich zwei stark versumpfte Flüsse, einer zum Hudson, der andere zum East River. Letzterer war um einiges größer und entsprang einem kleinen See, dem Kalch Lake, einem frühen Frischwasserreservoir der Stadt. Zuerst wurden um die beiden Flüsse Systeme angelegt, um die Felder zu entwässern. Später, mit dem Anwachsen der Stadtfläche am East River, wurde der östliche Flusslauf ausgebaggert und begradigt. Ein kleiner Kanal war entstanden, der aber nur auf einem sehr kurzen Abschnitt mit kleinen Booten befahrbar war und in erster Linie zur Entwässerung – auch von Abwasser und Unrat – diente. Ende des 18. Jahrhunderts entschied man sich dazu, die Kloake zuzuschütten und mit einer Straße zu bedecken, denn der Gestank war unerträglich geworden. Als Füllmaterial diente die Erde, die von den Hügeln in dem Gebiet des heutigen SoHo abgetragen wurde, um dort einen neuen Stadtteil zu errichten.

Der Kontrast zum nahen, modernen Financial District macht deutlich, wie unterschiedlich diese Metropole doch ist.

Mittlerweile erreichen die Immobilienpreise SoHo-Niveau, so dass viele Künstler damit beginnen, weiter abzuwandern nach Chelsea, Long Island City (Queens), Williamsburg (Brooklyn) und in andere Stadtteile ... bis auf diejenigen, die alte und relativ günstige Mietverträge haben. Denn es gibt ein Gesetz, das besagt, dass bestimmte, vor Jahren ausgewählte Lofts nur von Künstlern bewohnt werden dürfen und deren Mieten müssen niedrig bleiben.

SoHo
Geographische Lage: Von: *So*uth of *Ho*uston Street. Zwischen 6th Ave. sowie Houston, Crosby und Canal Streets • *Einwohner:* 8-10.000 (schwankt sehr) • *Sehenswertes* finden Sie auf S. 360ff.

Geschichte: Bis zum Ende des 18. Jahrhunderts wurde die hügelige Landschaft des heutigen Stadtteils SoHo als Farmland, zu Beginn vor allem von befreiten Sklaven, genutzt. Weiße Siedler folgten nach. Als um 1780 den Stadtplanern klar wurde, dass Manhattan sich ausdehnen wird und zugleich der Kanal unter der heutigen Canal Street zu einer unerträglich stinkenden Kloake wurde, entschieden sie sich dazu, die Hügel abzutragen und damit den Kanal zu bedecken, und schufen auf diese Weise einen neu zu besiedelnden Stadtteil. Bereits um 1815 war der Bezirk der am dichtesten besiedelte Manhattans. Vor allem wohlhabende Kaufleute lebten hier, und bessere Geschäfte säumten die großen Straßenzüge.

Doch schon um 1850 änderte sich die Struktur. Firmen, Lagerhäuser und Fabriken zogen hierher, und viele der alten Häuser wurden eingerissen, um größeren, von Gusseisenträgern („Cast-Iron") gestützten, bis zu 6-geschossigen Gebäuden Platz zu machen. Der Baustil war kostengünstig und ermöglichte große Räume, in denen sich auch Textilfabriken („Sweatshops") ausbreiten konnten. An den Außenfassaden wurde dabei aber nicht gespart, und Anlehnungen an griechische, italienische und victorianische Stilrichtungen sind bis heute zu erkennen. Selbst die „Schnörkeleien" (Säulen, Ornamente usw.) an den Hausfassaden sind aus Eisen und wurden nur geschickt angemalt, so dass sie wie aus Stein wirken.

In den Hinterhöfen von Manhattan

Vornehme Warenhäuser, Casinos, Theater, Restaurants, aber auch Bordelle, folgten den Industrien. Als Wohngebiet war das Gebiet damit nicht mehr sehr attraktiv. Nach 1900 ging es dann abwärts. Zuerst zogen die Warenhäuser ab nach Norden, ihnen folgten dann die Theater und Casinos, und ab 1950 brach dann auch der industrielle Sektor zusammen. Die Gebäude entsprachen nicht mehr den Vorstellungen moderner Industriebetriebe. Ab 1960 war das Areal nur noch bekannt als „Hell's Hundred Acres", bezogen auf die hier schon seit 1910 auffällig häufig ausbrechenden Feuer. Oft handelte es sich um Versicherungsbetrug. Doch zwei Initiativen verhinderten den kompletten Niedergang des ab 1970 als SoHo bezeichneten Stadtteils:

Heute: Zum einen hatte sich schon seit den 40er Jahren eine Künstlerszene etabliert, die die großen Räume und die niedrigen Mieten denen vom bis dahin beliebten Greenwich Village vorzogen. Der Trend setzte sich auch nach 1960 fort. Die andere Tatsache war, dass sich zu dieser Zeit Bürgerinitiativen gründeten, die den Abbruch der historischen „Cast-Iron-Gebäude" und die Asphaltierung der Kopfsteinpflasterstraßen erfolgreich verhinderten. Damit wurde der größte Bezirk dieser Art in Amerika erhalten.

Ab den 1970er Jahren eröffneten immer mehr Galerien sowie kleine, schicke Restaurants und Cafés. Die Mieten stiegen rapide. Nach 1980 konnten sich nur noch erfolgreiche Künstler die Räume leisten, und andere mussten ausweichen nach TriBeCa oder Chelsea. Heute gibt es keinen eklektischeren Stadtteil in New York als SoHo. Teure Galerien, Top-Restaurants, In-Bars und -Cafés, ausgefallene Shops und Boutiquen ziehen zu jeder Tages- und Nachtzeit viele Menschen hierher. Schnäppchen werden Sie hier mit Sicherheit nicht machen. Dafür aber können Sie Eindrücke sammeln für eventuelle Neugestaltungen Ihrer Wohnlandschaft und dieses hinterher bei einer Tasse Bohnenkaffee und einem „Salade Nicoise"

Galerien sind SoHos Markenzeichen

erörtern. Spring- und Prince Street sowie West Broadway sind die belebtesten Straßen, doch schauen Sie auch in die kleineren Seitenstraßen. Hobbyfotografen sei noch mit auf den Weg gegeben, sich mit lichtstarken Filmen auszurüsten, denn es ist recht dunkel in den engen Straßenzügen, und nicht selten nutzt man auch ein Teleobjektiv, um Menschen oder Verzierungen an den höher gelegenen Hausfassaden zu fotografieren.

High Society

Chinatown

Geographische Lage: *Ursprünglich umgeben von Canal-, Baxter- und Worth Sts. sowie The Bowery. Heute gilt die Faustregel: Kenmare- und Delancey Sts. im Norden, East Broadway und Allen Sts. im Osten und Südosten, Worth St. im Süden und Broadway im Westen. Tendenz: Ausweitung nach Norden bis zur Houston St., nach Osten bis zur Pitt St. und nach Süden bis zur Cherry St.* • ***Einwohner:*** *Offiziell: 110.000, Schätzungen: 260.000 (davon 3/4 Chinesen)* • ***Sehenswertes*** *finden Sie auf S. 362f.*

Geschichte: Die ersten Chinesen kamen zum Ende des 18. Jahrhunderts nach New York, zumeist als Händler, Seeleute, Köche und Zigarrenverkäufer. Ab 1850 folgten dann auch asiatische Eisenbahnarbeiter aus dem amerikanischen Westen. Alle wollten im Grunde nicht lange bleiben, sondern nur Geld sparen für einen geruhsamen Lebensabend in China. Die meisten blieben aber doch. Zählte man 1859 noch 150 Asiaten in diesem Teil Manhattans, waren es 1870 bereits 2.100. Ein strenges Immigrationsgesetz („Chinese Exclusion Act") von 1882 verbot dann aber, dass die Familienangehörigen aus China den Männern nach Amerika folgen durften. Für die nächsten 70 Jahre bedeutete das eine verhältnismäßige geringe Zunahme der asiatischen Bevölkerung und führte zu einer „Junggesellen-Gemeinschaft", aber auch zu vielen Mischehen.

„Chinese Exclusion Act"

Syndikate und Gemeinschaften, bekannt als **tongs**, wurden Ende des 19. Jahrhunderts gegründet. Sie wahrten nicht nur die Interessen ihrer Mitglieder, sondern entwickelten sich z.T. zu kriminellen, mafiaähnlichen Banden (Prostitution, Hehlerei, Glücksspiel etc.) und kämpften in den sog. „tong wars" um ihre Einflussgebiete. Diese Kriege dauerten bis 1924. Oft versteckten sich diese Banden hinter dem Schutzschild einer kleinen Wäscherei, dem ansonsten einträglichsten (legalen) Geschäft der New Yorker Chinesen. Noch heute hängt daher der „Chinese Laundry" ein Hauch von Scheinheiligkeit an. Zumeist aber wurden diese Wäschereien von biederen und fleißigen Familien geführt. Sie boten eine Einstiegsnische für die neu zugewanderten Chinesen, die kein Englisch sprachen, bereit waren, mehr als 12 Stunden am Tag zu arbeiten und wenig Startkapital besaßen.

Während des 2. Weltkrieges, China war nun Verbündeter der USA, wurde das strenge Immigrationsgesetz von *Roosevelt* aufgehoben, und Chinesen konnten sogar amerikanische Bürger werden. Von da an nahm die Population in Chinatown deutlich zu, und der „Stadtteil" wucherte über seine abgesteckten Grenzen, mit der Folge, dass die Italiener großenteils Little Italy und die osteuropäischen Juden später auch die Lower East Side verließen. Besonders die politische Öffnung Chinas Anfang der 70er Jahre und die Übergabe von Hong Kong an China 1997 führten zu einer Auswanderungswelle aus dem Reich der Mitte mit Ziel Amerika. Diese traf neben den Westküstenstaaten vor allem New York. Die Chinesen waren im Grunde gerne gesehen: Nicht nur, dass sie als sehr fleißig galten, sondern besonders die aus Hong Kong und Taiwan brachten auch viel Kapital mit. Dieses haben sie dann in Immobilien und kleine Textilfabriken in Chinatown investiert. Letztere sind berühmt-berüchtigt als sog. „Sweatshops" (= Schwitz-Geschäfte), denn die Arbeitsbedingungen sind ausgesprochen hart, und die Entlüftung der engen Räume ist kaum gewährleistet.

Einwanderungswelle Mitte der 90er Jahre

Heute: Chinatown wirkt heute wie ein bunter Markt. Nahezu alle Schriftzeichen sind chinesisch, und besonders entlang der Mott Street faszinieren die vielen Fisch- und Gewürzgeschäfte, zwischen die sich preiswerte Garküchen und kleine „Kaufhäuser" mit asiatischem Plastikramsch und preiswerten Textilien (z.T. auch Markenartikel) zwängen. Der Verkehr kommt immer wieder zum Erliegen, denn immer wieder halten die Fahrer, um Waren ein- und auszuladen, oder die Familienväter, um ihre Damen vom Einkaufen abzuholen. Die Canal Street ist neben der Mott Street die zweite Lebensader von Chinatown. Hier werden auch Waren für die europäischen Kunden feilgeboten, wobei die Rolex nicht unbedingt echt sein muss und der dargebotene Schmuck oft nur Spielzeugcharakter hat. In den Seitenstraßen dagegen finden sich zahlreiche kleine Textil- und Schuhgeschäfte. Hier kann man mit etwas

Frische Ware ist angesagt in Chinatown

Handeln ein Schnäppchen machen. Handeln gehört in vielen Geschäften, vor allem aber an den Straßenständen von Chinatown sowieso zum guten Ton, auch wenn Sie als Reisender immer etwas mehr zahlen werden.

Übrigens, auch wenn es nicht den Anschein hat: Die Asiaten sparen ihre Einnahmen für ein besseres Leben im fortgeschrittenen Alter, und somit verfügt Chinatown über die höchste Bankendichte New Yorks. Und auch in puncto Religionsausübung sind die Bewohner hier Spitzenreiter. Nur, dass die vielen kleinen Tempel meist nicht auffallen. Nicht selten befinden sie sich in Hinterhöfen oder in der 3. Etage, über einem Sweatshop oder werden „verwaltet" von dem Englischlehrer der Sprachschule im Erdgeschoss des Hauses. Halten Sie die Augen auf und benutzen Sie Ihre Nase (Räucherstäbchen), um die Tempel zu finden.

Mit dem Zuzug von immer mehr Menschen aus immer mehr Teilen Asiens wächst auch das Selbstbewusstsein der einzelnen Gruppen. Nord- und Südchinesen z.B. achten tunlichst darauf, nicht in „einen Topf geworfen" zu werden, und eine ethnisch differenzierte Besiedlung von Chinatown ist mittlerweile erkennbar. So ist z.B. der East Broadway mittlerweile eher bekannt als „Little Fuzhou", benannt nach der Hauptstadt der Provinz Fujian. Die Mehrzahl der Einwohner von Chinatown ist in Asien geboren. In Amerika geborene Chinesen bzw. diejenigen, die „zu Besuch" und auf der Suche nach alten Wurzeln nach Chinatown kommen, werden daher nicht immer ernst genommen. Sie werden schlicht als ABCs (American born Chinese) oder im Spaß als Bananas („außen gelb, innen weiß") bezeichnet.

> **Und es gibt sie wieder, die berüchtigten „Sweatshops"**
> Lange Zeit galten sie als aussterbende Spezies in New York, die dunklen, fensterlosen, feucht-heißen Löcher, in denen billige Arbeitskräfte rund um die Uhr Textilien gefertigt haben. Doch nun kam es wieder ans Tageslicht: 90.000 illegale Einwanderer – zu 90 % Frauen – eingeschleust aus Asien, arbeiten in über 4.600 Sweatshops, verteilt auf ganz New York. Für $ 2–4/Stunde und das mindestens für 12 Stunden an 7 Tagen in der Woche. Wer nun glaubt, hier würden nur Billigtextilien gefertigt, der irrt. Sogar die Modepäpstin Donna Karan (Marke: DKNY) wurde vor Gericht zitiert. Ihr wurde ebenfalls unterstellt, mehrere hundert illegale Asiaten in Sweatshops zu beschäftigen. Und warum lohnt die Herstellung von Textilien wieder im Big Apple? Bei einem Umsatz der Modebranche in New York von weit über 20 Milliarden Dollar wird immer mehr nach schnellen Trendwechseln gefragt. Die können viel einfacher vor Ort bewerkstelligt werden. Die Dritte Welt hält somit wieder Einzug in New York.

Auch heute ist die Immigration nach Amerika nicht immer einfach, vor allem aber ist sie kostspielig. Chinesen aus dem Reich der Mitte verfügen selten über genug Geld für die Schlepperbanden: 35–40.000 Dollar kosten Überfahrt, Immigration und „Integration". Ein Big Business für die Schlepper mit einem jährlichen Gesamtvolumen von nahezu 700 Mio. Dollar. Angekommen in New York, müssen die Immigranten dann dieses Geld abarbeiten, oft bei einem Monatslohn, der deutlich unter dem gesetzlichen Mindestlohn liegt. Hinter zugemauerten Fenstern nähen die Frauen dann Designer-Etiketten in Billigtextilien (siehe Kasten), während die Männer vor allem in den Garküchen und als Beifahrer der Lastwagen die Handlangertätigkeiten übernehmen. Arbeitszeiten von 12 Stunden pro Tag – und das an

Illegale Beschäftigung

Kulturelles Zusammenleben

6–7 Tagen in der Woche – sind keine Seltenheit. Der amerikanische Staat drückt dabei beide Augen zu, denn in die asiatischen Strukturen dieses Viertels kann er sowieso nicht eindringen. Chinatown ist einfach eine Welt für sich in New York, die einen nennen es einen Fremdkörper im Stadtbild, die anderen bewundern das kulturelle Zusammenleben. Man bedenke: Chinatown ist umgeben vom Financial District, dem Civic Center (Verwaltung), der Künstlergemeinde SoHo, dem jüdischen Viertel in der Lower East Side und dem (noch) italienischen Viertel. Und auf eine ganz eigene Weise harmoniert alles.

Die Architektur des asiatischen Kerngebietes besteht aus alten, 3–5-stöckigen Stadthäusern (1880–1920), während besonders nach Osten hin viele Chinesen in den Wohnblocks der 50er und 60er Jahre leben. Für Sie als Reisenden empfehle ich aber vor allem die Mott Street und ihre Seitenstraßen.

Little Italy

Geographische Lage: Zwischen Broadway sowie Houston, Mulberry und Canal Streets (viele Gebiete davon sind aber schon von Chinatown geschluckt worden bzw. gehören jetzt zu NoLita) • *Einwohner:* 6.000 (geschätzt) • *Sehenswertes finden Sie auf S. 362f.*

Geschichte: Die ersten italienischen Einwandererfamilien siedelten in diesem Stadtgebiet um 1850. Damals waren die Mieten hier ausgesprochen günstig, was den verarmten Neuankömmlingen, vor allem aus dem Süden Italiens, sehr entgegenkam. Sie folgten den zu dieser Zeit schon nach Norden abgewanderten deutschen Familien, mussten sich bis um 1900 das Viertel aber mit vielen Iren teilen. Immer mehr Italiener kamen während der nächsten 80 Jahre und verdrängten die anderen Nationalitäten. Ein „elitärer" Kreis entstand, für den ab 1900 auch die Mafia Rechnung trug. Die ersten Säulen des Systems aber setzte die Kirche mit 3 „parishes" (Kirchengemeindekreise), mehreren Gebäuden und natürlich den Gotteshäusern. Ihr folgte die Etablierung fester Nationalfeiertage und jährlich stattfindender italienischer Feste, von denen auch heute noch das 10 Tage andauernde „Feast of San Gennaro" (September, entlang Mulberry Street) mit seinen vielen Imbissständen ein beliebtes Ziel von Touristen und New Yorkern ist.

Nur noch ein Hauch von alten Zeiten ist übriggeblieben: Little Italy

Um die Jahrhundertwende reichte Little Italy bis hinein nach Greenwich Village und auch in die anderen Randbezirke im Süden und Osten. Um 1930 waren über 96 % der Bevölkerung italienischer Abstammung bzw. dort geboren.

Dann aber zogen immer mehr Bewohner, besonders die, die zu etwas Wohlstand gelangt waren, in andere, aufstrebende Stadtteile. Ein Grund dafür war auch das rege Treiben der Mafia hier, ein anderer ganz einfach das Platzproblem. Die meisten gingen in die seit 1930 vornehmer ausgebauten Gebiete in Belmont (The Bronx). Wer es wirklich zu was gebracht hatte, zog um in den Süden von Brooklyn, so. z.B. nach Sheepshead Bay. Langsam begann Little Italy nun zu schrumpfen, und besonders von Süden und Westen drangen und dringen immer mehr Asiaten ein.

Heute ist der einst mit so viel mediterranem Leben versehene Stadtteil nur noch ein Schatten seiner selbst. Natürlich finden Sie, besonders entlang der Mulberry Street, immer noch viele Pizza- und Pasta-Restaurants, und auch ein paar Lebensmittelgeschäfte in den Seiten- und Parallelstraßen (z.B. Elizabeth St.) locken mit italienischem Wein, Brot und Käse, doch leben deren Besitzer zumeist auch nicht mehr hier. Chinatown dringt immer weiter vor, und nur ein rasches Gesetz kann wohl die „ethnische Sicherung" einiger Straßenzüge retten. Zum Spazierengehen und Essen aber lohnt der Besuch von Little Italy allemal. Die alten, sechsgeschossigen Gebäude, nahezu alle Ende des 19. Jahrhunderts gebaut, vermitteln zudem einen guten Eindruck vom New York dieser Zeit. Die Wohnungen darin nannten sich „Railroad Flats", da sie wie Eisenbahnabteile aneinandergereiht und alle gleich groß waren (27 x 7,5 m).

Little Italy – ein Stadtteil im Wandel

Eigentliche Sehenswürdigkeiten gibt es in Little Italy nicht, aber neben den o.g. Dingen sollten Sie auch einmal einen Blick auf das alte New Yorker Police Headquarters Bldg. *(Ecke Centre/Grand Sts.)* werfen. Anfang des 19. Jahrhunderts im Renaissance-Stil mit viel „Schnörkel" eingerichtet, diente es noch bis 1973 als Polizeizentrale. Anschließend wurden hier teure Apartments eingerichtet.

Bowery

Geographische Lage: 1, 5 km langer Straßenzug zwischen Chatam Square und Cooper Square • **Einwohner:** 1.000 (geschätzt) • **Sehenswertes** finden Sie auf S. 363f.

Geschichte: Vor der Kolonisation Wanderpfad der Indianer. Die Holländer nannten die Region dann „*bowerij*" (= Farm), da sie das Umland landwirtschaftlich nutzten. Ab 1800 dann siedelten wohlhabendere Städter hier, und Ausflugslokale sowie Bars und Theater folgten diesen, später auch noch vornehme Geschäfte. Die Bowery war während der ersten Hälfte des 19. Jahrhunderts beliebt bei der Aristokratie und Schriftstellern. Nach dem Bürgerkrieg übernahm der Broadway die Rolle als Bohème-Straße, und die Bowery verkam immer mehr. Besonders, als schließlich auch noch die Trasse des „3rd Avenue Elevated Trains", der ersten Hochbahn, über den Straßenzug verlief. Von da an war die Straße, bei den New Yorkern oft auch als Stadtteil angesehen, nur noch „Tummelplatz der Unterschicht". Während der „Golden Twenties" vergnügte sich schließlich die Männerwelt in ihrem Dunstkreis, Bordelle gab es zur Genüge und im Volksmund hieß sie nur noch „Skid Row" (= Kneipenstraße) oder „Avenue der Alkoholiker".

Tummelplatz der „lower class"

Heute: Auch in unserer Zeit hat die Straße nicht so richtig was zu bieten außer ein paar Lampenläden und zahlreichen Geschäften, die Restaurants ausstatten mit großenteils Secondhand-Waren. Doch macht gerade dieser unattraktive äußere Eindruck wieder deutlich, wie sich das Bild einer Stadt doch ändern kann, beson-

NoLita – und wieder ein „neuer" Stadtteil

Wie so oft, wandeln sich die Gesichter der Stadtteile in New York. Und was eigentlich noch zu Little Italy bzw. der Bowery zählt, hat heute einen neuen Namen: NoLita (**No**rth of **Li**ttle **Ita**ly). Das Gebiet ist eng umgrenzt: Zwischen Lafayette, Spring, Christie und Houston Streets. Da hier die Italiener bereits weggezogen, die Chinesen von Süden noch nicht hergekommen, im Norden und Westen Lafayette und Houston Streets sowie im Osten ein Park als „Barrieren" dienten und dienen, konnte sich hier dieser kleine Stadtteil unbemerkt etablieren. So nahe am schicken SoHo und dem trendy East Village, haben sich hier vor allem Start-Up-Boutiquen angesiedelt. Die Mieten sind günstiger als in SoHo, die Straßenzüge von Mulberry, Mott und Elizabeth Streets sind ruhig und trotzdem verkehrsgünstig gelegen (das kleine NoLita ist von 5 Subwaystationen umgeben) und die Käuferschicht, vorwiegend junge Leute wohnt auch nicht weit. Kein Wunder also, dass hier so mancher neue Modetrend ausgehängt wird in den kleinen Schaufenstern bzw. in den kaum erkennbaren Shops. Man muss schon etwas suchen und schnell ändern sich die Adressen, doch wer sich mal was anderes leisten will...

ders wenn man dann nur zwei Blocks weiter in NoLita ganz anderes zu entdecken hat: siehe Kasten.

Lower East Side

Geographische Lage: Zwischen 14th, Fulton, Franklin, Pearl Sts. sowie dem Broadway und dem East River (damit schließt es theoretisch auch Chinatown, Little Italy, NoHo und das East Village ein). Heute ist im Allgemeinen nur noch das Gebiet zwischen Houston, Forsyth, Canal Sts., sowie Manhattan Bridge Ramp und East River gemeint • *Einwohner:* 75.000–130.000, die Schätzungen variieren stark, je nachdem, welche Stadtteile hinzugerechnet werden • *Sehenswertes* finden Sie auf S. 363f.

Geschichte: Kein Stadtteil New Yorks spiegelt die Geschichte der Stadt besser wider: Zuerst farmten in der Gegend befreite, schwarze Familien auf kleinen Parzellen. Sie wichen dann im 17. Jahrhundert Großgrundbesitzern, allen voran *James de Lancey*, der hier eine große Farm betrieb. Mit dem beginnenden 19. Jahrhundert wuchs New York über seine Grenzen hinaus und konnte in keiner Weise der massiven Einwanderungswelle mit Wohngebieten, geschweige denn Wohnraum beggnen. Das Farmland, größtenteils schon nach der Revolution konfisziert, wurde nun umstrukturiert zu billigen Wohnvierteln („tenements") für die Neuankömmlinge. Gut 100 Jahre sollten sie nun das Bild der Lower East Side maßgeblich bestimmen. Die ersten waren die Iren um 1830, ihnen folgten deutsche Siedler, die ihren Einflussbereich (zumeist nördlich der Houston Street) auch „Kleindeutschland" nannten. Deutsche Theater, deutsche Kneipen und Tanzlokale, deutsche Schulen und Sportvereine. Bis 1870 war die Lower East Side kulturell im wesentlichen von ihnen markiert. Mit zunehmendem Einkommen wanderten die Deutschen dann ab ins heutige Yorkville (östl. des Central Parks), und ihnen folgten ab 1880 die Italiener und besonders orthodoxe Juden aus Mittel-, Süd- und Osteuropa.

Stadtteil der Neuankömmlinge

Kurz vor 1900 lebten hier bis zu 2.500 Menschen pro Hektar. Damit waren die ca. 8 qkm der Lower East Side zu dieser Zeit die am dichtesten besiedelte Fläche der Welt. Platz gab es in den kleinen Wohnungen kaum, und die hygienischen Verhältnisse waren miserabel. Viele Wohnungen besaßen nur ein kleines Fenster und zwei kleine Räume, die sich nicht selten bis zu 20 Personen teilen mussten! Statistiken besagen, dass zu dieser Zeit auf ein Bett 2,6 Personen kamen. Entspre-

9. Manhattan: Zwischen Civic Center und Houston Street

chend mussten diese sich ihre Arbeitszeiten einteilen. Um 1920 lebten 400.000 Juden hier, vor allem zwischen der Bowery, Houston und Delancey Streets sowie dem East River, heute auch bekannt als LoHo (**Lo**wer **Ho**uston Street).

Die sozialen Verhältnisse und die Enge förderten aber ab 1900 politische Protestbewegungen, und viele radikale Politiker sowie auch linksorientierte Künstler und Schriftsteller lebten in der Lower East Side, unter ihnen *Irving Berlin, George* und *Ira Gershwin* sowie die Marx Brothers. Immer wieder auftretende Epidemien (u.a. Cholera und Tuberkulose) zwangen die Stadtverwaltung zu verschärften Auflagen für die Wohnungsbesitzer: „Sweatshops" (kleine Textilfabriken) durften nur noch mit entsprechenden Entlüftungsanlagen betrieben werden, und in den Wohnungen wurden mehr Fenster eingebaut. Erstrebenswert wurden die Lebensverhältnisse hier aber nie. Nach spätestens einer Generation wechselten die Bewohner in andere Stadtteile. Nach dem 2. Weltkrieg kamen dann die Puertoricaner und auch schwarze Mittelständler hierher, und Chinatown dehnte sich immer weiter aus, während die Juden nur noch ihre Textilgeschäfte und Lager in den alten, mit den markanten schwarzen Feuerleitern versehenen Backsteinhäusern beließen.

Schwierige soziale Verhältnisse

Heute: Mittlerweile bezeichnet man im Volksmund als Lower East Side nur noch das Gebiet zwischen der Forsyth und Houston Streets sowie dem East River und der Auffahrt zur Manhattan Bridge. Die Textilgeschäfte der Juden, besonders in der Orchard Street, sind eine wahre Fundgrube für Schnäppchenjäger, und der tägliche *(bis auf Sa.)* Straßenmarkt hier bietet Ramschklamotten für wenig Geld. Der chinesische Einfluss wird, von Südwesten kommend, immer deutlicher, und der nördliche Teil (nördl. Houston Street) ist ein beliebter Wohnbezirk für junge Leute (siehe dazu „East Village" im nächsten Kapitel), so dass sich direkt südlich der Houston Street auch eine Restaurant- und Kneipenszene etabliert hat.

In der Orchard Street geht auch die High Society auf Schnäppchenfang

Fundgrube der Schnäppchenjäger

Das Gebiet südlich der Houston Street lohnt also einen Spaziergang, und für das „Lower East Side Tenement Museum", in dem die Geschichte und die Wohnverhältnisse dieses Stadtteiles beleuchtet werden, sollten Sie sich Zeit nehmen.

Spaziergänge/Erkundungen in Manhattan zwischen Civic Center und Houston Street

Spaziergang: TriBeCa und SoHo
Mindestzeit: 2 Std., *optimale Zeit:* 4 Std., *Sehenswertes* finden Sie auf S. 360f.

Beginn: U-Bahn-Station Canal Street *(Varick Street)*. Etwas umständlich müssen Sie nun die breite Canal Street-Zufahrt zum Holland Tunnel überqueren. Dann sind Sie aber schon in TriBeCa, dem ehemals heruntergekommenen Lagerhaus-Distrikt. Laufen Sie hier etwas kreuz und quer. Hinter den wenig einladenden Fenstern in den Oberetagen verbirgt sich nicht selten ein millionenteurer Loft eines Börsenmaklers oder Filmstars. *Robert de Niro* hat seinen TriBeCa-Grill übrigens am westl. Ende der Franklin Street. Nun gehen Sie nach Norden nach SoHo. Hier wurden die alten Lagerhäuser schon viel früher restauriert, und eine Schickeria aus Künstlern und Kunsthändlern hat sich hier breitgemacht.

Hunderte von Galerien, nicht alle sichtbar, befinden sich in diesem Stadtteil, dem sog. SoHo Cast-Iron District. Broome-, Spring- und Mercer Sts. gelten als die wesentlichen Galeriestraßen und West Broadway, Prince Street sowie Broadway als die Einkaufs- und Restaurantstraßen. Durchqueren Sie SoHo auch nach eigenem Gefühl. Am Broadway zwischen Houston und Prince Streets befindet sich das sehr eigenwillige New Museum of Contemporary Art (u.a. Wanderausstellungen).

Shopping ist in und um den Broadway als Abschluss vorgesehen. Essen im Bereich der Prince Street, ob Kuchen, Lunch oder Dinner, würde einen weiteren guten Eindruck dieses Viertels vermitteln.

Redaktions-Tipps

- **Bedeutendste Sehenswürdigkeiten (S. 360ff.):** Die Cast-Iron-Architektur in SoHo; Galerien in SoHo; „In"-Viertel: TriBeCa und NoLita; New Museum of Contemporary Art; Lower East Side mit dem Tenement Museum, Historic Orchard Street
- **Restaurants/Picknicken:** Indische Küche im **Karahi**; Eklektisch in und um die **Prince Street** in SoHo; Kosher im legendären **Katz's Delikatessen** (hier evtl. auch Brunch während des Shoppingbummels in der Hist. Orchard Street). Und wer hofft, auf *Robert de Niro* in seinem Lokal zu treffen, der sollte in den **TriBeCa Grill** reinschauen.
- **Shoppen:** Eklektisches, neueste Mode und auch Kitsch: **Prince Street/W. Broadway** in SoHo; entlang dem **Broadway** in SoHo bzw. in **NoLita** für die „Junge Upperclass"; Im „Chaos von **Chinatown**" (Mott-, Mulberry-, Canal Sts.): Sonnenbrillen, Elektronisches und Textilien; Günstige Textilien in der **Historic Orchard Street**.
- **Zeit:** 1 ganzer Tag, da alleine die Besichtigung des Tenement Museum ca. 2 Stunden beansprucht und die vielen Geschäfte und Galerien immer wieder zum Reinschauen einladen.
Beginnen Sie mit SoHo, achten Sie aber darauf, die Öffnungszeiten des Tenement Museum einzuhalten. Nach dem Museum die Historic Orchard Street und zum Abend hin im East Village speisen
- **Abends:** In SoHo im Kreuzungsbereich **Grand Street/W. Broadway** finden Sie viele „In"-Kneipen. In und um die **Prince Street** gibt es zudem zahlreiche Restaurants mit Bars.

Spaziergang: Chinatown und Little Italy

Mindestzeit: 1 ½ Std., *optimale Zeit:* 2 ½ Std., **Sehenswertes** finden Sie auf S. 362.

Beginn: U-Bahn-Station Spring St. *(Lafayette St.).* Im Zickzack laufen Sie nun durch Little Italy. Etwas enttäuschend mag sein, dass vieles vom italienischen Charme verlorengegangen ist. Natürlich gibt es noch Pizza und Pasta, aber die meisten Italiener sind schon fortgezogen nach Uptown, in die Bronx (Belmont) und nach Queens und Brooklyn. Trotzdem lohnt der kurze Abstecher in die Mulberry- sowie die Mott Street. Letzterer nach Süden folgend, werden Sie schnell merken, dass sich das asiatische Viertel schon weit nach Little Italy vorgedrängt hat. Chinatown ist dann ein Highlight ganz eigener Art. Alles ist zweisprachig angeschrieben, auf den Straßen herrscht ein immenser Trubel, und überall wird gehandelt und gefeilscht.

Auch für Chinatown gilt: ein wenig der eigenen Nase vertrauen und sich treiben lassen. Achten Sie auch auf ehemals europäische Geschäfte, die äußerlich so belassen wurden, aber in denen asiatische Waren angeboten werden. Günstige Textilien und Straßenhändler (Sonnenbrillen, Uhren, Billigschmuck) werden Sie zu häufigen Stopps veranlassen, ebenso wie die vielen Fischgeschäfte, in denen Sie ja nicht gleich kaufen müssen. In Chinatown finden Sie mit Sicherheit eine Garküche, in der Sie sich einfach, günstig und sehr gut stärken können.

Asiatisches Flair

Und noch ein Tipp für die Süßmäuler

In der 65 Bayard Street (zw. Mott u. Elizabeth Sts) befindet sich die **Chinatown Ice Cream Factory***. Hier gibt es Eiskrem mit typischen asiatischen Geschmacksrichtungen. Am beliebtesten ist das Ingwereis. Aber auch Lychees und andere Früchte werden hier verarbeitet.*

Spaziergang: Bowery und Lower East Side

Mindestzeit: 1 ½ Std., *optimale Zeit:* 3 ½ Std. *(wegen der Besichtigung des Tenement Museums),* **Sehenswertes** *finden Sie auf S. 363.*

15 Minuten weiter von der Chinatown und um drei Ecken herum erreichen Sie die Orchard Street in der Lower East Side. Hier sehen die Häuser noch aus wie im New York der 30er Jahre. Enge Straßen, Backsteinbauten mit unzähligen Feuerleitern und im Erdgeschoss viele Textilläden. Die Obergeschosse werden meist als Lagerräume genutzt. Die Geschäfte gehören meist Großhändlern, aber hier wird auch verkauft: **In** den Geschäften – oft in jüdischem Besitz – edle Ware (günstig), draußen **auf** der Orchard Street Durchschnittsware (extrem günstig). Das Lower East Side Tenement Museum (sehr einfache Wohnungen der Einwanderer zwischen 1860 und 1935) lohnt die frühe Zeitkalkula-

„Katz's Deli" an der Houston Street ist bekannt für seine Pastrami-Sandwiches

tion. Achten Sie auf die Öffnungszeiten. Anschließend gehen Sie die Orchard Street durch bis Houston Street. Bei Katz's Delikatessen *(Ecke Houston u. Ludlow Sts.)* gibt's zum Abschluss beste Pastrami-Sandwiches und gegenüber, im East Village, zahlreiche Restaurants *(bes. 2nd Ave.)*.

Sehenswürdigkeiten in Manhattan zwischen Civic Center und Houston Street (alphabetisch)

TriBeCa und SoHo

- *** New Museum of Contemporary Art (B1)**
Das Museum ist umgezogen: 235 Bowery, Mi, Sa+So 12h–18h, Do+Fr 12h–22h, Tel. (212) 219-1222, www.newmuseum.org. Lesen Sie auch in den Blauen Seiten.

Zeitgenössische Wanderausstellungen

Dieses Museum mit zeitgenössischen Wanderausstellungen rundet das Bild moderner und provokativer Kunst in SoHo ab. Die Museumsleitung hat sich das Ziel gesetzt, hier Künstler und ihre Kunstwerke vorzustellen, die von anderen Museen abgelehnt worden sind. Berühmt ist auch die Bibliothek

---

Hudson River Park

Entlang des Hudson River, im Süden beginnend am Battery Park zieht sich heute ein „Park" bis hin zur 59th Street. Hier, auf dem kleinen Streifen zwischen West Side Hwy. und Wasser haben früher die Ocea Liner und großen Frachtschiffe angelegt. Da die Hafenanlagen fast alle verlagert wurden nach New Jersey, begannen die Piers zu verrotten. Doch hat sich Mitte der 90er Jahre ein Trust gefunden, der nun langsam alle Piers wieder restauriert. Teilweise werden bzw. sind auf den Kais Parks angelegt, teilweise finden Sie hier Sportanlagen (ein Fußballplatz ist auch geplant). Einige Piers weiter im Norden, in Midtown, werden auch heute noch von Passagierdampfern bzw. für das Intrepid Sea-Air-Space Museum genutzt, andere für die Hafenfähren und Ausflugsdampfer.

Der Weg in Nord-Süd-Richtung ist gut ausgebaut und wird besonders an Wochenenden gerne von Fußgängern, Radfahrern und Skatern genutzt. Sea Kayaks können an den Piers 26 (N. Moore St.) und am Chelsea Pier 60, W. 23rd Street ausgeliehen werden. Der Andrang ist aber meist sehr groß.

Wer sich über den aktuellen Stand des Parkausbaus informieren möchte: www.hudsonriverpark.org.

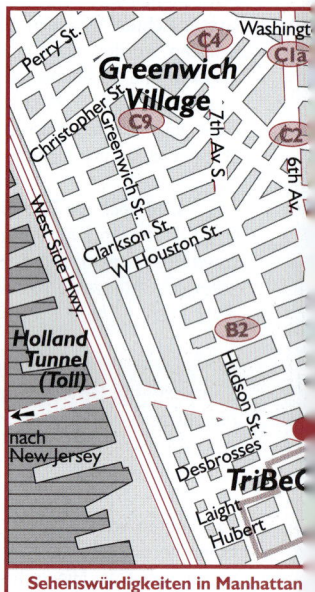

Sehenswürdigkeiten in Manhattan Civic Center und Houston Street

B1 New Museum of Contemp. A
B2 New York City Fire Museum
B3 Confucius Plaza
B4 Museum of Chinese in the Ar
B5 Old St. Patrick's Cathedral
B6 Bowery Savings Bank
B7 Eldridge Street Synagoge
B8 Lower East Side Tenement Museum

Klassifizierung der Sehenswürdigkeiten
*** = Topattraktion – ein „Muss"
** = sollte man gesehen haben
* = sehr sehenswert

(vorher anmelden unter Tel.: (212) 219-1222) mit der wohl umfangreichsten Sammlung an Kritiken und Theorien zum Thema zeitgenössische Kunst. Beachten Sie auch die Ausstellungen zum Thema interaktive Kunst im Keller. Von dem einst geplanten Umzug des Museums an die 253 Bowery war bei Drucklegung nicht mehr die Rede.

Die alternative Kunstszene

- **New York City Fire Museum (B2)**
278 Spring St., zw. Hudson u. Varick Sts., geöffnet: Di–Sa 10h–17h, So 10h–16h, Geführte Touren auf Anfrage: Tel.: (212) 691-1303, www.nycfiremuseum.org

Hier gibt es alles rund um die Feuerbekämpfung zu sehen, und das ist bis heute – und nach dem 11. September besonders – ein wichtiges Thema in den USA, da ja bekanntlich viele Häuser aus Holz gebaut sind. Große Feuersbrünste sind somit

Zwischen Civic Center und Houston Street

Sehenswürdigkeiten in Manhattan zwischen Houston Street und 14th Street
C1a "The Cage"
C2 Father Demo Square
C4 Greenwich Village Historic District
C8 New York University
C9 St. Luke's Chapel (Church of St. Luke's in the Field)
C10 Bayard-Condict Building
C12 Fire Engine Company No. 33
C15 Old Merchant's House Museum
C18 Schermerhorn Building
C20 Ukrainian Museum

Spazierwege
▭▭▭ TriBeCa / SoHo
▬▬▬ Little Italy / Chinatown / Lower East Side
● Start-/ Zielpunkt

Die mit C etc. gekennzeichneten Sehenswürdigkeiten sind ab Seite 370 beschrieben.

0 — 250 m

Die Tunnel nach Manhattan

Name	von wo nach wo	Bauzeit	Eröffnet	Länge	Max. T
Holland Tunnel	Hudson River: zw. Canal Street und Jersey City, NJ	7 Jahre	1927	2.610 m	28,4
Lincoln Tunnel	Hudson River: zw. W. 39th St. und Weehawken, NJ	mit Unterbrechungen 20 Jahre	1937 (Mittelröhre), 1945 (Nordröhre), 1957 (Südröhre)	Mittelröhre: 2.506 m, Nordröhre: 2.286 m, Südröhre: 2.442 m	30,9
Queens/Midtown Tunnel	East River: zw. 36th St. u. Long Island City (Queens)	4 Jahre	1940	1.921 m	-
Brooklyn-Battery Tunnel	New York Bay: zw. Manhattans Südspitze u. dem B'klyn-Queens Expressway (Brooklyn)	10 Jahre, da Unterbrechung des Baues während des 2. WK	1950	2.781 m	-

auch heute noch eine Gefahr. Im Museum, untergebracht in einem alten Feuerwehrgebäude von 1904, wird besonders auf die Geschichte der Brandbekämpfung in New York eingegangen. Fotos, ein ausgestopfter, einst legendärer Feuerwehrhund, knallig rote Feuerwehrfahrzeuge der letzten 150 Jahre u.v.m. gibt es hier zu bewundern. Nicht zu vergessen sind natürlich die Sonderausstellungen zu den Geschehnissen des 11. September 2001, bei dem 343 Feuerwehrmänner starben.

Chinatown und Little Italy
Übersichtskarte S. 360f

- **Confucius Plaza (B3)**
Ecke Division St./Bowery/Manhattan Bridge-Zufahrt

Das älteste Reihenhaus New Yorks ...

Der große Platz wurde benannt nach der großen Confuzius-Bronzestatue auf dem Platz (vor dem roten Backsteingebäude). An der Ostseite des Platzes steht der auffallende, 1915 eingeweihte **Manhattan Bridge Arch and Colonnade**, ein mit vielen Ornamenten und Fresken besetzter Torbogen, der in Form eines Triumphbogens die Auffahrt zur Manhattan Bridge darstellt. An der Südwestseite des Platzes *(Ecke Pell St.)* steht übrigens New Yorks ältestes Reihenhaus, das **Edward Mooney House**, das 1789 fertiggestellt wurde.

- **Mott Street Buddhist Temple**
64B Mott Street

... und der kleinste Buddhistentempel

Der wohl kleinste Buddhistentempel New Yorks. Er ist in nur einem kleinen Zimmer untergebracht. Insgesamt gibt es in Chinatown noch 11 Buddhistentempel.

Museum of Chinese in the Americas (B4)

215 Centre St., Di–So 12h–18h, (212) 619-4785, www.moca-nyc.org

Das kleine Museum ist untergebracht in einem ehemaligen Schulgebäude für italienische und chinesische Kinder. Die permanente Ausstellung erläutert die Herkunft der chinesischen Bevölkerung und die Integrationsgeschichte der chinesischen Einwanderer in New York (Fotos u. Artefakte). Besonders interessant ist die Erläuterung der Arbeitsbedingungen. Zudem bietet eine weitere Abteilung Platz für Wanderausstellungen.

Old St. Patrick's Cathedral (B5)

Zwischen Mott, Prince u. Mulberry Sts.

Die älteste noch vorhandene römisch-katholische Kirche New Yorks (1809–15) ist der „Vorgänger" der heute berühmteren St. Patrick's Cathedral an der 5th Avenue in Midtown. Zu dem Umzug kam es, als ein großes Feuer 1866 die Kathedrale hier nahezu zerstörte. Sie wurde aber grundlegend restauriert und wartet heute mit auffälligen gotischen Ornamentierungen auf.

Bunt und oft nur in chinesischer Schrift erläutert: Kaufenswertes in Chinatown

First Shearith Israel Graveyard/St. James Place

55 St. James Place, südlich des Chatham Square

Der älteste jüdische Friedhof Nordamerikas, eingerichtet 1683. Die ältesten Gräber weisen auf jüdische Einwanderer iberischer Abstammung hin (entkamen der Inquisition zu dieser Zeit). Sie sind über Brasilien nach New York gekommen.

Bowery und Lower East Side

Übersichtskarte S. 360f

Bowery Savings Bank (B6)

130 Bowery, Ecke Grand Street (heute: Green Point Bank)

Imposantes, L-förmiges Bankgebäude (1893–95) mit einer klassisch-römischen Straßenfront, die zudem von korinthischen Säulen geprägt ist. Diese Fassade, hier zuerst bei einer Bank eingesetzt, bildete von da an ein Vorbild für Hunderte von anderen Bankgebäuden in Amerika. Im Gebäude glaubt man sich in einem römischen Tempel: An Marmor und aufwendigen Säulenkonstruktionen wurde hier nicht gespart. Selbst die Schalter sind aus dem edlen Stein.

Wie sich da wohl die frisch eingetroffenen Einwanderer um die Jahrhundertwende gefühlt haben mögen, als sie ihre wenigen, hart verdienten Dollar hier deponierten?

- **Eldridge Street Synagoge (B7)**
  12–16 Eldrige Street (zw. Canal u. Division Sts.), Touren zur halben Stunde 10h30–15h30, Tel. (212) 219-0888, www.eldridgestreet.org.

Kulturzentrum der jüdischen Bevölkerung

Die Synagoge wurde 1887 eröffnet und dient auch heute noch den aus Osteuropa eingewanderten orthodoxen Juden als religiöse Versammlungsstätte und Kulturzentrum. Die Fassade wurde aus Terra-Cotta und Ziegelsteinen zusammengesetzt und verbindet romanische, gotische sowie maurische Stilelemente. Keine Synagoge in der Lower East Side ist bis heute so großzügig gebaut worden.

- **** Historic Orchard Street**
  Orchard Street südlich der Houston Street. Siehe auch S. 265.

Entlang dieser Straße findet sonntags ein günstiger Textilienflohmarkt statt. Die zahlreichen Modegeschäfte *(tägl. außer Sa)* hier bieten zudem exquisite Anzüge, Schuhe, Kleider u.v.m. Nicht immer mögen sie den heutigen Zeitgeist treffen, doch wer sich eine maßgeschneiderte Garderobe für die Oper zulegen möchte, wird hier sicherlich fündig. Wichtig ist, dass Sie beim Preis handeln.

Die anderen Geschäfte lohnen ebenfalls, verkaufen sie doch Dinge, die es bei uns kaum gibt: z.B. ausladende Messingbetten und chinesische Einrichtungsgegenstände, aber auch Spielzeug und Spitzenunterwäsche.

Von Norden her verändert sich aber langsam das Geschehen und immer mehr In-Kneipen für jüngere Leute drängen in die Orchard Street.

- **** Lower East Side Tenement Museum (B8)**
  Touren beginnen am Visitor Center (108 Orchard St., zw. Delancey u. Broome Sts). VC tgl. 11h–17h30, Touren Di–Fr 13h–16h45, Sa+So 11h–17h, Tel. (212) 431-0233, www.tenement.org.

Auf den Spuren der Einwanderungswelle: Lower East Side Tenement

M.E. eines der interessantesten Museen der Stadt. Hier wird New York vorgestellt, wie es vor über 100 Jahren ausgesehen hat und aus welchen Verhältnissen sich die Stadt heraus entwickelt hat.

Erklärt werden in erster Linie die Wohnverhältnisse im New York vergangener Zeiten, doch sollte man sich darüber im Klaren sein, dass auch heute noch z.B. in der South Bronx und in Washington Heights unter schlechten Bedingungen gewohnt wird, wenn auch nicht mehr unter ganz so engen.

New Yorker Wohnverhältnisse

Beginnen Sie Ihre Besichtigung im Visitor Center, wo neben ein paar Artefakten aus dem 19. Jahrhundert auch ein Film zur Geschichte der Lower East Side gezeigt wird. Anschließend werden ca. 1-stündige Führungen geboten, die in drei Wohnungen (tenements) unterschiedlicher Epochen (ca. 1860, 1890 und 1930) gehen. Interessant sind besonders die Erläuterungen zu den Themen: Dunkelheit, Entlüftung und Bewohner pro Wohnung. Um 1900 teilten sich z.B., statistisch betrachtet, 2,6 Personen ein Bett in der Lower East Side.

Das Museum veranstaltet außer der Reihe auch viele andere Führungen durch das Lower East Side Viertel und bietet zudem Informationsveranstaltungen.

Zwischen Houston Street und 14th Street: Greenwich Village, NoHo und East Village

Überblick: Einst und Heute

Hinweis
Houston Street wird „HAUS-Tonn" ausgesprochen.

Die Stadtteile Manhattans zwischen Houston Street und 14th Street im Überblick

Übersichtskarte S. 360f

Charakteristika in Stichworten: *Greenwich Village: Oft nur 2–3 Stockwerke – Versnobt – Teuer zum Wohnen – Bäume an Straßen – Universität – Einkaufen – gute Musikclubs, Restaurants und Kneipen – Homosexuellenszene • NoHo: Shoppen für jedermann/-frau – Eklektisch • East Village: Alt und „in" – Günstig zum Essen – Straßenhändler (Ramsch, CDs) entlang St. Marks Place – Musikclubs mit Rock und Grunge, sowie Jazz-Anfänger – Hip-Discos – ethnische, oft osteurop. und asiatische Restaurants – Urige, aber oft schmuddelige Kneipen – Hier wird noch etwas an der Gesellschaft verändert – An Wochenenden ist alles voll – Kosher-Delis*

Greenwich Village/West Village
Geographische Lage: *Zwischen Hudson River im Westen und dem Broadway im Osten, 14th Street im Norden sowie Canal St., 6th Ave. und Houston St. im Süden* • ***Einwohner:*** *110.000* • ***Sehenswertes*** *finden Sie auf S. 372ff.*

Hinweis
Das West Village reicht bis südlich der Houston Street

9. Manhattan: Zw. Houston Street u. 14th Street: Greenwich Village, NoHo, East Village

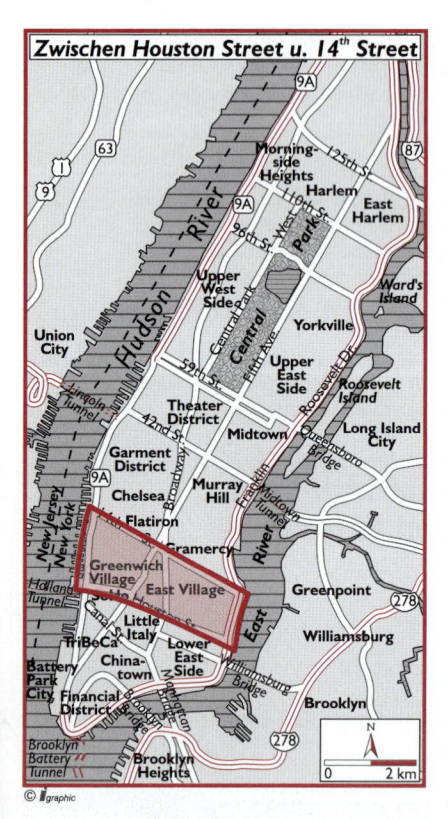

Geschichte: Bevor die Europäer Amerika entdeckten, kamen Indianer regelmäßig in das von Hügeln durchsetzte Marschland, um zu fischen. Der Manetta („Teufelswasser"), ein kleiner Fluss, versorgte sie mit Lachsen. Sie blieben immer nur für kurze Zeit und benannten das Areal Sapokanikan. Mit dem Einzug der Holländer siedelten einige wenige von ihnen dann hier, wurden aber bald darauf von den Siedlern verdrängt, die hier im Laufe der nächsten 150 Jahre große Farmanwesen gründeten. Die Böden waren hervorragend geeignet für den Gemüseanbau. Die Engländer legten zudem ein kleines Dorf an, das sie Greenwich nannten („wich" bedeutet Dorf). Während der Revolution erlebte Greenwich einen Aufschwung, da es die Soldaten mit den nötigen Lebensmitteln versorgen konnte. Anschließend gebaute Straßen trugen als „Dank" Namen berühmter Revolutionsoffiziere (z.B. Mercer Street, Sullivan Street, Thompson Street, Mac Douglas Street).

Ab 1780 entwickelte sich der kleine Ort zu einem Ziel vieler Ausflügler aus der Stadt, die entlang der gut ausgebauten Greenwich Street bequem hierher kommen konnten. 1780 kaufte die Stadt zudem das Gebiet des Washington Square und legte es komplett trocken. Ab 1800 und im Besonderen ab 1822 wandelte sich das Bild. Cholera und Gelbfieber-Epidemien in New York ließen Pläne aufkommen, die Städter nach Greenwich umzusiedeln. Der Plan wurde zwar nicht im großen Stil umgesetzt, aber wohlhabende Städter siedelten sich trotzdem an und auch einige Geschäfte und Banken (daher der Name „Bank Street"). Die mittlerweile etablierte Oberschicht ließ große Villen bauen. Die Zeit der großen Farmen war damit ab 1830 beendet, und sie wurden immer weiter unterteilt, was befreite Sklaven sowie Immigranten anzog. Letztere, darunter viele Iren und Chinesen, siedelten vor allem entlang des Hudson River, wo erste Fabriken und Hafenanlagen eingerichtet wurden.

Bekannte Schriftsteller
Im Ortskern aber herrschte weiterhin der Bohemian Lifestyle vor, und 1831 mit der Eröffnung der bis heute größten privaten Universität der USA, der als ausgesprochen liberal geltenden New York University (NYU), mischten sich nun auch Dozenten, Studenten und linke Schriftsteller unter die Bevölkerung. Unter ihnen z.B. *Edgar Allan Poe, Mark Twain, Henry James*, denen später auch *T.S. Eliot, Gertrude Stein, Sinclair Lewis* und *Edward Hooper* folgten. In den 1960er Jahren lebte übrigens auch der Musiker *Bob Dylan* hier.

9. Manhattan: Zw. Houston Street u. 14th Street: Greenwich Village, NoHo, East Village

Um den Washington Square siedelten sich ab 1835 Hotels, Clubs, Restaurants und Galerien an und zogen somit auch New Yorker an. 40 Jahre später folgten auch einige Off-Broadway-Theater im nördlich davon gelegenen Umfeld.

Künstlerviertel Greenwich Village

Doch die politisch links orientierte Avantgarde verdrängte ab 1850 die reiche Oberschicht, die es bevorzugte, unter sich zu bleiben und in noch pompösere Paläste in der heutigen Upper East Side umzusiedeln. Sie machten in ihren Village-Villen Platz für weitere Künstler und Literaten, die sich die Mieten in den bald etwas heruntergekommenen Wohnungen in diesen Häusern gut leisten konnten.

Erst in den 1920er Jahren drohte diesem Leben ein Ende. Zwischen 1920 und 1928 stiegen die Mietpreise zwischen 140 und 300 %, und viele weniger betuchte Künstler mussten ausziehen. Zudem näherte sich der Bauboom von Süden und drohte mit dem Abriss vieler alter Häuser. Der Börsencrash von 1929 und später der 2. Weltkrieg setzten dieser Entwicklung bis in die 1950er ein Ende. Als dann 1951 die Modernisierungspläne wieder auf den Tisch kamen, setzte eine Protestwelle dagegen ein, die besonders von der Beat-Bewegung unterstützt wurde. Sie gründeten u.a. auch das heute noch kursierende „Village Voice"-Blatt als ihr Sprachrohr. 1961 dann lenkte die Stadt mit dem „downtown-zoning act" ein, dem 1969 die Deklarierung des Village zu einem Historic District folgte. Damit waren die Gebäude gerettet, wobei der Umkehreffekt nun bewirkte, dass die Mieten wieder stiegen. Doch auch da half die Stadt in einigen Regionen des Village, indem sie Mietpreiskontrollen festlegte, die es zumindest den Studenten ermöglichte, nahe der Universität zu wohnen. Die anderen Gebiete aber wurden immer teurer, so dass nur wenige, gut verdienende Künstler bleiben konnten und wohlhabende Städter zuzogen.

Greenwich Village mutet **heute** im Gesamtbild einer Stadt wie New York wirklich wie ein Dorf an. 2–3-stöckige Wohnhäuser an mit Bäumen bestandenen Straßen sind typisch. Geld muss man aber haben, um hier in – technisch betrachtet – recht unmodernen Häusern die Mieten bezahlen zu können. Es gilt aber als schick! Boutiquen, Musikclubs (meist Jazz oder Rock), Feinkost- und Bioläden und auch ein paar kleinere Bühnen verwöhnen die Avantgarde. Interessantester und vielseitigster Straßenzug diesbezüglich ist die Bleecker Street, die aber wenig von dem Charme des „Village" bietet. Dafür müssen Sie in die kleinen Seitenstraßen schauen. So bieten z.B. die kleinen Cafés in der Hudson Street (südl. des Abingdon Square) eine kleine Oase. Hier trifft sich auch die Gay-Scene.

Historische Hauseingänge am Washington Square erinnern an vergangene Tage

Bleecker Street – bedeutendste Straße

Die Homosexuellenszene hat sich in diesem Stadtteil eine feste Nische geschaffen. Bereits in den frühen 1960er Jahren angesiedelt, hat sie ihre Anerkennung (und Duldung) hier – stellvertretend für ganz Amerika – immer wieder erkämpfen müssen. Der Aufstand am „Stonewall Inn" 1969 ergab schließlich den endgültigen Durchbruch und sicherte ihre Rechte.

Die 1970er Jahre standen im Licht der Anti-Kriegs-Demonstrationen und die 1980er im Kampf gegen AIDS. Unverkennbar ist, dass Greenwich Village auch heute noch ein intellektuell „aufgewühlter" Stadtteil ist, der immer wieder für Schlagzeilen und neue Strömungen sorgen wird, so auch bei den Anti-Kriegs-Demos auf dem Washington Square Anfang der 2000er Jahre.

NoHo und Astor Place
*Geographische Lage: Von: **No**rth of **Ho**uston Street. Zwischen 8th Street im Norden, 3rd Ave. u. Bowery im Osten, Houston St. im Süden und Mercer St. im Westen • Einwohner: 5.600 • Sehenswertes finden Sie auf S. 377ff.*

Geschichte: Bis 1803 befand sich an dieser Stelle Jacob Sperry's Botanical Garden. Anschließend erwarb der reiche Kaufmann *John Jacob Astor* das Areal, benannte den Stadtteil Astor Place (wird auch heute manchmal noch so bezeichnet) und ermöglichte durch infrastrukturelle Maßnahmen die Besiedlung ab 1825. Vornehmlich wohlhabende Bürger ließen sich hier nieder. Nach dem Bürgerkrieg, New York wuchs in rasantem Tempo nordwärts, wurden die ersten Bürogebäude hier errichtet, vornehmlich aus dem Pressebereich. Astor Place wurde zu dieser Zeit dem East Village zugeordnet. Nachdem die meisten Firmen in den 1960ern in noch größere Häuser woanders in der Stadt umzogen, kamen, wie auch in SoHo, die Künstler und nutzten die großen Räume als Ateliers.

Mischung aus Kunst und Kommerz

Heute: Bis heute ist NoHo von der Künstlerkolonie geprägt, doch mittlerweile siedeln sich auch zahlreiche größere Geschäfte hier an, u.a. der Buchladen Barnes & Nobles und der Plattenladen Tower Records. Die Mischung aus Kunst und Kommerz sowie die Nähe zu SoHo und dem East Village zog dann schließlich auch Persönlichkeiten an, die hier ihre Wohnungen einrichteten, so z.B. *Cher* und *Keith Richard*. Damit begannen auch hier die Preise zu steigen und immer mehr teurere Wohnhausprojekte entstanden.

East Village
Geographische Lage: Zwischen 14th St. im Norden, Avenue D im Osten, Houston Street im Süden und Bowery sowie 3rd Ave. im Westen • Einwohner: 100.000 (Angaben variieren stark) • Sehenswertes finden Sie auf S. 377ff.

Geschichte: Zu Beginn der Kolonialzeit war das Gebiet Teil der großen Farm des Gouverneurs *Peter Stuyvesant* und später seiner Nachfolger. Um 1800 wandelte sich das Bild und erste Wohnhäuser des gehobenen Mittelstandes (Town Houses) wurden gebaut. Hier zogen ab Mitte des 19. Jh. viele Einwanderer aus Deutschland ein, zumindest diejenigen, die es in den ersten Jahren in der Lower East Side „geschafft" hatten. Sie und andere Zuwanderer aus Osteuropa prägten bis ins 20. Jh. hinein den Stadtteil. Alte Inschriften an Kirchen und Stadtgebäuden (z.B. Ottendorfer Library in der 2nd Ave., *zw. 9th u. St. Marks Sts.*) zeugen noch heute davon. Die zweite Hälfte des 19. Jh. brachte auch kulturelle Vielfalt. Theater, Sportheime, erste ethnische Restaurants und auch ein paar Künstler siedelten sich an.

Ab 1930 waren die meisten betuchten Bewohner weitergezogen, und in ihren Wohnungen fanden nun große Einwandererfamilien ihren Platz. Die Baustruktur verfiel zunehmend, was schließlich zu niedrigeren Mieten führte. Das wiederum zog die nächste Welle von Künstlern, Poeten, Musikern und Schauspielern an, denen es im Greenwich Village mittlerweile zu teuer geworden war. Mit ihnen kam auch die Beat-Generation, die ab 1950 maßgeblich für die politischen Aktivitäten im Viertel verantwortlich war. Doch meist handelte es sich dabei, anders als in Greenwich Village, um politische „Underground"-Tätigkeiten, die sich auf lokaler Ebene abspielten.

Die Musik- und Theaterszene entwickelte sich parallel dazu und brachte so manche der später bekannten Rockbands bzw. Theaterensembles hervor. Um 1960 wurde das East Village politisch abgetrennt von der Lower East Side. Damit wurde der Weg frei für die Immobilieninhaber, die Mieten langsam, aber stetig steigen zu lassen, denn sie unterlagen nicht mehr den Richtlinien der Lower East Side. Wegen des immer weiter wachsenden Zustroms von Einwanderern aus aller Welt (bes. aber aus der Ukraine), eskalierte die Mietpreissituation in den 1980ern. Die Mieten waren einfach zu hoch und entsprachen weder dem Zustand der Wohnungen noch dem Sicherheitsfaktor auf den Straßen. Besonders die Drogenszene geriet ab 1980 nahezu außer Kontrolle. Laute Proteste bis hin zu Straßenschlachten Ende der 80er Jahre sowie die Schließung des Tompkins Square Park, dem damaligen Hauptdrogenumschlagplatz Süd-Manhattans, durch die Polizei 1992 waren die Folge.

Musik- und Theaterszene

Die Probleme konnten so grundlegend beseitigt werden. Die Stadt hat seither das East Village weitgehend unter ein Mietpreiskontrollsystem gestellt, und die Drogenszene ist durch starke Polizeipräsenz, vor allem um den o.g. Park und die umliegende „Alphabethic-City" (benannt nach den Straßennamen), vom Straßenbild verschwunden.

Heute: Im Gegensatz zum Greenwich Village ist das East Village heute Tummelwiese der „noch nicht Ausgereiften" bzw. „Spielwiese der Gegenkulturen". Piercing, schummrige Kneipen, billige (aber z.T. sehr gute) ethnische Restaurants, immer mehr kleine, aber teure Esstempel, Off-Off-Broadway Shows, Musikclubs als „Probierfeld" für (eventuelle) zukünftige Stars und nur bedingt restaurierte Wohnhäuser bestimmen das Bild. 2nd Avenue und St. Marks Place gelten Freitag- sowie Samstagabend als „Zappelmeilen" von New Yorks Studenten- und (den Überbleibseln der) Grungeszene. Und auch die weniger betuchten Künstler und Schriftsteller, meist aus dem teuren Greenwich Village und TriBeCa „vertrieben", sowie die Homosexuellen- und Transvestitenszene haben sich hier schon seit Jahren ein paar Nischen geschaffen (z.B. „Lucky Cheng's" Restaurant und Nightclub). Etwas punkig, etwas funkig und zum

Erst abends beginnt das Leben im East Village

Die ethnische Szene-Kultur

Teil auch gruftig und das die ganze Nacht durch. Hier schläft New York nachts wirklich nicht (24-Stunden-Restaurants und Delis). Für das bunte Treiben auf den Straßen sorgen vor allem aber die verschiedenen ethnischen Minderheiten, wie z.B. die Einwanderer aus der Karibik, aus der Ukraine, aus China, aus Polen, von den Philippinen und aus Westeuropa. Sie alle leben harmonisch zusammen, wahren aber ihre Traditionen und geben diesem Stadtteil somit einen interessanten, manchmal sogar verrückten, Charakter. Eigentliche Sehenswürdigkeiten finden sich im East Village aber nicht.

Interessant ist besonders das Gebiet westlich der 1st Avenue. Die lebendigsten Straßen sind die 2nd Avenue sowie St. Marks Place (8th St.). Östlich der 1st Avenue befindet sich „Alphabetic City", ein etwas heruntergekommenes Wohngebiet mit vielen Sozialwohnungsbauten („Projects") aus der Zeit zwischen 1950 und 1960. Um den Tompkins Square herum aber entwickelt sich zunehmend eine Restaurant- und Kneipenszene. Beachtenswert ist auch die Entwicklung des **East River Park** ganz im Osten, wo Sie heute schön spazieren gehen können und zahlreiche Sportanlagen für die Anwohner zur Verfügung stehen.

Spaziergänge/Erkundungen in Manhattan zwischen Houston Street und 14th Street

Spaziergang: NoHo, Greenwich Village und West Village

Mindestzeit: 2 Stunden, **optimale Zeit:** 4–5 Stunden, *Sehenswertes* finden Sie auf S. 373ff/377ff.

Beginn: Am Astor Place. Der erste Abschnitt bis zum Union Square ist ohne Highlights, sieht man einmal vom weltberühmten Kosmetikladen Kiel's an der Third Avenue ab. Auf dem Union Square dann können Sie CDs, frisches Obst und Gemüse u.a. auf einem kleinen Markt erstehen.

Zurück entlang dem Broadway gibt es ein paar 2nd-Hand-Buchläden, u.a. den größten seiner Art, The Strand. Ab der 9th St. nach Süden beginnen die Geschäfte entlang dem Broadway. „In"-Klamotten und einige Designerwaren für die Studenten der nahen Uni lohnen den Blick in so manches Geschäft. Mit einem „Take-away-Drink" können Sie sich dann auf den Washington Square setzen und dem Treiben des von den Studenten selbsternannten Campus zuschauen.

Westlich davon beginnt dann das, was man als das typische „Village" bezeichnet: Baumbestandene Straßen, nur 2–3-stöckige Brownstone-Häuser, mindestens 130 Jahre alt. Um die 6th und 7th Avenues, besonders an den Kreuzungsbereichen mit der Greenwich Avenue sammeln sich die (nützlichen) Geschäfte. Die Nebenstraßen sind dann

NoHos Charme ist „Down to Earth"

wieder ruhiger. Vielleicht gelingt es Ihnen, in ein Haus hineinzugehen. Erst einmal im Flur, kann man bis aufs Dach (immer offen wegen evtl. Feuer) hochlaufen. Ganz schön eng die Flure! *Ein Blick von oben*

Dafür aber haben Sie eine ganz interessante Aussicht von oben. Nicht weit, aber in die Gärten hinein. Ja, die gibt es!

Bleecker Street ist aber für Sie sicherlich am eindrucksvollsten. Von Westen nach Osten wird sie immer belebter. Erst ein paar kleine Geschäfte, dann die ersten Boutiquen, zwischen 7th Ave. und La Guardia Place dann finden Sie sicherlich auch was für sich (Textilien, Schmuck, fürs Picknick, CDs, Leder etc.). Östlich der 6th Avenue zielt diese Straße etwas mehr auf Touristen ab, denn hier, bes. nahe La Guardia Place (Straße), reihen sich Musikclubs wie Perlen auf eine Kette. Merken Sie sich das für abends.

Über den Broadway (jetzt haben Sie vielleicht mehr Zeit zum Shoppen, z.B. Ecke 4th St.: CDs bei Tower Records) und LaFayette Street (NoHo = **No**rth of **Ho**uston Street) geht es zurück zum Astor Place.

Spaziergang: NoHo (Astor Place) und East Village

Mindestzeit: 1 ½ Stunden, optimale Zeit: 3 Stunden, Sehenswertes finden Sie auf S. 377ff.

Beginn: am Astor Place. Eigentlich müsste die Zeit – nach dem Besuch vom Greenwich bzw. West Village noch gut ausreichen für die Erkundung des East Village. Hier wird es sowieso erst nach 18h richtig interessant und lebendig. Sehenswürdigkeiten bzw. viel zu fotografieren gibt es nicht.

Redaktions-Tipps

- **Bedeutendste Sehenswürdigkeiten (S. 372ff):** Die **historischen Gebäude** (Brownstone im Westen, Cast Iron eher östlich) entlang der gesamten Wegstrecke; Forbes Magazine Galleries; Washington Square und New York University; Jugend- und Grunge Szene entlang St. Marks Place; ethnische Restaurants und (einige wenige) Geschäfte entlang des Broadway, der First und Second Avenue sowie der Avenue A.
- **Restaurants/Picknicken:** Kaufen Sie Leckereien ein für ein **Picknick**, z.B. auf dem Washington Square. Die Restaurants in Greenwich Village (z.B. nahe Kreuzung Greenwich Ave. und 6th Ave.) sind gut, die im East Village stehen denen aber in nichts nach. So z.B. der **2nd Avenue Deli** (volle Gerichte). Oder wie wäre es mit einer leckeren Pizza bei **Arturo's**?
- **Shoppen:** Secondhand-Bücher im **The Strand Bookstore**; **Designer-Kleidung** entlang dem Broadway zwischen Houston Street und 10th Ave.; **Kunsthandwerkliches und ausgefallene sowie Boutiquen-Kleidung** entlang der Bleecker Street; Kosmetika bei **Kiehl's** (3rd Ave., zw. 13th u. 14th Sts.)
- **Zeit:** Greenwich Village: 3 Stunden; NoHo und East Village 2 Stunden
- **Abends:** 1) Greenw. Village: Restaurants und Bistros an der **Kreuzung Greenwich Ave. und 6th Ave.** sowie die Musikclubs entlang der **Bleecker Street** zwischen 6th Ave. und La Guardia. Zudem bieten kleinere Bühnen Theater und Shows an.
2) East Village: Entlang **2nd Ave. zw. 1st und 10th Sts., 1st Ave. zw. Houston und 2nd St.**, westl. des **Tompkins Square**. Besonderer Tipp: Transvestitenshow im **Lucky Cheng's**. Etwas Ausgefallenes für den Abend: Massage und Dampfbad im **Tenth Street Bath & Health Club**.

St. Marks Place (eine Straße, die 8th St. heißen müsste) gehört zum Pflichtprogramm, wobei die Musikclubs, Straßenhändler und Piercing-Studios hier eher auf die Altersgruppe um 20 abzielen. Eine Sonnenbrille für $ 6, ein zusätzliches Loch im Ohr oder ein Bier „unter Tage" in der Grunge-Szene (z.B. „Grassroots Tavern") würden Eintauchen in die Szene bedeuten. Muss aber nicht sein. Haben Sie sich durch das Treiben hier erst einmal durchgewühlt, wird es ab der 2nd Avenue erst richtig interessant. Hier haben sich viele Osteuropäer, oft Juden aus der Ukraine, angesiedelt. Entsprechende Restaurants (z.B. das „Kiev" oder der „2nd Avenue Deli") böten daher eine gute Essensgelegenheit, „Mc Sorley's" *(15 E. 7th St.)* dagegen eher etwas für die Fans historischer (britischer) Pubs. Kneipen gibt es auch sonst zur Genüge.

Erholungspause
Sollten einige Tage Pflastertreten in NY schon Spuren hinterlassen haben, verspricht eine Kurzkur im „Tenth Street Bath & Health Club" *(10th St. zw. 1st Ave. und A St.)* ein besonderes Highlight: Massage *(mind. 30 Minuten)*, Dampfbad, Sauna, Fruchtsaftbar usw. machen in nur einer Stunde wieder einen anderen Menschen aus Ihnen. Mitbringen müssen Sie nichts. Also: Seien Sie spontan. Kreuzen Sie ansonsten nach eigenem Belieben durch das East Village. Erwähnenswert ist auch das neue Ukrainian Museum *(6th St., zw. Cooper Sq. u. 2nd Ave.)*. Zum Abschluss gehört eine Transvestiten-Show im „Lucky Cheng's" *(24 1st Ave.)* mittlerweile zum Pflichtprogramm in diesem Viertel. Eintritt ist frei, und die Margaritas sind ausgesprochen günstig. Das asiatisch angehauchte Essen ist aber relativ teuer.

Deutsche Einwanderer
Und ganz nebenbei: NoHo und das East Village wurden bis in die 20er Jahre zu einem großen Teil von deutschen Einwanderern bewohnt. Diese sind später nach Yorkville und in andere Stadtteile gezogen, Relikte (Mauerinschriften, Geschäftsnamen etc.) lassen sich aber hier und dort doch noch entdecken.

Sehenswürdigkeiten in Manhattan zwischen Houston Street und 14th Street (alphabetisch)

Hinweis
Die 6th Avenue ist auch bekannt als Avenue of the Americas

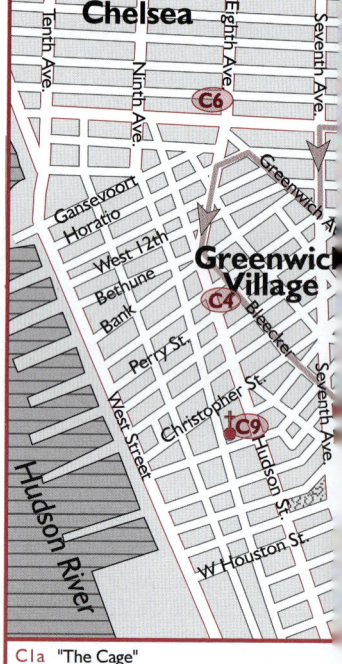

C1a	"The Cage"
C1	Church of the Ascension
C2	Father Demo Square
C3	Forbes Magazine Galleries
C4	Greenwich Village Historic District
C5	Jefferson Market Courthouse (Library)
C6	New York Savings Bank Building
C7	New York School of Drawing, Painting and Sculpture
C8	New York University (NYU)

Greenwich Village und West Village

- **„The Cage" (C1a)**
West 4th St./6th Ave.

In einem zwischen Häuserwand und Hauptstraße gezwängten Drahtverhau befinden sich mehrere Basketballfelder. In diesem „Käfig", wie man ihn eher in Harlem oder der South Bronx erwarten würde, spielen allabendlich *(ca. 18h)* wild durcheinandergewürfelte Mannschaften erstklassigen Basketball – in diesem Fall eher als „Streetball" zu bezeichnen. Ob Broker, Müllmann, Möchtegern-Star-von-morgen oder Student, jeder kann mitmachen (sollte aber wissen, wie's geht ...). Und wer glaubt, nicht gut genug zu sein, schaut allemal gerne zu. Meist steht auch ein Schiedsrichter zur Verfügung. Das Niveau ist hoch, und so manch einer hat die Chance auf Ruhm – die meisten träumen aber nur davon. Oft werden auch

„Streetball"-Stars

St. Luke's Chapel (Church of St. Luke's in the Field)	
Bayard-Condict Building	
Cooper Union Foundation Building	
Fire Engine Company N° 33	
Grace Church (Episcopal)	
New York Free Circulating Library, Ottendorfer Branch und Deutsches Dispensary	
Old Merchant's House Museum	
C16	St. Mark's Historic District
C17	St. Mark's-in-the-Bowery Church
C18	Schermerhorn Building
C19	Tompkins Square Park
C20	Ukrainian Museum
C21	Union Square
D21	Center for Jewish History
B1	New Museum of Contemporary Art
B5	Old St. Patrick's Cathedral

Spaziergänge

— Greenwich Village
— East Village / NoHo
● Start / Zielpunkt

Hinweis:
Aufgrund des kleinen Maßstabs stellen die Legendenpunkte nur grob die Lage der Sehenswürdigkeiten dar

Turniere hier abgehalten, auf die auf Transparenten am Zaun und in Veranstaltungsblättern unter dem Motto „West 4th Avenue Streetball Tournament" hingewiesen wird.

- **Church of the Ascension (C1)**
12 W. 11th St., zw. 5th u. 6th Aves., geöffnet: Mo–Sa 12h–14h u. 15h–19h, So 12h–14h, Tel. (212) 254-8620, www.ascensionnyc.org

Beeindruckende Kirchenkunst

Erste große Kirche des Village, 1841 erbaut im neugotischen Stil. Der Entwurf stammt von *Richard Upjohn*, der auch die Trinity Church (Financial District) geplant hat. Besonders eindrucksvoll ist das Innere der Kirche, das um 1888 auf einer Zusammenarbeit von *Stanford White* (Architekt; Spitzname: „Master of Effects") und *John LaFarge*, die beide in Europa studiert hatten, beruht. Letzterer zeichnet sich in dieser Kirche für das eindrucksvolle Wandgemälde (Ascension = Himmelfahrt) und schöne Bleiglasfenster verantwortlich.

- **Father Demo Square (C2)**
Kreuzung 6th Avenue/Bleecker St.

Infrastrukturelles Zentrum des Greenwich Village (das typische Village befindet sich westlich von dem Platz). Hier kreuzen sich die beliebte Bleecker Street (ausgesuchte Lebensmittelgeschäfte, Boutiquen, Musikclubs, Kaffeehäuser u.a.), die 6th Avenue, Hauptverkehrsachse westlich des Broadway sowie die kleineren Carmine und Downing Streets. Im Umkreis des Platzes finden Sie zahlreiche Restaurants, die besseren davon an der Carmine Street. Die Church of Our Lady of Pompeii wird oft besucht von italienischen Einwanderern, denn hier betete *Mother Cabrini*, die bekannt wurde als Amerikas erste Heilige.

- **Forbes Magazine Galleries (C3)**
62 Fifth Ave., Ecke 12th St., geöffnet: Di–Sa 10h–16h, Tel. (212) 206-5548, www.forbesgalleries.com

In der Bleecker Street findet jeder etwas

Kunstgalerie im Gebäude des bekannten Wirtschaftsmagazins. Die permanente Ausstellung basiert auf der Privatsammlung der Forbes-Familie, allen voran die von *Malcolm Forbes*. Zu ihr gehören Tausende von Spielzeugsoldaten, Gemälde, Papiere verschiedenster US-Präsidenten, Modellschiffe und als Höhepunkt über 300 Artefakte des berühmten Goldschmieds *Peter Carl Fabergé*, u.a. die 12 Imperial Easter Eggs, die Fabergé für den letzten russischen Zaren gefertigt hatte.

Außerdem werden in der Gemäldegalerie Wanderausstellungen gezeigt (siehe Ankündigungen in den Veranstaltungsblättern und Zeitungen).

** Greenwich Village Historic District (C4)
Zwischen Washington Street im Westen, St. Luke's u. W. 4th Streets im Süden, Washington Square im Osten und 13th Street im Norden.

Eine der ältesten historischen Distrikte in New York. Hier wird deutlich, wie sich die Stadt seit dem beginnenden 19. Jahrhundert entwickelt hat. Die meisten historischen Gebäude, angelegt als Reihenhäuser (Federal-Style Row Houses) haben nur 2 Obergeschosse, einige wenige auch 3. Interessante Beispiele finden Sie vor allem in Grove, Barrow, Commerce und Hudson Streets. In diese Gebäude zogen ab 1820 vor allem Familien des Mittelstandes ein, auf der Flucht vor den Epidemien in New York (Greenwich Village war zu dieser Zeit noch eigenständig). Um 1850 zogen dann auch wohlhabendere Familien ins Village und errichteten größere Gebäude um den Washington Square, von denen auch heute noch an der Nordseite (zw. Washington Square West und Fifth Ave.) einige zu bewundern sind.

Historische Fassaden

Grundsätzlich gilt, dass sich der Baustil dieser Epoche hier gut erhalten hat, da zu späterer Zeit, als überall pompös und in die Höhe gebaut wurde, hier kein Freiland mehr existierte. Zudem haben sich die Bewohner immer gegen Abriss und Restrukturierung ihrer Gebäude und Straßenzüge zu wehren gewusst.

Jefferson Market Courthouse (Library) (C5)
425 6th Avenue, Ecke 10th Street

Dieses 1874–77 aus rotem Backstein errichtete Gebäude ist das imposanteste seiner Art im Greenwich Village, wenn auch in keiner Weise typisch für das Viertel. Der hier angewandte Architekturstil bezeichnet sich als „American High Victorian Gothic", was bereits deutlich macht, dass die Amerikaner mit diesem Baustil europäische Größenmaßstäbe nicht nur imitieren, sondern auch übertrumpfen wollten. Ursprünglich erbaut als Gerichtsgebäude – der Turm (Vorbild: Turm des Schlosses „Neuschwanstein – Ludwig II. von Bayern) wurde aber als Feuerwehrausguck genutzt –, hat es im Laufe der Jahrzehnte auch andere öffentliche Einrichtungen beherbergt, so z.B. eine Polizeiakademie. 1959 wäre es dann beinahe abgerissen worden, da es den modernen Ansprüchen nicht mehr genügte. Doch die Einwohner des Village haben sich erfolgreich gegen den Abriss gewehrt, und 1961 wurde daraufhin eine Filiale der New Yorker Stadtbücherei hier eingerichtet.

Übertrumpfende Architektur – American High Victorian Gothic

Achten Sie auch auf die verschiedenen Ornamente und Verzierungen und, falls das Tor offen ist, schauen Sie auch einmal in den Blumengarten hinter dem Gebäude.

New York Savings Bank Building (C6)
81 8th Avenue (W. 14th St.) – heute ein Firmengebäude

Frühes Beispiel klassischer, amerikanischer Bankgebäude im Stile von griechischen Tempeln. Es wurde 1896/97, ein Jahr nach der Bowery Savings Bank, erbaut. An Marmor hat man auch hier nicht gespart. Zwei korinthische Säulen, die das kupferne Kuppeldach mit tragen, unterstreichen zudem den Eindruck des aufstrebenden Amerikas des ausgehenden 19. Jahrhunderts. Betreten Sie das Gebäude, denn auch innen setzt sich der Marmor- und Säulenpomp fort.

- **New York School of Drawing, Painting and Sculpture (C7)**
Ehem. Whitney Museum of Art, 8–12 West 8th Street, zw. Washington Square und 5th Ave.

Eigeninitiative in der Kunstszene

1914 richtete sich die Bildhauerin *Gertrude Vanderbilt Whitney* (1875–1942) im Haus Nr. 8 ihr zweites Studio inkl. einer Galerie ein (das erste befand sich um die Ecke in der MacDougal Street). Die Räume stellte sie oft jungen, amerikanischen Nachwuchskünstlern zur Verfügung. Im Laufe der Jahre sammelten sich dabei zahlreiche zeitgenössische Kunstwerke an, die Gertrude Vanderbilt Whitney 1929 dem Metropolitan Museum of Art anbot. Da dieses die Stücke aber nicht haben wollte, gründete sie hier in ihrem Studio das Whitney Museum of American Art. Zusammen mit Auguste L. Noel erwarb sie dann die beiden Nebengebäude, so dass die meisten Kunstwerke ausgestellt werden und Mrs. Whitney hier auch leben konnte. 1954 wurde das Museum dann in die 54th Street verlagert, zog aber erst 1966 in sein heutiges Gebäude in der Upper East Side.

Beliebt und teuer: Wohnen in den Seitenstraßen des West Village

- *** New York University (C8)**
Belegt mehrere Blocks um den Washington Square herum

Die „NYU" wurde 1831 gegründet und ist heute die größte private Universität Amerikas. Sie zählt 13 Colleges, beschäftigt 15.000 Menschen und hat ca. 50.000 Studenten. Einige Abteilungen sind ausgelagert, so z.B. in die 5th Avenue und nahe der Wall Street. Hier im Village ist aber ihr Zentrum, und der Washington Square wird als ihr Campus angesehen. Die Strukturen und die Denkweisen an dieser Uni wurden und werden auch heute als sehr liberal und freidenkend angesehen. Viele Bewegungen keimten hier auf, bevor sie im Village und auch anderswo in New York umgesetzt wurden. Äußerlich betrachtet, gibt es aber nicht viel zu sehen, eher mag man sagen, dass einige der modernen Gebäude das ansonsten schöne Bild des Washington Square stören. Dafür aber prägt die Uni den Charakter des Platzes und vieler umliegender Häuserblocks.

Universität

Die zur Uni gehörende **Grey Art Gallery** (*Eingang: 100 Washington Square, zw. Washington und Waverly Places – Di, Do, Fr 11h–18h, Mi 11h–20h, Sa 11h–17h, Tel. (212) 998-6780, www.nyu.edu/greyart*) bietet ständig wechselnde Kunstausstellungen.

St. Luke's Chapel (Church of St. Luke's in the Field) (C9)
485 Hudson Street, zw. Barrow u. Christopher Sts.

1822 als Landkirche der Trinity Gemeinde in New York errichtet. Der „Ableger" hat wirklich Charme, und auch der zur Kirche gehörende Barrow Street Garden lohnt einen kurzen Besuch. Übrigens wurde die Kirche 1981 nahezu komplett von einem Feuer zerstört, und nur die unzähligen Spenden der Bewohner des Village haben die Restaurierung gesichert. Nicht weit von der Kirche sollten Sie einmal kurz in den **Grove Court** schauen mit schönen Wohnhäusern aus den 1850ern.

** Washington Square Park

Dieser Platz mit seinem markanten Triumphbogen ist der größte in Lower Manhattan und ein echter Treffpunkt verschiedenster Menschen. An sonnigen Tagen kann man hier sitzen und dem bunten Treiben der Straßenmusikanten, Skatern, Schachspielern, Liebespaaren und Studenten der nahen Universität zuschauen. An der Südseite befindet sich zudem noch ein kleiner Bücherflohmarkt auf dem Bürgersteig (nahezu täglich im Sommerhalbjahr). Früher war der Platz Hinrichtungsstätte und Armenfriedhof. Unter ihm schätzt man ca. 20.000 Opfer der Gelbfieberepidemie. Dann sollte ein Exerzierfeld daraus werden, aber 1928 wurde er zum öffentlichen Park erklärt. Der Triumphbogen von 1892 ist ein Denkmal für *George Washington* und heißt darum auch **Washington Memorial Arch**.

Buntes Treiben

Der rechteckige Platz wird von z.T. sehr sehenswerten Wohn- und Geschäftshäusern umstanden, besonders auf seiner Nordwestseite beeindruckt **„The Row"**, Stadthäuser aus den 1830ern. So hat einst wohl das gesamte Umfeld des Parks ausgesehen. In einem dieser Häuser lebte damals auch *Henry James*, der hier seinen berühmten Roman „Washington Square" schrieb. Im Süden des Platzes sind zwei Kirchen zu sehen, die kleine **Holy Trinity Church** und die **Judson Memorial Baptist Church** (1888–96), deren Architektur mit freistehendem Campanile im norditalienischen Stil in New York etwas exotisch wirkt.

NoHo (Astor Place) und East Village

Washington Memorial Arch, Tor zwischen Unileben und High Society

Übersichtskarte S. 372f

Bayard-Condict Building (C10)
65–69 Bleecker Street, zw. Lafayette Street und Broadway

1897–99 erbautes und von dem berühmten Architekten *Louis Sullivan* (1856–1924) geplantes Gebäude. Sullivan wirkte eigentlich in Chicago und hatte dort

> **„Geschwindigkeitsrausch"**
> Neue Verkehrsplanungen und -konzepte haben bewirkt, dass die Duchschnittsgeschwindigkeit in Manhattan während der Rushhour von 7,1 km/h auf 8,4 km/h erhöht werden konnte. Und das bei 750.000 Fahrzeugen, die während der Rushhour nach Manhattan kommen.

großen Einfluss in der „Chicagoer Schule", einer Architekturbewegung, die maßgeblich für die Gestaltung von Hochhäusern gewesen ist. *Sullivans* Devise lautete „Form folgt Funktion": Ein Hochhaus sollte einen attraktiven Sockel haben, der die Menschen auf das Gebäude aufmerksam machen sollte, und dazu eine dekorative „Krone" tragen. Die Geschosse dazwischen konnten dagegen einheitlich und schlicht erscheinen. Eine Grundidee, die später an vielen Hochhäusern New Yorks verwirklicht wurde. Das 12-geschossige Bayard-Condict Building blieb in New York übrigens das einzige von *Sullivan* entworfene Gebäude.

Beachten Sie hier besonders die auffällige Terracotta-Ornamentik der unteren Geschosse.

- **Cooper Union Foundation Building (C11)**
Direkt am Cooper Square, zw. 3rd und 4th Sts.

Ein historisches College

1853–59 als Collegegebäude erbaut. Es war das erste in Amerika, welches von einem Stahlsystem („Steel-frame") getragen wurde. *Peter Cooper* (1791–1883), ein für Amerika und besonders New York wichtiger Industrieller und Erfinder, ließ es erbauen, um damals Schülern aus der Arbeiterklasse die Möglichkeit zu bieten, an einem der drei hier untergebrachten Colleges Architektur, Kunst bzw. Ingenieurwesen zu studieren („Cooper Union for the Advancement of Science and Art"). Das Studium war kostenlos. Die Brownstone-Fassade erhielt romanische Züge, während das Innere nach damals neuestem technischen Stand ausgebaut wurde. So gab es hier, obwohl zu Beginn nur 5 Stockwerke hoch, einen der ersten Aufzüge in New York. Im Laufe der Zeit wurde das Gebäude mehrfach um- und ausgebaut.

Heute sind die Colleges mit vielen Abteilungen umgezogen, doch befinden sich immer noch deren Verwaltungen und eine Bibliothek hier und werden die großen Räume häufig für Veranstaltungen (Konzerte, Kunstausstellungen, Lesungen und auch politische Vorträge) genutzt. Hier hielt *Abraham Lincoln* übrigens 1860 seine berühmte Rede gegen die Sklaverei.

- **Fire Engine Company N° 33 (C12)**
44 Great Jones Street, zw. Lafayette St. und Bowery

1899 fertiggestelltes Feuerwehrgebäude im Beaux-Arts-Stil. Entworfen wurde es von *Ernest Flagg*, der wie viele New Yorker Architekten seiner Zeit in Frankreich studiert hat und der deshalb den großen Bogen über dem Eingang dem Stil der Zeit Ludwigs XV nachempfunden hat. Zahlreiche Feuerwehrgebäude der Stadt wurden in diesem Stil erbaut. Hier war einst auch der Hauptsitz der Manhattaner Feuerwehr.

- **Grace Church (Episcopal) (C13)**
Zwischen Broadway, Fourth Ave. und 10th Street

Großer Kirchenkomplex, der zwischen 1843 (Kirche) und 1975 (Anbau des Neighborhood House) errichtet wurde. Die entscheidenden Pläne stammen von dem Architekten *James Renwick (1818–1895)*, der an der Planung zahlreicher bekannter Bauwerke in New York mitwirkte, u.a. der St. Patrick's Cathedral und der Bartholomew's Church *(Park Ave. Ecke 50th St.)*. Die Grace Church selbst war eines der ersten großen neugotischen Bauwerke in Amerika. Französische Stilelemente und viel Marmor machen dieses besonders deutlich. Beachtenswert ist auch das schöne Pfarrhaus (1846–47). Renwick wählte diesen Standort am „Broadway-Knick" für die Kirche, damit der Blick von der Battery entlang dem Broadway nach Norden direkt auf die Turmspitze fällt.

Ein Kirchengebäude als „Blickfang"

- **New York Free Circulating Library, Ottendorfer Branch und Deutsche Dispensary (C14)**
135 und 137 Second Ave., zw. St. Marks Place u. 9th St.

Beide Gebäude wurden 1883/84 von dem Deutschamerikaner *Oswald Ottendorfer* finanziert. *Ottendorfer* war Herausgeber der deutschsprachigen „Staats-Zeitung", dem Sprachrohr der deutschen Immigranten. Wir erinnern uns, dass das East Village Ende des 19. Jahrhunderts großenteils von deutschen Einwanderern bewohnt war. *Ottendorfers* Absicht war es, mit den beiden Häusern (eines eine Bibliothek, das andere eine Klinik) die deutschen Traditionen mit denen Amerikas zu verbinden. Dafür ließ er den Komplex auch von einem deutschstämmigen Architekten, *William Schickel*, planen. Die Außenfassade erinnert daher auch stark an Gebäude in Deutschland, wobei sich die Stilrichtung „Queen-Anne" nennt. Die Bibliothek vermachte *Ottendorfer* noch vor ihrer Fertigstellung der „New York Free Circulating Library". Heute ist sie die älteste Filiale des „New York Public Library"-Systems. Sehenswert ist auch das Innere der Bibliothek.

Deutsche Spuren

Das benachbarte Klinikgebäude beherbergt heute die Stuyvesant Polyclinic. Es war eines der ersten Gebäude in New York mit vielen Terra-Cotta-Elementen, zu denen auch die Büsten bekannter Mediziner gehören.

Die Geschäfte des East Village bieten „Anderes"

- *** Old Merchant's House Museum (C15)**
Auch Seabury Tredwell House genannt. 29 East 4th St., zw. Lafayette St. u. Bowery, Do–Mo 12h–17h, Touren nur Sa+So, Tel. (212) 777-1089, www.oldmerchantshouse.org.

Das Haus stammt von 1832 und hat nicht nur eine schöne neoklassizistische Fassade, sondern auch eine bemerkenswert aufwändige Innenausstattung. Hier lebte im 19. Jahrhundert die wohlhabende Tredwell-Familie. Ein kleines Museum im Hause gibt Aufschluss darüber, wie das wohlhabende Bürgertum damals gelebt hat.

Gleich um die Ecke in der Lafayette Street *(Nr. 428–434, zw. W. 4th St. u. Astor Place)* können Sie übrigens noch ein weiteres Relikt aus der Zeit des Wohlstandes in NoHo sehen, die sog. **Colonnade Row** (1832–33). Es handelt sich dabei um eine Häuserreihe im römischen Tempelstil (Marmor-Säulen), die im 19. Jahrhundert zu den Top-Adressen New Yorks zählte.

- **** St. Mark's Historic District (C16)**
Zwischen Stuyvesant, E. 11th Street, sowie Second und Third Avenues

Einst Teil der Farm des Gouverneurs *Peter Stuyvesant*, ließ sein Ur-Enkel, *Petrus Stuyvesant*, das Areal aufteilen. Zwischen 1795 und 1861 wurden dann Häuser und Gärten angelegt. Das älteste Gebäude hier ist das Nicholas William Stuyvesant House von 1795 *(44 Stuyvesant Street)*. Sehenswert sind auch das Fish House von 1804 *(21 Stuyvesant Street)* sowie die **St. Mark's-in-the-Bowery Church** (heute: **Episcopal) (C17))**, Ecke E. 10th Street und Second Avenue. Letztere wurde 1828 fertiggestellt und ist damit die zweitälteste Kirche Manhattans. Auf ihrem Friedhof liegt *Stuyvesant* begraben.

- **Schermerhorn Building (C18)**
376–380 Lafayette Street, zw. Great St. Jones u. W. 4th Sts.

Das 1889 fertiggestellte Gebäude ist ein gutes Beispiel für den monumentalen Baustil, der zum Ende des 19. Jahrhunderts beim Bau von kommerziellen Gebäuden in New York Einzug hielt. *William C. Schermerhorn* ließ eigens sein vornehmes Wohnhaus niederreißen, um hier dieses (ehemalige) Fabrikgebäude zu errichten, das er lukrativ zu vermieten wusste.

- **Tompkins Square Park (C19)**
Zwischen 7th u. 10th Sts. sowie A u. B Aves.

Ein Ort des Protests

Der Park inmitten von „Alphabetic City" blickt auf eine bewegte Vergangenheit zurück. 1874 wurde hier ein Arbeiteraufstand von der Polizei blutig niedergeschlagen. Auch später war der Park immer wieder Versammlungsstätte „Andersdenkender", von denen es zu jeder Epoche im East Village viele gab. So traf sich hier in den 1950er und Anfang der 60er Jahre die Beat-Bewegung, anschließend die Hippie-Szene, und in den 1980er fanden zahlreiche Protestaktionen gegen die zu dieser Zeit im East Village grassierende Immobilienspekulation statt.

Ende der 1980er zog es dann die Tippelbrüder hierher, die eine Art Zeltsiedlung errichteten („Tent City"). Zu dieser Zeit

---

Klassifizierung der Sehenswürdigkeiten
*** = Topattraktion – ein „Muss"
** = sollte man gesehen haben
* = sehr sehenswert
Alle nicht markierten Punkte lohnen natürlich auch, sind aber von Ihren speziellen Interessen abhängig.

war der Tompkins Square Park auch Tummelwiese der Junkies und Drogendealer, was letztendlich 1992 die Polizei auf den Plan rief, die den Park gründlichst „säuberte". Heute ist er eine kleine Oase in dem hektischen Gewirr des East Village, und an der Avenue A finden Sie zahlreiche kleine und gute ethnische Restaurants.

- **Ukrainian Museum (C20)**

E. 6th St., zw. 2nd Ave. und Cooper Square, geöffnet: Mi–So 11h30–17h, (212) 228-0110, www.ukrainianmuseum.org.

Kleines, 2004 neu erbautes Museum, das vor allem Artefakte aus der Ukraine (Keramiken, Juwelen, Ostereier, Textilien) zeigt. Wie bereits erwähnt, leben ja viele Ukrainer im East Village. Häufig Kulturprogramme.

- **** Union Square (C21)**

Lesen Sie dazu bitte im folgenden Kapitel, S. 384f/S. 395

Union Square: beliebt zum Verweilen, Biowaren auf dem Markt kaufen und wegen der Geschäfte im Umfeld

> **Meatpacking District**, auch **Meat District** oder **Meat Market District**
> Wie so oft in New York, hat sich hier, zwischen W. 14th St., Hudson St., W. 12th St. und West St., ein neuer „Stadtteil" entwickelt. Einst wurden hier die Fleischwaren angeliefert, gelagert und anschließend auf die Stadt verteilt oder über die nahen Hafenanlagen exportiert. Das ist nun Vergangenheit.
> Schnell fanden sich andere Interessenten für die großen Hallen und Lagerräume. Erst waren es ein paar Kneipen (allen voran die Bikerkneipe „Hogs & Heifers"), Discos, die schnell ein- und wieder ausziehen konnten, und ein paar wenige Restaurants. Doch es dauerte nur wenige Jahre, dann entdeckte auch die Modewelt das Potential. Mittlerweile gibt es hier zahlreiche Edelboutiquen, „In"-Restaurants und der Meat District ist heute bekannt dafür, dass er niemals schläft. Wenn die Bars schließen, öffnen bereits die ersten Breakfast-Diner wieder.

Zwischen 14th Street und 34th Street

Überblick: Einst und Heute

Die Stadtteile Manhattans zwischen 14th Street und 34th Street im Überblick

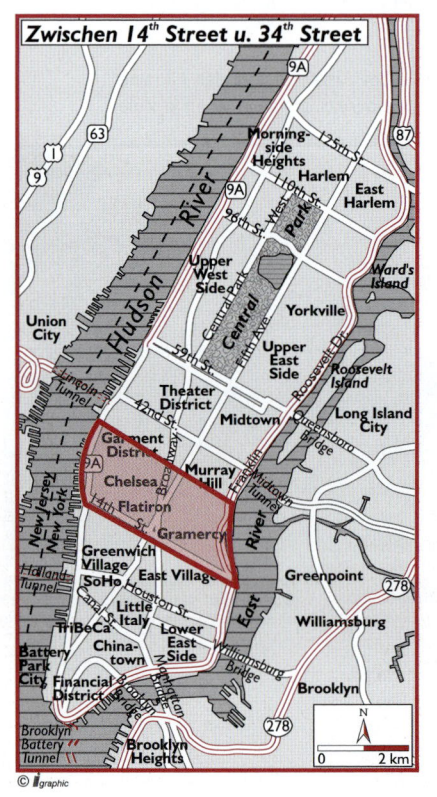

Charakteristika in Stichworten: Chelsea: Heruntergekommen – Hier leben Menschen, die verändern wollen – alte Lagerhäuser – wenig attraktive Wohnhäuser – versteckte Galerien und Künstlerwerkstätten – „In"-Lokale – Chelsea Piers als Mekka für die Sportfanatiker – Union Square und Flatiron District: Herausgeputzte Großstadt-Geschäftshäuser der Jahrhundertwende – Auch heute noch eine gute Einkaufsadresse – Markt auf dem Union Square – Gramercy Park: Angenehme Wohngegend – Die Upper Class möchte unter sich sein – Ruhiger – 4 Plätze mit Parks, davon einer nur für Anwohner – kaum Sehenswürdigkeiten

Übersichtskarte S. 390f

Chelsea

Geographische Lage: Zwischen W. 14th Street im Süden, dem Hudson River im Westen, 30th (34th) Street im Norden und 6th (5th) Avenue im Osten • *Einwohner:* 46.000 • *Sehenswertes* finden Sie auf S. 389ff.

Geschichte: Die ersten Siedler besaßen auf einem Areal zwischen Hudson River und der heutigen 8th Avenue (Höhe 21st bis 24th Streets) eine Farm. Diese Farm wurde 1750 von dem britischen Offizier *Thomas Clarke* gekauft, und er benannte sie Chelsea. Er dachte dabei nicht an den Londoner Stadtteil gleichen Namens, sondern an ein Soldatenheim und Krankenhaus in der britischen Hauptstadt, dem Chelsea Royal Hospital. *Clarke*, sein Schwiegersohn, und schließlich auch sein Enkel, *Clement Clark Moore* (bekannt als Autor von „A Visit from St. Nicholas"), erweiterten die Farmgebiete. *Clement Clark Moore* ließ, gegen seine ursprüngliche Überzeugung, um 1830 ein Gebiet zwischen 9th und 10th Avenue sowie 20th und 22th Streets aufteilen und nach seinen strikten Vorgaben mit vornehmen Reihenhäusern bebauen. Die Stadt wuchs halt immer weiter nach Norden, und ein Farmgebiet war hier, wirtschaftlich betrachtet, einfach nicht mehr vertretbar. Schottische, britische, deutsche und italienische Enkla-

Von der Farm…

ven breiteten sich in den Folgejahren aus, und auch Kirchen der verschiedensten Konfessionen mischten kräftig mit in der Verteilung der Grundstücke. In der zweiten Hälfte des 19. Jahrhunderts dann folgten große Hafen-, Handels- und Industrieanlagen, für deren Arbeiter im Umkreis große Wohnblocks errichtet werden mussten. Chelsea war nun vornehmlich ein Arbeiter-Stadtteil, in dem es häufig auch zu Protesten und Ausschreitungen kam. 1871 z.B. kamen über 50 Menschen bei einem Zusammenstoß von protestantischen und katholischen Iren um. Aber auch eine Reihe von Theatern und Musikbühnen wurde zu dieser Zeit errichtet.

Um 1900 lebten 85.000 Menschen in Chelsea, ein sozialer Brennpunkt, dessen Image der Stadtteil erst in den 1980er Jahren ablegen konnte. Den großen Industrien folgten in der ersten Hälfte des 20. Jahrhunderts kleine Textilfabriken, Pelzhändler (zumeist Griechen) und die erste Ära der Filmindustrie.

... zum Film

Wie auch andere Stadtteile Manhattans, verlor Chelsea seit Beginn der 1970er Jahre immer mehr von seinen Wirtschaftsbetrieben. Sie zogen um in die anderen Boroughs bzw. nach New Jersey, und mit ihnen gingen viele der Bewohner. Chelsea verkam zunehmend und wurde zwischenzeitlich als „No-Go-Area" eingestuft. Drogendealer, Hehler und Sozialschwache waren die einzigen, die blieben. Erst mit dem horrenden Anstieg der Mietpreise im Village änderte sich das Bild. Künstler und Bürger des Mittelstandes entdeckten auch hier eine Oase für sich. Während erstere sich vornehmlich die Lofts der ehemaligen Lagerhäuser und Fabriken ausbauten, zog es die anderen eher in die Wohnhäuser im zentralen Bereich von Chelsea. Im Anschluss an diese Gruppe siedelten sich ab Ende der 1980er Jahre immer mehr Geschäfte, Restaurants und Clubs an. Mittlerweile steigt aber auch in Chelsea das Mietpreisniveau, liegt aber noch deutlich unter dem im Village.

Heute: Chelsea wirkt äußerlich immer noch leicht heruntergekommen und lieblos. Doch gerade das lockt die junge Künstlerszene an, die ihre Ateliers auch hier in den alten Lagerhäusern und Fabriken nahe dem Hudson River eingerichtet hat. Schriftsteller und „Bohemians" sowie ethnische Restaurants,

Typish für (West-) Chelsea: riesige, halb verlassene Industriegebäude bilden die Hintergrundkulisse

Kneipen, Theater, Discos u.ä. folgten logischerweise dieser Szene. Auch die Homosexuellengemeinde wächst beständig und hat ihr Kerngebiet um die 8th Avenue. Der zentrale Abschnitt dieses Stadtteils wirkt etwas dörflich, während der östliche eher durch Geschäfte geprägt ist, besonders durch Bekleidungs- (alles zwischen Boutique und Superstore) und Antiquitätenläden *(um die 6th Ave., etwa Höhe 26th St)*.

Paradies der Sportler

Echte Sehenswürdigkeiten gibt es in Chelsea kaum, dafür aber Atmosphäre und das Mega-Sport-Center auf den Chelsea Piers.

Beachten Sie nahe dem Hudson River auch einmal die großen Lagerhäuser und Fabriken. Brücken führen oft noch in die Gebäude (nicht selten zugemauert an der Auffahrt). Dabei handelt es sich zumeist um ehemalige Eisenbahntrassen, die die einzelnen Handelsfirmen und Produktionsstätten mit dem überregionalen Schienennetz verbunden haben.

Union Square/Flatiron District
Geographische Lage: Zwischen 23rd Street im Norden, Park Avenue im Osten, 14th Street im Süden und 6th Avenue im Westen • *Einwohner:* 13.000 • *Sehenswertes* finden Sie auf S. 429ff.

Geschichte: Bis zur Mitte des 18. Jahrhunderts wurde in dieser Region noch gefarmt. Mit dem Ausbau der Straßen Bowery und Bloomingdale Road (heute: Broadway) veränderten sich die Strukturen schnell. 1811 wurde der Union Square eingeweiht. 1831 wurde er bepflanzt und zudem zum Park erklärt. Damit wurden die Wohngebiete im Umfeld deutlichst aufgewertet, und neue, vornehme Wohnhäuser zogen die obere Mittelschicht an. Ihnen folgten Theater, Konzerthallen, Hotels und ab Mitte des 19. Jahrhunderts Geschäfte (u.a. Tiffany's) und Kaufhäuser für den gehobenen Anspruch – besonders in den Blocks nördlich und westlich des Union Square. Später bezeichneten man dieses Eldorado für Shopper auch als „Ladies' Mile": Elegante Damen liebten es, hier entlangzuflanieren. Die Herren allerdings mussten auf ihr Vergnügen bis zum Jahre 1902 warten, bis nämlich das Flatiron Building (Madison Square) als zu der Zeit höchstes Gebäude der Stadt für den nötigen Windkanal sorgte, um den Damen an allseits bekannter Stelle bei stärkeren Winden die Röcke hochzupusten. Trotz des gehobenen Lebensstils war der Union Square bis ins 20. Jahrhundert hinein oftmals Schauplatz politischer Protestaktionen.

Die Flanier-Meile des 19. Jahrhunderts...

Nach dem 1. Weltkrieg wandelte sich das Bild schlagartig. Die Oberschicht und mit ihnen die Geschäfte und Theater wanderten ab in nördlichere Stadtteile. Arbeiter und kleine Angestellte sowie zahlreiche Gewerkschaften übernahmen deren Räumlichkeiten. Über Jahrzehnte ging es langsam, aber stetig bergab mit dem Distrikt. In den 1960er und 70er Jahren erreichten Drogendelikte und Einbrüche Rekordhöhen. Erst ab Mitte der 1980er Jahre wendete sich das Blatt wieder. Geschäftsleute begannen damit, Geld zu investieren.

Heute: Diese Investitionen haben mittlerweile Früchte getragen. Vornehme Geschäfte für Haushaltswaren und Bekleidung und auch größere Häuser, wie z.B. das Möbelhaus ABC Carpet & Home, haben sich im Union Square-/Flatiron District wieder niedergelassen. Auf dem Union Square selbst findet mehrmals in der Woche ein Blumen- und Gemüsemarkt (viele Bio-Produkte) statt, und die Restaurant- und Kneipenszene kann sich auch sehen lassen. 1998 wurde der Platz sogar zu einem „Historical Landmark" erklärt. Neben den Geschäften wurden mittlerweile natürlich auch Luxuswohnungen geschaffen.

... lohnt auch heute noch einen Besuch

Zum Schlendern lädt dieser Stadtteil also allemal ein, besonders entlang dem Broadway, wo schöne, stuckverzierte Großstadthäuser die Auslagen in den Geschäften sogar noch übertreffen.

Am Madison Square, der im geographischen Sinne nicht mehr zu dem hier beschriebenen Viertel gehört, haben sich die großen Versicherer angesiedelt, so z.B. die New York Life (auch Met Life – mit der großen Uhr).

Gramercy Park
Geographische Lage: Zwischen 23rd Street im Norden, 3rd Avenue im Osten (andere Quellen: First Ave.), 18th Street im Süden und Park Avenue South im Westen • *Einwohner:* 1.500 • *Sehenswertes* finden Sie auf S. 395ff.

Geschichte: Ehemals ein Sumpfgebiet, nannten es die Holländer damals *Krom Moerasje* (= kleiner krummer Sumpf). Daraus entwickelte sich das heutige Wort Gramercy. 1831 dann ließ *Samuel Ruggles*, ein Nachfahre von *Peter Stuyvesant*, den Sumpf drainieren und legte, nach englischem Muster, einen Park an. Um ihn herum baute er Straßen, deren anliegende Grundfläche er in 36 Parzellen aufteilte. Investoren erhielten schließlich die Auflage, ausschließlich vornehme Häuser zu bauen und das auch noch mit einer weiteren Vorgabe: nur neoklassizistische Stilelemente zu verwenden. Damit war die Richtlinie bis in die heutige Zeit vorgezeichnet: Nur betuchte Leute konnten es sich leisten, hier zu wohnen, und von Beginn an durfte der Park selbst nur von den Anwohnern am Platz (und heute auch den Bewohnern des Gramercy Park Hotels) betreten werden. Jeder Eingang hat ein Schloss!

Wohnviertel der „High Society"

Unter den Bewohnern dieses kleinen Stadtteils befanden sich zahlreiche Politiker, wie z.B. *James Harper* (Bürgermeister von NY um 1844 und Mitbegründer des gleichnamigen Verlages) und *Samuel Tilden* (Gouverneur von NY State von 1874–76 und erfolgloser Präsidentschaftskandidat), aber auch bekannte Künstler und Schauspieler. Zu den letzteren zählte *Edwin Booth*, Bruder des Mörders *von Abraham Lincoln*, der 1888 am 16 Gramercy Park den noch heute existierenden *Players Club* gründete, zu dessen Mitgliedern später *Mark Twain* und *Winston Churchill* zählten. Weitere Clubs siedelten sich an, so z.B. der *Nederland Club (3 Gramercy Park)* und der von *S. Tilden* gegründete *National Arts Club (15 Gramercy Park)*.

Gramercy Park: ganz privat

Mit dem Bau der Hochbahn entlang der 3rd Avenue (1878) zogen einige der Persönlichkeiten in andere Stadtteile, und viele „Townhouses" wurden in Apartmentblocks umgewandelt. Doch auch diese können sich bis heute nur wohlhabende Leute leisten. Auch Schriftsteller, wie z.B. *O. Henry, Eugene O'Neill* und *Robert Henri*, lebten hier, *Theodore Roosevelt* wurde hier 1858 geboren und verbrachte seine ersten 15 Lebensjahre in Gramercy Park. Beliebter Treffpunkt der Intelligenzia war bereits im 19. Jahrhundert **Pete's Tavern** *(Ecke 18th St., Irving Place)*, die sich heute New Yorks älteste Kneipe schimpft.

Heute ist Gramercy Park immer noch ein begehrtes und teures Wohnviertel, wobei man das Gefühl erhält, dass die Bewohner gerne unter sich bleiben möchten, denn sogar der Zugang zum Gramercy Park selbst ist nur Anwohnern mit einem Schlüssel für die Tore möglich. Damit ist der Park der letzte private Park in New York. Außer der Nachbildung von *Roosevelts* Geburtshaus gibt es in dem Stadtteil selbst keine herausragenden Sehenswürdigkeiten, sieht man einmal ab vom Empire State Building, welches aber, rein geographisch betrachtet, nicht mehr zum Stadtteil gehört.

Gramercy Park lädt also eher zum gemütlichen Spazierengehen ein. Schauen Sie sich dabei die schönen Hausfassaden aus dem 19. Jahrhundert an, besonders die der Häuser um den Park selbst und die östlich der 3rd Avenue gelegenen im sog. **Stuyvesant Square (Historic) District**.

Stuyvesant Town/Peter Cooper Village
Geographische Lage: Zwischen 23rd Street im Norden, First Avenue im Westen, 14th Street im Süden und Franklin D. Roosevelt Drive im Osten • Einwohner: 20.000

Geschichte: Mit dem Bau dieser riesigen „Project"-Siedlung aus dunkelrotem Backstein (35 Häuser mit jeweils 13–14 Stockwerken) wurde 1943 begonnen, und Ziel war es damals, Wohnraum für die weiße Unterschicht zu schaffen, besonders die, die immer noch auf engstem Raum im East Village hauste. Nach dem Krieg aber waren es vornehmlich heimkehrende Soldaten und ihre Familien, die hier bevorzugt aufgenommen wurden. Dem Versicherungsgigant Metropolitan Life, dem die Siedlung damals gehört hatte, wurde gleich zu Beginn Rassismus vorgeworfen, denn schwarze Familien, aber auch andere „Nicht-Weiße" sowie unverheiratete Paare und Singles bekamen keine Wohnungen. Diese aber waren und sind auch heute noch sehr beliebt, denn sie liegen günstig und die Mieten sind dabei für New Yorker Verhältnisse ausgesprochen niedrig. Nach vielen Protesten konnten dann ab Ende 1950 auch farbige Familien einziehen.

Wo die meisten gerne wohnen möchten

Heute machen die ansonsten eher tristen Klinkerhäuser einen sauberen, aber wenig attraktiven Eindruck. Die Zahl der Bewerber für eine Wohnung hier wird immer länger (inzwischen über 10.000), denn die von der Stadt subventionierten Mieten liegen deutlich unter denen des freien Marktes (teilweise nur bei 25 % einer vergleichbaren Wohnung!). Viele Puertoricaner und Chinesen leben mittlerweile in Stuyvesant Town. Das etwas vornehmere Peter Cooper Village dagegen wird eher von jungen, immer noch zumeist weißen Familien bewohnt.

> *Hinweis*
> *Der **Herald Square District** (Geschäfte) mit dem Kaufhaus Macy's und dem nahen Empire State Building zählt oft schon zur Midtown. Der schöne Wolkenkratzer liegt nun aber gerade noch in dem hier beschriebenen Gebiet. Mehr über den Herald Square auf S. 412ff.*

Spaziergänge/Erkundungen in Manhattan zwischen 14th Street und 34th Street

Spaziergang: Chelsea, Madison Square, Union Square und Flatiron District

*Mindestzeit: 2 Std, **optimale Zeit:** 4–5 Std., **Sehenswertes** finden Sie auf S. 389ff.*

Beginn: Am Herald Square. Hier müssen Sie sich schon entscheiden, ob Sie früh aufs Empire State Bldg. fahren (Wartezeiten!) oder dieses für den Abend aufsparen möchten. Auch Macy's Department Store lockt. Doch den können Sie auch abends anschauen. Vom Pennsylvania Station werden Sie nicht viel sehen, denn der liegt unterirdisch, und auch der Madison Square Garden wirkt von außen eher wie ein langweiliger ovaler Glasbau. Vorbei am bombastischen General Post Office geht es langsam Richtung Hudson River. Die Chelsea Houses bieten einen kurzen Eindruck über den Baustil großer Mietshäuser vor ca. 100 Jahren. Das riesige Chelsea Piers Sportcenter befindet sich am Westende der 23rd Street. Einmal reinschauen sollten Sie zumindest. In den Straßenzügen, die ihm gegenüberliegen, befinden sich die meisten Künstlerwerkstätten und -ateliers. An der 23rd Street, zw. 8th und 7th Avenue, steht das legendäre Chelsea Hotel.

> **Taxis**
> Wussten Sie,
> - dass die **Lizenz für das Betreiben eines Taxis** ab 150.000 Dollar kostet, wobei Schwarzmarktpreise von bis zum Doppelten gezahlt werden ($ 250.000 ist zzt. der gängige Wert)?
> - dass von den **Antragstellern für den Taxiführerschein** heute 43 % aus Süd-Asien, 12 % aus Afrika, 8 % aus der Karibik, 7 % aus dem Mittleren Osten, weitere 7 % aus Russland und nur 10 % aus den USA selbst stammen?
> - dass die knapp 12.000 lizensierten Taxis von **Fahrern aus 85 Ländern** gesteuert werden,
> - die **60 unterschiedliche Sprachen** sprechen?

Mit einem – nicht unbedingt notwendigen – Schlenker geht es nun zum Madison Square Park. Hier stehen 2 neoklassische Hochhäuser, die zwei Versicherungsgesellschaften gehören. Noch eindrucksvoller aber ist das dreieckige Flatiron Building. Entlang einem Teil der sog. „Ladies' Mile" am Broadway gehen Sie nun zum Union Square (die eigentliche „Ladies' Mile" befand sich auf der 6th Ave. zw. 14th u. 23rd Sts.). Windowshopping bzw. einmal ins ABC-Carpet Warehouse hereinschauen lohnt sich hier. Und wer Durst und Hunger hat: Links hinein in die 18th Street befindet sich die „Old Town Bar". Auf dem Union Square ist Mo, Mi, Fr u. Sa Markt mit frischem Obst.

Ein Päuschen im Stuyvesant Park kann Wunder wirken

Redaktions-Tipps

- **Bedeutendste Sehenswürdigkeiten (S. 389ff):** Der Markt auf dem Union Square; Galerien und Künstlerwerkstätten in Chelsea; Chelsea Piers Sports Center; Chelsea Hotel; Flatiron Building; Versicherungshochhäuser am Madison Square; Empire State Building; Museum of Sex, Madison Square Garden; Theodore Roosevelt's Birthplace
- **Restaurants/Picknicken:** Auf dem **Union Square Market** frische Dinge einkaufen und als Picknick im Stuyvesant Square Park verzehren; Seafood im **Blue Water Grill**; Essen bzw. einen Drink einnehmen in der (teuren) **Gramercy Tavern** oder in der **Old Town Bar**; relativ günstig in einem der vielen Restaurants und Kneipen entlang der **3rd Ave., zw. 20th u. 30th Sts**.
- **Shoppen:** Windowshopping im **Flatiron District** entlang dem Broadway; Ausgefallenes in Chelsea aufstöbern, so z.B. Textilien in **Burlington's Coat Factory** und dessen Umkreis; Gewagte Klamotten für Jugendliche entlang der **14th St. um die 6th Ave.**; exklusive Boutiquen im **Meatpacking District** (West-Chelsea, südl. der 14th St.)
- **Zeit:** Wer nicht gezielt etwas besichtigen möchte bzw. einfach durch Chelsea und Gramercy Park kurz schlendern möchte, für den genügen 2 Stunden für beide Stadtteile. Dazu müßten Sie den u.g. Spaziergang aber abkürzen! Für den Flatiron District käme noch eine Stunde dazu. Mit Wartezeit würde die Fahrt aufs Empire State Building weitere 2 ½ Stunden (im Durchschnitt) in Anspruch nehmen. Das wäre auch etwas für abends (Lichtermeer!). Viel Zeit in Anspruch nehmen hier die Besuche von Geschäften und Warenhäusern!!
- **Abends:** Wie wäre es zuerst mit etwas **Sport auf/in den Chelsea Piers**? Ansonsten müssen Sie sich in Chelsea eher treiben lassen. Eine Bar für die Hartgesottenen ist **„Hogs & Heifers"**, etwas betulicher geht's dagegen zu in der **„Old Town Bar"** (beide S. 240). Und auf den Spuren der alten Literaten wären Sie in **Pete's Tavern** (Ecke Irving Place/18th St.). Besser aber, Sie verbringen einen Ihrer wenigen Abende woanders.

Spaziergang: Gramercy Park und Stuyvesant Town

Mindestzeit: ½–1 Std., optimale Zeit: 1 ½ Std., Sehenswertes finden Sie auf S. 395ff.

Beginn: am Union Square. Entlang der 14th Street gibt es ein paar kleine Ramschläden von ausgewanderten Osteuropäern. Vielleicht möchten Sie einmal hereinschauen und kramen.

Weiter östlich erreichen Sie Stuyvesant Town. Von außen wirkt diese riesige Wohnanlage aber kaum anders als andere New Yorker Wohnsilos. Der Stuyvesant Park ist klein, bietet aber Sitzgelegenheiten für ein Picknick.

Ein wenig im Zickzack können Sie nun zum Gramercy Park laufen. Doch dürfen Sie hier nicht hinein, denn er gehört ausschließlich den Anwohnern.

In der Nähe gibt es eine weitere Gelegenheit für einen Drink in der Gramercy Tavern. Diese ist übrigens beim Geburtshaus von Teddy Roosevelt zu finden. Auch das Essen hier ist gut, aber teuer. Alternative: New Yorks vermeintlich älteste Bar, Pete's Tavern *(Ecke Irving Pl./18th St.)*.

Schließlich sollten Sie nun das Empire State Building anvisieren. Entlang der Madison Avenue können Sie dabei noch etwas Schaufenster gucken. Der Blick von diesem zeitlosen Wolkenkratzer belohnt am Ende dieses Fußmarsches für alle Strapazen – trotz der Warteschlange. Auch bei Dunkelheit ist der Ausblick auf das Lichtermeer faszinierend.

Sehenswürdigkeiten in Manhattan zwischen 14th Street und 34th Street (alphabetisch)

Chelsea, Madison Square, Union Square und Flatiron District

Übersichtskarte S. 390f

- *** Center for Jewish History (D21)**
Yeshiva University Museum, 15 W. 16th St., zw. 5th u. 6th Aves., geöffnet: Di–Do, So 11h–17h. Infos: (212) 294-8330, www.yu.edu/museum.

Hier werden große Ausstellungen (jährlicher Wechsel) gezeigt, die sich mit der Geschichte der Juden befassen. Oft finden auch Kulturprogramme statt.

- *** Chelsea Historic District (D1)**
Zwischen W. 20th u. W. 23rd Sts. sowie 8th u. 10th Aves.

Gebiet, wo Chelsea's erste Wohnhäuser errichtet worden sind. Sehenswert sind die **Cushman Row** (Greek-Revival und Anglo-Italian, 1839–40, *408–418 W. 20th St., zw. 9th u. 10th Aves.*) und die **St. Peter's Episcopal Church** (neugotisch, 1836–38, *344 W. 20th St., zw. 8th u. 9th Aves.*).

- *** Chelsea Hotel/Chelsea Apartments (D2)**
222 W. 23rd St., zw. 7th u. 8th Aves., www.hotelchelsea.com

1883–85 erbaut im Queen-Anne-Stil. New Yorks erstes gemeinnütziges Apartmenthaus weist auffällige, mit Blumenornamenten verzierte Eisenbalkone auf und beeindruckt bereits von außen durch seine massive, rote Ziegelsteinfront. 1905 wurde das Gebäude zu einem Hotel umgewandelt, in dem vornehmlich Künstler und Schauspieler abstiegen, oft für Monate und Jahre. Eingetragene Gäste waren u.a. *Thomas Wolfe, Mark Twain, Tennessee Williams, Arthur Miller, O.Henry* und *Sid Vicious* (der hier seine Freundin *Nancy Spungeon* erstach).

Ein Hotel als „Lebensraum"

Das Hotel wurde so berühmt, dass es öfter auch als Filmkulisse diente, so z.B. für den Warhol-Film „The Chelsea Girls". Zwischenzeitlich entwickelte sich das Chelsea wieder zu einem Apartmenthaus, doch in den letzten Jahren, nach gründlichen Renovierungsarbeiten, wird es auch wieder als Hotel genutzt. Die meisten Gäste bleiben aber lange, und es befinden sich wieder zahlreiche Künstler unter ihnen.

Um dem Ambiente gerecht zu werden, wurden in den Gemeinschaftsräumen zahlreiche zeitgenössische Gemälde und Wandmalereien angebracht. Viele von ihnen stammen von den Hotelgästen, die damit ihre Zimmer finanzieren. Die Atmosphäre ist eklektisch und mag manchem etwas „strange" vorkommen, doch gerade das macht den Aufenthalt hier lohnend. Die relativ teuren Zimmer sind übrigens lange im Voraus ausgebucht. Also rechtzeitig buchen! Zu einem kurzen Aufenthalt lädt ansonsten die Cocktaillounge „Serena" im Keller ein. Sie ist Mo–Sa abends geöffnet und es gibt auch „Fingerfood".

Sehenswürdigkeiten in Manhattan zwischen 14th Street und 34th Street

- D1 Chelsea Historic District
- D2 Chelsea Hotel/ Chelsea Apartments
- D3 Chelsea Piers Sports & Entertainment Complex
- D4 DIA Center of the Art
- D5 Fashion Institute of Technology (F.I.T.)
- D6 Flatiron Building
- D7 Flatiron District/ Ladies' Mile Historic District
- D8 General Post Office
- D9 Madison Square Garden
- D10 Madison Square Park / Metropolitan Life Insurance Company Tow
- D11 Pennsylvania Station
- D12 Sidewalk Clock
- D13 Starrett-Lehigh Building
- D14 Union Square
- D15 Empire State Building
- D16 Gramercy Park
- D17 Gramercy Park Historic District
- D18 Public Baths
- D19 Stuyvesant Square Historic District

- ** **Chelsea Piers Sports & Entertainment Complex (D3)**
  Piers 59–62 am Hudson River (zw. 17th u. 23rd Sts.), www.chelseapiers.com

Diese Piers wurden 1910 ausgebaut für die großen Ozeanriesen. Die „Titanic" sollte hier anlegen, und die „Lusitania" legte hier zu ihrer letzten Reise ab (1917 versenkt durch ein deutsches U-Boot). Mit dem Niedergang der Passagierschifffahrt verfielen die Piers ab den 1960er Jahren zunehmend und wurden bald darauf

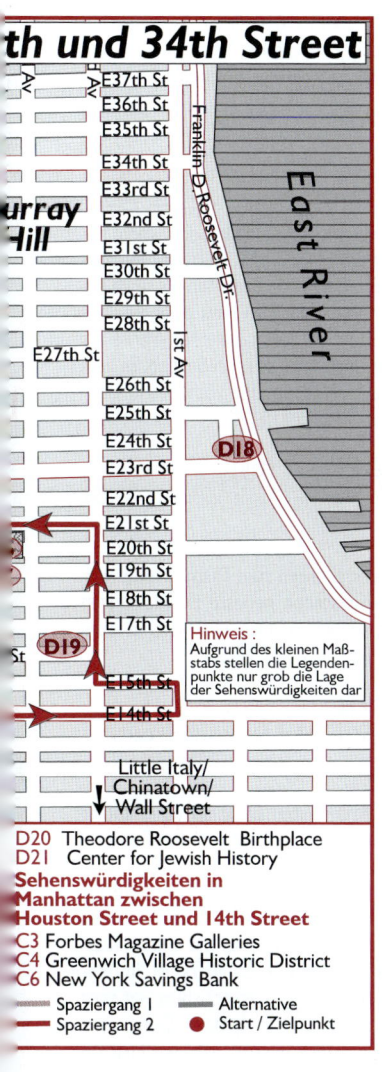

9. Manhattan: Zwischen 14th Street und 34th Street

geschlossen. Anfang der 1990er Jahre dann fand sich eine Gruppe von Investoren, die für über 60 Millionen Dollar das größte Sportcenter der Welt errichten ließen. 1995 öffnete dieses, und seither stehen über 170.000 qm Sportfläche zur Verfügung, inklusive Restaurants und einer Microbrewerie ... und es wurde und wird noch über Jahre weiter ausgebaut. Mittlerweile ist es zentraler Punkt der Lauf- und Sportszene entlang dem Hudson River, dem **Hudson River Park** (siehe S. 292) zwischen Battery Park City und Midtown, in dem auch andere Sportstätten eingerichtet werden.

Keine Wünsche der New Yorker Sportfanatiker bleiben hier unerfüllt. Zwei ganzjährig geöffnete Eislaufbahnen, eine riesige Golfrange mit über 50 Abschlagplätzen, mehrere Sporthallen, eine überdimensionale Fitnessarea, Tanzsäle, ein Boxring, die längste überdachte Laufbahn der Welt, ein Schwimmbad und vieles mehr gibt es hier. Dazu sind Top-Trainer engagiert, um die Sportler einzuweisen und anzuleiten. Natürlich kostet das Ganze auch seinen Preis, aber zum Schnuppern können Sie sich ja erst einmal ein Tagesticket besorgen. Außerdem gehören ein Filmstudio zu dem Komplex und natürlich die Marina vor der Tür, von der (teure) Hafenkreuzfahrten abgehen (nur Gruppen mit langer Voranmeldung) und wo Sie auch Boote (Kajaks, Ruder- und Segelboote etc.) mieten können, um selbst eine Hafenrundfahrt durchzuführen.

Zentrum der Sportszene

Das Chelsea Piers Sports Center ist wirkliche eine Attraktion für sich, und viele kommen auch nur her, um zu schauen. 2 Millionen

Chelsea Piers Sports Complex: Rechts das Auffangnetz für die Golfbälle

---

Hinweis: Aufgrund des kleinen Maßstabs stellen die Legendenpunkte nur grob die Lage der Sehenswürdigkeiten dar

D20 Theodore Roosevelt Birthplace
D21 Center for Jewish History

Sehenswürdigkeiten in Manhattan zwischen Houston Street und 14th Street
C3 Forbes Magazine Galleries
C4 Greenwich Village Historic District
C6 New York Savings Bank

▬▬ Spaziergang 1   ▬▬ Alternative
▬▬ Spaziergang 2   ● Start / Zielpunkt

Besucher sollen es jährlich sein. Dem Stadtteil Chelsea hat dieser Komplex zudem einen wirtschaftlichen Aufschwung bereitet. Viele Leute arbeiten hier, und viele sind nach Chelsea gezogen, um alleine diese Sportanlage zu nutzen.

- **DIA Center of the Art (D4)**

548 W. 22nd St., zw. 10th u. 11th Aves., geöffnet: Mi–So 12h–18h, Tel. (212) 989 5566, www.diacenter.org

Begegnung mit Warhol und Beuys

Kleines Kunstmuseum, das vor allem Stücke zeitgenössischer, aber noch wenig bekannter Künstler ausstellt. Die permanente Sammlung wird i.d.R. nur zum Teil ausgestellt. Sie umfasst Werke von *Andy Warhol, Joseph Beuys* u.a. Beachten Sie auch die Ausstellung auf der Dachterrasse. Aus Platzgründen hat das DIA jetzt einen weitaus größeren Ableger, **DIA: Beacon**. Auf 25.000 qm sind dort jetzt viele der Werke aus dem „Lager" ausgestellt. Leider ist es eine relativ lange Anreise nach Beacon. Es liegt am Hudson River und ist am besten mit der North-Hudson-Line vom Grand Central Station aus zu erreichen. *Öffnungszeiten dort: Do–Mo 11h–18h.*

- **Fashion Institute of Technology/Museum at FIT (D5)**

7th Ave./27th Street. Geöffnet: Di–Fr 12h–20h, Sa 10h–17h, Tel. (212) 217-4558, www.fitnyc.edu

Verschiedene Wanderausstellungen zum Thema Mode werden hier gezeigt. Zumeist stehen neueste Entwicklungen dabei im Vordergrund, wobei es auch Historisches zum Thema Mode und Textilien zu sehen gibt.

- *** Flatiron Building (D6)**

175 5th Ave. (zw. 22nd u. 23rd Sts. sowie Broadway). Sprich: Flat-Eiren

Beliebt bei Voyeuren: das Flatiron Building

New Yorks ungewöhnlichstes Hochhaus

1902 nach Plänen des Architekten *Burnham* (ein Schüler *Sullivans*) fertiggestellt, kann das ungewöhnliche Gebäude als erstes Hochhaus von New York gelten. Die Konstruktionsweise mit einem Stahlgerüst war bahnbrechend für die weitere Entwicklung der Hochhaus-Architektur, ist allerdings von außen nicht zusehen, da sie mit Mauerwerk verdeckt ist. Das 20-stöckige Bauwerk ist im Renaissance-Stil eines italienischen Palazzo errichtet, hat aber die wohl ungewöhnlichste Front Manhattans. Denn über einem dreieckigen Grundstück erbaut, ist das Flatiron Building vorne nur knapp 2 m schmal und verbreitert sich anschließend, so dass es wie ein riesiges Bügeleisen (daher der Name) wirkt. Bereits bei der Eröffnung des Gebäudes wurde ein Fahrstuhl eingebaut, der in nur 25 Sekunden bis in den 20. Stock hinauffuhr, womit auch das Problem der Erreichbarkeit höherer Stockwerke für zukünftige Bauwerke gelöst war.

Bei starken Winden versammelten sich übrigens früher die Männer an der 23rd Street. Denn die Böen bliesen hier regelmäßig den Damen die Röcke hoch. Um die Voyeure zu verscheuchen, wurde damals eigens ein Polizist abgestellt.

9. Manhattan: Zwischen 14th Street und 34th Street

• * Flatiron District/Ladies' Mile Historic District (D7)
Zwischen 23rd St. im Norden, 14th Street im Süden, Park Avenue im Osten und 6th Avenue im Westen

Um die Jahrhundertwende galt dieses Viertel als das vornehmste Einkaufsgebiet Manhattans, und die Damen flanierten entlang der zahlreichen Schaufenster und ließen sich in den vornehmen Geschäften einkleiden. Ab 1920 verkam der Distrikt, wurde aber ab 1985 wieder renoviert, und heute befinden sich vor allem entlang dem Broadway wieder gute Einkaufsadressen. Doch weniger Bekleidung steht heute im Vordergrund als vielmehr die Einrichtungsbranche. Allen voran bietet das große Kaufhaus „ABC Carpets" schön aufpolierte bzw. rekonstruierte alte Möbel (auch Kleinkram). Ein Spaziergang hier lohnt also.

• Flower Market
27th Street um die 6th Avenue

Entlang diesem Straßenzug befindet sich eine Reihe von Pflanzenläden, die ihre größten Pötte auf dem Bürgersteig stehen haben. Bei entsprechendem Wetter kommt man sich unter den riesigen Palmen beinahe vor wie in den Tropen. Fragt sich nur, wer sich in New York Wohnungen leisten kann, die solch große Pflanzen beherbergen können.

• General Post Office (D8)
Heute: James A. Farley Building. 8th Ave., zw. 31st u. W. 33rd Sts.

1908–13 erbaut und von dem bekannten Architektenbüro *McKim, Mead & White* geplant. Das riesige Granitgebäude fällt besonders durch seine 20 korinthischen Säulen auf, von denen jede 17 m hoch ist. Mittlerweile gibt es Pläne, das Bauwerk zu einem Bahnhof umzugestalten. Der Penn Station, der meistgenutzte Bahnhof Manhattans, befindet sich z.T. unter dem Gebäude.

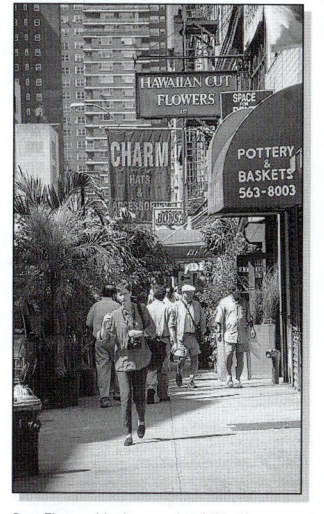

Der Flower Market an der 27th Street bietet für jede Wohnungsgröße etwas

• Madison Square Garden (D9)
Zw. 7th u. 8th Aves. sowie 31st u. 33rd Sts., Touren: Mo–Fr 10h–15h (jede volle Stunde), Sa 10h, 11h, 12h u. 13h, So 11h, 12h u. 13h. Dafür aber besser vorher anrufen und bestätigen lassen: Tel. (212) 465-5800, www.thegarden.com.

Dieser in aller Welt bekannte Veranstaltungsort für Sportereignisse und Konzerte erregte Anfang der 1960er Jahre viele Gemüter. Denn ihm musste das imposante Gebäude der Pennsylvania Station weichen. Heute spielen in der 20.000 Plätze fassenden Arena regelmäßig die „New York Knicks" (Basketball). Die Besichtigung lohnt nur mit einer Tour, die Sie auch hinter die Kulissen schauen lässt. Der Name bezieht sich übrigens auf den ursprünglichen Standort am gleichnamigen Platz. Der Bahnhof befindet sich heute unter dem Gebäude.

Wo die Profis Tennis spielen

- ***Madison Square Park (D10)***
  Zw. 26th Street im Norden, 23rd Street im Süden, 5th Ave. im Westen und Madison Ave. im Osten

Ein Bürogebäude mit Flair

1845 wurden an dieser Stelle New Yorks erste Baseball-Spiele ausgetragen. Später wurde ein Park angelegt, in dem zwei Denkmäler errichtet wurden. Das von dem Seehelden des Bürgerkriegs, Admiral *Farragaut*, steht im Norden, das von *William H. Seward* (setzte 1867 als Präsidentenberater den Kauf von Alaska durch) im Südwesten. Heute wird der parkähnliche Platz betont durch die eindrucksvollen Gebäude großer Versicherungsgesellschaften an der Ostseite. Der **Metropolitan Life Insurance Company Tower** *(zw. 23rd u. 24th Sts.)* wurde mit seinen 54 Stockwerken 1909 als das größte und höchste Bürohaus der Welt eröffnet und fällt heute besonders durch seine Uhr auf. Das **Appellate Division Courthouse** *(zw. 25th u. 26th Sts.)* wurde bereits 1899 eingeweiht. Neben der Beaux-Arts-Fassade und den Statuen ist hier besonders auch das Innere sehenswert, wo die Main Hall alleine schon beweist, dass New York um die Jahrhundertwende finanziell gut dastand. Beachten Sie auch die Wandmalereien.

Nicht weit vom Madison Square, an der Ecke 5th Ave., 27th Street, befindet sich heute das kleine **Museum of Sex** *(So–Fr 11–6h30, Sa –20h, Tel. (212) 689-6337, www.museum of sex.com)*. Es beschäftigt sich vorwiegend mit der Geschichte der Pornographie, Prostitution und u.a. auch der Geburtenkontrolle in New York. Auf historische Aspekte wird dabei viel Wert gelegt und Wechselausstellungen runden das Bild noch ab.

- **Pennsylvania Station (D11)**
  Unter dem Madison Square Gardens-Gebäude

New Yorks größter Bahnhof

Das ehemalige Bahnhofsgebäude (Beaux Arts) wurde 1962 abgerissen, und heute befindet sich New Yorks größter Bahnhof unter den Gebäuden des Madison Square Garden und dem General Post Office Building. Pläne werden aber bereits erörtert, das Postgebäude umzugestalten und als Bahnhofshalle zu nutzen.

- **Sidewalk Clock (D12)**
  200 5th Ave., Ecke 23rd St. (Madison Square Park)

Große „Eisen"-Uhren wie diese von 1909 gehörten um die und nach der Jahrhundertwende ins typische Straßenbild einer amerikanischen Großstadt. Sie wurden zudem genutzt für die Werbung. In Manhattan gibt es noch vier dieser Uhren (eine z.B. in der 5th Ave., Ecke 44th St.), wobei diese als die schönste gilt.

- **Starrett-Lehigh Building (D13)**
  601–625 W.W. 26th St., zw. 11th u. 12th Ave.

1931 fertiggestelltes Fabrik- und Lagerhaus, das bis heute als ein Markenzeichen für elegante und einfallsreiche Industrie-Architektur steht. Die Ecken sind leicht abgerundet, die Verjüngung zu den oberen Stockwerken hin gleicht Terrassen, und die Fensterreihen ziehen sich um jede Etage in Form eines Bandes. Angelegt wurde das Bauwerk über den Eisenbahnschienen der Lehigh Valley Railroad. Im Gebäude wurden dann die Waggons abgekoppelt und konnten über Aufzüge in die entsprechenden Stockwerke gelifted werden. Auch heute noch werden diese Aufzüge genutzt, jetzt aber für die Auflader der Trucks.

- ** Union Square (D14)**
Am Broadway, zwischen 17th Street im Norden und 14th Street im Süden

Vor dem amerikanischen Bürgerkrieg befanden sich um diesen Platz die ausgesuchtesten Geschäfte New Yorks. Später, u.a. durch den Bau der Hochbahn und die Migration der Oberschicht weiter nach Norden, begann der Niedergang des gesamten Stadtteiles. Dafür zogen aber Arbeiterbewegungen, Gewerkschaften u.a. gemeinnützige Institutionen hierher. Der Platz wurde im Volksmund „New York's Hyde Park" genannt, denn Redner stritten sich hier auf Behelfspodien und Protestaktionen und Streiks wurden in großem Stile ausgetragen. Erst in den 1980er Jahren wandelte sich das Bild wieder. Investoren kamen, und die Nähe der Universität sorgte zudem für den Zuzug von Buchläden (z.B. „Barnes & Noble" an der Nordseite), Kneipen, Cafés, aber auch dem wohlhabenderer New Yorker, die sich die Mieten in den renovierten Apartments im Umfeld leisten können.

Wo der Gemüsekauf „politisch" ist ...

Im Norden des Platzes findet an mehreren Tagen in der Woche ein Gemüse- und Lebensmittelmarkt („Greenmarket") statt, auf dem es vor allem biologisch angebaute Produkte zu erstehen gibt. Die Bänke im zentralen und südlichen Abschnitt laden zu einer Verschnaufpause ein, und an der Südspitze dürfen auch heute noch politische Veranstaltungen abgehalten werden. Ein eher seltenes Bild.

Auffällige Gebäude säumen den Union Square, so z.B. das **Lincoln Building** *(1–3 Union Square West*, von 1890), die **Bank of the Metropolis** *(31 Union Square West*, von 1903), das **Decker Building** *(33 Union Square West*, von 1893), das **Century Building** *(33 East 17th St.*, von 1881, heute Barnes & Noble), das **Everett Building** *(E. 17th St., Park Ave.*, von 1908), die **Union Square Savings Bank** *(20 Union Square East*, von 1907) sowie das **German Life Insurance Company Building** *(Ecke E. 17th St., Park Ave.*, von 1911, heute Guardian Life Bldg.). Sie alle symbolisieren den Übergang von 5-stöckigen Stadthäusern hin zu den Megabauten der ersten Hälfte des 20. Jahrhunderts. Einige werden aufgrund ihrer, für damalige Verhältnisse, gewagten Höhe als die Vorreiter der „Skyscraper" bezeichnet. Schauen Sie evtl. einmal in das eine oder andere Gebäude hinein.

Vorläufer der „Skyscraper"-Architektur

Gramercy Park, Stuyvesant Town und das Gebiet zwischen Broadway, 23rd Street, 34th Street sowie East River

Übersichtskarte S. 390f

- *** Empire State Building (D15)**
350 Fifth Ave., Ecke 34th St., geöffnet: Observation Deck: 8h–2h (letzter Aufzug 1h15); New York Skyride: tägl. 10h–22h. Tickets können auch online gebucht werden (mit Kreditkarte): www.esbny.org.

9. Manhattan: Zwischen 14th Street und 34th Street

Der berühmteste Wolkenkratzer – die „Himmelskathedrale"

> **Tipp**
> Die Warteschlangen sind lang. Kommen Sie daher früh (am besten noch vor der offiziellen Öffnungszeit) oder aber gegen 20h (wenn die meisten zu Abend essen) bzw. kurz vor 23h, wenn nur noch wenige hinauffahren. Und achten Sie auf den Wetterbericht am Schalter. Er sagt Ihnen, ob eine Fahrt hinauf überhaupt lohnend ist.

Kaum ein anderer Wolkenkratzer in der Welt hat einen solchen Klang wie das Empire State Building, das darum auch täglich von rund 40.000 Besuchern frequentiert wird. Mit seinen 102 Stockwerken und einer Höhe von 381 m (mit Antenne 443 m) war es ab seiner Fertigstellung im Jahre 1931 bis 1973 das höchste Gebäude der Welt. Mit einer Bauzeit von nur 2 Jahren, seinen 60.000 Tonnen Stahl, der Unmenge von verbautem Kalkstein, Granit und Marmor, mit seinen 6.500 Fenstern, 73 Fahrstühlen und auch wegen seiner schönen Art-Deco-

INFO Das Empire State Building in Zahlen

Namensherleitung: Der Staat New York trägt den Spitznamen „Empire State"
Höhe: 381 m, mit Antenne 443 m; 102 Stockwerke
Antenne: Die Antenne wurde in dieser Form erst 1951 als Fernsehantenne aufgesetzt, 1985 aber nochmals technisch verändert
Lobby: Der Marmor in der Main Lobby stammt aus Deutschland
Eröffnung: Mai 1931, nur 19 ½ Monate nach Baubeginn. Danach erhielt es den Spitznamen „Empty State Building", da aufgrund der wirtschaftlichen Depression während der 30er Jahre die meisten Büros leer blieben. Das Observation Deck hat vor dem Bankrott bewahrt
Kosten: 41 Mio. Dollar
Gewicht: 364.000 t, davon 60.000 t Stahl
Fenster: 6.500 mit einer Gesamtfläche von 2 ha, die alle einmal pro Monat geputzt werden.
Büroplätze: Kein Arbeitsplatz im Haus ist weiter als 8,5 m von einem Fenster entfernt
Wasserleitungen: Gesamt: 97 km
Wie geht's rauf? Entweder mit einem der 73 Fahrstühle, von denen der Expressfahrstuhl den 80. Stock in nur 54 Sekunden erreicht, oder aber über die 1.860 Stufen ...
Empire State Run Up: Jährlich stattfindendes Wettrennen, in dem Läufer 1.570 Stufen hinaufwetzen (bisheriger Rekord: 10 Minuten, 47 Sekunden)
Besucher: tägl. bis zu 40.000, im Jahr über 2,5 Millionen
Menschen, die hier arbeiten: über 16.000
Beleuchtung der oberen 30 Stockwerke (Sonnenuntergang bis Mitternacht): grün: St. Patrick's Day; rot: St. Valentine's Day; rot, weiß, blau: an nationalen Feiertagen; blau und weiß: United Nations Day; rotorange und gelb: Halloween bis Thanksgiving; rot und grün: um Weihnachten; Ausgeschaltet: während der Vogelwanderungen und bei Nebel; Rest des Jahres: weiß

Architektur wurde es bereits als „8th World Wonder, the only one built in the 20th Century" oder als „The Cathedral of the Skies" bezeichnet. In der Lobby sind, geschickt beleuchtet, die „vorherigen 7 Weltwunder" auf Tafeln zu bewundern.

Besucher reizt natürlich besonders der Blick von den Aussichtsplattformen im 86. und 102. Stockwerk. An klaren Tagen sieht man von der Plattform im 102. Stockwerk, auf

Grazil und weithin sichtbar: das Empire State Building

der eine Glasfassade vor Wind schützt, bis zu 130 km weit (vom 86. Stockwerk etwa 80 km). Die Tickets für den Fahrstuhl zum „Observatory" gibt es im Kellergeschoss, wobei entlang des Weges historische Dokumente über die Konstruktion des Riesenbaus Auskunft geben. Aber auch die Lobby im feinsten Art-Deco ist bereits sehenswert, und wer das Abenteuerkino liebt, kann u.a. per „Skyride" *(im 2nd Floor)* vom Kinosessel aus mit dem Helikopter durch die Wolkenkratzerschluchten Manhattans fliegen.

Übrigens steht das Empire State Building auf dem ehemaligen Grundstück des Waldorf-Astoria Hotels. Letzteres musste dem Koloss weichen und befindet sich nun an der 5th Avenue, zwischen 33rd und 34th Streets.

- **Gramercy Park (D16)**
Zwischen 20th und 21st Sts. sowie als „Unterbrechung" zwischen Lexington Avenue und Irving Place

Kleiner Privatpark. Nur Bewohner des **Gramercy Park Historic District (D17)** sowie des gleichnamigen Hotels haben einen Schlüssel zu der schattigen Grünfläche. Lesen Sie mehr über den Park und seine Umgegend am Anfang dieses Kapitels (S. 382) unter Gramercy Park.

- **Public Baths (D18)**
Asser Levy Place, an der E. 23rd St. (nahe F. D. Roosevelt Drive)

Öffentliches Badehaus, errichtet 1904–06 in römischem Stil. Bereits vor 1900 erkannten selbst die konservativsten Stadtväter, dass die hygienischen Verhältnisse in den Arbeiter- und Immigrantenvierteln in keiner Weise befriedigend waren. Oftmals gab es nur eine Wasserpumpe im Hof eines mit mehr als 1.000 Menschen bewohnten Häuserblocks. „Ganzkörperpflege" bestand bis zu dieser Zeit aus dem Baden (im nicht gerade sauberen) East River oder aber aus Strandausflügen an arbeitsfreien Sonntagen. Daher entschied die Stadtverwaltung um 1900, über die ganze Stadt verteilt Badehäuser einzurichten. Dieses ist eines davon und eines der wenigen, die heute noch existieren. Als Vorbild für das Gebäude dienten die öffentlichen Badehäuser des antiken Rom.

Eine „Badewanne" für die Einwanderer

- **Stuyvesant Square Historic District (D19)**
Second Ave., zw. 15th u. 17th Sts.

Der Platz selbst, ehemals Teil der Stuyvesant Estate, wurde 1846 angelegt und wird durch die Second Avenue geteilt. Er ist Namensgeber für die umliegenden Straßenzüge. Hier befinden sich zahlreiche historische Gebäude aus der Mitte des 19. Jahrhunderts, u.a. die ersten Wohnhäuser New Yorks im Greek Revival-Stil. Bekannteste Häuser sind das **Friends Meeting House and Seminary** (*15 Rutherford Place/226 E. 16th Street*) sowie das **Friends Meeting House** (heute Brotherhood Synagoge, *144 E. 20th St.*), die beide als Versammlungsort für die Quaker dienten, die o.g. **Greek-Revival-Häuser** (*214–216 E. 18th St.*) und eine Kirche: **St. George's Church** (*Rutherford Place, Ecke E. 16th St.*, von 1846–56), deren Äußeres auf den Plänen des bayerischen Architekten *Otto Blesch* beruht.

Besonders beliebt ist der Flohmarkt in Chelsea (6th Ave., zw. 25th u. 26th Sts., Sa + So)

- *** Theodore Roosevelt Birthplace (D20)**
28 E. 20th St., zw. Broadway u. Park Avenue South, geöffnet: Di–Sa 9h–17h, Touren 10h–16h, Tel. (212) 260-1616, www.nps.gov/thrb

Rekonstruktion von Präsident *Theodore Roosevelts* (1858–1919) Geburtshaus. Das eigentliche Geburtshaus stand auf dem Nachbargrundstück, wurde aber 1916 abgerissen. Die Woman's Roosevelt Memorial Association kaufte aber das ehemalige Grundstück und das benachbarte, auf dem das heutige Gebäude steht, um dem zum Staatshelden ernannten Präsidenten ein bleibendes Denkmal zu setzen. Das rekonstruierte victorianische Backstein (Brownstone)-Haus wurde schließlich 1963 der Nationalpark-Behörde übergeben. *Roosevelt* lebte 15 Jahre hier, bevor seine Familie 1872 nach Uptown zog. Roosevelt war vor seiner Präsidentschaft Polizeipräsident der Stadt New York und später auch Gouverneur des Staates New York.

Wie der „Teddybär" zu seinem Namen kam …

Im Haus können Sie alte Möbel sowie viele Erinnerungsstücke sehen. Zudem wird erläutert, wie es dazu kam, dass der Präsident auch Namensgeber für den Teddybär geworden ist. Samstagnachmittag (April–Oktober) finden kleine Kammerkonzerte im Haus statt *(siehe Ankündigungen in den Veranstaltungsblättern)*.

> *Klassifizierung der Sehenswürdigkeiten*
> *** = Topattraktion – ein „Muss"
> ** = sollte man gesehen haben
> * = sehr sehenswert
> Alle nicht markierten Punkte lohnen natürlich auch, sind aber von Ihren speziellen Interessen abhängig.

Midtown
(zwischen 34th Street und 59th Street)

Überblick: Einst und Heute

Die Stadtteile von Manhattans Midtown im Überblick

Charakteristika in Stichworten: Wolkenkratzer – Büros großer Konzerne – Geldadel – vornehme Geschäfte – Broadway-Shows – Theater – Viele Hotels – Viele Touristen – Museen – Nahe Central Park – Times Square: „Nabel der Welt" – Medienwelt – United Nations Headquarters – Im Osten Relikte der „Golden Twenties" – Im Westen: Umbau und Neuorientierung

Übersichtskarte S. 414f

Fashion Center (Garment District)
Geographische Lage: Zwischen 6th Ave. im Osten, 9th Ave. im Westen, 34th St. (auch 30th St. wird genannt) im Süden und 42nd St. im Norden • Einwohner: 16.000 (Schätzung) • Sehenswertes finden Sie auf S. 411f.

Geschichte: Um 1900 zogen die Textilunternehmen von der Lower East Side nach Norden, bes. aus Platzgründen und der Besiedlungsgesetze wegen, die produzierende Gewerbe aus den Wohngebieten verbannen sollten. „Zwischenstation" bildete für 20 Jahre das Gebiet um den Madison Square, doch auch dort wurden die kleinen Fabriken aus o.g. Gründen wieder vertrieben. Eine Gruppe aus 38 Textilunternehmen suchte daraufhin mit Hilfe der eigenen „Garment Center Realty Co." Abhilfe und entschloss sich, ein Gebiet an der 7th Ave., zwischen 36th und 38th für sich zu erschließen. Das Areal entwickelte sich bald zu einem Magnet für andere Textilunternehmen, vom kleinen Schneiderladen bis hin zu großen Fabriken. Zudem zog es die neuen Einwanderer an, die hier schnell Arbeit fanden. Ein Sechstel aller New Yorker arbeitete in den 20er Jahren in der Textilindustrie, und im Garment District befand sich zu dieser Zeit die größte Konzentration textiler Unternehmen in der Welt. Die verkehrsgünstige Lage zu den Hafenpiers, dem Bahnhof, den Hotels und den Modegeschäften war dabei nur förderlich. Der besseren Kommunikation wegen wurden die Gebäude im District sehr eng beieinander gebaut. Damals waren die Straßen mit kleinen Raucher-

Der Ursprung der Modebranche

Die letzten Überreste von „Hell's Kitchen"

Cafés gesäumt, in denen die Arbeiter, vornehmlich Einwanderer aus Ost- und Südeuropa, während der Lunchpause einen Snack einnahmen bzw. ihre selbstgedrehten Zigaretten schmauchten. Abends zog es die Arbeiter dann ein Stück weiter nach Westen, zum Hafen hin, wo das bereits seit Mitte des 19. Jahrhunderts verruchte Amüsierviertel, **„Hell's Kitchen"** (es lag damals zwischen 14th und 59th Sts., s.u.) eine beliebte Anlaufstelle für Seeleute, Packer und Textilarbeiter gleichermaßen war. Kneipen, Bordelle und Straßengangs bestimmten das Bild. Das bekannte Musical „West Side Story" spielte hier.

400-fache Erhöhung der Mietpreise!

Die Strukturen des Garment District wurden ab Ende der 1970er Jahren weitgehend zerstört, besonders wegen drastisch angestiegener Mieten (bis aufs 400fache!). Kleinere Betriebe wichen aus und siedelten sich wieder in der Lower East Side und in Chinatown an. Erstere war seit den 50er Jahren nur noch dünn besiedelt, und die Siedlungsgesetze griffen nicht mehr, während Chinatown sowieso seine eigenen Gesetze hatte, in die sich die Stadtverwaltung nur bedingt einmischen wollte (und konnte). Die Abwanderung bedeutete aber auch, dass viele Textilarbeiter entlassen wurden. Alleine zwischen 1980 und 1985 waren es über 35 % von ihnen.

In den 1980er Jahren sollte der Garment District, wie der Theater District auch, renoviert, gesäubert und umstrukturiert werden, was die „International Ladies Garment Workers Union" aber verhindern konnte.

Somit finden sich auch **heute** noch zahlreiche Textilfabriken und Stoffhändler in dem Gebiet, wenn auch viele Lagerräume mittlerweile zu luxuriösen Lofts umgebaut worden sind. Wirklich Sehenswertes finden Sie hier nicht.

Clinton/„Hell's Kitchen"

Geographische Lage von Clinton: Zwischen Hudson River im Westen, 8th Ave. im Osten, 59th St. im Norden und 42nd St. im Süden • *Einwohner:* 21.000 (n. Schätzungen) • *Sehenswertes* finden Sie auf S. 411ff.

Geschichte: Einst zog sich zwischen Hudson River und 9th Avenue sowie 14th Street und 59th Street das berüchtigte Gebiet „Hells Kitchen" (s.o.), welches seinem Namen durch Straßenschlachten zwischen Polizei und Gangs im ausgehenden 19. Jahrhundert alle Ehre machte. Eigentlicher Namensgeber war aber eine Straßenbande, die sich „Hell" nannte. Von dieser übernahm dann die Polizei den späteren Begriff. Bordelle, Kneipen, heruntergekommene Tenement-Wohnungen, Märkte und herumlungernde Tagelöhner formten über ein Jahrhundert lang den Eindruck des Viertels. Die Stadtverwaltung machte einen großen Bogen um

Das berüchtigste Viertel

Hell's Kitchen und mischte sich nur selten ein. Auch die Polizei griff nur dann ein, wenn nichts mehr ging, dann aber mit brutalsten Mitteln.

Der Zahn der Zeit hat schließlich die Probleme von selbst gelöst. Mit der Abwanderung der Hafen- und Textilbetriebe (ab Mitte des 20. Jahrhunderts) aus dem Umfeld verloren viele Menschen ihre Arbeit und verließen selbst die Gegend. Ganze Straßenzüge standen leer. Brandstiftung, zumeist als Versicherungsbetrug getarnt, „löste" viele architektonischen Probleme.

Heute ist kaum noch etwas zu sehen von dem einstigen Sündenbabel. Die Stadtverwaltung hat Hell's Kitchen in den 70er Jahren aufgeteilt und eingemeindet in Chelsea, den Garment District und Clinton. Der Abriss weiterer Gebäude, die Einrichtung des Busbahnhofs, der Bau des großen Jacob K. Javits Convention Center, der Abzug der Industriebetriebe und Frachthafenanlagen sowie die Ansiedlung des Schifffahrtsmuseums, der Passagierschiffkais, erste Investitionen in teure Apartmentblocks und die Umstrukturierung und Westorientierung des Theater District tun ihr eigenes. Auffällig sind die beiden 45-stöckigen Backsteintürme, das sog. **Manhattan Plaza** *(zw. 9th u. 10th Aves., sowie 42nd u. 43rd Sts.)*, in dessen (preisgünstigen) 1.688 Apartments vor allem Schauspieler untergebracht sind. Trotz bzw. wegen aller dieser Maßnahmen fehlt es dem Stadtteil Clinton an Charme – sieht man einmal ab von den vielen kleinen Restaurants entlang der großen Avenues (s.u.). Denn die verbliebenen Anwohner, zumeist mit niedrigerem Einkommen, haben sich bisher – und mit Recht – erfolgreich gegen die Spekulanten aus der eigentlichen Midtown gewehrt und ließen somit in den letzten Jahren noch wenig Spielraum für kreative Neuentwicklungen bezüglich touristischer Interessen.

Das ist auch gut so, wenn auch zu befürchten ist, dass sich dieses in den nächsten 20 Jahren doch ändern wird. Mit der Umstrukturierung der „New 42nd Street" wurde bereits der erste Korridor geschlagen und der Immobilien-Tycoon Donald Trump plant auch schon...

Entlang der 9th und 10th Avenue finden Sie zahlreiche günstigere Restaurants aller ethnischer Schattierungen, und weiter zum Hafen bzw. nach Süden hin haben sich vor allem Werkstätten und kleine Industriebetriebe niedergelassen. Am Hudson River dann können Sie das Intrepid Sea-Air-Space Museum besuchen, eine Hafenrundfahrt starten (Piers 78 und 83) bzw. einfach mal schauen, ob nicht ein schöner Passagierdampfer gerade an den Piers 88 bis 90 festgemacht hat.

Werkstätten und kleine Industriebetriebe

Theater District/Times Square
*Geographische Lage: Es gibt Überschneidungen mit umliegenden Stadtteilen, bes. Midtown: Zw. 42th St. im Süden, 9th Street im Westen, 57th St. im Norden und 6th Avenue im Osten • **Einwohner:** Als nicht „ausgewiesener" Stadtteil gibt es hierfür keine offiziellen Angaben. Schätzungen gehen von ca. 8.000 Einwohnern aus • **Sehenswertes** finden Sie auf S. 411ff.*

Geschichte: Der Theater District begann sich erst zum Ende des 19. Jahrhunderts, zum „Mekka der Theaterwelt" zu entwickeln. Damals zogen die ersten

9. Manhattan: Midtown (zwischen 34th Street und 59th Street)

Vom „Reisetreff"...

Theater aus den südlicheren Stadtteilen hierher, vornehmlich aus dem Umfeld des Union Square. Erste große Bühne war die Metropolitan Opera, die sich um 1893 Ecke Broadway und 40th Street ansiedelte (sie zog dann in den 60er Jahren weiter ins Lincoln Center). Bis 1904 hieß der heutige Times Square noch Longacre Square (damals mehr als doppelt so groß). Er war bis ins ausgehende 19. Jahrhundert der Platz der Fuhrleute und Pferdeställe. Hier kamen die Pferdegespanne und Kutschen von Norden sowie aus allen Teilen des Landes an bzw. begann für viele New Yorker die Reise aus der Stadt.

Im Jahre 1904 ließ der Verleger *Adolph Ochs* die „New York Times Towers" errichten, damals noch mitten auf dem Longacre Square. Ochs war es dann auch, der die Stadt dazu veranlasste, eine U-Bahn-Station am Platz einzurichten und diese dann Times Square zu nennen, ebenso wie den Platz selbst. Hotels folgten dem Zeitungsgebäude, u.a. das erste „Astoria Hotel" (später zusammengelegt mit dem Waldorf-Astoria) und das legendäre „Knickerbocker Hotel", dessen King Cole Bar so beliebt war, dass diese mit der Umfunktionierung des Hotelgebäudes in den 60er Jahren umgesiedelt wurde ins heutige „St. Regis Hotel".

... zu den Brettern, die die Welt bedeuten

Noch vor, besonders aber nach dem Ersten Weltkrieg entwickelte sich der Times Square und das umliegende Gebiet zum Nabel der Welt in Sachen Bühnenkünste. 1922 gab es bereits 73 Bühnen, und 1929 waren es dann 122. Variétés, Tanzpaläste und in den 30er und 40er Jahren Big-Band-Lokale sowie Kinos rundeten das Bild des Amüsierviertels für die besser verdienenden New Yorker ab. Die Kinos und Variétés verdrängten sogar die Theaterbühnen vom Times Square in die Seitenstraßen. Lichterreklamen, Wahrzeichen des Platzes, wurden bereits vor dem Ersten Weltkrieg an allen Häuserwänden rundherum angebracht.

Ende der 1950er Jahre aber begann der Times Square zu verfallen. Es begann mit dem Niedergang der Kinoindustrie – Fernseher zogen in die Wohnstuben ein – und setzte sich fort mit der Schließung vieler

Times Square in den 1920er Jahren

Variétés und der Big-Band-Paläste. Das Variété war nicht mehr „in", und die Big-Band-Tanzpaläste wurden abgelöst durch die ersten Discos. Die alten Gebäude wurden entweder abgerissen, oder aber es zogen Pornogeschäfte (1975 gab es hier über 100 davon), Pornokinos, Peep Shows und billige Souvenirshops ein. Ihnen folgte in den 60er und 70er Jahren dann die Drogenszene, die hier ihre Klientel fand. Die Kriminalität wuchs. Der Abriss des berühmten „Astoria Hotels" 1968 besiegelte den Abstieg.

Die Stadt begann, wenn auch zu Beginn sehr zaghaft, Mitte der 70er Jahre mit einem Revitalisierungs-Programm: 1977 wurde das „Manhattan Plaza", ein Wohnhauskomplex für Schauspieler (siehe oben: Clinton) errichtet und gleich daneben die „Theater Row" *(42nd St, zw. 9th u. 10th Aves.)* angesiedelt mit verschiedenen kleinen Off-Off-Broadway-Theatern. Der Bau des äußerlich wenig ansprechenden „Mariott Marquis Hotels" direkt am Times Square sollte dann Mitte der 80er Jahre die endgültige Wende bringen. Kritiker behaupteten aber, dass der dazu erforderliche Abriss von drei Broadway-Theatern zu dieser Zeit eher das Gegenteil bewirkt hat.

Der Stadtverwaltung war schon in den 70er Jahren klar, dass die Wiederbelebung des Theater Districts für sie alleine finanziell nicht zu bewerkstelligen sei. Typisch für Amerika, suchte sie sich daher private Sponsoren („Public-Private-Partnership") für das Mammutprojekt, mit dem Ziel, das Areal in ein Eldorado für Freizeit, Kultur und Kommerz zurückzuführen. Die ersten Pläne klangen bombastisch: Riesige Museen, überdachte Brücken zwischen den Gebäuden und zig Hotels sollten angesiedelt werden. Das alles stieß aber auf den vehementen Widerstand der Bevölkerung, denn man befürchtete horrende Mietpreissteigerungen. Somit hielten sich auch die potentiellen Investoren zurück.

Mammutprojekt

Der Stadt blieb Anfang der 80er Jahre also nichts anderes übrig, als das Projekt wieder selbst in die Hand zu nehmen. Vier Bürotürme, zahlreiche Geschäfte, ein Großhandelsmarkt und eine neue U-Bahn-Station sollten das Kernstück des etwa 5,2 ha umfassenden „neuen" Areals bilden. Dieser Plan wurde teilweise in die Tat umgesetzt, dank finanzieller Unterstützung auch von landes- bzw. bundesstaatlicher Seite. Dabei floss auch viel Geld in den „aufsässigen" Stadtteil Clinton, um Bau- und Wohnstrukturen dort zu verbessern. Seit Ende der 80er Jahre verteilt die Stadt nun wieder große Projekte an private Investoren, die langfristig die Kosten der über 2 Milliarden Dollar (damalige Zahl, die bis heute bereits weit übertroffen wurde) für die Umstrukturierung zu tragen haben. Größter Investor war zu Beginn die Disney-Company, die später dann auch andere Konzerne mitzog, so z.B. auch die deutsche Bertelsmann-Gruppe, die heute ein großes Gebäude direkt am Times Square besitzt.

Viele alte Gebäude fielen diesem neuen Konzept bereits zum Opfer, und auch das legendäre Times Square Building stand lange Zeit auf der Abrissliste. Glücklicherweise aber haben sich die Bauträger doch noch für den Erhalt alter Baustrukturen ausgesprochen, historische Theater werden wieder „aktiviert", und alte Gebäude am und um den Times Square bleiben – für eine Weile zumindest – noch stehen. Denn hier verspricht die Vermietung der Reklamefläche mehr Einnahmen als die Vermietung der Innenräume. Große Werbeflächen erbringen hier, pro Werbeträger, über 2 Mio. Dollar im Jahr!

Die Glitzerwelt der Werbeflächen

Heute: Das Bild des Theater District hat sich seit Anfang der 1990er Jahre drastisch gewandelt. Disney und andere – vielfach deutsche – Firmen sowie eine massive Säuberungsaktion der Stadt haben diesen Stadtteil für Touristen wieder attraktiv und vor allem sicher gemacht. Die Reklamen am Times Square leuchten heller denn je, über 40, z.T. renovierte historische Bühnen bieten beliebte Musicals, Themenrestaurants locken die Touristen an, die Nasdaq-Börse sowie große Unterhaltungskonzerne haben sich angesiedelt und das alljährliche Feuerwerk auf dem Times Gebäude am Silvesterabend sorgt für kilometerlange Staus. Die Filiale von „Toys R 4 us" *(Ecke 44th Street)*, mittlerweile New Yorks größter Spielzugladen, hat hier so gut eingeschlagen, dass es die Legende der Spielzugwarenhäuser, „F.A.O.Schwarz" an der 5th Avenue, mit seinem Erfolg finanziell ruiniert hat. Besonders aber die Disney Co. hat zu all diesem beigetragen. Mehrere Bühnen gehören ihr sowie große Shops und andere Immobilien. Die New Yorker sprechen bereits von der „Disneyfication" des Times Square, was sie in keiner Weise positiv meinen.

Ein „Sozialdienst" der ganz anderen Art

Natürlich freuen sich alle über die Sicherheit, die zum großen Teil gewährleistet wird durch die „Guardian Angels", eine private Schutztruppe, die sich aus ehemaligen Straßenkindern und Gangmitgliedern zusammensetzt. Sie sorgt für Ruhe und Ordnung und erhält als Gegenleistung Essen und Unterkunft. Die New Yorker (und nicht nur sie) bemängeln die Kommerzialisierung, die zu starke Ausrichtung alleine auf die Touristen und die fehlende Kreativität. Überteuerte Themenrestaurants und -shops sowie immer gleiche Souvenirshops vermögen die Einheimischen nicht zu begeistern. Sie kommen nur noch für die Broadwayshows hierher und nehmen dann das nächstbeste Taxi zurück in ihr oder ein anderes Viertel.

Umstrukturierung

Die Umstrukturierung der 42nd Street („New 42nd Street-Project") ist nahezu abgeschlossen, und moderne Theater, Madame Tussaud's Wax Museum, große Malls und Hotels bieten sich auch hier an. Für den Erstbesucher gehören der Theater District und besonders der quirlige Times Square, die „Crossroads of the World", natürlich zum Pflichtprogramm. Schauen Sie sich also in Ruhe hier um, bewundern Sie vor allem die beleuchteten Reklamen am Abend und lassen Sie sich auch nicht entgehen, zumindest ein Musical anzuschauen. Die Chancen, dass Ihr Hotel irgendwo in Midtown liegt, stehen auch gut, denn hier befinden sich mehr als zwei Drittel aller Touristenhotels. Doch lassen Sie sich nicht zu sehr von der Glitzerwelt in den Bann ziehen. Maximal ein Tag hier genügt, und bei weiteren Besuchen können Sie ruhig auch einen Bogen um den Theater District machen. Alles ist hier teurer und nicht mehr „echt New York".

Midtown

Geographische Lage: Zwischen 59th Street im Norden, 34th Street im Süden, 3rd Ave. im Osten und 8th Ave. im Westen (was den o.g. Theater District mit einschließt) • *Einwohner:* ca. 200.000 sowie 1 Million Menschen, die hier nur arbeiten • *Sehenswertes* finden Sie auf S. 411ff/421ff.

Geschichte: Neben dem Broadway bildete die 5th Avenue im 19. Jahrhundert die Expansionsachse nach Norden. Während ersterer vor allem „Durchschnittsgeschäfte" und kleine Theater sowie Restaurants zu bieten hatte, begann die 5th Avenue, sich gleich von Beginn an abzusetzen: Vornehme Villen und Marmorpaläste reicher New Yorker, wie z.B. *A.T. Stewart* (Kaufhaus-Tycoon), des *Astor*-Clans (Hotels und Ranchen) sowie der *Vanderbilts* (Eisenbahnen und Stahl) bestimmten das Bild und brachten der Straße den Beinamen „Millionaire's Row" ein. Nach dem Bürgerkrieg begann ein wahrer Bauboom entlang der 5th Avenue bis über die 60th Street hinaus. Privatclubs für die Oberklasse folgten bald darauf, aber erst nach der Jahrhundertwende begannen auch Geschäfte, sich hier niederzulassen. Zuerst sehr zurückhaltend, wie z.B. der 1906 eröffnete Store von *Benjamin Altman* an der Ecke 34th Street. *Altman* wagte es nicht, außen an seinem Geschäft ein Schild anzubringen. Ab 1910 änderte sich das aber langsam, und immer mehr „Caterer for the Rich" ließen sich nieder. Später verteilten sie sich dann auch in die Straßenzüge östlich und westlich der 5th Avenue, wobei die 57th Street zuerst berühmt wurde wegen der zahlreichen Kunstgalerien.

Etwas lebhafter war die Entwicklung des Gebietes um die heutige 6th Avenue. Bis zum Ende des 18. Jahrhunderts war dieses Gebiet nur Farmland, bekannt als „The Fields". Anschließend ließ ein Biologie-Professor um das heutige Rockefeller Center einen botanischen Garten anpflanzen, verkaufte diesen und das umliegende Farmland dann aber 1811 an die Stadt. Diese wiederum richtete hier dann die Columbia University ein, die ihrerseits nicht genutztes Land wieder an Farmer verpachtete. Ab Mitte des 19. Jahrhunderts begann dann der erste Bauboom mit Wohnhäusern für den oberen Mittelstand. Ab 1900, mit dem Bau der (lauten) Hochbahn („EL" = Elevated Train) entlang der 6th Avenue, zog es die wohlhabenderen Bürger in bessere Stadtteile, und weniger betuchte New Yorker übernahmen ihre Häuser, teilten sie auf in kleinere Wohnungen. Die Midtown westlich der 5th Avenue machte eine nahezu 40-jährige Leidenszeit durch. Besonders während der Prohibition, als sich besonders hier viele illegale Kneipen und Clubs („Speakeasies") etablierten und somit auch die Kriminalität anzogen. 1928 begann dann aber *John D. Rockefeller Jr.*, Sohn des Gründers der Standard Oil Corporation (Exxon, Esso), das Land der Universität zu kaufen bzw. zu leasen, um hier eine moderne „Stadt in der Stadt" erbauen zu lassen.

„Elevated Train"

Der Börsencrash von 1929 sowie die anschließende wirtschaftliche Depression verzögerten zwar das Projekt, doch 1940 waren die ersten Gebäude fertig, und *Rockefeller* etablierte hier seinen Firmensitz. Dem Rockefeller Center folgten, aufgrund des massiven Erfolgs, in den folgenden Jahrzehnten weitere Hochhausbauten, in die andere große Konzerne einzogen, so z.B. Pan Am, Seagram's, Citicorp, IBM, Chrysler u.a. Bereits Anfang der 1960er Jahre konnte Midtown Manhattan den dichtesten Bestand an Wolkenkratzern in der Welt melden, und das Gebiet um das Rockefeller Center wurde bekannt als der „Second Central Business District", auch „Office District" genannt, denn neben den multinationalen Konzernen etablierten sich auch die Dienstleistungsunternehmen, die diesen zuarbeiten. Die

Die Wolkenkratzer der Konzerne

Nur mit dem Weitwinkel erfassbar: die modernen Wolkenkratzer von Midtown

Einrichtung des United Nations Headquarter am nahen East River nach 1950, ebenfalls *Rockefellers* Engagement zu verdanken, gab der Entwicklung von Midtown natürlich auch einen ordentlichen Schub.

Heute drängen sich über 200 Wolkenkratzer auf einem Areal von kaum mehr als 2,5 qkm. Durch die tiefen Straßenschluchten (bes. um die 6th Ave.) zu laufen, ist bereits ein Erlebnis, genauso wie es eines ist, sich die modernen Hochhausgiganten näher anzuschauen und der 1 Million Menschen, die hier tagsüber arbeiten, beim „Herumwetzen" zuzusehen. Mindestens genauso eindrucksvoll aber sind die zahlreichen älteren Gebäude, die erhalten blieben, allen voran das Chrysler Building, der Grand Central Station, das Empire State Building und die New York Public Library. Wenn auch kaum bezahlbar, lohnt das Reinschnuppern in die vornehmen Geschäfte entlang der 5th Avenue, der Besuch der St. Patricks Cathedral, der United Nations, der o.g. älteren Gebäude und natürlich der des Rockefeller Centers. Für die kulturellen Highlights sorgen das weltberühmte Museum of Modern Art, das American Folk Art Museum, das American Craft Museum/Museum of Arts & Design, die Pierpont Morgan Library sowie das Museum of Television & Radio. Für New Yorks Midtown östlich der 6th Avenue können Sie getrost einen ganzen Tag einplanen und dann werden Sie auch nur einen Bruchteil dessen gesehen haben, was sehenswert ist. Machen Sie aber nicht den Fehler, sich zu lange in den Geschäften aufzuhalten. Sie verlocken nur zum Geldausgeben (die Monatsmieten an der 5th Ave./Ecke 57th St. betragen bis zu $ 900/qm, das muss ja wieder reinkommen), und plötzlich ist es nach 16h und die ersten Sehenswürdigkeiten schließen schon ...

Im Herzen New Yorks – der Jungle der Straßenschluchten

Turtle Bay
Geographische Lage: Zwischen 53rd Street im Norden und 43rd Street im Süden sowie East River im Osten und 3rd Avenue im Westen • *Einwohner:* 24.000 • *Sehenswertes* finden Sie auf S. 431ff.

Geschichte: Der kleine Stadtteil wurde benannt nach den Schildkröten (= turtles) in der Deutal Bay. Die Bucht schnitt einst in das heutige Wohnviertel ein, in etwa dort, wo sich jetzt die United Nations, der Beekman Place und die 51st Street befinden. Zu dieser Zeit war das Festland vornehmlich landwirtschaftlich genutzt, und in einem der wenigen Countryhouses hier lebte für eine kurze Zeit auch *Edgar Allan Poe*. Nach dem Bürgerkrieg wurden dann die ersten Brownstone-Häuser gebaut, die aber um die Jahrhundertwende umfunktioniert und aufgeteilt wurden zu kleinen Tenement-Wohnungen für Immigranten aus Osteuropa, die in den nahen Schlachthäusern und Brauereien am East River arbeiteten.

Turtle Bay Gardens und Beekman Place wurden in den 1920ern eingerichtet, und mit dem Zuzug der United Nations Headquarters nach dem 2. Weltkrieg wendete sich das Blatt um 180 Grad.

Heute: Nun beherrschen vornehme Apartmenthäuser den Stadtteil, die vorzugsweise von UN-Mitarbeitern bewohnt werden. Immer mehr werden davon gebaut und zwischen die alten Wohngebäude gezwängt. Der Besuch der United Nations Headquarters lohnt allemal, ansonsten gibt es hier aber nicht viel zu sehen.

Murray Hill und Tudor City
Geographische Lage: Zwischen 40th Street im Norden und 34th Street im Süden sowie East River im Osten und Madison Avenue im Westen (damit eigentlich Teil von Midtown) • *Einwohner:* ca. 56.000 • *Sehenswertes* finden Sie auf S. 431ff.

Geschichte: Das Gebiet wurde benannt nach den Quäkern *Robert* und *Mary Murray*, die hier im 18. Jahrhundert eine 10 ha große Farm betrieben. Mit dem Ausbau der 4th Avenue (Park Avenue) sowie später der in Murray Hill durch einen Tunnel führenden Eisenbahnlinie nach Harlem (um 1850) begann sich der Stadtteil zu entwickeln. Um 1900 wohnten hier wohlhabende Familien sowie viele Aristokraten und Akademiker. Einer von ihnen war *Pierpont Morgan*, ein gewiefter Banker, der es verstand, in nur 30 Jahren zu unermesslichem Reichtum zu gelangen und sich maßgeblich an den Geschicken der Stadt zu beteiligen.

Auch **heute** ist Murray Hill eher ein Wohnviertel für die Oberschicht, die sich in den unzähligen Apartmenthäusern, abgeschirmt von Türstehern, regelrecht „verschanzt". Viele Wahl-New Yorker, die es zu etwas gebracht haben bzw. hier nur über eine Zweitwohnung verfügen, haben ebenfalls ihre Adresse in Murray Hill. Eindrucksvoll ist mit Sicherheit die Pierpont Morgan Library (s.o.) und natürlich das Empire State Building, das sich aber, geographisch betrachtet, in einem „Niemandsland" zwischen Murray Hill, Midtown und Herald Square befindet. In der Madison Avenue finden Sie einige Geschäfte, wobei es außer der o.g. Pierpont Morgan Library in Murray Hill nicht viel zu erleben gibt.

Exklusives Viertel der Oberschicht

Spaziergänge/Erkundungen in Manhattans Midtown

Spaziergang: Zwischen Times Square und Hudson River
Mindestzeit: 1 ½ Std. (ohne Intrepid-Sea-Air-Space Museum), *optimale Zeit:* 4 Std. (mit Intrepid-Sea-Air-Space Museum), *Sehenswertes* finden Sie auf S. 411ff.

Beginn: am Times Square. Hier werden Sie die riesigen Leuchtreklamen, selbst am Tage, faszinieren (Weitwinkel-Objektiv dabeihaben). Entlang der „New" 42nd Street laufen Sie nun in Richtung Hudson River. Hier wird kräftig investiert, und jedes Jahr kommen neue Shows, Geschäfte und Restaurants hinzu. Highlight ist das „Entertainment"-Hotel an der nächsten Ecke. Zum Wasser hin wird es noch etwas dauern, bis es sehenswert wird. Der große Flugzeugträger markiert das Intrepid-Sea-Air-Space Museum, für dessen Besichtigung Sie 3 Stunden einplanen sollten. Nebenan (nach Süden) fahren die Boote der Circle Line ab zu den Hafenrundfahrten.

Durch den Stadtteil Clinton geht es dann zurück zum Broadway. Unterwegs pas-

Die Besichtigung der „Intrepid" dauert Stunden

Redaktions-Tipps

- **Bedeutendste Sehenswürdigkeiten (S. 411ff):** Hafenrundfahrten; Intrepid Sea-Air-Space-Museum; Times Square; Madame Tussaud's Wax Museum, Carnegie Hall; Macy's; Rockefeller Center und Music Hall Center; Bryant Park; New York Public Library; American Craft Museum/Museum of Arts & Design; Museum of Modern Art; American Folk Art Museum, Museum of Radio & Television; NBC Studio-Tours; International Center of Photography (Downtown); St. Patrick's Cathedral; 5th Avenue; Trump Tower; The Plaza Hotel; The Waldorf-Astoria Hotel; Chrysler Building; Grand Central Station; Bloomingdale's; United Nations Headquarters; Pierpont Morgan Library
- **Restaurants/Picknicken:** Fine Dining mit Aussicht: **Rainbow Grill** im Rockefeller Center bzw. elegant im **Four Seasons**; Wem es nach einem guten Steak ist: **Wollensky's Grill**; Austern unterm Bahnhof: **Oyster Bar & Restaurant**; Snacks für ein Picknick im Central Park in einem der zahlreichen **Delis** zusammenstellen. Wer lieber günstiger, aber New York-klassisch speisen möchte, der geht zum **Stage Deli**.
- **Shoppen:** Weniger die günstigen Deals als mehr die Nobelgeschäfte mit Haute Couture locken: **5th Avenue/ 57th Street**; Themen-Shops, wie z.B. der **Disney Store** und der **Coca Cola Shop**; der Shop des **Museum of Modern Art**; um den **Times Square** zahlen Sie Touristenpreise; wobei dort **Toys R 4 us** ein Muss ist für Familien mit Kindern. Besonders: **Achtung** bei der Preisgestaltung der Foto-, Kamera- und Elektrogeschäfte um den Times Square herum!
- **Zeit:** 2 Tage. Konzentrieren Sie sich mindestens für einen Tag um den Bereich Times Square, Rockefeller Center und das Museum of Modern Art. Für den zweiten Tag: Shoppen, Midtown-East und entweder United Nations, Intrepid-Sea-Air-Space Museum oder ein anderes Museum Ihrer Wahl. Am Nachmittag evtl. noch Hafenrundfahrt. Reservieren Sie sich ein Ticket in einer Broadway-Show.
- **Abends:** Ein Abend sollte einer Broadway-Show gehören – inkl. Drink und Abendessen vorweg bzw. hinterher. Günstige Tickets dafür gibt es am TKTS-Schalter auf dem Times Square; Ein Cocktail im **King Cole Room** (St. Regis Hotel) bzw. dem **Oak Room** (Algonquin Hotel) hat Stil; Jazz- und Bluesfreunde sollten in den **B.B. Kings Blues Club** (New 42nd St.) bzw. im **Birdland** reinschauen.

sieren Sie „Noch-Wohnviertel". Das wird sich sicherlich auch noch ändern. Der Broadway ist wieder bunt, und der Blick zum Times Square hinunter macht deutlich, warum dieses Areal, der Theater District, so beliebt und faszinierend ist.

Spaziergang: Zwischen Times Square und 5th Avenue

Mindestzeit: 1 ½ Std. (ohne Museum of Modern Art), *optimale Zeit:* 4 Std. (inkl. Museum of Modern Art und evtl. einem anderen Museum), *Sehenswertes* finden Sie auf S. 411/421ff.

Beginn: Times Square. Riesige Leuchtreklamen werden Sie in den Bann ziehen. Auch weiter entlang der 42nd Street und der 6th Avenue herrscht buntes Treiben, vermischt mit den rauchenden Angestellten vor den Bürogebäuden. Sie passieren das International Center of Photography (Downtown) mit interessanten Fotoausstellungen. Eine Querstraße weiter bietet die historische Bar im Algonquin Hotel bereits Gelegenheit zur ersten Erfrischung. Die „Diamond Row" bedeutet „Diamanten en gros" (kaufen und verkaufen). Hier werden mehr Diamanten gehandelt als sonstwo auf der Welt. Ein erster Blick in die 5th Avenue und die St. Patrick's Cathedral wird nun gestattet. Das Rockefeller Center, mittlerweile etwas eingeengt zwischen all den anderen Wolkenkratzern, war Vorreiter der modernen Hochhausarchitektur in Großstädten: auf einem kleinen Platz kann im Winter Schlittschuh gelaufen

INFO Tin Pan Alley

Der Begriff *Tin Pan Alley* steht bis heute für den Beginn der großspurigen Vermarktung von „populärer" Musik. Der Name selbst entspringt dem blechernen („tinny") und hohlen („panny") Klang der Boogie-Woogie-Pianos des ausgehenden 19. Jahrhunderts. Als Tin Pan Alley wurde schon um 1890 der Block um den Broadway, Ecke 14th Street, bezeichnet. Hier hatten die großen Musikverlage, die vor allem an den Lochbändern für die selbstspielenden Pianos verdienten, sowie die Agenten der Entertainer ihren Sitz. Dem Umzug der Bühnen und Lokale in Richtung Midtown/Times Square folgten, mit ein paar Jahren Verzögerung, auch diese Verlage und Agenten – immer dem Broadway folgend, bis sie sich schließlich Ende der 1920er Jahre zwischen Times Square und 56th Street endgültig niederließen.

Die „Macher" im Dunstfeld der Tin Pan Alley beeinflussten die Musikentwicklung und -vermarktung Amerikas und auch der ganzen Welt, bis hin in die 1950er Jahre. Auslöser war der sagenhafte Erfolg von *Charles K. Harris's* Lied „After the Ball", der sich alleine zwischen 1892 und 1898 fünf Millionen Mal verkaufte. Verleger und Komponisten, oft Juden aus Ost-Europa, hatten nämlich erkannt, dass die einfachen Melodien aus der Volksmusik, lyrisch und auch flott aufgepeppt, überall gefielen. Stilelemente des schwarzen Jazz rundeten das Bild zudem noch ab.

Eine neue Ära der Musik stand damals vor der Tür. Die Tin Pan Alley-Verleger begannen, aggressiv zu werben, ließen große Musiktheater errichten und gaben die Noten bzw. Lochbänder kostenlos an alle Interpreten aus, so dass niemand diesem Trend entgehen konnte. Das zahlte sich natürlich aus: Die Theater füllten sich, die Musicalshows waren oft monatelang ausgebucht, nahezu jede Kneipe hatte ein selbstspielendes Piano und selbst die einfachen Straßenmusikanten wurden „versorgt".

Mit dem Niedergang des Lochbandes in den 1920er kamen als Ersatz das Radio und das Grammophon sowie in den 1930ern das Kino. Besonders das Grammophon sorgte bei den Verlegern für einen bis dahin ungeahnten Gewinnschub. Denn nun wurde die Musik nicht nur an öffentlichen Plätzen vermarktet, sondern fand Einzug in die Wohnstuben der Menschen. Ähnlich verhielt es sich zwar auch mit dem Radio, doch vergaben die Verleger die Senderechte zumeist kostenlos, denn auch hier galt es zu werben. Natürlich hatte dies zur Folge, dass die Verleger und nicht die Sendeanstalten die gespielte Musik bestimmten. Damit beherrschten sie ohne Zweifel Amerikas Musikszene, die ja bekanntlich nach dem 2. Weltkrieg auch Europa und den Rest der Welt erreichte.

Viele bekannte Musiker und Songschreiber verdanken ihre Entdeckung und spätere Karriere den Denkern der Tin Pan Alley, so z.B.: *Duke Ellington, Cole Porter, Fats Waller, Irving Berlin, Ira* und *George Gershwin* sowie *Shelton Brooks*.

Mit dem Aufstreben des Rock' n' Roll in den 1950ern und der Protestsongs in den 1960ern begann der allmähliche Niedergang der Tin Pan Alley. Denn hier hatten die

Macher der Musikszene nicht rechtzeitig aufgepasst und diesen Musikrichtungen nicht genügend Aufmerksamkeit geschenkt, sondern sie sogar verdammt. Dieser Fehler sollte sich rächen, denn aus dem Rock, dem Beat und den neuen Folk-Protestsongs entwickelten sich auch weitere erfolgreiche Musikrichtungen, wie z.B. der Country & Western-Sound, der wiederentdeckte Blues, der Hard Rock u.v.m.

Und gerade diese Musikrichtungen bescherten das ganz große Geld, denn seit den 1960er Jahren fanden Plattenspieler und später auch Rekorder und CD-Spieler Einzug in wirklich jeden Haushalt. Die aufmüpfige Jugend der 60er und 70er kaufte Tonträger in bis dahin ungeahntem Umfang. Damit war ein weiterer Schritt zum großen Geld im Musikgeschäft getätigt, nur haben die Tin Pan Alley-Manager diesen Zug verpasst.

Hier ist die Musik-industrie zu Hause

werden, die Radio City Music Hall bietet Konzerte aller Art, und der Rainbow Grill ist ein teurer Gourmettempel mit Cocktailbar im 65 Stock (für einen Cocktail reicht's allemal). Dass hier eines der Zentren der Medienwelt steht, merkt man nur beim Betreten der Gebäude. Noch einmal geht es zur 5th Avenue. Hier tauchen die ersten teuren Läden auf. Vier Museen, das recht interessante Museum of Radio & Television, das American Craft Museum/Museum of Arts & Design, Volkskunst im American Folk Art Museum und besonders das weltberühmte Museum of Modern Art, lohnen jeweils die hohen Eintritte, doch wäre der Besuch aller zusammen sehr zeitaufwendig.

Ganz im Gegensatz dazu steht der Trump Tower, Shoppingcenter des Geldadels. Im Keller gibt es ein Café-Restaurant. Die East 57th Street beherbergt weitere Top-Designer und ein paar nette Restaurants. Wer es preisgünstiger mag, kann in einen der Delis hier im Umkreis einkehren. An der Ecke 7th Avenue steht dann die Carnegie Hall: weltberühmt, doch von außen ein – nahezu fensterloses – Ungetüm vergangener Hochzeiten. Am Columbus Circle können Sie einen weiteren Trump-Tower bewundern, diesmal mit Hotel. Und an diesem Platz wird sich in naher Zukunft noch einiges tun! Ein Abstecher 4 Blocks nach Nordwesten würde Sie zum Lincoln Center führen, wo die Metropolitan Opera und die Philharmoniker auftreten. Weiter auf der Hauptroute: Nach Nordosten erstreckt sich nun die Lunge New Yorks, der Central Park. Ein kleiner Schlenker dort hinein gäbe Ihren Füßen den Genuss des weichen Untergrundes. An der 59th Street –, hier Central Park South genannt, befindet sich am Ende des Parks die Luxusherberge „The Plaza". Ein Blick hinein macht klar, warum die Preise so hoch sind. Ein Austern-Restaurant und vor allem eine alte Holzbar böten eine Verschnaufpause vor der Rückfahrt in Ihr Hotel. Fürs Essen ist es hier aber zu teuer.

Art Deco pur: Chrysler Building und umliegende Gebäude

9. Manhattan: Midtown (zwischen 34th Street und 59th Street)

Spaziergang: Zwischen 5th Avenue und East River

*Mindestzeit: 2 ½ Std. (ohne Besichtigung der United Nations), **optimale Zeit:** 4 ½ Std. (mit Besichtigung der United Nations); 1 ganzer Tag (inkl. der Besichtigung der meisten hier aufgeführten Hauptsehenswürdigkeiten), **Sehenswertes** finden Sie auf S. 421ff/431ff.*

Beginn: Ecke 5th Avenue/Central Park South (= 59th Street). Einen Blick ins Luxushotel „The Plaza", falls noch nicht unternommen, sollten Sie schon wagen. Gegenüber davon, als Symbol modernster Technik, befindet sich der Showroom von General Motors. Der Weg führt nun durch relativ uninteressante Bürohausviertel zum „Waldorf-Astoria", der zweiten Hotellegende von New York. Einen Vergleich mit dem „Plaza" hält die Lobby stand. Der Grand Central Station ist ein Meisterwerk architektonischer Baukunst des beginnenden 20. Jahrhunderts. Im Keller versteckt sich die Oyster Bar (aber auch ein preiswerterer „Food Court"). Austern satt gefällig? Schräg hinter dem Bahnhof hat das Whitney Museum of Modern Art im Philip Morris Building eine Ausstellung. Noch reizvoller ist es aber, sich durch die alten Bibliotheksräume der New York Public Library zu bewegen.

Die berühmtesten Hotels...

Wer sich nun im Grünen ausruhen möchte, kann dieses im Bryant Park dahinter tun. Ein Abstecher zur 36th Street führt zur Pierpont Morgan Library, einer (ehemals privaten) Buch- und Grafiksammlung von Weltruf. Mit einem kleinen Schlenker geht es ansonsten weiter zum Chrysler Building, dem wohl schönsten, wenn auch nicht höchsten, Wolkenkratzer New Yorks. Art Deco innen und außen. Ein Hotel im Gebäude ist seit Jahren geplant. Vorbei am Daily News Building (ebenfalls Art Deco) geht es hinunter zum East River. *Rockefeller's* Millionenspende machte es möglich, dass hier nun die UN ihr Hauptquartier hat. Die 1-stündigen Besichtigungen sind die Wartezeit (mindestens 30 Minuten) wert. Im Keller gibt es dann anschließend „UN-Souvenirs". Der Weg zurück zum Ausgangspunkt ist wenig ereignisreich und kann auch gerne mit einem Taxi oder Bus unternommen werden. Die nächste U-Bahn-Station befindet sich erst am Grand Central Station.

... und der schönste Wolkenkratzer

Sehenswürdigkeiten in Manhattans Midtown (alphabetisch)

Fashion Center, Clinton und Times Square/Theater District (Midtown West)

Übersichtskarte S. 414f

- **Hearst Magazine Building (E1)**
951–969 Eighth Ave.

Das 6-stöckige Gebäude (Art-Deco und Barock) wurde 1927–28 erbaut als Firmensitz des Verlegerimperiums von *William Randolph Hearst*. *Hearst* wollte ja auch Bürgermeister von New York werden, ebenso wie er vorhatte, das Gebäude hier als Basis für einen riesigen Wolkenkratzer zu nutzen. Beide Pläne wurden niemals verwirklicht. Die jeweils zwei Skulpturen an den Gebäudesäulen stellen folgende Themen dar: Wissenschaft und Druck, Industrie und Sport, Musik und Kunst sowie Komödie und Tragödie.

• * Herald Square (E2)
Platz am Schnittpunkt von Broadway, 6th Avenue und 34th Street

Im 19. Jahrhundert war das Gebiet ein beliebtes „Ausflugsziel", besonders nach dem Bau der „6th Avenue Railroad", einer Hochbahnstrecke. Tanzlokale, Kneipen, Theater, Restaurants und später auch die Manhattan Opera hatten sich hier angesiedelt und gaben dem Distrikt den Beinamen „Heart of the Tenderloin".

Den Namen erhielt der Platz, wie der Times Square, von einer Zeitung, dem „New York Herald", der an der 35th Street zwischen 1893 und 1924 seinen Hauptsitz hatte. 1901 kaufte die Firma R.H.Macy das Operngebäude und richtete hier das größte Kaufhaus der Welt ein, welches es auch heute noch ist (siehe S. 413). Ihm folgten weitere Kaufhausketten und große Geschäfte, so z.B. Saks Fifth Avenue. Lange Zeit galt der Herald Square als eine der besten Shoppingadressen Amerikas. Heute ist von den herausragenden Namen nur noch Macy's übriggeblieben, doch wurde viel Geld investiert in eine Mall und auch andere Franchise-Unternehmen, wie z.B. „GAP" und „Toys R 4 Us" haben hier wieder Filialen eröffnet. Entlang der 34th Street nach Westen finden Sie zudem günstige Textilgeschäfte, die aber nur mittelmäßige Ware anbieten.

Macy's – das größte Kaufhaus der Welt

• ** Intrepid Sea-Air-Space Museum (Pier 85) (E3)
Pier 86 am Hudson River, Ecke 12th Ave./W. 46th St., geöffnet: Apr.–Sept. Mo–Fr 10h–17h, Sa+So 10h–18h, Okt.–März Di–So 10h–17h, Tel. (212) 245-0072, www.intrepidmuseum.org. Führungen dauern bis zu 4 Stunden!

Dieses größte Marinemuseum der Welt bietet alles zum Thema US-Navy, einschließlich dessen Unterwasserforschungs-Programmen, der Fliegerstaffeln sowie der Erkundungen im Weltall. Kernstück des Museums ist aber der große Flugzeugträger „Intrepid", der sowohl im 2. Weltkrieg als auch im Koreakrieg eingesetzt worden ist. Neben Flugzeugen aus dieser Zeit sind heute auch modernere Jets zu besichtigen. Alleine die Besichtigung dieses Carriers dauert 2, eher 3 Stunden! Weitere Schiffe, die zu besichtigen sind, sind der Zerstörer „Edson", das U-Boot „Growler" und das Feuerschiff „Nantucket". Der Besuch dieses Museums ist durchaus interessant und hinterlässt viele Eindrücke, doch sollten nur wirkliche Fans der Marine-Seefahrt sich die Zeit nehmen, hierher zu kommen. Denn New York hat doch „Typischeres" zu bieten. Ein „Schnelldurchgang" von 1 Stunde wäre für dieses Museum ein wenig sinnlos und würde viele Lücken hinterlassen. Also: Entweder, oder!

Geschichte und Technik ganz real

• Jacob Javits Convention Center (E4)
Zwischen 38th und 34th St., sowie 11th und 12th Ave.

Dieses riesige Kongress- und Tagungszentrum, kurz „Java-Center" genannt, nimmt 5 Häuserblocks für sich ein. Auf nahezu 170.000 qm bemisst sich die, einzig von getöntem Glas überdachte, Grundfläche (über mehrere Etagen verteilt). Es gibt mehr als 100 Versammlungsräume, und es können gleichzeitig bis zu 8 Kongresse mit 85.000 Teilnehmern parallel stattfinden. Der weltberühmte Architekt I.M. Pei hat für Planung und Erbauung 7 Jahre (1979–86) gebraucht und dabei das veranschlagte Budget von 360 Millionen Dollar um 130 Millionen überzogen. Trotzdem haben sich die Kosten schnell amortisiert, und Mitte der 1990er Jahre hieß es, dass das Kongresszentrum für 2 % der New Yorker Wirtschaftsleistung steht.

- **** Macy's Department Store (E5)**
Herald Square, Ecke 34th Street

Die Erfolgsgeschichte von Macy begann 1858 mit *Rowland H. Macy's* viel kleinerem Geschäft an der 6th Avenue, zw. 13th und 14th Streets.

„Java Center": Glaspalast für Mega-Kongresse

In den Hinterzimmern wurde das genäht, was vorne verkauft wurde. Während der folgenden Jahrzehnte galt das Geschäft als echter Trendsetter der Branche: Krumme Preise (immer ein bis zwei Cent unter dem vollen Dollarpreis) sowie Geld-Zurück-Garantie. Um 1875 wurden neben Textilien bereits Möbel, Spielzeug, Schmuck, Bücher, Süßigkeiten u.v.m. verkauft. Zu dieser Zeit begann Macy's auch mit der Schaufensterbeleuchtung – beginnend mit dem Zeitpunkt von Macy's alljährlicher und mittlerweile legendären Thanksgiving Parade – sowie der Einführung des „lebendigen" Weihnachtsmannes in der Kinderabteilung.

Ein Weihnachtsmann zum Anfassen

1888 verkaufte *R.H.Macy* das Unternehmen an die Gebrüder *Strauß*, die besonders in Brooklyn erfolgreich waren (daher gibt es dort auch ein Macy's).

1901–02 zog Macy's um an den Herald Square. Auch hier war es ein Trendsetter, denn zu dieser Zeit war der Herald Square noch kein Shopping District, sondern ein Viertel voller Restaurants, Kneipen und Theatern. In den folgenden Jahrzehnten wurde die Verkaufsfläche des bis heute wohl größten Kaufhauses der Welt auf nun 190.000 qm ausgedehnt. Wenn Macy's 1992 auch beinahe in Konkurs gegangen wäre (der Konkurrent „Bloomingdale's" hat es dann aufgekauft), ist es heute immer noch der Inbegriff amerikanischen Shoppingerlebnisses. Hier gibt es alles. Alleine die Kosmetikabteilung im Erdgeschoss ist so groß wie ein deutscher Supermarkt, die Modeabteilung setzt immer noch Trends, und Service wird groß geschrieben: Geldwechseln, Pack- und Verschickdienst, verschiedene Restaurants, Massagen, ja auf Wunsch können Sie sogar einen „Einkaufshelfer" ordern, der Sie entweder berät bzw. Ihre Wunschliste für Sie zusammenstellt und nach Hause befördert.

Macy's ist ein echtes New York-Erlebnis und gehört mit Sicherheit in die Kategorie „Sehenswürdigkeit".

Midtown / Theater District

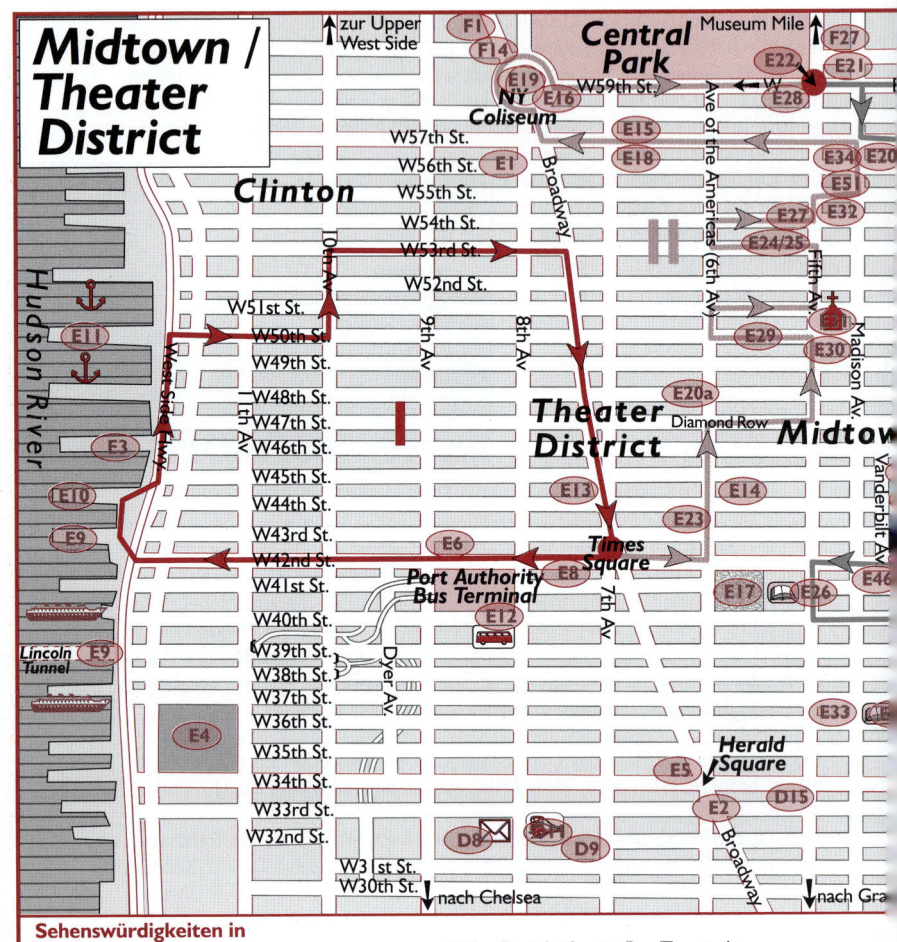

Sehenswürdigkeiten in Manhattan Midtown

- E1 Hearst Magazine Building
- E2 Herald Square
- E3 Intrepid Sea-Air-Space Museum (Pier 85)
- E4 Jacob Javits Convention Center
- E5 Macy's Department Store
- E6 McGraw-Hill Building
- E8 "New" 42nd Street (Mdm. Tussaud's Wax Museum, New Amsterdam Theatre, New Victory Theatre, Kinos, Disney)
- E9 Pier 83 + 78 (Hafenrundfahrten)
- E10 Pier 84
- E11 Piers 89 bis 99 (Passagierschiffe)
- E12 Port Authority Bus Terminal
- E13 Times Square
- E14 Algonquin Hotel
- E15 Alwyn Court Apartments
- E16 American Craft Museum/Museum of Arts and Design
- E17 Bryant Park
- E18 Carnegie Hall
- E19 Columbus Circle
- E20 Dahesh Museum
- E20a Diamond District
- E21 General Motors Building
- E22 Grand Army Plaza
- E23 International Center of Photography (I.C.P.)- Midtown-Branch

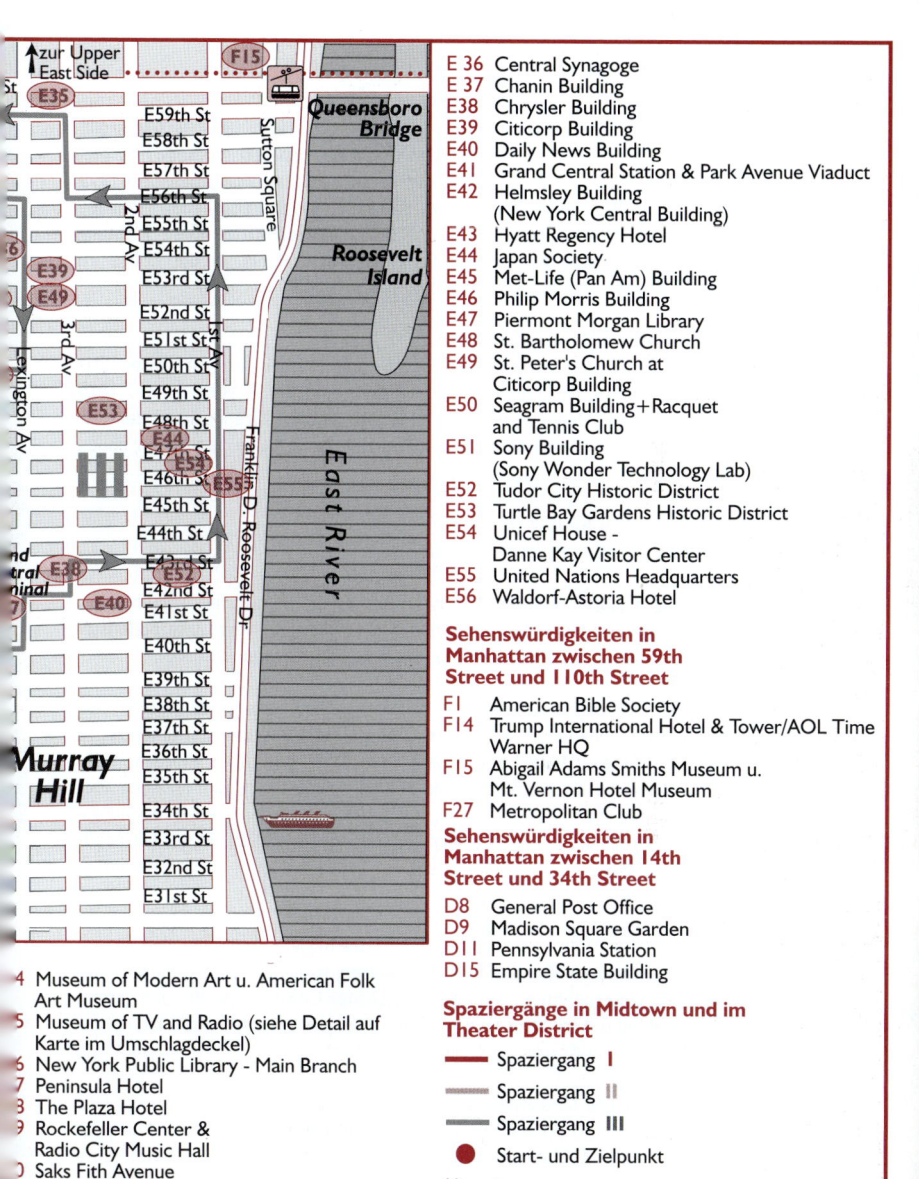

9. Manhattan: Midtown (zwischen 34th Street und 59th Street) 415

E 36	Central Synagoge
E 37	Chanin Building
E 38	Chrysler Building
E 39	Citicorp Building
E 40	Daily News Building
E 41	Grand Central Station & Park Avenue Viaduct
E 42	Helmsley Building (New York Central Building)
E 43	Hyatt Regency Hotel
E 44	Japan Society
E 45	Met-Life (Pan Am) Building
E 46	Philip Morris Building
E 47	Piermont Morgan Library
E 48	St. Bartholomew Church
E 49	St. Peter's Church at Citicorp Building
E 50	Seagram Building + Racquet and Tennis Club
E 51	Sony Building (Sony Wonder Technology Lab)
E 52	Tudor City Historic District
E 53	Turtle Bay Gardens Historic District
E 54	Unicef House - Danne Kay Visitor Center
E 55	United Nations Headquarters
E 56	Waldorf-Astoria Hotel

Sehenswürdigkeiten in Manhattan zwischen 59th Street und 110th Street

F1	American Bible Society
F14	Trump International Hotel & Tower/AOL Time Warner HQ
F15	Abigail Adams Smiths Museum u. Mt. Vernon Hotel Museum
F27	Metropolitan Club

Sehenswürdigkeiten in Manhattan zwischen 14th Street und 34th Street

D8	General Post Office
D9	Madison Square Garden
D11	Pennsylvania Station
D15	Empire State Building

Spaziergänge in Midtown und im Theater District

- ▬▬ Spaziergang I
- ▬▬ Spaziergang II
- ▬▬ Spaziergang III
- ● Start- und Zielpunkt

Hinweis :
Aufgrund des kleinen Maßstabs stellen die Legendenpunkte nur grob die Lage der Sehenswürdigkeiten dar

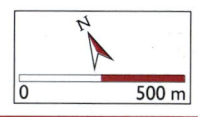

4 Museum of Modern Art u. American Folk Art Museum
5 Museum of TV and Radio (siehe Detail auf Karte im Umschlagdeckel)
6 New York Public Library - Main Branch
7 Peninsula Hotel
8 The Plaza Hotel
9 Rockefeller Center & Radio City Music Hall
0 Saks Fith Avenue
1 St. Patrick's Cathedral
2 St. Regis Hotel
3 Tiffany & Co. (nicht das Geschäft)
4 Trump Tower/Tiffany & Co, das Geschäft
5 Bloomingdale's (Kaufhaus)

- **McGraw-Hill Building (E6)**
330 W. 42nd St., zw. 8th u. 9th Aves.

Ehemaliges Verlagshaus

35-stöckiges, auffälliges Hochhaus mit grüner Glasfassade. 1931 fertiggestellt, diente das Art Deco-Gebäude zuerst der weltbekannten Verlagsgesellschaft McGraw-Hill Publishing Company („Business Week" u.a.) als Hauptquartier. 1972 zog diese um ins Rockefeller Center. Als das immer noch freistehende Gebäude geplant wurde, ging man davon aus, dass sich die Midtown in diese Richtung ausweiten würde. Sollte es für Sie die Gelegenheit geben, in die Lobby zu schauen, tun Sie es!

- **Museum of the American Piano**

Das einst am 291 Broadway/Ecke Read St. gelegene Museum ist geschlossen. Das kleine Museum hatte sich Geschichte des Pianos und der Keyboards von 1820 bis heute gewidmet. Der Gründer des Museums und einstige Besitzer der Pianos, der mittlerweile verstorbene Kalman Detrich, hatte keine Sponsoren finden können.

- ** „New" 42nd Street (E8)**
Zwischen Broadway/Times Square und 8th Ave.

Bis vor wenigen Jahren galt dieser Straßenzug als die Sündenmeile Manhattans. Sexshops, Drogenhandel, Prostitution und Kleinkriminalität vergraulte außenstehende Besucher. Und das alles gleich um die Ecke vom Theater District.

Bereits in den 1970er Jahren versuchte die Stadt, private Anleger zu mobilisieren, um aus der Straße wieder ein attraktives Ziel für Touristen und Konsumenten zu machen. Doch gab es zahlreiche Schwierigkeiten dabei, zum einen von Seiten der nahen Anwohner, die drastisch steigende Mieten befürchteten, zum anderen auch durch das strenge Bebauungsgesetz der Stadt, das den vermeintlichen Anlegern zu viele Steine in den Weg legte. In den 1980ern übernahm dann die Stadt wieder die Regie und tüftelte einen neuen, nicht ganz so pompösen Plan aus. Daraufhin entschlossen sich dann Ende der 80er Jahre betuchte Unternehmen, allen voran die Disney Company (kaufte den gesamten Block zw. 42nd u. 43rd Sts. sowie 7th u. 8th Aves.), aber auch Donald Trump, der deutsche Bertelsmann-Konzern u.a., hier zu investieren.

> „Demokratische Räume zu schaffen für alle Alters- und Einkommensgruppen, das ist die Herausforderung für das 21. Jahrhundert."
>
> Robert Stern

Mittlerweile hat diese Umstrukturierung (von den New Yorkern abschätzig „Disneyfication" bezeichnet) erste Früchte getragen. Historische Theater wurden renoviert und zu Musical-Bühnen umgebaut, große Souvenir-Geschäfte und Kinokomplexe eingerichtet.

Neues Wahrzeichen des Areals ist ein „zukunftsweisendes" 860-Zimmer-Hotel („The Westin at Times Square", *42nd St., Ecke 8th Ave.*). Die Herberge für gehobene Ansprüche fällt bereits von weitem auf durch den bogenförmig aus ihm heraus „schießenden" Lichttpfeil. Von nahem dann steht man vor einer riesigen „Postkartenwand", auf der New Yorker Gebäude und Sehenswürdigkeiten abgebildet sind. Hinzu kommen im Gebäude ein Moviemultiplex mit 25 Kinosälen, ein Virtual-Reality-Dome, ein 20.000 qm großes Shopping- und Entertainmentcenter sowie ein Themenrestaurant.

Auch die Metrostation 42nd Street/ Times Square, Knotenpunkt vieler wichtiger Linien und die meistfrequentierte Metrostation der Welt wird komplett umgestaltet.

Ein Lichtblick für Kinder ist mit Sicherheit Disney's „The New Victory Theater" *(209 W. „New" 42nd St., Tel.: (212) 621-0633)*. Hier werden Theater- Marionetten-, Film-, Tanz- und Musikaufführungen speziell für die Kids angeboten. Erwachsene werden dagegen abends im B.B.Kings Blues Club ihre Freude haben.

„Disney" macht's möglich

Unterhaltung für Kinder

Als kleine Attraktion hier kann natürlich der New Yorker Ableger von **Madame Tussaud's Wax Museum** an der 234 W. 42nd Street bezeichnet werden. Auf 8.000 qm sind an die 200 Wachsfiguren zu sehen, viele natürlich auch aus dem amerikanischen Showbizz. *Geöffnet: Mo–Fr 10h–21h, Sa+So 10h–22h, Tel. (212) 512-9600, www.madame-tussauds.com. Hoher Eintritt!*

Die Kriminalität wurde, vor allem dank massivster Polizeipräsenz (auch private Polizeitruppen und Wachgesellschaften), nahezu ausgemerzt. Der Times Square und die „New 42nd Street" gelten heute als so sauber, sicher und touristisiert, dass New Yorker hier nur noch zu den Shows hinkommen. Ihnen ist das alles mittlerweile zu „clean", zu wenig innovativ, geradezu zu desinfiziert. Trotzdem ist diese Straße ein touristisches „Muss". Bildet sie doch zusammen mit dem Times Square den Nabel der Welt und das Klischeebild New Yorks. Bis spät in die Nacht ist hier was los, leuchten die Reklamen und „cruisen" die Luxuslimousinen in ihrem Dunstkreis. Die Preise aber, besonders in den Restaurants, liegen über New Yorker Durchschnitt, gemessen an der Qualität. Vergnügen Sie sich hier einen Abend, besuchen Sie eine Musical-Show und lassen Sie sich für ein paar Stunden von dem Glimmer beeindrucken. Doch verbringen Sie hier nicht jeden Tag. Das wäre schade um New York ...

Lesen Sie auch unter Times Square auf S. 420.

9. Manhattan: Midtown (zwischen 34th Street und 59th Street)

- **Pier 83 (E9)**

Hier am westlichen Ende der 42nd Street legen Dampfer für die Hafenrundfahrten ab. Betreiber hier ist die Circle Line (siehe S. 289). Die „New York Waterways"-Line legt südlich am Pier 78/79 ab.

- **Pier 84 (E10)**

Dieser Pier wurde 1998 umgebaut zu einem weiteren kleinen Erholungsgebiet. Ein kleiner botanischer Garten, ein Spazierweg und Sitzgelegenheiten mit Blick auf den Hudson River versprechen eine kleine Verschnaufpause. Geplant ist eine Vermietungsstation für Ruderboote und Kanus.

Pier 86
Siehe oben unter „Intrepid Sea-Air-Space-Museum".

- **Piers 89 bis 99 (E11)**

Ort der Ozeanriesen

Hier legen die großen Passagierschiffe an. Natürlich ist es nicht mehr so wie früher, als zig Schiffe aus allen Ländern New York anliefen und die Piers bis hinunter ins Village belegten. Doch ist der Anblick eines Ozeanriesen auch heute noch faszinierend.

- **Port Authority Bus Terminal (E12)**
Zwischen 8th und 9th Aves sowie 41st u. 42nd Sts.

Das stillose und hässliche Gebäude wurde 1950 eingeweiht und 1963 sowie 1982 erweitert. Mit jährlich über 60 Mio. Fahrgästen und über 2 Mio. Bus-An- und -Abfahrten ist es eines der größten Busterminals der Welt. Es wird von lokalen, überregionalen und sogar internationalen Buslinien angefahren.

Beliebt ist übrigens bei New Yorkern der kostenlose **IKEA-Bus**, der von hier aus mehrmals täglich zu dem skandinavischen Möbelhaus in New Jersey fährt.

- ***** Times Square (E13)**

Hinweis
Zur Geschichte und Entwicklung des Times Square-Gebietes lesen Sie bitte S. 401ff und unter „New 42nd Street" (S. 416f).

Der Times Square gilt mit seinen überdimensionalen und einfallsreichen Lichterreklamen (Eine Neon-Birne an den Leuchtreklamen hält übrigens 2 ½ Jahre), dem brausenden Verkehr, seinen Theatern, Kinos, Hotels, Restaurants und Shops sowie dem ständig brodelnden Menschengewimmel als Synonym für Manhattan schlechthin und trägt zu Recht den Beinamen „Crossroads of the World".

Eigentlich ist er kein Platz, sondern durch das Schneiden des Broadway durch die 7th Avenue entstanden, wobei sich zwei dreieckige, unbebaute Grundstücke erga-

INFO   Fahrradkuriere – Bike Courier

Kaum mehr wegzudenken aus dem Straßenbild sind die Horden von Fahrradkurieren. Über 5.000 soll es in New York geben, wobei die wirklichen Zahlen bestimmt höher liegen, denn viele melden ihr „Geschäft" gar nicht an. Bedarf besteht allemal, da niemand schneller und zuverlässiger Briefe und Päckchen zustellen kann. Gut organisiert über die Telefonzentralen, die wiederum mit den Fahrern per Funk verbunden sind, dürfen zwischen Auftragsannahme und Abgabe des zu befördernden Gegenstandes nur 2 Stunden liegen.

Oft sind es Studenten oder Sportfanatiker, die sich ihren Hang nach Bewegung auf diese Weise auch noch bezahlen lassen. Der Job ist aber anstrengend: 82 km legt ein Bote durchschnittlich pro Tag auf seinem Drahtesel zurück – die vertikalen Richtungen nicht eingerechnet. Und gerade da können die Boten Zeit verlieren. Der Fahrstuhl kommt nicht, hält überall, das Gebäude ist so groß, dass man die gewünschte Firma nicht findet usw. Trotzdem schaffen die Boten im Schnitt einen Auftrag in 25 Minuten, gerechnet von der Anweisung per Funk bis zur Überbringung. Dass dabei auch rote Ampeln überfahren und Autos „ausgebremst" werden, versteht sich von selbst.

---

ben. Das südliche davon ist der eigentliche Times Square, das nördliche der Father Duffy Square, benannt nach einem Kriegshelden (I. Weltkrieg) und späteren Pastor. Eine Statue des Pastors, neben der des Broadway-Entertainers *George M. Cohan* (u.a. „Yankee Doodle Dandy"), befindet sich auf dem nördlichen Platz. Zudem gibt es hier die größte Metrostation der Welt, die Nasdaq-Börse den riesigen Spielzeugladen „Toys R 4 us" *(Ecke 44th St.)*. Das Ticketoffice TKTS *(verbilligte Broadway-Show-Tickets)* rundet das Bild noch ab. Ein Großbildschirm an einer Hauswand mit aktuellen Übertragungen (Sport etc.) ist einer der „Eyecatcher".

Außer dem bunten Treiben, das sich naturgemäß besonders abends entfaltet, gilt es noch, ein paar der u.g. Gebäude sowie die Lobby (8. Etage) und das Atrium-Restaurant (teuer, oft voll, dafür aber Ausblick auf das Treiben um den Times Square) des „Mariott Marquis-Hotels" an der 45th Street/

Times Square: „Crossroads of the World"

Times Square zu erkunden. Der hohe Innenraum mit seinen Hoteletagen und der üppigen Bepflanzung, die Restaurants und Bars, die auffälligen, verglasten Außenfahrstühle – all das ist von luxuriöser Großzügigkeit. Neue, große Hotels im Times Square-Gebiet sind das „Westin New York" sowie das „Hilton Times Square Hotel", an deren Finanzierung deutsche Banken maßgeblich beteiligt sind. Beide liegen an der 42nd Street.

Der Times Square ist zugleich das Herz des Theater District, der mit seinen über 40 Broadway-Theatern weltberühmt ist und, besonders vor 20h und nach 22h, mit seinen Tausenden von Theaterbesuchern den Eindruck einer Dauerpremiere entstehen lässt.

Wie für die „New 42nd Street", gilt auch für den Times Square: Er ist sicher und allemal ein touristisches Muss für den Erstbesucher in New York. Nach einem Abend hier können Sie sich aber getrost anderen Teilen New Yorks zuwenden.

Bekannte Gebäude im Umkreis des Times Square sind:

Ein Theater der Highlights

- **New Amsterdam Theater**: *214 W. 42nd Street, zw. Broadway u. 8th Ave.* 1903 fertiggestellt, ist dieses heute eines der „Vorzeigetheater", denn die Disney Company hat zwischen 1995 und 1997 Millionen in die Renovierung gesteckt. Somit stehen die Art-Nouveau-Dekoration, die Terra-Cotta-Ornamente, die ausladenden Treppengeländer und die Wandgemälde wieder in vollstem Glanze. Leider ist es schwierig, gerade für diese Bühne Tickets zu bekommen, da die Disney-Gesellschaft verständlicherweise hier die absoluten Highlights aufführen lässt. Versuchen Sie es trotzdem.
- **Paramount Building:** *1501 Broadway, zw. 43rd u. 44th Sts.* 1926–27 erbaut, beheimatete dieser einst höchste Bau im Theater District die Filmgesellschaft Paramount und das gleichnamige Theater. In der Architektur spiegelt sich an mehreren Stellen das Markenzeichen des Konzerns (Berg als der ihn umkreisenden fünfzackigen Sternen) wider. Wahrzeichen des Gebäudes ist die an dem Gebäude „thronende" vierseitige Uhr, die von einer Glasglocke gekrönt wird. Nachts, wenn sie beleuchtet ist, ist sie kilometerweit zu sehen.
- **„Times" Building (One Times Square):** Das ursprüngliche und für den Platz namensgebende Gebäude der „New York Times" stand auf der Insel zwischen Broadway, *7th Avenue, 42nd und 43rd Street.* Es wurde 1904 errichtet, war 25 Stockwerke hoch und lange Zeit Sitz der Zeitung. Bis heute wird hier zu Sylvester ein großes Feuerwerk entfacht. 1964 aber wurde das Gebäude selbst abgerissen, und nur die stählernen Stützpfeiler blieben erhalten. Denn sie können immer noch die ausgesprochen lukrativen Reklamen tragen, von der jede einzelne über 2 Millionen Dollar Miete im Jahr einbringt. Beliebt sind besonders die „aktiven" Reklamen, deren bekannteste wohl der rauchende Cowboy gewesen ist. Heute nehmen Computerfirmen bzw. große Getränkefirmen diesen Platz ein. „One Times Square" ist immer noch die „Mother of the Crossroads". Und nun wird auch noch hinter den Pfeilern gebaut. Geplant ist doch wieder ein Gebäude. Das kann ja nur fensterlos bleiben…
Das neue Gebäude der „New York Times" befindet sich um die Ecke *(42nd u. 43rd Sts, zw. Times Square u. 8th Ave.).*

Übrigens steigt der Marktpreis des Gebäudes immer mehr: 1995 wurde es für 27,5 Mio. Dollar verkauft, und schon zwei Jahre später fand sich eine deutsche Investorengruppe, die dafür 110 Millionen hinlegte.

Midtown, South Central Park und 5th Avenue

Übersichtskarte S. 414f

- *** Algonquin Hotel (E14)**
59–61 W. 44th St., zw. 5th u. 6th Sts.

> **Weitere bekannte Theatergebäude am und um den Times Square**
>
> - **Broadway:** Hammerstein's Theater, Winter Garden Theater, Embassy Theater und Palace Theater
> - **West 52nd Street:** Alvin Theater und Guild Theater
> - **West 51st Street:** Hollywood Theater
> - **West 49th Street:** Forrest Theater und Ambassador Theater
> - **West 48th Street:** Cort Theater und Longrace Theater
> - **West 47th Street:** Mansfield Theater (Heute: Brooks Atkinson Theater), Biltmore Theater und Barrymore Theater
> - **West 46th Street:** Forty-sixth Street Theater und Globe Theater
> - **West 45th Street:** Lyceum Theater, Martin Beck Theater, Theater Masque, Royale Theater, Plymouth Theater, Booth Theater, Music Box Theater und Imperial Theater
> - **West 44th Street:** Belasco's Stuyvesant Theater, Hudson Theater, Little Theater, Erlanger Theater, Shubert Theater, Broadhurst Theater und Majestic Theater
> - **West 43rd Street:** Henry Miller's Theater

Dieses 1902 eröffnete Hotel der Oberklasse wurde bekannt in den 1920er Jahren, als sich hier nahezu täglich die Creme der Literaten, Schriftsteller und Theaterkritiker New Yorks am sog. Round Table traf. Unter ihnen befanden sich *Dorothy Parker, Alexander Woollcott* und *Robert Benchley*. Auch heute noch besticht das Ambiente eines ehrwürdigen, altenglischen Countryhouse, und ein Drink in der *Blue Bar* bzw. ein Cabaret-Besuch im *Oak Room* weckt mit Sicherheit auch bei Ihnen Gedanken an die erste Hochzeit der New Yorker Theaterwelt. Heute gehört das Hotel wieder zu den begehrtesten Unterkunftsadressen Midtowns. Nebenan befindet sich in einem schönen Beaux-Arts-Gebäude das Clubhaus des **New York Yacht Club** *(37 W. 44th St.)*, dessen maritime Ornamentik bereits auf das Innenleben hinweist.

Wo man gerne übernachtet

- **Alwyn Court Apartments (E15)**
182 W. 58th St. (Ecke 7th Ave.)

1907 errichtetes Apartmenthaus mit einer ausladenden Terra-Cotta-Ornamentik. Man stelle sich einmal vor, dass sich in diesem Gebäude einst Wohnungen befanden, die aus 14 Zimmern und 5 Bädern bestanden. Während der Depression (1930er Jahre) wurden diese dann aufgeteilt.

- **American Craft Museum/Museum of Arts & Design (E16)**
am Columbus Square, Mi–So 11h–18h, Do bis 21 h, Tel. (212) 299-7777, www.madmuseum.org

Dieses kleine Museum ist ein Geheimtipp für Kunstliebhaber. Unter Kunst wird hier meist provokative Kunst verstanden. Die Ausstellungen wechseln, und neben amerikanischen Künstlern werden auch internationale ausgestellt. Eine gelungene Ergänzung zum Besuch des Museum of Modern Art.

- **American Folk Art Museum (E 24)**
45 W.53rd St., zw. 5th u. 6th Sts., geöffnet: Di–So 10h30–17h30, Fr –19h30, Tel. (212) 265-1040, www.folkartmuseum.org

2001 an dieser Stelle neu eröffnet, hat besonders der moderne Bau die Gemüter der New Yorker bewegt und beeindruckt. Viel Metall und Glas wurden verwendet. Nur 13 Meter breit, aber 8 Stockwerke hoch, bieten sich auf zusammen 2.800 qm Fläche genügend Möglichkeiten für die kunsthandwerklichen Ausstellungen, von denen einige jährlich wechseln. Gezeigt wird vor allem amerikanische Volkskunst aus der Zeit des ausgehenden 17. bis zum Beginn des 20. Jahrhunderts. Kritisiert wird oft, dass vornehmlich Handwerkskunst der europäischen Einwanderer gezeigt wird und Kunst z.B. der Indianer, Afro-Amerikaner und Asiaten hier kaum Beachtung findet.

- ***Bryant Park (E17)**
Zwischen 6th Ave., 40th u. 42nd Sts. sowie der New York Public Library

Mittagspause im Grünen

Der Park wurde bereits 1884 angelegt auf dem Gelände des ehemaligen Crystal Palace sowie einem kleinen Wasserreservoir. Zum eigentlichen Park wurde er aber erst in den 1930er Jahren, als Arbeitsbeschaffungsmaßnahme während der Depression. 1988 wurde der Bryant Park dann in seiner heutigen Form vollendet, wobei er bis Anfang der 1990er Jahre den unvorteilhaften Ruf als Drogenumschlagplatz genoss.

Heute ist er aber eine schöne Oase inmitten der quirligen Midtown und wird gerne während der Mittagspause von den Büroangestellten als „grüne Lunge" genutzt. Die 6 Skulpturen stellen u.a. *Herbert A. Bryant* (Bildhauer), *Goethe* und *Gertrude*

Am Bryant Park machen viele Pause

Stein dar. *Der Josephine Shaw Lowell*-Brunnen war das erste große Monument New Yorks, das einer Frau gewidmet wurde. *Lowell* (1843–1905) war eine bekannte Sozialarbeiterin, die sich besonders um die Armenhäuser und Gefängnisse gekümmert hat.

Werfen Sie auch einmal einen Blick hinauf zu den **Bryant Park Studios** *(80 W. 40th St.)* ... hier ließe es sich leben.

- **Carnegie Hall (E18)**
Ecke 7th Ave./W. 57th St.

Diese monströse, von drei Seiten nahezu fensterlose (die meisten Fenster sind zugemauert) Konzerthalle wurde 1891 eingeweiht. Gründungsvater und Mäzen war *Andrew Carnegie*, zu seiner Zeit der Stahl-Tycoon Amerikas. *Tschaikowsky* dirigierte das Eröffnungskonzert. Jahrzehntelang war die Carnegie Hall der Aufführungsort in New York für hochklassige Konzerte, Shows und Theaterstücke. Doch mit dem Bau neuerer und modernerer Konzerthallen drohte ihr 1960 das finanzielle Aus und der Abriss. Doch in letzter Minute entschied sich die Stadtverwaltung zum Kauf des Gebäudes und ließ es in den 1980er Jahren komplett renovieren. Im Gebäude befindet sich auch ein kleines Museum, in dem Geschenke hier aufgetretener Künstler zu bewundern sind.

Ort hochklassiger Konzerte

- **Columbus Circle (E19)**
Großer (Straßen-) Kreis, der Broadway, 8th Avenue Central Park West und 59th Street verbindet. Der Platz wurde benannt nach der 24 m hohen Marmorsäule inmitten des Kreises, auf der eine 700 t schwere Granit-Statue von Christoph Columbus *steht. Sie wurde geschaffen von* Gaetano Russo, *und die Säule wurde finanziert von italienischen Einwanderern.* **CNN-Studio-Touren**: *Time Warner Center, 10 Columbus Circle, 3rd Floor, Tel. (212) 275-8687, www.cnn.com/insidecnn. Mo–Fr 8h30–17h. Reservierung empfohlen.*

Oft wurde über eine Neugestaltung des Platzes zu einem Park nachgedacht, doch wegen des hohen Verkehrsaufkommens wurde daraus nichts. Dafür aber gab Donald Trump mit seinem gläsernen Hotelturm auf der Nordseite den Startschuss für weitere Bebauungen: An der Westseite hat nun AOL-Time Warner auf dem Grund des ehemaligen New York Coliseum für 1,8 Mrd. Dollar ein neues Gebäude errichtet und zu ihrem Hauptsitz deklariert. Das CNN-Studio, ein Luxushotel, eine Konzerthalle für Jazz („Jazz at Lincoln Center"), teure Restaurants, Top-Geschäfte sowie zahlreiche, Luxus-Apartments und hochwertige Büroräume „füllen" die 55 Stockwerke des markanten, doppeltürmigen Komplex zudem.

Bauboom durch Donald Trump

Ein Monument am Eingang zum Central Park erinnert an die Explosion auf der „Maine", die den spanisch-amerikanischen Krieg (1898) auslöste.

- **Dahesh Museum (E20)**
580 Madison Ave., zw. 56th u. 57th Sts., geöffnet: Di–Sa 11h–18h, Tel. (212) 759-0606, www.daheshmuseum.org

Kleines Museum mit europäischer und orientalischer Kunst aus dem 19. und 20. Jahrhundert. Hervorgegangen aus einer Privatsammlung.

- *** Diamond Row/Diamond District (E20a)**
47th St., zw. 5th u. 6th Aves.

In keinem Straßenzug der Welt werden so viele Diamanten verkauft wie hier. An die 100 Geschäfte und Hunderte von Experten kaufen, verkaufen und schätzen die beliebten Edelsteine, aber auch Gold und andere Juwelen.

„Diamonds are a girl's best friend"

Erste Anlaufstelle dafür sind die sog. „Exchanges", wo über den Ladentisch gehandelt wird. Natürlich wird hier auch handwerklich gearbeitet. Sie können Ihren Schmuck herbringen und nach eigenen Wünschen umgestalten lassen. Viele Händler handeln nur untereinander. Und da die Geschäfte immer noch auf jüdischen

Traditionen basieren, wird ein Handel einzig mit einem Handschlag besiegelt. Kaufen Sie hier aber nicht unvorbereitet und erkundigen Sie sich vorher über seriöse Adressen, denn sonst können Sie leicht übervorteilt werden. Die wirklichen Fachleute finden Sie übrigens in den oberen Etagen.

Eingeführt wurde die Diamond Row von orthodoxen Juden polnischer Abstammung, die vor den Nazis geflohen waren. Auch heute noch machen sie den größten Teil der Händler aus.

Übrigens: Diamantenschleifen erfordert viel Geduld: Um einen Karat dieses härtesten Gesteins der Welt durchzutrennen, benötigt eine mit Diamantenstaub ummantelte Bronzesäge durchschnittlich 8 Stunden.

„Diamonds are forever"

- **General Motors Building (E21)**
Ostseite des Grand Army Plaza

50-geschossiges Bürogebäude aus Glas und Marmor, in dessen Ausstellungsräumen im Erdgeschoss der größte Autohersteller der Welt seine neuesten und z.T. auch zukünftigen Modelle vorstellt, als wären es Luxuskarossen italienischer Top-Designer. Gleich um die Ecke an der East 58th Street befindet sich übrigens das Hauptgeschäft von **F.A.O. Schwarz**, dem jahrzehntelang wohl eindrucksvollsten Spielzeugladen der Welt. Durch die starke Konkurrenz, bes. durch „Toys R 4 us" am Times Square, musste diese Legende Konkurs anmelden. Es bleibt abzuwarten, ob das Geschäft bestehen bleibt.

- **Grand Army Plaza (E22)**

Großer Platz, umgeben von Central Park, dem Plaza Hotel, der 5th Avenue und dem General Motors Building. Inmitten des Platzes befindet sich der Pulitzer Memorial Fountain, dem die Reiterstatue des Bürgerkriegsgenerals *William T. Sherman* aufsitzt. Auf dem Platz bzw. in der nahen Central Park South *(59th St.)* warten die Kutschen, die Sie auf eine romantische „Reise" durch den Central Park mitnehmen. Auf Wunsch können Sie auch eine Tour durch Midtown machen.

- *** International Center of Photography (I.C.P.) – Midtown-Branch (E23)**
Ecke 6th Ave., zw. 42nd u. 43rd Sts., geöffnet: Di–So 10h–18h, Fr –20h, Tel. (212) 857-0000, www.icp.org

Hier sehen Sie vor allem Wanderausstellungen bekannter Fotografen. Der Bruder von Robert Capa hat das I.C.P. und zusammen mit Robert auch den bekannten Fotografenkreis Magnum gegründet.

- *** **Museum of Modern Art (MoMA) (E24)**
11 W. 53rd St., zw. 5th u. 6th Sts., geöffnet: Sa–Mo sowie Mi+Do 10h30–17h30, Fr 10h30–20h, Di geschl., Tel. (212)708-9400, www.moma.org

Das von 2001 bis 2005 komplett renovierte und vergrößerte MoMA ist eines der bekanntesten Museen in New York und widmet sich besonders der modernen Kunst. In dem auch architektonisch sehr interessanten Gebäude gibt es auf mehreren Etagen ständige und Wechselausstellungen von Malerei, Plastik, Film, Architektur und Kunsthandwerk. Einige der größten Meisterwerke des Impressionismus, Expressionismus, Kubismus, Fauvismus, der amerik. abstrakten Kunst, Op- und Pop Art u.v.m. sind hier zu sehen, daneben laufen cineastische Raritäten. Auch der Skulpturgarten (mit Cafeteria), in dem während der Sommermonate oft kleine Musikveranstaltungen geboten werden (siehe Veranstaltungsblätter), ist sehenswert. Für dieses Museum sollten Sie sich genügend Zeit mitbringen. Besuchen Sie auch den Museumsshop. Hier finden Sie mit Sicherheit ein ausgefallenes Mitbringsel.

Ein Muss für Kunstliebhaber

Über dem Museum erhebt sich der 1983 erbaute und 55 Etagen hohe „Museum Tower" mit über 260 Eigentumswohnungen.

- * **Museum of TV and Radio (E25)** (jetzt: The Paley Center for Media)
25 W. 52nd St., zw. 5th u. 6th Aves., geöffnet: Di–So 12h–18h, Fr bis 20h, Tel. (212/ 621-6800, www.paleycenter.org

Das Museum wurde 1975 gegründet von dem damaligen Chef der Fernsehanstalt CBS und bietet heute alles zum Thema Fernsehen, Radio bzw. Medienforschung (nur TV u. Radio).

Hauptattraktion ist das Research Center im 4th Floor. Hier können Sie sich an Computern aus Zigtausenden von Radiosendungen, Filmen und TV-Spots seit 1925 diejenigen heraussuchen, die Sie sich anschließend im Fernsehraum für max. 2 Stunden ansehen dürfen. Besonders interessant ist es, alte Werbefilme bzw. ungekürzte Filmversionen anzusehen.

> Übrigens trägt die 52nd Street zwischen 5th und 6th Avenue seit 1979 den Beinamen **Swing Street**, denn hier gab es in den 1930er Jahren viele Jazz- und Swingclubs. Vor dem CBS-Building sind zahlreiche Granitplatten mit Namen bekannter Musiker eingelassen.

Als Tipp
Überlegen Sie schon vor Betreten des Museums, welchen Film Sie sehen möchten. Es gibt sie nahezu alle hier!

- *** **New York Public Library – Main Branch (E26)**
5th Ave., zw. 40th u. 42nd Sts., geöffnet: Mo, Do–Sa 10h–18h, Di+Mi 10h–21h, So 13h–17h, Tel. (917) 275-6975), www.nypl.org

Das monströse Gebäude (Spätrenaissance) wurde zwischen 1898 und 1911 erbaut und maßgeblich von *John Jacob Astor, Andrew Carnegie* sowie später auch den *Rockefeller*-Brüdern finanziert. Damals wurden mehrere Privatbibliotheken hier zusammengelegt, und auch heute handelt es sich um eine Privatbibliothek, die aber mit öffentlichen Mitteln finanziert wird.

Das Bibliothekserlebnis schlechthin

Die New York Library, die zweitgrößte Forschungsbibliothek der USA, gilt als eine der führenden Bibliotheken der Welt, in deren zahlreichen Sammlungen und Leseräumen sich unsagbare literarische und dokumentarische Schätze befinden, so z.B. die von *Thomas Jefferson* geschriebene Kopie der Unabhängigkeitserklärung. Der Bestand zählt 38 Millionen Objekte, darunter 11,6 Millionen Bücher.

Alleine das Gebäude mit seiner zentralen Rotunda und den alten Lesesälen kann begeistern. Im 3. Stock gibt es zudem Wechselausstellungen zu sehen. Wer Lust verspürt, in einigen alten Büchern zu stöbern, kann dieses tun. Doch sind viele historische Werke nur mit einer Sondergenehmigung einzusehen. Einmalig ist auch die Kartensammlung.

- **Peninsula Hotel (Gotham Hotel) (E27)**
696–700 5th Ave., zw. 54th u. 55th Sts.

Luxushotel aus den „Golden Twenties". Italienischer Renaissance-Baustil. Gehen Sie einmal hinein und bewundern Sie die marmorne Lobby. Nachmittags können Sie, während eines Einkaufsbummels entlang der 5th Avenue, hier auch einen gepflegten Tee trinken oder die spektakuläre **Rooftop-Bar** aufsuchen. Das Hotel gehört heute einer (Hong Kong-) chinesischen Hotelgruppe, und somit wird der Service sehr groß geschrieben.

- **** The Plaza Hotel (E28)**
Grand Army Plaza, Ecke Central Park South

Wo „VIPs" übernachten

1907 im französischen Renaissance-Stil erbaut. Ziel war es schon damals, eine weltbekannte Top-Adresse zu schaffen. Dieses ist auf Anhieb gelungen, und auch heute zählt das Plaza zu den besten Hotels der Welt. Das wussten schon Persönlichkeiten, wie z.B. *Frank Lloyd Wright* (er schrieb sogar ein Buch über das Hotel), *Teddy Roosevelt, Solomon Guggenheim* und die Beatles zu schätzen. Fragt sich nur, wie letztere ihre Suiten hinterlassen haben. Aber dank des immer präsenten, aber höflich zurückhaltenden Personals dürfte es auch mit den Pilzköpfen glimpflich zugegangen sein. Übrigens, die Flaggen am Eingangsportal zur Central Park South symbolisieren die Herkunftsländer der VIP-Gäste, die hier gerade nächtigen.

Besonders schön sind natürlich die – plüschig eingerichteten – Zimmer mit dem Ausblick auf den Central Park. Doch selbst, wenn Sie sich diese nicht leisten wollen, lohnt ein Besuch der öffentlich zugänglichen Räume. Für die elegante „Oak Bar" sollten Sie aber vorher Ihre Jeans mit gebügelten Stoffhosen tauschen. Unkonventioneller geht es in der **„Oyster Bar"** zu, wo Sie, an einer Bar sitzend, frische Austern (kommen aus dem begehbaren Kühlschrank hinter der Bar) und Getränke serviert bekommen. Das „Palm Court Restaurant" neben der Lobby hat schon einige lukullische Preise eingeheimst, doch für das Geld können Sie woanders auch ebenso gut essen. Der Nachmittagstee hier böte aber eine günstige Alternative. So können Sie sich unter die Upperclass beim Smalltalk mischen.

Dass mit Marmor, Eiche, Kandelabern, goldüberzogenen Decken u.a. nicht gespart wurde, versteht sich natürlich von selbst. Renoviert wurde das Hotel Ende der 1980er Jahre unter seinem damaligen Besitzer, *Donald Trump*. Nach dessen kurzzeitigem finanziellen Absturz Anfang der 90er Jahre übernahm ein saudischer Prinz die Regentschaft im Hause.

Natürlich hat das Plaza auch Öes öfteren als Filmkulisse herhalten müssen, so z.B. für Szenen in „Schlaflos in Seattle", „Kevin, allein zu Haus" und „Frühstück bei Tiffany's". Wie dem auch sei: Schauen Sie rein, setzen Sie sich in eine der Restaurationen oder Bars und genießen Sie es hier für eine Weile, ganz nach dem Motto: Sehen und gesehen werden.

Eine beliebte Filmkulisse

- ### ** Rockefeller Center (E29)

*Zwischen 5th u. 7th Aves. sowie 46th u. 52nd Sts. (zentraler Bereich: zw. 48th u. 51st Sts. sowie 5th u. 6th Aves.): **„Top of the Rock"** – Eingang 50th St, zw. 5th u. 6th Aves. Siehe Blaue Seiten.*

Während der 1920er Jahre entwarf der visionell veranlagte Ölmagnat *John D. Rockefeller* den Plan, eine „Stadt in der Stadt" bauen zu lassen: architektonisch kühn und wirtschaftlich zukunftsweisend. Kernstücke sollten sein Hauptquartier und die Metropolitan Opera werden. Zu dieser Zeit gab es nahezu keine höheren Häuser in Midtown. Der Börsencrash von 1929 und die darauffolgende Rezession ließen aber einige der Pläne platzen, so auch die der Met. Trotzdem wurden die ersten Gebäude 1929 fertiggestellt, und in den darauffolgenden Jahrzehnten kamen immer mehr hinzu. Heute zählt das Rockefeller Center 21 Hochhäuser (drei Gebäude gehören nur bedingt dazu, also lauten andere Zahlen auf 18) und weitere sind geplant.

Statussymbol und zukunftsweisende Vision

Rockefeller selbst zog gleich nach der Fertigstellung in das höchste Gebäude (70 Stockwerke), das RCA (Rockefeller Center Administration) Building zwischen 49th u. 50th Streets, welches schließlich 1986 von der General Electric Company erworben wurde und nun GE Building heißt.

Das Rockefeller Center wird täglich von 250.000 Menschen frequentiert. Die zentrale Achse bilden die „Channel Gardens" (vor dem RCA-Gebäude), die auf die tiefergelegene „Lower Plaza" (auch „Sunken Plaza" genannt) zuführen. Hier sitzt man im Sommer in Cafés, während in der Weihnachtszeit der monumentale Christbaum (25.000 Birnen à 7 ½ Watt; 8 km Kabel) im Zentrum des festtäglichen Treibens der Stadt steht. Und im Winter kann man auf der „Lower Plaza" den Schlittschuhläufern zusehen (Schlittschuhe werden hier auch vermietet). Bewacht wird die Szenerie von kitschigen, vergoldeten Bronzestatuen (Prometheus und Atlas) und dem in Marmor gehauenen politischen Nachlass Rockefellers.

Rockefeller Center: Anstoß für die Wolkenkratzer-Architektur

> **INFO** **Typisch für New York:**
> **Plazas, Skyscraper und Pocketparks**
>
> - Ein **Skyscraper** ist ein Gebäude, das von seinem inneren Gerüst gestützt wird, nicht von seiner Außenfassade. So betrachtet, war das World Trade Center kein Skyscraper.
> - Warum haben so viele Hochhäuser **ein spitz zulaufendes Dach**? Ein Gesetz besagt seit 1916, dass die oberen Etagen nur 25 % der bebauten Grundfläche ausmachen dürfen. Und gebaut wird oft auf der gesamten Fläche.
> - Doch später „erfanden" Architekten die sog. **Plaza**. Diese ist zugebaut bzw. unterkellert und wird somit zum Gebäude gezählt. Das wirkliche Gebäude steht dann aber nur auf 25 % der Gesamtfläche der Plaza und kann bis in die oberste Etage voll ausgebaut werden. Das ergibt unter dem Strich mehr Bürofläche, denn seit den 1930er Jahren ist man in der Lage, kostengünstig viel höher zu bauen. Das Ganze hat aber den Nachteil komplett zugepflasterter Straßenblocks, so wie es oft in Midtown zu sehen ist.
> - Selbst die **Pocketparks**, Miniparks bzw. zugepflasterte „Zwischenräume" in Hochhausgebieten mit wenigen Bäumchen, können über den Betoncharakter nicht hinwegtäuschen. Die New Yorker haben sich aber daran gewöhnt. Für die Investoren werden zwei Fliegen mit einer Klappe geschlagen: Man hat eine Plaza (s.o.) und erhält noch Steuervorteile wegen der „Begrünung". Es gibt übrigens zwischen 50 und 60 Pocketparks in Manhattan südlich des Central Park.

Die Geschichte des weltweit größten Geschäftskomplexes in privatem Besitz kann man sich auf einem Film im zentralen Untergeschoss anschauen *(30 Rockefeller Plaza, 49th Street)*. Es gibt Touren durch die **NBC Studios** (s. S. 289), besser sind aber die **CNN-Studio-Touren** im Time Warner Center am Columbus Circle (s. S. 423). **Rockefeller Center Tours** beginnen ebenfalls hier *(75 Minuten, tägl. zw. 10h und 16h)*.

Das interessanteste Gebäude, neben dem o.g. 278 m hohen **RCA Building** (hier im 65. Stockwerk befindet sich auch der beliebte „Rainbow Grill & Bar" … Cocktail mit Aussicht gefällig?), ist die weltberühmte **Radio City Music Hall** *(Ecke 6th Ave., 50th St.)*, die auch „Showplace of the Nation" genannt wird und mit über 6.000 Plätzen eines der größten Theater auf der Welt ist. Die von innen schöne Art-Deco-Anlage wurde 1932 eröffnet und diente damals vor allem als Kino, auf dessen herrlicher Bühne auch Shows veranstaltet werden konnten. Die Shows und Musikveranstaltungen waren es aber, die Radio City berühmt gemacht haben, und viele Stars (u.a. *Frank Sinatra, Ella Fitzgerald, Julio Iglesias*) sind hier aufgetreten. Finanzielle Probleme Ende der 70er Jahre konnten glücklicherweise umschifft werden, und heute ist es wieder besonders schwierig, an die heiß begehrten Karten zu kommen. *Täglich werden Führungen durch Radio City angeboten, die i.d.R. zwischen 11h und 17h alle 30–60 Minuten beginnen.*

Das „Studio" der Stars

Unter dem Eindruck so vieler anderer moderner Wolkenkratzer in New York mag manch einen heute die Architektur des Rockefeller Center nicht mehr so

9. Manhattan: Midtown (zwischen 34th Street und 59th Street)

beeindrucken. Trotzdem sollte man sich vor Augen halten, welch visionäre Idee ein solcher Komplex während der 20er Jahre gewesen ist und welche Weichen seine Verwirklichung gestellt hat.

- **Saks Fifth Avenue (E30)**
611 5th Ave., zw. 49th u. 50th Ave.

Am Südende der vornehmen Geschäfte in der 5th Avenue gelegen, hat sich dieses 1922 eröffnete exklusive Textilwarenhaus bis heute einen guten Ruf bewahrt. Zielgruppe ist natürlich die Oberklasse, und schon früh hat Saks sich um erstklassigen Service bemüht. Die Verkäufer/innen sind nicht nur gut ausgebildet, sondern fallen schon durch ihre Hausuniformen auf. Saks war in New York auch einer der Vorreiter für telefonische Bestellungen – inkl. guter Beratung. So konnten sich vielbeschäftigte Geschäftsleute hier via Telekommunikation vom Büro aus die Urlaubsgarderobe zusammenstellen, die dann, auf Wunsch, sogar zum Abflugschalter des Flughafens gebracht wurde.

Modetrends fürs „große Portemonnaie"

Die Preise haben es natürlich in sich, und vielerorts können Sie sicherlich günstiger einkaufen. Trotzdem empfehle ich einen kurzen Spaziergang durch einige Abteilungen. Vielleicht kommen Ihnen ja neue Ideen.

- *** St. Patrick's Cathedral (E31)**
5th Ave., zw. 50th u. 51st Sts., Plan s. letzte Buchseite

An der neugotischen, ganz aus Marmor bestehenden Kirche (93 m lang, 38 m breit), die von Anfang an als Bischofskirche und Zentrum des New Yorker Katholizismus geplant war, wurde ab 1858 gearbeitet. Architekt war *James Renwick Jr.*, der auch für andere Bauwerke in New York verantwortlich gezeichnet hat. Inspiriert wurde er u.a. durch den

St. Patrick's Cathedral, Bishopssitz inmitten teuerster Boutiquen

Kölner Dom. 1879 erfolgte die Einweihung, und 1888 waren dann auch die beiden 100 m hohen Westtürme fertiggestellt. Im Jahre 1905 kam schließlich noch die östliche Marienkirche hinzu. Während der ersten Bauphase war das Gebiet um das Gotteshaus übrigens kaum besiedelt, was sich aber bis zum Ende des 19. Jahrhunderts drastisch änderte. Heute wirkt die Kathedrale beinahe fehl am Platz zwischen all den luxuriösen Geschäften.

Wie der Name schon andeutet, richtet sich die Kathedrale vor allem an die irische Gemeinde der Stadt, deren St. Patrick's Parade natürlich hier vorbeiführen muss.

Saint Patrick's Cathedral
- New York -

Altare
1. St. Anthony of Padua
2. St. John the Evangelist
3. St. Elizabeth Ann Seton
4. St. Rose of Lima
5. Sacred Heart
6. St. Andrew
7. St. Theresa of the Infant Jesus
8. St. Elizabeth
9. St. Michael & St. Louis
10. St. Joseph
11. Holy Family
12. Holy Relics
13. St. Augustin
14. St. John Baptist de la Salle
15. St. Brigid & St. Bernard
16. Baptistery

Sehenswürdigkeiten
17. Statue of St. Patrick
18. Thron d. Erzbischofs
19. Pulpit (Kanzel)
20. Sakristei d. Erzbischofs
21. Chancel Organ (Orgel)

Ein Blick hinein vermittelt einen guten Eindruck, wie das aufstrebende Amerika des ausgehenden 19. Jahrhunderts versucht hat, mit viel Geld historische Bauwerke nachzuempfinden. Es ist beeindruckend, wobei das Flair des Kölner Doms trotz aller Mühe hier nicht eingefangen werden konnte.

- *** St. Regis Hotel (E32)**
699–703 5th Ave, Ecke 55th St.

Das 1904 im Beaux-Arts-Stil fertiggestellte Luxushotel wurde ebenfalls von *John Jacob Astor* geplant, der ja auch die Public Library mitfinanzierte. Er wollte ein Hotel schaffen, dessen Eleganz alle anderen Hotels der Welt in den Schatten stellen sollte. Diese Eleganz wurde fürwahr erreicht, wobei das „Plaza", drei Jahre später fertiggestellt, dem „St. Regis" diesen Rang wieder abgenommen hat. Trotzdem ist das Hotel auch heute noch eine der Top-Adressen von New York, und ein kurzer Blick hinein lohnt sich. Und wer etwas Durst verspürt und sich nicht zu „underdressed" vorkommt, sollte sich in der eichenen Hotelbar, dem „King Cole Room", erfrischen. Hier wurde übrigens der „Bloody Mary" erfunden.

- **Tiffany & Co. Building (E33)**
397–409 5th Ave., zw. 36th u. 37th Sts. (nicht zu verwechseln mit dem gleichnamigen Geschäft)

1906 fertiggestelltes Warenhaus im italienischen Renaissance-Stil. An weißem Marmor wurde nicht gespart, und Paläste aus dem Italien des 16. Jh. haben in vielen Details Pate gestanden. Tiffany's war damals das erste Kaufhaus, das sich nördlich der 34th Street angesiedelt hatte. Das bekannte **Juweliergeschäft Tiffany** befindet sich übrigens Ecke 5th Ave./57th Street.

Wo die Stars shoppen gehen

- *** Trump Tower (E34)**
5th Ave., zw. 56th u. 57th Sts.

Das 68-geschossige Hochhaus, 1982 erbaut, beherbergt neben Donald Trumps Büros und seiner Wohnung in den unteren Etagen ein „Einkaufsparadies für die Reichen". Mit ausgesuchten Juwelieren, Herrenschneidern, sündhaft teuren Boutiquen und einem vornehmen Atrium-Café direkt am mehrstöckigen Innenspringbrunnen zieht es vor allem die Oberschicht an.

Stahl und Glasflächen, überraschende Konturen, ein geschicktes Spiel mit Licht und Schatten, im Inneren dann edelste Materialien, viel Grün und großzügige Atrien – das ist die Sprache dieses Gebäudes der Postmoderne.

Turtle Bay, Murray Hill und Midtown East

Übersichtskarte S. 414f

- *** Bloomingdale's (E35)**
59th St., zw. Lexington u. 3rd Aves.

Das heutige Kaufhaus ist ursprünglich hervorgegangen aus dem 1872 an der 3rd Avenue, Ecke 56th Street, gegründeten Textilgeschäft der Gebrüder *Bloomingdale*, damals auch als „East Side Bazaar" bekannt. Der Erfolg war so groß, dass das Geschäft 1886 an die 49th Street und dann schließlich 1927 an die heutige Adresse in jeweils größere Räume umziehen musste. Zielgruppe war damals die Mittelklasse, und der stadtbekannte Slogan lautete „the best possible value for the least possible price". 1929 verkaufte die *Bloomingdale*-Familie das Unternehmen an einen Warenhauskonzern. Nach dem Zweiten Weltkrieg wurde dann die Strategie geändert und höherklassige und vor allem teurere Ware für die Oberschicht angeboten.

Seit den 1970er Jahren vermietet Bloomingdale's große Flächen im Haus an Boutiquen und Markenartikler. Es war eines der ersten Warenhäuser, die diese Strategie anwendeten. Nahezu alle anderen Konkurrenten in New York folgten diesem Beispiel später. Ende der 1980er Jahre geriet Bloomingdale's in finanzielle Schieflage, als der Mutterkonzern verkauft wurde. Bloomingdale's und seine 17 Filialen in ganz Amerika sollten daraufhin veräußert werden. Doch es fand sich kein Käufer, und somit wurde das Unternehmen weitergeführt. 1992/93 kaufte der Konzern sogar den bankrotten Konkurrenten Macy's auf. 50.000 Shopper kommen täglich zu Bloomingdale's, und täglich werden über 14 kg (!) Duftstoffe als Probe versprüht. Für ein Einkaufserlebnis ist also gesorgt, wenn auch Macy's übersichtlicher und traditionsreicher erscheint.

50.000 Kunden täglich

- **Central Synagoge (E36)**
Ecke 55th St. u. Lexington Ave.

1872 erbaut, ist dieses die älteste, durchgehend genutzte, Synagoge von New York. Der Sandsteinbau im maurischen Stil wurde der Dohany Synagoge in Budapest nachempfunden. Dabei sollte vor allem an die Juden in Spanien erinnert werden. Auffällig sind die beiden Zwiebeltürmchen.

- **Chanin Building (E37)**
122 E. 42nd St., zw. Park u. Lexington Aves.

Der 1927–29 erbaute Art-Deco-Wolkenkratzer gilt als einer der schönsten New Yorks. Am auffälligsten ist der Sockel mit einem Terracotta-Fries, dessen Motiv naturalistische Züge trägt (typisch fürs Art Deco), und einem bronzenen Band darunter, das die Evolutionsgeschichte darstellt. Bis zur Einweihung des Chrysler Building (1930) war das Chanin Building für kurze Zeit das höchste Gebäude in Midtown.

- **** Chrysler Building (E38)**
405 Lexington Ave., zw. 42nd u. 43rd Sts.

Ein ausgefallener Firmensitz

Dieses Gebäude stellt einen der herausragendsten und wohl „romantischsten" Wolkenkratzer der Stadt dar. Der Architekt *William van Alen* entwarf es 1930 für den Automobilfabrikanten *Walter P. Chrysler*. An automobilistischen Stilelementen wurde nicht gespart: Wasserspiele in Form einer Kühlerhaube, ein Fries aus Radkappen und Kotflügeln, stilisierte Rennautos (31. Stock) u.a. Die gestaffelte Spitze mit ihren Bögen und Dreiecksfenstern aus rostfreiem (Krupp-) Stahl kann man auf vielen Abbildungen sehen und beeindruckt besonders durch ihr spiegelndes Lichterspiel im wechselnden Sonnenlicht.

Mit der Vollendung im Jahre 1930 war das 319 m (mit Spitze 343 m) hohe Chrysler Building das höchste Gebäude der Welt. Doch nur ein Jahr später musste es diesen Rekord abgeben an das Empire State Building.

Sie können im Erdgeschoss durch die Art-Deco-Halle (afrikanischer Marmor u. Granit) sowie einige Bogengänge laufen. Schauen Sie sich auch einmal das Deckengemälde in der Lobby an. Mehr ist zzt. nicht erlaubt. Es wird aber (nun schon seit vielen Jahren) geplant, ein Hotel im Chrysler Building einzurichten.

Das Chrysler Building gilt als New Yorks schönster Wolkenkratzer

- **Citicorp Building/Citicorp Center (E39)**
Lexington Ave. zw. 53rd u. 54th Sts.

59 Stockwerke bzw. 300 m hoch ist das 1977 eingeweihte Gebäude. Auffällig ist der markante, abgeschrägte Dach-

aufbau. Geplant war, auf ihm eine große Solaranlage zu installieren. Dazu kam es aber nie. In der Atrium Mall in den unteren Etagen ist immer etwas los. Hier reihen sich Restaurants, Cafés und Geschäfte aneinander, und besonders um die Mittagszeit wird auch ein wenig Entertainment geboten.

Das Center umfasst einen in verschiedene Ebenen gestaffelten Unterbau, in dem sich z.B. U-Bahn-Stationen befinden. Darüber (aber noch unterhalb des Straßenniveaus) erstreckt sich die Plaza mit etlichen Cafeterien und der sehenswerten **St. Peter's Lutheran Church**. Im eigentlichen Gebäude liegt zuunterst die Markthalle mit Glasdach und Grünanlagen.

siehe auch: St. Peter's Church at Citicorp Building, S. 436f.

- **Daily News Building (E40)**
220 E. 42nd St., zw. 2nd u. 3rd Aves.

Ehemaliger Hauptsitz der „Daily News", um 1930 Amerikas größter Zeitung. Das 1930 eröffnete Art-Deco-Gebäude beeindruckte damals durch seine schlichten und kantigen Strukturen. Besonders deswegen, weil das verantwortliche Architektenteam auch den Chicago-Tribune Tower entworfen hat, und der ist gotischkitschig. Sehenswert sind vor allem das Fries über dem Eingang sowie der Globus in der Lobby. Es heißt, dass dieser sich nach der Einweihung in die falsche Richtung drehte.

Konkurrenz der Zeitungsbauten

- **General Electric Building**
siehe unter St. Bartholomew Church

- ***** Grand Central Station (E41)**
E. 42nd St./Park Ave.; Führungen durch die Municipal Art Society einmal pro Woche, Tel.: (212) 935-3960, www.grandcentralterminal.com. Es gibt zwei Führungen: Mi 12h30 (Mun. Art Society, Infos: (212) 935-3960, Fr 12h30 (Grand Central Partnership, Infos: (212) 883-2420)

Der Bahnhof wurde bereits 1853 angelegt, später aber ständig erweitert und schließlich zwischen 1903 und 1913 in seiner heutigen, massiven Form fertiggestellt. Das Beaux Arts-Gebäude beherbergte über Jahrzehnte den Hauptbahnhof New Yorks, verfiel aber in den 1970er und 80er Jahren aufgrund des Niedergangs des überregionalen Eisenbahnverkehrs. Der letzte Fernzug verließ den Grand Central Station 1991, und seither verkehren hier nur die Pendlerzüge (Fernzüge gehen nun nur noch ab Penn Station). Doch war man sich der architektonischen Bedeutung des Baus bewusst und hat den Bahnhof zwischen 1993 und 1999 komplett renoviert. *Jacqueline Kennedy Onassis* stand Pate bei der Durchführung der Renovierungen und hat mit ihrem Namen viele Sponsoren angelockt.

New Yorks berühmtester Bahnhof

Beeindruckend sind vor allem die Gänge und die 12 Stockwerke hohe Haupthalle (Main oder auch Grand Concourse), an deren Decke 2.500 kleine Sterne glitzern und die durch die großen Fensterscheiben immer wieder in ein anderes, faszinierendes Licht getaucht wird. Die Halle ist 142 m lang, 50 m breit und 46 m hoch.

*Gut für 500 Regionalzüge täglich:
der renovierte Grand Central Station*

Der verschwenderische Umgang mit teurem italienischen Marmor macht auch hier wieder deutlich, wie reich Amerika im ausgehenden 19. Jahrhundert gewesen ist.

Die Eisenbahnschienen verlaufen auf zwei unterirdischen Trassen, durch die täglich bis zu 500 Züge fahren können. Außerdem ist der Grand Central Station ein Verkehrsknotenpunkt für mehrere U-Bahn-Linien.

Nach der Renovierung haben sich auch wieder zahlreiche Shops und Restaurants im Gebäude niedergelassen. Besonders zu empfehlen ist ein Kaffee in der Haupthalle während der Rush Hour (Leute schauen) bzw. ein Austern-Lunch im bekannten **„Oyster Bar-Restaurant"**, das sich in einem Gewölbe im Untergeschoss versteckt. Der **Food Market** im Mittelgeschoss ist beliebtes Ziel für Gourmets. Hier gibt es unter anderem auch einen deutschen Schlachter, der z.B. Würstchen, Leberwurst und Holsteiner Schinken anbietet. Wer lieber ein fertiges Mahl vorgesetzt bekommen möchte, der sollte dem **Dining Concourse** im Keller aufsuchen. Leckere Pizzen von „Two Boots", deftige Käsekuchen von „Juniors" u.v.m. wird hier in lockerer Atmosphäre aufgetischt. Ist auch relativ preiswert.

Gourmettempel

Subway- und Eisenbahn-Enthusiasten sollten sich schließlich nicht entgehen lassen, kurz im **New York Transit Museum-Annex** *(Grand Concourse, Mo–Fr 8h–20h, Sa 10h–18h)* reinzuschauen. Hier gibt es immer eine kleine Ausstellung zum Thema Subway/Eisenbahn. Natürlich winken auch haufenweise Eisenbahn-Souvenirs zum Kauf.

Auch von außen vermag der Bahnhof zu beeindrucken. Unterbricht er doch die Führung der Park Avenue, die somit über das **Park Avenue Viaduct** gelenkt wird, eine unkonventionelle Trasse, die um und durch den Bahnhof führt.

Hinter dem Grand Central Station erhebt sich als Kontrast das Met-Life-Building (ehem. Pan Am-Building).

- **Helmsley Building (New York Central Building) (E42)**
230 Park Ave., zw. 45th u. 46th Sts, hinter dem Met-Life Bldg. und Grand Central Station

Das 1929 fertiggestellte Gebäude sticht hervor durch seine überladene Pracht und das goldverzierte Dach mit Laterne, das ein wenig an den Zuckerbäckerstil erinnert. Geplant und teilweise finanziert von der New York Central Railroad sollte es eigentlich eine Symbiose mit dem Bahnhof eingehen. Hotelräume und Eisenbahnbüros sollten hier einziehen, und die große Lobby war als Durchgang zur Bahnhofshalle gedacht. Wirtschaftliche Entwicklungen haben aber später andere Wege gewiesen, und heute ist das Helmsley ein reines Bürogebäude. Trotzdem lohnt ein Blick in die prachtvolle Rokoko-Lobby, die die Hochzeit der Eisenbahn widerspiegelt.

- **Hyatt Regency Hotel (E43)**

42nd Street/Lexington Ave., gleich neben dem Grand Central Station

Dieser mondäne Hotelpalast wurde 1980 eröffnet. Beeindruckend ist besonders die große Glaslobby. In der Cocktaillounge können Sie sich evtl. erfrischen.

- **Japan Society (E44)**

333 E. 47th St., zw. 1st u. 2nd Sts., geöffnet: Di–Fr 11h–18h, Sa+So 11h–17h, Tel. (212) 832-1155, www.japansociety.org

Japanisches Kulturzentrum und zugleich auch dessen Hauptsitz in den USA. In der Galerie werden hochrangige japanische Kunstwerke (Wechselausstellungen) gezeigt. Achten Sie diesbezüglich auf Ankündigungen. Zudem gibt es hier aber auch Filmvorführungen, Lesungen, Konzerte und Kurse zu den verschiedensten Themen japanischer Kultur. Das meiste wird natürlich in Englisch abgehalten.

- **Met-Life (Pan Am) Building (E45)**

200 Park Ave., hinter dem Grand Central Station

Der achteckige Wolkenkratzer (59 Stockwerke, 264 m hoch), 1963 eingeweiht, kann beinahe als eines der Wahrzeichen New Yorks angesehen werden. Obwohl das ehemalige Pan Am Building (1992 verkauft an Met-Life) von Anfang an stark kritisiert wurde, taucht es auf vielen Postkarten auf. Eine Gruppe von Bauhaus-Architekten unter Leitung von *Walter Gropius* zeichnet für die Konstruktion verantwortlich. Bei der Fertigstellung war es das größte, rein als Bürohaus fungierende Gebäude der Welt (250.000 qm Bürofläche). Die Form ist eine Anlehnung an einen Teil eines Flugzeugflügels. Die Proteste richteten sich zum einen gegen die Versperrung der Sicht auf das Helmsley Building und den Bahnhof, zum anderen aber steckte mit Sicherheit eine gewisse Enttäuschung dahinter. Man hatte Besseres erwartet von dem berühmten Architekten. Doch noch heute nennen es die New Yorker Pan Am Building. Einen Eindruck muss es wohl doch hinterlassen haben.

Trotz Kritik Wahrzeichen New Yorks

- **Philip Morris Building (E46)**

120 Park Ave., zw. 41st u. 42nd St.

Granit-Wolkenkratzer der Postmoderne. Er beherbergt im Garten und im Foyer eine kleine Dependance des **Whitney Museum of Modern Art**, wo zeitgenössische amerikanische Künstler ausstellen (Wechselausstellungen). Zudem gibt es eine permanente Skulpturensammlung.

Permanente Skulpturenausstellung

- **** Pierpont Morgan Library/The Morgan Library (E47)**

29 E. 36th St., zw. Madison u. Park Aves., geöffnet: Di–Fr 10h30–17h, Sa+So 11h–18h, Tel. (212) 685-0610, www.morganlibrary.org. Geführte Touren: Di–Fr 12h (Anmelden: Tel.: (212) 685-0008)

Literarische Schätze in der Pierpont Morgan Library

Diese einmalige Museumsbibliothek geht hervor aus der Privatbibliothek des berühmten Finanziers *John Pierpont Morgan* (1837–1913). *Morgan* erwarb das Palazzo-artige Gebäude 1906 und richtete seine Privatsammlung hier ein. Später ging diese in eine Art Stiftung über.

Zu sehen gibt es einzigartige und wertvolle historische Bücher, Manuskripte und Grafiken. U.a. Hunderte alter Bibeln, handgeschriebene Noten bedeutender Komponisten und ausgesuchte Zeichnungen von Kinderbuchautoren (z.B. „Der kleine Prinz" und „Struwwelpeter"). Kunstwerke auch aus der Zeit der alten Ägypter und aus China gibt es zu sehen. In der Galerie im Wohnhaus werden Wanderausstellungen gezeigt.

In einem glasüberdachten Pavillon befindet sich ein kleines **Café-Restaurant**, und im Museumsshop finden Sie ausgesuchte Literatur. Die Pierpont Morgan Library ist eine wirkliche Empfehlung, und für Leseratten ist ein Besuch hier ein Muss.

- **Racquet and Tennis Club**

siehe unter Seagram Building

- **St. Bartholomew's Protestant Episcopal Church (E48)**

Park Ave., zw. 50th u. 51st Sts

Diese Kirche bildet mit ihrer neoromanisch-byzantinischen Architektur einen seltsamen Kontrast zur eleganten und hochstrebenden Welt der Glitzerpaläste und Bürotürme. Das 1919 vollendete Gotteshaus lohnt mit seiner mystischen Stimmung unbedingt einen Besuch und ist im betriebsamen Manhattan eine der schönsten Oasen der Ruhe. Nicht weit vom Gotteshaus steht das **General Electric Building** (*570 Lexington Ave, Ecke 51st St.*), ein 1931 eingeweihtes, 170 m hohes Bürohaus im Art-Deco-Stil. Ziel war es, eine optische Verbindung mit der danebenstehenden St. Bartholomew Church einzugehen.

- **St. Peter's Church at Citicorp Building (E49)**

619 Lexington Ave., Ecke 54th St.

Besinnliche Rückzugsstätte

Erbaut 1977. Diese kleine Kirche, in ihren Strukturen, aber nicht ihrer Größe den modernen Bürohochhäusern angepasst, soll eine besinnliche Rückzugsstätte für die im Umkreis arbeitenden Menschen sein, die ansonsten den Tag in absoluter Hektik verbringen. Die Kirche dient aber nicht nur religiösen Zwecken, sondern ihr Untergeschoss kann umgewandelt werden in eine kleine Theaterbühne, wo auch häufiger Aufführungen dargeboten werden. Sonntags um 17h findet zudem eine Jazz-Vesper statt. *Informieren Sie sich aber besser vorher über genaue Zeiten, Tel.: (212) 935-2200.*

- **Seagram Building (E50)**
375 Park Ave., zw. 52nd u. 53rd Sts.

1958 eingeweiht. Paradebeispiel des sog. „International Style", der auf Bauhaustraditionen beruht. Architekten waren dann auch *Mies van der Rohe* und sein Schüler *Philip Johnson*. Der 38 Stockwerke hohe, kühle und schlichte Block (bronzenes Glas und Stahl) steht auf einer schönen Granit-Plaza. Interessant, dass *Mies van der Rohe* das minimalisitische Meisterwerk bereits in den 20er Jahren für die Berliner Friedrichstraße entworfen hat. Nur wurde es dort nie verwirklicht. Beeindruckend sind auch die schlichte, aber grandiose Lobby, das teure, aber legendäre Restaurant „The Four Seasons" (hier feierte John F. Kennedy seinen 45. Geburtstag), eine der Öffentlichkeit zugängliche Fotoausstellung im 5. Stockwerk und schließlich einige Kunstwerke, wie z.B. eine Wandmalerei von *Picasso*. Gegenüber der **Racquet and Tennis Club** *(370 Park Ave., zw. 52nd u. 53rd Sts.)*. Dieses, im florentinischen Palazzostil 1916–19 erbaute Haus zeigt auf, wie zu dieser Zeit die gesamte Park Avenue noch ausgesehen haben mag. Besonders deutlich werden die Veränderungen während des 20. Jahrhunderts im Vergleich mit dem Seagram Building.

Von Berlin nach New York

- *** Sony Building (Sony Wonder Technology Lab) (E51)**
550 Madison Ave., zw. 55th u. 56th Sts.

In das ehemaligen AT&T-Building ist jetzt der japanische Elektronikkonzern Sony eingezogen. Das Gebäude ist mit seinem Chippendale-Dach und der Statue des „Golden Boy" in der Lobby sehr beliebt und gilt als gelungenes „Werk" der Postmoderne. Auch hierfür zeichnet der Architekt *Philip Johnson* verantwortlich, ein Schüler von *Mies van der Rohe*, der auch am o.g. Seagram Building mitgewirkt hat. Es gibt eine öffentliche Sitzgelegenheit im Erdgeschoss sowie Cafés und einen großen CD-Laden.

Hauptattraktion aber ist das **Sony Wonder Technology Lab**, das besonders die Jüngeren faszinieren wird. Es ist eine Oase der modernsten Technologien. So gibt es Animations-Computer, ein Filmstudio, einen Raum, in dem gezeigt wird, wie Videospiele produziert werden, und oft führt ein schlauer Roboter Kunststücke am Eingang vor, um die Wartezeit zu verkürzen.

Technologie-Fans kommen hier auf ihre Kosten

- **Tudor City Historic District (E52)**
Zwischen 40th u. 44th Sts. sowie 1st u. 2nd Aves., einen Block entfernt von den United Nations

Nach 1925 erbautes Wohn- und Hotelviertel im englischen Tudor-Stil. Die Häusernamen, wie z.B. Essex House oder The Cloisters, unterstreichen dieses. Es war damals das größte „Housing Projekt", das in Manhattan errichtet worden ist. Und obwohl die umliegende Gegend vor 1950 wenig attraktiv gewesen ist (Fabriken, alte Gebäude), zogen viele Mittelständler nach Tudor City, anstatt abzuwandern in die Vororte. Heute ist der Bezirk stark beeinflusst von den nahen United Nations Headquarters, deren Mitarbeiter gerne hier wohnen.

• Turtle Bay Gardens Historic District (E53)
E. 48th u. E. 49th Sts. zw. 2nd u. 3rd Aves.

Um 1920 kaufte die Hobby-Architektin *Charlotte Martin* diese damals halbverfallenen Brownstone-Häuser und ließ sie wieder herrichten. Ihr Ziel war es, diese Baustruktur in Manhattan zu erhalten. Neben der Renovierung widmete sie sich aber auch dem Garten, der zwischen den Hinterhäusern lag. Sie ließ alle Gärten zusammenlegen und gestaltete einen italienisch anmutenden Park daraus. Die Zaunpfosten werden von eisernen Schildkröten (= turtles) „gekrönt", womit der Name des kleinen Bezirks erklärt wird. Heute ist Turtle Bay Gardens eine beliebte Wohngegend für Künstler. Auch *Katherine Hepburn* hat hier einst gelebt.

• Unicef House – Danne Kay Visitor Center (E54)
3 UN Plaza, zw. 1st u. 2nd Sts., geöffnet: Mo–Fr wie UN (siehe unten)

In kleinen Ausstellungsräumen werden Wechselausstellungen über die Arbeit der UNICEF gezeigt, die sich bekanntlich mit der Ausbildung und Erziehung der Kinder in aller Welt beschäftigt.

• *** United Nations Headquarters (E55)
UN Plaza: 1st Ave./46th St., geöffnet: Mo–Fr 9h45–16h45. Wegen Renovierungsarbeiten werden bis 2013 nur begrenzt Führungen angeboten, Infos: Tel.: (212) 963-8687, www.un.org. Z.T. längere Wartezeiten! Bus: M 27; nächste U-Bahn-Station: Grand Central Station

Interessante Führungen

Das aus mehreren Gebäuden, Straßen und Parks (mit vielen Statuen internationaler Künstler) bestehende Hauptquartier ist oft Schauplatz erbitterter Debatten, dramatischer Auseinandersetzungen und weitreichender Entscheidungen. Das gesamte Gelände hat eigenständige Hoheitsrechte, so dass es u.a. über eine eigene Post verfügt, in der Sie Sonderstempel der UN bekommen. Auf der von jungen Leuten aus verschiedensten Ländern geführten Tour durch die Gebäude werden Sie vor allem in die vier großen Sitzungssäle (General Assembly sowie Security Council, Trusteeship Council und Economic & Social Council) geführt sowie vorbei an zahlreichen Geschenken der einzelnen Nationen. Die Bundesrepublik spendierte die VIP-Lobby und die ehemalige DDR eine Bronzestatue (im Garten). Die

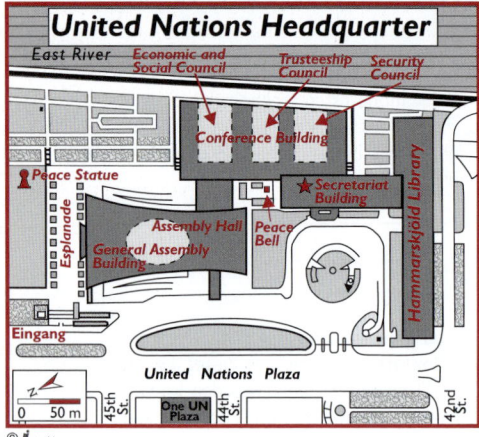

INFO — Informationen zu den Vereinten Nationen in New York

Mit dem Ende des Zweiten Weltkrieges stand die Staatengemeinschaft vor der Frage, wie man die zerstörte Welt wieder aufbauen, Gerechtigkeit wiederherstellen und den Frieden sichern könne. Da sich der *Völkerbund* (seit 1919) als wirkungslos erwiesen hatte, konstituierte sich 1945 zu diesem Zweck die „United Nations Organisation" (UNO, später abgekürzt zu Vereinte Nationen UN) in San Francisco.

Die Weltorganisation, in der die meisten Staaten der Welt Mitglied sind und die über verschiedene Ausschüsse und Nebenorganisationen mit unterschiedlichen Aufgaben und Kompetenzen verfügt (Vollversammlung, Sicherheitsrat, UNESCO, UNICEF u.a.), tagte zunächst an provisorischen Stellen in New York und London. Die USA und besonders *John D. Rockefeller jr.* sprachen sich aber für einen ständigen Sitz in New York, der damals schon „heimlichen Welthauptstadt", aus. *Rockefeller* schenkte der UNO 8,5 Mio. US$ für den Erwerb des Grundstücks hier an der Turtle Bay des East River, ein Areal, in dem zu dieser Zeit nur Slums, Schlachthöfe und Fabriken zu finden waren. Die USA liehen der UNO 64 Mio. US$ zinsfrei, womit die gesamten Baukosten von 67 Mio. US$ komplett abgesichert waren.

1952 konnte die UNO dann den Hauptsitz hier beziehen. Ebenfalls in New York haben die Mitgliedsstaaten ihre unabhängigen UN-Botschaften. Die manchmal als nutzlos beschriebene bzw. verkannte Arbeit der UN, zu der am Anfang besonders skandinavische Länder ihren Beitrag leisteten (die ersten Generalsekretäre waren *Tryggve Lie* und *Dag Hammerskjöld*), versucht, einen Ausgleich zwischen den unterschiedlichen militärischen, politischen, wirtschaftlichen und kulturellen Sphären und Interessen auf der Welt zu finden.

Die Bauarbeiten für das 73.000 qm bedeckende UN-Hauptquartier begannen im Jahre 1949 und dauerten nur 2 Jahre. Sie standen unter der Leitung der bekannten Architekten *Oscar Niemeyer* (Brasilien), *Le Corbusier* (Frankreich/Schweiz) und *Sven Markelius* (Schweden). Am markantesten sind das 154 m aufragende (39 Stockwerke), grüne Glashochhaus der Verwaltung (Secretariat Building) und das geschwungene General Assembly Building mit dem Saal der Vollversammlung, wo sich auch der Besuchereingang befindet. Auch im Innern sind die UN-Gebäude mit zahlreichen Kunstwerken geschmückt, z.B. mit großen Wandgemälden von *Marc Chagall* und *Fernand Léger*.

Führung endet, wie so oft, im Bereich der Souvenirshops, wo Sie Flaggen, Poster u.v.m. erstehen können.

Einen Besuch des UN-Hauptsitzes sollte im Grunde jeder unternehmen. Wie oft haben wir in den letzten Jahren von deren Bemühungen gehört und uns über die Misserfolge unterhalten. Trotzdem ist es m.E. eine sehr wichtige Organisation, deren Arbeit man würdigen sollte und durch einen Besuch hier vielleicht etwas besser verstehen kann.

Vor der gesamten Anlage, an der UN Plaza, wehen übrigens die Flaggen aller Mitgliedsländer der UNO, zzt. sind es 186.

• ** **Waldorf-Astoria Hotel (E56)**
301 Park Ave., zw. 49th, 50th Sts. u. Lexington Ave.

Der Name geht zurück auf die Familie des deutschen Einwanderers *John Jacob Astor* aus Walldorf, der 1848 als einer der reichsten Männer New Yorks gestorben war. Die Familie, deren Zweige sich getrennt und zwei Hotels mit den Namen „Astoria" und „Waldorf" an der Stelle des heutigen Empire State Building eröffnet hatten, vereinigten sich wieder mit diesem 1931 im Art-Deco-Stil fertiggestellten Bau.

Luxushotel mit Tradition

Das „Waldorf-Astoria" zählt seitdem zu den ganz großen und vornehmen Hotels in New York. Bereits die Lobby und die Zugangstreppen beeindrucken durch ihre verschwenderische Pracht, die exklusiven Geschäfte in den Passagen machen zudem deutlich, wer sich die Übernachtungen leisten kann bzw. mag. Die Zimmer im herkömmlichen Bau sind schön, für New Yorker Verhältnisse relativ geräumig und bieten zudem ansprechende Bäder, zumeist in Marmor gehalten. Alle Zimmer sind übrigens unterschiedlich eingerichtet. Die wirklich luxuriösen Zimmer aber befinden sich in den beiden Türmen, den sog. „Towers". Hier nächtigen Sie für mindestens US$ 400 die Nacht. Dafür werden Sie stilvoll untergebracht, verfügen über eine Schar von Bediensteten und können sich absoluter Exklusivität sicher sein.

Stadtresidenz des Präsidenten

Die Präsidentensuite muss sofort von jedem Gast, egal wie wichtig er ist, geräumt werden, wenn der US-Präsident kommt. Zudem wird diese Suite bei jedem Präsidentenwechsel nach dem Geschmack und in Absprache mit der jeweiligen First Lady neu eingerichtet und dekoriert.

Kein Luxushotel ohne entsprechend vornehme Gastronomie: Selbst in der Bar im Untergeschoss werden vorzügliche und natürlich entsprechend teure Gerichte serviert. Der Küchenkomplex des Waldorf-Astoria gilt als einer der größten der Welt. In ihm können täglich bis zu 4.000 erstklassige Mahlzeiten zubereitet werden. Und sollten die drei „Besteck-Polier-Teams" einmal ihrer Arbeit nicht nachkommen, wird es trotzdem nicht so schnell knapp, denn man zählt im Hotel 43.000 Besteckteile aus Silber und notfalls kann auch der für Silberbesteck geeignete Geschirrspüler einen Extragang einlegen.

Obwohl New York mittlerweile über zahlreiche Luxushotels verfügt, steigen Persönlichkeiten immer noch gerne hier ab. Stil und Ambiente sind halt auch mit Tradition verbunden.

> **Tipp**
> *In der Lobby befindet sich ein sog. **Spy-Shop**. Hier gibt es Nützliches und vor allem Unnützes für den Möchtegern-Spion (z.B. Infrarot-Brillen, Abhörwanzen u.a.). Hoffentlich bleibt dieser lustige Laden dem Hotel noch eine Weile erhalten.*

Ein paar Tipps für Spaziergänge rund um den Central Park

Ein Spaziergang ‚rund um den Central Park' lässt sich bei durchschnittlicher Kondition gut an einem Tag bewältigen, man kann allerdings auch Wochen damit zubringen. Dann nämlich, wenn man sich alle Sehenswürdigkeiten entlang der Strecke oder in der näheren Umgebung mit der notwendigen Ruhe und Sorgfalt anschauen will. Es locken ja nicht nur die Naturschönheiten der Grünanlagen, sondern auch die Theater des Lincoln Center, Einzelhäuser wie das Dakota Building, gepflegte Wohngegenden und interessante Kirchen. Und da liegen an der sog. „Museum Mile" einige der umfangreichsten, wichtigsten und schönsten Museen der Welt nah beieinander, und es verbietet sich fast von selbst, dort vorbeizugehen. Andererseits ist die Zeit eines New York Aufenthaltes meistens begrenzt. Es gilt also auszuwählen:

Die Länge der Strecke:
So wunderschön der Central Park auch ist und so interessant die Eindrücke auch sein mögen, es lohnt sich nicht, den Park in seiner gesamten Nord-Süd-Richtung zu durchwandern, wenn man sich auch noch etwas anderes anschauen möchte. Deshalb: Es reicht, maximal bis zum großen zentralen See zu gehen („Jacqueline Kennedy-Onassis-Reservoir"; auf Höhe der 86th Street)! Nur wen es unbedingt zu den Tennis- und Sportanlagen oder zum New Yorker Stadtmuseum (103rd Street) zieht, sollte den Weg fortsetzen. Nach Einbruch der Dunkelheit ist der Central Park aus Sicherheitsgründen nicht zu empfehlen, besonders der nördliche Abschnitt.

Die (Anzahl der) Museen:
Wie viele und welche Museen kann man überhaupt im Rahmen eines Rundganges ‚schaffen'? Mehr als zwei sind m.E. weder für den Körper noch für den Geist zu verkraften! Die Auswahl richtet sich natürlich nach den persönlichen Interessen, zumal in allen Institutionen auch Wechselausstellungen stattfinden, die die Entscheidung beeinflussen. Das Metropolitan Museum muss in einem Atemzug mit dem Louvre genannt werden, aber das mag manche auch abschrecken. Ruhiger, intimer fast, geht's in der Frick Collection mit ihrer Sammlung von Antiquitäten und klassischer Malerei zu. Ist man mit Kindern unterwegs, wäre das Natural History Museum mit Planetarium, Tieren und Indianern eher das Richtige. Und Liebhaber der modernen Kunst und Architektur werden auf das Guggenheim Museum nicht verzichten wollen.

Die Abteilungen innerhalb der Museen:
Es ist durchaus legitim, in ein Museum zu gehen, weil es einen weltberühmten Namen hat und weil man einfach einmal dagewesen sein ‚muss'. Aber es bringt gar nichts, ohne Vorbereitung durch Säle und Gänge zu eilen, nur um hinterher festzustellen, dass das Versäumte das eigentlich Interessantere gewesen wäre. Besorgen Sie sich also beim Eintritt die überall erhältlichen Lagepläne, machen Sie sich mit den Räumlichkeiten vertraut und suchen Sie die Abteilung, die Ihren Neigungen am meisten entgegenkommt. Dies gilt insbesondere für das Metropolitan und das Natural History Museum.

Öffnungszeiten der Museen und Eintritt:
Die Öffnungszeiten der genannten Museen sind übrigens sehr uneinheitlich und ändern sich häufiger. Oft darf offiziell nicht von Eintrittspreis gesprochen werden, sondern es handelt sich um eine ‚Spende', auf die allerdings Wert gelegt wird („suggested admittance"). An bestimmten Tagen oder zu bestimmten Uhrzeiten wird manchmal kein Eintritt verlangt. Zu beachten ist auch, dass einige Museen zusammengehören (so etwa die Cloisters und das Metropolitan Museum) und der bezahlte Eintritt am selben Tag auch für das andere Gebäude gilt.

Zwischen 59th und 110th Street

Überblick: Einst und Heute

Die Stadtteile zwischen 59th Street und 110th Street im Überblick

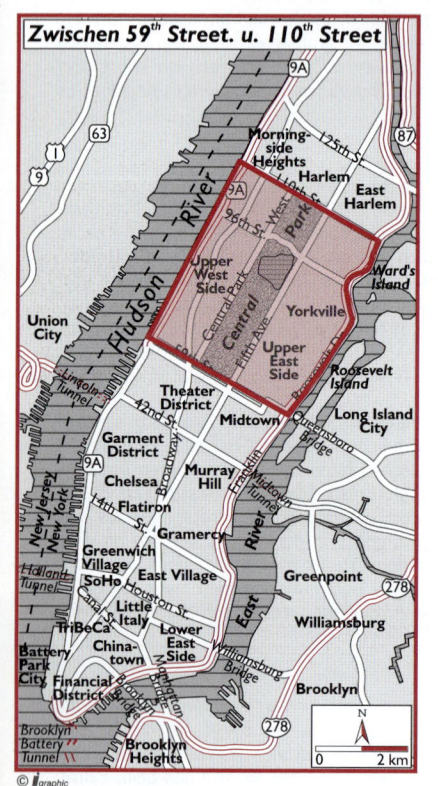

Charakeristika in Stichworten: Museen, bes. an der Museum Mile – Natur und weicher Untergrund sowie Livekonzerte und Shakespeare im Central Park – Kulturprogramme im Lincoln Center – Upper West Side für die Intelligenzia – Upper East Side: hier wohnen die ganz Reichen – Um den Central Park leben auch die Stars – Naturkunde „en gros" im Museum of Nat. History – Jüdischer Einfluss – Ganz im Osten gibt es nichts zu sehen – Yorkville für die Deutschen – Spanish Harlem: Nicht so fürchterlich, wie es klingt, aber uninteressant

Übersichtskarte S. 454

Upper West Side
Geographische Lage: Zwischen East River und Central Park sowie 59th Street und 125th Street (einschl. Manhattan Valley und Morningside Heights) • *Einwohner:* 275.000 • *Sehenswertes* finden Sie auf S. 450ff.

Geschichte: Bis zur Amerikanischen Revolution war das hügelige Terrain bekannt als „Bloemendaal", das Tal der Blumen. Hier hatten die wohlhabenden New Yorker ihre Landhäuser. Nach der Revolution wurden viele von ihnen als „Freunde Englands" vertrieben, und man begann im beginnenden 19. Jahrhundert mit der Anlage kleiner Dörfer, in denen sich aber vorwiegend wieder reiche Bürger niederließen. Die Bloomingdale Road, der spätere Broadway, entwickelte sich von da an zu einer Ausflugsroute, womit die Grundlage geschaffen wurde für entsprechende Country Inns. Diese waren ein beliebter Treff und Inspirationsort für Schriftsteller und Poeten, so z.B. *Edgar Allan Poe*. Mit der Anlage des Central Park und einer wirtschaftlichen Depression nach 1850 kamen aber auch viele arme Leute in die Gegend.

Ursprung des Broadway

Nach dem Bürgerkrieg begann die Stadt, die Bloomingdale Road zu erweitern, Parks auch am Hudson River und im Norden anzulegen sowie die ersten Hochbahnen durch die Upper West Side zu verlegen. Damit wurde der Stadtteil attraktiv für alle Bevölkerungsschichten. Die Reichen zog es mehr zum Central Park, wo luxuriöse Apartmenthäuser, wie z.B. das „Dakota" (1884), errichtet wurden, während die Mittelklasse sich entlang der Columbus und Amsterdam Avenues niederließ. Für die untere Mittelschicht und die Arbeiter blieben dann noch die Tenement-Siedlungen weiter im Westen. Anschließend ging es Schlag auf Schlag: Die Columbia University, das Museum of Natural History, die (erste) Cathedral of St. John the Divine, zahlreiche Hotels der oberen Mittelklasse u.v.m. wurden errichtet.

Ein Stadtviertel...

Die ersten drei Jahrzehnte des 20. Jahrhunderts sahen dann noch einmal einen Bauboom, besonders entlang des Central Park West. Während der Depressionszeit verfiel die Upper West Side aber zunehmend, und nach dem Zweiten Weltkrieg zogen Armut und Kriminalität nach. Ein Zustand, der sich bis in die 1970er Jahre hielt. Mit dem Bau des Lincoln Center und vor allem dem Abriss der vielen Slums begann sich dann das Blatt wieder zu wenden. Die Upper West Side entwickelte sich seither zu einem lebendigen, multikulturellen, politisch aktiven, aber immer noch bezahlbaren Stadtteil.

Blick über den Central Park auf die luxuriösen Apartmenthäuser der Upper West Side

... für alle Schichten

Heute leben hier vor allem Akademiker, Künstler, Yuppies und Einwanderer aus Mittelamerika. Die Stadtverwaltung hat in der Upper West Side ein gutes Gespür bewiesen für die Anlage von Wohnraum. Somit können sich Menschen nahezu aller Einkommensschichten hier niederlassen. Eine Tatsache, die auch eine bunte „Randgruppe" aus Homosexuellen, Künstlern, Schauspielern, politischen Aktivisten u.a. angezogen hat.

Die wesentlichen Sehenswürdigkeiten der Upper West Side beschränken sich auf das Museum of Natural History, die New York Historical Society, die Gebäude entlang des Central Park West, die Cathedral of St. John the Divine und das Lincoln Center, die alle sehr weit voneinander entfernt liegen. Es macht auch Spaß, die Cafés, Restaurants und kleinen Boutiquen entlang der Columbus und Amsterdam Avenues zu besuchen, im Feinkostladen Zabar's *(Broadway, Ecke 80th St.)* fürs Picknick im Central Park einzukaufen oder in den vielen kleinen Buchläden zu stöbern.

Museen, Cafés und kleine Boutiquen

Die Upper West Side stellt bestimmt kein New Yorker Highlight dar, doch wer schon öfters in Manhattan gewesen ist, der wird sie zu schätzen lernen.

Upper East Side

Geographische Lage: Zwischen East River und Central Park sowie 59th Street und 96th Street • *Einwohner:* 225.000 • *Sehenswertes* finden Sie auf S. 462ff.

Geschichte: Lange Zeit war die Landfläche kaum bewohnt, und nur entlang dem East River gab es einige Häuserreihen. Um 1810 etablierte sich dann eine Kirchengemeinde um die St. James Church *(Ecke Madison Ave., 71st St.)*, und nach 1811 wurde mit dem Stadtteil Hamilton Park *(zw. 3rd u. 5th Ave. sowie 66th u. 69th Sts., heute bekannt als Lenox Hill)* eine kleine Siedlung um einen Platz errichtet. Doch bis nach der Eröffnung des Central Park entwickelte sich die Upper East Side nur sehr langsam. Hauptproblem war wohl die Verkehrsanbindung. Außer der 1831 eingerichteten New York & Harlem Railroad gab es nur unbefestigte Straßen, auf denen sich die Kutschen und Pferdekarren nur langsam fortbewegen konnten. Nach dem Bürgerkrieg begann man dann mit der Anlage fester Straßen. Die relativ wohlhabende, aus der Lower East Side kommende, deutsche Volksgruppe sorgte schließlich für den Bau eines Krankenhauses, einer Bücherei und anderer Sozialeinrichtungen.

Stadtentwicklung durch die Hochbahn

Wie in der Upper West Side, ging es ab 1880 dann steil bergauf: 1879 wurden zwei neue Hochbahnen eröffnet, denen 1880 das Metropolitan Museum of Art folgte. Der Bau von soliden Brownstone-Häusern lockte weitere Bewohner aus Lower Manhattan an, die es dort bereits zu einem relativen Wohlstand gebracht hatten. Iren und Deutsche stellten zu dieser Zeit den größten Bevölkerungsanteil dar. Die Upper East Side wurde attraktiv, besonders als die 5th Avenue sowie die Park Avenue um 1888 befestigt und ausgebaut wurden. Reiche Industrie-Tycoone, millionenschwere Kaufleute und findige Immobilienmakler siedelten und investierten in der Folgezeit massivst in diesen Stadtteil. Kleine Schlösser und teure Apartmenthäuser säumten von nun an die Straßenzüge zwischen Park Avenue und Central Park. Ihnen folgten die „Sozialeinrichtungen der Oberschicht": Clubs nahe dem Central Park, Pferdeställe östlich der Park Avenue. Wer sich diesen Luxus nicht mehr leisten konnte, zog in Richtung East River bzw., wie die deutschen Einwanderer, weiter nach Norden, nach **Yorkville**, einem Stadtteil zwischen Lexington und 2nd Avenue, Höhe 86th Street (ehemals auch „German Broadway" genannt).

Yorkville, während der Nazizeit Schauplatz politischer Aktivitäten (pro und contra Hitler), hat sich heute immer noch einen relativ hohen Anteil deutschstämmiger Einwohner erhalten, wobei dieses im Straßenbild alleine durch einige wenige Restaurants und Kneipen auffällt. Nach dem Aufstand in Ungarn 1956 emigrierten auch viele Menschen aus diesem Land und siedelten sich in Yorkville an. **Carnegie Hill**, der Stadtteil nördlich von Yorkville, hat sich ähnlich entwickelt, wobei er vorher bereits geprägt wurde durch den Zuzug des Stahlbarons *Andrew Carnegie* im Jahre 1902.

Wo die „Aristokratie"...

Heute: Die Postleitzahl-Region 10021 der Upper East Side ist die reichste Gemeinde Amerikas. Hier leben die berühmtesten Schauspieler, die reichsten Witwen, Erben großer Imperien, Nachkömmlinge europäischer Adelsgeschlechter, jüdische Diamantenhändler usw. und verstecken sich hinter den Fassaden der von außen relativ unscheinbaren Apartmenthäuser, deren Innenleben aber kaum Wünsche offen lässt. Die Mehrzahl der New Yorker, die sich ein Apartment hier niemals werden leisten können, rümpfen gerne die Nase über die „versnobte Geldaristokratie", das „old money", wie sie es nennen.

... zu Hause ist

Neben den weltbekannten Museen entlang der 5th Avenue (Museum Mile) beeindrucken noch das Whitney Museum of American Art und die sündhaft teuren Boutiquen und Läden entlang der Madison Avenue. Noch heute bezeichnet sich diese Shoppingmeile als „Silk Stocking District" (denn hier kaufen nur Frauen mit seidenen Strumpfhosen ein). Natürlich gibt es auch hervorragende (und exorbitant teure) Restaurants und Cafés in der Upper East Side, doch kommt man sich darin eher fehl am Platze und als Außenstehender vor. Entlang der Wohnstraßen gibt es wenig zu sehen, da sich alles hinter den Kulissen, abgeschirmt durch livrierte Türsteher, abspielt. Die deutschen Restaurants in Yorkville sind auch nicht unbedingt eine Anfahrt wert, genauso wenig die östlichen Straßenzüge der Upper East Side.

Ganz exklusiv ...

Spanish Harlem/El Barrio
Geographische Lage: *Zwischen 96th Street und 120th Street sowie 3rd und 5th Avenues (Teil von East Harlem)* • ***Einwohner:*** *35.000 (Schätzung)* • ***Sehenswertes** finden Sie auf S. 462ff.*

Geschichte: Das Gebiet wurde lange Zeit nur als Farmland genutzt. Erste Siedlungen datieren zwar auf das 19. Jahrhundert, doch begann sich dieser Teil New Yorks erst um 1900 zu entfalten. In den 1920ern siedelten sich hier vornehmlich italienische Einwanderer, die direkt aus Italien, aber auch aus Little Italy in Lower Manhattan stammten, an. Wenige Jahre später kamen dann auch Einwanderer aus Puerto Rico hinzu. Nach dem Zweiten Weltkrieg zogen die Italiener weiter, während der Zustrom aus Lateinamerika immer größer wurde. Die 116th Street (östl. der Lexington Ave.) erhielt sogar einen neuen Namen: Luis Munoz Marín Boulevard, benannt nach dem ersten Gouverneur von Puerto Rico.

Siedlung der „Südländer"

Heute: El Barrio ist heute einer der ärmsten Stadtteile Manhattans. Einfache, z.T. stark heruntergekommene Wohnhäuser beherrschen das Bild. Abends treffen sich die Männer in den Bodegas. Die Kirche, wie in Lateinamerika, bildet zudem einen wesentlichen Faktor im sozialen Leben.

Zu sehen gibt es in diesem Stadtteil also nichts, und abends sollte man ihn sowieso meiden, da die Kriminalitätsrate hier noch recht hoch ist. Das El Museo Del Barrio sowie das Museum of the City of New York liegen an der 5th Avenue, gegenüber dem Central Park.

In El Barrio spricht man Spanisch

Spaziergänge/Erkundungen in Manhattan zwischen 59th Street und 110th Street

Spaziergang/Erkundung: Upper West Side mit Central Park
Mindestzeit: 2 Stunden (ohne Museen), 3 Stunden inkl. der New York Historic Society, *optimale Zeit:* 1 Tag, wobei für ausgewählte Abteilungen des Amer. Museum of Nat. History dabei weitere 2 Stunden vorzusehen sind, *Sehenswertes* finden Sie auf S. 450ff/458ff.

Beginn: Am Columbus Circle. Nicht weit von hier, vorbei an Trump's neuem Hochhaus und Hotel liegt linker Hand das Lincoln Center, Bühne für die New Yorker Metropolitan Opera, das New York Philharmonic Orchestra und weltberühmte Gaststars. Obwohl in den 1960er Jahren fertiggestellt, wirkt die Anlage gar nicht so protzig und zubetoniert. Etwas höher am Broadway und dann um die Ecke in der West 72nd Street gibt es ein paar nette, wenn auch nicht „zwingende" Geschäfte. Die Columbus Avenue dagegen hat auch ein paar Cafés und Restaurants zu bieten. Die New York Historic Society stellt Wanderausstellungen zum Thema New York und Geschichte aus und verfügt dazu über einen Museumsladen, in dem Sie entsprechende Bücher finden.

Dinosaurier und mehr ...

Gleich nebenan, mehr als protzig, das überdimensionierte American Museum of Natural History. Naturgeschichte, zurück bis zu den Dinosauriern in einem Umfang, dass man selektieren muss. Angeschlossen hieran ist übrigens das Hayden Planetarium, manch einem bekannt aus Woody Allen-Filmen. Wer noch etwas shoppen möchte, geht zurück zum Broadway. Schöner aber ist der Weg entlang dem Central Park, den Sie dann – vorbei an pompösen Vielparteien-Residenzen (u.a. das Dakota Building, an dem John Lennon sein Leben ließ) – laufen Sie dann an der 72nd Street schließlich in den Park. Lassen Sie sich ein wenig treiben. Mögliche Ziele könnten das Metropolitan Museum of Art, Loeb's Boathouse *(Ruderboote/Fahrradverleih/Restaurant)* oder einfach nur ein grünes Fleckchen zum Entspannen sein.

Spaziergang: Central Park
Mindestzeit: 2 Stunden, *optimale Zeit:* 4–5 Stunden (inkl. 1 Stunde Bootfahren oder Skaten), wobei diejenigen, die sich schon länger in den Großstadtschluchten von New York aufhalten, noch mind. 2 Stunden fürs Picknicken draufsetzen sollten, *Sehenswertes* finden Sie auf S. 456ff, Karten auf S. 448 u. 454f.

Der Central Park: ein Ort der Muße...

Beginn: Im Süden, am Grand Army Plaza. Wiederum gilt: Lassen Sie sich treiben. Wegkarten und Infos zu aktuellen Aufführungen (Konzerte/Shakespeare-Stücke) gibt es am The Dairy Visitor Center. Der Zoo ist nur etwas für die Kleinen, aber ein Blick vom nahen Wollman Memorial Rink (Schlittschuhlaufen im

9. Manhattan: Zwischen 59th und 110th Street

Winter) hinüber zum The Plaza Hotel macht deutlich, wie klein dieses Hotel im Gegensatz zu den Bürohochhäusern bereits ist. Ein historisches Karussell mag nun die Kinder begeistern. Die Tavern on the Green ist **das** Restaurant im Park, oft aber auch voll und nicht ganz billig. Strawberry Fields, angelegt von *Yoko Ono* für ihren ganz in der Nähe erschossenen Ehemann, *John Lennon*, verspricht ein buntes Blütenmeer. Erdbeeren gibt es aber kaum noch. Der Bethesda Fountain und schräg dahinter Loeb's Boathouse bilden ein Kernstück des Parks. Hier können Sie am The Lake speisen, Ruderboote (und Gondeln!) mieten sowie auch Fahrräder und Skater. Cleopatra's Needle steht weniger im Rampenlicht als die in London, denn das riesige Metropolitan of Art zieht meist die Blicke auf sich, selbst wenn von hinten nur die spiegelnden Glasflächen zu sehen sind. Die große Fläche inmitten des Parks ist zugleich auch seine Freiluftbühne: „the Great Lawn". *Simon & Garfunkel, Michael Jackson, Elton John* und viele andere haben hier schon aufgespielt. Oft ohne Geld, denn wer kann schon den Park kontrollieren. Im Sommer findet hier regelmäßig etwas statt. Eine kaum hierherpassende „Trutzburg", Belvedere Castle (heute eine Wetterstation), verdeckt ein wenig Shakespeare's Garden und das Delacorte Theater, wo im Sommer Stücke des berühmten Briten aufgeführt werden. Ewiges Schlangestehen für die kostenlosen Tickets macht das kulturelle Vergnügen aber wenig attraktiv. Das Swedish Cottage da-

Redaktions-Tipps

- **Bedeutendste Sehenswürdigkeiten (S. 450ff.):** Lincoln Center; New York Historic Society; American Museum of Natural History und Hayden Planetarium; Central Park; Whitney Museum of American Art; „Museum Mile" mit: Frick Collection, Metropolitan Museum of Art, S. Guggenheim Museum, Cooper Hewitt Nat. Museum of Design, Jewish Museum, Intern. Center of Photography, Museum of the City of New York und El Museo del Barrio
- **Unternehmen Sie auch:** eine Bootstour im Central Park (S. 460); gehen Sie zu einem der sommerlichen Livekonzerte im Central Park.
- **Restaurants/Picknicken:** Sandwiches und Frischobst in einem Deli südl. bzw. westl. des **Central Parks** kaufen und auf einer Parkwiese verspeisen. Central Park: **Loeb's Boathouse** (Außenterrasse; leichtes Lunch) bzw. **Tavern on the Green** (gepflegtes Dinner bzw. legendärer Sonntags-Brunch). Upper West Side: Die Intelligenzia trifft sich im **Café des Artistes** bzw. holt sich Pastrami-Sandwiches im **Barney Greengrass Deli** (Amsterdam Ave. zw. 86th u. 87th Sts.). Spontaner Snack: Eines der kleinen Restaurants in der **Columbus Avenue**. Upper East Side (teurer): „In" ist z.Zt. **Elaine's** (2nd Ave. zw. 88th u. 89th Sts.). Gute Museums-Cafés/-restaurants sind: **Café Sabarsky** (Neue Galerie), **Café Weissmann** (Jewish Museum), **Sarabeth's** (Whitney Museum of Art) sowie das Café-Bistro auf dem Dach des **Metropolitan Museum of Art** (nur in den warmen Monaten). Alternativ: Deutsche Küche an einen Abend im **Heidelberg** (2nd Ave. zw. 85th u. 86th Sts.).
- **Shoppen:** Upper West Side: Der Feinkostladen (inkl. Haushaltsartikel): **Zabar's** sowie einige Geschäfte entlang der Columbus Ave. Upper East Side: **Luxusboutiquen** und kleine **Galerien** besonders entlang der Madison Avenue (zw. 60th u. 80th Ave.). Eigentlicher Tipp für diese Region sind aber die **Museums-Shops**. Je nach Museum gibt es hier Geschichtliches, Kunstbände, Plakate, Souvenirs u.v.m.
- **Zeit:** 2 Tage (und mehr): 1 Tag Upper West Side inkl. einem Spaziergang durch den Central Park (ohne Museum of Nat. History). Mindestens 1 Tag für zwei (evtl. 3) Museen entlang der Museum Mile. Mein Tipp: Zuerst ins Museum of the City of New York, dann ein weiteres Ihrer Wahl im Schnelldurchgang.

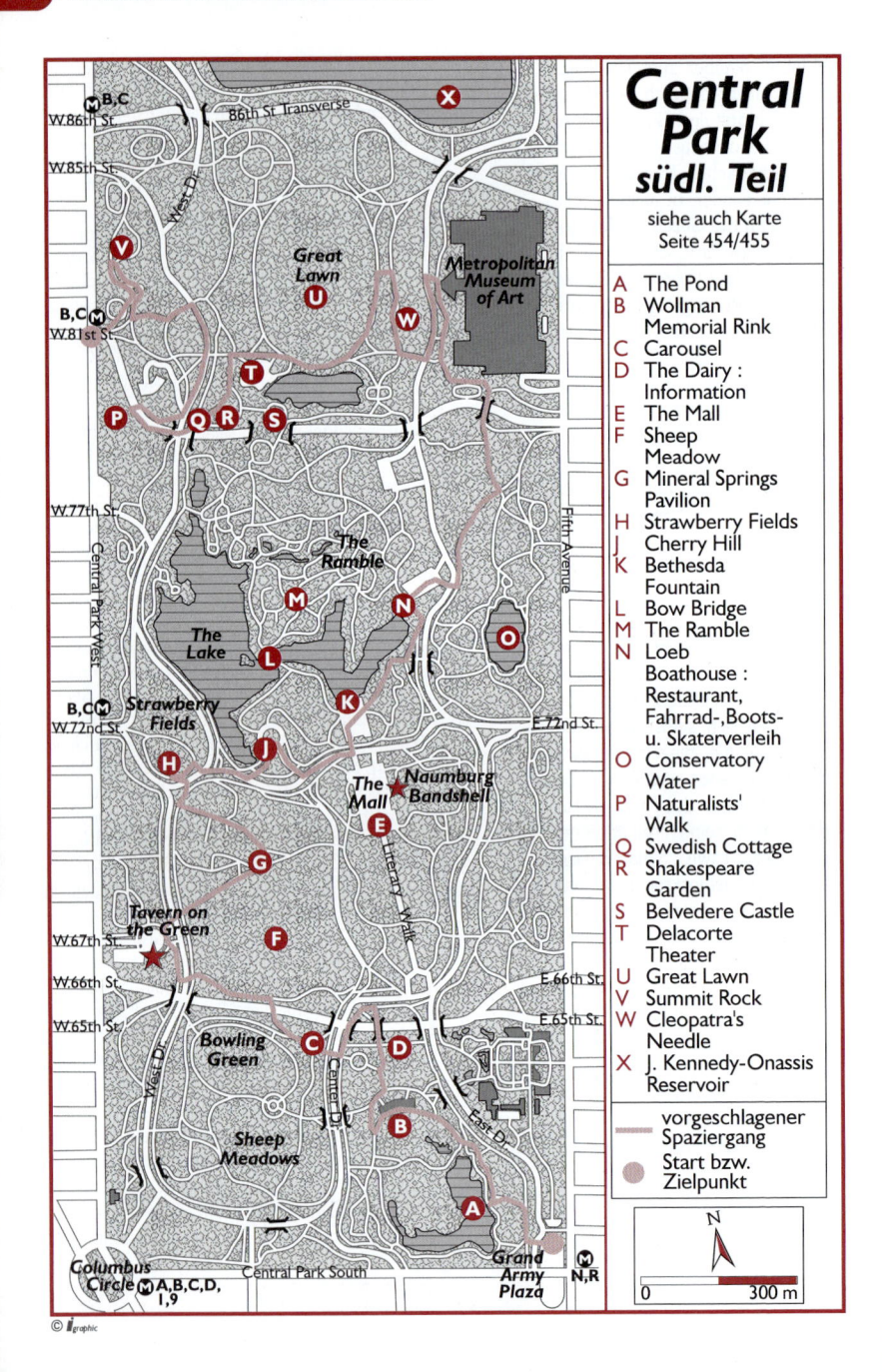

Central Park südl. Teil

siehe auch Karte Seite 454/455

- A The Pond
- B Wollman Memorial Rink
- C Carousel
- D The Dairy: Information
- E The Mall
- F Sheep Meadow
- G Mineral Springs Pavilion
- H Strawberry Fields
- J Cherry Hill
- K Bethesda Fountain
- L Bow Bridge
- M The Ramble
- N Loeb Boathouse: Restaurant, Fahrrad-, Boots- u. Skaterverleih
- O Conservatory Water
- P Naturalists' Walk
- Q Swedish Cottage
- R Shakespeare Garden
- S Belvedere Castle
- T Delacorte Theater
- U Great Lawn
- V Summit Rock
- W Cleopatra's Needle
- X J. Kennedy-Onassis Reservoir

— vorgeschlagener Spaziergang
● Start bzw. Zielpunkt

gegen verspricht leichtere Kost: ein Marionetten-Theater. Der Norden des Central Park ist eher „unbeachteter" Naturraum. Er enttäuscht keineswegs, kann aber auch mit keinen Highlights aufwarten.

Spaziergang/Erkundung: Lenox Hill, Upper East Side, Yorkville und die Museum Mile

Mindestzeit: 4 Stunden (reicht für 2 kleinere Museen bzw. einen Teil des Metr. Museum of Art), *optimale Zeit:* mind. 1 Tag, **Sehenswertes** finden Sie auf S. 462ff.

... und Bewegung

Beginn: Bloomingdale's *(Ecke Lexington Ave./59th St.)* oder Grand Army Plaza. Gäbe es nun nicht das weltberühmte Whitney Museum of American Art, das mit seinen zeitgenössischen Ausstellungen aber bestimmt nicht jedermanns/fraus Kunstgeschmack treffen wird, sowie die – für wahrscheinlich nur wenige, speziell Interessierte – Asia Society, könnte man es ganz einfach machen: Folgen Sie der 5th Avenue nach Norden. Bezeichnenderweise wird sie hier auch als „Museum Mile" tituliert, denn ein Museum folgt dem nächsten. Barocke und andere Gemälde aus den bereits abgeschlossenen 2 Jahrhunderten werden plüschig eingehüllt in der Frick Collection. Dann folgt, 2 Blocks weg vom Park, das o.g. Whitney Museum of American Art. Ein krasser Gegensatz zum ersten! Riesig, ausgesucht und eines der führenden Kunstmuseen unseres Planeten ist das Metropolitan Museum of Art. Sich in ihm 3 Tage aufzuhalten, ist kein Problem. Neben Altem und Bewährtem gibt es auch Wanderausstellungen.

Entlang der Museum Mile

Nicht minder bekannt, besonders wegen seiner „Schneckenhaus"-Architektur, ist das Solomon Guggenheim Museum, ebenfalls der Kunst verschrieben und etwas gewagter ausgestattet als der vorgenannte Klassiker. Das Cooper Hewitt Nat. Museum of Design zeigt Moderneres, bevorzugt von Studenten und Künstlern des angeschlossenen Instituts. Das Jewish Museum dagegen widmet sich der jüdischen Kultur (Vergangenheit und Gegenwart), genauso, wie es das nördlichste, das El Museo del Barrio mit der spanischen und puertoricanischen Kultur tut. Dazwischen befindet sich aber noch das Museum of the City of New York. Ausstellungen zur Geschichte der Stadt, aber auch mindestens eine zum Thema New York heute und morgen, lohnen in der Regel den Besuch.

Wer schließlich noch Zeit hat, was wohl kaum der Fall sein wird, kann ja östlich der 86th Street einmal nach Yorkville hineinlaufen. Hier wohnen die meisten Deutschstämmigen in Manhattan. Viel ist davon aber nicht zu spüren. Die Mitteleuropäer lieben es wohl eher unauffällig und assimiliert. Wie sich Deutschland dagegen den Amerikanern präsentiert, können Sie sich im Goethe Institut (auch Ausstellungen) gleich gegenüber dem Metropolitan Museum of Art sowie in der Neuen Galerie ein Stück nördlich davon anschauen.

Ein deutscher „Außenposten"

Sehenswürdigkeiten in Manhattan zwischen 59th Street und 110th Street (alphabetisch)

Upper West Side und Manhattan Valley
Übersichtskarte S. 454

- **American Bible Society (F1)**

1865 Broadway (61st St.), geöffnet: Je nach Ausstellung, Info: Tel.: (212) 408-1236, www.americanbible.org

Sammlung historischer Bibeln sowie Wechselausstellungen zu religiösen Themen und sakraler Kunst.

- **American Folk Art Museum – Eva & Morris Feld Gallery (F2)**

Columbus Ave. (zw. W. 65th u. 66th Sts.), geöffnet: Di-Sa 12h–19h30, So 12h–17h, Tel. (212) 595-9533, www.folkartmuseum.org

Permanente Ausstellung amerikanischer Kunsthandwerkserzeugnisse (Textilien, Keramiken, Töpferarbeiten etc.). Aber nicht so eindrucksvoll und viel kleiner als das Hauptmuseum in Midtown (S. 422).

- ***** American Museum of Natural History (F3)**

Central Park West, zw. 77th u. 81st Sts., tägl. 10h–17h45, Rose Center Fr bis 20h45, Tel. (212) 769-5200, www.amnh.org

Es ist das älteste Museum und eines der größten der Stadt. Vom ursprünglichen Bau ist kaum noch etwas zu sehen, da er von Um- und Neubauten verstellt ist. Unter diesen wendet sich der „Theodore Roosevelt Memorial Wing" (historisierende römische Architektur von 1935, Haupteingang) der Avenue zu. Vor dem Museum erinnert ein Reiterstandbild an Roosevelt, der sich wie kein anderer Präsident in der Natur wohl und sich ihr verpflichtet fühlte.

Entstehungsgeschichte der Erde

Eine Besichtigung des Naturhistorischen Museums erfordert viele Stunden Zeit, wenn man sich nicht auf die wichtigsten Abteilungen beschränken will. Dazu gehören die Exponate zur Eingeborenenkultur Amerikas, aber auch das Untergeschoss mit seinen spektakulären Dinosaurier-Skeletten. Kinder sind besonders von den „Dioramen" begeistert, wo in Glasschaukästen ausgestopfte Tiere in 'natürlicher' Umgebung gezeigt werden. Viel besuchter Knüller hier ist das neue *****Rose Center for Earth & Space**, wo die Entstehungsgeschichte der Erde ergründet wird, eine Space Show alle Altersgruppen in den Bann ziehen wird, aber auch die Frage gestellt wird „Are we alone?" (…im Universum). Zu sehen gibt es hier u.a. einen 15,5 t schweren Meteoriten.

Zum gleichen Komplex gehört auch das **Hayden Planetarium**, in dem Interessierte ein Modell des Sonnensystems, Meteoriten, Filme, Dias und Modelle der Erde, der Planeten und des Mondes usw. sehen können. Diese Abteilung ist wirklich ein Muss, wobei es besser ist, Sie buchen Karten vor: *Tel.: (212) 769-5200 od. www.amnh.org.* Planen Sie zudem mind. 2 Stunden für das Rose Center ein.

Zur Orientierung ein **Überblick über die Themen der Sammlungen**:
- **Erdgeschoss**: Dinosaurier
- **Erster Stock**: Eskimos, Indianer, Säugetiere Nordamerikas, wirbellose Tiere, Fische
- **Zweiter Stock**: Völkerkunde Süd- und Zentralamerikas, Afrikas, Asiens, Vögel und Säugetiere Asiens und Afrikas
- **Dritter Stock**: Reptilien, Amphibien, Primaten, Völkerkunde pazifischer Raum, Indianer Nordamerikas, Vögel und Säugetiere Nordamerikas, Säugetiere Afrikas
- **Vierter Stock**: Saurier, Dinosaurier, primitive Wirbeltiere, Fossilien

Hinweis

Das Hayden Planetarium hat je nach Jahreszeit variierende Öffnungszeiten. Info: Tel.: (212) 769-5100. Erkundigen Sie sich auch nach den Zeiten der phantastischen Lasershows (meist Fr + Sa).

- **Ansonia Hotel (F4)**

2019 Broadway, zw. 73rd u. 74th Sts.

Ehemaliges Hotel im Beaux-Arts-Stil (1904), das später umfunktioniert wurde in ein Apartment-Hotel. Es ist das größte und auffälligste Gebäude dieser Bauart in der Upper West Side. Die Suiten haben i.d.R. keine Küchen, denn die Bewohner ließen sich das Essen vom Personal zubereiten. Musiker, Sänger und Dirigenten bevorzugten dieses Haus, da die feuerfesten Wände sehr dick sind. Hier wohnten schon *Arturo Toscanini, Igor Strawinsky, Babe Ruth* und *Enrico Caruso*.

„Schallgedämmt" – das Haus der Musiker

- **Children's Museum of Manhattan (F5)**

Tisch Bldg., 212 W. 83rd St., zw. Broadway u. Amsterdam Ave., geöffnet: Di–So 10h–17h, Tel. (212) 721-1234, www.cmom.org

Ein riesiger Spielplatz für Kinder von 2–10 Jahren. Es werden Workshops angeboten, die Kids können klettern, Filme anschauen, malen, sich kostümieren u.v.m. Ein Höhepunkt ist der Gang durch ein 5 m hohes Modell eines Ohres!

- **Columbus Circle (F6)**

Lesen Sie bitte auf Seite 423.

- **Dakota Building/Apartments (F7)**

1 W. 72nd St., Ecke Central Park West

Als das Dakota 1880–84 erbaut wurde, war die Upper West Side noch wenig besiedelt. Damals hieß es, es sei so weit weg von der Innenstadt wie die Dakotas (Bundesstaaten im Nordwesten). Daher der Name. Der Bau dieses pompösen Apartmenthauses und der anderer zu dieser Zeit veranlassten dann aber auch andere Bauherren, in diesem Stadtteil zu investieren. In Architekturkreisen heißt es, dass sich der Konstrukteur dieses Hauses von deutschen und nordeuropäischen Vorbildern leiten ließ, was besonders an den pittoresken Giebeln zu erkennen sei. Im Innenhof, den Sie nicht betreten können, befindet sich ein schöner

Hier starb John Lennon

Garten (blicken Sie durch den Eingang in der 72nd St.). Weltberühmt wurde das Dakota erstmals durch *Roman Polanski's* Gruselfilm „Rosemary's Baby", der hier gedreht wurde, und im Dezember 1980 wurde direkt vor dem Eingang 72nd Street der bekannteste Bewohner, *John Lennon*, von einem geistesgestörten Fan erschossen.

Madonna musste wieder gehen

Weitere vornehme Residenzen am Central Park West sind u.a. die **Majestic Apartments** *(115 Central Park West)* und die **San Remo Apartments** *(145–146 Central Park West, erbaut 1930)*. Letztere beeindrucken durch die hohen Türme, die italienische Renaissance-Architektur und letztendlich die (snobistische) Tatsache, dass die Bewohner selbst *Madonna* hier nicht einziehen lassen wollten. Der Musikstar musste auf eine weniger begehrte Adresse in der Upper West Side ausweichen.

- **** Lincoln Center (F8)**
70 Lincoln Center Plaza (Broadway, Ecke 64th St.), Touren: In der Regel werden 1-stündige Touren tägl. von 10h–17h angeboten. Startpunkt: Concourse Level, unten im Lincoln Center. Infos und Reservierungen: (212) 875-5350, www.lincolncenter.org

Kultureller Mittelpunkt

Auch wenn man nicht vorhat, dort an einer Veranstaltung oder einem Konzert teilzunehmen, sollte man sich diese Sehenswürdigkeit anschauen, denn es handelt sich hier um einen der ganz großen kulturellen Orte dieser Welt. Zwischen 1959 und 1966 erbaut, umfasst das Lincoln Center Musikschulen, Theater, Sprechtheater, Bibliotheken und ein Opernhaus. Der Besucher, der vom Broadway auf die Anlage zukommt, erlebt dessen Schauseite mit der großzügigen Plaza und ihrem Springbrunnen. Hinter dem Platz beherrscht die Front des weltberühmten **Metropolitan Opera House** mit seinen hohen Arkaden das gesamte Ensemble. In dessen Innerem sieht man *Marc Chagalls* große Wandgemälde (schön auch nachts, wenn sie durch die Fenster nach draußen 'leuchten'.)

Im Lincoln Center tritt nicht nur die „Met" auf

Links rahmt das **New York State Theater** (New York Ballett, New York Opera Company) die Plaza ein und rechts die **Avery Fisher Hall** (New York Philharmoniker). Die weiteren Gebäude (Schulen, Theater, Museum etc.) sind rechts um einen hübschen rechteckigen Brunnen gruppiert, während links neben der Oper der Damrosch Park zur Erholung einlädt.

Klassifizierung der Sehenswürdigkeiten
*** = Topattraktion – ein „Muss"
** = sollte man gesehen haben
* = sehr sehenswert
Alle nicht markierten Punkte lohnen natürlich auch, sind aber von Ihren speziellen Interessen abhängig.

• * New York Historical Society (F9)

2 W. 77th St., Ecke Central Park West, geöffnet: Di–So 10h–18h, Fr –20h, Tel. (212) 873-3400, www.nyhistory.org

Hierbei handelt es sich um New Yorks ältestes Museum (gegr. 1804), welches sich 1908 an dieser Stelle niederließ. Zumeist werden Wanderausstellungen gezeigt, die sich mit der amerikanischen, vor allem aber der Geschichte von New York befassen. Dabei wird weniger auf eine gezielte „Schulung" zum Thema New York Wert gelegt (wie im Museum of the City of New York), sondern es werden Kunstgegenstände, Fotos u.a. aus den verschiedensten Epochen gezeigt.

Interessant sind die Führungen, bei denen dann das Vorgestellte richtig erläutert wird. Für Erstbesucher in New York ist das Museum wahrscheinlich zu speziell ausgerichtet, doch wer sich mit ausgesuchten Details beschäftigen möchte, ist hier goldrichtig. Im Erdgeschoss gibt es zudem einen gut bestückten Buchladen.

Das älteste Museum der Stadt

• Nicholas Roerich Museum (F10)

319 W. 107th St. (Riverside Dr), geöffnet: Di–So 14h–17h, Tel. (212) 864-7752, www.roerich.org

Roerich (*1874 in St. Petersburg, † 1947 in Indien) war ein Exzentriker, Philosoph, Künstler, Architekt, Maler und Pazifist russischer Abstammung und widmete einen großen Teil seines Lebens der Zusammenarbeit mit russischen Künstlern (u.a. *Strawinsky* und der Ballettist *Diaghilev*), die in New York lebten und arbeiteten. Er bemühte sich auch um den Erhalt internationaler kultureller Schätze, was ihm 1935 die Nominierung für den Nobelpreis einbrachte. In dem von seiner Frau zusammengestellten Museum können Sie ein buntes Kaleidoskop seiner Arbeiten und Erinnerungsstücke von seinen Reisen (bes. Tibet/Himalaya) bewundern.

Ein besonderer Kultur-Mäzen

• Riverside Park (F11)

Entlang dem Hudson River, nördl. der 72nd St

1873–75 von *Frederick Law Olmsted* (siehe Central Park und Prospect Park) angelegter Park. Ursprüngliches Ziel war es, durch eine attraktive Erholungsfläche die Immobilienpreise in der Upper West Side steigen zu lassen. Zudem wurden eine baumbestandene Straße gebaut (heute der Riverside Drive) sowie ein breiter Wanderweg und einige Aussichtspunkte eingerichtet. Die heutigen Spielplätze und kleineren Fußwege kamen später hinzu, genau wie verschiedene Skulpturen und Monumente, z.B. **Grant's Tomb** (siehe S. 484) und das **Soldiers' and Sailors' Monument** *(W. 89th St.)*, beides in Gedenken an den Amerikanischen Bürgerkrieg.

In letzter Zeit kommen Gerüchte auf, dass südlich und entlang dem Park teure Apartmentwohnungen in großem Stil errichtet werden sollen. Einer der Drahtzieher ist *Donald Trump*, wer sonst.

Der Riverside Park ist kein Muss, bietet aber eine Gelegenheit, nach einem Besuch der Riverside Church und von Grant's Tomb ein wenig abseits der Touristenpfade spazieren zu gehen.

Upper Manhattan und der Central Park

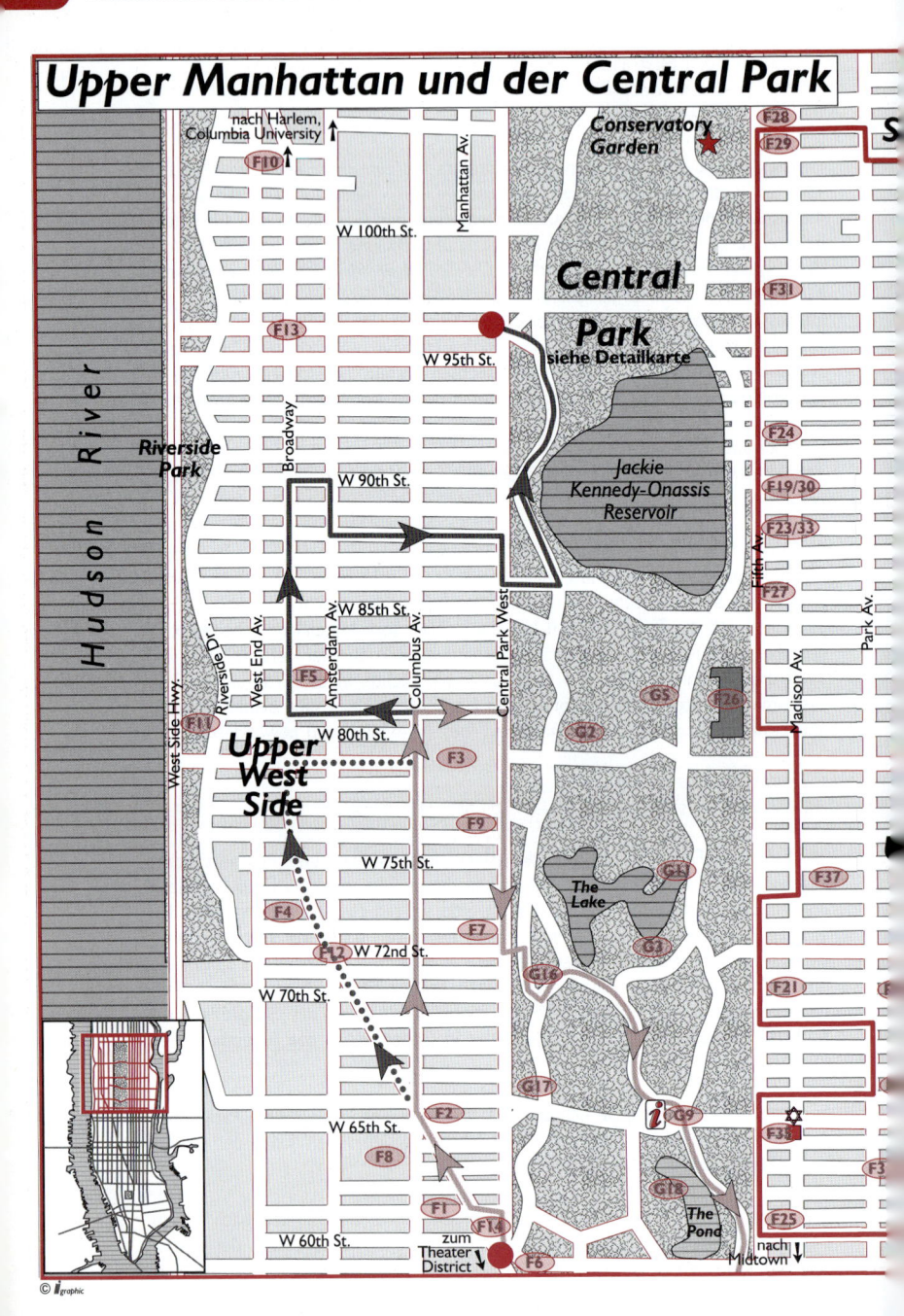

454 9. Manhattan: Zwischen 59th und 110th Street

nach Harlem, Columbia University

Conservatory Garden

W 100th St.
Manhattan Av.
F10
F28
F29

Central Park
siehe Detailkarte

F13
W 95th St.
F31

Hudson River

Riverside Park

W 90th St.
Jackie Kennedy-Onassis Reservoir

F24
F19/30
F23/33

Broadway
West End Av.
Riverside Dr.
West Side Hwy.
Amsterdam Av.
Columbus Av.
Central Park West
Fifth Av.
Madison Av.
Park Av.

W 85th St.
F5
F27

F11
W 80th St.
F3
G5
G2
F26

Upper West Side
F9

W 75th St.
G11
The Lake

F4
F7
G3
F37

F12 W 72nd St.
G16

W 70th St.
F21

F2
G17

W 65th St.
F8
G9

F1
F14
G18
The Pond
F38

W 60th St.
zum Theater District
F6
nach Midtown
F25

© i graphic

Sehenswürdigkeiten in Manhattan zwischen 59th Street und 110th Street

- F1 American Bible Society
- F2 American Folk Art Museum/Feld Gallery
- F3 American Museum of Natural History/ Hayden Planetarium
- F4 Ansonia Hotel
- F5 Children's Museum of Manhattan
- F6 Columbus Circle
- F7 Dakota Building/Apartments
- F8 Lincoln Center
- F9 New York Historical Society
- F10 Nicholas Roerich Museum
- F11 Riverside Park
- F12 Subway Kiosk
- F13 Symphony Space
- F14 Trump International Hotel & Tower
- F15 Abigail Adams Smiths Museum/Mt. Vernon Hotel Museum
- F16 Asia Society
- F17 Bloomingdale's (Kaufhaus)
- F18 Church of Holy Trinity
- F19 Cooper Hewitt National Museum of Design
- F20 East River Houses
- F21 Frick Collection
- F22 Gracie Mansion
- F23 Guggenheim Museum
- F24 The Jewish Museum
- F25 Metropolitan Club
- F26 Metropolitan Museum of Art
- F27 Neue Galerie
- F28 El Museo del Barrio
- F29 Museum of the City of New York
- F30 National Academy of Design
- F31 Saint Nicholas Russian Orthodox Cathedral
- F32 Seventh Regiment Armory
- F33 Solomon Guggenheim Museum
- F34 Sotheby's
- F35 Temple Emanu-El
- F36 The Society of Illustrators/Museum of American Illustration
- F37 Whitney Museum of American Art

Central Park

- G2 Belvedere Castle
- G3 Bethesda Fountain
- G5 Cleopatra's Needle
- G9 The Dairy Information Center
- G11 Loeb Boathouse
- G16 Strawberry Fields
- G17 Tavern on the Green
- G18 Wollman Memorial Rink

Spaziergänge

— Upper East Side /Museum Mile
— Upper West Side (2,5 Std.)
— Alternative (3,5 Std.)
····· weitere Alternative

Hinweis:
Aufgrund des kleinen Maßstabs stellen die Legendepunkte nur grob die Lage der Sehenswürdigkeiten dar

- **Subway Kiosk (F12)**
Ecke Broadway/72nd St.

Backstein- und Terracotta-Gebäude, das einst eine Ticket-Kontrollstation der Untergrundbahn gewesen ist. Es ist, neben der am Bowling Green, die letzte ihrer Art und wurde 1905 eingeweiht. Auch heute noch passiert man sie, um in die „Unterwelt" zu gelangen.

- **Symphony Space (F13)**
2537 Broadway, Ecke 95th St., Tickets/Box Office: (212) 864-5400, www.symphonyspace.org

Ehemaliges Kino, das umgebaut wurde zu einer großen Konzerthalle. Die Architektur ist wenig beeindruckend, dafür aber werden hier sehr interessante Aufführungen geboten, z.B. Modern Dance, Folk aus aller Welt, Gospelmusik, Lesungen bekannter Schriftsteller. Wer etwas näher in die New Yorker Kulturszene reinschnuppern möchte und sich nicht mit den „touristischen Highlights" begnügen mag, sollte unbedingt auf die Ankündigungen im „Time Out" oder in den Tageszeitungen achten.

- **Trump International Hotel & Tower (F14)**
1 Central Park West, am nördlichen Teil des Columbus Square.

Den „Diener" zur Hand

Super-Luxushotel des *Donald Trump* in einem Wolkenkratzer aus Glas und Stahl. 1996/97 eingeweiht. Alle 168 Suiten verfügen über ein Jacuzzi, ein Faxgerät und bis zum Boden reichende Fenster. Service wird hier besonders groß geschrieben: Jeder Gast bekommt einen persönlichen „Attaché" zugewiesen, der ihm alle Wünsche von den Lippen abliest. Leider werden Sie nicht weiter als bis in die Marmorlobby bzw., bei ausreichend gefülltem Portemonnaie und entsprechender Kleidung, in das 5-Sterne-Gourmet-Restaurant im Untergeschoss kommen.

*** Central Park
Lage: Zwischen Central Park West und 5th Avenue sowie 59th Street und 110th Street, Information: In The Dairy (G9), geöffnet: Di–So 10h–16h, Apr.–Okt. –17h, (212) 794-6564, www.centralpark.com
Übersichtskarten S. 448 u. 454

Essen im Central Park (Auswahl)
1. Teuer und erstklassig in der *„Tavern on the Green".*
2. Günstiger und mit Blick auf „The Lake" im *„Loeb's Boathouse".*
3. Im **Mineral Springs Pavilion** gibt es eine Snack Bar.
4. Der Klassiker: Ein **Hot Dog** von einem der zahlreichen Hot Dog-Stände oder
5. wie die meisten New Yorker: **Picknicken** ... auf der Wiese, unterm Baum, hinterm Felsen oder, oder, oder.

Überblick
Der Central Park ist bekannt als die „grüne Lunge" oder auch „People's Park" von New York. Er ist Stätte der Erholung, der sportlichen Betätigung, des Frustab-

ladens, der Romantiker und Liebespaare, Schauplatz großer Musikveranstaltungen und besonders an den warmen Wochenenden Treffpunkt der wohl größten Picknickgemeinde der Welt. Nachts, vor allem im nördlichen Parkabschnitt, ist er leider auch Anziehungspunkt der Drogenszene und Verbrechen. Mittlerweile aber ist es etwas sicherer geworden. Doch wer geht schon gerne nachts durch einen Park?

Raus in die Natur

Der Central Park verfügt u.a. über drei Seen und mehrere kleine Teiche, einen Zoo, eine Eislaufbahn (im Sommer Rollerskating), ein Bassin für Modellboote, 30 Tennisplätze, Fußball- und Cricketplätze, ein Theater und ein ‚Castle', Picknickplätze, Ruderboote, Fahrradverleih, Spielplätze, Aussichtspunkte, Springbrunnen, Liegewiesen, Blumenbeete, Granitfelsen, Statuen, 2 Restaurants, 95 km Fußwege (zumeist asphaltiert) u.v.m. Die wenigen großen Straßen sind an den Wochenenden für den Autoverkehr gesperrt und werden dann zum Eldorado für Jogger, Fahrrad-, Skateboard- und Rollschuhfahrer. Auch sonst gibt es im Sommer kaum eine Sportart, die nicht im Central Park ausgeübt werden kann. Gerne darf man sich unter die Aktiven mischen. Jongleure, Straßenmusiker, Zauberer und asiatische Masseure mischen sich dann auch unter das Volk.

The Great Lawn: Wiese, Sportplatz und Rockstadion

Das unter beträchtlichem Aufwand planierte Gelände (tatsächlich wurden hier Hügel abgetragen und Täler aufgefüllt!) wartet darauf, in langen Wanderungen erkundet zu werden. Am schönsten, weil mehr naturbelassen und dem Prinzip eines „Englischen Gartens" am nächsten stehend, ist der nördliche Teil – allerdings eben auch der gefährlichere nach Sonnenuntergang. Im Süden ist eindeutig mehr Leben zu sehen – und das alles vor der majestätischen Kulisse der New Yorker Wolkenkratzer. Dazwischen liegt der große See, bezeichnet als „Jackie Onassis Reservoir", einem wirklichen Wasserreservoir, den man auf einem herrlichen Spaziergang umrunden kann.

Wildnis mitten in der Stadt...

„A park is a single work of art and as such subject to the primary law of every work of art, namely that it shall be formed upon a single, noble motive to which the design of all its parts shall be confluent and helpful."

Frederick Law Olmsted

Wer den Central Park zum Programmpunkt eines halben oder sogar ganzen Tages machen möchte, der sollte sich zuerst im Informationszentrum („The Dairy") erkundigen über das aktuelle Programm und sich eine detaillierte Karte geben lassen. Versäumen sollte man anschließend nicht, sich den Zoo, die Alleen mit ihren Denkmälern und Statuen („Mall"), die Hügel („Cherry Hill", „Pilgrim Hill", „Belvedere Hill") und die kleinen Seen („The Lake", „Belvedere Lake") anzuschauen. Ein Picknick zwischendurch würde das Bild noch abrunden. Nehmen Sie sich schon was mit in den Park.

Kurz zur **Geschichte der Entstehung des Central Park**: Die erste Kampagne für einen großen Park in Manhattan wurde bereits 1844 gestartet von *William Cullen Bryant* (Verleger der „New York Evening Post") sowie dem Landschaftsarchitekten *Andrew Jackson Downing*. 1851 war die Planung für den Park Hauptthema der Bürgermeisterwahl, und 1853 entschied sich die Stadt für den Kauf des Geländes, welches damals noch vor den Toren der Stadt lag. Doch war bereits klar, dass Manhattan weit über dessen Grenzen hinauswachsen würde.

Viel Arbeit und Probleme

Da *Downing* 1851 bei einem Bootsunglück ums Leben kam, musste nun die landschaftliche Gestaltung in einem Wettbewerb ausgeschrieben werden. Aus 33 eingegangenen Vorschlägen ging 1858 der von **Frederick Law Olmsted** und **Calvert Vaux** als Sieger hervor. 3.000, meist irische, Tagelöhner sowie 400 Pferde waren von nun an damit beschäftigt, aus dem Land voller Hügel, Felsen, glazialen Formationen und auch Squattersiedlungen und Schweinefarmen eine grüne Lunge für die wachsende Metropole zu schaffen. Das ging natürlich nicht ganz ohne Probleme vonstatten, denn vor allem die Bewohner der schäbigen Siedlungen, zumeist mittellose schwarze Familien, versuchten die Arbeiter immer wieder zu behindern. Die groben Arbeiten waren bereits 1859 abgeschlossen, und der Park konnte im selben Jahr eröffnet werden, eigentlich fertig war man aber erst 1876. Dann dauerte es nochmals 30 Jahre, bevor die Vegetation, u.a. 270.000 gepflanzte Bäume und Sträucher, sich voll entfalten konnte.

INFO Zahlen zum Central Park

Länge: 4 km
Breite: gut 0,8 km
Fläche: 3,37 qkm
Besucher (jährlich): 16 Millionen
Zahl der Tennisplätze: 30

Länge der Fußwege: 95 km
Bauzeit: 1857–76
Bewegte Erde: 2,3 Millionen m³
Pflanzenwelt: 1.500 Spezies

Sehenswertes im Central Park (Auswahl)
s. Karten S. 448/454f (die Buchstaben und Ziffern in Klammern beziehen sich auf die Karte S. 454f.

- **Bandshell/Naumberg Bandshell**

Diese verschnörkelte „Konzertmuschel" wurde 1923 errichtet und ist seitdem oft Schauplatz von kleinen Konzerten. Wenn hier keine Musik gespielt wird, ist der Vorplatz ein beliebter Treff der Skate-Gemeinde. Hinter der Bandshell befindet sich zudem eine große Freilichtarena (auch als „Bandshell" bezeichnet in Veranstaltungsblättern), in der größere Bands auftreten.

- **Belvedere Castle (G2)**

1872 aus den rausgesprengten Granitfelsen des Parks erbautes „Schloss". Alle beliebten Stilrichtungen des 19. Jahrhunderts finden sich in diesem kitschigen Gebäude: Gotisch, maurisch, chinesisch, ägyptisch u.a. Seit 1919 befindet sich hier eine meteorologische Station. Sie können aber trotzdem hineingehen und werden mit einem schönen Ausblick von der oberen Balkonbalustrade aus belohnt. Man bedenke, dass Belvedere Castle ja auch noch auf einem Hügel steht. Im Gebäude befindet sich übrigens auch das kleine **Henry Luce Nature Observatory**, in dem Fauna und Flora New Yorks und des Central Park anschaulich erklärt werden.

Zentraler Punkt: Bethesda Fountain

- * **Bethesda Fountain (G3)**

Benannt nach dem gleichnamigen biblischen Brunnen in Jerusalem, erinnert dieser 1863 fertiggestellte Springbrunnen an die gefallenen Marinesoldaten während des Bürgerkrieges.

- * **Carousel**

Historisches Pferdekarussell von 1908, welches zuerst in einem Vergnügungspark auf Coney Island stand. Orgelmusik untermalt den Ritt auf einem der 57 Pferde.

- **Cleopatra's Needle (G5)**

Originaler ägyptischer Obelisk aus der Regierungszeit des Pharao *Thutmosis* (ca. 1200 v. Chr.). Die Stadt Alexandria schenkte ihn 1877 New York. Für die Kosten des Transports musste aber *William H. Vanderbilt* aufkommen. Mit Cleopatra hat die „Nadel" aber rein gar nichts zu tun.

- **Conservatory Garden**

Dieses 2,5 ha große Areal ist der einzig formell gestaltete Parkabschnitt. Man betritt ihn durch ein schmiedeeisernes Tor, welches für *Cornelius Vanderbilts* Villa an der 5th Avenue gefertigt wurde. Der zentrale Bereich wird betont durch zwei Apfelbaumalleen, der nördliche Teil („French Garden") wird zweimal im Jahr mit Tausenden von bunten Blumen bepflanzt (meist Tulpen im Frühling und Chrysanthemen im Herbst), und der südliche Abschnitt, bekannt als „Secret Garden", beeindruckt durch die etwa 180 Arten von einjährigen Pflanzen.

- **Conservatory Water**

In diesem Wasser dürfen sich die Modellboot-Kapitäne austoben. Sonnabendmorgen um 10h finden während der Sommermonate Rennen statt. Nördlich des Sees sehen Sie eine Skulptur von „Alice in Wonderland", westlich eine bronzene Statue des Märchenschreibers *Hans Christian Andersen*.

Treffpunkt der „Skipper"

- * **The Dairy (G9)**

Heute das Besucherzentrum (Karten, Veranstaltungsplan, Film über den Central Park etc.), war die Dairy im 19. Jahrhundert wirklich eine „Milchstation" für die Mütter und Nannis. Im Umkreis grasten Kühe sowie Ziegen, und für die Kinder wurde hier auch Spielzeug ausgeteilt. *Tel.: (212) 360-3444 od. 794-6564.*

- **** Delacorte Theater**
Hier finden seit 1959 im Sommer die kostenlosen Shakespeare-Aufführungen statt. Für die Tickets müssen Sie aber lange anstehen.

- **The Great Lawn**
Bei der Einweihung des Central Park befand sich hier noch ein großes Wasserreservoir, das man 1929 trockengelegt hat. Anschließend, während der Depressionsjahre, diente der große Rasen als Grundfläche für ein Obdachlosencamp („Hooverville"). In den letzten Jahrzehnten machte The Great Lawn durch Demonstrationen und große Rockkonzerte auf sich aufmerksam. Nördlich der Grünfläche befindet sich das **Arthur Roxx Pinetum**, eine Ansammlung von Kiefern aus aller Welt.

- **Harlem Meer (Harlem Lake)**
Ehemals ein schöner (großer) See, befindet sich das 4,5 ha große „Restgewässer" heute in der Nordostecke des Parks. Im Sommer wird hier nach Wels, Barsch und anderen Fischen geangelt bzw. gebadet, und im Winter *(Ende Oktober–Anfang April)* bildet der Westteil eine Eislaufbahn. Es gibt hier zudem das **Dana Discovery Center**, wo Kinder etwas über die Natur lernen und kostenlos Angeln ausleihen können.

- *** Loeb Boathouse (G11)**
Das Haus liegt am östlichen Ende des „The Lake". Hier können Sie auf einer überdachten Veranda sitzen und die Ruderboote auf dem See beobachten. Die Restauration ist gut, vor allem aber günstiger, und die Atmosphäre lockerer als in der „Tavern on the Green" (s.u.). Natürlich füllen sich die guten Plätze zu den Spitzenzeiten sehr schnell. Am und hinter dem Boathouse gibt es außerdem einen Boots-, Fahrrad- und Skaterverleih. Und ... hier legen auch die nachgebauten venezianischen Gondeln ab: Romantik pur!
Reservierungen: (212) 517-2233 (Ruderboote, Fahrräder) und (212) 517-3623 (Gondolas)

Lockere Atmoshäre

- **The Mall**
Breiter Spazierweg in Form einer Baumallee, der von Süden auf die Bethesda Terrace zuführt. Im ausgehenden 19. Jahrhundert war dies die Flaniermeile der oberen Zehntausend. Bekannt ist der **„The Literary Walk"** (südlicher Abschnitt), wo unter großen Ulmen Statuen bedeutender Schriftsteller stehen, so z.B. die von *Shakespeare* und dem schottischen Romantiker *Robert Burns*.

- **Mineral Springs Pavilion**
Kitschiger „Palast" in maurischem Stil. 1860 errichtet, war er der erste Erfrischungsstand im Park. Hinter dem Pavillon befindet sich eine Bowlingfläche (auf Gras – englisches Bowlen).

- *** Rollerskating**
Skaten ist eine Leidenschaft der New Yorker, und während der warmen Monate füllt sich der Park an den Wochenenden mit Tausenden von Skatern. Ausleihen können Sie die Skater am Loeb Boathouse. Beliebteste Skatestrecken und -flächen:

- auf dem kleinen Platz vor der **Bandshell**,
- untermalt mit Discomusik (an Wochenenden) auf einem kleinen Ring in dem kleinen Tal westlich von „The Mall" (etwa 100 m gegenüber der Bandshell)
- entlang den an Wochenenden für den Autoverkehr gesperrten East und West Drives

Neben der Skate-Ausrüstung gehört ein Walkman unübersehbar zu den Pflichtutensilien eines New-York-Skaters.

• * Shakespeare Garden
Kleiner, angelegter Garten, dessen Blumen, Bäume und Kräuter in literarischen Werken auftauchen.

• Strawberry Fields (G16)
Der Name stammt von dem gleichnamigen Beatles-Song („Strawberry Fields Forever"), den *John Lennon*, der gegenüber im Dakota-Building lebte (und 1980 davor erschossen worden ist), geschrieben hat. Auch als „International Peace Garden" bekannt. 161 Nationen haben nach *Lennons* Ermordung Blumen, Bäume und Pflanzen für diesen Parkabschnitt gespendet. Nur die Erdbeerpflanzen sind kaum noch zu finden. Sie wurden bereits nach kurzer Zeit abgepflückt. Auf einem kleinen Platz hier ist ein kleiner Mosaikkreis eingefasst, auf dem der Titel eines anderen Lennon-Songs steht: „imagine". Hier legen noch heute seine Fans Blumen nieder.

Erinnerung an John Lennon

• * Swedish Cottage
In diesem Holzhaus, 1997 renoviert, finden *Do-Sa* Aufführungen eines **Marionettentheaters** statt. *Infos und Reservierungen: Tel.: (212) 988-9093.*

• * Tavern on the Green (G17)
Von außen macht diese New Yorker Institution bereits auf sich aufmerksam durch die vielen kleinen Lämpchen in den Bäumen. Innen, nahezu rundum eingeglast, verbirgt sich eines der beliebtesten (und teuersten) Restaurants der Stadt. Der riesige Kandelaber, der von der barocken Decke hängt, veranlasste die New Yorker zu dem Ausspruch „You feel like sitting in the middle of a wedding cake". Die Küche ist gut, aber die Preise rechtfertigen sich eher durch die Lage im Park und das Interieur. Ein Dinner oder der sonntägliche Brunch, beides inklusive „Anreise" mit der Pferdekutsche, gehören zu den romantischen Highlights der Stadt, sollten aber deutlich im Voraus gebucht werden.

Romantischer geht es kaum...

• Wollman Memorial Rink (G18)
Der Platz im Süden des Parks ist Treffpunkt der Skaterszene im Sommer bzw. der Eisläufer im Winter. Sie können natürlich mitmachen

Und immer wieder Pflaster-Joggen für die Großstadtgesundheit

(Verleih vor Ort) bzw. von der Terrasse aus zusehen. Die Bahn ist aber nur zu bestimmten Zeiten geöffnet. *Infos: Tel. (212) 439-6900.*

• (Central Park) Zoo/Central Park Wildlife Center

Einige bezeichnen ihn als besondere Attraktion, andere dagegen fragen sich, warum sie diesen kleinen Zoo besuchen sollen. Für die New Yorker Kinder sind die Tiere (100 verschiedene Spezies) natürlich ein besonderes Erlebnis, wobei der Zoo in der Bronx ohne Zweifel weitaus mehr zu bieten hat. Die Anlage ist aufgeteilt in zwei verschiedene Klimazonen mit den entsprechenden Tieren: Polarkreis, Tropen. Es gibt Vögel, Seelöwen, Pinguine, Affen u.a. Große Tiere, wie z.B. Nashörner und Elefanten, gibt es hier natürlich nicht zu sehen.

Ein Zoo für Kinder

Lenox Hill, Upper East Side, Yorkville und an der Museum Mile
Übersichtskarte S. 454

• Abigail Adams Smiths House (Mount Vernon Hotel Museum) (F15)
421 E. 61st St., zw. 1st u. York Aves., geöffnet: Di–So 11h–16h (letzte Tour: 15h15), im August geschlossen, Tel. (212) 838-6878, www.mvhm.org

1795 richteten Colonel W. *Smith* und seine Frau *Abigail* (Tochter des US Präsidenten *John Adams*) eine kleine Farm an dieser Stelle, nahe dem East River, ein. Doch noch bevor sie alles fertiggestellt hatten, mussten sie 1798 alles verkaufen an *William T. Robinson*. Er war es schließlich, der das heute einzig noch existierende „Coach House" (Pferdestation mit Kneipe) bauen ließ. 1826 wurde das Gebäude zu einem Hotel umgestaltet. 1924 kaufte eine Gruppe der „Colonial Dames of America" das Haus und eröffnete hier 1939 ein Museum. Über 9 Zimmer verteilt können Sie koloniale Einrichtungen aus dem 18. und 19. Jahrhundert anschauen. Beachtenswert ist auch die kurze Filmvorführung. Es wird gezeigt, wie New York im frühen 19. Jh. ausgesehen hat. Bei Drucklegung war das Museum wegen Renovierung geschlossen.

• Asia Society (F16)
725 Park Ave., Ecke 70th St., geöffnet: Di–So 10h–18h (Labor Day–Juni Fr –21h), Tel. (212) 288-6400, www.asiasociety.org

Asiatisches Kulturzentrum, etabliert 1956/57 auf Betreiben von John D. Rockefeller III. und seiner Frau. Ziel war und ist es, die asiatische und die Kunst der in Amerika eingewanderten Asiaten den Amerikanern verständlicher zu machen. Teilbestände aus Rockefellers Privatsammlung asiatischer Kunst werden gezeigt, zudem können asiatische Künstler ihre Werke hier präsentieren. Lesungen, Filmvorführungen, Theateraufführungen u.a. gehören ebenfalls zum Programm. Achten Sie auf Ankündigungen in den Veranstaltungsblättern und Tageszeitungen. Es gibt auch keine politische Orientierung, so dass wirklich alle Länder Asiens auf die eine oder andere Weise repräsentiert werden.

Rockefellers private Kunstsammlung

• * Bloomingdale's (F17)
Lesen Sie bitte S. 431

- **Church of the Holy Trinity (F18)**
316–332 E. 88th St., zw. 1st u. 2nd Aves.

Diese diskrete, viktorianisch anmutende Kirche wurde 1897 eingeweiht. *Serena Rhinelander*, Tochter einer reichen Familie aus der Upper East Side, ließ sie in Gedenken an ihren Vater bauen und sah sie auch als Stiftung für die damals arme Bevölkerung in Yorkville an. Das Gotteshaus ist ähnlich gestaltet wie die Grace Church in Lower Manhattan, weist aber einen schöneren Turm auf und besticht durch seinen Garten.

Kirche für die Armen

- **Cooper Hewitt National Museum of Design (F19)**
2 E. 91st St., Ecke 5th Ave. (Museum Mile), geöffnet: Mo–Fr 10h–17h, Sa 10h–18h, So 12h–18h, (212) 849-8400, www.cooperhewitt.org

Andrew Carnegie (Stahlbaron) ließ das 64-Zimmer-Gebäude 1900/01 für sich bauen. Es sollte ein gemütliches Haus werden und dem englischen Country-House-Stil angepasst sein. Damals stand es übrigens weitab vom Trubel der Stadt. Nach *Carnegies* Tod (1919) wurden seine Vermächtnisse sowie die der *Hewitt*-Schwestern (Enkelinnen vom Erfinder und Industriellen *Peter Cooper*) hier ausgestellt. Doch die „Mansion" begann, allmählich zu verfallen. Wie so oft konnten und wollten die zahlreichen Erben des Imperiums sich nicht mit pompösen Erblasten abgeben.

1963 investierte schließlich das Smithsonian Institute in das Gebäude und erhielt es letztendlich 1972 als Geschenk der Carnegie Corporation.

Den Grundstock der Kollektion bildet seither die bunte Sammlung der *Hewitt*-Schwestern (Gemälde, Drucke, Keramiken, Möbel, Wandbehänge etc.). Interessanter aber sind die Wanderausstellungen historischer und moderner Gegenstände, deren Kernpunkt sich immer um die Frage des Designs dreht. Auf geführten Touren werden die Ausstellungsstücke sowie das Haus selbst erläutert.

- **East River Houses (F20)**
523 E. 77th St. u. 508-522 E. 78th St., zw. York Ave. u. Franklin D. Roosevelt Drive

Diese Häuser wurden um 1911 gebaut als Tenement-Houses. Damals suchte eine Tuberkulose-Epidemie die Lower East Side heim, und es bestand Bedarf an bezahlbarem Wohnraum. Bevorzugt wurden Arbeiterfamilien mit Tuberkulosefällen in der Familie aufgenommen. Finanziell unterstützt von *William Vanderbilts* (Eisenbahn-Tycoon) Frau und vom Architekten bis ins Detail den Bedürfnissen angepasst (Sonnenlicht, Gärten, viel frische Luftzufuhr u.v.m.), erhielten diese Wohnblocks Modellcharakter.

Wohnblocks mit Modellcharakter

Auch die umliegenden Häuserblocks in der 78th und 79th Street sowie in der York Avenue wurden als „Model-Tenements" zu dieser Zeit hochgezogen und sind heute bekannt als **City and Suburban Homes Company, York Avenue Estate**. Sie wurden besonders für alleinstehende Arbeiterfrauen eingerichtet. U.a. gab es hier das Junior League Hotel for Women *(541–555 E. 78th St.)*.

- ** **Frick Collection (F21)**
Ecke 5th Ave./70th St.(Museum Mile), geöffnet: Di–Sa 10h–18h, So 11h–17h, (212) 288-0700, www.frick.org

Alte Gemälde in sehenswertem Umfeld

Das „Beaux-Arts"-Gebäude wendet sich in der Art eines französischen Palais mit Terrasse, Freitreppe, kleinem Rasen und Gitter dem Central Park zu. 1913–14 für den **Stahlindustriellen** *Henry C. Frick* erbaut, besitzt der Stadtpalast heute nicht nur eine exquisite Sammlung von 130 Gemälden alter Meister, sondern auch eine mehr als sehenswerte Möblierung und eine elegante Architektur. Kaum anderswo kann die (neu)reiche Stimmung der Gründerzeit mit ihrem unsicheren und am klassischen Europa orientierten Geschmack so gut sichtbar gemacht werden wie hier.

Ein Besuch der Frick Collection mit ihrer überschaubaren Sammlung kann aber auch Eindrücke vermitteln, die im Getümmel der großen Museen oft erdrückt werden.

Man betritt den Stadtpalast vom Nebeneingang auf der 70th Street aus und folgt am besten dem empfohlenen Rundgang durch die 16 Räume des Erdgeschosses. Eine Ruhepause sollte man dann im herrlichen Innenhof des Garden Court einlegen. Übrigens ist die Frick Collection heute auch bekannt für die hervorragende Sammlung kleiner Bronzestatuen sowie für Kammerkonzerte zweimal im Monat *(meist So., Infos: (212) 288-0700).*

- **Goethe Haus/German Cultural Center**
Das Goethe Institute ist umgezogen. Lesen Sie dazu in den Blauen Seiten bzw. unter www.goethe.de/ins/us/ney

- **Gracie Mansion (F22)**
Carl Schulz Park, East End Avenue/East 88th St., geöffnet: Touren: Mi. (Ende März bis Mitte November), aber nur mit vorheriger Anmeldung, Tel. (212) 639-9675 od. 570-4751, www.nyc.gov/html/om/html/gracie.html.

Bürgermeister mit Palast

In diesem kolonialen Palast von ca. 1800 wohnt seit 1942 der jeweilige Bürgermeister von New York. Auf der erläuterten Tour durch das Haus passieren Sie das Wohnzimmer des Bürgermeisters sowie einige Seitenräume. Der Blick hinunter auf den Fluss beeindruckt heute, hat aber auch schon *George Washington* während des Unabhängigkeitskrieges dazu veranlasst, eine Kanonen-Batterie hier aufzustellen.

- *** **(Solomon R.) Guggenheim Museum (F23)**
1071 5th Ave., Ecke 88th St. (Museum Mile), Sa–Mi 10h–17h45, Fr 10h–20h, Tel. (212) 423-3500, www.guggenheim.org

Das weltberühmte Bauwerk stellt eines der bedeutendsten Arbeiten von *Frank Lloyd Wright* dar. Der Architekt war schon 1943 vom Kupfer-Industriellen Solomon Guggenheim beauftragt worden, für seine Kunstsammlung ein Museum zu entwerfen, doch sollten noch 16 Jahre bis zu dessen Fertigstellung vergehen, da

9. Manhattan: Zwischen 59th und 110th Street **465**

das New Yorker Bauamt immer wieder Einsprüche erhob. Deswegen konnte der Bauherr die Eröffnung nicht mehr erleben, und auch *Wright* war da bereits 88 Jahre alt!

Das Gebäude besteht hauptsächlich aus einer 432 m langen Spirale, die nach außen fensterlos ist und sich um einen tiefen Innenraum legt. Das gedrungene und auf der 5th Avenue wie ein Fremdkörper wirkende Museum erinnert ein wenig an eine Schnecke mit einem weißen Schneckenhaus.

Der Besucher tut gut daran, der Architektur insofern zu folgen, als er mit dem Fahrstuhl nach oben fährt, um dann auf der Betonrampe an den Exponaten vorbei nach unten zu gehen.

Fotograf David Heald flog für dieses Bild übers Guggenheim Museum

Zu sehen sind Ausstellungen meist moderner Kunst, die von z. T. epochalem Rang waren und etwa jedes Vierteljahr wechseln. Daneben gibt es einen kleinen, aber sehr qualitativen Bestand der klassischen Moderne (u.a. *Kandinsky, Picasso, Klee*). Im neueren Anbau sind vor allem große Stücke aus Guggenheims Sammlung zu sehen.

Das „Schneckenhaus"

Oft werden auch Ausstellungsstücke aus Firmenarchiven und -lagern gezeigt. So gab es z.B. einmal eine Ausstellung alter BMW-Motorräder.

- *** International Center of Photography (I.C.P.)**
1130 5th Ave./88th St. (Museum Mile)

Das Center hier wurde für die Öffentlichkeit geschlossen. Es gibt jetzt nur noch das ICP in Midtown: *1133 Avenue of the Americas/ 43rd Street, Tel. (212) 857-0000, www.icp.org.*

- *** The Jewish Museum (F24)**
1109 5th Ave./92nd St. (Museum Mile), geöffnet: Sa–Di+Do 11h–17h45, Tel. (212) 423-3200, www.jewishmuseum.org

Das Museum ist in einer herrschaftlichen Villa (gotischer Stil, 1908) untergebracht und erstreckt sich über 4 Etagen. Unten werden jährlich wechselnde Wanderaus-

Größte permanente Ausstellung zur Geschichte der Juden

stellungen gezeigt, welche sich mit jüdischer Kunst befassen bzw. Werke jüdischstämmiger Künstler zeigen. In den oberen Etagen befindet sich die größte, permanente Ausstellung in den USA zur Geschichte der Juden. Viele Exponate wurden aus Europa vor dem 2. Weltkrieg gerettet.

Um diese Ausstellung aber zu verstehen, sollte man etwas über die Geschichte der jüdischen Religion und Gesellschaft wissen. Die Zeitsprünge sind oft sehr groß und viele Erläuterungen für Laien nicht nachzuvollziehen. Trotzdem lohnt sich ein Besuch schon.

Leihen Sie sich evtl. am Eingang einen Kassettenrekorder aus. Per Band werden Ihnen viele Dinge erklärt. Im Hause gibt es auch ein Research Center für wissenschaftliche Studien.

Tipp
*Das **Café Weissmann** im Hause lädt zu einer Verschnaufpause ein.*

- **Metropolitan Club (F25)**
1–11 East 60th St./5th Ave.

Das wohl größte, luxuriöseste und imposanteste Clubhouse in New York, erbaut 1891–94 im italienischen Renaissance-Stil. Gegründet wurde der Club 1891 als Gegenstück zum damals vornehmsten Club, dem Union Club. Viele der Metropolitan Club-Gründer wurden nämlich im Union Club nicht aufgenommen. Und da die Clubmitglieder Geld hatten, wählten sie nicht nur diese Lage, sondern ließen verschwenderisch bauen und „protzten" schließlich mit ihrer Bar, von der aus sie auf den Central Park schauen konnten.

Clubkultur – auch heute noch exklusiv

Zu den 700 Gründungsmitgliedern, die für den Bau die damals unfassbare Summe von 2 Millionen Dollar zahlten, gehörten die *Vanderbilts* (Eisenbahn/Stahl), *J.P. Morgan* (Finanzier), die *Whitneys* (Finanzen/Politik) und die *Roosevelts* (Politik).

Zu den Annehmlichkeiten im Clubhaus gehören 34 Schlafräume, eine Bowlingbahn und mehrere Esszimmer. Hier trifft sich gerne der Geldadel und besiegelt bei flambierten Lendchen millionenschwere Deals. Heute können übrigens auch Frauen Mitglied werden. Z.Zt. zählt der Club 1.500 Mitglieder, darunter Staatspräsidenten und Bosse multinationaler Konzerne. Hineinschauen dürfen Sie natürlich nicht.

- ***** Metropolitan Museum of Art (F26)**
5th Ave. an der 82nd St. (Central Park, geöffnet: So, Di–Do 9h30–17h30, Fr + Sa bis 21h, Tel. (212) 535-7710, www.metmuseum.org

Hinweis
Im Metropolitan Museum of Art werden regelmäßig Wanderausstellungen und an Wochenenden klassische Konzerte (im Zwischengeschoss der Great Hall) geboten. Informieren Sie sich darüber in den Veranstaltungsblättern bzw. Tageszeitungen.

Zur Parkseite hin präsentiert sich das Museum mit der gläsernen Ummantelung der modernen Anbauten. Auf der anderen Seite des Museums, zur Fifth Avenue hin, liegt der Haupteingang.

Zusammen mit dem Louvre in Paris, der Ermitage in Leningrad und dem British Museum in London ist das Metropolitan Museum die bedeutendste Adresse für Kunstliebhaber auf der Welt.

Der (kaum noch sichtbare) Ursprung dieses Museums liegt in den 1880er Jahren, während die monumentale Eingangsfassade zu Anfang des 20. Jahrhunderts gestaltet wurde. Die meisten der Ausstellungsflügel sind jedoch stark verändert bzw. in den 70er und 80er Jahren komplett neu erbaut, so dass im Innern der moderne Charakter vorherrschend ist.

In etwa 300 Räumen werden ca. 100.000 Exponate gezeigt, Kunst

Zur ganz groben Vorinformation eine **Liste der Ausstellungsthemen:**

- **Erdgeschoss** *(Haupteingang):*
- *Linker Flügel: griechische und römische Kunst; Restaurant; im Michael C.Rockefeller Wing: völkerkundliche Abteilung (afrikanische, pazifische und amerikanische Kunst)*
- *zentraler Flügel: europäische Kunst des Mittelalters, Malerei, Skulptur und Kunsthandwerk; in der Robert Lehmann Collection (auf zwei Stockwerken): europäische Malerei der alten Meister und der klassischen Moderne, Sonderausstellungen; mittelalterliche und neuzeitliche Waffen und Rüstungen aus Europa, Asien und Amerika*
- *American Wing: amerikanische Kunst und Kunsthandwerk, wiederaufgebaute Fassaden, Wintergarten*
- *Rechter Flügel: ägyptische Kunst des Alten, Mittleren und Neuen Reiches; wiederaufgebauter Tempel von Dendur*

- **Obergeschoss:**
- *Linker Flügel: islamische Kunst; griechische und römische Kunst; europäische Malerei und Skulptur des 19. Jahrhunderts*
- *Zentraler Flügel: Kunst des Fernen Ostens; Europäische Malerei der klassischen Moderne; Kunst des 20. Jahrhunderts*
- *Rechter Flügel: Sonderausstellungen; Instrumente*

und Kunsthandwerk aller Epochen und fast aller Kontinente. Außerdem verfügt das Museum über eine Bücherei, mehrere gut sortierte Shops (Kunstdrucke, Bücher, Souvenirs usw.) und eine Cafeteria.

Fast alles, was im Museum ausgestellt wird, ist von außerordentlicher Qualität und Bedeutung. Deswegen fällt eine Auswahl schwer. Trotzdem gibt es Abteilungen, wie man sie ähnlich auch in den großen europäischen Museen erleben kann (griechische Kunst, römische Kunst, sog. primitive Kunst, Waffen usw.). Deswegen mein Tipp für Unentschlossene und Kurzbesucher zu einem ca. 2stündigen orientierenden **Rundgang**:

Eine Top-Adresse der Kunst

Nach Eintritt in die große Halle (Informationsstand) nach rechts in die **ägyptische Abteilung**, sich immer rechts haltend bis zum **Tempel von Dendur**, dann geradeaus in den **American Wing** mit seinem Wintergarten. Über das zentrale Treppenhaus schließlich in das Obergeschoss und sich dort eine der Sammlungen der **europäischen Malerei** anschauen.

468 9. Manhattan: Zwischen 59th und 110th Street

Metropolitan Museum of Art - New York -

Untergeschoss (Groundfloor)

- Robert Lehman Collection
- Parkhaus
- Europ. Dec. Arts
- Autoeinfahrt
- Photos
- Slide Libr.
- Costume Institute
- 81 st. Street Eingang

Erdgeschoss (First Floor)

- Robert Lehman Collection
- American Wing
- French Period Rooms
- English Period Rooms
- American Wing Garden Court
- Europ. Sculp. & Decor. Arts
- Europ. Sculture and Decor. Arts
- Medieval Art
- Michael C. Rockefeller Wing – Art of Africa, the Americas and Pacific Islands
- Arms and Armor
- Sackler Wing. Temple of Dendur
- Library
- Patio
- Shop
- Rogers Audit.
- Audio
- Restaurant
- Greek and Roman Art
- Shop
- Great Hall
- Egyptian Art
- Egyptian Art
- Haupteingang: Fifth Avenue & 82 nd. Street

Erster Stock (Second Floor)

- American Wing
- European Paintings
- Eur. Paintings
- Musical Instruments
- 19th Cent. European Paintings and Sculpture
- 20th Cent. Art
- European Paintings
- Drawings, Rec. Acquisitions
- Prints, Photos
- Shop
- Great Hall Balcony
- Spec. Exhib.
- Chinese Paintings
- Chinese Garden Court
- Islamic Art
- Greek & Roman Art
- Ancient Near Eastern Art
- Far Eastern Art
- Far Eastern Art
- Spec. Exhib.
- Chinese Paintings
- Spec. Exhib.

© i graphic

> **Hinweis**
> Der „Open-Air-Roof Garden" (offener Dachgarten) mit seinen Skulpturen aus dem 20. Jahrhundert ist unbedingt sehenswert, aber nur von Mai bis Oktober geöffnet. Hier gibt es auch ein kleines Restaurant.

- **Neue Galerie (F27)**

Fifth Ave., zw. 85th u. 86th Sts. (Museum Mile), geöffnet: Sa–Mo+Do 11h–18h, Fr 11h–21h, Tel. (212) 628-6200, www.neuegalerie.org

Dieses Museum wurde von dem Kunsthändler *Serge Sabarsky* sowie dem Kosmetik-Zar *Ronald S. Lauder* ins Leben gerufen. Die permanente Ausstellung zeigt eine der größten Sammlungen *Gustav Klimts* und *Egon Schieles*. Auch Werke von *Kandinsky* und *Kokoschka* sind zu sehen. Hingewiesen wird in einer Abteilung auch auf Leistungen von *Mies van der Rohe*. Das Museum widmet sich in erster Linie österreichischer und deutscher Kunst des 20. Jahrhunderts. Lohnend und beliebt bei Besuchern auf der Museum Mile ist auch das **Café Sabarsky** im Erdgeschoss. Hier gibt es kleine Gerichte, sowie natürlich Kuchen in Wiener Caféhaus-Atmosphäre.

deutsche und österreichische Kunst

- **(El) Museo del Barrio (F28)**

1230 5th Ave., zw. 104 u. 105th Sts. (Museum Mile), geöffnet: Mi–So 11h–17h, Tel. (212) 831-7272, www.elmuseo.org

1969 in einem Klassenzimmer in East Harlem gegründet, zeigt das heutige Museum an der Museum Mile in der permanenten Ausstellung Gegenstände aus der Geschichte Lateinamerikas. Die Museumssammlung beinhaltet aber auch Werke lateinamerikanischer Künstler, die in den USA leben. Und auch die Wanderausstellungen lohnen einen Besuch, denn durch sie wird deutlich, welchen starken Einfluss die „Hispanics" und „Latinos" mittlerweile im kulturellen und gesellschaftlichen Leben Amerikas haben. Man bedenke, dass ein Viertel der New Yorker lateinamerikanischen Ursprungs ist.

Lateinamerika

Im Haus befindet sich außerdem das ehemalige Art-Deco-*Heckscher Theater*, einst berühmt für seine „Probeaufführungen" für den Broadway und das Shakespeare Festival. Komplett restauriert, werden hier jetzt in unregelmäßiger Folge Filme und lateinamerikanische Theaterstücke gezeigt, außerdem dient es als Bühne für Musikveranstaltungen und das alle zwei Jahre stattfindende Latino-Film and Video Festival. An Sommerabenden finden auch draußen im Garten Musikveranstaltungen statt.

- **** Museum of the City of New York (F29)**

5th Ave. an der 103rd St. (Museum Mile), geöffnet: Di–So 10h–17h, Tel. (212) 534-1672, www.mcny.org

Museum, das sich besonders auf die Geschichte New Yorks seit der Zusammenlegung der 5 Boroughs 1898 konzentriert. Über fünf Stockwerke sind etwa 500.000 Exponate zu sehen, so z.B. alte Stadtansichten, Kostüme, Fahrzeuge, Schaufenster, Spielsachen, Feuerwehrutensilien u.a. Natürlich wird auch die Zeit vor 1898 angeschnitten (z.B. die Kolonialzeit) sowie der tragische 11. September 2001.

Geschichte New Yorks

Aufmerksamkeit sollten Sie aber vor allem Ankündigungen von Wander- un Sonderausstellungen widmen.

Es gibt zwar nicht viel zu schreiben zu dem Museum, doch für den, der sich Interesse an New York hat und erkunden möchte, wie es zu dieser Metropole werden konnte, ist dieses Museum ein absolutes Muss.

Wird oft unterschätzt: Museum of the City of New York

- **National Academy of Design (F30)**
1083 5th Ave., Ecke 89th St., geöffnet: Mi+Do 12h–17h, Fr 10h–18h, Sa+So 10h–17h, Tel. (212) 369-4880, www.nationalacademy.org

Ein Forum für abgelehnte Künstler

Die Akademie wurde 1826 gegründet. Vorausgegangen war eine Ablehnung vieler Künstler bei den damals etablierten Kunstschulen. Die National Academy of Design verlangte von jedem Mitglied, ein selbst geschaffenes, zeitgenössisches Kunstwerk zu stiften. Mittlerweile hat sich da natürlich eine sehenswerte Sammlung angehäuft, besonders auch, weil namhafte Künstler hier eingeschrieben waren bzw. unterrichteten, so z.B. *Frank Lloyd Wright* (Architekt), *Samuel F.B. Morse* (Mitbegründer und Erfinder des Telegrafen), *Robert Rauschenberg* (Maler, Mitbegründer der Pop-Art-Kunst) und *Winslow Homer* (Maler).

Zu sehen gibt es also vor allem zeitgenössische Kunst des 19. u. 20. Jahrhunderts, und wer tiefer in die Materie einsteigen möchte, kann im Obergeschoss Einblick in alle hier veröffentlichten Diplomarbeiten erhalten.

- **Saint Nicholas Russian Orthodox Cathedral (F31)**
15 E. 97th St./Madison Ave.

Saint Nicholas ist seit Fertigstellung dieser Kirche Sitz der Diözese der Russisch-Orthodoxen Kirche in Nordamerika. Die Gelder für den Bau dieses Gotteshauses wurden damals in ganz Russland mit Hilfe von Spenden gesammelt. In Anlehnung an die barocken Kirchen des Zarenreiches im 17., 18. und vor allem 19. Jahrhundert („Moskau-Barock") hat ein Architekt russischer Abstammung nicht mit klischeehaften Stilelementen gespart. Die 5 Zwiebeltürme bilden dabei nur das i-Tüpfelchen.

- **Seventh Regiment Armory (F32)**
643 Park Ave., zw. 66th u. 67th Sts.

Es gibt mehrere alte Forts in Manhattan, doch dieses, 1806 gegründet und in seiner heutigen Form 1879 fertiggestellt, besticht durch seine Größe und den

„Lego-Charakter". Andere wurden ihm später nachempfunden. Besonders eindrucksvoll ist das verschnörkelte Innere, was Sie aber z.Zt. nicht besichtigen können, da sich hier seit dem Terroranschlag vom 11. September 2001 die Kommandozentrale der National Guard befindet. Bedenken Sie auch, dass das Fort angelegt wurde, als New York noch nicht so recht bis hier reichte. Es bildete also eine Art Schutz an den Stadtgrenzen. Achten Sie auf eine Wiedereröffnung fürs Publikum. Im Winter (meist Januar) sollen dann wieder Antiquitäten-Auktionen und -Shows in den großzügigen Räumlichkeiten abgehalten werden. Und die Räume selbst lohnen auch die Besichtigung.

- ***** Solomon Guggenheim Museum (F33)**

Siehe S. 464f

- **Sotheby's (F34)**
1334 York Ave., 70th St.

Der älteste Kunstauktionator der Welt, gegründet in London, hat mittlerweile seinen zweiten Hauptsitz auch in New York etabliert. In ewiger Konkurrenz mit Christie's, buhlt Sotheby's um jeden Kunden, ohne dabei aber das Ziel aus den Augen zu verlieren, die betuchte Gesellschaft im Besonderen anzusprechen. Während Sotheby's in London als konservativ und leicht verstaubt gilt, lässt man sich in New York immer Neues einfallen. So ist z.B. geplant, die Auktionsgegenstände wie in einem Warenhaus auszustellen.
Anders als bei anderen Sotheby's, ist es hier auch möglich, Auktionen als Zuschauer beizuwohnen bzw. die zum Verkauf stehende Ware anzuschauen – ein fürwahr ausgefallenes New York-Erlebnis. Dafür bedarf es einer Anmeldung und eines Tickets (teuer). *Infos unter Tel.: (212) 606-7000.*

Die Gunst der Kunden gewinnen

- **Temple Emanu-El (Synagoge) (F35)**
5th Ave., zw. 65th u. 66th Sts.

Diese riesige Synagoge bedeckt einen ganzen Häuserblock. Sie stammt aus dem Jahre 1929 und ist Sitz der reichsten und zugleich ältesten (reformierten) jüdischen Gemeinde von New York. Mit über 2.500 Plätzen ist das Gotteshaus nicht nur eines der größten der Stadt (mit mehr Volumen und Plätzen als beispielsweise die St. Patrick's Cathedral), sondern wird sogar als die größte Synagoge der Welt bezeichnet. Die Architektur mit ihren

Überall im und am Central Park: „Back-Rub" für müde Museumswanderer

neoromanischen und byzantinischen Details (viele Mosaiken) unterscheidet sich allerdings kaum von der der christlichen Kirchen jener Zeit. Nur die Art-Deco- und maurischen Ornamente setzen sich davon ab.

Die „Hall" ist 47 m lang, 23 m breit und nahezu 130 m hoch.

Ein weiterer jüdischer Tempel, die **Fifth Avenue Synagogue**, befindet sich vier Straßen weiter südlich an der 62nd Street.

- **The Society of American Illustrators/ Museum of American Illustration (F36)**
128 E. 63rd St., zw. Lexington u. Park Aves., geöffnet: Di 10h–20h, Mi–Fr 10h–17h, Sa 12h–16h, Tel. (212) 838-2560, www.societyillustrators.org

Von Bildern in Büchern

Diese wenig bekannte Ausstellung/das Museum befasst sich mit einem Thema, welches weite Teile gedruckter Veröffentlichungen wesentlich beeinflusst hat und auch noch tut. Bevor die Photographie Einzug hielt, wurden viele Dinge durch Illustrationen dem Leser näher gebracht, und auch heute noch gehören Karikaturen zu politischen Sachverhalten bzw. Zeichnungen z.B. in Kinderbüchern zu wichtigen Bestandteilen des Druckwesens.

Das Museum hier erläutert die Techniken der Illustration, zeigt aber vor allem auch in verschiedenen und oft wechselnden Ausstellungen z.T. bis zu 200 Jahre alte Illustrationen. Oft handelt es sich um Leihgaben aus anderen Museen und nicht selten werden auch Illustrationen hier versteigert, sowohl historische als auch die von den Schülern der hier angeschlossenen Schule. Der Erlös geht dann wieder an die Schule. Die Ausstellungen wechseln teilweise jede Woche, daher empfehle ich, entweder in den Veranstaltungsblättern zu schauen bzw. anzurufen *(Tel.: (212) 838-2560)* oder im Internet *(www.societyillustrators.org)* zu schauen, was gerade ausgestellt ist.

- **** Whitney Museum of American Art (F37)**
945 Madison Ave., Ecke 75th St., geöffnet: Mi–Do 11h–18h, Fr 13h–21h, Sa+So 11h–18h, Tel. (212) 570-3600, www.whitney.org

Die wichtigste Sammlung amerikanischer Kunst

Das Museum entspringt einer relativ kleinen Galerie von *Gertrude Vanderbilt Whitney*, die selbst eine Bildhauerin und Sammlerin gewesen ist, nahe dem Washington Square. Mehr von Bedeutung aber war wohl ihre Herkunft. Das Geld zweier überaus reicher Familien ermöglichte es ihr, die zeitgenössische amerikanische Kunst zu fördern.

Das jetzige Museum, 1966 eröffnet, hat die wohl umfangreichste und wichtigste Sammlung amerikanischer Gegenwartskunst (einschließlich Film- und Videokunst sowie „Kunst der neuesten Medien"), die darüber hinaus in einem äußerst interessanten Gebäude (1964) des Bauhaus-Architekten *Marcel Breuer* untergebracht ist. Wie das Guggenheim Museum steigt auch dieser Bau im starken Kontrast zur Umgebung empor, wobei die fünf Stockwerke aus Granit und Beton, jeweils oben überkragend, übereinandergestapelt sind.

Da die Kapazität des Museums erschöpft ist, ist in Midtown (Philip Morris Building, S. 435) ein Zweigmuseum eingerichtet worden. Zudem plant man, die Büroräume auszulagern, um mehr Ausstellungsfläche zu schaffen.
Natürlich gibt es auch hier wechselnde Ausstellungen moderner amerikanischer Künstler.

9. Manhattan: Zwischen 59th und 110th Street/Der Norden

Roosevelt Island/Roosevelt Island Aerial Tram

Eine Seilbahn fährt von Manhattan auf die Insel! Abfahrt: Ecke 2nd Ave./60th Street. Fahrzeiten: 6h–2h (Wochenende bis 3h30), alle 15 Minuten

Ehemals wurden ausschließlich psychisch Kranke, Drogenkranke und Kriminelle auf diese Insel im East River „abgeschoben". Alte, z.T. stark verfallene Gebäude zeugen von dieser Zeit, und auch die moderne Architektur mag kaum beeindrucken. Viele Straßenzüge und die riesigen Parkhäuser im Zentrum wirken trist – z.T. sind sie im Plattenbaustil der 60er und 70er Jahre errichtet. Mittlerweile sind einige ältere, renovierte Gebäude sowie neuerrichtete Apartmenthäuser beliebt als Wohnstätte für New Yorker. Die Mehrzahl der über 8.000 Bewohner sind aber Rentner, für die die ehemaligen Spitäler umgebaut sowie neuere Blocks hochgezogen wurden.

Schön ist der Ausblick auf die Skyline, und eine Wanderung entlang der Promenade wirkt entspannend. Man versucht zwar, die Insel attraktiver zu machen, ein kleiner Skulpturen-Garten wurde bereits nahe dem Transportation Center eingerichtet, doch richtig attraktiv ist z.Zt. wirklich nur die Seilbahn, die so völlig fremd wirkt zwischen den Straßenschluchten Manhattans.

Im Hause befindet sich das Restaurant **Sarabeth's**, wo Sie leckere Kleinigkeiten zu einem (manchmal etwas zu saftigen Preis) erhalten. *Es ist aber nur bis 16h30 geöffnet!*

Der Norden von Manhattan

Überblick: Einst und Heute

Die interessantesten Stadtteile des Nordens von Manhattan im Überblick

Charakteristika in Stichworten: Harlem: Wohnviertel der Afro-Amerikaner – Es wurde kräftig aufgeräumt – Investitionen getätigt und weitere in Aussicht – Dadurch Charakterverlust? – Nicht mehr so gefährlich wie sein Ruf – 125th Street als alternative Shopping-Mall – Überall Gotteshäuser – Nur ein wirkliches Hochhaus – Tag und Nacht Leben auf der Straße – Soulfood ist mächtig – Afrikanische Kunst – Versteckte Musikclubs – **Nicht einfach Menschen fotografieren: erst fragen!** – East Harlem in puertoricanischer Hand – In Morningside Heights: Universität und zwei eindrucksvolle Kirchenbauten – Aussicht von Kirche – Manhattan nördlich der 135th Street: Vornehmlich von Lateinamerikanern (bes. aus Zentralamerika) bewohnt – Geringste Einkommen in Manhattan – In über 60 % der Haushalte wird spanisch gesprochen – Wenig Sehenswürdigkeiten – Schöne Ausblicke auf den Hudson River – Klostermuseum

Übersichtskarte S. 485

Morningside Heights
Geographische Lage: Zwischen 110th und 125th Streets sowie dem Morningside Park im Osten und dem Hudson River im Westen (Teil von der Upper West Side) • *Einwohner:* 43.000 • *Sehenswertes* finden Sie auf S. 482ff.

Geschichte: Das Gebiet liegt auf einem nord-süd-gerichteten Hügelkamm, der besonders zum Hudson River hin steil abfällt. Bis nach dem Amerikanischen

9. Manhattan: Der Norden

Der Norden von Manhattan

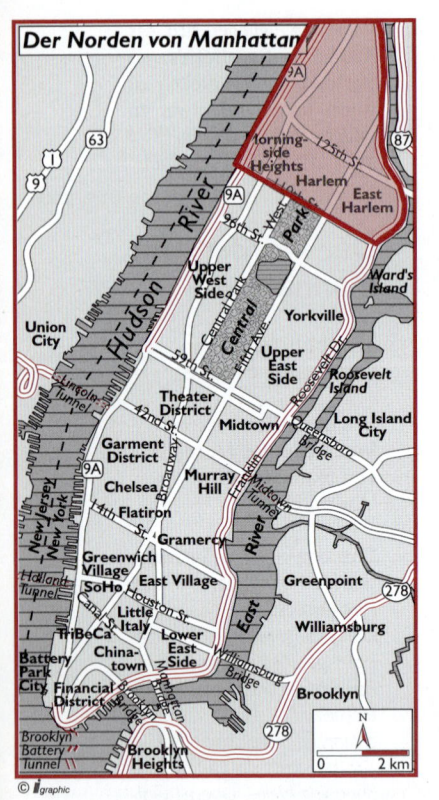

Bürgerkrieg tat sich hier nicht viel, sieht man einmal ab von der *Battle of Harlem* (1776), einer Schlacht während des Unabhängigkeitskrieges. Farmen bedeckten große Teile des Landes, wobei viele Areale wegen der schroffen Felsen nicht nutzbar waren.

Nach 1870 wurde dann der Riverside Drive angelegt. Ihm folgte 1887 der Morningside Park. Den heutigen Charakter einer „intellektuellen Insel" inmitten weniger vorteilhafter Stadtteile machten aber erst folgende Bauten und Einrichtungen aus:
- der Bau der **Cathedral of St. John the Divine**, 1892 begonnen und noch lange nicht fertig,
- die Errichtung von **Grant's Tomb** (1897)
- und ganz besonders die 1897 aus Midtown hierher umgezogene **Columbia University**, die weitere Hochschuleinrichtungen, Colleges und natürlich auch Buchläden und Restaurants mit sich zog.

Mit dem Anschluss an das U-Bahn-Netz im Jahre 1906 wurde Morningside Heights attraktiv für den Mittelstand, der in Midtown und Downtown arbeitete.

Eine kulturelle Oase

Auch **heute** noch gilt Morningside Heights als kulturelle Oase, die Geist (Columbia University), Seele (Cathedral of St. John the Divine), Körper (St. Luke's Hospital) und leibliches Wohl (viele kleine Restaurants) befriedigt. Der Morningside Park, der Blick auf Harlem von der Ridge aus, die Aussicht von der Riverside Church und das bunte Treiben der Studenten auf dem Campus der Uni unterstreichen bzw. vervollständigen diesen Eindruck noch.

Harlem
Geographische Lage: Zwischen Harlem River im Norden, 110th Street im Süden, 5th Avenue im Osten und Morningside sowie St. Nicholas Avenues im Westen • ***Einwohner:*** *295.000* • *Sehenswertes finden Sie auf S. 486ff.*

Übersichtskarte S. 481

Columbia University: mehrfach prämierte Denkfabrik New Yorks

9. Manhattan: Der Norden

Geschichte: Bereits 1658 gründeten holländische Siedler den kleinen Farmort Nieuw Haarlem, um den sich im Laufe der nächsten 120 Jahre auch große Anwesen (estates) entwickeln konnten. Angesehene Familien, wie z.B. die *de Lanceys* und die *Hamiltons*, ließen sich hier nieder. 1776 fand die Battle of Harlem auf den Hügeln im Westen statt, bei der die britischen Truppen geschlagen und somit ihr Vormarsch auf die Stadt vereitelt wurde. Nieuw Haarlem blieb noch lange eine winzige Ortschaft, die um 1790 gerade einmal 203 Seelen zählte.

Im 19. Jahrhundert änderte sich vieles. Das Farmland gab nicht mehr genug her, und somit wurden die finanzkräftigen, kolonialen Großfarmen allmählich aufgelöst, und viel Land wurde aufgeteilt in kleine Parzellen, die nun von neu angekommenen Siedlern aus Europa (meist Iren) kaum gewinnbringend bewirtschaftet wurden. Nieuw Haarlem selbst war von nun an aber, bis etwa 1870, Spielplatz der High Society, die hier Poloplätze, Pferdebahnen und andere Sporteinrichtungen nutzte. 1837 wurde die New York & Harlem Railroad fertiggestellt, ein flächendeckender Kutschen- und Busbetrieb (von Pferden gezogen) wurde eingerichtet, und sogar eine Dampferlinie verband im Sommer die Downtown mit der 125th Street. Langsam begann sich das Gebiet nördlich der 110th Street zu entwickeln, und Städter entdeckten es als ruhiges und bezahlbares Wohngebiet.

Spielplatz der High Society

Doch erst nach dem Amerikanischen Bürgerkrieg (bes. nach 1880) baute man Tenement- und Mittelklassewohnblocks in großem Stil. Das wiederum zog immer mehr Menschen an vom mittlerweile überteuerten (Midtown etc.) bzw. überbevölkerten (Lower East Side) Südteil Manhattans. Die meisten von ihnen ließen sich vornehmlich nahe dem East River bzw. an der Hügelkette im Westen nieder. 1889 eröffnete die Harlem Opera, und 1905 erreichte auch die Untergrundbahn den Stadtteil. Nieuw Haarlem war „in", und so fanden sich auch genügend Investoren, die überall zwischen Morningside Heights und East Harlem Brownstone-Häuser für die Mittelklasse errichten ließen. Vor allem Juden russischer und polnischer Abstammung, aber auch viele Deutsche zogen daraufhin hierher. 1917 lebten 80.000 Juden in Harlem und weitere 90.000 in East Harlem.

Trotzdem rentierten sich die Investitionen nicht. Zu viele Häuser wurden gebaut, und viele Mittelständler fanden mittlerweile eine erschwingliche Bleibe in den höher aufragenden Gebäuden südlich des Central Park. Das drückte die Mietpreise in Harlem ab 1905 so drastisch, dass die einkommensschwache schwarze Bevölkerung aus dem Süden (Westside/Midtown) hier ihre Lücke fand, anfangs besonders im Gebiet um die 135th Street. Maßgeblich unterstützt wurde deren Ansiedlung durch den schwarzen Immobilienmakler Philip Payton, der extrem günstige, 5–10 Jahre laufende Leasingverträge mit den Eigentümern abgeschlossen hatte und somit relativ niedrige Mieten anbieten konnte. Die Hausbesitzer hofften natürlich, nach 10–15 Jahren wieder höhere Mieten eintreiben zu können. Zwei Dinge verhinderten dieses dann aber: Zum einen zogen so viele schwarze Familien hierher (1900–1914 ca. 55.000 Familien), dass sich die weiße Mittelschicht anderen Bezirken zuwandte. Und zweitens brach 1914 der 1. Weltkrieg aus, der alle den Gürtel hat enger schnallen lassen. Weder hätten also die Häuser renoviert werden können, noch konnten sich genügend Menschen die höheren Mietpreise leisten. Somit zogen während und nach dem Krieg noch mehr schwar-

Entwicklung zum Viertel der Afro-Amerikaner

ze Familien nach Harlem (ab dann offiziell mit nur einem „a"). 1920 lebten hier 120.000 Afro-Amerikaner, und um 1930 waren es schon über 200.000.

Die „Roaring Twenties" symbolisieren die absolute Hochzeit von Harlem. Schwarze Künstler sorgten dafür, dass Harlem als „chic" galt bei der weißen Mittel- und Oberklasse. Besonders die Jazz- und Nightclubs, wie z.B. der „Cotton Club", „Connie's Inn" und der „Savoy Ballroom", waren bis in die 50er Jahre hinein Publikumsmagneten, und das nicht allein wegen der hier regelmäßig auftretenden Größen wie *Duke Ellington, Fletcher Henderson, Count Basie, Louis Armstrong* und *Ella Fitzgerald*. Auch die schwarze Literaturszene, angeführt von *Langston Hughes, Countee Cullen* und *Zora Neale Hurston*, sorgte dafür, dass diese Zeit auch die **Harlem Renaissance** genannt wurde. Daneben lebten nach 1920 auch bekannte schwarze Maler, Broadwayautoren und erfolgreiche Geschäftsleute in Harlem. Und obwohl es die rassistischen Gesetze in Amerika bis in die 1960er Jahre hinein zuließen, dass die schwarze Bevölkerung die meisten großen Clubs nicht als Gäste betreten durfte, steht Harlem bis heute für den kulturellen Erfolg der Afro-Amerikaner und deren Unabhängigkeit. Zu Recht wird es daher die *Black Capital of the World* genannt – was auch damit zusammenhängt, dass viele Menschen aus aller Welt hierhin eingewandert sind. Ausgeschlossen aus den Clubs, trafen sie sich an anderen Orten, so z.B. in den Versammlungsräumen der Kirchen oder im YMCA-Haus.

Treffpunkt der Jazz-Größen

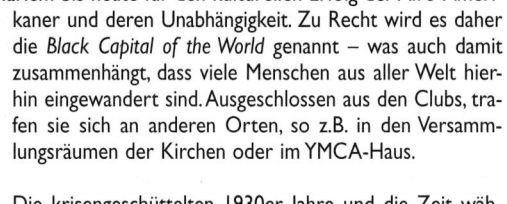

Die krisengeschüttelten 1930er Jahre und die Zeit während und nach dem Zweiten Weltkrieg brachte große finanzielle Einschnitte. Zahlreiche reiche Afro-Amerikaner siedelten um nach Brooklyn, Queens und New Jersey, ein Teil des schwarzen Mittelstandes in die Bronx und nur wenige finanziell abgesicherte Familien blieben in Harlem. Viele der Clubs blieben zwar bestehen, doch der kulturelle Schwung von Harlem verblasste zunehmend.

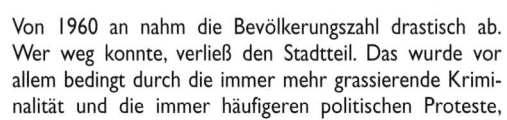

Von 1960 an nahm die Bevölkerungszahl drastisch ab. Wer weg konnte, verließ den Stadtteil. Das wurde vor allem bedingt durch die immer mehr grassierende Kriminalität und die immer häufigeren politischen Proteste, die Razzien und harte Polizeimaßnahmen nach sich zogen. Doch gerade die politischen Strömungen der „Civil Rights Movement" (Bürgerrechtsbewegung), die ihre Wurzeln bereits vor dem 2. Weltkrieg finden, brachten Harlem in den 1960er Jahren wieder in die Weltmedien. Zig Gruppen protestierten gegen die Benachteiligung und Diskriminierung der schwarzen Bevölkerung in Amerika. Der bei uns wohl bekannteste Führer dieser Bewegungen in Harlem war *Malcolm X*, der vom moslemischen Tempel *(Ecke Malcolm X Boulevard/116th Street)* aus agierte und 1965 im Audubon Ballroom *(W. 166th Street)* ermordet wurde. Zu dieser Zeit gingen zudem viele Häuser in Flammen auf, zumeist von den Besitzern angezündet und als Versicherungsfall deklariert. Harlem brannte. Doch fand damit ein Säuberungsprozess statt, der heute seine Früchte trägt: die Rechte der Afro-

Die einen haben es bereits geschafft (Striver's Row)...

Kampf um gleiche Rechte

Amerikaner haben sich deutlich verbessert, die Bausubstanz wurde entkernt und wird seit Ende der 1980er Jahre wieder renoviert, die Kriminalität wurde, wenn auch mit zum Teil drastischen Methoden, relativ erfolgreich bekämpft, und schwarze Politiker finden nun den Weg in die höchsten Ämter. Bekanntestes Beispiel ist *David Dinkins*, der in Harlem lebt und von 1989–1993 Bürgermeister von New York war.

Heute: Inzwischen beginnt Harlem, die „City within the city", sich wirklich zu mausern. Die Kriminalitätsrate ist so stark gesenkt worden, dass man im Grunde auch abends hier herumlaufen bzw. mit der U-Bahn anreisen kann. Verlassen Sie abends aber trotzdem besser nicht die größeren, beleuchteten Straßen. Die Häuser werden großenteils renoviert, wobei dieser Prozess sich sicherlich noch einige Jahrzehnte hinziehen wird. Oftmals handelt es sich um Spekulanten, die die südlichen Straßenzüge aufgekauft haben und nun beginnen, nördlich der 125th Street zu investieren, in der Hoffnung, dort ebenfalls lukrative Geschäfte zu machen mit weiteren Zuzüglern aus dem übeteuerten Süden der Insel. Zahlreiche Gebäude dagegen werden über Kirchen, Fonds, Wohltätigkeitsvereine bzw. Erbengemeinschaften zu schwarze Familien zu günstigen Preisen abgetreten, doch fehlt denen dann das nötige Kapital, um die z.T. bis auf die Grundmauern niedergebrannten und verrotteten Häuser zu sanieren. So kann ein solches Brownstonehouse für 50.000 $ veräußert werden, aber mindestens 300.000 $ sind nötig für die komplette Restaurierung.

Rückgang der Kriminalität

... die anderen warten noch

Es liegt also noch einiges im Argen, doch trotzdem ist der Schimmer am Horizont schon deutlich zu sehen und vieles hat sich geändert. Am besten erkunden Sie Harlem auf einem erläuterten Spaziergang, der in Prospekten als „Walking Tour" ausgeschrieben ist. Dabei passieren Sie die unzähligen Kirchen, von denen sich nicht wenige hinter einer einfachen Tür im Untergeschoss eines heruntergekommenen Hauses verbergen. An Straßenständen wird Soulfood verkauft, in der 125th Street können Sie im Studio Museum of Harlem afro-amerikanische Kunst bewundern und hinterher in den günstigen Textil- (T-Shirts, Teenager-Mode) und Sportgeschäften (Turnschuhe) einkaufen. Disney und andere große Konzerne haben sich auch schon breit gemacht an der 125th Street, so z.B. mit der großen Mall „Harlem USA". Eindrucksvoll sind zudem die herausgeputzten Häuser der schwarzen Oberschicht, wie z.B. die Astor Row und die Striver's Row. Und wer sich traut, ein wenig zu handeln, sollte auf dem Harlem Markt *(Ecke Lenox Ave./ 117th St.)* einmal nach Jeans sowie Kunsthandwerken aus Afrika schauen.

Positive Veränderungen

Zum „Pflichtprogramm" zählt heute auch der Besuch an einem Sonntag. Für die meisten Touristen bedeutet das, an einem Baptisten-Gottesdienst teilzunehmen.

Das hat natürlich auch seinen Reiz, doch sollten Sie sich vorher darüber im klaren sein, dass die Busunternehmen aus der Midtown dafür nur die ganz großen Kirchen anfahren und hier dann die Busse in der Schlange stehen. Eindrucksvoller ist der Besuch einer kleinen Kirche, die Sie z.B. über eine „Walking Tour" ausfindig machen

Wahren Sie bei Kirchenbesuchen die Sitten:
- sich ordentlich zu kleiden (keine Jeans),
- kommen Sie nicht zu spät,
- bleiben Sie eine Weile und gehen Sie nicht einfach nach 10 Minuten wieder hinaus,
- geben Sie auch Geld in den Klingelbeutel,
- beteiligen Sie sich an der „Vorstellung". Sie werden z.B. mit Händedruck von der Gemeinde begrüßt, müssen kurz erzählen, wo Sie herkommen usw. und
- vor allem: Fotografieren Sie nicht drinnen!

bzw. besuchen können. Erkundigen Sie sich bei einem „Alleingang" aber vorher (evtl. telefonisch), ob Sie hineingehen dürfen. Die einfachste und wohl beste Methode ist es aber, sich einem kleinen, aus Harlem stammenden Tour-Unternehmen anzuschließen. Diese finden Sie u.a. im Veranstaltungsteil der „New York Times", aber auch über das Touristenamt von Harlem: *State Office Building, 163 W. 125th Street (Ecke Adam Clayton Powell Jr. Blvd.), täglich geöffnet von 10h–18h.*

Ein Besuch an einem Sonntag hat zudem noch andere interessante Seiten: An schönen Tagen findet das Leben auf der Straße statt. Die Kinder spielen Ball in den Nebenstraßen, auf den Treppenaufgängen und oft auch auf Campingstühlen auf dem Bürgersteig sitzen die Menschen und plaudern, in vielen Ecken wird sogar gegrillt, und Verwandte von weit her kommen zu Besuch. Für viele ehemalige Bewohner ist Harlem auch heute noch ihre Heimat. Nicht selten kommen Sie an Wochenenden aus Washington, New York State und New Jersey angereist, nur um die Familie zu besuchen und fein gekleidet am Sonntagmorgen in den Gottesdienst der traditionellen Heimat-Kirche zu gehen.

Soulfood von der Straße: lecker

Tipp
Wer gerne echten Jazz oder Soul hören mag, der sollte sich am Wochenende in einem kleinen Club in Harlem umtun (S. 249f).

East Harlem/Spanish Harlem (El Barrio)

Lesen Sie dazu bitte im vorherigen Kapitel auf S. 445

Klassifizierung der Sehenswürdigkeiten
*** = Topattraktion – ein „Muss"
** = sollte man gesehen haben
* = sehr sehenswert
Alle nicht markierten Punkte lohnen natürlich auch, sind aber von Ihren speziellen Interessen abhängig.

Der absolute Norden Manhattans
Geographische Lage: In etwa Manhattan nördlich der 155th Street • *Einwohner:* Schätzungen schwanken zwischen 700.000 und 800.000 • *Sehenswertes finden Sie auf S. 493ff*

Geschichte: Bis zum Anfang des 20. Jahrhunderts war dieses Gebiet dünn besiedelt. Es war bis dahin nur bekannt wegen seiner vornehmen Anwesen. Mit dem Ausbau der Broadway-Subway 1906 bis zur Dyckman Street änderte sich das. Seither wurde der Norden mit immer mehr und immer hässlicheren, eintönigen Apartmentblöcken zugebaut. Nur ein paar Parkflächen auf dem Höhenzug im Westen blieben von diesem Bauboom verschont.

Heute: In einigen alten Herrenhäusern befinden sich kleine Museen, Ableger der Universitäten oder gemeinnützige Institutionen. Die meistbesuchte Attraktion ist The Cloisters, ein riesiges Museum im Fort Tyron Park, in dem eine Sammlung mittelalterlicher Klosteranlagen aus Südeuropa zu besichtigen ist. Die Parks im Westen vermitteln zudem einen Eindruck, wie Manhattan einmal ausgesehen haben mag.

Der Norden Manhattans, besonders Washington Heights und Inwood Hill, ist zudem Wohngebiet der Puertoricaner sowie anderer lateinamerikanischer Einwanderer. Ganze Straßenzüge weisen nur spanische Reklamen und Geschäftsmitteilungen auf, und Spanisch ist auch die meistgesprochene Sprache hier. Wer aber auf der Suche nach Bodega-Romantik ist, wird enttäuscht sein. Die tristen Häuserblocks sowie der hektische Verkehr lassen so etwas nicht zu. Auch das Aufspüren einer Tango-Bar sollten Sie besser sein lassen, denn abends gilt der Norden von Manhattan als noch nicht ausreichend sicher. Sollten Sie also nicht dem The Cloisters, der Hispanic Society of America oder dem alten Dyckman Farmhouse einen Besuch abstatten wollen, gibt es kaum einen Grund, hierher zu kommen.

Hier spricht man Spanisch

Spaziergänge/Erkundungen in Manhattan nördlich der 110th Street

Spaziergang/Erkundung: Morningside Heights
Mindestzeit: 1 ½ Std. (ohne Grant's Tomb), *optimale Zeit:* 2 ½ Std., *Sehenswertes finden Sie auf S. 482ff.*

Beginn: An der Riverside Church (Anfahrt: Bus o. Taxi). Für die Kirche, ein Memorial von John D. Rockefeller für seine Mutter, benötigen Sie gute 30 Minuten. Besonders die Aussicht von der Turmspitze ist die Zeit wert. Kirchenschiff, Ornamentik und das 34-Glocken-Spiel machen eigentlich nur deutlich, dass man mit Geld einiges „auf alt" trimmen kann. Grant's Tomb, Grabmal des siegreichen Bürgerkrieg-Generals, mag wohl eher Amerikaner interessieren. Gehen Sie daher von der Riverside Church über den Campus der Columbia-Universität, New Yorks Vorzeigeuni. Auf der anderen Seite sind es nur noch wenige Blocks bis zur Cathedral of John the Divine. Mit Stolz betrachten die Besucher aus dem amerikanischen „Bible Belt" (Südstaaten) die Riesenbaustelle, weniger aber die New

9. Manhattan: Der Norden

Redaktions-Tipps

- **Bedeutendste Sehenswürdigkeiten (S. 482):** The Cloisters; Hispanic Society of America; Riverside Church; Grant's Tomb; Cathedral of St. John the Devine; Studio Museum in Harlem; Hamilton Heights Hist. District; 125th St. in Harlem; Harlem Market, Apollo Theater
- **Restaurants/Picknicken:** Soulfood bzw. Gospelbrunch bei **Sylvia's**; Soulfood aus einem Imbiss in Harlem und dieses im **Marcus Garvey Park** in Form von einem Picknick verzehren; In Morningside Heights/Manhattan Valley empfiehlt sich der **Broadway** (südl. der 106th St.) mit vielen Restaurants; **Picknick** im Fort Tyron Park (am The Cloisters)
- **Shoppen:** Entlang der **125th Street** in Harlem; Afro-amerikanische Kunst und günstige Textilien auf dem **Harlem Market** (S. 489)
- **Zeit:** Für den Besuch des The Cloisters empfiehlt sich mindestens ein halber Tag (inkl. Anfahrt). Das Museum ist groß! Überlegen Sie sich, ob Sie wirklich so viel Interesse an alten Klosteranlagen haben. Sollten Sie nur einen Tag für den Norden Manhattans veranschlagen, lassen Sie The Cloisters besser aus und konzentrieren Sie Ihren Besuch auf Harlem. Der u.g. Spaziergang dauert sicherlich inkl. Shoppen und Museen 6 Stunden. Den Ausblick von der Riverside Church bzw. den Besuch der Cathedral St. John The Devine können Sie am Nachmittag dranhängen. Nehmen Sie dafür von Harlem aus ein Taxi zur Riverside Church und laufen Sie von dort über den Campus der Columbia University in 20 Minuten zur Kathedrale.
- **Abends:** Zuerst einmal: Die großen Straßenzüge in Harlem gelten auch abends als sicher, bes. südl. der 135th Street. Meiden Sie aber die Parks bei Dunkelheit. Nach diesem Essen bei **Sylvia's** oder in **Londell's Supperclub** wäre z.B. ein Cocktail in der **Lenox Lounge** eine gute Idee. Vielleicht findet ja auch etwas im **Apollo Theater** statt oder am Wochenende in einem der kleinen Jazz- und Soulclubs. Wer sich dagegen in Morningside Heights/Manhattan Valley aufhält, sollte sich einfach entlang des Broadway südlich der 116th Street treiben lassen.

Yorker, denn sie haben bereits Größeres im Süden Manhattans stehen. Die Turmspitzen werden wohl noch einige Jahrzehnte auf sich warten lassen, das Kirchenschiff ist in seiner überdimensionalen Größe bereits fertig (abzüglich der Feinornamentik). Auch hier werden Sie als Europäer nicht übermäßig begeistert sein. Wirklich historische Kirchen in der Alten Welt strahlen doch mehr Charme aus. Aber gesehen haben sollte man es schon.

Spaziergang/Erkundung: Harlem

Mindestzeit: 3 Std., optimale Zeit: 6 Std., Sehenswertes finden Sie auf S. 486ff.

Beginn: U-Bahn-Station 116th St.: Ecke W. 116th St./8th Ave. Entlang geht es auf der 116th St. zur Lenox Avenue. Unterwegs liegt einen Block südlich eine Zweigstelle der New York Public Library mit einer ansehnlichen Beaux-Arts-Fassade. An der Lenox Avenue, Ecke 117th Street, befindet sich der Harlem Market mit Geschnitztem und Stoffen vom schwarzen Kontinent sowie Marken-Textilien, die so günstig sind, dass die Marke wohl eher ein Wunschtraum ist. Lenox Avenue ist nun so gar nicht das, was man sich unter Harlem vorstellt!

Ja, hier wurde bereits in die Straßenoberfläche investiert, und als eine der (zukünftigen) Topadressen im Norden scheinen hier auch schon private Anleger Geld in die Häuser zu pumpen. Kurz vor der 125th Street winkt (ab mittags) eine Bar mit Erfrischungen: Lenox

Lounge. Hier hat *Malcolm X* seinen Frust über das weiße Establishment gerne runtergespült. Das wiederum hat die Harlemer Stadtväter dazu bewogen, die Lenox Avenue auch als Malcolm X Boulevard durchgehen zu lassen.

Showman's Café (Ecke 125th St., Ecke Frederick Douglass Blvd., Tel.: (212) 864-8941) war und ist ein beliebter Supper Club bei Jazzmusikern und Theaterschauspielern aus Harlem. Besonders in den 40er und 50er Jahren kamen hier die Musiker vom nahen Apollo Theater nach dem Auftritt her. Schauen Sie einmal vorbei und denken Sie über einen abendlichen Besuch nach...

Die 125th Street, nach beiden Seiten, ist dagegen Harlems Einkaufszone und Herzstück. Manche Modeklamotten sind hier günstiger als im Süden. Zwischen 7th und 8th Avenue macht zudem das legendäre Apollo Theater auf sich aufmerksam sowie das Studio Museum of Harlem mit Wanderausstellungen.

Nach Verlassen der 125th Street wird es etwas „klischeehafter". Heruntergekommene Brownstone-Häuser, Kinder auf der Straße, „Gotteshäuser" in Kellern und Dachstühlen, aber auch schon einige restaurierte Häuser dazwischen bilden das „typische" Harlem. Typisch aber auch Astor bzw. Striver's Row, wo sich betuchtere Afro-Amerikaner – inmitten ihrer Gemeinde – ein Refugium geschaffen haben, oft gesichert durch massive Holztüren natürlich. Das Schomburg Center, an einer Straßenkreuzung, die man architektonisch eher im ehemals sozialistischen (Plattenbau-) Osten Europas erwartet hätte, bietet kleine Ausstellungen und Lektüre über und von Afro-Amerikanern.

8th Avenue, eigentlich Frederick Douglass Boulevard, liegt in Höhe der Striver's Row am Fuße eines Hügels. Auf diesem thront, wie ein altenglisches Schloss, das City College of New York. Aber nicht diesem, son-

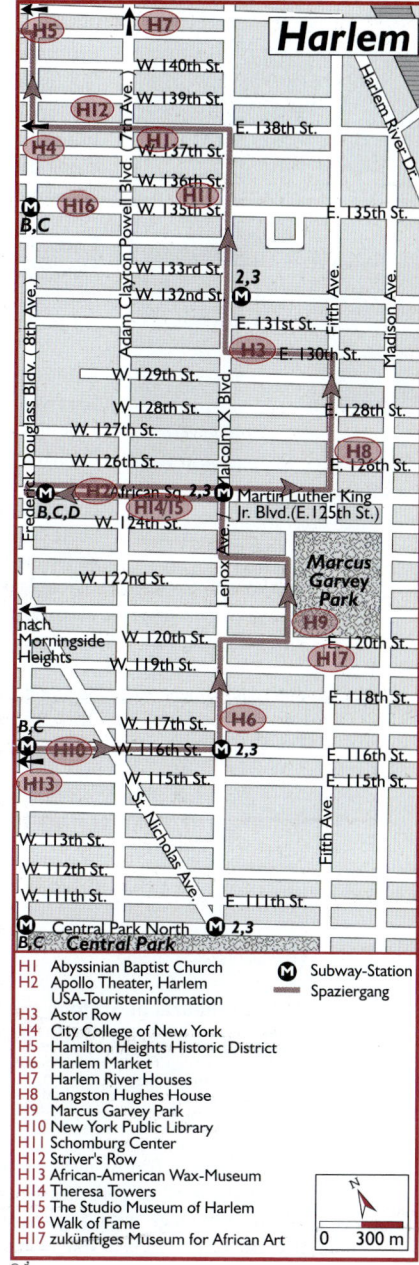

Harlem

H1	Abyssinian Baptist Church
H2	Apollo Theater, Harlem USA-Touristeninformation
H3	Astor Row
H4	City College of New York
H5	Hamilton Heights Historic District
H6	Harlem Market
H7	Harlem River Houses
H8	Langston Hughes House
H9	Marcus Garvey Park
H10	New York Public Library
H11	Schomburg Center
H12	Striver's Row
H13	African-American Wax-Museum
H14	Theresa Towers
H15	The Studio Museum of Harlem
H16	Walk of Fame
H17	zukünftiges Museum for African Art

Ⓜ Subway-Station
— Spaziergang

dern dem historischen Hamilton Heights Historic District sollte Ihre Aufmerksamkeit gehören. Hier befand sich noch bis 2004 „eingequetscht" zwischen Steinhaus und -kirche, das ehemalige Haus *Alexander Hamiltons*, eines verdienten Mitstreiters im Unabhängigkeitskampf und später einflussreich in Politik und Wirtschaft. Mittlerweile soll das Haus im nahen St. Nicholas Park wieder aufgebaut werden (bei Drucklegung noch nicht geschehen).

Erkundung: Nördlich der 145th Street
Mindestzeit: ½ Tag (davon alleine 2 Stunden für An- u. Abfahrt), *optimale Zeit:* 1 Tag, *Sehenswertes finden Sie auf S. 493ff*

Anfahrt: U-Bahn/Taxi, am besten aber Bus, denn der M4 fährt vom Penn Station ganz durch Manhattan bis zum Fuße des The Cloisters. Besser können Sie „das andere" Manhattan in seiner Vielfalt gar nicht erleben. Für The Cloisters werden Sie viel Zeit benötigen. Die Größe der unterschiedlichen Klostersammlungen erfordert dieses. Sollte Sie das wenig interessieren, stellt sich die Sinnfrage für die weite Anreise. Nach Besichtigung dieses Museums können Sie im Fort Tyron Park noch spazieren gehen bzw. Ihr vorher schon besorgtes Picknickpaket auspacken. Im nahen Umkreis des The Cloisters gibt es aber keine Geschäfte! Also vorher entscheiden.

Und immer wieder verbergen sich kleine Kirchen in unscheinbaren Häusern

Ein Ort der Muße

Wer dann noch etwas Zeit und Muße hat, kann noch die Kunstschätze in der Hispanic Society of New York *(nahe der W. 155th St.)* besichtigen. Am besten vom The Cloisters ebenfalls mit dem Bus.

Sehenswürdigkeiten in Manhattan nördlich der 110th Street (alphabetisch)

Morningside Heights

Übersichtskarte S. 485

- **** Cathedral of St. John the Divine (11)**
Amsterdam Ave./112th Street, geöffnet: tgl. 7h–18h, So bis 19h, Juli/August tgl. nur bis 18h, Führungen: Di–Sa 11h+13h, So 14h, Sonntagsgottesdienste: 9h, 11h, 18h, Tel. (212) 316-7540, Veranstaltungen: (212)662-2133, Touren (212) 932-7347, www.stjohndivine.org

Der riesenhafte Bau ist nicht zu verfehlen. Tatsächlich wird die ab 1892 gebaute Kirche als „größtes gotisches Gotteshaus der Welt" bezeichnet, obwohl die Arbeiten noch lange nicht abgeschlossen sind. So fehlen z.B. noch die Westtürme (die nach dem Vorbild von Notre Dame in Paris gestaltet werden sollen), ein

Querschiff, ein Kreuzgang, kleine Seitenkapellen, Teile der Ornamentik am Eingangsportal und große Teile der inneren Sandsteinverkleidung. Erste Planungen für die Kathedrale (zugleich Sitz der New Yorker Diözese) begannen bereits 1872. Bis 1911 wurde übrigens eine romanische Variante angestrebt, doch erwies sich diese als zu kompliziert, und die Pläne wurden drastisch verändert. Auch die gotische Struktur hat ihre „Tücken". Es dürfen z.B. keine Metallträger eingezogen werden und die Steine müssen nahezu alle in Handarbeit gehauen werden. Dieses wird vornehmlich von New Yorker „Streetkids" gemacht, die dabei unter Aufsicht europäischer Steinmetze stehen. Der Stonecutter Yard befindet sich gleich nebenan in der 113th Street. Immer wieder kommt die Arbeit zum Erliegen, da die finanziellen Mittel ausgehen. Von weiteren bis zu 100 Jahren Bauzeit und noch anfallenden Kosten von nahezu 500 Millionen Dollar geht man heute aus. Kein Wunder, dass Sie selbst für die Besichtigung der Kathedrale freundlich, aber bestimmt zur Kasse gebeten werden.

Eine ewige Baustelle...

Immerhin ist das Kirchenschiff des neugotischen Baus fast 200 m lang, 44 m breit und 47 m hoch. 6.000 Gläubige passen hinein, von denen 3.000 sogar einen Sitzplatz finden. Alleine der Dimensionen wegen lohnt ein Besuch, wenn auch das historische Flair europäischer Kathedralen fehlt. Die Türme sollen übrigens 80 m hoch werden.

Besichtigung
- Sie sollten bereits ein Auge werfen auf die massiven Eingangstüren aus burmesischem Teakholz. Nur die zentrale Tür ist aus Bronze und wurde von Barbedienne entworfen, der auch für die Freiheitsstatue verantwortlich zeichnet.
- Das Hauptschiff beeindruckt durch seine Größe. Es ist größer als die von Notre Dame und Chartres zusammen!
- Sehenswert sind die Ikonen in den 7 Seitenkapellen. Jede Ikone stammt aus einem anderen Land bzw. steht in Bezug zu einer ethnischen Gruppe. Als schönste gilt die Kapelle St. Ambrose.
- Beachten Sie bei der Besichtigung auch die Stuckateure und Steinmetze, die oft hoch unter der Decke, für den „Feinschliff" des Gotteshauses sorgen.
- Einige Kunstwerke in der Kathedrale haben einen sehr modernen Bezug: So wird z.B. in einer Kapelle der Ausbreitung von AIDS gedacht, und ein Statuenfuß zeigt New Yorks Skyline unter einer Wolke nuklearen Niederschlags.
- Am Ende des Rundganges sollten Sie noch einen Blick in den Souvenirshop werfen. Weniger der sakralen Andenkenflut als vielmehr des Modells der Kathedrale wegen. So soll sie einmal ausschauen.
- Sie können auch in den Garten gehen bzw. den Steinmetzen beim Behauen der Sandstein- und Granitblöcke zusehen (s.o.). Oft wird hier aber nicht gearbeitet, denn sobald das Geld etwas knapp wird, wird zuerst an den Steinmetzen gespart.

Größer als Notre Dame und Chartres zusammen

Diese Liste könnte man natürlich noch viel weiter ausführen, doch sind es weniger die einzelnen Sehenswürdigkeiten, die hier beeindrucken, als vielmehr die Größe und die Ansammlung unterschiedlichster Stilrichtungen und Thematiken, die wir aus historischen Gotteshäusern in Europa nicht kennen. Wer das Flair einer alten Kathedrale sucht, wird hier enttäuscht.

St. John the Divine wird natürlich auch für Konzerte, von Chören, für Kunstausstellungen und andere Dinge genutzt. Erkundigen Sie sich unter o.g. Nummer.

- **Columbia Universität (I2)**
114th–120th Sts., zw. Broadway und Amsterdam Aves., Touren: Mo–Fr 13h (Beginn: Room 213, Low Library), Anmeldung: Tel.: (212) 854-4900 od. 854-4902, www.columbia.edu. Visitor Center: W. 116th St., zw. Amsterdam Ave. und Broadway, Mo–Fr 9h–17h

Hinweis
Die Uni liegt zwischen Riverside Church/Grant's Tomb und der Cathedral of St. John the Divine. Gehen Sie ruhig quer über den Campus.

Diese private Universität ist mit etwa 20.000 Studenten (+ 6.000 in angeschlossenen Colleges) zwar nicht die größte New Yorks, aber sicherlich die bekannteste der Stadt, deren Ruf weit über die amerikanische Ostküste hinausstrahlt. Als höhere Lehranstalt ist sie die älteste städtische Institution und geht auf das 1754 vom englischen König *Georg II.* gegründete „Kings College" zurück. 1897 wurde die Universität auf dem heutigen Gelände eingerichtet. *Theodore Roosevelt* studierte hier, und *„Ike" Eisenhower* war zuerst Präsident der Columbia University und dann erst der USA. 56 der ehemaligen Studenten erhielten später einen Nobelpreis. In den Archiven der Unibibliotheken stehen 6,5 Mio. Bücher, 4,7 Mio. Mikrofilme und 25 Mio. Manuskripte.

Uni der Nobelpreisträger

Insgesamt umfasst die Universität 60 Einzelgebäude, wovon für den Besucher die mitten auf dem Campus gelegene ehemalige Bücherei **Low Memorial Library** am interessantesten ist. Sie wurde wie große Teile der Gesamtanlage 1893 vom Architekten *Charles McKim* entworfen und erhebt sich als überkuppelter Block mit einer ionischen Säulenhalle über einer monumentalen Freitreppe. Mitten auf dieser ist das Standbild der „Alma Mater" (1903) zu sehen mit dem lustigen Detail einer unter ihrem Rock hervorblickenden Eule.

Neben dieser Bücherei, in der heute die Verwaltung zu Hause ist und die für Empfänge genutzt wird, ist der kleine Bau der **St. Paul's Chapel** (1907) ein hübscher Blickfang. Entlang einer Achse, die parallel zur 116th Street von der Bücherei ausgeht, reihen sich andere Institute und Gebäude im Stil der Neorenaissance. Aber auch das studentische Leben mit den entsprechenden Buchläden, Coffee Shops usw. ist eine sehenswerte Welt. Zumeist ist die Treppe zur Low (Memorial) Library „Mittelpunkt des Campus". Hier protestierten schon die 68er-Bewegungen und Vietnamgegner.

Gebäude im Stil der Neorenaissance

- **Grant's Tomb (I3)**
Riverside Drive/122th St., geöffnet: tägl. 9h–17h, 20-minütige Touren tgl. 10h, 12h, 14h, bei Veranstaltungen aber oft geschlossen: Tel.: (212) 666-1640, www.nps.gov/gegr

Vis-à-vis zur Riverside Church, an exponierter Stelle im Riverside Park, ragt das Mausoleum Grant's Tomb über das hohe Ufer des Hudson River. Der mächtige Zentralbau aus 8.000 t Granit, 1897 nach 6-jähriger Arbeit im pseudo-hellenisti-

Der Norden von Manhattan

- I-1 Cathedral of St. John the Divine
- I-2 Columbia Universität
- I-3 Grant's Tomb
- I-4 Riverside Church
- I-5 The Cloisters
- I-6 Dyckman Farmhouse Museum
- I-7 Hispanic Society of America
- I-8 Morris-Jumel Mansion

siehe Detailkarte Harlem Seite 481

Hinweis:
Aufgrund des kleinen Maßstabs stellen die Legendenpunkte nur grob die Lage der Sehenswürdigkeiten dar

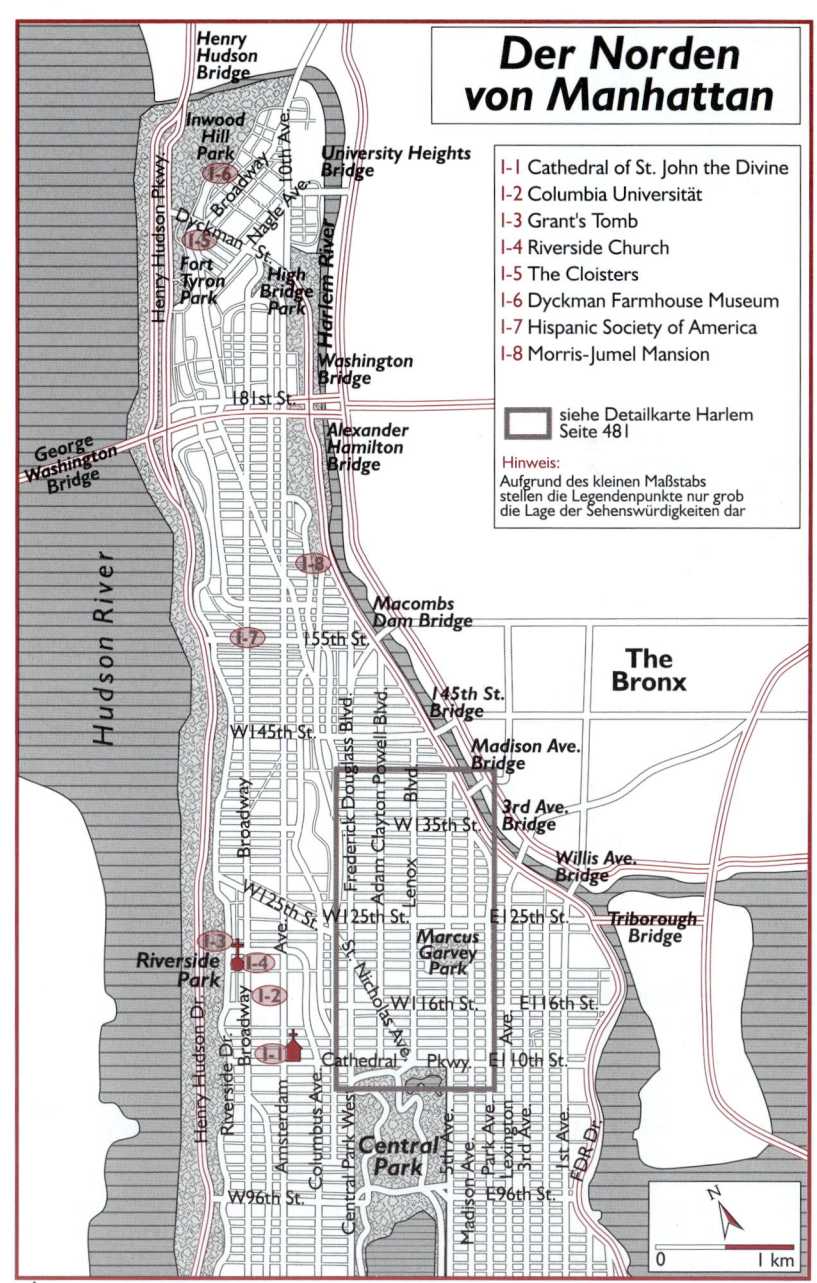

schen Stil vollendet, birgt im zugänglichen Innern die Sarkophage von *Ulysses S. Grant* (1822–1885) und seiner Frau. Grant war im Bürgerkrieg General der Nordstaaten, später Präsident der USA (1869–77). Im merkwürdigen Gegensatz zur Machtarchitektur des „General Grant National Memorial" (so der offizielle Name) steht die verspielt bunte Ausschmückung des Platzes, so z.B. mit Mosaikbänken, die Schulkinder entworfen haben.

Übrigens: Vorbild für dieses Mausoleum war Napoleons Invalides in Paris.

• ** Riverside Church (I4)
490 Riverside Drive (120th–122nd Sts.), die Öffnungszeiten variieren, Infos: Tel. (212) 870-6700, www.theriversidechurchny.org

Grant's Tomb zeigt napoleonische Vermächtniszüge

Im Jahre 1930 vollendet, ist auch dieser Bau an der französischen Kathedralgotik orientiert, und zwar im Besonderen an der der Domkirche von Chartres. Im Narthex besitzt die Riverside Church sogar alte (= europäische) Glasmalereien aus dem 16. Jahrhundert, und auch der Chorraum hat einiges an Sehenswertem.

Einflüsse der Alten Welt

Am imponierendsten ist aber der weite Blick vom 22-stöckigen und 107 m hohen Kirchturm über den nahen Hudson River hinüber nach New Jersey, zur Washington Bridge und über weite Teile der Uptown und den Central Park. Besonders krass fällt dabei der Gegensatz in der Bebauung auf: Im Süden die Skyline der Up- und Midtown, dann der Central Park, nördlich davon die 3-geschossigen Brownstonehäuser von Harlem und schließlich nach Norden hin die z.T. sehr tristen Wohnblocks von Washington Heights.

Das Glockenspiel mit seinen 74 Glocken im Kirchturm hat übrigens *John D. Rockefeller* in Gedenken an seine verstorbene Mutter gestiftet. Es ist das größte seiner Art und eines der wenigen, dessen Klangbreite über 5 Oktaven reicht.

Harlem
Übersichtskarte S. 481

• Abyssinian Baptist Church (H1)
132 W. 138th St., zw. Adam Clayton Powell Blvd. u. Lenox Ave., geöffnet: Kirche: Mo–Fr 9h–17h, Gottesdienste: So 9h u 11h, Tel.: (212) 862-7474, www.abyssinian.org.

1923 an dieser Stelle errichtete Baptistenkirche. Neugotischer Stil. Äthiopiens ehemaliger Kaiser *Haile Selassie* hat einige Dinge hier gestiftet, so z.B. das koptische Kreuz. Die Kirchengemeinde (1808 als erste schwarze Kirchengemeinde New Yorks gegründet) wurde berühmt durch ihre prominenten Pastoren *Adam*

Clayton Powell, Sr. (1865–1953), und *Adam Clayton Powell, Jr.* (1908–72). Letzterer war nach 1944 der erste schwarze Kongressabgeordnete der USA. Einen Posten, den er über 20 Jahre behielt. In dieser Zeit hat *Powell, Jr.*, sich auch stark gemacht in und für die schwarze Bürgerrechtsbewegung. Einige Fotos im Gebäude erinnern an *Powells* politische Karriere.

- *** Apollo Theater (H2)**
  253 W. 125th St., zw. Frederick Douglass u. Adam Clayton Powell Blvds., www.apollotheater.org, für Tourinfos: Tel. (212) 531-5337 bzw. www.apollotheater.org/tours.htm, Tickets: Tel. (212) 531-5305

Das Gebäude wurde 1913 fertiggestellt als Varieté-Theater („whites only!"). Berühmt wurde das Apollo Theater aber erst nach 1934, als schwarze Musikgrößen hier auftraten, so z.B. *Duke Ellington, Count Basie, Billie Holliday* und *Aretha Franklin*. In den 40er Jahren war die Bühne einer der Gründungsplätze des Bebop, doch auch der Blues sowie der New York-Style-Jazz feierten hier große Triumphe.

Plattform der schwarzen Musik

> **Straßennamen in Harlem**
> Frederick Douglass Boulevard = 8th Avenue
> Adam Clayton Powell, Jr. Boulevard = 7th Avenue
> Lenox Avenue/Malcolm X Boulevard = 6th Avenue
> Martin Luther King, Jr. Boulevard = 125th Street

In den 1970er Jahren wurde das Apollo Theater geschlossen, 1986 aber, nach umfangreichen Renovierungsarbeiten, wieder eröffnet. Heute finden hier Konzerte statt und es gibt an Wochenenden oft thematisierte Discoveranstaltungen. Instituiert ist mittlerweile die Amateurnacht am Mittwoch *(19h30)*. Bei der Führung können Sie das neoklassische Innere bewundern, die Fernseh- und Radiostudios anschauen, und auch ein Blick hinter die Kulissen wird gewährt.

Die Walt Disney Corp. plant nun aber die Übernahme und Umgestaltung der Häuserblocks in diesem Teil von Harlem. Darunter fällt auch das Apollo Theater. Es bleibt also abzuwarten, was sich verändern wird.

- **Astor Row (H3)**
  8-62 W. 130th Street, zw. Lenox u. 5th Aves.

Die 28 Ziegelsteinhäuser wurden 1880–83 im Auftrag von *William Astor* gebaut. Einzigartig für New York sind die hölzernen Veranden („porches"). Seit Anfang der 1990er werden die Gebäude wieder restauriert, z.T. mit staatlichen Fördergeldern. Doch wie in der Striver's Row können es sich nur wohlhabende Leute leisten, hier zu wohnen.

- **City College of New York (H4)**
  Zw. 138th u. 140th Sts. sowie Amsterdam Ave. u. St. Nicholas Terrace

Blickt man von Harlem nach Westen, fällt immer wieder ein massives Gebäude in Form einer (neogotischen) britischen Trutzburg auf einem Hügelkamm auf. Das 1905 fertiggestellte Bauwerk beherbergt das City College von New York, welches als Auflage hat, dass mindestens 75 % seiner 13.000 Studenten einer förderungs-

Bildung auch für Minderheiten

würdigen Minderheit angehören. Sie können zwar hinaufgehen zum Campus, im Grunde aber genügt der Blick von unten auf dieses an dieser Stelle recht fremd wirkende Gebäude.

• * Hamilton Heights Historic District (H5)
Direkt nördlich des o.g. City College, zw. Amsterdam u. St. Nicholas Aves.

Bezirk der schwarzen Oberschicht

Die sehenswerten Reihenhäuser wurden zwischen 1886 und 1906 errichtet auf dem ehemaligen Anwesen von *Alexander Hamilton* (s.u.). Eindrucksvoll sind die verschiedenen Stilelemente, die die einzelnen Häuser aufweisen. Zuerst wohnten hier weiße Mittelständler. In den 1920er Jahren kauften sich dann wohlhabende schwarze Familien hier ein und nannten den Bezirk „Sugar Hill". Unter den Bewohnern waren *Duke Ellington* und *Langston Hughes*. Heute sind viele der Häuser belegt mit Fakultäten des City College. Besuchenswert ist aber das

• * Hamilton House/Hamilton Grange (H5)
2008 wurde das Gebäude in den St. Nicholas Park versetzt. Infos zu den Öffnungszeiten unter www.nps.gov/hagr; Tel.: (212) 283-5154.

Das Haus wurde 1801 für *Alexander Hamilton* (1755–1804) errichtet als Landsitz. *Hamilton*, von Beruf Anwalt, war maßgeblich an der Verteidigung von New York während des Bürgerkriegs beteiligt und beeinflusste nach diesem Krieg sowohl die New Yorker als auch die amerikanische Politik und Finanzwelt. Zahlreiche Passagen der Unabhängigkeitserklärung stammen ebenfalls von ihm. *Hamilton* starb bei einem Duell mit seinem politischen Gegner *Aaron Burr*.

Noch an seinem alten Platz – eingezwängt: Hamilton Grange

Das Haus wurde 1889 an diese Stelle transportiert in die Convent Avenue versetzt und in die Obhut der benachbarten St. Luke's Church gegeben. Kurzfristig wurde es sogar als Kirchenraum genutzt, anschließend als Pastorat.

So lebten die Großgrundbesitzer

1962 übernahm das US Department of the Interior das Gebäude und übergab es später der Nationalpark-Behörde, die es wieder in den ursprünglichen Zustand und 2008 wieder versetzen ließ. Führungen werden veranstaltet. Dabei erhält man einen guten Eindruck über das Leben auf den „estates" im New York des 18. und 19. Jahrhunderts. Ein interessanter Kontrast zum modernen Stadtbild und eine gute Gelegenheit, um sich näher mit der Geschichte der Stadt vertraut zu machen.

Hinweis
Die Parkbehörde plant, das Haus nochmals zu versetzen in den St. Nicholas Park.

9. Manhattan: Der Norden

- ***Harlem Market (H6)**
116th St., zw. Lenox und 5th Aves.

Der Flohmarkt nimmt einen halben Häuserblock ein und ist nahezu täglich geöffnet. Angeboten werden Designerjeans (wobei nicht gewährleistet ist, ob sie wirklich echt sind), Secondhand-Textilien, CDs und zahlreiche Kunsthandwerke aus afrikanischen Ländern. Die Preise hier sind moderater als in Midtown, aber nur, wenn Sie richtig feilschen.

- **Harlem River Houses (H7)**
W. 151st–W. 153rd Sts., zw. Frederick Douglass u. Adam Clayton Powell Blvds.

Dieser Wohnhauskomplex, 1937 fertiggestellt, war einer der zwei ersten Bauprojekte, die von staatlicher Seite in New York gefördert worden sind. Die relativ großzügige Anlage mit breiten Wegen, Grünflächen, Picknickplätzen u.a. sollte den schwarzen Familien zugute kommen und zudem ein Beispiel geben für weitere, privat finanzierte Wohnprojekte. Verantwortlich für den Bau war einer der ersten schwarzen Architekten in New York.

Ein Bauprojekt für schwarze Familien

Ein Besuch hier lohnt aber nur für diejenigen, die sich näher mit der architektonischen Entwicklung der Stadt befassen möchten.

- **Harlem USA (H2)**
125th St., zw. Adam Clayton Powell u. Frederick Douglass Boulevards

Große Mall, die im wesentlichen von den Konzernen Disney und GAP ins Leben gerufen wurde. Kernstück sind ein großer Kinokomplex sowie Megastores bekannter Franchise-Ketten. Lohnend ist der Blick in den **Hue-Man Bookstore**, der eine große Auswahl afro-amerikanischer Literatur führt.

- **Langston Hughes House (H8)**
20 E. 127th St., zw. 5th u. Madison Aves.

Im Obergeschoss dieses 1869 erbauten Hauses lebte der bekannte schwarze Literat *Langston Hughes* (1904–67) von 1947 bis zu seinem Tod. *Hughes* war Mitbegründer des Literaturkreises, der später als „Harlem Renaissance" bekannt wurde. Seine Werke hatten oft humoristischen Charakter und die Geschichten spielten zumeist in Harlem. Eine Hauptfigur in seinen Romanen hieß übrigens *Simple*, die er als Sprachrohr für die schwarze Minderheit in Amerika nutzte. Heute finden in dem Gebäude gelegentlich Lesungen statt, wobei die Zukunft nicht gewiss ist. U.a. spricht man davon, hier ein kleines Museum einzurichten. Zu besichtigen ist es z.Zt. nicht.

Mehr Gehör für die schwarze Minderheit

- **Marcus Garvey Park (H9)**
Unterbricht die 5th Avenue zw. 120th u. 124th Sts.

Der Park hieß ursprünglich Mount Morris Park und wurde 1973 zu Ehren von *Marcus Garvey* (1887–1940) umbenannt. Der auf Jamaika geborene *Garvey* war ein

Harlems Ausdrucksstärke liegt oft im Detail (Nummernschild)

Verfechter der „Back-to-Africa"-Bewegung, die dafür kämpfte, dass schwarze Familien nach Liberia umsiedelten. Um dieses zu unterstreichen, nannte der exzentrische *Garvey* sich auch *King of Africa*, verhandelte mit der liberianischen Regierung, gründete zur Finanzierung seiner Pläne eine Schifffahrtsgesellschaft und tauchte nicht selten in der Öffentlichkeit in pompös-kitschigem Königsgewand auf, das eher denen der europäischen Herrscher ähnlich sah. Nach einer verbüßten Haftstrafe wurde *Garvey* 1927 nach Jamaika ausgewiesen. Im Park sehen Sie einen 1856 errichteten Turm, der damals, vor Einführung des Telefons, als Nachrichtenturm (Lichtzeichen) genutzt wurde. Nach Einbruch der Dunkelheit ist es nicht ratsam, den Park zu betreten.

- **New York Public Library – 115th Street Branch (H10)**
203 W. 115th St., zw. Frederick Douglass u. Adam Clayton Powell Blvds.

1907–09 erbaute Filiale der New Yorker Public Library. Auch dieses Haus, dessen Fassade an einen Palazzo in Florenz erinnert, wurde von *Andrew Carnegie* gesponsert.

- *** Schomburg Center for Research in Black Culture (H11)**
515 Lenox Ave. (Malcolm X Blvd.), Ecke 135th St., geöffnet: Mo–Mi 12h–20h, Do+Fr 11h–18h, Sa 10h–17h, Tel. (212) 491-2200, www.nypl.org/research/sc/sc.html

Lebendige Erinnerung an die Heimat

Mit Sicherheit eine der interessantesten „Sehenswürdigkeiten" von Harlem und auch als Forschungsstätte für die afro-amerikanische Kultur von Bedeutung. Der Standort ist nicht zufällig, denn das Schomburg Center will kein völkerkundliches Museum sein, in dem verstaubte Relikte des afrikanischen Kontinents gezeigt werden, sondern allen Schwarzen, deren (Ur-) Heimat Afrika und Westindien sind, als lebendiges kulturelles Zentrum dienen. Der Besucher findet hier eine Unmenge an Dokumenten (darunter alleine 15.000 Mikrofilme, 50.000 Fotos, 200.000 Manuskripte sowie Musikaufnahmen und Filme), eine Bücherei (6.000 Bücher), Wechselausstellungen und Vorführungen von Skulptur, Malerei, Volksmusik u.a.

Das Inventar basiert auf der Sammlung von *Arturo Alfonso Schomburg* (1874–1938), einem schwarzen Gelehrten puertoricanischen Ursprungs, und wurde bis heute immer weiter aufgestockt (mittlerweile über 5 Mio. Stücke).

In den Boden des Flures ist übrigens ein Kunstwerk in Form eines steinernen Flusses eingefasst. Es wurde in Gedenken an den Literaten *Langston Hughes* geschaffen, und *Hughes* sterbliche Überreste wurden in dem „Fluss" verteilt.

- *** Striver's Row (H12)**
W. 138th u. 139th Sts., zw. Frederick Douglass u. Adam Clayton Powell Blvds.

Das Gebiet dieser 146 Reihenhäuser, die um 1891 fertiggestellt worden sind, ist auch bekannt als *St. Nicholas Historic District*. Ursprünglich wurde dieses Viertel angelegt für die weiße Oberschicht von Harlem. Stanford White, einer der bekanntesten Architekten seiner Zeit, sorgte dafür, dass es hier nicht an Luxus fehlte. Kleine Vorgärten, Terracotta-Verzierungen, teure Ziegelsteine, solide Treppenaufgänge und vor allem eine „Service Road" für die Anlieferung von Waren hinter dem Haus bedeuteten schon bei den damaligen Immobilien- und Grundstückspreisen Überfluss.

Symbol des sozialen Aufstiegs

Nach dem 1. Weltkrieg zogen die weißen Familien aber weg und wohlhabende schwarze Familien übernahmen die Gebäude. Unter ihnen befanden sich auch *W.C. Handy* (Bluesmusiker), *Fletcher Henderson* (Bandleader) sowie zahlreiche Anwälte und Doktoren. Der Kosename „Striver" (= Kämpfer, sich Bemühender) wurde von weniger erfolgreichen Harlemern kreiert und symbolisiert den Wunsch der hier **nicht** lebenden afro-amerikanischen Familien, es zu etwas zu bringen und erfolgreich zu sein.

- **The African-American Wax Museum (H13)**
316-18 W. 115th St., zw. Frederick Douglass Blvd. U. Manhattan Ave., geöffnet: Di–So 13h–18h, Tel. (212) 678-7818.

Das kleine Museum zeigt 20 Wachsfiguren afro-amerikanischer Persönlichkeiten aus Politik, Sport und Showbiz. *Duke Ellington, Martin Luther King, Magic Johnson, Malcolm X, Josephine Baker* u.a. sind hier in Lebensgröße „ausgestellt". Zudem befasst sich eine kleine Abteilung mit der Geschichte Harlems. Ein Muss für echte Harlem-Fans ... wenn auch bei Redaktionsschluss dieser Ausgabe nicht klar war, ob das Museum an dieser Stelle weitergeführt werden kann. Der Gründer ist vor ein paar Jahren verstorben und mittlerweile haben die Nachfolger Probleme mit der Organisation. Notfalls fragen Sie im Touristenamt von Harlem nach.

Stars in Lebensgröße

- **Theresa Towers (H14)**
Ecke Adam Clayton Powell Blvd./125th St.

Die weiße Fassade aus Terra-Cotta und Ziegeln sticht deutlich heraus aus dem Gesamtbild von Harlem. Das 13-stöckige Gebäude diente gleich nach seiner Fertigstellung 1913 als „Theresa Hotel", dem der Volksmund später den Beinamen „Waldorf of Harlem" verlieh. Das Theresa war über Jahrzehnte Mittelpunkt des kulturellen Lebens in Harlem. Hier wurde gefeiert, hier stiegen schwarze Künstler, Millionäre und Schauspieler ab, und hier traf sich die High Society von Harlem zum Tee. Dazu sollte man wissen, dass Schwarze bis 1940 in den besseren Hotels von Midtown und Downtown weder logieren noch speisen

Treffpunkt für Harlems High Society

durften. Übrigens logierte *Fidel Castro* 1960 (also bereits nach der geglückten Revolution) auch hier und traf sich dabei im Salon mit dem russischen Präsidenten *Chruschtschow* sowie dem Präsidenten von Ägypten, *Nasser*.

Auch nach der Schließung des Hotelbetriebs waren die Theresa Towers noch für einige Jahre in vieler Munde, denn *Malcolm X* hatte hier das Büro für seine „Organization of Afro-American Unity" eingerichtet, und der Bürgerrechtler *Philip Randolph* organisierte von hier aus den Marsch auf Washington. Heute wirkt das Gebäude etwas vernachlässigt, und es wird vornehmlich als einfaches Bürogebäude genutzt. Doch sollte Walt Disney wirklich in dieses Areal investieren, wird dessen Ideenschmiede nicht um die Neugestaltung des Gebäudes umhinkommen.

- *** The Studio Museum in Harlem (H15)**
144 W. 125th St., zw. Adam Clayton Powell Blvd. u. Lenox Ave., geöffnet: Mi–Fr 12h–18h, Sa+So 10h–18h, Tel. (212) 864-4500, www.studiomuseuminharlem.org

Dieses kleine Kunstmuseum dient ebenfalls als Kulturzentrum für Harlem. Die ständige Sammlung beinhaltet Gemälde und Skulpturen afro-amerikanischer sowie lateinamerikanischer Künstler und außerdem eine sehr sehenswerte Fotoausstellung mit historischen Aufnahmen von Harlem. Leider ist immer nur ein kleiner Teil der Sammlung ausgestellt. Beachten Sie auch die Ankündigungen bezüglich der Wechselausstellungen und Lesungen. Wer sich für die afro-amerikanische Literatur interessiert, wird im kleinen Museumsshop mit Sicherheit fündig.

Die Menschen in Harlem sind freundlich und aufgeschlossen

- **Walk of Fame (H16)**
135th St., zw. Adam Clayton Powell u. Frederick Douglass Blvds.

Ganz im Stile von Hollywood wurde jetzt auch in Harlem ein „Walk of Fame" angelegt. Auf dem Gehweg sind Bronzeplaketten eingelassen, die an berühmte Afro-Amerikaner erinnern. U.a. finden sich hier Gedenkplaketten von Musikern wie *Charlie Parker*, *Dizzie Gillespie* und *Ella Fitzgerald* oder auch den Politikern *David Dinkins* (NY-Bürgermeister) und *Adam Clayton Powell, Jr.* (Kongressabgeordneter).

Späte Anerkennung

> **Hinweis**
> Geplant ist ein neues *Museum for African Art (H17)* in Harlem, direkt südlich des Marcus Garvey Parks an der Fifth Avenue. Es soll der Nachfolger werden für das ehemalige Museum am Broadway in SoHo, welches zwischenzeitlich ja in Queens (siehe S. 544) wiedereröffnet hatte. Zuerst sollte Queens dann ein Provisorium werden, doch ist es um den Weiterzug nach Harlem zwischenzeitlich auch ruhig geworden.

Manhattan nördlich der 145th Street
Übersichtskarte S. 485

• **American Numismatic Society**

Das Museum ist umgezogen. Das Headquarter befindet sich nun in 75 Varick St. (TriBeCa/W. Village) *(Tel. (212) 571 4470, www.numismatics.org)*. Die größte Ausstellung alter Münzen finden Sie aber nun aber in der Federal Reserve Bank of New York *(33 Liberty Street, zw. Nassau u. William Sts)*.

• **** (The) Cloisters (I5)**
Fort Tyron Park, zwischen Riverside Drive u. Broadway, in etwa auf Höhe der 196th Street, geöffnet: März–Oktober Di–So 9h30–17h15, Rest des Jahres Di–So 9h30–16h45, Tel. (212) 923-3700, www.metmuseum.org

Tipps
Die Anfahrt mit dem M4 Bus (Penn Station – The Cloisters) mag länger dauern als die U-Bahn, dafür aber erhalten Sie während der Fahrt einen schönen Eindruck von den verschiedensten Seiten Manhattans. Und sollten Sie einen Tagesausflug aus dem Besuch machen, empfiehlt sich ein Picknick im Ft. Tyron Park *(hier in der Nähe gibt es keine Geschäfte, also alles mitbringen)*

The Cloisters: Trutzburg im Gewand sakraler Kunst

Das jeweilige Thema der einzelnen Ausstellungsräume im groben Überblick:
• **Hauptgeschoss**: *Fuentidueña-Kapelle (Romanische Apsis und zeitgleiche Kunst aus Spanien und Italien); Kloster St. Guilhem (roman. Säulen und Kapitelle); Langon-Kapelle (roman. Kapelle aus Südfrankreich); Kapitelhaus Pontaut; Kreuzgang aus Cuxa (Frankreich); Gobelinsaal (französische Gobelins des 14. Jahrhunderts); frühgotische Halle (Skulpturen, Gemälde aus Frankreich und Italien); Boppard-Saal (rheinische Kirchenfenster aus dem 15. Jahrhundert); Saal der Einhorn-Gobelins (französische Gobelins von 1499); Saal des Gobelin von Burgos (spanischer Gobelin); spätgotische Halle; Arkaden von Froville (gotischer Bogengang aus Frankreich).*
• **Untergeschoss**: *Gotische Kapelle; Kreuzgang aus Bonnefont (Pyrenäen); Kloster Trie (südfranzösische Kapitelle des 15. Jahrhunderts), Glasgalerie mit Kirchenfenstern (Frankreich); Schatzkammer mit Sakralkunst des 12.–15. Jahrhunderts.*

Ein „Puzzle" globaler Kirchenkunst

Der Fort Tyron Park bildet einen vorzüglichen Rahmen für sicherlich eines der interessantesten und überraschendsten Museen New Yorks. Obwohl natürlich vollkommen neuzeitlich (Bauzeit 1935–38), können „die Kreuzgänge" – so die

The Cloisters
Ground Floor

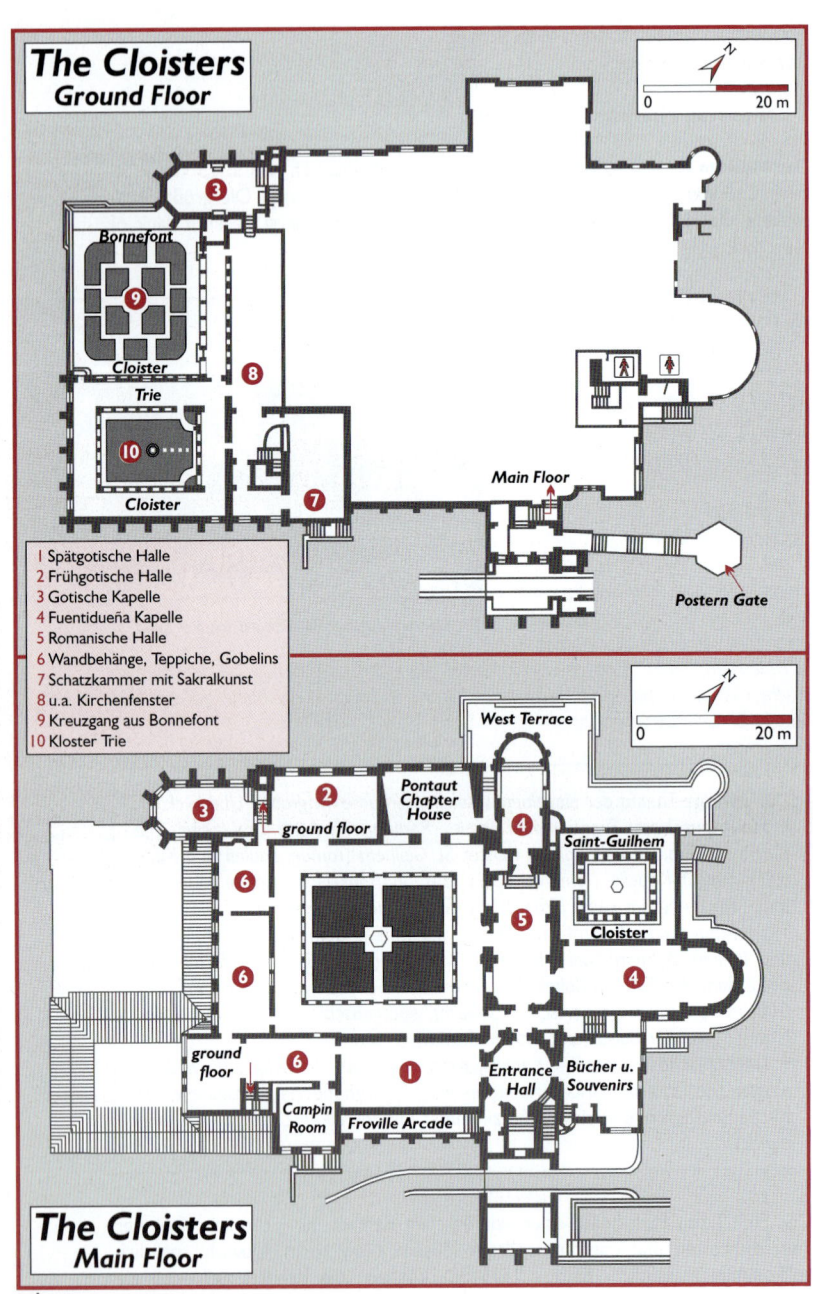

- Bonnefont Cloister (9)
- Trie Cloister (10)
- Main Floor
- Postern Gate

1 Spätgotische Halle
2 Frühgotische Halle
3 Gotische Kapelle
4 Fuentidueña Kapelle
5 Romanische Halle
6 Wandbehänge, Teppiche, Gobelins
7 Schatzkammer mit Sakralkunst
8 u.a. Kirchenfenster
9 Kreuzgang aus Bonnefont
10 Kloster Trie

The Cloisters
Main Floor

- West Terrace
- Pontaut Chapter House
- ground floor
- Saint-Guilhem Cloister
- ground floor
- Campin Room
- Froville Arcade
- Entrance Hall
- Bücher u. Souvenirs

© i graphic

Übersetzung des Namens – den Eindruck eines authentischen mittelalterlichen Klostergebäudes aus Europa machen. Dies hat auch zu tun mit den vielen originalen Teilen, die man aus den verschiedensten Gründen aus französischen, italienischen, spanischen, englischen und deutschen Kirchen, Kapellen und Klöstern hierhin gebracht hat. Die Geschichte der Anlage ist eng mit der Person *John D. Rockefeller* verknüpft, der nicht nur dem Metropolitan Museum das Geld zum Erwerb der Kunstschätze zur Verfügung stellte, sondern auch das Gelände des Fort Tyron Parks kaufte, um dem Projekt eine Heimat zu geben. Offiziell gehören die Cloisters zum Metropolitan Museum, dessen Abteilung mittelalterlicher Sakralkunst sie also darstellen.

Man betritt das Kloster im oberen Hauptgeschoss (Main Floor) und sollte ab hier dem vorgeschlagenen **Rundweg** folgen. Dabei darf man nicht versäumen, die beiden Kreuzgänge zu besuchen und sich natürlich auch das Untergeschoss (Ground Floor) anzuschauen. Verstärkt wird der ruhige und schöne Charakter der Anlage durch die umgebende Landschaft. Hoch im Fort Tyron Park gelegen, geht der Blick weit über den Hudson und auf das gegenüberliegende Ufer. Von hier sieht man etwas weiter südlich auch gut die George Washington Bridge.

The Cloisters liegt am Nordende des **Fort Tyron Park**. Der Park wartet mit einer herrlichen Natur und einer unerwarteten Ruhe auf. Mit der U-Bahn-Linie A *(Station 190th Street, dort den Aufzug zur anderen Straßenebene benutzen)* gelangt man in seine unmittelbare Nähe. Vom früheren Fort, von dem der Park seinen Namen hat, ist heute allerdings nichts mehr zu sehen, dafür aber Granitkuppen, Wald, Rasenflächen, Picknickplätze und Manhattans höchster natürlicher Punkt (76 m ü.d.M.).

- **Dyckman Farmhouse Museum (16)**
  4881 Broadway/204th St., geöffnet: Mi–Sa 11h–16h, So 12h–16h, Tel. (212) 304-9422, www.dyckmanfarmhouse.org

Erinnerung an den Ursprung

Das 1785 im holländischen Kolonialstil erbaute Farmhaus ist das letzte seiner Art in Manhattan und wirkt heute ziemlich verloren zwischen den Apartmentblöcken. Früher war es umgeben von 120 ha Farmland, welches über 200 Jahre bewirtschaftet wurde. 1915 wäre es beinahe abgerissen worden, doch konnten Nachfahren der Dyckmanns es in letzter Sekunde retten und restaurieren, um es schließlich der Stadt zu stiften. Ausgestellt sind Möbel und Gebrauchsgegenstände aus der Zeit zwischen 1785 und 1880.

- **George Washington Bridge**

Eine ganz besondere Hängebrücke

Die Brücke ist eine der eindrucksvollsten und längsten New Yorks. Als achtspurige Hängebrücke 1931 vollendet, war ihre Kapazität für den sprunghaft zunehmenden Verkehr von und nach New Jersey nicht mehr ausreichend, so dass man nach dem Krieg vor der Notwendigkeit einer zweiten Brücke stand. Man entschied sich aber, zwischen die Pylone der George Washington Bridge in einem komplizierten Verfahren ein zweites Deck (sechsspurig) zu hängen, und setzte diese Pläne 1959–62 in die Tat um. Abseits aller technischen Feinheiten fasziniert das 2.650 m lange Bauwerk aber auch dadurch, dass es ohne sichtbare Rampe direkt aus dem bewaldeten New Jersey herübergespannt zu sein scheint. Dort hatte Rockefeller einen etwa 20 km langen Uferstreifen aufgekauft, damit keine Bebauung die Aussicht von den gegenüberliegenden Cloisters stören könne …

- **Hispanic Society of America (17)**
  Broadway, zw. 155th u. 156th Sts., Audubon Terrace Museum Complex, geöffnet: Sept.–Juli Di–Sa 10h–16h30, So 13h–16h, Tel. (212) 926-2234, www.hispanicsociety.org

Archer Milton Huntington, Philanthrop und Sohn eines reichen Transportunternehmers, ließ 1904 auf dem Anwesen des weltberühmten Vogelkundlers und -zeichners *John James Audubon* einen Museumskomplex errichten. Da *Huntington* sich besonders für die Kultur der iberischen Halbinsel interessierte, ließ er als größtes Museum die Hispanic Society of America einrichten. Zahlreiche Kunstschätze aus nahezu allen Epochen der portugiesischen und vor allem spanischen Geschichte sind zu sehen, so auch Werke von *Goya, Murillo* und *Velásquez*. Der Main Court aus rotem Terracotta ist im Stile eines spanischen Innenhofs der Renaissancezeit hergerichtet.

Angeschlossen an das Museum ist eine umfangreiche Bibliothek.

- **Morris-Jumel Mansion (18)**
  65 Jumel Terrace (160th & 162nd Sts., östl der St. Nicholas Ave.), geöffnet: Mi–So 10h–16h, Tel. (212) 923-8008, www.morrisjumel.org

Die erste Südstaaten-Villa?

Die elegante Villa wurde 1765 fertiggestellt für den britischen Offizier *Roger Morris*, der es vor allem als Sommerresidenz nutzte. Die palisadenartige Front mit den 4 Säulen erinnert an später gebaute Südstaaten-Villen. 1765 galt diese Bauweise noch als nahezu unbekannt.

Berühmt wurde die Villa, als sie im Unabhängigkeitskrieg für einen Monat im Jahre 1776 als Hauptquartier für General *George Washington* fungierte. Nach dem Krieg wurden die *Morris'* enteignet, und die Villa diente 30 Jahre lang als Taverne. Um 1810 kaufte dann der französische Händler *Stephen Jumel* das Gebäude und ließ ein paar Veränderungen vornehmen. 1903 kaufte es schließlich die Stadt New York und richtete hier ein Museum ein. Zu sehen gibt es vornehmlich typisches Inventar der Oberklasse des 19. Jahrhunderts.

Nördlich des Central Parks und in den Boroughs ist das Parkplatzfinden meist leichter

Umgeben ist die Mansion von dem **Jumel Terrace Historic District**, dessen „Schatz" die 2-geschossigen Holzreihenhäuser aus dem Jahre 1883 sind (in der Sylvan Terrace). Nur hier sind solche Gebäude in New York noch erhalten.

10. BROOKLYN, QUEENS, THE BRONX, STATEN ISLAND SOWIE NEW JERSEY

Überblick

Schon ein „echter New Yorker"?

Die meisten Besucher kommen bestimmt nach New York, um die weltbekannten Sehenswürdigkeiten, die Hochhausschluchten sowie das Nachtleben von Manhattan zu erleben. Bei einem Erstbesuch im Big Apple ist auch nichts dagegen einzuwenden. Doch wer Gefallen gefunden hat an der Stadt, etwas Abenteuergeist mitbringt und sich nicht nur vom Klischee leiten lassen möchte, der sollte auch den anderen vier Stadtteilen („Boroughs") einen Besuch abstatten. Hier ist noch vieles erhalten geblieben, was in der Hektik und dem Kommerz von Manhattan nur noch in Nischen existiert. Der größte Teil der New Yorker lebt nun einmal nicht in Manhattan, was ja auch weniger Einwohner hat als z.B. Brooklyn. Zudem sind die Immobilienpreise in den anderen Boroughs niedriger, womit schon verständlich wird, dass die „echten" New Yorker, die hier geboren sind und teilweise schon seit Generationen hier wohnen, sich nicht auf der überteuerten Insel drängeln wollen.

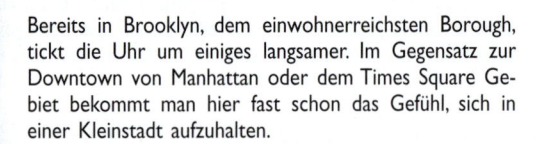

Bereits in Brooklyn, dem einwohnerreichsten Borough, tickt die Uhr um einiges langsamer. Im Gegensatz zur Downtown von Manhattan oder dem Times Square Gebiet bekommt man hier fast schon das Gefühl, sich in einer Kleinstadt aufzuhalten.

Neben Brooklyn, das wie Manhattan ältere Strukturen aufweist, haben sich Queens und die Bronx erst Ende des 19. Jahrhunderts aus kleinen Dörfern mit Vorortcharakter zu Stadtteilen mit weit über einer Million Einwohnern entwickelt und seither auch kulturelle Attraktionen angesiedelt.

Auch die anderen Boroughs haben viel zu bieten, so z.B. die besten Käsekuchen bei „Junior's" (Brooklyn)...

Nur Staten Island fällt deutlich aus dem Rahmen, und diesen Inselstadtteil mit weniger als 400.000 Einwohnern zu New York zu zählen, fällt etwas schwer. Kein Wunder, dass die Bewohner von Staten Island schon seit Jahrzehnten versuchen, von der Metropole loszukommen.

New York ist mehr als nur Manhattan...

Wie dem auch sei. Die 4 „anderen" Boroughs lohnen allemal mehr als einen Besuch.
- Der erste davon wird Sie sicherlich zu Fuß über die Brooklyn Bridge nach Brooklyn Heights führen. Doch **Brooklyn** hat auch anderswo historische Gebäude, günstige Geschäfte, eine ausgeprägte ethnische Vielfalt, die ehemalige Vergnü-

gungsinsel Coney Island, typische Restaurants und Kneipen, den Prospect Park, das hervorragende Brooklyn Museum und vieles mehr zu bieten. Zu beachten gilt auch die Entwicklung des Viertels Red Hook, Ende der 1990er Jahre noch ein Geheimtipp, mittlerweile stark im Kommen. Dieser Borough ist einfach ein Muss!

- **Queens** dagegen fällt etwas ab. Der Stadtteil ist flächenmäßig sehr groß, bietet neben „Nischenattraktionen" (z.B. Besichtigung der Steinway Piano Factory; auf den Spuren einiger Jazzmusiker) aber „nur" die Filmstudios sowie moderne Kunst in Astoria und die Museums- und Tennisanlagen in und um Flushing Meadows.
- **The Bronx** wird viel zu oft mit negativen Vorurteilen (Kriminalität, Gewalt, kaputte Häuser) belastet. Doch die Bronx brennt schon lange nicht mehr, und das berüchtigte „Ghetto-Gebiet" macht nur einen relativ kleinen Teil im Süden aus. Der Norden dagegen ist ein vornehmes Wohngebiet. Und es gibt in der Bronx einige hochrangige Attraktionen, wie die New York Botanical Gardens und den New York Zoo. Und hier verstecken sich einige touristische Schätze, so z.B. das echte Little Italy, City Island, wo der Fischfang noch Vorrang hat, Woodlawn, der Friedhof der Upper Class u.v.m.
- Zu **Staten Island** mag ich nur bedingt raten, denn hier ist New York wirklich schon weit weg. Die Baustruktur ist kleinstädtisch und langweilig und die Erkundung für Nicht-Autofahrer mühsam. Einzig die Fährpassage (Staten Island Ferry), evtl. kulturelle Veranstaltungen im Snug Harbour Center und die historische Richmond Town mögen den Besuch rechtfertigen. Letztere vermittelt bedingt einen Eindruck, wie New York vor 100-200 Jahren ausgesehen haben mag.
- **New Jersey** (kein Borough von New York) und die anderen Städte im gleichnamigen Bundesstaat sind geistig und kulturell weiter von New York entfernt, als es die geographische Distanz erscheinen lässt. Zwar bemüht man sich um die Anlage eines Museumskomplexes (das beste Technikmuseum der Metro-Area ist

... frische Meeresfrüchtesnacks im „Little Italy der Bronx"...

hier bereits) gleich gegenüber der Freiheitsstatue, und auch die Geschäfte werben mit steuerfreien Waren, doch die riesige, bebaute Sumpfebene ist und bleibt das Industriegebiet des Big Apple. Die meisten Hafenanlagen und Lagerhallen des Großraumes New York befinden sich mittlerweile hier, und auch die Bausubstanz zeigt einzig und allein pragmatische Züge. Nur Hoboken, ein kleines Areal (gegenüber von Chelsea) und die südlich davon angrenzenden Uferzonen am Hudson River, machen in letzter Zeit von sich reden. Firmen sind nach dem 11. September 2001 hierher in die neu errichteten Glaspaläste ausgewichen und Yuppies ziehen in moderne Apartments mit Blick auf Manhattan, wohnen damit Manhattan-nah und trotzdem günstig. Zu sehen gibt es aber auch hier nicht viel.

Ausweichviertel oder neue Dauerresidenz?

- **Ausflüge** von New York bieten sich mehrere an: Am schönsten wäre wohl eine Erkundung von *Long Island* mit seinen Stränden, dem östlichen Zipfel Montauk, der durch den gleichnamigen Roman von Max Frisch bekannt wurde sowie dem Weinanbaugebiet bei Greenport im Nordosten. Bedenken Sie aber, dass

... und eine Fährfahrt mit der Staten Island Ferry vorbei an der Freiheitsstatue

Long Island recht groß ist. 2, besser 3 Tage sollten Sie für einen Ausflug einplanen. Beliebt ist auch das landschaftlich reizvolle *Hudson Valley*, zu dem von Manhattan Bootstouren *(ganztägig)* abgehen, dessen richtige Erkundung aber auch drei Tage in Anspruch nehmen würde, besonders, wenn sie auch die zeitgenössischen Kunstausstellungen in Beacon besuchen möchten. Wer nun noch weiter und den New York-Aufenthalt mit einer mindestens einwöchigen Rundtour verbinden möchte, kann sich die *Princeton University, Atlantic City* (Spielerstadt), *Philadelphia* und *Washington* ansehen.

Rundreise-Ideen

Für alle hier genannten Ausflugsziele sollten Sie sich weiterführende Literatur/Reiseführer besorgen.

Bevölkerungsentwicklung in den 5 Boroughs von New York

Borough	1790	1850	1900	1930	1980	heute
Manhattan	33.100	515.600	1.850.000	1.870.000	1.430.000	1.500.000
Brooklyn	4.500	139.000	1.166.000	2.560.000	2.230.000	2.500.000
Bronx	1.800	8.000	200.500	1.265.000	1.170.000	1.300.000
Queens	5.400	18.600	153.000	1.080.000	1.891.000	2.200.000
Staten Isl.	3.800	15.100	67.000	158.300	352.000	395.000

Brooklyn

Überblick: Brooklyn Einst und Heute

Geographische Lage: Am Südwestzipfel von Long Island • *Einwohner:* 2,5 Millionen (bevölkerungsreichster Stadtteil New Yorks) • *Fläche:* 210 qkm

Übersichtskarte S. 520

Siedlung an der Durchgangsstraße

Geschichte: Bereits 1636 erwarb die **Dutch West India Company** hier Land und gründete damit eine Kolonie, die politisch vollkommen unabhängig war von Nieuw Amsterdam und später New York. Der Boden war fruchtbar, so dass sich schnell Farmer fanden, um ihn zu bewirtschaften. Die ersten fünfzig Jahre brachten einige Konflikte mit den Indianern mit sich, dann waren diese vertrieben bzw. durch eingeschleppte Krankheiten und Alkohol dahingerafft. 6 kleine Orte wurden damals gegründet, einer davon war *Breuckelen* (Brooklyn) direkt am East River, durch das die „Road from the Ferry" führte vom Fähranleger nach Nieuw Amsterdam (heute Manhattan). Später wurde daraus die Fulton Street. Bis auf einen (Gravesend, britisch) waren alle Orte von Holländern besiedelt. Ab 1660 kamen schließlich auch Immigranten aus anderen Teilen Europas hierher. Unter englischer Herrschaft hieß das Areal dann Kings County und prosperierte weiter als **Korn- und Gemüsekammer für New York**. Im Unabhängigkeitskrieg fand eine für die Amerikaner vernichtende Schlacht im Kings County statt (*Battle of Long Island*, 1776), die den Engländern noch für einige Zeit den Einfluss über New York einbrachte. Nach dem Krieg ging es wirtschaftlich schlagartig bergauf mit dem Kings County, besonders mit dem Ort Brooklyn. Schlachthöfe, Brauereien und (oft stinkende) Fabriken wurden angesiedelt, von denen die Bewohner New Yorks gerne „erlöst" wurden. Eine Zeitung, Geschäfte und anderes folgten. In den ersten 20 Jahren nach dem Krieg verdreifachte sich die Einwohnerzahl Brooklyns.

Der eigentliche Boom begann aber erst nach 1814, nachdem nämlich *Robert Fulton* eine relativ große Dampffähre zwischen New York und Brooklyn einsetzte. Nun wurde Brooklyn, wohl als erste Stadt der Welt, zu einer „Schlafstadt" vor den Türen der eigentlichen Großstadt. Die Middle und Upper Class begann, den (in vielen Bezirken) ruhigen Stadtteil für sich zu entdecken. Mit 16.000 Einwohnern erwarb Brooklyn 1834 das Stadtrecht. Zur selben Zeit zählten das Kings County zusammen 25.000 und New York 210.000 Einwohner. Die Marine hatte sich bereits das Werftenareal nördlich von Brooklyn gesichert, Williamsburg war ebenfalls schon in seinen Grundzügen erschlossen, und 1836 wurde die Eisenbahnlinie zwischen Hafen und Jamaica eingeweiht.

Ein Dampfschiff als Anstoß...

Bis zum Zusammenschluss der 5 Boroughs 1898 ging es fortan Schlag auf Schlag in Brooklyn. Straßen- und Bebauungspläne konnten gar nicht schnell genug gezeichnet werden. Straßenbahnlinien wurden eingerichtet, Fabriken siedelten sich im gesamten Kings County an, Wasser und Gasleitungen (für Straßenlaternen) wurden in Windeseile verlegt und die Hafenanlagen ausgeweitet, so dass um 1880 entlang der 11 km Kaianlagen mehr Tonnage umgeschlagen wurde als in New York. Auch die Kultur konnte sich entfalten: 1843 wurden das Brooklyn Institute (Ausstellungen, Lesungen etc.), 1859 die Brooklyn Academy of Music und 1863 die Long Island Historical Society gegründet. Der Prospect Park, Brooklyns „grüne Lunge", öffnete 1870 seine Tore. 1853 zählten Brooklyn und das gesamte Kings County bereits 200.000 Einwohner, und 1860 waren es schon 267.000! Die Brooklyn Bridge, die den Fährverkehr über den East River entlasten sollte, wurde 1883 eingeweiht, und Coney Island entwickelte sich schon um 1890 zu einer Vergnügungsinsel ungeahnten Ausmaßes.

Brooklyn war während der zweiten Hälfte des 19. Jahrhunderts Amerikas drittgrößte Stadt und profitierte insbesondere von New Yorks Aufstieg. Um 1900 zählte man schon 1 Million Einwohner. Bekanntermaßen schlossen sich die 5 (späteren) Boroughs 1898 zusammen zur heute als New York City bekannten Stadt. Für viele Brooklynites war dieses „the biggest mistake", denn mit Recht sahen sie ihre Stadt als eigenständig genug an, um New York Paroli bieten zu können. Der Zusammenschluss veränderte Brooklyns weitere Entwicklung schon. Es wuchs zwar weiterhin in Form von Größe – 1930 zählte es mit 2,5 Millionen Einwohnern deutlich mehr als Manhattan –, immer mehr Fabriken siedelten sich an, der erste New Yorker Flughafen wurde in Brooklyn eröffnet (Floyd Bennett Field), Coney Island zog jährlich Millionen von Wochenendurlaubern an, und auch

Auf dem Weg zur Großstadt

die kulturelle Szene blieb erhalten. Andererseits aber blieb Brooklyn provinziell und übernahm immer mehr die Vorortrolle für Manhattan. Nicht, dass Brooklyn nichts zu bieten hatte, aber Manhattan hatte einfach wesentlich mehr Anziehungskraft auf den Rest von Amerika und vor allem das Ausland.

Lebensqualität statt „Größenwahn"

Im Grunde sollten die Brooklynites aber froh darüber sein. In ihrem Borough sind die Immobilienpreise halbwegs bezahlbar geblieben, die Schatten hoher Häuser verstecken nicht die Sonne, die ethnischen Gruppen können sich hier noch verhältnismäßig ungestört entfalten, und in Form der sog. Gentrification wechseln im Laufe von wenigen Jahrzehnten viele Stadtteile noch ihren Charakter. Brooklyn ist auch nicht versnobt wie Manhattan, eher bodenständig geblieben. Das haben in den 1960er Jahren auch Schriftsteller wie *Arthur Miller* und *Norman Mailer* für sich entdeckt.

Die Stars lassen grüßen...

Heute ist der Stadtteil beliebte Wohnstätte auch von Künstlern und wohlhabenden New Yorkern, so z.B. *Woody Allen, Barbra Streisand* und *Mel Brooks*, die sich natürlich gerne in die Brownstonehäuser von Brooklyn Heights, Cobble Hill und Carroll Gardens eingekauft haben. Hier wohnt auch der Mittelstand und anders als in Manhattan, sieht man die Menschen am Wochenende selbst an ihren Häusern zimmern und werkeln. Die südlichen Stadtteile Brooklyns werden von ethnischen Gruppen bewohnt, die es in Manhattan „geschafft" haben bzw. ihm den Rücken kehren wollen: Borough Park ist jüdisch, auf Coney Island lebt die größte russische Gemeinde außerhalb des ehemaligen Zarenreiches, Bensonhurst ist „süditalienisches Terrain", und Bay Ridge ist skandinavisch sowie irisch angehaucht. Anders dagegen Williamsburg im Norden: Noch wird dieser Stadtteil zu einem großen Teil von orthodoxen Juden bewohnt, doch günstig angebunden an das U-Bahnnetz, hat die Yuppie-Szene von Manhattan die großen Lagerhäuser bereits als Loftidylle für sich entdeckt. Nun folgt der Stadtteil Red Hook diesem Beispiel, wobei die Baustrukturen hier wieder anders sind als in Williamsburg.

Bedford-Stuyvesant galt lange Zeit als Negativbeispiel eines von Schwarzen bewohnten Großstadtslum. Doch seitdem sich 1968 Senator *Robert Kennedy* für die „Wiederbelebung" dieses Stadteiles eingesetzt hat, hat sich ein lebendiger Stadtteil entwickelt mit Kleinindustrie, bunten Geschäften und einer deutlich niedrigeren Kriminalitätsrate. Ein anderer erwähnenswerter Teil Brooklyns ist noch Flatbush, einst jüdisch dominiert, leben hier heute vor allem Immigranten aus der Karibik. Spanisch ist vorwiegende Sprache, und Feste sowie Paraden könnten kaum bunter sein.

Die Brooklynites sind stolz auf ihre Eigenständigkeit, die unterstrichen wird durch die City Hall

Bei dieser Auflistung fragt man sich doch, warum die Brooklynites sich nicht auf die Weltklasse des **Brooklyn Museum (of Art)**, der hochangesehenen **Brooklyn Academy of Music (BAM)**, den **Prospect Park**

Fünf Dinge braucht der Borough

Brooklyn erwacht langsam wieder aus seinem Dornröschenschlaf und besinnt sich auf seine eigenen Werte. Doch welche kleinstädtische Anschauung im Gegensatz zu Manhattan vorherrscht, macht eine Ausstellung über den Borough in der Historical Society deutlich – hier heißt es, dass **Brooklyn für 5 Dinge steht** (von denen drei der Vergangenheit angehören):

1. die **Brooklynites**, die Einwohner des Boroughs in ihrer gesamten ethnischen Vielfalt;
2. der **Navy Yard**, die große Marinewerft nördlich von Brooklyn Heights, während des 2. Weltkrieges als „Can Do"-Yard bezeichnet wegen seiner Produktivität. Anschließend verfiel die Werft jedoch und unterhält heute nur noch einen Ausrüstungskai. Der Rest soll evtl. zu einem großen Filmstudio umgebaut werden;
3. Die **Brooklyn Dodgers**, das 1883 gegründete und überaus erfolgreiche Baseballteam (spielten auf dem Ebbets Field, Ecke Bedford Ave./Montgomery St.), welches 1957 aber nach Los Angeles umsiedelte;
4. die 1883 fertiggestellte **Brooklyn Bridge**, eines der Wahrzeichen New Yorks, aber lange nicht mehr wichtigste und einzige Verkehrsader zwischen Long Island und Manhattan. Für die Brooklynites ist die Brücke übrigens Fluchtmittel aus Manhattan, nicht andersherum.
5. Schließlich noch **Coney Island**, nach 1880 Vergnügungs- und Ausflugsziel Nummer eins aller New Yorker, später dann sogar zum Vorreiter der heutigen Themenparks avanciert. Nach dem 2. Weltkrieg haben aber Radio und vor allem Fernsehen sowie Kino der Amüsierinsel den Rang abgelaufen.

Coney Island Beach – nur noch an Sommer-Wochenenden tummeln sich hier die Massen

(der dem Central Park in nichts nachsteht) oder ihre (mittlerweile zwar ebenfalls heruntergekommenen) **Hafenanlagen** berufen. Die Antworten dazu können vielfältig sein. Ich glaube aber, dass die Bewohner von Brooklyn es genießen, hier zu wohnen, nicht neidisch, sondern nur kopfschüttelnd auf Manhattan blicken und dass die eigentlichen Attraktionen des Stadtteiles im Grunde nicht die großen Dinge sind, sondern sich hinter den Hausfassaden des Mittelstandes verbergen, den Menschen, die ihre Vorfahren in aller Welt haben. Und zu ihrem Leben gehörten eben die Dodgers, die Marinewerft als Arbeitgeber und die Errungenschaften von Coney Island.

Genuss der Einfachheit statt Betonung des Prestige

Hinweis

Einen **ersten Eindruck von Brooklyn** erhalten Sie bei einem Spaziergang über die Brooklyn Bridge, am besten 1–1 ½ Std. vor Sonnenuntergang. Von der Brücke blicken Sie zurück auf die in warmes, orangefarbenes Licht getauchten Empire State und Chrysler Buildings. Vor Ihnen liegt nun Brooklyn Heights, das Sie zuerst mit der „Watchtower"-Zentrale (Jehovas Zeugen) begrüßt. Brooklyn Heights bietet sich dann an für einen Spaziergang (inkl. Verschnaufpause) entlang der Promenade, und nachdem die Sonne untergegangen ist, können Sie sich z.B. in der Montague Street ein frühes Dinner genehmigen. Zurück fahren Sie am besten mit der Subway.

Die interessantesten Stadtteile von Brooklyn im Überblick (alphabetisch)

Karte Brooklyn s. S. 520

Borough Park (G)
Geographische Lage: Im Südwesten (südl. Prospect Park/Greenwod Cemetery • **Einwohner:** 115.000 • **Sehenswürdigkeiten** in diesem Stadtteil sind nicht extra beschrieben.

Hier hat man es geschafft

Geschichte: Das Gebiet wurde ab 1880 bebaut, und die ersten Bewohner waren irische Immigranten. Ab 1920 siedelten sich dann erste jüdische Familien aus Williamsburg hier an und einige Jahre später auch italienische Familien, die aus umliegenden Bezirken bzw. der Lower East Side kamen. Für alle galt es als sozialer Aufstieg. Die wohlhabenderen Juden wanderten nach dem 2. Weltkrieg dann in weiter entfernte Villenvororte ab und machten damit Platz für strenggläubige, orthodoxe Juden, die wiederum aus Williamsburg kamen und später dann aus Israel und Osteuropa. Besonders die Immigranten sorgten fortan für eine hohe Geburtenrate (man zählte 7 Kinder pro Familie!). Der eingesetzte Council of Jewish Organizations befasste sich mit der Ein- bzw. Erhaltung des orthodoxen, jüdischen Glaubens und vereinigt mittlerweile über 170 kulturelle und religiöse Gruppen unter sich.

> **Brooklyn als Stadtteil von New York**
> **Charakteristika in Stichworten:** Bevölkerungsreichster Stadtteil – Keine Wolkenkratzer – Günstiger als Manhattan – Ruhiger und entspannter – Selbstbewusst – Ein schöner Park – Ein bedeutendes Kunstmuseum – Lofts in Williamsburg – Bourgeoisie in Brooklyn Heights – Verblasste Pracht auf Coney Island – Ethnische Viertel – Wie entwickelt sich Red Hook
> **Eindruck:** Aus der Geschichte heraus stark genug, sich gegenüber Manhattan zu behaupten und davon abzugrenzen. Ohne Neid, eher mit Genugtuung, schauen die Brooklynites von ihrer Promenade auf die Wolkenkratzer des Financial Center. Brooklyn ist entspannender, günstiger, echter und ehrlicher als Manhattan, ruft dafür aber auch nicht so viele Klischeebilder auf.

Heute sind 82 % der Bevölkerung von Borough Park Juden. Es gibt an die 200 Synagogen und Tempel. Die Kinder werden in einem ganz eigenen Schulsystem unterrichtet. Das ethnische Fest heißt *Purim* und wird im Frühling abgehalten. Dann kommen Menschen aus ganz New York hierher. Viele Bewohner von Borough Park arbeiten in Manhattan.

Lebendige jüdische Gemeinde

Sollte Ihr Interesse Sie hierher führen, achten Sie bitte darauf, keine orthodoxen Juden (mit ihrer schwarzen Kleidung und den Zöpfen) zu fotografieren, ohne vorher zu fragen. Erwarten Sie auch keine besonderen Sehenswürdigkeiten. Borough Park sieht architektonisch aus wie viele andere Stadtteile New Yorks, nur die Aufschriften sind oft in jüdischer Sprache, die wenigen Restaurants bieten einzig Kosher-Food, und die Menschen leben sehr zurückgezogen. Schauen Sie auch einmal in das eine oder andere Geschäft und achten Sie vor allem auch auf die kleinen Handwerksbetriebe in den Nebenstraßen. Oft fühlt man sich dabei um einige Jahrzehnte zurückversetzt.

Brooklyn Heights (B)

Geographische Lage: Nordwest-Brooklyn. Zw. Brooklyn-Queens-Expressway im Norden und Westen, Atlantic Ave. im Süden sowie Cadman Plaza u. Court Street im Osten • Einwohner: ca. 25.000 • Sehenswertes finden Sie auf S. 519ff.

Geschichte: Siehe auch Überblick/Geschichte von Brooklyn. Brooklyn Heights rasanter Aufstieg zu New Yorks erstem „Suburb" begann mit der Einrichtung der dampfgetriebenen, großen *Fulton Ferry*, einer regelmäßig verkehrenden Fährlinie. Bereits damals lockten die niedrigeren Immobilienpreise, die Nähe zum wirtschaftlichen Herz Manhattans und die exponierte Lage auf einem Hügel mit Aussicht auf Manhattan. In wenigen Jahrzehnten war die Hügelkette zugebaut mit 2–3-geschossigen Stadthäusern aller Stilrichtungen: Italienische Renaissance, griechisch, Kolonialstrukturen, später dann Beaux Arts und im 20. Jahrhundert auch Art Deco. Brooklyn Heights war „in" bei der wohlhabenden Mittelschicht. Und als der Platz hier nicht mehr ausreichte bzw. weitere Fährlinien eingerichtet waren, folgten u.a. **Cobble Hill** (ab 1836), **Boerum Hill** (ab 1840), **Fort Greene** (ab 1855) und **Carroll Gardens** (ab 1869) dem Beispiel Brooklyn Heights. Hier wurden, stadtplanerisch durchdacht, Wohnhäuser für gut verdienende Arbeiter und den „normalen" Mittelstand errichtet, zumeist im Brownstone-Reihenhausstil. Das bedeutete, dass wie z.B. auch in Harlem, das Kellergeschoss als Anliegerwohnung bzw. kleines Geschäft konzipiert wurde, während die oberen Etagen den Hausherren blieben. So konnten die Besitzer mit der Vermietung des Parterres einen Großteil der Kreditzinsen begleichen, ein Verfahren, das auch heute noch – wenn auch unter anderen Umständen – in vielen Teilen New Yorks praktiziert wird.

„Eroberung" durch die Mittelschicht

Brooklyn Heights entwickelte sich um 1850 dann auch zum Wirtschafts- und Verwaltungszentrum Brooklyns. Banken und Geschäfte aller Art wurden eröffnet, Hafenanlagen ausgebaut, und gleich östlich des Viertels wurde 1848 die Civic Hall, Brooklyns Rathaus inmitten des Civic Center eingeweiht. 1908 erreichte die Untergrundbahn den Stadtteil, was zur Folge hatte, dass viele Angestellte herzogen. Diese „vertrieben" dann aber die reichen Leute.

Nach dem 1. Weltkrieg folgten dann vornehme Apartmenthäuser und Hotels. Zu den Top-Hotels New Yorks zählten in den 20er Jahren das „Bossert" *(98 Montague Street)* mit einem beliebten Dachrestaurant sowie das „St. George" *(Clark St., zw. Hicks u. Henry Sts.).*

Nach dem 2. Weltkrieg entdeckten die Literaten und Künstler den Stadtteil, so z.B. *Truman Capote* und *Arthur Miller*. Es war aber auch die Zeit, in der ganze Straßenzüge dem Bau des Brooklyn-Queens-Expressway zum Opfer fielen. Das rief eine Gruppe von Anwohnern auf den Plan, die ab 1958 mit allen erdenklichen juristischen Mitteln für den Erhalt des historischen Bezirkes kämpften. Sie hatten Erfolg, und 1965 wurde Brooklyn Heights zum ersten „Historic District" in New York erklärt. Diesem Beispiel folgten später viele andere Stadtteile.

Eine Bürgerinitiative mit Erfolg

Heute: Nach einer wirtschaftlichen Flaute ab Mitte der 1950er Jahre (Schließung von Hafenanlagen und Werften etc.) hat sich Brooklyn Heights seit 1990 kräftig

1–2 Stunden vor Sonnenuntergang: Verweilen auf der Brooklyn Heights Promenade

erholt. Die Immobilienpreise erreichen wieder astronomische Höhen, Jehovas Zeugen („Watchtower", *124 Columbia Heights*), zahlt großzügig in den Stadtsäckel und der Tourismus – wenn auch in bescheidenem Rahmen – hält ebenfalls Einzug. Die Restaurants in der Montague Street, die baumbestandenen, engen Straßen und das Flair ausgelassener Bourgeoisie machen den Besuch attraktiv. Doch auch viele historische Bauten und nicht zu vergessen die Kirchen, wie z.B. die Plymouth Church of the Pilgrims (von 1849, *Hicks St., zw. Orange u. Cranberry Sts.*), die First Presbyterian Church (von 1846, *124 Henry St.*) sowie First Unitarian Church (von 1844, *Pierrepont St./Monroe Place*), locken Touristen und New Yorker gleichermaßen an. Von dieser Attraktivität beginnen nun auch die umliegenden Stadtteile zu profitieren, so z.B. Cobble Hill und neuerdings Fort Greene. Ein Highlight von Brooklyn Heights ist schließlich noch das Flanieren bzw. Verweilen auf der **Brooklyn Heights Promenade**, von der aus Sie am Nachmittag/Abend einen fantastischen Blick auf die Skyline von Süd-Manhattan haben.

New Yorker lieben neue Namen

Nordöstlich, hinter der Auffahrt zur Brooklyn Bridge, wurde der ehemalige Lagerhausdistrikt restauriert. Designer-Firmen, Filmstudios und umgebaute Lofts verdrängen allmählich die verstaubten Kisten und Kartons. Ein neuer Name, der der Yuppie-Szene angepasst ist, ist bereits gefunden: **Dumbo** („Down under Manhattan Bridge Overpass").

Die **Fulton Ferry**, die von April bis Oktober täglich *(10h–18h, im Sommer 12h–20h)* nach Manhattan übersetzt, legt an einem Pier unter der Brooklyn Bridge ab.

> *Und noch ein Tipp*
> Ein Picknick auf der Brooklyn Heights Promenade oder im Fulton Ferry Park schont den Geldbeutel. Einkaufen können Sie z.B. leckeren Käse und Brot im mittlerweile schon historischen Feinkostladen **Lassen Hennings** *(114 Montague Street)*.

Downtown/Civic Center/Fulton Mall (D)
Geographische Lage: Zw. dem Expressway im Norden, Atlantic Ave. im Süden, Cadman Plaza im Westen und Flatbush Ave. im Osten • *Einwohner:* 2.500 (nach Schätzungen) • *Sehenswertes* finden Sie auf S. 519ff.

<u>Geschichte:</u> Mitte des 19. Jahrhunderts, dem rasanten wirtschaftlichen Aufstieg Brooklyns folgend, entschied man sich zur Anlage eines großzügigen Verwaltungsviertels (= Civic Center), das günstig platziert sein sollte zwischen den Hafenanlagen, den Wohngebieten und der langsam erstarkenden Einkaufsregion.

Glanzvolle Vergangenheit

Die Einweihung der City Hall (= Rathaus), auch Borough Hall genannt, 1848 bildete den Grund für zahlreiche weitere Verwaltungsgebäude, die bis heute weiter ausgebaut werden. Das gesamte Umfeld bezeichnete man forthin als Brooklyn

Downtown. Östlich vom Civic Center entwickelte sich die Fulton Street zur Einkaufszone. Der spätere Mitbegründer von Macy's eröffnete hier sein erstes Warenhaus, Juweliere und Bekleidungsgeschäfte folgten. Vornehme Restaurants und riesige Bankpaläste rundeten schließlich das Bild der Fulton Mall ab. Nachdem Brooklyn nach dem 2. Weltkrieg eine wirtschaftliche Flaute erlebte und Sozialwohnungen nordöstlich der Downtown gebaut wurden, verfiel die Einkaufszone zunehmend, und die Kriminalitätsrate stieg frappierend an.

Heute jedoch scheint sich das Bild wieder zu wandeln. Der Verwaltungsbezirk erstarkt in ungeahnten Ausmaßen. Die Verwaltung der öffentlichen Verkehrsmittel (New York Transit) hat hier ihren Sitz (inkl. Museum), genauso wie der Supreme Court und andere Gerichte. Und die Fulton Mall beginnt wieder, „Luft zu holen". Bei Gage & Tollner können Sie in gehobener Atmosphäre speisen, im Junior's gibt es den besten Käsekuchen, die Dime Savings Bank macht deutlich, wie reich Brooklyn einst war, Macy's bietet wieder gute Ware, und auch die anderen Geschäfte versprechen günstige Schnäppchen, besonders auf dem Sektor Sportschuhe, Jeans und Kleidung für die jüngeren Leute. Die Fulton Mall ist aber noch weit davon entfernt, ein wahres Shopping-Paradies zu sein und wird dieses vielleicht auch niemals werden. Doch sollten Sie sich in der Nähe aufhalten, lohnt ein Preisvergleich mit Manhattan allemal.

Es geht wieder aufwärts

> **Antiquitäten**
> Wer gerne in Antiquitätenläden nach viktorianischen und 19.-Jahrhundert-Dingen stöbert, sollte einmal in der Atlantic Avenue (3 Blocks zw. Smith u. Nevins Sts.) schauen. Es ist hier um einiges billiger als in Manhattan.
> Hinterher warten ein paar kleine, ethnische Restaurants etwas weiter westlich (2 Blocks zw. Hicks u. Henry Sts.) auf Sie.

Fort Greene (ehem. Teil von Clinton Hill) (C)
Geographische Lage: Zw. East River im Norden, Vanderbilt Ave. im Osten, Atlantic Ave. im Süden und Flatbush Ave. im Westen • *Einwohner:* 41.000 • *Sehenswertes finden Sie auf S. 519ff.*

Geschichte: Lesen Sie dazu unter Brooklyn Heights oben

Heute: Der nördlich des Fort Greene Park (ebenfalls angelegt von *Olmstedt* und *Vaux*) liegende Teil ist wenig attraktiv, da hier nach dem Zweiten Weltkrieg langweilige Sozialwohnungs-Komplexe („Projects") hochgezogen wurden.

Interessanter dagegen sind die vielen Brownstone-Reihenhäuser in baumbestandenen Straßen südlich davon, die Brooklyn Academy of Music (BAM), die zahlreichen günstigen, ethnischen Restaurants im Kreuzungsbereich Fulton Street/Lafayette Avenue sowie die kleinen Kellerrestaurants in der DeKalb Avenue (Höhe Vanderbilt Ave.). Fort Greene bietet zwar keine eigentlichen Highlights, doch können Sie hier einen Eindruck gewinnen, wie die „normalen" Wohnviertel von Brooklyn einst ausgesehen haben.

Vielfalt der ethnischen Küche

Das Putnam Fort, das ehemals auf der Anhöhe im Fort Greene Park stand, wurde schon zu *George Washingtons* Zeiten verlassen und später niedergerissen.

> **INFO** **Auf den Spuren von Wayne Wangs (Brooklyn-) Kultfilm „Smoke – Raucher unter sich"**
> *(Drehbuch: Paul Auster; Darsteller: William Hurt, Harvey Keitel u.a.)*
>
> Fans mögen den Film zigmal gesehen haben, anderen wird er nicht einmal ein Begriff sein. Den Film hier daher vorzustellen, ist zwecklos. Um ersteren aber ein wenig den Mund wässrig zu machen, nenne ich hier einmal die entscheidenden Drehorte (alle in Brooklyn). Ja, es gibt den Tabakladen ...
> - **Barney's (Court) Cut:** 76 Court Street (nahe City Hall, Civic Center), *Brooklyn (Downtown/Brooklyn Heights)*. Ein Tabakladen, der sich auf Zigarren spezialisiert hat, aber auch allen möglichen anderen Kleinkram in Form eines Krämerladens anbietet. Hier wurde, so wird gemunkelt, die Idee für den Film geboren. Auster ließ sich von den Geschichten der beiden Ladenbesitzer inspirieren.
> - **Jack's Kosher Delicatessen:** 116 Court Street (nicht weit von Barney's Cut), *Brooklyn (Downtown/Brooklyn Heights)*. Kosher-Take-Away mit ein paar Tischen in einem ausgesprochen schmalen Raum. Inspirierte Auster bei der Vorfassung des Films und tauchte in dieser namentlich auf. Im Filmset erzählte Rocky Paul hier die Weihnachtsgeschichte.
> - **Farell's Bar:** 16th St./Prospect Park West, *Brooklyn (Park Slope/Windsor Terrace)*. In dem ehemaligen Postlokal auf der gegenüberliegenden Straßenseite wurde für den Film die „Brooklyn Cigar Company", der Zigarrenladen von Rocky, untergebracht. Farell's Bar taucht im Film auch einmal kurz von außen auf.
> - **Clinton News:** 200 Clinton Street (nahe City Hall/Civic Center), *Brooklyn (Brooklyn Heights)*. An dieser geographischen Stelle befand sich die von Auster für den Film ins Leben gerufene wirkliche „Brooklyn Cigar Company". Heute befindet sich hier ein Zeitungsladen mit Lottoannahmestelle.
> - **3rd Street/7th Avenue:** Straßenkreuzung in *Brooklyn (Park Slope)*, die Rocky als Motiv für Tausende von Fotos diente. Menschen in T-Shirts, Gummistiefeln, mit Regenschirmen usw. haben ihn jeden Tag aufs neue fasziniert.
> - **Bergen Inn:** Ecke Hoyt/Bergen Sts., *Brooklyn (Boerum Hill)*. Historische Neighborhood-Bar mit dem wohl größten Barspiegel New Yorks. In einer Szene treffen sich hier Rocky, Paul, Rashid („Paul-Benjamin") und die Verkäuferin aus dem Buchladen.

Red Hook (E)

Geographische Lage: Südwestlich des Gowanus/Prospect Expressway, am Südende der Van Brunt Street • *Einwohner:* 15.000 • *Sehenswürdigkeiten* in diesem Stadtteil sind nicht extra beschrieben.

Geschichte: Mitte des 19. Jahrhunderts begann man hier, größtenteils unter der Federführung des Eisenbahnmagnaten *William Beard*, einen Hafen anzulegen. Die geographische „Nase" südlich der Wohnbezirke Carroll Gardens und Cobble Hill boten eine gute Lage dafür. Einziges Problem war damals die zur Wasser hin ungeschützte Position. Dafür fand *Beard* aber schnell eine geniale Lösung: Jedes leer angekommene Schiff, das damals hier Ladung aufnehmen wollte, musste vorher seine Kielgewichte, sprich Steine, loswerden. Diese nahm er den Schiffsführern gerne ab und kassiert dafür 50 Cent für einen cu yd (1 Kubik-Yard = 0,765 qm). Ein stolzer Preis. Die Steine jedoch ließ er anlegen für eine Schutzmauer („Breakwater") zur New York Bay hin. Das eingenommene Geld genügte für die Arbeitslöhne und die weitere Befestigung dieser Mauer. So entstand das geschützte Erie Basin und die lange Mauer ist seither auf jeder Karte gut erkennbar sowie ein Symbol für Red Hook. Mit diesem sicheren Becken war es nun auch kleinen Getreideschiffen möglich, in Red Hook ihre Ladung zu löschen bzw. umladen zu lassen auf große Schiffe. Ein zweiter wichtiger Wirtschaftsfaktor für Red Hook war im 19. Jahrhundert die Ziegelindustrie. Lehm dafür kam vorwiegend aus New Jersey und wurde hier in zahlreichen Ziegeleien zu Backsteinen verarbeitet. Die großen Backsteingebäude am Hafen zeugen noch heute von dieser Zeit.

Eine findige Lösung für einen sicheren Hafen

Nach dem 2. Weltkrieg sank der Stern des Hafens aber, als Ziegelsteine nicht mehr die Bedeutung hatten und größere Getreideumschlagplätze im Großraum von New York angelegt wurde. Das Becken am Getreidespeicher war zu klein geworden für die großen Schiffe.

Heute: Jahrzehntelang geriet Red Hook immer mehr in Vergessenheit, die Hafenanlagen verrotteten, die Wohnhäuser – zu klein für den Mittelstand – wurden teilweise ungenutzt ihrem Schicksal überlassen und die alten Lagerhallen dienten nur als billiges Zwischenlager für zweitrangige Waren.

Ende der 1990er Jahre begannen sich gewiefte Immobilienmakler und Investoren aber wieder an die alten Backsteinbauten heranzutrauen. Die wirtschaftliche Situation der Stadt brachte es mit sich, dass wieder in alte Bauten investiert wird. Allen voran die Backsteinlagerhäuser und die alte Ziegelei wurden und werden immer weiter restauriert – zum Teil auch in Lofts umgewandelt. Kleine Firmen, erste Galerien und Geschäfte halten seither Einzug und die nahen kleinen Wohnhäuser erwachen auch wieder aus ihrem Dornröschenschlaf. Heute gilt Red Hook schon nicht mehr als Geheimtipp des wohnungssuchenden Mittelstandes. Trotzdem ist es noch weit entfernt von der Vermarktung, wie sie in Williamsburg stattfindet und Lichtjahre von der in SoHo und TriBeCa.

Alte Hafengebäude wieder attraktiv

Ein Besuch hier lohnt vor allem wegen der „postindustriellen Romantik". Alles geht noch langsam zu, die alten Getreideverladestätten rosten auf der den Backsteinlagerhäusern gegenüberliegenden Seite vor sich hin, auf den alten Piers wird noch in aller Seelenruhe geangelt (schöner Blick hinüber zur Freiheitsstatue), einige Yachten verirren sich im Getreidebecken und die Veranstaltungen sind noch selten. Ein Ausflug hierhin kann also noch als Erholung angesehen werden. Besondere Highlights gibt es zzt. aber nicht. Warten wir es ab…

Übrigens: Es gibt schon, wenn auch noch selten, Bootstouren – von Manhattan aus nach Red Hook.

Prospect Park/Park Slope (F)

Geographische Lage (Park Slope): Zw. 4th und Flatbush Aves. im Norden, Flatbush Ave. u. Prospect Park im Osten, Prospect Park West und 15th Ave. im Süden und 4th Ave. im Westen • **Einwohner (Park Slope):** 50.000 • **Sehenswertes** finden Sie auf S. 524ff.

Wohnentwicklung mit einem Park als Grundstein

Geschichte: Der Prospect Park wurde, wie der Central Park, von *Olmsted* und *Vaux* geplant. 1868 wurde er eingeweiht, ebenso wie die dem Pariser Étoile nachempfundene Grand Army Plaza am Nordwestzipfel des Parks. Park und Plaza bildeten den Grundstock für ein System ausladender Boulevards und diese wiederum für die Erschließung umliegender Stadtteile, wie z.B. Park Slope.

Park Slope, in den 1870er fertiggestellt, wurde angelegt als Wohnsiedlung für sowohl besser verdienende Angestellte („Gold Coast", große Straßen und nahe der Plaza) als auch für die irischen Arbeiter (Nebenstraßen, südliche Bezirke). Verschiedene Brownstone-Reihenhäuser in baumbestandenen Straßen machten den Stadtteil attraktiv. Der kulturelle Rahmen wurde durch den Neubau des Brooklyn Museum (1893) geschaffen. Zu Beginn des 20. Jahrhunderts wanderten die Besserverdienenden ab, und die Reihenhäuser verkamen ein wenig zu Mehrfamilienhäusern, die nicht selten hoffnungslos überbelegt waren.

Erst ab den 1960er Jahren erholte sich Park Slope von dem sozialen Abstieg. Die Häuser, damals noch eine günstige Anlage, wurden restauriert und junge Akademiker, Geschäftsleute sowie eine wohlsituierte linke Mittelschicht zogen her. Letztere sorgte zusammen mit ein paar Aussteigern z.B. dafür, dass mit der **Park Slope Food CoOp** *(782 Union Street)* eine der ersten Lebensmittel-Kooperativen (gesunde Kost, Eigenbeteiligung) der USA 1973 hier eröffnete. 1974 wurde der Stadtteil zu einem „Historic District" erklärt.

Ausgesucht und unkonventionell: die Brooklyn Public Library am Grand Army Plaza

Heute ist Park Slope ein Wohnviertel mit einer multikulturellen Gesellschaft (vorn. der intellektuellen Mittelschicht). Besonders entlang der 7th Avenue (und auch 5th Ave.) finden Sie viele ethnische Restaurants und Take-Aways sowie ein paar ausgesuchte Geschäfte. Hauptattraktionen dieses Teiles Brooklyns bleiben aber das Brooklyn Museum of Art, der Prospect Park (inkl. Botanical Gardens) und die Grand Army Plaza.

Williamsburg (A)

Geographische Lage: Zwischen 7th Ave. u. B'lyn-Queens Expressway im Norden, Queens County Grenze im Osten, Flushing Avenue im Süden und East River im Westen • Einwohner: 100.000 • Sehenswürdigkeiten in diesem Stadtteil sind nicht extra beschrieben.

Geschichte: Die ersten Siedler ließen sich in den sumpfigen Ebenen 1663 als Farmer nieder. Es waren Holländer, Skandinavier und Franzosen. Sie waren es auch, die Piraten wie dem legendären Captain *William Kidd* oftmals Zuflucht und Verstecke verschafften.

Piratenversteck

1800 wurde die erste Fährlinie eingerichtet, doch erwies sie sich als finanzieller Fehlschlag. Brooklyn Heights war zu dieser Zeit um einiges attraktiver für Investoren. Der zweite Anlauf, 1818, diesmal mit einer dampfgetriebenen Fähre, gelang schließlich. *David Dunham* (bekannt als der „Father of Williamsburgh"), lieh vermeintlichen Investoren Geld, sorgte dafür, dass der kleine Ort 1827 offiziell eingetragen wurde ins Register und machte somit den Weg frei für Industrieunternehmen. Bereits 1852 war Williamsburg zu einer Stadt mit über 30.000 Einwohnern angewachsen, und 1855 schloss es sich Brooklyn an.

Entwicklung im Schatten Brooklyns

Fortan entwickelte sich Williamsburg sehr vielschichtig. Neben Industrieunternehmen aller Art siedelten sich in den Randbezirken und auf der flussabgewandten Seite vor allem deutsche und irische Mittelständler sowie Fabrikbesitzer an. Es gab Biergärten, Clubs, Hotels und Restaurants. 1900 zählte der Stadtteil 105.000 Bewohner, und um 1920 waren es dann 260.000.

Mit der Einweihung der Williamsburg Bridge (1903) kamen italienische und jüdische Arbeiter nach Williamsburg, sorgten für den Bau von mehrgeschossigen, billigen Mietshäusern (Tenement Houses) und verdrängten allmählich den wohlsituierten Mittelstand. Nach dem 1. Weltkrieg galten ganze Straßenzüge in Williamsburg als die am dichtesten besiedelten Flächen New Yorks.

Die Italiener wanderten ab, und ihnen folgten ab den 1930er Jahren weitere Juden aus Europa, die vor den Nazis flüchteten. Es handelte sich hierbei vornehmlich um strenggläubige Juden der Satumar Chassidim-Sekte. Sie bestimmten das Bild von Williamsburg maßgeblich bis in die 1970er Jahre, bauten Handelskontore auf, führten Großhandelsgeschäfte und besaßen auch ein paar kleinere Fabriken. Diese und die alteingesessenen großen Firmen zogen dann lateinamerikanische Einwanderer an, die heute mehr als die Hälfte der Bevölkerung ausmachen. Sie sorgten oft für sozialen Konfliktstoff, dessen Ausmaße mit denen der Bronx in den 1960er Jahren zu vergleichen waren: Häuser brannten, und die Drogenkriminalität grassierte.

Neue Ordnung durch jüdische Einflüsse – aber auch Konflikte

Heute: Auch heute noch prägen die 30.000 Juden mit ihren schwarzen Zöpfen und der konservativen Kleidung das kulturelle Erscheinungsbild vieler Gebiete von Williamsburg. Sie fahren LKWs, beladen Züge, führen Handelshäuser und fallen in den halbverlassenen Lagerhaus- und Hafendistrikten als ein wenig „fehlplatziert" auf. Die Mehrzahl der Juden wohnt in einem kleinen Abschnitt im

Südwesten zwischen Whyte Avenue, Broadway sowie Heyward Street und hat ihre Geschäfte in der Lee Avenue. Die Lee Avenue empfiehlt sich auch für echte Kosher-Delis und besonders „Mosha's Bread" *(Ecke Whyte/7th St.)*, eine koschere Bäckerei, deren Gründung bereits mehr als 100 Jahre zurückliegt – also eine echte Institution!

Mehr Szeneviertel als touristische Attraktion

Die in den 1980er- und 90er-Jahren zugewanderte Künstler- und Yuppyszene residiert in Lofts, Ateliers und Kneipen in der Berry Street. Kult ist Healthfood im „Stacy's", untergebracht in einem 30er Jahre Diner, Ecke Broadway/Berry Street. Abends zieht „Teddy's" *(96 Berry Street)* die Nachbarschaft (mit häufiger Livemusik) an.

Ganz im Südwesten von Williamsburg befindet sich noch das riesige Gelände der Brooklyn Navy Yard, der ehemaligen Marinewerft, auf der schon lange keine Schlachtschiffe mehr, wie im 2. Weltkrieg, gebaut werden. Filmstudios sollen evtl. ihren Platz einnehmen.

Williamsburg ist touristisch betrachtet wirklich kein Muss. Yuppies aber haben das Flair der alten Lagerhäuser und die Nähe zu Manhattan schon für sich entdeckt. Immer mehr halbverfallene Gebäude werden mit Lofts ausgestattet, und die Restaurantszene beginnt sich wieder zu entwickeln. Vergessen wir nicht, dass sich New Yorks beliebtestes (und teuerstes) Steakhouse hier befindet: Peter Luger's *(178 Broadway, Ecke Driggs Ave.)*. Zu erwähnen sind zudem noch die **Brooklyn Brewery** *(79 North 11th St, Führungen Sa., Probeausschank Freitagnachmittag, Tel.: (718) 486-7422)* sowie das kleine **Williamsburg Art & Historical Center** *(135 Broadway, Ecke Bedford Ave., Sa + So 12h–18h)*, in dem vorwiegend lokale Künstler ausstellen.

etwas für abenteuerlustige Fans der Stadt

Williamsburg ist also auch heute nur etwas für eingefleischte New York Fans mit dem nötigen Sinn fürs Abenteuer.

Und wer noch etwas weiter eintauchen möchte, kann sich aufmachen:
a) zum **Greenpoint Historic District** *(um die Greenpoint Ave., zw. Franklin u. Manhattan Aves.)*, wo noch zahlreiche Wohnhäuser verschiedener Einkommensklassen aus der Mitte des 19. Jahrhunderts stehen, sowie
b) zur **Russian Orthodox Cathedral of the Transfiguration of Our Lord** *(Ecke Driggs Ave./12th Street)*, einer 1921 fertiggestellten Kathedrale, die den bedeutenden Einfluss osteuropäischer Einwanderer vermittelt.

Coney Island (H)

Geographische Lage: Insel im Süden von Brooklyn, durch den Coney Island Creek vom Festland getrennt • Einwohner: 50.000 • Sehenswertes finden Sie auf S. 529ff.

Am Anfang waren die Kaninchen...

Geschichte: Die Insel wurde noch vor Manhattan 1609 von *Henry Hudson* entdeckt. Die Holländer nannten sie *Konijn Island*, „Insel der Kaninchen", denn von denen gab es hier genügend. Die ersten Touristen kamen dann um 1830, alles wohlhabende Geschäftsleute aus New York, die sich in den Resorts vergnügten.

Das änderte sich mit der Einführung eines Raddampfer-Betriebes 1847, der Spieler und Zuhälter auf die Insel brachten. Die Insel war nun schon im Osten und Westen bebaut. Nach dem Bürgerkrieg begann der große Boom. Mehrere Eisenbahnlinien führten nach Coney Island, und gewiefte Geschäftemacher nutzten das freie Land im Zentrum für die Errichtung neuer, z.T. gigantischer Amüsieranlagen. John McKane, ein Ire mit wenig Sinn für legale politische Formen, riss alsbald alle Macht auf Coney Island an sich. Er sorgte aber auch für die absolute freie Entfaltung des Vergnügungsgeschäftes, mit allem, was dazugehörte.

...dann folgten Vergnügungsparks

> „Wenn Paris Frankreich ist, ist Coney Island von Juni bis September die Welt"
> George C. Tilyous (um 1905)

Bis zur Jahrhundertwende stieg die Insel auf zum „Sodom am Meer". 1870 wurden hier die Frankfurter erfunden, 1884 die Achterbahn und das Karussell, wenig später der Hot Dog und der gemischte Badestrand eingeführt. In den folgenden Jahren folgten auch das Riesenrad und andere Dinge.

Es war ein Spiel mit den Massen. Manhattan quoll über, besonders die Arbeiterviertel, und somit suchten immer mehr Menschen an den Wochenenden den Strand auf, übrigens auch, um sich einmal richtig zu waschen, denn das war in den Tenement-Siedlungen nicht immer einfach, und der East River war zu dieser Zeit nicht gerade sauber. 1895 schätzte man an Sommerwochenenden über 250.000 New Yorker auf Coney Island.

Um die Jahrhundertwende begann man damit, den Menschen etwas ganz Besonderes bieten zu wollen. Die Vorgänger der heutigen Themenparks wurden geboren. „Steeplechase Park" war der erste (1897, ihm folgte der „Luna Park" (1903), und 1904 eröffnete schließlich noch das „Dreamland". Der Ansturm auf die neumodischen Attraktionen wollte einfach nicht abbrechen, und zwischen 1895 und 1905 verdoppelte sich die Besucherzahl nahezu.

Magnet für die Massen und ein voller Erfolg...

Luxuriöse Resorts im Osten und Westen gab es natürlich immer noch, doch die Amüsiermeile im Zentrum war und blieb der Publikumsmagnet bis in die 1950er Jahre. Auf Coney Island mischten sich alle ethnischen Gruppen und Klassen, ohne Berührungsängste. Viele behaupteten etwas sarkastisch, „hier verwirkliche sich endlich die Unabhängigkeitserklärung".

Der „Luna Park" mit seinen vielen Türmen und Minaretten, beleuchtet von 250.000 Glühbirnen, ist zu dieser Zeit wohl der am häufigsten fotografierte Punkt New Yorks gewesen. Die Kosten für den Park wurden in nur 6 Wochen wieder reingeholt! Doch der Boom sollte noch lange nicht nachlassen. Nachdem „Dreamland" mit 1 Million Bir-

Abends mit 250.000 Birnen beleuchtet: Luna Park

nen und dem für die einlaufenden Schiffe weithin sichtbaren Wahrzeichen, dem 112 m hohen Beacon Tower, 1903 noch einen draufgesetzt hatte, entschieden sich die Betreiber vom 1907 abgebrannten Steeplechase Park, einen Mega-Park zu errichten. Dieser war größer als die beiden anderen Parks zusammen und symbolisierte einen „Pavillon des Vergnügens".

...aber auch fragwürdige Attraktionen

Damit war eine neue Ära eingeleitet, die des Showbusiness. Und auch wenn die Zerstörung von „Dreamland" durch ein Feuer 1911 dem Geschäft einen ersten Dämpfer gab, wurden nun die Massen mit immer fragwürdigeren Mitteln angelockt. „Der kleinste Mann der Welt", „Der schnellste Geiger", „Die stärkste Frau", „Der klügste Arbeiter" u.v.a. wurden zu Attraktionen degradiert. Und als das auch nicht mehr genügte, wurde die Wissenschaft bemüht. Bekanntestes Beispiel dafür war die Zurschaustellung des ersten Babybrutkastens der Welt, der durch die Eintrittsgelder der Schaulustigen finanziert wurde. Vulkanausbrüche wurden simuliert, Schlachten nachgespielt u.v.m. Zur Hochzeit liefen an die 450 Shows und Darbietungen parallel. Amerika befand sich auf Coney Island im „Zauber der Übermächtigkeit".

> „Coney Island entwickelte sich zum „Labor für Manhattan". Man experimentierte hier an Gebäuden, mit technischen Neuentwicklungen u.a., um die gewonnenen Erkenntnisse dann städtebaulich umzusetzen."

Das Ende einer Ära

Der 1. Weltkrieg brachte dann den ersten großen Einbruch. Die Menschen wollten nichts Grausames sehen, und die USA waren nun anerkannte Weltmacht. Die Shows gerieten in den Hintergrund, und ganz normale Karussells und Achterbahnen übernahmen die tragende Rolle. Die Weltwirtschaftskrise mit der anschließenden Depression gaben den zweiten Einbruch für Coney Island. Zudem ließ *Robert Moses*, New Yorks oberster Parkverwalter, in den 1930er Jahren die meisten Shows abschaffen. Coney Island entwickelte sich zur „Riviera der Armen". Dafür ließ er den „Boardwalk" ausbauen und Parks anlegen. 1944 brannte dann auch „Luna Park" ab. Kurz nach dem 2. Weltkrieg flackerte noch einmal für kurze Zeit auf Coney Island Leben auf. Heimgekehrte Soldaten fanden nicht genügend Platz in der Stadt, und somit zog es sie, so oft es ging, auf die Insel. Am 4. Juli 1947 zählte man noch einmal 1,3 Millionen Besucher. In den 1950ern und 60ern wurden auf der Westseite der Insel Wohnsiedlungen für arme schwarze und lateinamerikanische Familien hochgezogen. Der Fortschritt (Autos, Wolkenkratzer, TV, andere Vergnügungsparks etc.) machte zudem die Faszination von Coney Island überflüssig. 1964 schloss der letzte Park, „Steeplechase". Es blieben nur noch die Karussells und ein paar kleinere Achterbahnen übrig.

In den 1980er Jahren kamen vor allem russische Juden nach Coney Island, denen später christlich-orthodoxe Russen aus der zusammengebrochenen Sowjetrepublik folgten. Der Ostteil der Insel erhielt dadurch den Beinamen „Klein-Odessa".

Hot Dogs und Fisch

Heute ist Coney Island nur noch Schatten seiner selbst. Relikte aus den letzten Tagen der Hochzeit sind noch eine verrostete Achterbahn, der Fallschirm-Absprungturm vom Steeplechase Park, die alte Holzachterbahn im Astroland Amusement Park und ... Nathan's, der große Imbiss an der Ecke Surf u. Stilwell Avenues, dessen Besitzer einst den legendären Hot Dog erfand. Ein Riesenrad, zahlreiche kleine Shows, Amüsierspiele und billige Souvenirshops sind eher fragwürdige Attraktionen, während die Fischimbisse am Boardwalk, der Boardwalk selbst, das New York Aquarium und der Strand (im Sommer nur unter der Woche) schon einen Besuch lohnen. Hier lässt es sich gut flanieren und man kann frische Seeluft einatmen. Die russischen Restaurants an der Brighton Beach Rd., so z.B. **Primorski** oder **Odessa**, sind ebenfalls zu empfehlen. Alles aber nur für diejenigen, die New York von der anderen Seite kennen lernen möchten.

> *Ein Tipp für einen Coney Island-Besuch*
> *Ich mache es bei New York-Besuchen während der wärmeren Monate z.B. so, dass ich mir am letzten Tag ein Auto miete, alle Koffer sichtgeschützt verstaue und mir bis zum frühen Nachmittag Neighborhoods in Queens oder Brooklyn anschaue. Dann fahre ich nach Coney Island und lasse dort, am Strand oder auf einer Bank sitzend, das Gesehene und Erlebte noch einmal Revue passieren. Dabei kaue ich auf einem Fischbrötchen oder frittierten Calamari herum, und wenn es mich gedanklich nochmal nach Manhattan zieht, drehe ich mich einfach um und schaue die Stillwell Avenue hinunter: Am Horizont ragt Manhattans Skyline auf. Geht mein Flieger spät, genehmige ich mir am Abend noch ein Mahl in einem russischen Restaurant, ansonsten fahre ich nach diesem letzten, geruhsamen Aufenthalt zum John F. Kennedy Airport (30 Autominuten entfernt).*

Spaziergänge/ Erkundungen in Brooklyn

Spaziergang/Erkundung: Brooklyn Heights, Brooklyn Downtown/Civic Center und Fort Greene

Mindestzeit: 4 Stunden (Brooklyn Heights alleine: 2 Std.), **optimale Zeit:** 6 Std. (Brooklyn Heights alleine: 3 Std.), **Sehenswertes** finden Sie auf S. 519ff.

Beginn: U-Bahn-Station Hight Street Station. Schöner aber: Über die Brooklyn Bridge laufen (Sie können ja alternativ auch den Rückweg über die Brücke wählen). Drüben, unter den Augen von Jehova's Zeugen im Watchtower Building, gehen Sie dann auf der Adams Street, später als Boerum Place bezeichnet, vorbei am City Center/Borough Hall (dahinter ein Infostand) bis zur Ecke Schermerhorn Street. Hier geht's hinunter zum New York Transit Museum, untergebracht in einer alten U-Bahn-Station. Wieder draußen, gehen Sie zurück zur Fulton Street, die sich nach Osten als Fulton Mall vorstellt. Keine Prachtstraße, aber das Interessante verbirgt sich oft im Innern: Macy's Department Store hat hier einst begonnen und wartet heute immer noch mit Art Deco auf, Gage & Tollner ist New Yorks ältestes Restaurant (Zigarrenbar und Fischgerichte), die Dime Savings Bank hat eine Schalterhalle wie ein Dom ein Kirchenschiff, und Junior's an der Ecke De Kalb/ Flatbush Aves. ist bekannt für seine Käsekuchen.

Sind Lust und Energie anschließend noch vorhanden für einen 1-stündigen Umweg, sollten Sie in den historischen

„Dumbo", das TriBeCa von Brooklyn

Kleine Stärkung zwischendurch

Fort Greene District (Brownstone-Häuser) laufen, einem aufstrebenden und immer begehrter werdenden Stadtteil. Zurück geht es dann entlang der Atlantic Avenue, wo Antiquitätengeschäfte mit allerlei Betagtem aufwarten. Die Court Street hoch und dann abbiegen in die Montague Street, die z.Zt. scheinbar beliebteste Straße Brooklyns. Cafés, Eisdielen, kleine Restaurants und der Feinkostladen Lassen Hennings *(Nr. 114)* geben nun zusätzlichen Anlass für knurrende Mägen. Letzterer böte sich an für guten Käse und frisches Brot, welches Sie schließlich als Picknick auf der Brooklyn Heights Promenade verzehren können. Der Ausblick auf die Skyline von Manhattan ist eine längere Verschnaufpause wert. Gehen Sie nun entweder zurück über die Brooklyn Bridge oder laufen Sie unter ihr durch zum Fulton Ferry Park (von wo aus tagsüber auch eine Fähre nach Manhattan übersetzt) und dann in den Lagerhaus-Distrikt Vinegar Hill. Noch befinden sich hier zumeist Handelsunternehmen und Lager. Doch Lofts, Firmenbüros, besonders aus der Filmbranche, aber auch neue, moderne Branchen drängen diese allmählich heraus. Ein neuer Name für den Stadtteil ist auch schon gefunden: Dumbo (= Down under Manhattan Bridge Overpass).

Redaktions-Tipps

- **Bedeutendste Sehenswürdigkeiten (S. 519ff):** Brooklyn Heights und Brooklyn Heights Promenade; Brooklyn Historical Society; New York Transit Museum; Prospect Park und Park Slope mit: Memorial Arch, Brooklyn Public Library, Brooklyn Museum (of Art) und Brooklyn Botanic Garden; Coney Island mit New York's Aquarium for Wildlife Conservation und russischer „Auswanderer-Kultur"
- **Restaurants/Picknicken:** Teuer, aber mit Aussicht auf Manhattan: **River Café**; Grundsätzlich finden sich nette Restaurants in der Montague Street (z.B. **Armando's**) und im Stadtteil **Fort Greene** (z.B. in der DeKalb Ave.); Käsekuchen und Riesenburger im **Junior's**; Picknick im Prospect Park, dem Brooklyn Botanic Garden oder auf der Brooklyn Heights Promenade
- **Shoppen: Macy's**, aber auch andere Geschäfte in der Fulton Mall (S. 522f); Trendy: **7th Avenue** in Park Slope (S. 528)
- **Zeit:** Einen ganzen Tag sollte Ihnen Brooklyn mindestens wert sein. Und der würde auch nur dazu genügen, sich das weltberühmte Brooklyn Museum, den angeschlossenen Brooklyn Bot. Garden und am späten Nachmittag dann Brooklyn Heights mit seiner Promenade anzusehen. Eben eine kleine Verschnaufpause von Manhattan. Sollten Sie zwei Tage für Brooklyn einplanen, dann empfiehlt sich am ersten Tag die Erkundung von Downtown sowie Brooklyn Heights (hier Abendessen), und am zweiten dann der Prospect Park mit Umgegend. (Abendessen später im Fort Greene District)
- **Abends:** A) Sich einfach entlang der **Montague Street** treiben lassen (Straßencafés und -restaurants); ein Bierchen in der Neighborhoodbar **Bergen Inn**; gibt es vielleicht ein Blueskonzert im **Frank's**, Lust auf ein kleines ethnisches Restaurant an der Fulton St., östlich der Lafayette Ave.?

Noch ein, zwei Musiktipps für Brooklyn

Neben den Tipps im Adressenteil möchte ich hier noch auch auf zwei weitere Veranstaltungsorte hinweisen:

- *Billie Holliday Theater:* 1368 Fulton Street, Tel.: (718) 636-0918. Das Theater und sein Ensemble wurden 1972 ins Leben gerufen, um Brooklyn wieder eine kulturelle Identität zu geben. So wie vor mehr als 50 Jahren. Hier wird experimentiert, und besonders die Musikveranstaltungen verdienen Beachtung. Hier geht es nicht, wie am Broadway, um Kommerz, sondern um Kultur und Selbst-

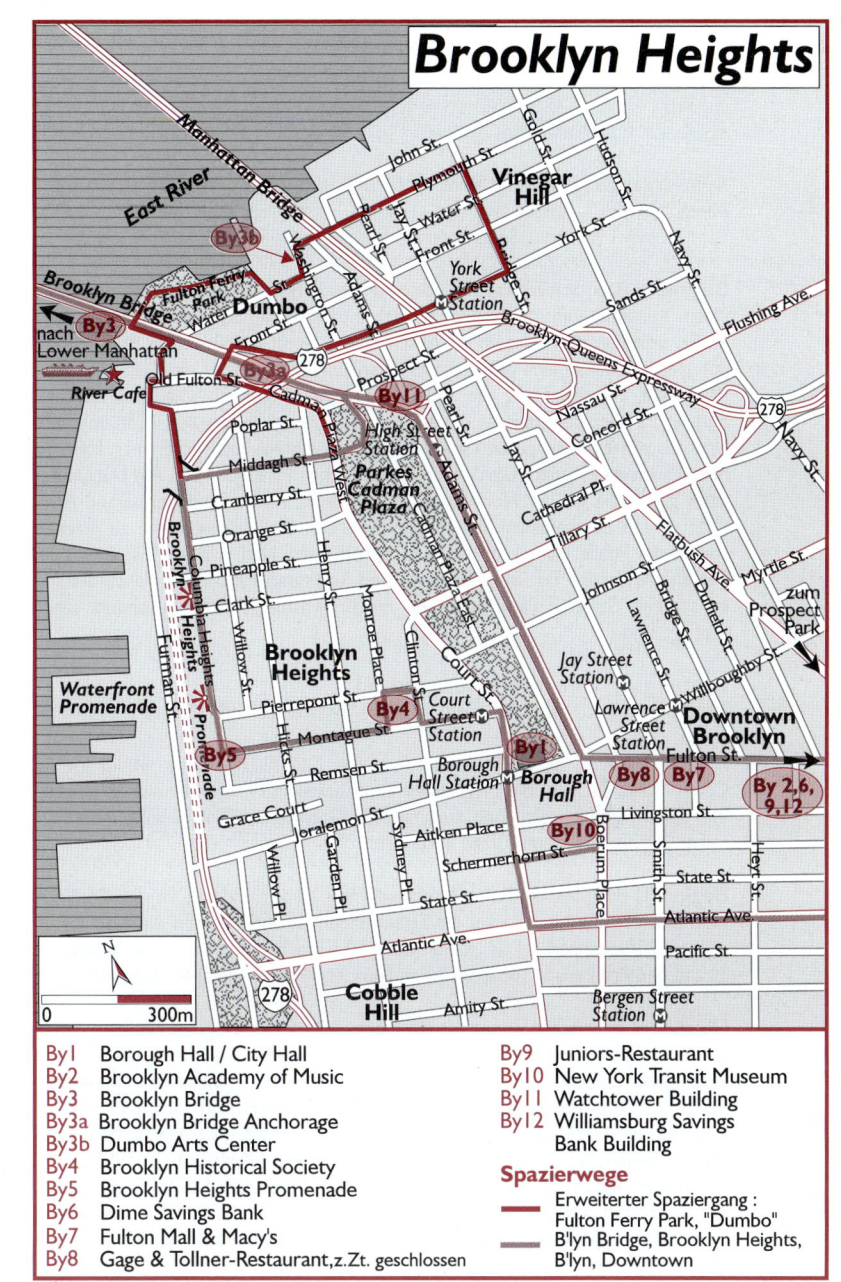

10. Brooklyn, Queens, The Bronx, Staten Island sowie New Jersey: Brooklyn 517

Brooklyn Heights

By1	Borough Hall / City Hall
By2	Brooklyn Academy of Music
By3	Brooklyn Bridge
By3a	Brooklyn Bridge Anchorage
By3b	Dumbo Arts Center
By4	Brooklyn Historical Society
By5	Brooklyn Heights Promenade
By6	Dime Savings Bank
By7	Fulton Mall & Macy's
By8	Gage & Tollner-Restaurant, z.Zt. geschlossen
By9	Juniors-Restaurant
By10	New York Transit Museum
By11	Watchtower Building
By12	Williamsburg Savings Bank Building

Spazierwege

— Erweiterter Spaziergang: Fulton Ferry Park, "Dumbo"
— B'lyn Bridge, Brooklyn Heights, B'lyn, Downtown

verwirklichung eines Stadtteiles. Leider aber hat das Theater mit finanziellen Problemen zu kämpfen und eine Schließung droht.
• *Bargemusic Ltd.:* Fulton Ferry Landing, Tel.: (718) 624-4061. Unregelmäßig finden auf dieser Barkasse Kammerkonzerte statt. Nur erstklassige Musiker treten auf. Dazu der Ausblick auf Manhattans Skyline ...

Spaziergang/Erkundung: Prospect Park und umliegende Straßenzüge
Mindestzeit: 3 ½ Std. (davon 2 im Brooklyn Museum), *optimale Zeit:* 7 Std. (davon 3 im Brooklyn Museum), *Sehenswertes* finden Sie auf S. 524ff.

Vom Museum in die Parks...

Beginn: U-Bahn-Station Eastern Parkway gleich beim Brooklyn Museum of Art, einem Kunstmuseum mit Weltruf. Je nach Interesse und Sonderausstellung schauen Sie sich nun das Museum an. Anschließend bietet der Brooklyn Botanic Garden gleich nebenan eine gelungene Entspannung. Dort gibt es ein Café, aber auch Parkbänke, auf denen Sie ein Picknick einnehmen können. Die Zutaten dafür müssen sie aber bereits in einem anderen Stadtteil gekauft haben, denn im nahen Umkreis gibt es keine guten Läden dafür. Wer es etwas natürlicher mag, kann die Natur auch im Prospect Garden, dem eigentlichen Park, genießen. Am Nachmittag dann gehen Sie an die Nordwestecke des Parks. An und auf der Grand Army Plaza, einem bescheidenen Versuch, dem Pariser Etoile Konkurrenz zu machen, stehen die Public Library und ... ein Triumphbogen. Nun folgt die Belohnung für den anstrengenden Tag: Trend-Shoppen und Restaurants locken in die 7th Avenue im schönen Stadtteil Park Slope, wo die Brownstone-Häuser besonders schön gepflegt sind.

Spaziergang/Erkundung: Coney Island
Mindestzeit: 1 Std., *optimale Zeit:* 2 Std., *Sehenswertes* finden Sie auf S. 529ff.

Zu Fuß oder mit dem Auto

Hier beschrieben ist ein Vorschlag für eine Zu-Fuß-Erkundung, wobei ich für Coney Island auch auf die Möglichkeit ein Fahrzeug zu mieten hinweisen möchte. Mit diesem können Sie dann auch andere Gebiete von Süd-Brooklyn bzw. am selben Tag auch in Staten Island erkunden.

Beginn: U-Bahn-Station Stillwell Avenue. Hier kamen ehemals an den Sommerwochenenden die New Yorker zu Zigtausenden an und erlebten die ersten Freizeit- und Themenparks. Das ist nun über 60 Jahre her, doch trotzdem füllen sich Strand und Promenade (Boardwalk) an warmen Wochenendtagen auch jetzt noch.

„Handwerker" mit heißer Idee

Ob Hunger oder nicht: Zuerst ist ein Coney Island Hot Dog bei Nathan's (gleich an der U-Bahn-Station) Pflicht, denn genau hier wurde die flaue Wurst in noch pappigerem Brötchen erfunden, von dem Koch *Nathan Handwerker*! Die Attraktionen im Sinne von Vergnügungsparks auf Coney Island sind zum Teil verrostet, zum Teil nur für Kinder von Interesse (Roller Coaster u.ä.) bzw. bestehen aus billigen Buden mit Computerspielen. Aber die Vorstellung, wie es hier einmal ausgesehen hat, macht es trotzdem irgendwie faszinierend. Das Coney Island Museum *(Surf Ave., gegenüber Stillwell-U-Bahn-Station)* ist kaum einen Besuch wert, dafür vielleicht eher das New York Aquarium, zumindest mit Kindern bzw. für diejenigen, die noch kein Aquarium gesehen haben. Und baden? Geht schon, und wer gerne das kühle Nass um sich haben möchte, sollte einmal kurz in die Fluten springen. Ganz so sauber wie anderswo ist das Wasser aber nicht.

Haben Sie genug gesehen von der verschlissenen Vergangenheit? Dann laufen bzw. fahren Sie auf der Insel nach Osten, nach Brighton Beach. Hier haben sich vor allem jüdische Schwarzmeer-Russen angesiedelt. „Souvenirs" finden Sie in den Geschäften an der und um die Hauptstraße, der Brighton Avenue. Doch locken hier vor allem die Lokale und Delis, in denen es z.B. auch Kaviar auf Fisch und Schwarzbrot gibt. Manch Quelle empfiehlt dann für den Abend, wenn die Einwohner aus ihren Schlupflöchern kommen, Wodka und Tanz – die „russische Nacht". Das ist aber nichts weiter als Essen und Trinken, und Trinken und Essen und ... Also lustig geht es zu, laut ist es auch, aber hartgesotten sollte man schon sein. Schauplätze dieses Rummels sind z.B. das Odessa *(1113 Brighton Beach Ave.)* oder das National *(273 Brighton Beach Ave.)*. Billig ist vor allem das Odessa aber nicht gerade.

Hier sollte man trinkfest sein

Sehenswürdigkeiten in Brooklyn (alphabetisch)

Brooklyn Heights/Dumbo, Brooklyn Downtown/Civic Center und Fort Greene (B, C u. D)

Die Buchstaben und Zahlen hinter den Sehenswürdigkeiten beziehen sich auf die Karte S. 517.

- **Borough Hall (Brooklyn City Hall) (By1)**
209 Joralemon St. (Fulton St.), zw. Adams u. Fulton Sts., Subwaystation: Borough Hall o. Court Street, geöffnet: Während der üblichen Bürozeiten wochentags

Der Bau von Brooklyns Rathaus war 1851 abgeschlossen. Griechische Stilelemente, auffällig mit dem Säulenaufgang in Szene gesetzt, galten damals als der letzte Schrei und sollten der City Hall in Manhattan die Schau stehlen. An Marmor wurde dabei natürlich nicht gespart. Man bedenke, dass Brooklyn zu dieser Zeit eigenständig und eine aufstrebende Stadt war. Die viktorianische Spitze mit Kuppeldach wurde 1898 aufgesetzt, nachdem die vorherige durch ein Feuer zerstört wurde. Von innen können Sie das Gebäude zu normalen Bürozeiten besichtigen.

- **Brooklyn Academy of Music (BAM) (By2)**
30 Lafayette Ave., Subwaystation: Atlantic Boulevard, Besichtigung: Nur während Vorstellungen und selten nach Voranmeldung: Tel.: (718) 636-4100, www.bam.org.

Die Akademie wurde 1859 als Kulturzentrum und -förderverein gegründet und zog 1908 in dieses (besonders von innen) auffällige Beaux-Arts-Gebäude. Weltberühmte Künstler sind hier aufgetreten, so u.a. *Enrico Caruso* bei seinem letzten Konzert, und Impresarios, wie z.B. *Harvey Lichtenstein*, haben hier ihre gewagten Musik- und Tanzveranstaltungen uraufführen lassen. Auch heute finden hier Konzerte (das **Brooklyn Philharmonic Orchestra** hat hier seinen Sitz), Lesungen, Tanzvorführungen, Theaterschauspiele und anderes statt. Die BAM ist immer für ein hervorragendes und mutiges Kulturprogramm gut. Achten Sie auch auf das ausgesuchte Kinoprogramm.

Prunkvolle und auffällige Architektur

Sehenswürdigkeiten

Hinweis: Aufgrund des kleinen Maßstabs stellen die Legendenpunkte nur grob die Lage der Sehenswürdigkeiten dar

Ausgewählte Stadtteile Brooklyn's

- A Williamsburg
- B Brooklyn Heights
- C Ft. Greene
- D Downtown
- E Red Hook
- F Prospect Park/Park Slope
- G Borough Park
- H Coney Island
- I Bedford-Stuyvesant
- J Crown Heights

Brooklyn-Downtown s.S. 517

- By1 Borough Hall (City Hall)
- By2 Brooklyn Academy of Music
- By3 Brooklyn Bridge & Brooklyn Bridge Anchorage
- By4 Brooklyn Historical Society
- By5 Brooklyn Heights Promenade
- By6 Dime Savings Bank
- By7 Fulton Mall Macy's
- By8 Gage & Tollner-Restaurant (z.Zt.geschlossen)
- By9 Junior's-Restaurant
- By10 New York Transit Museum
- By11 Watchtower Building
- By12 Williamsburg Savings Bank Building

Prospect Park s.S. 526

- By13 Brooklyn Museum
- By14 Brooklyn Public Library
- By15 Montauk Club
- By16 Prospect Park
- By17 Brooklyn Botanical Garden
- By18 7th Avenue
- By19 Soldiers' and Sailors' Memorial Arch

Coney Island s.S. 530f

- By20 The "Cyclone" und New York Aquarium
- By21 Russische Restaurants
- By22 Nathan's (Hot Dog)

Sonstiges

- By23 Concord Baptist Church of Christ
- By24 Fort Hamilton/ Harbor Defence Museum
- By25 Green Wood Cemetery

- *** **Brooklyn Bridge (By3)**
siehe S. 332ff

- * **Brooklyn Bridge Anchorage (By3a)**
Ecke Old Fulton/Front Sts., **Subwaystation:** High Street/Brooklyn Bridge, Öffnungszeiten variieren, je nach Ausstellung. Oft findet auch keine Ausstellung statt.

Hier, versteckt in den Gewölben unterhalb der Auffahrtsrampe zur Brooklyn Bridge, befinden sich Räumlichkeiten für Kunstausstellungen und -vorführungen. Der Knüller ist dabei der Ankerraum („Anchorage"), wo riesige Gewichte die Drahtseile der Brücke spannen. Sie sind tief eingelassen und unten mit einem Anker im Boden fixiert. Drumherum dann Kunst ... Oft ist die kleine Galerie geschlossen, aber sollten Sie sowieso in der Nähe sein, lohnt der Besuch alleine schon, um hinter die Kulissen der Brücke zu schauen.

Interessante Verbindung von Funktion und Kunst

Und wer sich noch mehr mit lokaler Kunst beschäftigen möchte, findet nicht weit von hier das **Dumbo Arts Center (By3b)**: Washington St., zw. Water und Plymouth Sts., Tel.: (718) 694-0831.

- * **Brooklyn Historical Society (By4)**
Ecke Clinton/Pierrepont Sts., Subwaystation: High Street, Clark Street, Court Street o. Borough Hall, geöffnet: Mi–Fr+So 12h–17h, Sa 10h–17h, Tel. (718) 222-4111, www.brooklynhistory.org

Fulton Ferry Park
Am East River, zw. Brooklyn u. Manhattan Bridges • Subwaystation: High Street/Brooklyn Bridge

An dieser Stelle landete im 19. Jahrhundert die damals für Brooklyn so bedeutende Fähre nach Manhattan an. Später kam dann auch die Industrie. Nach dem Bau der Brücken verkam das Gebiet. Heute ist es ein beliebtes Ziel von Spaziergängern, denn die Aussicht auf Manhattan mit der Brooklyn Bridge im Vordergrund ist grandios. Das haben natürlich auch Filmer und Fotografen entdeckt, und somit ist die Chance groß, mitten in ein Filmset hineinzugeraten. Im Park kann man picknicken, und gelegentlich finden hier auch Außen-Ausstellungen (Skulpturen) statt. Hinter dem Park und unter der Auffahrt zur Manhattan Bridge liegt der Lagerhausdistrikt „DUMBO". Lofts und große Büroräume ziehen viele Leute aus Manhattan an.

In dem Gebäude von 1880 befindet sich heute das historische Museum von Brooklyn. Der Architekt, *George B. Post*, hat übrigens auch die New York Stock Exchange geplant. Im Erdgeschoss befindet sich das kleine Museum, das besonderen Wert legt auf die 5 Brooklyner Attraktionen: Brooklyn Bridge, Brooklyn Navy Yard, Brooklyn Dodgers, Coney Island und die Bewohner des Borough.

Brooklyner Attraktionen im Überblick

In der angeschlossenen Bücherei können Sie in 125.000 Büchern blättern bzw. einige der 90.000 historischen Fotos bewundern.

- ** **Brooklyn (Heights) Promenade (By5)**
Oberhalb des B'lyn-Queens-Expressway, zw. Orange und Remsen Street, Subwaystation: Clark Street

Die Promenade bietet einen einzigartigen und erholsamen Ausblick auf die Skyline von Süd-Manhattan. Besonders schön ist dieses 1–2 Stunden vor Sonnenun-

Die Seitenstraßen von Brooklyn Heights, Fort Greene und Cobble Hill sind idyllische Wohngegenden

tergang, wenn die Brooklynites selbst die Aussicht von den Parkbänken oder einem Spaziergang aus genießen. Eine lockere Atmosphäre lässt die Hektik Manhattans schnell vergessen, und bald wird es Ihnen so gehen wie den Brooklynites: Nicht mit Neid oder Staunen blicken Sie auf die Wolkenkratzer der Banken, sondern mit dem Gefühl: „Gut, dass ich da nicht sein muss". Es empfiehlt sich auch, auf einer der Bänke ein kleines Picknick einzunehmen. Zutaten dafür gibt es in der nahen Montague Street.

- • *** Dime Savings Bank (By6)**
Ecke DeKalb Ave./Bond Street, nahe Fulton Street, Subwaystation: DeKalb Avenue

> **Cobble Hill District**
> *Subwaystation: Bergen Street*
> *Der südlich von Brooklyn Heights (südl. der Atlantic Ave.) gelegene Stadtteil wurde 1836 gegründet und beeindruckt heute durch zahlreiche 19. Jahrhundert-Wohnhäuser. Ein paar wenige Coffeeshops (bes. Court St.) laden heute zum Verweilen ein. Lesen Sie auch auf S. 505.*

Bankpalast in Marmor

Dieses imposante Bankgebäude mit seiner auffälligen Säulenornamentik wurde 1908 eingeweiht und 1932 nochmals erweitert. Es ist typisch für die Bankgebäude dieser Zeit, die durch ihre aufwendige Gestaltung besonders die kleinen Sparer anziehen sollte. „Die Masse macht's", hieß es damals. Aufregend ist vor allem das Innere. Die überdimensionale Schalterhalle, mit bunten Stuckdecken, Marmor überall – selbst die Schalter sind aus dem kostbaren Stein – und einer schnörkeligen Kuppel-Uhr sollten Sie sich keineswegs entgehen lassen.

- • **Fulton Mall (By7)**
Zw. Adams Street u. Flatbush Avenue, Subwaystation: Borough Hall o. DeKalb Avenue

Dieses ist Brooklyns Haupteinkaufsstraße. Zugegeben, sie hat bessere Zeiten gesehen, was die heruntergekommene Fassade des Kaufhauses **Macy's** *(420 Fulton St., Ecke Bridge St.)* sowie das etwas fehlplatziert wirkende **Gage & Tollner-Restaurant (By8)** deutlich machen, doch die Fulton Mall beginnt, sich zu erholen. Vergangen sind die Tage, an denen hier Drogen gehandelt wurden und zugenagelte Geschäfte das äußere Bild bestimmten. Macy's z.B., das Kaufhaus des späteren Besitzers von Macy's in

Unbedingt hineingehen: Dime Savings Bank

Manhattan (Geschichte steht am Eingang auf einer Plakette), bietet innen eine schöne Art-Deco-Architektur und mittlerweile auch wieder Waren des mittleren und gehobenen Standards. Bei Gage & Tollner, dem ältesten noch bestehenden Restaurant New Yorks (seit 1879), können Sie eine feine Zigarre rauchen und gut speisen. Die übrigen Geschäfte bieten vornehmlich Textilien der mittleren Qualitätsklasse an, und das zu oft günstigeren Preisen als in Manhattan. Die kleinen Straßenjuweliere und Parfumhändler sollte man aber besser meiden, denn deren Produkte sind meist nicht echt.

- *** Juniors-Restaurant (By9)**
Ecke DeKalb u. Flatbush Avenues, Subwaystation: DeKalb Avenue

Dieses große Restaurant ist eine New Yorker Institution. Für den (teuren) Käsekuchen, auch Shortcake genannt, kommen die New Yorker von weit her. Sie können ihn übrigens auch im Laden erstehen und mit zum Picknicken nehmen. Auch die Hamburger und die vielen anderen – sehr deftigen – Gerichte sind gut. Schnäppchen kann man da besonders vor den Hauptessenszeiten machen. Vielleicht gönnen Sie sich ja mal ein frühes Mittagessen, bestehend aus Hackklößchen mit Gravy (dunkle, dicke Sauce) und Kartoffelpüree und anschließendem Käsekuchen. Das wird reichen bis spät in den Abend! Nach Feierabend und abends wird dann die Bar zum Mittelpunkt des gesellschaftlichen Lebens von Downtown Brooklyn.

Meilenweit für einen Käsekuchen

- *** New York (City) Transit Museum (By10)**
Ecke Boerum Place/Schermerhorn St., Subwaystation: Borough Hall o. Hoyt/Schermerhorn Sts., geöffnet: Di–Fr 10h16h, Sa+So 12h–17h, Tel. (718) 694-1600, www.mta.info/mta/museum

Das Museum der New Yorker Untergrundbahn befindet sich selbst in einer stillgelegten U-Bahn-Station. Die Geschichte der U-Bahn wird hier von den Anfängen an erklärt. Dabei wird auch Wert gelegt auf die Darstellung der Arbeitsbedingungen, unter denen die ersten Bauarbeiter die Schächte nach 1900 ausgehoben haben. So wurden z.B. die Löhne niedrig gehalten durch Ausspielen der verschiedenen Volksgruppen und Nationen (vor allem Italiener/Afro-Amerikaner/Iren). Die italienischen Arbeiter wurden zudem durch ein „Padrone"-System angeheuert und ausgenutzt, was sie sehr an die Mafiahierarchie band.

Die U-Bahn bleibt sich treu

Zudem sind Waggons aus den verschiedenen Epochen der Untergrundbahn ausgestellt, und besonders eindrucksvoll fand ich auch die Erläuterung der Mosaiken, die in vielen Stationen noch heute zu sehen sind. Sie haben alle eine Geschichte.

> **„New York Underground"**
> Seit Jahren im Gespräch: Es soll ein Ableger des Transit Museums unter der City Hall in Manhattan für die Öffentlichkeit zugänglich gemacht werden, nämlich in der ehemaligen **City Hall Station**. Diese wurde 1904 fertiggestellt, 1946 aber mangels Fahrgästen wieder geschlossen. Der gebogene Bahnsteig, die alten Kandelaber, die mehrfarbigen Deckenziegel lohnen wegen des historischen Eindrucks allemal einen Besuch (kaum etwas wurde seit 1946 verändert). Der City Hall Station kann bis auf weiteres aber nur auf geführten Touren besichtigt werden. Infos hier im Transit Museum in Brooklyn bzw. über Tel.: (718) 243-8601.

• Watchtower Building (By11)
An der Rampe zur Brooklyn Bridge, Subwaystation: High Street/Brooklyn Bridge

Weltende in Sicht?

In diesem Gebäudekomplex befindet sich das Hauptquartier der 1872 gegründeten Religionsgemeinschaft „Jehovas Zeugen". Offiziell bezeichnete sich die Gruppe zwischen 1909 und 1931 als „Watch Tower Bible and Tract Society", womit der noch heute gängige Name ihres Blattes erklärt ist (Auflage: 13 Millionen in 104 Sprachen). Die zweite Publikation heißt „Awake" („Erwache") und wird in einer Auflage von 11 Millionen gedruckt. Es stellt sich nun die Frage, wie lange das Gebäude nun wirklich noch stehen wird, denn Jehovas Zeugen glaubten, dass das dritte Jahrtausend nicht erreicht würde – zumindest solange die satanischen Kräfte, zu denen christliche Kirchen und die Nationen der Welt zählen, noch bestehen. Nun ist die Zeit überschritten und alles besteht noch...
Nach eigenen Angaben leben in New York 40–80.000 Zeugen Jehovas. Zu besichtigen ist hier nichts.

• Williamsburgh Savings Bank Building (By12)
Ecke Hanson Place/Flatbush Ave., Subwaystation: Atlantic Avenue

Das 154 m hohe Gebäude (1929 eingeweiht) mit seiner kleinen Kuppel und den vier großen Uhren an jeder Seite fällt bereits von weitem auf. Es ist das höchste Bauwerk Brooklyns und seine phallusartige Form ist in Brooklyn immer wieder für entsprechende Spitznamen und Witze gut. Sehenswert ist in erster Linie das Innere. 22 verschiedene Marmorsorten wurden verwandt, um den „groben Rahmen" zu gestalten. Ornamente und Mosaiken machen zudem deutlich, wo und wie locker damals das Geld saß. Gehen Sie einmal in die basilikaartige Schalterhalle und achten Sie dort auch auf die Decke. Ein Wandmosaik zeigt zudem ein Luftbild von Brooklyn.

Markant: Brooklyns höchstes Gebäude

Prospect Park/Park Slope (F)
Übersichtskarte S. 526

• *** Brooklyn Museum (of Art) (By13)
200 Eastern Parkway, an der Washington Ave., Subwaystation: Eastern Parkway-Brooklyn Museum, geöffnet: Mi–Fr 10h–17h, Sa + So 11h–18h, erster Sa im Monat bis 23h, Tel. (718) 638-5000, www.brooklynmuseum.org.

Zu Unrecht im Schatten der Konkurrenz

Der Eingang *(Eastern Parkway)* des 1897 erbauten Gebäudes wird markiert von zwei großen Frauen-Statuen, die Manhattan sowie Brooklyn symbolisieren sollen. Das riesige Kunstmuseum, 2002/3 grundlegend renoviert, kann sich ohne Frage als Weltklasse-Museum bezeichnen, steht leider nur zu oft im Schatten des noch größeren Metropolitan Museum am Central Park. 1,6 Millionen Kunstgegenstände sprechen aber für sich, und Sie sollten mit ein paar Stunden hier schon rechnen. Zudem gibt es immer eine herausragende Wanderausstellung zu sehen.

Das Museum ist in groben Zügen folgendermaßen aufgeteilt:
- **Erdgeschoss (1st Floor):** afrikanische und südamerikanische Kunst, weit zurückgehend auf die Zeit vor der Entdeckung Amerikas. Zudem Wanderausstellungen.

Achten Sie auf die Sonderausstellungen im Brooklyn Museum of Art

- **1. Stock (2nd Floor):** asiatische Sammlung, bei der auf einfache Weise deutlich wird, dass die Kunst im Fernen Osten, je nach Land, sehr unterschiedlich ist. Wir neigen ja leicht dazu, Korea, Japan, China usw. „in einen Topf zu werfen".
- **2. Stock (3rd Floor):** eine ägyptische Ausstellung von Weltruf. U.a. ein Sarkophag, der auf 2500 v. Chr. datiert wird.
- **3. Stock (4th Floor):** nachgebaute (Wohn-) Räume aus den verschiedenen Epochen New Yorks, beginnend mit dem „Jan Martense Schenk House" von 1675 und endend mit einem maurisch eingerichteten Raum aus John D. Rockefellers Villa. Zahlreiche Antiquitäten. Außerdem: historische Kostüme.
- **4. Stock (5th Floor):** französische sowie amerikanische Maler und Bildhauer. U.a. 60 Bilder *Monets* und einige von *Degas* sowie der „Indoor"-Rodin Sculpture Garden mit 50 Skulpturen des Meisters. Zudem zahlreiche amerikanische Kunstwerke aus der Zeit nach dem 2. Weltkrieg.
- **Im Garten** des Museums befindet sich schließlich noch der „Frieda Schiff Warburg Memorial Sculpture Park", wo Überreste architektonisch wertvoller Stilelemente abgerissener New Yorker Gebäude zu bewundern sind.

Tipp
Schauen Sie auch einmal aus den Fenstern an der Nordwestseite (obere Etagen). Hier haben Sie eine schöne Aussicht auf Manhattan und Brooklyn.

- **Brooklyn Public Library (By14)**

Grand Army Plaza, Flatbush Ave./Eastern Parkway, Subwaystation: Grand Army Plaza, geöffnet: Mo+Fr 9h–18h, Di–Do 9h–21h, Sa 10h–18h, Tel. (718) 230-2100, www.brooklynpubliclibrary.org

Die Brooklyner Bücherei, vor über 100 Jahren eingerichtet, muss sich nicht neben dem weltberühmten Gegenstück in Manhattan verstecken. Natürlich gibt es nicht ganz so viele Bücher und Raritäten hier – auch ist das Gebäude nicht ganz so pompös, doch finden Sie auch hier sehr gute Bücher zur Geschichte New Yorks und speziell zu Brooklyn und seinen ethnischen Einwanderungsgruppen. Und eines hat diese Bücherei der in Manhattan voraus: Hier können Sie – ohne komplizierte Voranmeldung und Genehmigungen – an nahezu allen Büchern selbst vorbeigehen und blättern. Häufig werden Lesungen gehalten.

Bücher direkt zum Anfassen

- **Montauk Club (By15)**
Grand Army Plaza, Ecke Lincoln Place/8th Ave., Subwaystation: Grand Army Plaza

In dem 1891 im Stile eines venezianischen Palazzos erbauten Haus befindet sich einer der vornehmsten Herrenclubs von Brooklyn. Die Damen der Mitglieder durften während der ersten Jahrzehnte nach Gründung des Clubs nur selten herein und das auch nur durch den Seiteneingang. Die Fresken und auch einige Details im Inneren weisen Motive aus der Geschichte der Montauk-Indianer auf. Natürlich dürfen Sie nicht in das Haus schauen.

Nur für Insider

- ** **Prospect Park (By16)**
Zwischen Eastern Parkway im Norden, Washington sowie Ocean Aves. im Osten, Parkside Ave. im Süden und Prospect Park West und Southwest im Westen, Subwaystation: Prospect Park, Grand Army Plaza oder Franklin Ave.
Visitor Center: Im Boathouse im Osten des Parks, Höhe Lincoln Road. An Sommerwochenenden verkehrt ein Trolleybus zwischen den Hauptattraktionen des Parks, www.prospectpark.org.

Meisterwerk eines Parks

Über diesen 225 ha großen Park wird oft gesagt, dass seine Architekten, *Frederick Law Olmsted* und *Calvert Vaux*, sich am Central Park nur „aufgewärmt" hätten, um dann dieses Meisterwerk 1866–74 hier in Brooklyn zu schaffen. Den beiden Park-Architekten gefiel diese Anlage allemal besser, und die Brooklyner Behörden unter dem „Father of the Park", *James S.T. Stranahan*, fanden sich darin bestätigt, dass man Künstlern mehr freie Hand lassen müsse.

Wie der Central Park in Manhattan, ist der Prospect Park auch ein Platz der Erholung, des Sports und der Geselligkeit, aber auch eine Stätte der kulturellen Erbauung. Am besten erkunden Sie den Prospect Park von der Grand Army Plaza aus gegen den Uhrzeigersinn, so dass Sie anschließend noch die Botanical Gardens besichtigen können. Von hier beginnend, ist der Park in drei große Landschaftstypen aufgeteilt:

- **The Long Meadow** im Nordosten ist mit 36 ha die größte Wiesenfläche in einem New Yorker Park. Hier gibt es das **Picnic House**, in dem das ganze Jahr über Veranstaltungen (Musik, Tanz, Theater usw.) stattfinden *(Tel.: (718) 965-8999)*. Ge-

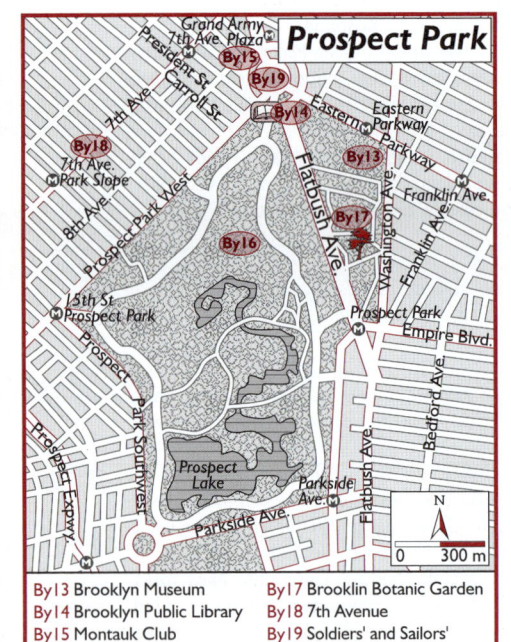

By13 Brooklyn Museum
By14 Brooklyn Public Library
By15 Montauk Club
By16 Prospect Park
By17 Brooklin Botanic Garden
By18 7th Avenue
By19 Soldiers' and Sailors' Memorial Arch

genüber steht die 1857 in italienischem Stil erbaute **Litchfield Villa**, einst Mittelpunkt des sozialen Lebens, heute Sitz der Parkverwaltung. Werfen Sie einen kurzen Blick ins Foyer. Im Süden der Meadows gibt es noch einen Quaker Friedhof, **Friends Cemetery** genannt, auf dem u.a. *Montgomery Clift* begraben wurde. Touren über den Friedhof, auf dem auch andere bekannte Leute aus Brooklyn begraben liegen, führen die Park Ranger durch *(Tel.: (718) 965-8951, www.prospectpark.org).*
- Im Süden und Südosten des Parks befinden sich die **Wasserflächen** (Seen und Bäche). Brücken, ein orientalischer Pavillon, ein weiterer Bogen *(am Park Circle-Eingang)*, ein **Tempelbau** *(Croquet Shelter, Höhe Parade Place)*, ein Fischbassin u.a. basieren auf Plänen von *Calvert Vaux* bzw. dem bekannten New Yorker Architektenbüro McKim, Mead & White, dessen Anteile Olmstedt aber wenig liebte. Am **Boathouse**, das der St. Marcus-Bücherei in Venedig nachempfunden ist, befinden sich das Visitorcenter (mit Parkrelief) sowie ein Café.
- Die dritte Landschaftstype ist das **Waldareal** zwischen Flatbush Avenue und den Seen im Nordosten des Parks. Hauptattraktion ist hier neben den wunderschönen, Schatten spendenden Bäumen, das **Lefferts Homestead**, ein Farmhaus aus dem 18. Jahrhundert, welches 1918 hierhergeschafft wurde und nun ein Kindermuseum sowie ein paar zeitgerechte Möbel beherbergt. Ein Karussell (**Carousel**), dessen Pferde sich einst auf Coney Island drehten, und das **Wildlife Conservation Center**, ein Zoo, der Kinder ansprechen möchte, runden das Bild ab. Alle diese Attraktionen liegen dicht an der Flatbush Avenue.

> *Hinweis*
> *Aufgrund von Kostenersparnissen wird überlegt, ob der Zoo geschlossen werden muss. Die Stadt New York will nicht mehr für den Unterhalt aufkommen. Infos: Tel.: (718) 399-7339.*

Gegenüber der Flatbush Avenue befindet sich der wunderschöne

- **** Brooklyn Botanic Garden (By17)**
1000 Eastern Pkwy, an der Washington Ave., Subwaystation: Prospect Park o. Eastern Parkway-Brooklyn Museum, geöffnet: Di–Fr 8h–18h, Sa, So+Feiertage 10h–18h, Tel. (718) 623-7200, www.bbg.org

Dieser 21 ha große botanische Garten wird nicht nur die Herzen der Botaniker höher schlagen lassen. Nahezu eine Million Besucher werden hier jedes Jahr gezählt. Besonders im Mai besticht der Garten wegen der bunten Blütenpracht. Hauptattraktionen sind:
- **Steinhardt Conservatory:** Pflanzen der unterschiedlichen Vegetationszonen (Wüste, Wasser, Tropen u.a.) werden hier samt ihrer Evolutionsgeschichte erläutert, und das **Bonsai Museum** im Gebäude ist mit seinen 100 Spezies mit Sicherheit das beste seiner Art in Amerika.
- **Fragrance Garden:** Ein Duftgarten, der besonders für Blinde eingerichtet wurde.
- **Celebrity Path:** In den Boden sind Blätter aus Bronze eingelassen, in die Namen bekannter Brooklynites (Leute aus Brooklyn) eingraviert sind. Viele werden Sie kennen, so z.B. *Woody Allen* und *Barbra Streisand*.

Blütenpracht statt Großstadt-Grau

Anziehungspunkt im Botanischen Garten: Japanese Garden

- **Shakespeare Garden:** Mehr als 80 Pflanzen, die in Stücken von Shakespeare „verewigt" wurden, sind hier zu sehen.
- **Japanese Garden:** Für die meisten ist der japanische Garten der schönste Punkt im Botanischen Garten. Ein rotes Torii-Tor steht hier in einem See, der der Form des chinesischen Symbols für „Herz" nachempfunden worden ist. Die japanischen Kirschbäume bilden einen weiteren Anziehungspunkt, besonders während der Blütezeit im April. Von einem kleinen Hügel haben Sie einen schönen Blick auf den See.
- Die 40 verschiedenen, orientalischen Kirscharten entlang des **Cherry Walk** und der **Cherry Esplanade** blühen ebenfalls im April.
- Der **Herb Garden** am Nordosteingang bietet 300 unterschiedliche Kräuter, die in Medizin, Küche und Körperpflege eingesetzt wurden bzw. werden.
- Der **Cranford Rose Garden** (5.000 Büsche, 1.200 Spezies) lässt noch einmal die Herzen höher schlagen. Blütezeit ist von Mai bis Oktober, wobei im Juni die meisten Büsche in Blüte stehen. Nördlich des Rosengartens bzw. der Cherry Esplanade gibt es noch einen **Aussichtspunkt** mit Blick auf nahezu die gesamte Anlage.

Nach diesem Rundgang können Sie die Gärten durch den **Osborne Garden** (ital. Gartenanlage) im Nordwesten verlassen und gelangen an der Brooklyn Library wieder auf die Grand Army Plaza.

- **7th Avenue (By18)**
Subwaystation: 7th Avenue

Historische Reihenhäuser und Alleen für die Upper Middle Class

Die Straße ist heute eines der beliebtesten Einkaufsgebiete Brooklyns. Im Umkreis wohnt vor allem die „neue" Mittelschicht. Die Geschäfte lohnen nur bedingt die Anreise, dafür aber ein Blick in die Seitenstraßen. Ewig lange Baumalleen, hinter denen sich 100 Jahre alte Reihenhäuser verstecken, machen deutlich, wie sich die Bevölkerungsstruktur in einer Stadt wie New York wandelt.

Früher wohnten hier die Arbeiter, heute eben eher wohlhabendere Leute. Lesen Sie auch zur Geschichte von Park Slope oben.

> *Shopping und Trattorias abseits der Trampelpfade*
>
> *Ein wenig bekannter Shopping District für **Discount-Textilien** befindet sich an der 86th Street, zwischen 4th und 5th Avenues (Brooklyn – Bay Ridge). Flaggschiff ist der **Century 21 Department Store** (472 86th Street), der ja bekannterweise seinen Hauptladen im Financial District in Manhattan hat.*
>
> *Dieser Straßenzug bietet wirkliche Schnäppchen. Für eine Anreise extra aus Manhattan gibt es dann aber doch nicht genug. Aber vielleicht sind Sie ja gerade in der Nähe oder haben das „Manhattan-Shop-Hopping" einfach satt ...*
>
> *Und sollte Sie in Bay Ridge der Hunger plagen, empfiehlt sich die 3rd Avenue mit einer Reihe guter italienischer Restaurants – gespickt von einigen wenigen skandinavischen Feinkostläden.*

- **Soldiers' and Sailors' Memorial Arch (By19)**
Auf der Grand Army Plaza, **Subwaystation:** *Grand Army Plaza*

Dieser 1892 in Gedenken an den Amerikanischen Bürgerkrieg errichtete „Triumphbogen" scheint eine Mischung aus Brandenburger Tor und Arc de Triomphe zu sein. Bronzestatuen und -plaketten zeigen Grant und Lincoln sowie heroisieren die Armee und die Marine. Dem Bogen sitzt dann noch eine Quadriga auf. Auf der ovalen Plaza stehen zudem noch ein Kennedy-Monument und der etwas kitschige Bailey Fountain. Letzterer wird oft als Fotomotiv für Hochzeitspaare verwendet.

Amerikanischer Heldenkult

Coney Island (H)
Anreise/Adresse: Surf Ave, an der W. 10th St., Subwaystationen: Stillwell Ave./Coney Island, W. 8th St./Aquarium, Ocean Parkway und Brighton Beach, **Festivaltipp:** Ende Juni (erster Samstag im Sommer) findet eine skurrile Parade durch Coney Island statt, die **Mermaid Parade**, bei der sich alles um die Meerjungfrauen und Meeresgötter dreht.

> **Hinweis**
> *Lesen Sie dazu unbedingt zur Geschichte auf S. 512*

Coney Island, ehemals **der** Amüsierpark der Welt, galt auch als „Labor für Manhattan". Man experimentierte hier an Gebäuden, mit technischen Neuentwicklungen und anderem, um die gewonnenen Erkenntnisse dann städtebaulich umzusetzen. Heute ist von dem Glanz vergangener Tage nahezu nichts mehr geblieben, doch immer noch ist Coney Island ein beliebtes Ausflugsziel für die New Yorker an Sommerwochenenden. Der Strand ist relativ sauber und ziemlich groß ... Die „verrosteten" Zeiten mögen aber bald der Vergangenheit angehören. Trotz der „Delle" im Tourismusboom im Big Apple nach dem Anschlag auf das World Trade Center wird wieder über Pläne nachgedacht, einen megateuren Vergnügungspark hier aufzubauen.

Planwiese für Manhattans Städtebau

Grundsätzlich gilt: Obwohl die „Attraktionen" nicht jedermanns/fraus Sache sein mögen, lohnt der Spaziergang entlang des Boardwalks bzw. am Strand allemal.

Die Insel lässt sich in drei wesentliche Gebiete unterteilen:

❶ **Im Westen und Zentrum der Insel** beherrschen Wohnblocks und billig zusammengeschusterte Reihenhäuser das Bild, die Themenparks sind verschwunden, die Achterbahnen veraltet und die Läden am Boardwalk, der breiten Holz-

Coney Islands Boardwalk: Strandspaziergang ohne Sand im Schuh

By20	NY-Aquarium und "The Cyclone"
By21	Russische Restaurants
By22	Nathan's (Hot Dogs)

Boardwalk = Fußgängerpromenade am Strand

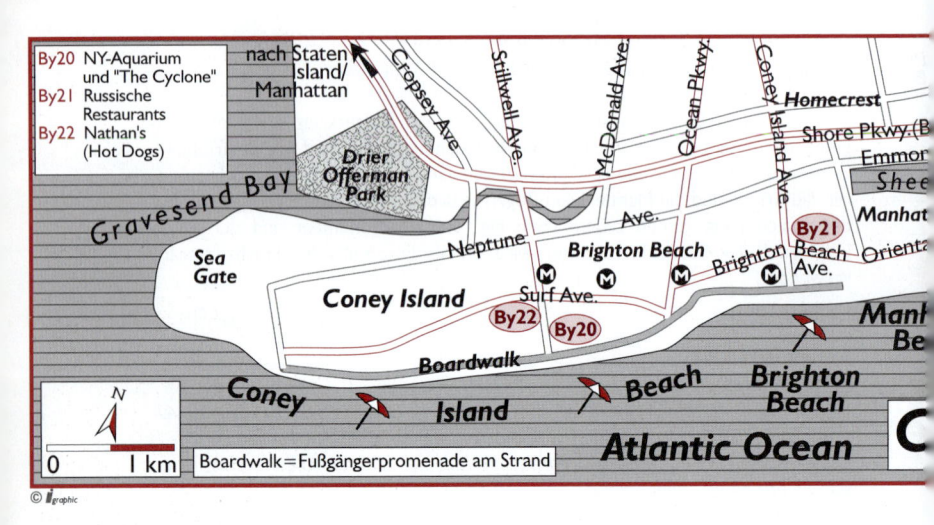

promenade am Strand, zu drittklassigen Souvenirshops mit Automatenspielen verkommen. Relikte einstiger Hochzeiten sind eine überwucherte Achterbahn *(Surf Ave./Stillwell Ave.)* und etwas westlich davon der lange nicht mehr genutzte Fallschirmspringerturm, Vorreiter der Bungee-Jump-Generation.

Rummelplatz-Atmosphäre

❷ **Im Zentrum der Insel** *(Surf Ave., östl. der Stillwell Ave.)* gibt es noch eine Reihe von Kirmesattraktionen (GoCart, Achterbahn, Zielschießen etc.), von denen die beiden folgenden die Hauptattraktionen bilden:

a) Das **Wonder Wheel** ist ein Riesenrad, in dem die Gondeln schwingenderweise ihre Position wechseln.

b) **The Cyclone (By20)** ist die 1928 errichtete Achterbahn, die auch nach heutigen Maßstäben noch eine aufregende Fahrt verspricht und dabei ein wenig vergangene Romantik versprüht. Viele Stützen sind übrigens noch aus Holz und bei Geschwindigkeiten von bis zu 100 km/h rattert das ganz ordentlich! Mit den Bahnen in den modernen Themenparks Floridas und Kaliforniens ist sie aber nicht mehr zu vergleichen.

Etwas östlich von diesen metallenen Ungetümen befindet sich das

• **New York Aquarium for Wildlife Conservation (By20)**

Surf Ave., an der W. 8th Ave., Subwaystation: W. 8th St., tägl. 10h–16h30, im Herbst/ Frühling –17h, im Sommer –18h, (718) 265-3491 od. 265-3471, www.nyaquarium.com

Es wurde bereits 1896 eingerichtet, aber erst 1957 an diese Stelle umgesiedelt. In Größe und Ausstattung ist es mittlerweile zwar nicht mehr mit den „Sea World"-Parks in anderen Teilen der USA zu vergleichen, aber die vielen großen und kleinen Innen- sowie Außenbecken werden besonders die Kinderherzen höher schlagen lassen. Es gibt im Grunde alle bekannten Meeresbewohner (inkl. „Anrainer") zu bewundern: Beluga-Wale, Delphine, Seelöwen, Pinguine, Walrosse, Haie, Flussfische, Echsen usw. Über 300 Spezies sollen es sein. Für den Besuch des Aquariums sollten Sie mindestens 2 Stunden veranschlagen, ansonsten würde der

Besuch bei Flipper und Co

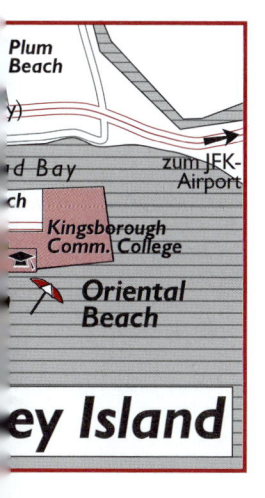

relativ hohe Eintrittspreis sich nicht rechnen. Entlang der Surf Avenue (bes. östl. der Stillwell Ave.) gibt es ein paar „ramschige" Secondhand-Möbelgeschäfte, die einen gewissen Flohmarktcharakter aufweisen. Ausgebuffte Spürnasen mögen hier noch fündig werden.

❸ **Der Osten der Insel** ist mit dem Stadtteil **Brighton Beach** m.E. am eindrucksvollsten. Hier leben vor allem Juden, die seit den 1970er Jahren aus Osteuropa eingewandert sind. Die meisten stammten aus der ehemaligen Sowjetrepublik, und daher trägt dieser Abschnitt auch den Beinamen „Little Odessa". Die Brighton Beach Avenue *(östl. des Ocean Boulevard)* ist das Zentrum der Gemeinde, und je weiter man auf ihr nach Osten läuft, desto uriger werden die Geschäfte (Kaviar und andere russisch. Delikatessen) und **russischen Restaurants (By 21)**. Zu den letzteren zählen Tanz- und Speiselokale, wie z.B. das „Odessa" *(1113 Brighton Beach Ave., $$$)*, dessen „kitschiger Schnörkelschick" eine Mischung aus russischem Plüsch und KuK-Romantik darzustellen versucht. An Wochenendabenden ist hier die Hölle los, denn dann fließt der Wodka endlos. Im Bereich der Küstenpromenade (Boardwalk) gibt es in Brighton Beach auch ein paar Cafés und Teehäuser, in denen u.a. Apfelstrudel serviert wird.

Hinter der unscheinbaren Kulisse versteckt sich ein verschnörkelter Tanzpalast

Russland ganz nah – man weiß zu feiern

Ganz im Osten (um den Oriental Boulevard) wirkt Coney Island dann etwas wohlhabender, und am äußersten Zipfel liegt sogar noch eine kleine Universität.

> *Erkundungstipps für Coney Island*
> *(3 Stunden, ohne Aquarium)*
> • *Steigen Sie an der Subwaystation Stillwell Avenue aus und genehmigen Sie sich zuerst einen Coney Island Hot Dog bei* „**Nathan's**" **(By22)**, *dem Erfinder dieses Pappbrötchens mit Wursteinlage. Der Riesenimbiss befindet sich unübersehbar gleich gegenüber der Subwaystation.*
> • *Laufen Sie dann direkt an den Strand zum* **Boardwalk**. *Rechter Hand liegt dabei die verrostete Achterbahn, während sich links die noch intakten Kirmesbahnen bemerkbar machen. Der Boardwalk ist eine breite, über 4 km lange Strandpromenade. Sollte noch etwas Appetit übriggeblieben sein, genehmigen Sie sich hier noch eine fischige Delikatesse von den Seafood-Buden. Anschließend können Sie sich damit auf eine der Bänke setzen und das Treiben am Strand beobachten bzw. die New York anlaufenden Schiffe bewundern.*
> • *Wer Interesse hat, kann nun ins* **New York Aquarium** *gehen, muss aber 2 Stunden dafür einplanen.*

- *Auf der Höhe Ocean Boulevard verlassen Sie den Boardwalk und gehen hoch zur **Brighton Beach Avenue**, die in östlicher Richtung immer russischer wird. Jüdische Geschäfte, russische Delikatessen usw. werden Sie noch für eine gute Stunde im Bann halten.*

Und noch zwei ethnische Viertel
- **Bedford-Stuyvesant (I)**: Einst ein besseres Viertel der weißen Middle Class, entwickelte sich dieser Stadtteil mit der Fertigstellung der Brooklyn Bridge und der Einrichtung des „A-Trains" (manche kennen vielleicht Duke Ellingtons Song „Take the A Train") zum Magneten für diejenigen schwarzen Familien, die es sich leisten konnten, Harlem den Rücken zu kehren. Rassistische Konflikte folgten, bis schließlich nach dem 2. Weltkrieg die letzten weißen Familien „Bed-Stuy" verlassen hatten. In den 1960er Jahren eskalierte die Kriminalität, doch hat sich die Lage mittlerweile deutlich normalisiert, und Bed-Stuy ist heute „echter" als Harlem, weist aber kaum Jazzclubs u.Ä. auf, dafür aber Atmosphäre. In den **Weeksville Houses** (Bergen St., zw. Rochester u. Buffalo Aves.) befindet sich ein kleines afro-amerikanisches Museum, in dem Sie, nach Voranmeldung (Tel.: (718) 756-5250), den Spuren erster schwarzer Siedler folgen können. Hier lebten bereits um 1830 befreite Sklaven bzw. freie Afro-Amerikaner.
- Das jamaikanische Viertel des Stadtteils **Crown Heights (J)** erstreckt sich südlich von Bedford-Stuyvesant und ist heute Heimat der größten karibischen Bevölkerung außerhalb der Karibik selbst (s.a. Infokasten S. 534). Vor dem Eintreffen dieser Gruppe lebten vornehmlich strenggläubige Juden hier, womit Zusammenstöße beider Gruppen bis heute unvermeidbar blieben. Trotzdem können Sie sich hier sicher bewegen, und ein Besuch wird mit dem bunten Gemisch an Kulturen belohnt. Dabei ist Ihre „Spürnase" ein wenig gefragt.

Weitere Sehenswürdigkeiten in Brooklyn
Übersichtskarte S. 520

- **Borough Park (Stadtteil) (G)**
New Utrecht Ave., um die 50th St., Subwaystation: 50th Street.

Bevölkerungsreichste jüdische Gemeinde der Welt

Hier befindet sich das alte jüdische Viertel von Brooklyn. Die Juden sind zumeist zwischen 1870 und 1945 hierhergekommen und später nochmal aus Osteuropa und dem östlichen Mittelmeerraum. Ein Bummeln durch die Straßen versetzt einen in manchen Dingen zurück in die 30er Jahre: Geschäfte mit Kleidern aus dieser Zeit, alte Handwerksbetriebe u.v.m. laden zum Stöbern ein, und kleine Restaurants bieten koshere Kost. Die jüdische Gemeinde pflegt die alten Traditionen, kleidet sich nach streng religiösen Riten, sorgt aber auch dafür, dass nur ihresgleichen in diesen Stadtteil einzieht. Borough Park war bis etwa 1950 übrigens die bevölkerungsreichste jüdische Gemeinde der Welt.

Hinweis
Oft mag man geneigt sein, Fotos von den Menschen zu machen. Das wird aber nicht gerne gesehen, wenn man nicht vorher fragt. Ein Ausflug hierher sollte daher nicht als „Besuch einer Touristenattraktion" angesehen werden, sondern nur dem Verständnis für die multikulturelle Gesellschaft in Brooklyn dienen.

- *** Concord Baptist Church of Christ (By23)**
833 Dr. Gardner C. Taylor Blvd. (ehem. Marcy Ave.), nahe der Fulton St., Subwaystation: Nostrand Ave., Zeiten der Gottesdienste: Tel. (718) 622-1818, www.concordcares.org

Baptistenkirche mit einer der größten schwarzen Gemeinden Amerikas. An Sonntagen werden hier bis zu 4-stündige Gottesdienste abgehalten, deren Gospelgesänge wirklich zu beeindrucken vermögen.

Immer fragen, bevor man Menschen fotografiert

Und ganz im Gegensatz zu Harlem finden hier kaum Touristen hin. Seien Sie aber pietätvoll, machen Sie auch keine Fotos und kleiden Sie sich ordentlich (keine Shorts und Jeans). Ein Gottesdienst ist und bleibt eine persönliche und ernste Angelegenheit und ist keine kostenlose Show.

- **Fort Hamilton/Harbor Defense Museum (By24)**
Fort Hamilton, südl. der Verrazano-Narrows Bridge, Subwaystation: 95th Street, Mo–Fr 10h–16h, Sa 10h–14h, Tel. (718) 630-4349/4306, www.harbordefensemuseum.com

Das kleine Museum auf Marinegelände beschäftigt sich mit der Geschichte des Fort Hamilton, das auf dem Grund eines ehemaligen holländischen Forts 1825–31 errichtet worden ist und zusammen mit einer ähnlichen Anlage auf Staten Island die Einfahrt des New Yorker Hafens bewachen sollte. Heute ist der Stützpunkt die einzig aktive Militärbasis auf New Yorker Boden. Es werden im Museum auch andere Seeforts erläutert. Im Grunde lohnt der Besuch aber nur für diejenigen, die eine Beziehung zur Marine haben.

Ein Ort für Marine-Fans

- **Green Wood Cemetery (By25)**
Eingang: 5th Ave., an der 25th St. oder Ft. Hamilton Pkwy., an der McDonald Ave., Subway Station: Ft. Hamilton Pkwy. oder 25th St., www.green-wood.com

Einst schrieb *Thomas Wolfe*: „Only the dead know Brooklyn". Ja, Friedhöfe können Geschichte und Geschichten erzählen. Dieser gehört allemal dazu. Schillernde Persönlichkeiten, wie z.B. *Walter Hunt* (Erfinder der Sicherheitsnadel), *William M. „Boss" Tweed* (korrupter Politiker im 19. Jahrhundert), *Lola Montez* (Tänzerin, die u.a. eine Affäre mit dem bayerischen *König Ludwig I.* hatte), *Leonard Bernstein* (Dirigent), *Samuel F.B. Morse* (Erfinder des Telegraphensystems), *Joey Gallo* (Mafiaboss – 1972 in Little Italy erschossen) und *Albert Anastasia* (Initiator der Mafiaorganisation „Murder Incorporated", die in den 1940er und -50er Jahren für über 500 Ermordungen verantwortlich war) liegen hier begraben.

Letzte Ruhestätte großer Persönlichkeiten

Der 195 ha große Friedhof wurde 1838 angelegt. Das Motto der Initiatoren war die „Versöhnung des Todes mit der Natur". Entsprechend mutet er an mit seinen vielen Wegen, kleinen Seen und Flüssen sowie den schattigen Bäumen. Ein goti-

> *Eine Karnevalsparade „off the beaten path"*
> Auch Brooklyn hat seine Paraden. Die bunteste davon – und von Touristen nahezu unentdeckt – ist ohne Zweifel die **West Indian American Day Parade** (auch „Mardi Gras Carnival" bzw. „Caribbean Parade and Carnival" genannt). Dieser Karneval findet alljährlich am Labor Day (erster Montag im September) auf dem Eastern Parkway zwischen Utica Avenue und Grand Army Plaza statt. Dass es dabei ausgesprochen farbenfroh (schrille Kostümierung), feucht-fröhlich (Calpirinha satt) und musikalisch/tanzend (Calypsoklänge ohne Ende) zugeht, versteht sich von selber. Hunger wird auch nicht aufkommen, denn die lecker gewürzten karibischen Speisen haben noch niemanden enttäuscht.

sches Eingangsportal *(5th Ave., gegenüber 25th St.)* und zahlreiche viktorianische Stilelemente rundeten das Bild ab, so dass der Friedhof einen Parkcharakter erhielt und dadurch viele Ausflügler anzog. Das wiederum inspirierte die New Yorker Stadtverwaltung zu der Idee, ebenfalls einen Park anzulegen. Den dafür ausgeschriebenen Wettbewerb gewannen *Frederick Law Olmsted* und *Calvert Vaux*, und ihre eingereichten Pläne bildeten daraufhin die Grundlage für den Central Park.

Ein Bummel über diesen Friedhof könnte daher am besten als Mischung aus dem Einblick in die bunte amerikanische Geschichte und dem Wandern im Grünen angesehen werden.

Queens – das „Schlafzimmer" New Yorks

Überblick: Queens Einst und Heute

Geographische Lage: Nordwestzipfel von Long Island • ***Einwohner:*** 2,2 Millionen • ***Fläche:*** 311 qkm *(37 % der Fläche New Yorks und damit flächenreichster Borough New Yorks)*

Übersichtskarte Queens S. 545

Geschichte: Die ersten Bewohner waren natürlich auch hier die Indianer, die sich vorwiegend an den nördlichen Uferregionen und dort in besonderem Maße an den geschützten Buchten ansiedelten. Nach 1633 kamen dann die Holländer, später auch die Engländer. Die erste feste Siedlung war Vlissingen, das heutige Flushing, welches 1645 registriert wurde. Es waren vornehmlich Siedler, die den Kampf mit den salzigen Böden, dichten Wäldern, schweren Böden und, nicht zu vergessen, den sich gegen sie auflehnenden Indianern auf sich nahmen. Mitte des 17. Jahrhunderts waren die meisten Indianer vertrieben, und die, die von ihnen geblieben waren, kollaborierten mit den weißen Farmern.

Streit um den Glauben
Die zweite Hälfte des 17. Jahrhunderts wurde markiert durch Auseinandersetzungen religiöser Art zwischen den Engländern und Holländern. Besonders die Quäker hatten darunter zu leiden. Mit der Übernahme durch die Engländer 1664 wurde die Kolonie aufgeteilt in Counties, eines davon das Queens County, benannt nach *Katharina von Braganza* (1638–1705), der Gemahlin des englischen *Königs Charles II* (1630–85).

TOWN & COUNTRY'S newsstand cost is $4.50 a copy and publishes 11 issues per year. Canadian orders, please add $8/yr. First issue mails in 4-6 weeks.

TOC J2DSTRJ

BUSINESS REPLY MAIL
FIRST-CLASS MAIL   **PERMIT NO. 349**   **HARLAN IA**

POSTAGE WILL BE PAID BY ADDRESSEE

TOWN&COUNTRY
PO BOX 6059
HARLAN IA 51593-3559

NO POSTAGE
NECESSARY
IF MAILED
IN THE
UNITED STATES

TOWN&COUNTRY

FREE GIFT!

BEST DEAL!

Check one:
- ☐ **Two years for just $25**
- ☐ One year for just $15

NAME _____ (PLEASE PRINT)

ADDRESS _____ APT _____

CITY/STATE/ZIP _____

☐ Payment enclosed ☐ Please bill me

Receive a FREE gift with your paid subscription.*

*While supplies last.

Die Geschichte von Queens „plätscherte" fortan bis zum Ende des 19. Jahrhunderts so dahin. Das County wurde vornehmlich landwirtschaftlich genutzt, und somit entstanden ein paar Dörfer und Siedlungen, viel mehr passierte aber nicht. Der Rubel rollte halt in New York (Manhattan) und in Brooklyn, und die meisten Immigranten zog es von dort eher nach Westen. Ab dem 19. Jahrhundert wurde Queens von den New Yorkern und Brooklynites dann entdeckt als Landfläche. Man verlegte Friedhöfe aus hygienischen Gründen hierher, siedelte einige Industrien an, besuchte die Strände um Far Rockaway an Wochenenden und nutzte das County für das Auffangen zu starker Einwandererströme. Das Geld aber blieb in Brooklyn und vor allem New York. 1898 schlossen sich die 3 Boroughs bekanntlich mit Manhattan zur neuen Metropolitan Area von New York zusammen. Dabei war die Abstimmung im Queens County auffallend uneinheitlich, denn die östlichen Gebiete stimmten gegen eine Zusammenführung. Somit entstand das von New York unabhängige Nassau County östlich von Queens.

Langsame Entwicklung...

Anschließend ging es etwas schneller voran mit dem nun flächengrößten Stadtteil New Yorks. Lebten hier um 1900 nur 150.000 Menschen, waren es 1921 schon 470.000 und Ende der 1920er Jahre bereits 1,1 Millionen. Durch die gute Verkehrsanbindung über die Brücken wie die Queensboro Bridge, die solide ausgebaute Long Island Railroad und später den 1940 eingeweihten Queens-Midtown Tunnel bekam der Borough einen immer größeren Stellenwert. Sein größtes Kapital war (und ist) die Fläche. Manhattan und Brooklyn waren ausgebaut, und die Bronx fristete noch für lange Zeit ein Außenseiterdasein.

und immer noch viel Platz für...

Die Filmindustrie siedelte sich in den 1920er Jahren in Astoria an, Fabriken, Hafenanlagen und das Highwaynetz wurden ausgebaut, und Ende der 1920er Jahre hatte Queens vier Flugplätze. Vor dem 2. Weltkrieg folgten dann die großen Sportstadien, so vor allem die auf der ehemaligen Müllhalde der Stadt, den Flushing Meadows. Hier lag auch das Areal für die Weltausstellung 1939/40. Der La Guardia Airport eröffnete 1939. Die zweite Weltausstellung fand 1964 ebenfalls in Flushing Meadows statt, und im gleichen Jahr wurden auch das Shea Stadium sowie die Tennisanlagen eingerichtet, wo alljährlich die berühmten „US Open"-Tennismeisterschaften abgehalten werden.

Manhattans denken bei Queens am ehesten an dessen Friedhöfe

Studios, Stadien, Flugplätze

Queens war und ist aber in besonderem Maße ein beliebtes Wohngebiet („Schlafzimmer New Yorks") neu eingetroffener Einwanderer und der pendelnden Mittelschicht, die sich Manhattan nicht mehr leisten wollte. Die Stadt hat hier ab den 1920er Jahren zahlreiche, z.T. öffentlich geförderte Wohnprojekte hochgezogen, auch welche, die aus kleinen 1–2-Familien-Häusern bestanden. Damit begründet

„Alte" und „neue" Einwanderer mit ethnischer Vielfalt

sich die ethnische Vielfalt dieses Borough. Und da Queens immer noch wachsen kann, leben hier nicht nur Nachkommen der Einwanderer der „ersten und zweiten Stunde" (Engländer, Italiener, Iren, Deutsche usw.), sondern auch überproportional viele aus Asien und Lateinamerika. Diese ethnische Vielfalt hat natürlich auch zu zahlreichen Konflikten geführt, besonders in den 1950er und -60er Jahren. Doch hat sich mit der Zeit die gemäßigte Politik in Queens durchgesetzt. Mittlerweile sind Auseinandersetzungen, Straßenschlachten und Proteste benachteiligter Bevölkerungsgruppen eher die Ausnahme. Übrigens ist Queens seit Mitte der 1930er Jahre auch beliebtes Wohngebiet vieler bekannter Jazz-Musiker geworden. So lebten hier *Louis Armstrong, Benny Goodman, Ella Fitzgerald, Billie Holliday* und viele andere. Sie traten besonders oft in Jazzclubs im Stadtteil Jamaica auf. Die spanischen sowie südamerikanischen Spuren sind auch kaum zu übersehen. So werden noch heute im **Thalia Spanish Theatre** *(41–17 Greenpoint Ave., Sunnyside)* spanische Opern, Flamenco- und Tangoaufführungen gezeigt.

Auch **heute** noch sind mehr als ein Drittel der Einwohner in Queens im Ausland geboren. Elmhurst ist z.B. Amerikas ethnienreichster Stadtteil. Menschen aus mehr als 120 Ländern leben hier. Nach Queens zu ziehen, bedeutet für New Yorker auch heute noch den sozialen Aufstieg (ausgenommen die Upper Class natürlich). 42 % der Wohnungen/Häuser in Queens sind Eigentumswohnungen/Eigenheime (Manhattan und The Bronx: jeweils 18 %), und das Durchschnittseinkommen liegt um 10 % über dem in Manhattan und um 50 % über dem in der Bronx.

Bewahrung der Eigenständigkeit

Touristisch betrachtet, ist Queens aber (noch!) weniger interessant als Brooklyn. Immer noch herrscht eine relativ kleinbürgerliche Stimmung vor, und die einzelnen Stadtteile agieren gerne als eigenständige Gemeinden. Ein Gemeinschaftssinn aller Bewohner dieses Borough bzw. ein Zugehörigkeitsgefühl zu New York ist kaum zu erkennen. Auch architektonisch wirkt Queens eher wie eine Anhäufung zu groß gewordener Dörfer.

Die interessantesten Punkte liegen ohne Zweifel in Long Island City/Astoria, wo sich Künstler und die Filmindustrie ausbreiten. Das Museum of the Moving Image sowie der Ableger des Museum of Modern Art (MoMA, eigentlich nur temporär hier, doch gehen Gerüchte um, dass der Ableger bleiben soll) sind die Highlights hier. Dieses Areal gilt es in naher Zukunft im Auge zu behalten. Denn dank Nähe und guter Subway-Anbindung zu Manhattan, scheint sich hier in absehbarer Zeit noch etwas zu tun. Die ersten Restaurants machen am East River auf, das Museum for African Art ist aus Manhattan hierher gezogen. Die Museen in Flushing Meadows (Corona Park) können in keiner Weise mithalten mit denen von Manhattan und auch nicht denen in Brooklyn. Eine winzige Ausnahme macht da nur das „Panorama of New York" im Queens Art Museum. Doch gilt hier die Aufmerksamkeit dem Louis Armstrong House Museum und dem seit Jahren „anlaufenden" Programm des „Jazz Trail", der vor allem zu Wohnhäusern bekannter Jazz-Musiker führt.

Die ethnische Vielfalt von Queens mag für manchen nun doch ein Grund sein, diesem Stadtteil mehr Aufmerksamkeit zu schenken. Doch kommt man nicht umhin zu sagen, dass das historische Flair besonders von Brooklyn hier fehlt.

Alles ist neuer, weiter verstreut und die Bewohner zu sehr abgewandt von der Metropole selbst. Während die Brooklynites sich in gewisser Weise als Konkurrenz von Manhattan sehen, fehlt den Bewohnern von Queens jeglicher Biss dazu. Sie leben ja hier, um sich von Manhattan abzugrenzen.

Bewusste Abgrenzung von Manhattan

Tipp: Rundfahrt durch Queens
Für die Erkundung der wesentlichen Punkte in Queens bietet sich die Subwaylinie 7 hervorragend an.
Um einen schönen Eindruck von dem Borough zu erhalten, böte sich folgende Rundfahrt an:
Nehmen Sie aus Manhattan die Subway 7 und fahren Sie bis zur Endstation (Flushing/Main St.). Sobald die Bahn aus dem Tunnel auftaucht erhalten Sie bereits einen ersten Eindruck von der Weitläufigkeit von Queens. Sie passieren das Shea Stadium und Flushing Meadows. An der Endstation erwartet Sie ein asiatisches Flair. Gehen Sie hier um die Station, wo an der Ecke Main St./41st Rd der Bus Q58 seinen Startpunkt hat. Nehmen Sie diesen und fahren Sie bis zur Endstation (Ridgewood, Myrtle-Wyckhoff Ave.). Unterwegs passieren Sie alte Friedhöfe sowie unterschiedliche ethnische Viertel. Aussteigen lohnt sich z.B. im polnisch-italienischen Viertel (dort wo sich Grand Ave., 69th St. und Long Island Expressway kreuzen). Hier gibt es ein paar nette Restaurants und Delis, die bestimmt noch nicht viele Touristen gesehen haben. An der o.g. Endstation können Sie nun alternativ mit den L- bzw. M-Subwaylinien zurück nach Manhattan fahren oder alternativ vorher noch einen Abstecher in ein kleines, deutsch geprägtes „Refugium" machen. Nehmen Sie dazu von der Myrtle-Wykhoff Station aus den Bus Q55 in Richtung Myrtle/Jamaica Aves. Ziel ist das Restaurant „Zum Stammtisch" (69–46 Myrtle Ave. in Ridgewood). Hier können Sie sich mit Wurst, Kartoffelpuree und Sauerkraut sowie einem Hefeweizen Bier stärken. Zurück geht's dann wieder mit dem Q55 zur o.g. Subway-Station.

Erkundung

> **Queens als Stadtteil von New York**
> **Charakteristika in Stichworten:** Flächengrößter Stadtteil – Überwiegend „kleinbürgerlich" – Zentrum der Filmbranche – Geschichte des Filmes – Künstler, besonders Bildhauer – Modell von New York – US Open Tennismeisterschaften – Osteuropäer, Griechen, Lateinamerikaner und Asiaten – Weltausstellung 1964 – 2 Flughäfen – Museen im Kommen – Jazz Trail
> **Eindruck:** Ethnisch stark diversifiziert. Viele Süd- und Osteuropäer, im Norden und Westen auch Asiaten und im Westen Lateinamerikaner. Deutlich weniger Charme als Brooklyn, dafür aber „im Kommen". Die Gebiete am East River sind beliebt bei Künstlern, besonders die der jüngeren Generation. Queens versucht, Brooklyn „einzuholen", ist aber noch weit davon entfernt, es zu schaffen.

> **Klassifizierung der Sehenswürdigkeiten**
> *** = Topattraktion – ein „Muss"
> ** = sollte man gesehen haben
> * = sehr sehenswert
> Alle nicht markierten Punkte lohnen natürlich auch, sind aber von Ihren speziellen Interessen abhängig.

Die interessantesten Stadtteile und Gebiete von Queens im Überblick

Übersichtskarte Queens S. 545

Long Island City (einschl. Astoria u. Steinway) (AA)
Geographische Lage: Zwischen East River im Westen und Norden, Hazen und 49th Street sowie New Calvary Cemetery im Osten und Newtown Creek im Süden • *Einwohner:* 250.000 (Angaben variieren sehr) • *Sehenswertes* finden Sie auf S. 542ff.

Und immer dieses Wasser...

Geschichte: Bis weit in das 19. Jahrhundert war das Gebiet nur dünn besiedelt. Laufend überflutete Marschen machten die Landwirtschaft hier unattraktiv. Doch mit dem Verkauf der Hunters Farm, an der Stelle, wo heute die Einfahrt zum Queens-Midtown Tunnel ist, wendete sich das Blatt. Zwei gewiefte Investoren, *Neziah Bliss* und *Eliphalet Nott*, ließen die Sümpfe hier trockenlegen und Straßen bauen. Weitere Investoren folgten Mitte des Jahrhunderts, ebenso wie die Eisenbahn (1854) und die regelmäßige Fährverbindung mit Manhattan (1859). Vom Hunter's Point aus entwickelte sich Long Island City zu einem Industriestandort, der bis im Norden nach Astoria reichte, wo die Steinway-Klavierbauer um 1870 neben der Fabrik sogar einen ganzen Stadtteil für ihre Arbeiter errichten ließen. 1870 wurde Long Island City als vierte Gemeinde in New York die Eigenständigkeit zuerkannt (nach New York, Brooklyn und Williamsburg). Weiteres Land wurde trockengelegt, und immer mehr Schwerindustrie siedelte sich an.

> **Straßennummern und Adressen in Queens – gar nicht so kompliziert**
> Manchen mögen die oft 2 bis 3-stelligen Adressen unverständlich vorkommen. Doch hat man sie einmal verstanden, sind sie sogar sehr hilfreich. Hier der Schlüssel dazu:
> Beispiel: 136-13 38 Av. Flus. Die Adresse befindet sich in Flushing (Flus) an der 38th Avenue, nahe Ecke 136th St. und die Hausnummer ist 13.

Nach 1900 wanderte diese wegen „Platzmangels" wieder ab, hinterließ aber eine gut ausgebaute Infrastruktur (Highways, Eisenbahntrassen, Straßenbahnlinien etc.), die andere Industrien, die Verkehrsbetriebe (Stützpunkte) und vor allem auch den Handel anzog. So behielt der Stadtteil das Image des unattraktiven „Muscle of New York".

Niederlage gegenüber Hollywood

In den 1920er Jahren kam dann die Filmindustrie (u.a. Paramount Pictures), die Long Island City einen gewissen Bekanntheitsgrad verlieh. Doch konnte sie sich nach nur 15 Jahren nicht mehr gegen die Übermacht Hollywoods durchsetzen. Es gab nämlich ein ganz entscheidendes Problem: das Wetter. Für Innenaufnahmen waren die Studios zwar gut geeignet, doch zog es die Filmemacher immer mehr an die sonnige kalifornische Küste, wo neben dem guten Wetter auch noch die landschaftliche Kulisse einen besonderen Vorteil bot.

Nach dem 2. Weltkrieg wanderte ein Großteil der Industrie- und Handelsunternehmen ab. Doch war es dieser Stadtteil, in dem als ersten in New York im großen Stil die Lagerhäuser und ehemaligen Fabrikanlagen umfunktioniert wurden zu Ausstellungshallen, Ateliers, Lofts u.Ä. Ein Vorreiter also für SoHo, TriBeCa, Williamsburg und all die anderen Stadtteile, die diesem Beispiel später folgten.

Long Island City hat auch viele Einwanderer angezogen, wobei die griechische Gemeinde, auch „Greek Astoria" *(zw. Ditmar's Blvd. im Norden, Broadway im Süden, Steinway St. im Osten und 31st St. im Westen)* genannt, mit seinen über 50.000 griechischstämmigen Einwohnern die bekannteste ist. In den 1980er Jahren kamen auch viele Zuwanderer aus Lateinamerika und Asien.

Heute ist die Schwerindustrie komplett verschwunden, dafür aber hat sich die Filmindustrie wieder berappelt. Besonders mit Videoclips, Werbesendungen, Auftragsproduktionen sowie Spielfilmen, die von der New Yorker Kulisse und Lebensweise leben, wird hier wieder Geld gemacht. Mittlerweile gelten die Studios zusammengenommen als die viertgrößte Film-Produktionsstätte in Amerika. Neben dem Museum of the Moving Image zählen das Isamu Noguchi Museum, die Sculpture Gardens, das Museum for African Art, die ethnischen Restaurants (u.a. im Bereich Broadway/31st Street) sowie – falls Sie an einer Führung teilnehmen können – die Steinway-Fabrik in Long Island zu den touristischen Highlights. Ob der Ableger des MoMA (Museum of Modern Art) einzelne Wanderausstellungen weiterhin bieten wird, muss sich noch zeigen, ebenso die Entwicklung entlang des East River. Hier steckt Potential, das einige Stadtplaner, Architekten und Investoren schon erkannt haben... Architektonisch gibt es in diesem Stadtteil aber nahezu gar nichts zu sehen, und dass sich die Steinway Street als „The World's Longest Department Store" bezeichnet, muss man wohl als übertrieben ansehen. Ich glaube, schon im nahen Manhattan gibt es längere Geschäftsstraßen.

Wiederentdeckung New Yorks für den Film

Wer sich nun noch fragt, was das „einsame" große Hochhaus zu bedeuten hat, dem sei hier erklärt, dass es sich um das 1989 fertiggestellte und 48 Stockwerke hohe Citicorp Building an der Jackson Avenue handelt. Es ist das höchste Gebäude New Yorks außerhalb von Manhattan. Man hoffte damals auf weitere Investoren und die Entwicklung einer Satellitenstadt, doch sind diese Hoffnungen z.Zt. wieder begraben.

Leider nur ein „Einzelstück"

Corona Park/Flushing Meadows (BB)

Geographische Lage: Zwischen den Stadtteilen Corona, Elmhurst und Flushing sowie dem East River und dem Grand Central Parkway • **Fläche:** *508 ha* • **Sehenswertes** *finden Sie auf S. 547ff.*

Globaler Springbrunnen, bei dem oft am Wasser gespart werden muss

Geschichte: Um das ehemalige Flussmarschland („meadow") lebten die Matinecock Indianer. Später kamen die Siedler, nutzten das Gebiet aber nur zum Fischfang und zur Ernte der Schilfgräser. Mit der Eingemeindung zu New York wurde die Infrastruktur in dieser Region ausgebaut, was dazu führte, dass Verkehrswege und Dämme den Fluss abblockten. Das Marschland wurde daraufhin freigegeben als Müllabladeplatz, wobei die größten Berge auf das Abladen von Asche- und Schla-

Statt der Müllhalde...

...nun ein weitläufiger Park

ckeresten zurückzuführen sind. Der „Mount Corona" ist ein 30 m hoher Ascheberg! 1939/40, nachdem das Gebiet bereits zu einem Park umfunktioniert worden war, fand hier die erste von zwei Weltausstellungen statt. Die zweite kam 1964. Diese Expos trugen natürlich maßgeblich dazu bei, dass der Park verschönert und das Tennis- sowie das große Shea-Stadium errichtet wurden.

Heute zeigt sich der Park von seiner schönsten Seite, denn die Weitläufigkeit sucht man vergebens im Central Park oder im Prospect Park. Zudem gibt es hier noch das Queens Museum of Art mit dem eindrucksvollen „Panorama von New York", das Unisphere, eine große Weltkugel und ein etwas veraltetes Technikmuseum (Hall of Science). Als Robert Moses, New Yorks oberster Parkverwalter, in den 1930er Jahren den Corona Park gestalten ließ, setzte er den Maßstab hoch: Es sollte das „Versailles von Amerika" werden. So richtig faszinieren kann der Park aber nicht. Ihm fehlt das bunte (und enge) Treiben der beiden o.g. Parks, die Museen bieten nur lokale Kost, die wenigen Überreste der Weltausstellung haben weitaus bessere Zeiten gesehen, und unter der Woche kommt man sich nahezu verlassen vor auf den grünen Flächen. M.E. lohnt nur das „Panorama von New York" die Anreise.

Andere Stadtteile von Queens

- **Elmhurst (FF)** (80.000 E.), in der Mitte von Queens, ist der Stadtteil New Yorks, in dem Menschen der meisten unterschiedlichen Nationalitäten leben: Z.Zt. zählt die Stadtverwaltung 122! Beachtenswert ist dabei, dass die Kriminalitätsrate relativ gering ist und dass die Integration sowie das Miteinanderleben dieser verschiedenen Völker heute als beispielhaft für viele andere Gebiete und Stadtteile in den USA hingestellt wird. Natürlich gibt es hier multikulturelle Geschäfte und Veranstaltungen, doch kann man die als Außenstehender nur bedingt finden bzw. verstehen. Auf einen Besuch sollte man sich also eher vorbereiten. Attraktionen gibt es keine in Elmhurst.

Echt „spicy" – Gewürze, indische Mode und mehr

- Für **Jackson Heights (CC)** gilt Ähnliches. Nordwestlich von Elmhurst gelegen, wird es oft das „Little India" von New York genannt. Sari- und Gewürzshops sowie indische Restaurants locken entlang der 37th Avenue *(Bereich 74th St.)* Käufer aus der ganzen Stadt an, besonders, seit die indische Mode auch bei jüngeren Leuten Gefallen gefunden hat (in oft schrill abgewandelter Form ...). Im Umfeld haben sich auch Neuankömmlinge aus Bangladesh, Pakistan und Afghanistan niedergelassen. Ostasiatische Einwanderer, besonders Koreaner, leben und handeln entlang des äußerlich wenig attraktiven Northern Boulevard. Obwohl die asiatische Gemeinde von Jackson Heights immer stärker wird, macht die lateinamerikanische Bevölkerung mit über 200.000 Menschen immer noch den größten Teil der Bevölkerung aus. Südamerikanische Restaurants finden Sie entlang Roosevelt und 37th Avenues *(zw. 82nd St. u. Junction Blvd.)*. Der oft erwähnte **Jackson Heights Historic District** *(zw. 34th u. Roosevelt Aves. sowie 77th u. 88th Sts.)* ist ein Wohnbezirk, der seit 1910 in zwei wesentlichen Etappen und als vorbildliches „Development Project" hochgezogen wurde. Die 4-6-geschossigen Gebäude selbst sind weniger die Attraktion gewesen als vielmehr die Tatsache, dass die meisten von ihnen begrünte Hinterhof-Gartenanlagen aufwiesen. Ein absoluter Luxus für New York. Im Bereich zwischen 84th und 88th Street finden sich auch 1–2-Familien-Häuser im britischen Kolonialstil, ebenfalls mit kleinem Garten und in den 1920er errichtet.

- **Jamaica (DD)**: Der größte und am dichtesten besiedelte Stadtteil von Queens. Schon früh im 19. Jahrhundert entwickelte er sich zu einem der Zentren auf Long Island, da er an der Hauptstraße an der Ostspitze der Insel lag. Bis nach dem 2. Weltkrieg galt Jamaica als das begehrteste Wohngebiet von Queens, verlor diesen Status aber schnell, da die immer dichter werdende Besiedlung die Mittelständler weiter raus auf Long Island trieb. Es folgten vor allem afro-amerikanische und in den 1980er Jahren zunehmend lateinamerikanische Familien (bes. Puerto Rico, Haiti und Guayana), die die Lücken füllten. Letztere haben besonders dem Gebiet um die auf weiten Strecken von der Subway (hier: Hochbahn) überspannten Jamaica Avenue ihren Stempel aufgedrückt. Einzige touristische Attraktion von Rang ist das Jamaica Arts Center. Ansonsten würde ein Besuch dieses Stadtteils „nur" bedeuten, sich mit der mittelamerikanischen Lebensweise auseinanderzusetzen.

Südamerikanischer Lebensstil

- **Flushing (EE)**: Flushing hieß unter holländischer Kolonialherrschaft noch Vlissingen, aus dem der englische Name anschließend abgeleitet wurde. Bereits um 1662 wurde der kleine Ort berühmt wegen seiner Quäkergemeinde, die sich regelmäßig im Haus des Engländers *John Bowne* traf. Die Holländer bekämpften die Religionsgemeinschaft, setzten sich letztendlich aber nicht durch. Damit war der Anstoß für die von da an sehr großzügige „Handhabung" von Religionsgemeinschaften in Amerika gegeben.

Kampf um die Religionsfreiheit

Bis in die 1970er Jahre lebten großenteils Italiener in dem Stadtteil, die dann verdrängt wurden durch Japaner und Chinesen. Heute leben hier – vor allem im Bereich Main Street/Northern Boulevard – auch viele Koreaner („Koreatown") und Taiwanesen. Viel Sehenswertes gibt es in Flushing nicht, sieht man einmal ab von der alten Town Hall, dem historischen Museum von Queens im Kingsland House und einem der ältesten Häuser auf New Yorker Boden, dem John Bowne House (s.u.). Wer eine asiatische Atmosphäre wie in Chinatown sucht, wird eher enttäuscht. Zwar leben hier viele Asiaten, aber das wird eher durch die Geschäftstafeln deutlich als durch die Lebendigkeit auf den Straßen.

Spaziergänge/Erkundungen in Queens

Erkundung: Long Island City/Astoria
Mindestzeit: ½ Tag, **optimale Zeit:** *1 Tag,* **Sehenswertes** *finden Sie auf S. 542ff.*

Beginn: U-Bahn-Station **Broadway** – Linien N und W (Queens). Folgen Sie dem Broadway nach Westen bis zum East River. Hier, neben einem riesigen Einkaufsmarkt, liegen die Socrates Sculpture Gardens. Zwischen diesen modernen „Ungetümen" lässt es sich gut picknicken. Nicht weit entfernt befinden sich dann auch noch das ehemalige Studio und heutige Isamu Noguchi Garden Museum. Beachten Sie die Zeit! Denn für das nächste Ziel, das American Museum of the Moving

Redaktions-Tipps

- **Bedeutendste Sehenswürdigkeiten (S. 542ff):**
  Corona Park: New York-Panorama im Queens Museum of Art und das Unisphere; Isamu Noguchi Garden Museum; American Museum of the Moving Image; Socrates Sculpture Gardens; Institute of Contemporary Art (PS 1); Museum for African Art, Museum of Modern Art – MoMA (Ableger, falls Ausstellungen angekündigt sind), Steinway Piano Factory (vorher anmelden!), Louis Armstrong House & Museum, Jazz Trail
- **Restaurants/Picknicken: Griechisch** bzw. **italienisch** essen in Astoria, z.B. im **Uncle George** oder im **Omonia Café** (beide nahe Broadway/Ecke 34th St.); **Picknick** im Socrates Sculpture Garden (S. 546); kleine Restaurants entlang der **Steinway Street**. Und wer sich's leisten mag: im **Water's Edge** (East River, an der 44th Drive).
- **Shoppen:** In Astoria im Bereich **30th Ave./Broadway/Steinway Street**.
- **Zeit:** 1 Tag. Veranschlagen Sie einen halben Tag für den Corona Park mit seiner Hauptattraktion, dem Queens Museum of Art (NY-Panorama); Mittags dann fahren Sie nach Long Island City/Astoria. Erst können Sie ja ein Picknick am East River machen und dann dem Besuch des Museum of the Moving Image die Hauptzeit widmen. Die Führungen entlang des Jazz Trail müssen angemeldet werden (finden meist nur Sa statt).
- **Abends:** Richten Sie sich nach o.g. Zeitplan. Dann können Sie abends noch ein wenig Windowshopping in Astoria unternehmen und sich schließlich entweder für ein griechisches Restaurant oder ein kleines entlang der Steinway Street entscheiden.

Image, benötigen Sie von hier 20 Minuten Laufzeit *(entlang der 35th Ave.)* und zwei Stunden für das Museum selbst. Alternativ dazu können Sie auch das Museum for African Art besuchen (das aber deutlich weiter entfernt ist von Ihrem Ausgangspunkt!). Abschließend verbringen Sie den späten Nachmittag und Abend entlang der Steinway Street, der Sie nach Norden folgen (Geschäfte, Restaurants, Kneipen). Typisch griechische Restaurants finden Sie dagegen eher ein paar Blocks westlich davon, im Bereich Broadway/31st Street/35th Avenue.

Erkundung: Corona Park/Flushing Meadows

Mindestzeit: 2 Std., optimale Zeit: 3 Std., Sehenswertes finden Sie auf S. 547.

Anfahrt mit der U-Bahn: 7 Train bis **Willets Point**. Alle unten aufgeführten Sehenswürdigkeiten von dort in südlicher Richtung erlaufen. Sollten Sie nachmittags anreisen: Behalten Sie die Öffnungszeiten des Queens Museum of Art (NY-Panorama!) im Auge. Im Park selbst können Sie auch gut picknicken.

Sehenswürdigkeiten in Queens (alphabetisch)

Long Island City (mit Astoria u. Steinway) (AA)
Verweise beziehen sich auf die Karten S. 543 u. 545

- **** American Museum of the Moving Image (Q1)**
  35th Ave./36th St., Subwaystation: Steinway Street, Eingang: 37th St./nahe 35th Ave., Di–Fr 10h–15h, zudem Filmvorführungen, Tel. (718) 784-0077, www.movingimage.us

Das eindrucksvolle Filmmuseum ist in einem Teil der ehemaligen Astoria-Studios untergebracht. M.E. ist es um einiges sehenswerter als das Museum of TV and

Queens: Long Island City (mit Astoria)

- Q1 American Museum of the Moving Image
- Q2 Institute for Contemporary Art (PS1)
- Q3 IsamuNoguchi Garden Museum
- Q4 Museum of African Art*
- Q5 Museum of Modern Art - Queens - MoMA - QNS *
- Q6 Socrates Sculpture Garden
- Q7 Steinway Piano Factory + Steinway Mansion

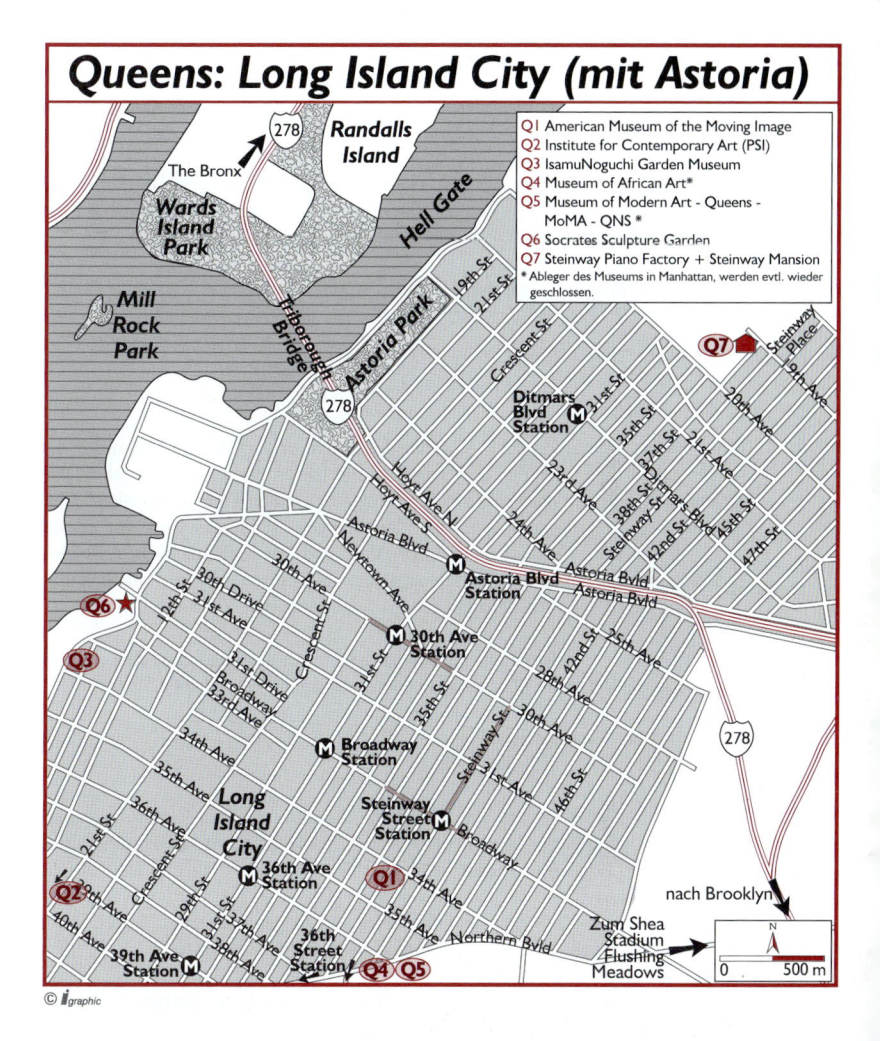

* Ableger des Museums in Manhattan, werden evtl. wieder geschlossen.

Radio in Manhattan, denn hier können Sie von Beginn an nachvollziehen, „wie die Bilder laufen lernten" und wie Filme heute gemacht werden. Ton, Maske, Film, alle Aspekte der Filmproduktion werden hier auf didaktisch einprägsame Weise erläutert. Dabei dürfen Sie auch selbst ausprobieren. So können Sie z.B. eine bekannte Filmszene mit Ihrer Stimme vertonen oder sich in einen Film hineinprojizieren u.v.m. Man lernt hier, dass vieles nur ein Aspekt der Täuschung des Auges ist. Zudem gibt es zahlreiche Requisiten aus erfolgreichen Filmen zu bewundern. Regelmäßig werden ausgesuchte Filme erläutert und mit den Machern bzw. Akteuren diskutiert. Dafür sollten Sie aber nach dem Programm fragen: *Tel.: (718) 784-0077.*

- **Institute for Contemporary Art/Contemporary Art Center (PS 1) (Q2)**
  46-01 21st St. (= 22–25 Jackson Ave. at 46th Ave.), Subwaystation: 23rd Street/Ely Avenue, geöffnet: Do–Mo 12h–18h, Tel. (718) 784-2084. www.ps1.org.

Amerikas größte Kunsthalle

Mit 12.000 qm Ausstellungsfläche in einer ehemaligen Public School (= PS) ist das 1998 wiedereröffnete Zentrum für Gegenwartskunst die größte Kunsthalle der USA. (Noch) unbekannte Künstler stellen hier aus. *Infos: Tel.: (718) 784-2084.*

- *** Isamu Noguchi Garden Museum (Q3)**
  33–37 Vernon Boulevard, kaum zu sehen, gegenüber einer riesigen Einkaufshalle, Eingang 33rd Ave., Subwaystation: Astoria Boulevard o. Shuttlebus von der Asia Society (Park Ave./70th St., Manhattan am Sonntag (Abfahrten 12h30, 13h30, 14h30, 15h30); geöffnet: Mi–Fr 10h–17h, Sa+So 11h–18h, Tel. (718) 204-7088.

Der japanisch-amerikanische Künstler *Isamu Noguchi* (1904–88) ist einer der bekanntesten Bildhauer der USA gewesen und hat an der Gestaltung zahlreicher öffentlicher Einrichtungen mitgewirkt. Er legte bei seinen Werken vor allem Wert auf die Akzentuierung der Symbiose Mensch-Natur. 1985, drei Jahre vor seinem Tod, hat er seine Ateliers hier umgestaltet und der Öffentlichkeit zugänglich gemacht. Im Garten stehen vornehmlich seine Skulpturen, und im Haus finden in 12 kleinen Galerien Wechselausstellungen seiner anderen Werke statt.

Wer sich näher mit dem Künstler beschäftigen möchte, sollte etwas Zeit mitbringen, denn der Videofilm über seinen Lebensweg dauert eine knappe Stunde.

- **Kaufman Astoria Studios**
  34–12 36th St., Tel.: (718) 392-5600

Diese Studios waren schon vor Jahrzehnten berühmt für ihre Filmproduktionen. So wurden hier z.B. der Marx-Brothers-Film Cocoanuts sowie das Hippie-Musical Hair gedreht. Nach einer Flaute ab Anfang der 70er Jahre sind die Studios jetzt wieder gut ausgelastet. Endlosreihen wie die Sesam Street werden hier produziert sowie auch Musikfilme und Videoclips. Das angeschlossene „Master Sound Astoria"- Studio gilt als das größte Aufnahmestudio der Ostküste.

Zzt. werden zwar keine Führungen angeboten, doch ist dieses geplant.

- **Museum for African Art (Q4)**
  36-01 43rd Ave (an der 36th St), Subwaystation: 33rd St. (Linie 7), geöffnet: Di–Fr 10h30–17h30, Sa + So 12h-18h, Tel. (718)784-7700, www.africanart.org.

In diesem ebenfalls zeitlich begrenzten Ausstellungsort bietet das Museum moderne sowie auch historische afrikanische Kunst. Zudem werden – abends und an Wochenenden – in unregelmäßigen Abständen Workshops, Tanz- sowie Musikveranstaltungen geboten. 2011 soll das Museum umziehen: Museum Mile (Fifth Avenue)/110th Street in Manhattan und bis dahin sind auch nur noch sehr begrenzt Ausstellungen hier in Queens vorgesehen.

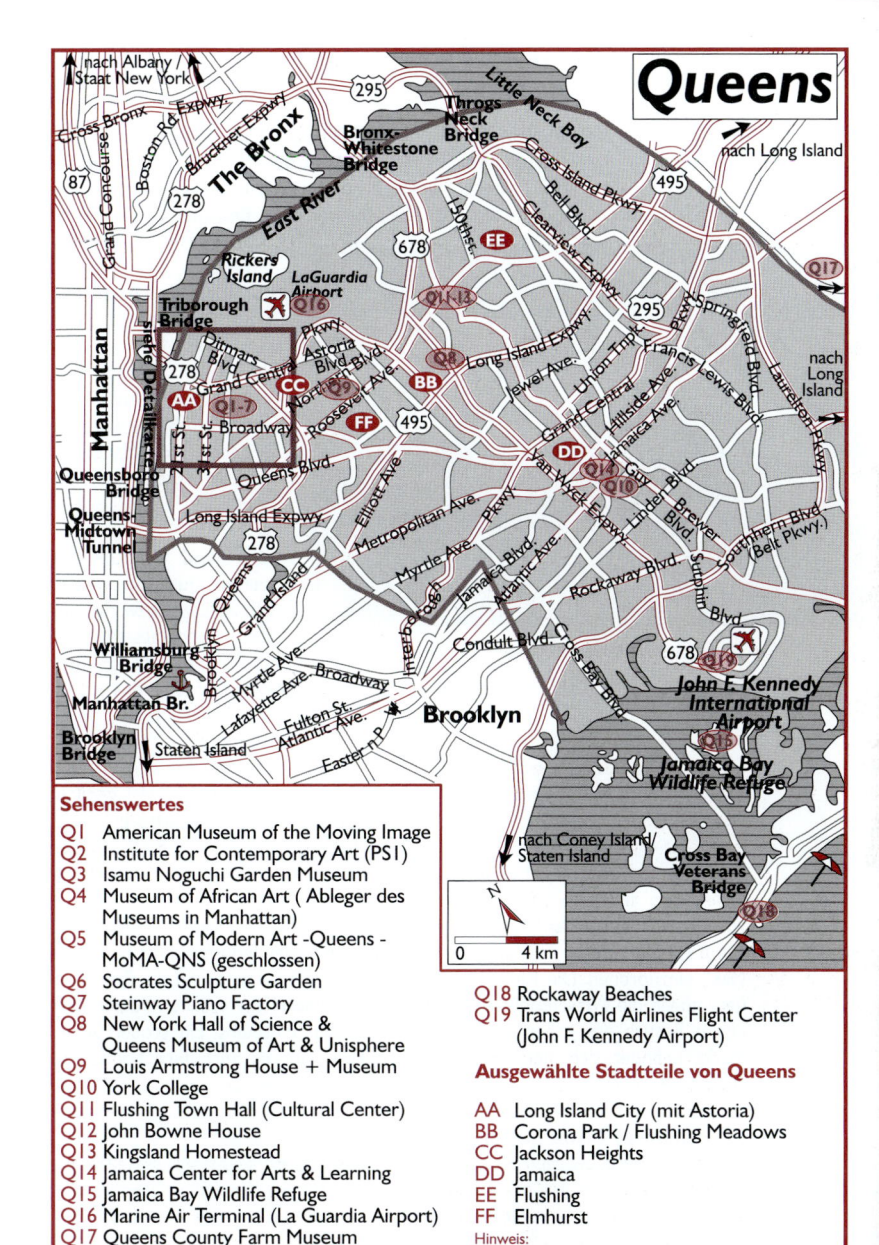

10. Brooklyn, Queens, The Bronx, Staten Island sowie New Jersey: Queens 545

Sehenswertes

- Q1 American Museum of the Moving Image
- Q2 Institute for Contemporary Art (PS1)
- Q3 Isamu Noguchi Garden Museum
- Q4 Museum of African Art (Ableger des Museums in Manhattan)
- Q5 Museum of Modern Art -Queens - MoMA-QNS (geschlossen)
- Q6 Socrates Sculpture Garden
- Q7 Steinway Piano Factory
- Q8 New York Hall of Science & Queens Museum of Art & Unisphere
- Q9 Louis Armstrong House + Museum
- Q10 York College
- Q11 Flushing Town Hall (Cultural Center)
- Q12 John Bowne House
- Q13 Kingsland Homestead
- Q14 Jamaica Center for Arts & Learning
- Q15 Jamaica Bay Wildlife Refuge
- Q16 Marine Air Terminal (La Guardia Airport)
- Q17 Queens County Farm Museum
- Q18 Rockaway Beaches
- Q19 Trans World Airlines Flight Center (John F. Kennedy Airport)

Ausgewählte Stadtteile von Queens

- AA Long Island City (mit Astoria)
- BB Corona Park / Flushing Meadows
- CC Jackson Heights
- DD Jamaica
- EE Flushing
- FF Elmhurst

Hinweis:
Aufgrund des kleinen Maßstabs stellen die Legendenpunkte nur grob die Lage der Sehenswürdigkeiten da.

- **Museum of Modern Art Queens – MoMA-QNS**
45-20 33rd St (nahe Queens Blvd)

Nur noch Lager

Von 2002 bis 2004/5 diente dieses über 4.000 qm große Fabrikgebäude für Ausstellungen des weltbekannten MoMA in Manhattan (s. S. 425). Dort wurde nämlich für nahezu 700 Millionen Dollar renoviert und umgebaut. Das „Ersatz-MoMa" in Queens begeisterte in der Zwischenzeit viele Besucher. Die Nähe zur Subway *(nur ca. 10 Minuten Fahrt von Midtown)*, und sogar die Chance, hier einen Parkplatz zu ergattern ließen Millionen von Besuchern herkommen. Viel diskutierte Ausstellungen, wie z.B. die über die Beziehung von Matisse zu Picasso wurden hier gezeigt.

Jetzt wird das Gebäude hier in Queens vornehmlich als Lager bzw. für (seltene) Sonderausstellungen und Workshops genutzt.

Der 7-Train ist Symbol für Queens' Anschluss an Manhattan

Das MoMa hat sich aber mittlerweile am Contemporary Art Center (siehe S. 544) beteiligt.

- **Socrates Sculpture Garden (Q6)**
Broadway/Vernon Boulevard, Subwaystation: Broadway (Linien N und W), geöffnet: 10h–Sonnenuntergang. Tel. (718) 956-1819, www.socratessculpturepark.org.

Stahlträger als Kunstobjekte?

Der „Garten" ist ein altes Industriegelände am East River mit Ausblick auf Manhattans äußerlich unattraktiven Stadtteil Yorkville. Die Skulpturen bestehen vornehmlich aus zusammengeschweißten Überresten ehemaliger Industrieanlagen u.Ä., sind also in die Kategorie zwischen moderner Industriekunst und „Mad Max" einzuordnen. Die Kinder lieben das Areal als Spielplatz, und die Erwachsenen mögen die Wiesenfläche bestimmt gerne als Picknickgelegenheit nutzen nach einem Besuch des nahen Isamu Noguchi Garden Museums. Ein großer Supermarkt befindet sich gleich nebenan. Natürlich gibt es auch hier Sonderausstellungen.

- *** Steinway Piano Factory (Q7)**
1 Steinway Place, zw. 38th St. u. 19th Ave., Subwaystation: Ditmars Boulevard (Linie N und W), Touren: 2-stündige Touren werden nur nach Anmeldung durchgeführt. Tel.: (718) 721-2600. www.steinway.com.

Schwarzer Lack und ausgefeilte Klänge

Gegründet wurde die Klavierbaufirma 1853 von *Henry Steinweg* aus Seesen in Deutschland. Die ersten großen Fabrikationsanlagen der Firma befanden sich nach 1860 in Manhattan *(Ecke Park Ave./53rd St.)*. Henry's Söhne *Theodore, Henry Jr.* und *William* führten den Betrieb zu Weltgeltung, so dass die Fabrik in Manhattan schnell zu klein wurde. 1870–73 kauften die Steinways daher eine 160 ha große Fläche östlich von Astoria auf, benannten sie nach der Firma und siedelten dort die Arbeiter, meist deutsche Immigranten, an. Eine ganze Stadt wurde errichtet, mit Kirche, Kindergarten, Bücherei und sogar einer eigenen Straßenbahn.

Die Produktionsrate stieg von Jahr zu Jahr und erreichte 1926 mit über 6.000 Flügeln (Grand Pianos) ihren Höhepunkt. Die Einführung des Radios und die wirtschaftliche Depression traf die Klavierbauer schwer. Von 1931–33 und auch während des 2. Weltkrieges wurde die Klavierproduktion deswegen sogar eingestellt. Im Krieg wurden im New Yorker Werk dafür Gleitflugzeuge für die Armee hergestellt, im Hamburger Werk (s.u.) Betten für die Bunker. Nur langsam erholte sich die Firma von den wirtschaftlichen Folgen dieser Zeit.

1972 verkauften die Steinways die Klavierfabrik an Columbia Broadcasting System (CBS), die diese dann 1985 wiederum veräußerten an eine Bostoner Investorenfamilie. Heute arbeiten etwa 450 Menschen für die Steinway Piano Factory und produzieren jährlich gut 2.000 Flügel und 500 Standklaviere. Die „Serien"-Flügel kosten zwischen 26.000 und 75.000 Dollar, ein stolzer Preis. Aber den Ruf, die besten Flügel der Welt herzustellen, hat die Firma bis heute.

Traditionsbetrieb

Übrigens gibt es bis heute den kleinen Ableger der Firma in Hamburg, in dem besonders während der 1920er Jahre die Produktion auf Hochtouren lief.

Die **Steinway Mansion**, das ehemalige Wohnhaus der Familie Steinway, liegt versteckt zwischen Bäumen auf einem nahen Hügel: 18–33 41st Street. Es wird privat genutzt und kann nicht besichtigt werden.

Corona Park/Flushing Meadows (BB)
Im Norden von Queens, zw. Roosevelt Ave., Long Island Expressway, Grand Central Parkway u. Van Eyck Expressway, Subwaystation: Willets Point/Shea Stadium

> **Hinweis**
> *Einen Plan des Parks erhalten Sie im Queens Museum of Art*

Der bereits weiter vorne beschriebene Park bietet einige Attraktionen, die zumindest eine Erwähnung verdienen. Neben den u.g. Museen sollte man beachten, dass hier sowohl 1939/40 als auch 1964 die **Weltausstellung (Expo)** stattgefunden hat und einige feste Bauwerke davon noch stehen. Hineingehen können Sie zumeist aber nicht, und auch die Restaurationsbetriebe lohnen kaum.

Überholte Erinnerung

Wenn Sie nun aber von der Subwaystation über die Brücken und Wege zu den Museen gehen, sollten Sie einmal auf die Tennisanlagen achten. Hier werden alljährlich im August die **US Open** abgehalten. Auf den 16 Plätzen (plus 20 Übungsplätzen) spielen dann die Topstars des Weißen Sports um Millionen und den Gewinn eines der 4 Grand Slam-Turniere.

INFO Einige Zahlen zu den US Open

- Das Turnier wird auf **16 Plätzen** ausgetragen, weitere 20 Plätze stehen fürs Training zur Verfügung
- Es wird um insgesamt über **US$ 23 Millionen Preisgeld** gespielt, wovon die Gewinner der Einzel am meisten erhalten: Frauen und Männer jeweils mindestens US$ 1,6 Mio.
- Es werden **360 Schieds- und Linienrichter** eingesetzt, davon etwa 60 Nicht-Amerikaner
- Die Arenen haben insgesamt **27.000 Sitzplätze**
- Die Balljungen und -mädchen „jagen" während des Turniers über **55.000 gespielten Bällen** nach
- Über **720.000 Zuschauer** schauen während der 2-wöchigen Spielzeit live zu
- Jedesmal, wenn ein Flugzeug von La Guardia über die Plätze fliegt, muss die Stadt New York wegen Lärmbelästigung eine **„Strafe"** von US$ 5.000 zahlen
- Seit 1997 heißt das Stadion **Arthur Ashe Stadium**, benannt nach dem berühmtesten schwarzen Tennisspieler aller Zeiten
- Im Arthur Asche Stadium gibt es **90 Luxussuiten**, von denen jede für die 14 Turniertage mindestens US$ 140.000 kostet
- **8.500 aktuelle Pressemitteilungen** werden im Durchschnitt während eines Turniers von der USTA ausgegeben
- **Internetadresse:** www.usopen.com

- **New York Hall of Science (Q8)**
*Westl. d. Grand Central Parkway, **Subwaystation**: 15 Gehminuten von der Willets Point/Shea Stadium Station, näher ist die Station 111th St., geöffnet: Sept.–März Di–Do 9h30–14h, Fr –17h, Sa+So 10h–18h, Apr.–Juni Mo–Do 9h30–14h, Fr –17h, Sa+So 10h–18h, Juli+Aug. Mo–Fr 9h30–17h, Sa+So 10h–18h, Tel. (718) 699-0005*

Das Technikmuseum ist ein Relikt der letzten Weltausstellung (1964), ist heute aber in vielen Punkten nicht mehr auf dem neuesten Stand. Daher mag es für Kinder eine gewisse Anziehungskraft haben, denn es gibt unzählige Ausprobierstationen („Handson"), die dem echten Technikfreak aber nur ein müdes Lächeln abverlangen. Besonders seit das neue „Liberty Science Center" in New Jersey eröffnet hat, gerät dieses Museum immer mehr in Vergessenheit.

Das „Panorama von New York" besteht aus 830.000 Modellgebäuden

Ganz nahe liegt das **Wildlife Center**, ein kleiner Zoo mit vorwiegend nordamerikanischen Tieren.

- **Queens Museum of Art (Q8)**
Östl. d. Grand Central Parkway, Subwaystation: 15 Gehmin. von der Willets Point/ Shea Stadium-Station, geöffnet: Mi–So 12h–18h, Juli/Aug. Fr -20h, Tel. (718) 592- 9700, www.queensmuseum.org

Dieses oft unterschätzte Kunstmuseum stellt viele moderne Künstler aus. Schwerpunkte liegen bei Fotografien, Skulpturen und Kunstwerken aus den Ländern, wo viele Bewohner von Queens ehemals herkommen (Südasien, Osteuropa). Eine Seitenausstellung beschäftigt sich mit der Geschichte der Weltausstellung von 1964.

Hauptattraktion aber ist ohne Zweifel das ** **Panorama of New York City**, ein nahezu 900 qm großes Modell der Stadt im Maßstab 1: 1.200. Jedes einzelne Gebäude – es sind über 830.000! – ist hier nachempfunden, zudem Tausende von Straßen, Parkanlagen usw. Und alle 10 Minuten verdunkelt sich der Raum, und die Lichter des Big Apple gehen für kurze Zeit an. Immer wieder wird das Modell aktualisiert. Je länger Sie nun auf der Balustrade um das Modell wandern, desto mehr werden Sie sich in die Details verlieben. Lassen Sie sich Zeit und nehmen Sie evtl. sogar die Möglichkeit in Anspruch, sich vom Personal einiges erläutern zu lassen.

New York „komplett"

- **Unisphere (Q8)**
Gegenüber dem o.g. Queens Museum of Art

Dieser größte Metallglobus der Welt – den Sie vermutlich schon auf der Fahrt vom JFK-Airport nach Manhattan neben dem Highway erblickt haben – wurde ebenfalls für die Weltausstellung errichtet. Er ist 42 m hoch, hat einen Durchmesser von 36 m, wiegt 320 t, wird umkreist von Satellitenringen und steht inmitten eines Brunnens. Ziel war es, durch ihn den „Frieden durch Verstehen" zu symbolisieren und die „Errungenschaften der Menschheit auf einer immer enger zusammenwachsenden Welt in einem immer weiter expandierenden Universum" zu zelebrieren. Ganz im Sinne der immer weiter in den Weltraum vordringenden Weltmacht USA.

Friedenssymbol

Weitere Sehenswürdigkeiten in Queens

- **In Flushing**
Subwaystation für alle drei aufgeführten Punkte: Main Street

- Die **Flushing Town Hall** *(Cultural Center, 137–35 Northern Boulevard)* **(Q11)**, 1862 erbaut, diente bis zur Konsolidierung von Greater New York 1898 als Rathaus. Der romanische Baustil lässt eher an eine herrschaftliche Villa in der Poebene denken. Heute befindet sich hier das Kulturzentrum des Stadtteils (Musikveranstaltungen und Kunstausstellungen).
- Das **John Bowne House** *(37-01 Bowne Street, Öffnungszeiten variieren, Tel. (718) 359-0528, www.bownehouse.org)* **(Q12)** ist eines der ältesten Häuser auf New Yorker Boden. Hier lebte über viele Generationen die Bowne-Familie. John

> **INFO** **Jazz- und Bluesmusiker aus Queens**
>
> Viele schwarze Musiker lebten in Queens, nachdem sie genügend Geld verdient hatten, um sich von Harlem zu lösen. So z.B.
> - *Louis Armstrong*, amerikanische Jazz-Legende, lebte von 1943 bis 1971 in Queens. In seinem ehemaligen Wohnhaus (34–56 107th St., Corona) befindet sich jetzt ein Museum, das * **Louis Armstrong House & Museum (Q9)**. Tel.: (718) 478-8274, www.satchmo.net, geöffnet: Di–Fr 10h–17h, Sa+So 12h–17h, nächste *Subwaystation*: 103 St/Corona Plaza. Der Besuch hier lohnt sich allemal!
> Begraben wurde „Satchmo" auf dem nahen Flushing Cemetery (163-06 46th Ave., Corona, Queens), wo *auch Dizzie Gillespie* und *Charlie Savers* ihre letzte Ruhe gefunden haben.
> - Wem Ragtime-King *Scott Joplin* ein Begriff sein sollte, den möchte ich an dieser Stelle darauf hinweisen, dass sein Grab sich ebenfalls in Queens befindet: 72–02 Astoria Boulevard, East Elmhurst, St. Michael's Cemetery, Grave 5, Row 2, Plot 5 (Tel.: (718) 278-3240.
> - *Count Basie* lebte von 1948 bis in die späten 60er Jahre im Stadtteil Jamaica: 174-27 Adelaide Lane, Ecke 175th Street. Nahebei wohnte auch *Fats Waller*.
> - *Woody Guthrie* (1912–67), bekannter Musiker der Folk-Bluesszene (u.a. „This Land is Your Land") hatte von 1955 bis zu seinem Tod sein Domizil in Howard Beach (159-13 85th Street).
>
> Weitere bekannte Musiker, die in Queens lebten, sind *Ella Fitzgerald, Thomas „Fats" Waller, Mercer Ellington* und *Billie Holliday*.
>
> Wer sich näher mit der historischen, schwarzen Musikszene von Queens befassen möchte, kann dieses im *Foundation Music History Archive* im **York College** (94-20 Guy R. Brewer Blvd., Jamaica **(Q10)**, Tel.: (718) 997-3670, nächste *Subwaystation*: Parsons Boulevard) tun. Hier können Sie alte Aufnahmen hören, historische Bilder ansehen sowie in Manuskripten lesen. Geöffnet: Mo–Fr 10h–17h, Anmeldung ist empfehlenswert.
> Erläuterte Touren zu den Häusern der Jazz-Größen laufen unter dem Namen *„**The Queens Jazz Trail**". März bis Dezember jeden ersten Samstag im Monat, Start um 13h an der Flushing Town Hall (Adresse s.u.). Es ist ratsam vorher anzurufen bzw. sich im Internet zu erkundigen, ob die Tour auch wirklich startet. Tel.: (718) 463-7700, ext. 222 (Box Office), *www.flushingtownhall.org*.

Bowne (1628–95), ein Quäker, baute das Haus 1661 und hielt hier regelmäßige Treffen dieser Religionsgemeinschaft ab. Dafür wurde *Bowne* von der holländischen Regierung sogar vor Gericht gestellt. Es gibt historische Einrichtungsgegenstände zu sehen und auch ein paar Dinge über das Leben der Quäker.
- Das **Kingsland Homestead** *(143–35 37th Ave., geöffnet: Di, Sa+So 14h30–16h30, Tel. (718) 939-0647)* **(Q13)** wurde nach dem Unabhängigkeitskrieg erbaut und diente damals als Farmhaus. 1968 ließ man das Gebäude an diese Stelle bringen und richtete die **Queens Historical Society**, das lokale Geschichts-

museum, in ihm ein. Hier erhalten Sie auch eine Karte, auf der ein Rundgang durch das historische Flushing erläutert ist.
*Nächste **Subwaystation** zu o.g. Sehenswürdigkeiten: Flushing/Main Street (Endstation der Linie 7)*

• Jamaica Center for Arts & Learning (Q14)

161–04 Jamaica Ave., Subwaystation: Parson Blvd., von dort dann mit den Bussen Q53 o. Q54 zur 161st Street, Öffnungszeiten variieren, Tel. (718) 658-7400, www.jcal.org

Lokales Kulturzentrum, in dem z. T. recht interessante Wanderausstellungen gezeigt und Lesungen sowie Bildungskurse abgehalten werden. *Infos: Tel.: (718) 658-7400.*

• Jamaica Bay Wildlife Refuge (Q15)

Visitor Center: Auf Goose Island, Subwaystation: Broad Channel, von dort entlang der Noel Rd. und dann nach rechts entlang dem Cross Bay Blvd. Das Visitor Center liegt dann linker Hand (800 m bzw. 20 Gehminuten von der Subway), geöffnet: tägl. 8h30–17h, Tel. (718) 318-4340, www.nps.gov/gate

Besonders Ornithologen werden in diesem Naturareal auf ihre Kosten kommen. Über 300 Arten von Wasser-, Küsten- und Schilfvögeln gibt es zu beobachten. Besuchen Sie zuerst das Visitor Center und lassen Sie sich dort das Gelände erläutern. Ein „Nature Trail" durchs Marschland (Sicht auf die Skyline von Manhattan!) lockt besonders an Wochenenden viele New Yorker hierher. Kommen Sie also besser unter der Woche.

Auf „Vogel-Pirsch"

Übrigens ist das Wildlife Refuge Teil der Gateway National Recreation Area, einem der größten Parks auf städtischem Boden, zu dem auch weite Teile des Rockaway Beach (s.u.) gehören.

Auch in den Parks von Queens wird am Wochenende Ball gespielt

• Marine Air Terminal (La Guardia Airport) (Q16)

Mit dem Flughafenbus (ab Grand Central Station o. Port Authority Busbahnhof in Manhattan) direkt zum Airport fahren bzw. mit der Subway bis Roosevelt Ave.-Jackson Heights Station und dann mit dem Bus Q-33. Dieses Terminal liegt auf der Westseite der Flughafenanlage

Mit Sicherheit keine eigene Anfahrt wert, aber eine gute „Überbrückung" während des Wartens auf den Abflug ist dieses Art-Deco-Gebäude am Flughafen La Guardia. Es wurde 1939/40 erbaut als Terminal für die luxuriösen Transatlantik-Wasserflugzeuge von Pan Am. Besonders eindrucksvoll ist die 71 m lange und 3,6 m hohe Wandmalerei an der Kuppel.

Kleiner „Lückenfüller"

- ### Queens County Farm Museum (Q17)
73–50 Little Neck Parkway (73rd Ave.), in Floral Park, Subwaystation: Kew Gardens und von dort mit Q-46 Bus bis Little Neck Pkwy. Dann noch 3 Blocks nach Norden, geöffnet: tägl. 10h–17h (Farmhausbesichtigung aber nur Sa+So), Tel. (718) 347-3276, www.queensfarm.org

Hier können Sie, vielleicht auf dem Weg zu den Stränden von Long Island, eine 200 Jahre alte, flämische Farm besichtigen. Vieles ist erhalten, so das alte Farmhaus *(Besichtigungen nur Sa + So)*, Gewächshäuser, Scheunen sowie Gemüse- und Kräutergarten. Kinder werden es lieben, im „Petting Zoo" Tiere anfassen bzw. auch reiten zu dürfen.

- ### Rockaway Beaches (Q18)
Rockaways im Süden von Queens, Subwaystation: die besten für eine Erkundung sind die jeweiligen Endstationen Rockaway Park/116th Street bzw. Far Rockaway/Mott St.

Der etwa 16 km lange Strand auf einer Lagunenzunge ist eines der Hauptausflugsziele der New Yorker. Und nicht nur das Baden lockt die Städter an, sondern auch die Möglichkeit, auf dem 8 km langen Boardwalk spazieren zu gehen. Am meisten los ist auf der Höhe 116th Street, denn hier ist zudem auch New Yorks bestes Surfgebiet. Wer es ruhiger mag, der sollte an die Südwestspitze, den **Jacob Riis Park**, fahren bzw. laufen *(keine Subwayanbindung, dafür aber Q22 Bus von der 116th St. bzw. Q35-Bus von Flatbush/Brooklyn)*. Und weil hier weniger los ist, wird an einer Stelle hier sogar das FKK-Baden geduldet. Grundsätzlich lässt sich aber sagen, dass für einen 1–2-stündigen Spaziergang die Fahrt nach Coney Island absolut genügt. Nur wer sich länger in der Metropole aufhält bzw. schon nach wenigen Tagen das Gefühl hat, weiter und länger raus zu müssen, der sollte die Rockaways besuchen.

Queens ist Hochburg des Mittelstandes

- ### Trans World Airlines Flight Center (John F. Kennedy Airport) (Q19)
Östlich der großen International Arrival Hall, Subwaystation: Howard Beach/JFK und dann mit dem Shuttlebus

Ein Gebäude zum „Abheben"? Der bekannte finnische Architekt *Eero Saarinen* (1910–61) zeichnete kurz vor seinem Tod für dieses Meisterwerk moderner, expressionistischer Baukunst verantwortlich. *Saarinen*, in vielem beeinflusst durch Mies van der Rohe, verstand es, aus Beton und Glas so schwungvolle Gebäudeformen zu gestalten, dass die Beziehung zum Fliegen in allen Belangen deutlich wird. Fast nichts im Gebäude ist geradlinig. Auch besitzt war dieses Terminal ein Vorreiter, denn es war eines der ersten mit Satellitengangways, Gepäckkarussells und in einer Ebene laufenden Rollbändern für die Passagiere. Auch hier gilt, dass die Anreise kaum lohnt, aber die Besichtigung des Gebäudes die Wartezeit gut überbrücken würde.

The Bronx

Überblick: The Bronx Einst und Heute

Geographische Lage: Im Norden von New York, zwischen Hudson River, Harlem River, East River, Long Island Sound und dem Westchester County • *Einwohner:* 1,3 Millionen • *Fläche:* 109 qkm • *Übersichtskarte The Bronx S. 563*

Geschichte: Jonas Bronck, ein holländischer Kapitän schwedischen Ursprungs, war der erste Europäer, der sich 1639 im Süden der heutigen Bronx niederließ und eine Farm gründete *(Bereich Lincoln Ave./132nd St.)*. Er gab dem Stadtteil seinen heutigen Namen. Siedler aus Holland, Deutschland, Dänemark und auch Frankreich folgten ihm bald. Es gab in dieser Zeit zahlreiche Konflikte mit den hier noch ansässigen Weckquasgeeks, da das Friedensabkommen mit den Indianern oft von Siedlerseite gebrochen wurde. Natürlich setzten sich letztendlich die Europäer durch, und schon 1693 wurde die erste Brücke nach Manhattan geschlagen. Im 18. Jahrhundert kamen dann vor allem englische Einwanderer in die heutige Bronx. Wie in Queens, entwickelten sich kleine Farmorte, und wohlhabende New Yorker bauten ihre Villen und Landsitze aus. Mitte des 18. Jahrhunderts versuchte ein Visionär, *Benjamin Palmer*, sogar, New York als Stadt Konkurrenz machen zu können. City Island, die kleine Insel im Osten, sollte Seehandelszentrum werden. Das Projekt ging aber schief.

Eine Farm als Anfang...

Die Bronx war Schauplatz einiger Konflikte im Amerikanischen Unabhängigkeitskrieg, fristete jedoch bis zum beginnenden 19. Jahrhundert ein eher ländlich-bescheidenes Dasein. Dann aber trafen die ersten Einwandererwellen in Amerika ein. Vor allem die Iren zogen hierher nördlich des Harlem River, und auch New Yorker des gehobenen Mittelstandes entdeckten die Vorzüge des manhattannahen Bezirks. 1841 wurde das St. John's College (heute Fordham University) gegründet, und West Farms und Morrisania erhielten Stadtrechte. Nach der fehlgeschlagenen Revolution von 1848 kamen viele Deutsche und ließen sich im Süden der Bronx nieder. Sie gründeten vor allem Geschäfte, Bars und ... Brauereien. Neu für Amerika war besonders ihr Hang zu Vereinen. Turnvereine, Chorgemeinschaften und Ähnliches bildeten den sozialen Mittelpunkt der deutschen Gruppe.

Mit den deutschen Einwanderern kam die Vereinskultur

Bis zur Vereinigung der Boroughs zu Greater New York im Jahre 1898 konsolidierte sich die Bronx noch schnell. Grenzen wurden abgesteckt, Stadtteile eingemeindet, Teile der New York University hier angesiedelt, der Grand Concourse und andere Straßen gebaut, der Botanische Garten sowie der Zoo geplant, und durch die Initiative des Journalisten *John Mullaly* konnten 1888 große Flächen der Bronx als Parkflächen gesichert werden. Eine gesunde Kleinindustrie an der Südostspitze (Mott Haven, Port Harris und Hunts Point) rundete das Bild noch ab, so dass die Bronx wirtschaftlich gesund in die neue Großstadtgemeinde einbezogen werden konnte. Die heute nördlicher gelegenen Orte Westchester und Mount Vernon stimmten aber gegen eine Eingemeindung. Die Bronx galt 1900 als der Borough mit den besten Zukunftsperspektiven.

Schnelles Wachstum nach dem I. Weltkrieg

1904 erreichte die erste Subway-Linie die Bronx, und weitere folgten. Damit konnten viele Tenement-Bewohner aus dem East Village/Lower East Side hierherziehen und ihren sozialen Aufstieg beginnen. Es waren Jugoslawen, Italiener, Griechen und vor allem Juden (1945 waren 49 % der Bewohner der Bronx Juden). Die Bronx erlebte nach dem 1. Weltkrieg einen wahren Boom. Immer mehr Industrie siedelte sich an, und die Einwohnerzahl stieg rapide an. Waren es um 1900 noch 200.000 Einwohner, zählte man 1930 schon über 1,2 Millionen. 1923 wurde das Yankee Stadium eingerichtet, in dem die New York Yankees, damals bekannt als „The Bronx Bombers" (u.a. legendäre Spieler wie *Babe Ruth* und *Lou Gehrig)*, spielten.

Ansprechende Lokale, Mittelklassewohnblocks mit Grasflächen, Kinos, Nachtclubs, Art-Deco-Verwaltungsgebäude, einladende und wohlsortierte Shoppingareale machten die Bronx in den Golden Twenties zum bevorzugtesten Stadtteil der Mittelklasse New Yorks. 1934 hatten 99 % der Haushalte ein eigenes Badezimmer, 95 % Zentralheizung, 97 % heißes Wasser und 48 % Kühlanlagen. Ein Standard, der nahezu einzigartig war für ein Wohnviertel dieser Art in Amerika (und der Welt).

Die Depressionszeit (ab 1930) bezeichnete aber auch den Niedergang der südlichen Stadtteile der Bronx. Gewillt, der unteren Einkommensklasse solide, aber bezahlbare Wohnungen zu bieten, wurden in der **South-Bronx** 4-6-stöckige Wohnblocks gebaut, zumeist jedoch von privater Hand finanziert. Auch an Parks und soziale Einrichtungen wurde gedacht. Die Mieten begannen aber schon bald, überproportional zu steigen, denn mehr Menschen wollten herziehen, als Wohnraum vorhanden war. Doppelbelegungen und damit auch eine überproportionale Abnutzung waren die Folge. Nach dem Krieg wurde das Problem sogar noch drastischer, denn nun kamen viele Soldaten zurück, mit wenig Geld in der Tasche und unzureichend ausgebildet für die vorhandenen Jobs, und die „Slum-Clearings" in Manhattan zwangen weitere 170.000 Menschen in die Bronx. Eine Kommission der Stadt sollte für normale Verhältnisse sorgen und Mieter sowie besonders Vermieter kontrollieren. Die Situation war aber bereits aus den Fugen geraten. Inmitten dreier Highways gelegen, waren die Mittelschicht schon lange aus der South Bronx abgewandert und Kriminalität und Verfall der Bausubstanz allgegenwärtig.

Auch die Bronx hat ihre Idyllen

Entwicklung zum sozialen Brennpunkt

Die Vermieter wollten nicht mehr investieren, da die (jetzt stagnierenden) Mieten nicht regelmäßig eingingen und die Häuser bereits verwohnt waren. Die Mieter ihrerseits sahen oft keinen Grund dafür, die Mieten zu zahlen. Abgesehen vom Geldmangel wegen der hohen Arbeitslosenrate, waren die Wohneinrichtungen oft die Miete nicht mehr wert. In den 1950er-70er Jahren behalfen sich somit beide Seiten mit dem Abbrennen der Häuser. Die Vermieter wollten sich auf diese Weise des Problems entledigen und noch Versicherungssummen einheimsen, die Mieter dagegen wussten, dass sie so Priorität bei der Stadt besäßen, um in neuere

Gebäude umziehen zu können, und konnten sich ihre abgebrannten Haushaltsgegenstände auch noch von der Stadt bezahlen lassen.

Wer in der South-Bronx blieb, fristete ein unerfreuliches Dasein. Straßengangs, wie in dem Filmklassiker „The Wanderers", beherrschten die Szene, Drogen kursierten frei, und die Arbeitslosenrate stieg und stieg. Viele Unternehmen wanderten nach dem Krieg ab nach New Jersey. Trotzdem ließ die Stadt weitere Hochhauswohnblocks bauen. Der Wohnungsmarkt konnte so zwar etwas entschärft werden, die Kriminalität wurde dagegen noch mehr ghettoisiert. Übrigens lebte Ed Koch, Sohn einer jüdischen Händlerfamilie und später einer der beliebtesten Bürgermeister New Yorks, bis in die 1950er Jahre in der Bronx.

Heute hat sich die Lage in der Bronx deutlich entschärft. Die South-Bronx ist natürlich kein Juwel geworden, doch haben erfolgversprechendere Baumaßnahmen (z.B. 3-geschossige Reihenhäuser mit Gärten u.ä.), die sinkende Arbeitslosenrate und eine zukunftsorientierte Jugend viele Probleme behoben. Sollten Sie die South-Bronx besuchen wollen, rate ich aber trotzdem dazu, dieses nur am Tag zu tun. Sehenswürdigkeiten gibt es hier aber keine. Der Besuch würde einzig dazu dienen, Vorurteile abzubauen bzw. zu erkennen, dass sozialen Konfliktgebieten trotz aller negativer Schlagzeilen eine Chance gegeben werden muss. Die touristischen Attraktionen des Stadtteils befinden sich aber im Zentrum bzw. im Norden. Beliebteste Ziele sind die New York Botanical Gardens sowie der Bronx Zoo. Der Woodlawn Cemetery ist der Friedhof der Reichen, und wer schon oft etwas von den Mausoleen als Grabmälern gehört hat, sollte hier einmal hinfahren. Einen schönen Blick auf den Hudson River haben Sie vom Wave Hill aus. Das Van Cortlandt House Museum sowie das Valentine-Varian House bieten einen guten Einblick in die Geschichte der Bronx. Das italienische Viertel entlang der Arthur Avenue sowie die Fischerinsel City Island können dagegen noch als Geheimtipps gehandelt werden.

Mehr Verständnis

Haupteinkaufsstraße ist die Fordham Avenue (Bereich Grand Boulevard), die, grob betrachtet, den wohlhabenderen Norden und den sozialschwachen Süden voneinander trennt, aber wenig Grund bietet, hier shoppen zu gehen. Der Grand

---

Graffiti-Renaissance in der Bronx

Wer kennt nicht die Bilder der bemalten und besprühten Subways von New York? Die einen empfanden sie als Kunstwerk, andere sahen in ihnen das Symbol des Niedergangs. Schließlich gab es noch die Künstler, die hier versuchten ihre Talente, ihre Freuden, aber auch ihren Frust auszudrücken. Mit dem Aufschwung seit Mitte der 1990er Jahre war es schließlich vorbei mit den bunten und verschmierten U-Bahn-Waggons. Die „Zero-Tolerance"-Politik hatte das Besprühen strikt verboten und strenge Kontrollen sowie deftige Strafandrohungen für Zuwiderhandlungen angesetzt.

Seither muss man nicht befürchten, sich morgens in noch nicht getrocknete Farbe zu setzen. Der Kult aber war weg und die Szene drohte in Vergessenheit zu geraten. Mittlerweile gibt es aber einige Künstler, die sich bemühen, die Graffiti-Kunst aufrecht zu erhalten. Wer sich ausführlicher über die Entwicklung des Graffiti informieren möchte, findet unter www.hiphop-network.com/articles/graffitiarticles/emergenceofnycitygraffiti.asp eine gute Darstellung in englischer Sprache. Einen Eindruck von der Graffiti-Bewegung bekommt man zudem unter www.graffiti.org/nyctrains, auch wenn die Bildqualität hier oft nicht die beste ist.

Die Bronx als Stadtteil von New York
Charakteristika in Stichworten: *Gefürchtet, aber nicht mehr so schlimm wie ihr Ruf: South Bronx – Die North Bronx/Riverdale ist wohlhabend – Keine Shoppingerlebnisse – Großzügiger Botanischer Garten – Der Zoo platzt aus allen Nähten – Edgar Allan Poe – Wie ein Fischerort an der Ostküste: City Island – Wie vor 250 Jahren: Van Cordtland Mansion – 24 % sind Parkfläche – 11 Colleges und Universitäten – Friedhof der Oberklasse: Woodlawn – einziger Stadtteil auf dem Festland*
Eindruck: *Oft verschmäht und in vielen Bereichen zu Unrecht als extrem kriminell abgestempelt. Die South Bronx mag zwar heikel sein, aber z.B. der Zoo, der Cordtland Park, Der Grand Concourse und vor allem City Island sind Beispiele für die „andere" Bronx. Im Gegensatz zu Queens versucht die Bronx erst gar nicht, sich mit den anderen Boroughs zu messen. Man fühlt sich hier eigenständig, hat aus Fehlern der New Yorker Stadtpolitik (bzgl. der Projects in der South Bronx) seine Konsequenzen gezogen und sieht Manhattan mittlerweile nur noch als „Arbeitsstätte" an. Und das macht das ganz besondere Flair hier aus.*

Concourse mit seinen 1920er-Art Deco-Gebäuden mag aufzeigen, wie gut es der Bronx nach dem 1. Weltkrieg gegangen sein mag. Die Bevölkerung der Bronx teilt sich heute wie folgt auf: Ein Drittel Afro-Amerikaner, ein Drittel Lateinamerikaner (zumeist Puertoricaner) und ein Drittel Weiße und Asiaten.

Grundsätzlich lässt sich sagen, dass die Bronx bei weitem besuchenswerter ist, als ihr Ruf es erscheinen lassen mag. Doch ist es auch ein Stadtteil mit nur wenigen „großen" Sehenswürdigkeiten und somit wohl eher für diejenigen geeignet, die schon öfter in New York gewesen sind bzw. sich so richtig mit der Stadt beschäftigen möchten.

Tipp
Sollten Sie der Bronx einen Besuch mit einem Mietwagen abstatten wollen, nehmen Sie nicht nur die großen Highways, sondern fahren Sie z.B. entlang der Jerome Avenue. Hier gibt es zahlreiche Autoreparaturwerkstätten mit bunten Graffitis an den Rollläden und alten Autos auf den Parkflächen sowie in den Seitenstraßen kleine Geschäfte, die so typisch sind für diesen Stadtteil.

Die interessantesten Stadtteile der Bronx im Überblick

Übersichtskarte The Bronx S. 563

Fordham (AAA)
Geographische Lage: *Zw. E. 174th St. u. Kingsbridge Rd im Norden, Fordham University und Webster Ave. im Osten, 183rd St. im Süden sowie Harlem River im Westen* • **Einwohner:** *320.000 (geschätzt)* • **Sehenswertes** *auf S. 562ff*

<u>**Geschichte:**</u> Eine kleine Furt in Höhe der Kingsbridge Road veranlasste den ersten holländischen Siedler *John Archer* zu der Namensgebung (Fordham = Häuser an der Furt). 1693 wurde bereits die ers-

te Brücke (heute King's Bridge) über den Harlem River gebaut. Während des Unabhängigkeitskrieges wurden die Gehöfte in Fordham durch zahlreiche kleine Gefechte arg in Mitleidenschaft gezogen. 1841 erreichte dann die New York & Harlem Railroad den kleinen Ort. Damit begann die allmähliche Entwicklung zu einer Kleinstadt. Das römisch-katholisch St. John's College (später Fordham University) folgte im selben Jahr. Im 20. Jahrhundert dann wurde die Bebauung immer dichter, die Häuser immer höher, und die Fordham Avenue entwickelte sich zu einem großen Einkaufsgebiet. Bis 1950 herum zogen vor allem Italiener, Juden und Iren aus Manhattan hierher. Bekannt war der Stadtteil aber besonders wegen seiner erstklassigen Schulen und Universitäten, so z.B. auch die Bronx High School of Science. Mit dem Wegzug der weißen Mittelschicht kamen dann immer mehr Lateinamerikaner und Bewohner aus der hoffnungslos überfüllten South-Bronx nach Fordham. Das Wohnniveau kippte, doch es erreichte zum Glück nie den Negativstandard der South-Bronx.

Universität mit Tradition

Heute: Mittlerweile ist es wieder ruhiger geworden, wobei als einzig wirkliches Highlight für Sie das Poe Cottage zu besichtigen ist. Mit etwas Spürsinn werden Sie eventuell auf eines der älteren Wohnhäuser stoßen, die in den 1920er- und -30er Jahren für Aufsehen sorgten: In 4–6-geschossigen Gebäuden wurden hier damals Fahrstühle eingebaut (zum Vergleich: In Mietshäusern deutscher Großstädte befanden sich zu dieser Zeit noch 90 % der Toiletten in den Kellern)!

Belmont (AAA)

Geographische Lage: *Zw. Fordham University im Norden, Bronx Zoo im Osten, Tremont Ave. im Süden und Webster Ave. im Westen* • ***Einwohner:*** *125.000* • ***Sehenswertes*** *finden Sie auf S. 562ff.*

Geschichte: Zuerst gehörte dieser Stadtteil zu Fordham, wurde dann aber Mitte des 17. Jahrhunderts der Dutch Reformed Church als Spende überschrieben, so dass diese mit den daraus zu gewinnenden Pachtzinsen ihr Personal bezahlen konnte. 1755 wurde das Land dann wieder an Farmer verkauft. Bis zum Ende des 19. Jahrhunderts blieb Belmont Farmgebiet,

Arthur Avenue: italienisches Straßenleben

wurde dann aber dank des Anschlusses an das Bahnnetz sowie die Anlage des Zoos und des Botanischen Gartens attraktiv für Investoren. In die neu gebauten Wohnhäuser zogen als erstes die Bauarbeiter vom Zoo und den Gärten, und diese waren fast ausschließlich Süditaliener. Ihnen lag die Garten- und Bauarbeit. Die mafiaähnlichen „Padrone-Strukturen", die zu dieser Zeit üblich waren, sicherten ihnen Job und Kredite für die Wohnungen, wenn auch nur spärliche Löhne.

Im Schatten der Mafia

Auch **heute** leben noch viele Italiener in Belmont, besonders im Bereich um die Arthur Avenue (Restaurants, ital. Geschäfte), und prägen dem Stadtteil ihren

Stempel auf. Die Randbezirke werden aber mittlerweile von katholischen Albanern bewohnt, die größtenteils Ende der 1980er Jahre aus dem Kosovo (jugoslawischer Teil) zugewandert waren. Im Nordosten und Osten von Belmont finden Sie die schönen Botanical Gardens sowie den größten Zoo Amerikas, The Bronx Zoo.

City Island (inkl. Pelham Bay Park/Orchard Beach) (BBB)
Geografische Lage: Nordostzipfel der Bronx • *Einwohner:* 2.000 *Sehenswertes finden Sie auf S. 566f.*

Geschichte: Bis 1761 war die 3 km lange Insel unbewohnt. Dann aber kaufte sie ein Syndikat um *Benjamin Palmer* und wollte hier einen Handelsposten errichten, der es mit der Stadt New York aufnehmen konnte. Doch der Amerikanische Unabhängigkeitskrieg machte den Investoren schließlich einen Strich durch die Rechnung. Die bereits angesiedelten Fischer blieben aber, und 1830 folgte eine Firma, die aus den nahen Wassern Salz gewinnen konnte (durch Verdunstung). Damit ist der wirtschaftliche Rahmen bis heute bereits erklärt. Beliebt war die Insel noch als Standort für die Lotsen, die die aus Neuengland kommenden Schiffe bis nach Manhattan begleiteten, sowie in jüngerer Zeit auch bei wohlhabenden Hobby-Kapitänen, die hier ihre Jachten ankern bzw. über Winter an Land liegen haben.

Idylle mit engem Bezug zum Meer

Auch **heute** noch ist die Insel ein kleines Idyll und erinnert eher an einen kleinen Fischereihafen irgendwo an der Atlantikküste, denn als Stadtteil von New York. Fischer leben und arbeiten hier noch. Kleine Boutiquen, hervorragende Fischrestaurants und Ferienhäuser locken zudem im Sommer viele Wochenendgäste an. Wer hier nicht nur die Ruhe und die Meeresfrüchte genießen möchte, sollte noch einen kurzen Blick ins ökologisch angehauchte North Wind Undersea Institute (Museum) werfen.

Pelham Bay Park und Orchard Beach versprechen das, was ihr Name deutlich verrät: Strand und Park. Im Sommer finden oft Konzerte am Strand statt. Doch wer bei einem New York-Besuch wirklich Wert auf das Strandleben legt, der sollte besser auf die Rockaways in Queens zurückgreifen. Nur wer schon hier „hoch im Norden" ist, kann ja die Gelegenheit wahrnehmen.

Riverdale (CCC)
Geografische Lage: Zw. Hudson River, Henry Hudson Parkway, sowie 239th Street und der nördlichen Countygrenze • *Einwohner:* etwa 160.000 • *Sehenswertes finden Sie auf S. 562ff*

Geschichte: Bis zum Amerikanischen Bürgerkrieg tat sich hier nicht viel. Dann aber erreichte eine Eisenbahnlinie das Gebiet am Hudson River. Die Station hieß „Riverdale-on-Hudson". Bald folgten die Superreichen, die sich ihre luxuriösen Villen an den Hang von Riverdale bauen ließen, um von dort den wunderschönen Ausblick auf das Hudson Valley zu genießen. Erst als der Parkway gebaut wurde und zudem mehr Buslinien den Stadtteil nach dem 2. Weltkrieg erreichten, wurden auch Apartmenthäuser u.Ä. hier gebaut. Das wiederum vertrieb die „Oberen

Das Villenviertel der Bronx

Zehntausend", und ihre Villen wurden oftmals gespendet, um fortan als Schulen oder Institute zu dienen.

Heute zeigt sich Riverdale dem Reisenden noch immer als das absolute Gegenstück zur South-Bronx, und seine Bewohner, fast ausschließlich wohlsituierte Bürger, heben den Einkommensschnitt der Bronx deutlich. Besichtigenswert ist allemal der Wave Hill, ein ehemaliger Landsitz, von dem aus Sie einen schönen Blick auf das Hudson Valley genießen können. Die Anreise nach Riverdale mit den öffentlichen Verkehrsmitteln ist aber umständlich, da das Busnetz von der nächsten Subwaystation *(242nd Street/Manhattan College)* aus nur sehr dünn ist.

Bronx Piano Town
Ende des 19. Jahrhunderts wanderten deutsche Klavierbauer nach Amerika aus und gründeten im Süden der Bronx (E. 132th St., zw. Lincoln u. Alexander Aves., Stadtteil Mott Haven) eine Reihe von Piano Factories. Drei der Klavierfabriken stehen noch (in Überresten): Krakauer Brothers, Kroeger Piano Co. und Estey Piano Co. Die Produktion hier wurde eingestellt.

South Bronx (DDD)

Lesen Sie dazu im Überblick S. 553ff

Spaziergänge/Erkundungen in der Bronx

Erkundung: The Bronx Zoo *oder* New York Botanical Gardens
Mindestzeit: ½ Tag, optimale Zeit: 1 Tag, Sehenswertes auf S. 562ff

Entscheiden Sie sich für eine der beiden Attraktionen. Der Zoo ist m.E. eher etwas für Familien mit Kindern und im Sommer oft sehr voll. Tiere gibt es viele zu sehen, doch muss man sich hier fragen, ob sich all diese Tiere in den z.T. recht kleinen Käfigen und Gehegen wohlfühlen. Der Botanische Garten dagegen ist als beschaulich einzustufen und beeindruckt durch seine Weitläufigkeit.

Versäumen Sie hier auch nicht den Besuch des historischen Enid A. Haupt Conservatory, einem großen Glaspalast mit verschiedenen Biotopen.

Für beide Attraktionen gibt es einen Plan am Eingang, mit dem Sie sich genau orientieren können.

Spaziergang/Erkundung: Fordham und Belmont (Arthur Avenue)
Mindestzeit: 1 Std. (nur Arthur Avenue); 3 Std. (Val. Varian House + Arthur Ave.); Für Zoo oder Bot. Garten jeweils noch einmal 2 Std., **optimale Zeit:** *1 ½ Std./ 4 Std./3 Std., Sehenswertes auf S. 562ff*

Hinweis
Die hier beschriebenen Punkte liegen z.T. weit auseinander. Schauen Sie zuerst auf die Karte, um sich über die Entfernungen im Klaren zu sein. Fahren Sie evtl. mit einem „T & LC"-Taxi (auf dem Nummernschild).

Redaktions-Tipps

- **Bedeutendste Sehenswürdigkeiten (S. 562ff):** The Bronx Zoo; New York Botanical Gardens; Poe Cottage; Van Cortlandt Mansion; Valentine Varian House; City Island; Arthur Avenue; Woodlawn Cemetery; Hall of Fame for Great Americans; Wave Hill
- **Restaurants/Picknicken:** Besorgen Sie sich in einem ital. Geschäft in der Arthur Avenue ausreichend Dinge für ein **Picknick** (Pastrami, Parmesan, Meeresfrüchte, Rotwein, Baguette etc.), das Sie dann im NY Botanical Gardens einnehmen (S. 565); bei **Mario's** Pasta essen; auf City Island Fisch oder Hummer essen, z.B. im **Lobster House**.
- **Shoppen:** Die Fordham Road ist zwar der geschäftliche Mittelpunkt der Bronx, aber hier gibt es nichts, was Sie nicht auch in Manhattan finden würden. Etwas preisgünstiger ist es hier, aber das können Sie auch schöner haben in Brooklyn's Fulton Mall.
- **Zeit:** Sollte Ihr Weg Sie schon so weit in den Norden führen, sollten Sie einen ganzen Tag einplanen. Schauen Sie sich zuerst **eines** der beiden folgenden Museen an: Van Cortlandt Mansion oder Valentine Varian House/Bronx History Museum. Eine frühe Mittagspause können Sie im italienischen Viertel entlang der Arthur Avenue einnehmen (evtl. hier Picknick-Zutaten einkaufen). Den überwiegenden Teil des Tages nutzen Sie dann für den Botanischen Garten **oder** den Zoo. Beides schaffen Sie nicht an einem Tag! Zum Abend hin wäre nun ein Fischgericht auf der Terrasse des Lobster House Restaurant in City Island ein krönender Abschluss. Tipp: Kommen Sie zu spät aus Manhattan weg, lassen Sie das Museum am Tagesanfang am besten weg.
- **Abends:** Die Bronx zählt mit Sicherheit nicht zu den Zielen, die man von Manhattan aus am Abend anfährt. Doch wenn Sie bereits hier sein sollten, empfehle ich Ihnen den Besuch der o.g. Fischrestaurants in City Island bzw. die italienischen Restaurants in der Arthur Avenue.

In Fordham lohnt evtl. der Besuch des Edgar Allan Poe Cottage *(nur an Wochenenden geöffnet)*. In diesem kleinen Holzhaus lebte der Schriftsteller aber nur wenige Jahre und schrieb auch nur ein Stück hier. Interessanter mag da wohl das Valentine Varian House sein, in dem sich auch das Bronx History Museum *(nur an Wochenenden geöffnet)* befindet.

Hauptaugenmerk sollten Sie dann aber doch auf den District Belmont mit der Arthur Avenue richten. Hier ist das wirkliche „Little Italy". Pizza, Pasta, Parmesan, viele kleine Fischgeschäfte und ein großer, überdachter Gemüsemarkt belohnen für den kleinen Abstecher kurz vor Erreichen des Botanischen Gartens/Zoos.

Füllen Sie hier Ihren Picknickkorb auf bzw. gehen Sie frisch bereitete Spaghettis essen.

Spaziergang/Erkundung: City Island

Mindestzeit: 2 Std., optimale Zeit: 3 Std., Sehenswertes finden Sie auf S. 566f.

Beginnen Sie die Erkundung gleich am Anfang der Insel, kurz hinter der Brücke. Zentrale Straße ist die City Island Avenue, an der sich, mit Ausnahme des Historic Nautical Museum (in der diese kreuzenden Fordham Street) alle „Sehenswürdigkeiten" befinden. Links und rechts passieren Sie immer wieder Fischrestaurants, von denen viele auch eine Außenterrasse haben. Hier lässt es sich gut speisen, obwohl ich trotzdem empfehlen würde, am Ende der Erkundung im Lobster House nahe der Brücke *(Bridge/Terrace Street)* zu Abend zu essen.

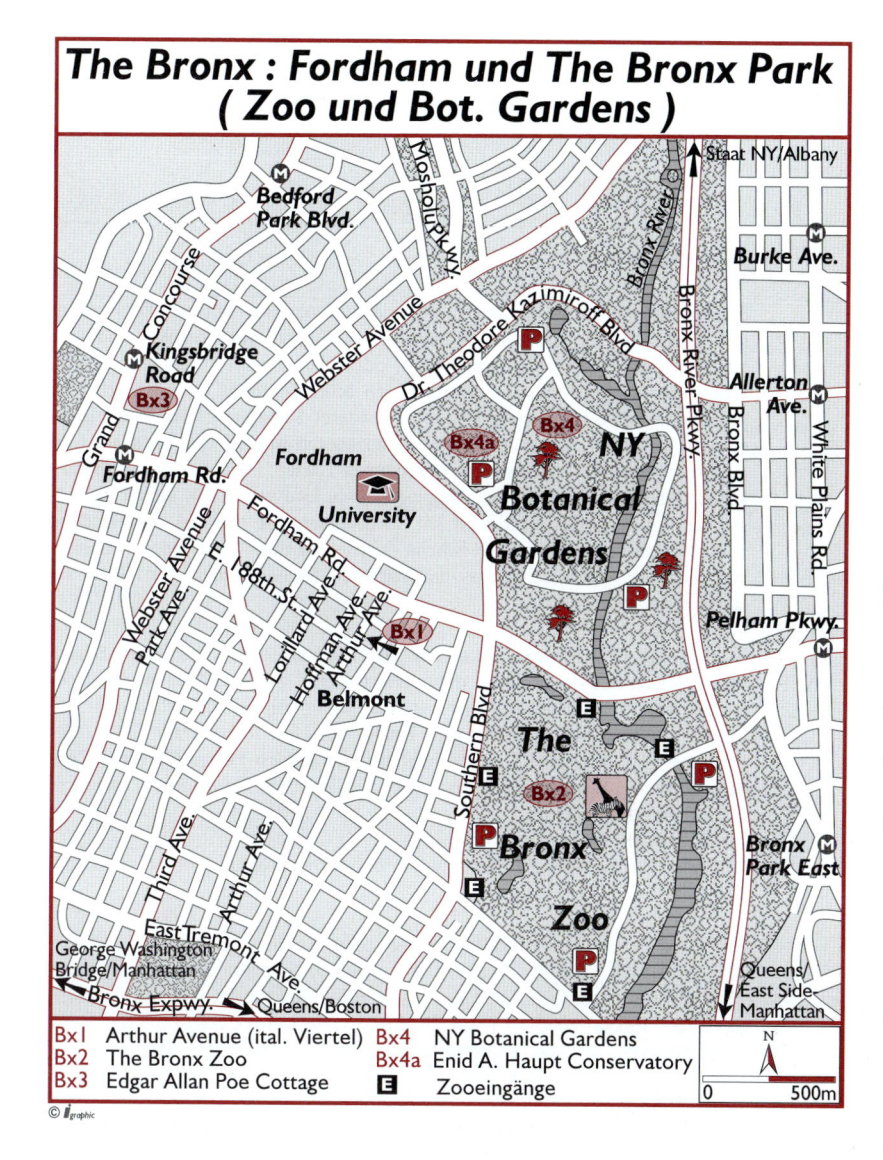

10. Brooklyn, Queens, The Bronx, Staten Island sowie New Jersey: The Bronx

The Bronx : Fordham und The Bronx Park (Zoo und Bot. Gardens)

Bx1	Arthur Avenue (ital. Viertel)
Bx2	The Bronx Zoo
Bx3	Edgar Allan Poe Cottage
Bx4	NY Botanical Gardens
Bx4a	Enid A. Haupt Conservatory
E	Zooeingänge

Die Insel hat nur eine nördliche Zufahrt. D.h., Sie müssen von Süden wieder denselben Weg zurücklaufen, oder aber Sie nehmen den Bus.

Sehenswürdigkeiten in der Bronx (alphabetisch)

Fordham, Arthur Avenue, The Bronx Zoo and New York Botanical Gardens

- *** Arthur Avenue (Bx1)**
Im Stadtteil Belmont, südl. Fordham Rd., Ecke E. 187th St., Subwaystation: Pelham Parkway o. Fordham Road.
Südlich der 187th St. (südlich der Fordham Street), ab den Nummern 2300

Verstecktes Italien

Entlang weniger Blocks der Arthur Avenue (und ein paar Seitenstraßen) breitet sich Ihnen New Yorks „Italien" in seiner ganzen Vielfalt aus. Natürlich sind auch hier die Gebäude typische Stadthäuser, doch der „Kern" ist eben italienisch. Hinter langweiligen Kulissen verstecken sich echte Trattorias mit noch echteren Nudelgerichten, Grappa und Parmesan. An anderer Stelle betritt man eine Markthalle, in der Salami, Oliven, Espresso u.Ä. angeboten werden. Und nicht nur hier, auch in einigen kleinen Geschäften bestimmen Chianti, Pizzagewürze, verschnörkeltes Kitschporzellan u.Ä. das Shoppingerlebnis. Und wer schon einmal die Küste des Appeninen-Staates bereist hat, wird wissen, wie man bei den Händlern von Meeresfrüchten am besten feilscht. Frische Muscheln verschiedener Gattungen, Calamari, Meeresschnecken und natürlich Fische werden hier direkt am Bürgersteig verkauft.

Wer enttäuscht war vom „Little Italy" in Manhattan, sollte über einen Besuch hier ernsthaft nachdenken. Und dazu gehört allemal auch ein Mahl in einem der Restaurants. Wer sich etwas näher mit dem „Little Italy der Bronx" beschäftigen möchte, sollte einmal in die Belmont Branch der New York Library *(Ecke 186th und Hughes Sts.)* schauen. Dort befindet sich das **Enrico Fermi Cultural Center**, ein kleines Kulturzentrum, das sich den italienischen Einwanderern und ihren Errungenschaften widmet.

Auch mal Filmkulisse

Übrigens wurden mehrere Filmszenen in der Arthur Avenue gedreht, so z.B. aus dem Klassiker „GodFellas".

- *** The Bronx Zoo/Wildlife Conservation Society (Bx2)**
Zw. E. Fordham Rd, River Pkwy, E. Tremont Ave. u. Southern Blvd., Subwaystation: Pelham Parkway, geöffnet: Apr.–Okt.: Mo-Fr 10h–17h, Sa + So 10h–17h30, Rest d. Jahres tägl. 10h30–16h30, Tel. (718) 220-5100, www.bronxzoo.com
Es gibt mehrere Selbstbedienungsrestaurants sowie „mobile Futterstände".

> **Tipps**
> Lassen Sie sich am Eingang eine Karte des Zoos geben. Es gibt von April bis Oktober einen Zoo-Shuttle, der Sie für ein geringes Geld herumfährt (Hopp-on, Hopp-off, Erläuterungen).

Der größte Stadtzoo Amerikas wurde 1899 gegründet und erstreckt sich über 108 ha im südlichen Abschnitt des Bronx Park. Etwas paradox wirkt er schon in seinem Umfeld, denn auf dem Rundgang schauen immer wieder triste Wohn-

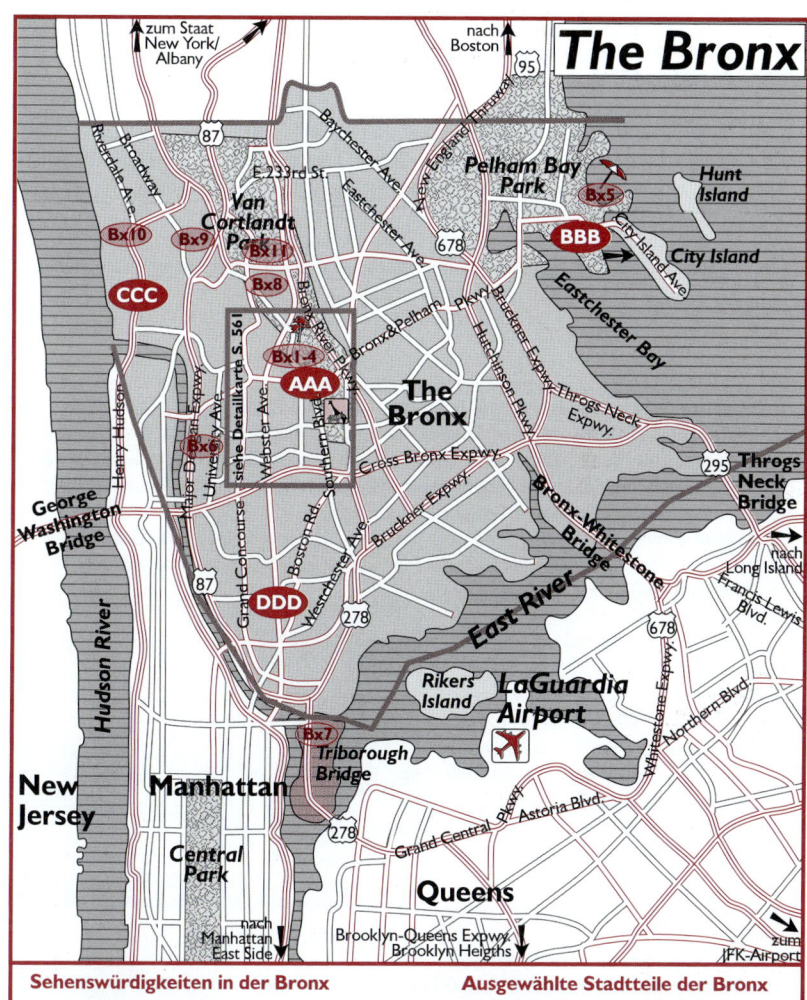

10. Brooklyn, Queens, The Bronx, Staten Island sowie New Jersey: The Bronx 563

Sehenswürdigkeiten in der Bronx

- Bx1 Arthur Avenue
- Bx2 The Bronx Zoo
- Bx3 Edgar Allan Poe Cottage
- Bx4 New York Botanical Gardens
- Bx5 Orchard Beach
- Bx6 Hall of Fame for Great Americans
- Bx7 Triborough (Triboro) Bridge
- Bx8 Valentine Varian House/ Museum of Bronx History
- Bx9 Van Cortland House Museum
- Bx10 Wave Hill
- Bx11 Woodlawn Cemetary

Ausgewählte Stadtteile der Bronx

- AAA Fordham (mit Belmont)
- BBB City Island/Pelham Park
- CCC Riverdale
- DDD South Bronx

Hinweis:

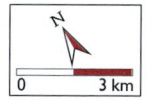

Aufgrund des kleinen Maßstabs stellen die Legendenpunkte nur grob die Lage der Sehenswürdigkeiten dar

blocks durch die Baumreihen, besonders im Süden, nahe der „Afrikanischen Ebene". Zoos mögen nicht jedermanns Sache sein, aber zweimal in der neueren Geschichte wurden die Anlagen hier „tierfreundlicher" gestaltet. Das erste Mal unter dem Direktor *William Conway* in den 1960er Jahren und dann nach 1993, als der Begriff Wildlife Conservation Society eingebracht wurde. Die Käfige wurden vergrößert, Landschaften artengerechter bepflanzt, die einfache Effekthascherei durch den Erziehungs- und Lerneffekt ersetzt, und letztendlich wurden auch Tiere zur Pflege aufgenommen. Ob die Nashörner sich hier nun zwischen Gebäuden und Zäunen während ihrer Pflegezeit wohlfühlen, mag man bezweifeln, aber besser, als wegen ihrer Hörner erschossen zu werden, ist es wohl (für eine gewisse Zeit). Wen es also hierhertreibt, der sollte Zeit mitbringen. Es gibt mehr als 4.000 Tiere zu sehen, darunter über 1.800 Säugetiere, 800 Vögel und 670 Reptilien.

Hauptattraktionen sind *(beginnend am Südeingang – im Uhrzeigersinn):*
• **Wild Asia:** U.a. Sibirische Tiger, Pandabären und das Asiatische Rhinozeros (Nashorn). Die „Bengali Express Monorail" fährt durch das offene Gelände. Zum Asia-Gebiet gehört auch die **Jungle World**, ein tropisches Gewächshaus (asiat. Regenwald mit entsprechenden Tieren) sowie ein Education Center auf der Plaza.
• **African Plains:** Die Giraffen und verschiedenen Savannentiere (Böcke, Gazellen etc.) verstehen sich gut. Die Löwen dagegen sind in einem eigenen Gehege untergebracht.
• **Gorillas:** Gorillas faszinieren jeden.
• **Reptile House:** In diesem älteren Gebäude können Sie die meisten der 670 Reptilien sehen.
• **Mouse House:** Neben den verschiedenen Mäusen können Sie hier auch die „Norwegische Ratte" bewundern, die für die New Yorker noch heute eine Plage bedeutet und in der Metropole heimisch ist.
• **Baboon Reserve:** In einer ostafrikanischen Landschaft hausen die Paviane, die zur Familie der Meerkatzen gehören.

Elefant im Großstadtdschungel

• **The Congo Gorilla Forest:** Hier wurde der Regenwald des Kongos auf 26.000 qm nachempfunden und 19 Menschenaffen in ihm ausgesetzt. Dafür wurden 15.000 Bäume und Pflanzen gesetzt und 11 Wasserfälle angelegt.
• **Children's Zoo:** Eigens für die Kinder eingerichtet. Tiere zum Anfassen, ein Spielplatz und eine lustige Präriehund-Siedlung („Prairie Dog Town").
• **Monkey House:** Affen dürfen nun mal in keinem Zoo fehlen.
• **Birds of Prey** (Greifvögel), **Aquatic Bird House** (Süßwasservögel, z.B. Flamingos), **Sea Bird Colony** (Seevögel, Pinguine) u. **World of Birds** (Tropische, bunte Vögel): Vogelhäuser, alle im Nordabschnitt des Parks.
• **Himalayan Highlands:** In der „asiatischen Bergregion" leben Schnee-Leoparden, Pandabären, Kraniche und andere Tiere.

Zwischen dem Eingang „Southern Boulevard" und der „Jungle World" verkehrt eine Sesselbahn.

- **Edgar Allan Poe Cottage (Bx3)**
2640 Grand Concourse/E. Kingsbridge Rd; im Poe Park, Subwaystation: Kingsbridge Road, geöffnet: Mo–Fr 9h–17h, Sa 10h–16h, So 13h–17h, Tel. (718) 881-8900, www.bronxhistoricalsociety.org/poecottage.html

Edgar Allan Poe (1809–49) siedelte 1846 von New York nach Fordham um, in der Hoffnung, dass seine Frau hier von ihrer Tuberkulose genesen würde. Sie starb aber 1847. Die Poes lebten in sehr ärmlichen Verhältnissen, was mit dazu beitrug, dass beide früh starben, denn oft reichte es bei ihnen nicht für ausreichend Feuerholz und Nahrungsmittel. Poe ist uns hauptsächlich bekannt als Autor gruseliger Kriminalgeschichten und war maßgeblich an der Entwicklung der späteren Kriminalliteratur beteiligt. Doch Poe war auch Literaturkritiker, Lyriker sowie Erzähler und gilt als einer der Vorreiter der von der Romantik ausgehenden Literatur des 19. Jahrhunderts.

Erinnerung an Poe

Die kleine Holzhütte stand übrigens bis 1913 auf der anderen Seite des Parks und wurde danach an die heutige Stelle umgesetzt und 1917 zu einem Museum (Erinnerungsstücke, Manuskripte, alte Möbel, 25-minütige Diavorführung).

- **** New York Botanical Gardens (Bx4)**
Zw. E. Fordham Rd, River Pkwy, Th. Kazimiroff Blvd. u. Southern Blvd. Haupteingang: Conservatory Gate am Southern Blvd., Subwaystation: Bedford Park Boulevard, geöffnet: Di–So 10h–18h, Tel. (718) 817-8700, www.nybg.org

Tipps
Besorgen Sie sich unbedingt eine Karte am Eingang. Über die angebotenen Programme (Vogelbeobachtung, Musikveranstaltungen, botan. Exkursionen) informiert Tel.: (718) 817-8700. Nehmen Sie sich etwas für ein Picknick mit in den Park.

Einflüsse englischer Gartenbaukunst

Der 100 ha große Garten wurde 1891 geplant und 1899 dann schließlich angelegt auf dem Gelände der ehemaligen Lorillard Estate. Zu dieser gehörte auch die u.g. Schnupftabakfabrik. Als Vorbild für die gartenbauliche Gestaltung galt der Royal Botanic Garden in Kew (England). Ein wunderschönes Areal mit Hügeln, Felsen, Flüssen, Feuchtgebieten und sogar kleinen Wasserfällen wurde geschaffen bzw. erhalten. Neben den ausladenden Grünflächen und Bäumen gibt es hier 27 spezielle Gärten zu besichtigen, so z.B. den Rose Garden, einen Garten mit den endemischen Pflanzen der Region, einen Rock Garden, Apfel- und Kirschbaumpflanzungen und ein Gebiet mit

Pflanzenpracht – viktorianisch eingepackt

verschiedenen Ahornarten. Für die Kinder gibt es nahe dem Conservatory Gate einen Abenteuerspielplatz.

Obwohl m.E. die Ruhe und Beschaulichkeit in der Natur den Besuch hier zur wahren Freude machen, dürfen die Hauptattraktionen an dieser Stelle natürlich nicht vergessen werden:

Orchideen
- Im **Watson Building** befindet sich die Parkverwaltung. Hier werden die Vorträge gehalten und unter der Rotunda befindet sich ein schönes Orchideen-Terrarium. Etwas südlich des Hauses lädt das **Garden Café and Terrace Room** zum Essen ein.
- Die **Snuff Mill** ist eine alte Schnupftabakfabrik, die bis 1870 arbeitete. Die Wassermühle diente dazu, den Tabak zu mahlen. Heute befindet sich in dem Gebäude ein Café mit Terrasse.

Pflanzen verschiedener Klimazonen
- Das **Enid A. Haupt Conservatory (Bx4a)**, ein riesiger, 1902 fertiggestellter Glaspavillon, wurde den sog. Crystal Palaces des victorianischen Zeitalters nachempfunden. Das Riesengewächshaus ist in 10 einzelne „Räume" aufgeteilt, mit dem zentralen Palmenhaus unter der Rotunda. Im Conservatory werden Pflanzen von drei wesentlichen Klimazonen (Tropen, Subtropen, Wüsten) aufgezogen und gehalten. Die vorgestellten Gebiete sind z.T. nochmals unterteilt in geographische Regionen (Afrika, Amerika u.s.w.). Zu beachten sind auch die wechselnden Jahreszeiten- und Blumenshows. Besonders die bunte Frühjahrsshow zieht natürlich viele Besucher an.

* City Island (inkl. Pelham Park u. Orchard Beach) (BBB)

Anreise: Mit dem Subway Train 6 bis zur Endstation (Pelham Park) fahren. Von dort den Bus BX 29 bis zur nahen Insel nehmen.

Hinweis
Lesen Sie auch im Überblick.

Fisch und Meeresfrüchte
Die kaum 3 qkm große Insel bietet einen echten Anachronismus zu einem New York-Besuch und erinnert eher an ein verschlafenes Ostküstennest. Die Fischrestaurants (oft mit Außenterrasse) bieten (für NY-Verhältnisse) sehr preiswerte Meeresfrüchte. Der Renner sind die frischen Hummer. Da die Insel am Wochenende gerne von den Innenstädtern besucht wird und die Fischer dann nicht arbeiten, gilt der Tipp: Kommen Sie unter der Woche und speisen Sie zur Mittagszeit. Zu „sehen" gibt es außerdem Fischerboote, ein paar Boutiquen, Kunstgalerien und Antikshops und zwei bis drei „Museen" (so ganz sicher über die Anzahl ist sich noch nicht einmal das Touristenamt ...), von denen das **North Wind Undersea Institute** *(610 City Island Ave., tägl. geöffnet)* in einem alten Kapitänshaus als einziges Erwähnung verdient. Es wurde vom Woodstock-Teilnehmer Richie Havens mitgegründet und zeigt ein Kaleidoskop maritimer Gegenstände (hist. Taucherausrüstung, Walfangutensilien, Walknochen u.a.) und setzt einen Schwerpunkt beim Thema „Ökologie und Meer".

Der eigentliche Grund, City Island zu besuchen, ist, neben den Restaurants natürlich, die Ruhe und Beschaulichkeit zu genießen. Und möchten Sie der Hektik der

Stadt noch mehr entfliehen, empfehle ich Ihnen eine Bootstour (es gibt auch Angeltouren), für die auf vielen kleinen Schildern geworben wird.

Der **Orchard Beach (Bx5)**, Teil des **Pelham Park**, liegt direkt am Festland, dem City Island vorliegt. Fahren Sie wieder über die Brücke von der Insel und biegen Sie nach Norden ab. Der Strand wird am Wochenende gerne von der lateinamerikanischen Bevölkerung aufgesucht, aus deren Ghettoblastern laute Samba-Rhythmen tönen. Unter der Woche ist es etwas ruhiger.

City Island: Alleine der vielen und guten Fischrestaurants wegen

Im Park und nahe dem Strand gibt es auch ein paar Picknickplätze. Ich habe auch gehört, dass sich hier und auf der nördlichen, kleinen Glen Island ein paar Fischrestaurants mit „Hummer satt" befinden sollen, kann diese Information aber nicht aus eigener Erfahrung bestätigen. Schauen Sie selbst. Als Attraktion im Park gilt die 1842 fertiggestellte **Bartow-Pell Mansion**, ein elegantes Wohnhaus (inkl. Nebengebäude) und Teil des ehemaligen Pelham-Anwesens. Im Gebäude befindet sich heute ein Museum *(geöffnet: Mi, Sa + So 12h–16h)*. Sehenswert ist auch die Gartenanlage. Die Mansion liegt an der Shore Rd., etwas nördlich von der Kreuzung mit dem Hutchinson River Parkway *(Anfahrt von der Pelham Park Subwaystation mit dem Bus BX45)*.

Erinnerung an die Kolonialzeit

Weitere Sehenswürdigkeiten in der Bronx

- **Hall of Fame for Great Americans (Bx6)**

Hall of Fame Terrace/181st St., Morris Heights, Subwaystation: 183rd Street (von dort noch 20 Minuten zu Fuß), geöffnet: tägl. 10h–17h, Tel. (718) 289-5161/5877, www.bcc.cuny.edu/hallofFame

Die Ehrenhalle amerikanischer Persönlichkeiten ist in einem auffälligen Beaux-Arts-Komplex (190 m lange Kolonnaden im Halbkreis) von 1900 untergebracht, der ehemals zur New York University (heute Bronx Community College) gehörte. Bis 1979 hat ein Komitee die Persönlichkeiten aus Politik, Wissenschaft, Kunst (inkl. Literatur), Wirtschaft und Arbeitswelt ausgewählt. Wesentliches Kriterium war, dass die Geehrten bereits 25 Jahre tot waren. Bis heute sind insgesamt 102 Skulpturen und Tafeln zusammengetragen worden, u.a. die von *Edgar Allan Poe*, den Gebrüdern *Wright* und zahlreicher Präsidenten. Es war damals die erste Hall of Fame in Amerika. M.E. ist ein Besuch hier überflüssig und eher etwas für Amerikaner.

Verehrung amerikanischer Persönlichkeiten

- **Triborough (Triboro) Bridge (Bx7)**

Südspitze von der Bronx, Subwaystation: Cypress Avenue

Sollten Sie mit einem Mietwagen unterwegs sein und aus der Bronx zurückfahren nach Manhattan, böte sich der kleine Umweg über die drei Stadtteile verbindende Brücke an. Nicht oft, aber hier und dort können Sie über das Geländer schauen auf Queens, Manhattan oder zurück auf die Bronx. Dabei ist es der überwältigende Eindruck von der Größe der Stadt (und der Brücke) und nicht die Aussicht auf eine spezielle Attraktion, die begeistern kann. Sie können auch auf die Brücke spazieren, doch bei den Abgasen, langen Wegen und teilweise gesperrten Abschnitten ist das wohl keine Empfehlung.

- *** Valentine-Varian House/Museum of Bronx History (Bx8)**
3266 Bainbridge Ave./E. 208th St., Subwaystation: 205th Street o. Mosholu Parkway, geöffnet: Mo–Fr 9h–17h, Sa 10h–16h, So 13h–17h, Tel. (718) 881-8900, www.bronxhistoricalsociety.org/vvhouse.html

Geschichte der Bronx

In diesem Farmhaus von 1758 befindet sich heute das **Bronx County Historical Society Museum**, welches historische Lithographien und Fotos zum Thema Bronx ausstellt. Eindrucksvoll wird einem dabei gezeigt, wie ländlich die Bronx noch vor wenigen Jahrzehnten ausgesehen hat. Das steinerne Haus stand übrigens bis 1965 auf der anderen Straßenseite.

Heinrich Heine-Brunnen
*Wen der Zufall entlang dem Grand Concourse und dort in den kleinen Joyce Kilmer Park (nahe dem Verwaltungsgebäude) bringt, der wird sich sicherlich über den weiß getünchten **Brunnen** zu Ehren **Heinrich Heines** wundern.*
Heine (1797–1856), deutscher Dichter und Publizist jüdischer Abstammung, passt doch nun so gar nicht hier in die Bronx. Doch gerade die Geschichte des Brunnens macht auch wieder deutlich, wie wandelbar die Bronx gewesen ist. Der Brunnen wurde 1888 von der rebellischen, österreichischen Kaiserin Elisabeth (1837–98) in Auftrag gegeben. Elisabeth war fasziniert – beinahe besessen – von Heines Lebenswerk und trug die Hälfte der Kosten. Der Brunnen sollte eigentlich in Düsseldorf stehen, doch antisemitische Propaganda verhinderte dieses bereits zu dieser Zeit. Offiziell genannter Ablehnungsgrund war, dass die 3 nackten Nymphen dem Betrachter nicht zuzumuten seien. Teile des Brunnens wanderten daher auf Elisabeths Inselresidenz im Mittelmeer. Als die Kaiserin 1898 einem Attentat zum Opfer fiel, wurden „unerwünschte" Stücke aus ihrem Privatbesitz veräußert, so auch der Brunnen. Deutsche Einwanderer aus der Bronx kauften ihn und wollten ihn im Manhattans Central Park ausstellen lassen, nahe dem „Literary Walk" (The Mall). Doch auch Amerika war nicht ganz frei vom Antisemitismus, und mit derselben Begründung wie in Düsseldorf wurde der Brunnen nicht genehmigt. New Yorks Aushängeschild, der Central Park, sollte „sauber" bleiben.
Schließlich entschieden sich die deutsch-jüdischen Stifter, ihn in der Bronx aufstellen zu lassen, in einem Viertel, wo zu dieser Zeit viele Deutsche wohnten. Die Bronx wandelte aber während des 20. Jahrhunderts mehrmals ihr Erscheinungsbild, und ab 1960 waren alle Deutschen weggezogen, und das Viertel um den Brunnen verkam zu einem Ghetto lateinamerikanischer Tagelöhner, deren Kids sich mehr in Straßenschlachten und auf Drogenmärkten verdingten, als sich um Heines Philosophie zu bemühen. Graffiti, abgehauene Nasen, Brüste und sogar ein verlorengegangener Nymphenkopf waren die Folge.
In den 1990er Jahren aber erholte sich das Viertel, und die Stadtverwaltung erinnerte sich ihres einzigartigen Kulturgutes. Mit Hilfe von über 1 Million Dollar an Spendengeldern wurde der Brunnen zwischen 1997 und 1999 in Kanada restauriert.

10. Brooklyn, Queens, The Bronx, Staten Island sowie New Jersey: The Bronx

- **Van Cortlandt House Museum (Bx9)**
Broadway/246th St. (auf Parkrasenfläche), Subwaystation: 242nd Street, geöffnet: Di–Fr 10h–15h, Sa + So 11h–16h, Tel. (718) 543-3344, www.vancortlandthouse.org

Dieses Farmhaus ist noch älter als das Valentine-Varian House und wurde bereits 1748 gebaut. Es diente als Sitz eines holländischen Plantagenbesitzers. Die wiederhergerichteten Räume, antiken Möbel sowie der „Geruch aus alten Zeiten" veranschaulichen, wie man im 18. und 19. Jahrhundert in und um New York gelebt hat. Besonders beeindruckend sind die Küche und ein historisches Puppenhaus im Kinderzimmer.

Blick in die Vergangenheit

- **Wave Hill (Bx10)**
249th St. (Independence Ave.), Subwaystation: 231st Street und von dort mit den Bussen BX 7, 10 o. 24 bis zur 252nd Street fahren, geöffnet: Mitte April bis Mitte Oktober Di–So 10h–16h30, im Sommer oft länger, Tel. (718) 549-3200, www.wavehill.org

> *Hinweis*
> *Von September bis April finden im Haus Musikveranstaltungen (Klassik u. Jazz) statt. Info: Tel.: (718) 549-3200.*

Die 1843 erbaute Villa in einem wunderschönen Park mit Blick auf das Hudson River Valley macht deutlich, dass vor allem der Geldadel die Bronx früh für sich entdeckt hatte. Der vornehme Landsitz diente vielen Persönlichkeiten als Zuhause. Auch *Teddy Roosevelt*, *Mark Twain* und *Arturo Toscanini* lebten hier für eine Weile.

Im Haus selbst befindet sich das Visitor Center, und hier erhalten Sie auch Informationen über Programme (Botanikkurse, Lesungen, Kunstseminare etc.). Der Knüller ist aber ohne Zweifel die liebevoll gepflegte, 7 ha große Gartenanlage (3.000 Spezies, Gewächshaus u.a.), in der auch einige Skulpturen, z.B. von *Henry Moore*, stehen. Und nicht zu vergessen, die Aussicht auf den Hudson River. Beachten Sie nochmals den Namen und tun Sie es den ehemaligen Bewohnern gleich und winken Sie den vorbeifahrenden Schiffen.

- *** Woodlawn Cemetery (Bx11)**
Haupteingang: Webster Ave./233rd St., Subwaystation: 233rd Street, geöffnet: tägl. 8h30–17h, Tel. (718) 920-0500, www.thewoodlawncemetery.org

> *Hinweis*
> *Um auf dem Friedhof fotografieren zu dürfen, müssen Sie sich vorher am Eingangsgebäude eine Fotoerlaubnis ausstellen lassen.*

Wer hätte gedacht, dass sich ausgerechnet in der Bronx New Yorks Friedhof mit den größten Mausoleen und den meisten Grabstätten bekannter Leute befindet. Der Woodlawn Cemetery wurde nach dem Bürgerkrieg in einer hügeligen und mit majestätischen Bäumen bestandenen Landschaft angelegt. Fragen Sie am Eingang nach einer Karte und schauen Sie evtl. im Register nach den Grabstätten, die sie gerne aufsuchen möchten. In Woodlawn liegen u.a. folgende Persönlichkei-

Auch die letzte Ruhestätte ein Statussymbol?

ten begraben: F. W. Woolworth, Gründer des gleichnamigen Kaufhauskonzerns; Jay Gould, Eisenbahntycoon, Fiorello LaGuardia, Bürgermeister von New York, und Broadway-Komponist George Michael Cohan. Und die Liste der Musiker, die hier ihre letzte Ruhestätte gefunden haben, liest sich beinahe wie ein „Who is Who des Jazz": Joseph „King" Oliver, Duke Ellington, Miles Davis, W.C. Handy, Cootie Williams ... Es scheint beinahe, dass man entweder berühmt oder reich sein musste, um hier begraben zu werden.

Eindrucksvoll sind natürlich die z.T. gigantischen Mausoleen, die einer ganzen Familie als Grabstätte dienten. Zumeist weisen sie griechische Architekturstile auf. Woolworth dagegen wählte zwei ägyptische Löwen als Bewacher seiner Gruft. Schauen Sie sich die „Tiere" einmal näher an.

Die „Projects" der South-Bronx sind großenteils wieder aufgepeppelt

Neben diesen auffälligen Grabstätten gibt es auch zahlreiche Gräber, deren Gedenkstein aus einer steinernen „Nadel" bestehen, optisch angelehnt an Cleopatra's Needle im Central Park. Und es gibt eine kleine Fläche, auf der verunglückte und ermordete Kinder aus der Nachbarschaft begraben liegen und auf die immer wieder frische Blumen gelegt werden.

Der 125 ha große Woodlawn Cemetery bietet eine Gelegenheit, sich auf einem Spaziergang mit der bunten Geschichte des Big Apple zu befassen und dabei einen Eindruck zu erhalten, auf welche Weise in Amerika an die Vorfahren gedacht wird.

Tipp
Zu guter Letzt noch ein Tipp für Baseballfans: Das neue, 2009 eröffnete **Yankee Stadium** *(52.000 Plätze) befindet sich ebenfalls in der Bronx: 1 East 161st St.,* **Subwaystation:** *161st St./Yankee Stadium. An spielfreien Tagen kann das Stadion (oft inkl. Clubhouse) besichtigt werden. Die 45–60-minütigen* **Classic Tours** *beginnen von Mai bis Sept. tägl. alle 20 Minuten zw. 12h und 13h40. Sobald die Touren ausgebucht sind, werden oft auch Ersatzzeiten angeboten. Allemal ist es ratsam, die Touren bereits im Vorfeld zu buchen, z.B. über Ticketmaster (Tel. 1-877-469-9849, www.ticketmaster.com) oder auf der Yankees-Internetseite: www.newyork.yankees. mlb.com/nyy/ballpark/stadium_tours.jsp. Weitere Infos Tel. (718) 508-3917. Beliebt ist auch die Anreise mit einem Boot (NY Waterways) von Manhattan aus, doch verkehren diese Boote nur sehr selten, meist zu Spielen, Infos Tel. 1-800-533-3779. Die Baseball-Saison beginnt Ende März und dauert bis Oktober.*

Klassifizierung der Sehenswürdigkeiten
*** = Topattraktion – ein „Muss"
**   = sollte man gesehen haben
*   = sehr sehenswert
Alle nicht markierten Punkte lohnen natürlich auch, sind aber von Ihren speziellen Interessen abhängig.

Staten Island

Überblick: Staten Island Einst und Heute

Geographische Lage: Insel südwestlich von Manhattan • *Einwohner:* 395.000 • *Fläche:* 155 qkm • *Sprich:* „Stetten"

Übersichtskarte S. 576

Geschichte: Schon vor 14.000 Jahren sollen Indianer hier gelebt und seit 3000 v.Chr. sogar Ackerbau betrieben haben. Die hügelige Insel mit dem höchsten „Berg" an der Atlantikküste südlich von Maine, dem Todt Hill (125 m), wurde früh von Europäern entdeckt und als strategisch wertvoll angesehen. *Giovanni da Verrazano* kam als erster 1524 und versuchte sich in Christianisierungsversuchen. Anschließend gab es dann noch eine gut 80 Jahre andauernde Verschnaufpause für die Indianer, bevor die Holländer unter *Henry Hudson* nach 1609 mit der spärlichen Besiedlung begannen, die ab 1661 schließlich generalstabsmäßig durchgeführt wurde und mit der Anlage des Ortes Oude Dorp begann. Sie tauften die Insel *Staten Eylandt*, benannt nach dem Staats General, dem Regierungschef in Holland.

Strategisch wichtiger „Außenposten"

Die Holländer hatten viele Kämpfe mit den Indianern durchzustehen, hinterließen den Engländern nach der Machtübernahme dann dafür eine relativ friedliche Insel, denn die letzten Indianer verließen Staten Island nach einem fragwürdigen Friedensabkommen im Jahre 1670. Hugenotten, Wallonen, Engländer und auch eine relativ starke afro-amerikanische Minderheit machten bis ins 18. Jh. hinein den größten Teil der Bevölkerung aus. Sie siedelten fast alle an der Südküste. 1687 war das Jahr, welches das Schicksal der Insel bis heute bestimmte: Der *Duke of York* veranstaltete eine Segelregatta, deren Preis Staten Island war. Die Mannschaft von Manhattan gewann, und seither wird die Insel vom Big Apple regiert.

Das 18. und beginnende 19. Jahrhundert erlebte die Insel als farmwirtschaftlich genutztes „Outback von New York". Zudem lebten einige Fischer, Muschelsammler und Gesetzlose hier. **Richmond** bildete das Zentrum und wurde 1729 zum Countysitz ernannt. In New Dorp und um die Kills im Südosten lebte das seefahrende Volk. Der Rest war nur dünn besiedelt, in Farmparzellen aufgeteilt, und es gab nur ein paar kleine Dörfer und Siedlungen an Fähranlegern. Während des Unabhängigkeitskrieges nutzten die Engländer die strategische Lage der Insel für die Einschiffung ihrer Truppen, und am 11. September 1776 fanden im Conference House (s.u.) Friedensgespräche statt, die aber ohne Erfolg blieben. 1783 verließen die letzten Engländer Amerika von Staten Island aus, und 1799 entschied sich die New Yorker Regierung, auf der Insel ein Quarantänelager für die Einwanderer einzurichten.

Wechselvolle Geschichte

Ab 1820 änderte sich das Leben auf der Insel. Erste Industrien wurden aufgebaut, einige Farmen zu großen Gütern (estates) zusammengefasst, Resorts für die Erholungsuchenden aus Manhattan eingerichtet, Siedlungen für immer mehr Einwanderer ausgebaut, Fährlinien nach Manhattan eingesetzt und die kaum noch einträgliche Muschelfischerei in eine einträgliche Austernzucht umgewandelt. Zählte man 1790 noch 3.800 Einwohner, waren es um 1830 schon 11.000 und um 1860 dann über 25.000. Von einem Boom zu sprechen, wäre wohl übertrieben, verglichen mit Manhattan und Brooklyn, doch die Insel war erwacht aus ihrem Dornröschenschlaf.

Unterschiedliche politische Kräfte

Politische Kräfte formierten sich, obwohl diese sehr gegensätzlich waren und sich in den ersten Jahrzehnten bis aufs Messer bekämpften. Die einen orientierten sich nämlich weiter am ländlichen Leben (und wollten dieses beibehalten), die anderen dagegen an dem an der Küste (Resorts, Industrien etc.), wo progressives Denken vorherrschte. Ausgerechnet der Kampf gegen die o.g. Quarantänestation vereinigte beide Lager schließlich und damit auch den politischen Geist der Insel.

Die Station wurde 1857 in einer konzertierten Aktion von Staten Islandern niedergebrannt. Der Bau der Eisenbahn (1860) ließ entlang dem Schienenstrang weitere Siedlungen aus dem Boden schießen.

Während des Amerikanischen Bürgerkrieges brachen vor allem in den Fabriken von Stapelton, Factoryville und Tompkinsville immer wieder Unruhen aus. Denn die meisten Bewohner von Staten Island sympathisierten mit den Südstaatlern und wehrten sich daher gegen die steuerlichen Sonderabgaben zugunsten der Union. Dieses mag ein Grund dafür gewesen sein, warum der kontinuierliche Aufwärtstrend nach dem Krieg ein jähes Ende fand. Erst massive Investitionen und Motivationsversuche von Seiten New Yorks brachten wieder etwas Bewegung in das County. Mehr Eisenbahnlinien wurden gebaut, Hafenanlagen und Werften eingerichtet und vor allem der Wochenendtourismus gefördert. Wie in Coney Island, wurden auch am Midland und South Beach Resorts und Vergnügungsparks hochgezogen.

Die Verrazano-Narrows Bridge bescherte Staten Island einen bescheidenen Aufschwung

Auf mehr Entwicklungshilfe hoffend, stimmte Staten Island 1894 mit überwältigender Mehrheit für den Beitritt zu Greater New York. Doch die verpassten Chancen nach dem Bürgerkrieg und die geographische Abseitslage hatten diesen Borough bereits weit abgeschlagen zu dieser Zeit. Das wirtschaftliche und politische Geschehen konzentrierte sich seither im Osten der Insel, um St. George herum, und zog als logische Konsequenz auch die meisten Neusiedler hierher. 1920 löste **St. George** Richmond als Verwaltungsstandort ab.

10. Brooklyn, Queens, The Bronx, Staten Island sowie New Jersey: Staten Island

Staten Island führte seit dem Zusammenschluss der Boroughs ein eher unattraktives Dasein. Umweltverschmutzende Farbenfabriken, Hafenanlagen, Werftbetriebe, Klärwerke und nach dem 2. Weltkrieg auch noch die Anlage der größten Mülldeponie New Yorks an den Kills rückten den Status der Insel in ein wenig erfreuliches Licht. Zudem wurden ein Tuberkulosekrankenhaus und zahlreiche Alten- und Pflegeheime hier eingerichtet, die kaum etwas zur wirtschaftlichen Entwicklung beitrugen. Staten Island blieb somit ein Stiefkind der New Yorker, zog vornehmlich eine Arbeiterbevölkerung an und wehrte sich immer mehr gegen die „Unterdrückung durch New York".

Daran änderte auch der Bau der Verrazano-Narrows Bridge (1964) nach Brooklyn nichts, auch wenn diese Verkehrsader noch einmal Aufschwung brachte. Dieser Aufschwung bestand aber eher in der weiteren Ansiedlung von Hafen- und Ölbetrieben an der Nord- und Ostküste sowie einem immer stärker werdenden Durchgangsverkehr nach New Jersey. Die erhoffte Verdoppelung der Bevölkerungszahl auf 500.000 in zwei Jahrzehnten fand nie statt.

Heute ist der Drang nach Unabhängigkeit von New York in aller Munde. Bei einem Referendum 1993 (und auch anderen Anlässen) stimmte eine überwältigende Mehrheit für die Abspaltung vom Big Apple und den Anschluss an New Jersey. Man will nicht länger Mülldeponie und zweitrangige Schlafstätte für die Großstädter sein und auch noch die Steuern für soziale Wohnprojekte in der weit entfernten Bronx bezahlen. Touristisch betrachtet, ist Staten Island bestimmt der unattraktivste Borough, und im Grunde lohnen nur die Fahrt mit der Staten Island Ferry und der Besuch der Historic Richmond Town. Alle anderen aufgeführten Sehenswürdigkeiten sind nur etwas für speziell Interessierte. Auch der Charakter des Borough ist so ganz anders. Alles wirkt verschlafen-provinziell, viele Bezirke und Stadtteile haben deutlich bessere Zeiten gesehen, die Strände sind schmutziger als in Brooklyn/Queens, interessante Bauwerke fehlen, und das ganze Ambiente lässt jeglichen Enthusiasmus schwinden. Vielleicht mögen eingefleischte Schnäppchenjäger noch die günstigen Preise in den sog. Pawnshops (Pfandleihhäuser) verlockend finden, doch diese aufzuspüren, bedarf auch einer guten Spürnase, besonders weil man die Insel nur mit Bussen erkunden kann, und das ist relativ mühsam, auch wenn nahezu alle Buslinien vom Staten Island Ferry-Anleger abgehen.

Protest gegen die Randexistenz

> **Staten Island als Stadtteil von New York**
> **Charakteristika in Stichworten:** Keine Hochhäuser – Fischerboote und kleine Werften – für so einen Stadtteil ein beeindruckendes Kulturzentrum – Freilichtmuseum mit hist. Gebäuden – sonst wenig Attraktionen – wirkt oft heruntergekommen – Schlafstadt für Manhattan – Fährtour hierher ist schön – „Separationsgedanken"
>
> **Eindruck:** Durch die Insellage und fernab der Kultur- und Wirtschaftsszene des Big Apple hat Staten Island schon immer ein beschaulicheres Dasein gefristet. Geographisch betrachtet, mag man es gar nicht mehr zur Megacity zählen, und die Bewohner hier betrachten sich auch kaum als New Yorker. Pläne von der Trennung und der Selbstständigkeit werden immer wieder laut, und Gesetzesentwürfe dafür liegen schon in den Schubladen. Bis dato aber schauen die „Islander" allabendlich, auf dem Heimweg von der Arbeit, gerne zurück von der Plattform ihrer Fähre auf den Financial District und freuen sich, dem Chaos und den riesigen Hochhausbauten dort zu entgehen.

Aber: In einem letzten Versuch, den Borough noch an sich zu binden, investiert die Stadt New York seit einigen Jahren vermehrt in Staten Island. Straßen werden neu geteert, Museen aufpoliert, Strände gesäubert und der Staten Island Ferry-Verkehr kostenlos angeboten. Zudem wurde die Müllhalde (Landfill-Project) an den Kills Ende 2000 geschlossen und der Naturpark dort ausgebaut. Ob diese Maßnahmen ausreichen bzw. noch rechtzeitig fruchten, mag man mit Recht bezweifeln. Zumal Staten Island nach dem Terroranschlag auf das World Trade Center wieder „gut genug" dafür war, den Schutt der gestürzten Tower aufzunehmen bzw. zu verwerten in weiteren Landfill-Projekten. Wartet man halt ab ...

Erkundungen und Sehenswertes in Staten Island

** Historic Richmond Town (S11)
Clarke Avenue, Buslinie vom Staten Island Ferry Fähranleger: S-74, geöffnet: Juli/Aug. Mi–Fr 11h–17h, Sa+So 13h–17h, Rest des Jahres Mi–So 13h–17h, wobei im Winter oft kürzere Öffnungszeiten gelten und oft auch geschlossen ist, Tel. (718) 351-1611, www.historicrichmondtown.org

Rückkehr ins 19. Jh.

Mit Sicherheit ist dieses Museumsdorf die interessanteste Attraktion auf Staten Island. 27 historische Gebäude, das älteste ist von 1670, sind z.T. restauriert worden. Einige nur von außen, andere von außen und innen. Nicht alle Gebäude haben ursprünglich hier gestanden, einige wurden erst hierhergeschafft, etwa so wie bei den Freilichtmuseen bei uns.

Richmond Town ist die erste Siedlung auf der Insel gewesen, und dank seiner zentralen Lage wurde hier 1729 auch der County-Sitz eingerichtet. Erst als Staten Island sich 1898 an New York anschloss, verlor diese Siedlung an Bedeutung, und schließlich wurde St. George 1920, besonders wegen des Fähranlegers, zum Verwaltungs- und Wirtschaftszentrum des Boroughs. Zum Glück übernahm die Staten Island Historical Society 1939 die Schirmherrschaft über das Dorf und konnte es so in kleinen Schritten wieder herrichten. Nirgendwo sonst in New York können Sie so gut nachvollziehen, wie die Landschaft und das Leben in und um die

Redaktions-Tipps

- **Bedeutendste Sehenswürdigkeiten (s.o.):** Die Fahrt mit der Staten Island Ferry; Historic Richmond Town und Snug Harbor Cultural Center, ferner eine Fahrt über die Verrazano-Narrows Bridge bzw. der Besuch der kleinen Staten Island Ferry Collection.
- **Restaurants/Picknicken: Mill's Court** oder einen **Picknickkorb** zusammenstellen. Wer nun sowieso in Staten Island ist, der wird den Catfish im **Aesop's Table** zu schätzen wissen. Eine spezielle Anfahrt für ein Essen von Manhattan ist keineswegs zu empfehlen.
- **Shoppen:** Wenig attraktiv in Staten Island, sieht man einmal ab von ein paar über die Insel verstreuten „Pawnshops", in denen es günstigen Trödel gibt.
- **Abendprogramm:** Sollte nichts im **Snug Harbor Cultural Center** laufen, erübrigt sich jeglicher Gedanke darüber. Für ein gutes Bier am Ende eines Tages wäre **Adobe Blues** zu empfehlen.
- **Zeit:** mind. 6 Stunden für An-/Rückfahrt und eine der beiden Hauptattraktionen, am besten 1 Tag

Metropole noch vor 100 Jahren ausgesehen haben. Für den Besuch des Museumsdorfes sollten Sie aber ein paar Stunden einplanen. Bedenken Sie zudem die lange An- und Abreise von Manhattan, so sollte dieser Tag dann ganz Staten Island gehören.

Viele Gebäude können besichtigt werden, z.T. mit Führung, und an vielen Punkten werden alte Handwerkskünste vorgeführt. Im Sommer werden auch nachgestellte Bürgerkriegsszenen vorgeführt, und in der Taverne finden samstagabends Musikveranstaltungen statt. Wer nun auch noch an einem 19.-Jahrhundert-Dinner teilnehmen möchte, der sollte allemal reservieren: *Tel.: (718) 351-1611*.

Historic Richmond Town zeigt, wie es einmal aussah in und um New York

Beginnen Sie Ihre Besichtigungstour im **Third County Courthouse** (1837), in dem sich das Visitor Center befindet. Hier können Sie sich dann auch informieren und für die erläuterten Touren (mehrstündig!) anmelden.

Ich möchte hier nur einige wenige Häuser kurz vorstellen. Weitere Infos gibt es im Visitor Center:

- **Voorlezer's House (1695):** In diesem Gebäude befanden sich einst eine Grundschule und die Kirche (Dutch Reformed Church). Es ist das älteste Grundschulgebäude, das in Amerika noch steht.
- **Bennett House (1839):** Das Haus mit einigen griechischen Stilelementen gehörte einst dem Kaufmann John Bennett. Im Keller befindet sich eine kleine Backstube.
- **Britton Cottage (1670; Veränderungen: 1755, 1765 u. 1850):** Der zentrale Bereich dieses viermal erweiterten Hauses diente einst als Staten Islands erstes Regierungsgebäude. Bis 1967 stand es in New Dorp Beach.
- **Eltingville Store (1860):** Ehemaliger Gemischtwarenladen in Eltingville.
- **Richmond County Clerk's and Surrogate's Office (1848):** Dieses Haus wurde bis zum Umzug der Verwaltung nach St. George als County-Sitz genutzt. Heute befindet sich hier das **Historical Museum**, das in der Nebensaison oft auch als Visitor Center fungiert. Die historischen Fotos und Karten geben einen ersten Überblick über die Geschichte des Dorfes und der ganzen Insel.
- **Treasure House (1700):** Hier lebte und arbeitete einst ein Gerber und Lederschneider. Den Namen erhielt das Haus, da man 1860 in seinen Wänden eine Schatzkiste mit britischen Münzen im Wert von 7.000 Dollar fand. Damals ein immenses Vermögen.
- Neben anderen Gebäuden fallen auch die zwei Kirchen, die **Saint Patrick's Church** (1862) und die **Saint Andrew's Church** (1872), auf. Sie werden beide noch genutzt.

Besondere Gebäude

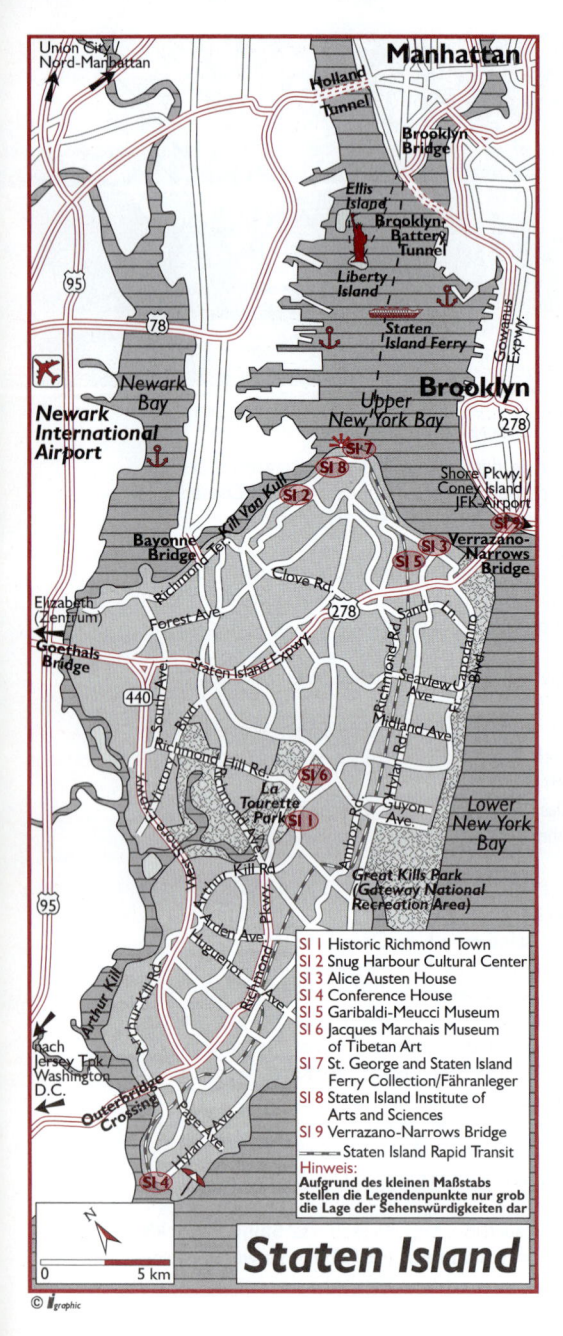

Snug Harbor Cultural Center (SI2)

1000 Richmond Terrace, Buslinie vom Staten Island Ferry Fähranleger: S-40, geöffnet: Di–So 10h–16h. Infos über Veranstaltungen: www.snug-harbor.org, Tel.: (718)448-2500

Das Kulturzentrum von Staten Island befindet sich in der ehemaligen Anlage eines Heimes für Seeleute im Ruhestand. Bis zu 1.000 alte Seebären haben hier einst ihr Seemannsgarn ausgetauscht. Das Gelände ist 35 ha groß, und auf ihm verteilen sich 28 Gebäude. Nicht alle sind restauriert, aber es wird daran gearbeitet. Die **Main Hall** ist das älteste Haus und datiert von 1833. In ihr befindet sich eine Kunstgalerie mit zeitgenössischen Werken (oft Wechselausstellungen). Gleich daneben schließt sich das **Newhouse Center House** an, wo es maritime Kunst zu sehen gibt und wo sich auch der Souvenirladen befindet.

Zum Snug Harbor Cultural Center gehören auch das **Children's Museum** und ein **Botanischer Garten**, in dem gelegentlich Musikveranstaltungen stattfinden.

Weitere Konzerte (zumeist Klassik und Jazz) finden in der ehemaligen Kapelle statt, die umgebaut worden ist zur **Veteran's Memorial Hall** mit 215 Sitzen.

Da an dem gesamten Komplex noch einige Jahre gebaut und restauriert wird, ist es bestimmt

---

Kartenlegende:

- SI 1 Historic Richmond Town
- SI 2 Snug Harbour Cultural Center
- SI 3 Alice Austen House
- SI 4 Conference House
- SI 5 Garibaldi-Meucci Museum
- SI 6 Jacques Marchais Museum of Tibetan Art
- SI 7 St. George and Staten Island Ferry Collection/Fähranleger
- SI 8 Staten Island Institute of Arts and Sciences
- SI 9 Verrazano-Narrows Bridge
- ---- Staten Island Rapid Transit

Hinweis: Aufgrund des kleinen Maßstabs stellen die Legendenpunkte nur grob die Lage der Sehenswürdigkeiten dar

sinnvoll, die Entwicklung weiter zu verfolgen. Hoffentlich wird eines der nächsten Projekte ein Informationsbüro, denn das gibt es noch nicht. Geplant ist auch, während der Sommermonate eine regelmäßige Fährverbindung von Manhattan einzurichten, die dann auch Sonderfahrten zu bestimmten Veranstaltungen anbietet.

Essenstipp
Das Restaurant gleich gegenüber dem Kulturzentrum (an der Richmond Terrace Rd.) bietet gute Meeresfrüchte-Gerichte und den Ausblick auf die modernen, mittlerweile ja hierhin ausgelagerten Hafenanlagen von New York und New Jersey. Von hier können Sie zusehen, wie die Schlepper („Tugs") die großen Pötte rein- und rausmanövrieren.

Weitere Sehenswürdigkeiten/Orte in Staten Island (alphabetisch)

- **Alice Austen House (SI3)**

2 Hylan Boulevard (zw. Edgewater u. Bay Sts., 1 km von Verrazano-Narrows Bridge), Buslinie vom Staten Island Ferry Fähranleger: S-51, geöffnet: März–Dez. Do–So 12h–17h, nur mit Führungen (45 Min.), (718) 816-4506, www.aliceausten.org

In diesem schön gelegenen, viktorianischen Häuschen wohnte *Alice Austen* (1866–1952), eine der berühmtesten Fotografinnen in den 1950ern. Austens Fotos zeigen besonders gut, wie der American Way of Life um die Jahrhundertwende ausgesehen hat. Einige ihrer Fotos sind im Haus ausgestellt. Interessanterweise war *Austen* niemals als professionelle Fotografin tätig, sondern sah das Fotografieren nur als Hobby an. Erst kurz vor ihrem Tod wurden ihre Bilder „entdeckt".

Ein ganz eigener Blick auf den „American Way of Life"

Das Alice Austen House wird immer noch restauriert, doch können Sie einige der Zimmer besichtigen und sich vor allem an der schönen Aussicht über die Narrows bis nach Manhattan hin erfreuen.

- **Conference House (Billopp House) (SI4)**

7455 Hylan Boulevard (Ecke Craig Ave., Südwestspitze der Insel), Vom Staten Island Ferry Fähranleger: Bus S-78 bis Craig Ave. od. mit Rapid Transit-Bahn bis Tottenville fahren, dann noch 1 km zu Fuß, geöffnet: April–Mitte Dez. Fr–So 13h–16h, nur mit Führungen (30 Min.), Tel. (718) 984-6046, www.theconferencehouse.org

Das Haus steht am Südwestzipfel der Insel und wurde berühmt als Versammlungsort einer Friedensmission (u.a. *Benjamin Franklin* u. *John Adams*) während des Unabhängigkeitskrieges. Die wesentlichen Gespräche fanden am 11. September 1776 statt, endeten aber erfolglos.

Heute befindet sich in dem Gebäude ein kleines Museum, das sich aber größtenteils mit der Geschichte des Besitzers, Colonel *Christopher Billopp*, beschäftigt. Möbel und Einrichtungsgegenstände aus dem 18. Jahrhundert sind zu sehen. Der Besuch dieses Museums lohnt aber im Grunde nur, wenn Sie sich sowieso in der Nähe aufhalten.

- **Garibaldi-Meucci Museum (SI5)**

420 Tompkins Ave., Buslinie vom Staten Island Ferry Fähranleger: S-78 bis Chestnut Ave., geöffnet: Di–So 13h–17h, Tel. (718) 442-1608, www.garibaldimeuccimuseum.org

Das kleine Haus befindet sich inmitten des italienischen Viertels Rosebank und erinnert in erster Linie an zwei seiner Bewohner, die hier 1851–53 lebten: *Antonio Meucci*, der von sich behauptet, *vor Alexander Bell* das Telefon erfunden zu haben, und seinem Gast, *Giuseppe Garibaldi*, einem furchtlosen Revolutionär (in Italien) und Lebemann. Briefe, Fotos und einige wenige Erinnerungsstücke sind zu sehen.

- **Jacques Marchais Museum of Tibetan Art (SI6)**

338 Lighthouse Ave., Buslinie vom Staten Island Ferry Fähranleger: S-74 bis Lighthouse Ave., dann gut 10 Min. zu Fuß den Berg hinauf, geöffnet: Mi–So 13h–17h, Tel. (718) 987-3500, www.tibetanmuseum.org

Kleiner Einblick in fernöstliche Kulturen

Das Museum befasst sich mit der Kultur, den Mythen und der Geschichte von Tibet, China und Nepal, ferner von der Mongolei und Indien. Es gibt einen buddhistischen Tempel zu sehen, einen echten Tangka (tibetischer Wandbehang) aus dem 17. Jahrhundert und zahlreiche Kunstgegenstände der o.g. Kulturen. Es leben übrigens auch Mönche auf dem Gelände, die regelmäßig den Tempel aufsuchen.

Da die buddhistische und tibetische Kultur aber nur sehr rar in New York vertreten sind, stellt sich die Frage, ob die Anfahrt hierher für Sie lohnt. Besonders wer schon einmal in Ostasien gewesen ist, wird der Ausstellung hier wenig abgewinnen können.

- **St. George (Fähranleger) (SI7)**

Der Manhattan zugewandte Stadtteil ist das politische Zentrum von Staten Island. Einige massive Gebäude am Hang oberhalb des Fähranlegers machen das sofort deutlich. Die Geschäfte hier wirken dagegen ziemlich heruntergekommen. Wer sich's leisten kann, kauft nach der Arbeit bereits in Manhattan ein oder sucht die preiswerteren Malls woanders auf. Schade eigentlich, denn St. George hätte alleine der Lage (und Aussicht) wegen mehr verdient. Sollte Ihnen nach dem Besuch eines Museums auf Staten Island noch nach einem kurzen Spaziergang zumute sein, können Sie ja ein paar Blocks nördlich des Fähranlegers durch den **New Brighton Historic District** streifen.

Gut, um die Wartezeit zu überbrücken: Staten Island Ferry Collection

Alternativ dazu bieten die kleine **Staten Island Ferry Collection (SI7)** im St. George Ferry Terminal *(geöffnet: tägl. 9h–14h)* einen abwechslungsreichen Einblick in die Geschichte der Fähre sowie das **Staten Island Institute of Arts**

& Sciences (SI8) am *75 Stuyvesant Place (10 Minuten zu Fuß vom Island Ferry-Fähranleger, geöffnet: Mo–Fr+So 12h–17h, Sa 10h–17h, Tel. (718) 727-1135, www.statenislandmuseum.org)*, ein „wildes" Aufgebot an Kunstgegenständen (Textilien, Antiquitäten, Drucke, Skulpturen), naturwissenschaftlichen Sammlungen (exot. Schmetterlinge, Muscheln u.a.) und auch historischen Materialien (hist. Fotos, Bücher, Magazine u. Karten). Eine Linie ist in der Kollektion kaum zu erkennen, doch wer etwas Sinn für Abwechslungsreiches hat, der kann sich gut eine Stunde in diesem Museum umtun.

Ein buntes Sammelsurium

Und noch ein Tipp

„Mills Court", die kleine Pinte rechts gegenüber dem Fähranleger (neben der kleinen Stripmall), ist von außen fürwahr kein ansprechendes Lokal. Da aber zur Lunchzeit die Angestellten vom nahen Gericht und auch viele Geschäftsleute aus der Umgebung hier essen gehen, sind die Mahlzeiten überraschend gut zubereitet, und man kann auch aus dem Fenster auf Manhattan sehen. Also gut geeignet für einen Snack, bevor man mit der Fähre zurückfährt nach Manhattan.

- **Verrazano-Narrows Bridge (SI9)**
Interstate 278, der Staten Island mit Brooklyn verbindet

Die nach dem italienischen Entdecker des New York Harbor (siehe Geschichte oben) benannte Hängebrücke überspannt die Narrows zwischen Brooklyn und Staten Island. Sie wurde im November 1964 nach 15-jähriger Planung und 5 Jahren Bautätigkeit eingeweiht. Der Verkehr wird über zwei Ebenen geleitet. Die beiden Türme sind jeweils 190 m hoch und die Narrows an dieser Stelle ca. 2,2 km breit. Übrigens zahlt man den hohen Brückenzoll nur, wenn man von Staten Island aus kommt. In der Gegenrichtung gibt es keinen „Toll Plaza".

Jersey City/New Jersey

Überblick

Alles, was westlich des Hudson River – also im Staate New Jersey – angesiedelt ist, wird von den New Yorkern, besonders denen aus Manhattan, nicht so recht ernst genommen. Hier, im überwiegend flachen Marschland, wurden schon seit jeher „nur" Industrie- und Handelsunternehmen angesiedelt, für die New York zu teuer war bzw. keinen Platz bieten konnte.

Industrieviertel am Rande der Stadt

Im Laufe der letzten Jahrzehnte haben die Städte wie Newark (290.000 E.), Jersey City (245.000 E.), Hoboken (47.000 E.), Union City (52.000 E.) und Elizabeth (118.000 E.) aber gut vom wirtschaftlichen Wandel in New York profitiert. Die wichtigsten Hafenanlagen des städtischen Großraumes befinden sich nun hier, Newarks Airport entlastet die beiden New Yorker Flughäfen zunehmend, und am Hudson River hat sich eine begehrte Wohnstätte für die Manhattaner Mittelschicht, der Downtown Manhattan zu teuer geworden ist und die nicht die weiten Wege in den Osten der Stadt fahren möchte, entwickelt. Die Vorfälle vom

11. September 2001 haben diesen Trend noch beschleunigt. Mit der PATH, einer Schnellbahn, die zwischen Manhattan und Newark verkehrt, sind die Pendler schnell in ihren neuen Wohnungen in Hoboken, dem N° 1 Exchange Place, und Jersey City. Auch die Fähren über den Hudson River wurden wieder aktiviert und sind bei gutem Wetter auch für Touristen attraktiv (Ausblick auf Manhattan). Nur für die Erweiterung des zur Rushhour hoffnungslos überlasteten Holland Tunnel fehlt noch das Geld. Und noch einen Vorteil hat New Jersey für die New Yorker: Die Steuern sind deutlich niedriger. Bleibt also abzuwarten, was sich auf der anderen Seite noch so alles tun wird. Eine Skyline hat sich ja bereits entwickelt.

Für Sie als Reisenden haben diese Städte zzt. noch nicht viel zu bieten – mit Ausnahme des u.g. Liberty State Park und seiner Attraktionen, ein paar Restaurants und Bars in Hoboken, der Aussicht von den Fähren sowie ein paar günstigere Einkaufsmöglichkeiten, für die der Weg aber nur für wirkliche Kaufräusche in den Malls lohnt.

Die Zeit im Blick

Die große Uhr am Uferrand in Jersey City, die selbst von Manhattan aus gut zu sehen ist, ist übrigens die **Colgate-Palmolive-Clock**. Ihr Durchmesser beträgt 15 m. Die Minutenhand wiegt eine Tonne und bewegt sich pro Minute um 60 cm.

Wer sich zwischen Liberty State Park und Hoboken bewegen möchte, der kann die neue Straßenbahn benutzen, die hier parallel zum Ufer verkehrt.

Liberty State Park

Der Liberty Park ist mittlerweile zu einem beliebten Ausflugsziel für die Menschen der Großstadtregion geworden. Ausblicke auf Manhattan, Picknickareale, Fitness-Parcours, ein 25 ha großes Naturareal (Salzmarsch) und der vom Hafen aus weithin sichtbare **Eisenbahnterminal** (geschichtl. Ausstellungen) locken. Von diesem Bahnhof aus sind übrigens die Neuankömmlinge oft, gleich nach Erledigung der Einwanderungsformalitäten auf Ellis Island, weitergefahren zu ihrem Ziel in Amerika, ohne jemals New York selbst betreten zu haben.

Aufbruch in eine ungewisse Zukunft

Hauptattraktion im Park ist aber das neue

Liberty Science Center

Liberty State Park, 251 Phillip Street, New Jersey, PATH-Train zur Grove Street, von dort mit Parkbus. Im Sommer Fähren von Manhattan (Info: 1-800-533-3779), Öffnungszeiten variieren sehr, Kernzeiten sind id.R. Di–So 9h–16h. Oft ist das Museum aber auch wegen Veranstaltungen geschlossen. Unbedingt vorher nachfragen, Tel. (201) 200-1000, www.lsc.org. 2 ½ Std.

Neue Perspektiven

In diesem Technikmuseum, das die mittlerweile veraltete New York Hall of Science in Queens deutlich in den Schatten stellt, werden alle Altersgruppen auf ihre Kosten kommen. Das größte IMAX-Kino Amerikas, unzählige technische Stationen zum Selbstausprobieren und ein Observation Tower, von dem Sie Manhattan, die Freiheitsstatue u.Ä. einmal aus anderer Perspektive erleben können, bilden nur die Highlights.

11. ANHANG

Literaturverzeichnis

Sachbücher und andere Reiseführer

Deutschsprachig
- **Arndt, Gudrun: *Spaziergänge durch das literarische New York*.** Arche Verlag, Zürich/Hamburg. New York war Durchgangsstation, Wohnstätte, beliebtes Reiseziel und natürlich Schaffensgrundlage für unzählige literarische Werke von Hunderten von Schriftstellern aus aller Welt. Gudrun Arndt hat ihre Wohngegenden besucht, Hintergründe erforscht und auch ganz allgemein einiges zur Literaturgeschichte des Big Apple recherchiert. Ein Muss für versierte Leseratten!
- **Bird, Christiane: *Jazz & Blues Führer durch die USA*.** Zwar ein Club- und Musikführer für die gesamten USA, doch widmen sich 50 Seiten alleine New York. Hier erfahren Sie viele Hintergrundinfos zu den einzelnen Clubs, Musikentwicklungen, Musikern und Radiostationen. Achten Sie aber darauf, ob die Adressen noch aktuell sind, denn die stammen von vor 1993.
- **Brinke, Margit, Kränzle, Peter, Iwanowski, Michael: *USA/Ostküste*** sowie **Iwanowski, Michael, u. Senne, Leonie: *USA/Nordosten*.** Iwanowski Verlag, Dormagen. Detaillierte Reisebegleiter für Individualreisende, als Ergänzung zu diesem Buch für eine Weiterreise bestens geeignet.
- **Cohen, Rich: *Murder Inc. oder Nicht ganz koschere Geschäfte in Brooklyn*.** Fischer Verlag, Frankfurt. Interessante Reportage über die berüchtigte jüdische Verbrecherorganisation „Murder Inc.". Hier wird aufgezeigt, wie New York vor nicht allzulanger Zeit „regiert" wurde. Bekannte Gangster, wie z.B. Meyer Lansky, Dutch Schultz und Frank Costello, werden aufgeführt.
- **De Lisa, Tony: *Das Ami-Kochbuch*,** „good ideas"-Verlag, Nürnberg. Flott geschriebenes Kochbuch. Beschreibt die Zubereitung der bekanntesten Saucen und gängigsten Gerichte der USA. Sie werden alleine staunen, was beim Zubereiten eines Hamburgers beachtet werden muss. Ist aber kein Kochbuch für „Fine-Dining-Gourmets".
- **Hamann, Horst: *Merian Reiseführer New York*.** DTV Verlag, München. Auch eine Möglichkeit: Unterteilt in Themengebiete (Sehenswertes, Essen u. Trinken, Einkaufen, Am Abend usw.). Es mangelt etwas an „Geheimtipps". Ausführlicher aus dem Merian Verlag ist der Reiseführer **New York, Merian XL** von **Jörg von Uthmann**. Hier bestechen vor allem die beschriebenen Ausflüge.
- **Metzger, Christiane: *Polyglott New York*.** Polyglott Verlag, München. Altbekannt: Kurz und bündig auf 96 Seiten. Gute Spaziergänge, wenig Hintergrundinfos.
- **Nink, Stefan: *DuMont Extra New York*.** DuMont Verlag, Köln. 96 Seiten. Vornehmlich aufgegliedert in Themengebiete (Kultur & Unterhaltung, Sightseeing, Nightlife usw.). Wenig „Neues". Gut: herausnehmbare Karte im Rückenteil.
- **Quirin, Anne: *New York für Frauen*.** Elster Verlag. Der Titel verrät alles. Gute Tipps. Dafür wenig Karten. Gutes „Zweitbuch" für Frauen mit speziellem Interesse. Interessante Portraits von New Yorker Frauen.
- **Scholl, Sabine,** *Sehnsucht Manhattan*, Literarische Streifzüge durch New York, Artemis & Winkler, 256 Seiten Preis: 19,90 € (D), 20,50 € (A), 34,90 SFr (CH)

- **von Uthmann, Jörg:** *New York für Fortgeschrittene.* Hoffmann und Campe Verlag.
- *Vis à Vis New York.* RV Verlag. Bunt illustrierter Reiseführer. Viele farbige Grafiken. Gut für die Erkundung einzelner Gebäude, Bauwerke und Blocks. Ansonsten ziemlich unübersichtlich.

In **Magazinform** sind zudem u.a. erschienen: *Merian, Globo, Architektur & Wohnen, Geo Spezial* (blaue Reihe).

Englischsprachig

> **Hinweis**
> Diese Bücher erhalten Sie in den USA deutlich billiger (bis zu 50 %). Zudem dauert die Bestellung in Europa z.T. mehrere Wochen. Sollten sie also nicht für die Vorbereitung gedacht sein, empfiehlt sich der Kauf in New York.

- **Biondi, Joan u. Haskins, James:** *Black New York.* Hippocrene Books, New York. Auf 140 Seiten wird die geschichtliche Entwicklung der afro-amerikanischen Bevölkerung in New York beleuchtet. Zudem werden, unterteilt in Stadtteile, Einzelaspekte und interessante Adressen (Livemusik, Restaurants, histor. Plätze usw.) genannt.
- **Doty, David u. Baker, Cynthia:** *Frommer's New York City.* Ausführlicher „Adressen-Reiseführer" der bekannten Frommer's-Reihe. Aufgegliedert in Themenbereiche (Shopping, Dining, Accommodation, What to see usw.).
- **Dunford, Martin u. Holland, Jack:** *The Rough Guide – New York.* Ein Buch für jüngere Reisende mit zahlreichen Tipps „off the beaten path". Weniger geeignet für den Ersturlaub im Big Apple.
- *Fodor's New York City.* Fodor's Travel Publications, New York. Wie Frommer's (s.o.), die Bibel für amerikanische Reisende. Daher aber auch in vielen Punkten zu sehr auf Amerikaner abgestimmt. Gut sind aber die Adressen und die genauen Hotel- und Restaurantbeschreibungen.
- **Frank, Gerry:** *Where to Find it, Buy it, Eat it in New York.* Gerry Frankly Speaking Publication. Die Bibel für den Einkaufsrausch. Gut gegliedert in Themenbereiche. Für die anderen Themen neben „Shopping", wie z.B. Restaurants, Sehenswürdigkeiten u.Ä., lohnt der Kauf nicht unbedingt.
- **Gendel, Anna:** *Art in Focus – New York New York.* Bulfinch Press Book – Little Brown Company, New York, Boston, London. Kleines Buch, das – typisch amerikanisch – die Highlights (bestimmte Gemälde, Gebäude, Räume in Gebäuden, Kirchen) der Kunstszene des Big Apple vorstellt. Sehr gut ausgesucht und anschaulich dargeboten. In der Hinterklappe werden Tagestouren, Routenvorschläge und Zeitpläne für Kunstinteressierte empfohlen.
- **Glitter, Michael I., und Josefowicz, Linda A.K.:** *24 Hour New York.* Barnes & Noble. Führer durch New Yorks Nachtleben, besonders das nach Mitternacht.
- *Guide to New York City Landmarks:* New York City Landmarks Preservation Commission, John Wiley & Sons, Inc., New York. Ausgezeichnetes und sehr ausführliches Nachschlagewerk zu Baudenkmälern, historischen Gebäuden und markanten Punkten in der Stadt. Gut geeignet für Kenner des Big Apple bzw. diejeni-

gen, die sich genau mit einem Stadtteil befassen möchten. Es werden auch zahlreiche Spaziergänge empfohlen.
- **Homberger, Eric:** *The History Atlas of New York City.* Henry Holt & Co., New York. Erstklassig anhand von Karten und Schwerpunktthemen aufgeschlüsselte Geschichtsdarstellung von New York.
- **Jackson, T. Kenneth:** *The Encyclopedia of New York City.* Yale University Press, New Haven. Einzigartiges, 1350 Seiten starkes Nachschlagewerk. Alles wird angesprochen und gut erläutert. Ein Muss für New York-Fans.
- **Michelin – Tourist Guide New York.** Michelin et Cie, Clermont-Ferrand. Sehr empfehlenswerter Reiseführer mit sehr guten Illustrationen und Spaziergängen. Hier zeigt sich deutlich, dass Illustrationen nicht wie im Vis à Vis oder dem DuMont visuell ein Buch überladen müssen. Leider sind Geheimtipps/„off the beaten path"-Nennungen etwas zu kurz gekommen und auch schwer zu finden.
- *New York's 50 Best.* City & Company, New York. In dieser Reihe gibt es mehrere Titel (Restaurants, Architektur, unbekanntere Sehenswürdigkeiten). Empfehlen möchte ich an dieser Stelle besonders den Titel *50 Best Secret Architectural Treasures.*
- **Smallman, Tom u.a.:** *New York, New Jersey & Pennsylvania.* Lonely Planet Travel Guides. Informatives 700-S.-Buch mit Infos speziell für den kleinen Geldbeutel. Gut geeignet für Ausflüge.
- **Suisman, A. Charles u. Molesworth, Carol:** *Manhattan User's Guide.* Hyperion Publications, New York. Ständig aktualisierter „Guide to New York for New Yorkers". Sehr umfangreich und mit vielen Insidertipps gespickt. Wer New York mal richtig erleben will oder überlegt, sich im Big Apple niederzulassen, wird hier nützliche Infos finden, für einen „normalen" 4-Tage-Aufenthalt aber viel zu speziell.
- **Sperry, Allen:** *New York's 50 Best Wonderful Little Hotels:* City & Company, New York. Kleines Taschenbuch mit Infos zu kleinen Hotels im Big Apple. Detaillierte Beschreibungen.
- **Willensky, Elliot und White, Norval:** *American Institute of Architects Guide to New York City.* Harcourt Brace Jovanavich, New York. Ausführliche Informationen über New Yorks Architektur. Sehr speziell. Gilt als das beste Buch seiner Art auf dem Markt.
- **Wolfe, Gerard R.:** *New York, A Guide to the Metropolis.* Gut beschriebene Stadtspaziergänge mit Schwerpunkt auf Architektur und Geschichte.
- **Wurmann, Richard Saul:** *ACCESS NYC.* Harper Perennial. Nicht das Standardwerk (siehe Frank, Gerry), aber der übersichtlichste Einkaufsführer für New York. Es werden auch die Sehenswürdigkeiten, Restaurants etc. aufgeführt und erläutert. Gegliedert nach Stadtteilen.

Schöngeistige Literatur/Belletristik (Deutsch und Englisch)

- **Paul Auster,** *„Mond über Manhattan"* (Rowohlt). Dieser avantgardistische Roman schildert den Selbstfindungsprozess des Studenten Stanley Fogg, der in der Anonymität der Großstadt durch eine Aneinanderreihung merkwürdiger Ereignisse dem Geheimnis seiner Herkunft näher kommt. Und wer Gefallen an Paul Auster gefunden hat, kann dann gleich mit der *„New York Trilogie: Stadt aus Glas/*

Schlagschatten/Hinter verschlossenen Türen" weitermachen bzw. sich den (Brooklyn-) Kultfilm *„Smoke – Raucher unter sich"* ausleihen.
- **Truman Capote,** *„Frühstück bei Tiffany"* (Rowohlt). Durch die Verfilmung mit Audrey Hepburn in der Rolle der Holly Golightly ist diese charmante Komödie aus dem Jahre 1958 über das chaotische Leben in New York City den meisten wohl schon bekannt, sie eignet sich dennoch bestens als Urlaubslektüre.
- **Charles Carillo,** *„Einmal Brooklyn und nicht zurück"* (List). In diesem liebenswert komischen Gegenwartsroman zeichnet Carillo ein sehr persönliches und sympathisches Porträt seiner Stadt mit all ihren Absurditäten und Eigenheiten.
- **John Dos Passos,** *„Manhattan Transfer"* (Rowohlt). Durch die Erzählungen einer Vielzahl fiktiver Personen, die als Gemeinsamkeit nur den Status als New Yorker Bürger haben, erstellt Dos Passos, teils durch Mittel wie Dialogfetzen oder Zeitungsüberschriften, eine Art Collage über das Thema New York im frühen 20. Jahrhundert.
- **Theodore Dreiser,** *„An American Tragedy"* (nur in Englisch). Clyde Griffith macht sich schuldig an einem Unfall, flieht daraufhin vom Ort des Geschehens und beginnt, in einer New Yorker Fabrik zu arbeiten. Dort verführt er eine Kollegin, Roberta. Als sich ihm jedoch die Chance bietet, eine reiche junge Frau zu heiraten, beschließt er, sich Robertas, die ein Kind von ihm erwartet, zu entledigen. Dieser Roman basiert auf einem tatsächlichen Mordfall, der sich im Jahre 1906 in New York zugetragen hat.
- **Ralph Ellison,** *„Der unsichtbare Mann"* (Rowohlt). Ellison schildert in diesem sozial-politischen Roman die Suche eines namenlosen schwarzen Mannes nach seiner Identität. Als Fabrikarbeiter in New York City und involviert in linkspolitische Aktivitäten, wird er Zeuge der Rassenaufstände in Harlem. Er fühlt sich unsichtbar und nicht-existent in den Augen der Weißen, spürt aber andererseits auch die zerstörerischen Tendenzen des schwarzen Nationalismus und das Versagen kommunistischer Reformen.
- **F. Scott Fitzgerald** war der Sprecher der „verlorenen Generation" und die Symbolfigur der wilden Zwanziger („roaring twenties"). Sein wohl berühmtester Roman, *„Der große Gatsby"* (Diogenes), schildert die Suche des sagenumwobenen Alkoholschmugglers Gatsby nach seiner verlorenen Liebe. Gatsbys Parties ziehen sowohl die High Society als auch die Unterwelt New Yorks an. Wer Erzählungen liebt, sollte den Band *„Ein Diamant – so groß wie das Ritz"* nicht verpassen.
- **Allen Ginsberg** kam als experimenteller Dichter der „Beat Generation", der sich besonders für die Erkundung unterschiedlicher Bewusstseinsstadien interessierte, zu großem Ruhm. Zu empfehlen ist besonders sein Band *„Howl and other Poems"* (nur in Englisch).
- **Michael Gold,** *„Jews Without Money"* (1930, nur in Englisch). Diese romanhafte Biographie schildert das Leben des Autors im jüdischen Ghetto der Lower East Side, die schwierigen äußeren Umstände und politischen Ereignisse der Zeit.
- **Colin Harrison,** *Manhattan, nachts.* Lichtenberg Verlag, München. Z.T. schockierende Recherche eines New Yorker Journalisten, denn sie zeigt die negativen Seiten der Stadt auf: Skandale, Gewalt, Tragödien, ...
- **Dashiell Hammett.** Neben Ed McBain und Mickey Spillane ist Hammett wohl der berühmteste Krimiautor New Yorks. Von seinen zahlreichen Büchern

spielen *„Der gläserne Schlüssel"* und *„Der dünne Mann"* (Diogenes) direkt in der Weltstadt.
- **Hüppauf, Bernd/Bäumer, Rolf M. (Hrsg.):** *Signale aus der Bleecker Street.* Fast zwanzig Sichtweisen auf New York, aufgeführt von verschiedenen deutschen Autoren, finden sich in dieser Anthologie. Zugegeben, schwer zu lesen und im einzelnen nicht immer gelungen. Zusammengenommen ergibt sich aber ein Kaleidoskop der Stadt, spontan, manchmal witzig und immer wieder Fragen offen lassend. Und das passt zu dieser Stadt.
- **Washington Irving, *„A History of New York"*** (nur in Englisch). In dieser Satire des frühen 19. Jahrhunderts parodiert Irving in der Verkleidung des „Diedrich Knickerbocker" die geschichtlichen Ereignisse, die sich um die Entstehung New Yorks drehen bis hin zur Machtübernahme durch die Briten im Jahre 1664. Wenn auch nicht immer ganz auf Fakten basierend, gewinnt der Leser doch einen höchst amüsanten Einblick in das Leben der frühen Kolonie.
- **Henry James *„Washington Square"*** (DTV) erzählt die Geschichte von Catherine Sloper, die, wie schon der Titel verrät, an eben jenem New Yorker Washington Square bei ihrem Vater aufwächst. Dieser ignoriert sie weitestgehend und vertreibt ihren Freier. James schildert eindrücklich das Leben in gehobeneren Verhältnissen im späten 19. Jahrhundert.
- **Thomas Kelly, *„Boomtown Blues"*** (Limes). Kelly beschreibt die Arbeiterschicht und Unterwelt New Yorks und konfrontiert den Leser mit den Realitäten der 90er Jahre wie Bandenkriminalität und organisiertes Verbrechen. Durch Pro-

Redaktions-Tipps

Bücher, die das Bild abrunden würden

Hier möchte ich Ihnen 6 Bücher vorstellen, die in Verbindung mit diesem Reiseführer für einen gelungenen und rundum gut informierten Aufenthalt in New York sorgen würden:
- **Gershman, Suzy:** *Shopping in New York.* In Deutsch. Ullstein Verlag, Berlin. Ein aus dem Amerikanischen übersetzter Shopping-Führer. Übersichtlich und nicht „zu voll". Hoffentlich wird er immer wieder aktualisiert.
- **Willer, Werner:** *New York – Anders Reisen.* In Deutsch. Rowohlt Verlag, Hamburg. Die Reihe, wie der Name schon verrät, setzt auf „Anderes". Ein sehr gutes Kaleidoskop über New Yorks soziale Strukturen (und Abgründe). Aber nur bedingt als Reiseführer geeignet, da zu unübersichtlich. Am Ende Adressenteil, abgestimmt auf den kleinen Geldbeutel.
- *Time Out Guide New York.* Time Out Magazine Limited, London, The Penguin Group. In Englisch. Hervorgegangen aus dem bekannten Londoner Vorbild ist dieser „Adressen-Reiseführer" ausgesprochen gelungen. Viele Tipps und Adressen für die etwas Kundigeren bzw. Abenteuerlustige beim ersten Besuch. Trotz der Fülle an Adressen gut gegliedert und übersichtlich. Nur die 4 Boroughs kommen für ein solches Buch ein wenig zu kurz.
- *Flashmaps New York – The Ultimate Street & Information Finder.* In Englisch, Fodor's Travel Publications, New York. Kleines Büchlein mit über 60 thematisierten Karten (z.B. Museen, Flughäfen, Restaurants, Kirchen, die Boroughs etc.) und zahlreichen Basisinformationen (Adressen und Telefonnummern – keine Beschreibungen). Gut für die Handtasche. Jährliches Update.
- Ein Krimi eines der drei bekanntesten Krimiautoren New Yorks: **Dashiell Hammett, Ed McBain** oder **Mickey Spillane** (siehe unten)
- **Washington Irving**, *„A History of New York"*, oder wenn Sie nicht so gerne in Englisch lesen möchten: **Charles Carillo**, *„Einmal Brooklyn und nicht zurück"*

tagonisten unterschiedlicher Herkunft zeichnet er ein abwechslungsreiches Bild seiner Stadt.
- **Jack Kerouac** erfand die Bezeichnung „Beat Generation" für eine Generation von Schriftstellern, die in den 50er Jahren im East Village lebten. *„On the Road"* (Rowohlt), ein zum Teil biographischer Roman, befasst sich mit deren zielloser Suche nach Erfahrung und nach Bedeutung, die durch die USA-Reise einiger Freunde – unter anderem auch nach New York – zum Ausdruck gebracht wird. *„Lonesome Traveller"* (1960) vermittelt ebenfalls einen wenig romantischen Einblick in das Leben im Big Apple.
- **Ed McBain**, *„Killer's Choice"* (Lübke). McBain konzentriert diesen wie auch viele seiner anderen, zahlreichen Kriminalromane nicht so sehr um einen einzelnen Detektiv, als vielmehr um die Macht der New Yorker Polizei, die in einem (fiktiven) 87. Revier ermittelt.
- **Eugene O'Neill**, einer der führenden New Yorker Dramaturgen des 20. Jahrhunderts, ist sicherlich keine ganz leichte Kost, doch vielleicht kommen Sie ja in den Genuss einer Aufführung. O'Neill war bahnbrechend durch seine Erkundung neuer Themengebiete, so zum Beispiel schwarze Charaktere als Hauptdarsteller auf der Bühne. Unter anderem zu empfehlen sind *„Der Eismann kommt"*, was in einer Bowery Bar spielt, und *„Eines langen Tages Reise in die Nacht"* (Fischer).
- **Grace Paley**, *„Die kleinen Störungen der Menschheit"* (1959, Suhrkamp). Mit heiter-ironischen und kritischen Kurzgeschichten über das Leben in der Metropole New York hält Paley die Leser in ihrem Bann. In zwei weiteren Bänden *„Ungeheure Veränderungen in letzter Minute"* (1974) und *„Später am selben Tag"* (1985) tauchen viele der gleichen Charaktere wieder auf, und so fügen sich die Geschichten beinahe wie ein Puzzle zusammen.
- **William Sidney Porter**, besser bekannt unter dem Pseudonym **O. Henry**, gilt als Meister der überraschenden Wendungen, und nach ihm ist ein bedeutender amerikanischer Literaturpreis benannt. Seine zweite Kurzgeschichtensammlung *„The Four Million"* (nur in Englisch) hat New York City als Schauplatz gewählt. Die *„Meistererzählungen"* sind auch in Deutsch erhältlich (Diogenes).
- **Jacob Riis**, *„How the Other Half Lives"* (1890, nur in Englisch). In Form einer Fotodokumentation mit umfangreichen Texten zeigt Riis seine Bestrebungen, die Brutalität des amerikanischen Stadtlebens, aufgezeigt an den Tenements der Lower East Side, in denen Immigranten lebten, realistisch darzustellen. Dieser Band bleibt ein wichtiges Stück Zeitgeschichte.
- **Henry Roth**, der am Anfang des 20. Jahrhunderts als österreich-ungarischer Jude mit seinen Eltern nach New York kam, schildert in *„Nenn es Schlaf"* (1934, Kiepenheuer & Witsch) seine Erfahrungen als Kind im Alter von 6 bis 8 Jahren, die Einreise durch Ellis Island, Erlebnisse in den Straßen New Yorks und die Beziehung zu seinen Eltern. Zu seiner Zeit nur mäßig erfolgreich, wurde das Buch in den 60er Jahren wiederentdeckt und seitdem als amerikanischer Klassiker gefeiert.
- **Sapphire**, die ihre Jugend in der „Verlierer-Gesellschaft" von Harlem zugebracht hat, beschreibt in ihrem Roman *„Push"* die Entwicklung des schwarzen Mädchens Precious Jones. Precious wurde geschlagen, vom Vater vergewaltigt, lebt ebenfalls in Harlem und hat sich in ihrem Lebensfrust schon als Teenager 90 kg regelrecht angefressen. Ihr Schulbesuch diente nur als Mittel zum Kassieren

des Sozialgeldes. Doch im Laufe der Jahre entdeckt Precious die Schönheit der Sprache und auch damit ihre eigene, die eben nicht im äußeren Erscheinungsbild liegt. Ergreifende, aber nicht gerade leichte Kost zum Thema „American Dream einmal anders".
- **Mickey Spillane** ist laut manchen Quellen der meistverkaufte Krimiautor der Welt. In über 20 Romanen ist der gesetzlose Mike Hammer sein Protagonist, der als Detektiv mit großem Misstrauen gegenüber der Welt unermüdlich Fall nach Fall ermittelt. Verfolgen Sie ihn zum Beispiel in *„Ich, der Richter"* oder *„Regen in der Nacht"* (Rotbuch).
- **Edith Wharton, *„Zeit der Unschuld"*** (Piper). Mit dem Pulitzer-Preis prämierter Gesellschaftsroman, der den Konflikt eines Mannes zwischen zwei Frauen schildert und deutlich die Grenzen der gesellschaftlichen Toleranz des frühen 20. Jahrhunderts aufzeigt. Die erfolgreiche Verfilmung von Martin Scorsese (1993) demonstriert die andauernde Faszination dieser Epoche. Der inhaltliche Schwerpunkt von Whartons literarischem Werk ist der Adel New Yorks.
- **Anzia Yezierska, *„Bread Givers"*** (1925, nur in Englisch). Yezierska beschreibt den Konflikt zwischen einer Tochter der Neuen Welt und ihrem Vater, einem jüdischen Rabbiner der Alten Welt. Durch die Loslösung vom Vater und von der althergekommenen Frauenrolle lebt sie den Amerikanischen Traum. Ihr Ziel, sich von materieller Armut zu lösen, wird durch einen eisernen Willen, harte Arbeit und durch ihre Unabhängigkeit wahr.

Stichwortverzeichnis

Hinweise

- *Seitenzahlen zu Personennamen sind kursiv gedruckt*
- *Nationenspezifische Darstellungen finden Sie hier unter der Bezeichnung der Bewohner des jeweiligen Landes. Z.B.:* **Franzosen** *(auch Frankreich, französisch usw.)*
- *Namen mit einem* **Artikel** *davor finden Sie unter dem Namen, dem der Artikel nachgestellt ist. Z.B. Jewish Museum, The*
- *„Saint" finden Sie unter „St.". Z.B.: Saint Marks Place unter „St. Marks Place"*
- *Es tauchen im Stichwortverzeichnis einige* **Restaurants, Hotels, Bars, Straßennamen, Geschäfte** *etc. auf. Hierbei handelt es sich aber nur um eine kleine Auswahl bekannter bzw. besonders herzuhebender Namen.*
- *Die meisten der Sehenswürdigkeiten und Punkte, die sich* **nicht in Manhattan** *befinden bzw. sich nicht durch den Namen geographisch einordnen lassen, sind mit Kürzeln versehen: Brooklyn = By, Queens = Qu, The Bronx = Bx, Staten Island = SI, New Jersey = NJ, Liberty Island u. Ellis Island = LI bzw. EI, Long Island = LoI*
- *Bitte beachten Sie auch das* **Stichwortverzeichnis für die Gelben Seiten** *(S. 121).*

Symbole

11. September 2001 40, 311, 324, **345**, 362, 580
110th Street 442, 446, 482
115th Street Branch 490
145th Street 482
125th Street 477, 481
14th Street 365, 372, 382, 389
23rd Street 395
34th Street 382, 389, 395
59th Street 442, 446
5th Avenue 74, 408, 411, 421
7th Avenue 528
9/11 *Siehe* 11. September 2001

A

Abigail Adams Smiths House 462
Abkürzungen 122
Abyssinian Baptist Church 486
African Burial Ground 328
African-American Wax Museum, The 491
Afro-Amerikaner 47, 50, 79, 215, 473, 476, 492, 532, 556
Airlines 123
Algonquin Hotel 421
Alice Austen House (SI) 577
Alkohol 124
Allen, Woody *68*, *502*
Alphabethic-City 369
Altman, Benjamin *405*
Alwyn Court Apartments 421
American Bible Society 450
American Craft Museum 421
American Folk Art Museum (Columbus Ave.) 450
American Folk Art Museum (Midtown) 422
American Immigrant Wall of Honor (EI) 321
American Museum of Natural History 446, **450**
American Museum of the Moving Image (Qu) 542
American Numismatic Society 493
Amerikanische Revolution 23, 442
Ameripass 136
AMTRAK 40, 139
Anastasia, Albert *533*
Anreise 124
Ansonia Hotel 451
Antiquitäten 149, 267, 270, **273**, 383, 507, 516, 525, 579
Apartments 177

Apollo Theater 487
Apotheken 129, 147
Arbeitslosenversicherung 52
Archer, John 556
Architektur 71
Armstrong, Louis 63, 476, 536, 550
Art Deco 75, 76, 101, 323, 411, 416, 432, 505, 515, 556
Arthur Ashe Stadium (Qu) 548
Arthur Avenue (Bx) 562
Arthur Roxx Pinetum 460
Ärzte 123, 155
Asia Society 462
Asiatische Küche 82
Astor, John Jacob 425, 440
Astor Place 368
Astor Row 487
Astoria (Qu) 541
Astoria Hotel 402
Astoria Studios (Qu) 545
AT&T Building 78
Atlantic Avenue (By) 505, 516
Atlantic City (Spielerstadt) 137, 500
Audubon, John James 496
Auskunft *Siehe* Fremdenverkehrsämter
Auster, Paul 508, 583
Auto fahren 130
Automobilclub 131
Autoren 69
Autoverleih *Siehe* Mietwagen
Avantgarde 60
Avery Fisher Hall 452

B

Baboon Reserve (Bronx Zoo) 564
Back-to-Africa-Bewegung 490
Bahnhöfe 140
Baker, Josephine 66, 491
Ballett 261
BAM *Siehe* Brooklyn Academy of Music
Bandshell 458
Bank of New York 34
Banken 134
Baptisten 79, 477, 486, 533
Barney's (Court) Cut (By) 508
Bartholdi, Frédéric-Auguste 60, 319
Bartow-Pell Mansion (Bx) 567

Basie, Count 63, 476, 487, 550
Basketball **298**, 373, 393
Battery Park 327, **330**
Battery Park City 325, 327, **331**
Bay Ridge (By) 502, **529**
Bayard-Condict Building 377
Bear Market 348
Beard, William 508
Beatles 426
Bebop 63
Bed & Breakfast 177
Bedford-Stuyvesant (By) 502, **532**
Behinderte 135
Belmont (Bx) 557, 559
Belvedere Castle 458
Bennett House 575
Bensonhurst (By) 502
Benzin 135
Berlin, Irving 409
Bernstein, Leonard 533
Bethesda Fountain 459
Beuys, Joseph 392
Bevölkerung 47
Bevölkerungsboom 25
Bier 89
Big Apple 14, 18
Bildende Kunst 59
Bildungswesen 56
Billie Holliday Theater 516
Billig-Hotels 177
Billopp House (SI) 577
Black Monday 1987 339
Black Muslims 79
Black Thursday 31, 37, 339, 341
Bleecker Street 367, 371, 375
Bloomingdale's 431, 462
Blue Note (Records) 250
Bluesmusiker 550
Boardwalk (Coney Island) (By) 529
Boathouse (Prospect Park) (By) 526
Boerum Hill (By) 505
Bonsai Museum 527
Bop 63 *Siehe* Bebop
Borough Hall (By) 506, **519**
Borough Park 504, **532**
Boroughs 42, 47, 469, 498, 503, 535, 553, 572
Börsencrash *Siehe* Black Thursday

Botanischer Garten 576
Botschaften 135
Bowery 64, **355**, 362, **363**
Bowery Savings Bank 363
Bowling Green 332
Bowne, John *550*
Brighton Beach (By) 515, 519, **531**
Brighton Beach Avenue (By) 532
Britton Cottage 575
Broadway 48, 64, 67, 71, 84, 95, 314, 340, 355, 358, 370, 379, 384, 387, 393, 395, 407, 408, 420, 421, 442, 446, 469, 480, 493, 496, 512, 541, 546, 569
Bronx 26, 49, 102, 499, **553**
Bronx County Historical Society Museum 568
Bronx Piano Town 559
Bronx Zoo, The 555, 558, 559, 560, 562
Brooklyn 26, 102, 498, **500**
Borough Hall 506
City Hall 506
Downtown 506, 519
Brooklyn (Heights) Promenade 521
Brooklyn Academy of Music (BAM) 502, 519
Brooklyn Botanic Garden 527
Brooklyn Brewery 512
Brooklyn Bridge 332, 333, 347, 521
Brooklyn Bridge Anchorage 521
Brooklyn City Hall 519
Brooklyn Heights 347, 498, 503, 505, 519
Brooklyn Heights Promenade 506
Brooklyn Historical Society 521
Brooklyn Institute 501
Brooklyn Museum 61
Brooklyn Museum (of Art) 499, 502, 510, 524, 525
Brooklyn Philharmonic Orchestra 519
Brooklyn Public Library 525
Brooks, Mel *502*
Brooks, Shelton *409*
Broome Street 358
Brownstone (Houses) 75, 100, 406, 438, 444, 475, 477
Brücken (Manhattan) 333
Brunch 84

Bryant Park 411, 422
Bryant Park Studios 422
Bryant, William Cullen *61*, *458*
Bürgerkrieg 32
Burnham, Architekt *392*
Busse 136, 157

C

Café Weissmann 466
Cafés 150, **215**
Cage, The 373
Cajun-Küche 83
Calder, Alexander *61*
Canal Street 349
Capa, Cornell *465*
Capa, Robert *465*
Capote, Truman *505*
Carnegie, Andrew *423*, *425*, *444*, *463*
Carnegie Hall 62, 422
Carnegie Hill 444
Carousel (Central Park) 459
Carousel (Prospect Park) 527
Carroll Gardens 505
Caruso, Enrico *451*, *519*
Casinos 350
Cast-Iron Age 73
Castle Clinton National Monument 330
Castle Gardens 330
Castle Williams 322
Cathedral of St. John the Divine 474, 482
CBS 71
Celebrity Path 527
Center for Jewish History 389
Central Park 315, 441, 446, 456, 534
Central Park Wildlife Center 462
Central Synagoge 432
Century 21 Department Store 529
Century Building 395
Chagall, Marc *452*
Chanin Building 432
Channel Gardens 427
Charles II., König *21*
Charleston 67
Chase Manhattan Bank 334
Chelsea 100, **382**, 389

Chelsea Apartments 389
Chelsea Historic District 389
Chelsea Hotel 389
Chelsea Piers Sports & Entertainment Complex 390
Children's Museum 576
Children's Museum of Manhattan 451
Children's Zoo (Bronx Zoo) 564
Chinatown 49, 351, 360, 362
Chinatown Ice Cream Factory 362
Chinese Exclusion Act 351
Chinesen 30, **351**, 357, 366, 386, 541
Chrysler Building 432
Chrysler, Walter P. *432*
Church, Frederick E. *59*
Church of the Ascension 374
Church of the Holy Trinity 463
Churchill, Winston 244, *385*
Citicorp Building 432
Citicorp Center 432
City and Suburban Homes Company 463
City Beautiful-Bewegung 75
City College of New York 487
City Hall (By) 506
City Hall (Manhattan) 72, 326, 335
City Hall Station (Museum) 336
City Island (Bx) 558, 560, 566
Civic Center (Brooklyn) 506, 519
Civic Center (Manhattan) **323**, 326, 327, 335, 348, 358
Cleopatra's Needle 459
Clift, Montgomery 527
Clinton, Bill *51*, *400*, *412*
Clinton Hill (By) *Siehe* Fort Greene
Clinton News (By) 508
Cloisters, The 493
Cobble Hill 505
Cobble Hill District 523
Cocktailstunde 81
Cohan, George Michael *570*
Cole, Thomas *59*
Colgate-Palmolive-Clock 580
Colonnade Row 380
Columbia University 58, 71, 405, 443, 474, 479, 484
Columbus, Christoph *423*
Columbus Circle 423, 451

Concierge 137
Concord Baptist Church of Christ 533
Coney Island 512, 529
Conference House (SI) 577
Confucius Plaza 362
Conservatory Garden 459
Conservatory Water 459
Contemporary Art Center 544
Conway, William *564*
Cooper Hewitt National Museum of Design 463
Cooper Union Foundation Building 378
Corea, Chick *63*
Corona Park 539, 542, 547
Cranford Rose Garden 528
Crown Heights 532
Cullen, Countee *476*
Cunard Building 336
Cyclone, The 530

D

da Verrazano, Giovanni *14*, *20*, *330*, *571*
Dahesh Museum 423
Daily News Building 433
Dairy, The 459
Dakota Apartments 451
Dakota Building 446, 451, 461
Danne Kay Visitor Center 438
Davis, Miles *63*, *570*
de la Fayette, Marquis *50*
de Niro, Robert *359*
Decker Building 395
Delacorte Theater 460
Deli 82
Denkmalschutz 78
Deutsche 28, 323, 332, 356, 368, 379, 403, 416, 420, 440, 444, 449, 451, 475, 495, 511, 536, 546, 553, 568
Deutsche Dispensary 379
Devisen 137
DIA Center of the Art 392
Diamond District 423
Diamond Row 423
Dime Savings Bank 522
Dinkins, David 477
Dinner 84

Discos 98
Dive Inns 177
Dive-Hotels 196
Don'ts 92
Dow Jones (Industrial Average bzw. Index) **37**, 332
Dow Jones Building 332
Downing, Andrew Jackson *458*
Drogen-/handel-/konsum etc. 53, 58, 381, 383, 402, 416, 422, 457, 511, 555, 568
Druckerei- und Verlagswesen 28, 36, 68
Duchamp, Marcel *60*
Dumbo 519
Dumbo Arts Center 521
Dunham, David *511*
Durand, Asher B. *59*
Dutch West India Company 19, 500
Dyckman Farmhouse Museum 496
Dylan, Bob *366*

E

East Harlem 478
East River 395, 411
East River Houses 463
East Village 365, 368, 371, 377
Eating Establishments 215
Edgar Allan Poe Cottage 565
Edison, Thomas *65*
Einkaufen 97, 137, **263**, 307
Einreise 138
Eisenbahn 139
Eisenhower, Ike *484*
El Barrio/Spanish Harlem 445, 478
Eldridge Street Synagoge 364
Eliot, T.S. *366*
Ellington, Duke *63, 409, 476, 487, 488, 491, 570*
Ellington, Mercer *550*
Ellis Island 29, 317, 321
Elmhurst 540
Eltingville Store 575
Empire State Building 395, 396
Engländer 20, **21**, 28, 31, 36, 79, 323, 348, 366, 382, 463, 475, 484, 495, 500, 534, 541, 571
Englische Küche 83
Enid A. Haupt Conservatory (NY Bot. Gardens) (Bx) 566
Enrico Fermi Cultural Center 562
Episcopal 380
Erie-Kanal 25, 32
Ermäßigungen *Siehe* Preisnachlässe
Essen gehen 140
Eva & Morris Feld Galler 450
Expo *Siehe* Weltausstellung

F

Factoryville (SI) 572
Fahrrad fahren 141
Fahrradkuriere 419
Fashion Center 399, 411
Fashion Institute of Technology 392
Father Demo Square 374
Federal Hall National Memorial & Museum 336
Federal Reserve Bank 336
Feiertage 141
Fernsehen 66, 142, 262, 289
Feste 179
Fifth Avenue 74, 408, 411, 421
Fifth Avenue Synagogue 472
Film/-industrie/-studios 65, 67, 102, 153, 180, 420, 425, 499, 506, 508, 535, 539, 543
Filme, Kauf 143
Financial Center 315
Financial District **323**, 327
Fire Engine Company N° 33 378
First Shearith Israel Graveyard 363
Fitzgerald, Ella *63, 476, 492, 536, 550*
Fitzgerald, F. Scott *70, 584*
Five Points 25
Flatbush (By) 502
Flatiron Building 392
Flatiron District 384, 389, 393
Flower Market 393
Flughäfen 125
Flushing (inkl. Flushing Meadows) (Qu) 499, 535, 539, 541, 542, 547, 549
Flushing Town Hall (Qu) 549
Forbes Magazine Galleries 374
Forbes, Malcolm *374*
Fordham (Bx) 556, 559, 562

Fordham Avenue (Bx) 555, 557
Fort Greene (By) 505, 507, 519
Fort Hamilton 533
Fort Jay 322
Fort Tyron Park 493, 495
Fotografieren 143
Foundation Music History Archive (Qu) 550
Fragrance Garden 527
Franklin, Aretha *487*
Franzosen 31, 38, 319, 511
Fraunces Tavern Museum 327, 337
Freiheitsstatue 319 *Siehe auch* Statue of Liberty
Fremdenverkehrsämter 143
Frick Collection 464
Frick, Henry C. *464*
Friends Cemetery (Prospect Park) (By) 527
Frühstück 81, 83
Führerschein 145
Fulton Ferry (By) 506
Fulton Ferry Park (By) 516, 521
Fulton Fish Market 341
Fulton Mall (By) 506, 522
Fulton, Robert *501*
Fundbüro 145

G

Gage & Tollner (Restaurant) (By) 232, 507, 515, 522
Galerien 148, 283, 351
Garden Café and Terrace Room 566
Garibaldi, Giuseppe *578*
Garibaldi-Meucci Museum 578
Garküche 352, 353, 359
Garment District 399
Gay Pride Parade 48, 50, 179
Gebrauchsanweisungen 91
Gehrig, Lou *554*
Geld 146
Geldwechsel 134
General Electric Building 433
General Motors Building 424
General Post Office 387, 393
Geographie 42
Geologie 43

George Washington Bridge 333, 496
German Cultural Center 464
Gershwin, George *409*
Geschäfte 147
Geschäftsleute 154
Geschichte 19
Gesellschaft 47
Gesundheit 147
Getränke 80, 87
Gewerkschaften 35
Gillespie, Dizzie *63, 492, 550*
Giuliani, Rudolph W. *54*
Glücksspiel 28
Goethe Haus 464
Goethe Institut 449
Goodman, Benny *63, 536*
Gospel 79, 249
Gotham Hotel 426
Governor's Island 322
Governor's Island Ferry Slip 337
Grace Church (Episcopal) 379
Gracie Mansion 464
Graffiti 555
Graffiti Hall of Fame s. *Blaue Seiten*
Graham, Billy *79*
Graham, Martha *67*
Gramercy Park 385, 388, 395, 397
Grand Army Plaza (Brooklyn) 510, 518, 526, 529
Grand Army Plaza (Manhattan) 424, 426, 446
Grand Central Station 101, 127, 406, 411, 433, 435
Grant's Tomb 453, 474, 484
Great Lawn, The (Central Park) 460
Greenpoint Historic District 512
Greenwich Village 48, 365, 370, 373
Greenwich Village Historic District 375
Green Wood Cemetery (By) 533
Grey Art Gallery 376
Gropius, Walter *435*
Ground Zero 344
Guggenheim Museum 77, 101, 441, 465 *Siehe auch* Solomon Guggenheim Museum
Guggenheim, Solomon *426*
Gusseisernes Zeitalter 73
Guthrie, Woody *550*

H

Hafen 32, 36, 42, 316, 323, 348, 383, 401, 418, 499, 501, 503, 509, 579
Hall of Fame for Great Americans (Bx) 567
Hamilton, Alexander *488*
Hamilton Grange *488*
Hamilton Heights Historic District 488
Hamilton House *488*
Händlerfamilien 32
Handwerker, Nathan *518*
Handy 174
Handy, W.C. *570*
Hanover Square 343
Harbor Defense Museum (By) 533
Harlem 47, 474, 480, 486
Harlem Lake 460
Harlem Market 271, 480, 489
Harlem Meer (Central Park) 460
Harlem Renaissance 30, 70, 79, 476, 489
Harlem River Houses 489
Harlem USA 489
Hauptpostamt *Siehe* General Post Office
Hayden Planetarium 450
Heald, David *465*
Hearst Magazine Building 412
Heine, Heinrich *568*
Heinrich Heine-Brunnen (Bx) 568
Hell's Kitchen 400
Helmsley Building 434
Henderson, Fletcher *476*
Henry Luce Nature Observatory (Central Park) 459
Henry, O. *389*
Herald Square 412
Herrschaft, britische 22
Hispanic Society of America 496
Historic Nautical Museum (Bx) 560
Historic Orchard Street 364
Historic Richmond Town (SI) 574
Hoboken (NJ) 579
Holliday, Billie *63, 487, 536, 550*
Holy Trinity Church 377
Homer, Winslow *470*
Hooper, Edward *366*

Hotels 150, 177
Houston Street 348, 359, 365, 372
Hudson, Henry *19, 512, 571*
Hudson River 42, 407
Hudson River Park 361, 391
Hudson River School 59
Hudson Valley 500
Hughes, Langston *476, 488*
Hunt, Richard Morris 72
Hunt, Walter *533*
Huntington, Archer Milton *496*
Hurston, Zora Neale *476*
Hyatt Regency Hotel 435

I

IMAX-Kino 580
Immigrant Wall of Honor (El) 321
Immigration 28
Immigration/Einwanderung/ Einwanderer 311, 316, 320, 323, 351, 353, 354, 356, 363, 364, 368, 399, 422, 443, 445, 479, 511, 525, 535, 539, 553, 562, 571, 580
Impfungen 147
Inder 540, 578
Indianer *19*, 366, 451, 500, 526, 534, 553, 571
Industrielles Zeitalter 25
Informationen *Siehe* Fremdenverkehrs- ämter
Inns 177
Institute for Contemporary Art (PS 1) (Qu) 62, 544
International Center of Photography (Midtown) 424
Internet 148
Intrepid Sea-Air-Space Museum 412
Iren 28, 59, *102*, 323, 354, 356, 366, 383, 444, 475, 523, 536, 553, 557
Irische Küche 83
Isamu Noguchi Garden Museum (Qu) 544
Italiener 28, 323, 354, 356, 445, 504, 511, 523, 536, 541, 554, 557, 562

J

Jackson Heights (Qu) 540
Jackson Heights Historic District 540
Jacob Javits Convention Center 412
Jacob Riis Park 552
Jacques Marchais Museum of Tibetan Art 578
Jamaica (Qu) 541
Jamaica Center for Arts & Learning (Qu) 551
Jamaica Bay Wildlife Refuge (Qu) 551
James, Henry *366*
Japan Society 435
Japanese Garden 528
Jarrett, Keith *63*
Jazz 28, 63, 180, **248**, 409, 423, 437, 476, 478, 536, 581
Jazzmusiker 550
Jefferson Market Courthouse (Library) 375
Jefferson, Thomas *426*
Jersey City (NJ) **579**
Jewish Museum, The 465
Joggen 292, 326, 334, 457
John Bowne House (Qu) 549
John F. Kennedy Int. Airport 125
John F. Kennedy Int. Airport (Qu) 552
Johnson, Magic *491*
Joplin, Scott *550*
Juden 23, 28, 338, 352, 356, 364, 389, 409, 424, 432, 466, 475, 502, 504, 511, 514, 531, 532, 554, 557
Judson Memorial Baptist Church 377
Jugendherbergen 177 *Siehe auch* Unterkünfte
Jumel Terrace Historic District 497
Jungle World (Bronx Zoo) 564
Juniors-Restaurant 523

K

Kaffee 87
Kandinsky *465*
Kanus mieten 418
Kartenmaterial 150
Kartenvorverkauf 150
Kaufman Astoria Studios (Qu) 544
Kayaking 294
Kennedy Onassis, Jacqueline *433*
Kennedy, Robert *502*
Kinder 151
King, Martin Luther *491*
Kingsland Homestead (Qu) 550
Kino 66, 153, 397, 402, 409, 416, 418, 428, 489, 519, 554, 580
Klassische Konzerte, Chöre, Orchester **260**, 423, 466, 484, 519
Klee *465*
Kleidung 154
Klein (Little) Odessa (By) 514, **531**
Klima 44, 147, 154
Konföderation 23
Konsulate 155
Krankenhäuser 155
Krankenversicherung 51
Kreditkarten 156
Kriminalität 53, 98, 156
Kubaner 30
Küche 80
Kultur 59

L

La Guardia *54*
La Guardia Airport 126
La Guardia Airport (Qu) 551
La Guardia, Fiorello H. *38*
Ladies' Mile (Historic District) 393
LaFarge, John *374*
LaGuardia, Fiorello *570*
Landschaft 43
Langston Hughes House 489
Lee, Ang *68*
Lee, Spike *68*
Lefferts Homestead 527
Lennon, John *447*, *461*
Lenox Hill 449, 462
Lesben 167
Lesbian & Gay Community Services Center 167
Lesungen 259
Lewis, Sinclair *366*
Liberty Island 319
Liberty Science Center 580
Liberty State Park (NJ) 580

Libeskind, Daniel 346
Lichtenstein, Harvey 519
Limousine 170
Lincoln, Abraham 378
Lincoln Center 63, 78, 410, 442, 452
Literary Walk, The (Central Park) **460**, 568
Literatur 68, 158
Literaturverzeichnis 581
Little Italy 354, 360, 362
Livemusik 150, 237, **247**, 437, 478
Living Memorial to the Holocaust 338
Loeb Boathouse 460
Long Island 499
Long Island City (Qu) 538, 541, 542
Long Meadow, The 526
Louis Armstrong House & Museum 550
Louis Armstrong House Museum 536
Low Memorial Library 484
Lower East Side 356, 362, 363
Lower East Side Tenement Museum 364
Lower Manhattan 99, **323**
Loyalisten 23
Lunch 81, 84

M

Macy's (Kaufhaus in Brooklyn) **268**, 412, 431, 507, 515, 522
Macy's Department Store 413
Madame Tussaud's Wax Museum 417
Madison Square 389
Madison Square Garden 393, 394
Madonna 452
Mafia 28, 35, 53, 352, 354, 523, 533, 557
Magnum (Fotografenkreis) 424
Mailer, Norman 69, *502*
Main Branch 425
Main Hall (Snug Harbbor Central Center) (SI) 576
Malcolm X 79, 476, *481*, *491*
Mall, The 460
Manahatta 20
Manhattan 94, 99, 304, **311**
   Ausflüge 315
   Brücken 333
   Downtown 315
   Financial District und Civic Center 323
   Lower Manhattan 323
   Midtown 315, **399**
   Neighborhoods 313
   Norden 473, 479
   Rundfahrt 316
   Spaziergänge 326
   Tunnel 362
   Zwischen 14th und 34th Street 382
   Zwischen Civic Center und Houston Street 348
   Zwischen Houston und 14th Street 365
Manhattan Bridge 333
Manhattan für Sportliche 309
Manhattan Plaza 401
Manhattan Valley 450
Marcus Garvey Park 489
Marine Air Terminal (Qu) 551
Martin Luther King, Jr. Boulevard *Siehe* 125th Street
Marx Brothers *357*, *545*
Maßeinheiten 159
McGraw-Hill Building 416
Meatpacking District 381 und *Blaue Seiten*
Medicaid 51, 53
Medicare 51
Mercer Street 358, 366
Merchant's House Museum 379
Mermaid Parade 529
Messe- und Kongresszentrum 160, 413
Met-Life (Pan Am) Building 435
MetroCard 161
Metropolitan Club 466
Metropolitan Museum of Art 61, 449, 466
Metropolitan Opera 65, 68, 402, 452
mexikanische Küche 83
Mexikanische Spezialitäten 86
Midtown 399, 404, 407, 421
Midtown East 431
Midtown-Branch 424
Mietwagen 95, 131
Milchshakes 88

11. Anhang: Stichwortverzeichnis

Miller, Arthur 67, *389*, *502*, *505*
Mineral Springs Pavilion (Central Park) 460
Modern Dance 67, 261
MoMA *Siehe* Museum of Modern Art
Montague Street (By) 347, 506, 516, 522
Montauk Club (By) 526
Montez, Lola *64*
Moore, Henry *61*
Morgan, John Pierpont *436*, *466*
Morgan Library, The 435
Morningside Heights 473, 479, 482
Morris-Jumel Mansion 496
Morse, Samuel F.B. *470*, *533*
Motels 177
Mott Street Buddhist Temple 362
Mount Vernon Hotel Museum 462
Mouse House (Bronx Zoo) 564
Müll 165
Mullaly, John *553*
Murray Hill 407, 431
Museen 104
Museo del Barrio 449, 470
Museum at FIT 392
Museum for African Art 492, 536, 544
Museum Mile 449, 462
Museum of American Finance 338
Museum of American Illustration 472
Museum of Arts & Design 421
Museum of Bronx History 568
Museum of Chinese in the Americas 363
Museum of Jewish Heritage 338
Museum of Modern Art 425, 536, 539
Museum of Modern Art (Qu) 546
Museum of the American Piano 416
Museum of the City of New York 449, 470
Museum of Sex 394
Museum of TV and Radio 425
Music Hall 62
Musicals 66, **255**, 403, 409, 416
Musik 62, 64
Musikclubs 98

N

Nassau Street 338
Nassau Street Theater 64
Nation of Islam 79
National Academy of Design 470
National Cartoon Museum
   s. *Blaue Seiten*
National Museum of the American Indian 338
Naumberg Bandshell 458
Neue Galerie 469
Nevelson, Louise *61*
„New" 42nd Street 416
New Amsterdam 20
New Amsterdam Theater 420
New Brighton Historic District 578
New Deal 38
New Jersey 499, **579**
New Museum s. *Blaue Seiten*
New Museum of Contemporary Art 360
New York Aquarium 531
New York Aquarium for Wildlife Conservation (By) 530
New York auf einen Blick 17
New York Botanical Gardens (Bx) 562, 565
New York City Fire Museum 361
New York City Police Museum 339
New York Convention & Visitors Bureau 144
New York Free Circulating Library 379
New York Gallery of Fine Arts *61*
New York Hall of Science (Qu) 548
New York Historical Society 453
New York Knigge 80
New York Philharmonic Orchestra 260, 446
New York Public Library 70, 78
New York Public Library, The (Center for the Human 406, 411, **425**
New York Public Library, The (Harlem) 490
New York Savings Bank Building 375
New York School 60
New York School of Drawing, Painting and Sculpture 376

New York State Theater 452
New York Stock Exchange (Board) 33, 76, 99, 323, 325, 327
New York Stock Exchange (NYSE) 339
New York Transit Museum 523
New York Transit Museum-Annex 434
New York Underground 523
New York Unearthed 340
New York University 376
Newark (NJ) 579
Newark Airport (NJ) 128, 579
Newhouse Center House 576
Nicholas Roerich Museum 453
Night Court 335
Nightlife 98
no (zero) tolerance-Politik 54
Noguchi 61
Noguchi, Isamu 544
NoHo 365, 368, 370, 371, 377
North Wind Undersea Institute 566
Notfall/Notruf 131, 146, 155, **160**, 162

O

Ochs, Adolph 402
Odessa (Restaurant) (By) 515, 519, 531
Off-Broadway 15, 67, 259, 367
Off-Off-Broadway 67, 258, 259, 261, 369, 403
Old Merchant's House Museum 379
Old St. Patrick's Cathedral 363
Olmsted, Frederick Law 526, 534
O'Neill, Eugene 67
Ono, Yoko 447
Oper 65, **257**
Operette 257
Orchard Beach 567
Orchard Street (Historic) 357, 359, 364
Osborne Garden 528
Ottendorfer Branch 379
Ottendorfer, Oswald 379
Oyster Bar (Plaza Hotel) 426

P

Panorama of New York City 549
Paraden 50, 179

Paramount Building 420
Park Avenue Viaduct 434
Park Slope (By) 510, 524
Park Slope Food CoOp (By) 510
Parken 95
Parker, Charlie 63, 492
Parker, Dorothy 421
Pelham Park (Bx) 567
Pelli, Cesar 325
Peninsula Hotel 426
Pennsylvania Station 394
Peter Cooper Village 386
Pete's Tavern 386
Philip Morris Building 435
Picasso 61
Picasso, Pablo 465
Picnic House 526
Pier 418
Pierpont Morgan Library 411, 435
Plaza Hotel, The 426
Poe, Edgar Allan 366, 406, 442, 565
Polen 29, 370, 424, 475
Polizei 162
Pop-Art 61
Port Authority Bus Terminal 418
Porter, Cole 409
Post 163
Powell, Adam Clayton Jr. 492
Preisangaben 163
Preisnachlässe 164
Pressefreiheit 68
Prince Street 351, 358
Prohibition 28
Prospect Park (By) 502, 510, 524, 526
Public Baths 397
Public Housing 77
Pubs 149
Puertoricaner 30, 47, 79, 357, 386, 445, 449, 479, 490, 541, 556
Pulitzer, Joseph 320
Pulitzer Memorial Fountain 424

Q

Quäker (Quaker) 21, 22, 398, 527, 534, 541, 550
Queens 26, 102, 499, **534**
Queens Art Museum 536, **549**

Queens County Farm Museum 552
Queens Historical Society 550
Queens Jazz Trail, The 550
Queens Museum of Art 549
Queens/Midtown-Tunnel 362, 535, 538
Queensboro Bridge 333

R

Racquet and Tennis Club 436
Radio City Music Hall 66, 410, **428**
Ragtime 62
Railpässe 139
Railroad Flats 355
Rap 63
Rassenunruhen Siehe Unruhen
Rauchen 99, 164
Rauschenberg, Robert 470
Ray, Man 60
RCA Building 428
Reagan, Ronald 54
Recycling 165
Red Hook 508
Reisetipps, Allgemeine 121
Reisezeit 44, 154 Siehe auch Klima
Reisezeiten 93
Religionen 78
Rentenversicherung 51
Restaurants 96, 149, 165, **215**
Richmond (SI) 571
Richmond County Clerk's and Surrogate's Office (SI 575
Riverdale (Bx) 558
Riverside Church 453, 474, 486
Riverside Park 453
Rock Garden (NY Bot. Garden) (Bx) 565
Rockaway Beaches 552
Rockefeller Center 76, 405, 406, 408, 427
Rockefeller, John D. 427, 479, 495
Rockefeller, John D. Jr. 405
Roerich, Nicholas 453
Rollerskating 460
Rooftop-Bar 426
Roosevelt, Familie 466
Roosevelt Island 473

Roosevelt, Theodore 50, 385, 386, 426, 484, 569
Rose Center for Earth & Space 450
Rundfunk 166
Russian Orthodox Cathedral of the Transfiguration 512
Ruth, Babe 451, 554

S

Säfte 88
Saks Fifth Avenue 429
Savers, Charlie 550
Schermerhorn Building 380
Schomburg, Arturo Alfonso 490
Schomburg Center for Research in Black Culture 490
Schwarzer Donnerstag 31, 37, 339, 341
Schwarzer Montag 1987 339
Schwule 167, 179, 212, 254, 367
Scofield, John 63
Scorsese, Martin 68
Seagram Building 437
Seventh Regiment Armory 470
Seymour, David 465
Shakespeare Garden 461, 528
Shaw Lowell, Josephine 422
Shea Stadium (Qu) 299, 535
Shepard, Sam 68
Shopping 148
Showman's Café 481
Shuttle-Busse 127
Sicherheit 98, 168
Sidewalk Clock 394
Siedlungsstruktur 47
Sightseeingtouren 95
Simon & Garfunkel 447
Simon, Paul 63
Sinatra, Frank 428
Sklaven 20
Skyline 76
Skyscraper 395, 428
Skyscraper Museum 341
Snuff Mill 566
Snug Harbor 103
Snug Harbor (SI) 576
Snug Harbor Cultural Center (SI) 576
Snug Harbour Cultural Center (SI) 499

Society of American Illustrators, The 472
Society of Beaux-Arts Architects 72
Socrates Sculpture Garden 546
Soft Drinks 88
SoHo 48, 350, 359, 360
Soldiers' and Sailors' Memorial Arch 529
Soldiers' and Sailors' Monument 453
Solomon R. Guggenheim Museum 61, 449, **464**, 471
Sony Building 437
Sotheby's 471
Soul 478
Soulfood 82
South Bronx 559
South Central Park 421
South Street Seaport 327
South Street Seaport Historic District & Museum 341
South Street Seaport Museum 342
Soziale Verhältnisse 51
Sozialhilfe 52
Spanier 47, 449, 495, 502
Spanish Harlem 445, 478
Sportsbars für europäischen Sport 253
Sports Museum of America
  s. Blaue Seiten
Sprache 84, 168
St. Andrew's Church (Hist. Richmond Town) (SI) 575
St. Bartholomew's Protestant Episcopal Church 436
St. George (Brighton) (SI) 572, 574, 578
St. George's Church 398
St. James Church 444
St. James Place 363
St. John's College (Bx) 553, 557
St. Luke's Chapel (Greenwich Village) 377
St. Luke's Church (Harlem) 488
St. Mark's Historic District 380
St. Marks Place 369, 372
St. Mark's-in-the-Bowery Church 380
St. Nicholas Historic District 491
St. Nicholas Russian Orthodox Cathedral 470
St. Patrick's Cathedral 429
St. Patrick's Church (Hist. Richmond Town) (SI) 575
St. Paul's Chapel (Columbia Univ.) 484
St. Paul's Chapel (Financial District) 340
St. Peter's (Lutheran) Church at Citicorp Building 436
St. Regis Hotel 430
Stadtbusse 160
Stadtplanung 71
Stadtrundfahrten 95, **287**
Starrett-Lehigh 394
Staten Island 26, 103, 499, **571**
Staten Island Ferry Building 342
Staten Island Ferry Collection 579
Staten Island Institute of Arts & Sciences 579
Statue of Liberty 60, **319**
Stein, Gertrude *366*
Steinbeck, John *14*
Steinhardt Conservatory 527
Steinway Mansion 547
Steinway Piano Factory 546
Steinweg, Henry 546
Stern, Robert *417*
Stieglitz, Alfred *60*
Stone Street Historic District 337, 342
Stranahan, James S.T. *526*
Strawberry Fields 461
Strawinsky, Igor *451*
Streisand, Barbra *502*
Striver's Row 491
Strom 170
Studio Museum in Harlem, The 492
Stuyvesant 78
Stuyvesant, Petrus (auch Peter) *21, 323, 368, 380, 385*
Stuyvesant Square Historic District 398
Stuyvesant Town 386, 388, 395
Subway (Untergrundbahn) 94, 161, 456, 505, 523, 541, 554
Subway Kiosk 456
Subway-Museum 336
Sullivan, Louis *377*
Sweatshops 352, 353
Swedish Cottage 461
Symphony Space 456

Synagogen 29, 79, 364, 398, 432, 471, 472, 504

T

Tanz 64
Tavern on the Green 461
Taxi 93, 94, 170, 387
Tee 88
Telefon 171
Temple Emanu-El 471
Tenement House-Gesetz 74
Tenement Houses 74
Thalia Spanish Theatre 536
Theater 64
Theater District 401, 412
Theater/Kabarett 96, **258**, 369, 383, 401, 411, 420, 441
Theodore Roosevelt Birthplace 398
Theresa Towers 491
Third County Courthouse 575
Tickets 96, 104, 149, 419
Tiffany & Co. Building 430
Time-Warner 71
„Times" Building 420
Times Square 401, 402, 407, 408, 412, 418
Tin Pan Alley 409
Toiletten 174
Tompkins Square Park 380
Topographie 42
Toscanini, Arturo *451, 569*
Touristeninformation 143, 144
Town, Ithiel 72
Trans World Airlines Flight Center 552
Transvestiten 219, 369
Treasure House (Hist. Richmond Town) (SI) 575
TriBeCa 348, 359, 360
TriBeCa Film Center 349
Triborough (Triboro) Bridge 333, 567
Trinity Church 343
Trinkgeld 174
Trinkwasser 175
Trumbull, John 59
Trump International Hotel & Tower 456
Trump Tower 431

Tudor City 407
Tudor City Historic District 437
Tunnel (Manhattan) 362
Turtle Bay 406, 431
Turtle Bay Gardens Historic District 438
Twain, Mark *366, 389, 569*
Tweed Courthouse 335
Tweed, William M. *335, 533*

U

U-Bahnen 157 *Siehe auch* Subway
Ukrainian Museum 381
Unabhängigkeit 23
Unabhängigkeitskrieg 32
Unabhängigkeitstag 142
Unfall 160
Unicef House 438
Union Square 381, 384, 389, 395
Unisphere 549
United Nations Headquarters 438
UNO 14
Unruhen 25
Untergrundbahn *Siehe* Subway
Unterkünfte 175, **186**
Upjohn, Richard *374*
Upper East Side 444, 449, 462
Upper West Side 442, 450
US Open 547, 548

V

Valentine-Varian House (Bx) 568
van Alen, William *432*
Van Cortlandt House Museum 569
Vanderbilt *466*
Vanderbilt, William *463*
Vaux, Calvert *526, 534*
Veranstaltungen 179
Vereinte Nationen 31, 439
Verkehrsmittel, öffentliche 94, 161
Verkehrsregeln *Siehe* Auto fahren
Verlagswesen 36, 68
Verrazano-Narrows Bridge 579
Versicherungen 180
Veteran's Memorial Hall (Snug Harbor Cultural Center 576

Vicious, Sid *389*
Vietnam Veterans Plaza & Memorial *343*
Visum *180*
Voodoo-Zeremonien *329*
Voorlezer's House *575*

W

Waldorf of Harlem *491*
Waldorf-Astoria, The (Hotel) *440*
Walk of Fame *492*
Wall Street *22, 33, 41, 71, 312*
Waller, Thomas „Fats" *409, 550*
Wang, Wayne *68, 508*
Ware, William *72*
Warhol, Andy *61, 392*
Wäsche waschen *181*
Washington, George *23, 25, 59, 464, 497, 507*
Washington Memorial Arch *377*
Washington Square Park *377*
Watchtower Building *524*
Watson Building *566*
Wave Hill (Bx) *569*
Weeksville Houses *532*
Weier, Dan *465*
Wein *89*
Weine *181*
Welfare *52*
Weltausstellung (Qu) *535, 540, 547*
Weltkrieg, Erster *36, 384, 402, 475, 505, 514, 554, 556*
Weltkrieg, Zweiter *39, 412, 476, 505, 514, 535, 538, 541, 547, 558, 573*
Weltwirtschaftskrise *37 Siehe auch* Schwarzer Donnerstag; Schwarzer Montag 1987
West Village *365, 370, 373*
Westindien-Gesellschaft *31*
White, Stanford *374*
Whitehall Ferry Terminal *337*
Whitney *466*
Whitney, Gertrude Vanderbilt *376, 472*
Whitney Museum of American Art *445, 449, 472*
Wildlife Center *548*
Wildlife Conservation Center *527*
Wildlife Conservation Society *562*
Williams, Cootie *570*
Williams, Tennessee *67, 389*
Williamsburg *48, 511*
Williamsburg Art & Historical Center *512*
Williamsburg Bridge *333*
Williamsburgh Savings Bank Building *524*
Wirtschaftliche Entwicklung *31*
Wirtschaftszentrum *36*
Wohnverhältnisse *26*
Wolfe, Thomas *389, 533*
Wollman Memorial Rink *461*
Wood, Fernando *25*
Woodlawn Cemetery *569*
Woolworth Building *344*
Woolworth, F.W. *570*
World Financial Center *325, 332*
World Trade Center *40*
World Trade Center – Site *327, 344*
World Trade Center – Site: Viewing Platform *346*
Wright, Frank Lloyd *61, 77, 426, 464, 470*

Y

Yamasaki, Minoru *344*
York College *550*
Yorkville *444, 449, 462*

Z

Zahlungsmittel *146*
Zahnärzte *155*
Zeit *181*
Zeitungen *182*
Zeitunterschied *147*
Zeitzone *181*
Zoll *183*
Zoo *Siehe* Bronx Zoo, The

Legende

- ═══ Straßen
- ═══ Hauptstraßen
- ═══ Freeway/Highway
- ═╡ beschr. Spaziergänge
- ● Start-/Zielpunkte der Spaziergänge
- Ⓜ Metro Stationen
- ★ spezielle Sehenswürdigkeiten
- Fähre
- Flughafen
- Busbahnhof
- Bahnhof
- 𝑖 Information
- ✉ Post
- $ Bank
- PP Parkplatz/-haus
- wichtige Gebäude
- Historische Gebäude
- M Museum
- Denkmal
- (HN15) **Legendennummer** (Bezugsnummer auch im Text)
- Freiheitsstatue
- Kloster
- Kirche
- Kathedrale
- Synagoge
- Fort
- Bibliothek
- Universität
- Theater
- Kino
- Café
- Bar
- Markt
- Bot. Garten
- Picknickplatz
- Spielplatz
- Zoo
- Seilbahn
- Strand

Aufgrund des kleinen Maßstabs stellen die Legendenpunkte nur grob die Lage der Sehenswürdigkeiten, Hotels usw. dar.

© *i*graphic

Cellion – Ideal für Ihre USA-Reise: Sparen Sie beim Mobiltelefonieren in den USA!

Mit Cellion gehören teure Roaminggebühren und mangelnde Netzabdeckung während Ihrer USA-Reise der Vergangenheit an.

- **+ Kein teures Roaming mehr in den USA**
- **+ Bis zu 85 % sparen gegenüber Telefonaten mit deutscher Handykarte**
- **+ Keine Aktivierungsgebühr**
- **+ Keine Grundgebühr**
- **+ Kein Mindestumsatz**
- **+ Günstiger und einfacher Tarif:**

Gespräche innerhalb der USA	0,29 €/Min.
Gespräche nach Deutschland	0,39 €/Min.
Ankommende Gespräche	0,29 €/Min.

Das Cellion Gratis Paket enthält:

1. Eine **USA Handykarte** zum Einsetzen in Ihr Handy
2. Eine **USA Telefonkarte** zum günstigen Telefonieren vom Festnetz und von Telefonzellen
3. Einen ausführlichen **USA-Telefonie Guide**

Bestellen Sie das Cellion Gratis Paket kostenlos unter:
www.cellion.de oder **0180 - 303 6000***

*0,09 €/Min. aus dem Festnetz der DTAG, mobil ggf. abweichend

Nutzungsvoraussetzung:
Ihr Handy ist grundsätzlich USA-tauglich (Tri- oder Quadbandhandy) und darf nicht für die Nutzung mit fremden Handykarten gesperrt sein.

Leistungserbringer:
BlueBell Telecom AG, Höschgasse 31, CH-8008 Zürich

Betreuende Agentur:
CallCompany Telekommunikationsdienste GmbH,
Dunckerstr. 74, 10437 Berlin

Cellion
usa-mobiltelefonie